国家出版基金项目
NATIONAL PUBLICATION FOUNDATION

"十二五"国家重点图书出版规划项目

总主编　郑洪泉　常云平

中国战时首都档案文献
战时政治

本册主编　唐润明
本册副主编　高　阳　胡　懿

西南师范大学出版社
国家一级出版社　全国百佳图书出版单位

图书在版编目（CIP）数据

中国战时首都档案文献．战时政治 / 唐润明主编．-- 重庆：西南师范大学出版社，2016.12
ISBN 978-7-5621-8351-8

Ⅰ．①中… Ⅱ．①唐… Ⅲ．①重庆—地方史—档案文献—汇编—民国②政治—档案文献—汇编—重庆—民国
Ⅳ．①K297.19②D693

中国版本图书馆CIP数据核字（2016）第271043号

中国战时首都档案文献·战时政治

ZHONGGUO ZHANSHI SHOUDU DANG'AN WENXIAN
ZHANSHI ZHENGZHI

总主编　郑洪泉　常云平
本册主编　唐润明
本册副主编　高　阳　胡　懿

选题策划：郑洪泉　陈　涌
编审人员：卢　旭　卢渝宁　吕　杭　米加德　任剑乔　陈　涌
何雨婷　易晓艳　张昊越　周　杰　段小佳　黄　璜
责任编辑：段小佳
特约编辑：姚良俊　王旭光
装帧设计：双安文化
出版发行：西南师范大学出版社
地址：重庆市北碚区天生路2号
邮编：400715
http://www.xscbs.com
经　　销：全国新华书店
印　　刷：重庆市开源印务有限公司
开　　本：889mm×1194mm　1/16
印　　张：60.5　插页4
字　　数：1590千字
版　　次：2017年6月　第1版
印　　次：2017年6月　第1次印刷
书　　号：ISBN 978-7-5621-8351-8

定　　价：1080.00元

中国战时首都档案文献

本 册 委 员 会

QIANYAN 前　言

“中国战时首都档案文献”是一套中国抗日战争时期首都——重庆的历史资料丛书，由《中国战时首都档案文献·战时政治》《中国战时首都档案文献·战时经济》《中国战时首都档案文献·战时文化》《中国战时首都档案文献·战时教[illegible]时首都档案文献·战时科技（上、下）》《中国战时首都档案文献·战时[illegible]）》《中国战时首都档案文献·战时交通》《中国战时首都档案文献·[illegible]）》和《中国战时首都档案文献·党派活动》共9卷12册专题历史资料[illegible]丛书是在重庆师范大学历史与社会学院前身即重庆师范学院历史系与重庆市档案馆编研处合作建立的“中国抗战陪都史课题组”于1996年编纂的“中华民国抗战陪都史料丛编”的基础上，经过西南师范大学出版社大力支持，重庆双安文化传播有限公司积极参与，由重庆师范大学历史与社会学院会同重庆市档案馆、重庆图书馆等单位的专家学者用五年多的时间，重新进行了大量历史资料的搜集、增补、整合、编辑而成。

本丛书各卷史料以1937年11月（国民政府移驻重庆）至1946年5月（国民政府还都南京）作为中华民国抗战首都史的时限。我们认为：开展中国抗战首都史的研究，有助于推动中国抗日战争史、国民政府史以及近代重庆地方史、城市史的研究，以丰富中国现代史、中华民国史的研究内容。而这套史料丛书的编成是原“中国抗战陪都史课题组”和现今继续参与这套历史资料编纂任务的重庆师范大学历史与社会学院以及校外专家学者的一项研究成果。这套史料丛书从“中国抗战陪都史课题组”成立到最后编纂完成正式出版，前后经历了三十多年的时间，也算是我们为中国抗战首都历史（或中国抗战“陪都史”）、中国抗战大后方史这一新兴的史学研究领域提供全面、系统、翔实的史料基础工作尽了一份力。

1986年，四川省哲学社会科学研究规划办公室批准重庆师范学院历史系申报的“中国抗战陪都史”研究课题，列为四川省“第七个五年计划”哲学和社会科学研究重点课题，这也是学校当时唯一获准的省级重点科研项目。为此成立了以重庆师范学院重庆地方史研究室主任郑洪泉为组长的“中国抗战陪都史课题组”。为了顺利地开展这项研究工作，课题组与重庆市档案馆编研处合作，共同进行研究，由郑洪泉和重庆市档案馆编研处处长黄立人共同担任课题组负责人。双方通力合作，确定了研究方向，决定从搜集、整理史料着手，编纂一套中国战时首都史料，以便在此基础上开展中国战时首都历史的研究，编写中国抗战陪都史专著。为了编纂中国战时首都史料，课题组规划了11个方面的选题，立即组织人力在重庆图书馆、重庆市档案馆和南京中国第二历史档案馆等处开展了规模较大的史料搜集和整理工作。由于所需搜集和整理的史料涉及时限长、范围广、工作量大，本课题组截至1990年“七五”计划结束时尚未能完成此项史料编纂任务，后经四川省哲学社会科学研究规划办公室同意，准予本课题延长至“八五”计划期间继续进行。经过10多年的努力，课题组终于在1996年12月底初步完成“中华民国抗战陪都史料丛编”的编纂任务。这套史料丛书包括《国府迁都·明定陪都·胜利还都》《战时动员》《军事机构与军事活动》《轰炸与反轰炸》《外交活动》《党派活动》《战时经济》《战时交通》《战时科技》《战时教育》《战时社会》共11卷。由于需要对各卷史料进行进一步编辑加工，同时也由于当时重庆师范学院科研经费拮据，所以这套史料丛书未能争取在本课题结题时正式出版。此后因课题组负责人郑洪泉退休，而另一负责人黄立人不幸病故，出版问题被搁置下来。直到2007年，重庆师范大学校领导重新提出“中华民国抗战陪都史料丛编”的出版问题，并将这套丛书列入学校哲学社会科学研究基金资助项目。以此为契机，经过重庆师范大学和重庆市档案馆原“中国抗战陪都史课题组”同志共同努力，重庆双安文化传播有限公司积极协调，选择这套丛书11卷史料形成《国府迁渝·明定陪都·胜利还都》《战时动员》《战时社会》《战时工业》与《战时金融》共5卷，于2008年1月内部出版，丛书名改为“中华民国战时首都档案文献”。

“中华民国战时首都档案文献”出版后，产生了较大的社会影响。2009年5月，中国国民党领导人率领该党访问团在重庆访问期间，于5月27日下午，在国务院和重庆有关领导人陪同下来重庆师范大学大学城新校区参观，临别之际，重庆师范大学校方向中国国民党访问团赠送了一套“中华民国战时首都档案文献”，对方欣然接受并表示很大兴趣。当晚，在与中共重庆市委领导人会谈的过程中，中国国民党访问团领导人表示：重庆是他向往已久的都市，抗战时期是国民政府的陪都，今天下午到重庆师范大学参访时获知了国民政府在抗战时期的许多珍贵史料，并说台北国民党党史馆也有许多珍贵史料，将来双方可以互相交流。重庆市委统战部获悉这一情况后，向重庆师范大学索要了几套“中华民国战时首都档案文献”，分别赠送给先后来渝参访的台湾知名人士。2012年，这套丛书获得重庆市人民政府社会科学优秀成果三等奖。

2012年，在重庆师范大学历史与社会学院的支持下，西南师范大学出版社将重庆师范大学和重庆市档案馆原“中国抗战陪都史课题组”编纂的“中华民国抗战陪都史料丛编”更名为“中国战时首都档案文献”，申报国家出版基金项目获得批准，由西南师范大学出版社筹划将丛书全部正式出版。

为此，在重庆师范大学党委和行政的领导下，历史与社会学院组织了一个由学院院长常云平负责、已退休原课题组组长郑洪泉参与的专门的工作班子，与西南师范大学出版社进行丛书的编辑和出版事宜。同时建立了由重庆师范大学、重庆市档案馆、重庆图书馆、西南师范大学出版社和重庆双安文化传播有限公司等单位的有关领导、专家学者组成的“中国战时首都档案文献”丛书编委会，以统筹、协调和推动丛书的出版工作。

由于《国府迁渝·明定陪都·胜利还都》《战时动员》《战时社会》《战时工业》与《战时金融》，已被收入“中国抗战大后方历史文化丛书”系列中，故在“中国战时首都档案文献”正式出版时，没有将这5卷史料收入在内。这5卷史料是前述原“中国抗战陪都史课题组”于1996年初步完成的“中华民国抗战陪都史料丛编”11卷史料的不可分割的重要组成部分，且已经由重庆师范学院科研处于当年写进报送四川省哲学社会科学研究规划办公室的结题报告之中。2012年“中华民国战时首都档案文献”获得重庆市人民政府社会科学优秀成果三等奖，更有力地证明这套丛书是原“中国抗战陪都史课题组”的科研成果。

“中国战时首都档案文献”工作班子会同重庆市档案馆、重庆图书馆等单位的专家学者，以1996年初步完成的“中华民国抗战陪都史料丛编”11卷史料为基础，针对新的情况，对各卷史料进行了较大的整合，对《党派活动》《战时交通》《战时教育》《战时科技》和《战时外交》等资料进行了重新调整补充和编纂。对《轰炸与反轰炸》史料进行了重新调整和增补，形成1卷《反轰炸》专题史料，另外新编纂了《战时政治》和《战时经济》2卷新史料。在增补、重编和新编史料的过程中，增添了新近从国外搜集到的档案文献资料。这样就在相当程度上弥补了由于“中华民国战时首都档案文献”5卷史料未能列入本丛书所造成的内容上的缺失。呈现在读者面前的这套9卷12册的“中国战时首都档案文献”就是这样完成的。

以上是对“中国战时首都档案文献”的由来所做的说明。

为了使读者对本书的编纂价值和编纂思路有一个大体了解，特将本课题组成员在编纂过程中撰写的《中国抗战陪都史初探》《论国民政府迁都重庆的意义与作用》《关于“陪都”史研究的几个问题》《试论蒋介石与四川抗日根据地的策定》等几篇论文编入本丛书《战时政治》后，以供参考。

凡　例

1. 所辑档案资料，一般以一件为一题，其标题以“1.×××（题名+时间）”表示之，且其标题为编者重新拟定；同属一事，且彼此间有紧密联系者，以一事为一题，下属各单项内容，以“（一）×××”表示之，且一般用原标题和时间。换言之，本档案资料的标题级数为三级：“一”；“（一）”；“1.”。

2. 所辑档案资料，不论其原档案文本有无标点，均由编者另行标点；如沿用原有标点者，均加注说明。说明统一采用脚注形式，其形式如后所示。

3. 所有文稿中，编者如遇有其他问题或需要向作者解释和说明的地方，也一律采用脚注方式。

4. 所有文稿中，年份的使用遵重原文，如原文中为公元纪年的，采用公元纪年并用阿拉伯数字表示（如 1939 年 5 月 3 日）；原文中为民国纪年的，采用民国纪年并用汉字表示（如民国二十八年五月三日）；表格中的年份，虽原文为民国纪年且为汉字，但为排版方便计，一律改为其对应的公元纪年且改用阿拉伯数字。

5. 所有文稿中的数字（无论其原文中为阿拉伯数字“12345”或为汉字数字“一二三四五”），按照出版物的有关规定，均一律改为阿拉伯数字（12345）；多位数字（如 123456789）之间，不用分隔符。

6. 所辑档案资料，凡遇残缺、脱落、污损的字，经考证确认者，加□并在□内填写确认的字；无法确认者，则以□代之。错别字的校勘用〔 〕标明之。增补漏字用 [] 标明之。修正衍文用（ ）标明，内注明是衍文。改正颠倒字句用（ ）标明，内注明是颠倒。整段删节者，以〈上略〉、〈中略〉、〈下略〉标明之；段内部分内容删节者，以〈……〉标明之；文件附件删略者，以〈略〉标明之。

7. 原稿中的如左如右，在左、右后面一律加〈 〉，并在〈 〉内加上“下、上”字，如原稿中的“如左”，改为“如左〈下〉”，“如右”改为“如右〈上〉”。

8. 鉴于种种原因，原稿中的一些统计数字，其各分项之和与总数并不相符，为保持档案的原貌，未作改动。

9. 本册档案文献均来自重庆市档案馆馆藏各相关全宗。

MULU 目　录

中央之部

一、国民政府移驻重庆

（一）国民政府迁都重庆的决策

1. 蒋介石：建设新四川的根本要道（节录）[①]（1935 年 10 月 6 日）

……或许兄弟在这个星期要离开成都，大概要两三个月以后，才可再来与各位见面，今天藉此机会，将我临别的一点感想和大家说一说。我自入川以来，直到昨天为止，留心体察四川的情形，总觉得我们中国其他任何一省，都比不上我们四川。你们看，四川的土地广大而又肥美，所产的东西，不仅种类繁多，几乎无所不备，而且量多质美，更为别省所不及。就讲树木吧，到处长得蓬蓬勃勃，繁茂异常。在四川生长几十年的楠木柏木，在其他地方看来，即使长了几百年，也没有像这样高大的。即此，也可见土地之特别肥美。不仅土地肥美，尤其是山川形势的雄伟奇峻，格外难得。在一个地区内，既有高耸万余尺的名山峻岭，更有纵横数百里的沃野平原，实在是中国各省所仅见，再加气候之温和，和人民之众多与勤劳优秀，更增加四川之伟大。

在文化方面，我可以说四川的文化，也是特别的根基深厚。即现在四川一般人民，无论他是城市里的，或是乡下的，无论他是挑担子的，牧牛羊的，或是做其他苦力的，都是吐词文雅，常识丰富，而且很多都是穿长衣的。穿着长衣劳作，在近代眼光看起来，固然不值得提倡，但是这个习惯好不好是另一个问题，我们总不能不承认这是四川文化普遍深远的一个表征，其他各省都不是如此。在另一方面，四川的田野农作很整齐，各种石工木工都特别精致而坚实，人民在劳作技巧上所表现的能力，也是在各省之上的。我昨天到灌县去走了一趟，参观了秦代李冰所筑的都江堰，像这样伟大永久的水利工程，其他哪一个地方，都没有的；虽然陕甘宁夏等

① ′此文为蒋介石在成都各界第九次总理扩大纪念周上的讲演词。

省，自汉唐以来，凿渠治水，工程很多，也远不如四川的工程之坚固伟大。川西因为有此类伟大的水利建设，所以无论哪一年，都没有水灾，也没有旱灾，能够成其为“天府”。由此即可见四川在人文方面，也是很伟大的。四川因为有如此伟大优良的自然环境，与悠久深厚的文化基础，实在是我们中国首屈一指的省份。从前我们在行政区划上有所谓首府或首县，一个国家也应当有首省。四川在天时、地利、人文方面，实在不愧为我们中国的首省，天然是复兴民族最好的根据地。

四川既具有如此优良的地理环境，更有如此深厚的文化基础，我们要恢复四川已往的繁荣，进而建设新的四川，是一件易如反掌的事情。只要我们四川党政军学各界所有的知识分子能够共同努力，一致奋斗，一定比较其他任何一省容易成功，而且成功的更伟大。我们有了这样好的根基，如果还不能好好的建设起来以为复兴民族之基础，那真是对不起我们的祖宗父母，对不起我们的国家民族，更对不起我们自己。

大家要晓得，我们四川在整个国家中的地位是怎么样呢？我们晓得，长江是中国的躯干，而四川居长江之上游，又是全国的中部，所以古人论中国形势，以四川为首，荆襄为胸，吴越为尾。我们一个人，如果头脑不健全不安定，整个身体都受到坏的影响，甚至耳目昏迷，手足失措，最后到死亡为止。国家也正是如此，倘若四川不能安定不能建设起来，整个国家也就没有富强复兴的希望。所以四川的治乱即中国兴亡之关键。今后四川决不可乱，一乱国家就要亡。《大学》说：“知止而后有定，定而后能静，静而后能安，安而后能虑，虑而后能得。”这就是讲，一个人必须先能头脑清健，心神安定，然后聪明智慧才能发挥运用，以成就“修齐治平”的一切事业。国家也复如此。如果四川能知其所止，而后能安定下来，一切渐渐有秩序，有条理，保持平静的态度，则大家就可以观察国家的情势，看清时代的需要，想到我们四川人现在应担负什么责任，做些什么建设事业，于是可以想出种种的计划和办法，按照步骤去努力，以得到最大的成功。如此，不仅为四川全省之福，全国亦必因四川之安定与进步，而得以达到统一与复兴的目的。这个道理，想必大家都可以明白的。

兄弟自到四川和刘主席以及各位同志共事半年以来，共同努力到现在，四川20余年来混乱不堪的局面，已经一天一天的转到可以长治久安的途径。我们今后要照此新的光明大道继续前进，努力将新四川建设起来，以造成国家的健全。各位，我们不怕四川不能建设起来，只怕我们不努力，或是努力而不得其道。

〈中略〉

今当离别，所要对各位讲的话，就是以上几点。总不外希望我们四川从今以后，能够一天一天的建设起来！四川在这20余年以来社会的紊乱，人民的痛苦，可说已经到了极端。这些苦痛，不仅一般民众都经验过，就是各位的父母兄弟和一般亲戚朋友，也是亲身饱尝。当此剥极而复的时期，我们特别要痛定思痛，把握住现在这个国治策安的时期，认识川人对于国家民族所负的重大责任，大家惕励奋发，互相劝勉，和衷共济，除旧布新。希望两三个月以后，兄弟再来四川的时候，一切都有秩序，有条理，从前各种弊病，都能改正过来，种种的建设事业，都能次第开展。藉凭我们得天独厚的根基，一定很容易建设好新的四川，成为中国真正的首省与健全的头脑，藉作民族复兴的基础，以完成我们大家的责任。

原载《政训半月刊》1935年第4、5期

2. 蒋介石：四川治乱为国家兴亡之关键（节录）[①]（1935年10月8日）

我们四川据长江上游，山川险固，民物富庶，自古论中国形势，都以四川为首，荆襄为胸，吴越为尾。现在我们就中国政治经济文化各方面来讲，中国的精华——国家生命的根基是在长江流域。长江流域不能统一安定，无论是华北或华南都不能统一安定。我们四川既居长江上游，又是本部各省之中拥有最广的土地，最多的人口，最大的富源与最好的形势之所在，所以四川的治乱，不但影响长江流域的治乱，而且可以定整个国家的治乱。古语说："天下未乱蜀先乱，天下已平蜀后平"。由这句话就可以知道，四川乱则天下将乱，四川平则天下已平。四川对于中国的关系既如此重要，四川军人的责任也就特别重大。现在各位将领感于匪乱外患之严重，激于爱国保种之天良，与刘总司令共同一致来诚心诚意拥护中央，毅然以安内攘外救亡复兴之大责引为己任，实在是国家前途最大的一种光明！大家今后对于国家民族也必须尽最大的努力，负最大的责任！〈下略〉

我们要真正订大计划，亦要待统一，至少要长江流域能够统一。如果长江的首部——四川不能统一安定，那么头脑动乱，全身必不能安定，新的国家无论如何建设不起来！所以今后治乱国家的兴亡，根本还是要看我们四川如何。国家如果由治而兴，四川一定是功首！国家如果再乱而亡，四川难免为罪魁！所以现在要救亡复兴，当以稳定四川统一长江以巩固国本为第一要着！大家要晓得：今后的外患，一定日益严重，在大战爆发以前，华北一定多事，甚至要树立伪政府都不一定。但是我们可以自信：只要四川能够安定，长江果能统一，腹地能够建设起来，国家一定不会灭亡，而且一定可以复兴！日本人无论在东四省或者将来再在华北弄什么伪组织，都不相干！都不足以致我们的死命！我们今后不必因为在华北或长江下游出什么乱子了，就以为不得了，其实没有什么！只要我们四川能够稳定，国家必可复兴！前回我在军官团和大家说过，即使我们只有我们川滇黔三省存在，仍旧可以复兴。其实不必说川滇黔三省存在，就是只剩了我们四川一省，天下事也还是大有可为！只要我们能努力自强，有四川一省，一定可以复兴民族！我们中国民族素来自来以坚忍自强胜人的。古来多少时代都是讲究修德行义，充实内部。然后以王道的武力向外发扬的。所谓"文王以百里而王"，"夏少康以一旅中兴"，"汤以七十里而为政于天下"；所谓"汤始征自葛载，十一征而无敌于天下。东面而征西夷怨，南面而征北狄怨"；所谓"得道者多助，失道者寡助。……君子有不战，战必胜矣。"都是讲这个道理。我们既明白了这个道理，就不会说地方小便不能复兴。要晓得地方愈小，精神愈团结，事业愈实在，力量愈充实而集中！如此，国家未有不能复兴的道理。我不是夸张的话，我确能自信而且屡次说过：我哪一天遇到危难，哪一天就可以成功！我就是下定决心非胜利不可！我们不怕敌人凶狠，不怕国难严重，只怕自己精神不团结，工作不实在，力量不集中；不怕我们的地方小，只要剩了我们四川一省，就可以复兴中国！我这一段话的真意只是说明四川对于整个国家兴亡的关系之重大，并不是说我们以后只要四川，其他的地方都可以放弃！当然，每一寸的国土，都是我们祖先几千年来心血的结晶——最宝贵的遗产，都是我们国家民族永远安生托命之所，我们哪里可以随便放弃，哪里好不以我们整个国家民族的力量来保持到最后！这个意思，想必各位都很明白，决不会以辞害意。〈后略〉

原载叶育之著：《四川史地表解》，1941年成都出版

---

① 此文为蒋介石1935年10月8日在成都行辕的讲演词。

3. 国防最高会议第五次会议纪录（1937年11月16日）

时间：二十六年十一月十六日下午八时

地点：铁道部

出席者：冯玉祥　覃　振　邹　鲁　吴敬恒　钮永建　魏道明　汪兆铭
张　群　蒋中正　叶楚伧　张厉生　邵力子　张　继　于右任
张嘉敖　孙　科　蒋作宾　王宠惠　孔祥熙　吴鼎昌　戴传贤
何应钦　陈绍宽　丁惟汾　王世杰　唐生智　林　森　俞飞鹏
居　正　徐永昌　李宗仁　白崇禧

列席者：钱大钧　董显光　翁文灏

主席：蒋中正

秘书长：张　群

秘书主任：曾仲鸣

纪录：狄　膺

一、报告事项：

（一）主席报告本会议公推刘湘同志为委员。

（二）王委员宠惠报告：1. 九国公约国会议宣言，重要在第五段，研究共同的态度，丹麦不赞成，瑞典、挪威放弃投票权，宣言书不再送日本公布而已。2. 今日美国国会开临时会，闻将有一段文字公布，专对中日问题而放。此事无前例，希望能积极助我。3. 德使、英代办均来问国民政府办公地点迁移否？4. 英代办来问德国出来调停吗？意大利来调停吗？余答均无所闻。

主席：关于第三点，使馆随迁，交通上格外予以便利，待遇亦宜较好。

（三）白副总参谋长报告：1. 第三战区我自动撤至吴福线本阵地。三月来，我在淞沪抵抗，使国际震动，国民奋发，军队自信。现惟制空权不如而已，如能制空，必获全胜。长期抗战，宜注意到减少损害，故撤至国防线。2. 山西敌大部向晋南，晋东北为游击战，津浦路撤黄河南。3. 今后抵抗，非随便、无计划、非冒险。我当然有一定之目的，因我已有决心，如与作战，须于最后决胜。便以军队力量比，我固不如；以实际形势言，我亦无胜利可能。然而毅然作战者，既非因经济力量日本不毂我，故与战；亦非以我经济力充实而与之战。如以四川为国民政府办公所在，日本政府来消灭我在四川之国民政府，需要三年。如此长期，需要许多力量，日本必无幸，此其一。我国民政府不会消灭，国际形势有变迁，日本不能支持，此其二。埃塞俄比亚国联让他失败，以至于亡，诚为我之大教训。但我中国决不会做阿国，日本绝不能灭亡我，即加几个日本，亦不能灭亡我，此其三。我今以革命之主义与日本抗战，越抵抗越有胜利之把握，惟妥协是要不得的。盖华北占领，上海划定，是日本惟一之目的，我不与和，日本目的不能达到，我处于主动地位，日则处于被动地位。抗战出其不意，日处被动一也。我不与和，被动二也。我站在主动地位，以不利形势来定计划，且已超过预想而为有利形势。我死伤30万人，在国际上造成新形势，意、德、日防共协定与九国公约国之开会，世界各国形成两大对立，我为之也。我抵抗越久，各国必干涉远东事情，日本处于孤立。凡事已发动，便有成功。日本占上海后，气焰大张，英必不能忍，美也不能忍也。如无此三月作战为运动战、游击战，凭恃广大民众之武力，与军队配合，可以减少死伤，长期抗战。

（四）孔委员祥熙报告：1. 敌以察南银行票易中央银行票，在上海方面且有企图，其目的在利用当地金钱，以补战事损失之浩大。2. 上海失陷后，购外汇加多，但均为正当用途。3. 美又购银 1000 万两，目的在维持我法汇；又允新借款 15000 万美金，表示在可能范围助我。

（五）汪副主席报告《非常时期中央党政军机构调整人员疏散办法》。

（六）主席报告：国民政府迁移重庆办公，今晚敬将意义报告。上海兵退，山西太原被占，我处于失败形势，但此种失败形势，是早知道的，并非意外。我仍居主动地位，将来胜利亦居主动地位。自九一八以至长城战役，我常计虑如何与日本抵抗，使国家转危为安，思之甚久，方案难定。自前年军队剿匪到了四川，我决定一抵抗日本之初步计划。盖有了四川作抗日后方，始作抗战准备。此番战争，自上海打起，我不想在上海、在南京、在武汉以南可与日本打仗。我力虽不如日本，但两年以来，大家共同一致之准备及同心一德之统一，把握比前加多，能再待一年、二年、三年，自然更好。敌人不容我待，故力虽不及，亦抵抗之。现决不如是国际形势虽然如此，但我决不期待，我所期待者，国府迁渝以后，政府同仁，党部同志，大家努力革新，有新的气象，新的观感。不能认作南宋苟安局面，团结一致，持久抗战，转败为胜，转危为安，国家复兴之基础，于是焉立。

（七）国民政府林主席报告：我不愿离开南京，不愿先有举动，现既众意议决国民政府迁移是为战略关系且只可迁移一次，故本人今晚乘军舰上驶。自战事开始以至于结束以前，所有党政一切均交给大元帅，一切取决于大元帅。故无甚不方便。迁移重庆办公宣言草就电知，当即下令。

讨论事项：

1. 决议：现为长期抵抗日本侵略起见，中央党部、国民政府迁移至重庆办公。

台湾中国国民党党史委员会会藏档案：009/1

4. 国防最高会议为决议迁移重庆办公致国民党中央执行委员会、中央监察委员会、国民政府密函（1937 年 11 月 17 日）

迳密启者：本会议第五次会议决议：“现为长期抵抗日本侵略起见，中央党部、国民政府迁移至重庆办公。”相应录案，函请查照办理为荷。

此致

中央执行委员会

中央监察委员会

国民政府

国防最高会议

台湾中国国民党党史委员会会藏档案：006/59

5. 蒋介石：国府迁渝与抗战前途[①]（1937年11月19日）

抗战开始至今已3个月以上，赖中枢各同志同心一德，艰苦维持，使前方部队，勇气日增，全国同胞，感动奋发，暴日到了今天，应已知道中国的力量不可侮了，关于军事情形，刚才副参谋总长已有说明，外交财政亦均有各别报告，不待赘说。目前淞沪外围以至苏常一带的战事，日益紧张，暴敌陆续增援，似乎我们的军事应付处于更艰难的地位，北战场自敌人占领太原后，亦形不利，但就全局来观，我们并未失败，要知道此等情形，原来并非意外，而是为我方开战时所预期的。军事上最重要之点，不但胜利要有预定计划，即挫折亦要有预定的打算；不但胜利要立于主动地位，就是退却也要立于主动地位。然后一时的挫折，不致有全盘溃败之忧。而可以把握最后的胜利。今天我们主动而退，将来即可以主动而进，大体上说来，是不足虑的，依照预先想定的抗日计划，步步实现，并无错误，更不能说是失败。这是应当首先向各位报告的。

自从九一八经过一·二八以至于长城战役，中正苦心焦虑，都不能定出一个妥当的方案来执行抗日之战。关于如何使国家转败为胜转危为安，我个人总想不出一个比较可行的办法，只有忍辱待时，巩固后方，埋头苦干。但后来终于定下了抗日战争的根本计划。这个根本计划，到什么时候，才定了下来呢？我今天明白告诉各位，就是决定于二十四年入川剿匪之时。到川以后，我才觉得我们抗日之战，一定有办法。因为对外作战，首先要有后方根据地。如果没有像四川那样地大物博人力众庶的区域作基础，那我们对抗暴日，只能如一二八时候将中枢退至洛阳为止，而政府所在地，仍不能算作安全。所以自民国二十一年至二十四年入川剿匪之前为止，那时候是绝无对日抗战的把握，一切诽谤，只好暂时忍受，决不能没无计划的将国家牺牲，真正为国家负责者，断不应该如此。到了二十四年进入四川，这才找到了真正可以持久抗战的后方。所以从那时起，就致力于实行抗战的准备。

现在我们自八一三淞沪开战以来，将士们英勇抗战到了今天，虽然牺牲惨重，已使敌人胆寒，这都因为抗战已有了预定计划，所以前方杀敌，格外安心，如果在四川根据地没有建立以前，那不仅上海不能作战，就是在南京在汉口亦不能和敌人抵抗。回想民国二十四年夏间，敌人是如何的凌逼我们，那时我们忍辱负重，将党部迁移，命中央军队退出，这种空前的侮辱，不是常情所能忍受的。那时节，后方没有确实的基础，军事还没有完成必要的设备，又值夏间水涨之时，敌人的海军溯江而上，一直可以到宜昌，甚至小军舰可以到重庆，如果轻易开衅，国家不堪设想。因之无论如何，只好忍痛下去。如果在九一八当时，一·二八当时，以及民国二十四年敌人在平津横暴侵逼的当时，我们只要有十分之一的把握，在战局上稍有运用的机会，老实说我们亦毫不迟疑地起而抗战了。但彼时一切均无把握，徒然将国家民族牺牲，于心实有所不忍。这几年来，我们埋头苦干，积极准备，同心一德，完成统一，到这次芦〔卢〕沟桥事变发生为止，我们的国内形势和军事准备，比之以前，当然有更多的把握。可以说较之民国二十四年已增加了一倍，而较之一·二八与九一八当时，增加了二三倍还不止。我们国防上已经有初步的准备，如果尚有和平可能，当然要迟延二三年，再过三年，我们的国防力量，当然格外不同，但敌人不能等待，时机不能许可，情势已至最后关头，自然要和他抵抗，不过我们今天并不是无计划，也更不是冒险，可以说，敌人在事实上已立于失败地位，而我们是有一定的目标的。

---

① 本文系蒋介石在南京国防最高会议上的讲演词，原载中国国民党中央党史委员会1974年编印《总统蒋公思想言论总集》卷14（讲演）。

这一次战斗，决〔绝〕不是半载一年可了，一经开战，一定要分个最后的胜败，现在如单就军队力量比较，当然我们不及敌人，就拿军事以外两国实际国力来较量，也殊少胜利把握。但为什么我们这次毅然决然与之正式作战，而毫不犹豫呢！这并非如一般所想，日本经济力不能维持长久，或是说我们的兵力和自然条件可以维持到多少久，我们的着想点，并不在此，我们决心抗战，且有最后胜利的自信，是由于下面三个根据。

第一，自从二十四年开始将四川建设成后方根据地以后，就预先想定以四川作为国民政府的基础。日本如要以兵力进入四川来消灭国民政府，至少也要三年的时间，以如此久长的时间来用兵，这在敌人的内部是事实上所不许，他一定要失败的。我军节节抵抗，不惜牺牲，就希望吸引他的兵力到内地来，愈深入内地，就于我们抗战愈有利。

第二，只要我们国民政府不被消灭，我们在国际上一定站得住，而敌人骄横暴戾，到处树敌，他在二三年以内，一定站不住，决不能持久下去的，所以我们决不怕消灭，一时一地的得失，无害于我们的根本，我们的唯一方针，就是要“持久”。

第三，鉴于阿比西尼亚的事例，有若干人不免对国际正义失望，阿比西尼亚为国联会员国，最后国家灭亡了，而国际无法援助，这固然是一个很大的教训，但我们中国决不做阿比西尼亚，要知道阿比西尼亚在地理上和军事上的条件，与我们中国有很大的不同，我们不独幅员广大，而且有极坚强的抗敌意识，越到内地，这种意识越普遍，所以日本决不能亡我，就是再多几个日本，亦不能亡我，日本如果以意大利来比拟自己，他就一定要失败。

因此我可以断言，我们的国家绝没有灭亡的危险。我们的后方有巩固的根据地，虽然前方军事或有局部的失利，只要国府存在，必与之抵抗到底，这是对日抗战最主要的条件。军事上即或失败，而我们的政府，我们的党和我们三民主义，决不会消灭。越抵抗就越有精神，所以此刻决不能因军事失利而希望停战和妥协。这是万万要不得的，日本的心理，最好就是趁华北在手上海得利的时候，与我言和。但是如此妥协，不知道要多少年以后，才能翻身，或许是永远不能翻身。所以我们今天决不能与之言和。如此他目的不达，就占于被动的地位，而陷于极大的不利。因为第一层，他这次并没有想到中国会和他抗战，仓卒〔促〕调兵，陆续增援，他第一步已陷于被动了。第二步他以为华北和上海失利以后，我们就要内部动摇，不得不同他讲和，但现在又出其不意，拒绝与之言和，他第二步又陷于被动的地位了。如此敌为被动，我为主动。客主之间，军心士气的高下，全盘战局的利害也就于此可见了。

我要郑重告诉各位同志，抗战开始以来的战局，其失利的程度，并不曾超过我们预想以外，我们早就依预想失利的形势而定下了一贯的计划。所以就军事言，用不着忧虑。而就一般形势来说，则我们中国已经获得成功。3 个月的抗战，30 万将士的死伤，已经造成了国际新形势。如果没有中国这 3 个月的抗战，不会有德意日协定。不会有比京九国公约国会议。亦不会促成对抗侵略阵线的联合阵线。现在侵略国家的对面，一定会产生一个英、美、法、苏的联合阵线来，可以说国际形势，已被我英勇抗战所改造了。如果我们继续努力抗战下去，一定可以达到各国在远东敌视日本，包围日本的目的。一定使日本陷于绝对的孤立。这个目的是不远的。是很容易达到的。日本占领上海以后的气焰，各国是受不住的。尤其英国是决不能忍受的。如没有这 3 个月的抗战，日本的排英不会如此剧烈。英日不会交恶到如此地步。英国的海军军备，虽然要到明年年底才能完成，但日本占领上海以后，他的气焰，简直如同疯狂，日本必将逼得英国迫不及待了。我说这句话，不是说外交已经好转到绝对靠得住，不过我们所预想和预期的形势，确实已一步一步地实现。而且九国公约国的发动，和英日交恶的形势，是出乎意外的提早实现了。固然我们抗战不能观望外交的形势，不可依赖国际的演变，我们为国家为民族争生存，应该有独立自主的打算，但对于敌人所处的地位，不能不有详细观察，来决定我们的作战方案。

单从军事来说，敌人的危险比我们更大。日本国内矛盾太多了，老少不一致，海陆不一致，财阀不一致，军阀本身也不一致，至于一般人民，对于侵略战事，更是莫名其故，他侵略中国，已将六年，东三省的治安，至今尚且维持不了，如果他深入华北和内蒙，占地愈大，派兵愈多，旷日持久，师老民怨，断不是他先天不足的国力，所能应付的。而且中国抗战一天不停，他就欲罢不能，而要跟着作被动的冒险，现在他要侵入长江以南，这种计划，绝不是他事前所想到的。他现在如冒险前进，想要进攻南京，那就是他失败的开始，不必到四川，他就一定要失败。试想以六七十年来积储的国力，不照预定计划，而行险侥幸的陆续送到中国战场上来消耗，这不是于他有利的国策，所以敌人非失败不可。我这一段话，都是实在情形，只要我们国内共同一致，含辛忍苦，不惜牺牲，持久抗战下去，定可转败为胜，转危为安，打倒了侵略的暴敌，以达成我们民族的复兴。

现在中央已经决议，将国民政府迁移到重庆了。国府迁渝并非此时才决定的。而是三年以前奠定四川根据地时所早已预定的，不过今天实现而已，今天主席以次均将陆续出发，希望政府和党部同仁迁渝以后，秉承主席教导，对于一切职务，不但要照常努力，而且要积极整顿，格外振作，在艰苦之中，力求革新和精进，总要使有一番新气象，来安慰前方的将士，激勉后方的军民。切不可因为距离战场辽远了，而精神意志懈怠下来，无形中造成如南宋时代苟安的局面。今后国家存亡，民族安危，还在各位同仁是否真能表现革命的精神，实行革命的职责，总要痛念国家艰危，将士牺牲，和人民痛苦，自勉自强，善尽责任，到处表示我们长期抗战的决心，和最后必胜的信心，无论到什么地方，必须要革除惰习，造成蓬蓬勃勃的新气象，使国民有所激劝，国际上也得到良好的观感，以配合我前方的浴血战斗，达成抗战最后的胜利，这是本席今天衷诚恳切的期望。

6. 国民政府移驻重庆宣言（1937 年 11 月 20 日）

自芦〔卢〕沟桥事变发生以来，平津沦陷，战事漫延，国民政府鉴于暴日无止境之侵略，爰决定抗战自卫，全国民众，敌忾同仇，全体将士，忠勇奋发，被侵各省，均有极急剧之战斗，极壮烈之牺牲。而淞沪一隅，抗战亘于三月。各地将士，闻义赴难，朝命夕至，其在前线，以血肉之躯，筑成壕堑，有进无退。暴日倾其海陆空军之力，连环攻击，阵地虽化灰烬，军心仍如金石，临阵之勇，死事之烈，实足昭示民族独立之精神，而奠定中华复兴之基础，迩者，暴日更肆贪黩，分兵西进，逼我首都，察其用意，无非欲挟其暴力，要我为城下之盟。殊不知我国自决定抗战自卫之日，即已深知此为最后关头，为国家生命计，为民族人格计，为国际信义与世界和平计，皆已无屈服之余地，凡有血气，无不具宁为玉碎，不为瓦全之决心。国民政府兹为适应战况，统筹全局，长期抗战起见，本日移驻重庆。此后将以最广大之规模，从事更持久之战斗，以中华人民之众，土地之广，人人本必死之决心，以其热血与土地凝结为一，任何暴力不能使之分离，外得国际之同情，内有民众之团结，继续抵抗，必能达到维护国家民族生存独立之目的。特此宣告，惟共勉之。

中华民国二十六年十一月二十日 主席 林森

原载《四川省政府公报》第 100 期

（二）国民政府迁都重庆的经过

1.《国民公报》关于国民政府及所属各院部在渝寻觅办公地址的报道（1937 年 11 月 23 日）

（又讯）此间军政当局，连日均忙于布置各部院办公处所：国民政府及行政院，已决定设在大溪沟高级工业中学，该校昨晚可望全部迁完，同时大门已拆，昨晨起开始由基泰工程师事务所改建中。中央党部设在上清花园；中央党部职员宿舍，则设在行将竣工之上清寺聚兴诚银行职员宿舍；监察院、考试院设在陶园；司法院、立法院、司法行政部三机关，设义林医院；至于林主席私邸，闻暂设潘仲三公馆，另一说，有暂借李子坝刘主席私邸之准备，已有电致南京商洽云。

原载《国民公报》1937 年 11 月 23 日

2.《国民公报》关于林森行程的报道（1937 年 11 月 26 日）

（本报特讯）林主席所乘民风专轮，昨晨由万西上，原定昨夜宿汤元石，今日（二十六日）午后 4 时半乃能抵渝，复因此间党、政、军、警、商、学各界有隆重之扩大欢迎会，恐抵埠登岸，需时较久，特嘱民风轮加速马力，于昨晚 6 时赶宿涪陵下游 20 里之黄桷嘴，计时今日（二十六）午后 1 时许，即可抵渝，各军政领袖并定今日午前 11 时，乘民选轮驶赴下游 20 里唐家沱恭迎元首，代表全市人民致敬。

（中央社）国民政府移驻重庆之消息传来后，全国人民对政府坚决抗战之决心，更形热烈拥护，日来各方纷电欢迎者，不可数计，尤以本市各机关各民众团体，一致加紧布置欢迎事宜，记者今日（二十五日）午后环巡马路，见各重要街口均悬触目惊心之标语，各街道市〔面〕清洁可观，储奇门扎有伟大之彩坊一座，凡所经路线，无不焕然一新。由此可见我川民众拥护元首之热忱。兹据可靠消息，林主席及国府各高级长官所乘之民风轮，计程昨日（二十四日）安抵万县，今日（二十五日）6 时可赶宿涪陵黄桷嘴，明日（二十六日）午后 3 时左右即可抵达渝市。又此间民生公司于是日特备民津轮为林主席乘坐登岸，并派民选轮载各高级人员前往唐家沱恭迎主席并致敬云。

（本报万县二十五日上午 9 时发专电）林主席所乘民风轮于二十五日晨 6 时，离万西上，程专员、刘司令、刘旅长及各界代表军警等约数千人，齐集码头欢送，鸣礼炮 21 响，军乐齐鸣，专轮于欢呼声中，徐徐离岸。林主席随从甚简，仅参秘两处人员 16 人，驻万宪兵营长余翼群特率宪兵一排，护送西上。

（本报成都二十五日下午 1 时 40 分发专电）战区刘湘司令顷被推为国防最高会议委员，刘所部各师全数调前线参战，林主席抵渝，刘为表示翼戴，二十五日由京电林，遥申迎忱，并饬李根固为林布置官邸，刘顷调郭文钦、彭诚孚赴前方观战，郭定二十八日飞渝，彭定二十六日飞渝转京。

（本报二十五日万县航讯）林主席偕吕超参军长等一行，乘民风专轮西上，于昨日（二十四日）午后四时四十五分到万，船泊杨家街口民生码头。事前专署奉省府电令，统率全体官吏军民，于林主席到达时，整队恭迎。专署及县党部事前已通知各机关法团，届时参加欢迎，并饬全市商店居民悬挂国旗，张贴标语，在杨家街口及万安桥上，各赶扎彩色柏枝埠坊一座。全县充满欢腾气象，十足表现民众对元首之崇敬。

正午稍过，专署得奉节县府电告，林主席专轮已过奉西上，时各界代表已齐集码头鹄候，自由参加欢迎之学生民众，总数达三万以上，军警全体出动，沿街警戒。程懋型专员、刘光瑜司令、刘旅长等军政首长，齐上民生囤船迎候。由杨家街口到西山公园沿途中，两旁人山人海，咸以为主席将游览西山公园，藉以瞻仰。

民风抵岸，礼炮21响，军乐齐鸣，欢迎民众，齐呼口号，程专员复登轮晋谒林主席致敬，请林主席登岸休息。主席以长途疲劳，辞未登际，随即垂询政务甚详，训勉督率部属民众，在此民族存亡之际，努力生产建设，积极工作。主席为答谢沿岸民众热烈之欢迎，步出船沿，频频点首，岸上民众，全体鞠躬致敬礼，并高呼："林主席万岁"。主席遂派吕超参军长登岸代表训词，对各界民众慰勉有加，晓以大义共起救亡，尽我神圣天职。词意诚挚，听者无不动容。

本报记者登轮觐见林主席，当由吕参军长代见，发表谈话如下，略谓：此次国民政府移渝，有重大意义，一为表示长期抗战，政府已下最大决心。为建设四川、云南、贵州后方国防，我政府自与暴日抗战以来，时历数月，在海军方面、空军方面的数量，自然是不及敌人的多，我们所恃者为陆军。以军火相较，当然赶不上日本，我们之所以必战者，为最后之胜利。最后胜利如何取得？在能长期抗战，无论如何威胁，都不屈服。国府移渝是表示了对抗战已有持久的决心，凡地方得失，是不足忧虑的。假使不幸南京失守，以至于汉口都为敌人占领，只要我们坚决到底，毫不屈服，敌人自必崩溃，最后胜利必属我们。又我们抗战既是持久，关于军事上之各项工业，极〔亟〕待设法补充，使接济前线源源不断。川滇黔为后方要地，各项物产均极丰富，亟须从事建设，以资补充。所以国府移渝，第二个意义就是建设川滇黔后方国防。我国为了人道正义，为了世界和平，为了民族生存，深得国际同情。九国公约之召集，就是一个例子；英美法之积极维护，苏联之热烈援助，对于我国有很大的利益的。四川为复兴民族之根据地，国府又迁移四川，关于四川今后之政治、经济、建设、教育诸端，自当力谋改进。中央对四川依畀甚重，刘湘主席现在京的地位很高，任最高国防参议委员会委员，一切军事机密，均在参与。川军调在南京，所负的使命也是非常重大，这可说是川人的光荣。川人今后的责任，比任何省份的人大，对政府一切措施，及前线一切补充，如过去广东民众，随同总理创造革命，在未成功时，广东人对革命是如何的努力，如何的牺牲一切。现在广东人的地位，在国内是很高的。川人亦应效法广东人革命之精神，为国宣劳，为世所重。至川省农村近来因天灾水旱，已濒凋敝。现国府既已移川，国内各界自必向川投资，农村自可一天一天的繁荣起来。万县为四川门户，新闻界同仁所负的使命重大，在过去是有很好的成绩，可不必说。今后希望硬干、实干、苦干的精神去领导民众，努力为社会服务。但新闻界同仁本身必须检点自己，约束自己，事事要以身作则，否则自己的行动不足为人表率，又如何为民众喉舌去领导民众呢？希各位本此原则做去，今后的前途，一定是很光荣的云。

原载《国民公报》1937年11月26日

3.《国民公报》关于国府主席林森抵渝，重庆各界举行隆重欢迎的报道（1937年11月27日）

昨日气候阴沉，白雾迷天，一若象征当前之国难，而国旗飘扬，人心激奋，则又为数年来所未有，晨六时起，公共汽车驶进市内，车首均悬小国旗，缀彩花，由朝天门、小什字经都邮街、七星岗、两路口至大溪沟之各大冲要地带，均扎有松柏五彩牌坊及“欢迎国民政府林主席”之红字横幅白布标语，11时许，行营李总务处长、第一科庞科长、航务处何处长等特先乘汽划，转乘民选轮赴唐家沱恭迎，并预为布〔部〕署更换民风领江等事。同时城内军警宪各部队及各大中学校之军训学生队童子军，均先后齐集储奇门码头，由河岸起，延亘至三牌坊一带，行伍整齐，精神奋发，至12时许，本市各党政军学商机关法团少校以上阶级之代表六七百人，亦齐集江干，经宪兵第三团长袁家佩司号整队恭候林主席，2时许行营主任贺国光、川康绥署川省府特派代表王陵基、市长李宏锟、行营总参议夏斗寅、师长许绍宗、处长杨芳毓、中大校长罗家伦、重大校长胡庶华、教育学院院长高显鉴，以次军政首长10余人，乘车而来，即登停泊码头，“民律”专轮正升火待发时，朱叔凝、傅用平2人最后赶到此亦即登轮驶往下游，前往迎接。

民风轮驶到鸣礼炮致敬

贺主任等登轮晋谒林主席换乘“民律”“民风”专轮驶进江北嘴，我军舰鸣礼炮21响致敬，继续上驶于太平门羊角滩，与“民律”专轮相遇，“民律”鸣笛3长响，表示敬意，随及掉头上驶，至人和码头（邮政码头）两轮相靠，贺国光等即登“民风”专轮，谒林主席致敬，并迎林主席、吕超参军长一行16人换乘“民律”（因水位过浅，“民风”不能直达储奇门码头）。“民律”高悬万国旗，船身遍扎彩花，张贴恭迎林主席标语，于船舱中，估设茶座。林主席登“民律”轮后，逐一接见各代表，入座后与贺国光接谈，次即与朱叔凝点首为礼，复垂询罗校长中大全部迁竣否。记者于此投卡晋谒林主席，当由吕超参军长代表接见发表简略谈话，略谓：“关于政治方面，国府移渝宣言，已明显昭示，今后政府决抗战到底，全民族一致动员，定能获最后胜利，川军刻在前线杀敌致果，川民更应一致奋起，于政治、经济、文化各部门努力推动。刘司令长官，在京出任某要职，川军定能为川人增光。”谈至此，吕氏语气转入沉重，“四川在此机会，实负有极大之责任和使命，现前方抗战正紧，来日方长，我政府已决定开发云贵川三省，建设国防工业区，尚望新闻界极力鼓吹，促起后方人民之注意。”至此，本报记者叩询吕参军长“已有多少年没有回过故乡，”吕谓：“我在民国十六年曾回川一次，但以往之事，均不必提及，只有今后的问题，才是我们必须努力去做的工作，我认为今后四川人的一切行动，即可以造出一个新的历史，现刘主席正在南京计划战事，我们在后方，尤其是在四川，应当运用一切力量，源源供给。四川过去的坏只有一点，就是不团结，今后人民如能为首位，用伟大的四川力量来复兴民族。我今天登岸后，见城内外市政繁荣，较十年前进步极多，这是很好的现象。”继有人询林主席过去曾否来川，吕氏答谓：当民国九年云南护法之役国会移川时，林主席曾莅渝一次，系住张家花园云。到此记者与辞而出，驱车返城，则满街车轿拥挤，倍觉热闹云。

军乐声中“民律”靠岸林主席下轮

忧国之情溢于眉宇车行极缓民众致敬　至3时1刻，汽笛一声，满缀彩花之“民律”专轮，即徐徐停泊码头，在军乐悠扬声中，全体欢迎人员肃立致敬，林主席缓步下轮，着青色呢斗蓬〔篷〕及国礼服，持黄色手杖，美髯斑白，精神矍乐，态度和穆而严肃，目光前视，默然无语，忧国之情，溢于眉宇间，频频以右手举至胸前答礼。此情此景，令记者深深感奋。途中军政首长曾三请登车，而元首均予拒谢，最后始乘行营特备贴有“国府”二字之专车“4103”号入城，车前有警卫车二辆先行，吕参军长乘4147号随后，其余军政首长10数人，则分乘汽车16辆殿后，沿新丰街、打铜街、小樑子、都邮街、售珠市，出通远门，马路沿途戒备森严，五步一岗，十步一哨，而市民立阶前夹道致敬者，仍不下10万人，车行极缓，至5时1刻，始抵离城五里之李子坝刘主席私邸休息。本报记者随车前往投刺请谒，由万县护卫来渝之宪兵第三团第一营长余翼群代为招待，时各报记者先后集于会客厅中，便中询问林主席途中情形。

吕参军长代见记者发表谈话

民族前途毫不悲观希川省新闻界动员舆论 旋参军长吕超着上将戎装，代表林主席接见记者，吕体格魁梧，精神爽健，侃侃而谈，首先对重庆新闻界之进步表示欣快，继对当前国际大患，提出中心之批判，认为必须团结全国上下一切力量以贡献政府，始能应付最艰险之国难，故战争之胜败并不足计，人心若涣散，乃为可惧之事，为吾人能效法土耳其德意志，则复兴民族，庶可预期，法国在欧战期中，卒因粮食缺乏，内起革命，全民意志不统一，主战者不能贯彻到底，以致失败，但不数年而全国觉醒，复兴势力与日俱增。中国今日之局势，固早在吾人意料之中，“九一八”以来，经过六年的敌人侵略，国人皆相继觉悟，群谋充实国防，可憾者，七八年来，有共产党之不合作，待剿匪平定之后，而党内同志，又起分离，如西南事件之发生，好在举国军民，皆走上统一的战线，今后唯一希望，即盼全国人民了解政府，完成国家未来之事业。现在大家皆知共产党已服从三民主义，加入作战，过去政治上的问题，已完全消除，各党各派，均集中国都，共谋收复失地，故目前之失败，并无何种关系，民族前途，毫不悲观。吕参军长语至此时，更特别提请川省新闻界同志，应积极动员舆论指导民众，认清救亡工作，辅助政府之一切救亡方针。

林主席在官邸延见各领袖明晨举行欢迎大会

（中央社）主席抵李子坝官邸后，行营贺主任①、夏总参议②、省府绥署代表王陵基、中大校长罗家伦、重大校长胡庶华、市府李市长③、警备部李司令④、警察局王局长⑤、省委甘典夔、市党委龙文治、龚一唯及各界领袖等，随往觐见致敬，主席当在客厅延见，对川中各情及本市建设近况，多所垂询，约谈片刻即先后辞出，继本市新闻界亦接踵至官邸，请谒致敬，主席以长途劳顿，亟待休息，当派吕超代见，并发表谈话（见另文）述国府移驻重庆之意义，并勖勉国人精诚团结，协助政府抗战到底，我必可得最后之胜利，主席于民九曾一度游川，故此来对于川中一切情形，频为关怀，在欢迎之“民律”轮中曾对罗家伦氏详询一切，并对中大移渝后之校务近况，亦多所垂询。现渝市及江巴各界以元首莅渝主持抗战大计，异常振奋，特定本月二十八日午前9时，在夫子池公共体育场举行盛大欢迎会，以示崇敬。此次随同主席来渝者，计有吕超参军长、王参军右瑜、林科长叔向、邓秘书亚瑰、吴秘书国权、李秘书筱亭、段书记官琪湘、陈科员天元一等16人。其余参军、文官、主计处三处人员尚在途中，约一、二日内即可完全到达。

原载《国民公报》1937年11月27日

① 即贺国光。
② 即夏斗寅。
③ 即李宏锟。
④ 即李根固。
⑤ 即王资军。

4.《国民公报》关于行政院通电移渝办公的报道（1937 年 12 月 1 日）

（中央社）政院自奉国府明令移驻重庆后即随国府西移，该院一日通电各省市政府，西康建省委会，威海卫管理公署云：本院依照中央决议兹经移渝办公，转电知照。

原载《国民公报》1937 年 12 月 2 日

5.《国民公报》关于国民政府各院部会官员陆续乘轮西上的报道（1937 年 11 月 28 日）

（本报万县二十七日下午 9 时 55 分发专电）国府主计长陈其采、文官长魏怀等 500 余职员，二十七日午后抵万，定二十八日晨西上赴渝。

（本报特讯）中央党部、行政院、立法院、司法院、监察院、考试院及司法行政部、教育部、实业部、内政部、铨叙部、审计部、最高法院、卫生署以及国府所属各部专门委员会等各机关奉令移驻重庆办公之一部分科长以上人员及随员等，已于二十日前后分批离京，搭乘民生、招商、三北等公司轮船，陆续西上。闻民贵轮二十五日已离宜昌西上，该轮搭有重要官员多人，预计二十九日午前即可抵渝；民政轮二十六日离宜入川，三十日可到；民权并载有政府重要档案极多，二十日离汉口二十七日过宜，下月一日可抵重庆云。

（本报特讯）国民政府于二十日宣言移驻重庆，除林主席率领文官、参军、主计三处一部分官员先期离京，已于前日安抵渝外，其余官员暨参军处所率国府卫队、军乐队等，正启程在途，一周后即可全部到达。

原载《国民公报》1937 年 11 月 28 日

6. 中国国民党中央执监委员会为移重庆办公致国民政府各院会电（1937 年 12 月 6 日）

重庆。国民政府行政院、立法院、司法院、监察院、考试院、蒙藏委员会公鉴：本会经决议迁移重庆，兹于本月六日在渝开始办公。特电达查照。中国国民党中央执监委员会。鱼。印。

重庆市档案馆馆藏档案：0051-1-431

7. 国民政府主席林森在国民政府移渝后首次联合扩大纪念周会上的报告词（1937年12月6日）

国府、中央党部于十二月六日9时在范庄风雨操场举行移驻重庆后第一次联合扩大纪念周，中央及地方各机关长官并各学校校长等均出席参加，计到叶楚伧、邹鲁、丁惟汾、吴敬恒、钮永建、覃振、吕超、魏怀、陈其采、王一壮、闻亦有、罗家伦、谢冠生、贺国光、夏斗寅、李宏锟、李根固、胡庶华、关吉玉等，及国府中央党部全体职员等共五百余人，由林主席领导，行礼如仪后，即席报告。兹将林主席报告原词录志如次：今天是中央党部与国民政府移驻重庆后第一次联合纪念周，本席有许多的感想，所以趁此机会向各位说几句，现在的国难，可说是严重已极，全国的战争，北方在河北、察哈尔、绥远、山西、河南、山东，南方在江苏、浙江，都很惨烈，同时内地各省也都在敌人飞机炸弹威胁之下，战区之广，战事之烈，为吾国有史以来所未有，我们在这种严重的时期，要抗制敌人的侵略，保守领土的完整，只有全国上下一致团结，作长期的抗战，才有生路，除此以外，别无善策，在这几个月以来，前方将士，成仁取义的已经不可胜数，论他们那种的精神，那种的气节，实在可以感天地泣鬼神。他们为什么要那样的去拼命，就是因为敌人要灭我们的国家，得寸进尺，不抗战无以救亡，与其坐而待亡，受人宰割，不若淬厉奋发，以图生存。所谓拿牺牲来博取代价，就是这个意思。证之我国古时少康有众一旅，有田一成就可以复兴夏业；勾践卧薪尝胆，生聚十年，教训十年，终于将吴国灭了。又证俄法之役，俄国政府曾退到堪察加，虽其国都曾被蹂躏，终能发奋图强，而为世界强国；土耳其与希腊交战数月，移都安哥拉，受过极大的牺牲，后来仍努力复兴，成为独立国家。就这种种的先例看来，任何国家，无论经过如何的艰难险阻，果能本其卧薪尝胆精神，全国上下，一致奋斗，胜勿骄，败勿馁，持以毅力，百折不回，国家莫有不能复兴的，民族莫有不能生存的。政府现为适应战况，统筹全局，便于长期抗战起见，移驻重庆办公，实抱有最大的决心。中央各机关职员，大都已陆续到达。当这样严重紧张的时候，前方的将士，都在那里一致奋斗，再接再厉，我们在后方的公务员，比较总算安逸。但目前的责任比平时更繁，职责比平时更重，自应尽心竭力，刻苦耐劳，加紧工作，增进行政的效率，来做前方将士的后盾，那才对得起国家，对得起将士民众，这是本主席希望大家注意的。至于个人私德方面，也应自检束，要爱惜时间，勿荒勿嬉，勿作无谓应酬，勿以精神耗于无用之地，举止行动，处处留意，对于财力、物力更要格外节省，积蓄起来充实抗战的力量，能够这样，才算尽职，才可为民众的表率。以上都是要南京迁来的各机关同志一致注意的。此外本主席对于当地各机关的公务人员也有几句慰勉的话，本主席此次到渝，见到地方建设的进步，公务机关工作的努力，以及一般军民热烈的情绪，实在是难得，衷心非常欣慰。不过当此国家存亡的关头，我们既已决心抗战到底，还希望地方机关领导民众，继续不断的努力，各级官吏，尽其职守，各个尽力，内外相继，团结一致，那末更可表现共赴国难的精神，将来最后的胜利，可操左券，这是本席所最希望的。

原载《四川政府公报》第101期

8.《国民公报》关于国民党中央执监委员会在渝举行联席会议的报道（1937 年 12 月 7 日）

（中央社）中央迁渝后，于本日上午 10 时举行执监委员会常务委员联席会议，到林森、吴敬恒、丁惟汾、邹鲁、叶楚伧等五委员。由邹委员、鲁主席，当议决通告各级党部及各机关，本日在重庆开始办公。

（本市特讯）自国府宣言移驻重庆后，行政院所属各部会，即由京迁汉办公，日前该院又通电移渝，然为事实上之需要计，财政、铁道、外交、交通等部，仍将暂留汉口，其余即将西上。据昨传外交部移驻重庆，顷据官方消息，短期内尚不克实现，至公园涨秋，系订为外交部驻渝办事处地点云。

（本市特讯）旬日以来，国府及各部院会职员由汉、宜等处乘轮到达此间者，络绎不绝，昨日午前 10 时驶渝停泊南岸羊角滩之民康轮，又续载有职员百余名抵此。中计考试院及考试院铨叙部职员 30 余员，由铨叙部次长马旭楼率领，此外为考选委员会及监察院审计部职员各数十名，有一部分则为监、考两院职员之眷属。职员中现皆大部移入陶园或已租定之私宅居住，马部长及一部分职员则在滨江旅馆与四川饭店两处暂住。闻陶园内部今已大体布置就绪，即将正式开始办公云。

原载《国民公报》1937 年 12 月 7 日

9.《国民公报》关于国民政府参军长吕超在重庆首次召集各报社、通讯社代表谈话的报道（1937 年 12 月 7 日）

（本报特讯）国府参军长吕超，昨日午后 3 时特在国府会客室，首次招待本市各报社、通讯社代表谈话，在一时半。兹择谈话要点简报如次 :(一）吕氏首对重庆报纸近年来之努力与进步，表示钦佩之意。继对今后新闻记载与提供言论两方面，均须特别慎重。现在国府在渝，报纸之使命甚大，凡关于国府消息，无论内容标题，均望各报特别留意，除国府三处消息统交中央社发表外，如外间另有他类新闻传说，皆望亲到国府与主管机关负责人直接访谈后，再行公布。（二）国府移渝后，已于一日起正式开始办公，文官、参军、主计三处工作人员，均在德高望众〔重〕之林主席领导下，严守“奉公、守法、勤俭、诚朴”八字之信条而努力。（三）二十一年国府一度移至洛阳，时房舍太少，居住皆成问题，而国府同仁仍能照常办公。此次来渝，能觅得如此规模较大之学校作新址，实属难得。何况处此国难紧急之秋，吾人当更能刻苦从公。惟望社会各界人士原谅吾人现在之苦衷，积极免除一般酒席欢迎之应酬。余系川人，多年未归，亲朋特众，尤感酢酬之苦恼，故随时谢绝也。今后应请各方省下无谓之消耗，为吾人多留宝贵之时间。（四）国府移川，系不惜牺牲到底而求长期抗战之最后胜利的一种坚强表示，前方阵地之得失，战争之胜败，均属军事上预料中事。务望安居后方之民众，沉着应付，埋头努力抗战工作。须知敌人比吾人强盛，中国之实力虽不及敌人，但中国绝不能因不如敌人而自己退缩，故芦〔卢〕沟桥战端既起，已决心集中国人之力量，抵抗敌人之侵略。只要吾人能长期抗战，最终胜利当在中国。此层尤望新闻界随时宣扬，本政府既定之国策，指导民众。各的言论，尤须特别注意云云。……

原载《国民公报》1937年12月7日

10. 国民政府文官处文书局局长许静芝为暂定行政院在渝办公地址致行政院秘书长魏道明代电（1937年12月10日）

航快代电：汉口。魏秘书长钧鉴：庚汉电奉悉。行政院在重庆办公地址，业经商定暂与中央党部同在渝简马路上清花园，已将院牌悬挂，并饬工从速将房屋粉刷，约于铣日完工。现在各方致院文件除关于电报已请重庆电报局收到后即转汉口办事处以免辗转延误外，所有文件拟由职静芝代收封转。兹接中央执监委员会通告在重庆开始办公抄电一件，特即附呈敬请鉴察。职许叩。印。

重庆市档案馆馆藏档案：0053-29-63

11.《国民公报》关于行政院院长孔祥熙在国府纪念周上作《行政院工作概要及个人感想》的报告的报道（1938年8月22日）

（中央社）国民政府昨晨（二十二日）8时，举行总理纪念周，到林主席、孔祥熙、于右任、张继、谢冠生、杨虎、魏道明、魏怀、吕超、陈其采等，及文参主三处职员及机关高级职员，共约200余人，由林主席领导如仪，孔院长祥熙报告“行政院工作概要及个人感想”词毕礼成。兹觅录孔院长报告原词于后：

主席、各位同志：国府西迁后，本席为职务上便利起见，暂留武汉办公，直至最近才来重庆，今天是到渝后第一次奉主席命出席国府纪念周报告，想趁此机会，把最近几个月来行政院的工作，约略报告一下。自抗战以来，全国上下一致努力，以求抗战的胜利，行政院的一切措施，也当然以此为鹄的。抗战工作以军事为先，关于军事上的种种布置运用，固有军事委员会负责，但军政部系属于行政院，所以军政上的许多设施，仍由行政院来推行，例如征兵、动员民众以及推动地方官民辅助军事等工作，都是由行政院策划进行，在抗战之初，多属创举之事，一切不免感觉困难，经过几个月的调整规划，都有了办法，虽未能完全达到我们预期的目的，但已有长足的进步。其次，财政方面，现代战争不仅是在军事上争胜负也是全国人力物力的总决斗，财政问题关系抗战前途尤为重要，在临时全国代表大会开会时，就决定一方抗战，一方建国，但建国之先决条件，就是安定金融，自法币政策实施以来，我国金融状况已渐臻稳定，近数月来敌人百般设法希图破坏我法币信用，主管府部曾经制定专案努力防止，并随时改进其方法，杜绝其流弊，所以敌人虽狡黠、阴毒，终无所施其技，直到现在，不但在后方各省，金融稳定如常，即在沦陷区域，法币亦仍信用昭著，通用如常，这很可以充分表现人民信仰政府之深。第三，经济方面，行政院这次改组的时候，把实业部改为经济部，以适应抗战期间经济建设的需要，数月来经济方面最重要的措施，一为迁移工厂，一为增加生产。我国工厂从前大半集中在沿海各埠，战事发生后，沿海各埠多半沦为战区，敌人有计划地将我工厂毁坏或没收，政府为避免国力消耗，适应目前需要起见，曾经拟定计划，把各工厂尽量向后方迁移，并由政府津助经费，以促其成，办理以来，已有良好成效。至于生产方面，除奖励农业产品以裕民食外，更积极计划开采金银铜锡等矿，希望一方增加法币的准备，一方供给制造工业的原料。第四，赈济方面，战时赈济工作，为充实"人力"之必要措施，所以本席认为抚辑流亡应属政府施政方针之一，因为以前赈务委员会之组织不甚健全，乃改组为赈济委员会，以充实赈济之机构，现在全国已组成之赈济网，设立收容所，难民医院，并择重要交通点设立总站，随时收容输送，除以上各种消极救济工作外，并积极计划难民垦荒，成立难民工厂，以期受难人民亦得贡献其能力于国家，增进后方之生产。第五，内政方面，重要工作首在使战区行政人员，与军事方面密切联系，各战区行政人员多以选择有军事智〔知〕识者充任，俾能领导民众抗战守土，数月以来，行政人员之更动，即以此为依归。第六，教育方面，有三件事可以叙述，一是学校及其他文化机关之迁移；二是流亡学生之收容及技术人员之登记与录用；三是生产教育方面之厘定。现在国内各大学专科多已迁往内地开学，战区中小学生亦随时随地，予以收容安插，集中教练，以养成有用青年，其已学有专长之人才予以登记，并酌量分配职务，以求人尽其才，又为抗战需要计，制定生产教育方案，利用现有学校设备，造就生产人材〔才〕。第七，外交方面，情形比较复杂，说来话长，现在所可报告者，就是自抗战以来，国际间凡属爱好和平的国家都表同情于我，而于敌人之侵略政策，残暴行为，莫不深切痛恨，敌人在抗战之初，早已感受重大之困难，今后其暴力消耗愈多，困难自必更甚，亦当然之势也，吾人只须继续努力奋斗，最后之胜利必属于我，毫无疑义。其余如交通方面，除竭力维持前方运输交通外，对于后方铁路公路之建筑，航道之疏浚，均在积极进行中。侨务委员会及蒙藏委员会等机关的工作，也都在加紧进行。总之，行政院在此时期之工作，务期与军事相辅而行，以达到抗战必胜建国必成之目的。

原载重庆《国民公报》1938年8月23日

12. 国民政府军事委员会为移渝办公致重庆市政府代电（1938年12月1日）

重庆市政府鉴：本会现已移渝，于本月一日开始办公。特闻。军事委员会，办四渝。东。印。

中华民国二十七年十二月一日发

重庆市档案馆馆藏档案：0053-2-432

13. 四川省、重庆市政府为奉命保护国民政府军事委员会疏运人员来渝的文电（1938年12月）

一、四川省政府致重庆市政府代电（12月25日）

重庆。蒋市长鉴：案准军委会后方勤务部俞部长飞鹏寒电开：南密。军事委员会此次疏运人员、公物，取得联络购票疏运眷属等一案，即于本月铣日起由桂林起运，中间经贵阳至重庆而止。业经军委会分电各贵省政府查照，并经饬属分设食宿站。在案。兹再奉陈数事如次：(一)此次疏运车辆甚多，人员、公物及眷属綦伙，地方治安关系至大，请贵省府电沿线各县妥为保护。(二)每日各段运出之人员眷属，约计有350人左右，所有人员、公物车辆及眷属车辆，每日之午餐站为荔浦、官山、六寨、版场坪、息烽、松坎，住宿站为柳州、河池、独山、贵阳、桐梓、綦江等处，请各贵省府务饬各该县预为准备。(三)此次疏运车辆既多，中途难保不有翻车伤人情事，请饬沿线各县，转饬该地公私医院务须担任救护工作。除分电外，特电奉达，敬祈查照为荷。等由，准此，除电复并分电外，合行电仰该市长查照，分别妥为办理。主席王缵绪。省民（40017）有。印。

二、重庆市政府给市警察局、卫生局代电稿（12月27日）

重庆市警察局、卫生局：奉四川省政府主席王民字第40017号省民有代电开：案准军委会后方勤务部云云。妥为办理。等因。奉此，除分电外，合行电仰该局即便遵照分别妥为办理为要。市长蒋○○[①]。感。秘。印。

重庆市档案馆馆藏档案：全宗号：0053全宗，目录号：29，卷号：194

（三）国民政府迁都重庆后的反响

1. 四川省政府主席刘湘为欢迎国民政府移驻重庆致林森电（1937年11月20日）

国民政府主席林钧鉴：顷读我政府宣言，知为适应战况，统筹全局，长期抗战起见，移驻重庆。有些〔此〕坚决之表示，益昭抗敌之精神；复兴既得根据，胜算终自我操。不特可得国际之同情，抑且愈励川民之忠爱。欣诵之余，谨率7000万人，翘首欢迎，伏乞睿鉴。职刘湘叩。号申印。

原载《国民公报》1937年11月21日

① 即蒋志澄。

2. 重庆大学师生恭迎国民政府主席林森电（1937 年 11 月 21 日）

宜昌国民政府主席林钧鉴：顷读政府宣言，敬悉钧座移节重庆，坚抗战之决心，振全国之民气，士林兴奋，学子腾欢，永矢忠贞，同济难危。谨电悃诚，伏乞睿鉴。四川省立重庆大学校长胡庶华暨全体教职员学生同叩。马。

原载《国民公报》1937 年 11 月 23 日

3. 国民党重庆市党务指导委员会为欢迎国民政府移驻重庆致国民政府主席林森电（1937 年 11 月 22 日）

国民政府主席林钧鉴：暴日贪黩，加紧西侵，迫我苏杭，窥我首都，我政府为统筹全局长期抗战起见，移驻重庆，集中国力，巩固国基，御侮之精神益昭，全民之忠勇愈厉，抗战到底，胜算必操。本会谨率全体党员及民众，企首恭迎，谨电微忱，伏乞垂察。中国国民党重庆市党务指导委员会叩。养。印。

原载《国民公报》1937 年 11 月 23 日

4. 重庆川东师范学校师生欢迎林森电（1937 年 11 月 24 日）

国民政府林主席钧鉴：暴日称兵，毒流中土，含生之伦，同深感愤。此次政府西迁，齐锋东向，誓歼强敌，复我国土，上以慰总理眷顾之怀，下以释黎庶来苏之望。谨电欢迎，伏惟明鉴。重庆川东师范学校校长聂荣藻暨全体教职员学生叩。

原载《国民公报》1937 年 11 月 25 日

5. 重庆市抗敌后援会欢迎国府主席林森电（1937 年 11 月 24 日）

国民政府林主席钧鉴：节麾莅渝，统筹全局，坚决长期抗战，胜算终属我操。本会敬代表全市民众肃电欢迎，伏乞睿鉴。重庆市抗敌后援会叩。敬。印。

原载《国民公报》1937 年 11 月 25 日

6. 国立中央大学学生拥护国民政府移渝宣言（1937年11月26日）

倭寇肆虐，犯我神州，华北沦陷，京杭告急，凡属国人，无不敌忾同仇，振臂奋起，以期还我河山，灭彼朝食。兹者，国府移渝，得高屋建瓴之势，收统筹指挥之功。中枢益固，士气弥坚，长期抗战之决心，昭示无遗，民族复兴之伟业，不难成就。本会全体学生，除竭诚拥护此举外，本国家育民储材之旨，各尽所能，效忠党国，依中枢御侮之策，磨砺以须，光复中华，谨此宣言，伏惟公鉴。国立中央大学学生自治会叩。宥。印。

原载《国民公报》1937年11月26日

7. 四川省铜梁县民众大会欢迎国民政府主席林森莅渝宣言（1937年11月26日）

我们民众，在这与暴日全面抗战期中，而东西两战场，即频频传来“上海和太原的华军，因战略关系，相继退去”的警报，大众对于抗战的前途，不是很危虑的、很疑惧的么？可是现今的消息很好了，尤其是我们疾首蹙额的四川民众，得到空前的福音了。百万富翁尽可一致的加紧抗战，不必有什么忧虑疑惧了，倘还不信，我敢将报端的揭载和长官的电令宣告出来：

一、报端的揭载有五

（一）国府移渝，为适应战况统筹全局；

（二）国府移渝，为坚定长期抗战之决心；

（三）国府移渝，宁为玉碎毋为瓦全；

（四）国府移渝，办公处决设高工校，各院部设陶园；

（五）国府移渝，主席官邸设李子坝刘主席私邸。

二、本区专员公署的电令有二

（一）国府元首，准于宥日（二十六）莅渝；

（二）饬由县局召集民众大会表示欢迎。

蒋委员长说：“四川为最后民族复兴的根据地”，今果实现了。今天，元首莅渝，已算是最后胜利的决定了，就很值得我们的俯欢迎，很解得我们的忧虑疑惧了。历史告诉我们，民族斗争，有战无和。假如似宋对金，几盘的和战不定，抗战不终，必至亡国无疑。我国府今既移渝，坚定长期抗战的决心，便和欧战时的法都，从巴黎移住宝图，得到最后的胜利一样，不是很好的消息么？我们四川向来偏处西垂，事事落后，年来虽然厉行新政，总多是虚有其名，未得实效。从今，元首莅渝，凡有缺漏的地方，定会健全起来；凡被剥削的利益，定会复兴起来，不更是空前是〔的〕福音么？

只是消息既好，福音又到。我们的民众，就该在欢迎元首莅渝声中，全体动员，积极致力于农工商学各业务，来做长期军实的补充，来做抗战到底的准备。尤其要把现在的财力物力，尽量献给国家，来做复兴民族的先驱，来做最后胜利的后劲。谨此宣言，希各努力。

国府移渝标语：

1. 国府移渝是为适应战况，统筹全局！

2. 国府移渝是为坚定长期抗战决心！
3. 国府移渝是宁为玉碎，毋为瓦全！

二十六年十一月二十六日印发

中国第二历史档案馆馆藏档案：全宗号：1（1） 卷号：797

8. 中国妇女慰劳自卫抗战将士重庆分会欢迎国民政府主席林森电（1937年12月10日）

国民政府主席林钧鉴：日寇肆虐，背叛公约，置国际同情者之谴责于不顾，乘我军备尚未完成而来袭占我疆土，侮我人民。理性遭其毁灭，人类受其残害。全国共愤，精诚团结在钧座暨蒋委员长领导指挥之下，一致奋起，沐血抗战，屡挫凶锋，震惊世界，痛绝寰宇。今我政府移渝，统筹全局，表示长期抗战到底，益坚战士之勇气，益增国民之决心。分会成立甫定，谨率全市妇女竭诚欢迎，敬候策驱，誓争最后之胜利，不惜一切之牺牲。谨此上达，恭叩崇安，伏维为国珍重。中国妇女慰劳自卫抗战将士重庆分会谨上。十二月十日。

中国第二历史档案馆馆藏档案：全宗号：1（1） 卷号：797

9. 重庆市抗敌后援会为国民政府迁渝扩大宣传拟订的标语（1937年11月24日）

此次国民政府为表示长期抗战决心，西迁来渝消息发表后，本市一般意志薄弱及肤浅者流，行为大惊小怪。实则目前之中日战局，有如昔年之法俄之战，拿破伦〔仑〕之雄师，虽直捣莫斯科，而最后胜利却是俄国。欧战中威廉第二之雄师，虽迫近巴黎，结果胜利却属法国。刻闻我中枢当局为适应环境，并作放弃南京之计划，而移重庆，我全国民众对此更须有进一步之认识与努力，而支持长期抗战，争取最后胜利为必要也。本市抗敌会宣传组为纠正一般错误观念，并对国府主席莅渝表示欢迎起见，特拟订标语多项暨宣传纲要，分发各机关学校团体宣传队克日出发宣传。兹志如下：

一、国府移渝是表示长期抗战的决心；
二、国府移渝是与敌人持久奋斗的表示；
三、拥护国民政府持久抗战的决策；
四、拥护国民政府主席领导全民抗战到底；
五、我们抗倭是为保护领土完整而战；
六、我们抗倭是为保护世界和平而战；
七、要求国家民族最后生存就要抗战到底；
八、林主席万岁；

九、国民政府万岁；

十、中华民国万岁；

十一、中国国民党万岁。

宣传纲要计分五项云（文长从略）。

原载《国民公报》1937年11月24日

10.《国民公报》关于国民政府移驻重庆后各界之反响的报道（1937年11月）

一

（中央社汉口二十二日电）自国民政府宣言移驻重庆后，各长官均已相继过此西上。行政院孔副院长曾答记者问，发表谈话如次：中央为适应战况，统筹全局，长期抗战起见，特将国府移驻重庆，其重要意义已于国府宣言明白揭示。今可为诸君告者，敌人逞其暴力，威胁我首都，认为我国即以此屈服。不知我最大之决心早经确立，此次国府移驻之举，初非放弃首都，实不过就长期抗战之阶段上，对于国民及友邦表现其更坚决之意志，予敌人以警觉而已。欧战时法都已受威胁，卒能获得最后之胜利。今我人人本必死之决心，以其热血与土地凝结为一，纵敌人逞其暴力如深入我内地，终必为我摧毁。至财政、金融、经济之筹措，政府早有布置，且友邦亦多援助，故无论抗战期间之如何持久，财政均能尽力应付。惟望各地方长官善导民众，各就行业，安心努力，镇定经营，则于长期抗战裨益尤多也。

（本报汉口二十二日下午10时35分发专电）京电：国府移渝宣言到达前线后，各线将士异常振奋，此间并接有某某等次来电，佥认为此项宣言，不啻对当前抗战局势作一重大说明，政府早有坚强之决策，士卒益增其必死之决心。大势无论如何，复兴民族之神圣使命，终可达到。并谓：战壕哨兵聆之，有击枪跃马而出者，铜锄铁锹亦将使敌胆寒。其兴奋热烈之忱，溢于每一字里行间。

（本报汉口二十二日下午10时35分发专电）临汾电：国府移渝消息到临后，各将士及民众异常振奋，均认为中央决心抗战到底之表现。妥协谣传，不辩而白。

原载《国民公报》1937年11月23日

二

汪精卫偕曾仲鸣于十一月二十三日由京抵汉，立法院长孙科于二十二日晚抵汉。汪精卫还于二十三日上午对记者发表谈话称："主席首言国府移驻重庆事，谓吾人为求国家民族之生存，长期抗战，以为全国上下确立不移之一致信念。国民政府移驻重庆，主要意义有二：第一不受敌人威胁，第二期能发动全民最广大的抗战力量。此举绝非放弃首都，吾人对于首都之捍卫，誓必以最大的努力，作最持久之奋斗。即沪杭、京沪两路沿线，吾人亦必节节坚强抵抗，而予敌人以重大打击。现在林主席已启节赴渝，按照本党总章规定，中央党部必须设于国民政府所在地，故中央党部也决移驻重庆，中央其他机关因事实上必要，或在各适当地点设立办公处。"……

原载《国民公报》1937年11月24日

11.《大公报》社评：恭读国府宣言（1937 年 11 月 21 日）

国民政府昨发表重要宣言，恭读之下，万分感慰，谨为数言以颂之。

国府此一纸宣言，足以抵百万生力军。因为自失太原，退淞沪，接着敌军一面攻济南，一面攻苏、嘉，一部分人心上，不免有忧郁之暗影。而这个宣言发表后，顿时把这忧郁一扫而空，全国士气之振奋，人心之感激，有不可以言语形容的。宣言中说得明瞭：“迩者暴日更肆贪黩，分兵西进，逼我首都。察其用意，无非欲挟其暴力，要我为城下之盟。殊不知我国自决定抗战自卫之日，即已深知此为最后关头，为国家生命计，为民族人格计，为国际信义与世界和平计，皆已无屈服之余地。凡有血气，无不计宁为玉碎不为瓦全之决心。”这本是政府一贯的立场，也就是国民一致的认识。今天政府在这第二期激战进行之始，重行声明，对外更能确切把握国际之同情，对内更增强民众对于胜利之信仰。而其最后所昭示全国者，是：“国民政府兹为适应战况，统筹全局，长期抗战起见，本日移驻重庆。此后将以最广大之规模，从事更持久之战斗。”国府所在地临时迁移，这就是在事实上表明持久战斗，到底不屈。况且为统筹全局之计，政府移驻上游，便利甚多。我们恭读宣言全文及国府移驻办法，惟有感激钦佩，认为非常适当。

全国军民读此宣言之后，应当一致以政府之决心为决心，而各尽职责，求取胜利。宣言前段，称赞全体将士之忠勇奋发。说道：“被侵各省，均有极急剧之战斗，壮烈之牺牲，而淞沪一隅，抗战亘于三月，各地将士，闻义赴难，朝命夕至。其在前线，以血肉之躯筑成壕堑，有死无退。暴日倾其海、陆、空之力，连环攻击，阵地虽化灰烬，军心仍如金石。临阵之勇，死事之烈，实足以昭示民族独立之精神，而奠定中华复兴之基础。”全国军民们都记着！这三个多月勇战与牺牲，已如国府宣言所云：发扬独立精神，奠定复兴，战士们的勤劳，伟大极了。但是暴敌猖狂，还在进攻，今后正需要更广大、更持久之战斗。所以全体将士必须更努力，全国民众也必须组织训练，争上前线，一定要做到国府宣言所说：“人人本必死之决心，以其热血与土地凝结为一，任何暴力不能使之分离。”这就是政府指示的抗战方针，也就是我们军民各界的共同义务。

国民要知道：政府对长期抗战，确有把握。宣言中有两语：“外得国际之同情，内有民众之团结”，这就是把握，关于我们自身的，大家自己应同心努力，全国拥护及服从政府，继续战斗。这一点，在精神上早已成就，但有许多事更要工作。至于国际关系，则政府负全责在办。宣言中说明：“外得国际之同情”，这当然是有内容，不是说空话。举一端说，我们外交部，大概为办事便利之计，特别要到武汉办公，而各国大使馆，皆已决定来汉。大家记得：国府定都南京后几年，各国使节还轻易不进京，现在都毅然同我们外交部共患难。这也是国际同情之一种象征，其他暂不必详论了。

最后，我们恭祝林主席、蒋院长、国府各位的健康！请政府殚精竭虑的主持！全国公务员及军民各界一致服膺昨天宣言的精神，共同奋斗！此次抗战，本来要长期，国府在任何地点发号施令，都是一样贯彻于全国。“重庆”是庆祝复兴，我们谨祝此宣言为中华复兴之开篇！

原载《大公报》1937 年 11 月 21 日

12.《国民公报》社论：国府移驻重庆（1937年11月21日）

国民政府昨天发表宣言，移驻重庆。我们谨竭诚欢迎，竭诚拥护政府贯彻长期抗战政策。现在且把国府移驻重庆的意义，说明如左〈下〉：

第一，国府移驻重庆，与迁都意义，大有分别。国府宣言内已明白昭示全国民众，政府这次移驻重庆，是表示不作城下之盟，抱定宁为玉碎，不为瓦全之决心；为适应战况，统筹全局，长期抗战起见，才决定移驻重庆。我们知道：凡一个国家不幸遭受敌人之压迫，不愿作城下之盟，到万不得已时，把政府移驻本国领土内任何一个地方，并不含有迁都的意义，如欧战时之法国，政府从巴黎移驻宝图，全法国人民抱定必胜之决心，坚持牺牲到底之精神，到了战事结束，最后胜利，终属法国。这次国府之移驻重庆，正如欧战时法国政府之由巴黎移驻宝图一样。这一点意义，国民要有深切的认识，切莫认为政府把首都迁到重庆。

第二，国府移驻重庆，不但不能影响前方军事，且更有利于统筹全局，贯彻长期抗战。因为暴日自加紧西犯后，将来首都对各地的交通，必然有断绝之虞。那么，全国最高之政治机构，立即失其作用。其结果，各省地方政治机构，势必陷于停顿地步。从军事上说，死守首都，是应该的；然而从政治上来看，除负军事责任之机关应留守首都外，其他政治机构，留在首都，不但不能补助作战，且不能统筹全局。大家要认识这次的抗战，是具有"全局性""持久性"的。政府为统筹全局，贯彻长期抗战，才移驻重庆。认清了这一点，才能明白国府移驻重庆的意义。

第三，敌人企图灭亡我国家民族，愈逼愈紧。政府为维护国家民族生存起见，只有坚决抗战到底之一途。我们可预料到将来的战线必更延长，牺牲必更重大。我们要复兴民族，必然先要找一个适合民族复兴条件的根据地。四川在地理上有种种优良的条件，正适合作为复兴的根据地。蒋委员长前半年春天来四川时，就认定四川为复兴中华民族的根据地，一再以这样重的担子加在四川民众的肩上，来勉励四川官民。两年以来四川一切政治经济的建设，都遵照蒋委员长指示的原则准备，可惜时间太短，还没有完成这样伟大的工作，敌人已一再进攻。到了现在，我们对于国家，竟不能有丝毫的贡献，这真是遗憾万分。现在国府移来了，民族复兴根据地的基础，从此可以奠定了。

我们从历史上证明，四川的人民，始终是维护国家的统一和民族的团结的。以地理而论，四川是有种种优良的条件，为他省所不及，倘若完全开发出来，真是取之不尽，用之不竭，足供我长期抗战之资！

今天欣逢国民政府移驻重庆，我们敬谨竭诚欢迎，拥护政府长期抗战政策！

原载《国民公报》1937年11月21日

13. 邹韬奋：《读国府移都宣言》（1937年11月）

国民政府于本月二十日发表移驻重庆宣言，表示于极坚苦的环境中，仍坚持其抗战到底的决心。我们深信全国同胞捧读这篇宣言，没有不感动奋发，更以赤诚拥护政府，共同奋斗，争取国家民族的生存独立，达到最后的胜利。

这宣言首述“国民政府鉴于暴日无止境之侵略，爰决定抗战自卫，全国民众，敌忾同仇，全体将士，忠勇奋发”；继述日寇“分兵西进，逼我首都，察其用意，无非欲挟其暴力，要我为城下之盟”；最后表示：“我国自决定抗战自卫之日，即已深知此为最后关头，为国家生命计，为国际正义与世界和平计，皆已无屈服之余地”。因此，“为适应战况，统筹全局，长期抗战起见，本日移驻重庆。此后将以最广大之规模，从事更持久之战斗。”我们同胞，应更精诚团结，拥护政府，贯彻这“更持久之战斗”。

为解放自由而抗战的国家，在过程中迁都，继续抗战，而终于获得最后的胜利者，史不绝书，较近的例子有苏联和土耳其。苏联在 1917 年革命后，受国际联军的干涉，当时的首都原在彼得斯堡（即现在的列宁格拉），因受敌军威胁而迁都莫斯科。土耳其的民族解放战争，首都在君士坦丁，受列强威胁，也迁都到安哥拉。前者在列宁和他的党人的领导之下，后者在凯末尔和他的党人的领导之下，排除万难，继续抗战，后来的结果是大家知道的：被欧洲人讥为“半野蛮”的俄国，现在成为世界上最被人敬畏的国家了；被欧洲人讥为“近东病夫”的土耳其，现在成为完全独立平等的国家了。迁都这件事的本身，当然不是什么喜讯；但是迁都之后仍然继续抗战，不达到最后胜利不止，这却是在民族解放战争的过程中不屈服、不妥协的表现，这是全国同胞所应闻风兴起，振作奋发的。

同时，我们希望在移都继续抗战之际，对于与抗战的胜利息息相关的内政外交，尤须有迅速的刷新与转变。自全面抗战发动以来，发现了我们的许多优点，也暴露了我们的许多缺憾。为保障我们胜利的前途，我们当愈益奋勉地发扬光大这些优点，也应该愈益坦白地纠正补救这些缺憾。讲到内政方面，各地不肖官绅扰民虐民的事情必须严厉制裁；有利民生的事情，必须迅速实行，民心悦服，民生安定，这是巩固后方，支持久战的重要基础。关于军队方面，自浴血抗战以来，前线英勇作战的将士，已引起全国人民最高的崇敬；但最近据我们闻见所及，仍有一小部分不守纪律，做出对不住老百姓的事情，这是需要迅速补救、免失民心的。

讲到外交方面，自日本帝国主义与意、德订立防共公约，以防共为侵略及破坏民主政治的掩护之后，徒然促进英、美、法、苏的和平阵线的结合。这种国际形势如运用得当，于我国的抗战，无疑地是有着很大的裨益，诚如张志让先生所说：“我国的外交，应该一面善用英、美、法、苏合作的倾向，以取得联合对日的行动；一面推动英、美赞助苏联，为更进一步的单独援助。”（见二十一日《申报》专论）英国为地中海问题，不得不拉法国；法苏为共同对德，而不得不互拉。中国在目前的紧急时期中欲得迅速的好转，必须在外交上有一番惊人的发展，同时配合内政的刷新，然后才能从危殆的境地中自拨〔拔〕出来。

原载《抗战三日刊》第二十九号，1937 年 11 月 23 日出版

14.《国民公报》评论：恭迎林主席（1937 年 11 月 26 日）

国府林主席今天就到重庆了，全国民众、前线将士，大家都异常振奋，我们四川民众，更感觉有无上的光荣。

四个多月来，林主席和蒋委员长以及各部院长官统筹抗战全局，为我们国家，为我们民族，实在是太辛苦、太劳瘁了！现在因为在敌人飞机重炮威胁之下，不愿作城下之盟，不愿向敌人

屈膝，为适应战况统筹全局长期抗战起见，国府从十一月二十日起移驻重庆，林主席先离开首都，今天就到重庆，各院部长官也将陆续来渝；我们欣逢全国元首税驾莅临，真是悲喜交集，不觉热泪满眶！

林主席前天到万县发表谈话，谓“此次国府移渝有重大意义。一为表示长期抗战，政府已下最大决心，二为建设四川、云南、贵州后方国防”。林主席又说：“四川为复兴民族之根据地，国府又迁移四川，关于四川今后之政治经济建设教育诸端，自当力谋改进，中央对四川依偎甚重。刘湘主席现在京的地位很高，任最高国防参政委员会委员，一切军事机密，均在参与。川军调在南京所负的使命，也是非常重大，这可以说是川人的光荣，川人今后的责任，比任何省份的人大，对政府一切措施及前线一切补充，自当忍痛尽力办理，如过去广东民众同总理创造革命，在未成功时，广东人对革命是如何的努力，如何的牺牲一切，川人亦应效法广东人之革命精神，为国宣劳、为世所重。”我们读了这篇谈话以后，深深地感觉林主席重视四川的殷切。那么，四川民众们，今后应该怎样去努力工作，才能仰副林主席的期望呢。

我们从历史上证明，我们四川人的祖先向来是拥护统一，巩固团结的。民国以来，因为政治上种种原因，四川的军人们总关在夔门以内自相斗争，致失掉了许多救国的机会。现在四川的军人已到前线杀敌去了，四川的民众更要担起这复兴民族的大担子，缔造四川民众之永久光荣的历史。这一点，我想，我们四川的同胞，一定能拥护政府长期抗战的国策，一定能接受林主席勉励四川人的训示。

我们今天以满腔热血欢迎林主席，除了敬谨接受林主席的指示外，我们谨贡献意见如〈下〉：

第一，希望政府贯彻长期抗战的国策，无论敌人怎样威逼，怎样诱惑，我们都要坚决意志，齐一步伐，不贯彻我们的国策，决不言和。近来国际间空气太使人易于迷糊，忽而积极，忽而消极，忽而又有和平的声浪，这种消息，太动摇我们的抗战意志，望全国人民注意。

第二，希望政府今后更要爱惜人力、物力，我们一方面要不惜牺牲，以求胜利，一方面更要尽量保全，以便持久。关于人力物力，我们使用时应顾念保全它、培养它，尤其在这第二期抗战期中，我们的人力物力，太宝贵了，应该要加倍的爱惜，加倍的保全。

第三，希望政府立即建设西南国防，无论怎样困难，要不顾一切，加紧进行。

我们在今天欢迎林主席的时候，想到在前方浴血抗战的将士和战区的同胞，听着林主席正在接受我们后方民众热烈欢迎的消息，一定很高兴，一定很振奋，一定要高呼最后胜利是属于我们的！

原载《国民公报》1937 年 11 月 26 日

二、国民政府在渝活动

1. 抗战时期中国国民党中央执行委员会概况[①]（1948 年）

一、常务委员会

二十七年临时全国代表大会决定常务委员会名额增至 9 人至 15 人，国民政府五院院长得当选为常务委员，当经四中全会推定丁惟汾、居正、于右任、戴传贤等 15 人为常务委员。迨六中全会，复经决议以国民政府五院院长为常务委员会当然委员，不计在规定名额之内。除行政院院长蒋总裁、立法院孙院长科、司法院居院长正、考试院戴院长传贤、监察院于院长右任为当然委员外，当推定王法勤、丁惟汾、邹鲁、孔祥熙等 15 人为常务委员。常务委员名额，实际增为 20 人。洎乎六届一中全会，常务委员改用选举方法，名额规定为 25 人，选举结果，于右任、居正、孙科、戴传贤、陈果夫、陈诚、何应钦、叶楚伧、邹鲁、吴铁城、宋子文、丁惟汾、白崇禧、冯玉祥、陈布雷、李文范、潘公展、张厉生、朱家骅、张治中、程潜、陈立夫、段锡朋、张道藩、陈济棠当选为常务委员。至四中全会，为加强革命力量起见，乃实行党团合并，中央执行委员会常务委员名额增为丁惟汾、居正、于右任、朱霁青、李文范、邓文仪、康泽、蒋经国、何浩若、张其昀等 55 人。

二、各部会处之组织

中央执行委员会各部会之组织，临全大会以来颇多变更。除秘书处外，初设组织、宣传、社会、海外 4 部，各部设部长 1 人，副部长 2 人。另设训育委员会，由总裁兼任委员长，掌管全国党政干部训练事宜。设党务委员会，以秘书长为主任委员，各部部长及副部长等为当然委员，掌理关于党务之审议设计事宜。并设政治委员会，为政治之最高指导机关。二十八年一月，五中全会决议，设置国防最高委员会，统一党政军之指挥，并代行中央政治委员会之职权。社会部则于二十九年十二月改隶政府。此外，为办理特定事务，分设有抚恤委员会、党史史料编纂委员会、革命债务调查委员会、革命勋绩审查委员会及华侨捐款保管委员会。二十九年恢复财务委员会，负党务经费审核之责。三十年春，八中全会决议，设置三民主义丛书编纂委员会。三十年六月，增设党务工作人员从政资格甄审委员会。三十一年六月，为统一出版事业之管理，爰有出版事业管理委员会之设置，嗣为调整机构，复于三十三年四月裁撤，其工作划归宣传部接管。革命债务调查及华侨捐款保管两委员会，亦先后裁撤。三民主义丛书编纂委员会，于是年六月改归宣传部管辖。党务工作人员从政资格甄审委员会于还都后裁撤。文化运动委员会原属宣传部，六届一中全会改为中央直属，于三十四年十月一日改组成立。妇女运动委员会原属组织部，亦于六届一中全会决议直隶中央，于三十四年十二月成立。农工部于三十五年十一月改组成立，甄选委员会于三十五年十二月正式筹组成立。理论研究会与青年会均经四中全会决议增设。兹将临全大会以来各部会处历任负责主管人员列表如下：

---

① 本文选摘自《中华年鉴》内“政党”部分之“中国国民党”的相关内容，中有选择，但有关抗战时期的整节内容，全文照录，未作改动与删减。

职　务	姓　名	到任年月
一、秘书长	朱家骅	二十七年四月
	叶楚伧	二十八年十一月
	吴铁城	三十年三月（现任）
副秘书长	甘乃光	二十七年四月
	狄　膺	三十一年十二月
	郑彦棻	三十六年九月（现任）
	王启江	三十五年十月（现任）
二、组织部部长	张厉生	二十七年四月
	朱家骅	二十八年十一月
	陈果夫	三十三年五月
	陈立夫	三十三年十一月（现任）
副部长	谷正纲	二十七年四月
	吴开先	二十七年四月
	马超俊	二十八年十一月
	张　冲	三十年三月
	张　强	三十一年十二月
	余井塘	三十三年六月（现任）
	彭昭贤	三十四年九月
	谷正鼎	三十三年六月（现任）
三、宣传部部长	顾孟余	二十七年四月
	叶楚伧	二十八年一月
	王世杰	二十八年十一月
	张道藩	三十一年十二月
	梁寒操	三十二年十月
副部长	王世杰	三十三年十一月
	吴国桢	三十四年八月
	彭学沛	三十五年五月
	李惟果	三十六年七月（现任）
副部长	董显光	二十七年四月
	潘公展	二十八年二月
	程沧波	三十一年十二月
	许孝炎	三十三年二月
	李惟果	三十四年九月
	李俊龙	三十六年七月（现任）
	陶希圣	三十六年七月（现任）
四、海外部部长	陈树人	二十七年四月
	吴铁城	二十八年十一月
	刘维炽	三十年四月
	张道藩	三十二年十月
	梁寒操	三十三年十一月
	陈庆云	三十四年一月（现任）

续表

职 务	姓 名	到任年月
副部长	周启刚	二十七年四月
	萧吉珊	二十七年四月
	陈庆云	三十年四月
	戴愧生	三十年四月（现任）
	赖 琏	三十四年一月（现任）
五、训练委员会主任委员	陈 诚	二十七年五月
	段锡朋	三十三年七月
副主任委员	周亚卫	二十八年三月
	段锡朋	二十八年三月
	朱怀冰	三十三年七月
	何联奎	三十三年七月
六、党务委员会主任委员	朱家骅	
	叶楚伧	
	吴铁城	三十年四月（现任）
七、抚恤委员会主任委员	王法勤	临全大会以前任命
	丁惟汾	三十年六月（现任）
副主任委员	李文范	临全大会以前任命（现任）
	洪陆东	
八、党史史料编纂委员会主任委员	徐忍茹	代主任委员
副主任委员	梅公任	临全大会以前任命
	罗家伦	临全大会以前任命
	杨庶堪	二十九年十二月
	徐忍茹	三十一年十月
九、革命勋绩审查委员会主任委员	林 森	二十七年五月
	吴敬恒	三十三年十二月（现任）
十、财务委员会主任委员	孔祥熙	二十九年五月
	陈果夫	三十四年九月（现任）
十一、文化运动委员会主任委员	张道藩	三十四年十月（现任）
十二、妇女运动委员会主任委员	刘蘅静	三十四年十二月（现任）
十三、农工部部长	马超俊	三十五年十一月（现任）
副部长	陈剑如	三十五年十二月（现任）
	骆美奂	三十五年十二月
	陆京士	三十六年十二月（现任）
十四、甄选委员会主任委员	吴铁城（兼）	三十六年四月（现任）
十五、理论研究会主任委员	梁寒操	三十六年十一月（现任）
十六、青年部部长	陈雪屏	三十六年九月（现任）
副部长	郑通和	三十六年九月（现任）
	倪文亚	三十六年九月（现任）

历年党员数：

党部别	二十八年	二十九年	三十年	三十一年	三十二年	三十三年	三十四年	三十五年	三十六年
总数	522907	1180123	1715571	2001878	2315084	2555279	3114638	3533628	4035413
中央	25912	37042	44182	56530	66435				2948
各省党部	471849	1097532	1608948	1859478	2135123	2427160	2957687	3333301	3649850
各市党部	11644	15784	20866	30229	47748	49841	60818	99774	167243
各蒙旗党部	589	1994	2654	3017	3540	10390	17855	21095	24889
各铁路党部	10214	19789	26429	34208	38530	31521	37880	48334	85416
各公路党部	632	2947	3808	7315	10727	9647	12714	10248	16664
中华海员党部	2067	5035	8684	11101	12981	12563	13579	17744	74916
各学校党部						6937	8237		
各工矿党部						7220	5868	3132	13487

党员职业统计表：

总数	4035413					
类别	农业	工业	商业	党务	公务	教育
党员数	941810	436592	404626	17888	851830	374145
类别	学生	自由职业	社会服务	失业	其他	—
党员数	218785	394897	44562	39264	311014	

党员年龄统计表：

总数	4035413						
组别	20以下	20—24	25—29	30—34	35—39	40—44	45—49
党员数	177411	636136	885538	869884	757157	292028	206836
组别	50—54	55—59	60—64	65—69	70以上	未详	—
党员数	91651	41290	15645	5701	1426	54710	

党员籍贯统计表：

省别	党员数	省别	党员数	省别	党员数	省别	党员数
江苏	310035	广西	83720	宁夏	90951	松江	4683
浙江	283671	云南	127300	绥远	48905	兴安	3894
安徽	154632	贵州	167321	察哈尔	56989	黑龙江	10113
江西	267231	河北	160010	热河	49985	新疆	39780
湖北	240893	河南	109731	辽宁	10205	蒙古	150936
湖南	183691	山东	98175	吉林	96536	台湾	10796
四川	310153	山西	140958	辽北	16859	未详	9982
西康	120042	陕西	190101	安东	6490	总数	4035413
福建	109370	甘肃	230223	合江	3094		
广东	110342	青海	18908	嫩江	2708		

三、临全大会后历次会议

（一）临时全国代表大会后历次全体会议

自二十七年四月临时全国代表大会闭幕，迄三十四年五月五日召开第六次全国代表大会为止，计自第4次迄12次，其间共召开全体会议9次，兹略述其概况如左〈下〉：

1. 第四次全体会议　此次会议承临时全国代表大会之后，会议3日，对于党政制度，为具体之规划。其重要决议案，计有改进党务与调整党政关系案，三民主义青年团组织要旨案，国民参政会组织条例案等。

2. 第五次全体会议　于二十八年一月二十一日开幕，会期10日，时适在第二期抗战开始之际，全会决定设置国防最高委员会，并颁布国民精神总动员纲领，及第二期战时行政计划与财政金融计划等案。

3. 第六次全体会议　于二十八年十一月十二日开幕，二十日闭幕，中经9日。时欧战爆发未久，敌伪之迷途愈远。全会除对于军事、政治、经济、教育诸端，为慎〔缜〕密之规划外，为求于抗战时期奠立之建国基础起见，特决议于二十九年十一月十二日召开国民大会，并推该党总裁兼行政院院长。

4. 第七次全体会议　于二十九年七月一日开幕，会期8日。此次会议举行于抗战第四年开始之际，时敌寇对我加紧封锁，国内经济渐臻困难，全会特设物价审查委员会，对于平抑物价加强经济统制，有切实之规划。此外，并决议设立中央设计局及党政工作考核委员会，推行行政三联制，以期提高党政工作效率。

5. 第八次全体会议　于三十年三月二十四日开幕，四月二日闭幕。时敌寇企图南进，太平洋局势日臻严重。全会于过去党政工作，检讨至为详尽。其重要决议案有战时三年建设计划案、动员财力扩大生产实行经济统制案、各省田赋暂归中央接管案，及关于加强国内各民族及宗教间融洽团结之施政纲要等案。于战时经济体制及边疆政策，有重要之决定。

6. 第九次全体会议　于三十年十二月十五日开幕，二十三日闭幕。此次会议适在太平洋战争爆发之后，该次全会因应内外环境之新情势，除详细检讨党政工作报告，分别予以切实之决定外，并通过加强国家总动员实施纲领案、增进行政效能厉行法制案、确定战时经济基本方针案、确定社会救济制度案。并为适应战时情况，推行土地政策起见，特组织特种审查委员会，详细审议，制成土地政策战时实施纲要，通过施行。

7. 第十次全体会议　于三十一年十一月十二日开幕，会期16日，共举行大会14次，其中9次为听取中央及各省市党政报告。复特设审查委员会以检讨历次大会宣言及决议案之实施。盖其时适英、美对我宣布废除不平等条约，为循名责实，以求进步，故特重检讨。其重要决议，除对于中央各机关报告分别作详尽之指示外，关于改进党务，建设西北，策进役政，加强战时财政，以及管制物价，实行限制政策，均有具体之规划。

8. 第十一次全体会议　于三十二年九月六日开幕，十三日闭幕。时我抗战胜利之期日益接近，该次全会特重战后建国工作之研讨，其重要决议案，计有关于宪政实施总报告之决议案、中共问题决议案，及战后工业建设纲领案、确定战后奖励外资发展实业方针案、战后社会救济原则等案。此外，并修改国民政府组织法，一致推选蒋总裁为国民政府主席。

9. 第十二次全体会议　于三十三年五月二十日开幕，二十六日闭幕，时抗战已入最后决战阶段。该次全会除通过加强管制物价方案紧急措施案，以期安定民生外，复经决定确立中央与地方行政之关系案，加强推行地方自治案，改进出版检查制度等案，于励行法制、保障民权诸端，有重要之决定。

（二）六次全国代表大会

1. 大会召开经过

自二十七年四月召开临时全国代表大会以后，以抗战军事倥偬，交通困难，历时 7 年，迄未能召集大会。三十四年一月八日，第五届中央执行委员会常务委员第 274 次会议，乃决议定于三十四年五月五日召开第六次全国代表大会。五月五日，大会在重庆复兴关中央干部学校大礼堂开幕，会期原定 10 天，嗣经延长 5 天，于五月二十一日闭幕。大会前后举行 20 次，收到提案 448 件。兹将会议经过情形，择要纪述于后：

五月五日上午九时，大会开幕典礼与革命政府成立纪念会合并举行，蒋总裁指示三项任务：（1）加强战斗力量，争取抗战胜利；（2）确定实施宪政，完成革命建国大业；（3）增进人民生活，贯彻革命终极目标。

七日上午开第一次大会，由吴秘书长作党务报告。下午开第二次大会，由吴文官长鼎昌及程代参谋总长潜分别报告政治与军事。

八日举行第三次大会，首为继续上次大会未完之军事报告，次为党务之检讨与质询。下午，党务、政治、经济、教育、军事、外交各组提案审查委员会分别开会。

九日上午举行第四次大会，继续党务检讨。下午开第五次大会，进行政治质询，发言者集中于如何解除人民痛苦。

十日上午第六次大会，首为军事质询，继由总裁致词，最后由秘书长提出第六届中央执监委员会选举办法，全场一致通过。下午分别举行党务、政治、军事、教育、外交各组第二次审查会。

十一日上午第七次大会，经济部部长翁文灏作经济报告，然后开始讨论提案审查委员会报告第一号，均照审查意见通过。

十二日上午第八次大会，听取山东、山西、河北、浙江 4 省党务报告。

十四日举行第九次大会，通过于本年十一月十二日召集国民大会，嗣讨论宪法草案。下午十次大会，继续讨论宪法草案，通过决议。

十五日上午十一次大会，开始讨论总章。下午十二次大会，继续逐条讨论，结果将总章送总章审议委员会重加审议。

十六日上午第十三次大会，讨论总裁交议之该党政纲案，决定组织政纲政策组审查委员会。下午第十四次大会，继续研讨总章，除召集全国代表大会期间，改为每 2 年 1 次外，其余均照审议会所拟之修正“本党总章”通过。

十七日第十五次大会，根据总章规定，推选总裁，全场一致推选蒋主席为总裁。继通过政治组拟具对于政治报告之决议案，及教育组拟具对于教育报告之决议案。下午第十六次大会，通过外交报告决议案。

十八日上午第十七次会议，总裁莅会，作开会以来第二次政治总报告，继通过政纲政策案，此为本次大会之重大决定。下午举行第十八次大会，讨论总裁交议之《促进宪政实现之各种必要措施案》，经逐条讨论，决议修正通过。

十九日上午第十九次大会，所有本次全会提案之讨论，均经大会通过。继进行第六届中央执监委员之选举。本届中委名额，增为 460 人。

二十一日举行本届最后一次之第二十次大会，总裁任主席，宣布第六届中央委员选举结果。继全体通过第六次全国代表大会宣言草案，举行闭幕式。

2. 大会重要决议

中央执行委员会常务委员会第274次会议决议召开第六次全国代表大会，并决定四大重要议题：(1) 国民大会之召集。(2) 宪法草案之研讨。(3) 国民党总章之修订。(4) 政治纲领之研讨。兹将通过决议简述如下：

①国民大会之召集日期，定于三十四年十一月十二日。关于国民大会职权问题，以及其他与国民大会召集有关之各项问题，交中央执行委员会或其常会慎重研讨后酌定之。

②所有各代表意见及宪政实施协进会等团体对宪草之修正意见，并交下届中央执行委员会组织宪法草案研讨委员会详慎研究整理。此项整理案，于国民大会讨论五五宪草时，以适当方式提供国民大会采择。

国民党现经决定召开国民大会实施宪政。若干准备工作，必须即予完成。各种措施，凡可为未来宪政预立规模而可提前实行，宜于本届代表大会闭会后，分别予以实施，以示本党实行宪政之真诚与决心，兼以保证未来宪政之顺利推进。

(a) 本党在军队中原设之党部，一律于3个月内取消。

(b) 各级学校民内不设党部。

(c) 在6个月内，后方各县市临时参议会应依法选举，俾成为各县市正式民意机关；后方各省临时参议会于所属各县市参议会有过半数已经成立时，立即依法选举，俾成为各省正式民意机关。

(d) 制定《政治结社法》，俾其他各政治团体，得依法取得合法地位。

(e) 本党党部在训政时期所办理有国家行政性质之工作，应于本届代表大会闭幕后，陆续移归政府办理。

③政纲政策，计分民族、民权、民生三大纲。民族主义现阶段之中心要求，在造成独立自由之统一国家，与分担维护世界和平之责任。民权主义现阶段之中心要求，在提早实现宪政，与维护人民权益。民生主义现阶段之中心要求，在增进战时生产，提高人民生活水平。

④政治纲领计通过劳工政策纲领16条，农民政策纲领18条，战后社会安全初步设施纲领12条，民族保育政策纲领21条。

劳工政策之目标，在依国家民族至上之原则与国际合作之精神，发展劳工组织，提高其地位，改善其生活，并促进劳资合作，调节劳力供求，增进劳动效能，加强国际劳动联系，以确保社会安全，适应国防民生之需要。

农民政策，在发展农民组织，刷新农村政治，改革农村土地，改善农村经济，推进农民福利，以保障农民权益，提高农民生活，实现三民主义之新农村社会。

战后社会安全设施之目的，在本国父民生主义之精神，维护并改善国民之生计，以保障并提高人民之生活，而达成社会之安全与进步。其主要工作为：(a) 辅导就业，(b) 举办社会保险，(c) 加强社会救济。

民族保育政策，目的在提倡适当生育，增进国民健康，提高生活标准，减少灾病死亡，以期人口数量之合理增加。

原载中华年鉴社编印发行：《中华年鉴》(上)，1948年出版

2. 抗战时期迁都重庆的国民党中央党部秘书处①（1946 年）

一、前言

中央党部秘书处于民国二十五年十一月迁移重庆，假上清花园为办公处，迄三十四年十月起分批复员还都。8 年间，秘书处凡 3 易，职员由 70 余人增至 270 余人。举行临时全国代表大会各 1 次，中央执行委员全体会议共 10 次。敌机狂炸重庆，园屋先后 5 度被炸，落弹 6 枚，人员无恙，最可欣也。

二、迁移经过

政府决定迁移重庆，秘书处亦奉命于二十六年十一月十六日离京来渝。全处职员原有 170 余人，迁移前，经决定疏散，留 70 余人，由秘书处叶楚伧率导，搭江新轮船沿江西上，在汉口换民来轮入川，同月三十日抵渝，觅定渝简马路（后改称国府路）上清英园内办公室，十二月五日正式开始办公。二十九年敌机狂炸重庆时期，在迁建区小湾乡间设办公处，移一部分公事在乡间处理，而重心仍在上清英园。上清英园原有沿马路 3 层楼房 1 所，约 30 间，嗣以不应敷用，在园内逐渐添建大礼堂、会客、图书楼、饭厕大楼房屋共 5 栋，约 40 间。园内景色，颇多改观。

三、组织与人事

关于组织方面：中央执行委员会，自二十七年四月起，改设下列各部会，共计 14 单位：秘书处、组织部、宣传部、社会部、海外部、训练委员会、党务委员会、抚恤委员会、党史史料编纂委员会、革命债务调查委员会、革命勋绩审查委员会、华侨捐款保管委员会、三民主义青年团、政治委员会。

自三十四年五月起，六届中央执行委员会第一次全体会议以后，党务委员会、中央组织略有变更，计设 14 部会如下：秘书处、组织部、宣传委员会、海外部、训练委员会、党务委员会、财务委员会、农工运动委员会、妇女运动委员会、文化运动委员会、党史史料编纂委员会、抚恤委员会、革命勋绩审查委员会、政治委员会。

关于人事方面：二十五年十一月，第五次全国代表大会选举中央执行委员 120 人，候补中央执行委员 60 人，中央监察委员 50 人，候补中央监察委员 30 人。

二十七年三月，临时全国代表大会选举蒋中正为本党总裁，执监委员仍旧。

三十四年五月，第六次全国代表大会选举中央执行委员 222 人，候补中央执行委员 90 人，中央监察委员 104 人，候补中央监察委员 44 人。

中央执行委员会常务委员改选情形如下：

二十七年四月，五届四中全会推选：丁惟汾、居正、于右任、戴传贤、孔祥熙、孙科、阎锡山、冯玉祥、叶楚伧、邹鲁、陈果夫、何应钦、李文范、白崇禧、陈公博。

二十八年十一月，五届六中全会推选：蒋总裁、孙科、居正、戴传贤、于右任、王法勤、丁惟汾、邹鲁、孔祥熙、阎锡山、陈果夫、李文范、何应钦、白崇禧、陈济棠、陈树人、张厉生、王泉生、邓家彦。

三十一年十一月，五届十中全会选举：蒋总裁、孙科、居正、戴传贤、于右任、陈果夫、何应钦、孔祥熙、张厉生、白崇禧、宋子文、邹鲁、叶楚伧、丁惟汾、李文范、冯玉祥、陈济棠、吴忠信、潘公展、邓家彦。

① 本文系国民党中央执行委员会秘书处自撰稿，原名为《抗战期中迁都重庆之中央党部秘书处》，重庆市档案馆馆藏档案。

三十四年五月，六届一中全会选举：于右任、居正、孙科、戴传贤、陈果夫、陈诚、何应钦、叶楚伧、邹鲁、吴铁城、宋子文、丁惟汾、白崇禧、冯玉祥、陈布雷、李文范、潘公展、张厉生、朱家骅、张治中、程潜、陈立夫、段锡朋、张道藩、陈济棠。

三十五年三月，六届二中全会选举：于右任、孙科、戴传贤、居正、陈果夫、陈诚、白崇禧、邹鲁、何应钦、梁寒操、宋庆龄、陈立夫、朱家骅、吴铁城、贺衷寒、谷正纲、张道藩、张治中、张厉生、李文范、宋子文、段锡朋、刘健群、丁惟汾、潘公展、朱霁青、萧同兹、赖琏、陈布雷、田崑山、萧静、白云梯、王烈江、麦斯武德、邓文仪、柳克述。

本处秘书长、副秘书长，更迭情形：

秘书长　叶楚伧，二十五年十一月任命。

朱家骅，二十七年四月任命。

叶楚伧，二十八年十一月任命。

吴铁城，二十七〔三十〕年四月任命。

副秘书长 甘乃光，二十七年四月任命。

狄膺，三十一年十二月任命。

郑彦棻，三十四年六月任命。

秘书处分设机要、文书、人事、会计、总务 5 处办事，8 年间该项组织未曾稍变，而人员时有增减，二十六年迁至重庆时有职员 70 余人，二十七年五月起增至 100 人，迄三十一年起，业务开展，人员逐渐增加，至复原前计有 280 余人，还都后复缩编至 100 人。

四、重要决议

历届全国代表大会及每次全体会议，均有重要决议，分志如下：

二十七年三月临时全国代表大会通过：《中国国民党抗战建国纲领》《非常时期经济方案》《战时各级教育实施方案纲要》《推行兵役制度案》。

二十七年四月，五届四中全会通过：《改进党务与调整党政关系》《三民主义青年团组织要旨》《国民参政会组织条例》。

二十八年十一月，五届五中全会通过：《设置国防最高委员会》《颁布国民精神总动员纲领》《第二期战时行政计划与财政金融计划》。

二十八年十一月五届六中全会通过：二十九年一月十二日，召开国民大会，推总裁兼行政院院长。

二十九年七月，五届七中全会通过：设立中央设计局，设立中央党政工作考核委员会。

三十年三月，五届八中全会通过：战时 3 年建设计划，动员财力扩大生产实行经济统制案；各省田赋暂归中央接管案；加强国内各种族及宗教间融洽团结施政纲要。

三十年十二月，五届九中全会通过：加强国家总动员实施纲要；增进行政效能厉行法治制度案；确定战时经济基本方针；确定社会救济制度。

三十一年十一月，五届十中全会通过：党务改进案；积极建设西北案，策进役政案；加强财政案；加强管制物价案。

三十二年九月，五届十一中全会通过：宪政实施总报告决议案；战后工业建设纲领；确定战后奖励外资发展实业方针；战后社会救济原则；修改国民政府组织法。

三十三年五月，五届十二中全会通过：加强管制物价方案紧急措施；确定中央与地方行政关系；加强推行地方自治；改进出版检查制度。

三十四年五月，第六次全国代表通过：促进宪政实施之各种必要措施案；战后社会安全初步设施纲领；工业建设纲领实施原则；农业政策纲领；土地政策纲领。

三十四年五月，六届一中全会通过：水利建设纲领。

三十五年三月，六届二中全会通过：政治协商会议报告之决议《加速经济复原紧急措施办法》。

五、复原经过

三十四年八月敌人投降后，本处职员分批复原还都，第一批5人，于十月离渝赴京，从事一切复员之布置；第二批300余人，中有一部职员眷属，于三十五年四月间分次搭轮返京；第三批500余人，连同工友及全部眷属，于五月搭轮返京；末批10余人，则于七月间由陆路乘汽车回京。

3. 抗战时期在重庆成立的国民党中央文化运动委员会①

抗战军兴，政府迁蜀，各种文化运动需要至殷，文化动员工作益见迫切。当二十八年道藩任中央社会部副部长时，特建议组织文化运动委员会以为文化界之领导中心。经陈部长立夫核定，列入二十九年社会部工作计划。翌年谷正纲同志继长社会部，正继续筹办中，旋因社会部改隶政府，此案移交中央宣传部办理，至三十年二月本会乃告成立，隶属宣传部，聘请道藩为主任委员，赁重庆观音岩义林医院为会址。三十一年四月迁至重庆会府街巴县女子中学旧校舍，三十四年经第六届中央第一次全会决议改为中央执行委员会直辖，特派道藩为主任委员，遂于是年九月改组。时已胜利受降，旋于三十五年与中央各机关迁还南京。

本会当三十年二月创办伊始，每月经费仅有5000元，工作人员仅10余人。其规模之偏小，尚不及一民众团体。然以负荷之使命至为重要，不敢不勉力进行，频年经费虽尚有增益，而以物价腾贵，仍无时不感觉拮据。至今工作人员仅以30人为限，故因经济、人才两俱缺乏，实为对于文化运动未能充分发展之最大原因。兹举历年工作大要，略述如次：

一、本会职司文化运动，惟树之风声，振响全国，以期各地文化界一致动员。故自成立后即着手各省市文化运动委员会之组织与指导，截至三十四年九月胜利前，计已经成立者有广东、江西、福建、宁夏、河南、陕西、青海、甘肃、西康、新疆、浙江、湖南、湖北、安徽、云南、绥远、四川、贵州、重庆等19省市。

二、为领导文化界一致动员，关于文化部门之各团体必须设法组织，俾能团结努力，历年对全国性的文化社团，如中华全国美术会等，均经常切取联系。而由本会辅助成立者，则有全国文艺作家协会，音乐、戏剧、电影各协会，国际文化合作协会等。其经常联系者，有陪都刊物联谊会、出版界联谊会、音乐戏剧界联谊会、各文化团体联谊会等。此外，更随时举行各种集会及某一文化活动或研究问题之座谈会等。又本会附属机构有中国文艺社及文艺奖助会管理委员会，前者对文艺界取得联系，后者办理奖助事宜。

三、自三十年成立后，即在重庆经常举办文化讲座，每两星期1次，延请各科学专家或社会名贤讲演。此外更举行史学、宪政、法律、社会问题、文化建设、时事问题等之特种讲座等。

四、为沟通全国文化消息，经常每月举行文化广播1次，就中央广播电台播讲。

① 本文作者为张道藩，原题名为《抗战时期之中央文化运动委员会》，重庆市档案馆馆藏档案。

五、举行全国文化人士及文化团体调查及各地方文化动态调查，并于各重要省市聘请通讯员，随时报告各地文化消息。

六、为提倡青年写作，特设青年写作指导委员会，担任评阅、修改并介绍、协助作家之著作出版。每年举行中等以上学校学生国语竞赛1次。

七、自三十年九月起，创刊《文化先锋》半月刊及《文艺先锋》月刊。前者为综合性之学术杂志，后者为纯粹之文艺杂志。自发刊至今，按期出版，虽因后方物资缺乏，纸价昂贵与本会经费之困难，惟极力维持，俾勿中辍，故抗战时期刊物以此两刊为长久。此外，并编印文化丛书，惟因经费限制，未能大量付印，在重庆时仅出版7种。

八、在抗战时期各处出版优良书刊均随时予以评介。三十三年并举行遴选著作、国父传记投稿，于三十四年选录3名。旋接办中央宣传部三民主义文艺奖金，于还都后继续办理。

九、历年为策进文化活动或对某一事项之特殊活动，及有关抗战配合时势、适应需要之活动，其最重要者有：国防科学运动、国家总动员运动、民族文化建设运动、宪草研究运动、转移社会风气运动、守法运动、尊师重道运动、劳军运动，皆在重庆举行，并先期通函各省市同时举行。

十、自三十一年太平洋战争发生，港沪文化界人士络绎退至桂林、重庆两地。本会特商请振〔赈〕济委员会拨发50万元为招待专款，并特设文化编译社为暂时安插之计。其无住所者则款宿于会内之文化招待所，以便徐谋就职。惜以经费拮据，此项文化编译社仅维持半年而止。迨三十三年湘桂战事发生，湘桂两地文化人士退至重庆，多数感觉生活艰苦，本会复经向振〔赈〕济委员会、青年团、社会部、贵州省政府各机关及重庆出版、造纸、印刷各同业公会募捐救济，并由道藩亲赴贵阳招待，设法备具汽车资送来渝，并与重庆市党部各办招待所。至三十四年三月结束，综计救助人数，除家属外，凡995人。

以上为本会在重庆自三十年二月至三十五年二月止，5年以来大概情形。自维文化运动，业务繁重，在此浅短时期，良无显著成绩可云。惟于抗战时期文化界之动员工作，庶几勉能实践。自三十五年四月，本会即从事还京准备，先由道藩率领一部分职员回京，以南京香铺营为会址，其余人员则于五、六两月回京。历年所置木器移交重庆市党部接收，所赁会府街会址经与巴县女子中学商洽，由巴县政府接管。

4. 抗战时期迁都重庆的国民党中央党史史料编纂委员会[①]

自二十六年抗战开始，敌机滥施轰炸，本会因首都既为敌人最注意之目标，史库难保安全，乃先将库藏之重要史料运往长沙岳麓山保存。及是年十一月中旬，京防告急，中央各部会奉令西迁，本会亦即将印信、文卷及所存史料循京滇路运移至湘，暂假长沙岳麓山张公墓庐为办公处所。至二十七年一月间，又奉命令西迁，遂由长沙转移到渝，择定巴县北碚之绍隆寺为会所，所有史料及档案均运往储藏。嗣以绍隆寺附近匪警频传，距北碚百里左右之白峡口地方竟发见〔现〕股匪，复迁往江北县属之磐溪[②] 及玉带山。未几，沿江各地方屡遭敌机轰炸，磐溪及玉带山亦时受威胁，乃于二十六年五月间将秘书办公室及其他有关单位迁至山洞黑天池之宝光寺（即

① 原名为《抗战期中迁都重庆时之中央党史史料编纂委员会》，重庆市档案馆馆藏档案。

② 即今重庆盘溪，下同。

亚光寺），并以该寺附近之吴家大洞为安藏史料之所。惟总纂办〔公〕室，则仍留磐溪，从事抗战史料之编辑。至是年八月间，始由磐溪迁往宝光寺。当时，本会以所有各单位已集中宝光寺办公，经报请中央执行委员会备案。兹就本会迁渝及关于征集、编辑、典藏等工作及人事之变动，择要分述如下：

一、征集工作

本会在抗战以前，只注意于党史史料之征集，自抗战军兴，懔于此次抗战为本党革命过程中最大任务，其一切经过事迹无不为本党之重要史料，亟应及时搜集。遂自二十七年起，对于抗战史料之征集，同样重视。依照工作计划，增订征集通则，对于党史史料及抗战史料加紧征集。其征集方法，约分为4种：（一）派员征集。按实际需要，随时派员赴重庆及附近地区，访问革命先进，记录讲述之革命史实。访问协征人员及各机关团体，洽商史料之征集或选购各事宜。（二）委托征集。聘请各机关团体指定人员，负责协征史料。（三）通讯征集。随时函请各地机关团体或个人征集史料。（四）广告征集。于各种公报、期刊及各地报纸刊登广告，普遍征集。

8年来，虽因战事关系，一切日感困难，但征到史料尚能质量并增。其中最珍贵者，为广东革命纪念会所藏总理手订三民主义讲演稿，经本会于三十二年七月派员赴粤接收。又东北地下工作同志郭镇华君几经周折，历尽险阻，于抗战时亲赴日本，将日军由南京掠往东京之国父亲笔撰著三民主义原稿及序文，又亲笔孙文学说序原稿及亲笔手令函电，以及革命先烈先进致力于革命之重要文件，计共60余件取回。复亲送至重庆本会典藏，均为稀世奇珍。郭君爱护史料之精神，甚堪钦佩。兹将二十七年起至三十四年止所有征到史料件数，列表统计为左〈下〉：

历年征到史料件数统计表

	二十七年	二十八年	二十九年	三十年	三十一年	三十二年	三十三年	三十四年	合计
总理史料	17		69	262	230	149	104	68	899
总裁事迹					547	210	99	127	983
革命史料	72		606	1759	1305	1260	1828	1340	8170
宣传案					170	283	266	285	1004
军委会抚恤案				444					444
党史参考资料				105	1227	249	133	339	2053
抗战史料	3090	3576	1829	5936	5089	5101	1858	1725	28204
反宣传品						343	15	18	375
一般参考资料						228	83	116	427
报纸			12647	29711	1517	1834	1398	1579	48686
期刊			13107	4975	7282	4844	5014	6321	41543
其他	35			179	541	48	321	86	1110
合计	3214	3576	28258	43371	17908	14548	2019	12004	133898

附注：1. 二十八年各机关团体及党国先进应征之党史史料迳行存档，未列入统计。

2. 二十九、三十两年之报纸数字，以1日为1件，自三十一年度起，改为以1月为1件。

3. 三十一年以前只总裁事迹及宣传案备入抗战史料。

凡应征史料者，本会每半月叙奖1次，遇有极珍贵史料或曾以极大之势力搜集者，则呈请中央议决褒奖或予以其他特殊之奖励。其奖品分金、银、铜三等奖章，甲、乙、丙三等奖状。惟战时情形特殊，改订叙奖办法，在抗战期间奖章暂停，只发奖状。自二十九年以及三十年，旅缅曾允明同志应征党史史料409件，均甚珍贵，由会呈经中央常会第179次会议议决，发给奖状，交由缅甸总支部转发。三十四年郭镇华应征之总理及先烈珍贵史料，亦经中央常会议决，并另给运费150万元。其余依章叙奖9次，计颁发甲等奖状23份，乙等奖状43份，丙等奖状84份，另具函申谢504份。又自三十年度起，对于协征人员应征史料，每年亦叙奖1次，计共叙奖3次，颁发甲等奖状9份，乙等奖状20份，丙等奖状34份，另具函申谢233份。

二、编辑工作

本会在渝期间，虽屡受空袭威胁，然以会址移驻乡间，重要业务仍照常进行。关于编辑工作，已编就之党史书刊计有：总理全书、总理史绩稿、总理年谱长编稿、总理本〔大〕事日记稿、党史纪录、党史概要、本党简史、兴中会至中国国民党时期史料汇编、党史史料丛刊、革命先烈传记、本党50年纪念特刊等10余种，约有1400万字之谱。惜因战时物力关系，不能尽量付印。惟为配合抗战、激励国民爱国情绪、发扬先烈革命精神起见，曾就上述已编之党史书刊印行数种。兹概述如次：

（一）党史纪要　全稿约12万字，二十八年十月由青年书店付印发售。

（二）党史概要　原稿先由本会主任委员在中央训练团演讲，继由中训团印发各学员。三十年二月复由中央宣传部印行，嗣增订为再稿。三十三年五月，仍由中央宣传部印行，全稿约88000字。

（三）本党简史　该书系奉总裁令编辑，供给各训练团分别印行，作为训练教材，全稿约45000字。

（四）党史史料丛刊　编印4期，交各书店发售，共约32万字。

（五）革命先烈传记　原名《护国豪贤传》，编印1集，三十年九月由中央宣传部出版，交各书局发售，约125000字。

（六）革命纪念日讲述资料　编就总理第一次起义纪念日、清党纪念日、革命政府纪念日、总理广州蒙难纪念日、国民革命军纪念日、肇和兵舰纪念日等讲述资料6篇，供各级党部每次举行纪念时之用者。

（七）本党50年纪念特刊　三十三年十一月，本会为纪念本党成立50周年，除遵照中央常会决议举办革命史绩展览及编辑本党50年大事记外，并编印本党50周年纪念特刊，分赠发售。内载党国先进文稿52篇，约20万字。

三、典藏工作

抗战军兴，本会为保护史料，于二十六年八月十五日、二十五日，分将史料由京取水道运长沙岳麓山。二十七年元旦离湘，西运入川，一月二十七日抵渝，二月十三日迁北碚绍隆寺。北碚地僻，九月转迁渝市北岸之磐溪。值敌寇空袭，又迁藏史料于玉带山，旋觅得山洞镇北吴家湾吴家大洞，始于二十八年五月二十一日将史料全部迁往洞侧，筑屋数间，作办公室及晾晒史料之用。遇空袭，则移史料入洞。盖本会自西上以还，播迁至再，频受敌寇之空袭，迄未得庋藏史料处所，影响业务上之进程至巨。至是以后，乃得照常工作，收藏史料比较安全。典藏工作分整理与保管两项，新征史料送主管处，予以列号总登记编制目录卡片，分类编号，索引内容，然后归库保存。保管时即照史料所分数号，分别珍藏，以备调用，并按时检点晾晒，加放药品，以防腐免蛀。遇空袭，则急搬入大洞。计西迁后整〔理〕归档史料，连前为总理史料

3948号，总裁事迹476号，革命史料12826号，其他档案及报纸68102号，共85352号。

逮日寇请降，政府还都，本处所有重要史料，先于三十五年十月三日运放李子坝石庙子中央银行仓库，准备复员。五月六日，第一批史料由渝循川湘公路经汉口东下，同月二十六日抵京。其余史料，自五月八日后运存于城中枣子岚垭反侵略会旧址，至九月十、十一两日留渝史料全部循水道下运，同月二十三日安返首都。

四、人事之变动

本会副主任委员梅公任，于二十九年十二月中央165次常会决议改任为委员，推杨庶堪为副主任委员。三十一年八月八日，杨副主任委员病故，十月五日中央212次常会推徐忍□继任副主任委员。

本会委员刘守中、王法勤等相继逝世，三十二年五月中央第229次常会推吴铁城、孙科、陈果夫3委员继任为本会委员。

本会职员于抗战初起时原有96人，迁渝时遂照中央紧缩办法，大部职员均经资遣，除纂修、采访外，仅留14人。嗣后会址移至宝光寺，业务拓展，恢复原有编制，至还都时，共有职员123人。

及三十四年秋间，日本投降，本会即组织还都委员会，筹备还都事宜。至三十五年十月杪，先将重要史料派员分水、陆两道押送还都。嗣因山洞亚光寺地势偏僻，在还都过程中，多所不便。故特租赁渝市枣子岚垭前反侵略运动委员会旧址为驻渝临时办事处，于五月初旬策动所有员工，押同史料及公私物件，陆续由山洞亚光寺迁入该处，自五月十五日起正式办公，并分派干员迳向陆水空交通机关商拨交通工具，于是所员工、史料及一切公私物件，分批循陆水空3道，先后东运抵京。至九月杪，还都事宜始告结束。但在渝时会同前国史馆筹备委员会接收中央各机关过时之档案，尚留存渝市，现正设计运京。

5. 抗战时期的三民主义青年团概况（1948年）

七七卢沟桥事变发生，举国在空前危难之中，中国国民党于民国二十七年三月召开临时全国代表大会于武汉，决议“为健全党的组织，巩固党的基础，将预备党员制取消，设立三民主义青年团。”六月十六日，蒋总裁兼团长发布告全国青年书，指出其成立之动机在：一、为求国民革命新的力量集中；二、为求抗战建国之成功；三、为求三民主义之具体实现。而其主要任务则为：一、积极参加战时运动；二、实施军事训练；三、实施政治训练；四、促进文化建设；五、推行劳动服务；六、培养生产技术。此为本党给予全国有志青年献身国家之绝好机会，亦为全国青年自辛亥革命、北伐进军以来第三次大结合。七月，中央临时干事会成立，第一届干事为陈诚、陈立夫等31人，陈诚任书记长。书记长之下，设书记长办公处等7处。八月，创办干部训练班，招训优秀青年干部。九月，中央机构改组，书记长之下，仅设书记长办公处、组织处、宣传处3处，组织较前简化。

民国二十八年六月，首次创办夏令营，以后逐年举办，范围亦逐年扩大。七月，中央临时干事会第四次会议决定，修改团章，成立中央干事会，并增设中央监察会。九月，三民主义青年团筹备时期，中央干事会与中央监察会宣告成立，由团长选派陈诚等35人为干事，并指派陈诚等9人为常务干事，仍以陈诚为书记长。书记长之下，设书记长办公室及组织、训练等6处。

中央监察会则由团长选派王世杰等35人监察，指定王世杰等5人为常务监察，以王世杰为书记长。

二十九年陈诚因军务繁忙，请辞团中职务，经团长派张治中接替。十一月，《工作纲领》核准通令施行。

三十年十一月，中央干事会任期届满，由团长重行选派，为网罗全国优秀青年干部，将干事名额、候补干事名额增加。中央监察会任期届满，由团长另行选派，名额亦稍有增加，仍以王世杰等5人为常务监察，王世杰仍兼书记长。

三十一年二月，中央干事会令颁团员行动指导纲要。八月，召开第一次全国团员代表大会。

三十二年三月二十九日，第一次全国团员代表大会在重庆召开，团长亲临主持，通过《发展团务十年计划》《统一全国青年组训纲领》等要案，并制定团纲，选举中央干事及监察，计当选第一届中央干事张治中等72人，候补干事李俊龙等25人，经团长指定张治中等15人为常务干事，仍以张治中任干事会书记长。当选中央监察王世杰等39人，候补监察韦永成等19人，经团长指定王世杰等9人为常务监察，仍由王世杰任中央监察会书记长。四月十六日，第一次全国团员代表大会闭幕，发表宣言，号召全国热血青年，参加国防、经济、文化三体合一的新中国建设。十一月，发动团员及青年从军运动，中央团部会同有关部会成立学生志愿从军指导委员会，各地分设指导委员会。截至三十三年八月，从军学生达6000余人。十二月一日，中央干部学校成立。

三十三年十月，中央发起10万知识青年从军运动，由党与团各认配额5万人，预定编为10个师，分区集训。团长发布告知识青年从军书，全国各地闻风响应，在短时间内，应征青年逾15万人，而由团各级所号召应征者，即达93000人，几超过原配额1倍。

三十四年九月抗战胜利，敌区各级青年团组织，由秘密转为公开，协助国军接收及配合政府复员工作。东北及台湾青年团组织，亦相继开始活动。

三十五年四月，中央干事会张书记长治中调西北行营主任，辞书记长职，由陈诚继任。九月一日，第二次全国团员代表大会在庐山举行，团长亲临主持，会期12日，九月十二日闭幕。大会通过《举办团员总甄核》等要案多起，并发表宣言，提示青年团团员在国家建设期中之庄严任务。大会推选第二届中央干事监察，计当选中央干事陈诚、蒋经国等72人，候补干事蔡劲军等25人；当选中央监察谭平山等49人，候补监察罗翰芹等19人。九月十四日第二届中央干事监察举行第二次联席会议，选举陈诚等15人为中央常务干事，陈诚为书记长，袁守谦、郑彦棻为副书记长。中央常务监察亦同改选竣事。

三十六年一月十五日，中央干事会决自该日起举办全国团员总甄核。为使团员明了总甄核意义，特发表告全体团员书。六月三十日，国民党中央常会及中央政治委员会联席会，在总裁兼团长亲临主持之下，决定集中党团力量，以应付戡乱建国的需要。

原载中华年鉴社编印发行：《中华年鉴》（上），1948年出版

6. 抗战时期的国民政府（1948 年）

一、西迁重庆

二十六年抗战军兴，国民政府为策划长期抗战，于十一月西迁重庆陪都，并授权军事委员会委员长执行国民政府组织法第三条所规定统率全国陆海空军之职权，并指挥全国军民，负国防之全责。

当时长期抗战之形势已成，为发挥战时行政之高度效能，党、政、军三方面之机构，均有大规模之调整。

二、党、政、军机构之裁并

在军事机构方面，二十七年初，经将直隶国府之参谋本部改为军令部，训练总监部改为军训部，并将该二部及军事参议院移隶军事委员会。同时将行政院所属之海军部裁撤，其经管事务归并军事委员会之海军总司令部办理，行政院之军政部兼由军事委员会管领。

在行政方面，经将行政院所属之实业部改为经济部，铁道部并入交通部；同时原隶国民政府之建设委员会亦并入经济部，并将全国经济委员会各部分事务，分别性质，并入经济、交通二部及卫生署掌理。

在党务方面，则中央党部之组织、训练二部并入军事委员会之第六（民众训练）部，同时军事委员会之第五（国际宣传）部取消，将其职掌划归国民党中央宣传部，而受军事委员会之指挥。但不久国防最高会议，又根据军事委员会之请求，调整该会机构，而将该三部复划归中央党部，而归复原来系统。

三、主席职权之改变

二十九年三月，成立国史馆筹备委员会；三十年十一月，设立稽勋委员会，均直隶国民政府。

三十二年九月，中国国民党第五届中央执行委员会第十一次全会，依据当时情形，复将国民政府组织法局部修改。国民政府主席为陆海空军大元帅，任期改为 3 年，连选得连任。五院院长、副院长，由主席于国民政府委员中提请中央执行委员会选任，对国民政府主席负责，主席对中国国民党中央执行委员会负责。此次改制，主席职权改变，大致与二十年未改制前相同，亦即主席不负实际政治责任制之结束。

至当时直属于国民政府之机关，除五院及军事委员会暨府内之文官处、参军处、主计处、政务官惩戒委员会、稽勋委员会外，尚有总理陵园管理委员会、中央研究院、国史馆筹备委员会及西京筹备委员会等。

同年十月，国防最高委员会第 121 次常务会议决议：国民政府设置顾问 8 人至 16 人，备国民政府主席之顾问，由国民政府主席遴选聘任之。三十三年十二月，为配合盟军，加强对日作战，成立中国陆军总司令部。

三十四年三月，国府裁撤西京筹备委员会，将其任务移交陕西省政府接办。十月，国府参军处下，增设军务局；文官处下，增设总务局。十一月，参军处复增设机要室。十二月，恢复国民大会筹备委员会，积极筹备国大开会事宜（按该会成立于二十九年十月，旋因战事紧张，停止工作）。

四、还都后的国民政府

三十五年五月，国府还都南京。六月，国民政府为树立现代军制，增强国防，而谋军事与行政之密切联系协调起见，将原设之军事委员会及其所属各部会，以及行政院之军政部裁撤，改于行政院设立国防部；惟军事委员会所属之军事参议院，仍暂存在，直隶于国府。同时，中国陆军总司令部，以受降遣俘工作完成，亦一并裁撤。

七月，原设各地军事委员会委员长行营，改称为国民政府主席行辕，其组织及职权均照旧。十一月，国史馆筹备委员会，正式改为国史馆；同时成立战略顾问委员会，而将前暂存之军事参议院裁撤。

原载中华年鉴社编印发行：《中华年鉴》（上），1948 年出版

7. 抗战时期国民政府军事委员会留渝经过纪要[①]（1947 年）

第一章 总 说

溯自"九一八"敌占我东北四省后，其侵略我国、征服世界之野心，已暴露无遗。我政府及全国同胞，深知国难严重，情势日急，均能体念时艰，在最高领袖领导之下，忍辱负重，一面刷新政治，一面加紧整理军队，充实国防一切设施，作应战之准备。中经"淞沪协定"与"塘沽协定"，仍不能稍戢日寇野心，不久卢沟桥[②] 事变又起，我实忍无可忍，乃振奋哀兵，与敌周旋。平沦津陷，战事蔓延，迄于淞沪，全国同胞，无不义愤填膺，争先赴难，前线将士亦拼死作战，以血肉作长城，真可谓民气如潮，军心如金石也。我政府为打破敌之速战速决企图，采取长期抗战计划，乃于二十六年十一月二十日宣布迁都重庆，其后改为陪都。军委会为便于指挥计，先行迁汉，至武汉会战后，乃继续迁渝。8 年间历尽艰苦，其中经敌寇长期轰炸，我陪都人民，始终同仇敌忾，险夷一节，盖以我战略指导正确，战术运用得宜，乃得愈战愈强，转危为安，终致最后胜利，其可纪者，良足多矣。

第一节 军委会组织及其播迁

民国十四年，国民政府成立于广州之际，同时设立军事委员会，为军事最高首脑机关。北伐完成，军事委员会撤销，分别成立参谋本部、军政部、训练总监部，民国十八年，复增设海军部与军事参议院。"九一八"事变后，中央为应付国难，于二十一年三月恢复军事委员会，以统一全般军事之设施。二十六年，抗战中兴，中央为求政略与战略之配合，于军委会之下，曾设第一至第六各部，分掌作战、政略、国防工业、国防经济、国际宣传、民众组训等事宜，又设国家总动员设计委员会、后方勤务部等单位。二十七年秋，旋经调整，将参谋本部、训练总监部等并入，改为军令部、军训部、政治部、后方勤务部、航空委员会、海军总司令部、军法执行总监部、抚恤委员会等机构。又二十四年，军委会为统一人事行政，特设置铨叙厅。至兵役行政计划机构之组织，至二十六年始于军政部内设兵役司，适至三十三年乃扩充为兵役部，抗战结束，兵役部仍改为署，归入军政部编制。此为军委会组织之大概情形也。

① 此文系国民政府国防部史料局撰稿，原标题为《军事委员会抗战留渝经过纪要》，重庆市档案馆馆藏档案。

② 原文为"芦沟桥"，今统称"卢沟桥"。下同。

第二节　自京迁渝之经过及运输情形

继卢沟桥事变后，淞沪会战相继发生，经我军猛烈抵抗，亘3月之久。政府为贯彻长期作战计划，即宣布迁都重庆，军委会亦继之迁移，大部工作人员则利用水陆船只输送，先行到汉，重要人员则于情况紧要时乘机离京至汉，始继续西迁到渝，领导全国军民从事艰苦抗战，直至胜利受降事宜大部完成，始于三十五年五月五日宣布还都。

第三节　轰炸时期之军委会及防空情形

迄政府宣布迁都重庆，国府及各院部会均陆续迁渝，纯商埠之重庆，遂一跃而为全国之政治、经济、军事、文化中心。敌为屈服中国，乃对此中心，实行不断轰炸。武汉撤退，敌机场随之推进，初于二十八年对我重庆市民，实行"五三""五四"之大轰炸，损失甚巨。我陪都军民乃利用渝市地形，自动开凿防空洞，并加强消防救护救急等组织，结果收效甚大。关于积极防空及防空情报，由航空委员会办理。消极防空则由卫戍总部负责指挥。军委会及所属工作人员，则妥当分配防空洞，发给入洞证，重要公文亦均藏于地下室，防空洞中并有办公设备，虽在敌疲劳轰炸下，重要公务之处理，未尝中辍。迄宜昌沦陷，敌机更为推进，经数年来之不断轰炸，全市精华大遭摧毁，而士气民心，反益加奋发，市街房屋毁而又建者，不知若干。军事委员会并备有帐篷，准备万一全部被毁，仍在原地办公，以此不屈不挠之精神，乃收最后胜利之全功。

第四节　机构系统增减之经过及驻地

军委会为战时军事最高指挥机构，为配合战局，适应需要，对其所属各部门，时有改进调整。设而复撤者，有考核委员会、军事运输总监部、军运统制局、校阅委员会及点验委员会。其因需要而设置者，有工程委员会、战时运输管理局、水陆交通统一检查处等机构。

附表：军事委员会所属各单位在渝驻地表

机关名称	驻地	备考
军委会办公厅	林森路	前行营旧址即老镇守使署
军令部	林森路	前行营旧址即老镇守使署
军政部	林森路	前行营旧址即老镇守使署
军训部	璧山	原驻巴县中学
政治部	两路口	
后勤部	高滩岩	
铨叙厅	中山三路	巴县中学内
军法执行总监部	桂花园	尔后迁洛碛
航空委员会	上清寺	
海军部	山洞	
军事参议院	綦江	
抚恤委员会	石桥铺	
防空总监部	复兴关	

第二章　办公厅

办公厅为军委会本身之行政机构，迁渝时在旧镇守使署内办公，掌管命令文书呈转连系及总务警卫诸事宜。下设军事处，后改为第一组，掌本会各部院会厅主管业务军事上之连系呈转，及不属各部院会厅之军事攸关事项，与本会会议会报等事项。总务处，后改为第二组，办理本会及厅文件之收发传达，暨刊发印信，及中外来宾之登记引见接待，及调查联络警卫与本会会属，及厅交通通信之计划筹备管制运用，以及本会会属及厅经临费预计算之编造，及出纳保管事项。秘书处，后改为第三组，办理本会一切文件之收拆登记呈阅，及分配文电之拟撰，及人事命令之传达，与统计职员录编辑，典守印信与会内外党政上及边务机关之连系等事项。法制处，办理军事机关学校部队章制审核及军事法规之拟定审核与调整等事项。特检处，办理全国邮电检查之设计及实施事项。机要室，办理机要电报之翻译，及有线无线电报通信，典守本会印信，及机密档案之保管暨本会各部译电稿、密电本之编印及使用，全国军事译电人员之调查统计考核指导等事项。

第三章　铨叙厅

铨叙厅于迁西时，驻中山三路办公，继续办理下列业务：

一、军事铨叙之确立

军委会为军事铨叙之推行，曾于二十一年夏，设置铨叙事务处，二十三年改设铨叙厅，办理军人人事行政，而以军官佐属为对象，以官职为铨叙之本身，以资绩为铨选之方法，以勋奖励其功，以惩罚课其失，以恤赠褒其忠烈，以服役为推陈布新之总枢，以登记审核为绳各核实之宝笈，凡此种种，均经缜密执行。抗战军兴，军务孔急，部队调动频繁，人事行政之趋向迥异，自须争谋改进，以应特殊情势。战争结束，更需作继往开来之计划，以行而未备者，加以修正；已策定而未行者，从速推行；应行而未行者，提前实施。

二、军事人事政策之确定

建军首重人事，人事尤重管理，过去人事制度未臻健全，管理亦未彻底实施，致若干主官，自由用人，每多形成封建势力。此种缺点，自当力为矫正，以使各官佐成为国家之官佐，期能权责分明、统一任免，以完成人事上之正轨，达成军队国家化之目的。其次，铨叙与教育亦须切连系，以期提高素质，加强国军战力。盖以教育之目的在育才，铨叙之目的在用材，学用两途，均以作战训练管理为唯一目的，故须密切配合，方能日臻上理。

三、军事人事制度之加强

健全人事制度，须先实行以官为控制人事之中心，故积极调整官职，无官不任职，无职及外职者，应予停役或退除役。已经调整官职者，总计陆海空军官佐为265649员。战事发生后，动员数目庞大，地区辽阔，部队调动无常，交通困难，联络不便，为使任免得宜，管理便捷，乃实行分层负责制。规定尉官以军为中心管理机构，校官以战区为中心管理机构，将军以军事委员会为中心管理机构。军事委员会战时人事行政之困难，遂得以解除，已定之人事方针，亦仍能继续实施。

第四章　军令部

军令机构，为国家最高统帅之作战军令所从出，在抗战以前为参谋本部。抗战军兴，设陆海空大本营第一部。未几，大本营撤销，第一部仍改隶军委员会。民国二十七年二月，经国防最高会议决定，将参谋本部及第一部合并改组为军令部，辖第一、二、三厅及测量总局（其后改为第三厅），分别主办作战、情报、参谋、人事、教育及测量业务，留渝期间驻旧行营内，轰炸时间曾被毁一部分。

第一节 作 战

作战业务，系由军令部第一厅承办，在渝期间驻旧镇守使署内，对作战业务分两期指导。

一、抗战第一期（自“七七”抗战至武汉会战终了）

日寇一贯政策，不容我有余裕时间建设国防，“九一八”与“一·二八”以后，复于二十六年发动“七七”事变，大举进犯。我不得不起而全面抗战，战事一起，我即决定“持久战”，采用以“空间换时间”之战略。为避免与优势装备之敌在华北平原作战之不利，乃毅然使用主力于淞沪，期在湖沿地区牵制敌人，争取时间。淞沪会战鏖持至3月之久，敌锋大挫，国际视听为之改观，而我之物资内迁，与军民士气则获相当成就，抗战必胜之信念，实奠基于此。当暴敌之初来也，袭平津、趋沧保、陷大同、窥太原，其焰甚炽，然一挫于淞沪之阵地战，再挫于忻口之运动战，更于台儿庄造成有名之歼灭战，于是敌锋顿挫，我得完成我中部抗战之准备。次又遭我武汉保卫战重大之打击，粉碎其“速战速决”之企图，深陷泥淖，不能自拔，我乃得从容完成西南抗战与反攻之准备，胜利基础，于焉奠定。

二、抗战第二期（武汉会战后至敌投降前）

第一期作战结果，敌自觉其“速战速决”“速和速结”之企图以告失败，乃一变而为“以战养战”“以华制华”之战略，于其军事占领下，豢养伪组织，施行政治统制、经济榨取，以支持其所谓“百年圣战”。我政府之战略，则为“积少胜为大胜”，故主在打击并消耗敌之野战军，与敌进行艰苦之持久战。其后与盟军联合作战，乃采取积极战略，培养国军战力，准备总反攻。故首在敌后发动广泛的游击战，使敌疲于奔命，同时施行战术攻势，催破敌之进犯，并努力打通中印国际通路，装备国军，以利总反攻。本期自二十七年冬起，时间逾6年，敌使用兵力经常保持达38师团之众，战线北起阴山，西至怒江。国际通路，完全阻绝，物资来源，极度困难，为我抗战最艰苦亦最卓绝之期间。而我陪都市民，始终信念坚定，共忾同仇，闻胜不骄，闻败不馁，以支楮此空前之民族大战，卒底于成。

三、受降及接收

三十四年夏，我甫发动反攻，而敌已投降，我除派军令部徐部长永昌为特使，参加东京湾之盟国受降外，并一面办理中国战区受降事宜。当指定中国战区陆军总司令何应钦为受降官，于九月九日在我首都南京接受敌驻华派遣军总司令冈村宁次之投降，并区分16个受降区，分别派员受降，迄十月底，大都受降缴械完毕。

四、全战争经过之结果

暴敌横侵，迫我仓卒应战，8年以来，饱经艰辛。其间经过计大战22次，大小战斗38000余次，共毙伤敌军2762808人，俘敌130余万人，国军伤亡失踪者共3211909人，受降时计降敌官兵1240741人，收缴武器器材1129871件。

第二节 情 报

情报业务系由军令部第二厅办理，留渝期间，在旧镇守使署内办公，不断搜集敌情，并研究各国军事、政治、经济、外交、社会状况、国际动态等，以供作战指导之参考。惟我国以物力财力在在缺乏，情报设施未臻完备，搜索机关尤欠发达，与敌人相较，情报搜集之难易，诚判若天渊一斑，即获查其全豹。此则情报整理适切，判断正确之功也。

第三节 参谋人事

参谋人事，由军令部第三厅第一处办理，以夫子池为办公地点，主办业务如左〈下〉：

一、任免

各级参谋须经军令部审核遴选，合格者呈军委会核准后，照一般任命程序办理。实施以来，国军之参谋人事，渐渐能步入正轨。

二、储备

抗战期间为适应各部队之需要，订颁《陆军储备参谋遴选办法》，由军及师于所属中少校及上尉各级军官中遴选编制内参谋员额3倍之人数，报军令部存案，轮流预习，以备调充参谋之用。实施以来，收效甚大。

三、考核

自民［国］三十年订颁《陆军参谋考核及调职办法》，严格考核，逐次实施，每年举行校阅，参谋业务尤为校阅之主要课目。抗战以来，曾四度派员视察，督促改进之处实多。

第四节　参谋教育

参谋教育由军令部三厅二处主办，随厅驻夫子池办公，主管下列业务：

一、陆军大学校

为养成陆军高级指挥官及幕僚之最高学府，开办已30余年，二十八年三月迁重庆，先后毕业学员共2995员。抗战中对教育方法改进颇多，该校毕业学员，对此次抗战之贡献亦甚大。

二、留学生选派

在民［国］三十［年］以前，送留日、德、法、意、美等国，共50余员。三十年以后，又选送留土、法计5员；入美国参谋学校短期班者，先后共40员。历年归国各员，对于国军学术及教育训练之改进，以及军令军政诸方面俱有相当贡献。

三、参谋补习班

民［国］二十四年，于陆军大学校内附设参谋补习班，召集现任参谋人员，施以1年之短期教育。二十八年将该班分设桂林、西安两地，现已抗战胜利，先后结束。

第五节　测　量

民［国］十七年，于参谋本部下组设陆地测量总局，掌管全国测量，及制图业务之规划与实施。抗战时政府西迁，初移贵阳办公，迄三十二年三月，改变为军令部第四厅，迁重庆石桥铺。另由各省局队改设测量队12队，及水利航空测量队1队，分负测量业务实施之责。关于测量人员之养成，计中央测校及分校先后毕业者1289名，尚有在校受训学生共396名（十八年以前各省测校毕业人数未列入）。

第五章　军政部

军政部为办理军事行政之机构，属行政院之一部，战时归军委会指挥，主管军务、军需、兵工、军医及兵役等业务。迁渝期间，部本部在旧行营内办公，曾一度为敌机投烧夷弹焚毁，旋即改建。

第一节　军　务

整军建军之业务，系由军政部军务署承办，在留渝期间驻旧镇守使署内，主办业务如左〈下〉：

一、整军

二十七年冬南岳军事会议，策定国防军整理各方案，于二十八年春开始至二十九年冬整理完竣。嗣览于军队数量仍未能紧缩，质量尚待加强，自三十年起遂采逐步精兵主义，以充实战斗单位，调整军师组织为目标。三十一年秋，西安军事会议，决定以军为战略单位，策定各部队改造大纲及实施办法，至三十三年底始改造完成。迨抗战胜利，开始复员，国家兵力之保持，自应以国防方针及国家经济力量为衡量依据，现已根据3人小组整军方案实施，完成一部，以后再视情况办理。

二、建军

整军为建军的基础,建军为建国之要图。政府有鉴于此,于二十九年订有国军建设五年计划,旋以实施匪易,三十年春,复订国军三年建设方案及计划大纲,期于3年之内,建立主力部队,旋因太平洋战起,装备武器不能如期达到,故未实施。三十一年秋,利用美国租借方案,建设我驻印部队,逐次整补,质量遂以增高,于横过缅北原始森林,打通国际运路之役,收效至大。政府对于军队之建设,尚随工业之进步,以完成我现代之国军,肩负国防上之使命。

第二节 军 需

经理粮服补给业务,由军政部军需署承办,在留渝期间驻林森路东华观办公,其主管业务如左〈下〉:

一、历年粮服之筹办与补给

我国以往为粮饷合一制度。自抗战开始,供应浩繁,乃适时适地按其需要,购屯价发。二十九年二月,实行粮饷划分,所有官兵主食,一律按照定量改发现品,另发副食费。惟以物价不断激涨,各地悬殊过甚,虽迭经调整,终感不敷不平,乃于三十三年二月,试办实物补给。施行以来,尚有成效。

我国陆军服装,本以设厂自制为原则,抗战以后将原有各国民营工厂迁建后方,并发动各地手工业,逐渐增设小型工厂,以增制造。截至抗战胜利止,共扩增至26厂,可担任至500万人之服装。

二、历次陆军待遇之调整

官兵待遇虽迭次提高,然不及物价之激增远甚,政府一面固须顾虑人民负担,一面亦须维持官兵最低生活。8年抗战,我官兵实属未遑饱暖,备历艰辛,幸能达成任务者,实为高度之爱国热情所致也。

第三节 军 医

军医业务为军政部军医署主办,留渝期间,驻新桥办公。战争开始之际,共有陆军医院22所,临时陆军医院19所,兵站医院10所。抗战期间,乃有《战时卫生勤务纲要》之颁布,为适应需要,积极编组卫生机关,颇著成效。

抗战以来,为使负伤官兵残而不废,二十八年设残废军人生产事务局,开发边荒训练工艺,始具荣誉军人安置之规模,全国计有教养院9、休养院11、临时教养院20、盲残院2、屯垦队4、模范生产队1、临教所1,收容各残等荣军75000人。

第四节 兵 工

筹划国防兵器技术之改进,与全国兵器之制造,由军政部兵工署承办,留渝期间,驻观音岩办公。抗战军兴,政府为保持原有兵工厂,陆续使之迁移后方,几经努力,生产量历年均有增加,品质方面亦逐次提高,且逐年增添兵器种类,以应作战上需要。直至“珍珠港事变”后,盟邦始逐渐加以援助,但延至三十三年,有一部分取给于租借或贷与者,终以运输困难,大部仍赖本国兵工厂之产量以维持。中印公路通行后,始源源而来,然未几敌已投降矣。

第五节 兵 役

兵役业务由军政部兵役署(一度扩为兵役部)主办,留渝期间在夫子池办公。二十八年二月始,由军政部兵役司扩充为兵役署,复于三十三年十一月扩充为兵役部,抗战胜利后紧缩机构,于三十四年十二月一日,仍缩编为兵役署,归还军政部建制。

一、管区创设及其变迁

“九一八”以后,鉴于日人谋我益逐,乃于二十五年九月颁布征兵令,正式划定管区,先于苏浙豫皖鄂赣6省设置12个师管区司令部，每师管区下设4个团管区，依征兵程序开始征兵。三十年将团管区一致撤销，改三级制为两级制，计全国共有军区16、师区89、独立团区2。

二、兵员补充

为保持前方持久之兵力，必须储备兵员。抗战初期，成立补训处及各师区补充团（营）。二十六、七两年，经常储备新兵约50万人，拨补各部队缺额。二十八年征编补充兵力为100万人，并经南岳会议决议增设补训处及军师野战补充团（营）。二十八、九年各约训练新兵200万名，以补充各部缺额。三十二年九月黄山会议决定，将各区处团队，分别裁减至50万人，三十四年三月复裁员至20万人。所有兵员补拨均由中央统筹，历次战役伤亡尚能补充无缺。抗战大业赖以支持完成，尤以川湘渝3省出兵为多，实属难能可贵。

第六章　军训部

军事教育、部队教育、训练等，均由军训部主办，到渝时驻中山三路巴县中学，后迁移璧山办公。

一、部队教育

由于第一期抗战教训，战斗技术训练不足者，则战力薄弱，不能达成战略战术要求。乃决定训练重于作战之原则，分期整训各部队。三十年春，应战局需要，继续训练攻击部队，突击部队，积极实施，颇收成效。

二、干部教育

（一）正规教育。为适应作战需要，并谋各战区干部补充及入学便利起见，除原来成都军官学校外，曾增设第三、七、八、九等4个军官分校，取消交辎学校，改设辎重、通讯、机械化3个兵科学校，增设西南、西北2个步兵学校，及特种兵联合学校，特种教育班，驻冀、驻鲁、驻苏干训班，及5个入伍生团等。在抗战期间，颇多贡献，胜利后概行裁撤，现仅留成都军官学校，及迪化第九分校与步、骑、炮、工、辎、通、机7个兵科学校。

（二）临时训练。二十七年组设巡回教育班，分赴大江南北，以新的战斗技能及武器使用，训练战区控置或待机之部队干部，施行以来，实获相当成效。又为使部队能自行提高干部素质，于二十九年春令饬每战区成立干部训练团，以遂行战地教育。为借助盟军教育经验，三十三年以租借新式武器器材，成立驻滇、驻桂2干训团。为普及游击战术思想，培养游击干部，特于二十八年春成立南岳游干班，同年秋成立西北游干班，计承训游击干部共9090员。各受训员生士兵，在抗战中或成功或成仁，其贡献实有足多者。

第七章　后勤部

运输补给业务，为后勤部所主管，留渝期间驻高滩岩办公，业务实施分述如左〈下〉：

一、兵站机构之调整

二十六年八月成立后方勤务部，并于各战区及部队分设兵站总监部、分监部、支部、分站、派出所等。三十四年二月，为谋军需生产储备与补给连系密切起见，改组为后方勤务总司令部，受军政部指挥，并分全国为西南、西北、东南3个补给区，分区担任补给。战争结束，复参酌盟国军制趋势，配合整军、建军要求，划全国为8个补给区，并依省区各设供应局，归区司令部统辖，下设供应站及各种补给供应仓库。

二、运输与补给设施

运输为兵站主要业务，除航空运输兵站未正式组织外，铁道、船舶、公路均设有之。

（一）铁路设有铁道运输司令部，各部设线区司令部、车站司令部，以及调度所。三十二年运输司令部裁撤，并将所属各级机构改组，改隶战时运输管理局，仍受后勤部指挥。三十五年战运局改组，又恢复各区铁道军运指挥部。

（二）船舶长江区航运，由后勤部船舶管理所负责，三十四年六月改组为长江船舶管理处，并将船舶修造厂拨归隶属，各省船舶运输业务归各兵站办理。抗战胜利，渝沪通航，船舶管理处于各地设立分处，旋因水陆军运扩及南北洋，乃改组为水路军运指挥部。

（三）公路前设有线区司令部、车站司令部办公处，三十四年二月，改组为军运参谋室，拨归战时运输管理局，受后勤部指挥。三十五年一月，战运局改组为公路总局，军运参谋室仍归后勤部接管，二月间划分西南西北公路干线为6区，分设军运指挥部，将军运参谋室改为军运办公处。

三、补给设施

（一）粮秣补给。军粮补给自三十一年三月起，全国部队实施补给现品，统归兵站办理，三十三年底军粮总局及各地军粮局撤销后，改定分区担任办法，按实际情形酌为调整，实施以来，尚无贻误。

（二）弹药补给。各部队装备所需之械弹，由军政部按照编制及武器种类配赋之，作战之消耗始由兵站担任补充。抗战以来，大小战役所需弹药，尚能勉力补充，未虞匮乏。关于作战部队损坏武器，则在各战区兵站所在地，设置野战修械所，担任修理。

第八章　政治部

军队政工，为政治部所主管，留渝期间，一路在两路口，一部在三圣官办公。

一、政工机构之调整

原各战区设政治部，集团军设特派员室，军师及军事学校设政治部。二十九年，废除军政治部，增设连指导员，移工作重心于基层，并确立军政交流制度。三十三年随军制改变，恢复军政治部，并侧重军中文化及康乐工作。

二、干部培养

抗战军兴，为适应政工制度之扩展，先后设立下列各种训练班团，以期增加干部。

（一）战时工作干部训练团，二十七年春开始成立，全国先后成立6个团，受训学生1677人，除一部分从事军事工作外，其余大部分从事政治工作。

（二）党义研究生，三十二年创立，其目的在培养军事学校党义教官人材〔才〕，毕业101人。

（三）军中文化工作研究班，三十二年五月成立，分新闻、戏剧、日语3系，已办2期，毕业284人。

（四）电讯人员训练班，三十二年四月成立，已办3期，毕业107人。

（五）扩音技术人员训练班，三十四年六月成立，毕业132人。

（六）电影技术人员训练班，三十四年八月成立，仅办1期，毕业83人。

三、部队政治教育

在灌输官兵政治常识，以加强其政治警觉性，藉以提高国家民族意识，除随时随地施行机会教育外，每周并规定正式课程4小时，编印政治教材颁发各部队实施。军官政治教育，则以自我检讨与小组讨论实施之。

四、军事学校政治教育

抗战以来，军分校扩充，各兵科学校一律增设政治部，范围扩大，其教育课程，计分基本教程与普通教程 2 种。基本教程有国父遗教、主席言行，东西历史、地理、法律、经济、国防、革命史、近代史等，补充教程由有抗建纲领、国家总动员、军队政工、日本研究、美英苏研究、哲学、理财学等。

第九章　军法执行总监部

军法业务，战时由军法执行总监部主管。留渝期间，驻两路口桂花园办公，后大部迁洛碛办公。

一、机构之调整

抗战军兴，适应需要，军委会下设军法执行总监部，三十四年将军政部军法司编并。胜利后总监及各总监部陆续撤销，由军政部恢复军法司，另于各行营、绥署、绥靖区成立军法处，处理各该单位军法案件。

二、审判制度之改进

我国审判程序，殊嫌简略，尤以军事检察制度尚未成立，各级军法犯罪者经察觉或告发前，无人负责。抗战结束后，始于各级军法机构内，分别设置军事检察科，或军事检察官，专负检举罪犯及纠察军风之责，以期达成严明法令，整肃军风纪之任务。

三、军人监狱之整理

抗战军兴后，有四川、成都、贵州、湖南第一、二、江西、福建、桂林等 8 军监。三十三年，湖南第一军监及桂林 2 军监撤销，湖南第二军监改为湖南军监。并于湖北谷城，恢复湖北军人监狱。抗战结束，将江苏、浙江 2 监恢复，并收回河北地方军监。

四、战犯之处理

敌人投降后，各地战犯之处理，亟应进行，经于三十四年十月间，由行政院秘书处与军令部、军政部、司法行政部、外交部等机关，会组战争罪犯处理委员会，先后拟定战争罪犯处理办法，战争罪犯审判办法及其他有关法规，呈经军委会委员长核准施行，并于各行营绥署设立审判战犯军事法庭 11，战犯拘留所 12，办理战犯之审判及拘押事宜。

第十章　航空委员会

空军之训练作战业务，由航委会主办，留渝期间驻上清寺办公，略述其要务如下：

一、抗战中空军之发展

战争初期，我仅以 9 个大队，飞机 305 架之兵力参加作战，与敌力量悬殊，故在作战过程中不得不节约兵力，集中使用于各主要战场及重要城市方面，幸赖士气旺盛，指挥适切，终能以寡敌众。二十七年至二十九年，飞机之补给主要依赖苏联以货易货之协助，保持 7 个至 11 个大队之番号。三十年以后，飞机器材油料之补给，逐渐改向美国现款购买，租借案实施后，则几全赖美国之协助。三十三年起已达到足以经常维持一定作战飞机架数，对前方战场之支援及重要城市之防空，两项任务均能发挥有效威力。

二、人员之补充及训练

空军进步，业务增繁，各种空勤地勤技术人员之补充及增加迫切需要，为此需要除战前之空军军官学校外，陆续增设空军军士学校、空军通讯学校、空军幼年学校、测候训练班等教育机构。其中之空军军士学校，以我国不适应于实施飞行军士制度，已于三十四年撤销。抗战以来，在国内训练完成之空勤人员共 1057 名，各种地勤技术人员共 11541 人。为迁就国外汽油供给之便利，及其教育设备之利用，经先后派美国完成训练者，计空勤学生及补训之空勤官佐共 3446 名，地勤人员 1059 名。

第十一章　海军总司令部

海军总司令部，为策定海军作战方针，抗战期间，以巩固江防与海军整建为主要任务，留渝时驻山洞办公。兹将指挥作战经过及海军之整建分述如左〈下〉：

一、海军之作战方针

为封锁江阴厄阻敌舰，关于封锁工作，计调用海军舰艇8艘，商船20艘，敌趸船8艘，民船盐船185艘，下沉阻塞，舰队员兵监视封锁任务，受敌机袭击，损失甚重。除封锁外复拆卸舰炮，安装于长江两岸各要塞区，武汉下游自葛店至江阴各段之炮台，曾先后击沉之舰艇，计33艘。武汉放弃，于上游荆河洞庭湖水道各布水雷13000具，复组织布雷游击队分别在长江下游，于敌后布置漂雷，袭击敌之舰船，此项工作进行5年又4月，颇获成果。战争结束后，各布雷队改为扫雷队，从事清扫雷区、恢复航路之工作。

二、海军之整建

海军原有舰艇，经战役后仅余10艘。三十一年三月，英美两国本军事合作精神，赠我炮舰4艘。三十三年九月，我国与法国民族解放委员会，开始正常邦交，法赠我炮舰1艘。此外我国复与美国接洽规目〔模〕较大赠舰，亦告成效，计美国护航驱逐舰2艘，布雷舰4艘，驱潜舰2艘，总计8艘，另有登陆舰艇辅助舰艇98艘。英国则有巡洋舰1艘，拱卫舰1艘，潜水舰2艘，海岸巡防艇8艘，仅一部接收，其余则尚需待我海军训练完毕后始能着手。至胜利后，接收敌伪海军舰船，现有1631艘，约5万吨，其中不堪使用之自杀艇，占50%强。

第十二章　军事参议院

军事参议院为最高当局对于军事之咨询机构，办理有关军事应行调查，及编纂一切建议及有关军事之书报图表杂志等，成立于民国十八年，政府迁渝后，该院驻綦江办公，三十五年随同还都南京。

第十三章　抚恤委员会

抚恤伤亡优待遗族之业务，由抚恤委员会主管，留渝期间，驻石桥铺办公。抗战初期抚恤业务由铨叙厅办理，三十年始于军委会下设此机构，先后成立驻豫、陕、浙、桂、湘、粤、黔、皖、赣、鄂、闽、川、晋13个抚恤处。以核发恤令、给恤金、颁发奖哀状为主要业务。次则主动会同中央各有关机关，拟订优待遗族及伤残官兵就业及子女就学暨表彰纪念忠烈等办法，而促请实施。

第十四章　防空总监部

防空业务由防空总监部主管，留渝期间驻复兴关办公。兹略述工作经过如下：

一、防空机构与组织

总监部内设积极防空处、消极防空处、防空情报处。受总监部直接指挥者，有高射机炮团队、中央防空情报所及防空协进总会。至各省或要地则设防空司令部，或各要地防空指挥所，指挥驻在地高射枪炮团队，及驻在地空军站、当地防护团等。

二、防空教育之创设

（一）干部教育

1. 中央教育，设置防空学校，训练高射炮人才，并设情报训练班，召集各都市公务员及省县政警，或人民团体职员来校受训。

2. 地方教育，举办防空人员训练班、防护干部训练班、防空情报训练班，大多由防校毕业员生主持，充任防空干部。

（二）社会教育

1. 军警宪校防空教育，在军警宪学校设防空一科，以便促进防空业务，应付时代之需要。

2. 普通学校防空教育，中心小学及中学防空课本会同教育部编印，使每一国民皆有防空知识。

3. 民众防空教育，举办防空扩大宣传及防空展览会，使全国民众对防空理论与事实，得以相互印证。

第十五章　结　言

以上乃我军事委员会留渝期间所有业务之概略情形。回忆 8 年抗战之中，我军委会同仁与陪都民众，风雨同舟，险夷一节，冒敌机之轰炸与战时一切困苦缺乏，再接再厉，卒获最后胜利。我百年之积弱，与不平等条约之束缚，因 8 年抗战而全部扫除。从兹发奋图雄，永奠我五强之一坚固基础，乃我全国同胞无可旁贷之责任。他年鉴往规来，我陪都市民当年艰苦奋斗之精神，益将与青史流传、永垂不朽也。

8. 抗战时期的国民政府行政院[①]（1948 年）

一、行政院在政府中地位之变迁

民国十七年十月，中国国民党中央执行委员会决议实施五权制度，行政院即于是时与其他四院同时成立。当时行政院乃构成国民政府之一部分，国务一律由国务会议处理，国民政府主席负实际政治责任。民国十九年间，中央改制，以前之“国务会议”改为“国民政府会议”；以前以行政院长为主席，以行政院所属各部会长官组成之“行政院会议”，则改为“国务会议”。在此时期内，实际政治中心由国民政府移转到行政院。二十年十二月改制，国民政府主席“不负实际政治责任”，但行政院之会议则仍称“行政院会议”，不称“国务会议”，国民政府则有国民政府委员会，亦无国务会议，行政院在政府中所居之地位仍甚重要，而为一负有实际政治责任之机关。三十二年九月改制，取消国民政府主席不负实际政治责任之制，但行政院则仍居最重要之地位。三十六年四月，中国国民党为结束训政，完成实施宪政之各项准备，改组国民政府，扩大政府基础，由各党派及社会贤达共同参加，并根据宪法精神，提前试行行政院责任制。行政院之地位，乃与民主各国之内阁相等，而益形重要矣。

二、历年来行政院各部会之演变

行政院最初以内政、外交、军政、财政、农矿、工商、教育、交通、铁道、卫生各部及建设、蒙藏、侨务、劳工、禁烟 5 委员会组织而成。在行政院内部，则设有秘书处与政务处。二十九年起，行政院依照主计制度设会计处，办理岁计、会计、统计等事项；人事管理条例实施后，复增设人事室。至上列各部会，历年来为因应时务，曾经多次之添设裁并，变动颇大。兹为叙述方便起见，除内政、外交、财政、教育各部及蒙藏、侨务两委员会机构历年来并无变动，略而不叙外，

---

① 此文节选自 1948 年出版的《中华年鉴》，原名为《行政院组织沿革》，文后附表选自 1943 年 7 月出版的《国民政府年鉴》。

其他各部会就其性质，分为军事、粮食与土地行政、经济建设、社会与救济、卫生行政暨司法行政等6部门，概述如下：

（一）军事机构之变迁

十七年行政院成立之初，下设有军政部，与其他各部并列。二十一年初，国民政府决定设立军事委员会，直隶于国民政府，行政院之军政部，同时隶属于军事委员会。

二十一年为积极推进海军建设，经将军政部所属之海军署裁撤，扩大为部，与军政部同隶行政院。二十七年初，军政机构大调整，复将该部裁撤，将其经管事务归并于军事委员会之海军总司令部办理。

三十三年十二月，复将军政部之兵役署扩大，改组为部，直隶行政院，办理全国兵役事宜。三十四年底该部裁撤，仍于军政部下设兵役署，办理兵役事宜。

三十五年五月，国府为树立现代军制，增强国防，决定成立国防部，隶属于行政院，而将原设之军事委员会及其所属各部会，以及军政部一并裁撤，国防部即于六月一日正式成立。

（二）粮食与土地行政机构之演变

粮食与土地两项政务，有极密切之关系。抗战第四年，我国粮食问题逐渐发生，政府乃于行政院下特设全国粮食管理局，开始实行粮食管理政策。三十年七月，将该局改组为粮食部，成为行政院中之一部，以迄于今。

土地行政原为内政部地政司所主管。三十年，五届九中全会决定为依照土地政策战时实施纲要，积极推行土地政策，将内政部地政司裁撤，另设地政署，直隶于行政院。三十六年四月，政府改组，鉴于绥靖区土地问题严重及推行土地政策之重要，又将地政署扩大为地政部，成为构成行政院之一部，于五月一日成立。行宪后，该部仍为构成行政院之一部。

（三）经济建设行政机构之演变

1. 工商与农林行政机构

我国工商与农林行政，远在民国元年，即有专管机构。当时设有工商部专管工商业务，农林部专管农林业务。民国三年，改定政制，将两部合并，改称农商部，由南通张謇任总长。张氏就任后，曾宣布棉铁政策，并颁订工商各项条例章则，当时耳目为之一新。迨十七年国民政府奠都南京，鉴于工商行政之重要，复设工商部，以专责成；另成立农矿部，为主管全国农矿行政之最高机构。同年三月，五院制开始实行，工商、农矿两部，均改隶于行政院之下。二十年，工、农两部，复合并为实业部，下设农业、工业、商业、矿业、渔牧、劳工等司及林垦署。二十六年抗战发生，为适应客观需要，乃实行战时体制，前国防最高委员会[①] 爰于是年十二月决议将实业部改组为经济部。二十七年一月，经济部成立，所有中枢骈枝经济机构，全部并入该部，过去纷杂零乱之现象，至此乃趋于统一。当时经济部内分设农林、工业、商业、矿业及水利等司，其附属机关之主要者，计有：资源委员会、工矿调整处、燃料委员会、中央工业试验所、中央地质调查所、矿冶研究所、全国度量衡局、商标局、贸易委员会、中央农业试验所、农本局以及黄河、扬子江、珠江等水利工程机构，其组织之庞大，事权之集中，斯为极盛。后以抗战步入艰苦阶段，经济作战任务，愈趋艰巨，感觉必须专业分工，而后始能迅赴事功，乃于二十九年及三十两年，先后成立农林部与水利委员会，而将原属经济部管辖之农林与水利业务及其附属机构，分别划归该部会等管辖。是为中央经济行政集权制度之一大转变。

农林部成立之初，设有农事、林业、渔牧、农村经济等司及垦务总局，三十年增设粮食增产委员会，胜利后又设立农业复员委员会。旋将垦务总局裁撤，三十五年复增设垦殖司，并将

① 此处有误，国防最高委员会成立于1939年，此时应为国防最高会议。

渔牧司分为渔业及畜牧两司，并设立联络委员会，为我国农业粮食主管机关与联合国粮农组织（F.A.O）之联络机构。

三十五年五月，原属经济部之资源委员会，改为直隶行政院。至是经济部之行政工作，较前益为单纯，下设工业、商业、电业、矿业、管制与国际贸易等司，盖已完全属于工商业务之范围矣。三十七年五月，行宪政府成立，为使名实相符起见，政府复将经济部之名称改为工商部。

综上所述，农林、工商两部，时而分离，时而合并，而两部之名称，更时有改易，实为我国行政机构中变化最大之部也。

2. 交通与水利行政机构

国民政府统一全国之后，与农矿、工商等部同时，即有交通部之设，直属于国民政府，主管全国交通建设行政。民国十七年三月，实行五院制，该部改隶行政院。嗣为加强铁路建设起见，经将该部主管之铁路行政划出而单独设一铁道部，亦隶属于行政院。二十七年一月，为适应当时抗战环境，实行战时体制，简化中央机构，复将铁道部裁并于交通部内，同时并将原属全国经济委员会所主办之公路建设事项，及军事委员会之水陆运输联合办事处，亦均并入交通部。至是，我国之交通行政，始归于统一。

我国之水利行政机构，历年来事权分散，颇不统一。民国十八年，国民政府下设有黄河水利委员会及导淮委员会；同时建设委员会下，亦有华北水利委员会之设。十九年，原属建设委员会之华北水利委员会，改隶于内政部。二十二年，黄河水利及导淮两委员会，亦改隶于直属国民政府之全国经济委员会管辖。二十七年一月，中央成立经济部，为全国经济行政之最高机关，经将原有分散于内政部及全国经济委员会之水利机构，一体划归该部，而在部内设水利司专管其事。历来分散之水利行政事权，至是始得统一。

三十年夏，中央为积极推进水利建设，成立行政院水利委员会，将原有经济部经管之水利事业，均移归该会专管。三十五年，该会改称水利委员会；三十六年四月，政府改组，该会复改组为水利部，而为全国主管水利行政之统一而最高之行政机构。

3. 其他有关经济建设行政机构

经济建设之范围至广，中央主管经济建设之行政机构，除上述之工商、农林、交通、水利4大部门外，历年来亦多有其他机构之设立。如国民政府统一全国后，除设立农矿、工商及交通等部外，为实行总理实业计划起见，并特设建设委员会，直隶于国民政府。十七年政府改制，成立5院，该会乃改隶于行政院之下，十九年，该会复改隶国民政府。二十年六月，复成立全国经济委员会，掌理国家经济建设及发展计划之设计、审定、监督、指导及特种经济建设之实施等事项。该会原隶属于行政院，二十二年后，改为国民政府直辖。

二十六年抗战爆发，军事委员会之组织大加扩充，其下分设6部，其中第三部主管国防工业，第四部主管国防经济。同时政府复提出增进生产调整贸易办法大纲，于军事委员会之下设立农产、工矿及贸易3调整委员会，并将原属该会之国防设计委员会改为资源委员会，此外，复设一对外易货委员会。凡此纷〔分〕歧驳杂之经济建设性之机构，至二十七年，中央机构大调整，而成立经济部后，始趋统一。经济部成立于二十七年一月，该部成立后，即将原有之实业部裁撤；同时并将建设委员会全部，全国经济委员会之水利部分，以及军事委员会之第三、第四两部，农产、工矿两调整委员会，资源委员会以及财政部之粮食运销局，一体并入经济部内。至全国经济委员会所主办之公路建设事项及军事委员会之水陆运输联合办事处，则与铁道部同时并入交通部。经此调整后，我国之经济行政事权，始趋统一。

三十六年五月政府改组，为统筹开发全国经济，加强建设，复于行政院设立全国经济委员会，以为经济决策之最高机构。该会之主要任务为：决定主要经济政策、制定主要经济计划及方案、有效利用全国资源、督导特种经济措施以及联系各种经济部门之工作等。

（四）社会与救济行政机构之演变

抗战时期，中央党部曾有社会部之设，藉以训练民众，期以党为社会服务，一切人民团体，亦均由党予以指导监督。

二十九年，中央决议将中央社会部，移隶于行政院，该部遂由党的机构而成为政府之行政机构。同时并将原属内政部民政司所掌管之社会福利事务，划归社会部专设社会福利司掌理其事。而经济部所属之全国合作事业管理局，亦改隶该部。

与社会行政有关之赈济行政，原系内政部所主管，嗣中央将其划出成立赈务委员会，抗战后更名为赈济委员会，隶属于行政院。三十四年一月，为执行联总在中国区域所负之任务，中央乃于行政院下成立善后救济总署，同时撤销赈济委员会，将其任务移并该署。三十六年底，行政院善后救济总署结束，其经办赈济任务，移交社会部接办；其所办善后救济工作，则移交于新成立之善后事业委员会。

（五）卫生行政机构之演变

我国中央政府办理卫生行政之机构，近年来变动亦颇剧烈。在十七年国民政府初实行5院制度时，卫生行政系沿袭民国初年之例，于内政部设立卫生司办理。十七年十一月，中央决定将卫生司裁撤，改设卫生部，为行政院之一部，同时并设立中央卫生委员会及中央卫生试验所。二十年政府调整机构之结果，将卫生部裁撤，成立卫生署，属于内政部。二十五年十二月，卫生署改隶行政院。二十七年行政机构大调整，卫生署又改归内政部，二十九年，卫生署复改归直隶行政院，而与地政署同为直隶行政院之署。

三十六年四月，政府扩大改组，复将卫生署改为卫生部，而与地政部同为隶属行政院之部。

（六）司法行政机构之演变

司法行政部在行政院与司法院之间，曾经往返改隶多次。民国十七年十一月十六日，司法院成立，其下设司法行政部，是为司法行政部最初之成立。二十年十二月，中央决定将该部改隶行政院；二十三年十月，又将该部改归司法院；三十二年一月，又改回到行政院。三十六年四月，政府改组，司法行政部仍为构成行政院之一冲洗。盖以就各国通例而言，司法行政均列为行政机关之一部门，此后当不致再常有更动也。

就上述以观，可见历年来行政院所属各部会除内政、外交、财政、教育各部暨蒙藏、侨务两委员会，因其性质比较单纯而固定，无甚变动外，其他部会变动颇剧。其中尤以经济建设行政机构之变动为最大。三十六年春政府改组时，原有设立邮电部之拟议，嗣因故暂未成立。此外，此次改组，于行政院下，另设一新闻局，而将原属中央宣传部之国际宣传处并入该局之内，于三十六年五月一日正式成立。

原载中华年鉴社编印发行：《中华年鉴》（上），1948年出版

附表：

行政院组织系统图

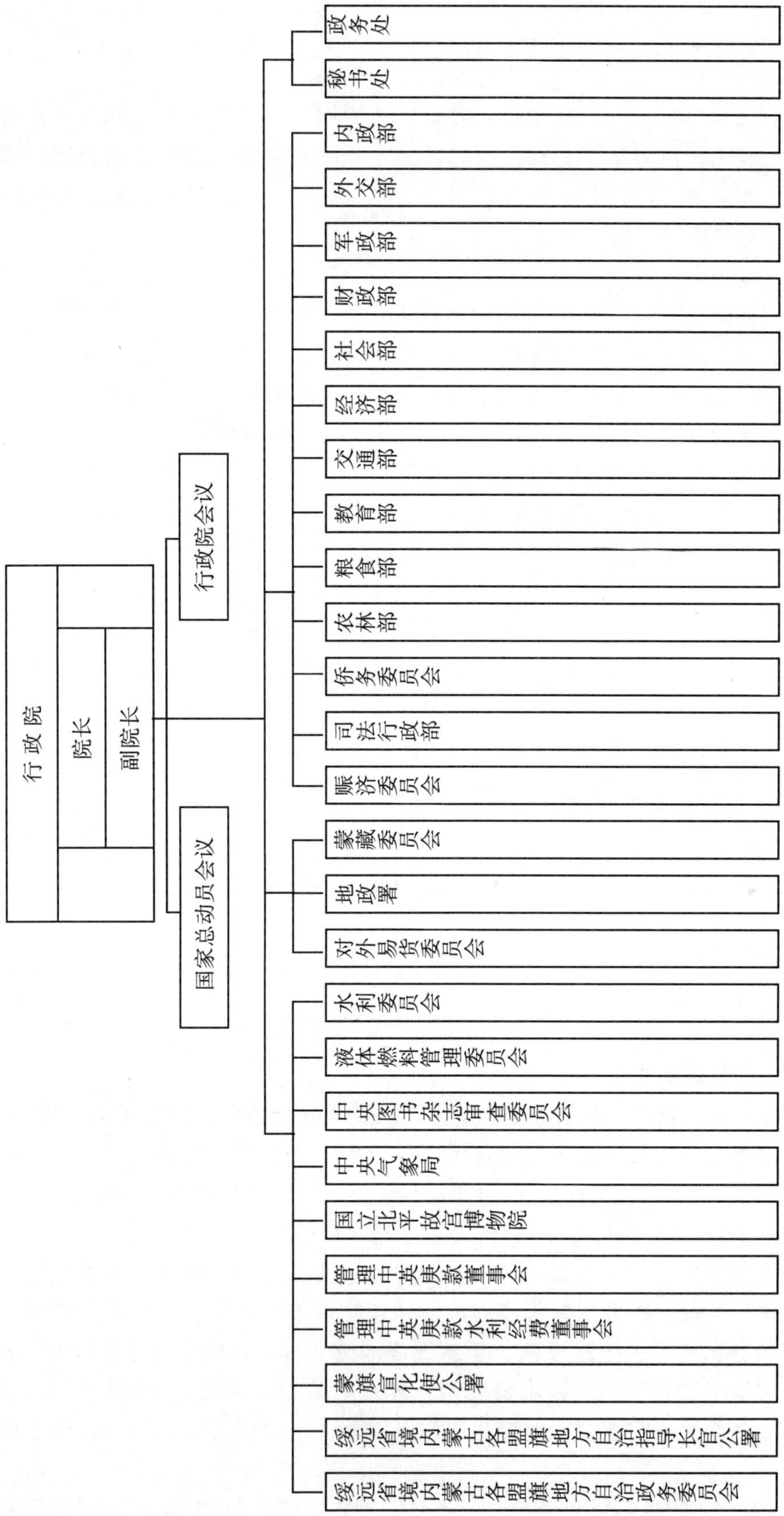
行政院
院长
副院长
行政院会议
国家总动员会议
政务处
秘书处
内政部
外交部
军政部
财政部
社会部
经济部
交通部
教育部
粮食部
农林部
侨务委员会
司法行政部
赈济委员会
蒙藏委员会
地政署
对外易货委员会
水利委员会
液体燃料管理委员会
中央图书杂志审查委员会
中央气象局
国立北平故宫博物院
管理中英庚款董事会
管理中英庚款水利经费董事会
蒙旗宣化使公署
绥远省境内蒙古各盟旗地方自治指导长官公署
绥远省境内蒙古各盟旗地方自治政务委员会

9. 抗战时期迁都重庆的内政部[①]（1947年）

一

本部于二十六年十一月奉命迁渝办公，遵照积极筹划，所有全部人员及公文等，分由津浦路车及长江轮运至汉口集中，再由汉口转运至长沙，复由长沙经湘黔公路经贵阳达重庆，时为民国二十七年一月。综计此次西迁，自奉命之日起至全部到渝办公止，费时虽仅月余，其间艰苦备尝，非笔墨所能形容。

二

本次西迁员工人数不多，公文箱堆积如山，非有巨大之办公室足以容纳此多数之人与物，乃于渝中赁中一路义林医院为部址。二十八年五月起，日寇大肆轰炸渝市，本部奉令疏散，乃迁往巴县虎溪乡陈家桥，并设部址于傅家院子。其时傅宅屋宇虽可容纳全部办公人员，然因年久失修，屋舍皆有倾圮之象。本部乃雇工修葺，复于后山建屋10余幢为职工及眷属住所，另建档案室、图书室2处于部外，以避日寇轰炸目标，复于图书馆侧建筑大礼堂。至渝市方面为便利长官办公，乃先后租赁增置罗家湾9号、复兴关李家花园、神仙洞街98号为本部驻渝办事处，并赁义林医院下层及牛角沱四维小学校址为驻渝办公职员宿舍。

三

三十四年八月抗战胜利，奉命办理还都复员，始则由部、次长统帅部分人员来京办公，继则由水、陆、空三面运输，将重要公文次要文件以及职务需要之职员及眷属运京，终则全部人员以及图书、档案悉数运京，迄上年十月底止，本部已将在渝房屋用具完全移交与重庆市接收中央留渝公产管理处，拨交当地原地主及胥宇中学接收使用。现本部仍在南京瞻园路旧址办公，所有公用房屋家具均经分别修理或添置使用，一切已复旧观。

10. 抗战时期迁都重庆的外交部[②]（1944年2月）

一、外交行政概述

外交部之主要职掌，为管理国际交涉，及关于在外侨民、居留外人、中外商业之一切事务。部长综理部务，并监督所属职员及各机关，政务、常务两次长辅助部长处理部务。部内分设下列各司处室：1. 亚东司；2. 亚西司；3. 欧洲司；4. 美洲司；5. 条约司；6. 情报司；7. 礼宾司；8. 总务司；9. 人事处；10. 会计处；11. 机要室；12. 统计室。

亚东司掌理关于日本、泰国之有关政治、通商、经济、财政、军事之外交，本国侨民以及各该国在中国侨民保护及取缔等事项。亚西司掌理关于苏联、土耳其、伊朗、阿富汗、伊拉克及其他亚西各国之有关上述事项。至欧洲澳洲及非洲各国之有关上列事项，由欧洲司掌理之。美洲各国之有关上述事项，则由美洲司掌理之。条约司掌理关于国际联合会及其他国际组织、国际会议、条约之研究撰拟，解释法律以及对外协定合同等事项。情报司掌理关于搜集国内外

① 此文系国民政府行政院内政部自撰稿，原名为《抗战时期迁都重庆之内政部》，重庆市档案馆馆藏档案。

② 此文系国民政府主计处统计局编制的统计月报《外交与侨务》专号中的外交部分，重庆市档案馆馆藏档案。

情报、宣传外交政策、撰拟中外新闻稿件、编行刊物等事项。礼宾司掌理中外使节之征询同意、接待外宾、签证、护照等事项。总务司掌理典守印信、经费出纳、保管、庶务等事项。人事处掌理人员任免迁调之拟议以及考勤、训练等事项。会计处掌理经费之概算、决算之核编，以及会计报告之编送。机要室掌理机密事件及密电码之编订、电报之收发等事项。统计室掌理各种资料之登记、调查、整理及汇编以及外交统计总报告之造送等事项。此外关于部长会议、外交官会晤及其记录等事项,则由秘书分掌之。关于撰拟审核本部法案命令等事项,则由参事担任之。另设有顾问及各种委员会，掌理各种专门事宜。兹将近年来外交行政经过略述于后：

（一）外交行政管理

自“卢沟桥事变”以来，全国入战时状态，国内一切设施，固因抗战需要而变更，国际间一切接触，亦随战争进展而有兴废。有因处敌对行为而断绝外交关系着，如日、德、意等国是。有因格于环境而暂停往来者，如对西班牙、丹麦、芬兰等国是。因此使领馆之设置，遂有所变更。民国二十六年计有 101 处，三十二年则已减至 82 处。计于该年底我国设驻外大使馆者有苏联、英、美、荷、比利时、挪威、波兰、巴西。设有公使馆者有加拿大、墨西哥、古巴、哥伦比亚、委内瑞拉、多明尼亚、巴拿马、洪都拉斯、哥斯达黎加、萨尔瓦多、秘鲁、智利、瑞典、捷克、瑞士、葡萄牙、教廷、土耳其、伊拉克、伊朗、埃及、澳大利亚。设专员公署者有印度 1 处。设总领事馆者有海参崴、布拉哥、伯利、塔什干、新西北利亚、伦敦、约翰尼斯堡、加尔各答、惠灵顿、金山、纽约、芝加哥、火奴鲁鲁、里斯本、夏湾拿、马拿瓜、瓜地马拉、雪梨、温哥华等地。设领事馆者有赤塔、阿拉木图、安集延、华桑、斜米、利物浦、孟买、千里迟、京斯敦、佐治城、西雅图、坡特仑、毛里西斯、罗安琪、威廉斯坦、覃必古、多朗多、温尼群、阿尔及尔、麦息、吉达、哥伦坡。设副领事馆者有曼哲斯特、阿庇亚、苏瓦、纽阿连、霍斯敦、波士顿、米市加利、马沙打冷、答巴租腊。又有设办事处者有大溪地、美尔钵、波史等 3 地。惟使领馆之设置虽略有减少，而因外交往来之频繁，外交部及使领馆之外交人员，则显有增加。计民国二十六年上述员额为 936 人，三十二年增至 980 人。

（二）核发护照

关于护照之发给，分外交、官员、普通 3 种。自抗战以来，经济紧缩，交通梗阻，加以缅甸、越南沦陷以后，战争烽火，遍及全球，出国者日渐减少。故民国三十年核发者为 5060 纸。三十二年则仅 1757 纸。

（三）华侨捐款

年来旅外侨胞，踊跃输将，对国家经济财政基础之增强，实有莫大帮助。侨胞汇回国内之款项，可分为汇款、认购储券及捐款 3 类。除认购储券因格于事实未能加以统计外，汇款及捐款 2 项，详见侨务委员会之报告。

（四）签订条约

抗战以来，我国与外国发生之条约之关系，可分为 2 种：一为参加国际公约，一为修订中外条约。兹分述如次：

缔约国	条约名称	订约时间	订约地点	批准时间	条约简要内容	备考
1. 国际条约						
国际	1937年最低工龄（工业）修正条约	1936年6月3日	日内瓦	1936年12月2日		
国际	国际邮政公约	1939年5月23日	布诺赛尔	1940年11月2日		
国际	国际邮政保价信函及箱匣协定	1939年5月23日	布诺赛尔	1940年11月2日		
国际	国际邮政包裹协定	1939年5月23日	布诺赛尔	1940年11月2日		
国际	国际邮政汇兑协定	1939年5月23日	布诺赛尔	1940年11月2日		
英吉利国、中国	暂时修改载重线国际公约	1941年8月18日				
英吉利、美利坚、苏联、澳大利亚、比利时、加拿大、哥斯达黎加、古巴、捷克、多米尼加、萨尔瓦多、希腊、瓜地马拉、海地、洪都拉斯、印度、卢森堡、荷兰、纽西兰、尼加拉瓜、挪威、巴拿马、波兰、南非、犹古斯拉夫、中国	二十六国联合宣言	1943年1月5日	华盛顿			
二十六联合国(同前)，另哥伦比亚、伦比亚、伊朗、利比尼亚、伊拉克、阿比西尼亚、菲律宾、玻利维亚、墨西哥、巴西	同盟国抵制敌人劫占财产宣言	1943年1月5日	伦敦		警告各国人民避免与轴心国家及同伴发生财产之关系	
美、英、中、苏联	四强宣言	1943年10月30日	莫斯科		宣示维护国际和平及安全之普遍原则。使各国善后救济工作能于事前通盘主筹划，以收合作协助之效。	

续表

缔约国	条约名称	订约时间	订约地点	批准时间	条约简要内容	备考
美、英、中、苏联	四强宣言	1943年10月30日	莫斯科		宣示中、英、美对日作战之宗旨，在剥夺日本自1941年第二次世界大战开始后，在太平洋上所夺得或占领之一切岛屿，并使得日本所窃取于中国之领土，如东北四省，台湾、澎湖群岛等归还中国，其他日本以武力或贪欲获取之土地，亦务将日本驱逐出境，并决定在相当时期，使用朝鲜自由与独立。	
美、英、中、苏联	联合国救济善后总署协定	1943年11月9日	华盛顿			
美、英、中	三国开罗会议联合公报	1943年12月1日	开罗			
2. 中外条约						
苏联、中国	中苏互不侵犯条约	1937年8月21日	南京		（1）重申1928年非战公约之精神。（2）规定互不侵犯及不协助侵犯者	
利比里亚、中国	中利友好条约	1937年12月11日	巴黎	1941年10月16日	建立友好关系	互换于里斯本
爱司托尼亚、中国	中爱友好条约	1937年12月21日	伦敦	1939年1月10日	规定两缔约国自由出入领土，以及关于旅行、居住、做工及经营工商业享受第三国待遇	互换生效
多明尼亚、中国	中多友好条约	1940年5月11日	特鲁希育	1941年12月29日	派使设领，建立友好关系	互换于夏湾拿

续表

缔约国	条约名称	订约时间	订约地点	批准时间	条约简要内容	备考
古巴、中国	中古友好条约	1942 年 11 月 12 日	夏拿湾	1942 年 11 月 18 日	（1）两缔约国人民得在其他国人民所在同样条件之下，自由出入彼此领土。（2）古巴现行法律如有足以解释为歧视华人者，不得施行。	互换生效
美、中	中美关于取消在华治外法权及处理有关问题条约及换文	1943 年 1 月 11 日	华盛顿	1943 年 5 月 20 日	（1）美国放弃在华治外法权及各种特权。（2）关于旅行居住经商等权利，关于法律手续，司法事件，征收租税，船舶等事项，互给国民待遇。（3）凡本约及条文外涉及问题，如有问题，如有影响中华民国主权时，依近代国际惯例解决之。	
英、中	中英关于取消英国在华治外法权及其有关特权条约换文及同意记录	1943 年 1 月 11 日	重庆	1943 年 5 月 20 日	同前	互换生效
巴西、中国	中巴友好条约	1943 年 8 月 20 日	里约热内卢		大致同前	
比利时、中国	中比条约	1943 年 10 月 20 日	重庆		大致同前	
挪威	中挪条约及同意记录	1943 年 11 月 10 日	重庆		同前	

（五）各国驻华使领馆及员额之变动

自欧战发生以来，各国驻华使馆及员额，亦多所变更。民国二十六年中日战事发生以后，我国与日本断绝邦交，使领馆及人员相继撤退。迨之二十九［三十］年太平洋战事爆发后，我与德、义声明宣战，遂亦断绝往来，使领馆相继裁撤，并因同盟关系，于民国三十一年以后，与澳大利亚、加拿大等国建立外交关系，互派使节。计民国二十六年各国驻华使馆计有使馆及专员公署 21，民国三十二年仅有 2。至于各国驻华使馆员额，民国二十六年为 214 人，民国三十三年为 146 人。

（六）外国报社记者注册

外国在我国创办之报纸、杂志甚多，按照规定，其记者须向外交部注册，核发注册证后，方得从事报道新闻工作。注册证有效期间规定 2 年，期满须补请注册。各外报记者并非完全为外国人，亦有我国人担任，因我与各国外交关系频繁，国际地位提高，外国报社记者在我国国内从业者，年有增加。民国二十六年仅有 13 人，民国三十二年已增至 35 人。

以上所举为外交行政工作之可以以数字表示者。至其他折冲尊〔樽〕俎，所完成之工作，不能以数字表现着亦多。

二、外交部近年办理统计工作之经过

外交部统计室成立于民国二十五年，以外交部统计事务较简，故仅额设科员 2 至 3 人，雇员 1 人至 3 人。但抗战以前各年，实际上任用之人员，仍未及此数，该室自成立以来，办理工作之重要者，为历年造送主计处之外交统计总报告资料以及部分临时应用之统计。惟以办理上项统计，尚未有完确之方案，故自二十七年起，即由主计处督促该室拟订《外交部公务统计方案》及《外交部公务统计方案实施办法》，已由主计处会同外交部于三十三年三月间公布。今后外交统计之办理，当有轨道可循。此外该室近年来并编有（1）外交部统计手册，以供长官之参考。（2）战时外国各种指数丛刊，以供各方参阅云。

外　交

表一：历年外交部及驻外使领馆员额与经费

1. 馆　数

名称	馆数						
	二十六年底	二十七年底	二十八年底	二十九年底	三十年底	三十一年底	三十二年底
总计	101	80	92	85	78	99	82
大使馆	8	7	7	6	4	5	8
公使馆	17	16	16	13	12	18	19
专员公署	—	—	—	—	—	1	1
总领事馆	26	25	26	26	25	20	20
领事馆	29	24	24	25	24	14	22
副领事馆	11	10	10	9	8	8	9
办事处	10	7	9	6	5	3	3

材料来源：根据外交部人事处登记册。

说　明：二十六年至三十年办事处数除领馆所属办事处外尚有驻香港签注货单及泰国商务委员会两办事处并入计算。

2. 员　额

机关别	人数						
	二十六年底	二十七年底	二十八年底	二十九年底	三十年底	三十一年底	三十二年底
总计	936	566	674	706	661	754	980
外交部	403	125	217	263	252	397	418
各省特派员公署	—	—	—	—	—	57	74
大使馆	109	87	86	89	70	51	88
公使馆	87	88	86	70	70	95	123
专员公署	—	—	—	—	—	7	10
总领事馆	—	—	—	—	—	100	147
领事馆	337	266	285	284	269	37	94
副领事馆及办事处	—	—	—	—	—	10	26

3. 经　费　　　单位：国币元

项别	二十六年	二十七年	二十八年	二十九年	三十年	三十一年	三十二年
总计	9735816	9205046	9356953	8204626	8732680	47395141	53490334
经常	8938083	8459693	8303323	7180694	7949613	45863941	51459234
临时	797733	745353	1053630	1023932	783067	1531200	2031600

表二：历年核护照

名称	二十六年	二十七年	二十八年	二十九年	三十年	三十一年	三十二年
总计	—	—	—	2859	5060	1364	1757
外交护照	282	85	160	152	245	128	182
官员护照	302	116	215	153	272	284	302
普通护照	—	—	—	2554	4543	952	1273

材料来源：根据外交部护照科登记册。

说　明：民国二十六年至民国二十八年之普通护照因资料散失不全未能统计。

表三：普通护照领照者职业分类

类别	领照人数		
	合计	三十一年	三十二年
总计	2225	952	1272
农业	4	4	—
矿业	9	8	1
工业	454	21	433
商业	447	306	141

续表

类别	领照人数		
	合计	三十一年	三十二年
交通运输工业	352	160	192
公务	142	108	34
自由职业	96	36	60
人事服务	104	70	34
无业	617	239	378

材料来源：根据外交部护照科普通护照登记册。

表四：外人入境护照签证

民国三十二年

国籍别	人数
总计	418
英吉利	9
美利坚	11
法兰西	65
苏联	6
德意志	55
意大利	41
荷兰	1
瑞典	6
丹麦	4
奥地利	17
加拿大	2
瑞士	9
挪威	18
匈牙利	19
西班牙	105
波兰	4
保加利亚	1
澳地利亚	4
卢森堡	23
其他	18

材料来源：根据外交部护照科登记册。

表五：外国报社记者注册

民国二十七年至三十二年

国籍别	人数					
	二十七年	二十八年	二十九年	三十年	三十一年	三十二年
总计	15	40	26	30	31	35
中国	3	9	5	5	3	6
美国	—	—	1	—	16	23
英国	1	4	2	11	3	4
苏联	2	7	2	2	1	1
法国	2	—	—	1	2	—
加拿大	—	—	—	—	—	1
瑞士	—	—	—	—	1	—
波兰	4	13	13	11	—	—
丹麦	—	1	—	—	—	—
比利时	—	2	1	—	—	—
德国	2	4	2	—	—	—
印度	—	—	—	—	1	—
朝鲜	—	—	—	—	3	—
无国籍	1	—	—	—	—	—
不详	—	—	—	1	—	—

材料来源：根据外交部外国报社记者注册登记册。

表六：各国驻华使馆员额

二十六年至三十二年

使馆名称	员额						
	二十六年	二十七年	二十八年	二十九年	三十年	三十一年	三十二年
总计	214	179	183	156	148	110	146
美利坚大使馆	31	31	32	27	32	26	26
英吉利大使馆	49	42	41	28	42	32	33
苏联大使馆	9	15	15	12	15	15	50
波兰大使馆	3	3	4	2	3	2	—
比利时大使馆	6	5	6	6	6	3	4
荷兰大使馆	7	7	6	6	7	4	6
挪威大使馆	3	3	3	2	2	2	3
加拿大大使馆	—	—	—	—	—	—	5
法兰西大使馆	15	19	23	18	16	4	—
德意志大使馆	14	13	13	21	—	—	—

续表

使馆名称	员额						
	二十六年	二十七年	二十八年	二十九年	三十年	三十一年	三十二年
意大利大使馆	16	17	15	12	—	—	—
日本大使馆	46	—	—	—	—	—	—
巴西大使馆	2	2	2	1	2	2	—
智利大使馆	1	2	2	1	1	1	—
古巴大使馆	1	1	1	2	1	1	—
捷克斯拉夫公使馆	2	1	1	—	1	2	2
丹麦公使馆	3	3	3	3	—	—	—
秘鲁公使馆	1	2	2	1	1	1	4
葡萄牙公使馆	4	3	4	4	5	6	—
西班牙公使馆	1	1	1	—	—	—	—
瑞典公使馆	1	3	3	2	2	2	—
瑞士公使馆	1	1	1	1	1	1	—
墨西哥公使馆	—	3	3	3	3	1	1
芬兰公使馆	—	2	2	2	1	—	—
土耳其公使馆	—	—	—	2	3	1	2
澳大利亚公使馆	—	—	—	—	—	3	5
印度专员公署	—	—	—	—	—	1	5

11. 抗战时期的经济部及其工作①（1948 年 1 月）

一、历年经济机构之递嬗

10 年来之中央经济机构，以适应时势需要，多为更迭。语其趋势大抵“分久必合，合久必分”，然以经济部为综理全国经济行政之中心机构，则迄仍未变。兹略述递嬗演变之沿革如后：

（一）第一时期（民国二十七年一月至二十九年九月）——由分散到集中

抗战前夕，正我国经济建设兼程迈进之时，政府对各项经济事业之促进，曾分设专管机构以司其事，洎抗战事起，后经增设若干战时经济机构，以应经济作战之需要。因之在二十六、七年之交，中枢经济机构，名目繁杂，关系重叠，步调凌乱，列举之有以下诸单位：

1. 实业部 主管农、工、商、矿、渔牧、林垦、农工、合作等行政。
2. 建设委员会 主管电气事业及一部国营矿业铁路建设事宜。
3. 全国经济委员会 主管水利、公路、公共卫生建设事宜。
4. 军事委员会第三部 主管重工业动员事宜。

① 本文节选自经济部秘书齐植璐所著《十年来之经济建设》一书，标题为编者所拟，现存于重庆市档案馆。

5. 军事委员会第四部　主管轻工业、贸易、农业等动员事宜。

6. 军事委员会第三部资源委员会　主管国营工矿事业建设事宜。

7. 军事委员会第三部工矿调整委员会　主管民营工矿事业调整事宜。

8. 军事委员会第四部农产调整委员会　主管农产调整事宜。

9. 军事委员会第四部贸易调整委员会　主管贸易调整事宜。

战时体制，重在简单灵活，上项组织自难切合需要，前国防最高委员会爰于二十六年十二月三十一日决议将前实业部改组为经济部，二十七年一月七日通过该部组织法，并决定将建设委员会，全国经济委员会，及军事委员会所属第三、四两部，资源、工矿调整、农产调整3委员会，全部或局部并入该部，中枢经济机构，始由分散趋于统一。

兹将经济部成立时组织系统，表列于下（见下页），以供参考。

此外于接管后停办者，尚有渔业银团、上海渔市场、松江林业公司、铁嫩森林公司、温溪造币公司、中国酒精厂、丹华火柴厂、扬子电气公司、国窑厂原料精制工厂、蚌埠平民工厂、江南铁路公司、汉冶萍煤铁公司、烈山煤矿、斋堂煤矿公司、大通煤矿公司、湘潭煤矿公司、天河煤矿、萍乡煤矿整理局、恩口煤矿、禹县煤矿、淮南路矿公司、益华铁路、龙烟铁矿公司23单位。

（二）第二时期（民国二十九年七月至三十一年二月）——由综合到分工

抗战入艰苦阶段，经济行政之任务，亦愈趋于繁巨，非严密分工不足以迅赴事功，确收绩效，是以二十九年七月以后，中枢经济机构，逐渐由“集中”转向于“分散”，其具体事实：

1. 二十九年七月农林部成立，经济农林司结束移交，并将所属农事机构全部移转管辖。

2. 二十九年八月全国粮食管理局成立，农本局农产调整处所属粮食运销裁撤，递遗业务移交接办。

3. 二十九年十一月社会部移隶行政院，经济部农本局合作室及工业司劳工科裁撤并将所管合作行政及劳工合作行政移交该部接办。

4. 三十年九月水利委员会成立，经济部水利司结束移交，并将所属水利机构全部移转管辖。

5. 三十一年二月物资局成立，隶属经济部，并将农本局平价购销处、燃料管理处交该局管辖，同时增设食油管理处及纸张管理筹备委员会。

6. 三十一年十二月国家总动员会议成立，物资局撤销。

7. 三十一年十二月农本局改组为花纱布管理局，移隶财政部。

在此期间，经济部之组织系统，已调整如左〈下〉：

（1）本部

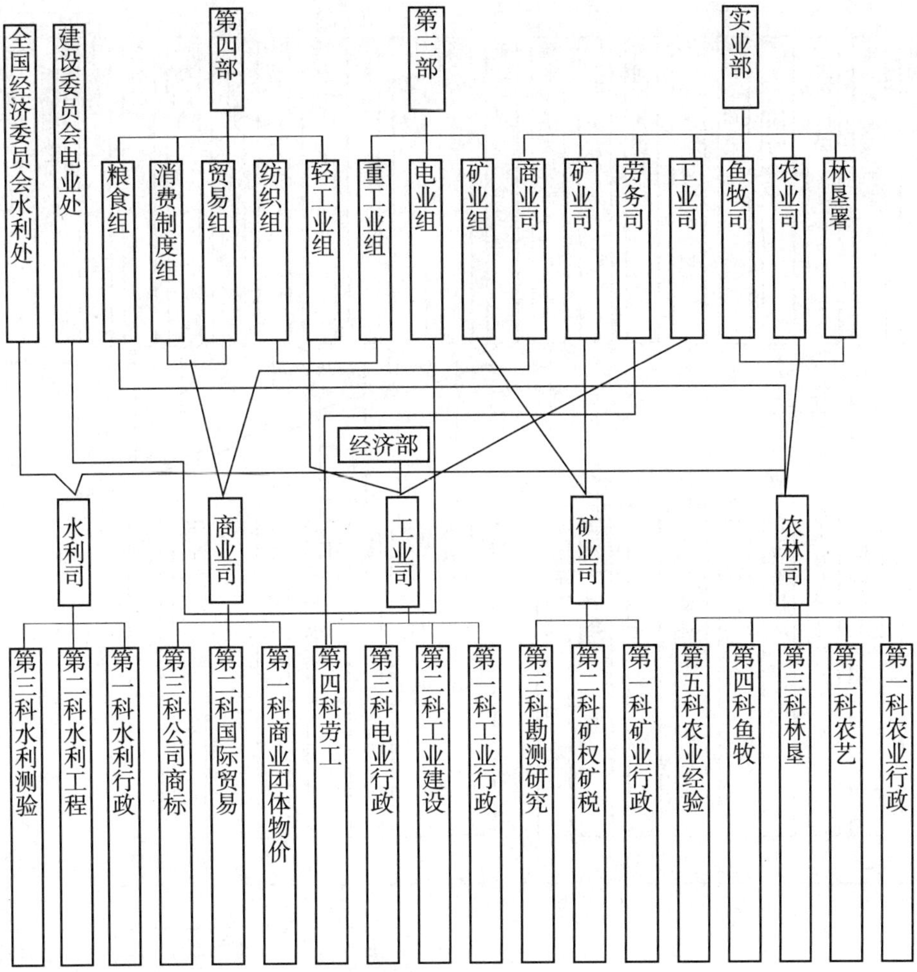

（2）附属机关

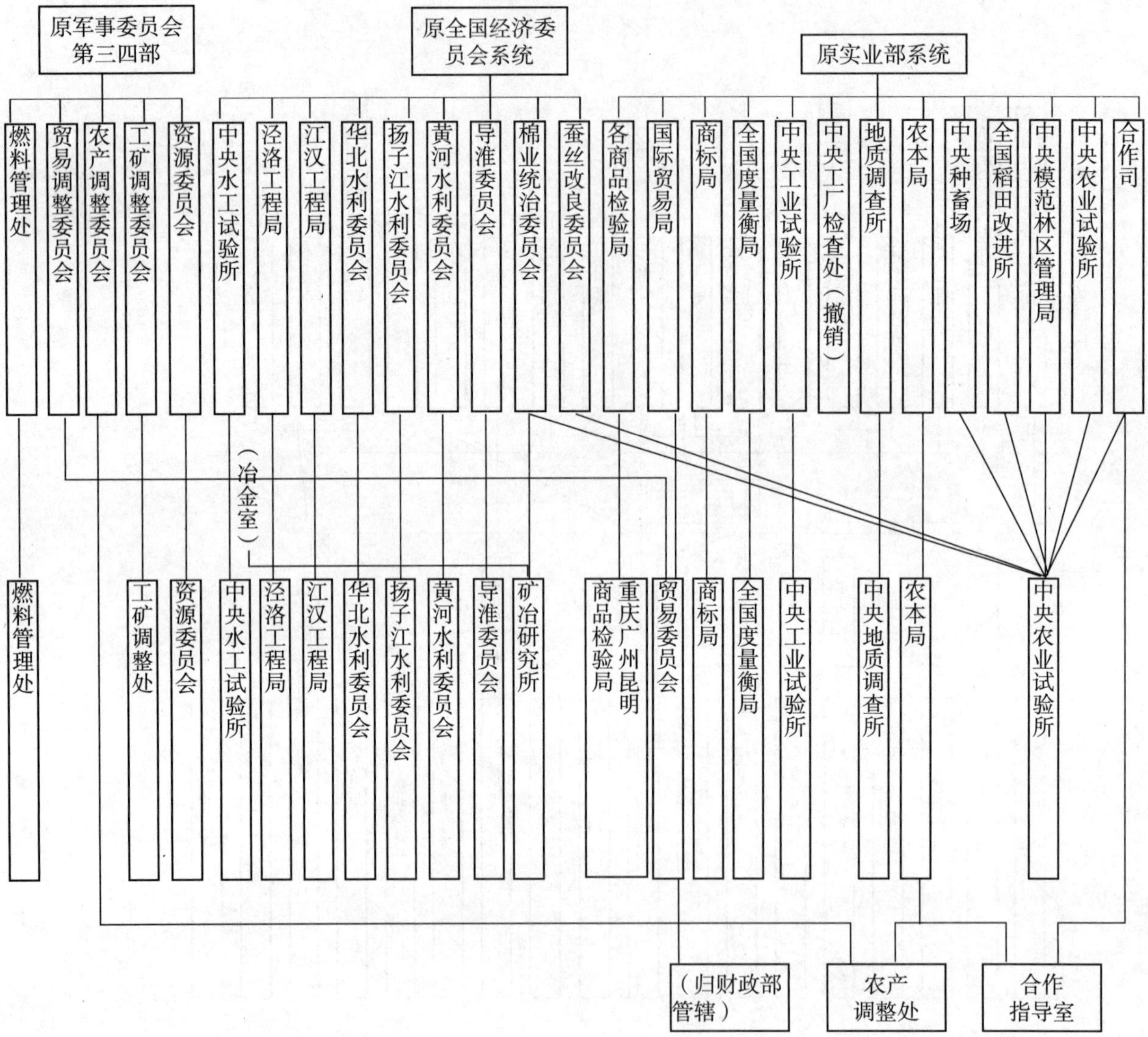
原军事委员会第三四部
原全国经济委员会系统
原实业部系统
燃料管理处
贸易调整委员会
农产调整委员会
工矿调整委员会
资源委员会
中央水工试验所
泾洛工程局
江汉工程局
华北水利委员会
扬子江水利委员会
黄河水利委员会
导淮委员会
棉业统治委员会
蚕丝改良委员会
各商品检验局
国际贸易局
商标局
全国度量衡局
中央工业试验所
中央工厂检查处（撤销）
地质调查所
农本局
中央种畜场
全国稻田改进所
中央模范林区管理局
中央农业试验所
合作司
（冶金室）
燃料管理处
工矿调整处
资源委员会
中央水工试验所
泾洛工程局
江汉工程局
华北水利委员会
扬子江水利委员会
黄河水利委员会
导淮委员会
矿冶研究所
重庆广州昆明商品检验局
贸易委员会
商标局
全国度量衡局
中央工业试验所
中央地质调查所
农本局
中央农业试验所
（归财政部管辖）
农产调整处
合作指导室

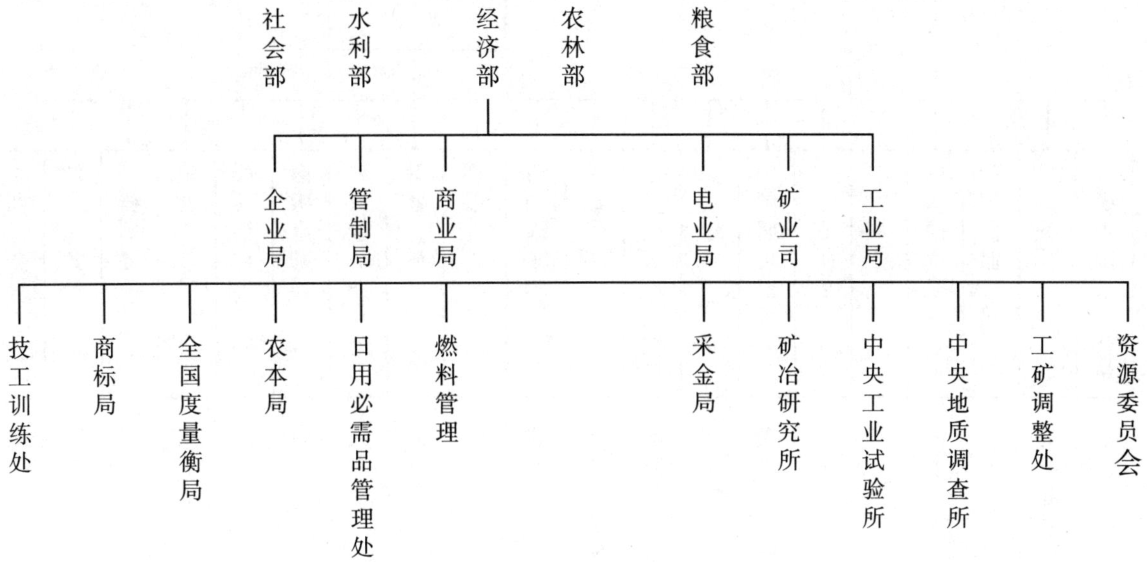
社会部
水利部
经济部
农林部
粮食部
企业局
管制局
商业局
电业局
矿业司
工业局
技工训练处
商标局
全国度量衡局
农本局
日用必需品管理处
燃料管理
采金局
矿冶研究所
中央工业试验所
中央地质调查所
工矿调整处
资源委员会

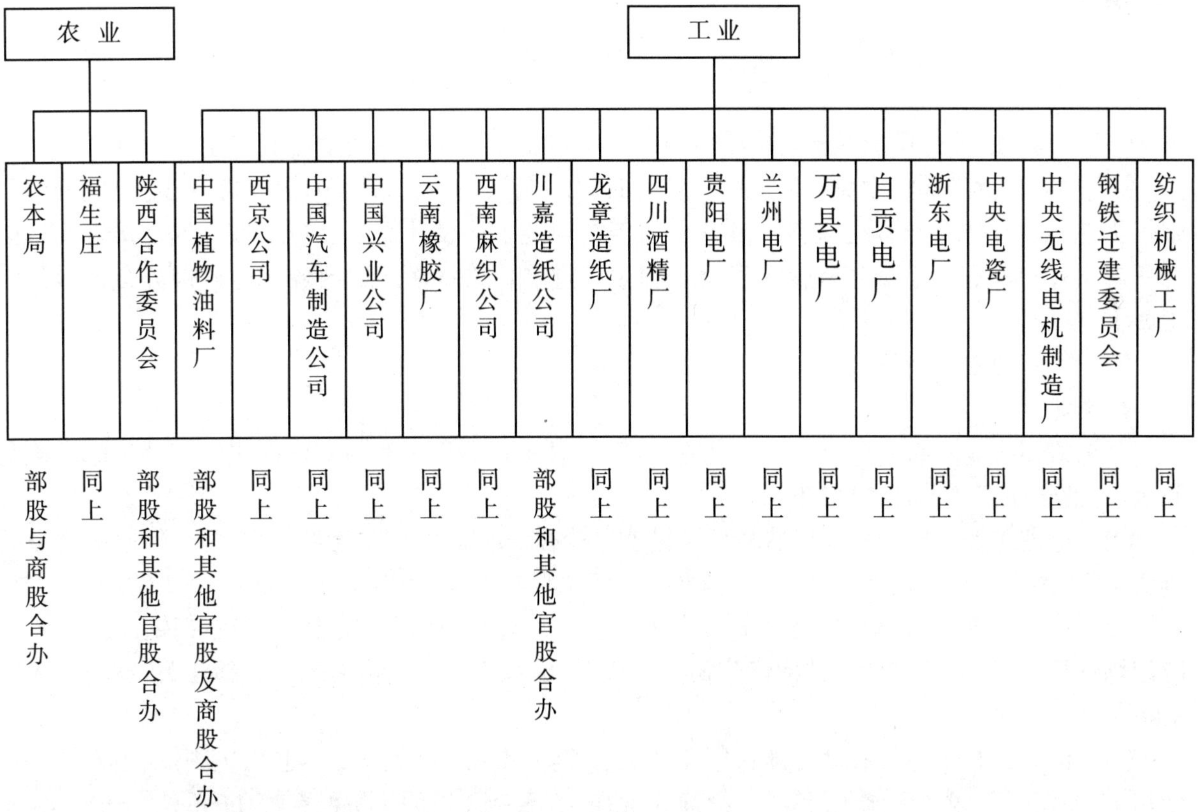
农业
工业
农本局
福生庄
陕西合作委员会
中国植物油料厂
西京公司
中国汽车制造公司
中国兴业公司
云南橡胶厂
西南麻织公司
川嘉造纸公司
龙章造纸厂
四川酒精厂
贵阳电厂
兰州电厂
万县电厂
自贡电厂
浙东电厂
中央电瓷厂
中央无线电机制造厂
钢铁迁建委员会
纺织机械工厂
部股与商股合办
同上
部股和其他官股合办
部股和其他官股及商股合办
同上
同上
同上
同上
同上
部股和其他官股合办
同上
同上
同上
同上
同上
同上
同上
同上
同上
同上
同上

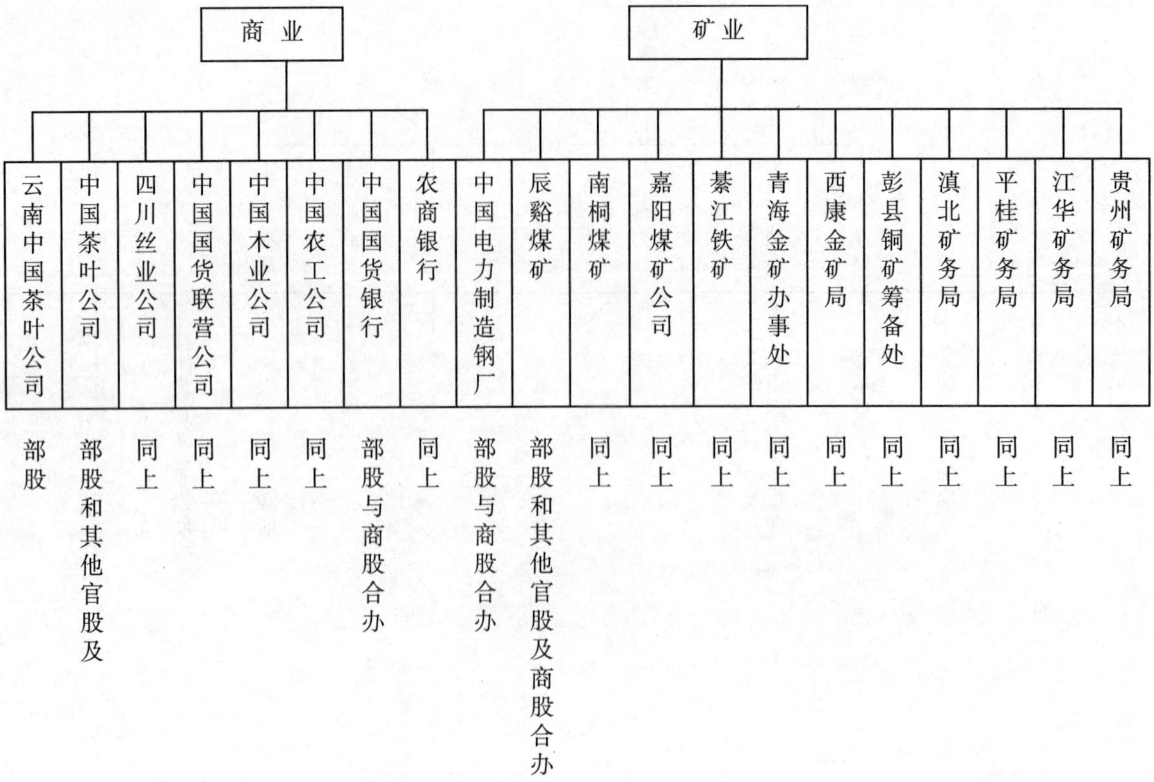

（三）第三时期（民国三十二年一月至三十三年十二月）——由变动到稳定

三十二、三两年间，中央经济结构，多仍旧贯，经济部内部及附属组织，亦殊少变动。有之，则仅为三十二年末采金局之裁撤，及三十三年初国防工业设计委员会技工训练处之接管。至该部所属事业机构，由于数年来惨淡经营，则颇多进展，兹将在此期内各事业机构分布情形，列举如下：

第一　资源委员会系统

1. 工业

（1）机器工业　有中央机器厂（昆明、宜宾），甘肃机器厂（兰州），江西机器厂及车船厂（泰和），粤北铁工厂（曲江）5单位。

（2）电器工业　有中央电工器材厂（昆明、桂林、重庆），中央无线电器材厂（昆明、桂林、重庆），中央电瓷厂（沅陵、宜宾），华亭电瓷厂（华亭），江西电工厂（泰和）5单位。

（3）冶炼工业　有钢铁厂迁建委员会（巴县），云南钢铁厂（安宁），资渝钢铁厂（重庆），陵江炼铁厂（巴县），资和钢铁冶炼公司（重庆），威远铁厂，电化冶炼厂（綦江），昆明炼钢厂8单位。

（4）液体燃料工业　有动力油料厂（重庆）、犍为焦油厂（犍为）、遵义、咸阳、简阳、资中、四川（内江）、甘肃（天水）、泸县、北泉（北碚）、云南（昆明）等酒精厂11单位。

（5）化学工业　有化工材料厂（昆明）、重庆耐火材料厂、江西硫酸厂（泰和）、甘肃水泥公司（永登）等4单位。

2. 矿业

（1）煤矿　有湘南矿务局、祁零（零陵）、永登等煤矿局、明良（昆明）、宜明（昆明）、贵州（贵阳）、威远、四川（成都）、建州（巴县）、辰谿、甘肃（兰州）等煤矿公司，南相（桐梓）、八字岭、天河（吉安）等煤矿共14单位。

（2）石油矿　有甘肃油矿局（玉门）、四川油矿探勘处（巴县）2单位。

（3）铁矿　有易门、綦江铁矿2单位。

（4）铜铅锌矿　有滇北（会泽）矿务局、川康铜业管理处2单位。

（5）钨锡锑汞矿　有钨业、锡业、锑业、汞业等管理处、云南锡业公司（个旧）、平桂矿务局（贺县—兼产煤矿）等4单位。

3. 电业

有龙溪河（长寿）、岷江（犍为）、宜宾、昆湖（昆明）、湘西（沅陵）、汉中、西昌、泸县、万县、自流井、柳州、兰州、天水、西宁、浙东、西京（西安至宝鸡）、贵阳等电厂17单位。

第二　工矿调整处系统

1. 工业　有乐山木材干馏厂、遂宁纺织厂、广西纺织机械厂（桂林）3单位。

2. 营业　有土铁管理处及材料库2单位

第三　中央工业试验所系统

1. 机器工业　有机器制造及电工仪器修造实验工厂2单位。

2. 化学工业　有纯粹化学品、窑业原料、制革鞣料、油脂、淀粉酿造、盐碱、纤维等实验工厂7单位。

3. 纺织工业　有纺织实验工厂1单位。

（四）第四时期（民国三十四年一月至三十五年五月）——由紧缩到扩张

抗战末期，后方工矿事业愈感艰困，政府为增加国防重要物资生产，以应军事反攻需要起见，特于三十三年终成立战时生产局，并将经济部燃料管理处、工矿调整处、行政院液体燃料管理委员会，于三十年初先后移交管辖，工矿调整处旋即宣告撤销。

洎日寇投降，国内情势改观，经济机构爰复有重大之变更：

1. 财政部贸易委员会裁撤，递遗业务处由经济部接办。

2. 战时生产局结束，所属煤焦管理处、液体燃料管理委员会、工业器材总库，移交经济部接管。

3. 经济部增设苏浙皖、湘鄂赣、粤桂闽、鲁豫晋、冀热察绥、东北、台湾7特派员办公处，办理收复区工矿事业接收事宜。

4. 经济部成立纺织事业管理委员会，并由该会附设中国纺织建设公司，统筹接收敌伪纺织工厂。

5. 经济部设置上海区燃料管理委员会，统筹京沪、武汉、青岛、广州等地燃煤之产运与供应。

6. 经济部设存印物资接收委员会，筹运存印之美国租借法案、加拿大互助法案、英国信用贷款案、世界贸易公司等项之物资。

在此期间，中央经济机构复由分散转趋于集中，由紧缩转趋于扩张。

二、战时经济建设之前奏

民国二十七年三月中国国民党临时全国代表大会于汉口通过抗战建国纲领，都32条，于经济一章，揭橥经济建设“以军事为中心，同时注意改善人民生活，本此目的，以实行计划经济奖励海内外人民投资，扩大战时生产”。同时，并决定“非常时期经济方案”，其重要条目：一曰推进农业以增生产：（1）安定农民生活；（2）增产有用作物；（3）积储并调剂农业特产；（4）活动农村经济；（5）改进土地分配。二曰发展工矿以应供需：（1）保存固有工矿设备；（2）筹设国防急需工厂；（3）妥筹燃料动力供给；（4）促进农村手工业；（5）扶导民营事业；（6）兼顾资本劳工利益。三曰筹办工垦以安难民：四曰发展交通便利运输：（1）添设国内交通线；（2）开拓国际交通线。五曰分别地区调剂金融：六曰管理贸易以裕外汇：七曰厉行节约以省物力：（1）养成良好生活习惯；（2）限禁奢侈品。其中除第5项及第4、6两项之一部分外，当时几均为经济部所主管。经济部部长翁霓氏爰于同年六月间手订《抗战建国经济建设实施方案》，以抗战时期经济设施之准绳，其主要内容如下：

（一）农业

1. 农业金融宜力求健全　推广合作金库，增设农业仓库，举办农业生产贷款。

2. 农产运销宜统筹调节　收运棉花粮食。

3. 地方农民组织宜妥为改善　调整各地农事试验机构。

4. 战区难民宜移植垦荒　移民开垦西南西北荒地。

（二）工矿业

1. 基本事业宜以国力经营积极建设煤、钢、铁、铜、铅、锌、钨、石油、机器、电工器材的等工矿事业。

2. 民营事业宜予充分协助　协助内迁，资金补助，代购材料。

3. 动力事业宜统筹建树　改造旧厂增设新厂。

4. 制造产品宜注重军需　督导民营工厂为兵工辅助制造。

5. 乡村工业宜积极倡导　提倡土法工艺，促进工人生产合作。

（三）商业

1. 贸易机构宜力图充实　充实中植、中茶2公司，管理钨锑贸易。

2. 国货产销宜加紧推进　倡用国货，增产军需工业原料。

3. 平准物价宜妥定办法　组平价委员会，取缔囤积居奇。

4. 燃料宜妥筹供应　增加湘赣煤产，供应工厂军运需要，并管理液体燃料。

（四）水利

1. 江河治导试验宜继进行　督导中央水工试验所迁川继续工作。

2. 水文雨量观测宜择地举行　在黄河长江上游增设观测站。

3. 农田灌溉宜择地推广　兴建农田水利，扩增灌溉面积。

4. 水道运输宜增辟航线　改进重要水道，沟通水陆交通。

5. 水力发电宜积极筹划　调查各地水力，创办水电工程。

6. 堵口防汛宜妥及统筹　救济黄河水灾，妥筹江汉防汛。

经济部初期之工作，即依上项方案积极进行，其可得而充者约如下述：

（一）确立经济事业标准

战时建设，至为艰苦，非集中全国力量，共同迈进，不足以克服困难，确收绩效。故企业，无论国营、民营、公营、合营，凡有裨于经济建设之需要者，自均应切实倡导扶助，而无分轩轾。顾经济事业，事类繁赜，设不斟酌性质，妥定范畴，则仍难收一的同趋齐头并进之效。经济部成立之初，各项工矿事业，方在部署创建，对于国营事业之管理，省营事业之监督，民营事业之资助，经次第筹订规章，确立标准，以为共同遵守之轨范，兹分述之。

第一，国营事业　国营事业之经营标准应为，“1. 就有关国防之基本矿业及工业，创建新式设备及组织规模，以奠立国防工业之基础。2. 就后方重要工业区域，设立动力工厂，以公平价格供给电力，使工业化计划得以推进。3. 就后方重要富源，如煤、铁、石油、金、钨、锡、锑、汞等类，认真建设，以期增加生产，提高品质，使可内增供给，外利贸易。4. 对战时必需之重要物品，如工业机械、电工器材、酒精、油、碱等，建立新式制造基础，以提高自给力量，而减少外购数量”。惟国营事业之进行方式不一，其管理办法，亦因之而异。（1）在矿业方面，经制定《国营矿区管理规则》，对规定应属国营之铁、石油、铜、钨、锑、锰，及适于炼焦或炼油之煤矿严格施行监督，并劝导人民入股或承租，以期扩大后方生产。（2）在工业方面，经拟订国营工业经营之范畴，以①国防急需应行特别经营者；②有统筹或统制必要者；③规模宏大设备艰巨非寻常财力所能胜任者；④国防民生所急需而盈亏无把握者；⑤为工业供给燃料或动力者为限。（3）在电力方面，经拟订国营电厂经营之原则，应①于选定之适当工业中心提先设立，以引导其他工厂之建设；②尽先供给工业用电；③以公平低廉之价格，供给充足动力，以期减轻生产成本。至国营事业组织之一般原则，则重在划分行政与业务机构，使能职责分明，事功专一，由经济部及资源委员会、工矿调整处分负其责。

第二，省营事业　省营事业经营之标准：“1. 重要国防工矿业应由中央主持，不宜枝节分裂；2. 省营企业应尊重中央之法规及方针，并不宜与民争利，妨碍合法组织之营业；3. 省营贸易应注重民生物品及省与省间之运输，不宜自分畛域，阻碍流通；4. 省营贸易不得经营未经中央许可之专卖事业，及未经中央委托而自行收购政府指定之统销物品；5. 省营贸易不得提高市场价格，或妨碍生产者之利益；6. 省营企业应依照《特种股份有限公司条例》组设公司”。对以上原则，经制定《省营工矿业管理规则》及《省营贸易监理规则》，规定各省营事业应行呈报中央之重要事项及审检监查〔察〕之办法，俾收指臂相使之效。

第三，民营事业　政府对民营事业之主要方针，大致有以下数端：“1. 引导并奖励民间资力用于正当生产途径，而禁阻或尽量避免其为投机操纵扰乱市场之行为；2. 促进正当事业之合理利润，而禁阻其过分高利及居奇垄断之行为；3. 在每一时期就经济建设之需要着想，指出亟待生产之物品，尽先协助并督促其生产，对不合需要而专图营利之事业，则酌予限制；4. 对民营事业于辅导奖助之中，即寓监督管制之意，期能逐渐指导纳之轨道；5. 国营与民营事业，方式虽有不同，实皆为全国经济之主要成分，故务使相辅相成，而不致倾挤致害”。为达成上项目的，经制定《非常时期工矿奖助条例》。对于电气、机械、化学、纺织、采矿、冶炼等重要事业，分别予以（1）保息（2）补助出品生产费（3）减免出口税（4）减免原料税（5）减免转口税及其他地方税捐（6）减低国营交通事业运输费（7）减免租用公有土地地租（8）协助低利贷款（9）便利器材成品及工人必需品运输等便利。此外，复订定《小工业贷款暂行办法》，及《非常时期华侨投资国内经济事业奖助办法》，次第付诸实施。

（二）筹订经济管制法令

《非常时期农矿工商管理条例》，原为《总动员法》中物资动员之基本，自颁行以来，经济部即经呈准将本条例第1格所列企业或物品47种，指定管理，并分别缓急，拟订管理法令，设置专管机构，执行管制事务，以极战时经济动员之始基。兹将当时受管制之各项企业物品分述如次：

1. 粮食　粮食为军糈民食所必需，经济部于二十八年间曾会同军政部、后方勤务部拟定《战区粮食管理办法大纲》，对非战区省份复经制定《非常时期粮食调节办法》，嗣又依据该办法第25格之规定，订定《非常时期简易农仓暂行办法》，责由农本局负责办理其事。

2. 花纱布　花纱布亦系由农本局负责管理，经先后订颁《管理重庆市棉纱棉布买卖暂行办法》《检举重庆市纱布商人不法行为给奖办法》，及《纱布商人运销陈报须知》，嗣后相继订颁《统筹棉花管制运销办法》《统筹棉纱平价供销办法》《管理直接用户织制成品转列办法》等。

3. 日用品　对一般日用品之调节，经于二十八年末公布《日用必需品平价购销办法》，并设立平价购销处，负责购运供应各项日用重要物品。三十二年该处改组为日用必需品管理处，除继续办理上项业务外，并经制定规章，着手食油及纸张之管理。

4. 煤炭　煤炭管理，始于抗战初起之时，经济部于二十八、九年间，先后订颁《管理煤炭办法大纲》《管理重庆市、嘉陵江流域、岷江流域煤炭实施办法》，并责由燃料管理处分配供应事宜。

5. 钢铁　二十九年初，经济部制定《钢铁管理规则》，应成立钢铁管理委员会，负责钢铁登记、运输给照、内运奖助及废金属、土铁等管理工作。

6. 水泥　二十八年五月，经济部制定《管理水泥规则》，成立水泥管理委员会，负责登记、分配事宜。

7. 铜　二十八年一月，经济部订颁《川康铜业管理规则》，并由资源委员会成立川康铜业管理处，管理及收购精粗铜及废铜。

8. 钨锑锡汞　钨、锑两项于经济部成立前，即已由资源管理委员会着手管理，曾分别制订管理、专营规章，并设置专管机构司其事。洎二十八年一、六两月，经济部复先后制订《汞业管理规则》及《管理锡业规则》，仍责由资源委员会分别设处，执行管理业务。

9. 工业器材　工业机器、化工材料（包括烧碱、纯碱、染料、漂白粉、盐酸等数项）之管理，始自三十及三十一年间，由工矿管理处订定规章，次第施行。

10. 液体燃料　液体燃料之管理，由行政院液体燃料管理委员会统筹办理，其属于经济部主管者，则为酒精及植物油炼油工业，曾于三十年间分别订颁规则，执行管理。

此外，由贸易委员会负责管理之物资，尚有以下 3 种：

1. 茶叶　二十八年，财政部贸易委员会制订《全国茶叶出口贸易办法大纲》，由该会所属之中国茶叶公司统筹外销。

2. 猪鬃　二十八年八月后，经订颁《全国猪鬃统购统销办法》及施行细则，并责由该会富华公司统一办理。

3. 桐油　二十九年十月，续订《全国桐油统购统销办法》，并责由该会复兴公司统一办理。

（三）办理战区难民移垦

战区日益扩大，黄河又告决口，各地难民亟待收容救济，故当时急务，莫过于移殖垦荒，盖于辑抚流亡之中，可兼寓增加生产之意也。经济部成立之初，即经派员分赴各省调查可垦荒地，以为难民移殖之张本，嗣复先后订颁《非常时期难民移垦规则》，及《补助各省难民移垦经费办法》，并洽商有关各省政府组设垦荒务委员会，筹设国营省营垦区，积极进行移垦工作，其垦荒分布，有如下述：

1. 陕西省内，以黄龙山区为最要，经划为国营垦区，设管理局主其事。所有垦区治安、垦民组织、垦种技术及卫生教育等工作，几经惨淡经营，均已树立基础，计开垦荒地 2 万余亩，容纳难民 3 万余人。其次如山汧、黎坪及郿扶 3 区，可共有垦地 20 万余亩，容纳难民 15000 人，由陕西省政府负责办理移垦事宜，垦民及〔以〕陇海路员工及黄灾难民为主。

2. 河南省内，以邓县垦区为主，曾移殖黄灾难民 7000 余人。

3. 宁夏省内，以宁夏、灵武两县为主，有可垦地 20 万亩，初步移垦，可容难民 2000 人，经中央拨助经费积极进行。

4. 青海省内，经划定都兰县洼沿河为垦区，协助该省政府着手筹办。

5. 四川省内，曾督导省府筹办平武、北川垦区，可有垦地 60 万亩，垦民 3 万人，第 1 期可先移垦民 2000 人，已补助经费，开始进行。

6. 西康省内，经设立宁属屯垦委员会，筹办该属 8 县垦务并已核准设立复兴公司，在大小麻柳一带安插俘夷。

7. 湖南省内，湘西 6 县，有可垦地 65 万亩，可容纳难民 6 万人，已就沅陵、芷江两县之熟荒，先行移垦难民千余人，并增设靖县垦区处。

8. 广西省内，柳江 9 县，有可垦地 30 余万亩，可安插难民 1 万人，已先就柳州露塘区等移垦 4000 余人。

9. 江西省内，吉水等 28 县有可垦地 34 万余亩，可移垦难民 3 万人，经先就吉安等县熟荒区域，移垦 4000 余人。

10. 福建省内，崇安、建宁、泰宁 3 县，原已有垦民 3000 余人，经再就永安等 16 县可垦区域，扩充移垦范围。

11. 云南省内，在滇边各县筹设垦区，收容由暹罗归国华侨。

（四）督导战区厂矿内迁

“七七”之变，政府深信必需长期抗战，为保全国家经济元气，建立后方工业基地起见，乃决定将沿海、沿江及铁路沿线之工厂矿场，尽量拆迁内地。自二十六年七月起，即着手从事战区工矿内迁，其经过可分为下列几个时期。

1. 发动拆迁　二十六年七月至二十七年一月为发动内迁时期。当“八一三”沪战将起之时，即由前军事委员会工矿调整委员会组设厂矿迁移监督委员会，派员分赴临近战区各省市，督导各公私厂矿迅速拆迁，同时并订定办法，对国防有关之工矿事业优予奖助，视其需要分别，（1）补助迁移费用；（2）免税；（3）减免国营交通事业运费；（4）贷助低利借款；（5）给予优先运输权；（6）发给奖金；（7）拨给建厂土地，俾能于艰险紧急之中，鼓舞勇气，完成任务。各工矿主持人，亦多能深明大义，踊跃遵行，北自晋豫，东自苏浙，厂矿均分别陆续向西拆迁，蔚成一大运动。迄二十七年初，各地内迁器材，陆续安全运抵汉口，克告初步之段落。

2. 整理转运　二十七年一月至九月，为整理待运时期。其时南京撤退，武汉成为全国军事政治之重心，后方水陆交通之枢纽，军需物资，需用浩繁，非当地原有各厂所能供应。经经济部督导一部战区内迁工厂，利用往内地寻勘厂址之时间，在武汉借地开工，改制各项重要军需品，接济前方，以增强作战力量。综计在此期间内临时开工各厂，已达当时迁抵武汉厂矿总数 1/3 以上。此种工厂在长途跋涉之余，仍不愿放弃片刻喘息之机会，努力工作，其拥护国策恪尽职责之精神，颇为称道。至其余未开工各厂，亦大都留集汉口，筹划内地厂址，待命输运。

二十七年九月至十二月，为继续内迁时期，此时广州沦陷，武汉会战已起，经济部爰再督饬留汉待运或开工以及原设武汉之各厂矿继续外移。一面斟酌各地经济条件，及后方实际需要统筹工业区位，指定迁建方向；一面洽拨交通工具，代购建厂地亩，补助迁移费用，筹贷建筑基金，俾于多方督导协助之下，完成较前期更为艰苦繁巨之迁建工作。迄二十七年底止，内迁各厂矿，几经跋涉备历艰辛终于指定区域内筹划建厂，其地区分布以四川为最多，其次则为湘、陕、桂 3 省。

3. 完成迁建　二十八、二十九两年为完成迁建时期。此期工作重心，为尽快恢复生产，经济部经就设备补充、技工招致、资金贷助、原料供应、成品规划、技术设计各方面，分别尽量协助，并规定有效办法，奖励尽先复工厂矿，实施以来颇多成效。迄二十九年底止，内迁工厂除少数在迁移时中途失事，机件损失，或与其他同类性质之厂矿合并开工者外，完全复工者已达内迁总数 70% 以上。

综计 3 年以来，经政府协助内迁之厂矿，共达 448 家，机器材料 70900 吨，技工 12080

人。其性质分配，以机器工业为最多，计机器工业占40.4%，纺织工业占20.7%；化学工业占12.5%，电器工业占6.5%，饮食品工业占4.9%，矿业占1.8%，钢铁工业占0.24%，其他工业占12.1%。其地域分布，以四川居第1位，计四川占54.1%，湖南占29.2%，陕西占5.9%，广西占5.1%，其他各省占5.7%。由此可知，内迁厂矿以有关国防生产者为最多，其区位分配，亦甚合于实际之需要，而此巨量可用器材与大批熟练技工之内移，颇足为此后后方工业建设有力之支柱。

（五）开发后方水利事业

我国地势，各河流均以东南为尾闾。抗战军兴，沿海一带，先遭蹂躏，正在进行之水利事业，如淮河、永定河、珠江、扬子江下游等，皆告停顿，水利机构，亦先后内迁。同时西南各省为我国抗战建国之根据地，以言粮食生产，则待垦殖之土地甚广；以言工业建设，则可利用之水力尤丰；以言军事运输，则待整理之河流密布。故各项水利事业之设施，在与军事及民生有关，自应悉力促进，以树立始基：

1. 农田水利　农田水利昔日试办于西北，绩效宏著，泾惠渠以180万之经费，灌田66万余亩，每年农产增益，达650万元，地价之增值，则自每亩五六元激增至六七十元，约10倍有奇，其为效速利薄之事业。由此可见，抗战以来，后方食粮增产，既增重要，而西北西南各省可资开发之土地，复比比皆是，经济部爰于民国二十七至三十年间，先后在陕、甘、川、黔、滇、桂6省，积极兴建农田水利工程，共可灌田150余万亩，此外在上述6省及绥、宁、豫、鄂、湘、赣各省中正在查勘设计及准备施工者，尚可灌田260万余亩，由水利委员会继续完成。

2. 整理航运　战时运输至称频繁，而铁路公路，即需巨额之外汇，运货亦较水运为昂，所幸后方各省水运水道纵横，流域面积，遍及全境，工程材料及运输船舶，均可不假外求，允宜充分利用，以利运输。惟是西南各河道地处上游，大都坡陡流急，滩险罗利，或仅局部或短期通航，欲言根本整理，全部渠化，则所费过巨，且亦缓不济急，故先普遍查勘，并与陆运配合。分为国际运输线，计长1400公里；军事运输线，计长5480公里；及物质运输线，计长800公里，总长7880公里①。工程种类或系局部渠化，或加疏导或以炸礁，或辟纤道，其目的为增加运量，延长通航时期，缩短航行时日，均已成效渐著。总计已查勘者，计13395公里，已施工者2900公里。地域分布，有湖南之湘江、沅江、资水、酉水，广西之都柳江、桂江、右江、左江、郁江，广东之西江，四川之金沙江、岷江、綦江、盐井河、威远河、大渡河、青衣江，贵州之乌江等。

3. 整饬河防　抗战发生以来，各河流修守失常，加以敌人恣意破坏，黄河决口于花园口赵口，长江下游决口亦达1928处之多，河北之永定、漳、卫诸河亦以溃决闻，洪流所至，灾情惨重，欲求根本救济，则以形格势禁，无法着手进行，只能察堪实情，对各地河防，作局部之整饬。二十八年间，曾于苏北悉力修防，藉以缩小灾区，农产丰收，总值在1万万元以上，安徽北部，亦以办理工赈，因而减少灾害，估计所保全者约值2万万元，其他如豫鄂各省亦经分别疏导、截堵，培修，灾情得以减轻。

4. 堪修水利　西南各省电力需要骤然增加，亟待筹建电厂，以裕供应，而兹数省者，蕴蓄水力资源，甚为丰富，自应积极开发，以建立今后工业建设之基础。经济部各水利事业机构及资源委员会水力发电勘测处，对各重要地区如四川大渡河、瀼渡河、长寿河，云南之螳螂川，广西之柳江等处，水力之勘测设计，经分途进行，均已得有初步结果。

（六）筹建内地经济中心

抗战开始，政府西迁，亟宜于后方重要地区，建立经济中心，以为抗战建国之根据地。惟此项中心之选择，应注意及原料供给，运输便利，动力来源，及产品销路诸条件，经济部经就

① 前述各线相加应为7680，与后文不符，原档照录。

西南西北地理情形，选定经济区域如下：

1. 湘南省中部及西部，以沅陵辰谿为中心，已设有电厂、电器厂、水泥厂。

2. 川东万县长寿一带，已设有水电厂及榨油厂。

3. 陕西西安宝鸡等处，已设有电厂，并运往纺织厂数家。

4. 重庆附近，因有多量之电力设备，故已迁入之工厂为数特多，种类有纺织、钢铁、炼铜、机械、电器、酸碱、炼油等等。

5. 沱江、岷江流域，包括泸县、内江、资中、简阳、五通桥、犍为、威远、自流井、宜宾等地，有盐、糖、煤、木材各项出产，土肥人众，条件优越。已建有较具规模之电厂 3 处，并积极建设酒精、盐碱、造纸、炼铁、炼焦、炼油等工业及煤矿业。

6. 贵州东部及中部，已开采省溪等县之水银矿，贵筑等县之煤矿，扩充贵阳之电厂，并筹采威宁、水城煤、铁、石膏各矿。

7. 甘、青 2 省，人口较稀，然仍注意少数事业之建设，以玉门油矿之开采为显著，此外并建设兰州、西宁等电厂，开采青海金矿，阿干、永登煤矿。

8. 西康省内，已在康定、泰宁、道孚、会理等地开始办理金矿及铜矿，并派员查勘雅安、天全、荥经等地矿产，大渡河、青衣江水利，以为开发建设之准备。

9. 云南省内，已在昆明建设国营电厂及机器厂、电工器材厂、炼铜厂、炼铁厂，并开采易门、禄丰铁矿，宣威煤矿，会泽铜矿，扩展个旧锡矿。

10. 广西省内，以桂林、柳州、全县等地为中心，经建立电厂，并协助省政府办理富钟贺锡矿，上林金矿、田东锑矿、桂杯纱厂及机械厂。

三、战时经济建设之全貌

战时后方经济之建设，乃以《抗战建国纲领》为准绳，一面应抗战之需要，扩展军需工业，开发国防资源，增产作战物质，以争取决定性之胜利；一面本建国之鹄的，建立基本工业，发展国营事业，奖助民营企业，以奠立工业化之基础，故其任务至称艰巨。经济部于二十七年组织成立，负责全国工矿事业之建设与促进，8 年以来，尚不无相当成就。兹择其数项重要事业，分述其梗〔概〕于后：

（一）开发矿产资源

1. 煤　我国主要煤矿，多在华北，战起未久，即相继沦入敌手，经济部为供应行车、航运燃煤急切需要起见，经积极督率整理，期间计河南禹县、湖北大冶、湖南湘潭、恩口，江西萍乡、天河、高坑各矿，均经增产煤斤，以助军运。迨武汉撤守，复以中福一部机器，迁转入川，扩充天府、石燕及开发嘉阳、威远各矿，并督导三才生、宝源、江合、东林等矿添装设备，开辟运道，协助建川、华安、华银、全济、华昌、义大等矿，完成建置，开始生产，以建立四川煤业基础。在二十七年，该省产煤不过 140 余万吨，迄二十九年已增达 279 万吨。同时复于滇省接办明良煤矿，筹办宣明、祥云（未开工）各矿；于黔省投资扩充筑东、林东煤矿；于康省协办益门煤矿；于湘省筹办祁零、辰谿、永兴各矿，投资湘江煤矿，协助湘南醴陵观音滩、中湘各矿；于桂省筹办及协助西湾、合山 2 矿；于赣省维持及协助天河、鄱乐 2 矿；于粤省筹办八字岭煤矿；于豫省协助英豪、民生 2 矿；于陕省筹办同官煤矿，并协助新生（白水）、新兴（蒲城）、雍兴（陇县）各矿；于甘省筹办永登、阿干 2 矿。8 年中次第开工，分别增产，对各工业区及交通线所需燃煤，尚能勉敷供应，其总产量亦递年增加，计二十七年后方国营民营各矿，共产煤 4700000 吨，至三十二年递增达 6617000 吨。惟三十三年以湘、桂相继被寇，一部矿区失陷，三十四年以敌寇遽告投降，各方需要锐减，致煤产较为减少，然于此 2 年中，经济部对各矿应变措施，及增产准备工作，仍亟谋补救。如三十三年衡桂撤守之际，祁零煤矿不避艰险，迄仍勉力工作，维持每日300吨之产量，嗣复于黔西筹办都匀煤矿，以济当时之湘桂、黔桂两路军运，均有贡献；三十四年以湘桂大矿停产，后方工业交通用煤，不能不仰给川、滇各省，经对嘉陵江、岷江各区煤矿，认真督导协助，产力运量均有增进，每月产量由三十三年十二月之347250吨，增至三十四年六月之3900100吨，每月运量由三十三年十二月之58079吨，至三十四年六月之67987吨，且煤之灰分亦续见降低，切合各方需要。

2. 石油　关于石油开发工作，二十七年初，即由经济部督饬资源委员会与中央地质调查所，分别于四川、陕西、甘肃3区域，从事钻探。其中陕西延长、永平油矿，曾少量出油，嗣以时局关系，改由地方政府维持旧井产油工程，四川巴县石油沟虽未发现油层，但已获得大量之天然气，可供轮渡及汽车燃料之用，自二十七年起，已开始生产。惟以缺乏钢瓶，产量较受限制。隆昌圣灯由自三十二年起，着手钻探，亦发现丰富之天然气，现在计划设厂提炼汽油，并利用该地所产卤水，筹办制盐厂；江油水观音地方，亦发现油源，可能有开采价值。其最占重要地位者，厥为甘肃玉门油矿，自二十八年矿井试探，即产油4000加仑，二十九年经凿油井7口，平巷3处，正式大量生产汽油，产量已达70000加仑，自是递年陟增，三十年产量汽油209000加仑，煤油113000加仑；至三十一年度产汽油1896000加仑，煤油597000加仑又柴油5000加仑；三十二年产汽油3037000加仑，煤油558000加仑，柴油5000加仑；三十三年产汽油4046000加仑，煤油2160000加仑，柴油155000加仑，汽油产量较二十九年已增加58倍。迄三十四年该矿已共有油井61口，其中正在产油者13口，生产能力持续增高，惟以运输能力有限，盛器设备不足，矿上存油过多，经加强井口控制，可免除原油喷发逸散之损失，并改良储油池设备，以贮余油，但对油品产量仍不能不酌予限减，以待运输。故是年仅产汽油3843000加仑，煤油1651000加仑，柴油300000加仑，至汽油品质方面，经改善炼炉设备，及分馏塔、冷凝池等部分装备，成分已大见提高，其辛烷值可增达65度，行车效率远较酒精为高，即较之苏联汽油，且犹过之。此外新疆乌苏油矿，原苏联人经营，三十三年经政府交涉收回，交由甘肃矿局兼为开采，每月曾出汽油30000余加仑，旋以地方遭遇匪患，员工被迫撤离，故已暂行停产。

3. 钢铁　后方冶炼事业，以往多用土法，所产白口铁颇不适用。而炼钢设备为数尤少。抗战发动之初，经济部即谋在川、滇两省，建立钢铁事业，以助各种工业之发展，始则将沪、汉各重要钢铁厂，分别西迁。继则开发四川綦江、涪陵、彭水、云南易门等重要铁矿，并协助建设新式小型炼炉，增加土铁生产。二十七年间，资源委员会与兵工署合组钢铁厂迁建委员会，将汉冶萍公司汉阳铁厂与汉口扬子铁厂炉座机件拆迁于重庆大渡口改建新厂，重要设备有100吨及200吨化铁炉各1，100吨平炉、3吨贝氏炉各2，1.5吨电炉1，轧钢铁及钢板厂设备全部。并开采綦江铁矿与南桐煤矿，以供给冶炼原料。嗣又于蒲江附近，添设大建分厂，为后方钢铁事业第一大厂。此外在抗战期中，经经济部筹办或协助创建之钢铁厂，在四川有渝鑫、中国兴业协和（后改为资和）、和人（后改为资蜀）、新威（后改为威远）、资渝电化冶炼、中国制钢各厂。而小型炼厂亦不下10余单位，其主要者有陵江（后并入资渝）、大昌、永荣、永和、上川、清平各厂；在云南有中国电力制钢、云南各厂；在湖南有湘华、民生2厂；在贵州有康黔钢铁事业筹备处；在广西有八步、中渡口2厂；在广东有粤北铁厂；在江西有天河铁厂；在陕西有耀县铁厂；在甘肃有兰州铁厂。生产趋势，三十一年以前注意于灰口铁之生产。三十一年而后，则置重于钢材之制造。惟逐年比较，则大都递见增高，如二十七年后方国营民营各厂，共产生铁41000吨（一部为土铁），钢品1200吨；二十九年产生铁55200吨，钢品1500吨；三十年产生铁62800吨，钢品2000吨；三十一年产生铁77500吨，钢品3000吨；三十二年产生铁

70000 吨，钢品 6800 吨；三十三年产生铁 40100 吨，钢品 13300 吨，三十四年一月至八月产生铁 6650 吨，钢品 3082 吨。

4. 铜铅锌铝　铜铅锌 3 项，为兵工重要原料，我国产量无多。抗战以来，由经济部资源委员会积极探勘，二十八年接采滇北东川铜矿，并收购永北巧家易门一带土铜，设厂提炼，近可年产粗铜 200 吨，该区纯铜储量，据估计可达 170 万吨，较有发展希望。又二十九年接办四川彭县铜矿，并设有临时炼厂，冶炼粗铜，嗣以该矿矿床复杂，含硫较多，须俟国外机器易于输入时，始能正式采炼，因于三十二年停工保管。关于精铜提炼，该会曾先后设有重庆电化冶炼厂及昆明炼铜厂，皆以电解法炼制，每日生产能力，前者可达 6 吨，后者则为 2.5 吨。两厂原可年产电铜 2000 吨，只以原料（粗铜）来源有限，故皆减产，但其品质则甚见进步，纯度可达 99.95% 以上。铅锌矿以西康会理天宝山所产为最著，亦由该会开采冶炼，并兼采益门之煤以炼焦，俾供炼锌之用，滇北矿务局亦产净铅、净锌，昆明炼铜厂亦兼产电锌，惟量俱有限，湖南省原设有炼铅炼锌两厂，采用水山之矿砂，可年产净铅 2000 吨，净锌 400 吨，二十七八年拆迁于常宁松柏镇，由工矿调整处协助其建厂复工。三十一、二年间，可产净铅 1000 吨，净锌 200 吨，颇能供应各项兵工及工业之用。三十一、二年间，于贵州修文、贵筑，云南昆明安宁两区，先后发现铝矿，并由矿冶研究院及昆明炼铜厂分别试提纯铝，俱告成功，三十三年，后者且曾为小规模之提炼，已有少量出品。

5. 钨锡锑汞　钨、锡、锑、汞，均为我国对外易货偿债物品，亦为盟邦对敌作战必需物资，经先后交由经济部资源委员会统筹产收运销，办理尚收成效。锑之管制，着手最早，其产区在湖南，每年产量可达 10000 吨。惟年来以国外代替品之竞争，盟邦需要激减，致销路逐趋萎滞，外运几于停顿，为避免积压资金，并维持最低生产起见，不得不酌予限制生产，一面积极提倡锑品制造，推广国内自销，俾战时减少亏累，战后易于恢复。至锑品加工，则自三十二年起设厂制造。出品有锑养颜料油漆，尚合各方需要。钨之管制，始于二十五年，其主要矿区为赣南、粤、桂、湘 3 省，亦有相当产量，每年可共产 10000 余吨，以盟邦需要尚多，故生产尚能维持正常 . 惟近年来价陡涨、工资激增，采矿成本增高，而国际收价迄仍如故，外销亏累甚巨，致生产困难日益加重，虽几经合理调整收价，然较之物价指数，上升程度仍感不逮远甚。迄三十三年，终准扼生产萎缩之趋势，年产量遽减至 3000 吨。锡之管制，始于二十七年，其主要产区为云南，其次为湘、桂各省。纯锡至二十八年始少有出品，仅产 1800 吨，二十九年积极增产，额收成效，其产量遽跃增至 15000 吨，嗣是以后，以盟邦需要日减，及收价亏损日增，因亦改取限产方针。汞之管制，着手较晚，其产区大都在黔、湘、川 3 省边境，年来盟邦尚有需要，原应在增产之列，惟以矿床变化，有日趋贫瘠之势，加之矿区荒僻，每遭匪患，致历年生产，未能尽如预期，综计毛汞产量：二十八年为 170 吨，二十九年为 90 吨，三十年 120 吨，三十一年为 160 吨，三十二年为 120 吨，三十三年为 100 吨，三十四年上期以粤、赣、湘、桂等钨、锡、锑矿产区，均尚沦陷敌手，生产全部停顿，仅滇锡与湘黔汞品，有少量产收，计各为 1700 吨与 74 吨。钨、锑则均无产量。以上各项矿品，历年均经依约外销美、苏，以交换物资，偿付债款，或昆明、桂林交飞机接运，或由猩猩峡转运出口，虽在运程迢遥，运费高昂，运量很少等困难环境之下，尚能勉维交量，无损国际信誉。而矿品品质之增进，尤为盟邦所推许，如滇锡成分已达 99.95%，合含铜铅杂质减至 0.1% 以下，桂锡含砒可达 0.2% 以下，粤赣钨含重可达 1% 以下，湘汞成分可达 99.8%，湘锑含砒亦可达 0.1% 以下，均超越国际市场标准。

（二）促进工业生产

1. 电力　战前内地各省，电厂既少，设备复多陈陋，所有甘、陕、青、宁、川、康、滇、黔、湘、桂各省发电设备，仅共25000余千瓦，约占全国总容量4%。抗战以来，后方工厂林立，人口麇集，动力及光热用电，需要激增。经济部为使后方动力事业迅速建立基础，以促进工业建设起见，经督饬资源委员会于各重要中心筹建电厂，并督导各民营电厂与工业自用电厂，积极调整扩充，以期增大供电能力，故年来后方电力事业，颇有显著进展，经资源委员会创建经营完成供电者，在四川有龙溪河（长寿）、万县、宜宾、岷江（五通桥）、自流井、泸县6厂，在云南有昆湖1厂，在贵州有贵阳1厂，在甘肃有兰州、天水2厂，在陕西有西京、宝鸡、汉中3厂，在青海西宁有1厂，在西康有西昌1厂，在湖南有长沙、衡阳、辰谿3厂，在广西有柳州、八步2厂，又在浙江亦有丽水1厂。以上国营各厂，迄三十四年止，已共有发电容量23800千瓦，对各区工业用电之供应，裨益至大。此外经经济部协助民营筹建完成供电，又敷设输电网及水力电厂之创设与勘测，成绩均斐然可观。

2. 机械电器　机械为各种工业之母，特值重视，故机器工厂在内迁厂矿中，最占重要地位。而初期新建之厂，为数亦甚众多，迄三十二年后机器厂数已不下800余家，拥有工具机4190余部，其中在规模上以国营各厂为巨擘，在数量上则以民营各厂占优势。前者有资源委员会经营之中央、宜宾、兰州、江西4厂，中央机器厂于二十五年间原设于湘潭，后转迁昆明，故其设备能力，均非内地其他各厂所能望其项背。宜宾、甘肃、江西各厂，大都创设于三十年及三十一年间，其产品则仅足供当地局部之需要。后者以重庆之新民、顺昌、恒顺、民生、公益、上海、祁阳之新中、桂林之中国汽车、六河沟各厂较为重要。各厂工作，最初着重于兵工器材之承制，继则努力于动力机、工具机、作业机之生产，并兼及于交通工具之修造，其产量视需要增减为转移。但三十二年以前，则大体呈上升之势，如工具机之产量，二十七年为332部，二十八年为639部，二十九年增为1124部，三十年再增为1221部，三十一年略减为1147部，三十二年则转增至1752部，三十三年又减为1335部。动力机产量，二十七年为610马力，二十八年为870马力，二十九为2507马力，三十年为3758马力，三十一年为4475马力，三十二年为7187马力，三十三年8210马力，迄在扶摇直上之中。电器工业以资源委员会经营之中央电工器材、中央无线电器材、中央电瓷3厂最为重要，均于战前筹设于湖南，后因战事转进，其总分厂分别迁建于桂、昆明、重庆、沅陵、衡阳、宜宾等地，为后方电器生产之中坚。此外，江西电工厂、华亭电瓷厂、中国兴业公司电业部、华城、华生、中建、电声、大陆各厂亦均有相当产量。综计后方国营民营各厂，共约80余单位，大都系由战区迁入，各厂出品，种类颇为繁多，惟因各项重要原料，向须仰给国外，以战事输入困难，来源颇感缺乏，致正常生产大受限制，但若干重要产品，则仍见增产。抗战初期数年中，尤为显著，如发电机产量，二十七年为299千伏安，二八年即增为439千伏安，二十九年再激增为6308千伏安。电动机产量，二十七年仅600马力，二十八年陡增为9595马力，三十年更增为11601马力。变压器产量，二十七年为4390千伏安，二十八年增至6509千伏安，三十年增至10792千伏安，三十一年再增至15383千伏安，三十二、三两年亦均在11000至12500千伏安之间。无线电机产量，二十七年为660具，二十八年增至1132具，二十九年增至2239具，三十年再增至2615具。电灯泡产量，则二十七年之68640只，至三十三年达1685779只，几为直线之上升。综观机器及电器工业在战时之发展，初感设备之不足，继虞原料之缺乏，终又为销路萎缩、资金周转不灵所苦。但历年产品，则均尚感勉敷各方需要，而技术上之进步，尤堪称述。第一，为制品之专业化。如巨型纺纱机以制造程序繁复，经采行分工合制制度，分配各厂承造，由恒顺制清花机、弹花机，公益制梳棉机、并条机，顺昌及惠工制细纱机、打包机，俱达专精程度。此外上海及中国兴业公司之水轮机，新中之煤气机，中国汽车公司之桐油机，大川之卷烟机，顺昌之球磨机，渝鑫、恒顺之鼓风机，元利之面粉机，六河沟之绞车，植物油料厂之榨油机，兴国之缝纫机等，亦均臻专业化。第二，为新出品之试制。中央机器厂之锐刀、砂轮、庥铁、500倍显微镜、重试刨床、搪床及大型动力机，中央电工器材、无线电器材2厂之钢丝绳、荧光灯氯气整流管、动卷调压器、步声机等，均为国内之创制。第三，为代用原料之研制。如制造电工器材所需之云母子、胶木粉、黄腊绸布、绉纹漆、锰盐、锌皮等皆已试制成功，可完成代替外货，以逐谋自给。

3. 液体燃料　战时运输频繁，工具胥赖汽车，而所需汽油，以西北矿油取给不便，国外油料输入日难，甚感难敷供应，经济部为迅谋增产液体燃料计，于抗战开始即先行从事于动力酒精之制造，责由资源委员会将咸阳酒精厂机器设备，拆运资中筹建新厂，其原设于内江之四川酒精厂，同于二十八年开工出货。此后该会经营之简阳、泸县、北泉、开远、遵义、兰州各厂，军政部交通司及后方勤务部经营之盘县、安顺、纳谿、广汉、褒城各厂，民营之大成、国民、复兴、胜利各厂，以及省营之湖南、广东、福建、陕西各厂相继成立，酒精生产顿呈突飞猛进之势。如二十七年仅为300000加仑，二十八年增为810000加仑，二十九年陡升至4590000加仑，三十年续增为5400000加仑，三十一年再增达7880000加仑之最高峰，是为后方酒精工业最繁荣之时期。嗣是以降，则以糖品减产，土酒禁酿，原料供应渐感不继，制造成本亦递趋加高，产量稍减，然三十二年以次2年中，则仍维持每年700加仑之标准。代汽油之生产，以资源委员会二十七年在重庆所设之植物油提炼轻油厂（后改为动力油料厂）开其先河利用土产之菜油、花生油（后改用桐油）经过高温制化程序，提制轻质油料，可用作汽车燃料，几经研究，幸告成功，于二十八年正式开工出品。及太平洋战起，汽油输入与桐油输出，倍感困难，是项事业，乃转为各方所重视。三十一年中央特拨专款，交由前运输统制局筹设新厂。经济部除督导原有公私各厂增加设备，扩充产量外，并在各桐油产区提倡商民广设新厂，以资提炼。迄三十二年六月止，经核准登记之公私炼油厂，已达60余家，代汽油生产能力，年约2900000加仑，但因技术及设备，尚多困难，实际产量仅能达生产能力1/3。三十三年间，行政院以桐油供应不足，价格复趋上涨，代汽油生产成本月益加高，殊不合经济条件，应酌予收缩，饬由经济部拟定办法，分区分期，逐步停办，产量因〔之〕锐减。以三十三、四两年仅达原有生产能力1/10。代汽油之另一种来源，为煤低温蒸馏，由资源委员会犍为焦油厂从事提炼。该厂二十九年开始筹办，三十年正式出货，利用五通桥附近煤产，提制汽油、柴油、灯油及焦炭沥青、来苏水，全年可产汽油6000加仑，煤油600加仑，柴油8000加仑。所出汽油，品质甚佳，辛烷值已达90度以上，惟以设备所限，迄未能大量增产。

4. 化学工业　后方原有化学工厂，多属小型，抗战以还，战区各大厂相继内迁，如五通桥之永利化学公司制造纯碱，重庆天原电化厂制盐酸、烧碱、漂白粉，长寿之中国煤气公司制造电石，重庆之庆华颜料厂制造染料，沅陵之华记水泥公司（后改为华中水泥公司）与原有之四川水泥公司制造水泥，均具成绩。新建工厂，则有资源委员会之昆明化工材料厂、甘肃化工材料厂（由甘肃酒精厂改建）制造纯碱、烧碱，裕滇磷肥厂制造磷肥，江西硫酸厂制造硫酸，重庆耐火材料厂制造火砖，甘肃水泥公司制造水泥，工矿调整处之乐山木材干馏厂制造醋酸钙、甲醇、丙酮、甲醛，民营之四川嘉华水泥厂、昆明水泥厂制造水泥，重庆华中化工厂制造拷胶，中国化工企业制造染料，长寿中国火柴原料厂制造赤磷，重庆中南、普利橡胶厂翻制再生橡胶，太平化学公司制造金刚砂，新原电化厂研制电木粉，光华、建华、竟成等化工厂制造油漆、油墨，四川裕川、中国、永源、广益，贵州新筑、大众，云南大利，陕西集成各化工厂，制造版酸、硝酸、盐酸，中央工业试验所亦办有盐碱、油脂、鞣料、纯化学品、胶体等实验工厂，制造重要各项化学成品，后方化学工业基础逐渐建立，成品门类数量亦递趋加多，尤以酸碱等基本化学成品为最著。如硫酸：二十七年产170吨，二十八年产124吨，二十九年产428吨，三十年产543吨，三十一年产689吨，三十二年产624吨，三十三年产768吨。盐酸：二十七年产99吨，二十八年产72吨，二十九年产151吨，三十年产130吨。纯碱、烧碱：二十七年产520吨，二十八年产940吨，二十九年产1486吨，三十年产2079吨，三十一年产2263吨，三十二年产3251吨，三十三年产6101吨，对后方其他工业之发展，颇有裨益。

5. 民生工业　民生工业，包括纺织、面粉、造纸、制革、肥皂、火柴等工业，后方尚略有基础。惟当此战时，一面人口麇集需量加多，而另一面则原料不足，生产困难，仍有待加以导助，以利推进。兹分言之，在纺织工业方面：战前后方原有纱锭25000枚，此后复有内迁260000枚，连同新设各厂在内，共为55厂，已开纱锭252000余枚、布机1878台，未开纱锭58000余枚、布机989台。西北盛产羊毛，但机器毛纺织工业，则自抗战后始有建立，计有以重庆之中国、民治，乐山之川康3厂为最著。三十二年已开毛纺锭2400枚，月产毛呢2000公尺，三十三年产量益增。此外光大、福民、西京、西北等厂亦均有相当出品。麻纺织厂曾有湖北、广东江录2厂，分迁万县与信宜、衡阳织造麻袋。西南麻织及申新苧麻实验2厂，以棉麻交织织造布匹，成绩亦甚良好。丝织厂以普益织绸厂较为重要，其出品可供制造降落伞之用。在面粉工业方面：川、陕、湘各省，原有机制粉厂，尚粗具规模，抗战后复有内迁陕西宝鸡之福新、大新，内迁西京之和合、同兴，内迁重庆之庆新（后改为复新）、正明各厂，加入生产。生产能力综计可日达25000包左右。在造纸工业方面：川省铜梁、大竹、夹江等处，原系纸张著名产区，惟类皆手工业制造，机制纸厂则仅有乐山之嘉乐、兴蜀数家，规模甚小。战后上海龙漳纸厂迁重庆，旋由财政部接办，改组为中央造纸厂。杭州中元纸厂迁宜宾、汉口谌家矶纸厂迁成都，改组为建国纸厂。战前拟设之温溪纸厂，不及兴办亦由经济部工矿调整处投资合股川嘉造纸公司于嘉定。嗣是以后，新厂相继建立，为数日多，其主要者，有中国（四川）、中南（湖南）、黔元（贵州）、陇元（甘肃）各厂。迄三十四年，已共达23家，生产能力可日达30吨，实产每日12吨。道林纸、绝缘纸及邮票、钞券、打字用纸，均已大量出口。在制革工业方面：重庆、成都等处，夙为手工制革业之中心，机制革厂为数甚少，抗战后内迁者，以自汉口迁渝之汉中暨求新厂规模较大，此外四川有华胜、光华、大成、成都、二明，庆鑫各厂，陕西有西北、长安、东寨各厂，甘肃有丰记、建华各厂。产品分轻革，重革两种。近数年来，年产均在100000张左右。在制皂工业方面：过去内地肥皂厂，设备均甚简陋，抗战后内迁复工者有永新化学厂，新设有利民、西南等厂，规模较为庞大，迄三十一年新厂愈多，仅重庆一地，即已有70余家。后方肥皂总产量、最高可达350000箱。三十三以后，因物价增涨〔长〕，原料缺乏，较小各厂，渐趋淘汰，肥皂产量，遂亦递见减退。

兹将抗战8年来后方重要工矿产品产量统计列表如下：

战时后方重要工矿产品产量

产品	单位	二十七年			二十八年		
		共计	国营	民营	共计	国营	民营
电力	度	73622000	3287000	70335000	91494000	9609000	81885000
煤	公吨	4700000	504459	4195541	5500000	192316	5307684
汽油	加仑	52900	—	—	4160	4160	
生铁	公吨	—	—	52900	62730	—	62730

续表

产品	单位	二十七年			二十八年		
		共计	国营	民营	共计	国营	民营
钢	公吨	52900	—	900	1200	—	1200
电铜	公吨		—	—	427	427	—
净钨	公吨	12556	12556	—	11509	11509	—
锑品	公吨	9464	9464	—	11988	11988	—
纯锡	公吨	—	—	—	1840	1840	—
毛汞	公吨	—	—	—	169	169	—
工具机	部	331	—	—	639	—	639
作业机	部	842	—	331	1512	—	1512
动力机	马力	610	—	842	870	—	870
发电机	kVA	299	—	299	439	89	250
发动机	马力	600	—	600	9594	2094	7500
变压器	千伏安	4390	—	4390	6509	9	6500
发射及接收机	具	660	660	—	1132	1032	100
电泡	只	68640	68640	—	49647	192647	300000
水泥	桶	21498	—	21498	48794	—	48794
硫酸	吨	170	—	170	124	—	124
盐酸	吨	99	—	99	72	—	72
硝酸	吨	3	—	3	2	—	2
碱	吨	520	—	520	940	—	940
酒精	加仑	303861	61861	233000	811740	269740	532000
机制纸	吨	492	—	492	526	—	526
面粉	袋	1513000	—	1513000	1926000	—	1926000
机纱	件	24515	—	24515	27451	—	27451

战时后方重要工矿产品产量

产品	单位	二十九年			三十年		
		共计	国营	民营	共计	国营	民营
电力	度	11931000	11117000	100814000	123302000	131146000	110156000
煤	公吨	5700000	306015	5393985	600000	517482	5482518
汽油	加仑	73462	73462	—	209311	209311	—
生铁	公吨	45000	2494	42006	63637	4437	59200
钢	公吨	1500	—	1500	2011	26	1895
电铜	公吨	1240	1240	—	697	697	—
净钨	公吨	9542	9542	—	12392	12392	—

续表

产品	单位	二十九年			三十年		
		共计	国营	民营	共计	国营	民营
锑品	公吨	8471	8471	—	7991	7995	—
纯锡	公吨	15099	15099	—	6995	6995	—
毛汞	公吨	91	91	—	121	121	—
工具机	部	1024	123	902	1221	72	1148
作业机	部	3775	82	3692	2575	119	2456
动力机	马力	2507	706	1801	3758	571	3187
发电机	kVA	6308	4791	1517	5503	2653	2850
发动机	马力	3102	2552	1550	116601	3603	7998
变压器	千伏安	6124	1624	4500	10772	5792	5000
发射及接收机	具	2239	1442	797	2615	2220	395
电泡	只	699272	264370	434900	628384	231384	397000
水泥	桶	50479	—	50479	25429	—	25429
硫酸	吨	428	—	528	543	3	540
盐酸	吨	151	—	141	130	—	130
硝酸	吨	16	—	16	12	—	12
碱	吨	1468	18	1468	2079	119	1960
酒精	加仑	4590055	669055	3921000	3408376	1298376	2110000
机制纸	吨	660	—	660	4200	—	4200
面粉	袋	3239000	—	3239000	4510000	—	4510000
机纱	件	29518	—	29518	111500	—	111500

战时后方重要工矿产品产量

产品	单位	三十一年			三十二年		
		共计	国营	民营	共计	国营	民营
电力	度	136850000	24016000	112834000	146407000	30831000	115606000
煤	公吨	6313697	746301	5567396	6617000	757964	5859306
汽油	加仑	1895724	1895724	—	3219236	3219236	—
生铁	公吨	96000	13478	82511	70000	20853	49147
钢	公吨	3000	1506	1494	6800	4646	2154
电铜	公吨	566	566	—	533	533	—
净钨	公吨	11897	11879	—	8973	8973	—
锑品	公吨	3510	3510	—	429	429	—
纯锡	公吨	7209	7209	—	3769	3769	—
毛汞	公吨	163	163	—	118	118	—

续表

产品	单位	三十一年			三十二年		
		共计	国营	民营	共计	国营	民营
工具机	部	1147	136	1011	1752	279	1473
作业机	部	2631	182	2450	2110	76	2034
动力机	马力	4476	717	3758	7302	1258	6044
发电机	kVA	5780	2780	3000	4790	3190	1600
发动机	马力	1052	6933	3578	11451	6651	4800
变压器	千伏安	15383	10183	5200	12484	4284	8200
发射及接收机	具	2104	1654	450	2008	1918	90
电泡	只	984379	638379	310000	1435906	685906	750000
水泥	桶	39843	150	39693	35287	1389	33698
硫酸	吨	689	23	666	628	44	580
盐酸	吨	300	—	300	368	—	368
硝酸	吨	17	—	17	15	—	15
碱	吨	2263	151	2112	3251	173	3078
酒精	加仑	7885237	2396257	5489000	7713824	2845824	4868000
机制纸	吨	4250	—	4250	3580	—	3580
面粉	袋	4880000	—	4880000	4130000	—	4130000
机纱	件	114100	—	11400	116681	—	116681

战时后方重要工矿产品产量

产品	单位	三十三年			三十四年		
		共计	国营	民营	共计	国营	民营
电力	度	174220000	45520000	127700000	19669500	67315000	129300000
煤	公吨	5502000	753066	4748934	5238000	625001	4612999
汽油	加仑	4047540	4047540	—	4305270	4305270	—
生铁	公吨	40134	12523	27611	48495	22550	25945
钢	公吨	13361	7603	5758	18234	10206	8028
电铜	公吨	834	834	—	556	556	—
净钨	公吨	3225	3225	—	—	—	—
锑品	公吨	204	204	—	—	—	—
纯锡	公吨	1577	1577	—	2704	2704	—
毛汞	公吨	103	103	—	74	74	—
工具机	部	1350	173	1177	775	161	614
作业机	部	3307	259	3068	1421	101	1320
动力机	马力	8210	2205	6005	2866	1618	1248

续表

产品	单位	三十三年			三十四年		
		共计	国营	民营	共计	国营	民营
发电机	kVA	4926	1829	3097	2028	628	1400
发动机	马力	6277	5112	1165	6683	5927	766
变压器	千伏安	11185	4719	6466	10496	5563	4933
发射及接收机	具	1542	1368	174	848	788	60
电泡	只	1685779	835779	850000	968519	837819	130700
水泥	桶	40655	2602	37853	42229	2136	40093
硫酸	吨	768	25	743	257	56	201
盐酸	吨	416	—	416	337	—	337
硝酸	吨	9	—	9	5	—	5
碱	吨	6101	346	5755	3342	158	3184
酒精	加仑	7345992	2825992	4520000	16221394	4012894	12208500
机制纸	吨	3669	—	3669	3900	—	3900
面粉	袋	2881000	—	2881000	2055860	—	2055860
机纱	件	115000	—	115000	69200	—	69200

编制机关：经济部统计处。

说　明：一、国营生产量系根据资源委员会经济研究室三十四年之修正数字，其范围仅限于资源委员会所经办之厂矿。

二、民营生产量系根据前工矿调整处之统计。

三、煤、生铁（包括土铁在内，及钢之生产量为经济部矿业司之估计数字）。

（三）奖助民营事业

1. 协助疏建

各内迁及新建工厂，虽经政府协助，先后完成建厂开工，但开工以后，对敌机之滥事轰炸，仍咸怀戒心。经济部为安定人心，保障生产起见，乃会商财政部，订定中央信托局承办兵险办法，自二十八年十二月起，由该局开始办理。因此，对于有志后方工矿事业之人士，给予很大之鼓励，各民营厂矿，亦颇收一时之惠。迨及二十九年夏秋以来，敌机轰炸肆无忌惮，工厂损失愈趋重大，而机器设备一经摧毁又常有无由补充之感。而兵险赔款，仅足保障资金价值，生产工具终难获得实际安全。经济部为迅谋补救以策万全起见，爰复于二十九年九月，饬由工矿调整处召集各重要厂商详为商讨，决定紧急处置办法 3 项：（1）制造工程之能划分者，予以拆迁，另设分厂；（2）设备能在洞中使用者开凿山洞，移内工作；（3）无法分迁或入洞工作之厂，则加筑工事，保护主要设备。当时决定疏散设备，设立分厂者 11 家，开筑防空洞者 18 家，加筑防护工事者 7 家，皆渝市附近规模较大之工厂。至三十一年终其由工矿调整处协助进行者，已大部疏建完成，资力较厚，自行筹建分厂者，亦在积极进行中。至重庆动力关系重要，经济部曾督令电力公司将发电设备疏散迁建安全处所并加建保护设备以策安全，其迁建费用 15700000 元均由政府设法补助。

2. 贷款资金

协助民营厂矿资金之方式：有（1）保息、（2）补助、（3）贷款、（4）投资、（5）担保借款、（6）存货垫款或预付定金、（7）给奖励金等 7 项。对特种工业小工业由经济部直接办理，一般工矿业由工矿调整处办理，煤矿由燃料管理处办理，金矿由采金局办理，钢铁原系由钢铁管理委员会办理，三十一年起亦划归工矿管理处。此外，川康铜业管理处、汞业管理处等机关，亦订有各商矿贷款救济办法。

（1）保息　保息即对于某一工厂集股或募集所得资金，当其本身不能给付利息时，即照规定息率，由政府发给。得享受保息之工矿业，依照二十六年四月公布，二十七年六月修正的《特种工业保息及补助条例》之规定，仅有资本在 100 万元以上之制造原动机、电机、工作机、金属材料、液体燃料、运输器材等 6 种；依照二十七年十二月公布，三十年十二月修正的《非常时期工矿业奖助条例》之规定，则除与前条例所谓“特种工业”性质相当之机械、采矿、冶炼等工业外，并增加了电气、化学、纺织、农产制造和其他经济部认为重要者等 5 种，而资本额的标准则一概减低至 20 万以当应战时之需要。依此项办法，经经济部核准保息者，计有永利化学工业公司等数家。

（2）补助　对民营工矿业之补助，亦悉依以上两项条例办理，其办法即当全年出品生产成本与同年平均市价比较，超出甚多时，其超过部分，即由政府酌给现金，以资补助。经经济部核准给予此项补助金者，有华中水泥公司、妇女指导委员会松溉纺织厂及西康、湖北、湖南各省重要工厂。

（3）贷款　工矿之范围甚广，政府资金有限，为应付非常时期之需要，对协助贷款之厂矿，不得不酌予相当限制，其种类暂定为：①燃料、②金属原料及机械、③酸碱及其化合品、④水泥、⑤酒精及其溶剂、⑥交通及电力器材、⑦棉毛织品、⑧糖、⑨纸、⑩皮革、⑪橡胶等 11 种。而请求借款之条件，又限定为：a. 与军事有关、b. 为民生所必需、c. 可增加出口或减少入口、d. 可增加内地生产能力、e. 所拟计划能于相当期间的完成等 5 项。

由工矿调整处主办之工矿贷款，可分为以下 6 种：①“迁移贷款”，为协助内迁厂矿所需机器运费及技工旅费之用，可分 3 年归还；②“建筑及增加设备贷款”，为协助各厂矿建筑厂房及添购机器之用，期限以 3 年至 5 年为限，自二十七年起贷款开始贷款；③“营运资金贷款”，为协助各厂矿购买原料，发付薪金及一般管理费之用，期限 6 个月至 1 年，自二十八年开始贷放；④“复工贷款”，为协助各内迁厂矿复工之用，二十七年开始办理，二十九年已全部收回；⑤“招募技工贷款”，为协助各厂矿招募技术工人之用，自二十八年起开始贷放；⑥“疏建及保护工程贷款”，为协助各厂矿筹建分厂，及建筑防空与保护工程之用，自二十九年开始贷放。受贷款厂矿之类别，以化学工业为最多，机械工业次之，煤矿业及钢铁工业又次之，由此亦可表现政府对民营事业协助之方针。

此外，由燃料管理处主办之民营煤矿贷款有：①“生产设备贷款”，协助添购器材；②“洪水贷款”；③“枯水贷款”，于洪水及枯水时期分别贷助；④“临时贷款”。三十一年起又增加造船贷款，协助各主要煤矿，修建运煤船只，以增运力。由采金局主办者，则有民营金矿贷款 1 项。

小工业贷款，以实收资本 5 万元以下 1 万元以上之纺织、制革、造纸、金属制炼、化学陶瓷、农产制造等工业为对象，凡合乎：①出品能供应军需及民生必需或运销国外者；②原料大部为国产者；③能用现代方法或改良之土法者；④营业上有发展希望者；⑤有新发明或意匠创作者等条件，均可请求贷助。

（4）投资　工矿调整处对各重要民营事业资金协助之另一方式，即为投资合办，自二十七年起投资额与年俱增。投资业别，二十七年仅有纺织工业1种。二十八年增加钢铁、电器、化学、食用工业4种，其复增加机械工业及公用事业2种，贷款数目则以化学工业最多。

（5）担保借款　三十年以后，工矿调整处对民营矿厂之贷款，以可贷之资金有限，贷款之请求无穷，乃不得不专力应付较长期性之贷款，而对于合于银行业务之营运资金，尽量转请四联总处贷放，其中以属于原料成品之抵押，透支性质之借款为最多。

（6）存货垫款及订货贷款　存货垫款已开始办理者，为燃料管理处之“存煤垫款”，土铁管理处亦订有存铁垫款办法。订货贷款则系工矿调整处及战时生产局先后所举办，于收购各厂矿成品时预付一部定金，以利周转，详见定购成品[①]一项。

兹将历年工矿调整处贷款投资及担保借款，于本部直接办理之小工业贷款数字列表说明如下：

工矿调整处历年各项贷款投资及担保借款累计金额

（1）业别　二十六年至三十三年

业别	二十六年	二十七年	二十八年	二十九年	三十年	三十一年	三十二年	三十三年
总计	26812	8948363	1544071	11955000	31065227	108940130	216096344	315053295
钢铁工业	—	660000	1509540	3515450	5090000	8696600	27140000	15899968
煤矿业	—	500000	650000	874000	2640805	11772000	26910000	12485700
机械工业	3172	436947	1980863	4084401	5558760	10482732	28801320	68670887
电器工业	6700	358870	207245	672381	1023800	399800	229800	25379449
化学工业	6940	2196917	5293224	12466892	18607021	131844096	84338060	85530370
纺织工业	—	541129	1434227	3089340	6628051	20883098	35871051	29080471
食品工业	—	43800	118382	195545	822000	1947500	690000	695000
教育用品工业	—	91200	124480	164950	1694900	3244000	2150000	120000
公用事业	—	2785000	3380000	5825000	11365630	17950314	25125314	64517500
其他	10000	371500	744110	1057960	2759110	1729000	3957000	2474000

材料来源：经济部统计处。

工矿调整处历年各项贷款投资及担保借款累计金额

（2）性质别　二十六年至三十三年

项别	二十六年	二十七年	二十八年	二十九年	三十年	三十一年	三十二年	三十三年
总计	26812	8984363	15440072	31955221	561190078	108949131	317313445	315053295
各项贷款	26812	4408026	6624835	14317207	20162545	25162545	49525084	154142444
迁移	26812	1161764	926367	609389	154131	578805	567725	64569485
建筑设备	—	1728087	2567858	6717753	9732440	16107517	29373695	50813411
复工	—	158475	43550	—	—	—	—	—
营用资金	—	38200	1313410	4052235	6592034	5953714	18005864	38919540

① 后文仅有“定制成品”一项，原档照录。

续表

项别	二十六年	二十七年	二十八年	二十九年	三十年	三十一年	三十二年	三十三年
招工	—	—	1540	41540	41540	22000	22000	—
疏建及保护工程	—	—	—	2225000	3641400	2478400	1505800	440000
其他	—	1321500	1752110	671110	—	—	—	—
事业投资	—	176337	3877237	7428194	10877533	73958695	62938361	160910851
担保借款	—	4400000	4960000	1021000	25150000	59850000	704850000	—

材料来源：经济部统计处。

经济部历年小工业贷款

二十八年至三十一年

业别	总计		二十八年		二十九年		三十年		三十一年	
	厂数	金额（元）	厂数	金额（元）	厂数	金额（元）	厂数	金额（元）	厂数	金额（元）
总计	100	2055900	15	1909000	31	586000	26	564000	28	765000
纺织	30	680000	2	40900	7	98000	6	162000	13	380000
制革	5	147000	2	47000	3	100000				
造纸	7	185000	2	55000	2	35000	3	95000		
机器	19	401000			5	60000	6	132000	8	700000
印刷文具	12	112900	4	26000	4	26000	2	20000	7	30000
制药	6	70000	1	10000	2	20000	3	40000		
酒精	4	75000	1	5000	2	50000				
皂烛	2	60000			1	32000	1	30000		
农产品制造	3	52000	1	7000			2	45000		
其他	12	273000			5	148000	3	40000	4	85000

材料来源：经济部统计处。

其后战时生产局于三十四年间后举办各项贷款，总额达40亿元。其中煤焦贷款20亿元，钢铁贷款2.5亿元，机器贷款4.3亿元，非铁金属贷款1亿元，液体燃料贷款8.5亿元，化学工业贷款2亿元，电器贷款3000万元。

3. 招训技工

内地工业向极落后，熟练技术人才，自甚感缺乏，故各等技术人员之补充，实亦为一最急迫之问题，政府在发动厂矿内迁，早即注意及此，一方面规定资助技工内迁办法，使能携眷西迁安心为国效力，另一方面派员赴邻近战区各省尽量招募，转为介绍各厂矿服务，同时并在后方加紧训练新技工，以资补充。在战区厂矿内迁期间，由工矿调整处资助内迁之技工共达12164人，依业别分析以机器工业为最多，共达5968人，纺织工业、化学工业次之，各达1688及1408人。自太平洋战事爆发，至三十一年底止，后由工矿调整处会同社会部振〔赈〕济委员会，由香港九龙招募技工，除就近分送桂林、柳州、贵阳、昆明各厂就业者外，运达重庆者亦达数百余人，均派赴各厂工作。至技工训练，则由技工训练处司其事。该处系于二十九年九月间筹备，同年十月组织成立。初隶国防工业委员会，三十一年国防工业委员会改组为中央设计局工业设计委员会，技工训练处随即改隶，三十二年一月奉令改隶经济部，定名为经济部技工训练处，主持技工训练事宜，提高生产效率。该处训练业务，始于二十九年秋季，训练单位包括国营民营及国立大学实习工厂，区域散布川、滇、湘、桂、甘各省，种类分特别、普通、速成3种。特别技工，训期3年，由兵工署指定工厂训练；普通2年，由国营工厂及国立大学实习工厂训练；速成1年，由民营工厂训练。计共训练人数如次：

经济部技工训练处所属技训班艺徒人数统计

二十九年十月至三十四年十二月

期别	总计	第一期	第二期	第三期	第四期	第五期
人数	6378	2011	1941	1507	536	383

材料来源：技工训练处。

4. 供应器材

抗战后民营厂矿所需工业器材，或因外汇不易获得，或因国际运输困难，每感无法补充，经济部有鉴及此，乃今〔令〕工矿调整处于二十八年筹设材料库，并向国内外订购五金、化学、电气等项器材，以裕供应，是年即向国外订购5800吨。敌占海防，曾一部损失，余则均已抢运国内。二十九年我与英、美信用贷款案先后成立，复审度时势，分别开单洽购，购定货物，在三十年内已有一部运抵昆明及重庆，同年为应目前急需，又向香港采购变压器油、矽钢片等材料，为数甚多，均已运达内地。三十年以缅甸战事逆转，国际运输更趋艰困，英信贷购料，交货较为减少，乃复因时制宜，改由印度购入各项工业零件，如钢丝针布，铜丝网，毛毡鞣料等。另一方面，为统筹国内器材分配，调剂厂矿金融，并谋机器成品之合理运用起见，对各地散存之工业器材，仍责令工矿调整处加以管制及收购。所购器材，均经斟酌需要，分配各方使用。其分配情形有如下表：

工矿调整处材料库售料价值

（1）机关别

民国二十八年至三十三年　　　　单位：国币元

类别	总计	二十八年	二十九年	三十年	三十一年	三十二年	三十三年
总计	79206805479	213895000	1540416779	1674992000	5023343200	17001193100	53752969400
兵工机关	4076729838	22440000	280156238	230866000	533611700	1100596600	1909059300
资委会所属工厂	3810933017	—	242681417	293123900	664448500	1374080200	1236599000
学校及机关	38720000	38720000	—	—	—	10360443600	—
民营工厂	56360480644	149580000	598830144	767674500	7636751000	416607090	41847201400
其他机关	11315481980	3155000	418748980	383327600	1188532000	—	5155645700
外埠售材	36044640000	—	—	—	—	—	3604464000

材料来源：经济部统处。

（2）材料别

民国二十八年至三十三年　　　　单位：国币元

类别	总计	二十八年	二十九年[①]	三十年	三十一年	三十二年	三十三年
总计	79206809479	21295000	1540416779	1674992000	5023343200	17001193100	53752969400
钢铁材料	2237744300	196506500	—	716715800	2087698900	5939072900	3437449600
非铁金属材料	3931976500	—	—	—	330317700	1036496000	2565162800
非金属材料	22321957200	—	—	—	421629000	2965918500	18934409700
电气材料	6462082400	—	—	—	518139700	2041007500	3898935200
动力机械	6567907200	—	—	—	958832200	2907185000	2621890000
工作机械	2852986800	17388500	—	435526500	147703000	532077400	720291400
机器零部件配件	708735800	—	—	268047900	235620900	675058600	6593805400
工具	708735800	—	—	44110400	56313600	100960700	507351100
油料燃料	3445079500	—	—	75034700	250091900	448238400	2671714500
其他	2229490800	—	—	135556700	16996300	274978100	1801959700

材料来源：经济部统计处

及战时生产局组织成立，曾复经多方设法供给，如代购土铁，分向湘黔产区及国外采购锰砂及矽铁、锰铁等合金，收集铜币，委托康黔钢铁事业筹备处在威宁一带收购土铅土锌，鼓励种植杂粮，制造土酒，提炼动力酒精，协助宜宾中国造纸厂，装建木浆机，出产木浆，以供造纸之用，凡此种种成效均著。

5. 奖励技术

政府曾于三十一年九月三十日公布《奖励工业技术暂行条例》，二十九年二月二十五日又订定《奖励工业技术补充办法》。依《奖励工业技术暂行条例》规定：关于物品或方法首先发明者，给予专利权 5 年或 10 年。关于物品之形状构造和装置配合而创作合于实用之新型者，给予专利权 3 年或 5 年。关于物品之形状色彩，或其结合而创作适于美感之新式样者，给予专利权 3 年。战时国人在工业上有新发明或创作经审查合格予以专利权如次：

工业技术奖励

民国二十七年至三十四年

年别	首先发明		创造新型		创造新式样
	专利 5 年	专利 10 年	专利 3 年	专利 5 年	专利 3 年
总计	103	37	127	195	
二十七年	13				
二十八年	13				
二十九年	4		2	4	
三十年	6	2	43	38	
三十一年	3	6	34	33	

① 二十九年只有总值无分类系数。

续表

年别	首先发明		创造新型		创造新式样
	专利5年	专利10年	专利3年	专利5年	专利3年
三十二年	17	8	20	48	
三十三年	31	12	15	35	
三十四年	16	9	13	36	

材料来源：经济部统计处。

此外经济部关于奖励工业技术上有下列3种方式：

（1）其对发明有所研究，并有具体实验计划无力从事实验或已经实验而无力完成者，则给予补助费及生活费，俾得继续实验，克底于成。

（2）其已经呈准专利，无力设厂实施制造者，则代予资金，助其设厂。

（3）其对于战时急切需要之工业器材，悉力研究仿造代用品者，给予奖励金。

6. 扩充设备

增加各民营厂矿生产能力，其最重要者，莫如生产设备之扩充。8年来经工矿调整处之督导，各钢铁厂之马丁炉、贝士麦炉、电炉、轧钢机，酸碱厂之漂粉塔、电解槽，水泥厂之球磨机等，均已次第装建完成。在运输设备之扩充方面，则各煤矿之运煤设备，轻便铁道工程，经协助完成者，为数亦属不少，对各重要工矿事业产运能力之增进，均甚收成效，及战时生产局成立，仍继续加强协助。在煤方面以轻便铁道及车辆租予天府、建川、东林、华昌、全济、江合各矿使用，并供给天府煤矿锅炉3具。在化学方面，则向美军洽借汽油皮桶5万只，分交各酒精厂，并向美孚油行购到万县50万加仑汽油池1座，运交资中装置；天原电化厂向以电力不足影响生产，由该局给250匹马力之蒸汽机2具，并协助其修理电厂机件。在电力方面，除对国营各厂拟定办法，利用航空委员会、兵工署及云南锡业公司向美订购1000千瓦发电机9套，于运华后，交由资源委员会，分装昆明、成都、重庆3地外，并协修重庆电力公司、成都启明电力公司等民营厂，以增加供电能力。在钢铁业方面，以往因缺乏碾轧锻制设备，成品种类不多，今则由该局改良各厂装置，俾钢品出产种类增加，以适应各方需要。

7. 改进品质

工矿调整处对各重要民营工矿业之生产成品，大都権度时势需要，参酌各厂矿本身生产条件，予以详密之规划，其最著者莫如机械工业，由该处采用定制验收办法，对各种动力机、工作母机及鼓风、轧钢、打浆、球磨、棉纺、抽水等作业机，均经分别指定工厂，集中录制，使能提高其技术之专精标准，发挥生产之最大效率。施行以来对品质之改进，甚收成效。而前所未有之成品，如每部能力达500匹马力蒸汽机、重型工作母机、大型棉纺织机及各式工具。与日用五金，均已能于三十一年制成，以适应当时之需要。炭精电极为电炉炼钢所必需，过去国内尚无制造，三十年国外来源断绝，亦经督导规模较大之钢铁厂，自行设厂制造，三十一年已开工出货。此外对代汽油、酒精、酸碱、电讯、器材、变压器、电机、耐火材料、水泥、水石灰、煤膏蒸馏品等工厂，均经参照战时国防工业生产计划，配合国营工业生产，进度妥为规划，分别督导各业工厂加紧增产以应需要。战时生产局成立后，复经聘请钢铁、炼焦、酒精、化工、纺织、电力、石油、机器及非铁金属等美籍专家多人，分赴各厂矿实地考察，对于技术之改良贡献甚大。如大渡口化铁炉，经实行将矿砂压碎后入炉，产量由每日12吨增加至18吨。自去硫法用后，贝麦色钢品质因而提高，由马丁炉及电炉制炼军用电化线之低炭〔碳〕钢，亦经试炼成功。冶金焦炭各矿，原以土法洗炼，消耗大而品质劣，由美籍专家协助，试建蜂房式炼焦炉，以资改进。此外对于刨床、铣床之准确标准及检定方法，对于电厂发电设备，均建议改善，并改进液体燃材、酸碱、纺织各业之生产技术。

8. 定制成品

抗战后期后方生产事业愈形艰苦，新事业及新工程之筹建，亦与日俱增，因之若干基本工业如钢铁、机器等，均深感销路萎滞之苦。经济部有鉴于此，爰于民国三十二、三年间，责由工矿调整处推行定货制度，收购滞销成品，以解决各该业资金呆滞生产停顿之困难，经先后订制动力机、作业机、工具机及工具等，总值约达 3 亿元余元。及战时生产局时期，仍继续加强办理，并扩展订制范围，计截至三十四年止，向各厂定制成品总值 108 亿元。计地雷、炮弹等军用品 60 亿元，钢铁 20 亿元，非铁金属 5 亿元，车床、刨床等工具机 7 亿元，电品 6 亿元，铁轨、机车、枕木等铁道器材 3 亿元，汽车配件 1 亿元，化学品 5 亿元，纺织品及金刚砂布砂轮石棉 8 亿元。

（四）管制企业物资

《非常时期农矿工商管理条例》施行以来，经济部即呈准将本条例第 1 条所列企业物品 47 种，指定管理，并斟酌需要，分别设定机关积极执行。惟所应注意者，统制工作，至为繁重，政府既有确定之方针，尤须有执行之步骤，其要旨尤在使人民深识通盘筹划之必要，接受政府之协助指导，而不使不肖官吏有苛扰或勒索之举动，故 6 年以来政府管制政策之推行，至为审慎，兹分为企业与物资两项，略述管制之经过及成果及后：

1. 工矿企业管制

（1）国营企业

自抗战以来，国营事业日益增加，此种事业或由中央官署办理，或由中央与地方合署〔官〕合办，或由中央及地方官署举办，兼许人民投资，性质既不同，自应制定规章，严密管理，俾得树立良好事业之基础，为一般民营事业之表率。

（甲）统一会计制度　会计制度为事业之成败攸关，最初各国营事业之财务，类皆重于报销，致使资产负债以及损益之各项实况，不能明瞭，各种新兴事业复多各自为政，未达制度之划一，亟应加以调整。自三十年以来，就各企业之性质，分别订定工、矿、电、商 4 种月报表，转饬各企业机关按月填报。至审核方面，除注意其业务的推进、生产效率、销货成本、管理方法外，尤严密注意其财务之处理，予以适当之指导。

（乙）调整员工待遇　最初国营企业，对于员工待遇，重于薪给，轻于奖金，视职员如同官吏，对工作不重效率，事业往往不易发展。近数年来政府投资经营之企业既多，员工人数动辄以千计，欲求改正过去之弊端，自应订定统一办法，以便管理而予保障，经济部有鉴及此，爰经根据现行法令，兼顾各企业之实际情形，及德、苏各国之成规，研拟办法，加以调整。

（丙）加强业务考核　三十一年间由经济部制定《直辖机关办理生产事业〔进〕行呈报事项》及《合办事业理事董事监察人派免办法》，随时指示各主管事业机关，每 3 月编造报告，以凭分期考核，并应切实注意生产数量、价值及销售情形之分类编记，藉以窥见建设事业之进程。

（丁）厘定官商合办标准　凡国营事业由政府组织准许人民投资者为特种股份有限公司，业经本部于二十八年拟定《特种股份公司条例》，呈奉国民政府明令施行，该条例对官股商股权利之行使，公司可许容纳外资之比率，官股董监之产生，均订有适当明确之标准，俾资遵循。三十一年时本部为加强管理此种特种公司，爰又拟定《特种股份有限公司条修〔例〕实施办法》，呈奉行政院核准颁行。对于特种公司之组织，及其对外对内之关系，更有详明之规定。至对于纯粹由政府出资经营之公司，尤应确定其在法律上之地位，及明定其权利义务之主体，亦经本部详拟具体意见，呈奉行政院核准照办，正商同有关机关筹拟专法藉资运用。

（2）省营企业

抗战以后，各省当局多倡导组省营贸易企业、运输等机关或公司，从事开发各省工矿及交通事业，此种趋势对战时经济之建设，自有裨益。惟因省自为政办法歧异，亦亟有调整之必要，确定经营范围。经济部于三十年先后制定《非常时期省营贸易监理规则》及《省营工业矿业监理规则》，分别颁布施行，其要旨已如前述。

（乙）划一经营组织　规定省营贸易，应依照《特种股份有限公司条例》，组织公司经营之。[①] 省营工矿业则规定：（a）省政府独资经营之工矿事业，受省政府或直辖机关之监督；（b）省政府与其他不隶于省之机关合办者，应共同组织理事会，或依法组织公司；（c）省政府发起募股经营者，应依法组织公司。惟无论系独资、合资、抑募股经营者，均不得兼办行政事务，其经营应完全事业化。三十年以后，依以上办法分别调整改组者，有陕西、贵州等企业公司，甘肃、广东、广西、安徽、湖南、江西等贸易公司、贸易处、贸易局、贸易部。

（丙）参加国营或归并　自三十年起，一部分省营企业，即已改为中央及地方合办，如甘肃之机器酒精工业、四川煤业、贵州之煤矿电力业、广东之机器炼铁工业、江西之硫酸炼铁、机器工业，均已先后由资源委员会投资或接办，三十一年中央改订财政收支系统以后，对省营事业之收回，更再拟具体办法，筹划积极进行之中。

（3）民营事业

《非常时期农矿工商管理条例》中，有关民营企业管理之规定，有以下几点：①厘定其生产办法、工作时间、劳工待遇、运销方法、售价利润等项之适当标准；②对战时必需之矿业，制军用品之工业，供动力之电业，收归政府办理，或投资合办；③限制特定企业之歇业、停业、或停工；④防止特定企业员工之罢市、罢工、或怠工；⑤勒令特定企业迁移指定地区；⑥禁止特定企业之投机操纵行为；⑦督导特定企业增资合并或缩减范围；⑧勒令以军用必需品为原料之企业，及制造非必需品而原料缺乏之企业停业；⑨指导利用原有设备改制军用品；⑩指导改善生产技术及管理方法等项。6年以来，大都已见之实施，举其要者如下：

（甲）限制权益移转　二十七年四月公布《非常时期营利法人维持现状暂行办法》，对于营利法人股东会之召集及董监察人之改选，均得延期办理，旨在巩固我国固有企业之基础，藉防伪敌势力入侵。二十年十月复颁订《战区或接近战区各项事业限制办法》，其中关于工矿业之规定：（a）国营矿业承租人，或取得特种营业权者之更名，应一律呈经核准，否则一概无效；（b）各工矿工场之场所及设备与其不动产非经呈核，不得移作别用或抵押于他人；（c）属于公司组织者，关于公司股份移转抵押，或股东更名，须一律呈报备案，至各公司或其他事业主办人或代表人，与外商订立关于权益之合同或契约，非经呈准，一律无效。三十二年一月同盟国鉴于敌人在占领或控制区内蹂躏人民财产及权益，日益加剧，特发表共同宣言，声明保留宣告无效之权，与上开法令原则不谋而合。为切实制止敌人侵夺起见，复经经济部于同年一月十六日重申前令，并颁行《限制沦陷区各项事业产权转移补充事项》，其要点：凡产权被敌人劫夺或移转者，产权所有人或其同仁或其利害关系人，均得检举证件，呈报本部，藉以保留宣告无效；前订《战区或接近战区各项事业限制办法》所谓外商，系指敌国以外之外籍合法商人而言，如与敌国商人订立有关权益之合同或契约，不论内容如何，及经何程序，概为无效。此项规定对于沦陷区内我国人民及盟国人民之合法权益，当可予

① 原件无（甲）。

以法律上保护也。

（乙）严密创业登记　公司非在本店所在地主管官署登记后，不得成立，《公司法》已有明文规定。至商业登记，亦经经济部改明令为强制规定，嗣后各地商号，非呈准所在地主管官署登记后，不得创设。工矿业而为公司或商号之组织，除分别申请矿区设权，工厂登记电气事业注册外，并须依照上开法令为公司或商业之登记。至政府对于工矿业某一种类人为有特加管理之必要，复分别颁订特别法令，限令其登记与注册。在工业方面者：有（a）必需品工业，如碾米、面粉、棉纺织品、植物油提炼、造纸等及煤矿业，依三十年颁行之《非常时期工商业及团体管制办法》办理；(b）液体燃料工业，如酒精制造工业及植物油炼油工业，依三十年颁行之《酒精制造业管理规则》及三十一年颁行之《植物油炼油厂管理规则》办理。属于矿业方面者：(a）煤矿，依二十一年颁行之《战时领办煤矿办法》办理；(b）金矿，依二十八年颁行之《非常时期采金暂行办法》办理；(c）特种矿产如钨、锡、汞、锑、铋、钼，依三十年颁行《领办特种矿类暂行办法》办理。属于电业方面者，各工矿动力之设备，依三十二年颁行之《自用动力厂登记规则》办理。

（丙）统筹原料使用与产品推销　对各民营工业生产之管制，其最重要者，莫如原料之限制，与成品之分配。故近年来，政府亦颇致力及此，对必需品工业，责令其同业公会督导所属工厂会员，将每次购进原料，每日售出成品，及制造营运成本，逐一登薄记载以备随时查核。植物油炼油及酒精工业，则更令其按期申报，并对其所需燃料及桐油及桔糖糖蜜等原料，订定办法，统筹供应，对其成品，亦悉予订定价格，合理分配而限制其自行销售。

（丁）考核工程及业务进行（a）在矿业方面：对已呈请设权给照之各民营矿场，应即督促其依期施工，其规模较大者，并须于每年度终了时，编其本年度矿业工程报告书及下年度施工计划书，以凭督导和考核。(b）在电业方面：对各电厂新工程之设施，则核发工作许可证，并督导其工程之进行。(c）在工业方面：对已登记之工厂，经常举行工厂检查，并督饬其按期填送报告表，以考核其业务之进行情形。

（戊）督导劳工福利设施　对各工厂劳工福利之设施，除于执行工厂检查时加以考核督促外，并经订颁《空袭时间工厂停工复工及核给工资暂行办法》，对工人空袭时之安全设备、停工复工时间，以及停工时间内工资给付之标准，均有详细之规定。同时，对工人之管理方面，亦曾于三十一年颁行《非常时期工业技工管理规则》，并分区组织技工管理委员会，进行技工之登记给照、技工工作之分配介绍、技工流动之管制取缔及协助厂矿招募技工诸工作。三十二年又另行订颁《非常时期厂矿技工受雇解雇限制办法》，以作更进一步之管制。

（己）提存特别准备　战时各工厂意外损失之机会加多，政府为谋巩固并保护其企业之基础起见，特于三十年颁行《非常时期工商业提存特别准备办法》，规定凡公司组织之工商业，每届营业年度终了有盈余时，除依法令提出公债金等项外，其盈余在实收资本总额 1/5、1/4 乃至 1/3 以上者，仍应分别提出盈余 10%、20% 乃至 30% 为其特别准备，呈报主管官署转报经济部备核。

（4）职业团体

职业团体为团结人民组织力量，遂行经济管制政策之重要机构。中央于抗战开始未久，即颁布《非常时期人民团体组织纲领》，以加强对各人民团体之监督与指挥。嗣后对于农民农工商等职业团体订颁许多有机管制的法规，责由各主管机关切实实施，兹举其要者如次：

（甲）强制入会与限制退会　二十九年政府颁布《非常时期职业团体会员入会与限制退会办法》，规定凡合于各种职业团体会员资格之从业人员或团体均须分别加入当地之工会、商会、同业公会。非因废业或迁出团体组织区域或受永久停业处分，不得退会。否则，得勒令加入，如仍不接受，则予以罚锾、停业、或整理、解散之处分。三十年颁行之《非常时期工商业及团体管制办法》，对经营必需品之工商业，更予加强规定。

（乙）派遣书记人员　二十九年中央复颁行《职业团体书记派遣办法》，对于性质重要及经济充裕，而无适当书记人员；或经济困难，无财力任用书记之职业团体，派遣曾受特种训练之合格人员充任，其薪给并得由政府开支。

（丙）审核业务报告　三十年中，经济部曾订颁《商会及重要商业公会填送业务报告表办法》，规定各地商会及重要商业公会须按季填具业务报告表，送由主管官署递转经济部以备查核。

（丁）考核目的事业　经济部鉴于各职业团体办理各项“目的事业”之努力与否关系于同业福利，及政府管制政策之推行者至重且大，爰经订定办法，对各职团目的事业之举办，切实考核，严加奖惩，以利施行。

（戊）督导自订业规　物价管制，固有赖于政府之加强推动，但各同业公会，如诚能本自动自觉精神，相互督察策勉，则收效必更宏大。故政府近2年来，对各业公会自订业规，或自订管理本业企业及物品之办法，加以策动，重庆已在开始进行。

（已）限制改组改选　对战区之职业团体会员大会之延期举行，职员之延长任期，亦经订定《非常时期农工商团体维持现状暂行办法》于二十七年公布施行。

2. 工矿物资管制

（1）出口矿产

出口矿业品之管制，系由资源委员会执行，管理对象为钨、锑、汞、锡、铋、钼6种。铋、钼产量极微，且多系附产于钨、锡，故重要性较小，其他4种均为军事工业重要原料，尤以钨锑两种，在国际市场尤占有重要地位。过去以全听商人自由产销，经营不能得当，又以受外商操纵，以致工业上重要原料，渐渐没落下去。二十五年起，政府才开始注意及此，先后成立钨锑业管理处，将是两项重要矿区收归国营，对民营矿场亦开始管理与督导，并将收购矿砂统筹出口。二十六年正式实施专营统一购销办法，锡、汞则至二十八年才实施管理，迄今亦达3年。惟迩来国内各地工价物价，急剧增涨，收购价格亦提高甚速，加以出口路线，逐年加长，运费亦屡有增加，上项矿产，至出口地点成本，类多超出国际市价。如钨砂在西南出口者，收支尚不难相抵，在西北出口者，则有若干亏拆。汞之出口，不论何处，均有赔累。锑之国际市场价值，不及成本半数。锡则仅及成本1/4。输出既多赔蚀，而又运输艰困，出口不易，故不得不择政府亏蚀少而国外需要较多者，尽先运出，国外需要较少又系亏蚀较大者，酌为限产，同时推广内销。惟此等矿产，不但关系人民生计，亦且关系将来国外贸易之前途，因之虽在万分艰困环境之下，仍尽量维持其生产。如自三十年后，锑品外销几濒断绝，但仍在主要地点维持相当产额，锡价则叠次提高，使生产者能勉力维持而不堕。综观政府管理此等矿产品政策之趋向，约可分为4个阶段：二十五年至二十六年为第1阶段，管制之主要目标，侧重于统一出口，调节供区及保留矿区，限制生产并禁止垄断竞卖，以挽回钨锑在国际市场之厄运；二十七年至二十八年为第2阶段，管制方针改为保护生产，统一运输，加强易货能力，此期对各民矿，提高收买价格，或加给补助金及贷款，并由政府负担捐税，平价供应职工必需物品等优遇，藉以增加外销数量，换取国外军需品；二十九至三十年为第3阶段，工作目标为提高品质，增加生产，以维持国际信誉，由主管机关自设炼厂，将产品重加精炼；三十一年至现在为第4阶段，工作目标即对锑锡限制生产，并开拓内销市场，以资维持。钨汞仍力谋增产增运，以作易货偿债之用。

（2）重要金属

（甲）钢铁　钢铁为国防工业重要原料，一有匮乏或分配不当，则一切建国工作皆无从下手，故管理钢铁实为战时切要之措置。经济部对钢铁管理曾成立委员会主其事，并先后公布法规 10 余种，使管理愈趋严密。其管理办法，大致可分为 3 个步骤：①办理调查登记，以明瞭内地钢铁的储存数量、生产能力与消费数量；②取缔囤积，奖励出售，凭证运购，评定价格；③开拓来源，扶植民营钢铁工业增产，尽量发展内地钢铁事业，并奖励内运。二十九年四月复又设立土铁管理处，负责管理土铁事宜。三十一年钢铁管理委员会取消，所有业务，悉划归工矿调整处办理。从二十九年二月到三十一年之 32 个月中，在增产方面，已协助各民营钢铁厂矿厂矿贷款总数达千万元之巨，又规定存铁垫款办法，凡各厂矿出品，一时销售困难者可请求按照其存铁数量与价值，由政府垫借相当款项作为营运资金，因之各厂矿生产能力大为增强，产量较施行管制前钢约增加 1 倍，澳口铁约增加 1.5 倍，白口铁约增加 1/2。在分配方面，以兵工业及重工业工厂占绝对多数，可见已无滥费。在价格方面，三十年较二十九年仅增加 90%，较二十八年增加 196%，三十一年较三十年则增加 50%，以视其他物价不能不算平稳。

（乙）铜　铜制管理暂限于川、康，其业务方针以收购废旧铜料为主，以自行探采为副。所产收之铜，除以少量售与中央造币厂外，悉交电化冶炼厂炼制电铜，售与兵工及电器工厂，其消费量之分配，军用者逾 90%，工业尚不及 10%。至于铜料价格自受管制，前后加增并不如一般物价之剧，以粗铜论，自二十七年十二月开始管理时至三十一年初，上涨不过 4 倍而已。

（丙）废金属　经济部对钢、铁、铜、锌、铝及其各种材料、工具、器皿、废机器与可能复行冶炼或变形利用之破烂物料之管理，复于三十一年七月颁布《管理废金属规则》指定工矿调整处实施管理，其办法要点为：①登记商号，②统筹收购，③购买请核，④运输限制，⑤禁止出口及资敌。

（3）管制重要燃料

（甲）液体燃料　液体燃料为军事交通之命脉，亟应加强管理，行政院爰设液体燃料管理处主其事，对增加生产、统筹分配、监察用途、限制购运各方面，均收相当之成效。

（乙）煤　煤焦之管理，由经济部燃料管理处负责，自二十七年七月开始实施。其主要办法为协助各矿增产即合理分配用煤。4 年以来，实际成效，可得而言者：在生产方面，约增加 60%；在分配方面，则军用占 10%，工业占 43%，交通占 17%，其他占 30%，并注意品质之分配，对岚炭等限制炊爨燃用；在价格方面，平均每年增加不过 1 倍，尚称平稳。

（4）管制工业器材

（甲）工业机器　自《国家总动员法》施行后，国内已有之工业机器，其使用与移转，亟需管理，爰经工矿调整处负责实施，其办法：①办理登记，于三十一年七月先行办理重庆市及附近区域内各制造厂，使各厂及运售商已有之动力机、工作机等项机器之登记，至同年底止照规定办理者已有 300 余家；②核准制造，对各制品种类图样规模加以有效之管制，使适合实际需要；③核准购用审核用途，合理支运，使物尽其用；④价格限制，审核成本，合理定价；⑤移动限制。一年以来，尚收相当效果。

（乙）水泥　水泥为军事工程及交通建设之重要材料。二十七年五月间军政部即已邀集交通、经济部等在武汉会商《水泥统制办法》，规定其价格及数量分配，其后一度停顿，至二十八年五月始正式颁布法规，成立管理委员会，实施管理。其办法为：①监督产销，派员常川驻厂，监督生产，防止怠工偷漏，规定提货次序支配出厂货物；②分配用途，对请购用户，发证准购；③限制增价：按月查核成本，酌加合理利润，分别核定公平价格。施行 4 年以来，在生产方面，水泥、代水泥、水沃均增加数倍；在分配方面则军事工程占 28%，交通 23%，水利占 2%，工业占 19%，其他 17%；在价格全年仅平均增加 16%。

（丙）烧碱　液体烧碱之管理，始自三十年十一月，当时因舶来固体烧碱价格飞涨，各用碱厂请求救济，爰订定办法，付诸实施。在分配方面按照后方实际需要，以产量 1/3 供给皂烛工业，1/3 供给造纸工业，又 1/3 供给炼油染整及其他工业。按各厂每月需要量核发准购证，同时设法协助制造烧碱工厂增加产量，以应急需。一年以来，除其分配已悉照前述标准按月比例分配外，价格方面，全年平均增加不及 2 倍。

（5）民生用品

（甲）食油　管制区域限于重庆市，管制品类以菜油为主，麻油、花生油为副，全市食用油由日用必需品管理处依照限价负责配售，计党政军各机关团体共 653 单位，连同眷属人数约 23 万，每月每人应购油 12 两，约需 2500 市担。一般市民之供应，由食油承销店办理，每月按趸售限价批售，食油限定价格恒较产区为低而供应公务人员者，较之市价仍减低甚多。嗣以产区价格，超出渝市限价 1 倍以上，该处为减轻赔贴起见，奉准改订办法。自三十三年七月一日起除军警公教人员及眷属食油，仍由该处按特定官价供应，其亏损由国库补贴外，其余市民食油则划归重庆市油商业同业公会共同组织之购运委员会，按照成本酌加利润，负责运销。

（乙）纸张　纸张之管制，依照经济部日用必需品管理处管理。重庆市手工纸，及管理国产机制白报纸及米色报纸办法，分别办理后方机制厂计有 10 家，年产纸约 7000 吨，不及战前全国产量 1/2。自进口断绝以来，旧厂既难以扩充，新厂更无筹设，故机制纸张供不应求，爰经交由日用必需品管理处分配凭证购运。至于土纸，各省均能制造，川、湘、赣、闽为主要产区。重庆市每月消费纸张约 3 万令。其来源，以川省之梁山、大竹、铜梁、广安、夹江及湖南之衡阳（包括湘、桂、闽、赣产品）等地为主，梁山、大竹约供给渝市用约 70% 以上，由日用管理必需品管理处直接向槽户收购或订购，并以贷款、贷料（漂粉纯碱）交换成品，招雇技工改良品质等办法协助纸张增产。

（五）对敌经济作战

敌人侵华，以“以战养战”为主要策略，因此，吾人亦不得不针对其此种企图，予以重创。我国战时对敌经济战略，约可分为两个时期，自抗战开始以迄太平洋战争为第一阶段，重点在尽力破坏敌人在我国国土内之掠夺企图；太平洋战事以后，为第二阶段，重点则在尽量与敌争取必需物资。兹各项重要经济作战措施综述于后：

1. 禁运资敌物资

敌国资源缺乏，国力脆弱，为加强战力，必须向我国掠夺物资，以弥补其作战之消耗。我政府洞烛其计，爰于二十七年十月公布《禁运资敌物品条例》，令饬各军政当局及海关，认真严属查禁。禁运物品种类甚广，由中央公布者有 80 类，包括矿产、粮食、服用品、医药用品等 170 余项。依性质而言，又可分为两大类，一为可供军需制造之用者，如煤、盐、棉花等；一为虽不能直接供军需制造，然被敌人吸取，即可用以输出，套取外汇者。二十九年为加强禁运工作，复经在设置货运稽查处，并在各重要地区分设稽查网，严密查缉。对因实施禁运以后而感销路停滞生计困难之工商业者，则力谋救济，责由贸易委员会、农本局等机关，分别照价收购。收购物品，经检定后，其可以出口者，即予运输出口，换取外汇；不能出口者，则运至后方存储，以备不时之需。沦陷区域，我政令不能到达之处，则运用宣传力量，劝令人民改变生产种类，或将生产数量尽量减低，务使敌人不能利用我国物资，济其穷困。

2. 管理进口贸易

抗战初期，敌寇将奢侈品、消耗品及中国可有代替品之物资，向沦陷区大量倾销，无法制止，以致入超甚巨，以二十七年而论，输入净值为 886199569 元，输出净值为 762641058 元，入超为 123558511 元，此项入超的情势，如任其继续存在，不特消耗中国外汇，抑且使敌寇经济危机得以缓和。因此政府乃于二十八年七月三日颁行《非常时期禁止进口物品办法》及《进口物品申请购买外汇规则》。禁止进口物品办法，主要内容如次：

（1）依照附表所载海关进口物品 18 组 234 号则所列物品一律禁止进口。

（2）禁止进口物品同时不许报运转口。

（3）禁止进口物品，如因调剂后方市价供给特种用途或有其他正当原因，经政府机关核请者，得由财政部查酌实际需要核发购运特许证，其给证办法另订之。

（4）禁止进口物品，凡用邮包由外洋寄递转口或由本国口岸寄递转口，亦适用本法之规定。

（5）凡未经核准购运禁止进口物品，经海关或货运稽查处查获后，即将货物没收，其没收货物除由海关或货运稽查处自行处理者外，悉由贸委会报部查核处理。

禁止进口货品，或非抗战建设及民生切孔需者，或有部分需要可以本国产品代用者，或多由日本产制，输入时容易冒牌倾销者，例如洋酒、洋酒、海产、丝货、化妆品、装饰品、玩具、乐器、一部分糖果、荤食罐头、果实、蔬菜，以及带有奢侈性之毛货、棉货、纸张、木材、竹木藤器、土石制品，暨可以代用品之液体燃料等类进口物品，申请购买外汇规则主要规定如次：

①凡进口商所经营进口物品不在禁止输入之列而为国内所需要者，得向外汇审核委员会申请购买外汇。

②申请购买外汇时，应先将所购得物品名称、数量、价格、入口及内销地点，填具申请书连同证明文件，送请外汇审核委员会审核或由银行代转。

③凡经核准购买外汇，由指定之中国银行或交通银行，按照法价售结。申请人须缴纳按法价与中交两行挂牌价格差额之平衡费。

④前颁之《中央银行管理外汇办法》及《购买外汇请核规则》即行废止。嗣后依据《禁止进口物品办法》所另订之《非常时期禁止进口物品领用进口特许证办法》，亦于二十八年七月十三日公布施行。

3. 查禁敌产货物

《查禁敌货条例》系于二十七年十月二十七日颁行，并于三十九年九月三日加以修正，以谋根绝内地敌货踪迹，防制敌人夺取法币，换存外汇。其主要内容如次：

（1）所称敌货谓经公告或指定之左〈下〉列各种货物：

①敌国及其殖民地或委任统治地之货物。

②第一款区域外，工厂、商号由敌人投资经营者之货物。

③第一款区域外，工厂、商号为敌攫夺统制或利用之货物。

（2）敌货一律禁止进口及运销，国内所有敌货之检查鉴别及处分事宜，由地方主管官署办理，其设有海关或货运稽查处地方，货物之进口或转运，由海关或货运稽查处办理。

（3）敌货未经登记，给有准单及标志足资证明，皆为违禁物品，经查获后一律没收，并得处徒刑科罚金。

嗣以后方物资缺乏，政府于二十九年八月十三日公布《进出口物品禁运准运项目暨办法清表》，将粮食、棉花、棉纱、棉布、钢铁、五金材料、机器及工具、交通通讯器材及配件，水泥、汽油、柴油、植物油、医药及治疗器材、化学原料、农业除虫剂、食盐、酒精、麻袋等，列为后方必需品，无论来自何国及国内何地，均准进口。

4. 争取沦区物资

三十年十二月起，太平洋战争发生，英、美正式对敌宣战，封存资金，政府不必顾虑敌寇套购外汇。同时中国在西南太平洋方面之国际路线悉被切断，急需争取物资，充实作战力量，因而废止《查禁敌货条例》及《禁运资敌物品条例》，并于三十一年五月十一日颁行《战时管理进出口物品条例》规定：

（1）应受管理之进出口品依附表〈略〉之规定（附注：系奢侈品及非必需品——编者）①，除经财政部特许或主管机关核准者外，禁止进口。

（2）其余物品，不论来自何国何地，准由商人自由运销。

嗣后，为鼓励抢购物资起见，复于三十一年六月二十六日颁行《战时争取物资办法大纲》。其要点如次：

①由行政院指定抢购物资之主管机关，并由经济部随时呈准行政院指定抢购物资之种类。

②各公司行号或人民，得自备资本向沦陷或国外抢购物资。

③抢购人得报请主管机关收购或自由出售。

④抢购人得享受奖金、补偿金、减免税捐及汇兑、运输、保险、保护等便利。

四、战后工矿之概述〈略〉

五、十年来中国经济之总结

总结10年来之中国经济，系在不断进步之中，可于以下几点分析中见之。

（一）工业区位分布之调整

战前工业分布，偏集于沿海沿江一带，内地各省，经济向称落后。以工厂而论，当时分布在川、黔、滇、桂、粤、湘、赣、鄂、陕、豫、甘、闽、浙等省之重要国防民生工业，其合于《工厂登记法》规定之条件，即具备动力或工人30名以上者，仅有279家，其中包括冶炼4家，机械37家，电工器材1家，化学78家，纺织服装102家，面粉6家，其他51家。至于矿业，则只有煤矿745区，约合500余万亩。以言生产能力，电力仅占全国总数之3%，纺织约全国总数之1%，面粉约占全国总数之2%，其低弱可以想见。

在此次抗战期间，政府一面迁徙战区厂矿至后方重建复工，一面择定内地各重要经济中心，积极筹建新厂新矿，全国工业区位，始逐渐向西南西北各地平衡发展，经8年之经营，远及西昌、会理、西宁、玉门等荒僻贫瘠之区，已无不有现代工矿事业之踪迹，对国防经济区域之建立，厥功甚巨。兹将截至三十三年止后方工厂矿场分布情形，表列说明于下：

公营工厂设立登记累计数报表

民国三十四年

地域别	本年累计数	实缴资本（元）
总计	411	1910995020
江苏	—	—
浙江	45	226100000
安徽	19	6883000
江西	46	35310000

① 此处括号为原有。

续表

地域别	本年累计数	实缴资本（元）
湖北	9	2290000
湖南	20	70700000
四川	55	365270000
西康	8	5600000
山西	15	410000
河南	—	—
陕西	40	125090000
甘肃	24	110460000
福建	14	19320000
广东	7	5838000
广西	1	2000000
云南	26	286970000
贵州	28	6935000
绥远	—	—
宁夏	1	110000
重庆	53	772784020

材料来源：经济统计（经济部统计处编印）。

说　明：(一）包括省县经营者在内、

(二）表列累计数已减去停闭数。

核准设权之国营矿区区数

二十七年至三十四年　1. 地域别

地域别	二十七年	二十八年	二十九年	三十年	三十一年	三十二年	三十三年	三十四年
总计	75	27	10	19	34	19	14	8
四川	1	11	5	2	3	3	—	1
贵州	1	2		1	7	1	4	
云南	2	7	3	4	8	6	6	2
广西	—	—	—	—	—	—	1	—
广东	43	—	—	—	1	—	1	—
湖南	6	1	—	1	16	5	—	—
甘肃	—	—	—	5	1	3	2	2
新疆	—	—	—	—	—	1	—	—
西康	—	—	1	4	—	—	—	—
福建	2	—	—	—	—	—	—	—
江西	20	—	—	2	—	—	—	—

续表

地域别	二十七年	二十八年	二十九年	三十年	三十一年	三十二年	三十三年	三十四年
河南	—	6	—	—	—	—	—	—
宁夏	—	—	—	—	—	—	—	—

编制机关：经济部统计部。

材料来源：经济部矿业司。

核准设之民营矿区区数

（二十七年至三十四年）

地域别	二十七年	二十八年	二十九年	三十年	三十一年	三十二年	三十三年	三十四年
总计	382	290	377	384	516	454	457	253
四川	175	161	233	192	271	164	270	201
西康	1	—	—	—	1	—	2	1
贵州	10	12	8	24	27	22	34	14
云南	6	11	34	18	18	25	16	8
广西	40	32	12	65	65	44	41	—
广东	9	16	32	23	23	7	5	1
福建	1	1	—	—	—	—	—	1
湖南	21	27	26	78	78	151	58	1
江西	6	10	3	2	2	3	2	2
浙江	1	4	7	1	1	—	—	—
安徽	1	—	2	1	1	2	—	—
陕西	7	9	17	20	20	15	8	10
甘肃		2	1	6	6	14	11	16
宁夏	9	—	—	—	—	1	2	—
湖北	5	—	—	—	—	—	1	—
河南	4	5	1	1	1	3	4	—
重庆市	—	—	—	—	—	3	3	—
青海	—	—	—	2	0	—	—	—

编制机关：经济部统计处。

材料来源：经济部矿业司。

核准设之民营矿区面积（公亩）[1]

（二十七年至三十四年）

地域别	二十七年	二十八年	二十九年	三十年	三十一年	三十二年	三十三年	三十四年
总计	1306618.70	1251348.53	1501752.92	1574014.48	3118.226.60	4040265.52	3453853.67	1882992.79
	131393 公亩	7090 公亩	6975 公亩	37561 公亩	17997 公亩	54290 公亩	—	—
四川	316914.25	2082858.46	350110.77	503423.00	895615.99	1004733.83	1488928.10	1522286.50
	125757 公亩	4018 公亩	—	—	—	—	—	—
西康	2392.43	—	—	6019.42	47364.04	—	1067.77	—
	—	—	—	18537 公亩	—	—	—	—
贵州	31581.23	50021.07	22031.01	188718.17	272354.91	356241.57	260444.42	88318.83
云南	3079.72	140533.08	66414.72	55738.38	77931.27	205701.62	60432.30	7362.60
广西	235949.18	144618.95	98912.00	196377.51	379008.52	364560.91	401302.44	—
	—	—	—	3635 公亩	1633 公亩	54290 公亩	—	—
广东	309671.46	97071.89	223879.37	206743.34	213533.81	31368.67	9616.33	31435.30
	16616 公亩	3009 公亩	6975 公亩	11425 公亩	12580 公亩	—	—	—
福建	336.81	84603.00	—	—	—	—	—	189.57
湖南	158862.10	291808.13	332025.60	326430.16	921785.98	167490.64	943598.25	17425.00
江西	166322.17	154933.76	22338.40	5585.66	95278.60	—	3505.84	11824.60
浙江	33.77	1167.76	2600.06	—	172.90	—	—	—
安徽	3880.00	—	5716.53	1636.10	1359.29	1949.72	—	—
	—	—	—	3959 公亩	—	—	—	81382.69
陕西	7228.24	128101.27	371220.79	66779.16	173920.24	1742.45	149424.59	127747.44
甘肃	—	11299.24	354.77	37885.46	37885.46	156174.21	51526.00	—
宁夏	8075.75	—	—	—	—	2818.00	2124.42	—
湖北	30138.87	—	—	—	—	—	296.00	—
河南	34346.72	22622.94	4148.70	2012.31	2012.31	51616.56	31439.05	—
重庆市	—	—	—	—	—	12081.00	29599.45	—
青海	—	—	—	—	3814 公亩	—	—	—

编制机关：经济部统计处。

材料来源：经济部矿业司。

（二）经济事业之发展

我国民间企业组织，向多墨守成规，迄民国十八年及二十年国民政府先后公布及施行《公司法》，公司组织始渐见发展。二十六年至三十四年 9 年间，沿海沿江各商业中心相继失陷，复遭敌寇封锁，对外交通阻绝，国内工商企业，倍受打击，新事业之创建，尤感困难。然在此期间，公司设立总数，仍达 2519 家，平均每年增设 280 家，以视战前，似有逊色，但如以当时局处一隅之地区面积言之，则较之战前，实仍有过之，设再由公司业务之类别言之，则其时民间投资集中于生产事业之趋向，尤为前此所罕见。如民国二十五年全年登记公司 301 家，而商业公司即占 148 家，几占总数之一半，工业公司则仅有 82 家，约为总数之 27%，二十六年起工业公

① 此表总计、四川、西康 3 栏原件字迹不清楚，故数字不准确。

司在公司的百分比逐渐增大，二十七年为47家，约占总数46%强，而同一时期，前者仅39家，约占总数27%，二十九年为159家，约占总数65%，而前者仅76家，约占总数31%，三十年度为205家，约占总数51%，而前者仅160家，约占总数41%。三十一年为115家，约占总数46%，而前者仅97家，约占总数37%，三十二年为185家约占总数44%，而前者为142家，约占总数33%。三十三、四两年，因工业生产愈感困难，商业公司始有凌驾而上之势。矿业公司，自三十年以来，亦逐渐发展，达16家，三十一年达18家，而以三十二年之69家，及三十三年之47家，为最高峰。战时新设公司总数达180家，较之战前亦增加1倍以上。

〈下略〉

（三）工矿生产能力之增进

战时工矿事业为后方仓卒〔促〕所创建，承连年兵燹之余，销场与运输日困，器材并资金共缺，生产艰苦情形，虽在有加无已之中，然8年以来，为政府主管部门认真扶助，及朝野各方专家惨淡经营之下，工矿生产能力，及是与日俱增之势，此可由战时后方之工业生产指数中见之。如总生产指数，以二十七年为100，二十八年增至130.57，二十九年续增至185.85，三十年复增至242.96，三十一年再增至302.17，三十二年更增至375.64，三十三、四两年略降，尚如达351.64及316.77。此项数字，尚系以生产用品、消费用品及出口品3项平均计算而言，盖其时敌人被我封锁日亟，对外贸易不绝如缕，外销品产量之锐减，为时势所必然，故如仅就生产、消费两项用品而言，则总指数递增之趋势，尤为显著。迄三十年即已达275.56，较之基期（二十七年）增加1倍以上，自三十二年，更增至520.41，超出基数达4倍之多。

再由产品种类分析，则产量之增进，以生产用品为最速。如电力生产指数，二十八年为135.88，二十九年为205.01，三十年为261.04，三十一年为291.65，三十二年为340.77，三十三年为332.46，三十四年为347.26，大体呈递增之趋势。发电机生产指数二十八年71.18，二十九年骤增至1217.47，嗣是则三十年1809.61，三十一年为1747.16，三十二年为2466.67，三十三年为3583.33，三十四年为3580.33，较之二十七年增加35倍以上。电动机生产指数，二十八年起即达10360.71，较之上年陡增100余倍，其复经二十九年之14820.24，而增达三十年26059.52之最高峰，三十一年以降，以其产量已达饱和程度，始转趋递减，然迄三十四年其指数仍达8528.570。工具机生产指数，二十八年为204.52，二十九年为296.39，三十年为367.47，三十一年为340.66，三十二年后为514.35，三十三年为497.83，尚能保持增加之趋势，迄三十四年始减低为282.61。以上数项产品生产之趋向，颇可反映后方工业建设之进度，及其电气化机械化之程度。

其次，烧碱、漂白粉为后方过去不能自制之产品，迄二十九年则已有出品，其生产指数，三十年各为300.48及348.30，三十一年各为309.81及448.98，三十二年各为441.18及425.00，三十三年各为670.59及550.00，三十四年各为505.88及566.67，有如扶摇而直上，对同一时期内制纸、肥皂等工业之发展，裨助甚大。汽油、酒精为交通工具所必需，关系军事运输尤巨，经主管部门积极促进，生产成绩尤为足称。如汽油，自二十七年开始小量出产，二十八年指数微升为103.56，二十九年即剧增至1667.23，嗣是五年中其指数由4029.46而37679.17，而65496.54，而83153.81，而96192.15，较之基年，已增加960余倍。酒精增产速度虽较见逊色，然其指数亦由二十八年之264.31，递增至三十四年之5366.23，约53倍有奇。凡此均可说明后方工业家对战时急需物品力谋自制自给之成果。

〈下略〉

（四）工业技术之进步

抗战时期，外援阻绝，而工业建设，需要又至迫切，因之国内各方专家，不得不殚精竭虑，以求自力更生，原料器材之仰给输入者，应自行设计制造，或寻求代用品，或利用废物以旧料翻新，期逐达自给自足之境地。生产能力品质之不及外人者，应设法改进制造方法，以达减低成本，提高效率之目的。是以 10 年来，一般科学家、技术家、企业家，虽在生活极度艰苦环境之下，仍多可贵之发明及成就，由工业专利及工业标准化之进度观之，即可窥知一般工业技术进步之情况。

1. 工业专利　工业专利，分为发明、新型、新式样 3 种，截至三十六年底止，由经济部核准给予 3 年至 10 年之专利权者，计共有 626 件。如逐年比较，则颇有递加之势，如二十七年为 15 件，二十八年为 17 件，二十九年为 47 件，三十年为 66 件，三十一年为 93 件，三十二年为 94 件。而专利品之种类亦递年增加，有关重工业者尤见进展，胜利前后 1 年中为数较少，但三十六年仍达 82 件。兹将历年核准专利情形列表如下：

	二十七年	二十八年	二十九年	三十年	三十一年	三十二年	三十三年	三十四年	三十五年	三十六年
机械及工具	2	3	12	13	13	9	6	11	18	14
电气器具	4	2	3	5	18	10	8	7	10	19
化学物品		5	6	20	29	44	45	39	31	7
矿冶				1	9	6	6	5	3	1
交通工具	3		4	6	8	8	5			1
家具	3	4	15	10	7	8	6	5	6	4
印刷及文具	3	3	7	11	7	8	8	9	6	22
其他					3	1	10	3	6	14
总计	15	17	47	66	93	94	79	79	80	82

2. 工业标准　工业标准化为各种工业专家共同努力之事业。经济部中央标准局现有机械、电机、化工、矿冶、农业、土木汽车、医药、纺织 8 种标准起草委员会，参加草拟工作之专家，达千余人，已审定公布之国家标准共 79 号，已编订之标准草案则更达 1500 余号，现将已公布之标准目录列表如下：

我国已公布之标准目录

总号	类号	标准名称	总号	类号	标准名称
1	Z1	等比标准数（国际制）	41	K27–31	滑油检定法
2	Z2	标准直径	42	C12	电气事业供电率标准
3	B1–21	工业制图	43	K32–34	酒精及酒精检定法
4	B22–61	公差标准	44	K35–36	工业用甘油及检定法
5	P1	纸张尺度	45	K37–38	蓖麻油及蓖麻油检定法
6	H1	铜	46	K39–47	汽油检定法
7	H2	铅	47	H5	镍
8	H3	铝	48	K48	分析用硫酸铵
9	H4	锌	49	K49	肥料用硫酸铵
10	K1–K8	煤油检定法	50	K50	分析用碳酸氢铵

续表

总号	类号	标准名称	总号	类号	标准名称
11	K9 –10	桐油及桐油检定法	51	K51	工业用碳酸氢铵
12	K11	油漆用生亚麻子及其检定法	52	K52	工业用氯化铵
13	K13	油漆用碳酸铅白	53	K53	肥料用氯化铵
14	K14	油漆用硫酸铅白	54	K54	工业用硝酸铵
15	K15	油漆用锌钡白	55	K55	肥料用硝酸铵
16	K16	油漆用二氧化钛	56	K56	肥皂分析法
17	K17	分析用盐酸	57	K57	蓝墨水分析法
18	K18	工业用盐酸	58	K58	石棉分析法
19	K19	分析用硝酸	59	K59	石灰分析法
20	K20	工业用硝酸	60	K60	石墨分析法
21	K21	分析用硫酸	61	K60	十特兰水泥
22	K22	工业用硫酸	62	K61	分析用碳酸氢钠
23	K23	分析用氢氧化钠	63	K62	工业用碳酸氢钠
24	K24	工业用氢氧化钠	64	K63	分析用结晶碳酸钠
25	K25	分析用碳酸钠	65	K64	工业用结晶碳酸钠
26	K26	工业用碳酸钠	66	B76–78	颈圈
27	B62	传动轴之直径	67	B79	对边距离
28	B63	传动轴之转数	68	B80	方头及方孔，用于轴、手轮及手柄
29	B64	传动皮带轮	69	B81	工具方头及方孔
30	B65	传动皮带轮速率之图解	70	B82	压花十字压花、倾纹压花
31	C1	电线线规	71	B83	标准圆锥
32	C2	铜之电阻	72	B84–85	公制圆锥
33	C3	输电及配电之标称电压	73	B86–87	工具圆锥
34	D1–D2	汽车配件检验规范	74	B88	工具圆锥柄至较粗处之过渡尺寸规则
35	B67	标准检测度温度	75	B89	锥套分楔用于 C1573 工具圆锥
36	B63–75	工具机检验规范	76	B90–91	公制圆锥量规
37	23–6	时公厘换算表	77	B92–93	莫氏圆锥量规
38	C8–C10	询价与定购电机应开列之条款	78	B94	顶针
39	C11	控制器运动方向标准及断路开关指示灯	79	B75	压花轮及倾纹压花轮
40	C1–66	钢铁符号及形钢			

3. 工业试验　经济部中央工业试验所成立最久，过去颇多可称之成就，胜利以后，该部复采分区设所原则，于北平、兰州、重庆各设工业试验所 1 所，4 所共设有化学分析、酿造、陶瓷、油脂、皮革、塑胶、纺织染、纤维、木材、电工、电子、热工、机械、造纸、制糠、盐碱酸、纯化学药品、动力等 18 种。

综叙抗战数年工业技术进步情形，可择要举例言之如下：

（甲）新资源之开发　如四川之煤、铁、油气、金，云南之煤、磷、铝，贵州之煤、铁、锰、铝、汞、金，西康之铜、锌、铁，陕西、宁夏之煤、铁、金，甘肃、新疆之石油、煤、铁，以及四川、湖南、广西、贵州、云南、陕西、甘肃、青海等省水力及资源。

（乙）新原料之利用　①液体燃料。其一为以桐油炼制汽油及柴油，以菜油炼制滑油；其二为以烟煤低温蒸馏，炼制汽油；其三为以木屑、蔗渣、蔗杆为原料以代替制酒精所需之蔗糠，硫酸□亦可以人尿制造。②耐火材料。虽因镁砖缺乏，然亦能另用代替品加以制造。③酸碱盐。用接触法制硫酸所用钒金接触剂之主要原料钒酸，来源困难，已以锡铬接触法加以替代，利用盐卤胆巴提制氯酸钾硼酸，亦见成效。④木材干馏。木材干馏亦为中国战时之新兴工业，已能制取丙酮醋酸。⑤鞣料。已能以五倍子，青杠树皮，或青杠丸及槲树皮提制，足供实用。利用废牛羊皮制全力片，及无水阿摩尼亚，亦有成效。⑥燃料。用五倍子，没食子酸，柏树皮，松皮，白鼠树皮，合锁树皮，及金刚藤制造青、蓝、棕、灰等色植物染料。

（丙）新器材之制造　工业器材之制造，经各业专家之努力，亦有优良之表现，其方法或为扩增以前已能自制之机器容量，或为仿造以前不能自制之机器，或为设计或使用前所未有之器材，或对能自制之机器提高其精密水准。①动力机，抗战后以小型锅炉之需要激增，因之新型之创作，如旋蓖蒸汽锅炉、竖立之回火锅炉等，为数甚多，冷轮机、水轮机亦有出品。迄三十二、三年间，容量最大者，已制成 1500 及 2000 千瓦之汽轮发电机。②工具机，国内各机器厂对工具机之制造，均已达到相当之精密程度，单位尺寸，亦见增大，如车床过去多为单杆，长度仅及 10 尺，在三十二、三年间所制者已多为双杆，而长度可达 12 尺，龙门刨床亦由 8 尺增至 16 尺，200 厘米插床，1 吨蒸汽锤，及精密齿轮箱式车床，均已能开始制造。③工业机械，炼铁所需要之小型炼铁炉，炼铜所需之鼓风机，纺织所需之大型及小型棉纺机，采矿所需之抽水、通风、提炼各机，炼油所需之炭化甑，水泥所需之切磨机等，均经分别适应需要，自行制造。④工具及其他材料，齿轮罗拉、轴承、绞刀、麻花钻、螺丝、扳手、各种电杆丝，国内均经自制。

（丁）新出品之研究　抗战以后，各工厂颇有就其业务有关方面不断研究，以产生新的设计或制品，对此资源委员会致力为尤多。其重要者，如①短波无线电定向器，②炭质电阻，噪音检验器，③真空管电压表，拍频振动器，④电解质电容器，⑤电压稳定器，⑥工具钢，高速锋铜等，为数甚多。

（戊）原有产品之改进　其最著者为钨、锡、锑、汞等出口矿产。①钨砂经利用反射炉烘炒去砂试验，结果含砒量已减至 0.2% 以下，适合国际限度；②低成分之锑，用纯碱法精炼，所制精品，已可与英国柯克生、美国拉瑞多尔公司产品相伯仲；③汞之提炼，经用酸液改进精洗方法，出品精度已达 99.8% 之国际标准；④锡，经根据低熔原理加以试验，已能炼成 99.75% 以上之世界标准纯锡，所含铜铝等货质，能抵至 1‰以下。

12. 抗战时期在重庆成立的社会部[①]（1945 年）

我国固有社会组织从农村为基础，以家族制度为中心，政府为健全社会组织，配合国家总

① 本文选自国民政府主计处统计局编《中华民国统计提要》1945 年辑“第七类”。

动员需要，于民国二十九年十一月设置社会部，隶属行政院，主管其事。社会部成立后，为整顿人民团体之组训，于国民三十一年三月定颁《全国人民团体总登记办法》，规定在是年2月底以前成立之团体，均应限期履行登记。然后视其合法与否，分别予以合理登记，或予以解散，或予以整理，或予以改组。截至三十三年六月底止，经登记核准备案之人民团体，并自三十二年起实施人民团体干部人员训练，加强工商团体管制，务期能配合战时动员之需要。

社会福利事业种类繁多，择要可分为社会保险、社会救济、社会服务、职业介绍、农工福利、儿童福利等类。我国历史上所举办者仅限于消极性之社会救济方面，其余积极性之各种福利事业，现尚在发轫时期。际兹抗战建国时代，政府正以全副力量向工业化前途迈进，故对于劳工福利一端尤为重视。如查编工人生活费指数、产业职业工人工资指数等，均为保障工人生活、拟订法定工资、解决工资纠纷之依据。其详参看表68至表71各表所列数字。此外并为安定战时公务人员生活，以为按期调整公务员生活费之根据，由国民政府主计处按月查编公务员生活费指数，以供政府应用（见表74）。①

合作事业之推进，亦为健全社会组织、发展社会经济及增进社会福利最有效之措施。我国合作事业之发轫，系在民国七、八年间，国府奠都南京后，始有政府确立合作政策，提倡合作运动，抗战军兴，继续推进，历年合作社数，社员数及股金数，均系逐年激增。二十九年八月为使合作事业配合新县制之推进，订颁《县各级合作社组织大纲》，自此全国合作组织，亦趋普遍化。合作业务之分配，在三十一年以前信用业务所占比例达80%左右，自三十二年起各类业务渐趋平衡发展，产销业务比例猛增，尤以农业生产为最。合作贷款方面，亦以农业生产所占比例为最大（见表75及76）。可见近年起合作业务已能与一般经济政策及设施发生密切配合。

各重要城市工人生活费指数

表67　民三十一年十一月=100　　　　公式：加权综合法

时期别	重庆		成都	自贡	内江	乐山	万县
	产业	职业					
民三十二年一月	106.0	108.1	108.2	98.5	106.8	106.6	114.9
二月	121.0	127.3	128.4	115.3	120.9	121.4	127.4
三月	115.6	120.9	142.9	124.6	129.1	135.6	150.8
四月	122.7	129.5	172.7	148.7	153.4	158.6	173.5
五月	161.5	173.7	220.2	207.3	192.1	229.9	226.5
六月	185.1	198.3	255.0	230.4	218.3	271.7	255.8
七月	216.1	288.5	378.4	245.1	206.5	307.6	291.0
八月	248.0	263.8	361.2	268.9	306.8	305.2	346.2
九月	244.9	260.1	349.1	295.2	301.8	333.3	341.1
十月	254.9	269.8	341.0	302.6	291.8	340.3	323.6
十一月	283.9	303.4	371.2	301.1	315.5	345.5	344.8
十二月	311.2	333.5	406.2	347.7	343.5	369.1	407.0
民三十三年一月	340.4	367.0	553.6	472.8	440.0	486.0	465.6

① 即表74，编者略。

续表

时期别	重庆		成都	自贡	内江	乐山	万县
	产业	职业					
二月	391.5	422.8	645.2	560.9	525.2	682.1	634.2
三月	550.6	710.9	601.2	638.0	627.3	777.6	702.5
四月	634.7	701.0	776.5	772.2	761.0	837.9	823.2
五月	763.2	856.8	948.8	943.1	885.5	1218.9	1043.5
六月	810.1	906.0	1138.8	1025.4	959.6	1187.0	1158.2

续上表

时期别	西安	兰州	桂林	衡阳	曲江	吉安	南平	贵阳
民三十二年一月	145.9	99.2	124.1	129.0	—	102.4	—	110.5
二月	231.9	101.2	145.0	126.2	—	108.2	—	102.4
三月	273.3	117.9	169.1	135.3	—	119.3	—	121.3
四月	210.9	122.5	211.8	150.1	185.1	134.8	—	144.0
五月	239.2	142.3	229.8	182.3	213.4	157.3	—	161.4
六月	289.4	171.6	268.6	214.1	234.4	187.8	—	188.7
七月	393.7	226.7	334.3	242.9	264.5	221.2	—	232.2
八月	379.5	273.8	345.6	264.1	326.4	219.7	—	238.2
九月	358.9	298.8	346.4	275.3	346.7	325.9	—	261.4
十月	316.3	296.5	361.8	297.6	366.5	352.1	—	302.3
十一月	312.0	295.4	374.6	344.3	380.8	363.7	340.4	—
十二月	351.3	291.7	398.9	362.3	421.9	429.7	301.6	—
民三十三年一月	416.7	311.4	437.6	369.0	436.7	422.3	307.1	—
二月	486.2	349.9	497.9	421.6	565.3	504.0	358.7	—
三月	502.8	406.8	655.5	514.2	593.4	603.5	511.4	—
四月	509.9	426.6	723.8	546.1	660.1	671.5	620.6	—
五月	528.4	456.5	763.2	—	726.5	746.0	700.0	—
六月	521.9	471.6	875.9	—	—	922.8	883.9	—

材料来源：社会部统计处根据各县市调查报告编制。

重庆市产业工人工资指数

表 68　民二十六年年一月至六月 =100　　公式：加权综合法

时期别	工资率	工资实际收入	真实工资
民国二十六年	103.7	102.9	101.5
二十七年	141.9	179.8	154.6
二十八年	233.7	225.9	117.8
二十九年	346.9	437.0	79.5
三十年	595.1	1017.6	55.3

续表

时期别	工资率	工资实际收入	真实工资
三十一年	1054.9	2082.4	50.4
三十二年	1972.0	4823.0	41.9
三十三年 一月	2665.0	8226.0	41.5
二月	2930.0	11070.0	48.6
三月	2890.0	12622.0	39.4
四月	3506.0	14536.0	39.3
五月	3681.0	16203.0	36.9
六月	3753.0	17227.0	36.5

材料来源：社会部统计处根据各工厂之工资记录及产业工人工资调查表制。

说 明：产业工人工资之调查，采用标准选样方法，就重庆市工厂分布情形及使用动力，并有工人20人以上之机器、印刷、面粉、纺织4业工厂，选出27家直接调查。

重庆市职业工人工资指数

表69 民二十六年年一月至六月=100 公式：加权综合法

时期别	工资率	工资实际收入	真实工资
民国二十六年	104.7	103.5	101.1
二十七年	154.4	167.4	145.0
二十八年	360.0	315.0	183.0
二十九年	896.7	718.2	143.9
三十年	1962.6	1650.8	92.1
三十一年	3853.7	2076.8	82.1
三十二年	10229.0	7775.0	74.2
三十三年 一月	23437	13196	72.0
二月	27600	15890	75.2
三月	34161	21548	70.4
四月	34070	24699	70.6
五月	35965	27230	64.4
六月	34835	28719	63.5

材料来源：社会部统计处根据各业之职业工人工资调查表编制。

说 明：职业工人工资之调查，系随机选样直接调查法，调查人力车、肩舆、渡船、驳船、码头、梗车、挑水、木作、石作、泥水等10业工人，每业以30人为原则，分于每月七、八、九3日及二十二、二十三、二十四3日各调查一次，用以代表上下两半月算术平均数，实际收入则为上下两半月工资之总和。

真实工资指数　各重要城市产业工人工资指数

表 70　民国三十一年十一月 =100　　公式：加权综合法

时期别	重庆	自贡	内江	乐山	万县	成都	昆明
民三十二年一月	99.6	103.9	97.3	93.0	89.0	—	101.8
二月	92.9	85.9	95.8	82.4	100.3	—	102.6
三月	104.3	83.3	89.1	73.7	86.2	—	98.0
四月	103.1	87.1	88.7	72.5	81.2	—	90.5
五月	84.6	80.5	89.5	52.1	80.3	—	82.4
六月	87.5	84.0	102.4	45.6	84.3	—	97.9
七月	81.5	86.3	70.6	54.2	78.7	—	79.0
八月	81.6	78.9	66.1	52.4	72.5	—	91.9
九月	89.3	75.9	70.3	51.5	71.5	—	118.3
十月	99.9	75.0	75.0	59.8	78.4	—	116.4
十一月	94.4	82.9	71.5	60.5	89.5	—	103.1
十二月	91.2	71.7	69.6	59.4	78.1	—	106.1
民三十三年一月	89.6	62.2	74.9	58.7	76.8	62.2	85.4
二月	104.0	85.4	84.9	47.4	100.2	57.5	76.4
三月	84.0	81.2	90.1	44.6	83.3	69.9	80.0
四月	85.7	87.9	83.1	43.1	104.1	74.9	77.0
五月	77.7	98.7	86.7	51.4	84.1	64.3	69.4
六月	77.0	85.8	86.2	61.3	83.0	54.1	78.3

时期别	桂林	衡阳	吉安	曲江	贵阳	西安	兰州
民三十二年一月	91.6	92.6	97.9	—	93.7	—	114.3
二月	85.8	90.7	98.8	—	93.0	—	121.9
三月	77.0	94.9	86.5	—	88.0	—	124.5
四月	62.7	88.2	110.5	—	78.1	—	118.3
五月	69.0	84.4	97.1	—	77.3	47.0	100.9
六月	69.0	72.7	88.9	67.2	72.7	47.3	116.2
七月	65.7	71.5	78.9	69.6	69.3	39.4	101.2
八月	70.0	68.0	87.0	56.7	89.4	44.5	106.5
九月	74.8	69.6	82.0	57.2	83.6	50.0	94.2
十月	69.3	67.0	79.1	61.1	75.4	57.2	98.6
十一月	67.9	68.8	89.1	65.4	74.3	58.1	105.6
十二月	68.5	82.9	88.5	63.3	72.1	53.0	104
民三十三年一月	61.1	81.1	79.5	63.3	—	49.2	100.9
二月	51.9	75.7	72.5	72.1	—	47.4	106.7
三月	47.0	71.4	71.2	73.8	—	48.7	103.5

续表

时期别	桂林	衡阳	吉安	曲江	贵阳	西安	兰州
四月	46.4	68.8	72.4	93.5	—	53.4	94.0
五月	38.8	—	71.0	86.6	—	55.5	106.0
六月	—	—	64.8	—	—	55.9	120.3

材料来源：社会部统计处根据直接调查之资料编制。

说　明：重庆市指数系根据机器、印刷、面粉、纺织、烟草、牙刷、火柴、动力油料、玻璃、公用事业等14类44工厂工资计算。

真实工资指数　各重要城市职业工人工资指数

表71　民国三十一年十一月=100　　　公式：加权综合法

时期别	重庆	自贡	内江	乐山	万县	成都	昆明
民三十二年一月	95.8	112.7	91.6	96.3	90.9	—	95.3
二月	83.3	34.6	80.2	101.0	88.1	—	114.8
三月	96.0	88.2	91.2	91.8	90.4	—	101.8
四月	96.6	76.2	78.6	88.2	83.2	—	107.8
五月	77.2	67.3	70.1	62.9	81.2	—	98.5
六月	88.0	70.0	70.6	67.6	82.8	—	104.0
七月	84.1	65.7	64.2	65.9	90.1	—	101.7
八月	77.4	63.8	72.7	72.1	78.0	—	93.7
九月	89.2	64.2	81.7	87.6	77.8	—	97.8
十月	94.1	73.6	85.6	92.9	86.2	—	94.8
十一月	91.4	78.0	83.2	94.4	79.3	—	98.0
十二月	97.0	66.8	81.0	89.9	71.2	—	87.2
民三十三年一月	87.4	62.5	71.2	73.8	59.1	101.1	89.7
二月	90.9	65.1	69.1	65.8	71.1	90.5	83.2
三月	82.5	57.2	56.7	59.0	58.1	97.9	80.4
四月	83.3	64.7	47.6	59.8	63.3	97.1	74.9
五月	76.6	65.9	48.6	66.6	55.9	90.9	76.7
六月	75.8	53.7	49.5	68.4	55.8	79.6	82.7

续上表

时期别	桂林	昆明	兰州	衡阳	曲江	西安	贵阳
民三十二年一月	94.3	103.9	114.1	103.5	—	84.0	93.6
二月	95.2	95.5	116.0	109.3	—	58.0	110.3
三月	85.6	104.0	104.6	108.2	—	64.7	138.9
四月	71.1	102.7	109.9	102.6	—	64.6	119.5
五月	84.0	71.3	104.6	90.0	—	67.1	83.7
时期别	桂林	昆明	兰州	衡阳	曲江	西安	贵阳

续表

时期别	桂林	昆明	兰州	衡阳	曲江	西安	贵阳
七月	95.7	74.9	90.3	105.9	49.1	57.9	89.6
八月	89.9	74.1	88.0	111.7	42.2	69.9	88.2
九月	87.0	98.9	119.5	134.9	52.6	79.2	110.0
十月	87.8	84.1	158.0	151.1	51.4	100.4	113.0
十一月	97.7	89.2	167.1	147.7	50.8	107.6	102.4
十二月	90.8	80.2	174.2	156.1	45.7	102.5	96.3
民三十三年一月	131.9	75.3	153.0	141.5	55.6	96.2	99.7
二月	123.5	71.6	113.5	146.4	44.7	105.5	70.5
三月	121.6	79.7	136.0	123.7	48.9	110.7	68.2
四月	124.0	85.8	140.9	131.8	47.7	114.1	58.1
五月	143.0	88.7	144.5	132.0	48.2	117.0	76.1
六月	—	88.7	146.5	—	—	126.1	62.7

材料来源：社会部统计处根据直接调查之资料编制。

说　明：重庆市指数系根据人力车、肩舆、渡船、驳船、码头、板车、挑水、木作、石作、泥水、油漆、理发、成衣、澡堂、佣工等15业工资计算。

表72　全国合作社

时期别（1）	社数	社员数（千人）	股金数（千元）	业务分配百分比								
				信用	供给	农业生产	工业生产	运销	消费	公用	保险	其他
民国二十六年底	46983	2140	5309	73.6	0.4	5.7	—	2.5	0.4	0.1	—	17.3
民国二十七年底	64565	3113	7994	85.9	0.4	11	—	2.3	0.4	—	—	—
二十八年底	91426	4367	12612	88.3	0.4	8.5	—	1.8	0.5	0.4	0.1	—
二十九年底	133542	7237	25523	87	0.4	8.7	—	2	1.4	0.3	0.1	0.1
三十年底	155647	9374	48302	84.9	0.6	10.6	—	1.8	1.7	0.3	0.1	—
三十一年底	160393	10142	93292	82.4	0.6	7	5.5	1.8	2.3	0.3	0.1	—
三十二年底	166826	13803	326485	48.1	8.1	14.2	4.6	10.3	10.1	2.6	2	—
三十三年六月底	173328	15192	501517	44.2	8.3	15.5	5.4	10.4	11.8	2.7	1.7	—

材料来源：社会部合作事业局统计室根据各省市造送之合作事业进度月报表编制。

说　明：（1）民国二十九年起，以后方18省之资料为限。（2）社员系指个人社员数，不包括合作社社员数在内。（3）业务分配百分比在民国三十一年以前，以一般合作社为分析对象，根据各社专管或主管之业务社数计算，民国三十二年起全部单位为分析对象，根据各社专营或兼营之各类业务单位数计算。

表73　各省市合作贷款　　民三十三年六月底　国币千元

省市别	贷款性质及金额									
	结欠总数	信用	供给	农业生产	工业生产	运销	消费	合用	一般	其他
总计	876227	271950	12180	471704	22074	29066	13822	263	40946	13062
浙江	17663	2610	364	10752	1546	1082	878	9	25	397
安徽	10083	—	190	9423	—	319	121	—	—	—

续表

省市别	贷款性质及金额									
	结欠总数	信用	供给	农业生产	工业生产	运销	消费	合用	一般	其他
江西	20295	613	2038	818	2091	5307	7862	2	27	1537
湖北	24584	7379	597	13876	—	802	273	—	—	1747
湖南	108170	44301	110	58196	2429	96	2975	—	—	—
四川	179095	69553	89	64746	—	2282	—	57	39568	—
西康	13370	13267	—	—	—	—	—	—	—	—
河南	27521	1319	—	25476	36	—	42	—	—	—
陕西	219582	—	1138	205214	648	13042	188	—	—	—
甘肃	52722	21799	—	23505	—	1356	15	—	—	—
广东	6181	—	—	3485	—	315	—	—	—	2381
广西	74052	46270	18	19568	400	4287	223	—	—	3259
云南	81641	36854	8039	26631	5847	—	—	—	—	4270
贵州	30961	26632	47	3419	546	148	40	127	—	2
绥远	2920	—	—	2920	—	—	—	—	—	—
宁夏	1719	—	—	1719	—	—	—	—	—	—
重庆	6274	1430	—	—	2113	—	1205	—	1526	—
福建	2421	150	—	1956	315	—	—	—	—	—

材料来源：社会部合作事业管理局统计室根据各省市造送各省市贷款机关贷放合作项目报表材料编制。

13. 抗战时期的教育[①]（1943年）

一、引　言

教育为立国之本，本党政治设施，向以发展教育为急务，国民政府成立后，尤注重于三民主义教育之实施。十八年四月，公布中华民国教育宗旨及其实施方针后，全国各级教育在三民主义指导原则下，循正常之轨道，年有进展。抗战军兴，中央于二十七年四月，制颁《抗战建国纲领》及《战时各级教育实施方案》，不仅适应战时特殊之需要，兼为国家百年树人之正轨。历年各届中央全会暨国民参政会历次大会，以及二十八年三月教育部在陪都召集之第3次全国教育会议，对于教育设施，亦多指示与建议。而总裁“平时要当战时看，战时要当平时看”及

① 本文选录于国民党中宣部1943年编印的《抗战六年来之教育》，该文系统地反映了抗战时期国民党政府的教育方针、教育设施及教育工作推进情况，但未述及教育行政机构，故略作如下介绍：

抗战时期国民政府管理全国学术及教育行政事务的最高机关，是隶属于行政院下的教育部。该部迁渝期间驻青木关，重庆城内设办事处。部内置部长、政务次长、常务次长各1人，设总务、高等教育、中等教育、国民教育、社会教育、蒙藏教育等6司，又置秘书、参事、视导3室及会计处、统计室。

其他有关教育之重要训示，尤为全国一致遵循之途径。6年以来全国教育文化事业，悉依上述准则推行，得以积极迈进。

兹检讨抗战以来之教育设施，综其要旨，不外适应战时需要与改进教育基础两方面。关于适应战时需要之主要工作，则有：抗战工作之协助实科教育之发展，战区教育之推行，以及各级员生之救济等。依照5年计划，尽力推进以期普及；在中等教育方面，则规定各省分区设校及各类学校数量比例，使质量兼顾，以求有计划之发展；在高等教育方面，则力求联〔院〕系之调整，内容之充实，及管理之加强；社会教育则视财力之许可，集中于若干事项之提倡与示范，以适应环境之需要而求普遍与深入；边疆教育则注重师资之培养，实用职教之倡行，与基层教育之推广，使边胞确能受其实惠，以求教学之适应与实在；侨民教育除救济工作外，并作战后师资教材之准备；战区教育则加强推进，使敌后人民不致奴化，敌后青年相率来归，同时对于教育之内容，亦注意改进。如：行政组织之改善，课程教材之整理与编订，经费之增筹，设备之补充，训道之推进，体育军训之加强，劳动生产之推行，以及各级教育师资之培养与奖励，学生程度之注重与奖励，均经积极施行。至若学术审议机关之设立，及著作发明与美术作品之奖励，旨在提倡学术研究。又如国防科学之促进，与建教联系之加强，尤在裨益抗战，发挥教育之效能。

6年以来，各级教育在数量上均各有相当之进展，其详分见以下各节。足见我国教育不但不因战事而萎缩，反以暴敌之压境，而益显其共同努力之成果。

至历年政府当局，对于教育事业之维持，与经费之增筹，在国库艰险情况之下，亦属费尽心力。试列举抗战前后历年国库列支教育文化经费预算数字，以见一班〔斑〕,(所列为各年度原预算数，包括经临部分、补助部分及追加数)。

年度	教育文化费预算	备注
二五	55406050元	
二六	48157512元	此系紧缩预算数
二七	27617119元	此系半年度预算数
二八	69368893元	
二九	105999524元	
三〇	230705748元	
三一	479635163元	
三二	665172538元	年度尚未终了追加数未与合计

就教育方面一般现象而言，则近年学生已多能刻苦耐劳，对于实际生活之体验，服务能力之增进，非常局面之应付能力，较战前多显有进步。教职员中亦多坚贞笃实之士，乐育为怀，卓然自守。各地方士绅及一般民众，捐资兴学合力建校之事实，更时有所闻。训导工作加强实施后，虽尚未能骤获预期之效果，但亦有若干学校，颇获相当成绩。公私立各级学校，因战争播迁，归并调整，转较平时为易，而往昔教育未臻发达之后方各省区，今日则学府林立，文化流转，亦为难得之机会。

十中全会检讨教育工作报告有云："自举办近代教育以来，迭经多难，虽缺陷在所难免，但革命教育之精神，已逐渐灌输于全民，各级学校及施教机构之数量，亦已相当扩充。当5年有余之英勇抗战数年来造就之数十百万人才及其贡献，与夫一般国民近代教育所培养而成之国家民族意识，其成效亦可略观。且抗战以来，物质环境，至形艰苦，政府及从事教育人员，仍能排除困难，辛勤奋斗，以维国家民族之命脉于不坠，深堪嘉慰。”云云。

目前我国教育上，实尚多急待解决之问题，同时尚另有若干方面，未达到理想之标准，仍有待于加紧努力，总裁曾训勉吾人，应为抗战建国无可比量之功绩。而《中国之命运》一书，其中关于教育方面提示綦详，所列10年建设所需人才240余万人，是项干部，即有待于教育之培成。今后教育之发展，正方兴未艾，而教育人员之责任，亦愈为重大矣。

二、高等教育

我国大学教育，以研究高深学术，培养“治学、治事、治人、创业”之通才与专才为目的；专科教育，则以培养各业专门技术人才为目的。高深学术与专门技术，实为现代国家精神命脉之所寄。当兹抗战建国并进之际，高等教育之改进，尤关重要。特将6年来高等教育方面之重要设施略述如下：

一、高等教育新制之推行　为养成中等学校健全师资起见，教育部特于二十七年起，建立师范学院制度，师范学院修业年限为5年，规定以单独设立为原则，或于大学中设置之，得分男女两部，并得设立女子师范学院，由教育部审核全国各地情形分区设立之。现已设立之师范学院计10所，在学学生4714人，第一届学生300余人应于今暑毕业。均已依照规定分发附近学校，充任实习教师。全国中等学校师资得有统一训练之所，中等教育素质，可望逐渐提高。我国专教学校修业年限，原定自2年至5年，自二十八年度起，先后创行5年制6年制专科，招收初中毕业生，予以较长时期之专业训练，技术期更娴熟，办法比较经济。专科以上学校招生，向由各校分别办理，学校、学生，两不经济。教育部因于二十七年起，举办国立各院校统一招生，连续办理3年，继因交通困难种种关系，特改为分区招考。本年又订颁高中毕业生夏令营与专科以上学校招生联合举行办法，指导赣、黔、甘3省先行试办。又自二十七年起，鉴于各中等学校毕业生因受战事影响而程度低落不能升入大学，特成立大学先修班，给予此项学生以大学教育之预备训练。嗣后就各大学附设大学先修班，以收容升学未能录取及新由战区退出之高中毕业生，此项先修班本学期已增办至53班。

二、专科以上学校之调整　战前大多数专科以上学校，每集中设立于沿海三数大都市，致成畸形发展。抗战以后，因战区院校内迁之便，指定应迁入之省区，西南西北各省昔日高等教育未发达地区，现均已分设专科以上学校若干所。专科以上学校院系设置，过去亦缺乏统一标准，在同一地点，各校院系甚多重复，其中亦有设备简陋，或缺乏中心目标，及不适于社会需要者。自二十七年起，教育部审度事实，将各校重复院系予以归并，其内容简陋者，则予以裁撤。并规定新增科系，于需要与师资设备之条件外，并须兼顾均衡发展。历年继续经意督导实行，科系设置得以渐趋合理化。此外则由国库筹拨巨款，按年增设实科班级。二十八年春令中央大学等校，特设机械、采矿、电讯、化验、汽车、畜牧、兽医、农业、经济、卫生、工程、蚕桑、会计、统计等专修班，修业年限均为2年，仍继续办理中。二十九年秋，奉总裁手令，限期训练机械电机机师及工程师，因又令各校增设电机机械及机电系班级共25班。历年继续增办中，今共增至75班。

三、专科以上学校实质之改进　专科以上学校课程之整理，发动甚早。二十七年起，教育部特就历年搜集资料，加以分析统计，订颁《大学各学院分院共同必修科目表》通令施行。二十八年复颁行《各学院分系必修选修科目表》，同时并制定实施部颁科目要点。二十九年起征集各校院所编教材以备编辑各科目教材纲要，同时并征集各专科学校现行科目表以为编订专科学校统一科目表之准备。现《大学各科目教材纲要》草案，已令发各校院签注，计有文理、师范、法、商、农、工等7学院必修科目42种，其余各科目正陆续整理编拟中。专科学校科目表则有农艺等外7科3类合共20余种，已整理竣事，其余尚在整理中。关于大学用书之编辑，二十九年，教育部成立大学用书编辑委员会，拟订编辑计划。其办法分公开征求、特约撰述及采用成书，并聘定各科专家为编辑委员。一面由国立编译馆进行调查已通行之大学教本，编成初选书目。二十九年十月公开征求大学用书书稿，截至最近止，特约编著者计有58种，公开征稿者计有88种，采用成书者计有17种，正由国立编译馆分别审查校订。二十九年教育部制定《大学及独立学院教员资格审查规程》，明定专科以上学校教员，分为教授、副教授、讲师、助教4等，由部审查其资格核定之。自二十九年至今，全国各院校送审教员达4000以上，审查合格者2503人。对于大学教员一面施行资格审查，同时对于服务年久成绩特著者，则予以特别尊崇与保障，除给予奖状外，又签奉委员长核拨专款200万元，作颁给奖金之用，现时核发总数，业已超支。此外更有部聘教授之设置，自三十一年开始，暂定名额30人，其人选除由部直接提出外，并由国立院校或经部备案之具有全国性之学术团体提出合格人员，呈部提交学术审议委员会决议，由部聘任，派往各大学任教。本年度拟增加15人，人选正在荐举中，预定可于本年教师节发表人选。国立各院校教授休假进修，已办理3届，共50人，现仍继续办理中。为提高学术程定〔度〕起见，教育部于二十九年公布施行毕业总考令，规定大学学生毕业时，加考二三年级专门主要学科3种，历年顺利施行。又为培养青年研究兴趣起见，曾于二十八年举办专科以上学校学术抗战论文比赛。为奖励学生学业起见，自二十九年起举行全国专科以上学校学生学业竞试，俱择优予以奖励。为调整各校行政组织计，于二十八年订颁大学及独立学院专科学校行政组织补充要点12项，规定设教务、训导、总务3处。大学设教务长、训导长、总务长，独立学院及专科学校设教务主任、训导主任、总务主任。处下分设各组，亦有明白规定。自三十一年起，此项学校行政主管人员，均由校长遴荐呈部圈定充任。

四、6年来专科以上学校数量之扩展　二十五学年度，即抗战开始之前1年，我国共有专科以上学校108校。其中大学42，公立者22、私立者20；独立学院36，公立者14、私立者22；专科学校30，公立者19、私立者11，学生总数41922人。三十一年度，全国专科以上学校，共计132校，较战前增加24校。其中大学41，公立23、私立者18；独立学院44，公立者25、私立者19；专科学校47，公立者33、私立者14，学生总数63605人，较战前增加21683人。兹将6年来各科学生人数，表列于次，以见我国高等教育，不仅不以战事而萎缩，反较战前为进展；并以见调整之结果，文实两科已能渐趋于平衡发展。

学度年别		文类					实类					师范	其他
	共计	小计	文	法	商	教育	小计	理	工	医	农		
三十一	63608	29931	6991	12933	7507	2500	29160	5963	13238	5115	5114	4714	—
三十	59457	28096	6156	12041	7275	2624	23066	6202	12584	4607	4673	3295	—
二十九	52376	24897	5920	11172	5199	2606	29262	6090	11226	4271	3675	2217	—
二十八	44422	19809	5137	8777	3690	2205	22645	5825	9501	4417	2899	1691	377
二十七	36180	16716	4852	7024	2809	2031	18003	4802	7321	3623	2251	996	465
二十六	31188	15562	4140	7129	1846	2451	15414	4458	5768	3386	1802	—	212
二十五	41922	23152	8364	8253	3243	3292	18495	5485	5989	3395	2590	—	311

五、抗战工作之协助　自二十八年起，教育部先后会同有关部会，商定理、工、农、医各院校与各种有关工厂及技术机关合作实习，各项办法，尚著成效。又屡次接收军事机关下达有关各类问题，均经发文研究，亦获相当成果。此外关于奖励学生从军办法，以及励行战时服务

办法，早经订颁遵行。关于战时服务之征调，对于医药院校毕业生，实施已及4年，他如参加修建紧急工程，招待盟邦志愿空军及协助办理空军招生与随军翻译等事，各校员生皆能踊跃应征。抗战以来，教育部征专科以上学校员生参加抗战工作者，计达5000余人。至参加前方服务，或在沦陷区与敌伪搏斗而牺牲生命者，其中更不乏大学员生，至假期从事社会服务，如战时宣传及助耕、助收等事，实施亦尚著成效。

六、学术研究之推进　大学研究院所，战事发生后，曾暂告停顿。教育部于二十八年秋，令各校恢复进行，并令酌事扩充。现已成立之研究所，计有文科10所，理科9所，法科5所，商科1所，师范3所，农科5所，工科6所，医科6所，共计45所。较二十五年度，实增23所。现有研究生共300余人。学术团体经政府认可者，计有200余团体。其中研究成绩较著，在国际上负有相当声誉者，有中国科学社、中国工程师学会、中国天文学会、中国地质学会、中国气象学会、中国物理学会、中华农学会、中华医学会等，其研究成果，或印成专册，或披露于国内外报章杂志。至由政府设立之研究机关，则有国立中央研究院，设有物理、化学、工程、地质、天文、气象、心理、历史语言、社会科学、动植物等10所研究所，共有研究人员240余人；国立北平研究院，设有物理、镭学、化学、药学、生理、动物、植物、地质、史学等9研究所，共有研究人员130余人。各种研究成绩，均有专门报告。教育部又设有国立编译馆，规模亦渐次扩大，历年审查之教科书，计有1万余册，编订之学术名词凡80种，编译之图书200余种，现正致力于大学用书之编辑。

教育部为审议学术文化事业及促进高等教育设施起见，于二十九年春设立学术审议委员会，其任务：（1）建议学术研究之促进与奖励事项；（2）审核大学研究院所研究生之硕士学位，授予暨博士学位之候选人之资格事项；（3）审议专科以上学校之重要改进事项；（4）专科以上学校教员资格之审查事项。教育部为奖励国内学术界致力专门著作、科学技术发明及美术作品起见，经订颁奖励规则，公告征求，截止三十年十一月底止，收到申请奖励之件，凡196起，除不合规定者43起未予审查外，经分送专家审查，提交学术审议委员会，决选优良作品29件，分别予以奖励。计一等奖2名，各10000元；二等奖10名，各5000元；三等奖17名，各2500元。三十一年度经根据第一届办理经验，将原规则加以修正，计申请者共148起，经接收审查111起，另逾限送到移至下届办理者9起，决选结果，得奖者48人，计一等奖4人，各15000元；二等奖16人，各8000元；三等奖25人，各4000元，另奖助金者13人，计3000元者4人，2000元者9人。第三届应自本年七月一日起开始接受申请。

七、留学教育及国际文化合作之促进　国外留学，抗战以后限制颇严，无论公自费生，均以学习军工理医切合国防急切需要者为限。除特准派遣之公费生与得有外汇奖学金或补助者外，出国留学者甚少。惟中英庚款留英考试及清华留美考试仍赓续举行。另有林主席七秩寿辰奖学金留学考试，已由部办理两届，各考选留美学生1名。本年教育部又奉令计划扩充留学教育，已拟具办法呈核。本年春英国文化协会允赠中国学术奖学金10名，英国工业协会允赠免费实习名额31名，印度政府允赠奖学金10名，均考选完毕，分批出国。而美国教授蒋易顿，英国教授尼得汉、陶得斯，既先后来华讲学。我国大学教授张其驹等6人，复应美人之邀，赴美讲学。又美政府允赠我国大学用书100种，供我翻印，现已调查各大学最迫切需要之教科数目，寄往征集。国际文化合作，已日趋密切。

三、中等教育

抗战以来，中等教育制度，大体上无甚变更。惟为适应战时之情况，配合国防经济建设之需求，中等教育亦多积极推进之处。兹将6年来中等教育方面之重要设施，分述如次：

一、中等学校分区设置政策之推行　为使各类中等学校之设置有均衡之发展，并使与地方需要密切配合起见，教育部因自二十七年起，先后订颁划分各类中等学校区办法，令各省依照省区各地交通、人口、经济及文化发达情形，划定3类中等学校区，并订定整个实施计划，呈经核定后切实调整推进。三十一年度复订定中等学校设校增班注意事项，规定高中、师范、高职3类学校设班比例，及与初中设班配合标准，通饬施行，俾能确立计划教育之基础，使人才训练得以配合实际之需要。

二、中等学校课程内容之改进　为适应抗战建国之需要，各类中等学校课程内容，均经加以整理与将改革。高初级中学教学科目及时数表于二十九年二月修正公布，各科课程标准于三十年度全部修订完成。其特点为：（一）减少每周教学总时数，以轻学生负担。（二）统一支配课外活动时数，俾便实施课外运动、生产劳动训练及战时后方服务训练。（三）实施分组选修，以适应学生个性。（四）初中外国语改为选修。（五）延长军训年限等。嗣以新县制实施，地方基层干部需才孔亟，教育部复订颁初级中学设置地方自治及高级中学设置业务管理科目办法，以谋适应。国民教育实施以后，师范生之任务，于教育以外，须兼重地方自治干部。师范学校课程，本此原则，重加修订。二十九年三月公布教学科目表，增设地方自治、农村经济及合作等科目，并以地方行政、地方建设等科目列为选修，期使未来之小学教师，能以教育力量为中心，以推动地方自治，促进新县制之建立。至各科课程标准亦已于三十一年度内全部修订完成。职业学校除加强生产技术训练，使益切合实际需要外，所有各科课程自二十八年起陆续修订公布。

三、中等学校教学与训导之改进　教科用书为教学之直接工具，关系教育效果者最为重大。而其中公民、国文、历史、地理4科，对于青年思想影响尤深。教育部爰于二十九年起设置教科用书编辑委员会，从事编辑。现公民等4科教科书稿本业已编审完成，陆续付印。其余各科在继续编辑之中。又为推行战时教程，业已编就中学战时补充教材，国文、公民、历史、地理4科，交由书局印行，颁发各省市采用。对于中等学校教员之进修，一面赓续督导各省举办暑期讲习讨论会或进修班，一面编辑中等教育学校各科教学辅导丛书，以供全国中等学校教师之参考。此外并实施师范院校及农工学院辅导中等学校教学办法，督促各中等学校组织各科教学研究会进行研究，藉此增进教学效果。抗战以来，训导方面之重要设施，为加强军事化，实施导师制，注重学生思想训练等，其详见“训育”一节。三十年十一月为整饬学风，制定促进中等学校校务培养学风之一般实施方案，通令遵照施行。三十一年将青年守则12条，正式规定为中等学校训育目标，使全国学校训育标的明确统一，易于实施。

四、国立中等学校之设置及战区失学青年之收容　中等学校以省县政府设立为原则，惟抗战以来战区各省中等学校相继停闭，大量青年同时失学，退至后方，中央为充实民族力量，适应事实需要，乃于二十六年底在后方各省筹设国立中等学校，以资收容，继续施教。自二十七年春起至三十一学年度止，先后设立国立中学30所，国立师范学校11所，国立职业学校7所，（各专科以上学校附设之中等学校及设于边省之中等学校均未计入），计收容学生约5万余人。关于《国立中学课程纲要》已于二十七年由教育部指定公布施行，计分精神训练、体格训练、学科训练、生产劳动训练、特殊教学及战时后方服务训练5项。所有在校学生80%以上，均由政府供给膳食。特别贫苦学生，并分别核发制服及书籍零用等费。三十年起，为免除战区员生来到后方远道跋涉之不便，特令战区各省教育厅就地筹设临时中学或就原有学校增设班级收容战区退出青年。所有经费及学生膳食，均由教育部统筹发给。现江苏、河南、安徽、江西、浙江、福建、湖南、陕西、甘肃等省，均有此项校班之设置，计共10校，168班，收容学生约8600余名。

五、6年来中等学校数量之扩展　抗战军兴，战区中等学校因战事停闭损毁者，为数颇多。军兴之初，教育部除订定办法督促各省为学校内迁及安全措置外，复鉴于抗建大业之完成，有赖于基本干部之培养。故虽在战时人力物力十分艰苦之状况下，仍积极推动，以谋中等学校数量之恢复与扩展。6年以来，各类中等学校校班数计学生数均逐有增加，其增加率较之战前为尤大。兹将进展状况列表如次：

学年度		二十五	二十六	二十七	二十八	二十九	三十	三十一
学校数	合计	3264	1896	1814	2278	2606	2812	3079
	中学	1956	1240	1246	1652	1900	2060	2224
	师范	814	364	312	339	374	408	506
	职业	494	292	256	287	332	344	367
学生数	合计	627246	389948	477585	622803	768533	846552	886353
	中学	482522	309563	389009	524395	642688	703756	727694
	师范	87902	48793	36879	59431	73342	91239	101662
	职业	56822	31592	51697	38977	47503	51557	56997
备考								本年度数字系根据本年五月各省市教育行政工作检讨会议各省代表报告

据以上统计，抗战以来，各类中等学校及学生数逐年均有增加。虽学校数尚未恢复战前旧观，但学生数则较战前增加20余万人。且战后统计数字中沦陷区之资料，只以已报资料为限，可见后方各省6年来中等教育之发展，不仅未因战事影响而稍有停顿，且因时代之迫切需要，而有突飞跃进之象。

四、初等教育

抗战以来，因国民教育制度之创行，初等教育设施，可分为2期：第1期自二十六年八月至二十九年止，为继续实施义务教育时期；第2期自三十年起迄〔讫〕于今，为实施国民教育时期，兹分述如下：

一、继续实施义务教育时期

抗战军兴，战地各级教育，均受相当影响，尤以初等教育为甚。教育部一面仍督促各省市遵照实施义务教育暂行办法大纲继续实施，一面为适应特殊环境起见，除督饬全国各省市小学遵照战区内学校处置办法处理外，更制颁战区儿童教养团，小学增设儿童义务随习班等办法。并令战区各省对于游击区义务教育酌定推进办法，以利进行。以是全国义务教育，仍能在艰难困苦之中，继续推进。在此一时期中，全国办理小学之总数，计二十六学年度为229911校，二十七学年度为217394校，二十八学年度为218758校，二十九学年度为224403校。全国收容学龄儿童数，计二十六学年度为12847924名，二十七学年度为12281837名，二十八学年度为12669976名，二十九学年度为13804488名。

二、实施国民教育时期

（一）国民教育法令之颁布

自二十八年九月国民政府公布县各级组织纲要后，教育部为谋义务教育及失学民众补习教育与新县制之实施相配合，藉收政教联系及促进地方自治起见，于二十九年三、四月间，先后公布国民教育实施纲领、保国民学校设施要则，及乡镇中心学校设施要则，规定自二十九年八月起，实施国民教育。期于5年内每保设一国民学校，每乡镇设一中心学校，以完成国民教育之普及。关于经费之筹集，除由国库补助及县地方分担外，并颁布保国民学校及乡镇中心学校基金筹集办法，及筹集基金奖励办法等，以利进行。关于师资之训练，先后颁布《各省市国民教育师资训练班办法》《特别师范科及简易师范科暂行办法》《各省市小学教员总登记办法大纲》等，督促各省市大量造就师资，以应需要。关于教师待遇之改善，先后颁布《小学教员待遇规程》《薪给支配及实施办法》《儿童家庭供给食宿办法》《地方津贴米谷办法》《年功加俸办法》《子女入学免费办法》《优良教员奖励办法》《储金办法》及各种小学教员待遇实施办法等。关于行政方面，先后颁布办理各级教育行政应行注意事项，各省市县教育行政机关在实施国民教育时应行注意事项，以加强县教育行政之效率。此外并颁布《幼稚园规程》，重行修正小学各科课程标准，小学训育标准，以利实施。于是国民教育之法令，渐臻完备。

（二）国民教育之实施概况

依照国民教育实施纲领之规定，国民教育之普及，以5年为期。自二十九年八月起，至三十四年七月止，分3期进行：

项别		第一期	第二期	第三期
		二九年八月至三一年七月	三一年八月至三三年七月	三三年八月至三四年七月
在本期内		各乡镇均应成立中心学校1所，每3保至少成立国民学校1所	保国民学校数应逐渐增加，或就原有之国民学校增加班级	保国民学校增加，以期达到每保1校为目的
在本期	入学儿童须达到学龄儿童总数之百分数	65以上	80以上	90以上
	入学民众须达到失学民众总数之百分数	30以上	50以上	60以上

其有特殊情形之省市，国民教育及普及期限得呈准中央缩短或延长之。

自《国民教育实施纲领》颁布后，教育部即制定后方四川、云南、贵州、广西、广东、湖南、福建、浙江、江西、陕西、甘肃、河南、湖北、重庆市等14省市，先行实施，其他各省市仍分别维持原有义务教育设施，并酌量推行国民教育。

至民国三十年，教育部又指定安徽、宁夏、西康、青海、新疆等5省，自三十一年起又开始实施国民教育。目下全国实施国民教育之省市，共计19省市。

后方四川等14省市实施国民教育时期，以种种关系，有在二十九年下半年起开始者，有在三十年上半年起开始者。教育部为统一办理起见，特规定后方四川等14省市，一律作为自三十年上半年起开始实施，即较《国民教育实施纲领》第4条所规定之开始时期，展缓半年。

至三十一年底止，后方四川等14省市，实施国民教育已满2年。依照《国民教育实施纲领》设施程序之规定，第1期工作应予完成。兹将两年来此14省市关于国民教育方面，学校之设置、学生之收容及文盲之扫除，各项结果分述如次：

三十年内四川等14省市，共有377358保，已设中心学校18458校，国民学校137757校，共计156215校，平均各省市约5保设有2校（尚有其他小学等40459校未计算在内）。又14省市共有学龄儿童29505260名，已入学儿童14632319名，外加在学龄儿童期内已受1年至4年义务教育儿童3031712名，共计已受教育儿童17664031名，占学龄儿童总数59%强。

三十一年内四川等14省市共有327492保（较上年减少），已设中心学校21202校，国民学校156054校，共计177156，平均各省市已超过每2保设有1校之规定（此外尚有其他小学等30939校未计算在内）。又14省市共有学龄儿童30317088名，已入学儿童16129406名，外加在学龄儿童期内已受1年至4年义务教育儿童4552101名，共计已受教育儿童20681507名，占学龄儿童总数68%强。

全国人口总数以450000000计算，估计失学民众约有202000000人。自民国十七年至二十九年止，共扫除文盲约为24116885名，三十年扫除文盲约为6556891名，三十一年19省市约扫除文盲8215354人，连前总共扫除文盲约38839130名，尚有文盲163160870名。以历年扫除文盲总数计，约占全国失学民众人口总数19%强。

五、社会教育

抗建工作之进行，有赖于社会教育推动之处甚多，兹将6年来社会教育之重要兴革，及后方各省社会教育设施情形概述如下：

一、战区社教人员之救济与后方社会教育之开展　二十七年春起，教育部在汉渝两地登记收容战区社教人员，先后共达1800余人，先组教育部第一第二社会教育工作团，在鄂、湘、黔、川各省施教，继复将登记人员，分发鄂、湘、赣、陕诸省，展开教育工作。自二十九年以后，登记人员旋因正式任用，救济性质逐渐减除。至三十一年春，组设西南、西北、川康3社教工作队，分别在黔、滇、桂、川、康、陕、甘各省施教。三十二年春，复将西南队归并于川康队。6年以来，西南西北各省级公路沿线城铁〔镇〕，均曾一度或数度施教。

二、中央各社教机关之内移与发展　国立中央图书馆、中央博物馆、北平图书馆，均于二十六年冬西迁，经指定相当地点，勘定馆舍，收藏散失古物文献，继续工作。三十一年春夏筹设中央民众教育馆，于十一月十二日正式成立。本年春复于西北筹设国立图书馆1所。

三、补习教育之推行　扫除文盲工作，进行已历多年，在战时更加紧推行，二十七年教育部在武汉分派区战社教人员推行战时失学民众补习教育，以两月为期，授以识字教育及战时公民常识。继在重庆、成都、泸县、贵阳、昆明、西安、兰州各大都市推行。而广西省复以二十八年为成人教育年，计二十七、二十八两年先后受教之失学成人共达11783033人。在二十九年，新县制施行，成年失学民众教育工作，遂归入国民教育范围之内。

四、戏剧教育之推行　二十七、八年教育部先后组设戏剧教育队4队及实验戏剧教育队1队，遍历东南、西南、西北各省重要城镇巡回上演，观众逾千万人。各省教育厅亦奉令先后组设戏剧歌咏教育队，共20队。应用剧本，6年来搜集颇丰，凡经审查之话剧、平剧及其他地方性剧本，其有裨抗建及民族道德者，则提要而汇刊之；其不良者，则公布剧目，禁止上演，历年审查剧本达数百种。

五、礼乐教育之倡导　教育部原设有音乐教育委员会，从事教材之搜编，并刊行国乐曲谱及齐唱合唱歌曲多集。二十七年秋，复组设实验巡回歌咏团，巡行川滇黔桂各省演奏。而近年来复在渝蓉各地倡行大规模合唱，名家之音乐演奏，及各管弦乐团之演奏，尚能提高社会人士之音乐兴趣。

礼乐教育，渊源自古，立国精神，于焉有寄。教育部特遵奉总裁指示，积极推行。并通令全国社教机关，以现代已有之礼乐为主要教材，以收正人心、严组织之效。同时复设立国立礼乐馆，从事礼乐之整理制作，俾国家大典及民间礼俗，悉有准则，期受移风易俗之效。

六、学校兼办社会教育之施行　自二十七年五月起，教育部令全国各级学校兼办社会教育，嗣复订定工作标准，提倡学生社会服务。其中国立各院校办理社会教育，年有改进，颇能各纾专长，造福社会。至省立各学校呈报计划及工作，亦能渐臻切当。最近复拟定星期日为德育日，期以休沐之暇，力行服务，修己善群，化行社会。

七、各省市社教之整顿　自二十九年施行新县制，中心学校及国民学校，均应办理社会教育。各县民众教育馆，亟应整顿充实，使能辅导进行。数年来扩充整顿，规定工作大纲，补助设备经费，训练工作人员。视遵施教状况，切经切实办理。而县立图书馆、体育场，如经费充裕，则独立设置，现时大多归并于民众教育馆。计民众教育馆数，二十七年度为774所，三十一年底已增至972所。

八、电化教育之推行　抗战后，教育部曾在港沪收购电化教育器材，并接收江苏省立镇江民教馆之电化教育施教车，改组训练，令开赴西北、西南各省施教，历年观众达数百万人。各省教育厅所辖之电教队，经整顿补充，计有41队。又自三十一年成立中华教育电影制片厂，摄制教育影片，增强施教效能，现已制成影片10余部，每部复印多份，分发各省应用。又以幻灯为社教利器，教育部历年自制灯片，及供应同盟国宣传片为数甚多。更为解决电源之困难计，设厂制造植物油幻灯，现已出货。

九、社教人材〔才〕之训练　推行社会教育，需要各种专才，教育部于二十七年曾在汉办理各省市社会教育督导员训练班，在渝举办电教人员训练班。二十八年办音乐教导员训练班，民众教育馆长训班。二十九年办国语师资训练班，筹设国立音乐院、国立歌剧学校，充实戏剧专科学校。三十年春筹设国立社会教育学院，负研究训练推广之责。同年九月开学，先设社会教育行政、社会事业行政、图书博物馆学3系，及艺术教育、电化教育2专修科。三十二年春添设礼俗行政组，现该院学生已增至450余名。而湖南、江西各省，复先后专设师范学校，训练中级社教干部人才，至图书戏剧音乐等各种训练班，各省均视其需要，依时办理。

十、社教扩大运动之举行　三十年及三十一年国父诞辰，教育部在陪都主办社教扩大运动周，以普及三民主义之文化建设，纪念国父。活动项目有展览、宣传、戏剧、音乐、电影、民间艺术及宗教布道等，极一时之盛。而三十一年度之社教扩大运动，川、滇、黔、桂、湘、鄂、陕、甘、青、宁、皖、赣、闽、康各省，均同时举办，效果尤为宏大。

十一、第三届全国美术展览及其他展览会之举办　三十一年十二月二十五日起至本年一月十日止，教育部主办第三届全国美展于陪都，计审定参加展览之今代名家作品650件，并同时附带展览古代艺术品，观众合计逾14万人。本届出品，虽以交通困难，数量较上届为少，然受抗战之锤炼，作风颇见进步。他项展览，历年亦多举办，如边疆文物之展览、敦煌艺术之展览、社教教材教具之展览等。

十二、科学教育之推广　为推广科学教育促成国防建设计，教育部曾办理科学文化运动及国防科学展览。三十年二月复订定省市立科学馆规程及工作大纲通令遵办。至三十一年底，各省已成立科学馆9所，此后科学教育可望逐渐开展。

十三、民众文库之编印　自二十七年至今，教育部暨各省教育厅均努力编印民众读物，如鼓词故事、连环图书、课外自修材料等，已刊行数逾600余种。

十四、国语教育之推行　国语教育之范围，包括靠语言文字及民众文艺。推行之目标，分国语统一与语文普及两目。最近6年来之重要工作，可举四端：(一)编定中华新韵，依标准国音，分部18，各别4声，斟酌古今，权衡文质，由国民政府颁布，允为民国重典。（二）推行注音识字，失学民众于短期间认识注音符号，即能读注音国字书报，功效显著。（三）制定全国方音符号及拚音符号，以供方言歧异及边疆语文特殊各地民众读书识字之用，藉以统一国语，并备语言音韵学者调查研究之用。（四）训练国语师资，分省进行，以促国语教育之进展。

六、边疆教育

边疆教育之设施，虽发轫于战前，但类多因时因地暂谋适应，迨抗战军兴，国人认为推进边疆教育为开发边疆巩固国防之要图，政府对于边政设施，亦多积极规划。兹将抗战以来，边疆教育重要设施，略述如次：

一、边疆教育方针之确立　民国二十七年，教育部鉴于推行边教亟应确定方针，爰召集各有关机关代表及专家，几经商讨，草拟边教方针及办理边教原则；嗣经教育部边疆教育委员会再加研讨，至二十八年第3次全国教育会议遂综合整理，而有推进边疆教育方案之决议。全案首列推进边教方针，旨在融合大中华民族各部分之文化，并促使其发展；其次分列各级边教之中心目标，对于培养边教师资，编译边教用书，推进边疆学校教育、社会教育之步骤，及确立边疆劝学制度等项，均有具体之规定。及三十年秋，教育部复与有关各机关对于边地教育及人事，共作通盘之筹划，呈经行政院公布《边地青年教育及人事行政实施纲领》，除边教目标与前述方案所列大致相同外，并对边教设施办法、经费之筹措以及边地人才之登用，均有详细之规定，自此边疆教育之实施，更有明确之依据。

二、边教设计机构之设立　边疆教育设计机构，在中央有教育部边疆教育委员会，成立于民国二十八年，由教育部与各有关机关代表及部聘专家组织之。其主要任务为研究边教设施原则及实际问题，筹拟并审议边教方案，建议调整边疆教育经费等项。按期召开各届年会，先后议定要案如：《组织边疆教育团》《推进边疆寺庙教育》《迅速划定边地师范学校区，并应按期设校》《编辑边疆教材及读物》《优待边疆教育人员》及《加紧边疆教育视导》等，均已付诸实施。三十年三月，复由教育部订颁《各边远省份边地教育委员会组织纲要》，规定由省教育厅指定主管边教之科长督学，并遴聘有关机关人员及当地熟悉边地教育之专家组织之。现各边省均已遵照组成。

三、边地各级学校之增设　抗战以来，各地边胞子弟设立学校者甚多，教育部为示范兼辅助地方起见，直接在各边地设立各级学校，6年期中先后设立边地师范学校11所、职业学校8所、中学1所、专科学校1所、小学8所（内有2所已改为边地师范附小，1所由地方接办），本年又在各边地进行筹设小学9所。

四、边地劝学工作之推进　边胞对于教育认识尚浅，儿童入学有赖于劝导奖助。教育部于二十九年颁布《边远地区劝学暂行办法》，对于劝学员工作成绩优良者、边地私人或地方团体捐资兴学者，均规定标准，优予奖励。边胞子弟入学者，则予以优待，其升学内地专科以上学校者，按其成绩分别核给补助或奖金，对于边疆教育工作人员原规定于提高薪额，除给旅费之外，另予边疆服务津贴。本年五月，国府复订颁《边疆从政人员奖励条例》，对于边疆服务人员之年资计，任满休假及旅费安家费等，均予优待。今后教育工作人员前往边疆服务者，当更趋踊跃。

以上为6年来边教设施之荦荦大者，他如边地社会之调查、边教用书之编印、边地社教之推行、边疆建设讲座之设置等，亦均在积极进行中，兹不备述。

七、侨民教育

6年来之侨民教育，虽因受抗战影响，未能获得预期之成果，太平洋战事爆发后，侨教所受损失尤重。兹综合检讨，特就今年侨教设施之重要事项，略述如下：

一、侨教设施方案及设计机构之确立　二十二年，行政院会议通过之《侨民教育实施纲要》，为近年侨教设施之重要根据。二十九年八月本党五届七次中央全会通过“推行侨民及教育方案”，是为抗战后对于侨教之具体规划。二十九年十一月教育部又设立侨民教育设计委员会，聘派专任人员，主持海内外侨教有关事项之推进。数年以来，对于侨民教育，多所规划。

二、侨教经费之增加及侨校之创设　二十九年以前，中央指拨侨民教育经费每年仅20万元，三十年度增至120万元，三十一年度增为170余万元，三十二年度复增至260余万元。近数年间曾由中央拨款在海外创设侨校，计于澳洲之雪梨、美利滨，缅甸之景栋，马来亚之槟榔屿，印度葛伦堡等地，各设侨民小学1所。景栋及槟榔屿两地之侨校，虽因战事影响，致功败垂成。但其余各地之侨校，尚能筹备成功。在国内方面，教育部自二十九年起，先后在云南保山、四川江津及广东乐昌，设立国立华侨中学3所（第一华侨中学已由云南迁贵州清镇）。复于闽粤两省设立国立侨民师范学校2所。同年，又拨款著国立复旦大学、中山大学、广西大学及广东省立文理学院，各增设先修班收容侨生。又拨款交粤省内之中等学校增开50班，收容由港澳等地退回之侨生。

三、侨校师资之训练及教材之编订　侨务委员会曾于二十九年创设侨民教育函授学校，训练海外侨校原有师资，共有学员1250人，分布于亚美非澳四大洲，又续办侨民教育师资训练班训练新师资。第2、3两期共得毕业学员77人。因受战事影响，均于三十一年暂行停办。现教育部在闽粤2省所设之国立侨民师范学校2所，则以造就侨民初等教育之师资为目的。编订侨校教材工作，于二十八年冬继续进行，至三十年度已将小学教科书及教授书完成。至中学教本三十年起进行编辑者，有侨校初中国文、公民、历史、地理、算学及博物教科书。

四、侨校立案及视导制度之推行　海外侨民学校约共3000余校，二十八年以前立案者仅431校，二十九年核准立案者62校，三十年核准立案者95校，连前共达588校。惜因战事影响，各侨校多已停办，或暂与中央断绝联络。三十一年度核准立案者仅23校，连前合共611校。又自二十九年起，教育部会同侨务委员会曾派专员驻港、澳，督导侨教。三十年又增派视导专员，分赴菲列滨①、缅甸等地视导侨教。太平洋战事发生后，驻港澳及缅甸专员，均因当地沦陷，先后归国。驻缅专员，现经改派驻印。教育部并经常派员视察各国立华侨中学及侨民师范，指导改进及收容救济华侨学生事宜。

五、侨生升学之指导与奖助　二十八年在渝设立回国升学华侨学生接待所，接待侨生。三十年复予扩充。对于各侨生升学则由侨务委员会保送或介绍，由教育部通令各专科以上学校从宽录取。计三十一年度全年由会保送介绍就学侨生共723名，连其他附属机关介绍者共4553人。对于清寒优秀侨生则给予公费或奖学金。

六、侨校内迁之补助及员生之救济　太平洋战事发生后，部、会会拟办法呈请行政院前后共拨侨教救济费400万元，举办侨教救济事宜，补助侨教内迁，救济归国侨校教员及在国内就学之侨生。截至本年五月底止，此项救济经费业经核发320余万元。

七、南洋研究机构之设立　南洋为我千万侨民数百年来筚路蓝缕艰苦开辟之所，详加研究，实为我国当前之急务。故教育部与侨务委员会于三十一年四月遵照中央决议，设立南洋研究所，

① 即今菲律宾。

上年度内该所曾就有关南洋之政治、经济、教育、史地各方面选择重要问题19项进行研究，已有专著发表。又进行编译书籍10余种，介绍有关南洋之知识。本年再增聘人员开展工作，并从事有关南洋各项问题战后处理方案之拟订，期供政府之参考。

八、训　育

青年训育之改进，为民族复兴之要图，抗战以来，教育部关于训育工作，规划颇详，推进亦力，兹略述如次：

一、训育标准之规定　训育之实施，应有共同一致之目标，俾资依据。教育部于二十七年颁布《青年训练大纲》，详释伦理之基本观念，缕列训练要项与方法，以为学校共同校训，颁发各校制匾悬挂。同年颁布《训育纲要》，确定自信信道、自治治事、自育育人、自卫卫国，为训育四大目标，并依学生程度规定各级学校实施要则，俾为有系统有步骤之实施。又制颁《小学训育标准》，并拟订《中等学校训育标准》暨《专科以上学校训育标准》。

二、导师制之推行　为矫正训育上偏重消极管理，忽视积极陶冶，并挽回师生关系之日渐疏远起见，教育部特于二十七年创行导师制，订颁《中等以上学校导师制纲要》及实施应注意之要点，阐明趣旨及实施时应有之认识，注重德术兼修，言教身教及个别导正之利用。通饬慎选导师，切实推行。过去教育上偏重知识传授之流弊，可望藉以转变。近复就各校实施情形，详加研究，以中等学校与专科以上大学校训导情形不尽相同，因将导师制纲要分别订颁，以期切合实际需要。

三、训育机构之建立　学校训育机构，向少一致规定。教育部于二十八年特将专科以上学校及中等学校行政组织，分别加以增订或补充。规定专科以上学校设训导处。处下分设生活指导、军事管理、体育卫生等3组。中等学校之在八学级以下者，设训导组于教导处之下；九学级以上者，应专设训导处，处下分设训育、管理2组。又教育部于二十七年设立训育研究委员会，以研究学校训育及社会教育机关训育实际问题，于三十一年改组为训育委员会，专负训育工作研究、指导与推进之责。

四、训导书刊之编发　为提高训导人员之研究兴趣并增进其工作效能，特编印训导书刊分发参考应用。计已编印者有《教育与人生》《青年心理与训育》《德行竞赛》《课外活动》《课外学艺研究》《社会教育机关训导实施法》《中等学校训导与各科教学》（上编）、《三民主义与社会科学》（上编）、《学校社会服务》《中等学校劳动生产训练》《大学生用钱问题研究》等11种。尚在编撰中者有《专科以上学校训导实施法》《领袖最近对于军事教育之指示》《学校训导手册》《童军管训人员手册》等10余种。此外复编成《训导通讯》，刊发有关训育之法令及训导消息，藉备研讨。又研讨中等以上学校训导设备要项，并编制训导图标与标语，分发应用，以资改进。

五、训导会议之举行　为检讨并策进各校训导工作，经于三十一年十月召集陪都附近中等以上学校训导会议。除陪都附近中等以上学校主管人员外，其他各地院校亦推派代表参加。本年复扩大会议范围，将会议分区举行。计分陪都（包括陪都附近及鄂省）、成都（包括成都附近及西康）、昆明（包括滇黔）、兰州（包括陕甘宁青等省）、桂林（包括湘桂等省）、江西（包括赣粤闽等省）6区。除陪都区由部直接办理外，其他各区，均经由部分别派员前往主持。

六、青年思想之善导　教育部二十七年九月制定《高中以上学校新生入学训练实施纲要》，令饬各校实施始业训练，以培养青年正确思想之基础。又编纂《青年必读文选》，选辑有关道德修养之文字，印发中等之学生，按期研读。并规定各校应多选有关青年思想启导之教材，以增进青年对于为学与做人之认识。更举办全国中等以上学生三民主义论文比赛，以奖进青年从事总理遗教之研究。

七、青年训练之加强　学校军事管理与童军管理，施行已久，战时更督促加强进行。关于全国青年应实施国民精神总动员，各校应励行新生活规律举办秩序竞赛，均经先后制定具体办法,督导实施。又特颁整饬学风令,并制颁培养学风之一般实施方案。又制定中等以上学生礼节，督饬遵行。为适应战时特殊需要，二十六年九月订定《高中以上学校学生战时后方服务组织与训练办法大纲》，使学生有协助军事推进之机会。二十八年十月订定《中等以上学校学生假期兵役宣传实施纲领》，使学生利用假期，协助役政之推行。二十九年三月订定《高中以上学生参战奖励办法》，与学生以直接参战之机会，而为民众之表率。关于生产劳动服务训练方面，二十八年订颁《公私立学校推行造林事业办法》,二十九年五月订颁《各级学校实施农业生产办法大纲》，三十五年五月订颁《中等以上学校员生助耕助收实施办法》，本年三月复订颁《中等以上学校指导学生劳动服务应行注意事项》。凡此设施均为适应战时特殊需要，而对于青年教育亦可收相当之效益。

此外更规定学校专任训导人员，须经资格审查合格，始能担任。为增进教导人员修养起见，特分期派至中央训练团党政训练班受训。第 1 期至 26 期，此项调训人员，计达 1700 余名。

九、体　育

抗战以来，政府及社会人士，鉴于体育对于抗建工作影响之重大，提倡不遗余力，数年之间，尚著成效。兹就行政、事业及师资训练 3 方面，约述如左〈下〉：

一、体育行政之推进　二十九年教育部召集全国国民体育会议，对于国民体育实施办法，多所商讨，各项决议，多经采择施行。为便利中央法令计划之推行，并选拔专业人材〔才〕以应急需，同年特举行体育行政人员特种考试，及格者加以训练，分发各省任用。三十年九月九日国民政府公布《修正国民体育法》，教育部依法主管全国体育行政，一切有关事业，完全依据该法积极推行：如督促各省市成立国民体育委员会，加强体育行政机构，确定体育事业经费以利事业之推行，举办各省市体育行政工作竞赛，实行严格考核。此外为适应时代需要起见，先后修正各级学校体育课程标准 4 种、体育场重要法规 3 种、各级学校体育实施方案、体育设备暂行最低限度标准及各种法令 10 余种。

二、体育事业之发展　关于学校体育，举办体育实施成绩竞赛，以为考核之依据，随时督促改进，充实体育场地设备及编订体育教材以利教学。并订颁《中等学校体育实施成绩考核记录表》，及《中等学校学术运动技能测验法》，是为考查体育成绩较为客观而合理之方法。关于社会教育，督促各省市按年分期举办运动会及各种体育比赛，国民兵运动会，藉收锻炼之效。又订九月九日为体育节，依时扩大宣传，并举行各项体育活动，以引起民众参加运动之兴趣。并订颁《各省市体育场分期设置办法》，期于 5 年内普遍设立，以利国民体育之推行。

三、体育师资之训练　除原有国立师范学院体育系 2 处加以充实外，增设专修科 3 处，师范专科学校 2 处，并为治标计，设体育师资训练班 7 班，训练 1 年后，即分发任用，以应国民体育之需要。同时为供给现任体育教师进修机会，每年分省举行中小学体育教员暑期讲习会，藉谋体育师资质量之改进，使能配合行政之需要，而获得切实之成效。

十、战时教育特殊设施

抗战军兴，教育部为谋战区教育之维持与推进，特于二十七年拟具《沦陷区域教育设施方案》呈准施行，数年以来多依此积极推进。

一、战区教育人员之救济　二十六年十一月起，教育部即举办战区教育人员及中等以上学生登记，嗣复订定处理由战区退出各级学校教职员及社会教育机关、工作人员办法。凡由战区退出之教育人员，由部级各省市教育厅登记合格者，均按其所长指派工作，或由各省市教育厅局战区教师服务团及社教工作团分配工作，由教部发给生活费。截至三十一年年底止，历年登记合格各项教育人员达19400余人。其由各省市教育厅局支配工作者，以担任地方教育为主，由教部发给生活费，以利进行，并逐渐由各服务机关正式任用，以节公帑。

二、战区青年之招致　为大量收容战区中等学生起见，先后于豫、陕、甘、川、鄂、赣、浙等省，设立国立中等学校多所。又曾于各地分设中山中学班，嗣经分别归并于国立各中学，或划归省办，改为省立学校。除国立中等学校收容沦陷区学生外，凡经登记合格之战区中等以上学校学生，均予分发至国立或各省市公私立中等以上学校肄业。又自二十九年成立战区学生指导处，并于临近战区冲要地点，分设战区学生登记处、接待站、进修班及职业班，专事招训战区青年。又由战地失学青年招致训练委员会在各战区设立招训委员会、青年接待所及招致站，并密派干员，深入敌后，经常负责，积极招致，分别组训。留学生之在国外或回国失业者，历年亦并予救济。截至上年底止，历年招致登记战区中等以上学生，约达78000人。

三、员生生活补助与贷金之规定　抗战以来，为救济战区学生，使能继续安心求学，即定有膳食贷金办法（战区贫寒学生医药救济，及各校空袭损失之救济，并经竭力办理），二十九年秋冬之间，物价高涨，非战区学生膳食，及一般教职员生活，亦需由政府予以救济。乃订定《安定国立各学校员生生活办法》，嗣经修订改善，教职员除薪津外（薪，指原支薪额；津，指战时生活补助费，视各地生活指数而定，原薪较低者，生活补助费多已超过其薪额），本身及直系亲属，每人每月之定量食粮（按2市斗1升米量计算）依所在地米价，每市斗5元以外之价额，由政府补助之。至战区学生膳食贷金，则分甲乙两种，甲种以所在地熟米2市斗1价之市价，（自本年六月份起增为2市斗3升）另加副食费，（其数额视各地物价酌定），悉数由政府贷给余数。非战区学生补助膳食贷金，亦分为甲乙两种，除去每人月缴18元外，依其家庭经济之状况，甲种贷给超出数之全额，乙种贷给半额。享受公费待遇之学生，则膳费全由政府供给。关于学生贷金及教职员米代金补助费用，二十九年最后两月，共支经费约×百×十万元，三十年度共支经费约×千×百×十万元，三十一年共支经费计×万×千×百×十余万元。本年度预算列支×万×千×百万元，平均每月合×千×百万元[①]；但每月实需4000万左右。

十一、校舍与设备

我国沿海各省及平津京沪等地，素为文化中心教育发达之区，抗战以后，多已先后沦陷，教育文化机关各项损失，至堪痛惜。为保存国家元气计，在抗战初期，教育部曾制颁《总动员时督促工作办法纲领》，通饬遵行，并一面集其全力于战区学校之内迁。惟各校原有基地校舍，既随所在地被敌侵占，而原有之图书、仪器、标本、机械，亦不易悉数运出，其后辗转迁徙，及其他意外事件，更不无损失。战时补充增置，自属匪易，而各校员生类能持坚苦卓绝之精神，

① 原件如此。

凭藉不完善之物质环境及工具，照常教学研究，循序发展。教育部督同各级教育机关，于艰难困苦环境之下，以最少之人力、财力，从事最低限度之物质建设，数年以来，亦有堪值陈述者：

一、校舍之修建　各校校舍，过去多按照经济状况及组织范围，个别设计，核其实际，有所费甚巨，不切实用者。战后中央首先注意，明白规定："各级学校之建筑，应只求其朴实合用，不宜求其华美。"各校迁移后方，或设置新校，其校址之选择，与基地之租借或征购，大都深赖当地各级地方行政机关之赞助，各校校舍有向学校租借者，有利用地方公产加以改造者，有租赁庙宇祠堂或会馆者，有租借或购置私人园林屋宇者。初以战时力图经济或急遽疏散关系，自未免有过于简陋者。教育部依据中央规定，从事改善校舍建筑之规定，其主要目的，在求新建校舍，务必与巩固、适用、安全、经济等原则相符合，一反过去徒饰外表之积习。数年以来，先后拨款增修校舍，各校应需房舍，现多已合用。

二、设备之补充　学校设备，如图书仪器标本之类，战时补充极感不易，而教育部数年以来，则就力之所及，采用种种有效办法，藉谋各项设备之充实。

（一）向海外购置并征募图书仪器　专科以上学校之图书仪器，采自欧美各国出版制造者颇多。战后外汇限制綦严，教育部曾主持征募各国图书工作，英国牛津大学首先表示赞助，此后各国人士纷纷捐送。截至二十九年度止，英国方面募得图书杂志为62箱，计图书3047种，3769册，约值英金3000镑以上；杂志15种，246册，约值英金350镑。均经分配于国立中央大学等30校及省私立大学图书馆等。美国方面，亦征得图书300余箱。教育部又于二十九、三十两年，先后请准核拨美金100万元，向美国统筹购置图书仪器。均按照各校原有设备情形，审慎分配。各校所购物品，三十年年终运抵仰光者，计有4批。缅境战事发生后，空袭炮击，略有损失，但已设法抢运到渝，其续到滞存印度者，正设法办理内运。又经与美国方面洽商，允以大学用书影印片赠送我国，以补充教科书本之缺乏，正设法运送中。

（二）仪器标本之制造　抗战之初，教育部除将战前委托中央研究院物理研究所承制之理化仪器，设法内运百套以应急需外，并委托四川省立科学仪器制造所、私立华西协合大学、教育部小工艺训练班，分别承制理化仪器、生物标本、模型及教学教具。对于各省原有科学仪器制造所，复积极予以奖助，俾能逐渐增加产量。复于三十年春委托北平物理研究所代制显微镜200架，上年已制成镜头20余具。又商请中央工业试验所，从事大规模各项设备制造之设计。同年在合川成立生物标本制造所。三十二年三月在重庆设立科学仪器制造所，均聘有专门技术人员，划拨巨款，以便大量制造，供应后方各省中等以上学校之需求。

（三）教科图书之编印　大学各教科书，教育部已积极进行编著。关于中小学教科用书，除接受书局贡献版权，督导各省市翻印外，国立编译馆编辑之中小学教科书，现已陆续脱稿。上年更筹拨专款，充实四川及江西两国立造纸印刷科职业学校设备，以便大量印刷教科书，统筹供应，更能制成纸型，分发各省市翻印。并经迭令各省市教育厅局，设法扩充印刷机构，统筹购运。更召集各大书局，协商编辑及分类分区供应教科书办法，由部予以协助。此外又以教科图书版本纸张与印刷是否合宜，关系学生视力綦巨，特商定改善办法，督导遵行。

14. 抗战时期迁都重庆的交通部[①]（1947 年）

一、行　政

（一）迁渝经过

抗战军兴，国府西移重庆。彼时西南西北交通落后，中枢乃决心筹拨专款从事兴建。交通部秉承中枢意旨积极筹划建设内地交通，俾能负担战时交通之任务。故抗战初期交通部暂迁长沙，俾便筹划指挥。二十七年一月，中枢调整交通机构，将铁道部及全国经济委员会之公路部分并入交通部，并迁武汉办公，而于长沙、湘潭、桂林、重庆等处设办事处。是年夏，敌人进扰武汉，交通部一方面尽力调度军运，一方面协助疏散人口、物资，虽迭遭轰炸，仍本不屈不挠之精神完成任务，即于二十七年六月份由长江水路，粤汉、湘桂两铁路及湘西公路先后迁渝。旅途虽极艰苦，均能通力合作，克服困难，达成迅速确实之任务，二十八年春大部分员工前后抵渝，照常工作。

（二）组织概况

交通部内部组织设秘书、参事、技术 3 厅，路政、邮政、航政、材料、财务、总务 6 司，会计、统计、人事 3 处及设计考核委员会。邮电司系由电政公司改组，主持邮电行政，而以邮政总局专办邮政业务。复于三十二年四月成立电信总局，专办电信业务；设计考核委员会系于三十二年奉令将交通事业综合设计委员会考核委员会改组；于四月成立会计处、统计处、隶属于主计处；人事处系于三十二年九月间由人事司改组，隶属铨叙部。均归交通部之指挥监督。

附属机关，铁路部分有各铁路工程局、管理局、机器厂、铁路测量总处等；公路部分有公路总局、各公路工务局、运输局、重庆公共汽车管理处、运输总队等；电信部分有各电信管理局、工程队、国际电台等；航空部分有中国航空公司、中苏航空公司，至中央航空公司原为欧亚航空公司，于三十二年三月收归国营，改称今名；水运部分有国营招商局、各航政局、航政办事处等；邮政部分有各邮政管理局、邮政储金汇业局等；驿运部分有驿运总管理处、各省驿运分处等；材料部分有材料供应总处、各材料厂库等。

三十三年底，撤销驿运总管理处及各省驿运管理处。三十四年一月，公路总局改组为战时运输统制局，直隶于军事委员会，驿运事业亦由战运局办理，以期集中各种运输力量，配合反攻。日本投降后，复员开始，战运局于三十五年一月明令撤销。材料供应总处于三十四年二月撤销。交通所需各项器材由材料供应司统筹供应。

（三）部址迁移

交通部西迁重庆后，部址系在上清寺街彭姓大厦。最初一部分人员曾在川盐大楼及左营街办公。二十八年五月三日敌机轰炸重庆，市区发生大火，左营街之电政司、航空司均遭烧毁，继即迁入牛角沱部内办公。此外，磁器街电政司同仁宿舍被毁，都邮街邮政储金汇业局等均遭毁损，幸赖同仁奋勇抢救，重要公物机料全数抢出，措置得宜，遂即恢复工作。

中央因敌机滥炸重庆市区，积极疏散重庆各机关至附近四乡，交通部遂将一部分员工及不必居留市区之眷属疏迁至廖家店、南温泉两处，并设立办事处经办各该区之管理及设施事宜。

① 本文系国民政府行政院交通部自撰稿，原名为《抗战时期迁都重庆之交通部》，重庆市档案馆馆藏档案。

（四）协助管制物价情形

《加强管制物价方案》交通部拟订之实施办法都〔有〕51条，分运输及邮储两部分。运输部分复分原则、机构、限制运价、便利运输等项；邮储部分分原则、组织办法、准备等项，兹略述实施情形于左〈下〉：

1. 限制运价　交通部对于各运输事业之运价早已实施管制，均以最低运输成本为标准。如因最低运输成本发生重大变动，非经呈准，不得增加运输价目外之一切运输所需费用，如栈费、押运费、中途搬运费、运输损失费、转运手续费等，亦均同时设法减轻与限制，不论国营公营或民营，均顾及社会利益，对价格也请求加价审核正严。

2. 便利运输　管制物价之根本办法须从便利运输入手，俾便货畅其流。交通部综管运输事业，曾分别计划实施，如建筑湘桂、黔桂、滇缅、川滇、宝天等铁路，赶筑滇缅、西祥、川中、乐西等公路，及改善西南西北各省公路，创办驿运，建造木船及浅水轮船，建设绞滩站绞驳船舶，创办川湘、川陕水陆联运，增辟国际航空线等。调度运输工具，力求迅速，运输手续力求简便，以增加运输之能力，以便利物资之运输。

3. 掌握物资　登记管制电信器材，无论公私机关对于电信器材之储存使用及无线电之装备，均须向电信机关登记；汽车配件之购置、使用、运输，均须呈请登记；并将渝市存料调查登记。

4. 加强同业公会组织　加强民船业同业公会、汽车业同业公会、铁路转运业同业公会组织，使其健全，以达到便利运输之目的。

5. 发展邮政储汇业务　添辟通海邮路、邮差邮路，增设局所，创办军邮，充实储金种类，开办定额汇票等，以期协助管制金融，加强管制物价之力量。

（五）实施行政三联制

三十年中央加强推行行政三联制，饬设立考核机构。交通部因于是年三月二十六日成立交通事业综合设计考核委员会，分设计、考核、技术、视察4组。三十二年三月遵照国防最高委员会颁布之《党政各机关设计考核委员组织通则》，改组为设计考核委员会，并依照通则，拟订办事细则，设秘书室及设计考核两组。原通则并无设置秘书室之明文，交通部因交通事业错综繁重，非有充分机构不能达到设计考核之任务，故改组时于设计考核两组外，仍设置秘书室。各附属机关之组织与业务较繁者，如公路总局、邮政总局、驿运总管理处、各铁路局等，均一律成立设计考核委员会，藉以实现分层负责，分级考核之目的。

交通部设计考核委员会其重要之工作，设计方面为编造年度计划，可概别为普通政务计划与特别计划两种。其因为交通事业某种特殊需要拟定之特种计划，与遵照交办意旨拟定之特种计划，亦由设计考核委员会编制，如《西北十年建设计划》之拟订，《战后五年经济建设计划》拟订，《加强管制物价方案》之拟订等。考核方面为审核汇编各种考核表报，加强实地考核，指派高级人员分区视察，以补书面之考核之不足，并协助解决工作或技术上之困难。

抗战时期物力维艰，各种交通事业建设计划仍能逐步推进者，端赖设计、考核、执行三者之系连，使有限之物力，能发挥强大之效能，此则实施行政三联制之效果也。

（六）推行工作竞赛

工作竞赛之目的系在提高工作效率。交通部于三十一年一月成立工作竞赛推行委员会，并于五月间设立工作竞赛办事处，以办理部内及附属机关竞赛。

推行伊始，先择一地一事试办，以期获得实际之竞赛标准，以为普通推行之依据。电报工作竞赛始自川康藏电政管理局及重庆电报局，铁路工作竞赛先就湘桂、黔桂铁路试办，水运方面先就招商局之轮运试办，驿运方面先就重庆驿运服务所之马车推行，部内则先就总务司文书科举行，兹将工作竞赛实施情形略述于左〈下〉：

1. 部内业务工作竞赛

（1）缮校工作竞赛　缮校工作竞赛，结果良好，多数人员均能日缮出5000字以上，工作效率增加25%。

（2）交通问题作业竞赛　第1次竞赛题为如何节省本部公物，第2次竞赛题为本部同仁应如何参加开发西北交通工作，参加竞赛者颇踊跃。

（3）公文勤速及代表作竞赛　公文竞赛，一为勤速，一为代表作，竞赛标准采用相对制，即由各参加人员所送成绩比较，以定优劣，竞赛结果尚佳，公文减少积压。

（4）其他竞赛　其他业务用竞赛方式办理者，如人事登记工作竞赛，研究代用材料竞赛，办理交通统计年报工作竞赛，编订无线电机程式工作竞赛，小组会议等项。

2. 附属机关工作竞赛

（1）邮政汽车运输竞赛　就准确班期、节省汽油、节省钢板、行程安全等项，举进竞赛，实施结果，邮政行车次数增加，误班减少，油类节省率及行车安全率均增高。

（2）电报报务工作竞赛　竞赛项目分凿孔打字送报、人工电报机收发、电动电报机收发等项，实施结果，每小时字数均增加，键盘机每小时最高纪录达1713字。

（3）电话竞赛　项目分长途电话接线、查修电话机、查修电机线等项，竞赛结果成绩均增加。

（4）铁路工作竞赛　竞赛项目分行车效果、保养工程等项，实施结果，行车效率增高，保养工程优良。

（5）水运工作竞赛　竞赛项目分轮运工作、木船运输工作等项，实施结果，轮运迅速，木船行驶时日缩短，安全增进。

（6）驿运工作竞赛　竞赛项目分套车安全、饲马及马夫清洁等项，实施结果良好。

二、建　设

（一）修建铁路

二十七年十月，武汉、广州相继沦陷，政府更积极筹划建设西南西北铁路，开发资源，以利继续抗战。西南西北皆系崇山峻岭、地形险阻、运输不便、器材缺乏，施工之难，非战前所能想象，兹略述重要者如次：

1. 湘桂铁路　湘桂路之修筑，系以接通越南海口及西江水运为目的，自衡阳至镇南关同登车站止，全长1027公里，分段修筑衡桂段及桂柳段，于二十九年前完成通车，以后运输军队调剂物资颇见成效。柳南段因敌人侵入桂南，二十八年十二月停工，复自三十年四月复工，展筑至来宾，复修筑大湾支线及零陵支线。镇南段因南宁失陷中途停工。

2. 黔桂铁路　黔桂铁路自柳州至贵阳，全长620公里，为我国西南区东西行之干线。二十八年间，由柳州开始建筑，二十九年十月接通至宜山，三十年二月接通至金城江，三十二年六月接通至独山，三十三年三月接通至都匀，旋以敌骑侵入，黔桂全路沦陷停工。

3. 滇缅铁路　滇缅铁路为西南国际交通之新路线，自昆明至缅南边界之苏达，全长880公里。二十九年计划营筑，三十年全线分4个工程处兵力赶修路基，工程进展颇速，原定三十一年底完成，因太平洋战争发生，缅甸沦陷，滇缅铁路失其价值，三十一年四月停工。

4. 叙昆铁路　叙昆铁路之功用在沟通川滇，联接缅甸、越南，完成国际通路，以输入国外物资，为抗战中重要之交通线。自昆明起至叙府止，全长859公里，因战事关系，材料不能输入，工程因之停顿，仅就昆明至曲靖段利用滇越铁路拆卸轨料，先行铺轨，于三十年三月通车曲靖。此后复拆移滇越铁路一部分路轨，展铺至沾益。其余工程暂行停办。

5. 宝天铁路　宝天铁路为陇海铁路之延长线，自宝鸡至天水，全长 168 公里。二十八年开工，沿线多方石隧道，总长达 22 公里，工程艰巨。后以材料缺乏，运输不便，原定工期屡经延展，至三十四年底完成通车。

6. 其他新路　修筑陇海路咸同支线，由咸阳接同官煤矿；及粤汉路白杨支线，由白石渡站接至杨梅山矿场；湘桂路黄阳司支线，通达窑冲煤矿；并赶筑綦江铁路，以开辟煤源，发展铁矿。

（二）修筑与改善公路

1. 修筑国际公路　为沟通国际路线而建筑之公路，计自兰州至猩猩峡之甘新路，长 1179 公里；自长沙经衡阳至九龙之湘粤港路，长 1100 公里，以补助粤汉铁路之铁路之运输；自衡阳至镇南关之湘桂公路，长 1107 公路，以与滇南公路、铁路相联络。同时赶筑滇缅公路，自昆明以达畹町，计长 959 公里，由此可达腊戍，再与铁路衔接，以通仰光。三十一年五月，敌寇侵入滇境，惠通桥以西沦陷，惠通桥至宝山段自动破坏。三十二年七月滇西我军反攻，由交通部组织抢修队，随军推进配合抢修。三十三年八月为配合雷多公路军事之推进，兴筑保密公路，自宝山经腾冲越 37 号界桥至密支那，计长 389 公里。在龙腾未克复前，保密公路工程处已派员潜赴敌后，勘测路线，反攻进展，即分段赶筑，于三十四年四月打通中印公路，乃全线通车。该路穿越原始地带，瘴疠为患，工程艰巨，给养困难，幸赖员工努力，终得迅速完成。

2. 兴建与改善国内公路　为适应军事需要及流通物资，而兴建与改善之公路，择要述之如后：

（1）贺连路　自广东连县经连山至鹰扬关入桂省贺县，计长 153 公里，为粤桂交通要道，二十七年十二月开工，二十八年九月完成通车。

（2）黔桂西路　自黔滇路沙子岭经兴仁、安龙、八渡至百色，计长 413 公里，为黔桂两省西部交通孔道，二十八年十一月开工，二十九三月完成通车。

（3）川滇公路　自四川隆昌经泸县、叙永、毕节、宣威而达昆明，全长 969 公里，为西南西北联络重要路线，于二十八年八月全线打通，二十九年二月完成。

（4）桂惠路　自桂林经龙腾、靖远以达三穗与湘黔路衔接，全长 480 公里，于二十九年开工，三十年全路打通。

（5）汉白路　安康至白河段，计长 258 公里，为联络西北与武汉之重要路线，于二十七年十一月完成通车。

（6）甘川路　自兰州经岷县、武都而达绵阳与川陕路南段向衔接，为四川通西北之安全路线，全长 891 公里，于二十八年底完成。

（7）汉渝路　自重庆小龙板〔坎〕经大竹、达县、万源以达西乡，与汉白路相接，计长 592 公里，为重庆至汉中之捷径，于三十年底完成。

（8）乐西路　自四川乐山迄〔讫〕西康、西昌，计长 517 公里，为川康主要干线，于二十八年八月开工，三十年一月完成。

（9）西祥路　自西昌经会理永仁以达祥云，全长 562 公里，为乐西滇缅两公路之联络线，二十九年十一月开工，三十年六月完成。

（10）川康路　自成都经雅安而达康定，全长 374 公里，于二十九年全线打通。

（11）南疆路　自甘肃安西经敦煌入新疆至库尔勒，全长 1234 公里，为接通之重要路线，三十一年十一月开工修筑，至三十五年一月完成。

（12）青康路　自西宁经黄河沿歇武至玉树，全长797公里，为由青入藏之干线，于三十二年七月兴工，三十三年九月完成。

（13）康青路　自康定自甘孜，以达歇武与青藏路衔接，全长792公里，于三十一年兴工，三十三年九月全线通车。

兹将历年靠公路新筑与改善里程列表于左〈下〉：

历年公路新筑与改善里程表

年度	新筑里程（公里）	改善里程（公里）
二十七年	973	5584
二十八年	2583	9802
二十九年	949	9317
三十年	2616	11883
三十一年	755	15343
三十二年	1571	16666
三十三年	2228	20306
合计	11675	88901

（三）开辟驿运路线

武汉、广州沦陷后，国内物资运输以昆筑渝为枢纽。汽车运输力有不逮，行政院乃召集水陆交通会议，决定利用人力、兽力增强运输力量，先设驮运管理所，主办叙昆、渝筑、筑晃等驮运线。

二十九年二月先后成立兰猩、汉渝、泸昆、川陕、川康、滇桂、黔川、黔滇越等车驮运输所8所，办理车驮运输。二十九年夏成立驿运总管理处。并在各省设立驿运管理处，规定干线由中央主办，支线由地方主办。

中央驿运干线，计有川黔、川滇、川陕、甘新、新疆等线，共辟重要驿运路线6889公里。各省驿运支线，计有川、陕、甘、粤、桂、闽、赣、湘、鄂、浙、皖、豫、滇、黔、康等省，共辟重要驿运路线20000余公里。国际驿运路线共有下列3线：

1. 新苏线　该线由猩猩峡经迪化以迄苏联接壤之霍尔果斯，连同辅线，共长2013公里。

2. 新印线　该线自斯令那加[①]，经驿路至列城，而达新疆之叶城，由列城至叶城，分东西两线，东线2005公里，西线1160公里。

3. 康藏印线　该线自康定经拉萨至印境葛伦堡，共长2501公里。

（四）开辟水运路线

国内运输随军事之转移逐渐向内河推进，航线日见缩短，运量不免削减。交通部为发展水运，增进运量起见，致力于增辟新航线。武汉沦陷后，增辟之航线于次：

1. 嘉陵江航线　川省嘉陵江航线为贯通西南西北之水运要道，自设置绞滩站及炸除险滩后，小轮可驶航至南充，浅水轮可驶达广元。

2. 白水江航线　白水江航线为由四川通达甘肃之要道，自广元沿嘉陵江上游至白水江镇，可与公路相衔接。

3. 沅江航线　湖南常德至沅陵航线，木船航行迟缓，轮船试航成功后，常沅段轮船即源源航行沅陵，辰谿段继起开航，湘西水运愈臻繁盛。

① 今译斯利那加。

4. 湘宜航线　湘鄂交通本经汉口或城陵矶转道，武汉失守后，增辟长沙经安乡、公安、松滋而达宜昌线，自二十八年起，至宜昌沦陷止，运输物资器材及旅客正多。

5. 金沙江航线　金沙江为衔接滇西各交通线，穿越西南腹地及通达国际运输线之最近水道，由交通部邀同有关机关组织测勘队测勘全线，复经金沙江工程处择要修浚，先行通航宜宾至屏山段。

（五）开辟空运路线

1. 国际航线　抗战以后，以欧亚航空公司所营汉口经长沙、广州至香港线，及中国航空公司自重庆经桂林、广州至香港航线需要最大，复增辟自昆明至河内线，以加强空运力量。武汉、广州沦陷后，复先后增辟重庆经桂林至香港线，南雄至香港线，重庆经昆明、腊戍至仰光线，重庆经昆明、腊戍至加尔各答线，及哈密经迪化[①]、伊犁至阿拉木图线。太平洋战事爆发后，香港航线停航，滇缅战后复增辟丁江至昆明、丁江至宜宾及丁江至泸县航线，国内外物资之输出、输入均由此中印航线空运，以维抗战之需求。

2. 国内空运线　抗战以后，沿海及华北航线均告中断，我国航空运输，以汉口、重庆、昆明为中心，先后开辟自昆明至成都，汉口至西安，重庆至桂林，汉口至长沙，重庆经泸县、叙府至嘉定，重庆经西安、兰州、凉州、肃州至哈密，重庆至兰州，成都至兰州，昆明至桂林，重庆经兰州、肃州、至哈密，重庆至汉中，重庆经芷江至柳州，成都至雅安等航空线，以适应运输之需要。

（六）建设电信线路

抗战以来，电信所收损失颇巨，政府西迁后，积极建设报话线路，并修整扩充原有路线，采用新式报话机件，如韦氏电报快机及载波电话机等，先后完成重庆至昆明、贵阳、成都、西安、兰州等处重要报话干线，并完成中心制长途电话网，以配合军事通讯之需要。防空情报线及国内各空军基地通信网之修建，浙、赣、湘、鄂、滇、缅各战区被毁线路之恢复，东南各省与后方无线电通信之维持，市内电话之增设扩充，均能完成任务。自二十七年至三十四年三月，共计新设长途电话线 25065 公里，新设电报线路 16897 公里，修整报话线 5300 公里。

（七）增辟邮政局所及邮路

抗战军兴，邮政局所停闭者颇多，惟泰半仍冒险维持，以利通讯。政府西迁重庆，后方局所年有增加，至三十四年八月，后方邮局计有 26620 所。

自武汉、广州沦陷，邮政有全区多半完整而管理局所在地已告沦陷者，则在陷区完整地区另设管理局办事处，计先后成立广东、河南、湖北、浙江、安徽等办事处，并积极推展西南西北邮务。

抗战开始时，内地与沿海交通因京沪路阻断，改以沪杭路维持邮运，旋复以浙闽沿海及广州为通道，而以汉口为全国邮运中心。武汉、广州沦陷后，利用浙、闽、粤等省沿海小港口为出海邮路，以滇越铁路为邮运中心，后复利用滇缅公路及渝港航空线运邮。太平洋战事发生后，后方与沦陷区邮路先后组成浙东、湘北、鄂中、豫东等线，迨后因交通阻断，乃组织秘密邮路维持邮运，三十四年八月，后方邮路计有 382746 公里。

（八）敷设中印油管

自滇缅路封锁后，油料须赖空运入国，为减少空运油料吨位起见，特敷设中印油管，自印度加尔各答，经雷多密芝那至昆明，总长 3000 余公里。国外段由美方自印度接至畹町附近，国内段由美方供给材料，我方工作由畹町沿滇缅公路至昆明后，复将油管展筑至曲靖、沾益、陆良、

① 即今乌鲁木齐。

呈贡等地，以谋昆明以东各机场输油之便利。

中印油管为世界最长之油管，自三十四年五月底油管输油，迄同年十一月停止输油，每日输油量为18000吨。

三、业 务

（一）铁路运输

抗战以来，各铁路线虽因战事之演变而逐渐缩短，但运输军事军品及人民器材任务繁重并未减少，幸能改善车辆调度，编组运煤等车及军运列车，举办水陆空联运，加强运输设备，添建岔道，抽换枕木，改善弯道坡度，及加强修车能力，以最经济、敏捷之方法运输公商物资，以发挥最大之运能，完成战时铁路运输之任务。

兹将抗战以来各铁路运输数量列表于左〈下〉：

各铁路历年运量表

年份	人数			吨数		
	合计	军士数量	旅客数量	合计	军品吨数	货物吨数
二十七年	8543900	2050500	6493400	7350000	1249500	6100500
二十八年	10282100	2467700	7814400	3560000	605200	2954800
二十九年	12045440[①]	2968744	9076644	2636827	459543	2177284
三十年	14134650	2089665	12044985	3136340	363700	2772640
三十一年	13459668	2131625	11528043	3460247	380518	2688729
三十二年	18970789	2984456	15986333	3741429	455849	3285580
三十三年	9228121	1529887	7698234	1611608	250244	7361362

（二）公路运输

武汉、广州沦陷后，公路负荷战时运输之重任，除一般军公运输外，尚有更重要之任务，为打破封锁，争取国际运输路线，以运入国外之物资，增强抗战力量，同时并将国内物资输出，以巩固经济基础。进出口运输之公路线，有越桂、滇缅、新疆等线。

1. 越桂线　为南宁经镇南关[②]通至同登，及车河经岳墟通至同登两线，接同登至河内之铁路，工程艰巨。通车后敌机白昼轰炸，车辆仅在夜间行驶，运输困难，幸抢运均能达成任务。

2. 滇缅公路　运输情形：全线分为3段，自仰光至腊戍为第1段，系铁路运输；腊戍至遮放、羊市分为第2段，系边境公路；遮放、芒市至昆明为第3段，系国内公路。运输力以第1段为较大，进口以兵工原料及军械为大宗；出口以桐油、锡块为大宗。该路初通车时运量甚少，后因统筹调配商车，召集南洋华侨司机技工回国服务，运量乃因之较增。该路山坡高峻，不易行驶，而敌机之轰炸，雨季之山崩，设备不齐等，在均使运输增加困难，本驾驶者均能不避险阻，克服困难，完成任务。

3. 南疆线　由兰州经哈密、迪化至霍尔果斯，运输日用品及运输器材。

国内运输路线以西南公路、川滇东路、西北公路为最重要。

① 此处合计数有误，但原文如此。

② 即今友谊关。

（1）西南公路　以贵阳为运输中心，东起长沙，西迄昆明，南抵柳州，北达重庆，有川湘路川段为之辅，实为战时国内后方运输之大动脉。其路线计分筑渝线、筑柳线、筑桃线、筑曲线、川湘线等，客运及军公物资运输均极繁剧。

（2）川滇东路　里程较短，物资运到泸州后可水运至重庆，兵工器材、航空用油，均取道该路，运输任务极为繁重。

（3）西北公路　运输路线计有甘新、西兰、甘青、汉白、宝平等线，除军车担任运输外，公建商车亦参加运输，惟因轮胎配件来源不易，配修困难，致运量有限。

滇缅路被敌封锁后，公路运输所需之车辆配件、油料等，来源不易，凡油料之采用，零件之制造，均赖自力更生，以维持抗战之需要。

此时公路运输虽倍感困难，各重要运输，如黔南战时之紧急军用，美空军物资之接运，西北移民之运输，均能适应机宜，完成任务。

兹将历年公路客货运量列表如左〈下〉：

各公路历年运量表

年别	客运		货运	
	人数	延人公里	吨数	延吨公里
二十七年	1432200	247770600	49690	28581800
二十八年	1141600	197496800	39510	22218300
二十九年	916574	159173001	36592	21956675
三十年	484450	74447386	341686	487205206
三十一年	372392	71021732	381702	189166517
三十二年	3825705	179729127	320373	153635826
三十三年	17433416	183922955	30383	42887085

（三）驿运业务

驿运事业，旨在利用民间运输工具从事运输服务。惟因民间工具不敷调配，各干支线亦自行增造舟车，并贷款于人民增造，以增动力。站房、仓库，原以利用民间旧有仓栅、马厩为原则，但因旧有民间设备或过于简陋，或不合储藏及不合牲畜卫生，各驿运干线历年添造站房、仓房、车栅、马厩、食宿站等，共 1300 余所。二十八年至三十三年六月已造各式车辆 11781 辆，并制造各级木船 290 艘，共计 2498 吨。三十二年十一月，交通部与藏商驮运股份有限公司，自三十三年二月起开始营运。三十二年二月建设西北驿运旅客站，自广元以迄哈密，计长 2322 公里，共计 79 站。

驿运运量干线方面，二十九年九月至三十三年底，货运共 1249832 吨，17365928 延吨公里，三十一年四月至三十三年底，客运共 4024963 人，15160003 延人公里。

三十三年底，空运运量增加，驿运总管理处及各省驿运管理处先后撤销，驿运事业归军事委员会战时运输局及各省公路管理局负责。日本投降后，驿运事业乃先后停办，由人民自由经营。

（四）水陆空联运业务

水陆空联运足以增进运输之效率，自武汉、广州沦陷后，交通部特办水空及水陆联运，以增强运输能力。兹略述如左〈下〉：

1. 水空联运　水空联运方面，三十二年办理了宜渝水空联运，增强进出口物资运量，并积极筹备了沪渝水空联运事业，以应需要。

2. 水陆联运　水陆联运有川陕、川湘两线，为陕棉、川盐、湘米及其他重要物资之主要运输线，川陕线自重庆溯嘉陵江而上，经合川、南充而达广元，利用水运，广元至宝鸡利用车运。川湘线分为两路，一由重庆经涪陵至龚滩，利用水运，龚滩至龙潭驮运，龙潭经沅陵至常德，利用水运；一由重庆经涪陵至彭水利用水运，彭水至龙潭或沅陵车运，龙潭或沅陵至常德利用水运。由重庆至涪陵 121 公里，涪陵至龚滩 275 公里，龚滩至龙潭 70 公里，龙潭至沅陵 287 公里，沅陵至常德 203 公里，共长 956 公里。

3. 公路联运　西南西北各省公路，先后举办联运，如重庆—常德—恩施联运。重庆—兰州，重庆—老河口，重庆—迪化，重庆—宁夏至绥远、陕坝，重庆至宝鸡之直达联运。

4. 铁路与公路联运　公路与铁路亦实行联运，如西北公路与陇海路之联运，西南、川东、滇缅公路与川滇铁路亦举办联运。

（五）空运业务

抗战之初，沿海及华北空运均告中断，乃以汉口为中心，迨武汉与广州相继沦陷，中国航空公司迁至重庆，欧亚航空公司迁至昆明，渝昆两地遂为空运之中心。此外，交通部更与苏联中央民航总管理局订立合约，合资组织中苏航空公司，专营自新疆哈密经迪化、伊犁至苏境阿拉木图航线之空运业务，于二十八年十二月战时成立，开始空运。欧亚航空公司，则因中法绝交收归国有，改为中央航空公司。此期航线虽增辟，惟因飞机甚少，运输能力有限，爰尽最大之可能，日夜飞行，以增运能。故飞机数量虽未增加，运量则增加甚多。当时我国海岸被敌封锁，物资输入全恃空运，及后飞机稍有补充，复增强国内空运力量，以维后方交通，虽器材困难、汽油缺乏及敌机轰炸破坏，均赖坚强之毅力，维持国内及国际运输，输入国际兵器与生产物资，对抗战大业贡献至巨。

兹将历年空运数量列表于左〈下〉：

历年空运数量表

年别	客运（人）	货运（公斤）	邮运（公斤）
二十七年	14657	138911	124636
二十八年	25775	430676	209684
二十九年	28575	937492	159589
三十年	29060	4151740	193318
三十一年	30853	4349374	99878
三十二年	35612	19663473	88788
三十三年	39823	27170898	96899
三十四年	59294	27551021	258948

（六）中印空运之成就

滇越、滇缅两路阻断后，国内国外物资之运输，均赖空运，爰增辟中印空运线，起点为印度之丁江，终点本为昆明，俟乃增辟丁江至宜宾及丁江至泸县 2 航线，以便物资自印度运至宜宾与泸县后，利用长江水路转运重庆。

中印空运开始时，运量月仅百余吨，逐渐改善增加月达千吨左右，最后曾达 2400 余吨，勉维供应我国所最需要之物资。惟因吨位有限，分配颇感困难，乃由各物资机关派代表组织分配机构，按月开会一次，议定分配数字，通知驻印主管机关，执行配运。

中印空运飞机性能优良，惟须飞越喜马拉雅山驼峰，常须克复〔服〕恶劣之气候，故中印空运举世闻名。除中国航空公司所经营之运输外，尚有美国空军运输队之运输，最高运量月达3万余吨，起运站为印度之茶保及附近之机场，到达站有昆明、呈贡、陆良、沾益、云南驿等地。

兹将中国航空公司3年间中印空运，内运物资数量列表于左〈下〉：

年份	合计物资吨数
三十二年	9650144
三十三年	17887177
三十三年	19351481
合计	46888802

（七）维持国际电信

抗战军兴，国际电信业务以成都、重庆、昆明为重心，与国外直接通信，三十一年并开办中美无线电传真，更于重庆等设大型无线电机件，与旧金山、伦敦、巴黎、洛杉矶、孟买等处通讯。

（八）国内电信业务

战时国内电信，以军信频繁与人口迁移需要激增，虽受战事影响迭遭破坏，但使用者日广，国内电报及长途电话业务，均逐年增繁。三十三年全国电报去报字数较战前增加1.5倍，长途电话通话数次较战前增加2倍，惟市内电话，则因大城市多数沦陷，用户总数仅及战前1/10。

为便利公众通讯，于三十二年积极推行特快电报，先从重庆与成都、桂林间，重庆与衡阳、长安间试办，规定自收报至送达时间至迟不得逾8小时，嗣后积极增辟，最多时曾达190余路。

自敌人进逼粤桂后，东南各省与后方有线电报、电话完全断绝，爰加强无线电信，如恢复重庆宁都间无线电话，开放重庆宁都间、重庆永安间、重庆龙泉间无线电报快机电路，以维持东南各省与后方之通信。

（九）国际邮运

抗战以后，我国除与英、美、苏等盟国维持通邮外，与其他各国之邮务均陷于停顿。太平洋战事发生后，国际邮运除赖中印、中苏维持外，皆以空运，发由印度加尔各答转英国海外航空线，及泛美航空线转运。因中苏中印两陆路线邮运需时甚久，寄信者多，改寄航空邮件为数激增。

三十四年八、九月间，因中苏中印两线不能利用，陆路邮运几遭阻断，普通邮件当经商准，由英美军机免费带往旧金山及伦敦邮局投递或经转；挂号邮件则交由中航机带运至印，再经由水陆路运投递。香港等处之邮件，亦由美国军机带运。苏联邮件在中苏路运未通前，交由中苏航空公司运至阿拉木图，再由陆路续运。

陆路互换包裹曾商准苏联印度两邮政，往来苏联者以中苏本国包裹为限，往来中印者除中印本国包裹外，所有我国与英、美、加、澳、新西兰及其我各国互寄之包裹，均可由印度邮政转递。

（十）国内邮务

1.军邮业务　抗战军兴，创设军邮，机构分配于各主要部队内，复在军事交通要冲设置军邮收集所，配合战局。普通设置，师部以上均配置军邮局及军邮派出所，团部以下则配设军邮联络站，发售军政邮票，并优免费汇兑，颇著成效。印度、缅甸、越南等地，亦均设置，以利远征将士之通信。至三十四年八月，共有军邮收集所12所，军邮局292所，军邮派出所173所，军邮联络站 223 处，兼办军邮局 2035 所。

2. 汽车运邮　抗战以后，铁路轮船运邮干线均受阻碍，先后开办太原—大同线、南京—上海—汉口线，六安—汉口线及南昌—浮梁—屯溪线长途汽车协运邮件。武汉、广州沦陷后，又增辟滇黔、黔川、川陕、桂黔、湘赣、赣粤、赣闽、赣浙等线，加速运输邮件。内地邮运则着重自浙江经赣粤、湘桂以及贵阳干线，及自云南经黔川以迄陕西、宝鸡干线，西安至兰州之邮运亦租用商车维持，使后方各重要城市之邮运畅通无阻。

四、器　材

（一）交通工具及器材之修造

1. 修理机车车辆　各铁路机厂拆卸抢运之机器材料疏运后方，分配于各铁路，先后建立各铁路机器厂，藉以生产及修理机车车辆，如湘桂路之全州、桂林、苏桥 3 机厂，以修理机床车辆为主，柳州、黔中 2 机厂，以制造工业机器为主，柳州厂并制造机车车辆之配件，并于三十三年五月设立铁路总机厂，统筹修车工作，以加强修理机车车辆之能力。

2. 整修汽车车辆　直辖各公路运输局均设置修车厂所及保养场，以修理损坏之车辆。三十一年四月成立汽车配件总库，总筹供应汽车之配件。三十二年六月为加强整修汽车之能力，组设整车委员会，先后于重庆、贵阳、西安、易隆设立整车厂，以整修汽车。

3. 修建轮船　我国战前原有轮船约 60 余万吨，抗战后或转移国籍，或在前方充阻塞之用，或在后方被敌机炸毁，或因损毁拆卸损失殆尽。除利用内河所存轮船，促进航业合作，增进水运力量外，并奖励民营航业公司，积极修复旧轮，复贷款与航商制造浅水轮船及煤汽机船，航行川、桂、湘、鄂等省水道。国营招商局由长江下游撤退之江华、江安、江顺、江新、江汉、建国 6 大江轮，约 2 万余吨，亦分别整修完成。惟战时交通梗阻，限于人力、物力，历年所造轮船为数不多。

4. 修造木船　战时举办水空、水陆联运船舶需要增加，原有轮船不敷供应，兼以内河航道特殊，乃决定修造木船，贷款航商，并设置造船处，积极制造木船，并承造各机关委托船只。自二十八年至三十四年底，共造木船 2600 余艘，计 4200 余吨，长江上游及桂省浔江、郁江、柳江，粤省东江、西江、北江，湘省湘江、沅江，赣省赣江等线之水运得稍加强。

此外，后以交通器材来源困难，8 年中经先后创设交通器材制造工厂或与其他机关联合经营之公私工厂，计有钢铁配件厂、西北林木公司、中国林木公司，制造钢板、道钉、枕木等铁路器材；中央汽车配件厂制造公路器材、泸县电器机料器材厂、桂林电信机料修造厂、中央电瓷制造厂、中央湿电池制造厂、邮电纸厂制造电话、电报机件及各种瓷隔电子、湿电池、电报纸条、邮票用纸等电信器材；桂林电器修配厂、甘肃水泥公司制造工作机、铁路配件及水泥等器材。各厂均能积极制造增加生产，抗战期间之新工建设及维持材料赖以供应。

（二）交通材料之抢运与储转

汉口、广州相继实失守后，交通材料储转之重心已移至川滇桂 3 省。先增设桂林、昆明、重庆等材料厂，成都、桂阳、柳州、同登、三合等材料库，复在柳州设立材料运输队，办理同登、三合等材料库，复在柳州设立材料运输队，办理同登至柳南之运输，并兼办柳渝间料运。海防被敌占领后，材料运输路线侧重滇缅公路，先后运入电料、公路材料约共 1 万余吨，迨滇缅路阻断，外洋材料仅赖中印空运进口，爰在印度新德里设立总代表处，分别办理国外材料接收、储转、内运及接洽联系事宜，交通器材内运数量得以逐年增加。三十一年度内运交通器材仅数 10 吨，三十二年增至 700 余吨，三十三年增至 1600 余吨。

五、复　员

（一）办理复员运输

抗战胜利，复员运输需要殷切，交通部爰就水陆空交通工具运输力量，办理复员运输，以应紧急需要，兹略述如左〈下〉：

1. 公路运输　公路复员运输其较重要者，为办理重庆区工厂停业工人免费运输，由社会经济两部会同交通部办理，自三十四年十二月二日开始实施；其次为运输难民还乡，由交通部与善后救济总署签订运输合约，由该署补贴票价。运输路线计分由重庆经沅陵至长沙，重庆至衡阳、长沙，昆明经贵阳至柳州或衡阳、长沙，潼关至洛阳等路线，并开办渝浦（浦口）渝京联运，以便利一般人员之复员。自三十五年三月至十月，直辖公路运输机关办理复员运输共运 158687 人，公物 50990314 吨，行李 1655335 吨。

2. 水运　水运复员运输，初时由战时运输局成立水运复员委员会负责办理，旋因业务繁重，原有轮船不能充分配合调用，交通部为统筹调配，加强运能，乃于三十四年十二月成立全国船舶调配委员会，主持其事。至三十五年六月，复将调配业务改由重庆招商局分局及各航业公司合组渝宜轮船联合办事处办理，该处先后受中央党政机关留渝联合办事处及重庆行辕之督导，自三十四年九月至三十五年十一月，轮船共运 203024 人，货物 84497 吨，民船共运 44588 人，货物 32515 吨。

3. 空运　复员以来，空运需要至为重大，中国、中央航空公司原有飞机自属极不敷用，在抗战胜利后调用一部分原任中印空运之飞机，分配各线办理空运，继由两航空公司购用美军在华剩余运输飞机及零件，以资应用。各线运输至为繁重，尤以自重庆经汉口至京沪一线，因还都人员众多，需要迫切，机位之支配由行政院及军事委员会复员委员会管制，优先配给公务人员及军事人员搭乘。三十五年八月底，军委会复员委员会撤销，另组织重庆行辕复员运输委员会管制空运机位，自九月一日开始工作，至十月底结束，空运机位仍由交通部自行支配，以应需要。自三十四年九月底至三十五年十月，空运复员人数共计 141286 人。

（二）救济并安置撤退员工

交通员工以铁路人数为最多，抗战以后各路相继沦陷，铁路员工于完成任务后奉命后撤，此项人员之救济安置乃成为迫切之问题。二十七年四月，交通部于汉口组设战时交通员工训练委员会，并于汉口、长沙、湘潭，重庆、广元等地筹设交通人员训练所，集中训练各路撤退员工，编组服务队，协助当地交通机关为旅客服务，并分发后方各铁路公路工作。三十年五月，交通员工训练委员会于重庆结束，3 年来共计救济安置员工 8814 人。

三十三年底湘桂战役，粤汉、湘桂、黔桂 3 路及铁路总机厂员工转辗迁移，艰苦备尝。我军在黔南获胜后，3 路员工被困于南丹、独山、都匀、贵阳及重庆者达 18000 余人亟待救济，当经交通部呈准行政院拨发救济费 1.5 亿余元，及生活维持费 5.1 亿元，乃于三十四年二月派员前往各地，慰劳并分发救济费及尽量设法安置或介绍工作。

抗战胜利，收复区各铁路需要重要员工殷切，经颁订登记办法即收复区各铁路旧有人员任用办法，凡经失业登记之人员，先行分发输送各回原路服务，在未输送前发给维持费以维生活，重庆、贵阳、广元、柳州等地登记员工总计 10335 人，分发于各区铁路局任用。

邮政人员中央有命令留在原地服务，服务人员较少，电信技术及报务人员复撤后均分派与内地各电信机关服务，空运人员全部内撤，水运后撤人员则较少。

（三）培养交通人才

交通事业需要专门人才极为殷急，交通部除与教育机关合作培植外，三十三年三月奉令派员出国学习，一为美国租借法案拨款训练我国农工矿技术人员1200名，统案交通部分配得有377名，一为美国租借法案拨款训练我国铁路人员110名专案，两案共计487名。交通部赶办考选，于三十四年一月录取足额，分批赴美复选，派高级人员赴美考察，藉以提高专门技能。

（四）拟定交通技术标准

各项技术之标准化为建设之最要条件，交通部爰特设立交通技术标准委员会，研究编订各项交通技术标准，以为战后交通建设之规范。铁路技术标准其已编订公布者如《中华民国铁路建筑标准及规则》《铁路建筑标准图》《铁路钢桥规范》《各类车辆规范》《铁路号志表象标准图》《铁路单线区截止分级标准图》《铁路电讯设备标准》等，以树立铁路建设之规律。电信技术标准、邮政技术标准、航业技术标准亦均详为编订，完成多种。

六、战时损失

（一）交通事业战时财产损失

抗战以来，交通事业所遭受之财产直接间接为数甚巨，按照行政院规定折合标准计算，总计战前美金约13亿余元，各部门之损失数如左〈下〉（战前币值）：

1. 本部　损失总值为2500万元，约占总数0.56%。
2. 铁路　损失总值为23.2亿元，约占总数50.31%。
3. 公路　损失总值为10.5亿元，约占总数22.88%。
4. 水运　损失总值为4.5亿元，约占总数9.84%。
5. 空运　损失总值为2600万元，约占总数0.56%。
6. 电政　损失总值为2.58亿元，约占总数5.60%。
7. 邮政　损失总值为1.26亿元，约占总数2.75%。
8. 材料　损失总值为3.46亿元，约占总数7.50%。

兹将所遭受直接与间接损失列表于左〈下〉：

交通事业战时财产损失表（不包含东北）

民国二十六年七月至三十四年九月三日　单位：元

项目		合计			直接损失		间接损失	
		战前法币价值	战前美金价值	百分比	战前法币价值	战前美金价值	战前法币价值	战前美金价值
总计		461242004	1360565880	100.00	3117765330	919694786	1494654710	440901094
本部		25680485	7575365	0.56	25678062	7574650	2423	715
铁路		2320340443	634480955	50.31	1532206443	451978391	788184000	232502654
公路		1054766167	311140482	22.88	729058975	215061645	325707192	96078817
航务	海洋沿海	209767315	61878264	9.84	209767315	61878264		
	内陆	244411267	72097718		69922439	20626088	174488828	51471630

续表

项目	合计			直接损失		间接损失	
	战前法币价值	战前美金价值	百分比	战前法币价值	战前美金价值	战前法币价值	战前美金价值
航空	26070982	7690555	0.56	26012003	7673157	58979	30487856
邮政	126873856	37425917	2.75	23520028	6938061	103353828	30341003
电政	239072851	76127684	5.60	155216851	45786681	102856000	30341003
材料	346386674	102178960	7.50	346383214	102177939	3460	1021

（二）交通员工战时伤亡人数

抗战以来，敌人袭击轰炸铁路、桥梁、机车车辆、轮船、汽车、电台等交通工具，企图阻断交通运输与通讯，幸我交通员工奋勇抢修，随炸随修，仍能维持通车与通信，不论在任何困难危急情形下，均能履险为夷，完成任务。

交通员工为尽忠职守不及撤退，致为敌俘虏，惨遭杀害者屡见不鲜，其可歌可泣之忠勇事迹，国家自有明文褒扬，其他呈报交通部有确切记载者，伤亡人员共为 5868 人，受伤者计 1657 人，死亡者 4211 人。

兹略述于左〈下〉：

1. 本部　死亡 4 人。
2. 铁路　受伤 986 人，死亡 1036 人。
3. 公路　死亡 1215 人。
4. 驿运　受伤 1 人，死亡 33 人。
5. 水运　受伤 436 人，死亡 1569 人。
6. 空运　受伤 16 人，死亡 32 人。
7. 电信　受伤 61 人，死亡 137 人。
8. 邮政　受伤 155 人，死亡 165 人。
9. 材料　受伤 2 人，死亡 20 人。

其未经调查明确失踪无下落者，为数当亦不少。

15. 抗战时期在重庆成立的农林部及其工作①（1941 年 7 月 7 日）

暴敌侵凌，举国震愤，吾侪为保护国土，复兴民族，在最高领袖督导之下，发动神圣之全面抗战，已 4 周年于兹矣。艰苦奋斗，扫荡凶顽，抗战必胜，可操左券。惟抗战胜利，有赖于前方将士之效命疆场，而支持前方之长期抗战，尚有赖于后方生产不断之供给，一切物资，需要迫切，农、工、矿业必有大量生产，始足以供需求。农业为工业资料之源泉，在战时当居重要之地位。总裁历次训示曾昭告抗战最后胜利，实赖广大之农村，此项明训，更使吾人深信农业与抗战胜利关系之密切。良以吾国地大物博，适宜农植，国民之以农为业者，占全人口 3/4 以上，凡衣食原料之供给，外销特产之增进，耕牛役畜之配备，建设木材之供应，均非藉农业部不为功。

① 本文系国民政府行政院农林部部长陈济棠所著，原名为《四年来的农业建设》，重庆市档案馆馆藏档案。

抗战军兴，敌人虽能破坏于一时一地，决不能沮遏吾后方农业生产之增进，况西南、西北天然蕴藏，甚为富厚，有待开发与改进，随处皆可致力，以增加生产而适应抗战需要。

近4年来，军事方面之力量愈久而愈充实，农业方面之进步，亦愈久而愈显著。以言粮食，抗战以前，我国粮食即形不足，输入洋米每年平均达1600余万担，输入小麦（包括麦粉）每年平均达2000余万担。抗战以后，各处海口，被敌封锁，惟近年军糈民食，差堪自给。除因天时等关系外，农业改进之工作，颇有相当功效。以言棉花，西南诸省，棉产向感不足，近年政府设法增产，对于川、陕两省尤为注意，颇著成效。据中央农业实验所农情报告估计，近年川、陕、滇、桂、黔、湘、赣、豫、甘、浙等10余省之棉产逐年增加，超过战前7年平均数（上列各省棉花产量战前7年平均数为4831000市担，二十七年为4688000市担，二十八年为5833000市担，二十九年为6078000市担）。以言油菜、蚕丝、茶叶、桐油生产之增进，农作物病虫害之防治，林、垦、渔、牧之推进，农村经济之发展，以及农业机构之调整等项，均有相当之进展。至其所以致此之原因，盖有下列诸端：（一）中枢及各省当局对于农业之发展，特加注意倡导。（二）从事农业之改进，农业行政及其他有关农业之工作人员，鉴于农业生产与抗战关系之重要，加倍努力进行。（三）雨水调匀，无重大灾荒。（四）各界人士对于发展农业，多能尽力赞助，例如金融界投资农村，举办农贷，以协助调剂农村金融。工厂提高价格，收购改良种之农产品，以鼓励农民采用优良种籽。（五）农业改良工作，在平时注重试验研究，已有相当结果。在战时注意推广工作，改善农民生活，而成效易于显示。（六）战时农村，壮丁虽然减少，而留居乡村之农民，手足胼胝，辛劳倍蓰，溢以士兵妇孺等之助耕，农田工作，仍可进行如常。

近年农业施政方针，注重增进农业生产，以求衣食自给，工业原料充裕，及增加换取外汇之特产，同时注意发展农村经济，改善农民生活，以充实国家及人民所需要之资源，增厚抗战之实力，并奠定建国之基础。自中央设立农林主管部后，机构益臻完备，业务更为扩展。以前举办之事业，俱以继续扩充进行，新兴事业如关于农事、林业、渔牧、农村经济、垦务等项，无不依据实际需要，选择适宜区域，广罗人才，次第举办，并拟具农林部3年施政计划纲领，经由第1次全国会议讨论通过，分别筹划进行。复鉴于战争胜利之关键，不惟在于足兵，而尤在于足食。自本年度起，对于粮食一项，特别深切之注意，举凡足以增进稻、麦、杂粮生产者，莫不悉力以赴之。本年各省增产粮食数额，以3170余万市担为目标，自中央以至地方，皆能同心尽力，齐一步骤，以求粮食储备充裕，可无匮乏之虞，俾与民族武力，配合迈进，共达胜利之目的。

济棠忝长农林，荷膺重任，受命以还，瞬届周年，夙夜勤励，陨越时虞，惟有秉承总裁及中枢当局忠诚谋国、励精图治之至意，竭忠尽智振兴农业事业，以助成抗战必胜、建国必成之大业。兹值抗战周年纪念之期，用就4年来农业设施情形，择要陈述于后。

一、整理农业机构

农林建设之进行，有赖于健全之农林机构。该项机构，可分为中央及省县3部分，兹分述于左〈下〉：

（一）中央方面之农业行政，在抗战开始时期，仍由前实业部主管，此外全国经济委员会设有棉业统制委员会及蚕丝改良委员会，分别办理棉蚕改进事宜。抗战军兴，军事委员会设置第4部，兼办食粮棉花之生产运销等事宜。二十七年一月，中央为统筹调整经济行政机构，将实业部改为经济部，将全国经济委员会棉蚕及军委会第4部并入经济部，由经济部设置农林司主管农、蚕、林、垦、渔、牧、农村经济及农村合作等事项。同时将蚕丝改良委员会与棉业统制委员会主办之中央及各省棉产改进所及实业部所属关于稻、麦、种、畜、林业等技术机关，一律归并中央农业实验所统筹办理（该所系前实业部所创办，二十七年一月移归经济部管辖），该所成为全国农林技术之总枢，并于川、黔、滇、桂、湘、陕等省设立工作站，分派技术人员常驻各站，协助各省农业改进工作。二十七年二月中央复将军委员会之农产调整委员会及原属财政部之粮食运销局，一并归并于经济部农本局。

中央鉴于发展农林事业与抗战关系之重要，深悉农林机构应加强其力量，提高其地位，充实其内容，扩展其业务，俾能运用较大之行政力量，以推进全国农林事业。特于二十九年七月成立农林部，直属于行政院管理全国农林行政事业，将经济部农林司及所属之中央农业实验所等机关移并农林部部内，分设农事、林业、渔牧、农村经济等司及垦务总局。成立以来，积极扩展各项农林业务，加紧督导协助各省改进农林事业，整理各省农业机构并充实原有之中央农业实验所及江西农村服务区管理处等机关。复由部次第设置国营农场改良作物品种繁殖场、粮食增产委员会柑橘试验场、耕牛繁殖场、淡水鱼养殖场、兽疫防治大队、西北羊毛改进处国营经济林场及筹设中央林业实验所、中央畜牧实验所肥料制造厂、国营垦区、国营屯垦实验区等以增进生产，适应抗战需要。

（二）各省之农业机关，以往为数过多，系统散漫，工作目标无定，与中央农业机构亦少密切联系。经济部成立后，即加以督促调整，经制订《经济部补助各省农业改进经费办法》，规范受补助之机关，须为农业改进集中组织，受补助机关除由中央予以经费补助外，并予以技术上之指导，主旨在使省立各农业改进机构，成为集中之组织。每省有一总枢纽，已成立者，计有四川、贵州、陕西、甘肃、湖南、湖北、河南、西康、浙江等省农业改进所，广西省农业管理处，福建省农业改进处等。农林部成立后对于各省农林机构，继续加以督促调整，已成立者，有宁夏、绥远、山西等省农业改进所。惟为谋更进一步调整机构起见，农林部经拟具《各省农业机构整理办法纲要草案》俟经中央核定，即可施行。该项办法拟提高省农林机关之地位，扩充其积〔职〕掌为行政、实验、推广 3 部分，并统一其名称，充实其内容，俾各省有一健全合理统一农林机构，使中央与地方之农林系统有条不紊、上下一贯，步骤一致，以增进工作效率。

（三）各县农业机关，应从事农业推广工作，所有职员，须赴乡村实地指导扶助农民，将中央及各省农事实验研究机关所得之优良方法及优良种子、种畜、农具、肥料等，推行于农村，使得农民能普遍实地应用于农场，以增加农业生产，发展农村经济，并改善农村生活。此项工作在平时不可或缺，在战时为迅速增加生产及充分发挥人力、财力之功效起见，尤有积极进行之必要。故近年中央对于各县农业机构，注意促进县农业推广所之设置。现时各省已设置县农业推广所或设其他县农林推广机关，或未设机关而暂设县农林推广指导人员者，计有四川、陕西、河南、甘肃、广西、广东、贵州、湖南、湖北、江西、浙江、福建、西康、云南等省（河北、江苏、安徽等省，以前设置县农业推广机关甚为普遍，近以战事影响暂行停顿）。此后当继续督促各县农业推广机关逐渐普遍设立并健全其组织充实其内容，以宏其功效。

二、增进农业生产

第一，增加粮食生产。

粮食为战时之生命线，为长期抗战，应谋粮食之自给自足，并谋粮食之充裕储备。为增加粮食生产，经举行推广良种，防治病虫害，增施肥料，改良农具，及增加种植面积等项。兹分述如次：

（一）水稻　水稻增产，除进行育种及栽培实验外，注重推广工作。1. 推广良种　水稻品种经中央协助各省举行多年之试验研究，已有可供推广之优良品种120余种。以产量而言，平均较当地农家之品种，每亩增62.95市斤。其中产量最高者与农家品种比较，每亩增加可达196市斤。抗战以来，历年在各省推广，均有成效。就二十九年而言，中央协助湘、桂、赣、川、浙、粤、闽等省推广优良稻种90万余亩。其中推广面积，以湖南为最多，计65万余亩，广西、江西等省次之，其他各省又次之。以上各省合计增加稻谷57万市担。2. 推广再生稻　在中熟水稻收割以后，其剩余之稻根上仍能抽生新枝，并能重新开花结实，是谓之再生稻。如栽培得宜，每亩可收获200升以上之稻谷，实为农民之意外收益。二十八年中央协助湘省推广19万余亩，川省推广24000余亩，二十九年中央协助湘省推广25万余亩，川省推广3万余亩，浙省推广1万余亩，以上2年，合计推广50万余亩，增加稻谷39万余石。3. 减糯增籼　糯稻用途，大部用于酿酒制糖，非作正粮，在抗战期内，急应减少其种植面积，改种籼稻。中央协助湘省减糯种籼，二十七年减少糯稻栽培面积766000余亩，二十八年减少423000余亩，二十九年减少52000余亩，3年合计增产籼稻7754000余担。4. 水稻试验　中央协助川、湘等省育成优良稻种120余种，其中有若干种如胜利籼、抗战籼南特号、东莞白等适应力颇大，在川、渝、鄂、黔、赣、粤、桂等省产量均较该省之本地种为高。此外协助川、湘各省举办各项稻作试验，改良工作，其主要结果如下：（1）在西南各省之梯田内，应提倡直接播种，以防旱灾。（2）优良陆稻，在水田内种植，其产量与早熟水稻产量相等。（3）西南各省稻田应多施氮肥、磷肥（在湘省试验结果每亩稻田施行肥料1元可增稻谷40市斤）。

（二）小麦杂粮　小麦杂粮增产，除进行育种及栽培试验外，特别注重推广工作。1. 推广良种　小麦改良品种，如金达2905号、中农28号等，较农家普通品种之产量，每亩可增加15市斤至41市斤，二十七年、二十八年中央协助各省推广良种，二十九年继续推广。计协助川省推广优良麦种8万余亩，陕省推广18万余亩，黔省推广2万余亩，浙省推广2万余亩，赣省推广26000余亩，豫省推广34000余亩，其他各省亦有良种推广。以上各省二十九年合计推广36万余亩，约可增加小麦9万余市担。2. 推广面积　利用冬闲田地，增种小麦，亦为增加生产要图。二十七年、二十八年中央协助广西、贵州、湖南、浙江等省增加小麦栽培面积一百数十万亩，增收小麦一百数十万担。二十九年增种小麦面积更多，另详推广冬耕部分，兹不赘述。3. 育成优良品种　各省小麦品种，经多年之试验改良，已有优良品种多种，其中尤堪注意者，为中农28号小麦。中央农业实验所在抗战前曾搜集中外品种5600余种，抗战后运至后方试验，其中有1种意大利品种，经在成都试验3年，结果良好，每亩平均产量较成都光头麦（农家最好之大麦）多收41市斤。且另有优良之特点，基秆坚强，经风不倒，抵抗病害之能力亦强，该项品种，定名为中农28号，现正大量繁殖推广中。4. 改进杂粮　玉蜀黍、马铃薯、甘薯等，经在黔、滇、桂、川、陕等省举行试验改良已有相当结果，正在繁殖推广。

（三）推广冬作　农林部二十九年秋季拟订推广冬耕办法，通电各省政府、各省农业改进机关及重要农业实验所积极办理，并请有关机关协助进行。推广冬耕之目标，在于倡导各省推广冬耕面积，增种冬季食粮作物，如小麦、大麦、荞麦、燕麦、马铃薯、蚕豆、豌豆等，以增加食粮生产。施行之省份，计有川、黔、粤、桂、湘、滇、赣、浙、闽、陕、豫、鄂、甘等10余省，推广结果，计增加小麦面积920万市亩，大麦170万市亩，豆类200万市亩，共计增加面积1300余万市亩，可增加粮食1500余万市担（其中四川省增加2500000担）。

（四）三十年度粮食增产　农林部鉴于非常时期增加粮食生产之重要，经拟具《三十年度各省粮食增产计划纲要》,呈奉行政院核准。该计划纲要暂定以川、湘、桂、鄂、粤、黔、浙、闽、赣、滇、豫、陕、甘、康等为实施增产区域(后又增加宁、绥、青、晋4省)。藉增加耕地面积、增加单位面积产量、补充农业劳动力3大途径,以达到增产之目的。而以节约消费为辅助工作。关于增加种植面积,分为利用隙地、垦殖荒地、减少非必要之农作物、改种食粮作物、利用冬夏季休闲田地等项。关于增加单位面积产量,分别推广改良品种、防治病虫害、增施肥料及推广改良栽培方法、举办农田水利等项。关于补充农业劳力,则为发动农家妇孺,及党政军学各界协助收获耕种等项。本年度预期可增加粮食生产3100余万市担。农林部经设置粮食增产委员会,专司统筹规划设计及审议有关各省粮食增产事项。复依据呈院核准之计划纲要,订定三十年度各省粮食增产计划大纲,配定各省补助经费数额,分咨各省政府查照办理。并由部派高级技术人员5人分赴各省商洽进行,派专家10余人分驻各省,担任各省粮食增产副总督职务(规定各省建设厅厅长等为总督导)。又派各级技术人员百余人,分驻各省协助办理各省之增产工作。截至本年四月底止,各省冬季作物,纷纷收获,预购今秋之种子。夏季作物之推广,亦以顺利进行。又鉴于陪都附近各县人口稠密,粮食需要最殷,对于附近各县粮食生产,须特加注意。经另行拟具《陪都附近各县粮食增产计划》呈准施行。以江北、璧山、巴县等24县为工作区域。预计可增加粮食增产100万市担左右。此外经颁下列3种重要办法:1. 由部公布《各省粮食增产办法大纲》。2. 由部会同教育部公布《调用各级农业学校学生从事粮食增产工作办法》,俾各学校学生能参加增产工作。3. 由部拟具《减糯改籼紧急措施办法五项》,呈请行政院通令各省办理。

(五)粮食增产原则 《农林部三年施政纲领》增加粮食生产部分所列之原则如下:1. 增加食粮产量,力求自给自足,以供前方士兵及后方民众之所需,并有余裕,可资储备,以备歉荒。2. 稻麦与杂粮并重。对于产量丰富之食粮作物,尤须注意推广。3. 食粮生产充裕之省份,须注重在不易受战事影响之区域,进行增产工作。4. 易受旱灾区域食粮生产,须注意防旱工作,并预先储备杂粮种子以备发生灾害时应用。5. 各省粮食消费市场附近之产粮区域,尤须特别注意其生产之增加。

第二,增进棉花及工艺作物生产。

抗战以来,我国产棉主要省份,大部分沦为战区。西南诸省棉产向感不足,急宜增加后方棉产,以供需要,数年以内,已著成效。至于工艺作物如菜籽、蓖麻籽及麻类等,亦为人民衣食所需,及工业与军事用品,均经注意改进。

(一)棉花 棉花增产,除进行育种及栽培试验外,注重于推广良种,或增加栽培面积,兹分列如下:1. 四川 四川省为后方各省中适宜植棉之区,惟以往每年平均所产皮棉不过40万担,且品质低劣不合纺细纱之用。抗战以来,后方衣被需要骤增,川省缺乏皮棉产量,每年平均约在七八十万担以上。中央有鉴于此,特协助川省改进棉产,一面求量的增加,一面求质的改进。近年所推广之改棉良种,一为德字棉,二为脱字棉,三为优良中棉。其中以德字棉为最优,该项棉种,每亩平均皮棉产量在二十八年为63.4斤,较土棉增收37.6斤;二十九年为50.1斤,较土棉增收31.6斤。中央协助川省推广优良中美棉种,二十七年推广67485亩,二十八年推广131668亩,二十九年推广381260亩(其中德字棉140683亩,脱字棉167519亩,优良中棉73085亩),就二十九年换种之德字棉1种而言,计增收皮棉42000余担。2. 陕西 陕省为产棉重要区域,近年后方需棉浩繁,自宜增进该省棉产,以供应用。查4号斯字棉及719号德字棉,不但产量高,品质佳而对本省风土亦极适合。而斯字棉之产量尤较德字棉为高,斯字棉每亩产量较本地土种增加65%,每亩可增产皮棉20斤,故在陕省不需要致力于棉田面积之扩充,而注重以斯字棉替换土种棉花,经由中央协助陕西推广斯字棉及德字棉,二十九年推广73558亩,二十八年推广250091亩，二十七年推广941418亩（其中斯字棉852006亩，德字棉89411亩），三十年度更扩大推广范围，注重在关中区推广，斯字棉以推广160万亩，增产皮棉30万担为目标。3. 云南　中央协助滇省推广优良中美棉种，二十九年5万余亩，二十八年8.9万余亩，二十九年12.9万余亩。滇省之长绒木棉，为多年生棉花，旱地荒地，均宜种植，每年可收花2次，一次百株，可得200斤，折合皮棉约60斤。纤维细长，软而有光，与长绒美棉可相伦比。二十七年中央协助滇省推广长绒木棉5.7万余株，二十八年推广34万余株，二十九年约推广50万余株，三十年度拟推广11000余亩，以每亩平均种植100株计，约推广110万株。4. 其他各省　中央协助其他各省推广优良美棉及中棉，贵州省二十八年推广1.3万余亩，二十九年约2万亩；广西省二十八年推广12.8万亩，二十九年约19.7万余亩；湖南省二十八年6.3万余亩，二十九年4万余亩；甘肃省二十九年推广万余亩，三十年拟推广6.5万亩。其他如西康、河南、浙江、江西、湖北等省二十九年推广数万亩。

（二）工艺作物　1. 改进油菜　中央协助川、黔等省推广油菜，二十八年川省推广油菜栽培面积约90万亩，贵州省二十八年利用各闲田地推广栽培面积36万余亩，每亩以收获1担计，川黔两省可增产油菜籽126万余担。此外协助湘、桂等省推广油菜数10万亩。又中央农业实验所在贵州举行油菜品种比较试验，以"罗甸"种为最佳，每亩产籽288市斤，其种籽含油量亦极高。2. 推广蓖麻籽　蓖麻籽油在工业及医药上用途甚广，二十九年协助黔省利用荒地隙地推广栽培，可增产蓖麻籽100余万斤。3. 改进麻类　四川省二十九年推广大麻2000余亩，江西省三十年拟推广苧麻面积3万亩，其他各省如黔、桂、粤、鄂、湘、甘等省对于麻类之改良推广，亦在进行中。又中央农业实验所除举行川、黔、桂等省麻类调查，并协助各该省试验改良外，在川省举行黄麻浸渍剥制实验，已有效果。其方法较土法剥制为优，仅需用土法所需人工1/7，且制成之纤维品质亦较佳。4. 其他工艺作物　关于甘蔗方面，中央协助川、粤、桂等省举行改良及繁殖推广工作。关于烟草方面，中央农业实验所在黔省举行烟草外来品种比较试验，已有结果。川陕两省亦已推广美国卷烟品种，此外财政部亦在川省设立烟叶示范场，推广优良品种，以供后方应用。

（三）棉花及工艺作物生产增进原则《农林部三年施政计划纲领》，对于增进棉花及工艺作物生产，所列之原则如下：1. 增加后方各省棉花产量，改进棉花品质，以期适合机纺及供给手工纺织原料之用。2. 增进工艺作物生产，以适应工作方面之需要。3. 依据各省实际需要，并斟酌粮食盈亏情形，将各种农作物之生产，通盘筹划，酌定增加或减少棉花及工艺作物每年种植面积，以实行计划生产，调节产销分配。4. 促进农业生产者与制造者之合作联系，以期供销相应，并增加双方利益。

第三，防治植物病虫害。

近年防治病害之目标，主要在于扑除稻麦病虫害及棉作病虫害，增加食粮及原棉生产，并扩大制造病虫防治药剂与机械，充实扑除病虫力量，以应农民需要。

（一）防治稻虫　稻作害虫以螟虫等为最烈，后方各省中之螟虫以川省为最烈。中央协助川省防治螟虫，二十七年即实施防治，二十八年川省防治螟虫增产稻谷167672担，二十九年增产稻谷44770担。二十九年浙省防治螟害586750亩，增加稻产86850担。二十九年赣省早稻发生稻飞虫与浮尘子，指导扑灭。

（二）防治积谷害虫　二十七年中央协助湘、桂等省实施防治，二十八年中央协助川、湘、桂等省处理受虫害积谷31万余石，增加收益136000余元，二十九年协助桂、湘、鄂等省处理受虫害积谷43.9万余石，增加收益43万余元。又江西省二十九年处理受虫霉害积谷48.8万余石。

（三）防治棉花　棉花害虫如棉蚜虫等，每年为害甚烈，急应扑除。中央协助川陕两省防治棉花害虫，二十七年防治72000余亩，每亩平均可增收籽棉18斤，增加收益299000余元。二十八年中央协助川、陕、滇等省防治棉花害虫236000余亩，收子棉75000余担，增加收益2630000元。二十九年中央协助川、陕、滇、豫、甘等省防治棉花害虫70万余亩，增加收益1140余万元。

（四）防治麦病　后方各省麦病猖獗，麦类之损失约有2成。二十七年及二十八年中央协助川、黔等省防治麦病。二十九年中央协助川、黔、陕、滇、甘、浙等省采用中央农业实验所自制之碳酸铜粉及该所创制之线虫分离器，或采用温浸处理，以防治麦类黑穗病与线虫病，每亩可增收产量10%至25%。二十九年川、黔、陕、滇、甘、浙等省防治之面积，计80000余亩，增加收益20余万元。

（五）制造病虫防治药剂与机械　农林部中央农业实验所近年来创造及制造之药剂，有下列诸种：1. 中农砒酸西、2. 砒酸铅、3. 除虫菊浸出液、4. 氯化苦、5. 硫酸烟精、6. 烟精、7. 下石灰硫矿合剂、8. 捕虫胶、9. 波耳多剂、10. 松碱合剂、11. 硫磺粉、12. 除虫菊粉、13. 碳酸铜、14. 硬水植物油乳剂、15. 硫酸铜、16. 乳化精等。又该所制机械有下列4种：1. 自动喷雾器、2. 双管喷雾器、3. 七七喷雾器、4. 单管喷雾器。

第四，改进肥料。

（一）肥料试验　中央农业实验所，4年来对于肥料试验，已进行下列各项：1. 西南西北之土壤以及一般农业之调查。2. 田间肥料实验。3. 土壤中速效磷素之研究。4. 云南磷矿石加工利用研究。5. 中农混合指示剂之研究与制造。6. 冬水田肥力之研究。7. 根瘤细菌及豆科绿肥作物之研究。8. 人类粪尿之贮藏研究等项。关于田间肥料实验所得之主要结果为各地土壤中以氮素最为需要，有普遍缺乏之现象。西南区域磷肥之需要，远较其他区域为甚。施用磷肥不但能增加产量，并有提早抽穗与成熟之现象。对于其他各项之肥料试验研究，亦有相当结果。各省农业机关，对于肥料之试验，注意田间肥料试验等项，均有相当效果。

（二）肥料制造及推广　1. 制造磷质肥料　骨粉为最佳之磷肥，四川省农业改进所，已设立骨粉制造厂6处，利用废骨蒸制骨粉，二十八年推广骨粉186273斤。二十九年推广285175斤，即江西省骨粉制造厂所制骨粉在甘蔗、柑橘产区指导施用，效力甚著。浙江省正筹设有机肥料厂制造骨粉等肥料。农林部为增进磷肥起见，三十年度决定与各省合办骨粉制造厂5所，正在筹划实行。三十一年拟继续增设。又近年经济部地质调查所在云南昆明附近发现磷矿藏量颇丰，拟采用试制磷肥，正注意研究。倘确属经济有效，即拟采用为制造原料，以供西南各省磷肥之用。2. 推广绿肥　近年经协助桂、黔、湘、川、赣、粤、浙、闽等省推广绿肥作物之栽培，面积数10万亩，以增肥料。3. 其他如制造堆肥菌种与指导农民制造堆肥及增进油饼之利用等项，均已分别进行。

第五，增进蚕丝生产。

蚕丝为外销重要农产品，近年江苏等省之产丝区域，因战事关系，已受影响，中央乃协助后方诸省，增加产量，改良品质，以换取外汇，增强抗战之力量。兹分志于下：

（一）四川　川省蚕业区域，分布甚广，古称蚕丛。民国十九年至二十二年间，以海外丝价暴跌，产量突减，至民国二十五年，输出生丝仅4000余担，近年为谋复兴过去川丝之繁荣，一方面大量培植桑苗，一方面积极制造蚕种，从事推广。二十九年于乐山、合川等12县，各增设桑苗圃1所，培育实生苗1亿株，三十年预计再增植8800万株。复于三台、盐亭等土制种场，制造改良蚕种75万张，三十年拟制成100万张，约可练制改良外销生丝16000余担。上项桑苗成林后，计可年产标准丝5万余担，每担以时值7000元计，总值3.5亿元。又财政部贸易委员会与四川省农业改进所，为增进川省蚕丝生产起见，订立三十年度四川蚕丝增产合约，期于第5年增加生丝产量至46000市担为目标，此后川省蚕丝事业之发展，自可蒸蒸日上。

（二）西康　宁雅两属，向产蚕丝。惟农民墨守旧法，自缫土丝，经营方法，至为幼稚，特成品低劣，且产量亦逐渐减少。抗战以来，蚕丝增产，列为开发康省之重要工作，二十八年开始培育桑苗，以备分发农民栽植，同时并制造改良蚕种，以奠定蚕丝业基础。二十九年复在宁属推广秋蚕种，成绩优良，蚕农极为信仰。三十年拟尽量淘汰土种，代以改良蚕种，并扩大饲养秋蚕，以增加秋季一期之蚕丝收入。故康省蚕业前途，殊可乐观。

（三）云南　滇省于前清光绪末年，虽曾提倡栽桑育蚕，未几即渐趋湮没。自民国二十七年起，经济部派蚕桑技术人员，赴滇会同省主管机关，积极筹划蚕桑复兴事宜，迄今事业机构如蚕桑改进所、丝业公司、蚕业新村公司、生产农场、缫丝厂、桑苗圃、蚕业推广区指导所等，均先后成立。二十八年培育桑苗3500万株，二十九年制培蚕种，除改良种之扩充饲育以作推广外，并注意丝量丰富之品种试验，以期获有〔新〕颖品种之发现，同时并缫制改良丝，预计三十二年新植桑苗，全部成林，可增产生新丝11000余担，现正筹划制造原蚕种及合作养蚕等，其规模及计划，尚比较宏远而周详。

（四）广东　粤省蚕丝改良事业，向侧重于三角洲一带，自该处沦为游击区后，所有过去育成之优良蚕种，计有“09Y”“乙白33”“仲104”“仲258”“083”等，均抢出继续保育，以备推广。在阳山县及连县各设天蚕试验场1所，研究天蚕丝，藉资指导农民经营及改良。二十九年再江西开拓新蚕区，辟桑苗圃，培育桑苗10万株，设制种场，制造改良蚕种1万张，颇著成效。三十年拟在西北两区继续扩大蚕丝增产工作，该省之蚕丝事业，不难迅速恢复旧观。

（五）浙江　浙省蚕丝生产数量，过去为全国之冠，现浙西沦陷，大半已非吾有，二十九年培育原蚕种9197张，制造改良蚕种535062张，三十年预计制造改良蚕种500000张，能缫制改良丝约8000担。

（六）贵州、河南　黔、豫两省，柞林遍布，素称柞蚕产地，惟以农民所采柞蚕种均系土制，品质既劣，病毒更多，致流传蔓延，遭受莫大损失。乃于黔省研究柞蚕纯系选种、人工孵化及交杂试验。豫省制造改良柞蚕种，推广缫丝技术，冀扩大生产途径，增厚国力。

（七）中央农业试验所蚕桑系　该系4年来工作中最值得重视者，为“中农29”蚕种（原名黄皮蚕种）之育成。历经试验，其最优良之性状，为减蚕百分率小，即抵抗力强，其次为解舒良好，故虽每蚕丝量小而丝率大，解蚕缫折小。此两种优点，一则适宜农民饲养，一则合于缫厂家之需要，为日本改良种及四川土种所不逮。

（八）今后方针　检讨以往工作成果，适应环境需要，自当本一贯之政策，为今后办理蚕丝事业之方针，举其要端，约如下列：1.扩充桑面圃面积及育苗数量，以巩固蚕丝业之基础。2.举行育种试验及培育原蚕种，以谋蚕品种之改良与统一。3.研究缫丝技术，以改良丝质。4.增加改良蚕种额，淘汰土种，力求蚕丝质量之向上。5.积极进行推广指导栽培育蚕等工作，以增加蚕农之收入。6.改良柞蚕及其他野蚕，以裕蚕丝生产。7.协助地方政府或扶助人民经济制种缫丝，推进合作事业，以期蚕丝之发展。

第六，增进茶叶生产。

茶叶为我国农业特产，亦占输出品之大宗，兹将近年以来茶叶之增产情形，略述如下：

（一）各省茶叶改良情形　各省茶叶改良机关，有浙江省农业改进所茶叶改进区、江西省农业院茶叶改良场、安徽祁门茶叶改良场、湖南安化茶场、湖北省农业改进所五峰茶场、暨福建省茶叶改良场等。由中央主管部督促协助办理茶叶改良工作，如开辟新茶园，繁殖优良茶苗，设置示范茶园茶场，指导整理旧式茶园推广机械制茶，举办茶农、茶商贷款，组设特约茶农制茶厂，精制红茶、绿茶、砖茶，改良茶箱包装，训练制茶技术人员及栽培制造之试验研究等项，均有相当效果。二十九年浙省各区制造改良珠茶及红茶400箱，改良珍眉115箱，改良温红150箱，各地内销茶17担。赣省特约茶农制茶厂，计实交箱额9384箱。皖场共制正茶1131箱，总重68.864市斤，副茶295箱，总重19674市斤。湘场精制红茶计1381箱，总重902455斤。闽场制成15634件，总重805490市斤。

（二）湄潭实验茶场　该场设于贵州湄潭，系中央农业实验所与中国茶叶公司合作办理，研究改良茶场品种、茶树栽培及茶叶制造方法。二十九年春茶期内计收购鲜叶10236斤，夏茶期内收购鲜叶2225斤，共计造成红茶2609斤，绿茶950斤。三十年春茶期内共收鲜叶14852.4斤，制成红绿毛茶及其他茶类共3870.9斤。

（三）其他茶叶改进工作　其他茶叶改进机关之可以称述者为中国茶叶公司。曾联合各省茶场设立精制茶场、实验茶场，采用机器新法，制造外销红绿茶外，并与赣省等合办茶叶改良场。复以旧茶区接近战区，乃就川、滇、桂、康等省筹划开发新茶区，当勘定在云南宜良、顺宁、佛海3县，四川灌县，西康雅安等处，设置实验茶场，以增进外销茶叶之供给。最近财政部贸易委员会计划，拟在东南茶区中心，筹设茶叶改良指导总机关，负东南各区茶叶运制、产销、研究改良计划督导全责；一面并与各省茶场合力推行改进工作，期于今后第5年起，能年产上等改良箱茶58万箱。

（四）今后方针　农林部3年施政计划纲领茶叶部分所列原则“今后改进茶叶之方针如下：1. 提高茶叶品质，增产高级茶叶，以应外销。2. 整理茶园，利用机械，改善生产方法，以增加每亩产量，节省生产及制造费用。3. 指导鼓励茶农茶厂，改善组织及制造方法，以期茶叶品质之标准化。4. 东南各省茶区，注重整顿改良，西南各省茶区，注重整理开发。”

第七，推进农田水利。

抗战以还，政府鉴于粮食问题之严重，防止水旱灾歉，以增粮食及其他农产，为急不容缓之要纲，是以各省对于农田水利之推进，均极努力。而四行总处复予以贷款之便利，中央又作技术及经济上之协助，农田水利之成效已日见显著，兹将各省近年办理农田水利情形列表如次：

各省近年办理农田水利之情形

（据各省二十九年农田水利报告）

省别	近年完成之工程（市亩）	正在施工者（市亩）	已勘测完成急待兴办者（市亩）	现在办理机关	备考
四川	423570	106340	857770	四川水利局	
云南		66000	1060900	云南农田水贷会	
贵州			117660	贵州农田水贷会	
广东	28000		562780	农林局水利课	
广西	40000	111400	416000	建厅	
浙江	96380		2614330	农改所农田水利工程处	
甘肃	39600	60000	1269000	建厅	

续表

省别	近年完成之工程（市亩）	正在施工者（市亩）	已勘测完成急待兴办者（市亩）	现在办理机关	备考
青海			1100000	建厅	
福建		7260	200000	建厅	
陕西	1452560	900000	1266200	陕西水利局	
西康		4900	186700	西康水利局	
江西	438840	44550	227840	江西水利局	
湖南	塘100145口坝16633处			建厅	（无数字）
合计	2519950	1300450	9882630		

附注：(1) 近年所完成之工程中有一部分是重修者。

(2) 其余省份因无最近报告，故未列入。

按上表统计，足见抗战后对农田水利之注意。农林部成立后对于农田灌溉排水，经设置专管部分，设法推进，并经拟具《整理全国农田水利三年计划》按部实施。于行政上，协助各省加强农田水利机构及训练农田水利人才；于经济上，商由四行总处代拨巨款农贷，以应急需；于技术上，协助各省除沿河湖尽量设法开渠引灌外，对于不能利用河湖引灌之区域，尽量推进水源之养蓄及水土之保持等水旱预防工作。标本兼治，以普遍迅速为原则，务使水旱灾歉，不致影响于军糈民食，以达防灾增产之目的。

第八，筹办国营农场及改良作物品种繁殖场。

（一）国营农场　创办国营农场，为改进农业，增加生产之要图。其宗旨可分为下列数项：1.实施大规模有组织的经营兼筹并顾之管理，采用新式农具机械及科学方法，节省劳力，增加生产，期达少费多获之目的，尤注重提高每人每亩之生产额。2.作为示范经营，俟有成效，即指导农民用合作方式经营农场，以期实现耕者有其田之目的。3.垦种荒地，扩充耕田面积，增加生产。4.创造新农业，建立新农村，改进农民生活。农林部成立后已在湖南宜章、四川峨边及贵州雅淡坡3处，筹设国营农场，均已从事经营，每场面积1万余亩，逐年扩充种植面积，各场于3年内垦种完成，此后拟在各省增设国营农场多处，以增加生产。

（二）改良作物品种繁殖场　农作物改良品种，经中央及各省农业机关之试验改良，已著成效。农林部为利用已有之改良品种作大规模之繁殖推广起见，已在陕西省内设立陕西改良作物品种繁殖场，大量繁殖优良麦种、棉种及高粱、玉蜀黍、粟、甘薯、马铃薯等已有之改良品种，以备在西北各省推广，并备战后在华北各省推广之用。又在粤省设立西南改良作物品种繁殖场，大量繁殖优良稻种、蔗种及麻类等改良品种，以供华南诸省推广之用。上列两场之工作，均在积极进行中。

三、发展林垦渔牧

第一，发展林业。

（一）管理保护天然林　吾国西南北各省，遗有大面积之天然森林，为国家之重要资源，过去因未管理，滥伐摧残甚烈，直接间接之损失极大。抗战以来，先后由经济部、资源委员会及各学术机关团体派员勘察川、康、滇、桂、陕、甘、青等省天然林，综合各方报告，各区天然森林面积，估计当在5万平方公里以上，以西康东部毗连青海南部、云南北部之林区为最大，此外洮河、大渡河、岷江、青衣江诸流域亦各有大片天然森林存在。农林部成立，复决定设置岷江、大渡河、青衣江、洮河及汉渭河流域国有林区管理处5处，从事天然林管理，并于二十九年分别派员前往各林区勘定设置林区地址，本年内即可一一成立。除切实管理保护防止摧残外，同时实施整理抚育工作，应用科学方法，使林相生长发育佳良，对于已达成熟伐期之林木，则加以合理开发利用，以供战时木材需要。又保安林与农田水利关系重要，黄河水利委员会于去年成立林垦设计委员会，着手在陕甘等省从事水土保持工作，并经行政院决定聘请美籍研究土壤冲刷专家罗德民为顾问，来华设计水土保持工作。农林部本年亦在甘肃祁连山设置保安林管理处，从事造林、护林、繁殖土壤被覆草木及防治冲刷试验等工作，以后拟继续在其他区域扩充。

（二）推广造林面积　造林虽费时较长，然森林效益直接间接均与抗战建国有关，故抗战以来，政府仍继续推进育苗造林工作。至二十九年止，各省育苗造林成绩，仅就川、黔、滇、桂、湘、赣、浙、陕、甘、宁、青等11省报告，二十九年已有苗圃面积33000余亩，育成苗木25100余万株，造林2亿余株，其中如陕西二十九年共有苗圃1000余亩，育苗500余万株，造林8万余亩，计500余万株。贵州二十八、九两年来，由农改所自植推广及督促各县造林共达2450余万株。又数年来对于云南河口热带作物试验场举行育苗、试选试验、病害观察，二十九年计播种育苗2万余株。胡桃为制造枪柄之重要用材，杉木为造纸机重要建筑用材，樟树可以提制樟脑，及饲养天虫、板栗、肉桂等可供外销，除历年督促各省繁殖推广外，农林部并于本年分别在贵州、陕西、广东设置国营经济林场，繁殖及推广各种经济林木。此外如乌桕、油茶，则由中央农业实验所森林系进行选育优良品种，以便推广。农林部更为统筹全国林业研究实验，期收林业经营之实效起见，特于本年筹设中央林业实验所，主持经济林、保安林、林病虫害、木材利用、林产制造等之研究实验及林业调查推广事宜，今后中国林业前途，当可放一异彩。

（三）增进桐油生产　桐油为吾国换取外汇之重要林产品，抗战以来，桐油产区虽有小部分沦为战区，因政府积极在后方各省提倡种植桐油及实行统制贸易结果，桐油产量不但未见减少，且较战前略有增加，一俟数年后新植桐林长成，产量更可逐年增加。兹就4年来已有成果，约略述之：1.研究实验　我国各地种植油桐，率皆任其自然生长，不知研究改进，故用科学方法研究实验，以求增加产量，改进品质，实为必要。农林部中央农业实验所森林系抗战以来，即以改进油桐品种为中心工作，每年派员在湘、桂等省采选其产量最多及特优性状者之果实及枝条，分别在广西柳州、贵州湄潭、四川北碚设置工作站，进行播种繁殖及嫁接试验。除播种繁殖尚未达结实之年龄外，至于嫁接工作，该系用芽接及枝接2种方法试验结果，油桐以嫁接繁殖确能保持其母株之优良特性。二十七、八年嫁接之油桐，本年经检查结果，原系丛生者仍属丛生，各枝有丛生□6果者，全株产量最多者已达162果，芽接之单生柿饼桐每果含籽8至13果不等。又千年桐经芽接后仅2年，其结果数最高者达227果，且能连年结果。此外对于采果、播种及嫁接之时期、栽培方法、病虫害防治等，均试验有相当结果，将来推广指导民营收效必大。又财政部贸易委员会除与该所合作研究外，并分别与中央农林试验所、中央大学农学院、中国科学社生物研究所合作研究关于桐油榨制、桐油化验、油桐害虫等，亦各有相当成效。2.推广种植　中央政府历年来督促各省种植油桐，不遗余力，各省增加油桐面积，亦自可观。除人民自行增植不计外，据各省报告，二十九年四川设立油桐示范场4所，增加桐林数百万株；广西贷款30余万元，推广油桐面积18万余亩；浙江二十九年推广优良桐种900余石，造林51000余亩，增加桐树300余万株；湖南推广植桐贷款65万元，贷拨桐子62万余市担，推广桐林面积17万余亩，又指导乡镇保甲造公有桐林及整理原有桐林共10余万亩；江西贷款2万元，增加植桐面积5万亩，其他湖北、云南亦各植桐甚多。自去年起由贸易委员会补助川、湘、黔、桂、鄂5省推广及改进植桐，预计5年后每年增产桐油130万担，现各省均在积极扩张中。

（四）发展林业原则 《农林部三年施政计划纲领》所列林业之原则如下：1. 关于增进林业生产者 （1）调查及划分各省宜林区域，以资统筹规划林地利用，以达合理化之增产。（2）督促各省市县广设苗圃，扩大推广公私造林，以增加林业生产。（3）增进军工、医药、薪炭及外销等经济林之营造，以求自给并利外销。（4）提倡奖励人民投资营林，以养成国人从事林产生产之心理。（5）尽量与关系机关合力推行造林事业，以收扩大普及之效。（6）督促中央林业实验所，研究实验各种林木之栽培繁殖及林业品之制造利用，以便改进及示范民营。切实督促各省市保护各地森林及研究防治林木患害，以利林木之成长。2. 于整理保护及开发利用天然林者 （1）国内较大面积之天然森林，由中央设区管理之。（2）重要河流之水源林，大面积之防风林、防沙林及防止冲刷，亦由中央包保护管理之。（3）天然森林，其林木种类有关军工用材者，亦由中央管理。（4）天然林之开发利用，应由政府经营之。（5）每年采伐量不得超过生长量。（6）按照林木之种类、产量、用途，酌设置锯木厂、纸浆厂及木材干馏厂等，以达到林产利用之目的。3. 关于经营保安林者 （1）保护并营造水源林，以资涵养水源，调节气候，防止水旱等灾害。（2）绝对林地，一律营造森林，藉以防止冲刷而利农田河流。（3）西北部沙漠内侵区域及强风地带，造防风沙林保障国土安宁，裨益卫生。（4）沿河堤及公路栽植堤防林及护路林，以防河堤之崩塌及路基之冲坏。（5）建造国防林及军工用材林，以利军事而固国防。

第二，筹办垦务。

抗战军兴，战区难民向后方迁移，故前数年内政府注意举办难民移垦，以救济难民，增进生产。农林部成立后，除继续进行难民移垦外，并注意其他移垦事业。兹将4年来办理情形列左〈下〉：

（一）调查荒地及公布法规 经济部及赈济委员会与其他有关各部，为明瞭可垦荒地之实际情形，曾会同派员分赴川、陕、康、桂、湘、豫、滇等省，实地整查，以作筹办国营垦区之依据。复经拟具《非常时期难民移垦条例》及《补助各省难民移垦经费办法》等法规，公布施行。

（二）筹设国营垦区及协助各省垦殖 1. 筹办国营垦区 国营陕西黄龙山垦区已移有垦民3万余人，从事垦种。国营陕西黎坪垦区亦已成立，积极移民垦种。2. 协助省营及民营垦殖 中央协助各省政府设立省营垦区，予以经费之补助。已设置者，有江西省垦务处举办之各垦区、河西邓县垦区、陕西省汧山垦区、福建省崇安等垦区、湖南省沅芷垦区。在筹划进行着，有广西凤山河垦区、四川平北等垦区、甘肃永泰垦区、西康宁属宁夏垦区、宁夏宁武垦区、青海都兰县垦区，云南省已设置省垦务委员会筹办垦殖。以上各省省营垦殖，计划移垦10万余人，现已移往垦区之垦民约3万余人。至于民营垦殖，经由中央协助中国抗建垦殖社、华南农工救济协会、战区难民移垦协会等团体，分别办理垦殖。

（三）垦务总局进展情况 农林部垦务总局于三十年三月成立，主持全国垦殖事宜，其主要工作情形如下：1. 继续协助各省省营垦殖事业，并订定补助省营垦殖事业办法，以资遵循。2. 以前设立之黄龙山及黎坪两国营垦区，予以改进及扩充。3. 在□□□□县、西康宁属、江西安福分别增设国营垦区3处，以谋垦殖事业之发展。4. 筹设国营屯垦实验区1处，从事屯垦试验工作，俾作抗战胜利后大规模屯垦之准备。5. 派员调查荒地，分西北、西南两区，西北区包括甘、宁、青、绥等省，西南区包括滇、黔、粤、桂、康等省。6. 设立垦务人员训练班，以训练垦务干部人员。7. 鼓励荣誉军人从事垦殖，经会同军政部制定荣誉军人从垦办法以资进行。8.鼓励回国华侨从事垦殖，经与川、滇等省商洽选定垦区筹划进行。

（四）垦务原则　《农林部三年施政计划纲领》所列垦务之原则如下：1.关于筹办国营垦区　（1）大片可耕荒地，其面积在1万亩以上而能施行大规模之经营者，得由国营垦区管辖之。（2）经营方式于可能范围及物质条件之具备下，得采用集体耕作。（3）垦民须以有耕作能力之荣誉军人、难民及其他有耕作能力之人民充之。（4）战后国民经济机构必将呈现一伟大之变动，农业土地之利用，农村工业之发展，新式农具之制造，化学肥料之施用效果，宜先在垦殖区域予以实施，以为其他农业区域之楷模，而期一新垦业之壁垒。2.关于筹办屯垦实验区者　（1）在大规模屯垦未经规划实施以前，先行筹办屯垦实验区，以树楷模。（2）边疆大片荒地与巩固国防有关者，应多选择其适当地点，为屯垦区域；内地各省大片荒地，能容纳垦兵较多，便于集中指挥管理，其水利、土质、地势、气候、交通等适于经营垦种者，亦得选择为屯垦实验区，地点亦宜依此标准选择之。（3）试验经营垦殖，应采用集体耕作方式。3.关于促进省营县营及民营垦殖事业者　中央为增加生产促进垦务，对于省营县营及民营垦殖事业，应予以救济上、技术上之协助，并督导之。

第三，推进渔业。

（一）救济组织民渔及管理战时渔业　抗战以来，沿海各地渔民，受敌人侵扰而致失业者甚众。经由政府拟订《非常时期救济渔民办法》及《筹设渔垦管理区计划》，通饬各关系方面分别施行。二十八年夏颁布《战时沿海渔民管理救济办法》，并于二十九年拨款补助浙省府从事救济浙省渔业。又海洋渔业，在中央原有分区设局管理办法，自抗战以来，暂由各省负责管理，其在未沦陷渔区，仍设渔业指导委员指导管理战时渔业。又政府为组织渔民使其发挥有裨抗战力量起见，二十七、八年先后由经济部会同社会部订定《渔业及渔会联合会章程准则》，逐年督促渔民成立各级渔会，以作组训渔民之基础。

（二）发展淡水鱼养殖　四川省内江流湍急，鱼类产量甚少，二十七年经济、教育两部及四川省农改所为提倡川省养殖淡水鱼类，特合办合川养鱼实验场，实验采孵鱼苗，饲养鲤、鲫鱼，提倡稻田养鱼等工作。二十八年经济部拨款补助广西鱼类繁殖场，推进水田养鱼工作。农林部成立后，除继续督促合川养鱼实验场工作外，复于本年在巴县设置国营淡水鱼养殖场1所，并分别在四川江津及广西桂平附设扬子江、珠江工作站，以便大量繁殖鱼类，推广鱼苗，同时实验池塘养鱼、稻田养鱼，推广民营。又农林部对于自然水面养鱼事业，亦在研究促进中，并于本年公布保护亲鱼鱼卵、鱼苗等办法两项，以保护各地鱼类繁殖，而谋增进淡水鱼产。此外福建、江西两省亦各于二十九年设置有淡水鱼养殖场，实验各该省养鱼事业。

第四，发展畜牧。

（一）防治兽疫　兽疫为畜牧事业发展之大障碍，我国各地农人、牧民，不知家畜卫生及管理方法，每年家畜死于兽疫者，不知凡几。防治办法，以注射血清菌苗最为有效。1.制造防疫血清菌苗　历年由中央协助川、桂、黔、湘、浙、赣等省扩大制造血清菌苗，以供各省防治兽疫之用。如四川省二十七年至二十九年间共制血清菌苗730余万立方公分，本年一至五月5个月中制成1110303立方公分。江西省农业院在二十六年至二十九年4年间共制成血清菌苗457000余立方公分。中央农业实验所于二十九年在四川荣昌县设立兽疫血清制造厂，8个月间已制成血清菌苗达120余万立方公分，仅二十九年十二月1个月内即制成血清菌苗36万余立方公分，造成我国1个月内制造牛瘟血清量之最高纪录。本年制造量至四月底止，计产血清350390立方公分，菌苗77656立方公分。2.实施防治　中央农业实验所先后于二十七、八两年派员往川、黔、鄂3省防治牛瘟，二十七年注射牛只约8000头，二十八年注射6000头。此外四川省农改所二十七年至三十年共防治注射牛只20000余头，猪8800余头，挽回经济损失约250万元。二十九年后方各省发生牛瘟，极为普遍，贵州尤甚，范围约40余县，故防治工作，益为积极。农林部为减少农民损失起见，除饬中央农业实验所尽量供给抗牛瘟血清菌苗暨督促各省切实防止外，并由部设立兽疫防治大队，派遣5个分队赴贵州各牛瘟区域实施防治，迄三十年四月底止已完成防治工作者计13县，尚在防治中者5县，经直接注射而保全之牛只，计2498头，经施行政治防疫间接保全者，约50000头，挽回经济损失约500余万元。此外广西二十九年防治4500余头，湖南防治约1000头。3. 人员训练　中央农业实验所为造就兽疫防治人员起见，二十九年九月由中央农业实验所与三民主义青年团重庆劳动服务营合办兽疫防治人员训练班，已于本年四月毕业55人，分赴各地工作。4. 西北防疫　西北各省为吾国畜牧中心区域，原由卫生署办理之，蒙绥防疫处及西北防疫处之兽医部分，本年由农林部接收改组设立西北兽疫防治处，主持甘、青、宁、绥牛出血性败血症、牛瘟、羊瘟、羊疥癣、驿运牲畜疫病，制造兽用血清、菌苗等工作。

（二）改进畜牧　1. 繁殖耕牛　耕牛为农家主要动力，抗战以来，战区之牛只损失甚巨，同时后方因拓垦荒地，协助运输需要亦多，亟应大量繁殖，以应目前及补充战后之需要，由经济部协助广西利用防疫区各项设备，繁殖耕牛。又在川、黔、桂、赣等省举办耕牛保险，其中江西省自二十六至二十九年共保险牛只13000余头。农林部本年拟在川、黔、桂、赣、豫、湘等省产牛中心区域分别设置耕牛繁殖场6处，从事繁殖，现已成立3处。其主要工作，为繁殖耕牛，促进耕牛配种，改良牧草，举办养牛贷款，委托寄养耕牛等。2. 增进猪产　中央农业实验所为增进白猪鬃产量，先后协助川、黔、滇等省推广白猪种，又协助云南畜产改进所用优良种猪，改进本地猪之品质，自二十七年七月至二十九年十二月产生杂交小猪，计千余头。3. 增进羊毛　羊毛为抗战时期换取外汇之重要产品，亟应增进其品质与产量。农林部特商同财政部贸易委员会拨外销物资增产经费，在甘肃设立羊毛改进处，负责推进赣、宁、青3省羊毛改进事宜。其主要工作，为防治羊之疫病，指导牧民存储冬草、添设避寒设备及管理利用牧地方法，改良羊群品质，改善剪毛羊毛处理方法，办理养羊贷款等。现该处正组织兽疫防治大队、巡回工作队，订购并防制改良羊毛剪及训练工作人员，积极进行中。此外并拟由中央畜牧实验所于山西分设绵羊养殖场，改进当地绵羊之绸毛生产。4. 增进马骡　农林部以抗战时期军队及驿运需要马骡极多，西北各省，多以马骡任耕作运输工作，亟应大量繁殖，以应需要。除马骡品质之改进，已由军政部办理，拟于本年内在陕西、西康等地设立骡马配种站，以推广良种。5. 设置中央畜牧实验所　为统筹全国畜牧兽医之改进，本年复筹设中央畜牧实验所，推行关于增进役牛、骡马、羊毛及防治兽疫各项工作。其主要业务，有选育优良种畜，改良牧草及饲料作物研究，牲畜饲养管理办法，畜产品加工制造，协助各省防治兽疫，制造兽用血清菌苗、兽医用具，训练畜牧兽医人员等。

（三）发展畜牧原则《农林部三年施政计划纲领》所列之畜牧原则如下：1. 增进耕牛（1）增加耕牛数量，供后方各省战时需要，及沦陷区域战后补充。（2）增进役牛体型，以增加体力效能。（3）发展产牛中心区之养牛事业，使生产集中改进工作易于推行。（4）利用荒地养牛，以减低生产成本。2. 增进乳牛　（1）寓乳牛于役牛普遍增加乳量，供给食用，而促进民族健康。（2）择适宜区域奖励促进民营乳业，以造成产乳中心区，而利乳产制造。3. 增进骡马　（1）增加骡马数量，供后方各省战时需要及沦陷区域战后补充。（2）选育轻型重马，以供负挽之用。（3）于养马中心区域着手以利改进工作之推行。（4）与军政部马政司取得联系。4. 增进绵羊

（1）以改进羊毛适合外销及国内纺织业之需要为主要目的，肉质次之。（2）划青海、西康及四川松潘之全部及宁夏、甘肃之一部及其他产绵羊各省为细毛区，以便羊毛改进工作之推行。（3）奖励农民，增加养羊数量，以增生产。（4）改进羊种，以增加各个羊之效能。（5）改善游牧区域羊群管理方法，以减少损失。（6）改良剪毛包装储运方法，并提倡洗毛，以增进羊毛质量。5.增进猪　（1）增加猪肉生产，以充分供给人民主要食肉。（2）改良猪之品种，以增进产肉经济效率。（3）增加白鬃产量。6.增进家禽　（1）育成肉卵兼用之品种，以增加肉卵之产量。（2）改善孵育方法，以广繁殖。7.消灭牛瘟　（1）全国牛瘟期于10年内彻底肃清之。（2）采取包围方式，先推行牛瘟中心区域之防治工作，严密牛瘟发生县份之防疫组织。8.消灭乳牛之结核病、传染性脑膜炎及传染性流产病　（1）期于3年之内将乳牛之结核病、传染性脑膜炎及传染性流产病彻底消灭之。（2）着重于发病区域之检验及隔离。9.制造兽疫血清　（1）为运动便利计，每省应各设血清制造机构。（2）制造应力求进步。（3）奖励民营兽疫血清菌苗制造事业，以求制品量之增加。（4）管理全国兽疫血清菌苗制造事业，以求制品之准确。

四、发展农村经济

抗战以来，政府对于农村经济之设施，甚为积极，后方各省农村经济状况，视战前且为繁荣。农林部成立，复设立农村经济司，统筹全国之农村经济之发展事宜。兹将4年来关于发展农村经济之各项设施，略述于次：

第一，发展合作事业。

政府造〔近〕年扶植农村合作事业进展颇为迅速，抗战以前，实业部设有合作司，主管全国合作行政，二十七年经济部成立后，由农林司设科主管合作事宜，二十八年复设立合作事业管理局，主办全国合作事业之推进与改进，以协助加紧外勤工作，办理合作教育，实施查账制度，倡导特种合作，及扩充指导区域改善行政机构等为要务。截至二十九年五月止，后方16省市共登记合作社数为81600余社，至关于扶植小工业及手工艺之工业合作业务，则由中国工业合作协会（二十七年成立）主持推进。二十九年中央社会部改隶行政院，合作事业管理局亦改隶社会部，继续从事调整地方合作行政机构，推进地方合作事业，推进合作供销组织，举办合作教育，合作实验，及视察各省合作事业等项。据该局统计，截至二十九年年底，全国合作社社数为116199社（包括战时合作社假登记合作社互助预备社等），社员为5998476人，关于合作社业务分配，80%以上为信用合作，其他为供给、生产、运销、消费、公共保险、购用利用等。

第二，发展农业金融。

近年政府颁行关于发展农业金融之法规办法，较重要者，有下列数种：1.二十六年八月财政部为谋内地金融农矿工商各业资金之流通起见，公布《四行内地联合贴放办法》。2.二十六年底军事委员会公布《战时合作贷款调整办法》4条。3.二十七年二月经济部公布《修正合作社金库规程》。4.二十七年四月财政部公布《改善地方金融机构办法纲要》10条，使农产品资金化，以谋农业资金之活动。5.二十七年六月经济、财政2部制定《扩大农村贷款范围办法》，使数额增加，范围扩大。6.中中交农四联总处订定《二十九年度中央信托局、中央交通、农民三银行及农本局农贷办法纲要》，以改善农贷办法，促进农业生产。至于近年举办农贷之机关，有经济部农本局、中国农民银行、中国银行、交通银行、省银行合作金库及省行政机关等，此外中中交农四联总处于二十八年〔成立〕农业金融处，以调整全国农贷进行之步骤，使全国农贷渐趋于制度化。又三十年春，农本局改组所办辅助设合作金库等农贷部分，移并中国农民银行办理。

（一）农村合作贷款　各金融机关举办之农村合作放款，在二十六年年底，仅有2700余万元，自二十七年起政府之注意督导及金融界认识自身之使命，于是后方农村贷款迅速进展，二十七年底，统计各农贷机关合作放款结余数为61998345.07元，二十八年年底为11262989.15元，至二十九年底，各机关合作贷款结欠数为155578662.20元。

（二）合作金库　合作金库之组设，旨在建立金融机构，调剂农村合作事业之资金，前实业部曾于二十五年公布合作金库法规，经济部于二十七年予以修正公布，加紧推进合作金库之组设，办理放款存款、农村汇兑、家畜保险等业务。从事辅导设立县合作金库者，有经济部农本局、中国农民银行、省合作金库、中国银行及省合作行政机构等。抗战后逐年增设，至二十九年计有已成立之县合作金库369库，分布于川、黔、桂、湘、鄂、甘、滇、康、赣、浙、闽、豫，其中以农本局辅设者占多数。此外四川、江西、浙江、福建、广西等省，已设有省合作金库。

（三）农田水利贷款及农业产销贷款　（子）农田水利贷款　经济部农本局于前数年内，经举办农田水利贷款，以振兴水利。农田水利之贷款工程较大者，以各省政府为贷款对象，较小者以农民为贷款对象。二十七年、二十八年两年，即积极进行，至二十九年五月底止，该局与川、康、桂、陕、黔、滇、赣、豫等省订定贷款数额，合计8700000元，贷出数额3580285.13元，受益田亩合计871883亩。（丑）农业产销贷款　农本局经举办农业生产贷款及农业产销贷款，以增加生产。二十九年举办之贷款分为食粮生产贷款及经济作物生产贷款。截至二十七年十二月止，合计贷放358万余元。二十八年举办产销贷款分为：1.食粮及一般农业生产贷款。2.经济作物及农产加工贷款。3.垦殖贷款。截至二十八年年底止，已拨付贷款之节余数额，合计5757521.60元。自四联总处农业金融处成立后，农本局代表各行局举办农业推广贷款等项，至二十九年五月底止，该局农业生产贷款贷出资金总计6309971.42元。

（四）农业仓库　农业仓库之宗旨，在于调节人民粮食，流通农村金融。前实业部曾公布《农仓业法》及施行条例，经济部于二十七年曾公布《非常时期简易农仓暂行办法》，通令施行。除由各省市县政府督促依照该项法规举办农仓外，经济部农本局对于农仓之建设，在前数年内，亦经积极进行。自政府西迁后，该局注意在西南各省发展农仓，截至二十九年五月底止，在川、黔、桂、鄂、湘、陕等省筹设成立之农仓，计共82处，容量340余万市石，此外协助设立简易农仓380余处。关于该局各农仓之业务，以储押为主，其他如保管、代理运销等业务，均附带经营，放款余额合计2275926.85元，累计数合计4919223.50元，保管数值合计11369503.28元（以上系农本局举办或辅助设立之农仓，其他各机关及人民举办之农仓不计在外）。（农本局仓库业务已移归全国粮食管理局接管）。

第三，调整农产运销。

调剂农产运销，旨在调剂供求平衡价格，并事储备，在前数年内，由经济部农本局主持办理。二十七年即从事购销食粮、棉花、纱布等项，米谷、小麦之收购区域，为港、赣、川、陕等省，将该项粮食运销不足之区域，兼事储备，又分别在陕、豫、鄂、浙等省收购棉花，在上海、香港、汉口等处采购国产纱布，运销后方，二十年继续进行棉花纱布之购销，完全由农本局福生庄自办。食粮除由农本局自购外，并于其他机关合办收购食粮，收购区域为赣、湘、川、黔等省。棉花收购区域为陕、豫、湘、鄂、浙、川等省。纱布收购地点为沪、港、沙市、重庆等处，此外并协助抗战屯粮及协助四川购粮。二十九年农本局农产运销工作，仍以棉花纱布及食粮为主。关于棉花纱布部分，除继续进行外，并发动川省农村妇女，从事手工纺织，以增加后方纱织布产量。关于粮食部分，在二十九年上半年度，除自行购销一部分外，继续协助抗战屯粮及协办四川购粮。以上3年内，食粮、棉花、纱布购销之数额颇巨，自全国粮食管理局成立后，农本局粮食部分，移归粮管局统筹办理。

第四，指导改良农场经营。

我国农民，经营农场，大都规模狭小、土地零散、设备简陋、方法陈旧，加以农民智识落伍、墨守陈〔成〕规，未能相互合作采用比较合理之经营方式，对于外界经济状况之变化，更昧于适应之措施，逐致费力多而生产少，收入微而生活艰。改革之道，固宜从多方面着手，而指导农民组织利用科学方法提高经营效率，以树立现代化农业之基础，尤属重要。再现有农村环境亟待改造，如医药、卫生、交通、教育，以及其他建设事项，亦非努力促进，不足以救农民之疾苦，改善农民之生活。农林部自本年度起，在川、康、陕、甘、豫、黔、湘、鄂、赣、浙、闽、粤、桂、滇等14省，共选代表县区20县，为施行此项工作之范围。由本部予以经费补助，每县设农场经营指导员及助理指导员，由各省农林主管机关遴选县农业推广所主任或同等资格人员，入农林部附设农场经营指导员训练班，受训期满，再行派委，业经由部检同各项办法分电各省政府转饬主管机关办理。

第五，办理全国农情报告。

农林部中央实验所为明瞭我国农业实际情形起见，办理全国农情报告，调查各省主要农产之收获丰歉及农村经济之兴衰事实，以供各方参考，并作实施改进之依据办理。此项报告，已历多年，农情报告之调查材料，在现时系依各地特约情报员之供给。此项情报员之人数，在“七七事变”以后，已选6000余人，分布于22省，战后骤减。现有情报员人选3500余人，分布区域遍及15省9000余县。自二十七年至二十九年3年来，经调查统计者有：1. 每年各省冬夏季农作物面积估计。2. 每年各省冬夏季农作物产量估计。3.3年来之农产估计。4. 近3年来各省牲畜数量及价值估计。5. 近2年来食粮消费盈亏估计。6. 二十九年各省农村金融概况。7. 近3年来农佃之分布及变迁。8. 近2年之农村副业。9.3年来之农工供应及工资概况。10. 麻类作物生产估计。11. 羊毛、鸡蛋、猪鬃生产估计。12. 冬季休闲田地估计。13. 合作社统计。14. 地价及田赋统计。15. 近年来各省农民所得物价指数。16. 各省农民所付物价指数。17. 各省农民购置力指数等。以上各种统计均经中央农业实验所分别印入农情报告及其他刊物，以供各界参阅。

第六，其他发展农村经济事业。

（一）辅导农会发展　农会为农民之主要组织，其宗旨为发展农民经济，增进农民智识，改善农民生活，而图农业之发达。近数年内，经政府注意指导扶助，截至三十年四月止，以及中央核准备案之各级农会计有14700百余处，今后当继续扶助其事业，督导其工作，以宏其功效。

（二）实验集体耕作　农林部为改进农民耕作方法，提高其生产效率，并培养其团结精神，改善其社会环境起见，特选择适当地区，从事集体耕作之实验，以在荒地与熟地之地权关系各有不同，实验办法亦未可一律，故分别主办荒地与熟地两种集体农场，并已在四川省内着手辅导合作农场4处。

（三）改善租佃关系　农林部为谋保障佃户增加生产起见，对于农田之租用，拟加以调整改进，经已研究调查草拟实施方法，以便进行。

（四）举办重要农产品市场消息报告　此项工作之目的，在明瞭各大市场在各种时间所有主要农产品之供销状况及买卖价格，并考察其运销销路组织费作与方法，以谋调节人民衣食，统制农产价格及改善运销制度。农林部已在川、康、滇、黔、湘、陕、甘等7省进行。

第七，发展农村经济原则。

农林部3年施政计划纲领，所列关于农村经济部分之原则如下：

（一）辅导农会发展：1. 扶助自立。2. 适应农情。3. 配合技术。4. 运用金融。

（二）推行集体耕作，在荒地者：1. 利用边疆公荒。2. 准备战后屯垦。3. 统筹生产分配。4. 扶植自立经营。在熟地者：(1) 采用渐进方法。(2) 扩大经营单位。(3) 配合金融技术。(4) 改进固有环境。

(三) 改进农业金融：1. 适合农林建设需要。2. 促进农民资金自给。3. 树立完整严密体系。4. 控制战区农产物资。

(四) 举办保险事业：1. 采取国营制度。2. 保障农民资产。3. 促进经济自足。4. 鼓励自动投保。5. 运用农民组织。6. 配合技术工作。

(五) 举办全国农村经济研究：1. 避免工作重复。2. 注意实际资料。3. 适应施政需要。

五、其他农业改进事项

近4年内，中央推进农林事业之机关，除经济部、农林部及其所属各事业机关外，尚有财政部贸易委员会及农产促进委员会等，从事协助改进农业。贸易委员会对于蚕丝、茶叶、油桐等项生产之增进，颇有效益。其工作情形，已分别列入本篇有关各部分，兹不赘述。至于农产促进委员会，系由行政院为适应抗战需要，迅速增进农业生产，并促进全国农业之推广事宜起见，特于二十七年夏季设立。该会之目的，在求农村之人力与财力在此抗战动员中充分发挥其功效。工作目标计有四端：一曰增加农民生产。二曰发展农村经济。三曰增进农民知识。四曰改善农民生活。

农产促进委员会事业采自筹办合办及补助办理之方式进行，工作地区遍及川、陕、黔、桂、滇、湘、豫、浙、鄂、甘、康、闽、赣、宁等14省，业务项目以效果性质分，具体方面，有农作物推广、病虫害防治、畜牧兽医推广、水利垦殖、经营桑蚕、推广农村副业、推广肥料、推广园艺，推广特用作物、推广造林等项。二十八年度动支上项事业经费394630元，增加国民收益15648316元，二十九年度动支经费681519元，增加收益36963002元；抽象方面，有树立农业推广机构、训练农业推广人才、棉毛麻纺织训练及推广、农业推广实验与调查、农业推广示范编辑出版等项。截至目前，计树立并充实桂、陕、川、黔、甘、豫、鄂、闽、浙、湘等省县农业推广机构10省，设立农业推广实验县14县。组织农业推广巡回辅导团，赴川、甘、陕各省工作，训练各级农业推广及技术人员约3000名，推广77纺棉机50000余架，出版刊物小册40余种。

农产促进委员会根据过去办理经验，今后拟特别注意下列各端，加紧实施，以达既定目的：(一) 加紧衣食原料增产。(二) 普遍设立并加强各级推广机构。(三) 积极训练推广人员。(四) 大量制备战后推广材料。(五) 严密实施督导制度。(六) 力谋确定各级农业推广经费。(七) 准备战后推广设施。

16. 抗战时期在重庆成立的粮食部[①]（1943 年）

一、粮食的重要性

粮食为人类生活不可一日或缺之物品，全人类的生存要靠粮食来维持。每一个人的健康，都需要粮食的营养。国父云“自卫和觅食，是人类维持生存的两件大事”，故民生主义的第一个问题便是吃饭问题，要人人有饭吃，民生才得安定，要人人有便宜饭吃，民生主义的目的，才能建成。再从我国历史上看，历代政府，凡是注意粮食问题的，政治均甚修明，国家莫不因之而兴盛，反之往往因为粮食问题之严重而发生变乱，甚而于亡国。因之数千年来古人遗留给我们解决粮食问题的方法很多，积极方面如屯田、移民垦荒、以及兴修水利等增产粮食的设施；消极方面为振饥救荒，设立常平仓、义仓、社仓等，以备不虞，这种种的方法，都是极良好的制度。满清时代，在北通州建造大规模仓库，并设置专官管理，经常将江南的余粮，运到北方调剂民食；举世闻名的运河，开自隋代，以浙江杭州为起点，经过苏州、镇江、扬州、山东、天津等地，至北通州为止，长达 3000 余里，贯通南北脉络，为运输漕粮的总汇。其他如地方官吏年有劝农之举，且列为要政之一，实皆侧重粮食问题的事例。

粮食问题在平时即有如此重要，其在战时，尤为觉得战争胜负之要素，因为战争受粮食影响，比受炮弹的影响更为重大，飞机大炮虽为催敌制胜的必需品，但总需由人使用，而人类生命全靠粮食支持，且军事行动需要敏捷，消耗粮食数量尤大，不但要迅速补给，而且要有大量存储，如果战争进行到最后阶段，炮弹纵然不足，可是尚有充分的粮食足以维持，则士饱马腾，还能冲锋陷阵。假如一旦粮食不足，士兵缺乏营养，炮弹虽多，又有何用？第一次世界大战德国的惨败，粮食的恐慌，乃为其主因，我们不能不引为警惕。

二、现行粮食政策及其所采之方针

三民主义为抗战建国的最高准绳，我们的粮食政策，当然以三民主义为依据，民生主义的基本精神，原在针对当前的社会病态，而谋民生四大需要：衣、食、住、行的彻底解决。食的问题，虽四大需要之一，但较诸其他三者，更为重要。民生主义第 3 讲中，曾具体指出，要人人有饭吃，而且要人人有便宜饭吃，民生问题才能解决。因之，我们粮食政策的主旨，厥为奉行国父遗教，以达到人人有便宜饭吃的目的，而使民生问题获得彻底地解决。惟以战时情形特殊，在作战期间不能不先其所急，以适应战时需要。故如何使战时的军糈公粮民食供应无缺，以确保战争的最后胜利，尤为现行粮政的重心。

我国为农业国家，全国人口的 80% 以上均从事农业生产，不但不需要政府供给粮食，且为 20% 以下非农业生产者粮食取给之源，兼在消费方面，节约粮食，素为农村中的良好风尚，如于主要粮食不足时，则自动采取杂粮代替，甚或减少食粮，故在战时亦可不必作全面的供应，

---

① 本文系抗战时期国民政府第一任粮食部部长徐堪所作，原为名为《当前粮食概况》，对战时粮食施政叙述颇详，但未涉及粮食部的组织情形，现略介绍如下：

国民政府于 1940 年 8 月在行政院下设置全国粮食管理局，管理全国粮食事宜。1941 年 7 月将全国粮食管理局撤销，成立粮食部，隶属行政院，管理全国粮食行政。该部设部长，综理部务，设政务、常务次长各 1 人，辅助部长处理部务。部内置总务、人事、管制、储备、分配、财务 6 司，1 调查处，分掌各项事务。此外设有会计处及统计室，掌理岁计、会计、统计等事务，设督导室，掌理粮政的督导与宣传。

只须使军粮公粮以及都市消费区域缺粮地区民食的来源不虞匮乏，决不至发生粮食恐慌，故无实施全面管制及计口授粮等办法的必要。

基于此，粮食部两年来所采取的方针，与各工业国家或缺粮国家的战时粮政方针根本不同。综其要点：第一，对于粮食的管制，系经济力量与政治力量同时并重。在经济方面，依据供求法则须谋量的控制，进而将占有重地位军公粮划出市场之外，由政府直接予以现品的供给，使不致影响市场，并对大都市粮食市场及缺粮或歉收地区，作适当的调剂，使供求双方经常保持均衡状态，不至发生失调现象，而引起市场价格的波动。在政治方面，注重全国粮食收获陈报及存粮调查，以便随时督促大户出售存粮，调剂盈虚，同时并作生产成本的调查，以为限价的根据，对粮食市场，则予以适当的管理，对粮食商人，必须先行登记，并加入粮食同业公会，才能取得经营粮食交易的资格，藉以防除囤积居奇投机操纵等不法行为，如此则粮食市场必呈活跃，粮食价格庶能平稳合理。关于节约问题，除限制米麦精度，提倡食用糙米粗面外，并禁止粮食酿酒熬糖及饲养牲畜，对于一般人粮食的消费量，因民间素重节约，而全国粮食总生产量与总消费量的比较，又无不足之虞，故无须加以限制。第二，对于粮食的征集，系实行田赋征收实物及定价征购粮食，并采抢购（向敌区抢购）办法，期能在不苛不扰的原则下掌握大量粮食，以充分供应战时的需要。第三，对于粮食的储运，一面建筑新式仓库及利用民间旧有仓库，并实施仓储技术管理；一面发动农夫，集中征集所得的粮食，并兼用新式及旧式交通工具，适时运输。第四，对于粮食的供应，以配拨军队所需的粮食为主，兼重公粮民食。军粮可分为经营补给与屯粮两种；公粮可分为中央公粮、省级公粮与县级公粮3种；民食的范围，则限于各大消费区域及缺粮歉收之地，并于必要地区，专设民食供应处办理之。

三、粮食的管制

民国三十年七月，粮食部成立，掌理全国粮食事宜，复于各省省政府及院辖市市政府内设粮政局，各县县政府内设粮政科。截至现在止，计设置粮政局者20省市，设置粮政科者共1070县。关于业务方面，设有陪都民食供应处，四川民食第一、第二、第三供应处设于重庆、成都、内江、绵阳各地，专办陪都及四川各重要消费区民食事宜，并设四川粮食储运局，办理四川征实征购粮食的储运事宜。并有在粮政局下设储运机构者，如云南、江西、广东、陕西、河南等省之储运处是；有在粮政局下设供应机构者，如昆明粮食供销处是；有在粮政局下设粮食市场管理处或管理员者，如四川是。至县储运业务，则概设粮食仓库，以专司其事。

在粮食部成立的第1年间，粮政工作着重于经济方面的控制供应与调节，对于政治方面的管制，仅为登记粮商、调查大户存粮的准备工作，以及取缔囤积居奇等消极工作而已，对于粮食交易及价格，尚未严格管理。去年冬，该部为加强粮食管制力量，及配合“加强管制物价方案”的实施，故于行政方面，在点（消费市场）以执行限价法令，取缔居奇操纵为主要工作，在面（生产区域）以促进生产，督售存粮为主要工作。因之，特别致力于限价工作的发展，以及粮食生产与民间存粮等的调查。至于业务方面，则以辅导粮商营运，健全粮食业同业公会组织为要目标，使能协同公营业务机关，负起一般民食供应调节之责。

年来粮价指数，较一般物价指数为低。根据中国农民银行所编统计，三十年七月起，至三十一年十二月底止的物价指数，与粮食部所调查的粮价指数比较，三十年七月全国各重要城市11处粮价指数高于物价指数者，计有重庆、成都、衡阳、桂林、赣县、雅安7处[1]；三十一年

① 文中所述仅有6处，原文如此。

一月粮价指数高于物价指数，仅衡阳、桂林、雅安3处。七月以后，各地粮价指数则一概均在物价指数以下，及至十二月，各地物价指数更超过粮价指数甚远，如以贵阳三十一年十二月的粮价指数与物价指数相较，几为1∶3之比，即其著例。以目前各省市粮情而论，除灾区及接迫战区地带，尚小有波动外，其余各地，概属平稳。

三十一年十二月，政府公布加强管制物价方案，实施全面限价。粮价为整个物价的一环，自须密切配合进行，惟以我国地域辽阔，大部农村均居于自给自足状态，无普遍实行限价的必要，且人民消费习惯向以米麦为主，杂粮交易在市场上从来不占重要地位，故粮食限价，仅先就比较重要的政治经济中心与工商业繁盛的城市，择定稻谷、大米、小麦、面粉4种粮食，于本年一月十五日开始实施，其核定最高价格，系以三十一年一月三十日各该当地市价为标准，盖取其距实施限价日期不远，初步执行较便，一面并由各粮食局配置供应调节机构，加强市场管理，扶助粮商营运，对于广大的农村，并尽量督售余粮，以期粮食源源入市，供需均衡，限价得收实效。施行以来，各地粮食市场，粮源异常充足，粮价均极稳定，相信在此缜密管制之下，今后亦不至有何波动。

四、粮食征集

为使战时军公民粮供应无缺，政府必须能掌握大量的粮食，故于三十年六月第3次全国财政会议中，决定将全国田赋改征实物，征实标准系按三十年度省县应征正附税银，每元折征稻谷2市斗，或小麦1市斗4市升，但于赋额数较轻或较重的区域，得酌为增减。三十年秋季，就后方21省陆续开征，依照粮食部规定，每年十月一日起至次年九月三十一日止，为一粮食年度。故粮食年度开征于每年仲秋，除山西1省外，早已于二十九年先行试征实物外，计于三十年九月份开始征者，有川、赣、浙、甘、皖、粤、青、宁8省；十月份开征者，有湘、陕、滇、鲁、鄂5省；十一月份开征者，有闽、桂、豫、黔、康、绥6省；十二月份开征者，有江苏1省。自征实办法颁布后，人民即纷纷运粮送缴，计三十年度应征粮额，共为2290余万石，截至三十一年十月底粮食年度终了时止，实际征得2340余万石（各省所征得小麦杂粮均已按照定率折合稻谷计如上数），已超过预算总数，计其中照核定数超过100%者，有川、粤、鄂、湘、皖、浙、黔、赣、晋、宁等10省；在90%以上者，有滇、赣、陕、绥、青5省；在80%以上者，有闽、桂、康、苏4省；在80%以下者，仅甘肃1省，故成绩堪称良好。三十一年十月一日起，即已进入三十一年粮食年度，为应事实上的需要，征实标准改为正附税银折征稻谷4市斗，或小麦2市斗8市升，预算征数，全国共为谷麦3340余万石，较三十年度核定数约增加45%强。各省均于三十一年秋季次第开征，截至本年二月底止，征得谷麦2810余万石。计其中已征收溢额者，有川、闽、宁、湘、□□□；在定额90%以上者，有苏、浙、粤、绥、晋6省[①]；在80%以上者，有桂、鄂、陕3省。其余各省征收均颇努力，预料在最短期内，必能全数征足，仍有超过预算总额的希望。

田赋征实数额，对于军公民粮的需要，尚不敷其巨，仅粮食部成立伊始，即统计全年必须控制粮食的总数，决定兼采定价征购办法，以资供应。此项价购办法，系先拟定应购总数，按各省产量的多寡，统筹分配，其价格由政府分别核定。惟价购之中，又可分为征购与采购、抢购3类，征购系各省县普遍办理，以各省一般粮户或较大粮户为对象。采购系在余粮地区指定地点，照市价收买，以粮食市场为对象。抢购系在沦陷区及邻近作战地带收买，以战区粮户为

① 文中所述仅有5处，原文如此。

对象。其价格的高低，也各有区别。征购方面，三十年度拟订数目，计川、滇、浙、鄂、赣、皖、粤、桂、豫、甘、宁、晋、绥、康等16省，共为谷麦3050余万石，截至三十一年十月止，已购得2880余万石，约达全数94%以上。至三十一年度拟订数额，计为谷麦3190余万石，截至本年二月底至，已购得2390余万石，约达全数75%。以人民拥护抗战的热忱和征购办法的周至，相信在最短期内，当有超出定额的把握。至于征购标准，在三十一年度内，除四川1省系随赋带购外，其余各省大率均采摊赋方式，即照应购之额，平均摊购。三十一年度，政府因鉴于摊赋办法难期公平，乃一律改为随赋带购，即每征田赋1市石，附带购若干，视各省情形而定。关于采购方面，除三十年度购得之数，已并入余粮征购数字在内外，三十一年度拟在余粮地区采购稻谷160余万石，小麦60余万石，及糜谷5万石，截至现在止，已大□足额。关于抢购方面，三十年度在苏、浙、皖、湘等省抢购所得之大米，共为140余万石，三十一年度预定抢购谷麦330余万石，现已购有成数，短期内即可完成。

征购给价，在三十年度内，系以粮食库券及现金搭配付给为原则，其库券与现金配拨比率大致以7∶3为准，即给予库券7成，付现金3成。综计是年搭配粮食库券地域有：川、县、赣、鄂、陕、豫、甘、绥、宁9省，三十年度则于搭付粮食库券之外，可听地方之便，改为配发美金公债，及美金或国币储蓄券，计是年仍搭发粮食库券者有川、湘、皖、陕、粤、桂、青、康8省，搭配国币储蓄券者有，有晋、滇2省。

五、粮食的储运

政府征集的粮食，即为数甚巨，而所有粮食，又系来自全国广袤的农村，又由全国农村散漫的征集以至收纳库仓，再由收纳库仓而集中仓库，而发□仓库，直到拨交需粮的对方为止，其所需仓储容量之多，运输手续之繁，不难想象，兼之内地交通尚不发达，新式交通工具尤为缺乏，仓储的容量亦非骤然可以多量增加，而军粮的供给，首重迅速，公粮民食亦须时供应调剂，绝不容稍有迟缓，致滋贻误，故储运业务，实为困难最艰巨的工作。粮食部成立后，随即设置四川粮食储运局及各省县储运机构，并大量增置储运工具，悉力以赴。在仓储方面，2年来修建的仓容，共有5400余万石，各连同征实以前各省原有仓容并计，当在6000万石以上。此外并对仓储加以技术管理，以期管理方法科学化、业务处理精确化、用费度支经济化，俾能一面避免粮食存储期间质与量的损耗，同时以较少的人力物力，获取较大的效果，如粮食时〔部〕颁行的《粮仓筹议及管理通则》《仓库病虫害防除暂行办法》《粮食检验及分级暂行通则》等法规，都是实施仓储技术管理的具体办法。在运输方面，所需运具输力，凡民夫、骡、马、驴、牛、骆驼、木船、船轮、皮筏、木筏、汽车、火车、牛车、大车（马曳）、胶轮板车及各种手车等，一切机械动力、原始工具，无不尽量利用。良以全国所征集的食粮总额，除县级公粮外，每年度不下7000余万石，约折合500万公吨，其需要远程运输者，至少在300万吨以上。值此全力争取最后胜利，物资人力较为困难时期，非政府与人民通力合作，不足以言事功。故对于粮食的短程集中，则发动民夫运送，对于远程运输，则尽量利用国营公营或民营运输机构，就现有水陆路线及各种新旧交通工具，迅捷办理。2年以来，效果均甚良好，未稍贻误，殊为初料所不及。

六、粮食的供应

自粮食部成立后，对于全国军粮，概由中央统筹，使军队能以全力作战，不受粮秣的牵制，即将田赋征实及定价征购所得的粮食，首先配拨军粮。虽军队布于全国，战线长约2万余里，各地部队复流动无常，但2年来全国军粮，不但供应无缺，且多提前拨交，时有余裕。对于屯粮部分，各战区亦聚能获得相当数量，以备缓急。

其次为公粮，自抗战以来，后方公教人员的埋头苦干和前方将士的奋勇抗战同一艰苦。他们所需的粮食，政府不能不充分供应，因之对于全国各级党务员工、行政员工、教职员、警团员工，乃后方一切有关抗战工作的官营机关员工，以及此类人员眷属所需的粮食，一概予以定量的分给，使其生活安定，得以全力从事抗建工作。但在公粮中，因客观环境和事实上的需要，又分为中央公粮、省级公粮、县级公粮3种，配给的数量也略有不同。中央公粮由中央直接配发，省级公粮由中央在征实项下划出一定数额交由各省政府配发，县级公粮系责由各省政府就所属各县自治财政范围内必不可少的公学谷等，一并切实核计，报由粮食部核定后，于征实征购之外，另行随赋一次带征，就地配发。

再次为民食，政府控制的粮食，除供应军粮公粮之外，则以调剂民食，以稳定市场，平抑粮价，并有相当存储，以备荒灾或其他灾害时用以救济之需。调剂范围，除对各重要都市及产业区域的民食，设有专管机构经常予以供应外，则于市场供不应求或价格剧烈变动时，以较市价略低的价格出售，使供求相应，逐步压低粮价。最近更配合粮价政策，以督导民营为主，客营为辅，仍就若干重要消费区域及特别缺粮之地，由中央予以适当的供应，并拨发若干资金，贷放各省市政府，设立公仓，办理粮食储押业务，使在各重要市场经常储存一部分粮食，以安定市面。或以此资金，各就其本省官需情形，征购大户粮食或采购邻省余粮，办理粮食公卖，以贯彻控制余粮、合理分配、安定民生的宗旨。

七、战后粮政的展望〈略〉

17. 抗战时期的侨务委员会及其工作①（1944年2月）

一、侨务行政概述

我国之有侨务机构，历史颇久。前清咸丰九年，于广州、厦门、天津、宁波等处，设出洋问讯局。民国七年，在国务院之下，设侨工事务局。十一年设侨务局，十三年，总理以侨胞过去努力革命，供给甚伟，特于广州大本营内设侨务局。十五年在广州设侨务委员会。十六年国民政府奠都南京，于外交部设立侨务局。十七年改为侨务委员会，直隶国民政府，翌年改隶于中央执行委员会。二十一年改隶于行政院，即今之侨务委员会。以移殖保育为施政方针，至是侨务行政基础始告奠定。该会组织系委员制，于委员长、副委员长之下，设秘书及侨务管理、侨民教育3处，每

① 此文系节选自国民政府主计处统计局编制的统计月报——《外交与侨务》专号中的侨务部分。

处各设2科。二十五年增设会计、统计2室，三十一年增设侨务问题研究室，三十二年增设人事室。至直属机关，或增设、或裁并，截至三十三年二月止，计有回国侨民事业辅导委员会，南洋研究所，广东、福建、云南3侨务处，汕头、厦门、江门3侨务局，回国升学华侨学生接待所，华侨教育总会筹备委员会，华侨通讯社。在回国侨民事业辅导委员会之下，计有龙州第二归侨村管理处，畹町、漳州、遂溪、东兴等4处侨民临时接待所。昆明、贵阳、金城、柳州、南宁、岳麓、芦苞、钦县等8地归侨指导员，共计26单位。侨务局设在各口岸，侨务处设在省政府所在地或冲要地点，处理侨民出入之登记、保护、指导、接待、救济及侨民委托事务。接待所及指导员亦设在各省侨民出入孔道，接待所执掌接待、登记、指导及救济归侨之工作。指导员办理照料归侨旅运事宜。国外方面，各地侨民虽有870余万人，但迄今未设侨务机构。所有侨民内部事务，及侨民教育等事，均由侨务委员会指导驻外使馆就近办理。兹将侨务委员会及其所属机关近年办理工作成绩择要列下：

（一）保护侨民　该项工作包括：1. 证明及保护出国。2. 证明及保护返归内地。3. 办理申诉交涉。4. 证明侨民身份及产物权益。5. 其他有关保护事宜。统计受保护者，民国三十一年度48000余人，民国三十二年度7392人。

（二）接待侨民　该项工作包括：1. 由本机关接待住宿。2. 介绍住宿旅馆及其他场所。3. 代雇船车夫役输送。4. 其他有关靠借贷事宜。统计受接待者，三十一年度73000余人，三十二年度3369人。

（三）救济侨民　该项工作（此外，会同赈济委员会及地方政府临时救济难侨及救济侨生、侨教人员等不在内）包括：1. 由本机关发给侨民侨生救济费。2. 转请他机关发给侨民、侨生救济费。3. 送请他机关或医院疗病。4. 其他有关救济事宜。统计受救济者三十一年度62000余人，三十二年度7292人。

（四）辅导侨民　该项工作包括：1. 指导及解答出国路线或出国手续。2. 指导或解答归侨返归内地或考察参观。3. 介绍侨民工作。4. 指导或解答侨民就业及服役。5. 辅导侨民投资企业。6. 其他有关辅导事宜。统计受辅导者三十一年度约3000人，三十二年度8441人。

（五）办理侨民委托事件　该项工作包括：1. 调处侨民纠纷。2. 代收汇款。3. 代汇款项。4. 代纳税捐。5. 代查及照料侨民亲属。6. 其他有关侨民委托事务。统计委托之侨民，三十年度1200余人，三十二年度1968人。

（六）鼓励华侨捐输　抗战以来，侨委会迭将此次抗战之意义及国民应负之义务，向海外侨居努力宣传，鼓励侨胞输财出力，报效国家。各地侨民，亦能深明大义，踊跃输将，只就汇缴中央捐款一项统计，自二十六年下半年起至三十二年底止，每月平均捐款国币6830742元，内以二十九年及三十两年最多，每月平均约1000万元，此外购买公债及汇缴各省市政府团体之捐款，为数亦巨。

（七）沟通华侨汇款　旅外同胞汇款回国，可以弥补国家入超，发展建设事业，与国计民生关系至切。故侨委会对于沟通侨汇工作，积极进行，著有成绩，只就最近10年以来统计，每年平均汇回国币50000元，内以二十八年1270173000元，二十九年1328160000为最多。且自二十五年起，全国侨汇数超过全国贸易入超数，递年增加甚巨，如二十五年仅超过10800万元，二十九年则超过127100余万元，对于国家贡献甚大。

（八）改善华侨待遇　海外华侨受侨居地政府颁行之苛律及各种限制，统计各地有123种之多，痛苦莫可言喻，现由外交途径，力向各国政府交涉废除，冀能改善华侨之待遇。

（九）督导侨团备案　国外华侨团体，截至三十二年底止，计有3929单位，内职业团体

885 单位，社会团体 2112 单位，救国团体 932 单位，散布于世界各地。对于宣传祖国政令，领导侨胞，功效甚大。惟侨胞因格于当地政府之法令及其他关系，向侨委会备案甚少。截至二十八年底止，已备案者，仅 314 单位，经该会之鼓励督促，现已增至 383 单位。

（十）登记出国回国之华侨　该项登记对于侨务设施，关系至巨，侨委会迭经督促各地侨务机构，认真办理登记工作，惟出国回国侨胞不登记尚多，统计三十年度登记 52024 人，三十一年登记 248427 人，三十二年度登记 8475 人。

（十一）登记国外之华侨　侨务措施，以侨民为对象，欲明瞭国外各地侨胞状况，惟有赖于登记与统计，故吾国政府于十八年间，公布《华侨登记准则》，惟侨民因受侨居地政府之束缚限制向使领馆登记者少，统计截至三十二年秋季止，已登记者只有 477623 人，仅占了全体华侨 5% 强。

（十二）救济侨校员生　“太平洋事变”后，南洋各地相继沦陷，侨委会负救济海外侨校员生及在国内华侨学生之责，除督导各省府临时办理救济侨民侨生等工作，另行叙述外，兹就政府拨给侨委会之侨教救济费言，三十一年度拨到 400 万元，三十二年度拨到 1000 万元，其主要之工作：1. 三十一及三十二两年，计发侨生特种救济金 4 期，受救济者约 5000 人。此种侨生分布国内各校，计大学 29 所，独立学院 20 校，专科学校 14 校，师范学校 4 校，职业学校 13 校，中学 60 校，其他及不详者约 30 余校。2. 两年来核发侨校教职员救济费，计达千人。3. 补助粤省各校经费，使增班收容侨生，先后共增达 70 余班。4. 补助经费使国外侨校内迁，或疏散入安全地带复课，以及补助国立华侨各中学、华侨各师范学校暨公私立各专科学校、各大学先修班等，统计 30 余单位。

（十三）辅导侨生就学　该项工作包括：1. 发给侨生身份证书，并介绍肄业。2. 保送入校。3. 指导侨生就学等 3 项。统计受辅导侨生，三十一年度 8635 人，三十二年度 6257 人。

（十四）补助侨民学校　侨委会按年对于办理有成绩之国外立案侨校及创立之侨校，均酌予补助，计二十六年补助 154 校，需款 122734 元，嗣因太平洋各侨居地沦入敌手，对于非沦陷区侨校，仍予补助，就三十二年度言，计补助 47 校，需款 20 万元。

（十五）督导侨校立案　国外各地华侨学校，截至三十二年底止，计 3300 余所（内中学 146 所，师范 8 所，职业 6 所，小学 2630 所，民众及补习学校 94 所，种类不明者 498 所），但向该会立案者尚少，截至二十六年底止，仅有 330 余所，酌经该会之督促鼓励，逐年增多，截至三十二年底，计有 610 余所。

（十六）训练师资　侨委会于二十九年度创设侨民教育函授学校，至三十一年六月结束。训练之学员共 1200 余人，均系海外各校各侨校原有之教职员。又该会在南京时，即已举办侨民教育师资训练班，后改班为所，嗣因太平洋战事发生，训练之学员，未能派遣出国服务，故暂行停办，先后只办 3 期，计第 1 学期学员 60 人，第 2 期学员 37 人，第 3 期学员 40 人。

（十七）编辑侨校教科书及参考书　侨委会于二十四组设侨民教育教材编辑委员会，二十六秋停办，二十八年冬改名编辑室，三十一年春归并入南洋研究所，截至三十二年三月止，已完成之书籍，计高初级小学课本及教学法，共 60 册，其未编完者，由该所继续办理。

（十八）侨务研究工作　侨委会为谋战后侨务之复员与发展，特于三十一年初在会内设立侨务问题研究室，并于三十一年四月，会同教育部设置南洋研究所，罗致专才，就国外各侨居地政治、经济、教育、史地及其有关侨务问题，积极研究，编著书籍，或将原书翻译中文以供施政参考。截至三十二年底止，侨务问题研究室编著完成者，共 33 种，计 618000 字。南洋研究所编译完成者 39 种，未完成者 27 种，共 66 种。合计已编字数 389 万余字，总计 99 种，

45008000余字。

以上除第12项救济侨校员生系临时性质外，其余各项均系侨委会及所属机关之经常工作。兹再将太平洋战事发生后，侨委会会同赈济委员会临时办理救济工作，择要列下：

1. 拨发各地救济费 "太平洋事变"后，南洋各地相继沦陷，侨胞逃难回国，或流离国外，为数甚巨，中央轸念侨胞，临时特拨巨款救济，查三十一年度拨发各地政府救侨用款，计广东、福建、广西、云南、贵州等省共4060余万元，拨发巴达维亚及加尔各答总领事馆、缅甸腊戍南洋战区侨民疏散协助委员会华侨新村建筑费华侨招待所建筑费、侨教救济费暨各地经办救济机关等，共927万余元，总计约5000万元。

2. 各机关救济工作 粤闽滇桂各省府，对于前项拨发之款，特设紧急救侨委员会专管其事，于三十二年二月以前均已先后结束，连同未设紧急救侨委员会之省份，总计受救济之一般难侨，为120余万人（难侨间有1人受数次救济者，兹以救济1次作1人计算），内以广东省救济100万人为最多，广西省10万人次之，贵州省34000余人，福建、云南两省各23000余人又次之。其余江西、湖南、西康3省最少。此外对于侨教之救济，总计侨委会暨各省救济侨校学生及教职员文化人士为19600余人，内以广东省10900余人为最多，福建省3600余人次之，侨务委员会3300余人又次之，其余广西、云南、贵州各省，数百人不等。

二、办理侨务时对于统计之应用

（一）拟定工作计划时利用统计

1. 旅外侨胞总计870余万人，分布世界各地。我政府对于侨民之人口、政治、社会、经济、教育及其他等，迄未举行调查，现经该会根据驻外使领馆历年报告之资料，及参考当地政府调查公布之数字，整理分析，编为统计。藉以明瞭战前侨民之概况，以供拟定战后侨务复员与发展计划之参考。

2. 行政院曾令饬该会拟具战后南洋各地华侨救济善后计划，以供我国参加联合国救济善后会议出席代表之参考。此项工作，经该会利用统计方法，制就"战后南洋各地华侨救济善后所需物资金额估计表"。

（二）执行工作时利用统计

该会根据所属各机关按期呈送之工作报告，随时整理汇编统计，藉以考察各机关工作是否按照预定进度实施，以供指导督促之参考。

（三）考核工作成绩时利用统计

该会所属单位呈送之年度政绩比较表，缺乏统计数字，未能明瞭工作实际情况，经该会根据所编各期公务统计，汇制各机关全年度工作概况统计比较表，所有各机关职员人数及年支经费数目，均附列表内，以资对照。并由统计人员于表内拟定每项工作之成绩分数。送由该会设计考核委员会审核后，呈该会委员长决定。

三、侨务委员会近年办理统计之经过

侨委会于二十五年间设立统计室，迄二十六年仅有统计员、办事员、书记各1人。三十一年十月间该室机构加强，统计员改为统计主任。三十二年一月以后，并添补科员2人、办事员1人，工作乃能积极推进。除拟就该会公务统计方案外，三十二年度办理该会暨所属机关各种统计，重要者计有：1. 公务统计，2. 公务人员及其工作统计，3. 经费支出统计，4. 战时公有财产损失统计，5. 归侨投资实业统计，6. 编辑《三十一年辑侨务统计》并自行油印分发各机关参考，7. 编辑《三十一年辑侨务统计手册》，8. 编就三十一年度全国统计总报告侨务部分资财，9. 编制三十二年辑国民政府年鉴侨务部分统计表，10. 海外非战区华侨财产之调查，11. 海外非战区华侨团体、学校、阅书报社及发行新闻报杂志等之调查。

表一　侨务委员会所属机关保护侨民

民国三十二年度

机关别	保护侨民人数					
	共计	证明或保护出国者	证明或保护返归内地者	办理侨民申诉交涉者	证明侨民身份或产物权益者	其他
总　计	7392	102	4329	505	2285	171
广东侨务处	3563	83	3355	—	—	125
福建侨务处	161	—	99	61	—	1
云南侨务处	1902	18	232	124	1490	38
汕头侨务局	392	—	337	53	2	—
江门侨务局	375	1	251	47	75	1
厦门侨务局	999	—	56	220	718	6

材料来源：侨务委员会所属机关

说　明：尚有各地侨民临时接待所及归侨指导员等办理该项工作，数目无多，因未据报告，故未列入。

表二　侨务委员会所属机关接待侨民工作

民国三十二年

机关别	接待侨民人数				
	共计	由本机关接待住宿者	介绍住宿旅馆或其他场所者	代雇船车夫役输送者	其他
总　计	3369	1553	503	869	444
广东侨务处	1978	1115	307	332	224
福建侨务处	79	—	28	51	—
云南侨务处	—	—	—	—	—
汕头侨务局	638	336	7	295	—
江门侨务局	—	—	—	—	—
厦门侨务局	674	102	161	191	20

材料来源：侨务委员会所属机关。

说　明：尚有各地侨民临时接待所及归侨指导员等办理该项工作，数目无多，因未据报告，故未列入。

表三　侨务委员会所属机关救济侨民工作

民国三十二年

机关别	救济侨民人数					
	共计	由本机关发给侨民救济费者	转请其他机关发给侨民救济费者	保送儿童入教养院者	送请其他机构或医院疗养者	其他
总　计	7292	649	2765	185	629	3064
广东侨务处	6249	359	2357	185	625	2713
福建侨务处	842	227	360	—	—	255
云南侨务处	1	—	1	—	—	—
汕头侨务局	180	53	27	—	4	96
江门侨务局	20	—	20	—	—	—
厦门侨务局	—	—	—	—	—	—

材料来源：侨务委员们所属机关。

说　明：尚有各地侨民临时接待所归侨指导员等办理该项工作数目，无多，因未据报告，故未列入。

表四　侨务委员会暨所属机关辅导侨生入学人数

机关别	三十一年			三十二年		
	共计	保送及介绍入学者	指导就学者	共计	保送及介绍入学者	指导就学者
总　计	8635	4639	3996	6257	5789	468
侨务委员会	723	723	—	709	709	—
回国侨民事业辅导委员会	40	40	—	—	—	—
回国升学华侨学生接待所	312	312	—	—	—	—
广东侨务处	6412	3411	2010	4729	4637	155
福建侨务处	58	25	33	28	2	26
云南侨务处	199	73	126	86	86	3
汕头侨务局	246	44	202	39	4	35
江门侨务局	98	11	87	370	190	180
厦门侨务局	538	—	538	233	164	69

材料来源：侨务委员会教育处所属机关。

说　明：（一）尚有一部分机关办理此项工作，未据报会，未列表内。

（二）表内有“—”者指数字未详。

表五　历年国外华侨捐款

单位：国币元

年 别	全年金额	每月平均金额
共 计	525967126	6830742
二十六年七至十二月	16696740	2782790（3）
二十七年	41672186	3472628
二十八年	65368147	5447345
二十九年	123804871	10317072
三十年一至十一月	106481499	9680136（4）
三十一年	69677147	5806428
三十二年	102266536	8522045

材料来源：财政部。

说　明：(1)表内金额系汇缴中央者，至汇拨各省市政府团体之捐款未列在内。(2)购买公债未列入。(3) 6 各月平均数字。(4) 11 个月平均数字。(5) 其他均系 12 个月平均数字。

表六　历年国外各地侨汇估计

单位：国币千元

年 别		全国总计	广东省	福建省	其他各省市
二十年	金额	434600	345200	76820	12600
	百分比	100	79.4	17.7	2.9
二十一年	金额	334628	171700	530182	9746
	百分比	100	81.2	15.9	2.9
二十二年	金额	314226	253800	51274	9152
	百分比	100	80.8	18.3	2.9
二十三年	金额	238313	185000	46368	6945
	百分比	100	77.6	19.4	3
二十四年	金额	332489	268000	54805	9684
	百分比	100	80.6	16.5	2.9
二十五年	金额	344383	272000	62356	10030
	百分比	100	79	18.1	2.9
二十六年	金额	473502	382500	61000	800009
	百分比	100	80.8	12.9	6.3
二十七年	金额	644074	510000	74857	59217
	百分比	100	79.2	11.6	9.2
二十八年	金额	1270173	102000	149714	100459
	百分比	100	80.3	11.8	7.9
二十九年	金额	1328610	1020000	149714	158896
	百分比	100	76.7	11.3	12
三十年	金额	278800（1）	—	—	—

续表

年别		全国总计	广东省	福建省	其他各省市
三十一年	金额	431041（2）	—	—	—
三十二年	金额	1207702（3）	—	—	—

材料来源：二十九年以前根据《广东经济年鉴》及《福建华侨汇款》两书估计之。三十年以后根据中国银行及邮政储汇局材料。

说　明：(一)（1）（2）（3）3栏只列中国银行、邮政储汇局经收侨汇款，尚有少数侨汇未列入。

(二）表内"—"指数字未详。

表七　国外华侨登记人数

（甲）登记与未登记之比较

截至三十二年十一月止

地域别	共计	登记人数			未登记人数
		小计	男	女	
总计	8717416	477623	332384	145239	8239793
亚洲	8370408	359999	246072	113792	8010409
美洲	211371	93178	67386	25792	118193
欧洲	62728	10445	9159	1286	52293
海洋洲	68845	13906	9675	4231	49929
非洲	9064	95	92	3	8969

材料来源：驻外使领馆。

说　明：我政府于十八年九月公布《华侨登记规则》，惟侨胞受居留地政府之束缚限制，向本国政府使领馆登记身份者，寥寥无几。

（乙）按籍贯别

籍贯别	人数	百分比
共　计	477623	100
广　东	281340	58.9
福　建	145943	30.55
山　东	24123	5.06
广　西	100001	2.10
河　北	5221	1.10
浙　江	4842	1.00
湖　北	2104	0.44
江　苏	2068	0.43
吉　林	455	0.10
辽　宁	415	0.09
新　疆	257	0.05

续表

籍贯别	人数	百分比
安　徽	238	0.05
其他各省	616	0.13

材料来源：驻外使领馆。

说　明：在香港泰缅等地侨胞之籍贯，以粤、桂、滇各省最多，未据报会，故未列表内。

表八　华侨人口分布

截至民国三十二年十一月底止

侨居地别	百分比	华侨人数	调查时期及材料来源
总计	100	8717416	
亚洲	96.02	8370108	
越南	5.30	461513	内除北圻老挝根据《南洋年鉴》1936年统计外，其余根据1940年西贡领馆统计
缅甸	2.22	193594	根据1987仰光领馆报告
泰国	28.68	2500000	战前估计
马来亚	27.05	2358335	根据1940年海峡政府公布
砂朥越	0.99	86000	根据1936年该邦行政年报
英属北婆罗洲	0.55	47799	根据1931年婆罗洲人口调查报告
荷属东印度	15.43	1344809	根据1937年各该地领馆报告
菲律宾	1.35	117463	根据1941年马尼拉总领馆报告
葡属帝汶	0.04	3500	根据1938年国联统计年鉴
香港	10.59	923584	根据1937年香港政府在报纸发表
澳门	1.80	157175	战前估计
印度	0.10	8750	根据1937年驻该地外交机构之报告
阿富汗	0.06	50000	根据1940年该地领馆报告
土耳其	0.08	70000	1920年该地政府调查
麦加	0.07	6100	根据193□年中国回教近东访问团报告
日本	0.23	19801	根据1937年驻日本使馆报告
台湾	0.68	59692	根据1937年台北领馆报告
朝鲜	0.80	70290	根据1937年该地领馆报告
北美洲	2.26	197400	
美国	0.91	78900	除纽阿连忒士省系1940年领馆报告外其余系战前估计
加拿大	0.58	46000	1937年加拿大统计局公布由驻澳太瓦领馆报告
墨西哥	0.28	25000	1930—1931年该地政府调查估计
中美洲各国	0.10	9100	
瓜危地马拉	0.01	1100	根据1941年该地总领馆报告
萨尔瓦多	0.01	1000	战前估计

续表

侨居地别	百分比	华侨人数	调查时期及材料来源
尼加拉瓜	0.91	1000	战前估计
巴拿马	0.04	3500	1933 年该地政府调查
其他各地	0.03	2500	战前估计
西印度群岛	0.44	38400	
古巴	0.37	32030	根据 1942 年该地领馆编送旅古华侨概况报告
多明各	0.00	400	根据 1932 年古巴领馆报告
占牙买加	0.01	1000	战前估计
千里达	0.06	5000	根据 1938 年该地领馆报告
南美洲	0.16	13971	
秘鲁	0.08	7030	根据 1939 年该地政府报告
智利	0.01	503	根据 1937 年该地政府报告
巴西	0.01	820	根据 1931 年之报告
阿根廷	0.01	600	根据 1930 年之报告
哥伦比亚	0.00	418	根据 1937 年中华总会馆报告
厄瓜多尔	0.01	800	根据 1939 年华侨救国总会报告
委内瑞拉	0.02	1500	根据 1941 年委京中华总会馆报告
圭亚那	0.02	2300	根据 1930 年该地政府调查
欧洲	0.72	62738	
英国	0.09	8000	根据 1932 年该地政府调查
法国	0.20	17000	根据 1931 年该地政府调查
德国	0.02	1800	根据 1937 年该地政府调查
苏联	0.34	29620	根据 1940 年伯利总领馆调查
葡萄牙	0.01	1200	根据 1929 年该地政府调查
丹麦	0.01	900	根据 1940 年丹麦公使馆报告
比利时	0.01	550	根据 1932 年该地政府调查
意大利	0.01	923	根据 1940 年该地领馆登记人数
荷兰	0.02	2017	根据 1937 年该地政府调查
其他各国	0.01	728	根据 1920—1940 年该地政府调查及使领馆报告
大洋洲	0.73	63835	
澳大利亚	0.19	17000	根据 1941 年驻雪梨总领馆报告
新西兰	0.04	3400	根据 1940 年惠灵顿总领馆报告
海威夷群岛	0.34	29237	根据 1941 年檀香山卫生局户口估计
斐枝群岛	0.02	2000	根据 1940 年苏瓦副领馆报告
萨摩群岛	0.08	7198	根据 1940 年阿披亚领馆报告
大溪地	0.06	5000	根据 1930 年该地政府调查

续表

侨居地别	百分比	华侨人数	调查时期及材料来源
非洲	0.11	9064	
埃及	0.00	64	根据 1933 年中国旅埃同乡会报告
南非联邦	0.05	4000	根据 1937 年该地总领馆报告
印度洋各岛	0.06	5000	战前估计

材料来源：（一）本表材料根据驻外使领馆、驻在地搜集报会或由当地政府调查公布加以整理。

（二）为明瞭战前华侨分布状况，故将国外沦陷区及在日韩等地原有侨胞人数列入以供复员参考。

表九　国外各地华侨职业估计

单位：千人

业别	共计	农矿业	工业	商业	交通业	其他及无业
百分比	100	26.47	18.92	33.72	2.54	18.35
总计	8717	2308	1649	2940	221	1599
亚洲	8370	2217	1583	2813	212	1535
马来亚	2358	624	446	794	59	435
北婆罗洲	48	13	9	17	1	8
砂朥越	86	24	17	31	2	12
荷属东印度	1345	356	254	453	34	248
菲律宾	117	31	22	39	3	22
越南	461	122	87	155	12	85
缅甸	193	51	36	65	5	36
泰国	2500	662	474	844	64	456
其他各地	1262	334	238	425	32	233
美洲	211	56	40	71	5	39
欧洲	63	16	12	21	2	12
海洋洲	64	17	12	22	2	11
非洲	9	2	2	3	—	2

材料来源：本表根据战前荷印政府调查华侨职业人数并参考其他材料估计之。

表十　国外华侨学校

截至三十二年底止

侨居地	共计	中学	师范学校	职业学校	小学	民众及补习学校	不明
总计	3382	146	8	6	2630	94	498
亚洲	3207	138	8	6	2482	75	498

续表

侨居地	共计	中学	师范学校	职业学校	小学	民众及补习学校	不明
越南	349	14	—	—	305	1	29
缅甸	347	5	3	—	389	—	—
泰国	169	6	4	—	163	—	—
马来亚	1103	29	2	—	1027	43	—
新嘉坡	277	7	2	—	249	19	—
槟榔屿	138	2	—	—	122	12	—
纳闽	1	—	—	—	1	—	—
马六甲	63	2	—	—	61	—	—
毗叻	144	8	—	—	136	—	—
雪兰莪	153	6	—	—	140	7	—
森美兰	54	—	—	—	52	2	—
彭亨	35	1	—	—	34	—	—
柔佛	140	2	—	—	135	3	—
吉打	76	—	—	—	76	—	—
吉兰丹	10	1	—	—	9	—	—
丁加奴	11	—	—	—	11	—	—
玻璃市	1	—	—	—	1	—	—
英属北婆罗洲	81	8	—	—	73	—	—
荷属东印度	503	1	—	—	33	—	469
爪哇	241	1	—	—	6	—	234
苏门答腊	172	—	—	—	18	—	154
万里洞	6	—	—	—	1	—	5
婆罗洲	36	—	—	—	2	—	34
西里伯	28	—	—	—	4	—	14
新几内亚	20	—	—	—	2	—	18
菲律宾	149	10	—	—	117	22	—
葡属帝汶	6	—	—	—	6	—	—
香港	428	53	1	5	361	8	—
澳门	33	8	—	—	25	—	—
广州湾	6	3	—	1	2	—	—
印度	7	—	—	—	7	—	—
日本	12	1	—	—	10	1	—
朝鲜	14	—	—	—	14	—	—
美洲	104	5	—	—	89	10	—

续表

侨居地	共计	中学	师范学校	职业学校	小学	民众及补习学校	不明
美国	58	5	—	—	50	3	—
加拿大	27	—	—	—	25	2	—
墨西哥	9	—	—	—	7	2	—
古巴	9	—	—	—	6	3	—
瓜危地马拉	1	—	—	—	1	—	—
海洋洲	55	2	—	—	46	7	—
澳大利亚	5	—	—	—	4	1	—
海威夷群岛	45	2	—	—	37	6	—
斐枝〔济〕岛	5	—	—	—	5	—	—
欧洲	1	—	—	—	1	—	—
英国	1	—	—	—	1	—	—
非洲	15	1	—	—	12	2	—
摩里斯	8	1	—	—	6	1	—
南非联邦	7	—	—	—	6	1	—

材料来源：侨民委员会侨民教育处。

说　明：(一) 表内包括立案（根据该会核准立案册）及未立案（根据历年使领馆调查报会）学校数。

(二) 为明瞭战前侨校分布状况，故将沦陷区及在日韩等地原有侨校列入以供复员参考。

表十一　国外华侨学生数估计

民国三十二年底止

侨居地	华侨学校间数	华侨学生人数	每校平均学生人数
总计	3382	377494	112
亚洲	3207	357312	111
英属	1966	197162	100
马来亚	1103	110300	100
北婆罗洲	81	7776	96
缅甸	347	21167	61
印度	7	567	81
香港	428	57352	134
荷属东印度	503	60863	121
菲律宾	149	16688	112
越南	349	32155	95
泰国	169	41574	246

续表

侨居地	华侨学校间数	华侨学生人数	每校平均学生人数
葡属帝汶及澳门	39	5382	138
其他各地	32	3488	109
美洲	104	13312	128
欧洲	1	90	90
海洋洲	55	5280	96
非洲	15	1500	100

材料来源：侨务委员会侨民教育处。

说　明：本表估计数系根据已知一部分人数（占 1/3），用比例插补法求其近似之数字。

表十二　国外华侨团体历年备案与未备案数之比较

团体类别	二十八年底止	二十九年底止	三十年底止	三十一年底止	三十二年底止
总计	2181	3713	3890	3926	3929
备案	314	331	367	380	383
未备案	1867	3382	3523	3546	3546
职业团体	468	832	878	884	885
备案	154	161	165	170	171
未备案	314	662	713	714	714
社会团体	1084	1971	2088	2110	2112
备案	137	143	166	172	174
未备案	927	1828	1922	1938	1938
救国团体	649	919	924	932	932
备案	23	27	36	38	38
未备案	626	892	888	894	894

材料来源：侨务委员会核准备案册及使领馆报告。

说　明：（一）本表系累积数。（二）职业团体及商业最多。各种联合会次之，工业又次之，其他较少，社会团体以地方团体几达半数，文化次之，娱乐又次之，其他较少。救国团体以救国抗战最多，筹赈次之，募捐又次之，其他较少。

18. 抗战时期的蒙藏委员会及其工作概况[①]（1944 年）

蒙藏地方地理环境及社会文化均具有其特殊性，凡所设施，不能与内地等量齐观。历代治理蒙藏政策不外征服、羁縻、分化、愚弄数种，影响所及，蒙藏同胞迄今仍大部度其半原始生活。

① 本文系国民政府行政院蒙藏委员会 1944 年 9 月撰写，原名为《蒙藏委员会工作概况》。

加以强邻环伺，着着进逼，领土主权，久告残破。挽救之道，惟有遵行国父遗教及中国国民党历次宣言与议决案，以建设宗族融合、民生康乐、自由平等之新中国。

本会自民国十八年成立，处理蒙藏事务，一以三民主义为最高原则。关于民族主义者，以各民族一律平等为基点，进求融洽其文化习俗，消弭狭隘之民族界限，而完成大中华民族之建设；关于民权主义者，第一步在培养各民族之自治能力，使能充分使用四权而为宪政之基础，同时并使边疆各民族之人才有参与中央党政之机会，以共同负荷建国之责；关于民生主义者，确立为边地土著人民谋利益之原则，一方发展其固有之生产，一方建立边疆经济重心，并充实其劳力，开辟其交通，俾促进整个国民经济之向上，而使边疆人民克享生活优裕之幸福。然此非一蹴而就，必需审度当地实际情况，因势利导，循序渐进，倘操之过急，每易发生误会，蒙古及地方实权，尚依托于王公，西藏政治仍受宗教之支配，历史悠久，积重难移。值此战时，殊难有巨大之兴革，惟有因应现状，以求民族之团结与地方之安宁，故本会战时施政方针，即为团结蒙古与安定西藏，本此方针，妥为运用，其成效可得而言者如下：自“九一八”事变后，蒙古地方与环境关系时受敌伪挑拨离间，以致王公彷徨歧路，民众无所适从，今则团结一致，敌忾同仇；西藏地方向与内地隔绝，形同化外，今则往还密切，感情融谐。在战时既获有如此之基础，一俟抗战结束，国力充沛，则理想中三民主义之边政建设，当不难期其实现也。兹将本会历年工作概况分述如后。

一、关于蒙古者

（一）召集蒙古会议以集中各盟旗意见——自民国十年外蒙 2 次宣布独立后，内蒙亦不无影响，本会于十八年成立后，即召集蒙古会议，以统一其意见，并博采众议，以为治蒙之参考，出席代表，由盟旗政府及沿边各省政府分别派遣，决议要案 40 余件，均经次第采择施行。

（二）颁发《蒙古盟部旗组织法》以确定盟旗地位——内蒙自热、察、绥建省后，其未设县治之盟旗尚未取得合法之地位，本会根据各方意见制定《蒙古盟部旗组织法》，经立法院审议通过，呈奉国民政府于二十年明令公布，并重新任命盟旗长官，颁发盟旗政府印信官章，以重职守。至此盟旗在法律上之地位，始行确立，而盟旗长官对中央不承认盟旗之疑惑，亦一扫而空，动荡之蒙旗，始复趋于安静。

（三）成立察绥两蒙古地方自治政务委员会以培植蒙古自治能力——中央徇内蒙各盟旗王公之要求特准成立蒙古地方自治政务委员会，至二十五年因该会秘书长德穆克栋鲁普欲以整个蒙古号召附逆，本会为紧急应付，准乌伊两盟国王公之请求，认为有分治之必要，遂将该会改组为察境、绥境两蒙政会，任命伊克昭盟盟长沙克都尔扎布为绥境蒙政会委员长，绥远省境内 18 旗首长为委员，于二十五年二月就职正式成立。该会经建各费由中央发给，人员由蒙旗地方自行选用，数年来办理蒙旗地方自治，颇具成效。同时任命锡林郭勒盟盟长德穆楚克栋鲁普为察境蒙政会委员长，适敌人进据察哈尔省境，致未成立。

（四）派遣盟旗协赞专员以协助蒙旗政务之推行并加强与中央之联系——蒙古各盟旗政府内事务官至今尚多轮流值班，实际工作人员甚少，兼之地处穹远与中央不易取得联系，遇有应办事项，每感难于推动。本会于三十一年度拟具《派驻蒙古各盟旗协赞人员办法》及服务规则呈奉行政院核准施行，并依照上项办法，派定协助专员 7 人，分驻绥宁两省蒙旗政府工作，派往各员薪俸旅杂各费，均由国库支给，不另由盟旗政府负担。各该员自到任服务以来，成绩尚优，深得各盟长官之信赖，迭电本会请予嘉勉，其余未经派员前往之蒙旗亦多电请派遣，现正追加预算，一俟奉准，即拟增派专员 6 人，分赴绥远、青海两省蒙红工作。

（五）充实蒙古卫生机构并深入蒙旗工作——蒙旗医药设备，原有蒙古卫生院，初设于归绥，抗战发生，先后迁至兰州、宁夏有年，本会应蒙旗之需要，商准卫生署将该院裁撤，改设乌盟、伊盟及阿拉善3卫生所，分驻陕坝、扎萨克旗及定远营。开诊以来，蒙民称便，上年度伊盟宣慰大员莅扎，复于宣慰经费项下拨款12万元，以充伊盟卫生所建筑所址之用，以树立永久规模。最近又与卫生署商定增加各该所经费30万元，以资充实。

（六）增设蒙旗学校以普及蒙民教育——蒙旗教育，原由本会主管，民国三十年，移归教育部接管，惟本会仍随时根据蒙旗需要，咨商教育部增设学校，充实设备。即以伊盟而论，原由小学仅7所，现已增至30余所，其余各旗亦略有增加。

（七）整训伊盟保安队以维蒙旗治安——蒙旗保安队，骑射甚佳，战斗力颇强，惟于服装方面稍欠充实，本会准伊盟盟长兼保安长官请求整训，当商同军委会交傅副长官作义商伊盟保安长官负责整训，现已成立训练处，派陈玉甲为处长，负责办理，并配给制服3000套，每月经费10万元。

（八）增设蒙旗邮电局所以利通信——蒙旗地方公文函件之递送，原由本会所属各台站负责，自台站改设牧场，经本会先后商准交通部于蒙旗地方增设邮电所，计绥、宁、青3省蒙旗地方，现有电报局6所，邮政局信柜47所，此内调整邮路3线，目前蒙旗通信尚称便利。

（九）加强蒙旗经济联系，开发蒙旗工商业务——蒙古地方因未设有国家银行分支行，汇兑极感不便，经本会先后商准财政部于蒙旗或蒙旗附近地区，如扎萨克旗、定远营、榆林、陕坝、贵德、化隆、石嘴子等相互筹设中中交农四行办事处或分支行，以调剂活泼蒙旗金融。此外，商准资源委员会派员常驻榆林，收购蒙旗皮毛，并随时请予调整价格，以维蒙民收入；商准农林部贷款50万元，于乌拉特前旗设立示范牧场；商准经济部贷款50万元，于该旗成立毛织工厂等。明年度并拟请款600万元成立洗毛制革制碱等工厂，以期从经济联系上，着手开发蒙旗之工商业务。

（十）奉移成吉思汗灵榇并派员致祭——成吉思汗灵寝原在伊盟郡王旗境内，为蒙民景仰中心，每值祭期，各旗官民多来参谒。自绥包失守，敌伪每思劫持，资为号召。本会于二十八年商准伊盟沙盟长后，呈奉军事委员会核派本会蒙事处处长楚明善为护灵专使，将成灵奉移至甘肃榆中县隆山暂厝，一俟战事结束，仍护送回蒙，其随来留蒙之达尔扈特由中央拨款维持其生活。历年中央迭派本会吴[①]委员长、赵[②]副委员长、军委会办公厅姚[③]副主任前往致祭，以示崇隆。

（十一）派员赴蒙宣慰视察，召集蒙旗政教领袖来京展觐，以增强中央与蒙旗之联系——蒙旗远处边塞，交通不便，中央为使上下得以互通起见，不时派遣大员赴宣慰，内政部黄部长、本会吴委员长、赵副委员长、蒙事处楚[④]处长、军委会办公厅姚副主任等，均曾先后奉派前往察、绥、宁、青等省境内蒙旗宣慰视察，宣达中央德意。此外并依照边疆政教领袖来京展觐办法，分批轮流召集蒙旗政教领袖入觐报告蒙旗政教情形。抗战以来，交通愈加困难，而蒙旗政教领袖之来渝展觐者未因此而减少，足征内向之忱。复因接触频繁，情感自生，隔阂消除，蒙旗与中央之关系，日益密切。

（十二）策动蒙旗官民来归并优予设置——“九一八”事变后，东北四省境内之哲、卓、昭、呼、伊等盟部旗先后沦陷，现敌人已将盟级废除，旗数亦略有增并，将各旗分隶于兴安东西南北四省，而辖以蒙政部，迨敌兵进入察境后并将锡、察、乌、土各盟部联盟设立伪蒙古自治政府，现改为蒙古自治邦政府。将绥东四旗及归化土默特旗编为巴彦达拉盟，察南各县组察南政务厅

① 吴即吴忠信。

② 赵即赵丕廉

③ 姚即姚琮。

④ 楚即楚明善。

现改为宣化省，晋北各县组晋北政厅，现改为大同省。连同原有锡、察两盟部及绥省境内之乌兰察布盟统归该伪政府管辖。各该地蒙旗官民深感敌伪压迫，每思相机反正，投归祖国。本会亦不时派员深入地区策动，年来经策动来归者，有乌拉特前旗扎萨克奇后峰、乌拉特后旗扎萨克贡噶色楞、镶蓝旗总发阿龄阿，茂明安旗齐王二夫人额人钦达等各率部数十人至数百人来归，均经妥为安置，准其恢复政府组织，每旗按月补助16200元，其随来之保安队等视人数多少分别由军政部拨给饷项服装，以资维持。本会现正拟配合军事成立统一机构，负责策动工作，并宽筹经费，以利来归。

二、关于西藏者

（一）恢复中央与西藏关系

清末，边军入藏，达赖奔英，清廷既鲁莽于事前，复束手于事后，藏事糜烂，已难收拾。辛亥革命事起，驻藏军队哗变，军民巷战，死伤盈城。达赖得英人助，乘机返藏，尽逐驻藏官兵及汉、回民众出境，宣传独立，中央与西藏关系，至此遂告断绝。此后10余年，兵戎相见，几无宁岁，感情恶化，已达极点，又处处受外牵制，驯至进退失据，一筹莫展。本会于民国十八年成立，对外第一要务，即在如何始能将中央与西藏之僵局打破。十九年呈准派北平雍和宫扎萨贡觉仲尼携蒋主席亲笔函件赴藏慰问达赖。达赖因受感召，乃有驻京代表之派遣，时尼泊尔与西藏发生战事，中央顾念西陲，复派本会参事巴文竣赴尼宣慰，藉以调解。战争既息，西藏当局曾函呈中央表示感谢之意，藏事至此始有转机。二十年本会再派专门委员谢关梁父子入藏宣达中央德意，因劳致病，同殁中途。二十年十二月第十四辈达赖圆寂，中央特派参谋本部次长黄慕松为致祭专使，入藏致祭册封，西藏官民，盛表欢迎。黄专使留藏期间，曾与西藏当局对解决藏事交换意见，西藏当局畛域之见未除，交谈卒无成果。惟离藏时候，派有总参议刘朴忱及参议蒋致余留藏办事，并留置无线电台1座。是项无线电台旋归交通部接收办理，向日西藏与内地消息阻隔，至此遂得畅通。刘总参议留藏久，即病殁拉萨，蒋参议致余因人地未洽，2年后亦内返。

（二）主持第十四辈达赖转世事宜

十三辈达赖既已圆寂，其转世事宜有关西藏政教之前途者，至重且大。达赖为西藏政教之主，其呼毕勒罕之决定，历辈均由中央中枢主其事，以示主权之所在。本会吴委员长，奉中央特派入藏主持第十三辈达赖转世事宜，并经行政院令饬青海军事当局于二十八年七月派员护送西宁灵童拉木登珠赴藏，吴委员长于是年十一月由渝启行，二十九年一月十五日到拉萨，西藏摄政热振呼图克图及四噶伦暨僧俗民众，热烈欢迎，旋即会同热振电呈中央决定以拉木登珠为第十四辈达赖之呼毕勒罕，奉国民政府二月五日明令特准，关于转世及坐床事宜，一切均照旧例办理。典礼告成，热振曾电呈林主席表示感激之德意，而中央与西藏之关系至此日益密切。

（三）本会驻藏办事处之成立及组织之加强

吴委员长于主持第十四辈达赖坐床典礼告成后，以中央与西藏间日常事务渐多，经商得西藏当局同意，设立蒙藏委员会驻藏办事处，此为民国以来，中央设立驻藏办事处之始。该处于二十九年四月一日成立，所有组织规程办事细则均经呈奉中央核准，任孔庆宗为处长、张威白为副处长，本会并于三十年增派职员前往，以资充实，日常事务之接洽及承转，颇称便利。惟至三十一年国际战局变化，日寇凶焰直逼南洋，我缅滇公路一时封锁，中央为支持长期抗战计，乃有开辟中印公路之筹划，此路原拟分南北两线同时勘测，北路系由西昌经滇省中甸德钦而入西藏势力范围之西康察隅，以达康印边境之塞的亚。本会奉命与西藏接洽，藏方始允终拒，并擅设外务局，以杜绝本会驻藏办事处接洽之门路，继复纵警冲入该处骚扰，并断绝对该处柴草等正常供应，一时情形颇呈逆转，经奉中央电令该处暂停对藏交涉。嗣经总裁召见西藏驻京代表等谆谆训诲，嘱其转达西藏当局后，西藏当局似知觉悟，曾托嘉木祥禅师大襄佐来渝代为婉解。前次总裁就国家主席职，西藏当局来电致贺。本会因感驻藏办事处之组织亟应加强，以应事势之需要，同时该处孔处长迭电辞职，经转呈照准，另派沈处长宗濂前往接替，西藏当局来电深表欢迎。沈处长于七月中由渝飞印入藏，现已到拉萨，据报西藏当局欢迎招待甚为隆盛，并恢复一切正常供应。现新旧处长正办理接替中。该处原有职员中一部分内调，新任职员一小部分已随沈处长抵藏外，余正办理出国护照手续。至该处之组织规程业予修正。关于人事调整，以及其他一切措施，正由沈处长规划中。

（四）班禅回藏之波折及护榇回藏

班禅大师为西藏宗教首领之一，其地位与达赖互为师弟。因见恶于达赖，于民国十二年前来内地。中心诚款，倾忱中央，时以恢复中央与西藏为志愿。当时国事蜩螗，事与愿违，遂周游国内南北，传法祈祷。自国府成立，班禅奉召赴京，共商国是，并膺国府委员之选，旋奉命赴内蒙一带宣化，勋绩卓著。惟班禅久来内地，怀旧綦切，中央为宣化西陲计，曾于二十一年春特派班禅为西陲宣化使，以时机未熟，迁延未能成行。直至二十四年间，始特派护送班禅专使，组织仪仗队，首途返藏，中途几经波折，至二十五年始能到玉树，而西藏当局对其回藏问题，仍予留难。二十六年，抗战事起，班禅忧心国事，于十二月圆寂。时值南京撤守，枢府西移，日寇派员潜赴青康活动，班禅圆寂消息传出后，人心浮动，后方秩序在在可虑。经中央决定，令班禅行辕将大师灵榇移至西康甘孜，并派考试院戴院长入康致祭，对班禅随从人员，予以抚慰。嗣以二十八年班禅行辕与西康驻军发生冲击，复将班禅灵榇移往玉树，中央为防杜意外，乃仍派赵守钰为护送班禅灵榇专使，积极筹备回藏，是时西藏地方当局对班灵回藏尚持异议，经吴委员长在藏善为开导，卒乃表示接受中央意旨，欢迎班灵回藏。二十九年十一月由护送专使赵守钰为护送专使赵守钰率领青康所派军队自玉树护送启行，至十一月二十日安抵青藏交界地方，交由藏方所派代表接迎西返，十二月间安抵后藏扎什仑布建塔安供，中央并颁发建塔费 20 万元。

（五）办理班禅转世事宜

第九辈班禅圆寂后，西藏僧民均盼其乘愿再来，早承法统。中央对班禅转世事宜，决定依照藏例主持办理，经行政院会议决定，派其高徒众扎萨喇叭罗桑坚赞等负责寻访班禅灵童。有经本会依照往例，斟酌现情，拟定征认第十辈班禅呼毕勒罕办法，呈奉行政院核准，转奉国防最高委员会备案，其办法规定班禅之呼毕勒罕，准由西藏宗教首领就班禅高徒众所访获之灵童中先择候选人 3 名，呈报中央派员举行掣签决定 1 名为呼毕勒罕，此项办法早经分别电达各关系方面遵照。罗桑坚赞等在青康一带共寻获灵童 10 余名呈报本会备案，一面派员携带名册前往拉萨，请求宗教当局决定候选人 3 名，西藏当局旋以寻访未周，再令复访，又在金沙江两岸及西藏境内寻获多名，呈送西藏。惟西藏当局对中央核定之办法历时 2 年，置不答复，班禅属下焦灼异常，罗桑坚赞等曾请予在青海培尔寺抽签决定，就地坐床，由中央特派员护送回藏。同时班禅属下丁杰佛又坚认西康理化方面，有一灵童最为灵异，决为班佛化身，意见分歧，莫准一是。本会以此项问题若不早日解决，则夜长梦多，于西藏宗教前途颇多不利，经再一提示西藏当局注意，惟有遵照中央核定办法，始克避免纠纷，顷已接西藏打扎佛电呈，业经就班禅属下所访灵童中，用卜卦降神等办法择定班禅身口意化身 3 名。中央已决定即将在此 3 名中征认班禅之呼毕勒罕。

（六）消弭地方纠纷

青康一带土著人民之语文宗教风俗习惯均与西藏相同。秉性强悍、械斗成风，自清末以来，迭经变乱，枪弹遣民间为数甚多。小之则寻仇觅衅杀人越货，大之则称兵作乱反抗官府。以其他毗连西藏，影响边防，尤深且巨，过去数十年中央与西藏关系之不能促进，此实为其最大原因。抗战以来，枢府西迁，青康地方益为后防重地，地方之治乱与抗战整个局势息息相关。由于中央德威之感被，及边胞精诚之团结，所有抗战前以及发生之纠纷，均经圆满解决，抗战以后发生之纠纷有扩大之迹象者，亦经迅速了结，故数年以来，民族融洽，边圉又安，中央无后顾之虞，抗战立坚强之基，兹分述如后：

1. 解决大金白利纠纷

西康甘孜县所属大金与白利两寺，于民国十八年因争产构衅，经二十四军军部令饬地方政府秉公处理，并由中央派员切实开导，予以调解。大金寺终不接受，于十九年攻占白利全部，经驻军镇压后，藏方又调动部队为大金寺声援，遂由两寺纠纷转为康藏战局，其间曾经本会派员赴康调处，而战事时起时停，迄无宁岁。大金寺毁于战火，寺民遭无妄之灾，延至二十一年十月康藏双方始于冈拖协议停战条件，未获结果，二十三年双方遣代表在倭达协订办法9条，尚未履行，德格又发生劫案，因之停顿。直至二十四年一月，双方复于冈拖新订规约8项呈由行政院核准，未及施行，又有诺那与驻军之冲突，继之赤匪入康骚扰，因而搁浅。迄二十五年，西康当局经先后派遣调解甘案专员继续商讨，仍稽延不决。抗战事起，经西康当局派员与西藏所派代表再为交涉，卒能议定安置良善大金僧详细办法7条，并由肇事双方出具切结，于二十七年十二月三十日当场公布，并经西康省政府呈奉行政院准予备案。计纠纷绵延9载，生命财产损失甚巨，西藏与内地之关系为之隔绝，乃能于抗战期间尽释前嫌掬诚相见，订立协议，安定边疆，诚为幸事。所有因此案影响公私各方损失依应由大金寺赔偿，为体念僧众困苦，无力负荷，经本会及关系机关于二十九年会商呈准行政院照数发给，所有康藏双方交涉出力人员，亦经呈准奖叙。并发给大金寺建修费2万元，以示体恤。

2. 调处班禅行辕与甘孜驻军冲突

班禅行辕于民国二十六年将班禅灵榇奉移甘孜，与当地驻军24军815团因细故发生摩擦，继以甘孜孔撒土司德钦汪母与班辕卫队长伊西结婚案而形尖锐化，终于二十八年十二月班禅行辕与驻军正式发生冲突，甘瞻头人民众亦转入纠纷漩涡，军事冲突范围延伸至炉霍一带。经由本会即军事委员会分别电令双方停止军事行动，听候中央查处，一面派西昌行营主任张笃伦、军事委员会高级参谋陈冠群及本会参事赵锡昌前往康北会同查办。在该员等到甘孜以前，班禅行辕率同甘瞻头人民众已退往青海玉树，班禅灵榇亦随同运去。甘孜地方秩序旋即恢复，纠纷至此告一段落。此次纠纷主要原因为班辕人员奉班禅灵榇迁移无定，本会遂积极筹划护送班灵回藏事宜。迨至护灵大计如期完成，班禅行辕在理论上及事实上均无存在必要，经本会于二十九年拟定班禅行辕善后办法，呈奉行政院修正核准后次第施行。（1）班禅行辕及其驻外各办事处以明令一律裁撤，惟驻京办事处暂予保留。（2）班禅转世事与班禅善后分别办理。（3）班辕裁撤后所有卫队及武器由军事委员会令甘肃朱司令长官派员前往接收。班辕所有人员由中央予以安置遣散，均经照案施行，另有班辕一部分留青人员，则经本会呈奉核准，组设班禅诵经堂每月拨经费1万元以资维持，俟班佛转世坐床时即行裁撤，至流落青境甘瞻民众头人等，除一部不能回康者另案安置外，经本会与青海马主席及赵专使商得西康刘主席同意，准其回康安居，并经中央发给遣散费4万元以示体恤。

3. 解决果洛隶属纠纷

果洛为一部落名称，清代称为野番，其驻牧地原属松潘章腊营管辖，民国以来，在名义上直隶于松潘，而实际上为政令所不及，民国二十四年青海省政府呈准该地设治，因种种困难，未能实行，故为一瓯脱之地，青省府除派员酌收捐税外，向无行政机构之设置。纠纷之起，系因二十七年秋该部落劫杀青省驻军喇旅长，青军派队前来剿抚，双方颇有杀伤，该部落余众即退至四川松潘境内。其土官康克明、康万庆等并赴成都行辕请愿，旋来渝向中央政府报告，经本会呈奉行政院核定安置该部落办法3项：（一）该部落与青军冲突事件应由四川省政府妥为调处，准该部悔过自新，从速迁回原牧地照常住牧，不究〔咎〕既往；（二）流落松理一带果洛难民由隶四川省政府指定住地妥为安辑，在未回果洛地方前，应受四川省政府管辖；（三）关于果洛属问题应俟关系各省派员会同勘查该地情形及交通状况，加具意见分报内政部核办。上项办法既经核定，该土官及流洛民众即陆续回原牧地上庄复业，近年来地方秩序，颇为安谧。

以上所述，系本会历年办理纠纷案件之荦荦大者，其余如何南亲王与拉卜楞寺纠纷，黑错事件，藏寺事件，白日多马族抢劫案等亦均经本会会同各省当局，预制机先，妥为消弭，均未酿成大事，抗战以来边疆各地实较战前安定。

三、对蒙藏一般共同设施

本会对蒙藏之施政方针前已述及，本此方针，除办理上述各案外，关于一般设施者，一为护佛教寺庙，优礼政教首领。如每年对西藏三大寺傅昭布施，捐助蒙藏地方喇嘛寺庙修葺费，其王公活佛来京展觐者则予以优崇之招待。道行高深之大喇嘛则请中央赠给名号，颁发册印，以示政府崇教安边之意。二为延揽边疆人才参加中央行政机构。对边疆具有地位声望及学识丰富之士，莫不多方推毂参加政府各院部会及民间机关任职。三为沟通内地与西藏文化，本会早于二十五年即经公布《补助汉藏游学僧侣规则》，历年派送汉僧入藏学法，至三十二年复修改规章，扩充名额，增加经费，以资提倡。截至本年止，已派遣公费僧20余人，并补助自费僧10余名，又补助内地僧侣考取西藏三大寺格西费用，至若西藏德行高超之大德如喜饶嘉措禅师、亲增法师东本格西或由中央聘来内地讲学，或自动前来内地观光传法，均经予以优厚之招待。对边疆青年前来内地就学，则予以介绍各学级校肄业，并发给补助费以示奖励。四为救济蒙藏同胞生计。蒙、藏、青、康地方本甚贫瘠，复以天灾人祸相乘而来，民生疾苦殊甚，先后曾经本会呈准拨款补助，如果洛流亡民众之救济、甘孜民众之安置与遣散、青海南部疫□之救拯、西藏亚东水灾之救济，其在内地蒙藏失业同胞则经订有救济蒙藏事业人员章程随时予以救济。五为鼓励边疆同胞抗战情绪。自暴日对我发动侵略战争，全国同胞在蒋总裁领导之下奋起抗战。边疆各族人民爱国热忱殊无二致，惟因僻处边疆，见闻闭塞，对抗建意义尚未充分了解，益以地位奸党荒谬宣传，挑拨离间，以冀分化边胞之团结，本会为针对此种因阴谋，乃发动对边疆广泛宣传。文字方面利用本会《蒙藏月报》随时译载中枢首长之言论，并译印抗战小丛刊数10种，又用简单警惕之文字，制成标语，译为蒙藏回文，分发各边地张贴。广播方面，每周派有专人赴中央广播电台做蒙藏回语广播。六为调查蒙藏情形以作施政参考。蒙藏地区辽阔，情形复杂，语言文字、宗教信仰、风俗习惯又各所不同。在需要作精密之调查译为施政之参考，本会先后设立绥蒙、天山、积石、金川、喀木、滇西等6调查组分驻绥宁青康滇省境内工作，数年来颇具成绩，各种调查资料除随时转报有关机关参考外，其经整理印成专册者计有8种，其余正在陆续付印中。七为设立蒙藏政治训练班培植边疆工作干部人才。计先后毕业学员4期，共有200余人，均经分发边疆地方及中央各机关服务。

本会近年之工作概况已如上述，复查本会在组织系统上直隶行政院，与其他部会地位相埒，而在职权方面则与其他部会迥而不相同。就表面言之，举凡有关蒙藏之一切建设事宜，本会应负其全责；而就实际言之，教育由就教育部主办，交通由交通部主办，其他农林经济等亦各有其主管部，本会只能尽其建议协助之力。比年以来，国步艰难，忧患迭乘，凡百设施因受人力物力之限制，进步迟缓，无可讳言，且缓急轻重兹将又不能不作适当之考虑与抉择，而边疆建设，又在受客观环境阻碍，其骤达吾人理想愿望者，自不可免。今后边疆事业，日趋重要，本会职责所在，自应秉承中央意旨，与各主管院会，努力迈进，尤盼国人多所协助焉。

19. 抗战时期的赈济工作①（1945 年）

政府平时对于防灾备荒，及振恤灾歉之行政，向皆属于内政部，及前振务委员会，由该两部会负责办理，抗战以来，因兵燹地区增广，难民流离日多，本院逐又设立非常时期难民救济委员会，主管其事。第以难民问题，其性质之重要急切，与其内容之繁复艰难，息息与政治及军事相关，而直接系于国本。故在时间上，不仅应迅办目前战局中之救济，尤须筹及〔集〕战后复兴之基力。在空间上，不仅须将战区民众妥为安置，同时对战区失陷地区之人民，尤须解其倒悬之痛，系其爱国之心，坚其抗战之志。在方法上，不仅消极拯救其生命，解决其短期生活，尤须积极注重疏散，配置工作，促进其生产。庶于长期抗战，能得到无尽之后援，而政府与人民，在此艰危至极时，益可团结为一体。良以我辗转流离之同胞，要皆忠纯刚正之义民，自当视同国宝，爱护母替，期于不令 1 人资为敌用，厥为救济之最重大意义。战斗所以争地，救济则所以争民，此同一重要也，惟其如此，乃觉欲其效率增进，确能负起责任，非集中事权并力以赴不为功，因将关系机构，合并调整，设立赈济委员会以专责成。

该会为振〔赈〕济行政之最高机关，其地位与直属本院之各部会相同，经于本年四月二十七日成立开始办公，兹分述其工作于后。

一、救济战区难民

抗战军兴，兹已匝岁，战期势已延长，难民数量，自必随之激增，陷于被占区域，流离转涉者，估计当不下 1 万万人，其由战区分循水陆内移者，亦在 1500 万人左右。

1 年以来，中央及地方尽其全力，以从事救济工作，而社会人士，及中外慈善团体，激发同情，共图匡济，所全自亦甚巨，或施急救，或予收容，或任资遣，或助输送，蒙受救济辅助之难民，亦达 500 万人以上。因难民中多有亲友可投，暂时寄顿，截至最近，尚在收容中者，仅约 116 万余人。已设立之收容所，共约 1500 余所，将来容量，亦可设法补充。凡此数字，由于机构之不充，交通之停滞，及其本身流动性之过大，事实上固不仅限于此，然距赈济之最高效率，犹属甚远，自亦无可讳言。

赈济委员会成立以后，办理难民救济事项，约可略述如此：（赈济委员会及前非常时期难民救济总会所拨救济款项，另表附列。）

（一）分区办理救济

赈济委员会掌理全国赈济行政，设置原委，略见前述。值兹抗战期内，难民待救，迫切万分，

① “振〔赈〕济”在抗战时期有着重大意义，国民政府在抗日战争时期特设有振〔赈〕济委员会，隶属于行政院，为振〔赈〕济行政最高机关，地位与各部会相同。因未查到该机关在整个战时的机构、职能、工作方面的自撰稿，故选录 1938 年 7 月行政院工作报告“第十、振〔赈〕济”部分来反映其机构和职能概况，另选录 1945 年国民政府主计处编的《中华民国统计提要》“77 表，难民救济”“78 表，振〔赈〕济委员会直属各儿童教养所及难童数”来反映其战时工作救济情况。故本文作者应是国民政府行政院及主计处，成文日期应是 1938 年 7 月及 1945 年。

自应扩大效能，首先集中力量，救济战区难民，爰于振〔赈〕济委员会内，特设非常时期难民救济委员会，并为便利推进，厘划事权起见，分别于战地及其附近区域，设立7救济区。以京沪沿线及浙江属于第1区；皖北鲁南苏北属于第2区；皖南及苏浙边境属于第3区；鲁西豫东冀南属于第4区；豫北晋东属于第5区；绥察晋北及陕北属于第6区；豫西陕东晋南属于第7区。每区均特派委员主持办理，除督促推进各该区内难民救济分支会工作外，并由本院分饬非常时期服务团员密切合作，以利事功。其已告沦陷区域，则令酌托国际慈善团体，或宗教人士，缜密进行。至收复失地，如晋北、晋东、晋南豫北各县及绥远蒙旗等，亦均分拨救济费，交由各主管区速办理振〔赈〕济。

（二）紧急及特种救济

1. 安徽　该省战事剧烈，难民激增之际，经拨款20万元，派员驰往各地，急切施救，其退集豫境、赣境难民，现仍赓续振〔赈〕济，以补分区办法所不及。

2. 厦门　厦门沦陷，难民被难至惨，经拨款14万。以5万元交福建省政府，对于逃出厦民，速施救济；另10万元，交鼓浪屿国际救济委员会就地办理。

3. 广州　该市迭遭敌机轰炸，情势惨重，经拨款10万元，交广东省政府迅速救济，并有振〔赈〕济委员会派员前往视察慰问。

4. 黄灾　黄河花园口赵口遭受敌机轰炸，堤防溃决，灾情惨重，当由振〔赈〕济委员会先拨5万元，派人星夜驰往，赶办急振，并由本院核定救济费50万元，令派振〔赈〕济委员会副委员长屈映光先携30万元前往妥为安抚，切实救济。

5. 交通员工　交通部同蒲正太各路撤退员工，经分别编组，移送后方训练，特拨款72000元补助救济。此外分拨各省市政府及团体办理救济之款，具详附表，兹不赘述。

（三）难民工作及生产

抗战前途尚远，难民既众，尤不应令其坐食。配置生产，诚为要图。惟生产计划，规模过大，则需款自巨，值此国用浩繁之际，诚恐筹措需时，除关于难民垦殖，工艺等需用款项之筹配，另行叙述外，其有各收容所举办之小本负贩，以及缝纫、干洗、编织等项工作，亦多已随地酌办。此外，有江苏旅外救济失学失业青年委员会，拟在鄂西湘西，举办难民纺织工厂，已由振〔赈〕济委员会先拨10万元，督促进行。江西省政府拟送难民屯垦计划，经先拨73500元，剔选难民1000试办，以期得有成效逐渐推广。又皖籍移湘难民拟由该省同乡筹办各项工业生活社，已拨助1万元，交由湖南省政府指导办理。

（四）难童之救济及教养

儿童为民族生活之寄托，将来国家大任赖其担当，文化赖其延续。自抗战以来，全战区难童确数，固无详细调查。然就汉口难民收容所过去46000人之统计，难童自1岁至12岁为6851人，11岁至20岁为10079人，其中适合学龄儿童者从5岁至15岁为3000余人，准此推算，则内移之1500万人难民中，当有难童约400万人，其极〔亟〕待救济者至少亦数10万人。

惟专恃政府力量现尚难予普救，自应启发社会同情，共尽救护之责，现由政府予以协助密切合作之团体，计有儿童保育会、中国战时儿童救济协会、中华慈幼协会汉口难民儿童教育委员会等，均经派员随同振〔赈〕济委员会办理救济人员，分赴各地，接运难童，转送后方，实施教养。其在政府，拟积极筹设大规模之国立保育机关，尤为当务之急。

（五）难民之疏散及输送网计划

前方战事激烈，难民退集后方，多来归于武汉，惟武汉为军政重心，久为敌机空袭目标，密集此间，心有未安。经责成振〔赈〕济委员会及湖北省政府就收容所中难民，积极办理疏散，计先后运往湖南及鄂省外县者，为数已达3万余人。此外，并由振〔赈〕济委员会派员前往各重要地点，劝导难民分向赣、陕、豫西等处退集以策安全。

此后难民数目，仍恐有增无减，交通工具，亦断不敷应用。已由振〔赈〕济委员会赶拟送网计划，对于经过路程、安置地点、人员配备均加以妥密统筹，现当战时，交通工具极感缺乏，尤当积极推行徒步移送办法。

以上所述多急切治标之办法，政府先后拨交振〔赈〕济委员会430万元，使之先救民命，俾难民移置较为安全地方，而后从事于治本。

二、发行振〔赈〕济公债

赈济工作，在在需款，民国十八年、二十年遭遇旱水两灾，即曾发行公债、举借外款，达1万万余元。今兹局势之严重，远非昔年水旱灾情之比，需款之巨，更不待言。且敌寇毒计，刚柔兼施，其在华北及京沪闻已拨款救济我难民，故政府对于振〔赈〕济用款，尤不能不迅速筹集，急为施用，以培国本，而系人心。本院爰经决定发行振〔赈〕济公债1万万元，并于七月一日起发行3000万元，以济急需。其用途拟暂如左〈下〉之支配：

（一）难民救济、运输、收容、给养、配置及临时发生天灾之救济费用600万元。

（二）办理采矿、植林、公路修筑、水利工程等，及其他预防灾荒之小规模工赈济各项小工业小本负贩经济共900万元。

（三）难童教养经费300万元。

（四）难民垦殖经济1200万元。

（二）项内小工业小本贩及（四）项内之款项分配，尽量使用贷款方式。贷款逐渐收回，仍作贷与农工业奖励生产之用。务使分文见分文之效，一人尽一人之力。藉收人可救济、款不虚糜之功。

三、计划防灾备荒

历观灾患以来，其势甚骤；然一考其所致之由，则伏因甚久。政府救恤灾荒，靡费巨款，人民亦同时遭受重大之损失。故但能先事预防，避免此种双重之凋耗，不特减少人民之痛苦，实增国富于无形，此即振〔赈〕济行政积极方面意义之所在也。际兹抗战之时，一切难民之当前救济，自属刻不容缓。惟设立该会之根本意义，不仅集中权利因应非常，藉收指挥敏活之功；亦不仅于天灾发生之际，举办急工农振益蜀赋散谷，即为能事已尽。尤应于防灾护荒，作核本之筹划，以求灾患之永免，富力之累增。虽其设施所涉至广，成效亦难遽期，然此为国家根本大计所关，不于此抗战期中植其始基，将益艰于着手。自应责成该会与有关机关合力锐进以赴事功。举凡改进农产、广植森林、兴修水利、建设农仓诸端，本院各部会以往定有积极防灾备荒各项办法，必当力予督促切实推行，务以技术之成功，增进民生之福利。

四、改进赈济机构

政府既已深感赈济行政之必须集中事权，方克确实负责增高效率，故对于一般地方振〔赈〕济机构之调整改进，自不容缓，各级振〔赈〕济机关，上下相维如臂运指。在事权上应求集中，在关系上应谋密接。以期全国振〔赈〕济机关贯通一气，俾其动作达于最机敏之程度，其应循之原则有二：其一，在抗战期内，须因时制宜、因地制宜，就各原有机构，推动督促，不多更张，利用已具之规模，以适应战时救济之机敏需要，而符集中之指挥之精神；其二，因势利导，亦可改进其组织与功能，至若一切形式上名称上，须统一改易之处，仍应酌量筹划，以树紧密之制度。

各省市县难民救济机关，现仍用非常时期难民救济委员会分支会之名称，计共有分会12处，支会652处。除仍照前非常时期难民救济总会规定大纲赓续办理外，并经振〔赈〕济委员会分区特派委员督促推进，尚能发挥功能，尽力办理。一面并有振〔赈〕济委员会整理制发各种表式分行各省县分支会，实施难民调查登记，以为随办理救济之依据。

至关于社会救济，我国民间组织，本极繁复，育婴恤嫠有堂，给药施材有社，穷乡僻壤，无地无之，虽用心足资钦式，而方法多有待改良。故在精神上拟一面予以鼓励与协助，在技术上则应加以指导与整理，俾可益增功效。此外对于失业救济、贫民扶助、游民教养诸端，则即从调查统计入手，以为统筹之准则。渐次分设职业介绍社会保险机关，俾可各按技能，得所效力。使固有之互助美德，益以发挥，现代之文明，亦愈以增进焉。

难民救济

时　期	救济人数	职业介绍人数	移垦人数
二十七年八月至二十八年底	21805790	7472	74211
二十九年	3842232	1657	43749
三十年	1074220	16274	—
三十一年	2208458	11994	—
三十二年	882846	10876	—
三十三年一月至六月	243704	3621	—

资料来源：振〔赈〕济委员会统计室根据难民收容所及职业介绍选送报告编制。

振〔赈〕济委员会直属各儿童教养院所及难童数

时　期	教养院所数	难童人数
二十八年底	214	159835
二十九年底	27	8044
三十年底	25	10215
三十一年底	27	11202
三十二年底	24	11304
三十三年六月底	20	10849

材料来源：振〔赈〕济委员会统计室根据儿童教养院所造送之报告编制

说　明：二十八年教养院所及难童人数系包括补助院所数及难童数。

20. 抗战时期迁都重庆的立法院①（1947年）

第一章　总　述

立法院是国民政府最高立法机关，有议决法律案、预算案、大赦案、宣战案、媾和案及其他重要国际事项等职权。在此次伟大而神圣的抗战期间，立法院站在他固有的岗位上，配合着

① 本文系国民政府立法院自撰稿，原名为《抗战时期迁都重庆之立法院》，重庆市档案馆馆藏档案。

行政军事各部门的工作，完成了战时立法的任务，所以这一段期间的立法史实，实在饶有意义而有加以记述的必要。但自“卢沟桥事变”之日起，至日本签订降书之日止，其间立法院计开大会 170 次（自第四届第 113 次会议起至第 283 次会议止），所议决的法案共有 801 件（内计法律案 528 件，预算及财政案 236 件，宣战案 1 件，条约及其他重要国际事项案 36 件），无法一一缕述，现在只能作一种简括的说明。

国父遗教为我们建国的最高准绳，故立法院一贯的立法精神，亦即以国父遗教为最高指导原则，而其目的在完成三民主义之法律体系，以奠定新中国永久制度之宏基。民国十八年本党第三次全国代表大会成绩有一个决议如下：

“确定总理所著三民主义、五权宪法、建国方略、建国大纲及地方自治开始实行法为训政时期中华民国最高之根本法，举凡国家建设之规模，人权民权之根本原则与分际，政府权力与其组织纲要，及行使政权治权之方法，皆须以总理遗教为依归”。立法院根据这个决议从事立法，在抗战以前是如此，在抗战期间亦是如此。

民国二十七年本党临时全国代表大会复经通过一个抗战建国纲领，特别又规定着：“确定三民主义暨总理遗教为一般抗战行动及建国之最高准绳”。因为我们抗战的目的就是建国，抗战建国同时进行同在国父遗教的指导原则之下，集中一切的意志与力量以蕲求抗战的胜利与建国的完成。所以在抗战期间的立法，仍然是本着一贯的立法精神，这个纲领内分外交、军事、政治、经济、民众运动、教育 6 项，都是立法院从事立法所依据。

以上系说明我们立法的精神和依据，但从事立法，并须能随时适应时代的需要，此次我们的抗战战争和世界大战牵连在一起，其时间之久、规模之大，真正可以说是空前，无论政治、经济、国防、司法各方面平时所适用的法规，为着配合战时的需要，或因应战时的环境，自必须随时加以修正或另行制定，方能施行尽利，这是我们抗战期间立法所最注意的地方。

第二章　关于国防体系的法案

现在我们开始来叙述抗战期间的立法工作概况，为叙述方便起见，我们分为国防、政治、经济、司法 4 个体系。

先就国防体系的法案来讲，在“卢沟桥事变”以前，我们见到敌人咄咄相逼的情势，已经晓得他心怀叵测。关于军事方面的法案，我们都已经赶速有所准备，像《兵役法》《军事征用法》《国民工役法》等都是在战前制定好的。战事爆发以后，又赶快把《要塞堡垒地带法》重新加以修正，同时见到现代作战，空防是最重要的，渝市又制定一个《防空法》，以避免或减轻敌人空袭的危害。在抗战期间为充实国防或加强军事力量所制定或修正的法规，最重大的要算《国家总动员法》和《修正兵役法》了。这一次抗战，是为了民族生存和发展，国家的独立和建设，国际的正义和自由，其意义是何等的重大，假如不发动全国的人力、物力、财力，怎样能够达成这个任务，所以有《国家总动员法》的制定。与《国家总动员法》相关联的，尚有《国家总动员会议组织条例》及《妨害国家总动员惩罚暂行条例》。国家总动员会议是策动总动员的总机构，必须有这个组织，才能够负责而有联系的执行，同时为贯彻总动员法的实施，对于存心自私破坏法令或执行法令不忠实的人，自然应有惩罚的规定。再则，此次抗战我们所以能够获致最后胜利，全在于征兵制度之实施，对于《兵役法》随时都应该察觉和改进，所以在三十三年二月间又有一度很周密的修正，以期切合实际的需要。与《兵役法》有关系的法律，还有《陆军兵役惩罚条例》及《妨害兵役治罪条例》，这两个条例本来在抗战以前都已经公布了的，战事发生以后，又分别加以修正。《妨害兵役治罪条例》原来叫作《违反兵役法治罪条例》，修正的时候，把名称也改正了，这都是为推行役政防止流弊的重要法律。随后又见到监狱里的罪犯，有许多是能够替国家服役的壮丁，他们的爱国热忱，并不后人，国家要补给战斗员，正好给他们一个立功赎罪的机会。所以又制定了一个《非常时期监犯调服军役条例》，这也是与《兵役法》有关联的法律。此外，关于国防体系的法律，有的是关于奖励功勋的，如《陆海空军奖励条例》及《陆海空军勋赏条例》，这都是战前制定而于战后又修正的，嗣后因为空军在现代战争上，占有特别主要的地位，于是制定一个《特授空军将士复兴荣誉勋章条例》以示优异。同时又见到战地文武官民，有尽力守土赖以挽回危局的，有构筑工事固守不屈的地方赖以保全的，不一定是陆海空军的官佐，一般的奖励条例，仍然不够适用，渝市又制定一个《战地守土奖励条例》。以后又为鼓励后方的民众奋勇参加各种抗战工作起见，乃又制定一个《非常时期人民荣誉奖状颁给条例》，以资适用。有的是关于优待军人家属的，最主要的是《优待出征抗敌军人家属条例》，这个条例曾经修正过很多次，因为出征军人为国家效命，不能再叫他们对于家庭有后顾之忧，同时也叫他们家属得到一种安慰，所以在抗战期间前方将士浴血攻坚前仆后继，实在得力于这个法律。同时又制定有《抗战功勋子女就学免费条例》，随后又制定一个《出征抗敌军人婚姻保障条例》，这是国家替他们解决子女教育的问题并使他们在后方的婚姻得到保障，以免心悬两地而不能专心致志于抗战。有的是关于整饬军容的，行军之道最重要的是纪律严明，就是要严格执行军律，然后才能克敌制胜，所以有《中华民国战时军律》的规定。除了纪律以外，军队的礼节，也是军队组织的要素之一，上下分明、秩序井然，然后才能够指挥如意，才能贯彻命令，所以又将以前制定有《陆军礼节条例》重新加以修正。末了是关于陆海军空军抚恤的法律，此次与敌人殊死作战无论陆海空各方面的健儿，以其血肉之躯和他们的机智与能力完全贡献给国家，不幸而负伤或死亡，国家自应予以抚恤。所以曾经先后制定为《空军抚恤条例》《陆军抚恤条例》和《海军抚恤条例》以资分别适用。

在关于国防体系的法案里，还要分别附带叙述的，是关于外交方面的条约及其他重要国际事项案。无可讳言的，此次抗战的胜利，有赖于外交方面的成功，然而也是我们不屈不挠的艰苦支撑，才换国际友情和全世界为民主而战的反侵略友邦缔结同盟并肩奋斗，可见外交和国防是有密切关系的，所以我们把条约及其他重要国际事项案附在关于国防体系的法案里来说明。

抗战期间，立法院所通过的条约及其他重要国际事项案，最重要的，无过于中美和中英的新约，这两个新约，可以说是我们由次殖民地的地位一跃而为一等强国的起点。100 多年的不平等锁链，由是两个新约的签订而解除，在抗战史上是值得大书特书的。其次是《联合国宪章》的批准，这是为奠定世界永久和平，各国所共同遵守的根本大法。又次是《中苏友好同盟条约》的谛订，所以巩固中苏两大民族的邦交。此外所通过的条约案等，比较重要的，二十七年有《中国利比里亚友好条约》《中国爱司托尼亚友好条约》《中苏互不侵犯条约》；二十八年有关于《修正盟约“绪言第一条、第四条、第五条及附件之议定书”案》《中苏通商条约》《工业工作儿童最低年龄公约》；二十九年有《智育合作国际议定书》《布诺赛尔国际邮政公约》及各项协定，《中国多明尼加国友好条约》；三十一年有《中国伊拉克国友好条约》，增加《国际邮政包裹协定最后议定书》第 4 条第 2 表关于委内瑞拉额外转运费案；三十二年除中美、中英条约及换文外，尚有《中古友好条约》及换文，《中比条约》；三十三年有《中那条约》《中阿友好条约》《中加条约》《中巴友好条约》《中哥友好条约》《联合国粮食农业机构组织法》；三十四年有《中墨条约》《中瑞条约》《国际货币基金协定》及《国际复兴建设银行协定》等等。

第三章　关于政治体系法案

兹再进而叙述关于政治体系的法案，这个体系的范围很大，可以分作：一、关于调整机构者，二、关于健全人事者，三、关于地方自治者，四、一般行政法规。以下依次说明。

一、关于调整机构者　当抗战期间，在行政方面，我们首先应该注意的是各部门的机构，要使他充实合理，又能互相配合，分工合作，协力迈进。所以在抗战发生以后，立法院随时修正各机关的各组织法，尤其是行政院的各部门。当政府迁到重庆以后，就先把行政院的组织法第 1 条加以修正，行政院所属的机构，几乎和战前完全改观，裁撤海军部和铁道部，实业部改为经济部，卫生署由行政院改隶内政部，于是就制定了《经济部组织法》及《内政部卫生署组织条例》，并修正了《内政部组织法》《交通部组织法》以及《军政部组织法》的条文。二十九年卫生署又由内政部改隶行政院，乃又重新制定《卫生署组织法》，并修正《内政部组织法》有关的条文。同年成立农林部和社会部，并因过去水利机构的分歧亟须加以调整，又成立一个水利委员会，于是就制定《农林部组织法》《水利委员会组织法》及《社会组织法》，并将有关系的经济部、内政部组织法尤加以修正。次年因供给军糈充裕民食而成立粮食部，于是又制定《粮食部组织法》。随后内政部土地司扩大为地政署，直隶于行政院，又分别制定《地政署组织法》《兵役部组织法》，并又修正《司法行政部组织法》。兹再将抗战期间修正中央各院部会组织法的次数统计一下：《行政院组织法》修正 3 次；《立法院组织法》修正 2 次；《司法院组织法》修正 4 次；《监察院组织法》修正 4 次；《考试院组织法》修正 2 次；《内政部组织法》修正 7 次；《外交部组织法》修正 4 次；《军政部组织法》修正 7 次；《财政部组织法》修正 3 次；《经济部组织法》修正 3 次；《教育部组织法》修正 4 次；《交通部组织法》修正 3 次；农林、社会、粮食 3 部组织法各修正 1 次；《司法行政组织法》修正 2 次；《蒙藏委员会组织法》修正 3 次；《水利委员会组织法》修正 1 次；《振〔赈〕济委员会组织法》修正 2 次；《中央公务员惩戒委员会组织法》修正 2 次；《审计部组织法》修正 2 次；铨叙部及考选委员会组织法各修正 2 次。有的是全部修正，有的是修正几条条文。至于各院部会的所属机关，他们的组织法或组织条例经过立法程序制定或修正的，计行政院有《政务电讯管理处组织条例》；司法院有《法规研究委员会组织条例》；监察院有《监察使署组织条例》《新疆监察区监察使署组织条例》；考试院有《法规委员会组织条例》；内政部有《禁烟委员会组织条例》《中央警官学校组织条例》；外交部有《外交特派员公署组织条例》；财政部有《直接税署组织法》《国库署组织法》《缉私署组织法》《税务署组织法》《关务署组织法》《花纱布管制局组织条例》《战时货运管理局组织条例》《专卖事业管理局组织条例》《财政研究委员会组织条例》；经济部有《矿冶研究所组织条例》《中央工业试验所组织条例》《中央地质调查所组织条例》《全国度量衡局组织条例》《资源委员会组织法》《物资局组织法》；教育部及文化方面有《国立故宫博物院组织条例》《国立中央图书馆组织条例》《国立编译馆组织条例》《国立中央研究院组织法》《国立中央研究院评议会条例》《中央气象局组织条例》《中央图书杂志审查委员会组织条例》《国立北平图书馆组织条例》《国立西北图书馆组织条例》《教育研究委员会组织条例》《国立体育委员会组织条例》《国语推行委员会组织条例》；交通部有《公路总局组织法》《电讯总局组织法》《交通复员准备委员会组织条例》；社会部有《合作事业管理局组织条例》《劳动局组织法》；农林部有《垦务总局组织法》《中央畜牧实验所组织条例》；粮食部有《田赋署组织法》；司法行政部有《法医研究所组织条例》；卫生署有《中央卫生实验院组织条例》《西北防疫处组织条例》；侨务委员会有《各口岸侨务局组织条例》；水利委员会有《导淮委员会组织法》《华北水利委员会组织法》；铨叙部有《铨叙处组织条例》等等。还有国民政府的直属机构，文官处和参军处原来是没有单独制定组织法的，在抗战期间中也援照主计处的办法,重新分别制定了组织法,并且和主计处组织法都曾经有几次的修正。此外关于省市方面，也曾经修正过省政府组织法和市组织法，同时为配合战时需要，又制定有《省保安司令部组织条例》《省防司令部组织条例》及《战区各省市政府设置行署条例》，又为逐渐开发西南各省土司地区而制定有《设治局组织条例》。

关于调整机构的法案，除了上面所叙述以外，还有几个特别重要的，一个是抗战初期国民政府所公布，旋经立法院议决追认的《国民参政会组织条例》。这个是政府为集思广益起见，设置一个国民参政会，予国民以公开参政的机会，使全国的意志和力量，都集中在一个旗帜之下，团结一致，共同负荷起抗战建国使命，同时也是政府实施民主政治的前奏，是国民大会召开以前表达民意的机关。另外两个都是抗战末期所制定的,一个是《战时生产局组织法》,一个是《行政院善后救济总署组织法》，战时生产局是为增进我们战时生产所设置的机构，善后救济总署是为配合联合国善后救济总署,办理战事结束以后善后救济事宜所成立的组织,并且还制定有《善后救济分署组织条例》，以便分区办理善后事宜。

二、关于健全人事者　考试为健全人事、革新政治之开始。关于考试的法规，抗战发生以后，因为环境变迁，感觉到有些法规规定得太硬性，手续也太繁复，不能够肆〔适〕应咸宜，所以首先就制定了一个《非常时期特种考试暂行条例》，虽然范围仅限于特种考试，关于手续及经费减省的地方，就是普通考试以及高等考试也可以准用。同时又见到前后方需要专门学术人才的地方很多，仅凭考试一途来罗致人才，仍然感觉不够，于是又制定一个《非常时期专门人员服务条例》，由行政院训令地方政府及国外使领馆举办总调查，各类专门人才均应登记，以备随时予以工作。随后又制定一个《备用人员登记条例》，规定全国现有的各种人才，一律在铨叙部总登记，各机关用人可以随时遴选，程序既可以简便，时间也可以节省，以上是关于人才的储备和检选方面的法规。至于公务员的任用，除经常的任命法规外，在战区或接近战区的公务员，就应该有一个例外的规定，如县长及县政人员，必须有军事学识及县政经验者，方能胜任愉快，如是有《非常时期战地公务员任用条例》的制定。此种特殊情形,除战地以外,还有边疆从政人员，在抗战期间，我们不能不重视边疆的开发，对于边疆从政人员，自应特别予以鼓励，于是又有《边疆从政人员奖励条例》的规定。此外，关于公务员的法规，在抗战时间所制定或修正的，尚有《公务员服务法》《公务员内外调任条例》《公务员交代条例》《公务员叙级条例》《非常时期公务员考绩条例》《县长考绩条例》《公务员进修及考察选送条例》《公务员退休法》《公务员抚恤法》等。从公务员服务上所应尽的义务起，以及他们的考绩、调剂、退休、抚恤，都有法律为之规定。同时对于抗战守土伤亡的文职人员,他们的退休抚恤,自不应与一般公务员同例办理,所以又有《抗战守土伤亡文职人员从优给予退休抚恤金条例》的制定。他如修正《宣誓条例》，是为健全公务员的心理，使于开始就职的时候，就激发他的忠诚与努力；修正《勋章条例》，是对于有功勋的官吏，给予一种荣誉的激励；《高等考试及格人员县长挑选条例》，是甄拔高考及格人员从事于县政工作，以上关于健全人事法规可谓大体具备。为求贯彻实施起见，特地又制定《人事管理条例》，以期树立超然人事制度，嗣后对于不经铨叙的聘用、派用人员，使其受人事方面的管理，于是又制定了一个《聘用派用人员管理条例》，以期周密。此外还有应该特备叙述的，其一是在抗战期间完成考试法规的系统，按照考试法的规定，考试共分3类，除了公务人员的考试以外，还有公职候选人的考试和专门职业及技术人员的考试，在抗战以前仅仅制订了关于公务人员考试的法规，抗战以后我们就先后制定了《省县公职候选人考试法》和《专门职业及技术人员考试法》，尤其是前者，在战时为加强基层组织实施地方自治起见，我们依据国父遗教制定这个法规。又一是《非常时期监察权行使暂行办法》，在非常时期对于公务员的违法或失职行为，如仍按照弹劾法所规定的程序办理，实在感觉迟滞而不能够迅赴事机，所以才有《非常时期监察权行使暂行办法》之制定，规定监察委员或监察使可以用书面纠举，还可以把纠举文件作为弹劾案，迳行移付惩戒机关，无须经过经常的审查程序，这更是健全人事的重要法律了。

三、关于地方自治者　在抗战期间，我们一方面要遵奉国府遗教，蕲求地方自治之早日完成，以为宪政实施之张本；同时还要顾全到抗战的需要，加强加密基层的组织，以便推行中央的政令。所以总裁有县各级组织纲要之颁行，我们根据纲要，首先制定了《县参议会组织暂行条例》《县参议员选举条例》《乡镇组织暂行条例》《乡镇民代表选举条例》4 个法案，随后又陆续制定有《省参议会组织条例》《省参议员选举条例》《市参议会组织条例》《市参议员选举条例》。以上 8 个法案，着重在先把各级的民意机关建树起来，以便监督实施各种地方自治的事项。

四、一般行政法规　关于政治体系的法案，除上面 3 类以外，其他一般行政法规，属于内政者，计有《建筑法》《都市计划法》《户口普查条例》《违警罚法》《修正著作权法》等。属于外交者，计有《敌国人民处理条例》《敌产处理条例》《出国护照条例》等。属于教育者，计有《国民学校法》《补习学校法》《强迫入学条例》《国民体育法》《学校教职员养老金及恤金条例》《学修教职员退休条例》《学校教职员抚恤条例》《社会教育机关服务人员养老金及恤金条例》《捐资兴学褒奖条例》等。属于卫生者，计有《奖励医药技术条例》《种痘条例》《传染病防治条例》《兽疫预防条例》《捐资兴办卫生事业褒奖条例》等。至于经济、财政、交通、社会各部门的行政法规，为便于说明起见，统统归并在经济体系的法案里。

第四章　关于经济体系的法案

关于经济体系的法案，我们可以分作财政、经济、交通、水利、地政、社会等几个部门，兹先就财政方面来叙述。

关于财政方面的法案，还可以分作财务行政、赋税、专卖和公债几点。战时财政的重要，是人所尽知的，此次空前的抗日战争，自然需要源源不断的财力来接济，同时也要为国家的百年大计设想，确定健全的财政制度。所以在抗战发生的第 2 年，我们就赶紧制定了 3 个关于财务行政的重要法律，一个是《公库法》，一个是《决算法》，一个是《审计法》。一国的财政制度是否健全，首先要看他收支的执行与现金的保管是否分开，假如两者合而为一，收支官吏现金在手，就很容易舞弊。而且保管现金须有稳固的设备，收支官吏很难兼司其事，所以各国法律的规定，都另有公库的设置。凡有收入都缴入公库，支出则由公库提取，立法院在抗战以前就拟具有公库法原则，一到迁到重庆以后，就尽先把《公库法》制定了。决算报告是在任何国家都不可缺少的，每年国家取于国民的共有多少，支出的共有多少，应该使人民明瞭，以表示政府对于国民负责之意。各机关在平常支出之时是否违背预算或离开预算的支出，于年度终了时，也应该加以清查，所以《决算法》的制定，是使财政上轨道的必备法律。监督财政最重要的是审计，审计的目的，就在管理预算、防止贪污，所以各国都有独立的审计，随时去检查会计，然后各级机关的官吏才能够有所畏惧。尤其当抗战建国的时候，更应该加强审计的执行，所以立法院特地又将民国十七年所颁行的《审计法》，重新缜密地修正一番，以适应战时急迫的需要，次年又曾经将第 10 条条文加以修正，俾更能迅应事机。随后见到公有营业和公有事业的机关日益增多，他们贪污舞弊的机会，要比普通一般机关多而容易，更应该严格执行审计，所以又制定一个《公有营业及国有事业机关审计条例》，以资适用。除此以外，我们还制定一个《战时国家总预算编审办法》，因为《预算法》是在战前制定的，对于编造预算的程序以及办理预算的机构，在非常时期，不尽适合。所以才另外制定这个办法，以期办理迅速而又合理，但是《预算法》和这个办法不相抵触的地方，是仍然适用的。

其次为供应战时庞大的支出，最正当的途径，就是增加租税的收入，我们过去的税收，大都偏向间接税，如关税、盐税等等。抗战发生以后，这些税收，都很明显的锐减，渝市不得不增置几种新税，这几种新税都是比较合理而又公平的直接税，立法院很审慎的制定出法律来，使之制度化。第一是《遗产税暂行条例》，遗产制度是造成社会上财富分配不平均的最大原因之一，那些遗产的享有者，可以说是不劳利得。课以重税，不仅是基于财政上的理由，而且也含有社会政策的意义，立法院为使这种税收能够顺利实施起见，特意又制定一个施行条例，以免施行的时候，发生困难。第二是《非常时期过分利得税条例》，在抗战时期，一般人民都受很大的牺牲，而有许多从事工商业的人们，反而获得分外特殊的利益，实在是不平的现象，国家就此种过分利得征税，于情于理，均属正当，所以立法院特别制定这个税收的条例，随后又曾加以修正，并且把名称改为《非常时期过分利得税》。第三是《所得税法》，所得税更是直接税主要的一种，根据纳税能力的原则，所得税是最公平最合理的税，抗战以前曾经制定有《所得税暂行条例》，在抗战期间，重新修正改称为《所得税法》。第四是《财产租赁出卖所得税条例》，这是所得税系统的一个重要补助税，因为在抗战期间，财产的价值增高了许多。这种增高的价值，并不是个人努力的结果，而是大家以血汗抗战给他们造成的机会，所以在他们财产出卖或租赁的时候，征收所得税，也是应该的。除了创置这几样直接税以外，同时又实行田赋征实政策，这是我们能够长期抗战卒获最后胜利的一个主要因素，因为通货不断地膨胀，货币价值不断的减低，而物价则相反的不断的增高，田赋如仍以现金缴纳，显然是与国家不利的，而且又怎样能够源源接济这庞大无比的军粮和公粮呢？所以我们毅然实施征实政策，政府掌握了充分的实物，方能不断的供应维持以至于胜利，立法院曾就征实政策制定了《战时田赋征收实物条例》，以为办理征实的依据。随后又为配合实施土地政策，制定一个《战时征收土地税条例》，这也是就财富征收不能转嫁的直接税。这些直接税系统的树立，可以说是在战时财政最大的成功。至于其他的税收，曾经制定有《国产烟酒类税条例》《货物统税条例》《战时消费条例》《竹木皮毛陶纸箔税条例》《契税条例》，并修正了《营业税法》和《印花税法》的条文。关于地方财政的租税，亦经陆续制定有《筵席及娱乐税法》《房捐条例》《屠宰税法》《营业牌照税法》《使用牌照税法》《市县工程受益费征收条例》等。

在抗战期间，一方面整顿税收，使之合理化、制度化；一方面建立几种专卖事业，如烟类、食糖、火柴、盐等。这几种专卖事业，对于财政收入补益很大，同时对于这几种民生日用品的价格，也可以充分控制，所以立法院通过这几种专卖事业的条例，也可以充分控制，所以立法院通过这几种专卖事业的条例，一、《战时烟类专卖暂行条例》，二、《战时食糖专卖暂行条例》，三、《战时火柴专卖暂行条例》，四、《盐专卖条例》，以为实施的依据。

战时财政的收入，除了租税和专卖事业以外，其次就是公债的发行，我们在抗战期间通过的重要公债法案，计有《救国公债法案》《民国二十七年金公债法案》《民国二十七年国防公债条例》《民国二十七年振〔赈〕济公债条例》《民国二十八年建设公债条例》《民国二十八年军需公债条例》《民国二十八年五厘英金购料公债条例》《民国二十九年军需公债条例》《民国二十九建设金公债条例》《民国三十年军需公债》《民国三十年建设公债条例》《民国三十年滇缅铁路金公债条例》《民国三十年粮食库券条例》《民国三十一年同盟胜利美金公债条例》《民国三十一年同盟胜利公债条例》《民国三十一年粮食库券条例》《民国三十二年整理省债公债条例》《民国三十三年同盟胜利公债条例》等等。内中关于粮食库券条例，是政府实施田赋征实以后，另外还向人们征购或征借若干，于是就发行了几次粮食库券，这种粮食库券和公债的性质是差不多的，所以也列在公债以内。还有当抗战的时候，为避免因通货膨胀而游资增多以造成社会的不安，所以特别奖励人民的储蓄，既可以吸收游资以使法币回笼，又可以利用这些游资以作其他事业，立法院曾通过有《节约建国储金条例》和《节约建国储蓄券条例》，都是为这个用意，鼓励人民去储蓄，也有点公债的意味，所以也一并叙述在此。

兹再进而叙述关于经济方面的法案，当抗战时期，在经济方面，我们首先应该注意的是管制物资。第一是粮食，民以食为天，能够足食才能够足兵，所以在抗战刚一开始，我们就赶紧制定了一个《战时粮食管理条例》，严厉制止囤积居奇，以安定后方的民生，以充实抗战的力量。随后因通货膨胀的关系，粮食问题仍然很严重，于是立法院又拟定粮食国营原则，主张粮食由国家经营公卖。这个原则，曾经向国防最高委员会建议。粮食以外，就是农矿工商各种企业各种物资的管理。关于战时必需的各矿业，制造军用品的各工业，以及电气事业，必要时应该收归政府办理，或由政府投资核办，这是为国家民族的利益所应有的举措，所以立法院有《非常时期农矿工商管理条例》的制定。同时，我们管理物资，还要严防敌人物资的侵入，以免吸收我们的法币去套取外汇，至于我们的物资也绝对禁止运至敌区，以免为敌人所利用，所以我们制定了《查禁敌货条例》和《禁运资敌物品条例》两个重要法案。后来情势变迁，这两个法律，已经失去必要性，于是我们另外又制定了一个《战时管理进口物品条例》，来管理进出口的货物，以代替那两个法律。到了抗战末期，我们又见到物资之中以矿产品为最重要，应该特加管理，于是又制定一个《战时管理矿产品条例》，这些都是关于管理物资方面的。和物资同样重要的，还有运用物资的技术员工，这种人才在战时是很重要的，也应该加以合理的管理，因此立法院又通过一个《战时全国技术员工管制条例》。另外还有对于物价的管理，在抗战期间，我们曾经有限价议价的办法，为求有效执行起见，又制定一个《取缔违反限价议价条例》，对于故意违反限价议价的，予以严厉的处罚。

在战时除管制物资以外，还要注意到奖励生产，以增加我们的物资，充实我们的战斗力量。所以当抗战发生以后，我们就赶紧把以前所公布的《工业奖励法》和《特种工业保息及补助条例》分别加以修正，付诸实施。尤其是特种工业是各种建设事业的基本工业，政府更应该加以协助。随后又因为应实际的需要，制定一个《非常时期工矿业奖助暂行条例》，规定了10种奖助办法，以促进我们的经济建设。这些工矿业的奖助，都是偏重于事业方面的，至于技术方面，也应该加以奖助，以期随时有合于实用的新方案新发明产生，所以我们把战前的《奖励工业技术暂行条例》重新加以修正，以适应这种需要。后来到了抗战末期，又制定了一个《专利法》，这更是奖励工业技术的最根本办法了。此外，特别又制定一个《战时紧急处置公有物资奖惩条例》，以减少我们物资的损失。还有一个奖励与生产有关的法案，就是《非常时期难民移垦条例》，这是在抗战初期就制定的，一方面使流亡难民得到了安顿，一方面又可以增加农业的生产。

我们要从事经济建设，就要注意到金融，因为金融是经济建设的命脉，如鱼得水，不能分离。我们以前的金融组织，大都偏重于几个重要都市，抗战发生以后，才晓得这种金融偏在的不当，于是转移目标到地方上，普遍设置县的银行，以救助残破的农村经济，办理地方上的建设事业。曾经制定了《县银行法》，以为实施的依据，后来又制定一个《省银行条例》，如此各省各县的金融组织，才能完备，脉络条贯，我们的地方经济才能活泼起来。同时为要实现国父平均地权的主张，须有办理土地金融业务的组织，我们就以中国农民银行为基础，兼办土地银行的业务，于是把《中国农民银行条例》重新修正一次，在该行内增设一个土地金融处，特别又制定一个《中国农民银行兼办土地金融业务条例》，并为办理此项土地金融业务，可以发行土地债券，于是又另外制定一个《中国农民银行土地债券法》，以为发行的根据。

关于经济方面的法案，还有一个重要的，就是《特种股份有限公司条例》。所谓特种股份有限公司，系指由政府机关组织，准许本国人民或外国人民认股的股份有限公司。抗战以后，政府有很多新兴事业，都是这种组织，然而在公司法里，却没有这种规定，所以我们另外制定这个单行法规。此外关于经济方面的法案，有修正《商标法》条文，修正《矿业法》条文等。

关于交通、水利、农林、地政各方面的法案，也都在经济体系的范围以内。交通方面有《航空法》《修正邮政储金法》等。我国航空事业，已经逐渐发达，亟待需要一个法律，所以有《航空法》的制定。邮政储金的业务，在抗战期间，也需要加以改善和充实，所以又修正了《邮政储金法》等。并且为物价不断的高涨，邮资不得不也随之提高，以免亏累。所以对于《邮政法》第4条条文和所附的邮资表，曾经有多次的修正。还有一个交通方面的重要法案，就是《战时交通器材防护条例》，这是因为交通器材在战时来源不易，为防范散失损坏起见，所以才制定这个法律。水利方面有《水利法》《兴办水利事业奖励条例》等。《水利法》是水利行政最重要的法典，办理水利各方面的业务，都要以这个法律为依据，人民对于水利的权益和义务，也都有详尽的规定。再则，我们是个农业国家，农业和水利是不可分的，不仅是政府要注意办理，并且要鼓励人们去从事水利事业，所以又有《兴办水利事业奖励条例》的制定。农林方面，在抗战期间除制定或修正法规去充实机构及从事各种试验或推广以外，曾经把以前的《兽疫预防条例》修正，又曾经把《森林法》重新修正。地政方面，有《战时地价申报条例》和《战时地籍整理条例》，这是为实现国父的平均地权，在抗战期中，先从申报地价和整理地籍入手。

末了，关于社会方面的法案，也可以归并在经济体系的范围里。在抗战期间，我们要加强人民团体的组织，所以当抗战初发生，我们就分别修正了《商会法》《商业同业公会法》和《输出业同业公会法》。随后就制定出一个《非常时期人民团体组织纲领》，嗣又修正改作《非常时期人民团体组织法》，以为人民团体组织的依据；又把《工会法》《教育会法》先后加以修正，至于人民团体各种职业团体的法规，业先后制定，如《律师法》《新闻记者法》《医师法》《药剂师法》《助产士法》《会计法》等等。要加强人民团体的组织，同时要注意社会福利，尤其是职工的福利，以稳固经济社会的基础，于是制定有《社会救济法》，倡办各种社会救济事业；又制定有《职工福利金条例》，特别注意职工的福利，以期劳资协调，增进生产；又把过去的《劳资争议处理法》重新修正，以解决劳资间的纠纷。其次政府因为限于财力，难以普遍兴办社会福利事业，所以又制定一个《捐资兴办社会福利事业褒奖条例》，鼓励人民自己去捐资兴办各种社会事业。当中最值得倡导的，要算合作社，我们曾经制定有《合作社法》，在抗战期间，又审慎的加以修正，同时又为合作资金而制定有《合作金库条例》。此外还制定有《国民义务劳动法》，规定国民义务从事筑路、水利、自卫、地方造产及其他公共福利事业，也是很重要的法律。

第五章　关于司法体系的法案

关于司法体系的法案，范围比较单纯，当抗战发生政府西迁以后，交通日益梗阻，司法管辖与各地上诉问题，常常发生窒碍。于是我们赶速制定一个《最高法院设置分庭暂行条例》，于各适当的地方，斟酌情形，设置最高法院的分庭，以资审理第三审的民刑案件。后来又修正了《法院组织法》的条文，把司法年度改为历年制。至于法典的方面，曾经把战前已经制定而未公布的《强制执行法》，重新复议一次公布施行，并且又制定一个《管收条例》。随后又把《行政诉讼法》修正 1 次，其次关于《民法》《刑法》和《民事诉讼法》等法典，都因为适应战时需要的关系，另外制定许多单行的特别法律。如与《民法》有关的，有《战时房屋租赁条例》《战时建筑用地租赁条例》等；与《刑法》有关的，有《妨害抗战治罪法》《惩治贪污条例》《惩治盗匪条例》等；与《诉讼法》有关的，有《非常时期民事诉讼补充条例》《非常时期刑事诉讼补充条例》《民事诉讼费用法》《处理在华美军刑事案件条例》《特种刑事案件诉讼条例》等。此外，抗战期间我们还建立起两种进步的司法制度，一种是公设辩护人制度，曾经制定有《公设辩护人条例》，这是为维护无资力的刑事被告，由公家设置辩护人来替他们辩护。一种是公证制度，公证是最强有力的证明方法，现在社会情形日趋繁复，人民一切涉及私权的法律行为，如契约等，以请求公证为最可靠，所以我们还制定一个《公证法》，附带的又制定一个《公证费用法》，以为收费的依据。另外，属于司法体系的法案，还有《司法官退养金条例》《姓名使用限制条例》《调度司法警察条例》《战时罚金罚锾提高标准条例》等。

第六章　其他工作

立法院在抗战期间所议决的法案，除上面所说之外，还有一个法案，是和立法本身有关，那就是《修正法规制定标准法》。立法院是国民政府最高立法机关，所以凡是应该用法律规定的事项，都必须拿到立法院来经过立法程序。至于各机关用命令发布的规程、规则等类，又必须于法律有根据，而且不得违反变更或抵触法律。又应该用法规制定的事项，不得用命令规定他。所以立法院曾经制定一个《法规制定标准法》，加以明确的规定。抗战以后，感觉到这个《法规制定标准法》有再加以修正的必要，所以又去悉心研讨，很详密的修正一次。

立法院除了审议法案这一个主要工作以外，在抗战期间，其他工作可资报告的，还有下列 3 项：

一、《宪法》草案的宣传工作　根据建国大纲第 22 条的规定，“《宪法》草案由立法院议订，随时宣传于民众以备到来时采择施行”，立法院特提请于院内设置中华民国宪法草案宣传委员会，经中央常会第 145 次会议议决通过，当即派委员傅秉常等 44 人为《宪法》宣传委员会委员，于二十九年五月一日成立。宣传方式分为文字宣传与讲演宣传两种，曾经推定委员傅秉常、林彬等 6 人草拟草案说明书，经全体委员会议修改印行，各委员并又撰著许多关于宪草的论文，陆续在各报章杂志上发表。

二、立法考察团的工作　立法院为明瞭各省市及边疆地方实际情况，以备立法的参考起见，曾经议订一个《立法院考察团规则》，由院长随时指派立法委员组织考察团出发考察。考察的事项，分为 11 项：（一）现行各种法令实施之情形；（二）省县市单行规章之实施有无违反、变更或抵触法律；（三）地方自治推行之实况；（四）边疆地方之风俗习惯；（五）兵役工役之办理情形；（六）土地行政；（七）司法状况；（八）赋税及县市财政；（九）公用及公营事业之办理情形；（十）物资供应之办理情形；（十一）其他可供立法参考之事项。嗣经先后办理指定委员林彬、陈顾远等为第一考察团，考察川、康两省。委员刘盟训、王曾善、陈海澄等为第二考察团，考察豫、陕、甘、宁、青等省。秘书长吴尚鹰及委员史维焕、张肇元等为第三考察团，考察滇、黔、粤、桂等省。委员楼桐孙、刘克俊、刘通等为第四考察团，考察鄂、湘、赣、浙、闽等省。考察完毕之后，都编有报告，以备参考。

三、涉外立法的研究工作　自从不平等条约取消之后，关于内战、经济、司法等法律，以及民法、刑法等法典，都有加以检讨厘定的必要，所以本院设立一个涉外立法委员会，研修修订一切有关外国人民权益的法律，以期符合中美、中英等新约的精神。在抗战结束以前，曾经先后拟具涉外立法原则草案4件：（一）关于金融（外商银行）立法原则草案；（二）关于外国人在中国经营实业立法原则草案；（三）关于对外贸易及关税立法原则草案；（四）关于外国人入境游历、居留、传教、办学、出境立法原则草案。这些原则草案，都经立法院大会通过，并呈经国防最高委员会决议，将名称改为涉外事项法令原则，以为修订涉外法律的依据。

21. 抗战时期的司法工作[①]（1948年1月）

一、司法行政部隶属之变更

国民政府于十五年十一月设司法部，十七年十月改为司法行政部，隶属司法院。二十一年一月改隶行政院，二十三年十月回隶司法院。三十一年十二月中国国民党第五届中央执行委员会第十次全体会议，奉总裁交议"拟将司法行政部改隶行政院案"，以"领事裁判权撤销后，吾国各级司法机关之判决，力求迅速与周妥。为督饬改进司法机关与健全司法行政起见，拟将司法行政部仍照昔年成例，改隶于行政院"。决议"通过"。爰于三十二年一月一日，复改隶行政院以迄于今。司法行政内部之组织，于三十一年七月有重要之修正如下：（一）增设人事司；（二）增设编审专司，审核裁判书类；（三）确定专门人才及书记官之名额与名称。至三十二年七月，依照人事管理条例，将人事司改组为人事处。因会计、统计业务繁积，于三十二年四月将会计室改组为会计处。三十五年五月将统计室改组为统计处。

二、增设各省法院

普设全国第一审法院，为改革司法一大要点。管辖第二审之高等法院分院，为便利人民上诉计，亦有增设之必要。三十年司法行政部以全国司法经费业经统一，经拟具5年计划呈经国防最高委员会有案，虽为财力所限，未能如期进行，然历年均有增设。胜利复员，原停办之法院一律恢复。台湾光复，就日人复设法院分别改组，计抗战前全国地方法院共302所。经历年增设，三十六年共748所。抗战前全国高等分院共91所，经历年增设，三十六年共119所。抗战前全国高等法院24所，二十八年西康增设1所，复员后上海、南京、台湾各增设1所，东北

① 本文原名为《战时司法纪要》，系司法行政部自撰稿。司法行政部是国民政府司法院下属机构之一（1943年改隶行政院），掌理全国司法行政事务，对地方最高行政长官有指示监督司法行政事务之权。所撰《战时司法纪要》较全面地反映了国民政府在抗战时期的司法工作概貌，但未设涉及司法院的机构设置情况。特作简略介绍如下：司法院系国民政府5院组织之一，为国民政府的最高司法机关，兼负司法行政及司法审判任务。1937年11月奉令西迁重庆，初驻中四路，后疏散至巴县歇马乡。抗战时期该院下置机关有：1.司法行政部（1943年改隶行政院）；2.最高法院；3.行政法院；4.公务员惩戒委员会。除司法行政部掌理司法行政事务外，其余各机关为审判机关。司法院设选任院长、副院长各1名。院长综理院务，院长因事不能执行职务时，由副院长代理。院长下面设有秘书、参事2处，参事处撰拟审核有关司法法案命令；秘书处掌理不属于参事处掌理的一切事项，有特任秘书1人，承院命处理日常事务。并设有法规委员会、法官训练所（1943年6月裁撤）及会计、统计2处和人事室，分别办理各项业务。其司法制度为三审制，即地方法院为初级审判，高等法院为二级审判，最高法院为三级审判。

九省恢复 3 所，增设 6 所，现共 37 所。至县长监理司法，有背司法独立精神，亦经分年改设为县司法处，置审判官独立行使审判职权。三十五年全国除新疆外，县长监理司法制度已一律废止，三十六年全国司法行政检讨会议，以县司法处原为一种过渡组织，建议司法行政部一律改设为正式法院。

附件：2 份〈呈文略去〉

近年法院监所及县司法机关增设统计表

二十七年至三十六年

年度别	共计	法院监所									县司法处	备注
		小计	高等法院	高分院	地方法院	小计	本监	分监	外役监	看守所		
总计	1467	489	13	28	446	532	77	7	2	446	446	
二十七年	20	10	—	—	10	10	—	—	—	10	—	一、包括胜利以后光复改组各法院在内 二、上海成立高等法院后原设之第一第二特区高等分院均裁撤
二十八年	52	18	1	2	15	17	2	—	—	15	17	
二十九年	84	18	—	4	14	31	17	—	—	14	35	
三十年	121	52	—	4	48	56	7	—	1	48	13	
三十一年	37	7	—	—	7	10	3	—	—	7	20	
三十二年	37	1	—	—	1	1	—	—	—	1	35	
三十三年	89	28	—	10	18	20	2	—	—	18	41	
三十四年	409	150	12	2	134	134	—	—	—	134	125	
三十五年	472	145	—	2	143	192	43	6	—	143	135	
三十六年	146	60	—	4	56	61	3	1	1	56	25	

三、简化诉讼程序

三十一年，司法行政部以二十四年公布之《民刑诉讼法》对于诉讼程序规定过繁，应予简化，以期便民。惟事属改制，关系重大，非经试办结果著〔着〕有成效未便贸然更张影响全局。爰拟在陪都附近之北碚区域，建筑北碚实验地方法院，并于该法院成立以前，就距部较近之地方法院先行试办，经呈由司法院转奉国防最高委员会第 75 次常务会议核准备案。同年五月璧山实验地方法院成立，司法行政部所拟订之《实验地方法院办理民刑诉讼法补充办法》，亦呈由司法院转奉国防最高委员会第 84 次常务会议核准备案施行。该办法关于民事部分，要点在：（一）职权推动诉讼之推行，以增进法律之基本功用；（二）增加缓起诉规定，以期情法之平。试验结果，颇见成效，其结案速度，大多数案件在 15 日内办结，占 70%；次多数在 5 日内办结，占 13%；其余 1 月内办结者，占 9%；1 日内办结者，占 5%；特殊情形超过 1 月办结者，仅占 3%；以视普通法院显见进步。其他改革方案比较重要者，如《试验法院设置司法助理员办法》，盖为革除执达员司法警察之陋习，故予更定其名称，提高其素质，亦经试办有效。三十三年，以原有建筑北碚实验法院之计划需费甚巨，不得不暂从缓议；而璧山实验法院各项实验工作，虽已收相当效果，但管辖范围不广，讼案较少，其实验结果尚待在通都大邑再行实验，以便将来推行全国。乃呈奉行政院核准，再就重庆地院改为实验法院，于同年七月成立，实验各项改革方案成绩亦颇良好。三十四年三月司法行政部奉行政院令饬，就两实验地院结果拟具简化诉讼程序方案送经立法程序，并将该两地院实验工作限于六月底结束。经将一、二两审程序应行简化者，一并拟具草案呈行政院送转立法院审议。惟《民刑诉讼法》修正条文，至同年十二月始奉公布施行，故两实验法院亦展至是年年底结束。

附件：4份〈法、办法、条文略去〉

四、改进检察制度

三十三年，司法行政部检察制度详加检讨，并斟酌实际状况谋为有效之改进，经于同年四月，拟具《改进检察制度方案》共7项。其要旨为：（一）统计法院行政，以消泯院检摩擦之原因（原1至3项）；（二）调整检察官职权，俾有充分时间厉行检举（原4项）；（三）法院预算内增列调查费，专供检察官检举犯罪调查案情之用（原5项）；（四）加强军警团队对于司法之协助（原6项）；（五）关于检察官检举犯罪另定考核办法等（原7项）。呈由行政院核转国防最高委员会审议，除第7项已于同年六月公布《地方法院检察官自动检举案件考核办法》（三十四年七月修正一次），八月制颁《检察官自动检举案件月报表》，十一月制颁《地方法院检察官自动检举案件考核表》。又，第6项已于三十四年四月公布《调度警察条例》，同年十一月公布《检察官推事指挥司法警察证格式及细则》暨《检察官与司法警察机关执行职务联系办法》外，其余各项未蒙采纳。三十六年全国司法行政检讨会议，对于可改进检察制度，复有详尽之研究，并决议各级检察机关应独立设置。

附件：7份〈方案、训令、条例、办法等文略去〉

五、施行巡回审判

巡回审判，系抗战发生后之新制。战区各地交通失其常态。当事人上诉不便，第二审之审判与其以当事人就法官，毋宁以法官就当事人，战区巡回审判，即本此旨而设。二十七年、二十八年司法行政部草拟之《战区巡回审判办法》及《战区巡回审判民刑诉讼暂行办法》先后公布施行。其组织及诉讼程序一以删繁就简，适应战区环境为主，并分函郭[①]、胡[②]二驻英、美大使，搜集有关材料以资借镜。此项制度，历年推行于湖北、广东、河南、浙江、江苏、安徽、陕西、山东9省[③]。各省又依实际状况划分若干区。每次巡回之期，视区域之广狭，交通之难易，分别定为1个月至3个月。巡回推事于每届巡回1周后，填具工作报告表及日记簿，呈由高等法院报部考核。历年据报书表，巡回推事多能深入战区随审随结。三十三年，司法行政部以巡回审判除司法本身价值之外，能兼收提高人们法律常识之效果，拟在后方交通不便地带推行此制，经拟订《高等法院巡回审判条例》草案呈核。迄尚未奉制定公布。嗣因战事结束，于三十四年十二月将《战区巡回审判办法》及《战区巡回审判民刑诉讼暂行办法》同时废止。

附件：11份〈条例、办法、训令、表示、报告等略去〉

六、收回法权后之有关措施

三十二年一月，我国与英美两国政府签订新条约，撤废领事裁判权。司法行政部以法权收回，对于司法方面即应积极规划付诸实施。其重要者如下：（一）《管辖在华外国人实施条例》之废

① 即郭泰祺。
② 即胡适。
③ 文中述及仅8省

止，该条例系在二十年公布，其内容为应付当时环境，多所迁就，法权收回以后情势变更，经呈准明令废止；(二)涉外案件管辖之变通，外国人为被告之民刑诉讼，受理机关为非地方法院时，在言辞辩论前，得声请上级法院移送附近之地方法院受理；(三)特别刑事法令之适用，外国人犯我国特别刑事法令之案件，一律归司法机关依通常程序审判，仍适用各该特别法令治罪；(四)充任律师之限制，外国人在中国充任律师，以依该国法律中国人得在该国充任律师者为限，并应遵守中国关于律师之一切法令，拟订办法5条呈准施行；(五)法院、监所之择要修建，涉外诉讼既悉由我国法院审理，外籍人犯应依法禁押我国监所，经呈准动支经费1200万元，择交通繁冲地带之法院监所提前修建；(六)其他有关事项之处理，如外侨众多之地，各法院应增设通译，各法院受理涉外民刑案件，应按月列报，遇有疑难问题应随时呈部请示。此外，对于培植审理涉外诉讼之法官人才，及迻译民刑法及各项程序法等工作，均经先后办理。三十三年十一月，美国国务院派遣法律专家海尔密克（Milton T .Helmick）前来研究我国法律，并考察司法行政情形，历时3月，临行时提出建议6点，经司法行政部加具意见分送有关机关参考。海氏在重庆时，曾参观重庆实验地方法院，对该院之使命及简化诉讼程序各项办法，至感兴趣，返国后美代理国务卿格鲁及总检察长毕特尔，皆有函致谢我国政府之招待，并述及司法行政部对于简化诉讼程序之致力，深信于国家必有重大裨益云。三十五年，司法行政部聘请美国法学权威哈佛大学法学院院长庞德（Roscoe Pound）为顾问，是年七月来华就职，其工作可分为两大类：(一)关于中国法律制度之研究；(二)关于法律实施状况之调查。均在进行之中。司法行政部复于三十四年七月及三十六年一月，先后派参事倪征燠、司长杨兆龙，赴美、英各国考察司法，搜集有关资料。倪征燠编有《司法考察报告》，已刊印出版。杨兆龙在考察期间，并赴瑞士、比利时出席各种国际刑法会议。

附件：11份〈呈文、训令、建议等略去〉

七、特种刑事案件之受理

三十二年四月，司法行政部奉行政院令知，以原由军事审判之特种刑事案件移归司法机关审判一案，已经国防最高委员会第105会议决议，饬遵照原决议拟订特别审判程序呈准。当经先行拟具特种刑事案件诉讼条例立法原则12项，承转国防最高委员会修正通过。复依据该原则，拟订《特种刑事案件诉讼条例》完成立法程序，于三十三年一月，由国民政府公布，同年十一月十二日施行，期间3年。嗣复奉命延长施行1年。所有准备及实施情形如下：(一)烟毒案件，仍暂由军法机关受理；(二)条例施行前，已系属于军法机关之案件，仍由原机关依原程序终结执行；(三)各级法院办理此类案件，指定富有丰富经验之推检担任，并与当地军警团队取得密切联系；(四)特种刑事人犯如监所不敷收容，应与当地军法机关商洽，将原借普通监所返还，如另设有监所者，商请移交；(五)规定特种刑事案件移送书式；(六)制颁《特种刑事案件报部办法》，死刑、无期徒刑专案具报，其余按月列报；(七)各省司法机关受理此类案件，应增加之经费、人员及囚粮等，编制概算呈准追加。三十五年三月，国民政府令烟毒案件，应即依照《特种刑事案件诉讼条例》移归司法机关审判。惟陕西、甘肃、河南3省，因情形特殊，奉令仍暂由军法机关审判，以1年为期，至三十六年三月始由司法机关接收。三十五年十二月，颁布《绥靖区及东北九省军政紧急措施办法》，规定绥靖区及东北九省之盗匪案件，由军法审判。三十六年十二月，公布《戡乱时期危害国家紧急治罪条例》，规定危害国家案件及重大之盗匪案件，应设置特种刑事法庭审判。并将上项军政紧急措施，关于盗匪案件，由军法审判之规定予以废止。

附件：26份〈训令、办法、代电等略去〉

八、保障人身自由法令之施行

三十三年七月，国民政府颁布《保障人民身体自由办法》，同年八月施行。同月军事委员会、行政院又会同核定《保障人民身体自由办法实施事项》两项，饬属遵办。司法行政部一面将上述法令分别转行遵照，一面会同军法执行总监部拟具《查报拘人捕犯案应行注意事项》。七月军事委员会、行政院会同修正《保障人民身体自由办法实施事项》，对于第1项丙款有权逮捕人民之机关及人员，列举更为明确。三十五年三月《提审法》施行，同时将《保障人民身体自由办法》废止。关于提审法第7条之提审票，第4条、第6条之通知书，亦经司法行政部先后制定格式，通令遵行。三十六年一月《宪法》公布，其第二章第8条关于人民身体自由之保障，规定更为周密。同年十二月，司法行政部以《宪法》施行期届提审第4条关于法院接受提审申请后，必要时得通知逮捕拘禁机关限期具覆之规定，与《宪法》抵触，经拟具修正草案，呈行政院会议通过，已转送立法院审议。

附件：15份〈办法、训令、注意事项等条文略去〉

九、战争罪犯之处置

战争罪犯之惩处，国际上尚少先例。此次大战，同盟国胞抱有决心，以为非此不足以〔使〕侵略者有所戒惧。远在战争结束前两年，即在伦敦组织联合国调查战罪委员会总会，又在重庆（后移南京），设立远东太平洋分会。国内方面，行政院于三十三年春间，设立敌人罪行调查委员会，专司其事。三十四年五月，改归司法行政部办理，原有《敌人罪行调查办法》随即修正。同年十月间，复由军事机关会同外交部、司法行政部及行政院秘书处，组织战争罪犯处理委员会，以便商讨处理战犯事务，并由会草拟《战争罪犯审判条例》，经过立法程序，明令公布。8年抗战，敌人罪行擢发难数，惟罪行证据及犯罪人姓名，被害者多不详悉，调查时最感困难，司法行政部自三十四年五月接办，至三十六年六月办竣，经审查认为罪行成立者，共计201488件，被告人数8178人，被害人数261209人。此项战犯依其情形，分别由同盟国特设之机构及我国军事法庭审判。前者即东京国际军事法庭，受理主要战犯20余人，我国派有推事检察官参加工作。后者则分设于南京、上海、北平、武汉、广州、徐州、济南、太原、沈阳、台北等10处，由军法官、司法官会同组织。三十六年年底，除首都外，其余各处军事法庭均已办竣结束。计受理被告2365人。

附件：8份〈代电、呈文、指令、办法、须知等条文略去〉

十、汉奸之惩治

二十六年“七七”事变之后，前军事委员会即于同年八月公布《惩治汉奸条例》，条例十二月修正一次。二十七年八月，国民政府将原条例加以修正公布。三十四年十一月，国民政府公布《处理汉奸案件条例》，同年十二月公布现行《惩治汉奸条例》。三十五年三月、三十六年四月，该条例又经修订2次，汉奸案件归军法审判。该条例施行后，除军人为被告者外，改归司法机关审判。迨《处理汉奸案件条例》施行后，又以被告原属军人复任伪军职者，始受军法审判，其余则一律归司法机关审判。

抗战开始，各地即发现汉奸助敌情事。司法行政部以汉奸案件依当时法令虽归军法审判，但各级法院检察官对于此类罪犯仍负有检举职责，经于二十六年九月通饬各检察官务须随时注意厉行检举，嗣后迭次通令，或系重申前令，或系提示与检举汉奸之有关事项，藉促注意处理。

至于人民或团体对于汉奸案件之告发，国民政府为安定人心，减少奸累起见，经于三十五年十二月十三日训令，以三十五年十二月三十一日以前为限，逾期之告发，检察官不予置议。但国家之追诉权及被害人之告诉权，不因此而受影响。其在审判方面，司法行政部为慎重计，对于报部判决书类，均详加审核，即检察官起诉书或不起诉处分书亦饬迳报备核。又以此类案件应迅速进行，经于三十六年二月通令各省高院首长，无论侦查或审判均应认真督率，克期妥行清结。

至于拘传不到之汉奸罪犯，依法应予通缉。司法行政部为使通缉汉奸之处置与案情相适合起见，经拟定《处理通缉汉奸案件办法》4项，呈奉国防最高委员会备案。即关于此类案件，一律责成高等法院首席检察官查核认定：（一）对于原案如经侦查认为罪证确实并应查封其财产者，应于查封财产后详列案情罪证，呈由司法行政部报经行政院转呈国民政府明令通缉。（二）原案罪证虽可认为确实，而依案情认为毋须先行查封其财产，或无财产或不知有无财产可以查封者，应开列案情罪证。呈由司法行政部核定转令通缉；（三）原案如仅系依照告诉告发或其他原因，知有汉奸罪嫌而不能断定其罪证是否确实，须缉案侦办者，应依《刑事诉讼法》关于通缉被告之普通规定迳行通缉；（四）各行政机关或法团请求通缉案件，视其情形分别依照上开办法办理。又制定通缉书格式，于三十五年六月七日通饬遵照，其经通缉之汉奸并由最高法院检察署送登政府公报，期易缉获。

又次，关于汉奸财产，汉奸之已获案者，其财产如未查封，司法机关可给予扣押权之作用，予以查封。其未获案者如罪证确实，依《惩治汉奸条例》亦得由有权侦讯之机关，报请行政院核准先行查封其财产之全部或一部。在执行没收方面，关于会同或嘱托执行之机关实施执行子程序方法，家属生活费之范围、标准以及发生问题之解决方法等，亦经司法行政部拟订《执行没收汉奸应注意事项》予以规定。

附件：29份〈训令、呈文、办法等略去〉

十一、处理民刑案件之督导

司法行政部，为考察各司法机关办理民刑案件之迟速及有无久延不结情形，曾制颁《民事案件收结表》《民事迟延未结表》《刑事案件已结未结表》。又为防止对于民刑事被告之滥行管收及羁押起见，曾制颁《管收民事被告报告书》及《刑事被告羁押一览表》。以上书表及依民刑案件报部办法所送判决书类，均由司法行政部严密审核，随时纠正。当抗战初期沦陷区域法院停办，司法职权如何行使、上述机关如何指定、覆判案件如何处置，均有详细之指示。其时上海租界内一、二两审法院，尚能维持。惟最高法院西迁，上诉第三审不便，租界当局主张以二审终结，经交涉结果，乃于上海设置最高法庭分庭，以资救济。凡此皆对于战区司法之应变措置，至一般法院应普通注意事项，则随时发布通令。自二十六年至三十六年，是项通令繁不胜收，有系关于诉讼事件之一般指示者，有专关民事者，有专关刑事者。此外关于一切战时措施及国家新政，如兵役、军工及军实、交通、粮政、盐政、税务、物价管制、优待出征抗敌军人家属、敌伪产业、遗产税及选举等，在有关司法方面，均有详尽指示，兹择其最重要者，依序搜辑以便查考。

附件：120份〈训令等略去〉

十二、推行公证提存等制度

公证制度，为保障人民私权澄清诉讼根源之良法。抗战军兴以后，社会经济发生激变，人民所为之法律行为或其他关于私权之事实，尤需有明确之凭证，以资保障。因之推行公证，实为急务。司法行政部，爰于二十八年通令各高等法院转饬各地方法院，凡未开办公证者，限期开办；已开办者，认真整顿，加紧推进。三十一年，又通令各省尚未成立公证处之地方法院，于同年七月一日起分批成立，每3个月成立一批。一批成立后，即由高等法院呈报一次，以2年为完成期间。至三十三年六月底，全国各地法院公证处，大多如期完成。其三十三年六月以后新成立之地院，规定于法院成立时同时成立公证处，历年来成立公证处情形如下：计二十六年27处；二十七年因各地法院受战事影响，未经呈报，无法统计；二十八年11处；二十九年68处；三十年83处；三十一年63处；三十二年35处；三十三年24处；三十四年41处；三十五年128处；三十六年63处。除停办者外，现总计557处。惟公证之推行，并非成立公证处即足，而尤贵有实际成效之表现。我国教育尚未普及，人民缺乏法律知识，对于公证之内容及其效用，多不明瞭，司法行政部爰于三十年督饬各法院多方宣传，并聘请当地公正士绅担任劝导，就所收之公证费内提给奖金作为鼓励。又于三十一年，拟具《区乡镇公所宣传公证办法》及《公证须知》，咨请各省市政府印发各县市政府转发各区乡镇公所暨民众教育馆，随时宣传，并作为演讲资料。三十三年举行全国行政会议时，复提请各省市府，督饬各乡镇公所切实宣传，并通饬各地法院请当地电影院长期放映公证宣传标语，将部颁《公证须知》送当地各报馆分别登载，并随时向街民讲解公证法令及公证利益等。至关于各地法院推行公证之成绩，则司法行政部订有考核办法两种：其一，规定各法院应分春夏秋冬填造公证事件按季报表呈核，如发现办理无成绩者，即详为指示，切实督促改进。又其一，自三十四年一月起，每年举行公证竞赛1次。1年内甲等法院办理600件以上，乙等法院办理400件以上者，为上等。1年内甲等法院办理400件以上，乙等法院办理200件以上者，为中等。1年内甲等法院办理不及200件，乙等法院办理不及100件者，为下等。成绩特殊者，记大功。列上等者，记功。下等者视其情节予以记过或记大过之处分。参与竞赛人员为地方法院院长及承办公证之事务人员。历年来全国各法院受理公证件数如下：二十六年1180件，二十七年431件，二十八年995件，二十九年3347件，三十年5178件，三十一年6011件，三十二年10955件，三十三年11678件，三十四年22312件，三十五年65017件，三十六年100686件。又，各地院办理公证事务，原由推事及书记官等筹办，自三十四年起，则公证事务发达之地院，已设置专任公证人员。

提存制度，系为便利提存人清偿债务或供赔偿费用之担保而设，兼与债权人之权利有关，亦为保障人民私权澄清讼源之一法。司法行政部于三十五年通令，凡未成立提存所之地方法院，自三十六年一月起分批成立，每3个月成立一批，以2年为完成期间。

不动产登记，向系由司法机关办理，嗣《土地法》施行，各处地政机关均纷纷举办土地登记，法院所办不动产登记一律停办。三十五年《土地法》《土地法施行法》分别修正公布，就《土地法》第42条及《土地施行法》第13条法意推之，凡未依法办理土地总登记之区域，关于不动产登记，仍可由法院照旧办理，司法行政部特通饬遵办。又，法人非经主管官署登记，不得成立，而法人登记之主管官署，为该法人事务所所在地之法院。司法行政部特于三十六年通令，凡未举办法人登记之地方法院或县司法机关，均应成立登记处，以利推行。

附件：25份〈训令、报告、办法等略去〉

十三、推行法律辅助制度

二十七年司法行政部，以公设辩护人制度为一种公共辩护机关，其目的在扶助无资力之刑事被告，我国刑事诉讼法，已采用此制，亟应拟议施行。经拟订《公设辩护人条例》。二十九年五月，司法行政部令定该条例自同年七月一日起施行。随又制颁《公设辩护人承办案件月报表格式》。三十四年六月，又公布《公设辩护人服务规则》。规章具备而施行区域亦陆续制定，逐年增加如左〈下〉：

二十九年　重庆、成都、桂林。

三十一年　河南卢氏、江西泰和、甘肃皋兰。

三十二年　陕西长安、广东曲江、四川自贡、贵州贵阳、云南昆明、湖南长沙、安徽立煌、福建永安、湖北恩施、宁夏贺兰、青海西互、河南鲁山。

三十三年　西康雅安、河南淅川。

三十五年　首都、上海、北平、天津、武昌、汉口、广州、青岛、江苏吴县、江西南昌、山东济南、安徽安庆、山西太原。

三十六年　河南开封、郑县、洛阳，广东汕头、湛江、琼山，察哈尔万全、江西九江、吉林长春、永吉、热河、承德、赤峰、阜新、朝阳、平泉、陵源、隆化、围场、建平、滦平。

三十年，司法行政部以我国人民大都法律知识薄弱，又无力延聘律师，致未能同享法律之保障，除刑事被告之无资力者，已有公设辩护人制度足资救济外，对于一般平民应由律师公会尽扶助之义务，经制颁《律师公会平民法律扶助实施办法》，历年督促切实推行。各省律师公会拟送实施细则，呈准施行如左〈下〉：

三十一年　江西 4 处、浙江 3 处、湖南 3 处、四川 3 处、广东 2 处、河南 2 处、湖北 2 处、福建 1 处、安徽 1 处；

三十二年　浙江 1 处、江西 1 处、湖南 1 处、四川 1 处、福建 1 处、广东 4 处、河南 2 处、陕西 1 处、广西 2 处；

三十三年　广东 2 处、四川 2 处、广西 5 处、湖南 5 处、湖北 1 处、云南 2 处、甘肃 1 处、浙江 4 处、福建 4 处、湖南 1 处、江西 1 处；

三十四年　安徽 1 处、浙江 1 处；

三十五年　浙江 6 处、广西 2 处、福建 2 处、江苏 1 处、安徽 1 处、四川 1 处；

三十六年　广西 1 处、河北 3 处、山东 1 处、上海 1 处。

三十一年，司法行政部以民刑诉讼法规内容繁复，诉讼人每因不谙法定程序致有贻误。他如公设辩护人及公证等项办法，诉讼人往往不知利用，致权利遭受损害，经公布《高等以下各级法院民刑诉讼询问处通则》，凡不明各项程序者，均可到法院询问，由法院指派人员予以解答。各省法院历年成立询问处，情形如左〈下〉：

三十一年　广东 30 处、甘肃 20 处、浙江 19 处、湖北 17 处、湖南 15 处、陕西 14 处、河南 9 处、宁夏 45 处、青海 2 处、山西 1 处、贵州 1 处；

三十二年　河南 1 处、湖北 1 处、广东 4 处、浙江 5 处、陕西 4 处、四川 53 处、云南 8 处、贵州 15 处、广西 18 处、西康 2 处、陕西 1 处、青海 1 处、宁夏 1 处、安徽 8 处、江西 17 处；

三十三年　云南 2 处、广西 9 处、浙江 10 处、四川 5 处、湖北 5 处、河南 1 处、福建 2 处、广东 9 处、贵州 2 处、安徽 1 处；

三十四年　四川 12 处、云南 2 处、贵州 8 处、西康 3 处、河南 1 处、福建 4 处；

三十五年　河南 10 处、陕西 4 处、四川 3 处、青海 2 处、浙江 9 处、云南 2 处；

三十六年　四川 1 处、安徽 1 处、河南 1 处。

附件：10 份〈训令、办法、细则等略去〉

十四、推进边疆司法

西康地居边徼，汉藏人民杂处，一切民刑诉讼，向多迁就习惯，未能依法律办理。二十七年二月，司法院公布《西康司法筹备处组织大纲》，设筹备处，以综理西康司法行政事务，并审理第二审民刑案件。嗣以西康省政府预定于二十八年一月成立，战时法院之建立不容再缓，当由司法行政部，一面与西康建省委员会切实商洽；一面为明瞭西康民情风俗及过去司法情形，俾得因地制宜起见，拟定《调查西康司法计划》，遴派专员前往调查。其调查区域，特别注意于比较繁盛富庶或有特殊情形之各地。其调查范围，属于全省者，注意经济、交通、人口概数及其分布设立各级法院之适当地点，及一般的民商事习惯等。属于各县者，注重行政司法现行组织及其权利、办理民刑案件之详细情形、汉民与喇嘛土人之纷争如何解决、有无监所设备、司法经费之来源及特殊的民商事习惯等。调查期间，自二十七年九月起，以4个月为期，调查完竣曾编具详细报告付印。二十八年三月西康高等法院成立，二十九年，司法行政部以该高院派驻康定一庭所辖关外各县其第二审上诉在途期间超过20日，多至12县，各该县当事人显有不便。经饬依照《法院组织法》临时开庭之规定，分南北两路各择2县为开庭地点，派员前往临时开庭，受理附近各县上诉。并饬拟具《临时开庭办法》，呈经核定。又以该省民情风俗炯与内地不同，实有制定特别民刑实体程序法之必要，经参考《调查西康司法报告书》及其他有关资料，拟具《西康民刑特别法草案》，计分总则、民法、刑法、诉讼法4部分。呈经司法院核转立法院参考。

西藏司法制度，清代原有旧制，自民国以来，留藏汉民诉讼事件，由该地噶布伦郎仔厦审理，遂与中央隔膜。三十年三月，司法行政部准司法院秘书处函转蒙藏委员会，请将旅藏汉民司法权，暂由该会驻藏办事处代行一案。当与该会往返咨商，拟订《蒙藏委员会驻藏办事处办理司法实务暂行办法》草案呈核，至三十三年六月该办法经国防最高委员会决议，准予照办。遂于三十四年四月，会同蒙藏委员会将原办法改为条例，并拟订《蒙藏委员会驻藏办事处处长审理诉讼暂行条例》，一并呈送行政院核转立法院审议。

此外，司法行政部以西北各省如宁夏、青海边族杂处，文化落后，人民对于现代司法之精神多未了解，欲谋司法之推行，非先事宣传不为功。爰于二十九年奉令各该省高等法院，遴派推事一二人亲赴各属，就司法机关所负之使命，法律与人民生活之关系，违反公序良俗各风俗习惯之必须革除，及浅近之诉讼程序，用口头或文字多方宣传，并饬据拟订《各该省司法宣传实施办法》呈核。又以西康省康宁两区情形相类同，有宣传司法之必要，经抄发上述办法，今饬西康高等法院参照办理。

附件：19份〈呈文、办法、训令等略去〉

十五、改良监狱

司法行政部为改良监狱，曾于三十年拟具《战后建筑新监十年计划》，三十二年《拟具改良监狱计划》，三十三年制颁《各省监所及其监督机关工作竞赛办法》，并拟订《监狱行刑法》《羁押法》《监狱条例》《看守所条例》《行刑累进处遇条例》《保安处分执行法》等草案，呈转立法院审议。三十五年一月，《监狱条例》《看守所条例》《监狱行刑法》《羁押法》《行刑累进处遇条例》公布，三十六年六月施行。乃以限于经费，员额不敷配置，又另定《分年改制办法》，三十六年度由上海区监狱先行改制，三十七年度为各省新监所，三十八年度办各省旧监所，期以3年之期间，使全国监所一律实施。至司法行政部，历年发布命令制定规则，有关监狱改良者，至为繁多。兹择其最重要者，分（一）整顿监所人员风纪（二）一般改良（三）慎重戒护

（四）实施教化（五）改善给养（六）改进卫生医药（七）改良建筑（八）监所协进会及出狱人保护8种，依次搜辑以便查考。

附件：51份〈训令、呈文、办法、表式等略去〉

十六、监犯作业

监所作业[①]，为执行自由刑之要件，战时增加生产尤属必要。三十年，司法行政部鉴于过去成绩未能满意，特通令各省一体切实推行。三十一年制颁《看守所附设监狱作业办法》，自三十二年起在预算内编列扩充作业费专款，以便分配应用，并订定《监所扩充工场注意事项》《旧监所扩充工场注意事项》及《监所作业管理人员奖惩办法》。三十五年令发《监所作业会计制度》，迭经督导，成绩渐著。三十六年，全国举办之监所共1128单位，工场共2237处，平均每日作业人数51228人，纯益金1638273826元。

附件：19份〈训令、办法、代电等略去〉

十七、监犯移垦

《徒刑人犯移垦暂行条例》公布于抗战以前，但并未实施。二十七年司法行政部，以监犯移垦既可疏通监狱，又可增加生产，一举两得，亟应举办。经先后制定实施办法，累进办法，减缩刑期办法，呈准施行。二十八年择定四川平武县荒地为垦区，二十九年遴派熟习狱务垦务人员前往创办，三十年十月一日成立平武外役监。历年惨淡经营，成绩昭著，已经垦熟耕地1400余亩，工人每日平均150人，实际从事农作者100人。所有产品数量，如农作科至于米、稻谷、洋芋、瓜菜，畜牧科之猪、羊，采木科之杉料、木料等项，均有可观。平武外役之监外，安徽宣城及贵州平坝两外役监，亦于三十六年开始筹办。

附件：4份〈条例、办法、报告等略去〉

十八、监犯之调服军役及疏散

监犯调服军役，既足以加强抗战之实力，又含有刑事政策上之重大意义。二十六年八月，军事委员会公布《战时监犯调服军役办法》，二十八年九月，国民政府公布《非常时期监犯调服军役条例》，至三十五年一月废止。此9年间，司法行政部迭次申令所属切实办理，各省监犯调服军役者，共计38175人。

抗战时期，军事演变无定，监所拘禁人犯时，有急速处置之必要。二十六年九月，司法院公布《非常时期监所人犯临时处置办法》，至三十五年一月废止。各省监犯依法疏散者，共47089人。三十六年十月，行政院复公布《绥靖区各县监所人犯临时处理办法》通饬施行。

附件：21份〈条例、办法、训令、表式等略去〉

十九、罪犯之减刑及赦免

三十三年六月，国民政府公布《减刑办法》，司法行政部当即转行所属并厘定司法机关办理

① 标题为“监所作业”，原文如此。

减刑案件注意事项饬遵，翌年办理完竣。各省人犯经减刑者，共计4084人。三十六年一月，国民政府又公布《罪犯赦免减刑令》关于赦免部分，司法行政部当即规定罪犯开释程序，通令迅速办理，并严禁需索及其他舞弊情事。各省人犯经赦免出狱者，共计73959人。关于减刑部分，经行政院司法院会同公布《罪犯减刑办法》，饬由各法院遵照办理。

附件：8份〈训令、办法、表式等略去〉

二十、统一司法经费

国家司法权之行使，统一于中央，关于司法一切收支，自应统归中央主管。过去司法经费，因由地方负担，遂致流弊丛生。举其重且大者约有两端，因司法经费划归地方，在地方政府方面仅有义务而无权利，其对司法业务苟非漠不关心，即易发生行政干涉司法之不良影响，此其一也。因地方情形各自不同，若干省区对司法人员之待遇从优，若干省区对司法人员之待遇较逊，两项比照丰啬悬殊，以资司法工作之推进程度不能齐一，此其二也。至于法院之普遍设置，监所之改良设备，以及司法人员之教育训练等，事在必办，办则必需经费，尤非由中央统筹不为功。自十七年六月全国经济会议，同年七月第一次全国财政会议，至二十三年五月第二次全国财政会议，对于司法经费应由中央支出一事，均有决议。二十四年全国司法会议通过司法经费改由国库负担，二十八年五月，国民参议会第三次大会复提出建议案，主张确立原则，定期实施。当经国防最高委员会交付审查，原则通过，由司法行政部会同财政部妥定分区、分期实施办法，迭经会商，决定先就非战区省份，除新疆外，计四川、贵州、云南、广西、陕西、甘肃、宁夏、青海、西康9省，对于正式法院及新式监狱看守所之经费，自二十九年度起，改由国库负担。自三十年度起，无论战区或非战区省份，已设或未设法院之县份，新监所或旧监所其经费一律由国库负担。于是司法经费之统一乃告完成，岁入岁出预算数字，亦逐年增加，如左〈下〉表：

司法行政院主管三十至三十六年度各项岁入与各该年度国家预算比较表

年度	国家总预算	本部主管	百分比%	备考
三十年	17533877542	6518608	0.086	
三十一年	17310618341	9911484	0.573	
三十二年	18886010918	32405000	0.172	
三十三年	79501431808	75200000	0.095	
三十四年	263844138900	287390000	0.109	
三十五年	252934725000	2230044000	0.088	
三十六年	9370406740000	55100000000	0.588	

说明：一、本表不包括追加减数字。

二、本表列数包括临时特殊两门岁入。

三、三十六年系仅上半年度。

司法行政部主管三十至三十六年度各项岁出与各该年度国家总预算比较表

年度	国家总预算			本部主管			百分比%
	经常	临时	合计	经常	临时	合计	
三十年	4289047080	320554661	4609601741	32760805	2899796	85660621	0.773
三十一年	10783485584	6437132759	17310618341	44834111	5942096	50776207	0.293

续表

年度	国家总预算			本部主管			百分比 %
	经常	临时	合计	经常	临时	合计	
三十二年	20368539783	15867874078	36236413861	92610611	15868478	109479039	0.302
三十三年	42175525272	37325906536	79501431808	182856027	659527896	842383923	1.059
三十四年	176745823518	87098315182	263844138700	267808500	3396755700	3664564200	1.398
三十五年	1379716459000	1145218266	2524934725	1408258000	36012805000	37421061000	1.609
三十六年	4885894020000	4486512720000	9370406740000	6244320000	168195020000	174439340000	1.862

说明：一、本表不包括追加数字。

二、临时费内包括特殊门岁出。

三、三十六年仅系上半年。

二十一、储备司法人员

司法人员约可区分为司法官、书记官、监听人员、检验人员4大类。储备方法：(一)训练、(二)考试、(三)教育、(四)登记或甑用。而最重要者为司法官，其来源又可分为：高等考试、司法官考试及格，中央政治学校法官训练班毕业，各大学独立学院司法组或法律系学生铨定及格，军法人员转任，曾任司法官经登记或甑用及经司法行政官审查委员会审查合格。除军法人员转任及司法官审查系经常办理外，兹将抗战以来，关于各类司法人员之训练、考试、教育、登记或甑用4项之重要工作，依年月次序，分别记载于后。此外，曾于三十年咨请教育部废止法科招生限制办法，又于三十一年通令限制推检改业律师均与储备有关，至三十五年规定司法人员回避本籍实施标准，三十六年告诫法官托词干谒，虽无关储备，亦为重要措施，一并附载于此：

附件8份：

(一)训练

二十七年九月　中央党务工作人员从事司法工作，甲种甑审合格43人，送法官训练所第五届法官受训。

二十七年十一月　中央党务工作人员从事司法工作，乙种甄审合格87人，送法官训练所第六届法官班受训。

二十八年五月　中央党务工作人员从事司法工作，甲种甄审合格者，训练期满经再试及格41人。

二十八年六月　法医研究所第二届检验员训练班开课。

二十九年六月　法医研究所第二届检验员训练班毕业学员7人。

二十九年十二月　中央党务工作人员从事司法工作，乙种甄审合格者，训练期满经再试及格者85人。

三十年七月　调剂川黔两省县司法处审判官21人，送法官训练所第七届法官班受训。

三十年十月　陕西高等法院检验员训练班开始训练。

三十年十二月　川黔两省县司法处审判官21人，在法官训练所第七届法官班受训毕业。

三十一年一月　调剂川鄂两省县司法处审判官25人，在法官训练所第八届法官班受训。

三十一年三月　陕西高等法院检验员训练班毕业学员59人。

三十一年七月　川鄂两省县司法处审判官，在法官训练所第八届法官班受训毕业。

三十一年七月　青海高等法院训练现任检验员。

三十一年九月　调集川、甘、陕、湘、豫、鄂、黔7省县司法处审判官75人，在法官训练所第九届法官班受训。

三十二年二月　国民政府令为法官训练所裁撤后，高考及格司法人员训练事宜，由中央政治学校办理。

三十二年八月　颁布司法人员训练大纲。

三十二年九月　广东东区检验员开始训练。

三十二年十月　广东南区检验员开始训练。

三十二年十一月　各省现任法官222人，参加中央训练团党政班第28期受训。

三十二年十一月　贵州高等法院附设第1期检验员训练班，开班学员36人。

三十二年十二月　四川高等法院委托中央大学医学院附设第1期司法检验员乙种训练班，开班学员30人。

三十二年十二月　参加中央训练团党政班第28期受训法官结业。

三十二年十二月　广东西区检验员开始训练

三十三年二月　广东东区检验员18人，训练结业。

三十三年三月　广东南区检验员12人，训练结业。

三十三年三月　中央政治学校法官训练班，第1期开班学员131人。

三十三年四月　贵州高等法院附设第1期检验员训练班，毕业学员30人。

三十三年四月　四川高等法院委托中央大学医学院附设第1期司法检验员，乙种训练班结业。

三十三年五月　贵州高等法院附设第2期检验员训练班，开学学员22人。

三十三年五月　四川高等法院委托中央大学医学院附设第2期司法检验员乙种训练班，开班学员48人。

三十三年六月　四川高等法院举办看守所训练班训练现任看守。

三十三年六月　广东西区检验员18人训练结业。

三十三年八月　四川高等法院看守所训练班结业看守28人。

三十三年九月　四川高等法院委托西北医学专科学校附设检验员训练班开班，学员20人。

三十三年十月　中央政治学校法官训练班第1期结业。

三十三年十二月　选调现任法官及部内具有相当资历之职员13人，参加中央训练团台湾行政干部训练班受训。

三十四年二月　湖北省地方行政干部训练团附设检验员训结班开班，学员40人。

三十四年三月　参加中央政治学校法官训练班第2期开班，学员84人。

三十四年四月　四川高等法院委托中央大学医学院附设高级检验员训练班开班，学员29人。

三十四年七月　湖北省地方行政干部训练团附设检验员训练班结业。

三十四年七月　甘肃高等法院委托西北医学专科学校附设检验员训练班结业。

三十四年十一月　中央政治学校法官训练班第2期结业。

三十五年二月　部颁《收复区监所训练看守办法》。

三十五年四月　四川高等法院委托中央大学医学院附设高级检验员训练班结业。

三十五年八月　《司法人员训练大纲》改为《司法官训练办法》。

三十五年八月　陕西高等法院调集现任检验员13人，施以短期训练。

三十六年　指定首都、上海、江苏、浙江、安徽、广东、广西、江西、湖北、湖南、河北、河南、福建、四川、甘肃、陕西、云南、贵州等省市，42处新监开办看守训练班，受训看守共计3000人。

三十六年九月　开办监所人员训练班，调集各省现任人员100人，在首都受训。

三十六年十月　国立政治大学法官训练班第3期开班，学员174人。

三十六年十二月　山东高等法院开办检验员训练班42人。

（二）考试

二十八年至三十年　高等考试3次，录取司法官共92人。

三十年八月　高等考试司法官临时考试，录取司法官205人。又，法院书记官、监狱官、司法会计、统计人员，普通考试、临时考试，录取法院书记官67人、监狱官18人、会计人员8人、统计人员6人。

三十一年至三十二年　高等考试4次，共录取司法官60人。

三十二年八月　四川省审判官临时考试，录取34人。

三十三年　高等考试2次，共录取司法官20人。

三十二年十一月　璧山实验地方法院司法助理员考试，录取26人。

三十四年一月　云南省审判官考试，录取53人。

三十四年三月　司法人员临时考试，录取司法官70人、审判官60人、法院书记20人、监狱官7人、司法会计人员24人。又同年度高等考试，录取司法官17人。

三十四年七月　甘肃省审判官考试，正取11人，备取5人。

三十五年四月　第1次司法人员考试，录取司法官164人、审判官94人、法院书记官44人、监狱官18人、司法会计人员67人、司法统计人员16人。

三十五年十一月　第2次司法人员考试，录取司法官192人、审判官98人、法院书记官22人、监狱官19人、司法会计人员19人、司法统计人员5人。

三十五年度　各校司法组毕业生铨定司法官资格考试，及格132人。

三十六年五月　第1次司法人员考试，录取司法官154人、审判官76人、书记监狱官27人、法院书记官196人、司法会计人员66人、司法统计人员39人。

三十六年度　各大学法律系暨司法毕业生铨定司法官资格考试，及格司法官229人、审判官102人。

三十六年十月　青海省审判官考试，录取23人。

三十六年十月　第2次司法人员考试，录取司法官101人、审判官77人、监狱官16人、法院书记官58人、司法会计人员59人、司法统计人员12人。

（三）教育

三十年三月　咨请教育部废止《法科招生限制办法》。

三十一年八月　咨商教育部决定在国立中央、中山、西南、西北、广西、四川、湖南、武汉各大学及私立朝阳学院等9校法律学系增设司法组内，中山、中央、四川、武汉、湖南、广西6大学及朝阳学院司法组于秋季开班。

三十二年三月　复旦大学请准在法律系增设司法组，于秋季开班。

三十二年　西北、西南两大学司法组，于秋季开班。

三十二年九月　朝阳学院请准设立书记官、监狱司法会计人员专修班，招考学生46人，于十月开课。

三十三年九月　私立达德高级会计职业学校司法会计人员训练班，第2期开课。

三十三年十二月　上海法学院请准设立书记官专修班。

三十四年五月　会同教育部拟订法医人才5年训练计划，呈奉核准。

三十四年七月　私立达德高级会计职业学校司法会计人员，第2期毕业。

三十五年　国立甘肃学院及私立东吴大学请准增设司法组，于秋季开班。

三十五年一月　中央警官学校附设监狱官专修班第1期开班，学生130人。

三十六年七月　中央警官学校附设监狱官专修班第2期开班，学生166人。

三十六年十月　中央大学医学院附设高级检验员训练班招生。

三十六年十一月　中央警官学校附设监狱官专修班第1期毕业。

（四）登记或甄用

二十九年五月　布告曾任部派或经部审查合格之司法官监所人员，及曾任部派法院书记官而具有法定资格者，呈部审核登记。

三十年十月　布告具有《法院组织法》第33条第2、第4、第5各款资格人员，而有志充任法官者呈部审查备用。

三十年十二月　令各省高院凡现任法官及登录之律师中，如有通晓外国语文者，择优保送备用。

三十四年八月　部颁《司法人员登记办法》。

三十五年八月　《司法人员登记办法》改为《司法机关人员甄用办法》，施行期间1年。

三十五年度　登记合格司法官200人、审判官106人、会计人员185人、统计人员82人。

三十六年度　核准甄用司法官228人，审判官110人。

三十六年七月　甘肃、西康、新疆、广东、河南、青海、山东、安徽、贵州、陕西、云南、绥远、热河、察哈尔、陕西、河北、宁夏及东北几省，准予延长司法机关人员甄用办法施行期间。

司法官训练办法〈以下略去〉。

二十二、改善司法人员待遇

在各省司法经费由地方负担时期，司法人员之待遇荣枯，各别核定级俸，往往不能实支，较之行政实有逊色，尤以边缘省份为甚。自经费统一，全国司法人员不分远近一律与中央公务员同等待遇，已大见改善。无如抗战以来，物价波动，各地生活程度继长、增高，司法人员事繁责重，尤极清苦，仍有特予改善待遇之必要，司法行政部历年对此叠有措施。（一）关于官等官俸者，二十九年及三十一年两次修正《法官及其他司法人员官等官俸表》，将原定俸级重行厘定，酌予提高。又拟定《改善司法官书记官待遇办法》3 项，于三十一年七月，呈准国防最高委员会备案。1. 各省高院首席检察官改为简任待遇；2. 各省高院主科书记官、高检处主任、书记官等，均改为简任待遇；3. 推检初任叙俸，分别自荐任 6 级或 8 级起叙，不以本职最低级为限。三十二年公布荐任委任待遇司法人员各种俸给规则如《候补推事检察官、书记官俸给规则》《县司法官处审判官俸给规则》《法医师检验员俸给规则》《监所委任待遇职员俸给规则》，亦将级俸分别提高。三十三年经与铨叙部商定，一部分委任司法人员因依《公务员叙级等例》受初任叙级之限制，叙级不及本职最低级者，将级与俸划分，仍得按本职最低级支俸。三十五年修正法院组织，一部分司法官之原为荐任者，改为简任书记官；通译之原为委任者，改为荐任。三十六年公布法官及其他司法人员官等、官俸表，以外人员级俸比叙表，将上开升等人员及增设之公开辩护人、公证人等级俸予以规定。同年七月商准铨叙部，实施《法院组织法》第 42 条规定，即任简任推检 10 年以上如成绩优异者，改为简任待遇，经饬遵照。（二）关于补助者，三十一年七月颁发《各省司法人员支给补助俸规则》，增加俸额并推广其范围及于各县司法机关及旧监所。三十五年、三十六年，因物价激涨又先后将补助俸级额调整增加 3 次。此外，如司法机关应成立公共食堂、合作社及酌给医药补助费、殓葬补助费等福利事业，亦经分别筹划经费督促实施。

二十三、战区司法人员之监督与救济

抗战期间以安定后方为要，司法机关与行政机关同负有维持地方秩序之责任，为法官者地位尊严，尤应镇静从容为民表率。二十七年二月，司法行政部通令附近战区各法院，无论军事情形如何演变，若该地行政人员尚在负责任事，司法人员即不得先图卸责自行解体，致误要务而干惩处。同年十二月，又申前令，剀切告诫，至司法机关人员及律师中之不良分子，甘心附逆参加伪组织者，则先后令饬查明严办，以儆异动而振纲纪。二十八年抗战进入第二阶段，战区各省高等法院院长及首席检察官，以军事推移靡定类多，一再迁地办公。司法行政部以高院首长为一省司法长官，负有处理及监督全省司法行政之责，应与省政府保持联络，迭令严饬回省，于省政府所在地或另择适当地点继续办公。又通令各省法院及监所长官，非确因疾病或〔因〕公呈经核准，不得擅离任所。其因所在地方发生特别事态，不及奉准者，亦应于事后立即详叙理由，专案呈报，否则定予严惩。至上海特区各法院基于协定而设置关系我国法权甚巨，自二十六年国军西移，环境险恶，司法行政部迭次令饬各该院长官，审慎应付，艰苦支持，法权赖以不坠。及二十九年、三十年，国际局势变迁，第一、第二两特区法院，先后被敌伪占取，当由国民政府分别明令宣告上海法租界、公共租界：任何非法组织之法院，其所谓裁判及任何行动，一律无效。

至司法机关职员在战区内，因不能执行职务而离任者；及在战区外，因紧缩办法而疏散者，司法行政部为维系人心及爱护人才起见，经于二十七年二月制定《战区司法人员登记办法》6 条公布周知，凡曾经司法行政部核准任用人员离任以后尚未另派职务者，均得开具姓名、官职、离任日期及志愿服务区域，于所定限期内呈部请求登记。俟登记截止以后，分发后方各法院监所办事，并酌给生活费，一面仍遇缺补用。二十九年对于失业司法人员之救济益趋积极，战区退出或疏散人员，经分发办事者，两次加给生活补助费。自愿请假停薪留职者，原仅登记，暂不分发，亦准一体分发办事。至去职在抗战以前，或非因疏散而去职者，以及历年经部审查合格存记候用人员，亦经登报通告，概得开具履历，声明志愿服务区域呈部审核登记，以备任用。

三十年为便利战区各省登记分发人员，转移后方服务期间，订定《战区登记分发人员调任支给旅费办法》。凡此项人员赴后方者，均得依照程期支给膳宿杂费及舟车费。又以战区登录之律师，退至后方者渐多，特规定《战区律师迁移后方执行职务办法》，减轻其负担，并予以种种便利，以示体恤。对于上海律师并另订救济办法5项，二十九年十月，上海前法租界第二特区各法院被敌伪以武力强迫接收，大多数法官、书记官以下，及监所职员均能洁身引退，悉予改派在第一特区各法院监所办事。三十年十二月，上海前公共租界第一特区法院，亦被敌军占据，司法人员类能深明大义，退至后方。司法行政部特明定撤退办法，限于三十一年六月底以前撤退浙江金华或其他自由区，依其志愿分发办事。迨浙赣战时突发，复将撤退期限延展，展至年底，一面通令浙、赣、闽、粤、桂、湘、皖、豫、陕各省高院，就本省冲要地方制定所属机员负责招待，垫款救济。三十二年七月，又制定《战区撤退人员改善待遇办法》，凡撤退人员经分发办事6个月而无缺可补者，依其原职分别派充额外书记官或监狱官，支给原俸及补助俸，并得享受《公务员战时生活补助办法》所定之待遇。

附件：22份〈训令、代电、通告、办法等略去〉

二十四、律师考试制度之建立

前司法部于十六年公布之《律师章程》，关于律师免试资格规定过宽，二十四年全国司法会议时，司法行政部曾拟有《律师法》草案，二十九年以此项《律师法》有制定施行之必要，经将原草案重加整理，送经立法程序于三十年一月公布。依《律师法》规定，除曾任推检或大学法科教授经检核合格者外，非应律师资格考试及格，不得充任律师。律师考试之制度于以建立。嗣于三十四年四月修正一次，规定具有《法院组织法》第33条第4款或第37条第5款之资格者，亦得声请检核。其余有关法令，如《律师法施行细则》《律师检核办法》《律师登录规则》《县司法处律师执行职务办法》《律师公会章程订立办法》及《律师惩戒规则》等，陆续修订公布。三十二年，英、美各国放弃在华领事裁判权后，关于《外国人在中国充任律师办法》，曾拟订呈准施行。三十四年修正《律师法》时予以增入，遂将上开单行办法废止。复员以后，对于律师之曾在伪法院出庭者暨曾任伪公务员而未被判处罪刑者，均应停止执行职务，仍分别规定其年限。

附件：5份〈训令略去〉

二十五、司法复员

关于司法复员计划，司法行政部于三十二年一月即已开始研究拟就纲要。三十四年五月复拟就详细计划，划分《司法复员工作计划》《恢复监所计划》《储备司法人员计划》等4种。同年八月，日本投降后，即依照原定计划进行复员。三十五年八月，将办理情形，呈报行政院。

附件：3份〈纲要、计划条文略去〉

22. 抗战时期迁都重庆的行政法院[①]（1947 年）

本院西迁出发后辗转移动之情形

本院于民国二十六年十一月十一日奉令西迁，所有人员及卷宗分 3 路出动：（一）院长茅祖权，亲率职员 3 人，携带一部分卷宗乘汽车经皖赴汉；（二）主任书记官郭泌、书记官吴智生、蒋支本，率领一部分职员及眷属勤务等，携卷宗行李共 50 余件，搭指定大北公司轮船上驶；（三）书记官王文埙，率领一部分职员及眷属勤务等，随带行李 60 余件，搭固定之木船溯江上驶。嗣经分别抵汉聚齐，沿粤汉路抵长沙省垣暂驻数日，复转徙常德县城内，借湖南高等法院第三分院，开始办公。继又奉令迅速迁川，遂于二十七年二月间，陆续移动，于同年五月全部抵渝，择定重庆市中山路 107 号为院舍，继续办公。迨二十八年三月，复奉令疏散各机关下乡，遂暂移南温泉，赁房办公。同年九月，复奉令迁赴成渝公路附近，即择定巴县歇马乡大石盘何家大院为办公之所，居住约计 3 年。因距歇马场太远，诸务不便，于三十二年五月，移至盐井坝杨家院内继续办公。

本院西迁后人事之动态

本院茅院长祖权，于三十二年四月一日卸职，继任张院长知本，于同日视事。

本院未西迁以前，计有特任官 1 人、简任官 9 人、荐任官 2 人、委任官 17 人、雇员 32 人，临出发时在京疏散委任官 14 人、雇员 18 人，抵渝后尚有因事辞职者。嗣因办公人员不敷支配，陆续增补，截至还都时止，计有特任官 1 人、简任官 9 人、荐任官 5 人、委任官 10 人、雇员 19 人（另附表）。〈略〉

本院职员在西迁后病故者，计庭长于恩波 1 人，书籍官尹壶峤 1 人。

本院西迁后业务之情形

本院在未西迁以前，收案尚多。迨至迁渝以后，因各省地方陷于敌手，即未曾沦陷区域，而人民迁移不定，邮政路线又不能畅通，以致收结案件骤形减少。惟四川案件反较从前增多，即附近之贵州亦间有收案。在本院未西迁以前，该两省终年难得一案，此乃本院迁渝后一种收获也。

本院复员还都时之景况

本院于胜利莅临之后，即派评事杨玉清、总务主任张施武，赴京接收一切，并料理房屋购置家具，部署完备后，于三十五年六月起，即将各职员及其眷属，分批运京：（一）一部分重要职员及眷属，系陆续乘飞机；（二）一部分职员及眷属，系陆续乘轮赴汉，转船下驶；（三）一部分职员及眷属，连同卷箱 84 件，行李百余件，乘大木船用火轮拖带下驶。截至三十五年十一月中旬止，全部齐抵南京中山北路法官训练所旧址，照常办公。

---

① 本文系国民政府司法院行政法院自撰稿，原名为《抗战时期迁都重庆之行政法院》，重庆市档案馆馆藏档案。

23. 抗战时期迁都重庆的考试院[①]（1947年）

二十六年七月七日，“卢沟桥事变”突发，平津沦陷，战事蔓延，未几，“八一三”淞沪难作，首都密迩前线，考试院为便利推行日常政务起见，于八月杪，就院及所属考选委员会、铨叙部3机关指派人员，在西安、武昌分设第一、第二两办事处，办理指定省区考铨事宜。首都方面则3机关组织联合办事处，以适应非常时期之需要。十一月初，东战场国军阵地内移，寇氛益深，国民政府为长期抗战，决定迁都重庆，择定通远门外中四路陶园为院、会、部3机关办公处所。第一、二两办事处，亦相继结束。二十八年五月大轰炸后，复于渝郊歌乐山之阴静石湾，建筑第二办公处，以备不虞。二十九年六月二十九日敌机袭渝，陶园办公房屋，几全部被毁，工作人员于七月初全部疏散下乡。三十一年春，敌正有事于南洋，我抗战形势日益有利，为配合政府各部门准备反攻工作，除酌留少数在郊外外，其余人员乃迁回陶园办公。洎乎倭寇投降，即积极准备复员，于三十五年一月二十一日开始分批陆续还都，以交通工具困难，几经停顿，直至三十五年十二月间，始全部蒇事。计自二十六年冬西迁，以迄全部复员还都为止，留渝期间，为时凡8年有奇。兹将迁渝期间，较为重要设施，分述如次：

一、组织之演变

民国十七年八月，第二届中央执行委员会第五次全体会议决议，训政时期之行政、立法、司法、考试、监察5院，应逐渐实施，并先后制定《民国政府组织法》及《考试院组织法》，分别于十月八日、二十日公布施行。此两法规定考试院为最高考试机关，以考选委员会、铨叙部组织之，掌理考选铨叙事宜。即于是月开始筹备，于十九年一月六日正式成立，设院长副院长各1人，内置秘书、参事2处，设秘书、参事、科员、书记官等职员，秘书处又设总务、文书、调查3科。至民国二十五年，政府推行主计制度，即增设会计、统计2室，办理岁计、会议、统计事项。民国三十年，以公职候选人考试、任命人员考试、专门职业及技术人员考试，每年数度或经常举行，颁发考试及合格证书，事繁责重，特增设证书科，专司其事。同年八月三十一日，国民政府明令修正《考试院组织法》，除秘书长改为特任，增设科长、增加科员员额外，并规定于必要时，得设各种委员会，其组织以法律定之。三十一年九月，以人事制度尚未完备，考铨法规诸待整理，依法设法规委员会，以秘书长兼主任委员，考试院及所属会部高级职员为当然委员，另设专任委员、兼任委员，均由院长分别选聘。会内设考选、铨叙等组，并置秘书、专员、科员等职员。三十二年一月，依《人事管理条例》之规定，增设人事处，分审核、辅导、训练3科，秘书处增编辑科，以编撰公报、年鉴、各种报告及考铨法规则例等。考试院自成立迄今，内部组织之变迁经过情形，大略如是。

二、设置各省区考铨处

二十八年间，铨叙部为应事实需要，曾呈准分区成立湘粤桂、赣浙闽、甘宁青、豫陕冀鲁晋4铨叙处，就近办理各该省区铨叙事宜。后考试范围日益扩大，亦有设置各省分机构之必要，于是筹议将原有铨叙处改组为考铨处。三十五年二月十四日，《考铨处组织条例》公布，《铨叙处组织条例》同时废止。考铨处之组织，于处长下设3科至5科，置秘书、科长、助理、雇员等，

---

① 本文系国民政府考试院自撰稿，原名为《抗战时期迁都重庆之考试院》，重庆市档案馆馆藏档案。

综计法定员额为96人。计在三十五年六月以前（复员前）组织成立者，有浙江福建、安徽江西、湖北湖南、四川西康、云南贵州、广东广西、陕西河南、山西绥远、河北山东、甘宁青等10处。

三、召集中央人事行政会议

考试院曾于民国二十三年，在京召集第一次全国考铨会议，决议重要案件多起，类多顺利实施。于考铨行政，深资裨益。二十八年冬，有鉴于抗战军兴，国难益亟，欲期抗战建国同时并进，非促进考铨行政，建立良好之人事行政制度，无以程功。而战时之各种权变办法尤有待于检讨，复于二十九年三月呈准中央，召开中央人事行政会议，以为第二次全国考铨会议之预备。所有两次会议之重要议决各案，关于考选者30余案略可分为两类，一为修订考选行政之制度，二为逐渐推广考试范围之程序。属于铨叙者约50余案，略可分为3类，一为各种制度之确立，二为逐渐推广铨叙行政之程序，三为现行办法之改进。8年之中，均已先后见之施行。

四、人事管理人员之训练

各机关人事管理人员之训练，经中央决议，令由中央政治学校特设人事行政训练班，抽调党政各机关现任人事管理人员集合训练。此种训练之目的，一为使中央地方各机关人事主管人员明瞭法令规章及其实行方法；一为使各机关人员在集合训练时期中获得相互联系之益；一为院会部主管长官听取各机关于推行政令之报告，及其有关改进之意见。每期1月。三十年五月、十月、十二月、三十一年三月，前后办理4期，计送训机关、学校、部队共386单位，受训毕业学员共407人。三十年十二月，党政军各机关人事机构统一管理纲要奉令公布施行，其丙项第6条规定，关于党政军各机关人事管理人员之训练由考试院负责统一办理，并限于3年内办理完竣。当经组设党政军人事管理人员训练教育委员会，下设党政军人事管理人员第一、第二训练班。第一训练班调训军事机关部队现任人事管理人员，附属中央训练团，办理1期。第二训练班仍设立于中央政治学校，办理2期，第1期始业于三十一年十二月，计调训机关80单位，受训毕业学员170人。第2期始业于三十二年三月，计调训机关168单位，受训毕业学员170人。第3期将一二两班合并，移在中央训练团办理，并改称第7期，始业于三十二年九月，计调训机关160单位，受训毕业学员352人。第8期始业于三十三年五月，计调训机关113单位，受训毕业学员214人。总共先后8期，毕业学员1270人。各班在受训期将毕时，皆由院、会、部长官率同高级人员，分别听取各机关主管人员报告，详细记录，以为推行政令，改进办法之张本。三十四年内本拟再行继续训练2期，嗣因中央训练团地址不敷分配，又以抗战结束，复员在即，遂暂停止。还都后，又复积极筹备，三十五年十二月，复在南京孝陵卫举行第9期训练，计调学员共311人。

24. 抗战时期迁都重庆的考选委员会[①]（1947年）

抗战军兴，考选委员会为配合政府“抗战与建国同时并进”之国策，于二十六年八月奉令与考试院暨铨叙部合组考试院第一联合办事处于西安，第二联合办事处于武昌。当时考选委员

① 本文系国民政府考试院考选委员会自撰稿，原名为《抗战时期迁都重庆之考选委员会》，重庆市档案馆馆藏档案。

会仍一面在京照常办公。是年冬，国府迁都重庆，遂随同考试院移渝办公。兹就迁渝后之行政与业务，则要缕述之。

一、组织概略

考选委员会依《考试法》之规定，除原办理之任命人员考试外，迁渝后，复先后举办公职候选人暨专门职业及技术人员两种考试。业务既已激增，原有员额，自难肆应，经于三十年八月二十一日及三十四年四月二十七日，先后修正本会组织法，除仍设有委员长1人，副委员长1人，秘书长1人外，委员名额增为11人至17人，分设4处，12至16科。计第一处掌理中央及地方公职候选人考试。第二处掌理任命人员之高等、普通、特种及检定考试。第三处掌理任命各种依法应领证书之专门职业及技术人员考试。第四处掌理文书、议事、出纳、庶务及调查、登记等事项。并设秘书、专门委员、编纂、视察等员额，及会计、统计、人事3室。全会法定员额，计特任1人，简任25人，荐任31人，委任152人，聘任60人，共计269人，雇员无定额。

二、办公地址

二十六年十一月，本会迁渝，初在市内上清寺陶园办公，先以空袭频仍，乃于二十八年秋移至渝市西郊歌乐山静石湾，仍于陶园设立一办事处，以资联络。在歌乐山历年陆续添置房屋不下数10幢，胜利后，即分别依照行政院规定及契约议定，将留渝公产移交重庆市政府及发还业主。

三、考选法规

抗战期间，在渝制订之考选法规，都〔至〕百余种，兹择其重要者，表列如左〈下〉：

一、一般法规

法规名称	公布日期	公布与核定机关	备考
典试委员会选派条例	二十九年五月十四日公布	国民政府	
检定考试规则	三十二年七月六日公布	考试院	
知识青年从军退伍后参加考试优待办法	三十三年十二月	国防最高委员会核准备案	

二、公职候选人考试法规

法规名称	公布日期	公布或核定机关	备考
县参议员及乡镇民代表候选人考试暂行条例	二十九年十二月十六日公布	国民政府	自省县公职候选人考试法公布，本条例及其有关法规均经先后废止
省县公职候选人考试法	三十二年五月十七日公布	国民政府	
省县公职候选人考试法施行细则	三十二年十月一日公布三十三年九月十五日修正公布	考试院	
省县公职候选人检核办法	三十二年十月一日公布三十三年九月十五日修正公布	考试院	

三、任命人员考试法规

法规名称	公布日期	公布或核定机关	备注
高等考试分为初试再试并加以训练办法	二十八年八月三日核定三十一年七月十三日核定修正令行	国防最高委员会	
普通考试分为初试再试并加以训练办法	二十九年十月二十五日核定	国防最高委员会	
高等、普通考试初试及格人员受训办法	三十年十一月十九日公布	考试院	
高等、普通考试初试及格人员延期受训办法	三十年十一月一日公布	考试院	
高等考试及格人员县长挑选条例	三十二年六月三日公布	国民政府	
非常时期特种考试暂行条例	二十七年十月二十八日公布	国民政府	
县各级人员考试规则	三十一年九月三十日公布	考试院	
检核大学毕业生成绩铨定任用资格办法	三十一年八月二十一日公布	考试院	

关于高等及普通考试分类考试规则，计有普通行政、教育行政、财务行政、土地行政、外交官、领事官、司法官、建设人员等类各10余种。特种考试分类考试规则，计有邮政、电务、盐务、税务、会计、银行、土地测量、人事行政等40余种，不备举。

此外，尚有会计师、农工矿业技师应检核资格表，暨应试验资格及考试科目表，不备举。

四、专门职业及技术人员考试法规

法规名称	公布日期	公布或核定机关	备考
专门职业及技术人员考试法	三十一年九月二十四日公三十三年十二月二十七日修正公布	国民政府	
考选委员会专门职业及技术人员			
检核委员会规程	三十一年十二月三十一日公布	考试院	
律师检核办法	三十年八月十六日会同公布	考试院 司法院	
外国人应农工矿业技师检核办法	三十三年七月二十八日公布	考试院	
外国人应医事人员检核办法	三十三年七月二十八日公布	考试院	
医师药剂师及助产士检核办法	三十三年六月二十六日会同公布	行政院 考试院	
派遣国外实习农工矿业技术人员			
考试办法	三十三年十月十二日	考试院	

四、业务概况

（一）举办公职候选人考试

公职候选人考试，为国父所首创，亦为遗教中最重要之昭示。其基本意义，在以考试救选举制度之穷。于二十三年举行全国考铨会议时，即开始筹备建立考试制度，以期澄清宪政之根源，奠定民治之基础。经即拟具《县参议员及乡镇民代表候选人考试暂行条例》，呈奉国民政府二十九年十二月十六日公布施行。复拟具是项条例施行细则及检核办法，呈奉公布施行，旋即依法于成立公职候选人检核委员会，考试办理上项候选人之检核。自三十年八月，《乡镇组织暂行条例》公布，规定乡镇长、副乡镇长、保长、副保长，均由人民选举充任，则其候选人自应先经考试，以定其资格。且《省参议会组织条例》及《省参议员选举条例》，亦经立法院议有成案，是此项候选人之考试，亦亟待举办。考选委员会以公职候选人考试之范围既已扩大，种类亦已增多，而我国幅员辽阔，民智水准不齐，为期考试推行便利，考试之层级与程序自应力求简捷，经即合并省县公职候选人考试，拟具《省县公职候选人考试法》，呈奉国民政府三十二年五月十七日公布施行。同时废止前颁《县参议员及乡镇民代表候选人考试暂行条例》，嗣复拟具上项考试法之施行细则及检核办法，呈奉公布施行。并随即依法举办省县公职候选人考试之检核。对于此项考试，考选委员会历年均列为中心工作。经多方筹划，一面扩大社会宣传，以唤起人们之注意，促其踊跃参加检核；一面举办各省市汇转检核竞赛，并派员分省视导，督促地方政府加紧办理，并与有关机关密切联系，协同进行，历年申请检核人数，与日俱增。订自三十年开始举办检核，至三十五年五月还都为止，经检核及格者，甲种公职候选人 202794 名，乙种公职候选人 788267 名，合计 991061 名。

（二）高等及普通考试之改制

战前高等考试，除司法官一类，系先举行初试，分发学习后，再试及格，始予以任用外，其他各类，则皆于考试及格后，即行分发任用。惟公务员之知识技能，以及精神体魄，皆当有相当严格之锻炼，俾所学即所用，以增晋其业务上之智能。二十八年八月奉中央决议，高等考试分为初试再试，初试及格人员一律送由中央政治学校训练，期满举行再试，及格后始予分发任用。二十九年，普通考试亦仿高考改制成例，制定分试训练办法。其后各届高等及普通考试，均依此办理。而非常时期之各项特种考试。类多分为初试再试，并予以训练或实习后，始行任用。于是考试与任用之联系，遂愈臻密切矣。

综计留渝期间，共举行高考 16 次，及格数 1942 名。普考在渝举行者 12 次，地方举行者有四川等 14 省，及格人数共 1803 名。

（三）特种考试之推广

依《考试法》第 4 条第 1 项之规定，遇有特殊情形时，得举行特种考试。所以考试之类级繁多，事实之需要亦至繁杂，常有非普通或高等考试所能尽摄者，因设此规定，以便运用。凡任用机关申请举行各项考试，而不能适用高等或普通考试之规定者，即得分别依实际需要，酌订各该类人员特种考试规则，以资适应。

考试委员会并于二十七年呈奉公布《非常时期特种考试暂行条例》，类别包括教育、会计、财务等各类行政人员，暨乡镇保甲干部与关、盐、邮、电等各类业务技术人员，其申请举办之机关，则自中央各部、会、署，以至各省政府。留渝期间，是项考试各类及格人员共计 40519 名。

县长考试，亦为特种考试之一种，其应考资格较高等考试为高，国父手订《建国大纲》，以县为自治单位，且遗教中尝昭示国家之建设，首重基层之县政，而县政之推行，又在于亲民之县长。允宜慎选贤才，以利建设。留渝期间，计有贵州等 14 省举行县长考试，共 16 次，及格者共 190 名。又就高等考试及格人员中举行县长挑选，共 3 次，及格者共 61 名。

（四）举办铨定资格考试

战时因需用特种技术人员甚多，政府各部门常自设特种学校以训练之。其毕业生用途，原有一定计划，与一般学校之性质不同。为免学校与政府考试重复起见，由考选委员会主持其毕业考试，及格后即可铨定其《考试法》上高等或普通考试及格，确定其任用资格，以达教育、考试、任用 3 者一贯之作用。留渝期间，经订定规则施行有案者，计有教育部指定职业学校设置中等技术技术科毕业生铨定资格考试，共已举办 3 届，及格人数据报者 446 名。又教育部指定各大学及独立学院设置法律系司法组毕业生铨定资格考试，已举办一届，及格人数132名。

又现行高等考试，对于专科以上学校毕业生之应试成绩，凭文录取，虽可测知其学识程度，而于原有之毕业成绩，尚少联系。爰于三十二年与有关机关商订检核《大学生毕业成绩铨定任用资格办法》办理，凡国立大学学生在教育部总考后，毕业成绩在80分以上，并考列各科系5名以前者，教育部开送姓名，由考选委员会检核合格后，转呈考试院交铨叙部分发任用。留渝期间，曾办理国立云南大学等5校毕业生检核，合格人数共计74人。

（五）举办专门职业及技术人员考试

社会愈进步，分工愈繁细，自由职业之种类，当渐增多，其关系人民之福利，至为密切，允宜严定其资格，以保障社会之安定。因于三十一年秋，呈奉公布《公布职业及技术人员考试法》，同年冬，又呈奉公布上项考试之施行细则，以为办理之依据。

依《专门职业及技术人员考试法》之规定，凡律师、会计师、农业技师、工业技师、矿业技师、医师、药师、牙医师、兽医师、助产士、护士、药剂生、河海航行员、引水人员、民用航空人员等依法应领证书之人员，均须经考试及格后，始得向主管官署请领执照，执行业务。考试之方法，分试验与检验两种。三十一年春先行开始办理律师考试之检核，三十一年冬，经制订会计师、医事人员之应试验资格及考试科目表，及应验核资格各表，暨农工矿各业技师应验核资格表共9种，呈奉核定施行，随即开始办理各该类人员之检核。

三十二年十月，及三十三年九月，及三十四年九月，先后举行医事人员考试之试验各1次。三十三年五月，开始举办中医师考试之检核。

三十三年秋，制定为《外国人应农工矿业技师检核办法》，及《外国人应医事人员检核办法》，呈奉公布施行，以为办理各该类考试外国人应检验之依据。

三十三年美国在租借法案项下拨款训练我国技术人员1200名，案经各有关机关商定，以1/5名额，由考选委员会公开招考。爰制订《派遣国外实习农工矿业技术人员考试办法》，呈奉公布施行。旋即于同年十一月二十日起，分在重庆、成都、昆明、贵阳、西安5试区同时举行，及格人员派往国外实习。

三十三年五月间，开始筹备河海航行员及引水人员之考试，综计留渝期间，经是项考试及格者，共为6981人。

抗战以前及抗战期中各种考试及格人员比较表

中华民国二十年至三十四年九月三日抗战胜利日止

考试类别		开始举办年份	抗战以前二十年至二十六年七月七日	抗战期中二十六年七月七日至三十四年九月三日	比较
抗战以前开始举办者	任命人员考试	自二十年起	3714	41451	较抗战前增37737人
	检定考试	自二十年起	864	1356	较抗战前增492人
抗战期中开始举办者	公职候选人考试	自三十年起	未	280580	抗战中期新增28058人
	专门职业及技术				
	人员考试	自三十一年起	未	6981	抗战中期新增6981人
总计各种考试及格人数			4578	330368	共增加325790人
附记	各种考试及格人数抗战中期较抗战以前增加72倍				

25. 抗战时期迁都重庆的铨叙部[①]（1947年）

铨叙部于二十六年冬随同考试院西迁，初在重庆新市区上清寺陶园办公，二十八年五月以后，空袭频仍，乃移至西郊歌乐山静石湾。办公房屋，历年均有兴建，就中以“任贤堂”为集体办公场所，工程最大。是堂，长度为14丈6尺，广阔处为8丈2尺，坐可容1500余人。经始于三十三年三月，落成于是年九月（任贤堂创建意见，见铨叙部任贤堂集体办公纪实）。胜利还都后，全部房屋已按照行政院规定及契约议定，分别移交重庆市政府暨发原业主矣。所有铨叙部留渝期间机关组织之演变，及重要行政措施，分述如次：

一、组织之演变

铨叙部与考试院同时成立，组织法公布于民国十七年十二月十七日。原设部长、副部长各1人，置秘书处，登记、甄核、育才3司，及铨叙审查委员会。设秘书长、秘书、科长、科员等职员。二十二年二月，复将副部长、秘书长，依行政院所属各部例，改设政务常务次长，并明定科长、科员员额。二十五年十一月，组织法再度修正，增设会计、统计两室。三十年八月，废除秘书处，改置总务、登记、甄核、考功、奖恤5司，增设参事、视察等员额。至地方铨叙机关，于二十九年曾呈准设立湘粤桂、赣浙闽、甘宁青、豫陕鲁晋皖4铨叙处，三十五年各省区考铨处成立后裁并。三十三年复增设典职司，掌理人事机构之设置，人事管理人员任免考核训练等事项。

二、铨叙法规之制订与修正

（一）新订法规

《公务员服务法》二十八年十月二十三日国民政府公布，三十二年一月十日修正。

《铨叙部部务会议议事规则》三十一年七月二十日考试院核准，原议事细则改订。

《铨叙部铨叙审查委员会议事规则》三十一年七月二十日考试院核准，原会议细则改订。

《党政军各机关人事机构统一管理纲要》三十年十二月二十七日国民政府令行。

《人事管理条例》三十一年九月二日国民政府公布。

《人事管理机构设置规则》三十一年十月十七日考试院公布。

《人事管理机构办事规则》三十一年十月十七日考试院公布。

《公务员任用补充办法》三十四年七月六日国民政府公布。

《非常时期公务员任用补充办法》三十一年十月六日国民政府令行。

《非常时期战地公务员任用条例》二十九年七月十三年国民政府公布。

《非常时期战地公务员任用条例施行细则》二十九年十一月十四日国民政府公布。

《各机关任用其他机关现职人员限制办法》三十年五月二十八日国民政府令行。

《铨叙案件同姓名处理规则》三十二年二月二十四日本部公布。

《铨叙部检察中央及重要各级机关公务员任用考核办法》三十一年十一月十七日本部公布。

《非常时期公务员资历证件补充办法》三十二年二月二十三日国民政府令行。

《军法人员转任司法官条例》三十三年十月十八日国民政府公布。

《聘用派用人员管理条例》三十三年十月二十日国民政府公布。

---

① 本文系国民政府考试院铨叙部自撰稿，原名为《抗战时期迁都重庆之铨叙部》，重庆市档案馆馆藏档案。

《公务员内外调任条例》三十四年三月十九日国民政府公布（由三十年四月二十五日公布之《公务员内外互调条例》改订）。

《公务员内外调任条例施行细则》三十四年一月十五日考试行政两院会同公布（由三十一年四月十一日公布之《公务员内外互调条例施行细则》改订）。

《公务员叙级条例》三十二年四月十二日国民政府公布，三十四年十一月一日修正。

《变通改善司法官书记官待遇办法》三十一年七月二十四日国民政府令行。

《雇员支薪考成规则》三十二年九月十二日国民政府备案，三十三年四月二十日修正。

《公务员铨定薪俸名册造送审核办法》三十三年五月五日国民政府备案。

《公务员考绩条例》三十四年十月三十日国民政府公布(《非常时期公务员考绩条例》改订)。

《公务员考绩条例施行细则》三十四年十一月二十四日考试院公布。

《勋章条例》三十二年十二日国民政府公布，三十一年三月二十五日一次修正，三十五年九月七日二次修正。

《勋章条例施行细则》三十一年五月十四日国民政府备案，三十三年三月三十日一次修正，三十四年五月二十二日二次修正。

《公务员退休法》三十二年十一月六日国民政府公布。

《公务员退休法施行细则》三十三年二月四日考试院公布。

《公务员抚恤法》三十二年十一月六日国民政府公布。

《公务员抚恤法施行细则》三十三年二月四日考试院公布。

《公务员退休金及抚恤金按待遇比例增给之标准》三十三年五月三十日国民政府备案。

《抗战守土伤亡文职人员从优给予退休抚恤金条例》三十四年七月二十一日国民政府公布。

《公务员因公伤病核给医药费办法》三十五年八月二日国民政府核准（由二十八年八月二十日核准之《战时公务员因公受伤医药费办法》改订）。

《公务员登记条例》三十二年十月五日考试院公布。

《备用人员登记条例》三十年十月十八日国民政府公布。

《备用人员登记条例施行细则》三十一年八月五日考试院公布，三十三年十二月二十八日及三十三年三月十七日先后修正。

《备用人员登记保证办法》三十一年十二月七日本部公布。

《铨叙部视察规则》三十四年四月二十一日公布公布。

（二）修正法规

《铨叙部处务规程》三十一年三月二十日、三十三年十一月二十一日考试院先后修正。（原公布日期）十八年四月三日。

《高等考试及及格人员分发规程》三十一年十月二十一日国民政府修正公布。（原公布日期）二十二年一月十七日。

《公务员任用施行细则》三十三年十月二十日国民政府修正公布。（原公布及修正日期）二十四年二月三十日[①] 公布。三十一年八月二十一日、三十三年二月十三日先后修正。

《县司法处书记官任用规则》三十三年十一月四日考试院修正公布。（原公布日期）二十四年十一月九日。

《警察官任用条例》三十三年四月二十七日国民政府修正公布。（原公布日期）二十四年十一月九日。

① 原文如此。

《警察官任用条例施行细则》三十五年五月三日国民政府修正公布。(原公布及修正日期)二十五年二月二十日公布。二十七年四月七日修正。

《主计人员任用条例》三十二年十二月二十二日国民政府修正公布。(原公布及修正日期)二十五年二月二十日公布，二十七年四月七日修正。

《文官官等官俸表》三十四年二月二十日国民政府修正公布。(原公布及修正日期)二十二年九月二十二日公布。二十五年九月二十三日、三十年九月年七日先后修正。

《警察官等官俸表》三十四年十一月二十四日国民政府修正公布。(原公布日期)二十五年五月二十四日。

《法官及其他司法人员官等官俸表》三十一年九月五日国民政府修正公布。(原公布及修正日期)二十六年三月八日公布，二十九年十二月六日修正。

三、铨叙行政之主要措施

(一)任用制度之变通

战时各级公务员之工作，颇不同于平时，而战地人员，尤重在适应环境，难以普通资格相绳。故各战区县长、各级警察官及专员公署、县政府之普遍委任职，虽未具有法定资格，但能合于一定标准，且确定能胜任战时前方工作者，均准予以任用。而为尊重战区各军政长官意见，二十九年七月，复有《非常时期战地公务员任用条例》之颁行，规定战地行战长官，得依抗战需要，就职务上必需之学识经验技能体力，另订公务员任用标准，分别派用。施行以后，颇收为事得人之效。此外，关于任用程序之变通者，如战区各省市地方公务员，合于法定资格，或准予任用标准，而因特殊情形不能于法定期间，提出资历证明文件者，并准俟能提出证明时送请审查，但应由主管长官切实考核，详报铨叙部备案。此项人员薪俸之支给，不受代理期间不逾3个月之限制。而战时县长送审证件，复可改用照片，以资便捷。

三十一年十月，又制订《非常时期公务员任用补充办法》，盖现行公务员任用法规计算资历限制甚严。在非常时期，百务俱兴，所需人员，倍于平时，且各地方情况不一，求才甚难，若不因时制宜，设法救济，势将事因人废，故在各种任用法规尚未通盘修整以前，特拟订上项补充办法，以资补救。语其要点：1. 从宽承认以往之经历。即按其工作经验，承认其任用资格，惟铨定其以往服务之成绩，仍须经试用考核之程序。2. 权理办法之采用。即采任用人员之合法资格，仅能铨至低一官等之最高级者，如其学历经历，与拟任职务确属相当时，得以低一官等之最高任用或试用，准其权理拟任之职务。3. 转任职务资格之认可。凡经铨叙合格人员，转任适用他种任用法规之职务时，其原任职务与转任职务确属相当者，得就其原有之资格，认为合格。其在甲机关已取得之待遇，或年功加俸，转职时得予以承认。4. 检定训练人员之准予任用。即经中央或省市政府行政人员检定或训练合格仍在职者，如未尽法定资格，得以原职准予任用。5. 战区依法准予任用或派用人员资格之承认。即此项人员继续任职2年以上成绩优良，经核定者，认为具有合法资格。6. 高级中学、旧制中学或其他同等学校毕业生任用资格之确定。即此项人员，得以12级以下委任职令派见习，满2年后，考核成绩优良，得升任本机关9级以下委任职，并认为铨叙合格。凡此数端，虽为一时补救办法，但与现行任用法规之精神既无违背，而战时用人困难，亦可解除，似于权宜之中，仍不背乎经常之计。自该办法适用以来，任用审查不合格者，较前大减。

(二)公务员内外调任

公务员内调外放，所以沟通中央与地方之政情，且使各级人员交换从政经验。现在公务员改易工作，出于己意者为多，由于政府之命令者甚少，此固有待于一般官规之整理，及升降转调办法之完成。然为奖励其初步基础起见，于是三十年四月，有《公务员内外互调条例》之公布施行。凡中央与地方之简荐任人员，服务 3 年以上，成绩优异，而堪任用所调职务者，得互调任用，至少每 3 年举办一次。三十二年十二月举办第一次中央地方公务员互调，惟制度初创，各方尚未明瞭其作用，而两缺互调，人事配合，亦多苦难，故绩效未彰。三十四年三月，复将该条例修正为《公务员内外调任条例》，改正缺点，扩展范围，而恢宏其作用。

（三）分发制度之变更

二十八年高等考试改制，分为初试再试，并加以训练。凡初试及格人员，须经训练期满，再试及格，方发给证书，依法任用，以重登进。而分发制度，亦遂同时变更。考列优等以上者，仍以荐任职，中等者则先以高级委任职分发任用或学习。所为高级委任职，指委任 5 年以上，并能达一级者而言，类于昔日之借补。其任荐任职之资格，依然存在，随时仍可补缺。从前考试及格人员之叙补，或以经验未足，或因职缺有限，每不易执法执行。自训练之制定，则经验已有相当之补救。自先以高级委任职任用之法行。则职缺亦无不敷之困难。并将被分发机关推广至国营事业机关，及其他组织中无荐任、委任官等规定之机关。自此制行，高考及格人员之出路，即无壅滞之虞矣。

（四）战时考绩之举办

公务员考绩法，公布于二十四年，是年终，举行全国公务员第一次考绩，虽事属创始，而结果尚佳。二十五年仍继续办理，亦称圆满。方期于二十六年底举办总考，而抗战事起，国府移川，各机关职员一再疏散，各省地方，亦多相继沦陷为战区，机关迁徙裁并，人事之变动甚剧，乃呈准停止举行二十六年考绩。二十七年考绩亦连带迁延未办。迨二十八年抗战结束已逾 2 年，各级人员操守才能之表现，当见明确，各机关人事状态亦趋稳定，为分别优劣，申明赏罚，以促进一切事业之推进计，决定举办全国公务员二十八年考绩，并同时补办二十七年考绩。以入战时，原有考绩法及其施行细则，暨考绩奖励条例，考绩委员会组织通则，均以手续繁重，颇不适用，乃另行制订《非常时期公务员考绩暂行条例》。较原考绩法内容改革甚多：1. 为多项考绩法规由分而合，删节繁重手续，一以简便为主。2. 为废除总考，仅采年考制，以期易于执行。3. 为增订平时考绩。每月详实记录，以为年终考核之根据。4. 为规定考绩委员会之组织，并加重其职权，执行初核。5. 为直接以分数订奖惩。不别立等次，以免周折。6. 为增加奖励之种类，如勋章、奖章、奖状、升等、存记、加俸，以便运用。7. 为增战地特别规定，如许其随时办理考绩，不必限于年终。又得不设考绩委员会，由长官迳行考核。至原考核法，则停止适用，而未废止。二十七年至三十一年各年度全国公务员考核，均依照此项暂行条例举办。依历年办理考绩之经验，考绩制度仍须加以改革，故于三十一年将举办考绩时，特就《非常时期公务员考绩暂行条例》执行困难各点，分别修正，改正为《非常时期公务员考绩条例》，于三十二年二月公布施行。至三十四年抗战结束，复加修正，改称《公务员考绩条例》，于四月公布施行。三十四年度考核，即依此办理。综计历年参加考绩人数共 61496 人。

（五）勋奖制度之建立及改订

二十二年十二月，国民政府公布颁给《勋章条例》，分采玉大勋章及采玉勋章两种。采玉大勋章由国民政府主席佩带，并得特赠友邦元首。采玉勋章，分为 9 等，其受勋人员及叙勋标准，则依公务员、非公务员、友邦人民 3 类而规定。此项条例，自抗战以来，执行颇感窒碍，为适应战时需要，使有勋劳于国家社会者，均有获得勋奖之机会，以示国家崇德报功之至意。乃由考试院、行政院会商修订，并改称为《勋章条例》，于三十年二月公布施行，旋于三十一年三月又加修正。其内容，除已授予采玉勋章及采玉大勋章仍予保留外，计增订中山勋章、卿云勋章、景星勋章3种。中山勋章，凡统筹大计、安定国家或栩赞中枢、敉平祸乱及其他对于建国事业有特殊勋劳者，由国民政府主席亲授之。卿云勋章、景星勋章，则公务员、非公务员及友邦人民均得授予。采玉大勋章、中山勋章均用大绶；卿云、景星勋章，得依员绩分大绶、领绶、襟绶等5种区别之。至勋绩审查，除政务官外，其初步审查，均由主管之外交、内政、铨叙3部及侨务委员会，分别汇办，并为郑重名器起见，复由国民政府特设稽勋委员会主持复核事宜。以公开平允[①]

自入战时，中央及地方各级公务员，因抗战守土而伤亡者，原与一般因公伤亡者情形不同，依常例给恤，实不足以示优厚。又或以其身份本不属给恤范围，而衡情酌理，不能不特予矜恤者，在均须补救，事宜分别指定各种战时抚恤标准，以便适用。如抗战伤亡文职人员及警长、警士之从优核恤，则按现职级俸或薪饷，分别加叙后，再依恤金条例计算恤金。乡镇保甲长级联保主任向不给恤，而在战时因公伤亡，则得分别酌给一次医药费或抚恤费。各机关之雇员公役亦同。再公务员因公伤病，本无医药费之补助，但在战时，此项费用亦得依战时公务员因公受伤核给医药费办法之规定，按其轻重，酌予发给或全部发给，盖安生慰死，尤切于战时，此等抚恤，实不可少。此项办法，在抗战结束后，因有继续施行之必要，已改订为经常法规，公布施行。

（六）退休法之创立

《公务员恤金条例》中，虽有关于退休之规定，但简略不备，乃特制订《公务员退休法》，于三十二年十一月公布施行，以期人事上得以新陈代谢。其内容大致为：1. 退休人员，以组织法规定有员额等级，并经铨叙合格，或准予任用派用者为限，但长警亦适用本法；2. 退休依年龄及服务状况，分为申请退休及命令退休两种；3. 合于一定条件而退休者，分别给予1年退休金或一次退休金；4. 一次退休金额，按服务年资计算，每满1年，给予退职时月俸1个月之退休金。至年退休金额，则以百分率按服务年资酌定之，自50%起至65%止，长警均再加15%；5. 非常时期退休金，并按现任公务员之待遇比例增给之；6. 退休人员及其他配偶暨之直系血亲属，于回籍时，得酌给旅费。退休制度既已奖励，其推行之效果非特人事上得以新陈代谢，而于行政效率之提高，亦大有裨益焉。

（七）保险制度之筹拟

现代国家，为保障公务员社会，并养成其节约习惯起见，大抵皆订立保险制度，甚著成效，实有仿行之必要。公务员退休制度，已开始实施，则保险制度，尤应并行，俾一般公务员之生活，无论处常处变，在职退职，以致生前身后，皆可有相当之安定与保障，始足以期行政效率之增进。惟事属创举，宜从简易入手，爰经拟订《公务员保险法草案》，其要点为：1. 公务员年龄达20岁以上，50岁未满，在职工作者，均应免验身体，强制保险。2. 公务员保险基金定为1000万元，由国库一次拨给。3. 被保险人保险金额，视其月俸高低而分多寡。4. 保险费，由被保险人与服务机关平均负担，但俸薪未满100元者，其本人与服务机关分担之成数为40%与60%，及30%与70%两种。5. 保险期满，其保险金额，由被保险人领受。6. 被保险人在保险有效期间死亡或完全残废或心神丧失时，其保险金额，由利害关系人领受。本案因社会部主张公务员保险，应为社会保险之一种，铨叙部则认为依法应属人事行政范围，以主管权问题从未解决，故一时尚未能实施。

（八）聘派人员之管理

各机关派用人员之资格、薪给及员额、职称，漫无标准，至不一律，惟该项人员，系属公

① 此处原件缺页。

务员之一部，其性质、职位、权责与一般公务员无异，自应同受铨叙。三十三年四月，《聘派人员管理条例》公布后，铨叙部庚即分订《聘用派用人员管理条例实施办法》及《各机关原有聘用人员整理办法》，将此项人员之管理，分为两类进行，以清界限。一类为整理登记，即凡在《聘用派用人员管理条例》公布施行前遴用，而现尚在职者，应填表加具考语，送铨叙部查核，予以登记。此项登记中央机关于三十四年九月底办竣结束。地方原有聘派人员之整理登记，则以交通困难，送审无多，尚须继续推进。一类为遴用审查，即自《聘派人员管理条例》公布施行后，各机关依法遴用之聘派人员，应依管理条例之规定，随时填表验证，送铨叙部审查登记，所有聘派人员之职称名额等级，均应于组织法规中详明规定，其并无规定或有规定而不详者，除由铨叙部催请修正外，在未修正前，则暂参照各机关预算办理，藉资补救。

（九）公营事业人员之管理

公营事业机关之人员，其责任之最大，及其与国家休戚相共之关系，与一般机关之公务员实无二致。其人事自应受统一之管理。公营事业人员管理案，筹议已逾10年，以各方意见未能一致，无所成就。近年来，铨叙部积极推动，不断洽催，先后商订《专卖事业人员管理条例》《交通事业人员管理规则》及国家银行资源职员任免、薪给、考绩、服务奖惩、保证、酬劳金、抚恤退养及新近人员考试规则等8种草案，嗣后推广管理范围，分别商订《公营工矿事业人员任用条例》《卫生事业人员任用条例》《农林事业人员任用条例》《社会事业人员管理条例》4种草案，均经转请核定，期收全面管理之实效。惟上述各种管理法规或尚未经核定，或在立法院审议中，故均未能即见诸实施。

（十）举办军用文职人员登记

军用文职人员，如秘书长、科长、书记官、军法官、监狱官及政治技术人员等人员，其应具之学识经验及工作性质，与普通文职无甚差别，惟以文武异途，两方均未予铨定资格。前经公布《现任军用文职人员登记条例》，凡从前任用而现尚在职者，如合于一定资格，得由军事委员会核送铨叙部比叙等级予以登记，将来均得转任简荐委任职公务员。其比叙标准，则为同中将、少校、上校，得以荐任职登记。同中校、少校得以荐任职登记。同上尉、中尉、少尉，得以委任职登记。于二十九年十月开始举办，登记期间，原定1年，复又展期1年，而未登记者尚多，乃由铨叙部与军事委员会铨叙厅会商，于三十二年二月将现任军用文职人员登记条例修正，凡在抗战复员后令颁布前1日止，依法任用之军用文职人员，均得办理登记，以广叙进。抗战结束后，铨叙厅复请将编余之军用人员，一体准予登记，尚在考试，行政两院会商核示中。

（十一）举办备用人员登记

抗战建国，同时并进，各方需才孔亟。关于全国人才之种类数量，以及分布情形、供应状况，当有总集之调查登记，庶其盈虚消长，尽在册藉之中，一目瞭然，可资为教养、训练、分配、任使之根据。故经制订《备用人员登记条例》，于三十一年一月公布，翌年十二月明令施行，并先以四川等19省市为施行区域。内容大致为具有规定资格者，均得申请登记，于本人申请登记外，铨叙部亦得调查登记。登记达相当数量时，由铨叙部连同考试及格、铨叙合格人员，编送各类资格姓名表，分送中央、地方各机关，姓名表分送后，各机关未经登记有案之人员，不得任用。胜利后，将施行区域扩展至全国，此项工作，虽在抗战期内筹办，而平时尤有必要，故现仍继续办理。

（十二）人事管理机构之设置

各机关人事机构，为辅助铨叙推行之重要工具，应由铨叙部统一管理，以收指背之效 。二十九年九月，爰有《各机关人事管理暂行办法》之公布施行。至三十一年十月底止，全国各级人事机构或专管人员多已设置，三十一年九月，复公布《人事管理条例》，并定是年十一月一日起施行，为管理政务机关人事之依据。先自中央机关及其直属机关实施。三十二年七月一日起，各省政府及其所属机关亦一律实施。同时，并将《各级机关人事管理暂行办法》废止。至是人事管理人员之任免、考核，悉由铨叙部依法办理，并直接予以指挥监督。抗战结束后，各收复区之人事机构，亦经先后设置。最近并拟推广至公营事业机关，已拟订办法，俟公营事业人员管理案实施后，即可同时施行。

26. 抗战时期迁都重庆的监察院①（1947年）

一、监察部分

自“七七”事变以后，平津沦陷，沿海要口，相继弃守，日寇更挟其暴力，大举进犯首都。国民政府为适应战况，统筹全局，从事长期抗战起见，乃于二十六年十一日二十日，正式宣布移驻重庆。监察院亦随之西迁，并选定重庆上清寺陶园为临时院址。二十八年五月以后，敌机大肆轰炸，各机关奉令疏散，监察院复迁至西郊金刚坡办公，而以陶园为办事处，直至三十五年五月始随政府迁返南京。兹将留渝期间之重大措施，分述于后：

（一）监察权之行使

监察院为国民政府最高监察机关，依法行使监察权，抗战军兴，国民政府颁布《抗战建国纲领》为抗战建国工作之最高指导原则，其政治纲领第15条及第16两条，所揭橥之“整饬纲纪，严惩贪污”，实为行使监察权之指标。监察院基于此种指示，除依法执行弹劾职权外，并鉴于抗战期间公务人员职责重大，其违法失职时，足以影响抗战建国大业，应适时加以纠正，不容稍有稽延。原有弹劾职权，以手续繁复迁缓，殊无以适应机宜，爰于二十六年十二月，制定《非常时期监察权行使暂行办法》及施行细则公布施行，旋于二十七年八月加以修正。依据是项办法，行使纠举建议职权，俾事前监察与事后监察相互为用，颇能发挥效力。更以考试为国家大典，凡举行考试时，监察院均依《监试法》之规定，提〔指〕派监试委员或派员监试，以昭慎重。兹将其行使程序及历年执行情形分述如次：

1. 弹劾

《监察院组织法》第1条规定，监察院以监察委员行使弹劾权，依《弹劾法》之规定，监察委员如发现公务人员有违法失职之行为，得单独提出弹劾案，弹劾案提出后，应由其他监察委员3人审查，经多数认为应付惩罚者，应即将被弹劾人依其官阶及所在机关性质，分别移付各该惩戒机关依法惩处。若审查结果认为不应交付惩戒而提案委员会有异议时，应即将该案再付其他委员5人审查，为最后之决定。检察院长对于弹劾案之提出及审查，不得指使或干涉。审查委员应由全体监察委员按序轮流担任，其与该弹劾案有关系者，应行回避，被弹劾者违法失职行为情节重大，而有急速救济处分之必要者，监察院将该弹劾案移付惩戒时，并得通知该主管长官为急速救济之处分。若被弹劾人于受惩戒时，发现有刑事嫌疑者，并应移送司法机关，依法进行审判。抗战以后，军政设施倍于往昔，监察院对视察调查工作，甚为注意实地查察各

① 本文系国民政府自撰稿，原名为《抗战时期迁都重庆之监察院行政史实稿》，重庆市档案馆馆藏档案。

机关施政情形，对于公务员之违失行为，更易发觉，计自二十六年十二月起至三十五年四月底止，依法提出之弹劾案经审查成立移付惩戒者，凡 466 件，须为急速救济处分者，44 件。被弹劾者，凡 803 人，内受急速救济处分者，111 人。兹依其案情与弹劾或受处分人所在机关及官阶，分别附统计表如下：

监察院历年弹劾案件统计表

（一）案情别

民国二十六年十二月至三十五年四月

年月别	案件数	被弹劾人数	案情别	
			违法人数	失职人数
总计	466	803	460	343
二十六年十二月	7	15	9	6
二十七年	32	48	27	21
二十八年	50	92	59	33
二十九年	56	110	52	58
三十年	45	69	38	31
三十一年	57	107	56	51
三十二年	53	78	46	32
三十三年	52	89	75	32
三十四年	82	149	78	71
三十五年四月	32	46	38	8

（统计室编制）

2. 纠举

依《非常时期监察权行使暂行办法》第 2、3、4 各条之规定，监察委员或监察使，对于公务员违法或失职行为，认为应速去职或为其他急速救济处分者，得以书面纠举，呈经监察院长审核后，送交各该主管或其上级长官，各该主管长官或其上级长官接受纠举书后，应即决定撤职或其他行政处分。如认为不应处分者，应即声复其理由。倘有不为处分，又不声复理由或虽声复而无理由时，监察院即以该纠举文件作为弹劾案，得不经《弹劾法》之审查程序，迳行移付惩戒机关，手续极为简便易行。又监察委员于奉派执行职务之省市，或监察使于该管监察区内，对于委任职公务员，为前项纠举于呈送检察长时，并应以书面迳送各该主管长官或其上级长官，其手续尤为简捷。纠举权之行使，旨在争取时效，适应战时需要。施行以来，颇为便利有效。自二十七年一月起至三十五年四月止，依法提出之纠举，凡 796 件，被纠举者，凡 1375 人。兹就其案情与被纠举人所在机关性质及官阶，分别附统计表如下：

监察院历年弹劾案件统计表

（二）被弹劾人所在机关别

民国二十六年十二月至三十五年四月

年月别	案件数	被弹劾人数	职务别																
			行政	自治	司法	军务	税务	财政	盐务	警务	金融	建设	教育	交通	卫生	田赋	审计	禁政	其他
总计	466	803	353	38	103	56	23	50	11	27	9	2	8	20	12	30	2	2	57
二十六年十二月	7	15	6		3	1		3		2									3
二十七年	32	48	24		8	5		3		7			1						
二十八年	50	92	31		41	2		14		2		1	1						
二十九年	56	110	41	34	17	5	4	3	1	1	1	1						2	
三十年	45	69	40	3	2	3	5	7		2				5	2				
三十一年	57	107	47		10	10	4	4	2	3				5	3	4	2		13
三十二年	53	78	48		5	10	1		2	3				1	1				7
三十三年	52	89	57		5	7	4	3		1				1					11
三十四年	82	149	41	1	11	10	2	14	4	3	4			4	6	22			23
三十五年四月	32	46	18		1	3	3	2	2	3	4			4		4			

（统计室编制）

监察院历年弹劾案件统计表

（三）官阶别

民国二十六年十二月至三十五年四月

年月别	案件数	被弹劾人数	文官							武官				
			共计	选任	特任	简任	荐任	委任	其他	共计	将官	校官	尉官	其他
总计	466	803	752	1	2	70	325	219	135	51	10	17	12	12
二十六年十二月	7	15	14			4	7	7		1		1		
二十七年	32	48	47			6	27	27	1	1	1			
二十八年	50	92	89	1	1	14	39	39	4	3			1	2
二十九年	56	110	105			7	25	25	25	5		1		4
三十年	45	69	69			5	31	31	4					
三十一年	57	107	96			4	43	43	21	11		2	5	4
三十二年	53	78	68			1	37	37	14	10	1	6	3	
三十三年	52	89	82			4	40	40	10	7	3	3	1	
三十四年	82	149	139			15	58	58	50	10	3	3	2	1
三十五年四月	32	46	43		1	10	18	18	6	3	2	2		1

（统计室编制）

监察院历年急速救济案件统计表
（一）案情别
民国二十六年十二月至三十五年四月

年月别	案件数	被处分人数	案情别	
			违法人数	失职人数
总计	44	111	93	18
二十六年十二月	1	2	2	
二十七年	4	11	9	2
二十八年	6	13	10	3
二十九年	5	14	12	2
三十年	3	7	6	1
三十一年	3	18	13	5
三十二年	10	12	9	3
三十三年	3	18	18	
三十四年	7	13	12	1
三十五年四月	2	3	2	1

（统计室编制）

监察院历年急速救济案件统计表
（二）被处分人所在机关别
民国二十六年十二月至三十五年四月

年月别	案件数	被处分人数	职务别								
			行政	军务	田赋	自治	财政	金融	司法	警政	其他
总计	44	111	50	5	5	17	3	2	7	5	17
二十六年十二月	1	2	2								
二十七年	4	11	4	2			1		2	1	1
二十八年	6	13	5		1	2			1		4
二十九年	5	14	5	1		3	1		2		2
三十年	3	7	3			2		1			1
三十一年	3	18	4			2			1	3	8
三十二年	10	12	10		2						
三十三年	3	18	13			5					
三十四年	7	13	3	2	1	2	1	1	1	1	1
三十五年四月	2	3	1		1	1					

（统计室编制）

监察院历年急速救济案件统计表

（三）官阶别

民国二十六年十二月至三十五年四月

年月别	案件数	被处分人数	文官							武官				
			共计	选任	特任	简任	荐任	委任	其他	共计	将官	校官	尉官	其他
总计	44	111	106			3	35	46	22	5		1	3	1
二十六年十二月	1	2	2					2						
二十七年	4	11	9				4	4	1	2		1		1
二十八年	6	13	13			1	5	4	3					
二十九年	5	14	13				4	4	5	1			1	
三十年	3	7	7				3	2	2					
三十一年	3	18	18				2	9	7					
三十二年	10	12	12				6	6						
三十三年	3	18	16				6	10		2			2	
三十四年	7	13	13			2	3	4	4					
三十五年四月	2	3	3				2	1						

（统计室编制）

监察院历年纠举案件统计表

（一）案情别

民国二十七年一月至三十五年四月

年月别	案件数	被纠举人数	案情别	
			违法人数	失职人数
总计	796	1375	826	549
二十七年一月	44	64	31	33
二十八年	65	118	59	59
二十九年	84	124	53	71
三十年	75	106	49	57
三十一年	109	171	87	8
三十二年	166	273	162	111
三十三年	179	163	94	69
三十四年	110	241	187	54
三十五年四月	64	115	104	11

（统计室编制）

监察院历年纠举案件统计表

（二）被纠人所在机关职务别

民国二十七年一月至三十五年四月

年月别	案件数	被纠举人数	职务别														
			行政	军务	救济	交通	自治	卫生	司法	税务	教育	盐政	警务	财政	禁政	田赋	其他
总计	796	1375	346	129	4	53	188	3	84	81	32	27	60	91	9	86	182
二十七年一月	44	64	23	7		5			4		2	1		22			
二十八年	65	118	28	9		6	17	1	8	4	2	5	4	11	2		21
二十九年	84	124	39	18	3	3	19		9	13	1	6	3	3	7		
三十年	75	106	37	10	1	4	25	1	6	3	1	1	16	1			
三十一年	109	171	51	11		8	13		12	13	3	2	6	4		8	40
三十二年	166	273	75	29		8	42		22	26	8	4	16	7		8	23
三十三年	79	163	39	18		9	21		3	8		4		26		18	17
三十四年	110	241	39	16		9	21		13	10	12	3	6	17		24	70
三十五年四月	64	115	15	11		1	30		7	4	3	1	9			28	6

（统计室编制）

监察院历年纠举案件统计表

（三）官阶别

民国二十七年一月至三十五年四月

年月别	案件数	被纠举人数	文官							武官				
			共计	选任	特任	简任	荐任	委任	其他	共计	将官	校官	尉官	其他
总计	796	1375	1251		2	34	343	479	393	124	13	31	38	42
二十七年一月	44	64	57			4	28	15	10	7		3	1	3
二十八年	65	118	113			6	42	39	26	5		2	1	2
二十九年	84	124	106			6	52	33	15	18	3	7	6	2
三十年	75	106	94			2	22	64	6	12	2	3	2	5
三十一年	109	171	157				28	90	39	14	1	2	6	5
三十二年	166	273	249			6	61	75	107	24		6	10	8
三十三年	79	163	151			2	49	43	57	12	5	4	3	
三十四年	110	241	221		2	6	37	64	112	20	1	4	9	6
三十五年四月	64	115	103			2	24	56	21	12	1			11

（统计室编制）

3. 建议

依《非常时期监察权行使暂行办法》第 5 条之规定，各机关或公务员，对于非常时期内应办事项有奉行不力或失当者，监察委员或监察使，得以书面提出建议或意见，呈经监察院长审核后，送交各主管机关或其上级机关。各该主管机关或其上级机关接收前项建议或意见后，应即为适当之计划与处置。又依该办法施行细则第 7 条之规定，接受建议或意见之主管机关或其上级机关，于是适当之计划与处置后，应通知监察院。是项建议权在尚未构成违法失职之事实前行使之，于消极的警惕纠正之中，隐寓积极的督促进行之意，不独可以除去抗战建国之障碍，并且可以增进抗战建国之工作。试行以来，深觉此项柔性监察的建议，反较刚性监察的弹劾及纠举，收效更为宏大。自二十七年一月起至三十五年四月底止，所提建议案，凡961起，涉及行政、军务、教育、救济、司法、税务、财政、外交、田赋、金融、交通、卫生、盐务、治安、考试、限价、建设及禁政等事项。其中关于救济者尤多，计送达国民政府者1起，各院部会者497起，各省政府者256起，各县市政府者22起，其他机关者185起。分别附统计表如下：

监察院历年建议案件统计表

（一）送达机关

民国二十七年一月至三十五年四月

年月别	案件数	送达机关				
		国民政府	各院部会	各省政府	各县市政府	其他
总计	961	1	497	256	22	185
二十七年一月	44		18	17	2	7
二十八年	143		78	49	4	12
二十九年	108		61	39	2	6
三十年	88		50	27	1	10
三十一年	159		75	42	3	39
三十二年	161		71	48	2	40
三十三年	130		57	21	1	51
三十四年	82		56	7	5	14
三十五年四月	46	1	31	6	2	6

（统计室编制）

监察院历年建议案件统计表

（二）建议事项

民国二十七年一月至三十五年四月

年月别	案件数	平均数	类别																		
			行政	军务	教育	救济	司法	税务	财政	外交	田赋	金融	交通	卫生	盐务	治安	考试	限价	建设	禁政	其他
总计	961	1071	92	113	44	164	80	32	23	2	81	12	56	28	26	35	10	11	19	39	204
二十七年																					
一月	44	54	6	6	2	2	1		1		5		9		1	4					17
二十八年	143	145	7	24	2	16	6	7	2		12	1	13	2	4	7	2	2	1	5	32
二十九年	108	129	5	23	5	15	18	3	5		13	2	2	2	6	1	2	1	10	13	3
三十年	88	90	11	10	5	7	10		1		16		1	1	7	3		1	4	1	12
三十一年	159	202	18	26	6	28	15	10	3		6	1	6	11	7	8	1		4	4	48
三十二年	161	170	22	9	8	27	20	5	2		18	3	9		1	7	3	6		4	26

续表

年月别	案件数	平均数	类别																		
			行政	军务	教育	救济	司法	税务	财政	外交	田赋	金融	交通	卫生	盐务	治安	考试	限价	建设	禁政	其他
三十三年	130	130	2	12	6	40	5	1	4		5	2	6	8				1		7	31
三十四年	82	98	12	2	5	25	2	1	3		4	2	8	3			1			5	21
三十五年四月	46	53	9	1	3	4	3	5	2	2	2	1	2	1			1				14

（统计室编制）

4. 监试

依据《监试法》第 1 条之规定，凡举行考试时，由考试院咨请监察院就监察委员或监察使中，提请国民政府简派监试委员。但举行特种考试时，得由考试院咨请监察院派员监试。依同法第 3 条之规定，关于试卷之弥封，弥封姓名册之固封、保管，试题之缮印、封存及分发，试卷之点收及封送弥封姓名册之拆及封号，应考人员之总成绩审查，与及格人员之榜示及公示事项，均应在监试人员监试下为之。又同法第 4 条规定，监试委员会应提出弹劾。自二十七年一月起至三十五年四月止，考试院先后举行各种考试 388 次内，高考考试 44 次，普通考试 103 次，特种考试 190 次，检定考试 51 次，均经监察院分别派员监试，附统计表如下：

监察院历年监试案件统计表

民国二十七年一月至三十五年四月

年月别	次数	类别			
		高等考试	普通考试	特种考试	检定考试
总计	388	44	103	190	51
二十七年一月	2	1	1		
二十八年	24	4	5	15	
二十九年	34	5	6	23	
三十年	38	6	4	27	1
三十一年	71	7	8	50	6
三十二年	95	6	33	55	1
三十三年	67	8	27	9	23
三十四年	42	5	14	4	19
三十五年四月	15	2	5	7	1

（统计室编制）

（二）视察调查

抗战军兴以后，监察院乃于二十七年订定战时视察调查工作纲领，为进行工作之准则。自三十年起，按年将视察调查工作列入年度施政计划之内，分为一般事项、视察特定事项、视察地方、视察专案调查等 4 项，俾根据有系统之设计而增加执行时之效果。兹将上项 4 项，分述于后：

1. 一般事项视察

此项视察工作，包括各区监察使出巡及监察院指派监察委员视察各机关施政情形，与国营事业机关业务状况。历年以来，均经依照年度工作计划按期实施，从未间断。三十四年八月胜利以后，各沦陷地区完全规复，各该区监察使立即驰往收复区实地视察，抚循慰问，并督促各地方政府办理善后救济事宜，对于接受复员工作，裨益良多。

2. 特定事项视察

监察院于抗战期中，每年均遵照政府施政纲要之中心工作及因临时发生之重大事项，派员详密视察，期以增加推行效率，或为紧急之纠正与促进。

（1）视察中央各机关战时行政计划实施情形。监察院于抗战期内，随时指派监察委员、审计部审计及其他高级人员多人，分赴行政院所属各机关，就内政、外交、军政、财政、经济、教育、交通、农林、社会、粮食、司法、行政、振〔赈〕济、侨务、蒙藏、地政、卫生各部门，分组加以视察。

（2）视察伤兵管理情形。自抗战开始以后，官兵浴血杀敌，前仆后继，其牺牲之壮烈，足以惊天地而泣鬼神。倘对于负伤之忠勇官兵，不妥为救护，实足以影响士气与人心。监察院于抗战之初，即异常注意，指派检察委员 14 人，分赴河南、安徽、陕西、湖北、江西等省，及上海、青鸟、杭州、西安、汉口各市，京沪、沪杭甬、浙赣、津浦、陇海、平汉、粤汉各铁路沿线，详密视察。同时，分令各区监察使，出巡各该区县市，特予注意。复派检察委员 10 人，每日轮流视察南京城郊各伤兵医院及船埠车站迎送伤兵情形，藉资监督。国民政府迁渝以后，武汉成为各战区伤兵输送及医疗之中心。每月过境伤兵动逾万人，留医者亦在万人以上，复派监察委员多人分别视察，计视察医疗机关 27 单位。二十八年以来，凡派往各地视察巡查之监察委员或监察使，均规定以视察伤兵管理为主要工作之一，各视察人员就所见情形随时督促改革，俾各负伤之忠勇将士，享受较优之待遇与适当之治疗，期能早复健康，为国效命。

（3）视察难民情形 。“七七”事变以后，平津沦陷，沿海主要据点，相继失守，陷区人民，不顾生命财产之损失，纷纷逃往后方。政府对于此等不甘受敌人奴役而流亡后方之人民，自应妥加救济，使之直接、间接参加抗战工作。监察院以职责所在，于战事初起之时，即派监察委员 10 人，逐日视察首都各难民收容所及船埠、车站难民出入情形，另派员分赴安徽、江西、河南、山东、陕西及黄河决口被灾各地视察。国民政府迁渝后，武汉一地难民最多，收容处、所，凡 89 处。监察院随时派监察委员，前往抚慰视察，并建议政府为根本救济之处置，察其体格能力，设法使之就业，参加生产建设工作。对于难童之教养，更建议应以政府之力量，统筹办理。

二十八年，重庆、成都、万县、乐山、贵阳、桂林、衡阳、沅陵、芷江、宜昌、沙市、洛阳、西安、南郑、兰州各地，屡遭敌机轰炸。监察院先后派令监察委员、监察使，分别前往抚慰，并视察善后救济事宜，以后对被炸各地，均经立即派员慰问视察。

（4）视察公路及后方交通。军兴以来，监察院迭经令派监察委员、监察使，并临时延聘工程专家，对于各交通线之运输及工厂情形周密查察。并据以提出重要建议案多起，如关于西兰公路之整顿，西北、西南各公路线之整理，四川公路局之改善，广成段公路之督修，陇海铁路之整顿，各案胥关重要。

3. 地方视察

二十七年，监察院订定《监察委员分赴各地视察工作准则》，就未设监察使署地方或监察院认为有视察之必要省份，指派监察委员分区视察。当年派监察委员多人视察四川，分全县为 7 个是视察区，每区监察委员 1 人或 2 人、随员 1 人，分别按指定区域前往视察。同年并派委员多人，分赴广西、陕西、绥西、榆林、伊克昭盟各地视察。二十八年，派员视察陕南。二十九年，派监察委员及其职员多人，分别视察贵州、四川及山东敌后军政设施情形。三十年，复派员视察四川。三十一年，派员视察西康。对于地方军政设施，民生疾苦，胥能悉心稽访，切实考察，提供改善之意见。对于四川、贵州、绥西、西康少数民族及宗教问题，尤多建白，并于视察途中，随时阐述民族主义之精义与中央施政之要旨。其违法失职之公务员，被发觉者无不立予纠弹，以肃纲纪。

4. 专案调查

监察院接收人民呈诉公务员书状，经监察委员核阅后，认为应予调查者，即行派员调查或委托其他机关代查。监察委员就见闻所及。认为事有彻查之必要者，亦得签请调查，自二十六年十二月起至三十五年四月底止，计收受人民书状 26972 件。据以调查者，17180 件。其中，由监察院及各区监察使署派员调查者，2054 件，转行或委托其他机关调查者，15126 件。考核调查结果自以监察院及各使署自行派员调查者，较为迅速确实。兹分别附统计表如下：

监察院历年收受人民书状统计表

民国二十六年十二月止三十五年四月

年月别	案件数	结果				
		据以弹劾或纠举	留存备查	由秘书处发还	据以调查	移送其他机关
总计	26972	130	5944	690	17180	3028
二十六年十二月	185	1	48	2	84	50
二十七年	1680	10	802	79	628	161
二十八年	1424	8	412	34	828	142
二十九年	2533	12	465	42	1723	291
三十年	2454	7	647	35	1543	222
三十一年	4804	29	1330	130	2499	816
三十二年	4265	30	256	210	2990	779
三十三年	3190	6	946	85	1934	219
三十四年	4650	19	856	54	3505	216
三十五年四月	1787	8	182	19	1446	132

（统计室编制）

监察院历年调查案件统计表

（一）类别

民国二十六年十二月至三十五年四月

年月别	案件数	类别	
		行查	派查
总计	17180	15126	2054
二十六年十二月	48	76	8
二十七年	628	561	67
二十八年	828	804	24
二十九年	1723	1645	78
三十年	1543	1373	170

续表

年月别	案件数	类别	
		行查	派查
三十一年	2499	2119	380
三十二年	2990	2565	425
三十三年	1934	1735	199
三十四年	3505	3001	504
三十五年四月	1446	1247	199

（统计室编制）

监察院历年调查案件统计表

（二）行查机关与派查人员别

民国二十六年十二月至三十五年四月

年月别	案件数	行查机关							派查人员				
		共计	各院部会监察使署	各省政府	各行政专署	各县政府	各级法院	其他	共计	监察委员	秘书科长	调查专员	其他
总计	17180	15126	2846	1490	2486	3831	2040	2433	2054	154	506	854	540
二十六年十二月	84	76	19	14	12	21	6	4	8	2	1	4	1
二十七年	628	561	102	32	201	134	20	54	67	9	5	32	21
二十八年	828	804	201	95	220	189	65	34	24	4	4	10	6
二十九年	1723	1645	240	197	302	354	246	303	78	7	25	27	19
三十年	1543	1373	239	125	196	402	178	233	170	15	48	92	15
三十一年	2499	2119	389	216	294	625	281	314	380	13	78	165	124
三十二年	2990	2565	443	246	375	672	312	517	425	25	123	242	35
三十三年	1934	1735	272	156	299	418	236	354	199	24	61	77	37
三十四年	3505	3001	586	324	425	698	503	465	504	43	115	83	263
三十五年四月	1446	1247	337	85	162	318	193	152	199	12	46	122	19

（统计室编制）

监察院历年视察案件统计表

（一）类别

民国三十年一月至三十五年四月

年月别	案件数	事项数	类别																			
			民政	军政	财政	教育	建设	行政	治安	田赋	盐务	救济	司法	禁政	交通	税务	卫生	民众疾苦	一般情形	国营事业	警政	灾情	党务	其他
总计	791	2140	475	129	103	147	96	58	118	101	12	161	124	40	56	34	17	86	129	44	17	41	19	133
三十年一月	147	424	95	48	32	25	12	19	24	9	2	46	29	9	7	5	1	21	6	3	4	3	2	22
三十一年	171	411	89	45	26	26	19	4	20	27	3	38	24	4	6	6	2	17	14	4	3	4	5	25

续表

年月别	案件数	事项数	类别																					
			民政	军政	财政	教育	建设	行政	治安	田赋	盐务	救济	司法	禁政	交通	税务	卫生	民众疾苦	一般情形	国营事业	警政	灾情	党务	其他
三十二年	153	686	168	12	20	46	41	21	36	29	3	33	30	11	18	9	4	28	32	12	3	17	8	55
三十三年	150	309	67	12	11	24	16	7	22	21	1	21	20	9	6	4	6	9	14	13	2	8	1	15
三十四年	121	238	39	10	12	22	7	5	13	12	1	18	16	6	16	7	4	7	10	9	3	6	2	13
三十五年四月	49	72	17	2	2	4	1	2	3	3	2	5	5	1	3	3		4	3	3	2	3	1	3

（统计室编制）

监察院历年视察案件统计表

（二）地域别

民国三十年一月至三十五年四月

年月别	案件数	区数	地域别																					
			江苏	浙江	安徽	江西	湖北	湖南	福建	台湾	广东	广西	云南	贵州	四川	西康	山西	河南	河北	陕西	甘肃	宁夏	青海	绥远
总计	791	913	13	12	32	29	45	61	68	2	62	52	103	33	74	6	1	70	5	138	91	9	4	3
三十年一月	147	159			2	3	4	6	12		15	11	28	7	15	1		9		26	18	1	1	
三十一年	171	185	1		3	3	8	6	10		8	21	35	10	16	1		7		28	25	2	1	
三十二年	153	198		8	6	6	10	11	22		20	5	26	4	4	2		28		32	11			3
三十三年	150	161	2		9	3	7	23	14		6	5	3	5	19	1		10		34	15	4	1	
三十四年	121	142	5	2	7	8	10	9	7		9	7	8	5	14	1	1	13	3	14	16	2	1	
三十五年四月	49	68	5	2	5	6	9	6	3	2	4	3	3	2	6			3	2	4	6			

（统计室编制）

（三）巡察

1. 首都巡察

抗战军兴，国府西迁，监察院以重庆为战时首都，居政治经济之中枢，为中外观瞻之所系，关于中央各机关施政情形及首都地方之治安灾患与人民福利事业，均应随时考察，督促改进。遂于三十一年八月，制定《监察委员巡察首都办法》，呈经国防最高会及国民政府备案施行。依此办法之规定，每月指派监察委员 2 人轮流巡察首都地方。自同年九月份起至三十三年八月份止，历经按序循行无间，嗣将原办法加以修正，改为不定期巡察，委员人数亦不加以限制。根据历年巡察所及提出建议案多起，并经分别转送各该主管机关核办。

2. 战区及收复区巡察

监察院为求监察权深入各战区，促成政治与军事之配合发展起见，于二十九年制定《监察院战区巡查团组织规程》，公布施行。每巡查团以监察委员 3 人组成之，并指定 1 人为主任委员主持军务，另设秘书、调查专员各 1 人，干事 3 人，书记 1 人，分别就监察院及监察使署职员中调用，或临时委派之。旋经呈准，组设两团开始工作。第一巡察团，于二十九年十月组织成立，出发巡察长江以南各战区，历经湖南、湖北、福建、浙江、安徽、江西、广东、广西、贵州、云南各省；第二巡查团，于三十一年一月组织成立，巡视长江以北各战区，历经河南、陕西、陕西、甘肃、宁夏、青海、绥远及皖北、鄂北各地。

各该巡察团，均能配合军事进展，深入战区及收复区勤求民隐，并随时宣达中央政令，抚循慰问前方军民，俾情感交孚，团结迈进。对于战区及收复区，因军事而发生之政治、社会、民生诸问题，悉加廉访，寻求解决，类多积极性之建议，就巡察所及对于违法或失职之公务人员人员依法纠弹。对于整饬法纪，贡献殊多，惟以系战时性之组织，旋因任务终了，奉令结束。

3. 参加军风纪巡察

军事委员会，自二十七年秋起，先后组织军风纪巡察团数团，专司纠察战区官兵之军风纪。依照该团组织规程之规定，每团应由监察院指派监察委员 1 人或 2 人参加工作，各区监察使为各该监察区军风纪巡察团之当然委员，各监察委员及监察使，于参加军风纪巡察团时，除尽力于团中应有责任外，同时尚能行使其本职之监察权及从事监察院所规定之监察工作。

（四）监察使署之增设

监察院为使监察权普遍行使起见，于二十三年划分全国为 14 监察区，嗣复改划为 16 区，呈经国民政府备案，并制定《监察使署组织条例》及《监察使巡回检查规程》公布施行。复依《监察使署组织条例》，于二十四年及二十五年，先后呈经国民政府，设立江苏、安徽、江西、湖南、湖北、福建、浙江、河北、河南、山东、甘肃、宁夏、青海及云南、贵州等区监察使署，分别推行巡回监察工作。自二十六年抗战军兴，国府移渝以后，除河北使署因省区沦陷暂停工作外，余均继续工作。江苏使署一度停顿，旋又恢复。二十八年增设广东、广西监察使署。三十年又设陕西、山西监察使署。三十二年设新疆监察使署，并以该区幅员辽阔，情形特殊，制定单行条例，增设监察副使 1 员，以资襄助。三十四年八月胜利后，以台湾光复，乃将福建、浙江监察使署，划分为福建台湾及浙江两监察使署，并恢复河北监察使署。三十五年设四川西康监察使署，各区监察使署普遍设置后，监察机构益趋完密，对于监察权之行使，便利殊多。

二、审计部分

抗战期间支用浩繁，审计部职司监督各机关财务收支，为配合长期作战起见，故对于执行预算，核定收支命令，审核计算决算并稽察财政上之不法，或不忠于职务之行为，无不严密监督。庶几财无虚靡、政无偏废，是以战时之审计工作远较平时为艰巨。兹举其重大措施，分述如次：

（一）接办审核建设事业专款

建设事业专款之设置，始于二十六年度，每年自普遍岁出内特列建设事业专款基金，并另编建设事业预算。举凡国防、经济、水利、农林、交通等项建设事业所需资力，均由此项专款拨付。至三十年度起，则与普通岁出及特别岁出并列于国家总预算内。按其旨趣，在战时厥为增强国防，充实战斗实力；在战后为发展国民经济，以裕国计民生，用意至为深远。此项专款基金之收支，系由国库设立建设事业专款中账户处理之，而专款预算执行之监督及其收支之审核，则为保守秘密及力求敏捷起见，不适用通常审计程序，由中央政治委员会专负其责。寖已 6 年，综计支出约在 100 亿元以上，初意原期作为分期发行建设公债之基金，即以债款之收入供建设之操用。乃以抗战军兴，原定计划未能实行，公债既未发行，基金之意义全失。迄三十一年三月间，审计部奉委员长指示，以建设事业专款之审核并归政府，原有各主管机关办理仍适用一般审计法规及通常审计程序，并核定归并办法，将工作上之审核移交党政工作考核委员会接办，有关建设事业基金收支之审核，各支用机关经费收支之审核，及其会计报告、簿籍与凭证之检察等事务，则移交审计部接办。以后，即依照一般审计法规及普通审计程序办理，除核签支付书暨审核计算书类外，并随时派员执行实际之稽察，并与党政工作考核委员会洽订联系办法，呈奉核准施行，以加强监督之效能。

（二）实物审计

田赋征收实物，为战时财政之一大改革，推行之始，监督宜严，审计部以职责所在，自应切实钩稽，藉资辅导。自三十二年六月，国防最高委员会审定田赋征实及征购粮食审计条例后，同年八月国民政府令饬施行。审计部对于田赋征实方面所办之功过，举其荦荦大者有：1. 调查田赋章则及会计制度，及各地征收情形；2. 制定抽查纲要；3. 实施抽查。除令饬各省审计处就近派员办理外，并由审计部派员分赴陪都附近各县办理。根据历年抽查结果，应行改进之处既多，撮要言之约有下列诸端：1. 征收手续多未按照规定办理；2. 征收程序及缴纳地点尚欠简便适中；3. 衡量器具多欠准确；4. 赋率未臻公允；5. 运输迟滞；6. 征购军粮款项，延不拨付；7. 移用购粮款项；8. 仓库应广事建筑，并规定容量；9. 仓储损耗应严加稽核；10. 田赋征收机关应与粮食储运机关密切联系；11. 擅向粮户附收收据印刷工本费；12. 会计制度，尚欠完善；13. 账簿多不完备；14. 记账迟缓；15. 会计报告表，多未按其编造等。审计部均经按照情节，分别予以纠正，务使全国人民所纳之田赋涓滴归公，以立战时财政之基础。

（三）就地审计

自二十七年五月《审计法》公布，明定就地审计之原则后，审计部即遵照中央厉行计划政治之指示，于抗战第二期开始时，订定第二期战时审计工作实施纲要及分期进度表，以推行就地审计为中心工作之一。二十八年开始，派员办理重庆市政府及赈济委员会两机关就地审计。二十九年派员驻审交通部、经济部、资源委员会、国库总库。三十年办理税务署、盐务总局、西南运输处等机关就地审计。三十一年，将国库总库、盐务总局两就地审计机构分别改设审计办事处，并办理农林部、内政部两机关就地审计。三十二年，派员驻审陇海、宝天、粤汉、湘桂、黔桂各铁路，粮食部四川粮食储运局，兴复公司，农林部垦务总局，农林部粮食增产委员会，甘肃油矿局，花纱布管制局，中国茶叶公司，经济部工矿调整处，第24兵工厂，第50兵工厂，邮政总局，邮政储金汇业局，中央银行，中国银行，交通银行，农民银行，中央信托局等机关。三十三年，增办教育部、粮食部民食供应处，及经济部日用必需品管理处等机关就地审计。三十四年度，奉中央指示，应集中人力于各业务机关之就地审计。乃就现有机构加以调整，凡收支较简之普通公务机关，如内政部、农林部，及农林部垦务局、粮食增产委员会等原设审计机构，予以裁撤。其因机关本身裁并或改组者，原驻审之审计人员亦一律调回，另增办交通部电信总局、资渝钢铁厂迁建委员会、第25兵工厂，及全国合作社物品供销处等公营事业机关之就地审计。三十四年十二月，为适应收复区之需要，复派员办理南京市政府就地审计。总计抗战期间，由审计部直接派员就地审计者，30余单位；由各省市审计处负责办理者，243单位。按就地审计推行以来，除防弊纠误，可节省国币外，并得随时证明或解除驻在机关财务之责任，收效颇为宏大。

（四）巡回审计

自建设事业专款划归审计部办理后，因领用该项专款之各公有营业及公有事业机关散布全国，复以交通阻塞，送审案件既多濡滞，遍设就地审计，势又难能，因于三十二年一月，拟具巡回审计实施办法，呈经监察院备案。依照该办法，暂先设置云南、湘粤桂、陕甘、川康等5巡回审计区。除川康区由部直接办理外，其余各区均派定协审或稽察1人，率同佐理人员巡回办理。三十三年，对巡回审计工作，复力求加强，共设15小组，计共办理收支较繁之机关147

单位。三十四年度，复增设15小组，连前共30小组，计共办理248单位。抗战胜利后，为监督收复区接收起见，又增设上海、南京两区巡回审计组。三十四年底，改订《各省市审计处办理中央机关巡回审计办法》，自三十五年一月起施行。由部组设京沪区巡回审计11组。至各省市应行巡回审计之中央机关，在5单位以下者，各该省市审计处，执行派员办理；在5单位以上者，由部设置小组，划归各该省市审计处处长指挥监督，所办案件并令由各该处处长负责复核，以收灵活敏捷之效。

（五）县财务之抽查

县为自治单位，其财政之良否关系抗战前途与人民切身利害者，至深且巨。审计部以责所在，为实施督导计，自二十八年以次，即将县财务抽查审计，列为各省审计处中心工作，循序渐进。三十年度内，据各省审计处报告，已实施县财务抽查者，计广东74县、四川60县、湖南57县、贵州50县、河南37县、浙江34县、江西30县、陕西14县、江苏7县、福建6县、湖北5县，共374县。至三十二年度，据各处报告其抽查县份已达544县。审计部为切实考核各处办理情形起见，派员分赴各省复行抽查，旋以战事及环境关系，各省抽查县份虽略有增减，而此项工作工作仍未稍懈。综核实施抽查结果，对县财政之积弊，揭发不少，足为改善县财务之一助。

（六）增设各省市审计机构

关于各省市审计实务，自二十一年六月，国民政府公布审计处组织法后，审计部即于二十四年，相继成立江苏、浙江、湖北、广东、陕西、河南、上海等省市审计处，及津浦铁路审计办事处。嗣以抗战军兴，国府西迁，交通便利省份相继沦陷。一切抗战新兴事业，均在大后方及边远省份从事发展，审计部为配合战时工作，乃于二十八年，增设湖南、贵州、四川3省审计处，三十年，又增设福建、江西、广西3处，三十一年，又增设甘肃、安徽2处，并开办盐务总局、国库总库两审计办事处，三十二年，又增设云南审计处，三十五年，增设重庆、河北、山西、山东等省市审计处，及西南、西北两公路审计办事处，各重要审计机构，遂逐渐完成。关于驻在各省之中央机关所有送审案件，一概就近送审，俾免递转周折，至以往之军务费案件，均系集中部方办理。自军兴以后，交通梗阻，递送困难，军政部会计处为适应环境，成立各区会计分处，经与审计部会商决定，在该分处承办之案件，由审计部令饬各该省审计就近审理，便捷殊多。

（七）会计审计简化办法

抗战期间，各机关一致要求简化会计审计手续，以利行政，但会计、审计各为联综组织之一，环本属互相牵制，分工合作，虽在形式上似稍有重复之处，但职权不同，立场各异，未可偏废。如强为简化，对会计、审计职权之一方，必有妨碍，经主计处与审计部几度开会研究，乃在法令许可范围以内，本如何谋得适当之合作，以提高会计、审计功能之原则，拟订简化办法7项，由主计处与审计部会呈国民政府，于三十三年二月，通饬各机关遵照办理。施行以来，对于简化手续，增强行政效率，裨益殊多。

27. 抗战时期的国民政府主计处及其工作[①]（1945 年 5 月）

主计处之职掌，为主管全国岁计、会计、统计事务，自二十七年临时全国代表大会以迄三十四年三月，办理岁计、会计、统计工作之重点在岁计方面。为简化预算编审程序，以求预算之切合事实；推进营业预算，以求国营事业效率之增进；切实办理决算，以检讨预算执行之成效。在会计方面，为设置与调整中央地方各普通公务及公营事业机关之会计机构，以执行岁计会计工作，切实制定与推行会计制度，以改进各机关会计事务处理之程序；汇编国家总会计报告，以显示国家财政收支状况。在统计方面，为设置中央及地方各机关之统计机构，以健全各级机关之统计工作，执行各种统计方案，使统计材料能臻迅速确定；编制统计报告，藉使各方之应用。兹分别将其实施经过，胪述于下：

一、制订与改进主计法规

（一）改进预算法规

法规为推行制度之工具，本处于成立之初，即拟订《预算章程》，为促成预算之过渡办法，其规定甚为简略。迨《预算法》于二十六年公布，惟因国难发生，延至二十九年度预算始行适用。所有二十九年、三十年、三十一年各年度预算，均系依照办理。惟抗战以来，以预算法及其施行细则所定程序过多、手续繁复实施困难，又因编制期限过长，所有规定计划及预算数字，往往不能与实际事实相适应。故该年度内均奉有变通办法之颁布，以资补救。三十年十二月中央五届九中全会议决："增进行政效能、厉行法制制度"一案，其中第 3 项，为节缩预算程序，以各机关预算关系国库之负担，值此财政困难，物价剧变之时，一面应尽量紧缩，一面应注意时效。每一机关之预算，自其拟定提出至核定施行费时过久，往往不能适应实际开支，以致逐次追如，国库负担反而增重。本处遵即拟具改善审编预算原则 5 项，呈报中央，嗣于同年五月，奉发下《战时国家总预算编审办法》11 项，是为我国战时预算之最高原则。嗣于三十二年及三十三年夏经两次修正，仅于手续程序方面，略有增损。其特点：第一，则在编制概算以前，先由中央核定施政方针，以为各机关编制概算之准则。第二，各机关计划及概算，须分送中央设计局与主计处，俾计划与概算，同时编造，便于联系。第三，各第二级机关得就所属机关之概算，量为分配，可收统筹支配之实效。第四，编审时期改为自七月一日开始至十二月十五日截止，期间缩短，估计数字自较切合于实际。所有三十一、三十二、三十三、三十四各年度国家总预算，即根据此项编审办法办理。其次关于营业预算决算之编审，尚无完整之法规，际兹抗战建国起头并进，公营事业实占全预算重要部门，本处曾以历年办理营业预算之经验，拟订战时营业预算决预编审办法草案两种，先后召集有关各机关会商，并参考各专家意见，汇案整理，呈奉核定施行。其中关于编审时间及手续，均有严密规定。又自三十一年度财政收支系统改制以后，关于自治预算部分，适用《县市预算编审办法》，将县市总预算及计划，改由省政府核定，再送中央各有关机关备查。在省政府得按各省实际需要因地制宜，在中央可收执简驭繁之效。

（二）整理并制订各种会计统计法规

本处在中央及地方各机关设立会计处室，前经分别指定各该处室组织规程，嗣为划一起见，曾经颁订《中央各机关会计室组织及办事通则》《各省市政府会计处组织及办事通则》及《各县市政府会计室组织及办事通则》。自财政收支系统变更后，又将《各省市政府会计室组织及办事

① 本文系国民政府主计处 1945 年自撰的工作报告，原名为《国民政府主计处工作报告》，重庆市档案馆馆藏档案。

通则》有关职掌部分修正颁行。最近又遵照国民政府令颁之国防最高委员会议决解决各机关主计机构原则3点，将各机关会计组织法规分别加以整理。至于设置公有营业及公有事业机关会计机构，先经制订《设置公有营业及公有事业机关会计统计机构办法》呈奉国府明令颁行，又经制订《设置公有营业及事业机关会计统计机构之标准》及《公有营业及公有事业机关办理会计人员暂行规程》，均先后呈请或颁行。此外并遵奉主席训示，积极设置驻外使领馆会计人员，曾订颁《国民政府主计处设置驻外使领馆会计人员规程》暨《驻外使领馆跨级人员资格甄审委员会规则》，付诸实施。至本处组织法，亦经遵照法规制定标准法及整理现行法原则之规定加以修正，业已公布施行。并将前颁《国民政府主计处办理各机关岁计会计统计人员暂行规程》修正为《国民政府主计处设置各机关岁计会计统计人员条例》。

依《会计法》规定各种会计报告，均应由本处会计局依法审核汇总编制，曾经本处制定《国民政府主计处会计局审核各种会计报告之准则》一种，以资依据。并附以《各机关会计报告送达本处期限表》，以促进各机关依期编送各种会计报告。关于财务收支统制记录，经拟订《中央院部会及其所属机关财务收支统制记录暂行办法要点》，暨《各省财务收支统制记录暂行办法要点》，并为便于省主计机关作统制记录起见，又经拟订《国库统一处理各省收支暂行办法编送会计报告补充办法》，均已通饬遵照，以利于国家总会计报告之完成。此外关于各机关财务之监督，曾遵奉委员长手令，拟具《会计人员对于驻在机关或部队购买器材物品之点验及监督办法》11条呈请核示中。

在统计方面，本处为设置各级机关统计室有所依据起见，曾经制订《中央各级机关统计处组织规程》《中央各机关统计室组织规程》《中央各机关统计室组织及办事通则》《中央各机关所属机关统计室组织与办事通则》及《省（市）政府统计处组织规程》《省（市）政府统计室组织规程》《县（市）政府统计室组织规程》等，均经呈奉核准施行。嗣遵国民政府令颁之国防最高委员会议决"解决各机关主计机构原则"3点，将前项组织法数分别加以调整修订，刻在进行中。此外，《统计法施行细则》经于民国二十七年十二月七日予以修正，又本处根据户口调查与试查之经验，拟定《户口普查条例》，亦于民国三十年二月一日公布施行，于三十一年十一月并予修正。

二、设置并调查各机关会计统计机构

本处以推行会计统计工作，必须分别设置与调整各机关之会计统计机构。故在会计机构方面，当前次临全大会时，关于中央普通公务机关之会计机构，大多均已设置。嗣于其所属机关如财政局所属各区税局，农林部所属各垦区等及新成立之战时生产局、善后救济总署、兵役部等亦次第洽商设置会计机构。于地方政府并已增设安徽、西康、贵州、河南、云南、绥远等省政府会计处及山东省政府会计室，并逐渐推行至其所属各厅处局，以及于各县市政府。近年以来，尤着重于公有营业及公有事业机关会计机构之设置，如交通部邮政储金汇业局、电信总局财政部花纱布管制局、复兴公司、中中交农四联总处、中中交农四行、中央信托局暨资源委员会所属各厂等，均予先后成立会计处室。计自临全大会以迄于本年三月底止，中央机关共增设会计机构1586单位，地方机关共增设2705单位，公营事业共增设519单位。此外，原设会计机构因所在机关业务开展，复经分别予以调整者如农林部、资源委员会、司法行政部、社会部、外交部、卫生署、水利委员会等会计室之改设会计处，其他则或予充实佐理员额，或修改组织增科设股，以应需要。其所在机关业务紧缩或撤销者，会计机构亦随之紧缩与撤销。

在统计方面，除军事机关外，其属于中央者，各普通公务机关及其所属机关统计机构多已设置。又交通部、经济部、财政部等所属之公营公有事业机关之统计机构，亦已设置一部分。

其属于地方者，计有四川省等21省市成立处室，其四川等13省市所属各厅处局会，及县政府之统计人员亦已部分设置或全部设置。计自临全大会以迄于本年三月底止，中央各机关共增设统计机构274单位，地方各机关共增设706单位。

三、编制并执行各年度总预算

（一）编制并执行各年度总预算

二十七年至三十年度各年度中央政府总预算，及三十一年至三十四年度各年度国家总预算，均由本处依照法定程序如期汇编完成，呈请国民政府转送国防最高委员会核定先于执行，一面送立法院完成立法程序。关于审核内容，则以中央既定之国策与各年度之施政方针以及中央指示原则为准据，在历年军事进程中，一切支出均力谋与军事相配合。各项事业，视其对于军事之缓急轻重，分别酌定其经费，凡事业费非目前急切需要者，尽量删减；其为实施所必需者，则宽列经费，以期完成。惟因适应军事需要支出增加，其各年度收支不敷之差额，须以债款抵充者为数颇巨。前五届十中全会议决各年度预算收支不敷之差额，至多不得超过总预算之5成，所有三十一年度以后各年度预算，均依照此项原则办理。至各年度预算奉核定施行后，本处即督率所属各机关办理。惟近年因物价波动甚剧，各机关每年追加预算继达原预算之亦一半，嗣奉国防最高委员会核定《追加预算处理大纲》，自此各机关经费之追加，已有限制，即依法增加业务而必须增加经费者，亦必遵照规定手续提请办理。其关于各机关中心工作之事业费，均附有工作计划简明表，填列事项计划应备之人力物力数量，以为执行预算之标准。虽在年度进行中，固不免有追加之事实，终因以上各项限制，最高额预算制度尚能维持推进，而不使预算与计划脱节。

（二）办理省市及县市预算

自二十七年至三十一年所有各省市岁入岁出预算，均系依照《预算法》办理。惟因受战事影响，仍多未能依法编送预算。自三十一年度财政收支系统改制后，所有省级预算，并入国家预算系统内，各省岁出预算均在国家总预算内核定总数，发交各省依照总数编审单位预算，送经本处核转立法院审议，呈请国民政府公布施行。综计三十一年度至三十四各年度省市单位预算，除新疆一省外，均已完成法定程序。在改制之初，各省市单位预算均在年度开始以后编送，未能争取时效，经本处力加督促，最近各省市大都渐能依法定期限期编送。其分配内容，未臻妥善者，亦经本处于审核时，依其实际情形参照法令，予以调整。至县市预算，在现行制度系属自治预算系统，旨在发展自治事务，奠定之财政基础。计已完成县市总预算者，三十一年为四川、浙江、湖南、广西、甘肃、安徽、陕西、湖北、河南、福建、广东、江西、江苏、西康、重庆市等15省市，三十二年度为四川、浙江、湖南、甘肃、安徽、陕西、河南、福建、青海、云南、重庆市等11省市，三十三年度为四川、湖南、广西、甘肃、安徽、陕西、湖北、河南、广东、江西、贵州、绥远、重庆市等13省市，三十四年度为四川、广东及重庆市等3省市。本处对于县市预算之复核，在收入方面凡非法自治收入或科目涉及苛细者概予剔除；支出方面，则注重乡镇建设，以奠定基层政治之基础。

四、办理营业预算与决算

营业基金及其他特种基金附属预算，因各机关自管基金之故，往往不能按期编送，或虽编送而不遵规定办理，故每年营业预算多未能逐案核定。三十一年十一月中央五届十中全会决议会，加强战时财政合理统筹政策一案内规定，国有营业机关年度预算应一律依法如期编制核定，所有盈余并应解缴国库。三十二年一月复奉委员会指示，国营事业机关经费，应分期报销，随时考核。本处遵照指示积极办理，现各营业机关预算决算大都渐能依法编送，兹三十三年度已奉核定订之营业预算，计有中央机关 210 单位，省市机关 27 单位。惟营业机关与普通机关不同，其业务费用按收入比例增减时，自可由主管机关核准伸缩，以符实际。至于盈亏拨补之不合规定者，本处则分别予以调整，务使应行解库之官息及红利，均能悉数解库。

五、编制最近年度总决算

《决算法》自三十一年度一月施行以来，本处即依法积极督促各机关办理决算。惟过去各机关因领款关系，预算尚能如期编造，惟对于决算，大多延缓编送，加以国库收支结束期间较迟，致总决算不能如期编成。本处为积极促成起见，曾经先后拟订编制二十九及三十年度决算之要点，暨各机关编制三十一及三十二年度决算注意事项，通行各机关依照办理。所有二十九、三十年度中央政府总决算及三十一年度国家总决算，均经本处先后编审完成，分送审计部商定，并同时分送党政工作考核委员会查核。

六、制订并审核各种会计制度

（一）中央总会计制度

自本处成立时，即已拟订试办，迨现行会计、预算、决算、统计、审计、公库等法相继公布施行，曾经数度修订。自三十一年度起财政收支系统变更，原有中央总会计制度已不再适应，爰经改订为国家总会计划度，并采用分层统制办法，分别责成中央各主管机关及各省市政府会计处室举办统制记录，转报本处汇总登记，俾使由统制纪录办法进而采用汇编报告办法，以期简便。

（二）普通公务单位会计制度

自《会计法》公布施行后，本处前颁之中央各机关及所属统一会计制度已不适用，爰经制定中央各机关及所属普通公务单位会计制度之一致规定，以为各机关设计会计制度之张本。自《公库法》公布施行，又经编订实施《公库法》之处理办法，以为审查修正各机关会计制度之依据，嗣复将实施《公库法》之处理办法，并入前项之一致规定内，现正根据实施情形，拟再加以修正，以期推行尽利。

（三）公库出纳会计制度

前经本处设计完成，嗣因财政收支系统变更，复经发交国库署会计室参酌修订，以期实用。至各特种基金会计制度，均在搜集有关资料赓续研究设计之中。关于公债会计实务、粮食会计事务，及学校图书仪器、法院没收物品等之管理，亦已指示原则。饬由各主管机关会计处分别拟订会计制度呈核。

（四）县总会计制度

已订有一规定，并将县公库会计并入处理以期简便，嗣以财政收支系统变更，复经加以补充修正颁行。

（五）县市及所属各机关普通公务单位会计制度

各所属各机关之普通公务会计实务，业已遵照前颁之中央各机关及所属《普通公务单位会计制度之一致规定》，由各省市政府会计处自行设计，呈奉本处核定试办，至县市及所属各机关普通公务之会计实务较为简单，特订颁《县市及所属普通公务单位会计制度之一致规定》，以便县市各机关会计有所遵。

（六）县市征课会计制度

财政收支系统改制以后，在中央征收机构未能统一以前，业由本处拟订暂行《县市征课机关征课会计制度之一致规定》，以应县市现有征课机关之需要。

（七）公有营业会计制度

本处曾颁有《暂行公有营业会计制度之一致规定》，嗣又拟定《公有营业会计制度设计之要点》，以资补充。惟该项要点，仅系概括之规定，仍须颁各业统一会计科目，进而为各业标准会计制度之设计，方足以汇编营业基金总报告，以应国家总会计及审计之需要。计各业会计科目经制订颁行者，已有《银行业统一会计科目》《航空运输业统一会计科目》《水陆运输业统一会计科目》《电信业统一会计科目》《电气业统一会计科目》《邮政会计科目》《自来水业统一会计科目》《制造业统一会计科目》《矿业统一会计科目》《贸易业统一会计科目》《暂行专卖业统一会计科目》及《公路运输业统一会计科目》等12种，并于最近会同财政部制订《暂行银行统一会计制度》颁行试办。

（八）审核各种会计制度

所有中央各机关普通公务单位会计制度，大都均由各该机关主办会计机关设计完成，经历本处审查核准试办，其他各种会计制度经由本处核定或指饬修正者，在中央机关计有84种，地方机关计有62种。

七、汇编国家总会计报告

中央会计总报告自二十年度本处成立时起讫于三十年度止均经依式编制缮呈国民政府转送核定。自三十一年度起，因财政收支系统变更，此项总报告改称为国家总会计报告，所有三十一年度该项报告，经已编制完成，依例呈请核定，并抄送行政、监察两院及财政、审计两部备查。其三十二年度国家总会计报告，亦已赶编完竣，正呈送核定中。此两年度国家总会计报告于普通基金部分，因财政收支系统变更，将省市部分岁入岁出一并编入，而特种基金部分亦较前充实。至三十三年度国库现金出纳报表及各机关岁入经费报告，业已登记一部分。其格式不合规定或处理错误递送延滞者，并经分别指示更正，查催办理。

八、制定并推行公务统计方案

各机关所办业务之统计，为各机关执行公务经过与结果之记录，本处依《统计法》之规定，为使各机关公务统计日臻核实，以供应用计，督导各机关统计处室切实拟订各该所在机关公务统计方案，乃于二十七年经拟订《公务统计方案拟订办法说略》及《中央政府各机关公务统计方案纲目》各一种，呈奉国民政府公布施行，旋拟订《公务统计方案之意义及其拟订程序》，以为各机关统计处室制订或修正所在政府机关统计方案之准则。截至三十四年三月止，《中央各机关公务统计方案》已经订定实施办法并公布施行者，计有文官处、立法、司法、监察3院，外交、财政、经济、教育、交通、社会、农林、审计、司法行政等9部及考选委员会、行政院水利委员会、赈济委员会、侨务委员会、卫生署、地政署等机关，其仍在试办中者有内政部、粮食部、铨叙部、蒙藏委员会等机关。至《省政府公务统计方案》及《县政府公务统计方案》，于三十三年全部印刷完成，计分历象、土地、人口、政治组织、农业、垦殖、水利、林业、渔业、畜牧、矿业、工业、劳工、商业、合作事业、财务行政、财务监督、金融、电信、驿运、公路、航务、教育、卫生、社会、救济、警卫、粮政等28类，经订定实施办法函达各省市政府公布，于三十四年一月施行，已准四川、西康、云南、陕西、湖北、甘肃等省府函复公布施行。

此外关于《公务人员及其工作之统计方案》，本处先将有关公务人员及其工作之重要登记册藉与整理报告表式，并入公务统计方案中，以便实施。

九、办理各种普查及调查

（一）筹办户口普查

户口普查为基本国力调查之一，乃获得户口静态数字之惟一科学方法，兼为办理户口异动及户籍人事登记之基础。本处自民国二十九年四月奉令筹备全国户口普查，曾拟订《全国户口普查第一部工作计划及概算》，抗战以后修订前项筹备计划，改为选县举行，先在四川省合川县沙溪镇及嘉陵江三峡实验区办理户口普查、试查各1次，核据结果及考察之经验，拟订《户口普查条例》草案，业经国民政府于三十年二月十三日公布施行。当根据该项条例及实际经验，拟订四川省选县户口普查方案，会同四省政府选定彭县、双流、崇宁3县于三十一年四月实施查记工作，结果甚为完满，并编成《四川省选县户口普查总报告》。复参照各省市有关户口行政之法规章则及实施情形，制订县户口普查方案，以为各省分县办理户口普查之依据。三十二年复商同四川省政府继续举办成都、华阳、温江、郫县、新繁、新都等6县户口普查，同年浙江省政府选定永嘉、黄岩、云和等3县举办，结果亦佳。三十三年四月西康省政府选定雅安县举办，由本处派员指导，同年又准浙江省政府函，举办临海、瑞安2县户口普查，经函复依照县户口普查方案办理。所有四川等省分县普查之结果，均较保甲户口编查人口数字增加约10%，据以整编保甲户口及办理户籍人事登记，颇收实效。

（二）筹办工业普查

工业普查亦为基本国势调查之一，值兹抗战建国齐头并进，后方生产工业勃兴之际，工业普查实有积极筹办之需要。爰经于三十一年度拟订《完成工业普查方案》初稿，并制成纺织工业之各种调查表式，于三十三年度督导重庆市政府统计室，就重庆市纺织业先作试查，三十四年度就试查结果报告及以往上海之机制工业与江苏等7省华商纱厂调查所得之结果参证研讨，并继续研究工业分类问题，俾制成详尽方案。

（三）统一全国物价统计方案查编办法

本处鉴于各机关所办物价统计，各自为政，结果分歧，不合实用。因于三十一年召集有关机关详加研讨，拟订“物价调查与统计方案”1种，于同年十一月通令全国省市政府统计处室自三十二年一月起遵行。所有送到之各省省会趸零售物价指数，及机关办公用品价格指数资料，均经本处审核登记，以供有关机关参考，办法即能划一，所编指数亦较详确。

（四）汇编公务员生活费指数

依照《非常时期改善公务员生活办法》之规定，本处应负责编制重庆市暨各省重要市县公务员每月生活费指数，以供行政院及国防最高委员会作为修正生活补助费之根据，因于三十年七月及十月分别开始办理，本处随时将120余市县送到之资料加以审核，再以重庆市三十年四月份之物价为标准，予以改编，按期送行政院及国防最高委员会。

（五）核编抗战损失统计

民国二十八年七月行政院制定《抗战损失查报须知》12条，及表单格式29种，呈由国民政府令饬本处汇编，经将截止二十九年六月底收到之资料，编为《抗战中人口与财产所受损失统计》。迄三十三年六月止，计共编成7次，均分送各有关机关密存参考，迨行政院抗战损失调查委员会成立，即将整理之资料，及先后收到之文卷与资料等均移送该会办理，但本处仍参加工作。

（六）编制公务员员额俸薪统计

本处于三十二年春，曾奉委员会手令查报各中央主管机关员额，遵经分别函请各机关查报，所得资料亦经汇编呈报。三十三年一月十日中央联合纪念周时复奉主席面谕，责成本处查报中央各阶层普通公务机关、公有营业、公有事业机关、学校现有职员及公役人数，遵经分电中央各机关将本机关所属各阶层机关、事业、学校，截至三十二年十二月底止在职员役人数查送到处，经由本处汇编为“国民政府各级机关事业学校学校员役人数统计”1种，于去年三月十一日呈送主席核阅，刻仍继续函请各机关将职员公役人数于每年六月及十二月各查送1次。

十、汇编全国统计总报告及中华民国统计提要

（一）汇编全国统计总报告及提要

依《统计法》之规定，本处应编制全国统计总报告并提要刊行，以为政治建设与经济建设之所取资，及施政成绩考核之参考。民国十八年曾汇编第二次全国统计总报告，并刊行中华民国统计提要（二十九年辑），民国三十二年及三十三年分别汇编第三及第四次全国统计总报告，其中第四次全国统计总报告所有材料系根据各机关统计处室依照各该所在机关公务统计方案实施或试行结果造呈，内容较为完确，计分历象等37类，372表，经将目录抄送中央设计局党政工作考核委员会及行政院，以供各该机关之参考。至三十四年辑中华民国统计提要，系根据历年全国统计总报告及最近中央各院部会署造送过处之各项统计数字择要编成，亦呈经国民政府核准刊行。

（二）编辑国内问题统计丛书

国内问题统计丛书之编纂，乃系研究当前之国内问题，搜集有关之统计资料分析叙述，藉以图释问题之所在，提供解决之途径。经先后编定并已经出版者计有《中国土地问题之统计分析》《中国租佃制度之统计分析》《中国人口问题之统计分析》等，又《中国禁烟禁毒问题之统计分析》初稿亦已完成，此前本处编印之统计月报，仍按期出版。

28. 抗战时期迁都重庆的中央研究院[①]（1947年）

一、抗战发生前本院概况

本院于民国十七年创设于南京，按组织法第1条规定，“直隶于国民政府，为中华民国最高学术研究机关”，第2条规定之任务为“一、从事科学研究，二、指导、联络、奖励学术之研究”。成立之后，陆续设立研究所，直至二十六年抗战发生时为止，已设立物理、化学、工程、地质、天文、气象、历史语言、心理、社会科学及动植物等10余研究所。理、化、工3研究所设于上海，其余各所均设于南京。并设总办事处以办理全院一般行政事宜，设于首都所在地。

① 此文系国民政府中央研究院自撰稿，原名为《抗战时期迁都重庆之中央研究院》，重庆市档案馆馆藏档案。

本院置院长1人，综理全院行政事宜。置总干事1人，承院长之命，处理全院行政事宜。研究所设所长1人，综理所务，并指导研究事宜。

二十四年秋，遵照本院评议会条例，创立评议会，本院各研究所所长为当然评论员；另依法由各大学教授选举者为聘任评议员，均由国民政府聘任之。本院院长为当然议长。评议会决定本院研究学术之方针，促进国内外学术研究之合作与互助。向例每年举行年会1次，必要时亦得召集会议。

本院首任院长为蔡孑民（元培）先生。抗战发生后，本院奉命西迁，蔡先生以年来体衰，养疴于香港。是时总干事为朱家骅，因奉命兼任浙江省政府主席，总干事职务由本院历史语言研究所所长傅斯年代理，在其任期内，担负本院西迁之重责。时物理研究所所长为丁燮林、化学研究所所长为庄长恭、工程研究所所长为周仁、地质研究所所长为李四光、天文研究所所长为余青松、气象研究所所长为竺可桢、历史语言研究所所长为傅斯年、心理学研究所所长为汪敬熙、社会科学研究所所长为陶孟知、动植物研究所所长为王家楫。

是时评议会之人员为：(一)议长蔡元培；(二)秘书翁文灏；(三)当然评议员蔡元培、丁燮林、庄长恭、周仁、李四光、余青松、竺可桢、傅斯年、汪敬熙、陶孟和、王家楫；(四)聘任评议员李书华、姜立夫、叶企孙、侯德榜、吴宪、赵承嘏、凌鸿勋、李协、唐炳源、秉志、林可胜、胡经甫、谢家声、胡先骕、陈焕镛、叶良辅、翁文灏、朱家驿、张云、张其昀、郭任远、王世杰、何廉、周鲠生、胡适、陈垣、陈寅恪、赵元任、李济、吴定良。

二、本院西迁之经过

本院之设备，自成立以来，力求充实，以利研究工作之进行。在抗战发生以前，各研究所之图书、仪器、标本等之丰富，与国内学术机关相比较而言，已属首屈一指。尤以古物善本等项之搜集搜藏，甚为丰富，不独为国内所仅有，亦为世界学者所珍视。二十六年“七七事变”发生后，未几，上海战事爆发，本院深恐此种宝贵设备万一摧毁，为求安全保存起见，乃于是年秋八月，将各所之重要设备，运至南昌莲塘江西省立农学院内保存。

二十六年十一月，战事日益紧急，是月中旬本院奉命西迁。远在京沪两地之各所处，遂全部迁入内地。除气象研究所迁至汉口外，其余各所处均迁至湖南长沙及衡阳之南岳。续又将动植物、社会、心理三研究所迁至阳朔。地质、物理二研究所迁至桂林，历史语言、工程、化学、天文四研究所迁至昆明。

本院最初迁入重庆市者为气象研究所，该所于二十七年一月中旬由汉口到达渝城，初在通远门兴隆街设办公处，二月中旬又迁至曾家岩之隐庐。二十八年五月迁至北碚，直至抗战胜利时为止。

本院总办事处于二十六年十一月暂迁置于长沙圣经书院。国府南迁至重庆，应即迁往，因交通困难，二十七年二月十日始达重庆。因兴隆街气象研究所办公处狭小，旋与该所同迁至曾家岩隐庐。二十八年春迁至上清寺聚兴村8号。二十九年又将总办事处移至牛角沱生生花园内，聚兴村8号改为职员宿舍。是年敌机大轰炸，聚兴村8号被炸，乃又移至聚兴村22号。三十三年春，本院在国府路337号自建房屋落成，总办事处移至国府路新厦，生生花园及聚兴村22号均作职员宿舍。

二十九年十二月，动植物研究所自阳朔迁至重庆北碚。心理研究所迁至桂林，社会科学研究所迁至昆明。三十年社会科学研究所暨历史语言研究所自昆明迁至四川南溪县之李庄。

三十三年桂林沦陷，本院物理、心理、地质3研究所先后迁渝。物理、心理2研究所设于北碚，地质研究所初假小龙坎四川地质调查所办公，旋设所址于沙坪坝。

抗战时间，本院组织亦有扩充。三十年增设数学研究所，筹备于昆明。三十三年将动植物研究所分为动物及植物两研究所，均设于北碚。同年又增设医学研究所筹备处于歌乐山龙洞湾上海医学院内，增设体质人类学研究所筹备处于南溪李庄。

直至抗战胜利时，本院各单位分设于重庆、北碚、李庄、昆明 4 区。上述之 4 区，本院习用之称谓，实则设于北碚及重庆者，均可称为重庆区。计有总办事处、地质研究所、医学研究所筹备处、心理研究所、物理研究所、气象研究所、动物研究所、植物研究所筹备所等 8 单位；在四川李庄者有历史语言、社会科学及体质人类 3 单位；在昆明者有天文、化学、工程、数学等 4 单位；而此 7 单位之一般行政事宜，均统由在渝之总办事处办理之。由此可见，抗战时间本院与重庆市关系之密切。在渝期间，重庆市公私机关团体及士绅对本院之协助以奖饰，不胜枚举，感荷无极！

三、抗战期间本院概况

二十八年三月中旬，本院评议会在昆明举行第 4 次年会时蔡故院长致辞有云："本院自分别迁至重庆、桂林、昆明以后，仪器、图书之遗失，固〔故〕所难免。房屋之借用与营建、水电之供给、仪器药品之补充，在座均感困难，不能不认为学术界之大损失。然人类历史，本充满着打破困难的事实，于困难中觅得出路，正是科学家之任务。又况易地以后，新材料之获得，各方面人才之集中，当地原有机关之协助与互助，亦有特殊便利之点，吾人决不因迁地之故而自绥"。抗战期间，本院遵此指示，进行工作，成绩亦甚有观者。本院各研究所之工作成绩，甚为繁多，不暇列述。兹谨择本院抗战期间之重要事项，略述于左〈下〉：

二十九年三月五日，本院前院长蔡元培先生在香港逝世。照章须由评议会推选院长候选 3 人，呈请国民政府遴选特任 1 人为院长；而首届评议会 5 年之任期亦于是七月届满，照章应即改选。爰于是年三月二十二日至二十三日，在重庆嘉陵宾馆举行评议会第 5 次年会。二十三年大会投票选举拿出翁文灏、朱家骅、胡适为院长候选人。本院呈请国民政府遴任，九月十九日奉令特派朱家骅代理院长。二十日朱代院长就职，发表谈话述明今后主持院务之方针。本院自此又入于新阶段。

此会议又选举第二届评议员，经呈奉国民政府聘任。其名单如下：（物理、数学）姜立夫、吴有训、李书华，（化学）侯德榜、曾昭抡、庄长恭，（工程）凌鸿勋、茅以升、王宠佑，（地质）翁文灏、朱家骅、谢家荣，（天文）张云，（气象）吕炯，（历史）胡适、陈寅恪、陈恒，（语言）赵元任，（考古）李济，（人类）吴定良，（心理）唐钺，（社会科学）王世杰、何廉、周鲠生，（动物）秉志、林可胜、陈祯，（植物）戴芳澜、陈焕镛（三十年因故改选钱崇澍继任）、胡先骕，共计 30 人。此届评议员任期，照章于三十四年届满，因在抗战期内，各大学散布各地，不易举办选举，经呈准国民政府延长任期 3 年。

此次会议，鉴于气象事业，在抗战建国时期需要迫切，在欧美先进国家，均早有气象局之设立。二十六年春，本院召集之第三届全国气象会议，亦有请求政府设立中央气象局之决议。旋以"七七"变起，进行中止。本院气象研究所虽曾厘定《全国气象观测实施规程》，代各机关训练测候人员、指导技术，然此乃研究所分外之义务，并非应尽职责。各省属机关虽亦自分别增设所站，从事观测，但与研究所系合作性质，并无同属关系，对于工作效率，诸多故障。且研究所经费有限，人力无多，欲令主持全国气象行政事业，事实上亦难兼顾。爰议决建议政府设立气象行政机构，隶于行政院，本院气象研究所原有之测候所及设备，一律拨交该局利用。

该局设于沙坪坝，现已迁至南京。

三十三年三月，评议会假两浮支路中央图书馆举行第二届第1次年会。蒋委员长以“致力于纯粹学术之研究，真知真理之探讨”及“研究与设计并重，求知与致用兼资”二义谕勉。

此次会议决定发刊西文院刊1种，名《科学记录》；中文院刊1种，名《学术汇刊》，专载纯粹科学及应用学方面具创作性之短篇论文。俾国内科学工作结果，能早期发表，共国内外学术界之参考。因战时印刷困难，复员之前，在重庆已各出版2册，并分赠国内外有关学术团体及个人。

三十年九月二十一日日全食，在吾国西北可窥其全状。本院筹备观测之工作有年，因值抗战时期，仪器设备不全，亦无法邀请国外天文专家偕往观测。乃由本院天文研究所组织远征队，自重庆出发前往甘肃临洮观测，所得结果甚佳，已撰著论文在国外发表。所摄之影片首在重庆放映，已流传中外。本院物理研究所亦组织观测队，于是日在福建崇安县对日全食作地磁观测，已将结果撰成详细之报告。

三十一年一月，本院与国立中央博物馆筹备处及中国地理研究所合组“西北史地考察团”，分为历史考古组及地理动植物组，四月末自重庆出发，赴甘、宁、青一带考察，所获资料甚丰。三十一年四月本院奉委员会核准，组织西北科学考察团。经中央设计局召开会议商定分别考察区域及考察对象，因经费减少，仅分为地理地质组及历史考古组。该团于三十二年五月起先后自重庆出发，赴西北各地考察，经时2年，各组均采得宝贵之资料。

三十年，本院历史语言研究所与中央博物院合组川康古迹考察团，在彭山豆芽坊沟、岩子山等处作残墓清理工作。三十一年复在彭山之江口镇发掘蛮子洞，所得极富于美术史及考古学价值，惜残破不堪，三十二年因协助四川博物院整理成都琴台（蜀王建墓）暂行结束。彭山出土之金属物品，经研究之后，写成《蟠螭文镜之年代及其相关之问题》一文。三十年又组织川康民族考察团，考察羌、嘉、龙、罗罗、西番等民族，研究各族婚丧制度、生活习惯及与文化有关问题，并搜集民族标本与用物。所得结果，已作成报告。三十一年十二月，又赴川南与滇黔交界之叙永、兴文各项调查白苗、花苗等族之文化，注重苗族原始文化之特质及其同化之过程与现状，三十二年此项工作结束。

本院历史语言研究所自三十二年至三十四年，先后出版之《居延汉简考释》及《殷历谱》2巨著，系若干年研究居延所得汉简及殷墟所得甲骨文字之结果，发扬吾国文化，曾蒙主席奖誉，受中外学者之重视。

三十三年三月，本院评议会在重庆举行第2次年会，综合若干提案，决定呈建议书于政府，其要旨为：

（一）自国民政府建都南京后，10余年来国内科学研究初有基础，极可宝贵，宜多予培植，使其发扬光大；

（二）科学研究乃各项建设之基础，如不重视科学研究而徒重应用技术，则国家建设将缺乏基础；

（三）学术自立，关系国家前途，欲求中国学术独立，不可不努力充实国内各研究机关及大学之设备，以求建立本国科学研究基础；

（四）在中国科学研究进行之始，应确定其目的不仅为中国亦为人类共同之智慧与幸福着想，应凭此态度与世界科学家合作。

根据上述要旨，撰成建议书，对复员计划亦已顾及，建议内容分为左〈下〉列6项：

1. 对于各种科学，宜以平衡发展，相互联系，促其进行步；

2. 建设学术中心，以培养科学人才；
3. 筹备举行全国学术会议；
4. 设立国家学术研究资金；
5. 维持并鼓励有关高深学术研究之刊物；
6. 推遣学术访团于友邦。

上述6项倡助学技之必要方法之建议，经签呈于蒋主席，奉代电分别采纳，并有所指示。

三十三年，同盟国联合通讯协会，因对于东南亚作战区域内高空电离层之特性，未能详悉，建议在中国东经100度至110度、北纬30度至40度区域内，设立高空电层观测台，长期记录，以增进军用通讯之效用，并由澳洲无线电委员会通知我国驻澳公使馆转商我国政府合作。经决定由本院物理研究所设置此项观测站，地点决定在北碚该所地磁台之处。观测仪器，请准根据租借法案以澳币5000镑向澳洲该会购置。胜利之后，行政院以此设备为战时工作之一部分，将外汇停给，遂致搁置。

抗战期间，本院组织略有扩充及变更，已如前述。复员期中，为集中人力物力，已将体质人类学研究所筹备处工作暂行停止。人事方面之变更，除院长一职，自蔡故院长逝世后由朱家骅先生继任，迄至现在外，总干事一职，迭有变更。二十六年西迁时，由历史语言研究所所长傅斯年兼代总干事，二十七年十二月由任鸿隽继任，二十九年由傅斯年继任，三十年九月又由叶企孙继任，三十二年叶氏辞职，由李书华继任，三十二年九月李氏辞职，又改聘萨本栋继任，现仍在职。各研究所及筹备处主持人，亦略有变更，现尚在职者为：（1）数学研究所筹备处主任姜立夫（赴美期间由陈省身代）；（2）天文研究所所长张钰哲（赴美期间由陈遵妫代）；（3）物理研究所所长萨本栋兼任；（4）化学研究所所长吴学周；（5）地质研究所所长李四光（养病期间由俞建章代理）；（6）动物研究所所长王家楫；（7）植物研究所所长罗宗洛；（8）气象研究所所长赵九章；（9）历史语言研究所所长傅斯年；（10）社会研究所所长陶孟和；（11）医学研究所筹备处主任林可胜；（12）工学研究所所长周仁；（13）心理学研究所所长汪敬熙。

四、本院复员之经过

三十四年九月日本投降，本院奉命还都。因交通工具缺乏，政府限制甚严，加以军运粮运迄未能依政府复员计划配合，本院对复员工作，曾作慎重考虑。盖本院各研究所所有之图书仪器等设备，在抗战期间，一再播迁，损失甚微，若于复员期间不幸而遭损失，殊属不合，尤以古物及善本书籍，为国内外学术界所珍视，苟于复员之际遭受意外，实为不可补救之损失。至本院今后工作进行之方针，亦不能不于复员之初，缜密擘（画）。乃决定于重庆设本院复员委员会，并在本院各单位所在地分设昆明区、李庄区、北碚区、重庆区等复员委员会，负责办理装箱及启运等工作，以俟本院还都交通工具觅妥，再行启载东下。

本院各研究所，虽以设于首都为原则，但抗战以前，因限于经费，亦分设于京、沪两地。复员之初如即将各研究院所集中于南京，事实上不可能。三十四年四月乃派王所长家楫、吴所长学周赴京、沪接收本院原有房舍，得悉原在南京之院址，幸尚未受重大损毁，惟上海之理、化、工3研究所则损失颇大，修复甚为不易。抗战期间，本院曾增设3研究所，而各所之工作今后尚须扩充，正感原在京、沪两地之房屋尚不敷分配，乃一并接收，择要修缮购置。为利用现有之设备，决定将数学研究所筹备处、物理研究所、化学研究所、动物研究所、植物研究所、医学研究所筹备处、工学研究所、心理学研究所等8单位暂设于上海（祁齐路320号为总通讯处），以便短期内得以恢复工作。并设本院驻沪办事处统办上海各所处之一般行政事宜（初由王所长家楫荐任该办事处主任、现聘陈荻帆任之)。其余中办事处及天文、地质、气象、历史语言、社会等五研究所共6单位则设于南京(鸡鸣寺路1号为总通信处)。

三十五年六月,本院举行院务会于南京,议决设本院留渝办事处,办理还都工作,聘本院秘书余又荪兼留渝办事处主任,是年七月一日正式成立,本院行政中枢亦同时移于南京。

本院复员委员会决定,还都运输以公物(图书、仪器、标本等)为第一,各所研究人员以会同押运其平素研究所用之公物平安到达京沪为原则。举凡装箱、启运、押运、卸货等工作,研究人员所负之工作较多。因研究院无不珍重其研究所用之工具,且亦深知其保存安全之技术也。

本院因珍重宝贵之公物,选择交通工具,以安全为第一,租赁车船,必先慎重审核其安全程度如何。至于议价、签约,分配截运分量及先后次序等事,均由复员会议决定之,全院人员群策群力,分工合作,效率卓著。

是年六月至九月,北碚区、昆明区、李庄区之公物及人员先后到达重庆,李庄区公物运至重庆,端赖四川合众轮船公司配拨长天等专轮截运。公物抵渝候船期间,多存于南岸之卜内门仓库,消防及防湿之设备尚佳,启货卸货亦多赖其经理之协助。由渝至京、沪之轮运,本院决定以直航为原则,因如在宜、汉转轮1次或2次,不唯用费浩大,而且公物一再起卸装载,易受损。当时在渝主持复员轮运分配事宜者,初为中央党政军机关留渝联合办事处,后为重庆行辕,对本院之还都运输虽甚系怀,但因初期只配拨渝宜段舱位,尚不能截运公物,故本院还都工作,无法进行。不得已乃自行设法租赁在政府限制范围以外之船只。先租赁怡庆直船局之福邦旋轮,恐其不安全而解约。后向交通大学分租所包国庆轮吨位之一部,本院又包租小三北拖轮而由民生公司之大轮拖运,均系由渝直航京、沪,将本院北碚区及昆明区之全部公物及一部分人员运返京、沪。直至是年十一月上旬,始分配民联轮一部分吨位,将历史语言研究所公物一部分运京,同年中旬又由招商局之202号登陆艇将本院李庄区及各区保存公物全部运京。本院公物运输至此完毕。招商局与民生公司之协助,深堪感纫。

本院职员及眷属还都,除搭乘上述诸轮者外,尚由联合办事处分配渝宜段之民权轮船位20人,其余人员则多携带重要公文,搭乘行政院分配之机位还都。所乘之专机以中国航空公司者为最多。

本院留渝办事处办理还都工作起见,对有关机关竭诚协助,如国立清华大学、国立南开大学、国立北京大学、国立浙江大学、北平图书馆、国立中央博物院筹备处及中华教育文化基金董事会等机关,均与本院渝处取得联系。

本院复员之后,在抗战期间于昆明、桂林、李庄、北碚、沙坪坝及重庆市内所设置之房舍,均分别交由当地有关机关保管,或设工作站,或作公共学术之用。

三十五年十二月上旬,本院留渝办事处之还都工作完毕,是月中旬奉命结束,留渝人员全部返京,曾在渝登报声明在渝业务结束,全部移至京、沪。计自二十七年一月首次迁至渝市至现在止,共约8年又10月。

29. 抗战时期的国民参政会[①]（1948 年）

一、前言

民国二十六年七月，卢沟桥事变发生，中华民族之生死存亡，已临最后关头。举国上下，莫不同仇敌忾，参加全国抗战。二十七年三月间，中国国民党临时全国代表大会开会，制定抗战建国纲领，关于政治部分，在第十二条规定："组织国民参政机关，团结全国力量，集中全国之思虑与识见，以利国策之决定与实行。"四月间，国民政府公布国民参政会组织条例，其第一条即明白宣示国民参政会之宗旨为："集思广益，团结全国力量。"盖当时战事已经扩大，沿海各省，大半沦为战区，必须全国精诚团结，不分党派，不分畛域，合力协助政府，以实施抗战建国纲领，从事长期抗战。

国民参政会既为适应此种要求而产生，因此其担负之使命亦比较特殊。林故主席森在第一届参政会第一次会开会时致词时曾谓：参政会的"最大目的，在完成抗战建国之任务，与欧美政党政治之议会，迥不相同。"其任务乃是："集中全国之信仰，统一全国之步骤，使全国四万万五千万人，悉在三民主义最高原则之下，团结一致，共同奋斗。……"

当时国民大会因战事爆发而未能如期召开，国民参政会乃成为战时唯一民意机关。按照二十七年四月国民政府公布之国民参政会组织条例，参政员总额为 200 名，其分配如左〈下〉（第三条）：

（一）由曾在各省市（指行政院直辖市而言）公私机关或团体服务 3 年以上，著有信望之人员中，共遴选 88 名。

（二）由蒙古、西藏地方遴选具有上项同样条件之人员 6 名（蒙古 4 名，西藏 2 名）。

（三）由海外遴选具有上项同样条件之。

以上基项人选，分别由各各省市政府及各省市党部联席会议或蒙藏、侨务两委员会按照应出参政员名额，加倍提出。

（四）由曾在各重要文化团体或经济团体服务 3 年以上，著有信望，或努力国事，信望久著之人员中，遴选 100 名。

上项人选由国防最高会议按照应出参政员名额加倍提出。

以上 4 项候选人推出后，经过审查，然后提出中国国民党中央执行委员会会议决定之。

根据上述国民参政会组织条例第五条规定，该会之职权为：

"在抗战期间，政府对内对外之重要施政方针，于实施前，应提交国民参政会决议。"

"前项决议案，经国防最高会议通过后，依其性质交主管机关制定法律或颁布命令行之。"

但遇有特殊情形，国防最高会议可以命令作为便宜之措施，不受前项规定之限制。

第六条规定：

"国民参政会得提出建议案于政府。"

第七条规定：

"国民参政会有听取政府施政报告，暨向政府提出询问案之权。"

国民参政会之组织及职权，于二十九年、三十一年及三十三年迭有修改及扩大，当于下文有关处叙及。至参政员之任期为 1 年，国民政府认为有必要时，得延长 1 年（第八条）。每 3 个

① 本文节选自中华年鉴社 1948 年编印出版的《中华年鉴》（上），原名为《国民参政会简史》。

月开会1次，会期10日，国民政府认为有必要时，得召开临时会，或延长其会期。休会期间，设置驻会委员会，由参政员互选15人至25人组织之，其任务以听取政府各种报告，及决议案之实施经过为限（第九条）。

二十七年七月一日，国民政府复公布国民参政会秘书处组织规则，规定国民参政会秘书处之内部组织以及处内各组之职掌。同日，又公布国民参政会议事规则，规定参政会开会时各审查委员会职务之分配以及提案讨论报告暨询问之规则及程序等项。至此，关于参政会的组织、职权，以及议事等等规则，大致完备。

综观国民参政会之组织和职权，可知其为一适应抗战特殊需要，而由政府遴选国内及侨外各界人士所组织之机构。其职务为向政府建议，备政府咨询，藉以沟通政府与人民间之意见，俾得从事于抗战建国之大业。就此数点而论，国民参政会之成就，有足多者。兹于下节分届叙述之。

二、历届国民参政会之成就

（一）第一届国民参政会

1. 第一次大会　二十七年七月六日，第一届国民参政会首次大会在汉口举行，到会参政员共162人，各党各派人士均包括在内。

当时，政府已西迁重庆，寇势极为猖獗。七月十二日，郑震宇等28人，陈绍禹等67人，王家桢等21人分别提出拥护抗战建国纲领等3案，陈绍禹并代表共产党，表示热烈拥护政府抗战建国之政策；同时，曾琦代表国家青年党，表示绝对实现团结精神；蒙古及西藏代表亦诚恳表示拥护政府之热诚。三案合并，交付讨论，经全场一致决议如左〈下〉：

"……吾整个民族不分党派，不分职业，唯有精诚团结，艰苦奋斗，一面抗战，一面建国，始能免于奴隶灭亡之境，而跻于自由平等之列。爰郑重决议，拥护……抗战建国纲领……依据此项纲领，在最高统帅蒋委员长领导之下，努力奋斗，以取得抗战最后之胜利，而达到建国之成功。"

关于内政方面，以树立地方自治机构之多，经大会合并讨论，决议设立临时地方民意机关，以推进行政，完成自治，其组织法及筹设程序，请国防最高会议议订施行。后政府设立各省市临时参议会，即根据此项决议。大会又通过节约运动大纲，请政府详订方案，付诸实施，以期全国民众刻苦节约，而资加强抗战力量。

大会开会10日，于七月十五日闭幕时，发表宣言，郑重宣布："中华民族必以坚强不屈之意志，动员其一切物力人力，为自卫、为人道，与此穷凶极恶之侵略者长期抗战，以达到最后胜利之日为止。"

2. 第二次大会　二十七年十月二十八日，第二次大会举行于重庆。时值台儿庄胜利以后，人心固曾一度振奋，但广州、武汉相继陷落，少数意志薄弱者流，对于抗战必胜之信念，不免动摇，故抗战形势，颇为严重。蒋委员长乃于开会期间发表持久抗战宣言，以安人心，同时大会决议："拥护蒋委员长所宣示全面抗战，争取主动之政府既定方针，今后全国国民应在蒋委员长领导之下，坚决抗战，决不屈服，共守弗渝，以完成抗战建国之任务。"

3. 第三次大会　第三次大会于二十八年二月十二日在重庆召开。此时正当敌相近卫发表诱和声明，汪逆兆铭秘密出走，通电响应以后。抗战局势，未见好转，一部分短见之士，信心不免摇惑。蒋委员长发表宣言，严正驳斥以外，参政会并通过国民精神总动员案，以求树立坚贞不拔之民族精神，同时倡导国民抗敌公约宣誓，不做汉奸和敌人的顺民。大会并通过以蒋委员长驳斥近卫宣言，作为今后抗战建国之唯一准则。决议："抗战既定方针，必须坚持到底。我全国军民，应竭诚拥护政府施行第二期抗战国策；我政府应通令全国军民，服膺蒋委员长在去年十二月二十六日宣言中所宣示之大义，坚其信心，齐其步伐，一心一德，彻始彻终，以复我领土主权与行政之完整，而完成抗战建国之大业。"

敌人之奸谋，既不得逞，乃积极推行制造汪逆傀儡政权，从此忠奸判然，抗战阵营中，再无所谓和战问题，摇惑人心。

此外，大会重要决议有：请确立民主法治制度以奠定建国基础案，及组织川康建设期成会，从事川康建设，以巩固抗战根据地。

4. 第四次大会　第一届参政员任期，本应在二十八年六月届满。四月间，国民党中常会决议将参政员任期延长 1 年，同时将国民参政会组织条例第九条修正为："国民参政会每 6 个月开会 1 次，会期 10 日。"第一届国民参政会第四次大会，即照前项修正条文定之。

依照前项修正，二十八年九月九日召开第四次大会。当时欧洲战事，业已爆发，国内军事，亦较稳定。因此政治与经济建设工作，在持久抗战中，转趋重要。故蒋委员长于开会时致词，指明当时努力之途径有二：一为集中人才，建设后方；一为加强军事，争取胜利。此次大会所组织之川康建设期成会，即根据川康建设视察团报告书，拟具一《川康建设方案》，交付本次大会讨论，经全体一致通过，请政府施行。

同时，大会又一致通过《请政府明令定期召集国民大会制定宪法实行宪政案》，该案内容为：

（1）治本办法：①请政府明令定期召集国民大会，制定宪法，实行宪政；②由议长指定参政员若干人，组织国民参政会宪政期成会，协助政府，促进宪政。

（2）治标办法：①请政府明令宣布全国人民除汉奸外，在法律上其政治地位一律平等；②为适应战时需要，政府行政机构应加充实并改进，藉以集中全国各方人才，从事抗战建国工作，争取最后胜利。

当时汪逆兆铭由越南潜往上海、东京，并与南北诸丑逆勾结为奸，在敌人卵翼之下，开伪代表大会。国民参政会乃一致决议，通电声讨，并昭示全国：忠奸不两立，汪兆铭及附逆诸奸卖国求荣，宜膺显戮，以彰国法；汪兆铭等出卖祖国，已自绝于人类，凡其所言所行，悉为无耻罔义之言行；凡其所组织之机关，全为敌人制造之傀儡，我全国国民，应洞察奸隐，一致斥伐，以昭大义。

同时，大会又请政府昭告中外：中华民国惟有国民政府得公告法令，缔结条约，凡叛逆汉奸集团僭发之文告及订立之文件，概无效力，全国国民，概不承认。

5. 第五次大会　第五次大会于二十九年四月一日举行。历次到会参政员，以此次为最多，向在各地养病或因工作关系从未到会者，如侨领庄西言等，亦均赶到出席。

大会第二日，全场一致通过《声讨汪逆兆铭南京伪组织》通电，其中剖析：

"……在南京设立伪组织，窃称中央，其各项伪机关，悉盗用国府原有名义，将欲以伪乱真，实行卖国秘约……"但"敌人占领地，安能有政府？四万万五千万同胞以血汗保障之国家主权，安能容敌伪盗窃？无量数忠勇将士及各项辛勤工作人员血战 3 年取得国际之信誉，安能被敌伪动摇？"

至于大会主要议题，为宪政期成会所提出之五五宪草修正案。讨论重点，大都集中于国民大会闭会期间之常设机关问题，因而涉及政权与治权之区分。辩论甚久，情形至为热烈，各方意见经决定并送政府。

第五次大会为第一届国民参政会最末一次会议。参政会两年以来之贡献，最大者有三，即是：

（1）实行精诚团结；（2）支持抗战国策；（3）确立民治楷模。而历次大会所集中注意者，亦有三大要点：一为诛斥敌伪；二为发展经济；三为实施宪政。在抗战初期中，国民参政会所发挥之作用，至为宏大。

（二）第二届国民参政会

第一届参政员任期于二十九年十月届满。因国民大会受战事影响，不能如期召集，国民参政会乃决继续召集。国民政府于十二月二十四日修正公布国民参政会组织条例，将参政员总额增加为240名。

大会职权亦略予扩大，组织条例第九条规定："国民参政会得组织调查委员会，调查政府委托考察事项"，"调查结果，得由国民参政会（或由国民参政会授权于调查委员会）提请政府核办。"

驻会委员会之任务亦扩充为（第十二条）：

（1）听取政府各种报告；

（2）促进业经成立决议案之实施，并随时考核其实施之状况；

（3）在不违反大会决议案之范围内，得随时执行本会建议权暨调查权。

1. 第一次大会　第二届首次大会于三十年三月一日召集。早在二十九〔三十〕年一月间，皖南发生新四军事件，中共参政员向国民参政会提出善后办法及临时解决办法各12条，作为出席条件，经大会决议不能接受任何出席条件，开此恶例，并盼望共产党遵守其民国二十六年九月拥护统一之宣言，急速出席大会。但共产党参政员终未出席，团结局面自此发生裂痕。

共产党参政员虽未出席，大会会内依然团结一致。对于蒋委员长"抗战必须争取最后胜利，建国必须达到国防安全"之表示，一致拥护。大会闭幕宣言中，更强调中国须成为坚强统一之战斗体，扫除分歧错误之思想行为，以国防需要为万事之标准。

2. 第二次大会　第二次大会于三十年十一月十七日召开。此次大会通过建议案中之最重要者，为主席团所提《促进民治加强抗战力量》一案，其要点为：

（1）抗战终了后，即召开国民大会制定宪法。

（2）增强战时民意职权。

（3）延揽各方人才，实践"天下为公"之遗训。

（4）人民合法自由予以保障。

当时，美日谈判正在华盛顿举行，大会临时动议《重申我国抗战目的，决心收复东北失地》一案，获得一致通过，并表示拥护蒋委员长三十年九一八纪念日告国民书，以正国际视听，暴露敌人阴谋。不久，美日战争爆发，我国抗战乃与世界战争联为一体，最后胜利，更具把握。

第二届参政员任期于三十一年二月底届满，二月二十三日，国防最高会议决议，于期满后改选。并决定将参政员之名额分配酌予修正，由国民政府于三十一年三月十六日公布。

（三）第三届国民参政会

国民参政会第二届任期届满后，中央以改选需时，决定将第二届参政会之职权，延至第三届参政员选定公布之时为止。同时修改国民参政会组织条例，扩充各省市选举名额，自90名增至164名，海外及蒙藏名额，各由6名增至9名，而由中央选定之名额，则由138名减为60名，共242名。

1. 第一次大会　第三届首次大会于三十一年十月二十二日召开，到会参政员有218人。此时，中日战事早已成为世界战争中之一部分，英美在华特权，亦已废弃，抗战前途，更趋光明。但后方经济情势日渐严重，故大会主要工作在讨论：一、改正战时风气；二、平抑物价；三、集中财力；四、动员人力。大会于第八日通过蒋兼院长所提之《加强管制物价方案》，并决议组织经济动员策进会，协助政府推动经济动员业务，以期稳定经济，平抑物价。又通过组织访英团赴英报聘，沟通中英两国友谊。

2. 第二次大会　第二次大会于三十二年九月十八日召开。此次大会决议案中最重要者，一为将经济动员策进会改组为经济建设策会；一为设立宪政实施协进会。

宪政实施协进会于三十三年一月成立，组成分子以参政员为主，其任务为：

（1）向政府提出与宪政筹备有关之建议。

（2）考察关于地方民意机关设立情形。

（3）考察与促进宪政实施有关各法令之实施状况。

（4）沟通政府与民间团体关于宪法问题暨其他有关政治问题之意见。

（5）依政府之委托审议一切与宪政实施有关之事件。

两年间，宪政实施协进会工作成绩最为显著者，一为整理与研究国人对于五五宪草之修正意见，送请政府参考。一为请求政府颁布保障人民身体自由办法，以及改善并废止新闻检查制度等等。

3. 第三次大会　第三届参政员任期，本应于三十二年九月届满，九月二十一日国民政府命令，本届任期延长 1 年，第三次大会乃于三十三年九月五日召集。

自三十三年四月起，敌人由湖南侵入广西，并窜扰贵州，抗战局势，更形艰苦。因此大会之讨论中心，着重于军事部署，以及经济措施等项问题。结果通过改善官兵待遇，及征用国人在外国资产等案。

大会开会时，全体参政员对于中共问题谈判经过，极为关切。于是《商请政府派员到会报告关于中共问题商谈之概略》，张治中、林祖涵乃出席大会报告商谈经过。十四日通过“组织延安视察团，赴延安视察，并于返渝后，向政府提出关于加强全国统一团结之建议，兹并推荐冷参政员遹、胡参政员霖、王参政员云五、陶参政员孟和为该视察团团员”案，以寻求统一团结之途径。

十六日，蒋主席以兼行政院长之资格出席大会，表示迫切希望提早还政于民，实行宪政。关于中共问题，政府决以大公无私之态度，用政治方式，求最有利于国家之解决。大会临时动议：“拥护领袖宣示”，经决议通过。

（四）第四届国民参政会

三十三年，国民参政会之组织与职权均经重大修正，参政员名额增至 290 人。驻会委员原定为 25 名，修正案则增至 31 人。参政会之职权，扩充为“政府编制国家总预算，应于决定前提交国民参政会或其驻会委员会作初步之审议”。此种预算初步审议权之取得，乃国民参政会极重大之一项发展。

1. 第一次大会　第四届第一次大会于三十四年七月七日召开。当时德国已无条件投降，盟军目标，集中日本，我国在军事方面，反攻准备，已按照预定计划进行；政治方面，收复东北，更有通盘计划。抗战胜利已无疑义。因此国内人士之注意，转移至国内政治问题。

第一为关于国民大会问题：

关于督促政府召开国民大会，以制定国家根本大法，结束训政，实施宪政，国民参政会早有建议。自三十四年三月蒋主席在宪政实施协进会表示，将于十一月十二日召集国民大会后，大会开会时，各参政员对于是否应立即召集抑或缓期召集，以及国民大会之职权、代表人选、组织方法与有关之各项措施等等，讨论至为热烈。经大会决议，组织国民大会问题审查委员会，就有关国民大会之 24 件提案，加以审查研究。归纳该会拟具意见，可分 4 点：

（1）国民大会之日期，由政府斟酌决定。

（2）国大代表问题，应衡酌法律与事实，妥定办法，务使国民大会具有极完备之代表性。

（3）宪法制定，应即付实施。

（4）国民大会召集前，应继续采取可能之政治步骤及协调之精神，求取全国之统一团结，并保障人民之合法自由，承认各政治党派，依限完成各级民意机关之设置。

上项意见，经大会一致通过，送请政府采择实施。

第二为中共问题：

七月一日，参政员褚辅成、黄炎培、冷遹、傅斯年、左舜生、章伯钧等6人，由中共代表陪同，同飞往延安。返渝时，带回中共意见。蒋主席接见6参政员时，允将中共意见加以研究考虑。此项意见之提出，为日后国共商谈之先声。

2.第二次大会　第二次大会于三十五年三月二十日召开。时抗战胜利已有7月，复员亦已开始，又当政治协商会议及二中全会以后，中共参政员拒绝出席参政会，国内各项问题，极为错综复杂，大会致力之首要工作，在内求安定民生，实施宪政；外求领土主权行政之完整，完成国家之和平与统一。

大会中有组织收复区（包括中共占领区）视察团一案，经讨论决议通过，实施办法由主席团及驻会委员会研讨，后经驻会委员会议决视察区分为6区，任务为视察收复区及中共占领区内之政治设施。同时，大会又通过对政治协商会议报告决议文。

总计此次大会通过提案共453件，着重在：①救济收复区人民，安定民生；②改善财政经济政策；③澄清吏治；④拥护实行和平民主。

〈中略〉

三、结语

国民参政会自二十七年第一次开会起，历时10载，共集会13次，共提出建议案2600余件，大部分均为政府采纳。此项建议案中，以性质分，属于内政事项及财政经济事项者最多，属于教育文化事项及军事国防事项者次之，属于外交及国际事项以及一般事项者又次之，属于会务者最少。

三十七年三月二十九日，国民大会开幕，国民参政会之任务已圆满达成，宣告结束。〈后略〉

原载中华年鉴社编印发行：《中华年鉴》（上），1948年出版

三、国民政府还都南京

（一）还都办法与计划

1.《国民公报》关于蒋介石对复员工作指示的报道（1945 年 8 月 14 日）

（本报讯）在胜利欢腾声中，中央各部门均以全力策划复员工作。昨日，蒋主席在中枢纪念周上指示复员工作，首重交通与金融，日来交通部正集中全力于接收光复区交通与增强复员运输力之计划及紧急措施。据该部负责人语记者：关于复员运输之交通工具问题，将商请盟邦协助解决，关于水运方面，目下我国所有行驶长江轮船尚不及 10 万吨，原有修轮计划虽如期进行中，但实不足应付目前之迫切需要，急盼盟方能自海□输入大量船只以应急需。陆运方面，公路正在抢修中，车辆问题，□赖美军总部拨助，始克运送大批军队接防各收复区。此外，交通部已商请美方将原有运送军火之运输机移作我国复员运输之用。至输送还都之优先之程序，目前交通部正根据实际情形拟订初步计划草案，并将会同各有关机关组织机构，专门管理输送还都之程序事宜。今后各航商、车商均不得自由发售船票与车票，需由专门机构统筹办理，以杜绝流弊。

原载《国民公报》1945 年 8 月 14 日

2.《国民公报》关于行政院、航政局策划复员工作的报道（1945 年 8 月 15 日）

（中央社讯）复员工作，政府各部门正在积极策划。十四日行政院例会散去后，翁副院长及该院各主要人员复与军政、交通等部负责当局，有所研讨，据悉，当前首要工作，系军事向前推进后，各项应立即完成之措施，现须完成其准备工作，而各机关间更应有密切之配合，以期迅赴事功。

（中央社讯）交通部长江区航政局，以日寇已经投降，航业复员，亟应积极准备，除关于长江各轮运量暨分段恢复下游航运，业经精密拟定计划呈部核示外，十四日上午 8 时，在千厮门行街航业大楼邀请交通部、海军总司令部、各轮船公司、湖南暨苏浙皖在渝航业代表、驾驶员总会、驾驶协会、轮机员总会、航业学会、引水公会代表 50 余人，商讨长江区航业复员问题。该局局长周厚钧主席，决议各案如下：

（一）航道之清除与查勘如何加速进行案。决议：1. 建议政府指定有关机关如海军总司令部、交通部航政局、海关驾驶员总会等，会同主持扫除水雷、扫除沉船、查勘航道等事宜。2. 请海军总司令部将布雷图表印发各轮船，并说明漂流水雷形式，以资鉴别戒备。3. 扫雷工作，克速进行，限定期限完成，以便大型轮船得于今年洪水期间下驶。4. 布雷区域，由海军总司令部派员引航，在沦陷区内由敌人将河床（航道）图交出负责引航，如发出危险，其主持人应以战犯论罪。5. 沦陷区海员其非自甘附敌者，应没法罗致，并先派员前往秘密调查。6. 请通电各省政府转令各县政府转饬各地保甲陈报当地布雷情形并指引航道。

（二）我方所有复员船只顿〔吨〕位及航线之分配案。决议：1. 除航政局已有初步计划外，由各公司将船只数字顿〔吨〕位可行航线往返航期所需燃料等，立即列表，送局以供对照。2. 湖南航商代表请于本日下午 3 时至航政局，研讨湘省水运复员事宜。3. 湖北航商速提书面报告及意见，以资统筹。4. 长江区航业复员应组设联系机构，以资推动。

（三）政府机关东迁如何协助案。决议：请航政局联合有关部门设立洽办机构，统筹接洽，以免分歧。

（四）下游航线运价如何规定案。决议：由航业公会参照物价高下拟订，呈请航政局转请核定。

（五）在沦陷区非甘附敌逆船员如何联系招考案。决议：先举办登记，其非有政治作用为害国家者，应予罗致；甘愿附敌附逆者，应予严惩。

（六）收复区敌船敌产（包括码头仓库等）如何处置案。决议：由政府先行接收，再作补偿航商损失之用。接收时应准民营公司派员随同前往，以明产权。

（七）复员运量如何增加案。决议：1. 加速捞修沉旧轮船。2. 请政府设法利用英商太古公司之万流、康定两轮。3. 酌请从速添造适用新船善后救济之计划，由各公司尽速提出意见，呈请航政局汇转。4. 长航轮船乘客定额请准照移民例酌予放宽，发给临时乘客定额证书。5. 海军舰船请拨出利用。至下午 2 时散会。

原载《国民公报》1945 年 8 月 15 日

3.《中央日报》关于国民政府筹备还都的报道（1945 年 8 月 19 日）

（本报讯）行政院昨晨召集各部会长官开会，筹组还都委员会，加紧还都南京之工作。据记者昨日与官方接谈，咸认为双十节在南京庆祝国庆，甚有可能。目前已调得美国军用运输机 20 余架，各部会首长及重要人员可尽先飞宁。行政院另外有令致交通部，除军事接收人员外，妥拟党政各方赴收复区人员之程序，昨日部中秘书厅已交俞部长批阅。

（中央社讯）行政院昨日上午曾邀集党政军各机关代表 50 余人，会商还都问题。当经决定：（一）由国民政府、国防最高委员会秘书厅、中央执行委员会秘书处、军事委员会、五院各派代表 1 人组织委员会，会商统筹还都事宜，由行政院召集。（二）还都公私运费均免收，由战时运输管理局妥拟办法。（三）机关搬迁费应由各机关编造概算，其办法由委员会拟定。（四）公务员酌发搬迁费，办法由委员会拟定。（五）各机关搬运公物数量及免费运送公务员眷属人数等项标准，均由委员会拟定。（六）沿途及到京后粮食之供应，由粮食部拟具办法，俟各机关代表派定后，委员会即可开始工作。

原载《中央日报》1945 年 8 月 19 日

4.《国民公报》关于中央机关还都计划和步骤的报道（1945 年 8 月 25 日）

（本报讯）中央机关公务人员之眷属，决由政府统筹交通工具，随同机关迁移，刻下各机关正在赶速登记造册中，每人多填有 5 口之家，流弊丛生，闻当局已令饬据实填报，非直系亲属不得列入。

（本市讯）中央各机关还都计划，中枢已决定步骤，视各机关所负任务之重要性轻重，厘定还都先后次序，分 3 期启行，第一期预定自南京收复后 1 个月内完成，第二期在收复南京后第二、三两个月内完成，第三期第 4 个月内完成，再视交通运输情形而定其伸缩性，前站人员规定由各机关派定 1 人至 5 人先至南京布置一切，各级首长及重要工作人员，将利用空运输送，其余工作人员及眷属随后启程，并以船运为主，眷属人数不予限制，但以同在住所者为限；随从工役，特任、简任职人员，可带工役 2 人，委任可带工役 1 人；携带行李重量，限制每人以 50 公斤为度，不足 10 岁者减半，工役以 20 公斤为度；沿途食宿，由公家统筹，免费供给。

（本市讯）据交通界方面获悉：轮船票价闻已订为渝沪直达票，价为 32000 元，渝京直达票价为 26000 元，公路及铁路票价，决维持现价不再加价。

原载《国民公报》1945 年 8 月 25 日

5.《国民公报》关于行政院及所属各部会首批还都人员日期及人数的报道（1945 年 12 月 7 日）

（中央社讯）行政院及所属各部会首批还都人员，已定于八日起开始乘飞机赴京，十四日运送完毕。兹探志各单位人数及起飞日期如下：计行政院 80 人，分于十、十一、十二、十四各日启程；内政部 30 人，十日；外交部 60 人，十四日；财政部 150 人，十一日；经济部 100 人，八日；联合国救济善后总署驻华办事处 25 人，八日；资源委员会 60 人，十日；四联总处 20 人，十日；中央银行 60 人，十二日；中国银行 20 人，十三日；交通银行 20 人，十二日；中国农民银行 20 人，十二日。以上共 1230 人。各部会首长赴京日期另定。还都人员中，有 400 人系乘船前往，政府已指定华源轮运送。该轮将于十二日左右由宜昌抵渝，开行日期另定。

又悉：十二日以前，水运方面可将 6300 人运抵宜昌，再转船东下，其中三分之二约 4000 人系军事人员，另 2000 人为公务人员，故普通人民仅有 300 人可以搭乘。又行政院各部会多数均在南京原址办公，仅粮食、农林两部暂同行政院假铁道部旧址办公，至社会部、侨务委员会、水利委员会、地政署 4 机关之地址，行政院正设法解决中。

原载《国民公报》1945 年 12 月 7 日

6. 中央党政机关还都办法[①]（1946年2月12日）

一、中央党政机关由重庆还都事宜，依本办法规定办理。

二、各机关还都人员规定如下：

（一）员工名额以在职人员为限，并不得超过本年度预算人数。

（二）员工眷属以配偶及直系亲属为限，但职员之旁系亲属确由本人扶养者，经服务单位同事二人之联保及层级长官之保证，得呈报二级主官机关核准随同还都。

（三）各机关员工眷属平均按每职员携带3人，每工役携带1人计列预算总人数，具6岁至12岁者以半口计，5岁以下者不计，仍由机关照各该员工原经登记有案之眷口核实分配统筹。

（四）眷属有在他机关任职者，不得在两机关列报。

（五）各机关在渝死亡之公务员，其眷属在他机关任职须回都者，得由原服务机关核实统筹列入名册之内运送。

三、公物规定如左〈下〉：

（一）各机关公物之运送，由各机关自行负责办理，按每职员100公斤计算。

（二）档案图书文具纸张机件，均准运送，但档案之无须保存应依规定手续分别销毁或送国史馆筹备委员会接收。木器及各种笨重物具以不携带为原则；但各机关如愿自用木船运输者听其，费用在购置设备费项下匀支。

（三）各机关离渝后所留公产，依《中央党政机关留渝及迁建区公产处理办法》办理。

四、员工行李规定如下：

（一）职员暨眷属行李之运送，每人以100公斤为限，工役暨眷属，每人以50公斤为限。

（二）员工暨眷属行李以箱箧网蓝被包为限，凡笨重污秽及容易破损之器具，不准携带。

（三）员工暨眷属随身携带之行李，通依所乘交通工具规定章程办理，其余额应交由各该机关统筹搬运。

五、各机关人员还都及公私物之运送程序，由行政院排定，分别通知其员工眷属，应尽可能使之与本人同行。

六、各机关还都经费，按下列标准编造预算。

（一）员工及眷属，自重庆机关至重庆码头机场之车船费及由南京码头机场至南京机关之车费，按实有人数照附近公路之里程票价计列预算，由机关统筹支用，轿费不给。

（二）员工眷属之机船票费连膳宿费在内，每人平均按12万元计列预算，仍由各机关按各级人员职位统筹购票支用，其不随机关搬迁自行购票还都者，准发给票价。

（三）公物包装费，每百公斤按2万元计列预算。

（四）公私物品之搬运费，核实估计预算。私物自运之超过规定重量者，不给。

（五）公私物品由渝至京，运费、起卸力资连中途驳运费在内，每吨按15万元计列预算。

（六）各机关还都后之购置设备费，每职员10万元，每工役3万元，计列预算。

（七）杂支，按上列各项总数10%计列预算。

七、各项经费依事实需要分期核发，由各机关统筹核实支用，所有节余均应缴库。

八、首都各机关办公房屋及宿舍之修缮或购置、租赁费，由各机关另编预算，依法定程序核定支用。

---

① 本办法由国防最委员合第183次常会议决通过。

九、员工还都补助规定，职员每人为特任40万元、简任35万元，荐任30万元，委任25万元，雇员15万元（党务工作人员分别比支），工役每人8万元，由各机关另编支给表3份，送由第二级主管机关分别核转审计、财政两部，审核发款。

上项补助费，由财政部依据各第二级主管机关核转之支给表，在三十五年度总预算复员支出该项科目内支拨，以各机关"中央公务员工还都补助费"名称专户存库，由该机关依照支领生活补助费手续向库支领核实转发，在重庆出发时一次发给，并应于本机关全部还都后1个月内专案报销，其剩余之款不得移用，应即缴还国库分报财政部及主管审计机关查核，如逾期不报者，即由该管审计机关通知财政部分别催缴收回。

十、各机关在首都接收物具设备，应详细列表送行政院会同审计部查验，其有多余部分得由行政院统筹分配他机关匀用。

十一、各机关雇员工役不随同机关还都者，应给资遣散，按遣散月份之生活补助费标准发给三个月遣散费。即由总预算所列还都补助费项下支给。

十二、在重庆以外之中央机关，迁还首都及由重庆迁驻首都以外各地之中央机关，均比照本办法之规定办理。

十三、武职机关及各学校之还都办法，由主管机关参照本办法分别另订办法，呈请核定施行。

十四、本办法由国防最高委员会核定施行，如有疑义及未尽事宜，由行政院解释补充之。

原载《主计通讯》第74期，1946年3月出版

7. 中央党政机关还都运输实施办法[①]

一、重庆市及迁建区中央党政机关还都，依本办法办理。

二、关于运输程序及名额分配，依左〈下〉列规定：

（一）还都运输分为4期，每期内应运人员如左〈下〉：

第一期：以运送下列党政金融机关回京接收并以主持业务必须之主管负责重要人员为限。党务人员（广播事业、通讯事业、中央报社、省市党部负责人）、交通人员（邮电、铁路、公路、航政）、财政金融人员（国家银行、国库、海关、盐务、税务）、经济行政人员、救济及卫生行政人员，教育、外交、粮食、社会行政人员、南京市政府负责人员。

第二期：以运送下列机关还都部置办公处所之人员为限，该项人员每单位以2人至5人为限度，其机关之名称如下：国民政府、中央党部、国防最高委员会，行政、立法、考试、司法、监察五院，中央党部各部，五院各部、会、署、局，中央团部、国民参政会、各国驻华使馆。

第三期：运送各机关在京开始办公之必要人员（得酌带工役及办公必需之用具），其名额以下列比例分配之：交通、财政、金融、经济人员50%，党务、救济、卫生、教育、外交、粮食、社会人员30%，其他人员20%。

第四期：运送各机关其余员工、眷属及公私物品。

（二）各机关每一期内运送之员工及眷属名额，应由主管长官核实查报，行政院汇办。

（三）第一、二期之交通工具以飞机、汽车为主，第三、四期以轮船为主。

① 原文无时间。

三、关于公务员工及眷属人数，依左〈下〉列规定：

（一）各机关名额不得超过分配预算数。

（二）公务员眷属人数总额，以平均职员每1人携带3人，工役携带1人为计算标准。

（三）眷属5岁以下者，准予携带，不计名额，6岁—12岁者，每名以半额计。

（四）各机关对所属员工眷属名额之分配，应由各该机关自行决定之，但以原在该机关登记有案者为限，在本办法实施后，不得申请增加。

（五）各机关在渝死亡之公务员，其眷属未在其他机关任职，须回都者，得由原该服务机关查明核实，作为本机关眷属运送，但应在名册中另列项目详细说明。

（六）眷属已在其他机关任职者，不得在两处列报。

中国第二历史档案馆档案：全宗号：393，卷号：2276

8. 交通部召集有关人员商讨解决还都交通办法（1946年2月20日）

（中央社南京19日电）还都工作，亟待进行。交部俞部长飞鹏，日前曾电召招商局总经理徐学禹、中国中央两航空公司总经理沈德燮、陈卓林等到京商询。经与各主管司切实研商，拟就3月至6月水陆空运输计划，并派该部航政司帮办伍极中赴沪与各民航公司洽商船舶，以期尽量调配所能航行长江各段船只，勿使虚糜吨位。至公路运输，已调集大批车辆，实行南北两路铁路水路联运；北路由重庆乘汽车至宝鸡，换乘陇海路火车至陕州，改乘汽车至洛阳，再换乘陇海路火车至徐州，转浦口，到南京。计程15日到达，南路由重庆乘汽车至长江，换船至汉口，转南京，计程16日可达。每月每路运输可达35000人，有增加可能。空运五分之四由渝飞至汉口，换船转南京，五分之一直飞南京，如此可增加运量一倍；闻是项计划实行后，三至六月可共运送还都人员169290人，物资4700吨。

原载《大公报》1946年2月20日

9.《大公报》关于1946年4月份水陆空运量计划的报道（1946年2月24日）

（本报讯）交通部召集之还都运输计划会议，于昨午12时半在公路总局举行，当经决定4月份水、空、公路运量如下：（一）水运公物4000吨，内以3000吨吨位专载粮食东下，各部院会还都职工眷属1万人。（二）空运：渝汉，京沪线运送还都人员9200人。其余如渝港、渝昆、渝蓉，以及至北平、西安等线仍照常维持各次班机。（三）公路南线（经湘至汉口南京）15000人。北线（经广元、宝鸡至南京）15000人，并尽量开放民运。其他关于各机关还都程序，分配员额等项，亦有决定。下午3时许散会。

原载《大公报》1946年3月24日

10.《国民公报》关于行政院决定中央各机关人员还都办法的报道（1946 年 4 月 9 日）

（本报讯）中央各机关还都人员四月份运送办法行政院已决定，摘述要点如下：（一）各机关还都办公人数分配：中央党部 500 人，国防最高委员会 100 人，国府文官主计两处 280 人，国府参军处 120 人，三青团 280 人，立法院 600 人，司法院 120 人，考试院 250 人，监察院 120 人，行政院所属秘书处、外交、财政、经济、交通、农林、粮食各部 1700 人，外交使馆人员 280 人。（二）还都办公人员之眷属暂时留渝。如各机关有带少数眷属之必要时，准在规定数额内支配，不得超过原额。（三）各机关携带公物暂以印信紧要档案为限。各人行李不得超过 15 公斤。（四）还都人员薪津自四月份起按南京标准支给。（五）眷属留渝之还都职员，五、六月份每月各发膳费津贴 1 万元。空运自明日开始。其先后秩序由各机关派负责人与行政院另行商定。

原载《国民公报》1946 年 4 月 9 日

11. 行政院关于抄发《中央党政机关还都办法解释及补充》训令（1946 年 4 月 11 日）

一、三十四年九月三日以后到差人员所提以前服务机关证件，服务日期无须衔接，惟任职期间必须在六个月以上方为合格，如所提证件并非铨定官等，而支给薪俸高于目前职级者，仍从目前职级支给。又九月三日以后领过遣散费转入还都机关服务之人员，领取还都补助费时，应扣除已领之遣散费数额，但失业月份准予免扣。

二、在地方政府或所设置之学校、医院或其他事业机关任职，与考试分发实习人员或在军事机关服务及充作译员等，均视同在政府机关服务，但在社会团体服务者不适用。

三、原办法第六条第四项“私物自运之超过规定重量者不给”，所称规定系指本办法第四条第一项之规定而言，在此范围内得由机关核实支给。

四、原办法第六条第二项规定：“自行购票还都者准给票价”，可由机关酌量情形及经费办理，无须依照国内出差旅费规则之等级发给，支取此项票价时，须取得员工本人领据。

五、解释及补充条文甲二员工眷口之学生随学校复员，由员工向服务机关所领之旅运费，按同解释甲六办理，最高不得超过 12 万元，由员工具领，缴交学校时，应由学校发给收据。

六、还都办法第十一条各机关遣散员工除发给 3 个月遣散费外，其本人及眷属还都者，准由各机关按途程远近，酌定标准，发给还乡旅费，但最高不得超过 12 万元，在各机关还都经费内统筹支给。

原载《主计通讯》第 74 期，1946 年 3 月出版

12.《大公报》关于1946年5月份还都还乡交通运输计划的报道（1946年5月2日）

（中央社讯）还都令正式颁布后，留渝各中央机关重要职员将于五月底前全部还都，俾政府各项工作能在南京全面展开。至留渝各中央机关职员眷属之还都及八年来流落后方义民之还乡事宜，亦宜积极展开，故五月中还都还乡之交通运输，势必拥挤异常。主管方面为此已拟具五月份之运输计划。水运方面，以水位升高，由船舶调配委员会呈请交通部迅速多拨船只来渝，预计五月内至少应由水路运送万人以上；陆运方面，五月内应运输2万人左右；空运方面，分由中国、中央两航空公司办理，预计应运送人数约在7000人以上。在五月内，军运当尽量减少。又，四月份已运送还都及还乡人员约共36000人，计陆运2万人，水运约8千人，空运原拟在四月内运送4200人，以中国、中央两航空公司之努力，预定必需运送之人数，至四月二十日即全部运送完竣。截至月底止，运往京沪两地之公务人员，共达7243人。

原载《大公报》1946年5月2日

13.《大公报》关于1946年6月份还都复员水运计划的报道（1946年5月29日）

（本报讯）行政院留渝负责人昨日下午3时召集党、政、军及水运交通机关主管人员开会，对于船舶调配委员会奉令停止下驶粮船载客事讨论甚详，当经一致决议，下驶船只仍照常运送还都人员及复员乘客，至六月份水路运量定为8687人，其分配原则如下，学校复员占三分之一，党政人员2000人，其余概运军人（包括警备部队），并另指拨民熙、民来两专轮运送青年军。

（中央社讯）六月份水运复员计划，现因故略有变更，原拟由渝经水路运送东下之还都人数，决减为8687人，此项人数分配之比例，原为学生，党政军机关及其他各占四分之一，现学生复员已决定改为占现有全人数之三分之一，即2896人，党政各机关共为2000人，余为军事机关及其他紧急人员占有之人数。

原载《大公报》1946年5月29日

（二）还都经过

1.《大公报》关于谷正纲率还都接收委员会成员赴南京办理接收事宜和陪都记者团飞南京出席受降仪式的报道（1945年9月6日）

（中央社讯）还都接收委员会，以何总司令应钦兼主任委员，谷正纲部长为副主任委员，由各部门派代表参加，业于五日晨由谷副主委率领飞芷江转南京，办理接收事宜。计中央党部骆美奂、罗学濂、汪公纪、教育部甘家馨、经济部严家淦、徐肇宗、内政部酆裕坤、卫生署朱章赓、姚克方、社会部贺衷寒、朱景暄、财政部陈行，粮食部尹静夫、交通部杨承训、韦以黻、外交部尹葆宇、郭长禄、农业部皮作琼、水利委员会李崇德，司法行政部朱维敏。

（中央社讯）陪都记者团一行10余人，于昨晨换乘中航机飞赴南京，出席日内在京举行之受降仪式，并以其八年来与敌寇从事心理战争之大笔，为读者报道此有史以来人类最大悲剧之最后一幕，该团由中央宣传部特派员陈训悉率领，各报社均曾派人参加。兹记名单如次：计有中央社曹莼稚、中央日报卜少夫、大公报徐铸成、世界日报成舍我、扫荡报万德涵、时事新报张万里、新民报张慧剑、新蜀报金满成、新华日报徐迈进、商务日报陈国良、益世报杨慕时、南京晚报张友鹤、自由西报查士修等。摄影师周克、中宣部李荆荪。按该团所乘飞机为抗战胜利后我民航所作自渝至京之首次直航。

原载《大公报》1945年9月6日

2.《大公报》关于行政院首批还都人员准备启程与各国使馆在南京寻觅馆址的报道（1945年12月1日）

（南京二十九日发专电）行政院及军政、外文、财政、经济、文通、社会六部还都事，积极筹备中，并以确定暂以铁道部旧址为政院及六部合署办公地点。政院已派会秘书大钧及工程师2人来京筹备布置。闻院部首批职员500人，将于十二月十日前专机运京。宋子文将偕各机关部长中旬飞来。各部次长将留渝，明春与国府同来。

（南京二十九日发专电）各国驻华大使馆均积极准备由渝迁京，纷派要员前来接洽馆址，已找定房屋的有美、苏、英、法、比等使馆。各国使馆或原不驻京，或原址被毁，或原有房屋不够用，全须重新筹备。南京房屋奇缺。租漂亮的尤难。赖外交部和市政府当局协助，大部已告解决。苏联大使馆原址已毁，苏副武官安德烈夫月初来京，费时3周，租定馆址。土大使杜杰日前来京找房，告外交部人员说："我是第一个到京的大使，应该给我顶漂亮的房屋罢。"英大使薛穆夫人定三十日来京。

原载《大公报》1945年12月1日

3.《大公报》关于行政院各部即将还都办公的报道（1945年12月4日）

（本报讯）行政院各部还都人员自明日起开始分批出发。宋院长子文，财政部俞部长鸿钧，鲁次长佩璋、戴司长铭礼、教育部杭次长立武、社会部洪次长兰友及其他各部次长等，均将还京办公，各部重要司长及与收复区有关急需之人员均将同行。各部长除财政部外，则暂留重庆。四联总处顾秘书长翊群及国家各行局部经理均将首批还京。交通方面，飞机轮船对于行李之限制亦予放宽，乘飞机者可携行李30公斤，乘轮船者60公斤，并可斟酌情形偕眷。

原载《大公报》1945年12月4日

4.《国民公报》关于行政院各部还都日程的报道（1945年12月7日）

（中央社讯）行政院及所属各部会首批还都人员已定于八日起开始乘飞机赴京，十四日运送完毕，兹采志各单位人数及起飞日期如下：计行政院80人，分于十、十一、十二、十四各日起程，内政部30人，十日；外交部60人，十四日；财政部150人，十一日；经济部署100人，八日；联合国救济善后总署驻华办事处25人，八日；资源委员会60人，十日；四联总处20人，十日；中央银行60人，十二日；中国银行20人，十三日；交通银行20人，十二日；中国农民银行20人，十二日。以上共1230人，各部会首长赴京日期另定，还都人员中有400人，系乘船前往，政府已指定华源轮运送，该轮将于十二日左右由宜昌抵渝，开行日期另定。又悉，十二日以前，水运方面可将6300人运抵宜昌，再转船东下，其中三分之二约4000人，系军事人员，另2000人为公务人员，故普通人民仅有300人可以搭乘，又行政院各部会多数均住南京原址办公，仅粮食农林两部暂同行政院假铁道部旧址办公，至社会部、侨务委员会、水利委员会、地政署4机关之地址，行政院正设法解决中。

原载《国民公报》1945年12月7日

5.《大公报》关于第二批还都人员飞南京的报道（1945年12月10日）

（本报讯）还都人员第二批150人余名，于昨晨浓雾消散后，乘专机4架飞京；航委会之部分还都人员，亦于昨今两日由专机运往。军委会还都后，将全部迁入黄埔路中央军校旧址，原在南京城内之中央军校、陆军大学、宪兵学校、警官学校、军需学校、军医学校及中央政校等教育机关，将一律移设郊外扩充，各校原址则让与中枢新设各机关应用。

原载《大公报》1945年12月10日

6.《大公报》关于首批还都人员运输完毕的报道（1945年12月15日）

（中央社讯）行政院及所属各部会首批还都人员，自八日开始运送，至十四日止业已运送完毕。计乘飞机者1240人，乘船者400人。宋院长子文及各部会首长赴京期另定。又行政院为加紧运送各部门派赴收复区之接收人员，特命中航公司渝京沪线民航暂停，使收复区之接收工作得以迅速完成。

（中央社讯）行政院以亟待空运赴京沪之人员甚多，经决定自昨日起，所有渝京沪线之包机、专机、客机，均由该院直接主管配运，并规定由本日起，航检所停止登记旅客，其已登记者二十五日前暂停运送。又悉，近日行使渝京沪线之飞机每日两架，自十六日起再增为3架。

原载《大公报》1945年12月15日

7.《大公报》关于中央机关人员陆续赴京的报道（1946年2月28日）

（中央社讯）政府总还都日期前由于运输力量之限制，迄未公布，然运输负责当局正力谋改善，还都命令可望于短期内颁布。盖事实上中央党政军各机关人员已分批陆续赴京。刻下还都之中央各机关人员，以军事机关办理最为迅速，全部留渝人员最迟下月中可迁京。三民主义青年团中央团部已定于下月五日起分批东下。党务机关预计于下月中旬开始。立法院例会已定于下月中在京举行。监察及司法两院人员已陆续前往。国府职员亦定于下月初分批离渝。各机关重要人员将于五月前全部到达南京。

原载《大公报》1946年3月28日

8.《大公报》关于中央机关人员还都情形的报道（1946年4月9日）

（中央社讯）政府为国民大会之召开，与处理财政、金融、交通等问题，本月份还都人员格外拥挤。在空运方面，除国民大会代表与参政员之运送赴京1000人左右外，中央党政各机关还都人员共4200人，由10日起，陆续飞京。其机位之分配情形，计中央党部500人，国防最高委员会100人，国府文官、主计两处共280人，国府参军处120人，青年团200人，立法院600人，司法院120人，考试院250人，监察院420人，行政院所属秘书处、外交、财政、经济、交通、农林、粮食等部共1700人，外交使馆人员200人，其余普通还都人员，不免略受限制。由于南京房屋之缺乏，流动房屋只运到50幢，其余尚在运华途中。每幢之购价及运抵我国之运费在内，合共美金2000元。到京后之安装费每幢亦需70万元，因此各机关在京办公房屋均由各机关自理，职员眷属暂行留渝，如需先行赴京者，其房屋问题应自行办理，在此时期内政府暂不负责。

（中央社讯）各机关正办理还都，行政院例会尚留渝召开二次后，将于16日后移京举行。该院现议决，还都人员之薪津自四月份起，按南京标准支给。还都职员之留渝眷属五、六两月份，每月各发膳费津贴1万元。

（中央社南京八日电）外交部人员定于十日至二十五日还都，预计人数达200人。该部高级人员将于十八日来京。

原载《大公报》1946年4月9日

9.《大公报》关于行政院还都正式在京办公的报道（1946年4月25日）

（南京二十三日发加急专电）行政院正式还都，宋院长暨夫人二十三日午前乘美军专机抵京。另中航专机一架载秘书随行人员及行李等件。蒋秘书长梦麟同来。午后宋院长、蒋秘书长至院正式办公。二十九日政院例会即在京举行。蒋氏领记者参观政院会议室。内部已布置就绪，较渝会议室远为堂皇亮朗。此为铁道部宫殿式旧址。政院所属各部，均已在京正式办公。惟内政部、侨委会、蒙藏委员会等，因房荒暂不还都，各设办事处。蒋氏语记者：政治中心刻仍在渝，但政院已正式还都，并拨70余亿元建筑公务员宿舍千余间，分四处兴工中。完成后，低价租与还都公务员。又，交通部旧址，亦计划重修，需款约30亿元。宋院长官邸设旧铁道部部长官邸。宋氏定二十四日偕夫人飞沪，处理经济、金融等重要公务，财长俞鸿钧或同行。

（中央社南京二十四日电）行政院翁副院长文灏，昨日下午2时半自渝飞抵京。前往机场欢迎者有行政院及经济部高级人员多人。经济部次长何廉亦随翁氏同机到达。又，昨日自汉口续飞抵京者，有中央训练委员会主任委员段锡明，水利委员会主任委员薛笃弼，中央调查统计局局长叶秀峰夫妇，农林部次长严慎予及前昆明市市长斐存藩等多人。

（中央社讯）社会部长谷正纲今晨飞京。该部次长黄伯度留渝主持一切。

原载《大公报》1946年4月25日

10.《大公报》关于陪都各界庆祝国府胜利还都大会的报道（1946年4月25日）

（本报讯）陪都各界庆祝国府恭送蒋主席胜利还都大会昨下午6时半在军事委员会大礼堂举行。到中央首长于右任、载传贤、周钟岳、吴铁成、陈立夫、邵力子、吴鼎昌、张厉生、吴国桢、梁寒操及各界来宾、中外记者等300余人。地方有市参议会全体参议员、川籍国大代表、川籍参政员、市府□局处长官、市党部、青年团、市各公会、本市各区正副区长、卫戍部、各学校及地方士绅等。由张市长笃伦、胡议长子昂、王总司令缵绪、方主任委员治、陈干事长介生赴主席官邸，迎接蒋主席及夫人。6时半，主席及夫人在热烈掌声中莅临。大会即告开始。全体向主席行3鞠躬礼，胡议长子昂代表恭读颂词，张市长笃伦代表献市旗，市立女中3学生代表向蒋夫人献花。旋由蒋主席致训词，词毕市立女中学生合唱庆祝国府还都及恭颂主席万岁歌，7时礼成。晚8时举行游艺大会，有大鼓、昆剧、川剧、平剧等节目。

蒋主席致词

蒋主席致词全文如下："各位先生，同志们：本席感觉今天是政府迁都重庆8年以来最光荣、最快乐、最值得纪念的一天。我们政府在抗战局势艰难危急的时期，迁都重庆，经过长期艰苦的奋斗，终于获得最后的胜利，这固然是全国军民同胞一致努力的结果，然而我们重庆同胞与政府同甘苦共患难，生死成败相一致的关系，较之其他各地尤为密切。回想敌势猖獗时期，重庆每天都要遭受敌人残忍的轰炸，市民同胞的生命财产遭受不测的损失，然而大家为表示对于抗战的忠诚，对于政府的拥护，前仆后继，效死勿去。这种忠贞不贰，艰苦卓绝的精神，是本席梦寐不忘的。至于重庆市民在抗战期间输财输力之多，尤为全国其他各地之冠。这种伟大的贡献，在将来抗战史上必将大书特书，而永垂国民效忠国家的良好模范。

本席生长浙江，从事革命起于广东，然自 13 岁离乡以后，即无一地连驻 8 年之久如重庆者，所以重庆实为本席的第二故乡。还都以后，本席夫妇对于重庆的同胞，必念念不忘，对于重庆的建设，必极力倡导，亦愿我重庆同胞与本席个人的情感因别离而益增，因日久而益笃。其在抗战期间殉职殉难同胞的寡妇孤儿，本席离渝以后，势必照顾难周，尤望各士绅同志，推老老幼幼之心，协助本市政府，妥为教养，才能安慰先烈在天之灵，也才能奖励社会忠贞的气节。最后本席谨祝我重庆日益发展，重庆同胞的生活日臻康乐，而成为全国模范的都市。”

原载《大公报》1946 年 4 月 25 日

11.《大公报》和中央社关于国民政府将在南京正式办公及外交使团陆续飞京的报道（1946 年 4 月 26 日）

（南京二十四日发专电）还都令五月一日正式颁发，蒋主席将于二日或三日还京。国府文官、参军、主计三处所属各局长随行。吴文官长鼎昌将先一日来京布置。国府五月五日前正式在京开始办公。主席官邸原拟用伪政府为汪逆所建西康路新厦，经呈报蒋主席，认为陈设太奢，决定仍用中央军校官邸。

（南京二十四日发专电）继宋院长之后，翁副院长文灏于二十四日由渝专机抵京，并即到院办公。还都令虽尚未颁，南京已成实际上之全国行政中心。各国驻华使馆连日亦陆续移京。美使馆重要人员二十四日专机抵京，代办史迈思领导驻京处理事务。苏使馆参事费德林偕馆员等人同时抵京布置一切，苏联大使日内由渝飞京。

（本报讯）各国外交使节又一批还都人员 40 余人，昨晨乘专机自白市驿机场起飞赴京。考试院、财政部、军委会、青年团等机关上中级职员及眷属 100 余人定今日乘专机还都。

（中央社讯）立法院孙院长偕秘书长吴尚鹰，立法委员吴经熊、温源宁及随员等 10 余人二十六日乘专机还都。该院即日在京开始办公，闻下次院会将于五月初旬举行。

原载《大公报》1946 年 4 月 26 日

12. 国民政府还都令（1946 年 5 月 1 日）

国民政府前为持久抗战，于二十六年十一月移驻重庆，八年以来，幸赖我忠勇将士前仆后继，壮烈牺牲，全国官民含辛茹苦，坚韧奋斗，与夫同盟各国海空齐进，比肩作战，卒使敌寇降伏，肤功克奏。兹者，国土重光，金瓯无缺，抗战之任虽终，建国之责加重，政府爰定于本年五月五日凯旋南京，以慰众望。唯是大战之后，民生艰困，国力凋敝，亟宜与民休息，恢复元气，努力建设，保持战果，所望全国军民，同心一德，朝警夕惕，庶不负抗战建国之初衷，实现三民主义之使命。回念在此八年中，敌寇深入，损失重大，若非倚恃我西部广大之民众与凭籍其丰沃之地力，何以克奠今日胜利之弘基，而四川古称天府，尤为国力之根源，重庆襟带双江，控驭南北，占战略上之形胜，故能安度艰危，获致胜利，其对国家贡献之伟大，自将永光史册，奕叶不磨，当兹还都伊迩，钟陵在望，缅维两京收复之艰难，更觉巴蜀关系之重要，政府前于二十九年九月，明令定重庆为陪都，近更以四川为全国建设实验区，应即宏其体制，崇其名实，着由行政院督同各该省市政府妥为规划，积极推行，使全川永为安定国家之重心，而树全国建设之楷模，有厚望焉。此令。

重庆市档案馆馆藏档案：全宗号：0182，目录号：5，卷号：2215

13.《国民公报》关于蒋介石夫妇离渝的报道（1946年5月1日）

（本报讯）昨日山城阴雨连绵。东北停战商谈于群情焦虑中休止。春深三月，销人愁苦，国事蜩口，未卜何日得以静宁？环山云色口苒，机声轧轧，马歇尔将军与蒋主席于昨晨八时许携带国人期待良久之和平愿望匆匆而去。各部会长官纷纷东下，政协代表与各党派代表团工作人员，亦于今日陆续东返，周恩来将军明日启程赴京。马帅二次来华之艰巨工作，将于战云四布之南京城内开展。最后八日间马帅调处工作之进行，周恩来将军认真业已竭尽全力。对此不幸失败，马帅深表惋惜与遗憾。盖决定我国幸福繁荣之若干重大文件皆在此间签字，独东北和平方案之获得协议，却誉归另一城市。周恩来将军以急切悲奋之语调告记者称：深望东北战事能于还都典礼举行前停止，庶几国人皆能以欢胜快慰之心情，庆祝和平民主之中国建设开始。

（中央社讯）蒋主席暨夫人于昨（三十）午后3时乘美龄号机离别此八年来之抗战司令台——陪都。并于当日午后5时平安抵西安，昨日上午8时，主席曾在曾家岩官邸延见国大在渝代表王兆荣、王苔涵、石元及曾济宽等4人，说明此次政府明令国民代表大会延期之经过，暨政府为求和平团结容纳各方面意见之苦心，并殷望将此意转告在渝各国大代表，陪同谒见者有国民政府吴文官长鼎昌及国大筹备委员会主任委员邵力子。主席于去渝前数小时曾缓步览视官邸房舍，并于林园阳台上小憩片刻，似对此第二故乡深怀无限依恋惜别之情，午后3时，主席暨夫人由林园驱车直赴机场，登机离渝，国府军务局长俞济时等20余人随行。

原载《国民公报》1946年5月1日

14.《国民公报》关于中共代表团离渝飞京的报道（1946年5月3日）

（本报讯）中共代表团今日上午飞赴南京，周恩来将军与邓颖超同机飞往。罗隆基飞往昆明，张澜飞往成都，昨日下午记者走访张澜叩询今后动态，据答称在蓉作数日勾留即飞京沪一带从事于和平民主工作。

原载《国民公报》1946年5月3日

15.《国民公报》关于蒋介石夫妇等飞抵南京的报道（1946年5月4日）

（中央社南京三日专电）蒋主席偕夫人，今日上午11时自汉口飞抵南京，此为胜利以来，主席第三次莅京，亦即我万民爱戴之元首正式自渝凯旋还都，连日京中正以极度兴奋之情绪筹备五月五日还都大典，主席之来，无疑使翘待中之80万市民兴奋达于最高潮，今日主席座机“美龄号”，系由空军中校余复思驾驶，随行者有俞局长济时等20余人，主席偕夫人下机时，欣然微笑，并向在场照料之周主任至柔频频道好，旋即驱车直驶官邸休息，此时明故宫机场内虽因事前遵主席之谕而未有欢迎人民，但机场外围，市民闻讯成群麇集，主席车过时，仍接到千万无限热情之注目礼。

（中央社南京三日专电）蒋主席及夫人三日凯旋首都后，午后3时于官邸茶会招待美前总统胡佛，5时主席由马市长陪同驱车巡视市区，由国府路经太平路、中正路、中山北道直抵下关，主席对南京市政府多所指示，对市府设立工业区之计划，表示赞同，并指示市区内于路南旁空地宜由政府征收建立房屋，以壮市容。又讯，蒋夫人三日午后4时半应为马歇尔元帅之邀，往访马歇尔夫人。

（本报南京三日专电）蒋主席今日莅京，主持还都大典，是日主席将于国府门前接受文武官员之恭贺，京市民众拟献动彪京厥匾额。

原载《国民公报》1946年5月4日

16.《国民公报》关于国府凯旋还都典礼将在南京隆重举行的报道（1946年5月5日）

（中央社南京四日电）国民政府为领导全国军民从事持久抗战，争取国家民族独立生存，于民国二十六年十一月廿日西迁重庆，八年艰苦抗战，幸赖我最高领袖蒋主席英明领导与全国忠勇军民牺牲奋斗，终获致最后胜利，并奠定我中华民国自由独立之基础，国民政府特明令于五月五日凯旋南京，为了民众□不同声庆祝，中枢暨首都各界，经定于是日举行庆祝还都与革命政府成立纪念典礼，大会于上午9时在总理陵园举行，蒋主席将亲临主持，并率领参加人员恭谒陵寝，10时半至11时首都各界举行庆祝大会，地点假国府路国民大会堂广场，主席将莅临受市民欢迎，下午四时至五时，主席在国府招待外宾，八时，主席向全国民众广播，自明日起，南京重为我国首都，此实为我中华民族历史——光荣新页之开始。

（中央社南京四日电）首都各界庆祝还都筹备会，四日下午举行第四次，亦即最后一次会议，决定庆祝会散会以后，由总指挥率领赴国府前欢呼，并邀民众代表100人，由市长率领赴国府向蒋主席致敬。

原载《国民公报》1946年5月5日

17. 蒋介石于国民政府还都之日向全国军民的广播词（1946 年 5 月 5 日）

全国军民同胞们：

今天是我们国父 25 年前在广州成立革命政府的纪念日，而我们国民政府亦于今日还都南京了。我们对日八年抗战，赖我全国同胞，始终一致拥护抗战国策，服从中央命令，百折不回，再接再厉，浴血牺牲，历久弥坚，卒能获得今日最后胜利，而且取消了一切不平等条约，涤除了我们中华民族百年来的国耻。今日中正与我们同胞，仍能在首都相见，聚首一堂，这是何等欣慰！实在是我们中华民国最值得纪念的一天。但是回想到民国廿六年十二月十三日南京沦陷时，首都同胞惨遭大屠杀的悲剧，我们就应该痛定思痛，时时不忘我们八年来在敌人铁蹄之下所受的奴隶牛马暗无天日的生活，更不能不警惕黾勉，自立自强了。尤其是十四年前“九一八”东北沈阳被侵之时，整个民族的奇耻大辱，更应深切牢记，作为我中华民族世世代代永久的历史教训。同胞们！所以今日政府还都，我以为只能表示我们对日抗战的结束，就是我们国民政府抗战到底的国策，率领全国军民同胞，牺牲奋斗，得到一个胜利。但是我们今日沈阳虽已收复，而东北整个的行政与主权的完整，还须要我们全国同胞为国家、为民族，精诚合作，继续的努力奋勉，来保持我们最后胜利光荣的战果。惟有如此，方能安慰我们八年来为了抗战革命而牺牲的军民同胞在天之灵。国民政府今后仍秉持国父遗教和国民革命一贯的精神，始终领导着我们全国军民同胞，向前迈进，实现三民主义，完成抗战建国的使命。亦望我全国同胞仍能以已往抗战必胜的信心，来负起今后建国必成的大业。但是，我们全国同胞，应该彻底认识建国的工作，要比抗战更加艰巨，更加痛苦。然而我们建国的工作，固然艰难，而民族的意志，恰是完全自由了。所以我们建国的生活，虽苦犹乐。总之，我们在此胜利还都欢声沸腾之中，抚今思昔，更觉我们获得胜利之艰难，建国机会之可贵。务希我全体同胞，同心一德，实事求是，人人以刻苦耐劳，笃实践履自矢，以共同一致互助合作相勉，务使我中华民族黄帝子孙，永永远远不再受过去八年间那样异族侵凌蹂躏的惨祸与耻辱。因之，我今日对我同胞特别提出几个要求，来作我们今后共同一致努力建国的方针。就是：一、要戒浪费。二、要尚节约。三、要明礼义。四、要知廉耻。五、要负责任。六、要守纪律。中正夫妇今日承受我们同胞这样热烈的欢迎和爱护，实在不胜惭愧之至，甚恐辜负了同胞的期望，只有以往日抗战的精神，朝乾夕惕，追随全体同胞，拥护国民政府，来建立三民主义统一独立平等自由富强康乐的新中国，用副我全国同胞爱护之至意。恭祝全国军民同胞抗战胜利万岁！

原载《国民政府公报》，1946 年 5 月 7 日

18. 国民党中央各机关为相继还都并在南京办公致重庆市政府文件（1946 年 1—7 月）

一、新生活促进总会代电（1 月 14 日）

重庆市政府新生活运动委员会鉴：本会定于三十五年元月份起全部还京办公，自本年二月份起，以后各次新运工作人员月会改在南京举行。除分电外，特电知照。新生活运动促进总会。（卅五）。子。寒。渝。印。

二、善后救济总署公函（4 月 19 日）

本署即将还都，自四月二十日起，重庆停止收发文，嗣后所有公文请迳〔敬〕寄南京中山北路本署。除分函外，相应函达。查照为荷。

此致

重庆市政府

署长 蒋廷黻

三、公路总局代电（4 月 20 日）

重庆市政府公鉴：查本局还都，定五月一日在南京新街口国货银行三、四楼正式办公，自本（四）月廿五日起，在渝停止收文，如有文电请迳〔敬〕寄上开地址收办。除分电外，特电查照。交通部公路总局。卯。哿。总渝。印。

四、经济部代电（4 月 20 日）

重庆市政府公鉴：本部人员现已陆续还都，自四月二十五日起，所有投递本部文件，均请迳〔敬〕寄南京本部（铁汤池 24 号）。除分电外，特电查照，并饬属知照。经济部。渝。哿。总印。

五、粮食部代电（4 月 22 日）

重庆市政府公鉴；查本部办公人员现正陆续还都，自三十五年五月一日起，除川、康、渝三省市一切有关粮食事件仍在重庆就近处理并收文外，其余文电均请迳〔敬〕寄南京萨家湾铁道部旧址本部为荷。粮食部。养。叩。

六、国民党中央秘书处代电（4 月 22 日）

重庆市政府公鉴：本处刻正还都，截至四月二十五日止，重庆停止收发公文，四月廿六日以后来文，请迳〔敬〕寄南京华侨招待所本处收；如在渝有临时事件，请与本处临时驻渝办事处洽办为荷。中央秘书处。卯。养。文。印。

七、立法院函（4 月 23 日）

迳〔敬〕启者；本院办理还都已将届完竣，自本年五月一日以后，如有公文送来，除关于由渝还都继续待办事务，仍送本院义林医院办事处外，请迳〔敬〕寄南京本院收拆，希为查照办理是荷。

立法院启

八、考试院秘书处函（4 月 24 日）

本院现正陆续还都，自五月一日起，所有致本院重要公文，请迳〔敬〕寄南京本院为荷。

此致

重庆市政府

考试院秘书处启

九、中央气象局公函（4 月 25 日）

本局奉令还都，即将移京办公，自五月廿五日起，所有贵府公文函件请迳〔敬〕寄南京北极阁半山本局局址，以便洽办，相应函达，即希查照为荷。

此致

重庆市政府

局长 吕炯

十、外交部公函（4 月 25 日）

查本部大部分职员业已陆续还都，工作自四月二十六日起，除必须在渝洽办之事件外，所有公文均请寄交南京狮子桥本部，相应函达，即希查照为荷。

此致

重庆市政府

（外交部印）

十一、考选委员会代电（4月27日）

重庆市政府勋鉴：本会工作重心现已移至南京，自五月一日起，渝方办理结束，停止收文，所有文电请即寄至南京试院路本会为荷。考选委员会，感。印。

十二、工作竞赛推行委员会公函（4月29日）

本会还都业已告竣，兹定于五月一日在京开始办公，以后公文请寄南京游府西街游府新村十八号。除分函外，相应函请查照为荷。

此致

重庆市政府

主任委员 吴□□

十三、国民政府参军处代电（4月30日）

重庆市政府公鉴：本处奉令还都，自五月一日起，所有公文函件请迳〔敬〕寄南京国民政府为荷。国民政府参军处。陷。印。

中华民国卅五年四月卅一日

十四、教育部代电（5月1日）

重庆市政府：本部迁返南京，在渝设办事处办理结束，自五月一日起，所有来文请迳寄南京成双街本部为荷。教育部。印。

十五、水利委员会代电（5月2日）

重庆市政府公鉴：查本会主任委员业定日内还都，大部职员亦陆续还都，业务重心移至南京，所有投递本会文件自四月二十五日起，请迳〔敬〕寄南京国府路东箭道24号本会为荷。水利委员会总一渝。辰冬。印。

十六、财政部公函（1946年5月7日）

查本部人员业已陆续还都办公，兹定自五月十五日起，渝方停止收文，嗣后文件送南京市中山东路164号本部收取。除分函外，相应函请查照为荷。

此致

重庆市政府

财政部长 俞鸿钧

十七、军委会抚恤委员会代电（5月18日）

重庆市政府勋鉴：查本会因还都在急，已定于五月二十日起在渝停止收文，除二十日以前文件仍寄重庆本会外，关于二十日以后文件，希寄交南京珠江路小营本会收办。除分电外，特电查照。并希转饬所属为荷。军事委员会抚恤委员会。抚总渝管。辰、巧。印。

十八、全国度量衡局函（6月1日）

迳〔敬〕启者：本局自三十五年六月一日起迁京办公，自后所有各种公文请迳〔敬〕寄南京水西门下浮桥菱角市5号本局。除分别函令外，相应函达，即希查照为荷。

此致

重庆市政府

十九、地政署代电（7月1日）

重庆市政府公鉴：本署现已陆续迁京办公，自七月一日起，文电请迳〔敬〕寄南京行政院旧址为荷。地政署。京秘。午。甲。

重庆市档案馆馆藏档案：全宗号：0053，目录号：1，卷号：69

地方之部

一、重庆市政府

1. 重庆市市政府组织暂行规则（草稿）

重庆市市政府组织暂行规则①（草稿）

第一条　本规则依照市组织法第二十一条之规定制订之。

第二条　本市政府照市组织法第一条之规定定名为重庆市市政府，直隶于四川省府。

第三条　本市政府依照市组织法第十一条之规定掌理全市行政事务，监督所属机关及自治团体。

第四条　本市政府设市长一人简任指挥监督所属机关团体各职员。

第五条　本市政府设参事二人荐任分掌市单行规则或命令之纂拟审核事项。

第六条　本市政府除警察局及江北管理处外设秘书处、技术室及第一二三四四科分掌各该局处室科事务，必要时得呈请恢复局制及设立其他附属机关。

第七条　秘书处设秘书长一人、简任秘书一人至三人荐任分设三股各设科员若干人委任其执掌如左〈下〉：

① 标点为编者自加。

一、撰拟机要文电及复核各局处室科文件事项。

二、收发文件典守印信保管档案及缮校统计事项。

三、铨叙考勤诉愿外务宣传编纂事项。

四、管理内务清洁卫生及其他不属于局处室科事项

第八条　警察局设局长一人，荐任分设四科每科设科长一人督察长一人委科员督察员各若干人，均委任其职掌如左〈下〉：

一、公安事项。

二、消防事项。

三、公共卫生及管理车辆事项。

四、医院菜市屠宰场及公共娱乐场所之设置取缔事项。

第九条　警察局分若干警察区，各区设分局长一人局员一人巡官巡长各若干人，均委任。

第十条　警察局为训练警察得设警察训练所。

第十一条　本市政府依照南京市设浦口办事处成规，于江北设管理处。

第十二条　江北管理处设处长一人以江北县长荐任之。

第十三条　本市政府第一科设科长一人荐任分设三股科员技士各若干人均委任，其职掌如左〈下〉：

一、户籍调查及人事登记事项。

二、育幼养老济贫救灾等设备事项。

三、储蓄调节粮食及监督慈善事项。

四、农工商业之改良保护及公司行号之注册登记事项。

五、广告之规划管理及合作社与互助事业之组织指导事项。

六、工厂检查及劳工行政事项。

七、造林垦牧渔猎之保护取缔及寺庙财产之登记监视事项。

八、风俗改良事项。

第十四条　本市政府第二科设科长一人荐任督学一人荐任，分设三股科员视察员各若干人均委任其职掌各如左〈下〉：

一、教育及其他文化事项。

二、古迹名胜之调查管理事项。

三、出版物与印刷品之编审及审查取缔事项。

四、戏剧电影之改良及审查取缔事项。

五、公营业之经费管理事项。

第十五条　本市政府第三科设科长一人荐任，分设三股科员技士各若干人均委任，其职掌如左〈下〉：

一、财政收支预决算编造公债劝募及会计庶务审计事项。

二、公产之管理及处分事项。

第十六条　本市政府第四科设科长一人技正一人荐任，分设四股科员技士各若干人均委任，其职掌事务如左〈下〉：

一、道路桥梁沟渠隄岸码头及其他公共土木工程之修造及整理事项。

二、公用房屋公园公共体育场公共墓地等建筑及管理事项。

三、市民建筑之指导取缔事项。

四、本市危险建筑物之取缔事项。

五、营造业之登记事项。

六、建筑材料之保管事项。

七、本市造林之指导事项。

八、市营及民营公用事业之监督及整理事项。

九、河道港务及船政管理事项。

十、遵令指办临时工程公用各事项。

第十七条　本市政府技术室设主任技正一人技正三人均荐任分设三股技士五人至八人科员若干人均委任其职掌如左〈下〉：

一、市内技术事业之指导监督事项。

二、各项工程之设计事项。

三、各项工程之考工事项。

四、各项工程及公用事业之审核及检定事项.

第十八条　本市政府所属各局处室科因事务之需要得呈请省政府核准聘用专门技术人员。

第十九条　本市政府所属各局处室科得酌用办事员雇员。

第二十条　本市政府任用职员之资格及待遇根据公务员任用法及暂行文官官等官俸表各规定之标准办理。

第二十一条　本市区域以呈准国民政府核定地区为本市行政范围，为应时势之要求于必要时得呈请扩张之。

第二十二条　本市政府得于不违反中央及上级机关法令范围以内办理市组织法第八条列举各事项。

第二十三条　本市政府照规定有后列各种税捐以作市财政收入但遵省府命令统一征收暂取领款制度。

一、土地税

二、土地增价税

三、房捐

四、工巡捐

五、营业税

六、牌照税

七、广告税

八、码头税

九、公产收入

十、公营业收入

十一、屠宰税

十二、特种营业税

十三、车捐

十四、其他依法令特许征收之税捐

第二十四条　本市政府所属各局处室科办事细则另定之。

第二十五条　本市政府设市政会议，依照市组织法第二十四条至二十七条规定办理之。

第二十六条　本市政府市政会议细则另定之。

第二十七条　本规则如有未尽事宜由市长提交市政会议议决呈请修改之。

第二十八条　本规则自呈奉核准公布之日施行。

重庆市档案馆馆藏档案：全宗号：0053，目录号：2，卷号207

2. 重庆市政府1943年3月至9月工作报告

重庆市政府工作报告

（三十二年三月至同年九月）

一、健全各级人事管理机构

（一）成立各单位人事室

查本府人事机构除本府秘书处及警察局已先后成立人事室外，其余各单位均未正式组成。兹以人事制度之建立，极关〔其〕重要，并迭奉行政院令及铨叙部函促迅予实施，自应积极筹组成立，以符功令。本府秘书处人事室自本年八月份起已遵照国府公布之本府人事室组织规则改组为本府人事室，余则按各局处事务之繁简、编制之大小与附属机关之多寡分别规定社会、财政、警察三局及会计处设立荐任人事室，其余各单位则设委任人事室或人事管理员，并明定佐理人员员额多者为13人（警察局）少者为5至1人，此项员额本年度系就各机关总员额内匀拨，如确属不敷时，再于下年度酌量情形增列之。

（二）厘订〔定〕人事室权责

本府直属各局处人事管理机构，业限于九月份筹组成立，关于各室组织规程，依照人事管理机构设置通则之规定应由铨叙部拟定呈由考试院转呈国民政府公布，在上项规程未颁行前为便利工作起见，根据人事管理条例之规定，将各处人事室职掌分别调整，以一权责，用赴事功。此外全体员工总调查初步已大致举办完竣，拟更进而办理卡片登记，完成人事登记全部工作。

（三）健全统计机构

本府为健全所属各机关统计组织起见，曾由统计室拟具健全组织办法四项，于三十年九月十日经提本府第105次市政会议通过，仍由该室呈送国民政府主计处核定。自三十一年度起本市各局一律设统计室，现各该局统计机构均已设立，其主办统计人员亦经主计处核委，除社会、警察两局设荐任职统计主任外，余均为委任职统计主任受本府统计室之指导监督。本年度各局统计室员额编制业准国府主计处五月二十九日渝秘字3862号公函，抄送到府，除社会局列荐任职统计主任1人、科员4人、办事员4人、调查员2人、雇员4人，共计15人，又警察局列荐任职统计主任1人、科员3人、办事员4人、雇员3人，共11人外，其余如财、工、卫、粮、教各局，均列委任职统计主任1人，科员1人至3人，雇员1人，共五人，而以各局业务繁简略具弹性，至本市防空洞管理处、图书杂志审查处及日用品供销处均已设置统计员，本府会计处则指定人员兼办统计业务，并制定办事通则，呈奉国民政府核定转饬遵行矣。

二、改组设计考核委员会

查本府设计考核委员会于三十年即已设立，由秘书长任主任委员，秘书及统计室主任分任委员，并以统计室综理其事，俾据各项公务统计方案为设计考核之张本，施行以来成效较微。

嗣奉中央公布各机关设计考核委员会组织通则，因即计划将该会改组，并以该会为最高设计幕僚机关，委员人选亦于加强，除仍由秘书长任主任委员，并以参事、会计长、人事室主任、统计室主任、秘书处各组室负责人及市长延聘之本府办理设计人员为委员，业务进行特重“联”字，经常并由秘书长与会计长、人事室、统计室作密切之联系。该会设计工作，先交秘书处主管组为初步审查，并由秘书处编审室员整理之责。考核工作，纵的方面采分级考核，横的方面由秘书处主管组及视察室考核。关于本市整个考核方针及重要市政方针决定系由市长及有关单位首长商决，并仿照中央设计局办法于会中设审议会，由市长主席，各局处长及该会一部分委员参加，以期兼顾，而达到人物财三者之密合。

三、改组日用必需品公卖处为日用品供销处

（一）改组原因及经过

本府鉴于党政工作考核委员会对本府三十一年度工作之考核，关于前市日用必需品公卖处业务，既有如下之评断，市日用必需品公卖处因资金不足供应，未能抑平物价，零售业务又有各消费合作社可代替，似应改组为物资采购供应机构，领受中央物资机关所分配之货品，及自行采购一部分土产，对市内各合作社批发供应，取消各门市部业务，以节开支，资金不足，可由市合作金库尽量供给。复鉴于贵会上次大会，亦有如下之建议，应切实调整人事，节省开支，增进效率，积极谋资金之周转，销额之增加，设法增加政府专责机关货品之来源，并求进货成本之减低，增设分处，在短期内办理市内各区皆有分处并速结束寄售业务，而专力于分内之职务，减低售价，以达平抑物价，供应社会之任务，更以三十二年适当中央放弃平价购销办法，实行限价议价政策之始，旧有公卖处实有改组之必要，爰经依照上述评断与建议斟酌实际情形，自三十二年六月份起，将前市日用必需品公卖处改组为市日用品供销处，变更其组织，调整其业务，以应事实之需要。

该处改组成立迄今，方□阅月，语其重要经过则六月份公卖处甫行结束，供销处接收开始，关于公卖处总分各处及旧物寄售所货物仓库等资金器物之交接，物资来源，供需数量，以及配销方法与技术之调查研究及准备，业务计划之拟订，资金扩充之筹划，人事及机构之调整与编配，有关部门之商洽，临时过渡办法之采决等，无不悉力进行，获有成果，此一个月为改组筹备之时期。迨至七月，爰于辅助限政起见，供销业务既属□当开始，且在本市各镇合作组织尚未普遍完成，及未能全收指督之效以前宜有过渡办法故经核准该处先行于市内观音岩、杨柳街、菜园坝及江北等重要地区，设立临时供应处四所，供销各种日用物品，以便市民，并借可分别取得各种专管物资承销店之地位，而便要求配给市民之专管货品，同时设处与市消费合作社联合社洽商，领购中央各专管物资机关供给各镇合作社物资以凭转配发售，亦于是月与有关各方具体商妥，并召集各镇约60所合作社代表谈话决定实施，厥后八月份配销合作社物资工作开始实施，并行派员稽核，且于专管物资而外，兼采各社自由领购该处自办物资之办法，并为适应市民需要于市郊沙坪坝化龙桥黄葛垭等地，增设临时供应处3所。而本府指定该处自行购运煤焦之业务，亦于是月开始，按月实施，以300万元购运约2000吨．盖本府鉴于过去燃料恐慌之迭演，有不能不预谋防止者，至九月份，开始自行购运遂宁土布之工作，供应成绩，尚合市需。

（二）资金筹划经过

本府鉴于经济行政对于当前抗建时势之重要，本市人口90余万之众多，以及推进宪政，尤必须政府本身控制大量物资与资金，以便随时抛售购进借蕲平准而贵会亦不乏，设每人每日最低必需品费用为20元，全市以80万人口计，全年本市人口生活必需者，约为60万万元之建议，原冀该处资金，至少须有2万万元，继以财力困难，拟定1万万元之计划请拨物价平抑基金，乃经国家总动员会议核为1500万元，合计该处原有资金，乃作成2000万元之预算，月前奉行政院令核为300万元，则自有不敷甚钜〔巨〕，刻正筹划增加中，此项不敷资金，虽经多方筹划，然取诸本市既有未能，请拨于中央平抑物价基金或向国家银行贷款，亦不克顺利实现．该处现有资金，仅为七月三日由市财政局借给之周转金50万元，前公卖处至八月四日始行移交清楚现金164万元，及保证金约5万元，八月十九日由本府先行垫借，行政院准由平抑物价基金项下划与该处之300万元，共计519万余元，连同前公卖处移交货品值价约129万元，生财器物值价约29万元等共158万元，总共为677万元，此项数目既距该处一再核减之预算2000万元犹仅三分之一，而与前公卖处300万元资金时代之币值及狭小之公卖处业务范围相较实有逊色，自尚待不断之策划也。

（三）原定计划与营运实况

该处原具之计划，分"协算生产""共同购运""充实购储""合理分配"诸大纲，供销物资计有服用品、食用品、日用品、燃用品四大类，详细方案各别制定，但付实施，时以预计资金筹措困难略如前述，现有资金亦系陆续凑集，运用维艰，是以实际经营之情形，仅克谨循"合理分配""推行宪政"之使命，恪守既定计划及择要实施之原则，如就供销类别论，则为适应市民及季节需要，以购运燃用之煤焦，及服用土布作为中心工作；就经营方法言，则以透过合作组织，达到合理分配为原则。关于食用、日用品二类，则视力所能及，期不偏废而协导增产共同购运如交涉原料之供给、货运汽车队之组织等亦仅能多方准备而已，至如充实物资之购储，以发挥平准限价之能力，自非目前条件可以奏功，犹待继续努力。

（四）今后业务之展望

该处成立未久，条件未充，虽克把握因时地人事以制宜之精神，颇尽筚路蓝缕之努力，究嫌尚有未定。爰自十月份起，另拟以可动之500万元资金为基础之详细预算与实施计划期更能紧缩编制，以撙节开支推广代售业务，建立信用运用以增加货品，资金能更作有计划之灵活周转，对于合作组织能更获有机体之敏活运用。倘今后资金数量能有随时之增加，使更有利于业务之推进，自不待论。

四、调整限价议价实施情形

（一）调整限价议价物品种类

1. 调整原因

本府自奉到委座篠代电及行政院训令，于一月十五日经核定物价运价工资总计906项目，公布实施推行宪政不遗余力。以往经过情形曾于贵会上届大会详细报告。惟本市为消费地区，所需物资多赖外埠运济本市实施限价澈〔彻〕底管制而各产地或来源地之限价物品种类价格步骤均未能协调，势必影响本市限价工作，故与产区各地联系配合实为必要，但此非本府职权所能为力，而必须由中央统筹调整。经将此意迭次报告国家总动员会议经蒙采纳，遂奉委座颁下径代电对于调整原因指示极为详尽"查限价工作本极繁重在物品方面贵能先扼其要而渐制其余，在地区方面贵能共尽其力互求其通。此在管制物价方案及亥篠电令实施限价办法中本已均指示详明，惟各省市自实施限价以来或以所限物品种类过多、管理不易严密黑市从而发生，或以所限地区集中都市生产来源或其周围之地均未加管制形成外高内低之象使都市转因限价而货源益趋枯竭，此皆执行未尽其宜遂致限价愈增其累"。而补充办法之颁布正所以执简取繁务求贯澈〔彻〕委座此种指示自属盱衡全局顾虑周详，本市遂遵照中央命令办理。

2. 规划及实施

（1）改组物价评议机构

过去物价评议会组织庞大集会不易，为灵活运用迅赴事机起见，特予以改组。依据补充办法所规定之原则，由市社会局、市警察局、市党部、市参议会、市商会、市总工会、迁川工厂联合会、国货厂商联合会、市消费合作社、联合社等机关团体，各派经常推定负责人组织之，并以社会局长为主任委员，市党部推派之委员为副主任委员，该会之组织特点在规定各机关团体所应派之代表均系确能负责者，且生产者及消费者均有其代表。

（2）订定议价实施细则

为使物价评议会议价有正常之轨范可循起见，特订定《议价实施细则》一种公布施行，兹将其要点列举如下：①各业同业公会，如因某种物品成本发生重大变动时应提出产地或来源地价格变动之确实证据，并核算实际运缴酌加合理利润，召集会议负责审查，公议合理价格，填具《申请评议价格表》3 份，呈社会局交物价评议会评议。②社会局主管科室对于议价物品之各地价格及市场情况，应随时设法调查及搜集资料整理统计，以为评议之依据，必要时警察局临检队得协助办理。③社会局接到各业公会之《申请评议价格表》，由兼任评议会总干事之主管科长检同准备之各种参考资料送请评议会评议。④评议会评议某种物品价格如需其他机关协助时，应于会前函请指派代表列席提出意见。⑤评议会评议某种物品价格，如发现该同业公会所提证据不确或参考资料不足时，除指派人员前赴各商号实地调查，并得调取单据簿记或其他足资证明文件，以期翔实。⑥评议会评议某种物品价格如发现计算成本或其他情形过于复杂时，得组织审查小组会议研讨，拟具意见，提请大会决定。⑦评议会评议各种物品价格获有决议时，由社会局于《申请评议价格表》“评议会议价”栏上填写，连同会议记录呈府审查核定，并留一表存查，其余两表发还社会局及同业公会分别公布及印发各会员遵照交易。

3. 限价议价物品种类之确定及办理手续

限价种类以 8 种民生重要必需品、房租房地租及重要运价工资为主，8 种必需品价格由中央专管机关呈准委座核定施行，运价工资由本府核定施行，房租房地租之限价因行政院早于限价前颁有《重庆市房屋租赁暂行办法》一种实行已久，已呈请修正以适应现状。而议价物品之选择决定原依下列三原则办理：（1）与限价物品有密切关系者（2）民生日用品之不因季节影响价格能维持较久时间者（3）需要普遍，在本市管理已久，仍有继续管制之必要者。根据上项原则选定议价物品如下：①食物品类暂规定为蔴〔麻〕油、花生油、猪肉、牛肉、中西餐食面粉制成品（饼干面包烧饼油条切面）及酱油等品。②服用品类暂规定为广布、土布、鞋帽针织品等品。③建筑材料类暂规定为砖瓦竹木石灰等品。④燃料类暂规定为木柴、木炭等品。⑤文具纸张类（a）文具暂规定为蜡纸、复写纸、油墨、铅笔、墨水、图钉、钢笔、尖铁笔、毛笔、墨、打印水、打印油、钢板油、印机等品（b）纸张暂规定为道林纸、白报纸、米色报纸、勾边纸、广页纸、夹江连史纸等品。⑥医药类以新药中经卫生署严格管制之战时医疗药品 196 种及少数繁销成药为限。⑦杂项类暂规定为重要百货肥皂土烛洗染印刷商品制革旅栈浴室理发茶社登记照相等品。议价物品经如上所述予以确定，并尽量减少。就中与专管物质有密切关系之物品，由各专管机关议定施行，其余概由物价评议会评议，至公会议价物品凡未列入限价及议价之物品均责成公会公议合理价格通知各会员标价出售（现拟规定须经过商会之评议方准通知各会员标售），并报社会局备查社会局如发现所议价格过高应随时查明纠正，必要时并得提交物价评议会评议。

4. 恢复市场正常状态之措施

自三月中旬以来，本市各业商人既知政府将依照中央命令调整限价议价物品，咸企图调整价格图得较高利润狡点之徒，且或藏匿货物以待善价或将货物外移至管制□不严密之地区高抬价格出售，益以中央管制或专卖物资如布疋、食糖，国营及公用事业如邮资、电灯、自来水等亦均先后加价，尤为刺激一般物价上涨之重要因素，而为商人请求调整及抬高价格之口实。惟最近产地粮价之继续增涨实亦足使其他物价以及运价工资发生波动，亟应安定人心，将市场纳入正常状态，爰拟办法数项，饬社会局办理，并于日前召集商会及各同业公会及各报社□切说明。（1）物品种类不论其属于限价议价或公会议价，其价格之调整，均应依照规定手续办理，在价格未经调整以前，仍应按以前政府核价，或公会议价交易。（2）公会议价之物品仍就以前实施限价时并经呈报之品种分别公议合理价格。（3）厉行标价制度：①限价物品应用红色标签出售②议价物品应用绿色标签出售③公会议价物品应用白色标签出售。④限价议价或公会议价物品价格，仍应由公会统一印制价目表，加盖各该公会图记分发各会员商号张贴于显著处所，俾便交易而利检查。（4）公会议价时，应参照本市规定合理利润标准办理，以资划一。总之奖励正当营业，取缔不法奸商，政府责无旁贷。如有不标价格，标价不实，匿货不售，贬值冒充，私售黑市移转逃避等情弊，应由公会负责检举，本府仍当指派临检队随时劝导纠正，其情节重大者，并当依法惩处。

（二）充裕物资供应及统筹合理配给

本市日用所需物品，多赖其他各省供给，欲求管制物价有效，自应使物资供应充裕。至中央专管机关在本市所设承销店，从事各种物资之分配，亦因缺乏统筹机构，未臻合理，市民购买各种平价物品，时常发生拥挤，秩序至难维持，基上两种需要，特将本市日用必需品公卖处改组为“日用品供销处”以负“充裕物资供应及统筹合理配给”之责，其业务范围约如下述：1. 指导及协助本市日用品同业公会共同购运各种日用物品。2. 指导及协助本市各生产合作社增加日用品产量洽购产品。3. 与各中央专管机关洽办重要物资集中购销事宜。4. 与各省市政府洽购本市需要物资。5. 与各厂商直接洽购生产日用品。6. 与财政部货运管理局切取联系便利营运。7. 供销处洽购及购运各项物品会同“消联社”分配各消费合作社，凭社员手册，照议价供应。该供销处现正积极筹备，如各项业务能妥为运用，以与管制物价工作相配合，其裨助自非浅尠。

（三）核定物价运价工资概况

本市实施议价，始于四月十七日之评议猪肉价格，是日物价评议会改组成立，即实行评议。此后并陆续集会，评议各公会申请评议规定议价之物品，惟运价工资仍属限价范围，运价工资评议会亦于七月中陆续开会评议，予以调整，总计物价运价工资经该两会评议报由本府核定公布施行者，共 42 业，凡 473 项目，其中物价 21 业，计 334 项目，运价 5 业，计 57 项目，工资 16 业，计 82 项目。就其增加之百分比而言（以一月十五日为基数），则物价计增 41.9%，运价增 82%，工资增 63.9%，平均为 54.5%，如以六个月平均，则每月上升率为 9.1%，（物价类每月平均只为 6.9%）。此类增加率与上年未管制之物品相较显示和缓不少。至公会议价物品，亦经各业陆续自行评议，并报社会局备查，其增加百分比，大致与议价物品相同。惟本府为使公会议价更臻合理起见，经饬重庆市商会恢复物价评议会组织，并规定公会自议价格须经商会物价评议会重加评议，使各业自议价格，不至畸形增涨，而收互相牵制，及正常发展之效（本府核定物价运价工资详另编）。

五、办理各项统计

（一）推行公务统计方案

本府自经拟订公务统计方案及实施办法，积极推行并认为公务统计之取材以登记为主，推行公务统计方案，是否有效，悉视此项登记工作之是否充实准确。惟各部门行政人员，对公务统计方案未必均能深切明瞭，其于统计方法，亦非素谙，故须施以相当训练，以利事功。受训人员除行政部门担任登记工作者外，各局处佐理统计人员亦在调训之列，均责由各局处报送，计参加受训学员共 51 人，是项工作业于本年七月中旬完毕。旋即拟订《重庆市政府所属各局处办理公务统计方案登记工作细则》7 条，通饬各局处自八月份起试办登记工作，九月初旬复派员分赴各局处实地视察予以指导。目前各机关所送公务统计，均按月由本府统计室汇编送本府公报发表，惟是项方案系依据三十一年各局处实况拟订，一年以来，市行政机关颇多变动，业务亦有增减，故方案内项目实有修正与充实必要，今后除一面切实推行外，复须随时加以改善，务期切合行政上之需要，臻于至善之境。

（二）编印物价周报

按周调查之物价工资，除供本府参考及送国家总动员会议汇编外，并于市动员会议开会时，特辑物价周报，以供会议之参考，其内容除调查之物价运价工资价格及市况说明外，并将本市趸售物价指数、零售物价指数、机关办公用品价格指数、公务员生活费指数等辑入，俾明整个物价之变动。此项周报之编制系供市动员会议参考，从未间断，现仍继续进行中。

（三）编制各种物价指数

本府于本年二月以前所编制之物价指数凡五种[①]：1. 重庆市趸售物价指数（系接编四川省建设厅驻渝办事处所编指数）2. 本市粮价指数 3. 本市文具纸张价格指数 4. 本市公务员生活费指数。本年初，本府奉行政院训令报据国民政府主计处所拟订之物价调查与统计方案编制物价指数四种，即（1）重庆市趸售国货及洋货价格指数（2）重庆市趸售国货价格指数（3）重庆市零售国货价格指数及（4）重庆市机关办公用品价格指数。

以上继续上年度所编之指数以及本年行政院令编之指数两项合计共为 9 种，经加考虑将其性质相同之指数决予停编俾免重复，而省人力物力，其中原编之趸售物价指数一种似与行政院令编之两种趸售物价指数性质相同，而原编之趸售物价指数因系续编川建厅驻渝办事处所编指数，该指数既为本市历史最悠久者且其编制较为完备故仍继续编制，此外原编之文具纸张价格指数与行政院令编之机关办公用品价格指数性质相近，故将文具纸张指数停编，经此调整本年度本府继续汇编制之物价指数共为 8 种其名称如下：

1. 趸售物价指数（接编川建厅驻渝办事处所编之指数）
2. 趸售国货及洋货物价指数（奉行政院令编制）
3. 趸售国货价格指数（奉行政院令编）
4. 零售国货价格指数（奉行政院令编）
5. 粮价指数
6. 机关办公用品价格指数
7. 公务员生活费指数
8. 工人生活费指数

关于指数之发表，原以趸售零售生活费等各项指数分别印行月报寄赠各机关团体参考，本年度为集中发表，节省物力起见，将各种指数汇编为《重庆市物价月报》，按月编印。此外应事实之需要，随时印行专刊，如本年八月因各机关编制下年度预算，即将所编《办公用品价格指数》辑为专刊寄送各机关参考。

（四）举办工业普查调查

工业普查为工业建设之基础，本市乃陪都所在地，尤为后方工业之重镇，本府为明瞭战时工业之发展以备战时施政及战后建设之张本起见，拟举办本市工业普查，惟因限于人力物力，

① 文中所述为四种，原文如此。

故拟定本年度自选业调查着手□选业调查，终了再举办普查。

本年度三月至八月，六个月间全部工作几均系研究及设计，二者现已完成者有重庆市工业普查条例、工业普查须知以及工业普查之表格等等。此项方案之拟订系参考各国工业普查报告工业普查表格并就我国国情以及战时所发生之各项问题等等作精密之研究，经再三讨论而后决定。自九月份起，现已根据此项方案先行试查，将来再根据试查经验修正方案，预定本年内可先完成机械及纺织两业之选业调查工作。

（五）编制本市金融统计

金融统计为一国经济统计中之基本统计，战时金融业之经营尤与物价管制有其密切关系，金融之动向恒影响物价之升降。委座加强管制物价方案中以“管制金融”为实施物价管制重要方针之一，是以金融统计之重要，战时尤重于平时。本府为适应此项需要，于本年度创办金融统计，其项目计有日折利率各大都市之汇价等，按月呈报主计处，下年度并拟将此项统计之项目增加，详为调查统计并编印《本市金融行情》季刊一种供各方参考。

（六）编制统计提要

编制统计总报告，系政府主办统计机构应办工作之一，本市三十年度总报告资料业于三十一年四月编印分送各机关参考。上年度之资料亦继续编为《三十一年度重庆市统计年鉴》，内分总类人口与土地社会（附教育）、警卫财政（附地政）、公用事业、卫生、粮政、防空（附空袭）、图书杂志审查、兵役、物价及金融及其他等14类。惟以经费关系未能全部付印，仅撮要编为本市统计手册油印发表。近复依照旧例搜集市属各局处公务统计资料，编为本市市政统计提要，其内容侧重于各机关施政之成绩，俾能互相观摩以促进其行政效率，并以供拟订行政计划时之参考。

（七）拟订本市生命统计方案

人口为构成国家之主要因素，关系国家之强弱，此就量言。至就质言，则一国庶政之推进尤有赖于健全之国民，而国民之健康则又与卫生设施之是否完善有关。查世界先进各国均有完备之生命统计以为卫生设施之参考，即在吾国南京、北平等市，均早举办此项统计。目前贵阳市亦积极推进，著有成绩。本市为战时首都，理宜积极举办生命统计，以明市民健康及环境卫生之实况，借作公共卫生策划之指针，而助户籍行政之推进，实不容缓。本府有鉴于斯，爰于本年八月向有关机关搜集资料拟订是项方案，将来并拟邀请卫生署中央卫生实验院，本市卫生、警察两局等机关组织“重庆市生命统计委员会”，先从本市一至七区举办，俟有成果再推及其他各区。

六、厉行分会计制度

（一）改编三十二年度自治部分预算

本市自治部分岁入岁出概算上年十一月五日即编送行政院，本年四月一日始奉令核定岁入岁出总额各为8486.5677万元，较本府原编岁入岁出总额6261.8330万元，计增列2224.7347万元，业经遵照改编并分行知照。

（二）追加三十二年度岁出预算

查本年度本市国家岁出预算原奉核定为7665.7962万元，并由中央代为追加生活补助费及米代金及各机关办公购置费共1581.7852万元，自治岁入岁出预算各为8486.5677万元，并呈准追加管制物价经临费共338.4590万元。其因新兴事业之开展及物价之高涨并奉令补助自来水及轮渡两公司经费与调整员工生活补助费等共计为6094.3113万元，经督同财政局将上年结转各款及本年度预计可能增收各款汇列为自治部分岁入岁出，追加概算于本年六月三十日呈送行政院，现尚未奉核定。

（三）节减不经济支出

本市民众教育馆及图书馆因馆址尚待建造，业务无法开展，而经常费用仍照旧开支，又公墓管理处现仅设置羊坝滩一处，该处地点石方过多不易埋葬，事务不多，均经提交市政会议决定□酌减用人费用以资撙节。

（四）注重事前监督

近来物价步涨，各机关经费开支常感不敷，惟预算既经核定未便随时变更，务期一本崇俭核实之旨，事事节约于〔艰〕苦奋斗之中，得免匮乏。故对于分配预算力求合理，凡具有经常性质之经费均应归并于各该机关经常费内，借免遇事请款任意追加之弊。

（五）限期造送本年各月会计报告

本年度自治部分预算四月间始奉中央核定，迨转行各机关编造分配预算送府核定又稽延两月之久，故各机关会计报告未能如前按月造送。经于本年七月十五日通令市属各机关限八月十五日以前将一至六月份会计报告编送核转，逾限即照案停发经费，现各机关会计报告已多依限编送。

（六）办理三十一年度决算

本市三十年度决算早经依法编送，三十一年度实收实支数目亦经核算清楚，刻正编报决算。

（七）编拟三十三年度概算

本市岁出预算自三十一年度起中央规定分为国家、自治两部分，本年六月奉行政院令以本市三十三年度国家、自治两部分岁入岁出概算应合并编为自治部分，并切实整顿税收力求自给自足，等因。当经提交市政会议共同讨论，佥以在营业土地等税尚未划归本市接管以前仍请维持原案，复经贵会驻会委员会一致主张，现已奉国防最高委员会核准免予变更，分别函令知照拟编依照呈送。

七、财务行政

（一）征收筵席税娱乐税屠宰税

本市筵席税税率原以 10% 计征 20 元起征，娱乐税税率以 30% 计征，本年六月奉行政院令以筵席税征收不得超过 20%，娱乐税征收不得超过 50%，是现征税率均未达到新标准。惟筵席税近因物价高涨，原订 20 元起征似觉过低，经由本府咨准财政部核定改为 40 元起征，并定于十月十一日施行，屠宰税为从价征收 6%，其单价系依照社会局近评价格，猪肉按毛边每斤 25 元征税，牛肉按每斤 19 元征税，羊肉与牛肉同。

（二）整理市产

1. 办理加租：因市产租金较市面过低，本年经酌予增加。

2. 调查登记：本市寺庙祠宇产业业已调查登记完竣。

3. 市县财产划分：市区扩大后，江巴两县应划归本市之财产，现正由双方代表商洽办理中。

（三）代征土地税

市财政局以三十一年奉财政部令："土地税依照改订财政收支系统实施纲要规定，已列为国家财政收入，应由中央直接征收。该市地价税土地增值税即将开征，而市田赋管理处尚未设立，所有关于该市地价税及土地增值税征收事宜，暂由该局代为办理，并征解"。因将□□三十一年旧市区第一区至第十二区地价税，自上年七月一日起即分区开征，同年十一月份止竣事。本年度上项税款，财政部仍责成办理，又复按照财政部拟订之重庆市土地税整理计划书，并依据特种考试之规定，招考中等以上学校毕业之优秀青年初试及格者 50 人，施以一个月训练，再试及格者47名，现已分别派充实习征收催征土地税各项工作。至土地增值税免税办法，延至本年一月始准地政署及财政部会函核准，经即布告周知，并开始计征税款，所有本年度旧市区一至十二区地价税及新市区十五区所辖之黄桷垭、十六区所辖之寸滩并定于本年九月十五、二十一、二十五各日，分别开征。至尚余新市区之第十三、十四、十七各区现亦正赶办登记及造册各项工作，预计于本年内可开征竣事。

（四）推行劝储情形

本市劝储工作，本年奉派推行目标为9万万元，所有本市各界，现均由重庆劝储分会组织各级劝储队，议定劝储目标各就岗位努力竞储，计现已经成者有21大队，589分队，151支队，未组成者尚有3大队，总计分配竞赛目标5万万元，连上年存额预计可达目标。惟目前各队确经实际发动者，仅14大队，而著〔卓〕有成效者尚不及全数之半，故尚须加紧努力。兹将最近进行情形分述如次：

1.各劝储大队竞赛成绩

各大队已报成绩者计有财政局244万元、市政府秘书处136万元、社会局133万元、工务局55万元、警察局48万元、卫生局36万元、青年团31万元、教育局23万元、中央六行局之六大队早已超出定额，此外尚有七大队，则犹未领券（参议会、市商会、总工会、银行公会、钱业公会、粮政局、市党部）。

2.娱乐场所搭销储券

本市各娱乐场所搭销储券，经加强推行，并得各场院推诚合作后，自九月份起成绩转佳，计是月份可达100万元。

3.过分消费搭销储票

烟酒两项搭销储金邮票，原为去年行政院加强推行储蓄办法所规定，本年开始筹备实施。烟类搭销已由财政部令专卖局协助，目前即可实施照财政部核定标准，每10支搭贴储金邮票1元，预计如推行顺利，本市每月可得四五百万元之成绩。

4.加紧建国工作

劝储分会现奉总会电知，以奉当局指示，胜利在望，建国开始，劝储工作亟应加倍努力，以副需要，应将目标各加五成，等因；自应遵照进一步设法推进。本市劝储机构现已相当普遍，惟各方进展尚欠积极本府恳切希望，已有成绩者加倍完成，未有成绩者赶快开始劝储争取成绩。现距年底不及3月，敬请与会诸公多多倡导，俾市民闻风竞起以为全国模范。

八、土地行政

（一）土地测量

1.扩大市区图根测量，于本年五月底全部完成。2.扩大市区户地测量，于本年九月底测竣。其户地检查工作，均于本年十月底完毕。3.扩大市区求积制图工作，共计完成图幅707幅，计有18649起，其余未完图幅现在积极赶办中。

（二）土地登记

旧市区土地登记收件工作，业已大部完竣。仅余少数不在地主或无主土地暨各工厂各机关用地及江巴两县公产，现正划分中，尚未申请办理登记手续，除已分别派员调查标管并函催各机关工厂迅办登记外，内业工作亦将办理完竣。至各区镇土地权利书状之发给，刻已积极赶办通知领取中。又扩大市区土地登记，自去年十一月十一日开办以来，陆续收到测量完成黄桷垭等10镇之公布蓝图均已次第开办，其余14镇一俟测量完竣立即开始收件以期衔接。至于工作进行较前顺利，纠纷不多复丈亦少，且往往一契管领数十百坵，审查亦较容易，刻各项业务正积极展开推进中，以期全市土地登记能及早完成。

（三）土地估价

查本市旧市区地价，系于二十九年调查，时隔三年，与现值地价不无差异。上年十二月，有财政部及地政署召集会商重估办法，经议定“三十年以前规定之地价于三十二年六月底以前一律从新规定，三十二年地价按新定地价征收”等语记录在卷。本市于本年三月着手筹备，四月下旬开始调查。由估计专员指挥监督办理，现已调查完竣，经统计结果，全旧市区地价为三十一万万七千余万元，以16‰税率征税，本年约可收入地价税五千万元。

（四）拟定标准地价

本市标准地价订定委员会已于八月十八日组织成立，并聘请各界领袖为委员。该会自成立以来共计开会4次，由财政局调查各区地价，计市地共分28等级，地价最高每方丈3.2万元，最低200元。乡地20等级，最高每亩1.6万元，最低300元。地价区之划分，即等级之厘定，依照各街巷地位、交通建筑及使用状况等情形相同者，以最近调查之地价平均计算，或参照邻近地价计算，现该局所估定之一至十二区标准地价，已由该局提请评定委员会讨论，并召集有关各区镇长列席详加研讨，尽量征询及汇齐各方意见，以资参考，务求公允至当，现各区地价已分别酌予修正通过。

九、公产救济

（一）整顿救济院

该院残民与儿童膳食费，上年度八至十二月份每名月列支50元，本年度增为58元。嗣从物价续涨，自八月份起每名复增为64元。又巴县育婴堂，自经社会局接收改为育婴所后，除该堂原有收益外，复由本府呈奉行政院核准本年四至十二月份补助经常费22.5万元。又该所建筑设备费20万元，由市库支给，已自七月一日起开始收容。弃婴所需房屋，除已在觉林寺后蒋山庚家花园购置一栋外，另又新建一栋即可落成。

（二）改进乞丐教养

本市乞丐临时收容所，于本年三月改为游民教养院，仍直隶于市赈济会。并将收容名额增为400名，以宏救济，而整市容。至游民伙食，本年度每名原增为48元，嗣从物价高涨，自八月份起复增为64元。并增置教具用具设备，其最高收容额已达417名。所需各费，除社会部补助一部分外，余由市库支给。

（三）优待征属

本市征属优待谷折金，上年度每户每期为50元，本年度增为100元，计本年度上期散发征属优待谷折金共2700户，实支国币27万元，在市仓保管委员会所征积谷捐项下拨用。

（四）督办社会福利

本市平价食堂15所，在本年六月份以前，原仍全数继续办理，嗣因粮食部奉院令自六月份起将本市平民米减为3200石，致平价粥厂米量由2000石减为1200石，并将市救济院残民儿童与游民教养院游民口粮129石4斗在该项粥米项下拨给。故于七月份将平价食堂裁撤5所，现存10所。自本年一月份起至八月份止，各食堂缴解盈余五成数，共计29万余元，除呈准动支外，尚存21万余元。至公共食堂，除原有六所继续供应外，并于本年六月委托市民教馆代办1所，设于民国路，惟以物价高涨盈余甚少，自三月份起至五月份止，各食堂解缴40％盈余，统计3188.78元。其六至八月份之盈余尚未结缴。

（五）设立平民宿舍

本市平民宿舍，系利用会府仓坝子仓敖从事修建，于本年七月十五日开幕，可寄宿250人，每人日收宿费2元，计自七月十五日起至八月底止，投宿者8844人，收费17688元。

十、改良礼俗

（一）举办集团结婚

本年九月三日举行第十九届新生活集团结婚，参加夫妇20对，二十届正办理中，预定于十月十五日举行。

（二）筹建四川革命先烈纪念碑

本府遵奉第五届中央执行委员会第八次全体会议之决议，及中央第175次常会核定办法，应在本市建立黄花岗先烈纪念碑，纪念四川参加是役各先烈之功勋，又为邹容、张培爵两烈士分别立碑纪念。已由中央推定邹鲁等四委员综持其事。本府亦经提出党政联席会议，推张继、邹鲁、朱之洪先生等12人为筹备委员，并已饬工务局即绘制唐宋古碑式样，赍呈中央核定，并闻中央可先拨3万元作为补助费，总碑地点已勘定中央公园，至分碑建立地址，亦拟从事勘测，又关于本市筹募建碑经费，由本府先行垫拨一部，并拟由市党部向本市党员劝募。

（三）筹划改建精神堡垒

查都邮街广场精神堡垒之建立，原为振奋人心，及加强抗战意识起见，自应以雄伟之姿态，以新人民之观感，乃因为时过久，油漆颜色剥落，而原建筑式样亦不坚固雄伟，曾接市民来书有所指摘，本府已将堡上国旗更换新制，并规定由警察局派人主持纪念日早晚升降，又在堡垒四围装设路灯，又在该地加设交通警，以防市民闯入草地，以维清洁，仍另饬工务局筹划改建，刻据拟就图样模型，正拟著〔着〕手设计，预计于十月份内即可开始改建。

十一、农矿工商行政

（一）办理商业登记

本市商业登记工作，自经积极推动以来，截至本年八月底止，共已登记公司544家，商号14256家。自经济部将商业登记改为强制规定后，市社会局复经公告自九月一日起至九月底止为补行登记期间，凡已开业而未办理商业等记者，准予补行登记。新设者非经核准不得开业，外商在华营业者亦须登记。并将登记费改由社会局直接经收，以资便捷。商人申请登记后，一周内即可领证。

（二）办理商业账簿登记盖印

本府于三十一年十一月准财政、经济部会衔咨送《非常时期商业账簿登记盖印暂行办法》，当即令饬社会局积极筹备，于本年一月三十日开始分期分区办理，于三月二十五日照预定计划完成，其逾限自动申请盖印者，从轻照其资本额处以1%以下之罚锾。经社会局检查后始行办理者，照其资本额处以1.5%或2%之罚锾。截至八月底止先后登记盖印公司行号工厂共12883家，其中受罚者计1354家。至分合设立之商店均须于开业或续业前到社会局办理账簿盖印手续并定期举行检查以期严密。

十二、劳工行政

（一）人力节制

本市自奉令实施人力节制后，即经遵照行政院所颁本市人力节制办法制定人力车及车轿伕限制办法。关于人力车经核定保留2000辆，行驶市区者1500辆，市郊者500辆，并规定每车以2人合拉为原则。嗣又奉委座手令取缔肩舆通行马路。经核定市内一至八区仅保留320乘，轿伕人数为768人。至办理人力车轿及车轿伕登记发证工作截至九月底止，计核准发给营业人力车行许可证者571家、车1322辆、车伕工作证3000份，营业轿行许可证者203家、轿1903乘、轿伕工作证3731份。又发自备车轿许可证150件、车132辆、车伕工作证132份、轿81乘伕轿夫工作证 162 份。

（二）加强工人管制

本市自举办各职业□业工会会员强制入会总登记，及依照重庆市非常时期取缔野力办法加强管制后，工人自愿入会者已颇不乏人，计三至八月间强制加入工会之工人 3734 人，为防制野力规避起见，并会同有关机关及各业工会组织检查队普遍检查。

十三、组训社会团体

（一）健全各同业公会内部机构

本市辖区辽阔，散布郊区之各业公司行号或工厂，虽多已加入各该业工会，但以缺乏联系，基层组织既嫌松懈，指挥运用自欠敏捷，经饬各公会调查郊区各本业分部情形及业务状况，视实际需要，选择适当地区，呈经核定后，即行依照本市各业同业公会郊区分事务所组织大纲之规定，着手筹组。计已筹组完竣者，有屠商公会、粮食公会、油商公会、煤炭公会、菜蔬公会等，沙磁区、江北区及南岸区分事务所各三单位、干菜公会、篾作公会、江北区分事务所各一单位。正指导筹组中者，有汽车公会，南岸区、新桥区两分事务所及砖瓦公会南岸区分事务所等。各公会郊区分事务所成立后，对于政令传达，会务之推进，已有相当进步，惟仍待积极加强与改进。此中所曾感困难者，厥为分事务所负责人选、经费及工作之督促诸问题。顷已规定各公会郊区分事务所负责人（分事务所主任）以由郊区会员代表之当选为大会理事者兼任为原则。有特殊情形者，得呈经核准后，由郊区会员大会推选之。经费则于大会预算中列支，以资统一，而免分歧。至工作之推进，则责令理事会负切实监督之责，困难已见消除。其次为健全各公会办事机构划一称谓，曾制颁本市工商渔农团体事务所应办事项。饬各公会于理事会下分设总务、财务、组训三股。并订定分股办事规则令饬遵行。现已有三分之二以上公会将分股办事情形及各股主任人选，呈报社会局备案。预计本年底可全部完成。

（二）训练社会工作人员

市社会局依照推行重庆市及江巴两县工商团体示范工作纲要及实施办法之规定，会同江巴两县举办职业团体书记训练班，甄选中学程度以上之优秀党团员及未受训之公会书记，施以训练，于本年八月四日开始，至九月四日结束。除各公会书记仍各遣回原会工作外，其甄选受训之学员，亦正择优派遣中。

（三）健全并管制自由职业团体

本市中医师公会会务，自经指定该会首席常务理事张简斋为理事长。责成切实整理后，该会会务颇有进展。他如会计师、律师等未经入会从业人员，亦正办理强制入会手续中。

十四、合作行政

（一）加强指导制度

市社会局合作室为加强工作效率，就现有人数重新划分内部工作为登记、稽核、训导三股，设视察 3 人，分负各股责任，并于各股各设指导员 1 人，协助办理，除以 1 人专任登记工作外，其余 2 人并兼任外勤工作 . 关于指导工作方面，除将本市区域分为八指导区，各区派指导员常川驻于区域中心合作社就近指导外，并重划为三视察区，由训导组视察及专任之视察二 2 人，分担视察之责 . 至年度查账，则由稽核组视察担任之。

（二）指导设立消费合作社

自本年三月一日起至八月底止，计核准登记之消费合作社，有张家花园等镇消费合作社 8 所，共有社员 8573 人，股金 119.8470 万元；军政部驻川粮秣处等机关团体消费合作社 59 所，社员 11337 人，股金 135.7905 元；又中国实业银行总行职工消费合作社等 12 社，因社员人数过少，准其假登记,共有社员1066人,股金97605元。以上共计79社,社员31076人,股金276.2240元,连同旧社总计521社,社员26.4836万人,股金1174.0591万元。

（三）指导组织生产合作社

本市生产合作社，前为采购原料困难，多数无法维持，致由百余社减至30余社，影响战时生产甚钜〔巨〕。市社会局经协同中国工业合作协会及社会部各机关公务员工眷属生产合作推广部力事整理旧社，扶植新社，工作数月以来，颇收成效，尤以公务员眷属生产合作社[①]，之发展为最速，计组织成立之新生产合作社16所，共有社员966人，股金49.2355万元，连同旧社共计58社，社员1816人，股金115.2798万元。

（四）充实合作金融

市合作金库，为本市唯一金融机构，该库在前自有股本不足100万元，连同本府及中国农民银行、中国工业合作协会等机关之提倡股合计亦仅200余万元。本府为谋充实该库股本，以配合本市合作事业之发展起见，特指导该库向辅导机关申请增加提倡股本，并促进自有股本之增加，现该库除自有股本增至40余万元外，连同本府及中农行、中国工合协会等机关原认及新增提倡股本计已达500万元之多，该库吸收存款亦达600余万元，放款约800余万元，虽尚未能完全与事业进展相配合，但较之过去已有相当进步。

十五、保卫治安

（一）改编驻卫警察

本市各机关团体公司行号警卫尚有自行设置者，本年五月准卫戍总部转奉委座手令：除军事机关及兵工厂外，须一律将警卫改编为驻卫警察，当由警察局数度邀集有关机关会议通知分别改编，计全市已有驻卫警察1300余名。

（二）改进长警素质

年来长警素质已渐提高，除由警察训练所订定教育计划分期予以训练外，并切实实施常年教育，由警察局订定逐月学术科目分饬所属各分局所依照实施，并由该局随时派员前往考核成绩，以期确保本市治安，福利市民。

（三）充实警备力量

本市辖区辽阔，人口复杂，现有警力常感不敷运用，警察局为求防范周密起见，除整饬各级官警妥为配备外，并以义勇警察防护团员、国民兵及保甲人员混合编组，达成三位一体，构成警备网，共维地方治安。

十六、注意消防业务

（一）添置消防器材增凿蓄水池

本市消防队之消防器材，因使用过久，致多损坏，自应酌予添购，以备急需。惟关于舶来品部分，多无法购置，本年内曾购有土制麻帆出水带1000尺，并将江边第一、二两队救火艇加以修理，至蓄水池已增凿4个。另有金沙岗水池因工程浩大，须俟雾季开始后着手办理。

（二）整理沙包水缸

民间设置之消防沙包水缸，为补助消防之重要部分，市警察局经订有督饬市民储备沙包及消防用水办法令饬各分局遵照施行，除偏僻街巷得酌免设置外，其余各商店住户，均须置备沙包6市斤以上，蓄水一担以上，并规定每周由各分局所检查一次。本年九月，并举行大检查一次，以免遗〔贻〕误，而策安全。

十七、厉行战时生活

① 前句为“公务员工眷属生产合作”，原档照录。

（一）限制酒食消费

本市自三十一年一月一日起实施取缔宴会、厉行限制酒食消费后，餐馆内饮酒情形已不多。本年仍沿旧例责成临检查察队随时查察取缔，颇能收效。但市区内冷酒馆林立，似与节约消费之旨不尽吻合，今后拟酌予管理，尽量淘汰以符原旨。

（二）禁制奢侈物品

本市为厉行战时生活及稳定一般物价经遵奉委座手谕，及国家总动员会议第37次常务会议“限期澈〔彻〕底禁绝渝市奢侈物品”之决议。特拟订本市禁制奢侈品暂行办法，规定左〈下〉列各项物品，均为奢侈品：

（1）禁止进口之奢侈品。

（2）禁止进口及其货物来源已告断绝不能输入，而仍违法进口或已进口而其成本无法计算任意抬高价格之奢侈品。

（3）从沦陷区输入，其成本无法计算或在后方制造其性质不合战时生活需要之奢侈品。

以上第（1）项之奢侈品列为甲表，自八月一日起，一律禁止买卖，如发现应市销售，概予没收。第（2）项列为乙表，限自八月一日起，至十月三十一日止，两个月内照七月二十日市价售尽，如限期届满，尚未售尽时，得先期10日内申请社会局转呈本府指定机关按七月二十日市价收购，自十一月一日起，亦一律禁止买卖。如违概予没收。但拍卖行之旧货服用品不在禁止之列。至第（3）项之奢侈品，因禁售应与禁运禁制配合实施，其品目陆续公告之。

上项办法经公布实施后，爰于八月一日举行总检查，查获外国烟酒高贵化妆品装饰品及食品多种，经鉴定不在甲表取缔之列者，已予发还，其余海关早经禁止进口之奢侈品，已予依法没收，候汇交日用品供销处依照《市没收奢侈物品处理办法》办理，并经令饬警察、社会两局会订经常检查办法以重政令，而肃战时气象。

十八、维护交通

本市地形特殊路幅狭隘，而人口众多，交通繁复，汽车司机技术之良窳，对减少交通事故关系至钜，为保护市民生命财产之安全，并遵照委座手令经于本年八月特请重庆卫戍总司令部转饬各检查哨所对无驾驶执照及号牌之汽车予以取缔，并由警察局邀请各有关机关派员于两路口、小什字举行渝市汽车司机牌照总检查，对不合规定汽车予以取缔。

十九、整顿市容及环境卫生

（一）整顿市区棚户

查本市各马路两旁人行道及二十八、九年间辟之火巷地基多有市民擅自搭盖席棚或木棚，经营小贸，既不须缴地租，又不完纳税捐，此辈小贩多属邻近县民图避兵役或低级员工眷属希图牟利所为。惟间有沦陷区人民所经营者，然而不以有用人力供于生产，究于国家社会毫无裨益，不独违背政府法令，妨碍社会秩序，设有火患发生，更属危害公共安全，倘不取缔，刁民群起效尤，棚户充塞街衢，尚复成何都市。迭经本府邀集有关各机关会商办法，并指定地点，分别通知自行迁移，乃一再展限，迄未遵行，不得已于八月十五日派员会同卫戍部队及宪兵警察工务卫生人员分区督令迁移，其不遵办者即予代拆，始终和平劝导，进行尚称顺利。除邻近县民均劝令回乡从事生产事业，以冀人力、财力不致虚耗外，至沦陷区难民则正另谋补救办法，俾免流离失所。嗣奉委座手令：饬将市区内所有临时棚户严予取缔，设法改造，等因，遵经集会议决办法，分别令饬遵办。旋据工务局呈拟改革本市营造管理办法前来，经并案提交本府第199次市政会议决议：1. 重庆旧城墙范围以内及李子坝、复兴关以东至重庆旧城墙范围之马路两旁，自建筑线起各50公尺以内，自三十二年十月一日起，不准再搭捆绑房屋。2. 有建筑执照之捆绑房屋，如已损坏或将倒塌者，准予申请建筑执照，照工务局规定重新建筑，但不得申请修理执照。3. 无照兴工之捆绑房屋应即拆除改建。4. 仿桂林市发行房屋奖券办法，用以修建市民住宅等项，原则交由工务局妥拟办法后呈府核定施行。

（二）迁移土堆

查本市过去迭遭敌机轰炸，造成土堆坡坎甚多，殊于市容观瞻有碍，本府为整饬起见，曾分令工务、卫生局暂以一至七区为范围先行分别查勘，再利用各土堆填平洼地。兹以武库至炒房街口土堆，位于交通要道，急须迁移，经定于九月四日由工卫两局调派清道夫及道班及警察局第二分局发动国民兵团等 300 人开始清除，并决定将所有土块瓦砾运填和平路路基，一俟该处试行□，再推及他处。

（三）整理娱乐场所清洁

本府迭奉委座手令，整理本市公共娱乐场所清洁，办理以来颇著成效。本年三月又奉委座手令，除禁观客在场随地吐痰、购食皮核果品外，并禁观客在场吸烟、饮茶等情事，遵即邀请有关机关及各娱乐场所经理等举行清洁会议，商决取缔办法：1. 取消各娱乐场所贩卖部，及饮茶另辟休息室供观客饮茶吸烟之用，规定售茶一杯，取费一元。2. 如有观客在场吸烟及饮食一切物品情事，则由当场警士面饬该客自动投缴罚一元至罚金柜内，统计收取罚金三十一年六月至十二月计 5219 元，三十二年元月至八月份止计 3458 元，合计 8377 元，自经办理以来，各娱乐场所之清洁已有进步。

（四）组织灭鼠工程队办理灭鼠工作

本市灭鼠事宜经奉准指拨专款，组织灭鼠工程队专司其事，该队业于六月十四日组织成立，并商调卫生署技士刘志扬为队长，至于灭鼠工作计划暂以本市第一区范围一带地区为灭鼠示范区，实施灭鼠，并一面宣传灭鼠之重要及其方法使市民自动灭鼠以补工作力量之不足。

（五）拟订建筑公厕实施计划及建筑看屋

奉行政院令颁全国公厕建筑实施方案，饬遵照实施，经拟订办理计划四项：1. 本市现有公厕由卫生局就经费可能范围内分别择要逐加修理改善。2. 所有本市不合卫生之私有厕所粪坑粪缸由各镇公所首自城区次及市郊以达乡村分别调查明确后，再由警察卫生两局会同派员复勘，参酌当地实情，勒令各业主加以改善或填没。3. 应建模范厕所 4 所，选择适当地点尽量照式建筑，以作示范，款项在本年度公厕修建费项下动支。4. 各镇应须添建公厕，由警察局转饬各镇公所，视各保实际情形勘定地点，报由警察局会同卫生局复勘决定后，由各保筹款限期建成，又各公厕外另建看屋，以便派定专夫驻守打扫，现已建成者计 14 座。

二〇、继续办理居民身份登记

市警察局在本报告时期内，除更正错误，注销重复，及办理遗失补发身份证外，计共发出 2507 张，并令饬各分局所嗣后如有申请登记者应由户长保甲盖章证明始准发给，用期周密。惟本市辖区辽阔，人口众多而异动又极频繁，已发出之身份证难免不无他迁或转借涂改情事，该局为明瞭实际情形力求准确起见，经呈准于六月二十八日至三十日举行全市身份证总检查，事前拟具总检查办法及施行细则呈由本府提经市政会议修正通过，复经本府布告周知，普通居民均挨户检查（机关学校部队及国防工厂系由各主管人员自行检查）。此外，另由卫戍总部召集有关机关组织特检组专对可疑行人及住户施行检查，每户检查完毕时，即贴“查讫”字条于其门首以便考查，检查事项计分四点：（一）有无身份证或入境证或申请登记收据。（二）身份证相片或记载事项与持证人是否相符。（三）证件有无涂改、假借、编造、伪造、冒领或其他情弊。（四）入境证或申请登记收据是否逾期。（五）凡无身份证或入境证或已领而遗失，或相片与记载事项不符而确无其他情弊者，则限于24小时内分别向各该管警察所请领、补领或更正。（六）凡因人事变更而证尚存或申请重复或证有涂改、假借情事者一律将证缴销或按其情节轻重分别予以处分。（七）入境证或申请收据逾期，则饬从速换领。至检查结果计全市已领身份证者73.0759万人，尚未领证者48633人，遗失待补者3885人，内容不符者2911人，因故缴销者3196人，他往待查者44416人。至于外侨身份登记自本年三月止原已发出身份证357枚，截至本年九月止，已增发至1208枚。全部旅渝外侨均能依照规定声〔申〕请登记，惟对盟国军事及顾问人员，为顾全军事机密及便利其行动起见，经呈准于前颁本市外侨身份登记须知第一项增加如下之附注"在战争期间盟邦军事及顾问人员因职务上之必要得请求免予登记，惟仍须办理下列事项：1.须持有我军事委员会所发之正式证明文件。2.须随时将异动情形报告我联络机关按日汇转警察局参考。"于予以极端便利之中，仍维调查之目的。至外国使领馆常有发给其所雇用非其本国国籍人员之护照实易生流弊，已由警察局呈请本府转函外交部交涉限制发给。

二一、加强地方自治工作

（一）成立龙门下浩镇

本市龙门浩镇辖区辽阔、户口稠密，对于地方自治业务之推进殊感不便，爰于本年四月增设龙门下浩镇，设镇公所于觉林寺，至原有龙门浩镇改称为龙门上浩镇。

（二）提高区镇干部人员待遇

本市地方自治区镇干部待遇原极菲薄，区署干事月薪160元，镇干事月薪120元区，镇录事月薪80元，此外生活补助费月各200元，食米2斗，本府鉴于各级地方自治人员工作繁重待遇如此菲薄，乃决定自八月份起将各级专任地方自治人员月薪及生活补助费照原发数各增加一倍，食米仍旧。

（三）严密考核厉行奖惩

本市各级地方自治人员之考核，分任用考核、经常考核、定期考核三种。任用考核即于委任之先由各邻保单位填具考核表，加具考语负责保证呈报警察局并面加考验确属合格后始予核委。经常考核即由警察局各保甲视导员负责考核，如有特殊事故应予奖惩者，即随时签准办理。至定期考核则于年度终了时举行一次，所有本市各级地方自治人员上年度定期考绩事宜已于本年春由警察局造册报请本府转咨内政部核办，俟准咨复再行办理。至地方自治工作之考核，本市有地方自治巡回视导团每三月视导一次。本年七月视导团开始第二次视导本市地方自治工作，参加人员除内政部派视察伍忠道领导外，市党部、市参议会、市劝蓄会及本府与所属各局各派代表一人会同前往各镇视导，就各镇工作加以考核督导，对各镇疑难不易解决之事即就地提出解答，经7日视导完竣，当集合各视导人员开检讨会，对已视导各镇成绩品评：1.列入甲等者计有木关街等5镇；2.列入乙等者计有观音岩等12镇；3.列入丙等者计有弹子石1镇。对各镇自治工作之批评认为一般具有七项优点，同时一般缺点亦有四项。

二二、推行兵役制度

（一）调查及点阅适龄壮丁

本市奉令为全国兵役示范区，一切役政均由军政部兵役署组织重庆市征兵督导委员会直接督导，所有征兵程序，均依法定程序，本市自五月份起由警察局及国民兵团举办适龄壮丁调查，并将调查结果按镇列榜公告，准许人民更正错误及检举遗漏，一面由征兵督导委员会派员会同警察局分区集合一镇或数镇按照名册集合壮丁点阅，并分年次编组（各机关团体学校工厂等有特殊情形者准许呈准自行定期集合，但仍由警察局转报征兵督导委员会派员莅场监点），是项点阅于七月终办理完竣，计全市适龄壮丁30万余人，到场听点者达十分之八以上，且多高级职员亲身入队听点，守法精神至堪钦尚。

（二）举办壮丁体格检查

本年八月份起依照法定程序进入检查壮丁体格阶段，仍由征兵督导委员会组设检查委员会，由警察局派员会同赴各区镇挨次检验，至九月底止一至十区已检验完竣，十月份由第十一区起继续办理。

（三）办理免缓役之审核

本市工矿业技术员工免缓役审查委员会业于本年四月间裁撤，该会业务及本市市民缓役申请，即由警察局负责办理，所有申请缓役人员均提请重庆市免缓役审查会议开会审查决定。自本年四月至九月共召开会议13次，计审查申请工厂237家，核准技术员工7523人，个别申请缓役核准者1319人，已填发偬后抽征证及缓召证共12197枚，截至九月中旬止，共收免缓役、优待金及证书费127.5900万元，支用调查印刷等费93.1373万元，现尚存储农民银行34.4527万元。

二三、推行国民兵业务

（一）办理壮丁身家调查

市国民兵团遵奉本年三月五日国民政府颁布之兵役法所载征兵程序应于四、五、六三个月完成壮丁身家调查。故于第三区东华观镇先行试办，并依据法令规定，拟具实施详细计划，于五月十八日起派由团附、教官、督练员按照计划日程分赴一至十八区协同各级干部开始工作，迄至七月底止已将全市十八区各镇调查完毕，已由镇保造册呈核。

（二）编造壮丁名册及国民兵民簿

本市壮丁身家调查完竣后除以保队为单位造成壮丁名册外，再以镇为单位将全镇各保所有壮丁依照出生年月日顺序编成二十七个中队缮造国民兵名簿，已于七月底完成，今后区分年队训练及年次征兵均已有所依据。

（三）地区编组及年次编组

查本市国民兵地区编组及年次编组早经实施，惟市民异动甚大，故经一度详细调查后应予从新调整编组，业于调查时间依照区镇保各级国民兵队以镇为单位召集点阅以完成地区编组，并同时分别年队以完成年次编组，曾请由市征兵督导委员会长官亲临训示并饬各组点阅人员分别查询，借期翔实。计全市为18区队，78镇队，659保队，7382甲班，每镇均为27年队。

（四）预备队之编组

市国民兵团为健全本市国民兵预备队服行国民兵役，特于本年三月份将全市预备队检选较优之30个中队，每中队整编为8个任务班、□个预备班，视各区地域之辽阔警卫任务之繁简以分配队数而担任警卫冬防空袭火警等事宜。

二四、征雇赴印运输工人

本府准军政部电，本市应予一个月内征募赴印度运输工人4000名，准抵本年度本市征兵配额，现正由本府积极办理中，惟赴印工人远适异国，对于其家属不能不发给一整数的安家费。本府因与兵役署程署长商决每名发给5000元，以4000名计，总计需款2000万元，此项经费来源已拟定向本市殷实住户及商民筹募，其办法已经拟定。此项安家费为慎重起见，本府已聘请党政机关及法团主持人员组织管理委员会，经管发放至各区。征到运输工人于九月二十七日已开始在警察局检验体格，惟因渝江师管区所派医官检验标准过严，以致应检工人合格者不及什一，本府已电请军政部迅予矫正，并由卫生局加派医师参加检验。

二五、增进防护业务

（一）加强救护组织

本市防护团为健全救护队组织，经令定办法三项：1. 未成立救护中队之各区团，即日遵照规定编组成立。2. 各区团即日调查辖内未编入救护队之中西医师护士药剂师等，由总团部分别编组。3. 各区团即日征选辖内 15 岁以上 35 岁以下无乳儿之妇女，编组妇女分队，每分队人数 5 人至 10 人，尽可能每分团编成一个分队，隶属于该区救护中队，现妇女分队已编成 9 队，正从医师队员中选聘教官，积极训练中，并已向卫生署请领到一部分急救包，以资补充，

（二）增编防护特别分团

市防护团曾就调查应组织特别分团之机关、团体、工厂、学校、公司、行号分别检附组织纲要，函请查照组织，计四、五、六、七、八月份陆续据报，组成者有海关总税务司、东川邮政管理局、川盐银行、兵役署、市工务局、宪兵司令部、外交部、中国粮食公司碾米厂、中国标准铅笔厂、中国电影制片厂、中国航空公司、重庆银行、重庆营业税处、中央银行等单位。

（三）加强防护训练

市防护团在民三十年以前，对团员训练方针，侧重基本军事教育，经严重轰炸后，需要高度防护技术应付，故三十一年起即侧重技术教育，于三十二年继续完成，但虽拥有熟练技术（静的教育），如空袭时行动不达要领，技术仍隶无用，故本年度决定侧重行动教育（动的教育），以行动教育为主，技术教育为辅。为本年度训练方针，现已分别拟定实施计划，开始进行。

（四）管理公私防空洞

1. 办理凭证入洞

本市办理凭身份证入洞事宜，系分期举办，自本年二月八日起至四月七日止，专办一至八区，四月二十日起继续举办九至十二区，至特别区大隧道，因容量过大，为求管理严密，借杜流弊起见，经规定凡核准入大隧道避难之市民，于接待通知单时，即须持身份证至各该管区加盖凭证入洞戳记后，送往配备之隧道加盖圆形洞口戳记，再送本处另盖钢印，始能生效，因手续较繁，展限至六月十五日始全部办理完竣。

2. 加强洞口管理

自凭证入洞办法实施后，配有洞号之市民，因有恃无恐，空袭警报发出后，尚不肯先行入洞，而未经配备洞号者，则麇集洞口，冀图伺隙强入，甚至有配备甲洞而愿往乙洞避难者，亦皆逗留其他洞口，致紧急警报发布后，顿成拥挤状态，洞口秩序，亦因之无法维持。市防空洞管理处，为免发生意外起见，除于避难市民特多之大隧道每一梯口增加检验入洞证管理员 4 人外，并规定紧急警报时措施办法三项：1. 已配洞市民在空袭警报后，应即入洞，依次就座。2. 凡已配有洞号者，若入他洞避难，一经查出，即注销其原配洞号。3. 未经配有市民，不得麇集洞口，若有伺机强迫入洞者，即送交治安机关究办。

3. 建筑大隧道各梯口掩蔽体

本市石灰市、演武所、二府衙、梅子坡、三王庙、夫子池等六处隧道梯口，建筑铁筋钢骨混凝土掩蔽体，已呈准拨款 300 万元，招商承建，业于五月二十六日正式开工，预计年内完成。

4. 电气设备之改进

（1）照明：本市六大隧道中除临夫隧道因材料困难，仍用小电灯外，其他均系自行发电，最近又仿照公洞办法，每 10 公尺配备油灯一盏，并增设各隧道公洞转塆〔弯〕及洞口或梯口处油灯 1 盏至 3 盏。

（2）通风：大隧道及长大公洞，均有通风设备，又以原有通风机数量不足，已商准将前工

程处购置未用之电动通风机多部，分装各隧道使用。

（3）通讯：大隧道除临夫外，均设有军用电话联络消息，左半隧道并设有十门总机一座，其余公洞，拟装置收音机，已列入三十三年度工作计划中。

（五）完成各公洞甬道消毒救毒设备之配置

本市各公洞甬道消毒救毒设备，所需药品器材，业已络〔陆〕续购置全部配发备用，

（六）执行人口疏散

市警察局自本年三月份起，依照原定计划，先后劝导督促强迫市民疏散，惟本年空袭甚少，一般市民，多抱观望态度，执行疏散，颇感不易，但疏散关系市民安全，该局仍继续加紧办理，对于无避难处所居民，一律强迫疏散出境，不遵令疏散者，即拘送劳动总队或卫生局罚服劳役，如仍不离开市区，则封闭其住所，并缴销其购米证及日用必需品购置证。本年六月十五日，该局为检讨执行疏散情形，特召集各有关机关及疏散总队以下各单位代表，举行工作会报，除由各单位报告执行实况，经分别予以指示外，并决定：1. 疏散日报表，需在离境前三日送由疏散总队汇转备查。2. 在六月底以前由各区于每日上午七时鸣锣晓谕，无证市民从速疏散。3. 市区内空房一律查封，以免由甲区疏散市民迁往乙区居住。4. 赤贫居民准填发免费疏散证，但限于六月底以前有效。数月来计疏散 7321 户，男 27587 人，女 21877 人。此外经传案具结限期疏散者 27897 人，受警告者 32152 人，送服劳役者 54 人，缴销购米证者 4 人，缴销日用必需品购置证者 5 人，封闭空屋 42 栋、共 98 间，填发疏散八折优待证 3894 张，免费 1117 张，救济费证 554 张。

二六、教育行政

（一）国民教育

1. 增设中心学校及国民学校

本市中心学校三月份以前有 43 所、408 班，三月份以后已增至 55 所、554 班，较前增加 12 所、146 班，保国民学校三月份以前为 90 所、222 班，三月份以后增至 100 所、286 班，较前增加 10 所、六十四班。

2. 办理小学教师暑期训练班

本年小学教师暑期训练班，计调训学员 120 名（中心学校校长 5 名、保国民学校校长 21 名、教员 94 名），□应事实需要，附设小学体育教员训练班，调训小学体育教员 60 名，合计 180 名，于七月十七日开始八月十八日结束，训练期间为一个月，期满考核成绩及格者，仍以原职任用，本期调训学员人数，较上期多 93 人，训练方法亦力求切合实际需要，以故成绩较上期为佳。

3. 办理小学教师检定

本年小学教师笔试验检定于五月间举行，计参加检定者 212 人，经组织检定委员会分初复两次审查结果合格者，高级 81 人、初级 28 人，共 109 人，不合格者 103 人。

（二）中等教育

1. 创办市立师范学校

市立师范学校，经于本年四月即已开始筹备，原定八月间建成校舍，完成设备，惟以地址堪觅不易，一切建筑手续，颇费周章未能如期完竣，现已勘定南岸玄坛庙第十一区实验中心学校旁荒地一幅为校址，业经委托工程师绘具图表呈奉行政院核准，并经招商承包开工建造，预计于本年底可全部落成，明（三十三）年上学期开始招生开学。

2. 办理第三届中学教员暑期讲习会

本年中学教员暑期讲习会，原定由教育局与中大师范学院合办，并令调各校教员 60 人，分

设国文、英文、数学、史地四班，讲习讨论会定期七月六日举行，嗣以各校教员暑假期间多有更动，复因原列预算不敷，不克举办。

（三）社会教育

1. 翻印民教课本

本市民教课本，本年经本府拨款9.6万元，翻印6万本，已于六月份以前印竣分发各民教班部领用。

2. 推行体育教育

本年体育教育之实施，经由市教育局制定计划及进度表，按步推行，并订颁中级学校及中心国民学校体育实施改进要点，中等学校及小学体育实施成绩竞赛办法，令饬各中小学校切实遵照实施，以谋改进学校体育教育，对社会方面亦经拨款补助。市体育协会、市国术馆按期举办市民水陆空各种运动比赛、体育表演及国术教师班练习班等，以谋发展社会体育教育，最近并积极筹备第二届运动大会，预定于双十节举行，借资提倡市民体育，促进市民健康，至市体育场、体育馆、游泳池等，亦正选测地址，分别计划建筑中。

（四）提高战区学生贷金

战区学生贷金名额早经核定，全贷半贷各250名。贷金数，已往全贷为22元。半贷为11元，本年已提高为全贷44元，半贷22元。计一至七月份已核发贷金10.9824万元，下期将再提高为全贷60元，半贷30元，至八九两月份，亦正核发中。

（五）扩大并提高奖学金额

本市奖学金额，计分两种，市立中学奖学金由市库固定开支，私立中学奖学金，则由劝募所得配发。至奖学金数目，以往为甲等100元、乙等50元、丙等30元，本年已提高为甲等200元、乙等100元、丙等50元，本年度二期各私立中等学校，应领奖学金，已由教育局审核完竣，计7.04万元，已函请奖学金保管委员会拨发。

（六）分区视导学校

市教育局为加强视导工作，特依据本市自然形势及学校分布情形，将全市划分为城中、南岸、江北、沙磁、九浮、迁建等六视导区。每区设督学2人负责并规定视导工作之进行以月为单位，前3周为视导时间，后一周为驻局编具报告时间。每周视察均须由局出发以便与局方切取联系，并于月终举行工作会报，相互检讨，增进效率，总计上期视导公私立学校凡276所。

二七、工程概况

（一）新路工程

新路工程以经费所限，仅能择要次第施工，本期所经办者，计有1. 江北观阳门至衙门口马路路基及堡坎、明沟工程，已全部完成。2. 杨柳街至苍坪街马路工程已完成百分之六十。3. 和平路路基工程已完成百分之八十五。4. 抱台街第一期马路工程计长420公尺，已完成百分之八十。5. 教门所石板路路面工程已完成百分之九十。6. 大同路路基工程以经费关系，光修民生路口一段，约150公尺，现已完成百分之五十。

（二）改善工程

本市原有道路现经加改善者计有：1. 嘉陵新村道路工程，已全部完工。2. 歌乐山至宽仁医院道路工程，已全部完成。3. 上清寺至小龙坎道路工程，由小湾至小龙坎段，业已完工，其余亦完成百分之七十。4. 小龙坎至石桥铺石板路面工程已完成百分之四十。5. 南岸老君坡及罗家坝石板路面工程已完成百分之五十。

（三）下水道工程

市工务局对于下水道工程，现正详拟整个计划，分期整理，除零星工程随时由道班修浚外，其已经核准招商承办者，计有 1. 尚武巷暗沟工程已全部完成。2. 会仙桥至香水桥水沟工程已完成百分之三十五。

（四）其他工程

此项工程计有：1. 储奇门码头改善工程，已完成百分之三十。2. 本府会议室及马路工程，会议室已完成百分之十五，马路部分已完成百分之二十。3. 江北衙门口广场工程已完成百分之七十。4. 卫生局产科医院工程已完成百分之二十。5. 修理东水门禹王庙堡坎工程，已完工。

二八、整理公用事业

（一）轮渡

查重庆轮渡公司为本市水上交通唯一事业，共有渡轮十二艘，分航各线，前因燃料高涨，迭据申述困难，本府为谋航行安全，特提请中央补助该公司 50 万元，近更照交通部水运运价标准，将票价予以调整，计前舱 2 元，后舱 1.5 元，夜航一律 3 元，半票 1 元，自五月十五日起实行。是项票价自经此次调整后，而各种物价仍继续飞涨不已，该公司业务仍属不振，迭据请求增加票价。经查该公司六月份开支为 380 余万元，七月份燃料等又复上涨，开支约需 400 万元左右，而收入每月不及 200 万元，不敷甚钜〔巨〕，经提本府市政会议讨论，准将前舱票价改为 3 元，后舱 2.5 元，夜航一律 5 元，优待票 2 元，自八月十五日起实行，以资维持。

（二）电力

查重庆电力公司有发电厂三处，可发电 1.1 万千瓦，唯机器陈旧，仅可发电 1 万千瓦，而兵工工厂及市民用电共需 1.45 万千瓦，故不得不采分区停电办法。本府为维持公安及市民用电起见，经会商经济部规定各兵工工厂用电，并督促有发电设备各厂自行发电，对于市民用户，除必需电灯外，一律停止，以节无谓消耗，并调整电费，俾能收支平衡，逐渐改进。

（三）自来水

本期对于自来水公司督促改进约分三点：1. 添建 8000 吨沉淀池一座。2. 复在制水场加装大量唧水机一座，借以补充新市区水量供给之用。3. 制水厂增加唧水机及氯气机之设备，均用钢骨水泥加以防护，至该公司以物价飞涨收支失衡呈请调整水价经与各有关机关商讨酌予加价及呈准拨给补助费以资救济。

二九、促进卫生行政

（一）医疗情形

1. 市民医院概况

本市市民医院病床年来颇有扩充，惟自二十八年五三、五四遭受敌机严重空袭以后，市卫生局遵奉最高当局严令城内医院只准设 20 床位避免无谓牺牲之规定，饬将城内总院床位减少，另在唐家沱及南岸鸭儿凼两处先后设立第一第二两分院以补城内总院病床之不足。上年八月间并由本府拨款 42 万元将总院被焚被炸房屋修建完竣，同年十一月续拨款 16 万元以为该院扩充病室增加病床之需，在前城内总院除重伤病床外，普通病床只 20 张。至于业务方面除经常收容重病，及赤贫病人免费住诊外，每星期六与中央医院合办之联合门诊及星期日诊病，仍然照常。

2. 赤贫病民免费诊病之办理

本市除市立各卫生所、诊疗所、流动医疗队及市民医院总分各院贫苦病民免费门诊医药两项完全免费外，另有赤贫病民免费病床之设置，此项补助经费，本年增至 5.7 万元，现有基本病床 3000 张，指定市民医院南岸鸭儿凼第二分院专门办理赤贫病民免费住院治疗事宜，所需经费除由本府按月拨付补助费外，另由市民医院划拨4000元，社会部补助药费5000元，并由卫生局商准陪都空袭救护委员会医护委员会于南岸重伤医院，及复兴关重伤医院腾出病床60张，专为免费救治贫病之用。

3. 设立肺病疗养院

本市尚无肺病疗养院之设置，本府为适应需要起见，已饬由卫生局商得卫生署同意将新开寺医疗防疫总队第一防疫医院房屋拨充办理肺病疗养院之用，并利用后面空地准备添建病房，前已分别令聘卫生局王局长祖祥、卫生署容处长启荣、中央医院梅院长贻琳、肺痨科吴主任绍青、医疗防疫总队左总队附吉等5人为筹备委员积极筹备完竣，并以左吉兼任院长，业于八月一日先行开始门诊。同月底布置病床30张，九月一日开始收容病人预计俟房屋建筑完成，决将病床扩充至100张。

（二）防疫概况

1. 预防霍乱菌苗注射

本年夏初衡阳、桂林、贵阳等处相继发现霍乱，且有侵入本市趋势，市卫生局为防患未然起见，提先于五月二日即开始预防霍乱菌苗注射，此项防疫工作除组织防疫注射队、临时流动注射站担任外，并另组检疫站联合卫生署汉宜渝检疫所办理长途水陆交通码头及飞机场检疫事宜，一面并与四川、贵州、广西等省卫生处，按期交换疫情报告，以谋防止。复因本年改用浓缩纯霍乱菌苗注射，预防周密本市迄未发现霍乱。

2. 举行种痘运动

天花一症，在春季及秋末极易流行，市卫生局特饬所属医疗单位，于春季举行种痘运动以防天花。种痘办法，计分集团、挨户、个人三种，至于秋季种痘运动现亦正分别订购应用痘苗及器材准备，于十一月初旬举行（春季种痘计8.7379万人）。

3. 添建传染病医院房屋及添置急需设备

市立传染病医院，自迁入土塆新屋开诊后，房屋极感不敷分配，呈经本府核准，先行添建职员宿舍，所需建筑费11万元，在该院本年一至三月份节余经费项下支付，又该院及分院原有设备，亦感破旧不堪，后经该院择定急需物品若干种，呈准本府添置，所需购置物品费35.78万元，亦由本府拨发分别置办。

（三）保健工作

1. 设立产科医院

市立各诊疗卫生所队，每月接生人数至众，大有应接不暇之势，又以市内私立医院诊所接生收费数目非一般平民所能负担，本府爰饬由卫生局计划筹设市立产科医院一所，利用国立助产学校产院旧址，建筑房屋，已核准全部建筑费78万元，设备费42万元，业于八月份开工修建，预计本年十二月初，可以完成开诊。

2. 编印抗疟实施办法

本市沙磁区计有大小工厂150余所，员工约4万人左右，根据去年报告，该区员工患疟疾者，约占总数百分之五十，对于厂家直接间接所受之损失，当在3000万元以上。至于员工患疟以后工作能力减低，使作业上所受损失数字之钜，更属不可思议。市卫生局，特拟订抗疟实施办法九项，印送各工厂参考，就经济可能范围内尽量促进抗疟工作以增进生产效率。

3. 健康教育之办理

本市健康教育工作系采取分区办理办法，以市立各卫生所为推进工作中心，以不增加学生负担为原则。举办学校卫生之各校有校医费者，移充校中卫生设备之用，关于各校学生之卫生指导及疾病治疗事项，由各卫生所制备卫生药箱，指派医务人员轮往各校担任。

三〇、管理粮食

（一）分配贫民平价米

本市平价米分配数字在七月份以前，每月为4000市石，自本年七月份起，经核减为每月3200市石，以1200市石配发市社会局主办之平价粥厂，以2000市石核发本市一至十二区内之赤贫市民，均依规定标准办理。

（二）管制粮食交易市场

本市市区内（一至十二区）粮食交易市场有米亭子等15处，郊区（十二至十七区）有黄葛垭等13处，除市区内米亭子、黄学巷、千厮门等处交易市场，由市粮政局及粮食部陪都民食供应处会同派员经常督导各粮商依法交易外，其余市内及郊区各粮食市场，则由该局派外勤人员，轮流视察，如有违反议价限价或囤积居奇者，按其情节重轻，分别惩处。

（三）粮商管理

1. 登记粮商

本市经营粮食购销、仓栈、经纪、加工厂商等粮食商人，均经市粮政局依法登记，始准营业，本年度经核准者，计有购销商620家、运销商132家、仓库商1家、加工商202家、经纪商39家，共计994家。

2. 食米承销店之管理

本市食米承销店共计101家，平价山米店共计25家，均由市粮政局经常派员轮流视察，督饬其依法配售，并考核各该米店办理，成绩之优劣，以定奖惩。经评定各承销店办理状况之结果，计办理妥善者有39家，成绩平常者46家，受停业处分另行招商接办者15家，经此严格整饬，各米店办理情形均较良好。

（四）整理市仓积谷

1. 办理积谷

本市积谷原有6000余市石，现拟增购14000市石，共为20000市石，以备荒歉，至增购积谷款项，仍以营业税附带代征之积谷捐为来源。

2. 增辟乡区仓库

本市所辖乡区各镇，未能普设积谷仓库，经市粮政局会同市警察局督饬各镇，从事查勘建仓地点，期达一镇一仓之目的，现正加紧推进中。

三一、图书杂志之审查

（一）加强审查工作

本府为加强图书杂志审查工作起见，自本年度起，扩充市图书杂志审查处为特级编制，数月以来，市图书杂志审查处业务逐渐展开，舆论日趋纯正，统计本年三月至八月6个月中，经审图书原稿为1456种，与去年同时期经审图书原稿560种相较，几达一倍以上，经审杂志原稿817期，与去年同时期经审杂志原稿及577期相较，几成三与二之比例，本市出版事业之发展，审查工作之繁重，于此可见一斑。

（二）放宽审查标准

抗战胜利在望，宪政实施亦正在筹备之中，最近舆论界一部分有宽放之必要，考诸市图书杂志审查处最近六个月之工作统计，经审图书原稿1456种中，内容不妥饬令暂缓付印及不准付印者计15种，仅占经审图书原稿总数百分之一点四，经审已出版图书618种中，内容不妥予

---

① 原档照录。

以停止发售者计4种，仅占经审已出版图书总数百分之点六[1]，盖无论图书或杂志，除其内容有泄漏国防机密，违反抗战建国国策，懈怠抗战情绪，及妨害善良风俗之危害者，酌予限制外，其他讨论现实问题之限制标准，实已宽放至最大限度，此外如纯粹学术著述，不但审查尺度极宽，甚且〔至〕可以给证免审，以示扶植重于限制，指导重于取缔之意。

三二、筹建滑翔机场

本市拟建滑翔机场场址原经择定在菜园坝建筑，因位置稍低，深虞涨水时淹没，嗣准市党部杨主任委员公达函，以转准滑翔总会郝更生先生函送小龙坎滑翔机场增大计划草图及扩展工程经费概算各一份到会，嘱提交理事会详加研讨等由，本会爰于八月十九日召开第三次理事会详加讨论，当以小龙坎毗邻沙磁文化区域，交通便利，工程简易，机场场址遂经决定改在小龙坎辟建。并照总会机场增大计划图案兴修，至于机场经费预算数额亦经决定按扩展工程经费概算定为200万元，至关于机场建筑经费，并无的款可拨，所需经费悉靠劝募，本会为使劝募业务顺利推行起见，特组织重庆市滑翔机场建筑经费劝募委员会，并草拟重庆市滑翔机场建筑经费劝募委员会工作大纲，及重庆市滑翔机场建筑经费劝募数额分配表，均经提交第三次理事会议分别修正通过，现本会正拟推动劝募工作，以期在本年十月底能够达成200之数。

三三、设立本市军用物品代办所

本年八月奉军委会电令，颁发驻川军需独立部队食油燃料马乾采购办法，依照此项办法内规定，本市应设立军用物品代办所，代购食油、燃料、麸皮，豆料，马草供应部队需要。本府于九月内邀集各专管物资及有关机关，合组成立，从十月起开始供应，使驻在本市各部队不因购物与民间多起纠纷也。

重庆市档案馆馆藏档案：全宗号：0053，目录号：3，卷号81

3. 重庆市政府1946年1月至6月工作报告

重庆市政府工作报告

（三十五年一至六月份）

壹　奉行中央法令事项

法令名称	颁行机关	到达日期	奉行情形
处理韩侨韩俘办法	行政院	1月17日	令警察局知照
行政院电影检查处组织规程	行政院	2月8日	令社会局知照
修正收复区土地权利清理办法第五、八条条文	行政院	2月16日	令地政局知照
雇用外籍引水人管理办法	行政院	2月18日	饬属知照
国殇墓园设置办法	行政院	2月18日	饬属知照
意大利在华人民及财产暂行处理办法	行政院	2月25日	令警察局遵照
汽车监察办法	行政院军事委员会	3月2日	饬属遵照

续表

法令名称	颁行机关	到达日期	奉行情形
中央党政机关留渝及迁建区公产处理办法	行政院	3月5日	经组织公产管理处办理调查接收及分配保管事业
进出口贸易暂行办法	行政院	3月5日	饬属知照
中央银行管理外汇暂行办法	行政院	3月5日	饬属知照
改正中央设计考核主计机关工作联系办法第四条条文	行政院	3月5日	饬属知照
设置合作农场办法	农林部	3月6日	令社会局知照
前敌产处理委员会登记管理之后方敌产接管处理办法	行政院	3月26日	饬属知照
都市计划委员会组织规程	内政部	4月18日	令陪都建设委员会知照
财政部管理银行办法	财政部	4月23日	令社会局财政局市银行知照
收复区敌伪产业处理办法	行政院军事委员会	4月24日	饬属遵照
收复区私有土地上敌伪建筑物处理办法	行政院	4月24日	
商业银行设立分支行处及迁地营业办法	财政部	5月3日	令社会局财政局市银行知照
财政部管理合作金融办法	财政部	5月3日	令社会局财政局市银行知照
修正收复区商业银行复员办法	财政部	5月2日	令社会局财政局市银行知照
地方政府拨用接收敌伪产业办法	行政院	5月25日	饬属知照
电信监察实施办法	行政院	5月31日	令民政社会警察工务公用各局知照
非常时期违反粮食管理治罪暂行条例	粮食部	6月6日	函复并饬属遵照
遣送德侨办法	行政院	6月24日	令民政局警察局遵照
德侨在华私人产业处理办法	行政院	6月24日	令警察局遵照

贰　颁行本市单行法规事项

法令名称	经何次会议通过	颁行日期	法令要旨
重庆市教育局为胜利复员接收各机关学校奖励办法		1月15日	为奖励对本市教育有特殊贡献之机关学校起见特订定本办法
重庆市清洁费征募保管支用办法		1月26日	为整顿本市环境清洁筹募专款以供开支起见特订定本办法
重庆市警察局订定民间义勇消防队督导训练办法		1月29日	订定办法以资依据
重庆市中区干线人行道铺筑办法		1月31日	为求整饬市容清洁人行道特订定本办法
修正重庆市屠宰税征收细则第五条条文		2月4日	修正借杜偷漏
重庆市使用牌照税征收细则		2月7日	依法订定以资依据
重庆市警察局清洁总队清洁班夫验补管理办法		2月20日	为统一清洁班夫验补手续，汰弱留强增进清洁工作效率，起见特订定本办法
重庆市政府所属公教人员子女入市立男女中学及指定优良私立中学免费办法		3月12日	修正以资适用

续表

法令名称	经何次会议通过	颁行日期	法令要旨
重庆市接收中央机关留渝公产管理组织规程		3月17日	为遵令办理中央党政机关留渝及迁建区内公产调查接收并分配保管事宜，特订定规程以资组织
重庆市国际交谊场所管理办法		3月26日	修正以资适用
重庆市救济院遣散各所所生办法		3月27日	订定办法以资依据
重庆市清洁实施办法		3月28日	修正以利执行
重庆市清洁费稽核委员会组织规程		3月30日	本府为稽核清洁费收支并求力用途确切正当以昭大信起见特订定规程以资组织而利办理
重庆市银楼业收换金银器物保留及代查失物暂行办法		4月3日	订定办法以资保障正当营业
重庆市政府公共汽车管理处采购委员会组织规程		4月11日	订定规程组织以便集中采购物料
重庆市公共娱乐场所管理规则		4月15日	修正以资肆应
重庆市政府清洁考核办法		4月27日	本府为使全市确能达成清洁目的督促各级执行人员加强工作起见，特订定本办法
重庆市卫生局检查冷饮餐厅办法		4月29日	订定办法以为执行检查之依据
重庆市机关团体附设民众学校办法		5月8日	为普及失学民众识字教育起见，特订定本办法
重庆市下水道工程筹备处组织规程		6月18日	本府为整修本市新旧下水道起见，特订定规程组设筹备处以利进行

叁　工作进度

一、行政部分

（一）社会

1. 调查本市各业复员情形并加强各业团体组织：本市工商职业团体组织，上年度即已完成一业一会之计划。自抗战胜利后，各业公会内部人事多有变动，经分别调查各公会复员实际情形并限令完成小组划分，以加强其基层组织。本期新组成酿酒工业同业公会及染布商业同业公会各一。

2. 推进社会运动：本期各项社会运动，除“六三”禁烟纪念一项，由本府主持，会同各有关机关办理外，其他如农民节、妇女节、儿童节、劳动节及端节、慰劳征属大会等，悉由市社会局协助办理。

3. 督导团体自办会员训练：本期督导本市国药公会举办药剂生训练，镶牙公会举办镶牙业务人员训练，余正继续督导举办中。

4. 临时振〔赈〕济：（1）先后核发第五区第7、13、22等保火灾振款50万元，第七区第13保振物9.2万元，第八区第2保振款11.8万元，第九区第14保振款165.8万元，第十一区第1、

14 两保振款 21.4 万元，共发国币 257.2 万元正。施振结果，受振灾民计共 2534 人，内中以江北灾情为最重，计受振灾民 1765 人。（2）核发谢海清之妻陈氏一胎三子救济费 5 万元，又李详云等 19 人临时救济费 3.9 万元，共国币 8.9 万元。

5. 调整市救济院机构：院长以下增设副院长 1 人，共为 3 人，并为便利办事，而专职守起见，规定该院分设总务、生产、指导三组，所属各所并得按照事实需要设股办事。

6. 监督工会财务：本年上半年原拟订期召开财务员会议，藉促进行，继因饬据查报各工会财务尚属健全，故将本市监督财务单行法于三月间予以废止，责由总工会直接监督，以期便捷。

7. 评定运价工资：本年四月间召集有关机关成立本市工资调整委员会，按本市工人生活指数增涨比率，比照三十四年八月份原调整数分别予以调整。计与民生有关之纺纱、织布、染织、针织、巾毯、提装、运输、拨船、渡船、转江、斗量、板车等 12 业均予增加百分之六十五。其余各业悉依是项指数由主工自行协议，或由工会自行议价报核。六月份复依社会部颁发复员时期民营企业工资调整办法之规定，将有关民生之 12 业，各按工人生活指数增加百分之二十九，其余各业亦仍照是项指数调整报核。

8. 处理劳资争议及劳工纠纷：本期处理上年度未结劳资争议案件 36 件，受理 229 件，已调处结案者二 213 件，正调处中者 16 件。

（未列计划）遣送失业工人：本年四月份起开始调查登记，至五月二十五日截止，共登记请求遣送还乡失业工人及眷属 2753 人。于五月三十日起至六月底止，分批定期由行总重庆难民疏〔输〕送站用木船遣送，除一部分弃权外，先后实送 600 人，其余尚有 2009 名因长江水位高涨，为求安全计，另行洽请交通部公路总局调派汽车遣送，现正商办遣送手续中。

9. 整理并加强合作组织：抗战胜利后，迁渝工厂学校陆续迁出，中央机关亦随国府还都。市社会局曾先后分别函令随其主体迁出之合作社在离渝前办理清算，并将清算情形连同原领登记证一并呈送社会局核备。其因主体裁并、解散或经社员大会决议解散之合作社，亦办理清算登记手续。至于地方性之区保合作社，前为普遍设立，以便办理管制物资定量分配起见，曾依旧镇之分化设立合作社，现废镇设区，原有合作社因规模太小、资金不充及物价涨落无常，政府平价物资之相继停止供应，影响所至，难免亏折倒闭。为整理计，凡业务太小，确属无法继续营业者，即分别指导其清算停业，或与邻近之社合并，以每区有一较大型之合作社作中心社，再就力之所及，在各该区域内酌设分社。现已办理者，有第十四区沙坪坝合作社，第十区香国寺合作社，其他各区亦正策动办理中。关于各区保合作社之整理，市社会局分别邀集各区市参议员、区民代表会主席、各社负责人及公正士绅，分区召开合作座谈会，商讨整理推进事宜。计已召开座谈会者，为一、三、四、五、六、九、十八等 7 个区，其余各区在继续召开中。

10. 稽查合作社账目：派员指导各合作社办理三十四年度终结预算书类，并送市社会局初度审核，计已审核 49 社，并拟再派员抽查。

11. 充实合作金融：本市合作金库，上年度吸收存款达 3 亿元，本年该库因受财政部令限吸收机关存款之影响，减至数千万元，复经市社会局保证两次向中农行订立透支契约计款额 1.3 亿元，又协助其吸收存款，现共存款 3 亿元左右。

12. 辅导费联社业务：该联社因上年度受抗战胜利物价暴跌之影响亏拆至钜。本年度开始，即感资金之限制，业务无由开展，为节省开支以免继续亏损起见，乃指导其紧缩组织，并裁减职员，业务方面，本期内进货总额 2512.2250 万元，销货总额 2384,0041.66 万元。惟以向外借入之款，每月付息甚钜〔巨〕，故先就现有可能运用之余额 3000 余万元妥为运用，并扩展其信用业务，吸收社员存款，增辟资金来源，以求做到收支平衡，进而再求以具赢〔盈〕余清偿借款。

13. 举办社职员讲习：因各合作社受上年度物价暴跌之影响，大部亏折倒闭，现正从事整理合并与改组工作，但以经费支绌尚未举办。

（未列计划）推进信用合作组织：市社会局为谋流通平民金融，调剂事业基金起见，先后指导各区消费合作社设立信用部，在未设信用部之区，准许市民发起组织信用合作社。现一至五区每区均有市民申请发起筹备会者，经市社会局拟定各区信用合作社组织原则四点：（一）信用合作社之业务区域，以一行政区为一单位；（二）各区信用合作社在呈准社会局许可发起组织后，应即会同所在区公所登报公开征求区内居民参加组织；（三）凡经获准登记之社，应准许区内居民随时自由参加，不得拒绝；（四）在条件不足一时不易组织之区，于过渡期间，居民得参加邻区，一经本区之条件具备时，再退出另行单独组织该区合作社。以上各点，经社会局呈准本府核备，现正积极指导实施中。

（二）警察

14. 充实警力确保治安：（1）完成保安警察第三、四两大队：本市辖区辽阔、人口稠密，警局警力薄弱，维护治安，实难万全，上年拟扩充保安警察一大队，嗣因各种关系，仅成立直属中队一中队，连同原保安一、二两大队，为数不过600余人，且均分散各地，服务力量不能集中，未克适应机宜。而复员期间，中央宪警□已他调，所遗勤务，均交由警局接替，更感力量单薄，责任綦重，经迭次呈请扩充，乃准调拨中央保安警察第二总队，以加强本市治安。（2）继续请求增拨枪弹：警局警力，既形单薄，而警用枪械，更感缺乏，原有步枪多系土造，且大半窳腐，不堪应用，经由警局迭次呈请，去年十一月十三日准军政部拨修成步枪300枝，本年先后拨发修成步枪700枝，连前共1000枝、弹10万发，手枪50枝、弹5000发，经机枪12挺。惟警局员警共有5000余人，武器配备，尚未达一人一枪之目的，如遇事变，仍难应付，刻准联合勤务部代电，准再拨20响驳壳手枪50枝、弹5000发，正由警局洽领中，并继续请求补充，以厚实力。（3）加强驻卫警察队：警局驻卫警察总队，自三十年成立以来，经切实管理运用，颇著成效，本年因国府还都，工商复员，是以各机关均陆续裁减，现驻卫机关仅有150余单位，人数由1000余减至600余，兹值国府还都尚未竣事，复员正加紧进行之际，对驻警警察总队，应即加强，以使辅助警察，共维治安。

15. 组训义勇义务警察协助警察业务：（1）警局原拟将义勇义务警察合并编组，嗣以各种关系，仅将义勇警察组训计划呈送本府核准施行，现正筹办中。（2）原拟每一个月训练一期，每期训练一中队，现正筹办编组事宜，一俟编组完竣，即行开始训练，至服务办法，正拟订呈核中。

16. 加强警保联系辅助地方自治：警局对地方自治，在过去警保合一时期，不遗余力，切实督导，现虽经分治，但警局对警保联系，并未忽视，现正会同民政局拟定警保联系办法中。

17. 切实施行肃清烟赌娼计划：（1）烟毒：警局曾依照计划，严饬所属随时查拿，本年一至六月份，计被获烟案539件，人犯875人。（2）赌博：经常由警局取缔，其构成赌博罪者，除军人移送卫戍总部外，其余解送法院办法，至类似赌博案件，警局均依法处以拘留或罚锾（款）。（3）娼妓：娼妓为社会之一大病害，自去岁公娼制度因妇女界反对，无形搁置，警局为注重市民健康计，特于六月底大举清除，在一至五分局管内共捕获400余人，均分别处罚或送救济机关收容。

18. 整理公共场所秩序：警局鉴于取缔各娱乐场所之黑票，及卫生清洁之管理，方法不一，至时生流弊，为免除此种不良景象计，特规定取缔黑票处理办法，制贴各种标语，劝导观众注重礼节，保持秩序，以及讲求公共卫生等，及定期会同有关各机关严密检查，以资整饬，至各国际交谊场所之管理，警局亦加以规定如：（1）检查各项设备；（2）实施凭票入座；（3）规定各场所导舞名额；(4)举行不定期检查；(5)规定茶舞①时间。

19. 宽筹清洁经费改善环境卫生加强清洁督导，(1)征收清洁费，警局本年度工作计划，原拟按户分等摊派清洁费，嗣由本市参议会审核后，交由财政局征收。(2)增加清洁夫：自本年三月份起由1300名增加为2000名。(3)勘定渣槽及粪码头：原勘定本市南区马路燕喜洞一处倾侧垃圾，填充珊瑚坝污水塘，后以该处为菜珊公路必经要道，遂改倾于上清寺美专校街后面污水塘内，至朝天门等处之粪码头已经使用。现本市垃圾粪便均有出路。(4)增强工具：警局现已领到卡新8辆，惟均破坏，经修理后拨交一至八分局作为清运垃圾之用，并标包添置板车126辆，现经竣工交验中，至扫帚粪桶撮箕等工具，均较前充实。(5)举行春季大扫除：警局自四月二十日起至四月底止，为大扫除期间，各工作人员虽在烈日炎天之下，仍努力不懈，市容较前整洁，市民健康自亦无形增进，五月一日起至三日止，举行清洁检查，由本府指派警察检查员会同各局分区挨户检查住户清洁，成绩最优者，将门牌号数公布报端，最劣者则由各分局将户主传案处罚锾200元，无力缴纳者改处打扫街道一日，计此次清除垃圾量共为168567担，粪便26301担。(6)会同有关机关举办夏令清洁卫生运动：①已饬属协助卫生局检查冷饮；②协助宣传督导市民注射防疫针。(7)举行娱乐场所清洁竞赛：警局每月月底会同各机关检查各娱乐所清洁，并启封罚金柜。检查竞赛结果，以民众电影院第一。(8)运埋浮尸路毙：警局一饬所属随时查察浮尸路毙，转送运埋，截至五月底止，共运埋1543具。(9)举行家犬登记：警局已饬属仍照原订办法办理，并随时捕投野犬，送至郊区掩埋，用重卫生。

(未列计划)加强清洁机构成立清清总队：清洁工作，原为本府清洁管理委员会办理，去年夏季，遂交由警局接办，于警局行政科设清洁督导股主管，但各分局清洁巡官不易指挥长警，班伕复不受长警指挥，难收指臂之效，爰将管理机构改组，经于本年二月十五日成立清洁总队，迄今三月余，对清洁之监督整理，以及一切有关清洁设施，尚能实事求是，收效颇大。并经本府于四月三日核准修正清洁实施办法，由警局令饬各区队遵办，以期家喻户晓，使每个市民均养成清洁习惯，冀使本市得为清洁示范之区。

(未列计划)加强清洁宣传：口头宣传与文字宣传并重，经拟订清洁卫生手册及训练班伕办法。令饬各区队于每星期三六集中训练，至郊区以管区辽阔关系，采用分散训练，借使警察班伕保甲市民等，均明瞭清洁卫生之重要，尤注重唤起本市民众自动请求清洁之习惯。

(未列计划)设置垃圾箱及垃圾坑：本市日产垃圾平均为500吨，因市民对清[洁]问题素极漠视，警局特呈准于市区适当地点设置垃圾箱，共完成455个，郊区挖置垃圾坑1327个，借使垃圾集中，运输便利，以免市民随处倾倒，妨害卫生。

(未列计划)增建公共厕所：(甲)本市原有公共厕所53所，惟破坏太多，经调查结果，须加培修者有48所之多，已经养修完竣，新增建公厕已完成者有10所。尚有6所现正办理征用地皮手续中。(乙)第二期增建公厕事宜，已饬各分局详密查勘，如认为人口集中之适宜地点，确有设立必要者，可报请设立。(丙)本市原有保厕225所，警局以培修雇伕等经费无着，尚未办理接收手续。

(未列计划)配合保甲划分清洁段：(甲)长警即依照勤务区分段划分责任区。(乙)班伕即将工作地域详为分配，划分责任段，如清道伕系打扫某街巷门牌几号至几号道路，清粪伕系打扫管理某公厕或清运某公厕粪便，板车伕系清运某号垃圾箱垃圾，船伕系管理某码头粪船。(丙)保甲办理检举协助劝导等工作。

(未列计划)改善班伕待遇加强工作效力：班伕每名每月支工饷乙万五千元，实不足以维最

① 原档照录。

低生活，经本府调整每名每月增加三千元，然生活高涨，增加有限，仍感不足，各班伕以工作辛苦，待遇微薄相率请假离去，影响清洁业务至钜，实有再行合理改善之必要。

20. 加强交通管制整理市容秩序：（1）整理交通法规：警局为使中外人士对交通法规均能一律遵守起见，特会同工务局将陆上交通法规综合整理，统一修订，现正呈请审核中。（2）甄训交通长警：本市行车靠右，自本年元旦施行后，原已调训之交通警士，以生活关系，异动甚多，新补长警必须训练特规定分区集训办法，城区採〔采〕集中训练，郊区採〔采〕散在训练，（3）组训车轿伕：警局以本市车轿伕对交通常识多不瞭（了）解，特拟就车轿伕考验办法，已呈奉核准，一俟车轿伕符号制就，即施行考验，以汰除老弱，其未汰除者，饬由该工会自行分组加以严格训练，以减少交通事故。（4）设置交通警统一管训机构：照本年度工作计划，拟统一管制交通警察，设置统一管训机构，使交通警察便于统一管理训练，指挥灵活，嗣以经费关系，尚未举办。（5）管理东下木船：警局以复员期间，水路运输，利用木船者甚多，为防止危害，保障安全计，特拟定管理东下木船办法，呈奉本府核准后，已转令水上分局遵办，并派员警住唐家沱实施检查。（6）取缔有碍市容建筑：①本市因地势关系，市民建筑多依悬岩斜石，危险殊甚，又因节省经费，辄用捆绑办法，不但妨碍市容，且危及生命，警局为保护市民安全及其生命财产计，经常会同工务局查禁取缔。②本市各种广告张贴，多不一致，随处可见，妨碍市容，影响观瞻，经警局重新规定地点，设置广告栏 107 处，现正呈请本府拨款设置中。③不合规定之市篷市招，不特阻碍交通，复妨害市容，警局每于入夏时，令饬各分局所严为取缔。（7）集中管理摊贩：①本市警察局管理摊贩办法，以时间关系，略有变更，正呈请修正中。②将市区一至七分局指定摊贩处所 45 处，先行集中管理，如试办有效后，即全市普遍实施。③规定市区摊贩申请登记，经审查合格，准予发给摊贩许可凭证者，计 813 枚。④如有沿街设摊，且无营业许可凭证，而有违反规定之摊贩，一律严予取缔。⑤本府准市民请求，拟以较场口广场辟为摊贩场，饬由警局核议，经已测绘草图，并附核议意见，呈府办核中。

（未列计划）整理轮渡秩序：本市水上交通工具，除木划外，首重轮渡，然船少人多，拥挤易〔异〕常。又因江水上涨，危险堪虞，警局已严饬水上分局，遵照轮渡秩序维持办法，切实整理，借免危害，而策安全。

（未列计划）增设交通指挥标志：本市自本年元旦车马靠右行驶以来，所有交通指挥标志，均不适用，关于人力车停车处所，亦应从新规定以免紊乱交通，复以人力车为兜揽生意，漫游街头，不守秩序，妨害殊大，经饬各分局勘定适当地点，俾便设置停车场，业于三月份设置完竣，共计 65 处竖立人力车停车牌志 65 个，以资识别而便停放，并设置不准停车牌 30 个。

（未列计划）整理人力车：本市人力车破烂特多，复不整洁，警局已照人力车整洁须知，严饬各分局取缔。

（未列计划）实施交通巡察办法：本市街道狭窄，车辆拥挤，以致交通事故时有发生，警局为防范〔患〕未然计，特派员警协助卫戍总部交通巡察处严格取缔违章汽车。

21. 举办消防干部训练：已拟具训练计划呈府审核中。

22. 增印长警手册：警局依照本年度工作计划，拟增印长警手册六千册，嗣已经费困难，仅印制交通手册一种，分发各交通警察熟读。

23. 增设蓄水池增购消防器材：警局依照本年度工作计划，拟于道门口、金沙岗等地建修蓄水池，并添购美国道奇牌 82 匹马力引擎 2 部、出水带 2000 尺、可木林 50 付等项，均正请拨发经费，修建购置中。

（未列计划）整理消防：（1）整编民间义勇消防：调整原有机构，使指挥统一，并拟订民间义勇消防队督导训练办法，通饬施行。（2）充实消防设备：①募款添购应用器材，补充义勇消防队工具。②重新拨配器材。③修整观音岩消防水池。④督饬渝西自来水公司装置小龙坎水椿。（3）修理救火车：警局消防队原有救火车，系向上海市借用，经警局向其洽商，慨承赠与〔予〕，惟抗战8年，使用频繁，均破坏不堪，一遇火警发生，实感应付困难，特饬消防队切实整顿，修理完竣，以备不虞。（4）举行防火宣传周：警局为期加强市民防火常识起见，特订定防火宣传办法：①举行防火宣传3日（四月四日至六日）。②沿街挨户张贴标语。③编印防火须知防火标语散发张贴。④检阅消防队。⑤举行消防演习。⑥检查消防器材。（5）本市本年一至六月份发生火灾计58次，以江北棺材巷及东华观复兴公司仓库之火灾最严重，悉经办理急振，安抚灾黎。

24. 加强特种营业管制举行登记填证：本市各特种营业，过去时有倒骗及盗顶情事发生，警局为防止弊端，特加强管理，凡该项商店及人员，须依照规定申请登记，并觅具妥保，报由该管警察分局所核转复查确实后，发给营业许可证照，始准营业。本年一至六月份发出许可凭证，计印刷店9家、洗染店40家、旅店业192家、修理钟表店10家、刻字店4家、荒货摊41家、成衣店297家、茶馆790家，并每月举行各业负责人座谈会及工作会报各一次。又呈准本府取消拍卖行限制办法，俾应实际需要，以杜转顶流弊，至各种特种营业之违章营业，警局已经严加检视取缔，并按旬造报旬报表。

25. 登记水上贩卖业维护水上治安：抗战胜利后，航运频繁，嘉陵扬子两江为渝市进出口门户，船只云集，小贩卖业乘机而起，抢售估卖，甚而偷盗财物，影响水上安宁秩序，警局已令饬水上分局所，依照营业管理办法，严密管理，注意取缔。

26. 整理岗台岗亭：警局本年度工作计划，拟整理岗台岗亭，并拟定统一模型修建，现已设计完竣，一俟经费请准，即行建修。

27. 加强外事警察维护外侨安全：（1）加强外事长警之英语训练：本市警局共有外事警40名，以各种关系，英语程度较差，警局为应办理外侨人事异动之需要，对英语训练积极举办，并加强各种警察技术之研习。（2）外侨身份登记：计本年一月份6人、二月份7人、三月份6人、四月份3人、五月份1人、六月份2人，发结出境证一月份8人、二月份7人、三月份三31人、四月份26人、五月份25人、六月份8人，又截至六月止，留渝外侨共计1187人。至外人在渝商业申请复业者，计有异新央行、亚细亚火油公司、汇丰银行、麦加利银行、太古怡和两轮船公司、德普洋行、卜内门洋行等。（3）办理外侨归化：本年度一至六月份尚无外侨归化我国。（4）协助盟军维持风纪：盟军总部自抗战胜利后，已迁上海，留渝盟军甚少，风纪尚佳，此项工作已告结束。

28. 调查户口办理人事登记：（1）调查户口：警局已拟定本市户口总普查办法，原拟于六月份举行本市户口总普查，嗣以各项表册簿籍印刷需时，几经商同本府采购委员会，始于七月上旬招标承印，一俟准备工作完成，即行举办。（2）办理人事登记：警局过去办理户籍及人事登记，曾制表证数种，由人民呈报管区分局所层转，警局根据分局转呈人民呈报各项异动登记及身份证之增删更正，并一面遵照内政部所颁户籍法所规定户籍及人事登记作实施之准备工作。（3）整理路牌门牌：警局令饬各分局户籍员长生切实调查，如遇有无路牌街巷及无门牌之住宅及门牌凌乱者，均予制订整编，并由局派员覆〔复〕查，以资严实。

29. 办理国民身份登记：凡居住本市之居民，应于填报户口时，同时依照身份登记规则，申请身份登记，并于每年终举行总检查一次，以期户必注册，人必有证，证不重发，本年度一月至五月份，因复员时期，迁入常住人口较少，计填发身份证359份、遗失补领身份证100份、破烂换证41份、缴销身份证3587份。

（未列计划）调查沿江棚户及贫民住宅：警局拟具表格，令饬沿江各有关分局依式调查填报，并会同市公产管理处拟具整理沿江棚户及贫民住宅原则七项，报府核夺，以为今后整顿之根据。

（未列计划）办理户口统计：警局订定表式，责成各分局报填，计本年一月份有201765户、1212589口，内男728947口、女483642口；二月份有205711户、1132617口，内男671775口、女460842口；三月份有204751户、1125315口，内男667432口、女458093口；四月份有203498户、1104169口，内男654234口、女449825口；五月份有201931户、1067945口，内男631180口、女436765口；六月份有201962户、1066839口，内男629362口、女437477口。

30. 尊重警权保障人权：（1）严禁弃权滥权：警局对于案件之处理，均依法秉公判决，以不滥押不滥审不滥管不滥罚为原则，在本身权责以内案件，均负责管理，如不属管辖者，即于法定时限内移送主管机关审判。（2）严密监视集会结社：本年一至六月份，共计监视集会结社77次，内政治性者32次，普通性者45次。（3）增加囚粮：警局本年度工作计划，拟请增加囚粮，系按照军人监狱例，每名每月副食费2800元，米每名每日24两拨发。但警局囚粮，自本年一月份起，因公粮取消，改发代金，每名每月4000元，限以600名为限，而警局拘留人犯，常在千名左右，复以物价高涨，以致囚粮经费超支甚钜〔巨〕，此项困难，现正由本府设法解决中。（4）修整赃物室：警局本年度工作计划，拟将狭小潮湿之赃物室加以扩大，但经费无着，尚未动工。（5）增设拘留所管理人员：警局本年度工作计划，拟增设拘留所管理员1人，看守长警11人，原拟在警局核定员额内匀配，又以各员均有专责，事务亦繁，且员额分配，早已确定，无法匀配，迄未设置。

31. 改进司法实行违警通知：警局鉴于以往对违警者立时拘捕受罚，殊有妨害违警者自身当时之事务，拟采行违警通知，饬令各分局依照违警通知实施办法，于人民有违警行为发生后，经告发检举，确知其住所者，适用违警通知单，违警人接到通知单后3日内，自行到该管分局所候讯，如逾期2日尚未改正或不接受处罚者，警察分局仍照违警罚法程序办理。

32. 添置指纹用具药品：警局本年度工作计划，拟添设人犯十指指纹纸3万张，指纹夹3000个，指纹储藏柜5座及硝酸银碘片等，已拟具预算，专案报府拨款购置中。

33. 人犯管训习艺：警局对人犯管训习艺，于学科使能识字安分，于劳作使能知劳勤俭，于习艺则按人犯年龄分班分组教以织布印刷技术，期保本分获有实效。

34. 分区督导分区查勤：警局自本年元月份起，即按照计划，将本市划为9个督察区，每区派督察员1人，负逐日考查勤务之责。每3个督察区为一督导区，派主任1员，负督导考核之专责。各督导区督察人员，均每月调换一次，自实行以来，对分局所之勤务，因督察严密，确有进步，惟划分之督察区域面积过大，以致每一督察人员均感终日奔波，精神体力过度疲劳，不免有考核不周之处。警局为缩小督察区域，以加强督察人员效能计，乃于五月上旬订定督导查勘实施办法，以每一分局为一查勘区，共分为19个查勘区，每区派督察员1人，并规定查勘要点15项，俾便逐项查考，随时记载。又将所有查勤[①]区分五六各个督导区，每区派主任1人，负督饬指导之责，各督导及查勤人员均2周调换一次。

（未列计划）实行3人夜勤小组：警局为加强夜间勤务效率起见，特订定三人夜勤小组实施办法，每周抽查夜勤一次，施行以来，因各有专责严密考查勤惰，优劣奖惩，均极认真，故各分局所勤务较前已有进步。

35. 加强长警常年教育：警局督察处为加强长警常年教育起见，特拟订课程进度表，分发各分局遵照实施，并严禁考核，分期测验，于每月底举行考试一次，以期达到提高素质之目的。

---

① 前为“查勘”，此为“查勤”，原档照录。

又警局长警时有异动，而警训所毕业学警亦不敷分配，特调训现役警4期。每期调训一中队，计135名，每期训练2个月，于五月始行奉准，六月十五日正式开始训练。

36. 成立思过室：警局督察处对违规员警情节轻微者，均调局处以思过处罚，并将各该员警执行思过后是否已经反省悛改，分别记录于反省登记簿，以作考核之依据。

37. 加强长警教育提高长警素质：警局本年度工作计划，拟招考学警3期，每期招生135名，训练期间定4个月。其招生计划标准，经训练委员会厘定后即行实施。自本年二月中旬，第36期学警毕业后，继即举行第37期学警入学考试，计招生135名，编为一中队。本期投考程度，业已提高为初中毕业，至于各种学术训练，现正严格进行中，又关于增设警官指考训练班，因经费限制，暂未实施。

38. 改组防护机构继续办理防护业务：（1）调查接收防空洞：①大隧道及特区公共防空洞：查本市各大隧道及公共防空洞，原定于三十四年十二月底以前接收完毕，嗣因前防空洞管理处久未将各大隧道及公共防空洞位置、数量列送警察局，故延至本年二月份始行会同接收，计有演十左半望二千梅临支中扁[①]等6个，计洞口19个；特区防空洞计有特马七八九及特南十特十石十一特燕十二号等6个，共洞口10个，经于本年三月份会同交接完毕。至洞内原有之通风照明排水等各项设备及机械，事先已由工务局拆卸，派人集中管理，至洞内坐凳，亦经前防管处拆卸。②各督导区公共防空洞：查各督导区公共防空洞，为数甚多，交接颇感困难，经警局函前防空洞管理处将各洞位置数量及负责移交人通知警局，以便定期接受，于本年三月准该处函复，以各区防空洞向由警局各分局长负责督导。奉令结束时，已令饬各督导区将公洞就近移交接管，复抄附统计表一份，经警局转令各分局按照表列数目逐一接管，除由前防空洞管理处封闭之各洞及特区公洞不计外，共有公洞270个，洞口751个。③接收私有防空洞：查各机关及私人私有防空洞，向系由各洞主自行负责管理，嗣以中央各机关复员还都，所有自备防空洞，均交由警局接管，迄至目前止，已接收者，计有航委会防空总监部器材库夜虹山庄防空洞1座、第六战区长官部神仙洞后街防空洞1座、前重庆市日用品供销处石板坡防空洞1座均往接收，饬属负责切实管理保护，至军令部千厮门等7处防空洞，正分别交接中。（2）训练原有防空洞段长：警局本年度工作计划，拟将原有防空洞段长加以训练，俾资明瞭管理方法，嗣因人员经费均有问题，迄未举办。（3）封闭防空洞：查私人防空洞，如洞主已离市区，无人接管或洞石风化，有倒坍之虞，及洞内潮湿，无法利用者，均饬洞主自行封闭，由警局派员查验，计已封闭者，有十七分局管内桐子林10号私洞1座，第七分局管内交通部上清寺大田湾私洞8座，及中山二路私洞4座，第一分局当归码头43号私洞1座，第十一分局新房子39号、99号私洞2座，第四分局报恩堂保甲防空洞1座，第十四分局上土湾私洞2座，总计封闭私洞19座。（4）标租防空洞及标卖器材：警局以防空洞可以利用者，除分别用作仓库储藏室等外，至标租及标卖器材办法，现正妥筹办理中。

39. 改编防护团加强防护业务：（1）确定编制番号：警局将原有防护团组织改编为防护总队，就警局各分局次序成立防护大队，以每一分局为一大队，每一分所为一中队，每保为一分队，每一分队辖3班，计全市共有18大队。（2）成立总队部：警局为防护业务之便于推动计，特成立总队部，由警察局长兼总队长，督察处长兼副总队长，防护科长兼总队附〔副〕，副科长兼总干事，以利指挥。（3）训练防护队员：遵照军委会颁布全国防护人员训练计划，并根据本市情况，拟就训练实施计划及进度表，饬由各防护大中队切实遵照训练，并于每星期六集训1次，每两月于大队所在地会操1次，全年举行演习2次，于二八两月举行。

---

① 原档照录，应为简称。

（三）财政

40. 澈〔彻〕底整理房捐：本市区房捐，因市区广阔及出租与自用之捐率不同，逃漏隐匿，在所难免，加以年来市区新建房屋甚多，复员期间，居民异动甚大，而房屋增值，则较前数倍。爰于本年四月举行房捐总调查，关于调查时估价计捐办法：（1）自用房屋，按三十三年七月十日本府核定之自用房屋估价标准表实地丈量后，提高 2 倍计征。（2）出租房屋，由房主房客，提出租约，或有效证件，核计捐额；不能提出时，即按房屋价格估计课征。现调查工作，已大部完成。全年捐额，约较上年度增加 1 倍以上。兹查自本年一月至六月，计共征收房捐一亿二千四百二十九万零六十八元六角，达原定岁入预算百分之八十以上。

41. 严密征收屠宰税：经常川派员加强调查，并与屠宰业公会切取联系，用防偷漏。一面督饬屠宰公司，添设太平门、东水门及黄家垭口等处屠场分灶，以利征税。示范屠场，亦饬该公司筹款兴建中，本年内可期成立。兹查自本年一月至六月，计共征收税款五亿一千一百三十一万九千三百二十七元二角，超过原岁入预算。

42. 切实整顿筵席税：本市筵席税，系责令馆商代征，难免偷漏。本年物价，仍在增涨，由市财局按简化稽征原则，令饬各稽征所就辖区内各馆商实际营业情形，从新估定，以凭照征。此项新估税额，已于本年三月一日起开始征收。至以前每月所缴税额不满 2000 元者，概予免征，借示体恤。本税起征点，亦拟由 700 元提高至 2000 元，已由府咨请财政部核复，一俟核准，即可实施。兹查本年一月至六月计共征收税款二亿四千一百五十三万一千六百八十三元八角，超过原定岁入预算。

43. 加强管制娱乐税：统制座券，为征收娱乐税之有效办法，本年除由财政局在统制座券上，加盖暗记，以防伪造外，另订定防止各场院伪制座券办法五项，以资援用，近因各场院之座券价格，分三种或四种，爰饬各场院将前领座券缴销，换领市财政局预盖甲乙丙丁戳记之座券使用，以便稽考，而杜流弊。兹查本年一月至六月，计共征收税款八亿七千七百七十一万六千零八十五元八角三分，超过原定岁入预算。

44. 合理查征营业牌照税：经市财政局转饬各稽征所依法查征，如各商店有所报资本不实者，即依本市营业牌照税征收细则第四条后半段之规定，由征收机关依其营业状况沽定征收之。并注意其新业，及转让，或逾期换照等情事以期合理，而免偷漏。兹查本年一月至六月。计共征收税款九百零一万八千一百五十元，达原定岁入预算百分之七十以上。

45. 积极征收使用牌照税：本税在本市税收中，占极小数字。经积极征收，尚称顺利，计由本年一月至六月，共征收一千四百二十万零八千七百五十八元，超过原定岁入预算。

46. 整理市产：市有土地租金，原订过低，本年度已加一倍征收。市有房屋租金现正调查中，巴县移交公产，已整顿就绪，江北县与本市划界划产事项，经市财政局与市地政局派员前往该县府洽商，均借故拖延，已函请川省府转饬该县府迅即移交。

（未列计划）处理市有平民住宅：本市于二十八年，因疏散人口避免空袭，在市郊观音桥、小沙溪、弹子石、羊坝滩等处，盖造草顶竹编之平民住宅 500 栋。兹值抗战终了，已不需要。而此项房屋，又因年久失修，势将倒塌。若继续保管，则修理及管理费用，均将不赀。因提交市参议会第一届第一次大会决议，拨交就近各区公所接管，现除弹子石、观音桥两处，因损害较甚，拨交就近之第十及第十八两区公所接管，刻在办理交接手续外，余如小沙溪、羊坝滩等处，拟俟本市复员完成，城区房荒减轻后，拨交就近各区公所接管，以维公产。

47. 整理本市各区自治财政：（1）本年一月，经市财政局召集各区及有关机关，举行“各区市场征收使用费数额及办法”会议，当将决议代电各区查照，俾得据以整理市场。（2）代电各区，将公有款产及市场收支实际情形，造册呈报，以便协助整理，现公区正在册报中。(3)由府令饬有关单位及各区公所，遵照上年自治财政会议决议各项章则，迅即施行具报。

48. 加强公库法之实施：本市公库，前由中央银行国库局代理，手续繁重，本年一月，重庆市银行成立，经与订立契约，委托其代理市库，凡本市自治税收之缴解，及经临各费之支付，均由该行按照预算所列科目办理。俾得加强公库法之实施，将来仍拟由该行设立分支行处，使纳税人自行赴柜缴纳，养成良好习惯，完成公库制度。

(四)教育

49. 办理小学教员暑期讲习班：依照计划，预定七月开学，八月结束。

50. 办理小学教员检定：本年一月教育局奉教育部命令办理小学教员总登记，参加登记者4025人，合格者2956人，其余1069人为不合格，即于四月四日举行试验检定一次，报告者265人，与考者188人，成绩及格者109人。

51. 国民教育研究会：本期伊始，教育局即拟定辅导研究计划，排定各区国民教育研究会开会日程，一至六月各区均已举行研究会3次，由教育局指派专人出席指导。

52. 扩充市立师范班次及添建校舍：拟于下期办理。

53. 扩充市立中学设备：本年五月订购化学及物理示教仪器各一套，除以一部分发市立女中外，其余分发市立师范使用。

54. 扩充市立女中设备：经订购化学及物理示教仪器各一套，除分发市师一部外，余交该校使用。

55 、56、57、58、59、60以上各项工作，拟于下期办理。

61. 调整各级中等学校区域分布：已于六月前，拟定各学校区域分布计划，并接洽接收中央留渝房舍以资应用，经选定市立师范迁歌乐山原国立药专校址办理，市女中仍在筹迁中，市立中学拟一所办在山洞，一所办在沙坪坝；均已分别筹划就绪，逐步实施。

62、63以上两项工作，拟在下期办理。

64. 举办社教扩大运动周：本年循例于三月二十九日至四月六日办理社教扩大运动周，发动全市各机关团体及学校各出社教大壁报外，并于中央、大公等报刊发专刊，第一日举行社教扩大宣传大会，请名人广播演讲等，电教队亦于此时间内每夜放映社教影片一周，各种活动项目颇收宣传之效。

65. 推行补习教育：本年一至二月除陪都补习学校继续办理外，并调查市内机关团体及私人所办之补习学校，凡规模具备成立尚可者，均准予立案，以资发展补习教育。

66. 举办学校儿童健康检查及比赛：本年三月，由卫生局派定医师及护士各1人，会同教育局派定专人共赴一至七区各中心学校举行儿童检查，经时一月始告完毕，其结果以儿童之眼病甚多，尤以患沙眼者为最，刻正从事矫治中。

67. 成立职业介绍及升学指导所：拟于下期办理。

68. 视察本市公私立各级学校：将本市十八区分为五个学区，于二月十五日起由驻区督学负责赴各校视察，每校少则2次，多则数次，本期视察工作已于六月底完成。

69. 举行市辅导会议：拟于下期举办。

70. 提高私立学校补助费：本期核发私立学校之补助费，计中学有南开、广益、懿训、巴蜀、明诚等6校，各补助4万元。小学有游艺、四维、巴蜀、立人、裕华、德精、开化、启明、渝中等9校，除游艺补助5万元外，其余均各补助4万元。

71. 补助市立小学修缮费：本年一至六月共计核发市立小学修缮费国币17800500元。

（未列计划）举行中学学生甄别考试：本市各中学学生多因战时关系学籍发生问题，为补救此辈青年学业计，特于五月十六日起分区举行甄别考试一次参加学生共2453人。

（未列计划）办理外籍教师还乡费发放事宜：本年外籍教师还乡费，因教师一再请求，经行政院于本年四月核准发给还乡费，至本年六月即已开始发放。

（未列计划）举行区教育行政会议：本年六月市行政会议之后，教育局为执行上项会议决议，特分区举行教育行政会议，讨论各区建设计划、民教馆建立计划、区文化工作推进计划、扫除文盲计划等重要问题，为时一周，收效颇宏。

（五）公用

72. 水：（1）改善市区给水设备：本市自来水供应问题之亟待解决，实与供电问题同等重要。自来水因产量不敷，以致放水时间不能全日供应，市民极感不便。市公用局成立以来，对此极为注意，缘重庆自来水公司每日最大给水量2万吨，目前全市需水量约2.5万吨，因此对于扩建新水池工程，必须迅速完工，始能增加水量，改善供应，大溪沟扩充工程，经于去年行政院核准，并拨全部补助费3.7亿余元，计包括添设原水池、沉淀池、快滤池、清水池及移装每小时400吨输水机，改装国府路送水干管等，出水量预计每日约1万吨左右，过去因拆除民房，进度较缓，市公用局成立后，即积极督导日夜赶工，原有百余工人在场工作，经市公用局督导赶工后，每日夜工作人数增至400余人。截至本月底，该项工程业已完成，七月间即可装安变压器，开始供水，如是，则不独市民用水问题可以圆满解决，即对于市区消防用水及防止时疫流行，亦有莫大之臂助。（2）放水时间。（重庆自来水公司）：市公用局设立后，先从整理着手，协助该厂取缔窃水及改善放水办法，每日开放两次，新市区为上午一时至九时、下午一时至五时，城区为上午五时至下午五时，大溪沟新建水池完成后，已可全日供水。（3）调整水价：基本水价及水表水费保证金等，均由中央主管机关（内政部）核定，转呈行政院备案，关于每月水价附加之电价调整费，系根据电力公司每月每度煤价调整之电价，由市公用局按照以前计算方法核算，由本府函内政部备查及呈行政院备案，六月份之附加煤价调整费，仍照五月份核定数，每吨为501.5元，每挑为30元办理。（4）改善计划：先求解决本市电力问题即可增加起水效能，现电力问题，已于五月二十三日召开电力会议，向各兵工厂增购余电，供给市用，并配合上项计划完成后，新市区用水，即由大溪沟新水池供给，打枪坝水厂全部供给城区，则可达到全日供水之目的。市公用局正督饬该公司添购器材，以便承装专户用水及增加水站，以利市民。（5）渝西自来水公司：该公司成立于二十四年七月，官商合办，原拟供给磁器口、沙坪坝、小龙坎及化龙桥一带用水，因创办伊始，经费材料俱感困难。现仅于沙坪坝及小龙坎两地分设水站7个，以供民用。该厂进水量虽可日达1000吨以上，而每天售水仅200余吨，每挑水价为100元，为拟扩充至原定供水计划起见，正督饬设法添购水管等材料，以便增设水站及专户用水。

73. 电：（1）改善电力供应：本市过去电力，以供求悬殊，致有分区停电办法，市民甚感不便。市公用局自五月一日成立后，有鉴于此，对于市区供电之改善，经尽最大之努力，城新两区已于六月十日正式废除分区停电办法。缘电力公司最大供电量为11000瓩〔千瓦〕，市区需用电量最小限度为17000瓩〔千瓦〕左右，以致供求相差悬殊，爰即由市公用局以紧急措置，商准五十厂恢复供电1500瓩〔千瓦〕、大渡口炼钢厂500瓩〔千瓦〕、巴县电力公司300瓩〔千瓦〕、二十四厂增供至1500瓩〔千瓦〕，但不敷2000余瓩〔千瓦〕，复经市公用局洽商二十八厂将1200瓩〔千瓦〕变压器价让予电力公司，并督促电力公司派技工200余人昼夜赶工，经六月十日试验圆满，分区停电办法随即废除。惟各厂发电设备，多已破旧逾龄，随时有发生障碍可能，必须经常洗刷修理，同时输电线路又多陈旧，如遇大风雨，辄易吹断，多处变压器负荷过重，极易烧毁，市公用局现正督促并协助电力公司增置发电设备及器材等，以裕电源，而谋根本解决办法（2）调整电价：电力电灯之基本价格、煤价附加调整费及电表费之保证金等收费标准，抗战期间，均由中央主管机关核定，胜利后，煤价调整费改由本府初核，函呈中央主管机关复核，由行政院核准，迨国府还都后，此项调整费交由本府核定，函中央主管机关转行政院备案，其计算方法等，仍均依照中央核准办法办理，现六月份煤价附加调整费，仍照五月份核定数每度为178.3元办理。（3）督促电力公司：经常派员考察，随时饬令改进〔正〕缺点，并协助解决困难，对于煤质之检验、新用户之核准、技术之改进、业务之处理，尤特别注意。

74. 审查登记营造厂：本年一月至六月核发甲等营造厂登记2家、丙等16家、丁等1家。

75. 审查登记建筑师：本年一至六月份核发甲等建筑师执照9人、乙等建筑师执照1人。

76. 核发建筑营造修理拆卸杂项等执照：（1）申请核发营造执照者281件，经核准照发者172件，已领者140件。（2）申请核发修理执照413件，经核准照发者355件，已领者238件。（3）申请核发拆卸执照者9件，均已核准发给。（4）申请核发杂项执照者4件，均已核准发给。

77. 取缔违章建筑：本期取缔违章建筑，经查勘饬令补照者681件。

78. 取缔危险建筑：本期经查勘饬令拆除改建者22件。

79. 策划添辟居民稠密地段火巷：仍正从事整理旧有火巷。

（未列计划）缩减请照时日：由10天改为6天及7天，尽量与请照人便利。

（未列计划）设计小型住宅图样：以便市民采用，且拟于本年实施。

（未列计划）取缔沿江棚户：拟定迁移办法，并呈请政院核示。

80. 人力车：经检验合格并换发三十五年度营业执照者3844辆，自用人力车216辆。

81. 板车：经验合格并换发三十五年度营业牌照者52辆，自用板车4辆。

82. 自行车：经检验合格并换发三十五年度营业执照者68辆，自用者10辆。

83. 兽力车：经检验合格并换发三十五年度营业执照者3辆。

84. 小轿：经检查合格并换发三十五年度营业执照者1324乘，自用者19乘。

85. 轮渡：（1）重庆轮渡公司①长江轮渡经常行驶者，有储海、嘉弹、望龙、朝野、嘉江、朝溉等6线，现有轮渡14艘，大都行驶逾龄，须经常轮流修理，以致不敷分配，除督促增加轮只外，为调节运量起见，在储海、望龙乘客最多之两线，每线经常支配两轮对开，并加调预备轮一艘，以利交通。②关于长江轮渡添设安全设备、整理码头及加强行人跳板等项为各方所注意，市公用局为求轮渡之安全，设备加强，经规定改善设备办法，已于六月中令饬轮渡公司遵照办法。③长江轮渡乘客，以储海线为最多，每当上午十时左右，过江之乘客，因往返者均赶渡，甚为拥挤，其余时间乘客较少，关于取缔乘客拥挤及逾儎问题，市公用局已与宪警洽商督导办理。（2）渝工轮渡公司：①行驶嘉陵江之渝工轮渡，有临杳、临浏两线，备置渡轮3艘，多系木船改装，加设汽车引擎，经常行驶，设备简陋，已由市公用局令饬该公司迅即加设蒸汽机渡轮两艘，以利航运。②关于整修囤船便道，添设安全设备，已由市公用局规定办法，令饬遵照。③关于督促改善轮渡秩序及禁止逾载，已由市公用局与宪警洽商督促办理。

86. 巴县汽车管理：为划一管理商营汽车，对于行驶之商营汽车，遵照民营公用事业监督条例之规定有关登记发照及营业路线等项，由市公用局派员调查商营汽车公司业务详细情形，以便统一管理。

87. 缆车管理：（1）嘉陵码头货运缆车工程，进行迟缓，经市公用局派员经常督促后，进度较速，截至本期止，土木部分已完成百分之九十五，机械部分已完成百分之七十，电气部分已全部完成，预计七月底可通车。（2）望龙门客运缆车行驶情形，尚属良好，惟其车上所装之制动机关，其安全程度须加以试验后，方可确定，试验时应有之设备已由市公用局令饬该公司迅速加紧筹划实施，以策安全。

88. 设计大重庆实施后之交通管理：已依照计划实施。

（未列计划）公共汽车管理：（1）公共汽车管理处各修车场厂，原有设备，尚待补充，除督促加强修车效能，并经洽请交通部拨新车 50 辆，以加强运输效能。（2）为筹划购运价廉材料，减轻营业支出，已向交通部借拨柴油 100 吨，并经提到 50 吨应用，除督促并协助考核行车及公务用油外，并随时派员抽查，以期节省材料消耗。（3）关于加强取缔无票乘客，以裕收入，及改善行车路线，业经订定军警宪官佐士兵搭车优待办法，定于七月一日实行，并将原发之换票证同时取消，并在市区第一路增设区间站，延长终点，至过街楼，可沟通上下城之交通，至郊区路线，亦在计划加派车辆分段行驶，以免乘客拥挤。

（六）地政

89. 经常测量：关于土地征收、移转、变更、租用及代各机关测量，计施测 192 件，628 起，共 2998.159 亩，晒图 647 张。

90. 土地移转变更登记：经办移转变更登记，计收件 941 件，审查 813 件，登记 83 件，制状 625 件，发状 549 件。

91. 规定地价：（1）经办查正市区标准低价，计 1 件，土地 1 起，准予核减 164268 元。（2）经办查估继承赠予移转土地增值价，计 14 件，土地 45 起，共增值 3308461 元。（3）经办统计各区镇土地税地面积与总地价，计统计 14 镇。（4）补造补行登记地价册，计 2619 地号。（5）补造土地移转地价册，计 1903 地号。

92. 土地征收：办理菜珊璐、北区干路、通远门隧道、飞神路增建公共厕所等征收，并续办旧案及有关案件，共计 35 件。

93. 地权审查：查上半年度尚无人民因建筑而送请审查者。

94. 公地处理：经办本案计 109 件，其中关于公地投佃者 85 件、关于土地行政文件 24 件，另外办理三十四年度公地换佃手续计 1557 户，珊瑚坝公地放佃计 378 户。

95. 土地权利争议处理事项：查本案上半年度计办 23 件。

96. 土地租用：查本案上半年度计办 28 件。

97. 土地使用限制及房屋救济：查本案上半年度计办 20 件。

98. 迁埋无主坟墓：因复员还都之故，地皮不甚需要，且人力工价又高，而声〔申〕请提迁者尚无其人。

（未列计划）清理太平巷：查本案补偿费，因业主具领债券者，为数寥寥，兹为体恤民瘼计，决定改发现金，惟以市库支绌，周转金难以筹集，现正赶办筹集工作。

（七）地方自治

99. 实施造产：令饬各区拟呈造产计划及实施进度表与预算等，为实施造产之准备。据查呈报有案者，现有 10 个区，其余各区正催促呈报，至计划办理事项，计有粮食、牲畜、菜市、猪市等市场，及购置抽水机、筹设养鱼池等生产事业，并饬由民政局专责督导进行，以求实效。

100. 关于荒地：本市荒地，一部为墓瑩〔茔〕、一部为荒山，经饬由民政局详细规划开辟办法，分调查实施考核三步骤进行，并由本府派员协助推进。

101. 开辟交通：继续督饬各区办理，查本年度上半年已有滩子口、曾家岩等处小道修建完工。

102. 健全区以下自治机构：（1）改组各区区调解委员会：上年度本市各区区调解委员会已

全部正式成立，其调解委员均由各区区务会议推举者，本年五月本市民政局及各区区民代表会相继成立，乃由本府将各区区调解委员会组织规程酌予修正，调解委员改由区民代表会选举，并设顾问委员，由区民代表会聘请当地党部团部及宪警驻军负责人等担任，本市一至十八区已于六月内遵照前项修正组织规程将调解委员会改组竣事，自此人民控诉案件，得有合法而健全之处所调解，当可减轻讼累矣。（2）健全人事：本年上半年度经分次考核各级自治专任人员，按其成绩优劣，分别奖惩，截至六月底止，本市一至十八区总干事助理员事务员保干事记功者共13人、升职者共16人、传令嘉奖者共55人、免职者共43人，其免职人员出缺，经已遴选曾经自治训练合格者补充，因素质较优，各项自治工作，尚能顺利推行。

103. 成立并健全民意机构：（1）成立市参议会：本市参议员选举，于上年年底办理完毕，其选举结果，经由前本府选举事务所初核，嗣请内政部派员复核，认无错误，计当选参议员83人，于本年元月二十四日正式成立本市参议会，胡子昂当选为议长，周懋植当选为副议长。（2）成立区民代表会：本市各区区民代表，系于上年十二月起，由各区分别召开保民大会陆续选出，每保2人，经于本年四月审核完竣，颁发当选证明书，后于本年五月二十五、二十六两日派员分赴各区监选区民代表会主席，并同时指导其成立区民代表会。（3）按期举行保民大会及户长会议：本市各区保民大会及户长会议，均能按期举行，并迭经本府派员督导，及敦请名流于开保民大会时讲解民权初步及自治法规，一般与会民众尚能领悟，议事兴趣亦日臻浓厚。

104. 办理公民宣誓登记：本会曾于本年元月分令驻区督导人员，利用重大纪念日及各种集会，宣传办理公民宣誓登记之意义及其重要性，并令饬各区加紧推行公民宣誓登记，据驻区督导人员报告一至六月份参加此项登记者，约有10万人以上，刻正饬区赶速汇报中。

105. 办理公职候选人检核：本年度上半年本府办理公职候选人检核结果初审合格甲种候选人共计90名，乙种候选人共计420人，现正办理复审及核发证书事项。

106. 民选区保甲长：本年四月，由本府制定本市甲长选举实施办法及区保长（副）选举实施办法公布后，即着手办理甲长选举。经于四月二十四日起至二十八日止，全市各区一律选举完竣，本市各区共6951甲，选出甲长6951人。五月一日，开筹备办理区保长选举事宜，并规定五月二十七日至三十日为保长选举日期，六月一、二日为区长选举日期。本府为郑重选举，防止流弊起见，关于区保长选举票及应用表册等，均由本府统制印发，于区保长选举之日，除由本府分别派员监选外，市长并亲赴始各区监督指导，各区均能如期完成，计全市选出正副保长各407人，正副区长各18人，并已于六月八日分别到职视事，同月十日在本府中山堂举行宣誓就职典礼。至此本市各级民选工作，业经告一段落，综观本届各级选举，各区竞选情况热烈。充分表现民主政治精神，一般结果非常良好。

107. 训练人民行使四权：本府除经常派员分赴各区于督导保民大会户长会议时施以行使四权之训练外，并饬由教育局社会局，对于本市中小学及工商团体小组会议，注意训练人民行使四权，本年五六月间，本市各区选举区保长，一般公民踊跃参加，并能遵守开会秩序，此一为平时训练之结果。

108. 甄试各级专任自治人员：本市各级专任自治人员，以往均系经考试训练合格分发任用，嗣陆续有离职者，为适应事实需要，乃由各该区公所遴员保荐，或本府甄试派补，其甄试方法，为资格审查及一般测验。自元月份起至六月份止，经甄试合格人员，计总干事3人、助理员26人、事务员11人、保干事66人，合计106人。

109. 建立各级自治干部：本年三至六月，先后办理区保甲长选举，并调整各级专任自治人员，事至繁复，关于各级自治干部，训练未及同时举办，由本市各区保甲长均已选举完竣，各级专任自治人员，亦经调整就绪，拟于下半年内分期调训。

110. 建立专任人员人事制度：已由民政局将有关人士法规，并根据本市实际情形，提供建立区保人事制度参考资料呈送到府，正由人事处参酌拟订中。

111. 厉行新生活：饬由各区发动各级自治人员及各级民意代表推行新生活，以身作则，转移风气，革除陋习，成效颇著。

（八）兵役

112. 后备队训练：本年上半年度后备队训练，依照组训实施办法及工作计划，应召集民二民三民十五等三年次未训之国民兵，由本府拟就训练教育计划，督促各区于五月一日起自行召集，采取集中不在营办法编队训练，本府派员督导，计已受训国民兵共 1558 人。

113. 预备队训练：本年二月各区冬防结束后，即将三十四年度下半年已训之国民兵编成预备队，（全市共三十八个中队）服任各项勤务，经由本府拟就预备队教育计划，令饬各区于三月份召集训练，时间为一个月，均已依照计划训练完竣。

114. 干部训练：本市各级干部，自抗战以来，民训工作几经改组，以致异动甚大，且现任者大多素质较差，拟于本年度举办兵役干部训练班，召集本市各区督训员、保队附等入班训练，以资深造，在七八九月份完成，惟因经费关系，尚未实施，拟俟下年度经费有着时即行举办。

115. 在乡军官会：凡在本市住房之退役军官及非现役军人，均称为在乡军官，依照法令规定，于壮丁身家调查时期，须检具证明文件，填具登记表，并附相片，亲赴在乡军官会登记，即不编入壮丁名册。本年七月壮丁调查开始，各区在乡军官，正纷纷持证件到会申请登记中。

116. 备役干部会：凡受军训合格之高中以上毕业学生，依照法令规定，应检具证件在备役干部会登记，即不编入壮丁名册，现壮丁调查业经开始，上项工作，正由备预[①]干部会办理中。

117. 义务劳动：在一月内，发动全市清洁大扫除一次，并分饬各区保甲随时督率市民清洁服务，以肃市容。又计划修筑之北区干路，其一部工程，以运用义务劳动协助办理，其不愿服役者，照规定征收代役金，以完成该路之建筑。

118. 办理冬防服务：本市三十四年度冬防，系自去年十一月份起，至本年二月底止，饬由各区组织冬防队一大队，下设三分队，视实际情形设立守巡哨所，整夜工作，协助军警宪维持地方治安。办理以来，颇著成效，冬防期间，本市治安尚称良好。

119. 守护国防工事：卫戍总部国防工事守护勤务，本市奉令接收后，业经令饬一至七区队各派官长 1 员，国民兵 9 名，担任各该区国防工事守护勤务，计守护堡垒 20 座。

120. 壮丁身家调查：依照兵役法第十六条之规定，每年四五六等月举行壮丁身家调查，本年度本市因办理区长及保长选举关系，改在本年下半年度办理，已饬民政局加紧准备。

121. 免缓禁停役：本年度上半年兵役尚在停征期中，关于免缓禁停役暂停办理。

122. 体格检查：同前。

123. 抽签：同前。

124. 征集：同前。

125. 优待：（1）发放征属优待金救济金及慰劳金：查本市征属共 4440 户，关于办理优待事项，分优待金、救济金及三节慰劳三种。优待金每年发放 2 次，每户每次发国币 3000 元，赤贫者按人口发给，但最多每户不得超过 4 人，计 20000 元。本年上半年计发三十四年下半年优待金 3447 万元，救济金系接〔按〕其情节轻重核发，择征属之贫苦无告，乃疾病无以治疗，及子

① 前文为“备役”，此处为“备预”，原档照录。

女入学家境困穷，或遭意外灾害者，分别发给每次1000元至3000元，本年上半年计发56000余元。至慰劳金一项，系于春节、端节、秋节向各界募集散发。（2）补发四十四年度赴印征属优待米：查三十四年四至十二月赴印征属优待米，自本年四月起开，每户2市斗，连损耗共补发米1052石，又因征属户口异动，结存之余米分配各区，又去260余石。

（九）会计

126. 办理三十六年度分配预算并依法严密执行：本市本年度国家自治两部分预算，于本年三月间先后奉行政院指令核定，遵即分别转饬各单位编送分配预算，现均陆续呈府业经本府分别核转，惟近半年来物价波动甚剧，而奉核定之各单位经费及事业费，复异常紧缩，对于预算控制执行，颇感困难，已饬各主管单位，凡不必要之临时支出，力求避免以轻库累。

127. 筹编三十六年度概算并力求与计划配合：关于筹编三十六年度之概算资料，早经着手搜集，一俟三十六年度国家总预算编审原则及编审办法奉颁到府，即可如限筹编呈送。

128. 整理设置预算登记簿：于本年度开始时实施，办理以来，颇称便利。

129. 改进拨款办法：自经实施以来，迅速简单，各机构称便。

（未列计划）办理追加预算（1）各单位办公费，以奉核定数字紧缩，而物价波动频仍，不敷支应，纷请追加。本府经即按照物价及各单位实际情形，各单位四至十二月份办公费预算呈院，并先行按月垫发，办理追加。（2）员工长警生活费本年二三六月份3次奉院令调整，均经本府拟具追加预算呈院核定拨发。（3）办理本市接收中央机关留渝公产管理处经临费追加预算。

（未列计划）核发本市各中小学客籍教师还乡费：本府于奉行政院令，经即饬教育局转知各学校造具客籍教育名册，呈凭核发，现均已据呈到府，并经本府详加复核，指示原则，饬由教育局迅予发放。

（未列计划）中央核准补助本市各项专款：（1）扬子江中正大桥，经拟具预算计国币六十一亿六千七百四十八万元，又美金二百二十万零九千六百元，已奉主席蒋核准补助三分之一，业由本府电请行政院提前拨款，以便兴修。（2）北区干线工款，共需13亿余元，除中央补助4亿元外，其余并奉准先向四联总处接洽贷款，现已在洽办中。（3）修建本市下水道，所需工款来源，除拟请中央补助一部分，并请准予提高本市自治课税率外，已先行函请中央贷款20亿元，以便及时动工兴修。

（未列计划）编制本市三十五年下半年度收支对付表：本市财政收支系统：经本年六月六日财粮两部在京开会，决定改订各省市财政收支系统后，其岁入岁出预算，无法平衡，经已依照该会议规定，编具本年下半年度收支对照表，呈请行政院核拨补助费，并函请财政部办理。

130. 设计特种会计制度：现均先后设计完成，已由本府会计处报请中央主计机关核定施行。

131. 充实会计人员并加强会计机构：仍本三十四年度计划办理，现已逐渐充实与加强。

132. 训练会计人员：仍按过去计划继续办理。

133. 加强指挥监督各机关会计事务及严密考核各级会计人员：（1）由本府会计处派员轮流视察各机关会计事务，并就近指导，以利事功。（2）考核所属各级会计人员完全遵照法令办理，平时成绩悉予记录，以作年终考绩考成时优劣之根据。

134. 积极推进本市统制会计事务：（1）本市本年度国家经费统制会计报告，因各机关经常费预算总数于本年三月份始奉院令核定，嗣以各机关统计人员及统计经费等问题数字多有变动，致会计报告未能按时呈府汇编，现正加紧严催限期编送中。（2）本市以前年度国家经费统制会计及各地方总会计与代理公库账项办理情形如次：①本市三十四年度七月至十一月份国家经费财务收支统制记录会计报告，业经编送。②本市三十四年度自治财政收支，根据市库报告，业已登记至三十五年三月底止。③三十五年一至五月份国地收支概况表亦以编竣。

（十）统计

135. 加强所属统计组织之指导监督及考核：依照计划，按月派员视导所属各单位统计工作，指导注意下列各点：（1）统计组织与行政部门之联系。（2）统计在行政上之运用及所发生效果。（3）各种应办统计工作，是否遵照法令及期限办理。

136. 继续推行公务统计方案：（1）修正方案内容：本市社、警、财、工、卫、教、地各局方案，业于三十二年及三十三年拟订完成，计 24 纲、189 目、513 表，经呈主计处审核；嗣复拟订实施办法举办统计讲习会，训练登记人员，办理登记工作，是项方案业已全部实施。上年奉院令检发行政检讨会议决议有关表册部分及简化统一表册实施办法之际，复将各项表册予以修正，使切合简化之原则。本年以各方案系战时拟订，由战时到平时，各局业务颇多变动，为使方案易于配合实际业务实施起见，经令饬各局统计室详加研究，予以修正。（2）改善登记人员：为使登记翔实，曾调训登记人员两次，惟是项人员有离职者，有调职未任登记工作者，致有一部分未经训练人员担任登记工作，本年度由各局主办统计人员按月召集是项人员，举行座谈会以补训练之不足。（3）加强统计之运用：根据院颁设计考核与统计工作之联系办法，指导各局统计室，依据公务统计方案底册，按时汇编统计报表，送各有关单位，以为执行工作之参考。并将各项资料分析研究，确定各种工作考核标准，以供考核之运用。

137. 继续编制行政考核统计：除依照过去办理外，并根据各局报送资料，绘制业务上应用之各种图表，如工作进程图，文书效率统计等，以为督导之依据。

138. 办理本市生命统计：一至七区出生死亡仍由各警察分局户籍生按旬调查，汇送本府整理，至第四区由本府统计处会同警察局、卫生局派员按月挨户调查，截至四月底止，该区 66819 人口中，计出生 512 人，出生率 22.99‰；死亡 161 人，死亡率 7.23‰。是项资料于六月底汇编半年报，分送各机关参考。

139. 编制各种物价指数：本府奉院令编制之物价指数，计有趸售国货、趸售国货及洋货、零售国货以及机关办公用品价格等指数，均以二十六年上半年为基期，于三十一年起编，前年并完成追查二十六年至三十年各月物价指数，嗣以洋货奇缺，趸售国货及洋货价格指数，经呈准停编。本年度除继续编制其余三种指数，并按旬按月分别刊行本市物价旬报月报外，四月份起接办国府主计处原编之本市公务员生活费指数，均按期印送各机关团体及使馆参考。近月来，编制指数之中央机关多已复员，致本市公司行商函索本府所编指数参考者骤增，原印月报乃有供不应求之势。

140. 编制本市金融统计：本市日折利息及汇兑行情等资料，系由本市银行商业同业公会供给，自三十二年度起，即由府统计处按月办理呈送国府主计处，本年度仍继续办理。并搜集金价、票据交换及债券价格等资料，编为统计，以资参考。

141. 筹编本市经济指数：本府为便利工商界推动业务，拟仿照美国哈佛大学及各国景气研究所办法，搜集各种经济统计资料编为指数，以供学术团体及工商界参考，现正依照计划，向有关机关搜集资料分析研究中。

142. 编制本市统计总报告及手册：本府自二十一年起，即按年编制政绩统计总报告，本年仍续续编制，经饬各局报送各项资料，并向各机关搜集有关本市资料缜密审查。编制内容计分总类、土地与户口、社会、警卫、民政、财政、工务与公用、卫生、教育、地政、物价与金融等 11 类，全稿业已咨送主计处查核。此次本府行政会议及市参议会开会，又将是项资料撮要编印为《本市统计提要》分送与会者及各机关团体参考。至统计手册，随时绘制，供长官应用。

未列计划办理本市抗战损失调查：本府于三十三年十月奉行政院令颁抗战损失调查办法及查报须知，当即拟订本市抗战损失调查统计实施办法，并由本府统计处根据是项办法分别搜集资料，编成《重庆市抗战损失统计》。内容计分总表、人口伤亡损失、人民财产损失、市属各级机关历年财产损失、市属各级学校财产损失、市营事业财产损失、历年税收损失、其他损失等类，全稿呈送行政院核备。本年一月准市参议会函送第二届第五次大会决议案"嘱本府通告市民呈报轰炸所受损失以资核对案"，旋经公告市民申报损失，并令饬各区公所协助查报。是项资料现已整理臧事，计人口死15737人，人民财产损失1236617097045元。至于是项损失补偿问题，本府前准市参议会函送临时大会决议案关于本市空袭损失及战后复员一案，当即录案分别呈转行政院及善后救济总署核办在卷。兹准善后总署本年六月二十日济参京字第11731号函，以联合国救济物资，依照我国与联合国善后救济总署所签订之基本协定，只限用于收复区，所请补偿物资一节，格于协定，歉难照办等语到府，本府仍拟竭力向中央请求补偿适当物资，以副本市百万市民殷切之望。

（十一）人事管理

143. 继续建立局处以下人事管理机构：（1）本府所属各单位人事管理机构，经年来之努力，均已逐步完成，本年除将新接管之公共汽车管理处，依照前隶战时运输局前例，仍设置人事室，并经函准铨叙部察核备案外，其新成立之市银行，及公用局，则尚准铨叙部暂设置人事管理员，民政局设人事室，期于紧缩编制之中，仍能各应事实需要。并定各该单位人事机构所需人员，均暂在本机关总员额内匀配，经本府人事处先后派定人员呈报铨叙部备案。（2）本府各局处以下附属单位人事管理工作，原系指派人员负责兼办，但责任不专，事实上成效甚小，现为加强管理效能计，经决定先将业务较繁之单位，酌设专任人事管理人员，并就原有员额匀拨，职责既专一，经费亦不增加，正由人事处本此原则，与有关各局处商拟中，短期内可望实行。（3）本府为提高工作效率，前由人事处规定，每月举行人事会报一次，除交换工作意见外，并着重业务指示检讨，及人事法规研究等，本年已召开五5次，另并饬人事处派员视导所属各局处人事管理机构工作情形及其缺点，以为针对改进之依据，本年上半年度，已由该处订定视察注意事项为：①各单位员额管理是否按照核定编制用人 ②铨叙是否依法推行尽利 ③考核奖惩是否依法严格执行 ④人事登记表册是否齐备，及办理方法是否科学化等四项，正派员分别出发视导中。本府人事处对于所属各单位人事管理工作，尚能针对事实，予以辅导，故推行日见进步。

144. 励行工作考核：（1）严密平时考核：本府职员平时成绩考核，依照规定如期办理，本府秘书处职员本年一至三四至六月份平时成绩业经核定，分别优劣，予以奖惩，并实行非依据法令，中途不予晋级，但为示奖勉，另采奖金与津贴办法，期情法兼顾。此次考核结果，计每月给予津贴2000元者3人，给予一次奖金6000元者2人、4000元者5人，3000元者2人，嘉奖及记功者各2人。并将各员平时成绩考核结果汇册咨送铨叙部核备，以为办理年终考绩考成之准备，此外，本府前为加强平时考勤起见，除举办考勤竞赛外，曾制定职员考勤补充办法一种，自本年开始实行，现职员考勤，已趋切实，秘书处职员本年一月份请假平均每人为4.7小时，二月份为2.7小时，三月份为2.1小时，四月份为2.5小时，五月份为2.3小时；各局处方面，本年一月份请假平均每人为6.3小时，二月份为6.9小时，三月份为5.3小时，四月份为3.7小时，五月份为5.1小时，较前渐有进步。（2）办理雇员考成：本府秘书处三十五年上半年雇用人员考成，业经依法举办，由人事处汇集各员考成表，并根据各员平时成绩记录表拟签意见，提交考绩会同审核，决定优劣等次，除到职年资，不及参加考成者9人外，计应参加雇员考成者19人，内列80分以上者5人、70分以上者8人、60分以上者6人，工作不力解雇者1人，依法分别拟定奖惩办法，汇册函送铨叙部核定施行。至各局雇员考成，亦正由人事处督催赶办，如限呈府核转铨叙部核办。

145. 严格执行铨审工作：本府以铨政推行实为人事管理之重心，自应切实办理，惟年来以经费及复员等问题，本府及所属各单位人事动态较大，尤以胜利复员后，多赴收复区工作。同时本府前经呈准行政院增设之机构，因尚未转呈国府备案，当有少数荐任人员，无法呈荐，对于铨政推行，不无影响，因是各局处本年上半年度送铨人数不多，为求进一步推进，除注意各人工作情绪之提高及筹办备用人员登记外，经由府严督各局处切实办理任审工作，凡新到职人员，为旧编制定有员额等级应照案送登记者，应依限查催送审，并为促起各单位重视铨政，特令饬迅将应送铨或应送登记人员，尽于本年十月前，分期自行拟定进度报府核定，据以完成，并同时举办送铨竞赛，实行信赏必罚。此外，关于本府新组织法案亦正在修订中，以谋推行铨政困难，能获整个解决，对于尚未完成法案程序之聘派人员，则已检同行政院核准算预编制，函送铨叙部请准先予登记，至雇用人员登记，则早经照章办理。本年送请登记者，共有 10 人，并已函准铨叙部察核备案，再本府为便于管理地方自治及公营事业人员计，经由人事处依照现行铨叙法规并参酌实际情形，拟制定自治及公营人员任用及级俸核叙与转任公务员办法纲要，刻正会同有关各局处并征询专家意见，详加研讨，一俟制定方案，当分别函呈铨叙部及行政院核定施行，以期地方自治人事制度能逐渐建立，以利推行。

146. 加强员额管理：本府年来业务日繁，单位迭有增多，现连各级自治人员共有约 7000 人，警工亦近 9000 名，且人事异动频繁，员额管理，尤属迫切，唯本府人事处职员只 15 人，为谋执简驭繁，该处特在年度开始时，会同本府会计处依法核定各单位员额，并规定非具特殊情形经呈准后，一律不准借缺用人或中途申请增设人员。另将各单位职掌编制，予以确定，并与总登记册相互配合，以为过渡时期用人，及修订本府组织规则之依据，同时，令饬各局处主管人督同仁事机构，应依预算员额用人，一面又饬其造送编制名册，据以切实办理异动，分月造表，附具登记表报核，并由人事处派员查对薪俸册，及每年调制编制员额与实有人数比较表，以资查考，而求核实。另注意安定职员生活，以减少异迁观念，已经决定筹组福利委员会，成立福利社，使各人衣食住行、育〔娱〕乐上，有最低限之供应，拟先从秘书处试行。自上述办法实行，各单位刻已无超额用人或超支经费情形，本府及各局处本年一月份余额 261 人，二月份余 227 人，三月份余 240 人，四月份余 85 人，五月份余 74 人。至本年新成立之单位，及接办机关员额，除市银行、公共汽车管理处系采营业自给自足原则，另有核定预算编制外，民政局系由军事、民政两科原预算拨充，公用局系将工务局一部分员额改拨，并酌予略增，新闻处人员则均暂在秘书处编制余额调用或派员。实行前定增事业，非万不得已不增人，而调供有关该业务单位余额或人员之原则。此外自本年起，更厉行紧缩，各单位用人，即有余额，或有缺可补，亦先考察其业务有无确切之需要，务期人无虚设，事求实效，用符层峯紧缩用人政策。

147. 编制人事登记法规表册（1）本府为统一人事管理，草拟人事管理通则，并予分期施行，并为提高公教人员及地方自治人员服务精神，以正风尚起见，由人事处会同有关单位编印职员手册，分发各级人员切实遵行。（2）为求人事登记，益臻完备严密起见，经将职员登记总表，切实加以整理，并将职员姓名编定号码，采用四角号码法，填载表中，指定专人保管，查考颇称便利。并以本府职员异动频繁，各项登记工作，今后更执简驭繁，加强办理，而利事功。

148. 其他 :（1）本年上半年内，申请抚恤金者共 5 人，核与规定相合，均经函转铨叙部核办，其中已由铨叙部核定发给一次抚恤金及抚恤金者计 2 人。（2）因公受伤员警由府核给医药费者共 8 人，计 91 万元。又由府核发故警丧葬补助费共 5 名，计 24.8840 万元。（3）本府职员患病赴市民医院诊治，所需医药费用，得予以减半成免费优待，并经本府另特约名西医1人，对职员诊断、处方以及种痘、注射、体格检查等一律免费，如属配给药品及施行手术等，予以半价收费，（4）本府雇用人员登记方面，前经订定实施办法一种，正在筹办中。唯以各方需助甚多，办理尚少见成效，（5）本府职员互调服务，及公务员补习学校，以及职员眷属住宅与公共食堂等项，均俟下半年实行合署办公后，视人力财力，分别缓急，依次规划办〔理〕。

二、事业部分

（一）社会

1. 督导渔农团体组训工作：本期督导改选者，计有市农会、市渔会及第九区农会3单位。并督导市渔会、市农会及各区农会每月举行理监事联席会议1次，由市社会局派员出席指导。

2 整顿救济院：该院所列各项整顿计划，因限于经费，仅先将各所所生副食费自六月份起每名月增为3000元，余俟本年下期本市救济经费优待基金筹募委员会成立，募集捐款，再行分别举办。

附：救济院所属各所本年四月底收容人数

所别	男	女	小计
安老残废所	188	65	253
育幼所	301	47	348
习艺所	105	16	121
育婴所	18	53	71
总计			793

（未列计划）成立孤苦儿童临时救济站：该站成立于三月初旬。预定收容名额200名，经费预算计1800万元，由本府，社会部，善后救济总署，英、美两援华会及加拿大红十字会等六单位各拨助300万元（救济总署及加拿大红十字会未拨到），此项儿童经先后觅得者220人，内男性189人，女性31人。均送救济院教养。

3. 举办集团结婚：元月一日举行三十二届，参加者57对；二月二十日举行三十三届，参加者23对；六月二十五日举行第三十四届，参加者24对。自三十四届起，实施健康检查，凡履行检查者，均赠礼品，以示鼓励。是届举行检查者计4对，各赠予屏条、衣料、挂镜、牙膏等物品。

4. 推行公墓制度：本年四月将江北观音桥地方之第四公墓建筑完成，现正由市社会局会同有关各局于沙磁区筹建第五公墓。又本年三月奉行政院令筹建国殇墓圆〔园〕，以葬阵亡将士及殉难人民。经本府令饬市社会局就现有公墓择一改建，该局现正会同工务局，就第四公墓设计建筑中。

5. 商业登记：本期新设商号登记2896家，变更登记267家，歇业登记85家，新设公司登记158家，变更登记26家，解散登记3家，外商登记14家。

6. 推行新制度量衡：本期检定度器12996件，量器4354件，衡器17315件。

7. 发展陪都纪念林场：（1）本期核准农场登记2家；（2）本年植树节，发动市民普遍种树，其间著有成绩者，计第九区900株，十一区300株，十七区500株又第十八区区农会500株。所有树苗，均由陪都纪念林场供给。（3）陪都纪念林场本期育苗685株，造林640株，推广树苗74300株，采集标本苗木8株。

8. 劳工组织：（1）新成立职业工会2个（起重工会、修补铜铁器工会）。（2）正在筹备或发起组织中者，有职业工会10个（盐业秤工工会、木船引水工会、国药制造工会、毛笔制造工会、承装水管工会、皮货制造工会、屠宰工会、纸烟制造工会、草药工会、洗染工会)。(3)现有市总工会1个，特种工会2个(重庆邮务工会、中华海员工会重庆分会)，产业工会16个、职业工会66个，合计85单位，所辖分会134，支部427，小组3376，会员人数14.8259万人。(4)因停厂解散之产业工会4个。

(二)教育

9. 励行建校运动增设国民学校：已于六月份完成中心国民学校57所，保国民学校113所，共计1189班，较上年增加1校，19班。〔按本期(1)曾因调整而裁并之保校8所，因复员学生减少而减少之班次66班。(2)新增之保校9所，增班85班〕。

10. 充实各校民教部：本期伊始，即订定本市各区民教推行委员会组织规程，及机关团体附设民众学校办法，与中小学教师及学生社会智〔知〕识分子施行巡回分组教学办法，通令施行。各国民学校办理民教班共57班、3271人，机关团体办理民教班24班、1250人。为施行强迫教育，各区已成立民教推行委员会，并指定一、六、七、八、十一、十四等区为示范区，先行办理失学民众之调查及登记，以便计划分期使其入学，各项工作已于六月份完成。

11. 充实各校设备：(1)本期向合川科学仪器厂购置仪器5套，分发复兴关、马王庙、龙门浩、沙坪坝及第十一区实验中心国民学校使用。(2)本会曾由卫生局制造药箱20个，内配日常应用药品多种，分发本市一至七区各中心国民学校使用。(3)本期曾拟定添置课桌22000套、黑板1000块、时钟150架、风琴100架、办公桌1600套、仪器标本、儿童图书及教师参考书等19套之办法及经费预算，除仪器计划已实施外，其余各项计划正在会同建校委员会商筹经费，以便办理中。

12. 办理国民教育示范区：本期继续办理第二、第十一及第十四区之示范工作，由教育局订定工作要项及进程呈教育部核准实施，自六月份止，均已按照进程办理。

13. 办理幼稚园：拟于下期办理。

14. 办理小学卫生设备：已于六月份完成一至七区各中心国民学校，各有药箱一只，内储日常应用药品多种，及卫生挂图各一套。

15. 接收留渝国立学校：本年六月，教育局奉教育部令，筹备接收国立四川造纸印刷科职业学校，及国立商业职业学校，当即指定专人负责筹备据收。

16、17、18、19、20、21以上各项工作，拟于下期分别举办。

22. 举办电影巡回施教：本年一月开始筹备，随得教育部拨发各项电教器材，即于一月十九日正式成立，至六月份止，已放映63次，受教人数约15万人。

(三)工务

23. 修筑北区干路：该路全长1900公尺，路面宽14公尺，两边人行道各宽4公尺，只完成桥台桥墩之一部，路基及桥涵部分，经招商比价，现正准备开工，全部经费13.7817亿元。

24. 修筑菜园坝至珊瑚坝马路：该路全长850公尺，内有大桥一座，长100公尺，堡坎一道，长1300公尺，路基宽7.5公尺，碎石路面宽5公尺，现已完成65%，全部路基路面经费为1.25亿元，桥梁部分，经已洽商中航公司拨款5000万交由本府筹建。

25. 修筑捍卫新村至北区干路马路：该路全长720公尺，经费为2600万元，因北区干路尚未开工，故暂缓。

26. 中正路翻修水泥灌浆路面：该路全长1105公尺，原宽7.4公尺及9公尺，拟改建14公尺，经费5677万元，现已移作邹容路拓宽及混泥〔凝〕土路面工程经费。

27. 打铜街翻修水泥灌浆路面：该路全长172公尺，宽7.4公尺，经费701.545万元，因上半年临时工程较多，拟在下年度兴工。

28. 磁器街翻修水泥灌浆路面：该路长263公尺，改宽4公尺，经费2035.225万元，现正赶编预算准备施工。

29. 五四路翻修水泥灌浆路面：该路长320公尺，宽10公尺，经费1366.4万元，因上年度临时工程较多，放在下年度兴办。

30. 吴师爷巷至卫生局新址便道：该路长200公尺，宽5公尺，经费1038.63万元，原编入自治部分经费，嗣以总额核减，致未分配本工程，势须另筹专款办理。

（未列计划）翻修国府路路面：该路长590公尺，面积5152平方公尺，用黄泥灌浆，二月二十三日完工，经费271.1765万元。

（未列计划）改修临江路路面：该路长756.5公尺，面积7045平方公尺，二月十三日完工，水泥灌浆路面，经费617.566万元。

（未列计划）翻修两复路路面：该路水泥灌浆路面长900公尺，面积4050平方公尺，黄泥灌浆路路面长2100公尺，面积9050平方公尺，二月四日完工，经费2895.859万元。

（未列计划）改铺中二路路面：该路长540公尺，面积7560平方公尺，全部水泥混凝土路面路，五月三十日完工，经费12665.2万元。

（未列计划）加铺大新路路面：该路长9734公尺，面积37976平方公尺，加铺煤灰，一月二十七日完工，经费1114.7012万元。

（未列计划）改铺两复路人行道：长955公尺，面积3810平方公尺，水泥灌浆，一月二十一日完工，经费1385.5509万元。

（未列计划）加铺复元路路面：该路长7500公尺，面积34965平方公尺，加铺煤渣，二月十三日完工，经费970.4148.5万元。

（未列计划）新筑飞来寺马路：翻修旧路280公尺，面积1652平方公尺，新筑420公尺，面积2268平方公尺，黄泥灌浆，六月十八日完工，经费5064.3万元。

（未列计划）开凿通远门隧道：长35公尺，高4.5公尺，宽6公尺，接通路面198公尺，水泥灌浆路面，现正摧折房屋，筹备开工经费1.3亿元。

（未列计划）拓宽青年路：该路长160公尺，面积1600平方公尺，改宽为10公尺，人行道为各宽4公尺，黄泥灌浆路面，现正筹备施工，经费5447万元。

（未列计划）翻修小磁段路面：该路长3817公尺，黄泥灌浆路面，六月二十六日完工，经费411.3万元。

（未列计划）翻修复兴区青年路：该路长344公尺，面积1203平方公尺，黄泥灌浆路面，二月十四日完工，经费108.2178万元。

（未列计划）修补沧白路路面：该路长543公尺，面积5688公尺，石子灌浆路面，经费826.1839万元。

（未列计划）其他零星修补路面工程：嘉陵新村路面，上清寺石板路，社交会堂通道，新德里石板路等，均于六月份完工，经费172.436万元。

31. 大溪沟区沟渠：包括中三路至养花溪及春森路至大溪沟，已完成40%，经费1458.6万元，已动用216.2705万元。

32. 修整及清理学田湾区沟渠：已修理学田湾康宁路及下罗家塆暗沟及阴井等工程，经费在前项余款内拨用。

33. 建筑下水道及整理市区公园：下水道包括大溪沟、牛角沱及菜园坝等，长30公里，已组织下水道工程筹备处进行修筑事宜，至各公园花木并经常加以整理。

（未列计划）疏浚林森路暗沟沧白路沟渠牛角沱沟渠国府路侧沟等工程：上项工程均于本年六月完工，经费469.5165万元。

34. 修理大河顺城街城墙：条石砌筑，厚2.5公尺，高2公尺，长10公尺，堡坎纵横2公尺，内设洩水孔湾道，以下20公尺石栏，每公尺钻洩水孔一个，已于六月底完工。经费700万元，已动用243.6533万元。

35. 偏僻巷道择要修整及其他什项工程：中一路及李子坝石护栏、铅印养路工程表报、飞来寺路加设木护栏、拆建仁爱堂城墙、本市停车场、学田湾市府职员住宅围墙、两浮之路清除废土、工务局工人宿舍厨房修理等工程，经费在前项经费内拨支415.058万元。

（未列计划）修理警局拘留所道班房公共厕所南区公园牛角沱支路李子坝粪码头大溪沟安乐洞神仙洞等工程：上项工程均于六月份完工，经费2985.3886万元。

36. 大重庆测量计划：本项工作因与陪都建设委员会协商结果，由该会将来举办航空测量。

37. 添装新辟马路及未装设之各街巷路灯设备：因限于经费未办。

38. 改良全市路灯设备：因限于经费未办。

39. 修理损坏路灯：遇有损坏，立即派工修理。

40. 设计大重庆实施后之路灯设备：因限于经费未办。

（四）卫生

41. 购置药品器材：本期向中央防疫处已购到霍乱疫苗348000公撮、伤寒霍乱混合疫苗50000公撮、人用狂犬〔疫〕苗80组、人用牛痘〔疫〕苗2000打、破伤风抗毒素150瓶，其预订之上项疫苗，已在起运途中。又向卫生署领到拨赠药品共116种，向美国购进矿胺类等药品8种。以上药品，除预防疫苗及牛痘苗委托本市各公私医院诊所及开业医师代为免费使用外，其余药品随时酌情分发市属各医疗机构为市民免费使用。

42. 将现有之平民医院及合组平民医院合并改为第二市民医院，扩充病床并增加贫民住院伙食费：（1）第一平民及合组平民医院已于三月底结束，自四月一日起改组为第二市民医院。（2）第二平民医院已于三月底结束，自四月一日起改组为平民医院。（3）以上两院因尚未觅得适当房屋，暂时仍在原址办理收容门诊业务，一俟院址确定后，即饬按照扩充病床计划办理。（4）善后救济总署拨赠第二市民医院之医疗器械设备业已运到，拨交该院承领。

43. 增加市民医院补助费并培修该院房屋及消防卫生设备：（1）已拨款500万元将门窗墙壁修理竣事。（2）该院新式卫生厕所亦将修建竣事，正计划安置消防器械。（3）该院房舍不敷，住院病人拥挤，正设法作简单增建房舍计划。

44. 扩充肺病疗养院设备并增加病床：该院原有房屋狭小，难以扩充，经商准中央卫生实验院将新开寺肺病疗养院改组为重庆市结核病防治院，并在夫子池设立门诊部，以利患者，该院现已迁移卫生实验院旧址，并正扩充床位。

45. 设立卫生实验所：（1）该所所址，正由本市接收中央机关公产管理处核拨中，一俟确定，即行从事改建，现仍暂就市民医院检验室及卫生局新建办公室办理各种检验业务。（2）已商准中央卫生实验院捐赠一部分设备，业经饬由该所接收应用。（3）聘请王良医师为该所所长，其余工作人员亦已先后派充。

46. 增设传染病医院病床：该院院址狭窄，无法增设床位，现正另觅房屋中。

（未列计划）成立牙病防治所：接收中央卫生实验院前设于沙坪坝牙病防治所全部药械，移设于城内夫子池原本市第一卫生所内，办理牙病防治事业。

（未列计划）成立重庆血库：与中央卫生实验院合作，成立重庆血库，购储各型血液血浆，并制生理食盐水及葡萄〔糖〕溶液，已于四月一日开始工作。

（未列计划）接收善后救济总署药械：善后救济总署拨赠本市医疗药品器材设备计50余吨，经已派员前往昆明接运竣事，并照行总指定机关分配应用。

47. 预防霍乱：（1）宣传工作：①印制大量防疫标语，于四月中旬遍贴城郊要道及各饮食店。②绘制白布标语张悬巴县汽车公司车尾，使乡村人民知所预防。③绘制霍乱传染途径之五彩布标多幅悬挂于广场戏院。④与本市民众教育馆举办卫生展览会一星期，计有卫生图表116种，模型63具。⑤派员赴城郊巡回宣传防疫之重要。⑥拟定通俗简明之防疫标语送各电影院放映玻片。⑦函商民间艺术改进协会编拟防疫歌，以金钱板词调演唱。⑧由各区公所保甲利用保民大会举行防疫演讲。（2）预防注射：①以卫生局原有医疗机构为中心注射站，共计21站。②委托本市私立医院诊所及开业医师为特约注射站，共计109站。③配合实际需要，由卫生局指派医护人员设置临时注射站2站。④与社会服务处合组还都复员注射站2站。⑤与社会服务处及汉渝检疫所合组巡回注射站10站，实施强迫注射。⑥与中国红十字会重庆分会合组流动注射队13队。以上各队站由卫生局免费供应疫苗，统计本期注射单纯霍乱疫苗212970人，伤寒霍乱混合疫苗8017人。

49.[①]预防天花：本期仍照向例分集体、挨户、个人三种办法实施预防接种，并饬市属各医疗机构协助办理，计接种58282人。

50. 预防白喉：因一般市民纽于旧习，多不愿注射，虽经多方宣传，收效仍少。

51. 预防鼠疫：市灭鼠工程队本期工作地区按照原计划办理，仍采取放置毒饵及笼夹捕杀等方法灭鼠，并经协助世界日报等17个机关团体灭鼠事宜，总计放毒饵3348519粒，被食去数2012020粒，估计死鼠1006009九头，发现死鼠8739头，放置笼夹捕鼠1118次，获鼠943头。

52. 预防狂犬病：市属各医疗机关随时向卫生局具领是项疫苗为患者免费使用，本期注射人用狂犬疫苗324人。

53. 扩充平民浴室：本期仅就房屋损坏部分拨款修理，计划改进部分，已饬绘具工程图样呈核。

54. 继续推行灭鼠工作：工作成绩详预防鼠疫一项。

55. 加强卫生稽查队工作：该队本期派用人员，均经审慎甄选。工作方面，经常派员检查公共场所清洁，督导有关饮食业改善卫生设备，及参加防疫注射宣传工作，并办理取缔中西医药商业之违反规定事项。

56. 办理健康教育：（1）办理七校学生健康检查：计受检人数5284人，内砂眼3581人，占68%；牙齿1290人，占24.4%；扁桃腺745人，占14.1%。（2）缺点矫治：以砂眼为主，于五月份开始，计受矫治者3581人，矫治总例数3590人，缺点复查例数349人，六月份矫治人数3581人，矫治总例数6701人，矫治复查例数398人。（3）预防接种：七校学生一律注射霍乱预防针及接种牛痘，计学生5284人。（4）医疗工作：五月份初诊179人，复诊142人，六月份初诊113人，复诊268人，总计702人。（5）环境卫生视察：五六两月份各视察3次。

（未列计划）核发开业执照：本期中西医药商及医药师等申请登记，经审查合格，准发执照者，计病理检验所1家，中药商54家，西药商15家，中医45人，西医14人，药师7人，助产士4人，药剂生5人，牙医师1人，医院1家。

---

① 原档无48.，照录。

（五）地政

地籍测量

57. 复测黄桷垭镇：计完成补点（三角图根）11 点，交会点 141 点，导线点 129 点，地籍原图 51 副，计 1480 起，共面积 8124866 市亩，缩绘土地所有权状附图 1480 张，区地籍图及摸绘图各一份，该镇复测工作于五月底全部完成。

58. 新接收区域地籍测量：预定江北县应移交之唐家沱大龙山两地，约有一千分之一，地籍图 84 幅，以测量员 8 人工作，9 个月完成，因该两地人士推诿，未经接收，故未举办。

59. 修测原图：因工作人员不敷分配，故未办理。

60. 有关市政建设测量：（1）菜瑚公路：因建设马路，该段土地因之变更，经重新测量，计修改原图 5 幅，修正业户 80 起，面积 17 亩。（2）通远门隧道：计修改原图两幅，修正业户 44 起，面积计 7500 市亩。（3）北区干路：修改原图 13 幅，修正业户 175 起，计面积 51300 市亩。

61. 第一次土地所有权登记：（1）办理登记：上半年度计登记 492 号。（2）办理审查公告：查上半年度计审查 731 号，公告 1320 号。（3）制发土地所有权状：上半年度计制权状 2167 张，计发权状 8154 张，外配图计 1550 件。（4）办理复丈：计复丈 641 号。（5）办理销号调查：计办理销号 17525 号，调查 1250 号。

62. 办理全市总归户：查上半年度计办 2527 地号。

63. 重估地价：查该项工作，奉准自七月份开始实施。

64. 公地清理：查全市计 70 镇，乃分区清理，上半年已完成者，计市区 21 镇，地号 284 起；郊区 17 镇，地号 193 起。

肆　市政统计提要

市政统计提要

（三十五年一至六月）

户口（6月）	分局辖区	户数	口数	分局辖区	户数	口数
	总计	201962	1066839	第十 分局	11802	81471
	第一分局	15246	76015	第十一分局	11938	62413
	第二分局	14255	75633	第十二分局	12389	72010
	第三分局	11916	55710	第十三分局	10234	
	第四分局	14918	66011	第十四分局	12573	79144
	第五分局	18163	75822	第十五分局	5773	27935
	第六分局	8974	47175	第十六分局	5852	29261
	第七分局	8201	43127	第十七分局	7484	51522
	第八分局	8699	44473	第十八分局	9394	
	第九分局	11890	53071	水上分局	2231	8432

续表

	保甲（5月）						参议员选举（34年）			
	区别	保数	甲数	区别	保数	甲数	性质别	公民总数	投票选民	选出参议员
民政	总计	4076741		第十区	24	428	区域选举	388651	38308	58
	第一区	28	557	第十一区	28	344	职业选举	344752	* 3051	25
	第二区	29	512	第十二区	25	432	工会	257649	* 391	8
	第三区	22	343	第十三区	23	264	商会	52227	* 665	7
	第四区	28	513	第十四区	26	417	农会	30128	* 90	5
	第五区	31	678	第十五区	15	209	渔会	262	* 47	1
	第六区	18	288	第十六区	16	185	教育会	3121	* 1828	2
	第七区	15	277	第十七区	16	228	自由职业团体	1365	* 30	2
	第八区	20	274	第十八区	22	371	* 系指复选投票选民			
	第九区	21	421							
	菜市场			各区区长学历						
	名称	数目	每月收入概数	学历	人数					
	总计	97	6284450	总计	18					
	菜市场	62	3714481	大学毕业	5					
	各种市场	11	1315905	专科学校毕业	2					
	肉市场	6	535264	中学毕业	7					
	牲畜市场	11	490522	职业学校毕业	2					
	米市场	7	228278	军事学校毕业	1					
				其他训练学校毕业	1					

续表

	人民团体会员数（五月）			合作社		商业设立登记				
	类 别	团体数	会员数	类 别	数 量	业 别	家 数	业 别	家 数	
社会	总计	567	204813	总计		总计	3747	矿业	1	
	职业团体	246	204813	社数	495	纺织业	1193	化学业	17	
	农会	12	20060	社员数	289404	服饰业	585	橡皮业	4	
	渔会	1	245	股金数	66379186	粮食业	22	文化业	38	
	工会	81	148295	消费合作社		饮食业	495	美术业	44	
	工商团体	128	36213	社数	432	百货业	351	医药业	67	
	自由职业团体	24		社员数	282958	旅馆业	141	烟酒业	118	
	社会团体	321		股金数	22540316	交通业	79	代理业	100	

续表

	人民团体会员数（五月）			合作社		商业设立登记				
社会	类 别	团体数	会员数	类 别	数 量	业 别	家 数	业 别	家 数	
				生产合作社		五金业	64	一时营利	11	
				社数	63	电料业	58	燃料业	25	
				社员数	6446	木料瓷器业	77	其他	228	
				股金数	43838870	建筑业	3			
						油业	26			

	劳资争议案件				迁川工厂近况（5 月）			农场概况（6 月）		
社会	月 别	案 件 数	关系工厂数	关系工人数	业 别	迁川工厂数	留川工厂数	业 务 别	农 场 数	场地面积（市亩）
	总计	173	190	37750	总计	415	286	总计	54	8545059
					矿业	1	1			
	1 月	53	53	8965	综合工业	15	14	园艺	26	3683025
					冶炼工业	20	17			
	2 月	42	42	4498	金属品制造业	11	5	农艺	20	4612014
					机械制造业	185	87			
	3 月	19	19	10926	电工器材制造业	33	18	畜牧	3	80020
					木竹草藤器具制造业	3	3			
	4 月	23	40	5307	化学工业	57	54	畜产	5	170000
					纺织工业	37	36			
	5 月	17	17	4364	服用品制造业	5	5			
					皮革毛皮橡皮业	7	7			
	6 月	19	19	3690	饮食品制造业	10	9			
					印刷出版业	18	17			
					饰物文具仪器					
					制造业	4	9			
					建筑业	9	9			

	火灾损失			破获案件			违警案件			
警察				案别	件数	人犯数	案别	件数	人数	
	被灾户数	共计	753	总计	2871	5189	总计	2293	5336	
		起火户	58	烟毒	494	1113	妨害安宁	249	614	
		延烧户	695	赌博	226	1027	妨害秩序	408	912	
	火灾损失	死亡人数	8	窃盗	1063	1399	妨害公务	94	201	
		受伤人数	24	强盗	69	157	妨害伪证	62	143	

续表

警察	火灾损失		破获案件			违警案件				
			案别	件数	人犯数	案别	件数	人数		
		延烧被烧房屋间数	839	扒绺	588	712	淹没证据	1	1	
		财物损失估计	3.55E+09	拐骗	163	287	妨害交通	575	1077	
				走私	2	3	妨害风华	457	1391	
				受伤	73	150	妨害卫生	248	465	
				伪造	14	29	妨害他人身体	123	335	
				其他	179	312	妨害他人财产	76	197	
	清洁				救护人民		特种营业登记			
	月别	清除垃圾（担）	清除粪便（担）	清除土堆（担）	类别	人数	业别	户数	组织	
									合资	独资
	总计	847726	148203	2519	总计	297	总计	1397	185	1212
	1月	69386	20094	1076	迷途妇孺	1	成衣	340	34	306
	2月	81589	38014	954	遗弃婴儿	2	旅馆	220	42	178
	3月	108022	28327	89	被拐卖	6	茶馆	642	97	545
	4月	214243	22571	128	自杀	2	钟表	13	—	13
	5月	185766	19976	86	中毒	1	洗染	45	10	35
	6月	188720	19221	186	道路疾病	47	估衣	50	—	50
					意外危险	126	水上贩卖	32	—	32
					无业	106	刻字	5	—	5
					失业	4	印刷	9	2	7
					其他	2	芜贩	41	—	41

续表

财政	各项税收数		税收指数与物价指数比较					
	科目	税收（元）	年别	税收指数	物价指数（趸售）			
	总计	1786886306	二十七年	100	100			
	房屋税	124390068	二十八年	178.1	174.7			
	屠宰税	511319327	二十九年	377.3	454.1			
	营业牌照税	9018150	三十年	1138.1	1249.6			
	使用牌照税	14208758	三十一年	4177.8	3489.3			
	筵席及娱乐税	1119247769	三十二年	11183.9	10503.7			
	罚金	3396359	三十三年	45284.6	34302.5			
	租金	2253029	三十四年	189807.9	119580.4			

续表

工务	其他	3052846	三十五年一月至六月	210934.1	206260.7			
	养路工程			新建房屋			核发执照	
	种类	数量	工数	月别	面积（平方公尺）	费用（元）	月别	件数
	总计	—	87346	总计	11664.4	288313320	总计	417
	沟渠工程	—	13034	1月	1236.2	17086000	1月	59
	修理阴沟	58135（公尺）	12510	2月	1489	18804200	2月	64
	修理窨井	21（座）	135	3月	1991	36579200	3月	86
	采运条石	694（条）	389	4月	3577	99543120	4月	66
	路面工程	—	56559	5月	1768.7	67664400	5月	75
	修理人行道	11736（平方公尺）	3026	6月	1602.5	48636400	6月	67
	铺压路面	243079（平方公尺）	34657					
	采备石子	1319（平方公尺）	9378					
	采运泥沙	3297（平方公尺）	9498					
	杂项工程	—	17753					

公用	月别	自来水（立方公尺）		电力		轮渡		
		进水量	出水量	发电度数	耗煤吨数	航行次数	乘客人数	
	总计	2793514	2721814	33511371	55669	104179	7035	
	1月	399551	380201	6082366	9898	19058	1396	
	2月	387775	376225	5472879	9178	17590	1196	
	3月	449128	429628	5755552	9540	18270	1161	
	4月	492398	483698	5386434	9017	16664	1077	
	5月	544391	535891	5798085	9419	17122	1001	
	6月	520271	516171	5016055	8617	15475	1100	
	月别	行驶车辆			营运概况		油料消耗	
		合计	客车	其他	行车次数	上车人数	燃料名称	用量（加仑）
	总计	—	—	—	264147	8775388	总计	315199$\frac{1}{8}$
	1月	115	98	17	44376	1581728	汽油	1063
	2月	116	99	17	43870	1628238	代汽油	237
	3月	94	76	18	50273	1600331	酒精	237701$\frac{3}{8}$

续表

	月别	自来水（立方公尺）进水量	自来水（立方公尺）出水量	电力 发电度数	电力 耗煤吨数	轮渡 航行次数	轮渡 燃料名称	轮渡 用量（加仑）
公用	4月	122	106	16	43739	1379772	柴油	$61542\frac{3}{4}$
	5月	112	107	5	41898	1315550	机油	$13665\frac{1}{4}$
	6月	105	99	6	39991	1269769	矿油	$584\frac{1}{4}$
							美柴油	$405\frac{1}{2}$

	预防接种		卫生教育			
卫生	类别	数量	类别	数量		
	接种牛痘人数	58282	候诊教育与公开演讲			
	注射霍乱疫苗针数	212970	演讲次数	268		
	注射伤寒疫苗针数	2	听讲人数	7751		
	注射伤寒霍乱混合疫苗针数	8017	儿童会及母亲会			
	注射狂犬疫苗针数	324	开会次数	47		
			参加人数	1796		
			个人谈话次数	4775		
			家庭访视次数	281		
	医疗保健		妇婴卫生		市民医院诊疗概况	
	类别	数量	类别	数量	类别	数量
	医疗		产前检查		门诊	
	门诊人数		初查人数	5541	初诊	29592
	初诊	33251	复查人生	4864	复诊	21351
	复诊	43899	接生		住院	
	出诊次数	52	顺产人数	1827	入院人数	1702
	保健		难产人数	22	出院人数	1555
	健康检查人数	3162	产后护理次数	3176	治愈	1464
			产后检查次数	241	死亡	90
			妇科检查次数	1790	转出	1

续表

教育（三十四学年度第一学期）	类别	中等教育	国民教育	民众教育馆概况		市立图书馆概况	
				类别	数量	类别	数量
	学校数	63	294	教员数	11	职员数	8
	班级数	439	2166	经费（元）	90000	图书数	7541
	教职员数	1768	3476			经费（元）	601920
	学生数	14190	92860				
	毕业生数	2460	12592				
	经费（元）	3.56E+09	21085.72				
地政	第一次土地所有权登记		移转变更登记		土地测量		
	种类	件数	类别	件数	类别	起	面积（市亩）
	收件	492	收件	941	总计	773	3366.36
	审查	771	审查	813	土地征收	89	201.52
	公告	1284	制状	625	土地分割	457	611.48
	发状	8150	发状	549	土地变更	15	11.62
	复丈	146			代各机关测量	212	2541.74
物价指数与生活费指数	月别	物价指数（基期26年上半年）			生活费指数（基期26年上半年）		
		趸售	零售	机关办公用品	公务员	职业工人	建业工人
	1月	209581	257537	167566	196242	155412	177263
	2月	225808	274612	173674	205805	157137	185555
	3月	235728	278304	174665	211422	164970	189241
	4月	248296	287892	190030	238384	187840	210117
	5月	252406	286147	208308	264286	212406	233093
	6月	256963	294252	212649	262242	212889	235899

重庆市档案馆馆藏档案：全宗号：0053，目录号：3，卷号93

二、重庆市党部

1. 中国国民党重庆市执行委员会组织规程

中国国民党重庆市执行委员会组织规程
（1943 年 3 月　中央执行委员会核准）

第一条　重庆市执行委员会组织规程，依省执行委员会组织条例第十三条及第十六条之规定订定之。

第二条　本会设主任委员、执行委员、书记长、省执行委员会组织条例第二条、第三条、第四条及第八条之规定任用之，并依第六条、第七条及第八条之规定执行工作。

第三条　本会之职权如左〈下〉：

一、执行中央命令；

二、组织所属各级党部并指挥其活动；

三、组织及运用党团协助政府组训民众；

四、支配党费及财政。

第四条　本会依省执行委员会组织条例第九条之规定，设秘书、组训、宣传三处。

一、秘书处设文书、事务两科，其职掌如左〈下〉：

（一）文书科

1. 办理文书收发、缮核事宜；

2. 保管档案及典守印信；

3. 办理会议记录及汇编工作报告。

（二）事务科

1. 办理出纳、采购、修缮、印刷及物品保管事宜；

2. 办理会议布置及其他不属各处科室主管之事宜。

二、组训处设组织、训练、党团指导三科，其职掌如左〈下〉：

（一）组织科

1. 指导所属各级党部之组织及活动；

2. 审核所属各级党部工作计划、工作报告并考核其成绩；

3. 指导并办理推进党务及征求党员事宜。

（二）训练科

1. 指导所属各级党部训练党员并办理基层干部训练及党员之特种训练；

2. 编纂及分发各种训练材料。

（三）党团指导科

1. 划编及组成各机关及人民团体中之党团；

2. 指导党团之活动并考核其成绩；
3. 策动人民组织团体并协助政府推进其组织训练工作及一般活动。
三、宣传处设宣传指导、编审、社会服务三科，其职掌如左〈下〉：
（一）宣传指导科
1. 规划及策动宣传工作；
2. 指导所属各级党部及人民团体之宣传工作；
3. 办理各种纪念集会之宣传工作；
4. 辅助与党有关各种宣传事业之发展。
（二）编审科
1. 办理本党主义、政纲、政策及抗战纲领之一般宣传品之征集、审查与编纂事宜；
2. 管理本会中山室资料室之书报；
（三）社会服务科
1. 指导所属各社会服务处工作并考核其成绩；
2. 发动并指导党员参加各种社会服务工作；
3. 举行各种社会福利事业。
第五条　本会设人事、会计两室，直隶于主任委员及书记长，其职掌如左〈下〉：
一、人事室
（一）办理本会工作人员人事登记及调查；
（二）提供主管人员对于工作人员任免及考核之资料；
二、会计室
（一）办理预算、决算及稽核事宜；
（二）汇编有关会计之各项表报。
第六条　本会各处设处长 1 人，承主任委员之命，主持处务；各处处长之任用，依省执行委员组织条例第十条之规定。
第七条　本会设秘书 1 人，办理主任委员、书记长交办事项；科长 8 人，干事 35 人至 40 人，助理干事 15 人至 20 人，录事 10 人至 20 人，分配各处，受处长之指挥，办理会务；人事管理人员 5 人至 8 人，会计人员 6 人至 9 人，均由主任委员分别任用并呈报中央执行委员会备案。
第八条　本会设调查统计室，其组织另订之。
第九条　本会于必要时，依省执行委员会组织条例第十二条之规定，得设各特种委员会。
第十条　本执行委员会会议之举行，依省执行委员会组织条例第六条及办事通则第三条之规定。
第十一条　本会办事细则另订之。
第十二条　本规程经呈准中央执行委员会核准后施行。

重庆市档案馆馆藏档案：全宗号：0051，目录号：3，卷号：302

2. 中国国民党重庆市执行委员会特种委员会组织规程

中国国民党重庆市执行委员会特种委员会组织规程
（三十三年八月二十四日第一届执行委员会第二次会议
通过三十三年十月二十日呈奉中央核准备案）

第一条　本规程依省执行委员会组织条例第十二条制定之。

第二条　市执行委员会暂先设置下列各委员会：

一、党团指导委员会；

二、地方自治推行委员会；

三、训练委员会；

四、文化运动委员会；

五、妇女运动委员会；

六、□工商运动委员会。

第三条　各特种委员会设常务委员 1 人，委员若干人，由市执行委员会主任委员聘任之。

第四条　各特种委员会设秘书 1 人，主任干事、干事、助理干事、经理员 5 人至 7 人，由市执行委员会主任委员在市执行委员会原有工作人员指派兼任之。

第五条　各特种委员会职掌如左〈下〉：

一、审议有关各该特种委员会之工作计划方案；

二、建议有关各该特种委员会之工作意见；

三、协助市执行委员会推行与各该特种委员会有关之工作。

第六条　各特种委员会每月举行会议一次，如遇必要时，得召开临时会议；开会时由各该会常务委员主席，常务委员缺席时，互推委员 1 人为临时主席；各特种委员会开会时，得通知市执行委员会有关之工作同志参加。

第七条　各特种委员会决议案件，应分别签请市执行委员会主任委员核定施行。

第八条　各特种委员会办事细则另订之。

第九条　本规程经市执行委员会通过并呈报中央备案后施行。

重庆市档案馆馆藏档案：全宗号：0053，目录号：3，卷号 663

3. 重庆市党务推进委员会组织条例

重庆市党务推进委员会组织条例

第一条　本条例遵照中央执行委员会颁行现任中央军政职务之中央委员参加重庆市党务活动办法第六项规定制定之。

第二条　本市执行委员会遵照中央颁行办法第二项规定，特设本市党务推进委员会，聘请中央指定参加本市党务活动之中央委员为委员；本市执行委员会于中央指定之委员外，得呈经中央核准，加聘其他中央委员及历任本党党务工作具有丰验劳绩之同志为委员。

第三条　本市党务推进委员之主要任务如左〈下〉：

一、协助市党部推进本市党务；

二、提出关于推进本市党务之意见于市党部；

三、审议并指导市党部咨询事项；

四、商讨参加本市党务活动之方法与工作分配；

五、参加并指导区分部或小组会议等各项集会。

第四条　参加本市党务活动之中央委员，对于服务机关党员之组织与活动，有指导督促之责，并注意吸收服务机关之优秀分子加入本党。

第五条　本市党务推进委员会设常务委员 3 人，由委员中互推担任之，主持日常事务。

第六条　本市党务推进委员，依工作之需要，得分组办事。

第七条　各组由各委员自行认定参加，每组互推组长 1 人，主持各该组工作。

第八条　本市党务推进委员会每月开会一次，必要时得召开临时会议，各组每两星期开会一次。

第九条　本市党务推进委员会设秘书 1 人，干事若干人，由本市执行委员会工作人员兼任之。

第十条　本市党务推进委员会各组办事细则另定之。

第十一条　本条例呈奉中央执行委员会核定施行。

重庆市档案馆馆藏：全宗号：0051，目录号：3，卷号 302

4. 重庆市党部 1940 年度报告

第一，组织工作

本会组织工作曾遵照中央颁发计划，参酌本市实际环境拟就全年度工作计划呈报中央备案。摘记其要目如次：（一）征求党员（二）清厘党籍（三）训练党员（四）发展组织（五）视察与考核等要目。至关于征求党籍党员数字，按照中央规定在二十九年度内本会应征求党员 2826 人，本会拟定之计划预计全年度应征求党员 5655 人，较之中央规定人数增加 2829 人，而实际征求所得者共计 5950 人，较本会原定者复超出 295 人，较中央规定数增加 3124 人，所有工作实施详情业已分别详载各次工作报告，兹再就全年度组织工作实况作一总括叙述。

一、征求党员

本本会二十九年度新征入党党员计一月份 550 人、二月份 500 人、三月份 900 人、四月份 519 人、五月份 681 人、六月份 400 人、七月份 500 人、八月份 400 人、九月份 400 人、十月份 200 人、十一月份 400 人、十二月份 500 人，总计二十九全年度新征入党党员 5950 人，较本会原定征求数字超出，295 人较中央规定者超出三 3124 人，兹附统计表于后：

重庆市党部二十九年一月份至十二月份审查入党表（共5950份）

籍贯								年龄			教育程度		职业		
江苏	浙江	福建	广东	广西	山东	湖南	蒙古	20以下	35—39	55—59	专门大学	小学	农	工	商
487人	206人	32人	79人	10人	101人	152人	0人	283人	649人	39人	608人	793人	171人	936人	1269人
云南	贵州	西康	青海	新疆	山西	湖北	西藏	20—24	40—44	60—64	特种教育	私塾	党务	公务	教育
41人	40人	2人	0人	0人	22人	443人	0人	1566人	318人	10人	373人	1320人	124人	1881人	543人
黑龙江	吉林	辽宁	河北	河南	陕西	江西		25—29	45—49	65—69	高中	其他	学生	自由职业	其他
3人	13人	52人	174人	85人	15人	117人		1732人	257人	6人	912人	310人	134人	236人	175人
甘肃	宁夏	热河	察哈尔	绥远	四川	安徽		30—34	50—54	70以上	初中	不识字	社会服务	军警	失业
3人	0人	1人	1人	0人	3645人	226人		1003人	86人	1人	1576人	58人	109人	168人	204人

合格		不合格	手续不合格						
男	女			1. 入党人未盖章	人	7. 介绍人不符规定	人	13. 调查人名与章不相符	人
				2. 入党人名与章不相符	人	8. 介绍人未盖章	人	14. 各级党部未□审意见	人
				3. 入党人前后签名不一致	人	9. 介绍人未填党证字号	人	15. 各级党部未盖章	人
5626人	324人	人		4. 缺少相片	人	10. 介绍人名与章不相符	人		人
				5. 籍贯未填省别县别	人	11. 调查人未填报告	人		
				6. 永久或临时通讯处未填	人	12. 调查人未盖章	人		
备考									

二、清厘党籍

本会为切实清厘党籍、严密组织计，对于现有党员党籍之清查及党员移转登记之办理均极注意。自二十九年一月份迄四月份止为党员补行报到时期，自五月份迄十二月份为转入报到时期，计补行报到党员一月份159人、二月份144人、三月份178人、四月份295人，合计776人；转入报到党员五月份109人、六月份77人、七月份83人、八月份20人、九月份56人、十月份48人、十一月份52人、十二月份64人，合计转入报到党员509人。兹附统计表于后：

中国国民党中央直属重庆市执行委员会清查二十九年度五至十二月份转入党员统计表

报到党员总数	男	478人	509人			
	女	31人				
籍贯	江苏省114人	广西省2人	热河省1人	河北省25人	陕西省4人	江西省12人
	浙江省50人	云南省4人	察哈尔省1人	河南省20人	四川省85人	安徽省39人
	福建省9人	贵州省2人	吉林省4人	山东省20人	湖南省23人	
	广东省18人	西康省1人	辽宁省8人	山西省10人	湖北省57人	
年龄	20以下	11人	20—24	101人	25—29	193人
	30—34	104人	35—39	56人	40—44	30人
	45—49	18人	50—54	10人	55—59	6人

续表

教育程度	专门大学	178 人	初中	109 人	其他	16 人
	特种教育	56 人	小学	48 人		
	高中	85 人	私塾	17 人		
	工	20 人	失业	29 人	教育	31 人
	商	47 人	公务	858 人	社会服务	27 人
	党务	36 人	自由职业	30 人	军警	19 人
	学生	7 人	其他	5 人		
备考						

三、发展组织

（一）区党部之增设——本市改隶中央后一年有余，区分部月有增加。为健全组织推进工作起见，区党部实有增设之必要。在二十九年度内增设之区党部，计一月份 1 个、三月份 1 个、四月份 1 个、八月份 3 个、九月份 1 个、十月份 1 个、十二月份 1 个，合计全年度成立区党部 9 个。

（二）区分部之增设——因新征党员之增多区分部亦随之增加在二十九年度内增设之区分部计一月份 13 个、二月份 8 个、三月份 44 个、四月份 7 个、五月份 9 个、六月份 1 个、七月份 1 个、八月 3 个、九月份 6 个、十月份 5 个、十一月份 4 个、十二月份 7 个，合计全年度增设区分部 108 个。

（三）区分部之移转及撤销——二十九年度内区分部之移转者，计三月份 1 个、七月份 1 个、十一月份 1 个、十二月份 10 个；撤销者，计一月份 1 个、二月份 1 个、七月份 2 个，合计移转者 13 个、撤销者 4 个。

四、训练党员

关于训练党员情形，兹扼要述之：（一）组设各机关内工友党员小组，指定庶务人员为组长，经常施以训练以改进其公私生活增长工人智识。（二）五月份分区召集各区分党部书记谈话会一次，此次通知召集之区党部为 13 单位区分部为 9 单位，分旧城、新市区、南岸、江北、沙磁等 5 区举行，共计到会之区党分部书记 125 人，提供改进工作意见颇多，经一一加以归纳整理专案呈报中央备案；（三）自八月份起，分期召集区分部书记执委谈话，每日召集一单位指示工作，计共召集 156 人，实到 138 人。（四）十二月份召集优秀党员谈话。本会除经常派员出席指导各区分部外，尤注意选拔优秀党员担任各项工作，如空袭服务、参加保甲活动充任监察员等，工作成绩尚称良好。为指示今后工作之进行并示慰劳计，特于十二月九日召集优秀党员谈话会一次，共到优秀党员 87 人。（五）召开各级干部会议。本会以党的活动端赖基层干部人员之健全，为培养各级党部工作干部使能发生领导作用、积极推动工作起见，特规定以工作会议方式达到训练基层干部之目的，故于视察各区之后促其召开所属区分部干部会议一次检讨工作策划进行，在十二月份内第三十九区党部曾召集所属干部会议一次，到工作同志 45 人，开会情形甚为良好。（六）经常督促各区分部举行小组会议。各区分部虽有大多数划分小组，然多未能按时间会及填报会议报告表，揆其原因一为组织不严密；再则因空袭及交通等客观环境之影响。本会对此非常注意，曾于督导视察时特予指示促其按时集会，结果虽尚未能全部推行无碍然，亦收效不少。

五、视察督导与考核

本会为督察各下级党部，策动党员加紧推进工作起见：（一）派员视察。自一月份起商请中央调派高寒、刘自切、胡祥麟、王崇熙、熊东皋、仲健辉、张北海、陈惕庐、谌小岑、魏寿永、俞嘉庸等11同志为本会视察，分区出发视察各区分党部工作实况用作考核标准而定奖惩，计共分配视察211个区分部，经专案呈报中央在案。（二）本会委员分区督导。自五月份起，复由本会委员出发各区督导。迄十月底工作完成，计共分配督导之区党部23个、区分部198个，根据各委员督导情形编制督导总报告呈报中央备案。（三）由组织科派员视察。自二十九年六七八三月内渝市迭遭大轰炸，房屋多被焚毁或震坏，人口之变动极大，党员之疏散者极多，遂致市区内之各地方区分部组织顿形涣散，间有濒于解体者，故有重行调查与整理之必要。爰自十一月份起由组织科派员分期出发视察，第一期视察者为南岸、江北两区，计区党部6个、区分部41个，经视察后成立第43区党部（黄桷垭）一个、调整组织区分部18个，其人事有变更者均经负责视察之同志协助调整竣事。至十二月底止视察工作仍在继续进行中，俟全部工作完成后，当另行拟编专报。（四）考核区分党部成绩。本会对各区分党部工作之策动，除督导视察之外，复根据视察报告及平时考核所得依据考核办法要点，于八月份内将各区分党部工作情形分别加以考核，评列等第以定奖惩，以示鼓励而资激劝。计评定等第〔地〕区党部列特等者4个、甲等3个、乙等8个、丙等6个；区分部列特等者4个、甲等8个、乙等136个、丙等95个、丁等13个，并将考核结果呈报中央备案。

六、区分部及党员活动情形

二十九年度区分部及党员活动情形均已详载各次工作报告，兹简要叙述于后：（一）一月份发动春礼劳军成绩良好；（二）征求伤兵之友，各区分党部努力征求，结果党务队荣列第一；（三）二月份监视渝市全市保甲长，国民月会宣誓计达8443人；（四）推行节约运动；（五）策动党员参加保甲活动者394人；（六）空袭工作队之组织，参加党员245人；（七）本市空袭紧急救济服务总队部服务工作全市参加党员共2227人；（八）党员监察网工作，参加党员62人。

七、其他集会情形

（一）召集中央直属党部工作会报——一月份举行第三次会报二月份举行第四次会报三月份举行第五次会报嗣以本会改组及空袭关系延至十月份始复召集十月份举行第六次会报十一月份举行第七次会报总计在二十九年度内召集本市中央各直属党部会报五次交换工作意见及决定事项颇多

综上所述试一加[1]检讨在党员数字上超出原定数额，在组织之建立上亦有显著发展，其他各项工作虽未能臻于十分圆满，然尚能与原定计划未背道而驰，此足资自慰者。惟党员数字虽已增加，而训练与指导工作犹感不足，盖由于客观环境之限制以致推动困难。为求党之力量发扬，今后组织工作之重心除积极发展组织与健全组织之外，尤应侧重党员训练工作使每一党员均有进德修业之忱，拥党护党，借以巩固党之基础。其次，对于党纪应力求森严，有违反党纪之腐化恶化分子绝对于〔予〕以制裁，庶免物腐蛀生，影响整个党之组织健全，此在党之组织工作上应注意者也。

第二，宣传工作

一、发动各纪念节日之集会与宣传

（一）一月一日举行各界庆祝中华民国成立纪念大会：全市分别63个区镇及职业单位与国民月会合并举行，参加民众极为踊跃。

（二）三月十二日举行总理逝世第15周年及国民精神总动员周年纪念大会：分城区、南岸、江北、新市区四处举行，并举办市民讲演竞赛，讲题为《纠正分歧错杂之思想与实行三民主义》。

① 原文照录。

是日晚间川东师范区火炬游行，由本会主持发动党政公务员及青年团团员、童子军踊跃参加者达数千人，情绪极为热烈。

（三）三月二十九日举行革命先烈纪念：除于城区、南岸、江北三地分别集会纪念外，并发动讨汪铸逆运动及举行无名英雄墓奠基礼，并致祭本市革命先烈墓，仪式至为隆重。同时为表扬革命先烈，特组访问队慰问先烈遗族及抗战将士家属。

（四）四月四日举办庆祝儿节大会：由本会发动各妇女团体、各学校及儿童保育机关共同筹备扩大爱护国家新生命及救济难童等宣传。

（五）举行五月各革命节日纪念会：五月一日为劳动节，本会策动各产业工会、职业工会，动员各业工人举行纪念会。为防止奸党羼入及散布谬误宣传起见，筹备时极为审慎注意，卒使纪念会圆满举行，获得宣传效果。五月五日与五月九日合并举行集会纪念，配合申讨汪逆、航空建设及兵役宣传。

（六）六月三日举行行都各界禁烟纪念：本年为总裁手订六年禁烟计划完成之最后一年，本会会同内政部筹办纪年事宜，除决定六月一日各国民月会以禁烟为宣传中心外，六月三日举行各界代表纪念会，并公开焚毁烟毒烟具 8200 余件。

（七）举行“七七”抗战建国三周年纪念：纪念大会分在市区、南岸、江北、沙坪坝各地举行，会后公祭抗战阵亡将士及殉难同胞。另组宣传队自七日至九日分赴市郊，宣传慰劳队携带物品进行对负伤将士抗战军人家属等之慰劳。

（八）八月二十七日举行孔子诞辰纪念及庆祝教师节：是日除在市内作举行各界代表纪念会外，关于阐扬孔子学说、揭发敌伪荒谬言论方面，本市各日报壁报均由会函请致力于此项宣传。

（九）举行“双十节”国庆纪念会：纪念大会在夫子池广场举行，参加党员团员及保甲民众凡 3 万人，为本市遭受空袭后最盛大之集会。会后并作宣传游行，中途虽遇警报，行列仍极沉着，各于到达地点后始行解散。全市搭制精美彩坊 27 座，并悬贴标语，殊壮观瞻。

（十）十一月十二日举行国父诞辰纪念大会：市区召开各界代表纪念会，郊外各区分党部均就地联合各界热烈举行，据呈报有案者凡 15 处。而党员招待民众同进寿面、寿桃以及举办游艺会、讲演会等，均能表示党与人民打成一片，对于国父主义遗训之宣传更易深入人心。

二、协助举办之宣传运动

（一）发扬国民体育运动　本市体育运动素极消沉，为振奋市民之朝气转移社会习尚及增进市民健康，本年度开始即提倡与发动国民体育运动。一年来之主要活动如次：

1. 举行市民体育表演大游行：于元旦日举行，参加单位近百人数达万，并经评判给奖励，开本市体育活动之先声。

2. 举行球类比赛：一月二日至四日分别举行各种球赛，总计参观民众不下 10 万人。

3. 举行爬山比赛：三月二十九日动员市民 960 人举行 7 公里爬山竞赛，曾蒙林主席及教育部首长之称许与训勉。

4. 组织市体育协进会：该会于三月十二日成立，此后一切体育活动皆由该会主持办理，成绩尚佳。

（二）普及民众歌咏运动　重庆市普及民众歌咏运动，自二十八年冬季成立以后即积极登记甄审歌咏指导员，于本年一月份起开始施行市民歌咏训练，原以 3 个月为一期，嗣因空袭及经费等关系，全年共计完成第一二两期工作，训练期间共为 10 个月。兹附各月施教结果统计于次：

类别	期别	月份	指导员数	训练次数	受训人数	训练歌曲
集合于各训练场之保甲民众	第一期	1月	23		15966	《国歌》《精神总动员歌》
		2月	14		17603	《国歌》《精神总动员歌》
		3月	13		18103	《国歌》《精神总动员歌》
		4月	11		18208	《国歌》《精神总动员歌》
	第二期	5月	10	20	13282	本期除复习《国歌》《精神总动员歌》外增授抗战歌曲，如《出发歌》《国土歌》《从军乐》等
		6月	8	16	5552	
		7月	8	16	4226	
		8月	6	82	1720	
		9月	7	82	3688	
		10月	8	95	5888	
	小计				104236	
参加国民月会之民众	第一期	1月			26000	
		2月			26000	
		3月			32000	
		4月		20	4000	
	第二期	5月	10	20	8629	
		6月	8	16	6380	
		7月	8	16	5275	
		8月	4	8	2573	
		9月	2	4	1212	
		10月	5	10	3148	
	小计				115217	
总计					219453	

（三）扩大劳军宣传运动　本年度本会协助扩大劳军宣传运动，其规模大者为：

1. 赠送春礼劳军：文字宣传方面，拟制各种宣传品；口头宣传方面，组织宣传访问队出发工作并举行广播宣传；艺术宣传方面：排演戏剧，放映电影。

2. 征求伤兵之友：除印制各项宣传文字及利用汽车巡回播音宣传外，并动员全市党员，划定镇保单位挨户征求，成绩甚为圆满。

3. 慰劳空军将士：空军志航大队来渝，本会特联络空军新生社全国慰劳总会及各机关团体指派代表，同往广阳坝机场慰劳造成柳州光荣大捷之该队英勇健儿，当时情况甚为热烈！

4. 抗属恳亲大会：本市学生寒假兵役宣传周开幕之日宣传大会外，同时举行招待抗属恳亲大会，备有各项游艺助兴，当场并散发慰劳物品，抗属深表感奋。

5. 参加贺年信运动：全国慰劳总会发起书写贺年信运动，本会为求协助此项宣传起见，特通令各级党部动员当地民众参加签名民众达数万人，书信凡百余封。

（四）参加征募寒衣运动　本会担任征募寒衣运动分会副总干事及宣传组职务，曾派员协助筹划进行，一面发动各区分部踊跃捐献寒衣代金，结果超出预期数字。嗣复组设寒衣被购置委员会，本会亦派员参加工作。

（五）协助节约劝储宣传　全国节约储蓄建国运动委员会举办节约劝储扩大宣传周，本会担任游艺及劝储两组工作，曾分别派员参加筹备，于十一月十日开幕至十六日闭幕，劝储成绩殊为圆满。

（六）响应征募书报运动　军事委员会政治部为充实前方将士及战地同胞精神食粮，特发起征募书报运动，函请本会转饬所属扩大征募，经通令办理。截至年终已据各区分部呈送书报257份，均经汇转。

（七）主持陪都建立与协助防空节宣传　十月一日本市各界举行重庆陪都建立庆祝大会，十一月二十一日为首届防空节，陪都各界举行盛大纪念，本会经担任主持宣传事宜，所有宣传品之设计、印制均由本会负责。尤以防空节之艺术宣传，本会以全力从事擘划〔画〕，结果甚为良好，收效亦颇宏大。

（八）举行公共卫生宣传　本会会同市卫生局发起推行公共卫生运动，经组织筹备委员会本会担任宣传组长，于三月中旬举行卫生运动宣传，以取缔随地吐痰为第一期工作。并于五月初举办夏令卫生宣传，对于空袭灾后之防疫及清除等运动，本会亦随时协助宣传，一般市民颇为注意。

三、协助推行战时政令之宣传

关于协助政府推行一切战时政令之宣传，除与上述各种革命纪念节日有机配合举行外，兹举其荦荦大者述之于次：

（一）兵役　策动市区各学校，利用寒假、暑假扩大兵役运动宣传。曾由本会邀请有关机关商订定举行扩大宣传周办法，规定二月九日至十五日为寒假兵役宣传周期间，八月一日至七日为暑假兵役宣传周时期，由本会制定兵役宣传大纲及宣传队组织办法。复为使此项运动能收实效起见，特由市社会局负考核监督之责。无如暑季，本市迭遭残酷轰炸，大多数学校学生均疏散回乡，不及寒假进行宣传工作之成效。

（二）防空与疏散　本年春间，防空司令部为确保市民安全，减少无谓牺牲，除由政府开凿防空洞外，并发动市民自行建洞运动，特组委员会主持其事，本会当即派员担任该会宣传组工作。夏间空袭服务总队部成立，本会又加派人员担任该队宣传组领导工作。八九两月市区惨遭滥炸，救灾与疏散服务宣传至为紧张，在文字方面除一般临时缮写标语不计外，印制散发之宣传品凡9种87000余份，而口头对受难同胞之宣传慰问亦不下百余次。

（三）平抑物价　本会为劝导各工商团体拥护抗战国策，响应政府号召而自动平抑物价力价，以打击一般奸商安定民生起见，特于七月中旬召集各业工会商会主席谈话，勉以工商界在抗战期中应有之认识与责任。各团体负责人深为感动，并于会后继续自动发表平抑物价宣言。嗣复招待本市各报记者，请为著论广事宣传，以冀造成社会强大有力之舆论，取缔不肖商人。迨入冬季日用物价又复狂涨，本会复拟订策动全体党员举行铲除奸商宣传周办法，正拟实施。适若干奸商已受政府严厉制裁，为恐过度宣传及致有暴露后方弱点之处，遂停止公开性之宣传。

（四）粮食管理　总裁为实施粮食管理告川省民众书发表后，本会即行翻印全书原文，令各下级党部及社会服务处组织讲诵队，排定党员名单逐日轮流分向民间讲诵。各下级党部大体均能努力工作，除口头讲诵外，更配以各种小型传单或自行翻印全文散发宣传，日期有延长至一周以上者，宣传地点则按保甲划分，故此项宣传工作已深入下层民间。

四、指导下级党部宣传工作

（一）时事宣传　中央宣传部每次颁发之时事宣传要点及每周宣传要点，本会于奉到后除即遵照宣传外，并视其内容分别摘转所属遵照。

（二）宪政研究　关于宪政问题，常有少数报刊以研究为名发表曲解国民大会职权，反对选举方法及怀疑宪政之言论，本会除将中央指示分发下级党部遵照外，一面电请新闻检查所及图书审查会予以取缔纠正，一面策动本党有理论研究之同志为文驳斥之。

（三）申讨汪逆　汪逆精卫之一切叛党卖国行动与言论，一经报端揭载或奉中央指示，即遵照并择其与本市宣传有关者编为宣传要点，转发下级党部并发动新闻纸壁报宣传。

此外各种革命节日之纪念宣传与临时发动之宣传运动，本会亦先期检发宣传资料加强指导，并将宣传工作列为考成项目之一，各下级党部大多能遵照各项指示努力工作，本会亦常加嘉勉以示激励。

五、举行本市文化界国民月会

本会为发动本市文化界人士举行国民月会，由留法比瑞同学会等文化团体主办，本会派员协助，并决定每次月会宣传中心工作。月会施行概况于后：

元月份以适值新年特举行文化界扩大新年晚会，热烈庆祝中华民国成立。

二月份月会以提倡正当娱乐，扩大春节宣传为中心。

三月份月会举行征求伤兵之友。

四月份月会中心工作为申讨汪逆伪组织。

五至十月份本市因受空袭影响，文化界人士相率疏散下乡，仅于六月份举行国民月会一次，惟到会人士殊欠踊跃，本会参照实际情况及过去所得经验另订改进文化界国民月会举行办法，经呈准后于十一月份恢复举行。由本会陈主任委员具名邀集文化界人士，到者200余人，会后并请聚餐收效颇佳。十二月份因政治部招待文化界人士，故将是月份国民月会商请政治部合并举行。

六、市宣传委员会工作情形

奉中央执行委员会二十八年六月二十二日颁发县市宣传组织纲领，遵即按照此项所颁纲领拟具市宣传委员会各种章则，于九月间成立呈报备案在卷。嗣以该会经费必须由参加组织机关分别担负，复于本年一月召开常务委员会议，冀将经费确定，俾便拟具工作计划逐步实施。□奈各参加组织机关本身经费均系额定，无法拨助，因此搁置。惟陪都各项宣传工作急待该会经常费确定办理，乃于十一月十五日将是案提出，本市第二次党政联席会议讨论结果，市宣委会应负之工作任务暂交由本会与市政府切实负责推行，所属经费共同担负，经呈报中央宣传部，奉复以该会系本市宣传指导组织机构，仍应按照前定各项章则切实推动，等因。兹已拟具恢复该会工作实施计划，并造具经费预算，现正积极办理中。

七、违禁书刊之查禁及市图书杂志审查委员会工作

本年内前后接奉中央宣传部指示，查禁为敌伪作荒谬宣传向全国各地邮寄或售卖之报纸与刊物，计有《江西民报》《北平国医》《砥砫月刊》《上海时报》《香港国家社会》《汉口民众时报》《武汉报》《抗战报》《南海周报》《新溧水报》《新西北报》《抗敌报》《香港日报》《路东妇女》《滇民之声》《香港周报》□□等16种，查禁敌伪图书杂志书刊一览表一册，鼓吹偏激思想、强调阶级对立，有"青年的歌声"第二集何日君再来一歌码头工人歌新歌剧（扬子江暴风两插曲之一）等等书报歌曲，均分别函令有关机关、各级党部、各社会服务处查禁或严密注意。

一月份至十二月份内中央宣传部历次检发中央图书审查委员会查禁书刊一览表、暂停发行书刊一览表、不准发售书刊一览表，亦分别令发各下级党部所属党员随时随地注意密报□办。

本市图书审查工作由中央图书审查会办理，市图书审查会负责审查各书店各印刷所售卖或印刷及宣传书刊，计前后查获销□者共16032册。

八、市戏剧审查委员会工作概况

（一）审查　该会令饬本市各娱乐场所将所有剧目汇集送审，分别通知何者准演，何者禁演，经常将排演剧目单呈送审查□时公演话剧者先将剧本□□核准始准排演。

（二）检查　该会职员均发给□□证一枚，经常到各娱乐场院担任监察工作，若各场院有擅演禁戏者报会核办。

（三）拟定各娱乐院演艺员登记规则及处罚规则。

（四）登记　各娱乐场院依照规定登记手续办理，登记者共 685 人。

（五）处罚　凡各娱乐场院有违背规定擅演禁戏者，处以警告罚金或停演几日；不接受命令者，予以封闭。计得胜舞台、第三书场、实验剧院、第二川剧院等均以未按照规定呈送每日排演节目单，予以警告处分。

（六）协助疏散　寇机轰炸本市加剧，重庆卫戍总司令部拟定娱乐场疏散办法，以 4 个书场合并为 2 家。其他除原娱乐场外，不准再行设立。该会遵照是项疏散办法办理颇收减少死伤与损害之效。

（七）劳军公演　指导本市电影、戏剧界劳军公演团，恢复劳军公演，用抽签方式决定公演次序。截至四月底止，计轮演 10 次，所有 4648.4 元该团呈缴来会转解军委会核收，并奉令嘉奖。

九、新闻纸杂志登记

兹将本年度新闻纸杂志登记种类及数量列表统计如后：

二十九年度重庆市新闻纸杂志登记统计表

种数				一	二	三	四	五	六	七	八	九	十	十一	十二	备考
种类	新闻纸		登		1			1								注：关于壁报登记经核准结证者（1）中国劳动协会（2）战区教师（3）天生□壁报（4）坚信壁报
			变	2		1	3	1						1		
			补		2		1	1					1			
	杂志	三日刊	登				1	1								
			变													
		周刊	登			1	2									
			变			1	1									
		旬刊	登	1	2											
			变	1	1											
		半月刊	登		2	2	3	1		1						
			变	1		1										
		月刊	登	8	6	7	8	4	6	1	2			2	1	
			变	2	2	1	2	1								

续表

<table>
<tr><th colspan="4" rowspan="2">种数</th><th colspan="12">月份</th><th rowspan="2">备考</th></tr>
<tr><th>一</th><th>二</th><th>三</th><th>四</th><th>五</th><th>六</th><th>七</th><th>八</th><th>九</th><th>十</th><th>十一</th><th>十二</th></tr>
<tr><td rowspan="4">种类</td><td rowspan="4">杂志</td><td rowspan="2">双月刊</td><td>登</td><td>1</td><td></td><td></td><td></td><td></td><td></td><td></td><td></td><td></td><td></td><td></td><td></td><td rowspan="4"></td></tr>
<tr><td>变</td><td></td><td></td><td></td><td></td><td></td><td></td><td></td><td></td><td></td><td></td><td></td><td></td></tr>
<tr><td rowspan="2">季刊</td><td>登</td><td>1</td><td>1</td><td></td><td></td><td></td><td></td><td>2</td><td></td><td></td><td></td><td>2</td><td>1</td></tr>
<tr><td>变</td><td></td><td></td><td></td><td></td><td></td><td></td><td></td><td></td><td></td><td></td><td></td><td></td></tr>
<tr><td rowspan="7" colspan="2">总计</td><td rowspan="3">新闻纸</td><td colspan="5">声〔申〕请登记</td><td colspan="8">2</td><td rowspan="7"></td></tr>
<tr><td colspan="5">变更登记</td><td colspan="8">8</td></tr>
<tr><td colspan="5">补行资本登记</td><td colspan="8">4</td></tr>
<tr><td rowspan="2">杂志</td><td colspan="5">声〔申〕请登记</td><td colspan="8">69</td></tr>
<tr><td colspan="5">变更登记</td><td colspan="8">14</td></tr>
<tr><td colspan="3" rowspan="2">中宣部核准登记</td><td colspan="3">新闻纸</td><td colspan="8">5</td></tr>
<tr><td colspan="3">杂志</td><td colspan="8">72</td></tr>
</table>

第三，社会工作

社会工作之主要目标在建立与健全人民团体之组织，并指导其活动，选拔民众运动干部，建立民众运动小组，推行社会服务与抗战建国运动等项。所有工作实施详情业经分别于历次工作报告中汇报。兹再就全年工作实施分陈于后：

一、建立与健全人民团体组织并指导其活动

（一）发扬各业人民筹组团体

本党欲领导人民，发动民众力量，增加其生产能力，必先使各业人民均有严密之组织，尤以工商人民为重要。本会为适合抗建之迫切需要，特将较重要之工商业人民尽先促其筹备组织。二十九年度计组成工业产业工会 3 个，职业工会 6 个，印刷分会 12 个，运输分会 16 个，挑水分会 37 个，其他分会 5 个，商业同业工会 20 个，特种社团 18 个，其中以成立渝鑫炼钢厂、中国实业公司、重庆市自来水厂、四川省丝业产业工会、重庆市挑水业职工会、重庆市总工会、市商会、面粉工业及柴商业同业工会等为最重要。

（二）督导团体改组

健全人民团体，要在调整组织机构，适应当前环境，充实活动效能。本年度经派员督导改组之团体，计工业职业工会 20 个，分会及支部 68 个，商业同业公会 12 个，特种社团是一个，各团体经改选工作效率均较前增强。

（三）推动各团体工作

本会对各团体工作之推动，除派员分别督导其筹备成立及改组大会外，各团体之经常会务进行亦随时派员分别指导。本年度出席指导各团体之各项会议，计工业工会 185 次，商业公会 62 次，特种社团 61 次。

（四）分别召开工商谈话会

本会为明瞭空袭期间工人商人之生活状况，并指示劝导其自动平抑物价、力价、工资起见，分别于五月七月下旬邀集各工业工会常务理事、人力车职业工会全体理监事及各该分会干事及各商业同业公会主席，分别召开谈话会。各该负责人出席均颇踊跃，当经本会陈主任委员劝导后，当经一致决定表示自动平抑物价、力价等，深受社会人士之同情。

（五）调解各业纠纷

本会所辖各业团体彼此间有因业务引起纠纷或劳方资方发生争议，皆经随时派员协助政府调解情事。

（六）调查特种社团和妇女团体

本市特种社团及妇女团体等数目繁多向称复杂，为统筹作有效管理起见，时举行普遍调查，计调查所得如下表：

重庆市特种社团统计表

（二十九年十二月制）

所属范围	地方性	全国性	总计	备考
文化	5	15	20	
新闻	2	2	4	
教育	1	8	9	
学术	4	13	17	
青年宣传		20	20	
特种团体	2	8	10	
宗教	1	3	4	
慈善	6	39	45	
学生自治会		9	9	
同乡会		53	53	
同学会	5	71	76	
合计	26	241	267	

重庆市妇女团体统计表

（二十九年十二月制）

所属范围	地方性	全国性	总计	备考
普通	13	6	19	
服务	3		3	
新运	1	2	3	
战工	1	1	2	
慰劳	1	1	2	
研究	1		1	
宗教	1		1	
文化		2	2	
救济		3	3	
国际		2	2	
同学	2		2	
合计	23	17	40	

（七）统计工商业团体会员人数

本会所辖工商团体会员人数业经统计列如下表

（1）重庆市各工业工会会员人数统计表（二十九年十二月制）

业务性质	工会数量	会员人数	备考
市政	27	1612	
交通	12	21820	
文化	4	1769	
生产	25	8916	
合计	68	48616	

附注 1. 在许可组织及整理中者均已列入。

2. 未履行卫戍区人民团体总登记手续者未列。

（2）重庆市各商业公会会员人数统计表（二十九年十二月制）

业务性质	公会数量	会员人数	备考
医药卫生	9	1206	
食物	49	4915	
交通	18	2574	
建筑	7	743	
金融	5	465	
合计	88	9902	

二、选拔民运干部建立民运小组

（一）调查工商业优秀分子与介绍工人入党

本市工商界中本党同志为数甚少，为求加强和扩大本党对于工商群众之领导起见，特于九月后调查工商优秀分子，十月后开始介绍工人入党以谋党的组织迅速发展、党的细胞不断增加，而强化党在群众中之核心作用。兹列工商优秀分子及介绍工人入党统计表于后：

（1）重庆市工人团体优秀分子调查表（二十九年十二月制）

区城别	年龄	已入党或团		未入党或团		合计	备考
		党	团	党	团		
城区	25岁以上者	18	11	38		67	
	25岁以下者				16	16	
江北区	25岁以上者			37		37	
	25岁以下者				27	27	
南岸区	25岁以上者	35		19		54	
	25岁以下者				2	2	
沙磁区	25岁以上者	6	1	91		98	
	25岁以下者						
合计		59		185	45	301	

附注：1. 年龄正在25岁以上者入党，25岁以下者入团。

2. 正办理入党手续者已并入党员数内。

（2）重庆市商业团体优秀分子调查表

公会	年龄	已入党或团					未入党或团					合计
		大学	专科	高中	初中	私塾	大学	专科	高中	初中	私塾	
药材公会	25岁以上者							1	1	2		4
	25岁以下者											
五金公会	25岁以上者						1		1	1		3
	25岁以下者										1	1
木业公会	25岁以上者											
	25岁以下者								2			2
钱业公会	25岁以上者											
	25岁以下者										6	6
绸布公会	25岁以上者											
	25岁以下者						1					1
牛羊皮猪鬃等公会	25岁以上者											
	25岁以下者											
保险公会	25岁以上者						2		1			3
	25岁以下者											
煤油公会	25岁以上者									2	5	7
	25岁以下者											
麦食公会	25岁以上者									1	9	10
	25岁以下者											
藤器公会	25岁以上者										4	4
	25岁以下者											
砖瓦公会	25岁以上者								1	6	3	10
	25岁以下者											
合计	25岁以上者						4	1	6	12	28	51
	25岁以下者											

（3）介绍工人入党统计表（二十九年十二月份）

业务性质	人数	已否加入工会	备考
木作	31	已	
篾作	4	已	
陶器	1	未	
电气	9	已	
运输	47	已	
印刷	23	已	
纺织	12	已	
染织	2	未	

续表

业务性质	人数	已否加入工会	备考
针织	3	已	
烟工	12	已	
捆制	3	已	
弹花	4	已	
金属	2	未	
服装	51	未	
制革	1	未	
食物	3	已	
机械	8	已	
邮务	1	已	
猪鬃	11	已	

（二）建立民运小组

本会为谋开展工运及发生党的核心作用起见，对于各工会及分会或支部中秘密组织民运小组，以本党同志为小组中心，必以小组为工作中心，力求运用灵活以贯澈〔彻〕本党主张计，组成民运小组□32组共190人，其未组建之工会分会亦在分别赓续筹建中。

三、推行社会服务

本会所辖城乡社会服务处共计15所，其经常工作为协助政府推行政令和辅导人民改善生活，举办各项社会事业以为人民服务。各该服务处均能分别针对各该区环境需要筹办，各项服务工作附各社会服务处名称及地址如下：

重庆市各区社会服务处一览表

区 别	地 址	区 别	地 址
上清寺区社会服务处	牛角沱	观音岩区社会服务处	中二路
天生桥区社会服务处	北碚天生桥	黄桷树区社会服务处	北碚黄桷树
青木关区社会服务处	青木关老街	南岸区社会服务处	南岸玄坛庙
赵家湾区社会服务处	悦来场赵家湾	铜元局区社会服务处	江北铜元局
长生桥区社会服务处	长生桥正街	独石桥区社会服务处	独石桥
海棠溪区社会服务处	海棠溪正街	陈家桥区社会服务处	陈家桥
山洞区社会服务处	山洞	下石桥区社会服务处	下石桥
江北区第一社会服务处	刘家台		

四、推行社会运动

本会所发动之经常社会运动大多透过各级党部及社会服务处于日常业务中推行，此外并针对事实急要随时督导协助政府推行抗建运动，本年度举办重要事项为平抑物价运动与提倡消费合作事业。计督导组成合作社35所，扩大推行节约建国储蓄运动，共劝储1620万元。其对抽查防空洞、调查慰问难胞及工商团体国民生活改进督导、复查贫民准购平价米等工作皆经切实协导推进，收效良匪浅鲜〔显〕。

第四，总务工作

一、文书方面

（一）文书之处理

本会工作冗繁文件纷多，举凡收发缮校验印归档等事务，力求分工精细、手续完善，然后运用顺利，工作效率自然增加。本年度之各种文书处理均本上述原则并随时注意改进，颇收成效。兹将本年之缮写收发文件数量分别列表统计如后：

（1）二十九年度缮文统计表

科别	呈		函		令		其他		总计	
	件数	字数	件数	字数	件数	字数	件数	字数	件数	字数
组织	168	47760	276	59100	2460	356580	192	225840	3096	689280
宣传	240	52080	780	172200	480	149660	420	373020	1920	744960
社会	192	35040	168	295260	3228	353040	324	291480	3912	962820
总务	120	31680	432	553080	24	2736	36	520200	612	1107696
其他	96	16800	1500	225360	72	14400	324	157200	1992	413760
合计	816	183360	3156	1305000	6264	874416	1296	1555740	11532	3918516

注：横列“其他”一栏系包括主任委员委员书记长室及各特种委员会交缮者竖列“其他”一栏系指各种杂件。

（2）二十九年度收发文件统计表[①]　　（单位：件）

月份		呈文	便函	公函	密函	电文	代电	报告	通告	通知	指令	训令	记录	密呈	合计	备考
收文	一月	446	141	151	17	2	34	101	4	26	4	5	6		937	
	二月	464	161	171	22	7	44	121	9	36	5	14	9		1063	
	三月	491	186	191	32	11	66	141	19	50	8	18	7		1220	
	四月	365	136	143	27	5	38	113	13	32	8	10	6		896	
	五月	375	121	131	17	2	34	101	4	26	4	5	6		826	
	六月	360	132	140	19	8	30	115	9	27	7	10	8		866	
	七月	380	125	136	25	10	32	142	7	18	5	8	4		892	
	八月	386	106	86	23	4	32	154	6	11	5	4	3	3	823	
	九月	378	116	96	30	6	40	162	14	18	10	9	6	2	887	
	十月	363	131	106	33	4	36	166	17	15	8	15	9		902	
	十一月	360	125	116	25	7	45	160	13	21	10	18	6		906	
	十二月	369	120	106	20	10	65	155	18	29	8	15	5		920	
	合计	4737	1600	1573	290	76	496	1631	133	309	82	131	75	5	1238	

① 表格中个别分项之和与表中合计不符，原文照录。

续表

月份		呈文	便函	公函	密函	电文	代电	报告	通告	通知	指令	训令	记录	密呈	合计	备考
发文	一月	64	1330	113		9	2		2951	388	321	1032			6210	
	二月	58	1988	60		6	5		2654	99	329	634			5833	
	三月	52	1027	50		8	253		2562	464	373	355			5144	
	四月	62	1134	58		9	243	5	2645	396	389	369	4		5314	
	五月	54	2029	69	5	11	12	5	1667	1000	208	529	114		5703	
	六月	27	1374	45	2	11	16	1	4266	806	156	128	12	1338	9178	
	七月	30	229	209	2	10	589	292	2635	1531	172	1066	2	1270	8037	
	八月	14	126	41	4	7	1583	3	1503	955	186	2427	12	1250	7211	
	九月	31	273	104	7	6	1263	296	3146	1057	161	1232	16		7592	
	十月	33	287	146	5	17	1358	283	3202	1049	192	1354	18		7944	
	十一月	36	276	148	8	16	1435	269	3208	1086	194	1362	19		8057	
	十二月	38	273	153	10	19	1486	316	3196	1158	196	1258	22		8127	
	合计	499	10346	296	43	129	8245	1470	33635	9989	677	12736	219	2958	80345	
说明																

（二）整理档卷

本会档卷千余宗为使系统分明卷目清晰俾抽调迅速查阅便利起见正分别登记换装新套编列号码兹将业经整理者列表如下：

档卷整理统计表

种类	总数	整理数	备考
社会	社特 382	329	
	社公 136		
	社工 97		
	社服 19		
	社服总 13		
	社工分 84		
组织	351	122	
宣传	203	195	新增2卷并入总数内
总务	148	110	新增4卷并入总数内
合计	1433	756	

二、事务方面

（一）搬迁及修葺会址

本会会址及职员宿舍远在川东师范校内，于六月中先后被敌弹震坍炸毁，不得不迁移地址。经觅定张家花园64号现有会址，于七月初间全部迁入。迨后本会屋舍复局部被炸或震毁两次，均先后雇工修复，并商得临近巴蜀小学之同意暂借该校第二洞为本会防空洞。惟该洞容量不大、石质不坚，现正请中央拨发本会防空洞建筑费中。

（二）举办工友训练并实施工友奖惩办法

本会工友多来自乡间，教育程度甚低，为增强其体魄、发展其能力，特办理工友训练班。于本年九月举办，每日在工作时间前后分别援以基本军事训练及精神讲话。十一月间复续办一次，颇收成效。同时又实施《工友奖惩办法》，于每月月终分别予以奖惩以示信赏必罚而谋增进工作效率。

（三）购办平价米炭

自十二月份起行政院实行重庆市中央各机关公务员役与各学校教职员役及其眷属供给平价粮食办法，本会亦函准重庆市粮食管理委员会按月拨售，每月计分6次提取，并经订定本会各员役家属分购办法，由总务科会同本会膳食委员会负责办理。

本会为便于各员工家属购买平价煤炭起见，经商准经济部平价购销处燃料科按月购买平价兰炭烟煤。

（四）其他杂物

如本会所用器具之添置修善，工友之管理物品之采购、分发、保管、统计以及一切不属各科事项，凡此工作虽属零星细微无足记述，然在事务上至为繁重，对于本会工作亦关系甚钜〔巨〕。

三、经费方面

（一）新预算之实行

本会二十九年度每月经常费原经中央核定为10500元，继以本会工作逐渐开展，渝市物价日益昂贵，复经呈奉中央核准每月增加4500元，合计每月经常费15000元，自五月份起实行。兹将一年来各月经常费收支概况列表如次：

中国国民党中央直属重庆市执行委员会1940年度经常费收支概况表

年度	月份	收入之部				支出之部	超出	结余
		预算数	实领数	其他				
二十九年度	一月份	10500	10500			10915.56	415.56	
	二月份	10500	10500			11708.68	1208.68	
	三月份	10500	10500			11891.88	1391.88	
	四月份	10500	10500	党费	303.75	10794.69	294.69	
				杂项	363.12			
	五月份	15000	13000			12528.77		2471.23
	六月份	15000	13000			12027.87		2972.13
	七月份	15000	13000			13618.03		1381.97
	八月份	15000	13000			15253.25	253.25	
	九月份	15000	13000			15608.37	608.37	
	十月份	15000	13000			17570.43	2570.43	
	十一月份	15000	15000			17634.35	2634.35	
	十二月份	15000	15000	市政府拨十一、十二两月生活补助费	3060	18484.35	3484.35	

续表

年度	月份	收入之部				支出之部	超出	结余
		预算数	实领数	其他				
				中央补助一至四月份超出数	2643.89			
				中央借垫五至十月份经费	12000			
全年合计		162000	15000	18370.81		168036.23	12861.56	6825.33
总结		162000	168370.81			168036.23		334.58
备考								

（二）生活津贴之发给

本会职员生活津贴自五月份起在经常费内设法每月每人发给生活补助费20元，迨后以本市生活高昂，员工生活维艰，至本年十二月份特增发为每人30元，工友发给5元，其经费来源经本市第三次党政联席会议决议，由重庆市政府拨助职员每人15元、工友每人5元，不足之数仍由本会在经费内设法开支。

（三）编造三十年度新预算

本会为配合三十年度工作计划与适应当前党务工作需要，特研究编造三十年经常费每月3万元正，呈请中央核示中。

四、其他工作

（一）人事处理

本会组织系本法令规定，惟对于机构之配备灵活、工作之效能增进，所有科长以下人员迁调调整之各项事务悉由本科办理，迨本年七月本会乃增设人事股，划出此项工作俾专责成。

（二）人事工作

本会人事方面自二十九年七月奉中央命令设立人事股，委派股长一人负责处理人事事项。兹将设立人事股以后各项工作择要分述于左〈下〉：

1. 人事之考核与登记

（1）考察工作人员因公外出请假及有无迟到早退等事分别登记订定勤情奖惩办法

（2）随时登记工作人员之任免迁调事项按月编造人事变动报告表

（3）办理工作人员每月成绩记录依照中央颁订表格分别请由各级主管人员查填

（4）依照党务工作人员总考绩实施办法办理二十九年度工作人员总考绩事宜

2. 人事之统计与编审

（1）工作人员之年龄籍贯等经先后加以统计分别制成各种图表

（2）遵照中央命令审核工作人员之学历经历等各种证明文件

（3）编印职员录及所属各特种委员会委职员名册遇有相当变动即加以整理重行付印

（4）编排各科每日及星期例假值日人员表

（5）处理有关人事方面及工作人员任免迁调等文书撰拟事项

重庆市档案馆馆藏档案：全宗号：6，目录号：3，卷号：49

5. 重庆市党部 1941 年度工作报告

重庆市党部 1941 年度工作总报告

（三十一年一月）

概　况

本会三十年度工作实施情形已按月编具报告一册，兹值年度告终，为便稽考，借以检讨过去、策励将来，爰就一年来各部门工作实况综述其梗概。

按三十年度之工作计划，组织工作首在大量征求党员，继以严密基层之组织，充实会议之内容，并加强党员之训练，以达组织之目的。社会工作方面，则基于党员之服务，以博得民众之同情与信仰，进而策动与健全人民团体之组织，建立民运与保甲党团以发挥党之领导与核心作用，使党与民众凝为一体，然后党之政纲政策得为民众所认识与拥护，而易于推行。宣传工作方面，则首重因时制宜。消极的固在取缔、防止分歧错杂之思想与宣传；积极的则在诱导与发扬本党主义，重在健全宣传机构，建立民众团体中之宣传组织，务使宣传能普遍深入，效力始能广大恢弘〔宏〕，然后宣传之目的始可达到。一年以来，准此推行，各种工作虽无赫赫之成绩，然尚能循序实施、实事求是，差堪[①]告慰。在组织方面，关于征求党员一项，由于客观环境之影响未能达到预定计划，现共有党员 14535 人，其余各项工作或已全部完成，或则正继续实施中。社会工作方面，除致力于人民团体之建立与健全其组织，本年度内有两大工作足资叙述：一为办理人民团体干部训练班，以培养人民团体之基层干部；一为市农会之成立，以加强农运工作。宣传工作方面，对于消极防止与积极诱导扶植，一年来亦多所致力，所有各纪念节日多由本会主持或协助筹备举行，大体均甚热烈。关于各种会议方面，本年度举行执行委员会议 23 次，对于本会工作之开展历有重要决定。又为加强党政关系，按月举行党政联席会议一次，本年度召开会议 10 次，吴市长及各局局长等经常出席党政意见，极形融洽。至本会内部工作之研究与联系，过去在各科方面每周有工作汇报、每科有小组会议，本年度内遵照改为业务会议与学术会议，均能经常举行。对于工作上意见之交换与学行之砥砺，收效颇宏。关于经费方面，本会二十九年度每月经常费为 15000 元，本年度增加经费为 20000 元，其余社会宣传方面临时需用较多之经费，则由社会部与本市各有关机关补助者为数亦不少。人事方面，照额定编制工作人员为 64 人，但在实际上市党务工作与省党务工作不同，盖省党部之下有各县党部以分其劳，不必直接指挥区党分部，故工作之推进教易；而市党部则须直接指挥区党分部与人民团体。本会所属各单位总计在 800 以上（内区党分部 400 余人民团体 400 余）工作实至为繁重。故在人事上略为超过编制，现有工作人员实数为 75 人，仍实感人力财力之不敷。回忆一年以来，本会全体工作同志尚能一德一心，各本其工作岗位尽其智能努力以赴。虽在本年夏季寇机侵袭无虚日之环境下，□能一本革命精神照常切实工作，且发动党员从事空袭服务，工作颇著辛劳。入秋以来，本会复奉中央命组织重庆市战时后方工作督导团，协助政府推行粮政兵役，并推行国民精神总动员运动、防止奸伪活动等，亦收相当成效。

惟本市物价指数与日俱增，经费之支出以囿于预算不得不力求紧缩，致组织社会宣传各部门之中心工作诸多未能如预期者全部完成，此虽属主观力量与客观环境之所限制，然亦本会所引为缺憾者也。兹特将本会三十年度工作实施情形分组织、社会宣传、总务各部门摘述其概要如后，借作今后工作推进之张本。

---

① 原文照录。

第一，组织工作

一、工作实施

（一）党籍登记情形

1. 转入报到党员之数量——关于报到及转入报到党员之数字统计，至二十九年底止总数为8827人。自三十年度开始转入报到党员，计一月份46人、二月份43人、三月份63人、四月份52人、五月份56人、六月份41人、七月份20人、八月份40人、九月份49人、十月份66人、十一月份26人、十二月份72人，总计三十年度转入报到党员人数为574人，连同前数合计共9407人。兹将三十年度转入报到党员之性别、籍贯、年龄、教育程度及职业等项分类统计列表于后：

中国国民党中央直属重庆市执行委员会清查三十年元月至十二月份转入党员统计表

报到党员总数			男	531人		本市人口约数				报到党员与本市人口百分比		
574人			女	43人								
籍贯	江苏	121人	云南	2人	甘肃	0人	黑龙江	0人	山东	24人	湖北	73人
	浙江	50人	贵州	4人	宁夏	0人	吉林	4人	山西	8人	江西	11人
	福建	12人	西康	0人	热河	1人	辽宁	8人	陕西	2人	安徽	46人
	广东	27人	青海	0人	察哈尔	0人	河北	24人	四川	106人	蒙古	0人
	广西	5人	新疆	0人	绥远	0人	河南	14人	湖南	32人	西藏	0人
年龄	20以下	7人	20—24	120人	25—29	196人	30—34	126人	35—39	67人	40—44	35人
	45—49	17人	50—54	6人	55—59	0人	60—64	0人	65—69	0人	70以上	0人
教育程度	专门大学		163人	初中		41人	私塾		17人	不识字		0人
	特种教育		127人	小学		44人	其他		4人			
	高中		178人									
职业	农	1人	商	51人	公务	329人	学生	1人	社会服务	1人	其他	9人
	工	27人	党务	66人	教育	26人	自由职业	35人	失业	28人		
备考												

2. 新征党员之数量——本市新征党员之数量，至二十九年底止总数为9700人，三十年度工作计划全年应征求新党员数额为10000人。自本年一月份起讫十二月份止总计新征党员为3600人，较之原定计划少征6400人。推究其由不外下列数点：（1）本市为中央所在地，一部分申请入党者多直接向中央办理入党手续；（2）拍照困难。近来物价高涨尤以照相材料为最难，申请书有以指模代替照片之规定，但一般申请入党者之心理总以粘贴照片为佳；（3）党证费之开征亦是使入党者减少；（4）空袭频繁影响各区分部之征求党员。关于三四两点理由可以本会之统计数字证明之。查本会三十年度一月至五月征求之新党员数字为2100人，六月至十月征求之数字仅为1000人，十一月至十二月征求数字为500人，盖自六月份起本会即开始征收党证费，且为空袭季节故积五个月之总和尚不及前五个月数字二分之一也。兹将三十年度新征入党党员之

性别、籍贯、年龄、教育程度及职业等分别统计列表于后：

中国国民党中央直属重庆市党部党员审查统计表（1941 年 12 月）

重庆市党部三十年元月份至十二月份审查入党表（共 3600 份）															
籍贯								年龄			教育程度		职业		
江苏	浙江	福建	广东	广西	山东	湖南	蒙古	20 以下	35—39	55—59	专门大学	小学	农	工	商
335 人	141 人	18 人	37 人	1 人	59 人	88 人	0 人	171 人	443 人	21 人	293 人	563 人	80 人	810 人	882 人
云南	贵州	西康	青海	新疆	山西	湖北	西藏	20—24	40—44	60—64	特种教育	私塾	党务	公务	教育
6 人	19 人	3 人	1 人	0 人	19 人	351 人	0 人	818 人	192 人	6 人	399 人	878 人	42 人	138	543 人
黑龙江	吉林	辽宁	河北	河南	陕西	江西		25—29	45—49	65—69	高中	其他	学生	自由职业	其他
3 人	7 人	21 人	65 人	55 人	6 人	44 人		1053 人	159 人	5 人	1030 人	32 人	212 人	174 人	175 人
甘肃	宁夏	热河	察哈尔	绥远	四川	安徽		30—34	50—54	70 以上	初中	不识字	社会服务	失业	
2 人	0 人	0 人	0 人	0 人	219 人	129 人		677 人	51 人	4 人	310 人	95 人	41 人	94 人	

合格		不合格	手续不合						
				1. 入党人未盖章	人	7. 介绍人不符规定	人	13. 调查人名与章不相符	人
男	女			2. 入党人名与章不相符	人	8. 介绍人未盖章	人	14. 各级党部未□审意见	人
				3. 入党人前后签名不一致	人	9. 介绍人未填党证字号	人	15. 各级党部未盖章	人
3439 人	161 人	人		4. 缺少相片	人	10. 介绍人名与章不相符	人		
				5. 籍贯未填省别县别	人	11. 调查人未填报告	人		
				6. 永久或临时通讯处未填	人	12. 调查人未盖章	人		
备考									

3. 党员数字总统计——本市党员数字总统计，截至十九年底止总计为 11543 人，三十年度全年转入报到党员为 574 人，新征党员 3600 人，共为一 15717 人。除减去全年度死亡 13 人，移出 1169 人外，至本年十二月底实有党员数字为 14535 人。兹将其性别、籍贯、年龄、教育程度及职业等分别统计列表于后：

中国国民党中央直属重庆市执行委员会统计报告表

（1941 年 12 月 31 日止）

总数		14535	男	13741	城市党员	7470	乡村党员	7065	所属党部数	区党部	直属区分部	区分部	小组
			女	794									
籍贯	江苏	1979 人	云南	87 人	黑龙江	34 人	宁夏	0 人					
	浙江	1050 人	贵州	105 人	吉林	□□□人	甘肃	24 人					
	福建	215 人	西康	22 人	热河	19 人	辽宁	174 人					
	广东	442 人	青海	16 人	河北	484 人	察哈尔	13 人					
	广西	100 人	新疆	12 人	河南	298 人	绥远	22 人					
	山东	390 人	山西	151 人	陕西	110 人	四川	5319 人		46	13	262	436
	湖南	825 人	湖北	1267 人	江西	1653 人	安徽	817 人					
	蒙古	21 人	西藏	18 人									

续表

年龄	20 以下	604 人	20—24	2753 人	25—29	4007 人	30—34	2768 人	党员动态	新入党者	恢复党籍者	转入属党部者	开除党籍者	死亡者	移出所属党部者
	35—39	1857 人	40—44	1106 人	45—49	3401 人	50—54	390 人							
	55—59	185 人	60—64	78 人	65—69	□□人	70 以上	5 人							
教育程度	专门大学	2854 人	特种教育	1571 人	高中	2561 人	初中	2715 人							
	小学	1629 人	私塾	2304 人	其他	743 人	不识字	156 人		250 人	0 人	72 人	0 人	1 人	35 人
职业	农	265 人	工	2009 人	商	□□□人	党务	963 人							
	公务	5263 人	教育	892 人	学生	744 人	自由职业	700 人							
	社会服务	281 人	失业	768 人	其他	588 人									

（二）下级党部组织概况

1. 区分部之增设——本市区分部之数字，截至二十九年十二月底止总数为 285 个，本年度因党员人数增加，区分部续有增设，计一月份增设区分部 6 个、二月份 18 个、三月份五 5 个、四月份 25 个、五月份 6 个、六月份 5 个、七月份 2 个、八月份 11 个、九月份 3 个、十月份 6 个、十一月份 16 个、十二月份 7 个。统计本年度增设区分部 110 个，实超过本会原定计划足资满意者也。

2. 区党部之增设——本市以区分部之组织逐月增加，督导指挥颇虑难于周到，为加强领导严密组织起见，经分别增设区党部。本年度计二月份增设区党部 2 个、三月份 7 个、四月份 3 个、五月份 3 个、六月份 1 个、十一月份 3 个、十二月份 1 个，总计本年度增设区党部 20 个。

3. 区分部番号之注销——本市各区分部有因人事更动党员异动或移转改属等情形，应予注销番号者经斟酌其实际情况，分别将番号注销。在三十年度内，计二月份注销区分部五 5 个、三月份 1 个、四月份 4 个、九月份 3 个、十月份 16 个、十二月份 4 个，总计注销番号区分部 30 个。

（三）训练与考核

1. 委员分区督导情形——本会为督导各区党分部工作，使各级组织臻于健全，积极推进党务以树立党之基础起见，决定由本会各委员分区担任督导。本市原有市区及江北、南岸、沙坪坝、磁器口等地划分为 8 个督导区。除包华国、朱亦愚、程朱溪 3 同志因担任有其他工作不能参加督导外，由龙文治、汪观之、吴茂荪、骆继常、吴人初、张兆、杨德旭、徐之圭等 8 同志分区担任督导。自本年一月份起，分别出发督导各区工作。督导单位，计区党部 24 个、区分部 284 个。所有督导情形已分载各月份工作报告，并于第一、二、四期工作完成后编拟督导总报告专案呈报备核有案。其余离市区较远之区分党部，虽未划入督导区内，但亦经常派员分赴各区视察保持密切接触，故即远如白沙、北碚等地区之区党分部工作情形亦可知其梗概，至若增进本会与各级党部之联系□意见之交换贡献颇大。惟单位较多分布区域辽阔，兼以空袭等关系，督导容有未周，对各级工作之指示尚未能具体切实深入，尚有待于今后之加强与改进也。

2. 分区视察情形——本会为健全各区分部组织，除由委员分区担任督导之外，并派组织科工作人员分区视察各区分部，协助各区分部调整人事、健全组织，促进各区分部之工作。除旧有市区内之区分部经常派员参加区分部之会议，借以加强区分部与本会之联系外，同时并派员视察由渝至北碚迁建区域内之区分部，将第八（新桥区）、第四十二区（山洞区）、第四十五（北碚区）、第五十七区（天生桥区）、第六十区（悦来场中央组织部）等区党部次第组织成立，以收监督指挥之效。就视察所得深感在迁建区域内之区分部因受空袭影响较少、党员之流动性不如市区之大，故在组织上较为健全。更以乡村环境与城市不同，工作之对象广泛，如义务教育、平民施诊、公共卫生之宣传、壁报之宣传、协助地方治安之维持、社会服务等工作，以群众之需要迫切推行亦较易。各区分部均能视其环境多所兴办颇著成绩，惜以经费等种种关系尚未能积极开展。至江津白沙一区，为本市疏散各学校及内迁文化机关荟萃之地，本会于二十九年春曾就该地各学校文化机关之区分部成立有第三十八区党部之组织。惟因距离本市达200里之遥，平时颇少接触。本年四月该区党部执监委员任期适已届满，本会为明瞭该地各区分部工作实际情形，特派组织科专员前往视察并改组该区党部及区分部，在人事上分别为之调整组织就绪。过去该区党部与所属各区分部之联系颇欠密切，经改组后亦促其以后注意加强联系、督导各区分部工作，使不致再徒具组织之形式，而影响党务之推进。一年来此种分区视察制度对各区分部工作之推动与协助人事之调整、组织之建立等实助力不少。

3. 召集各区党部书记联席会议——本会以各区党部相继建立，区分部亦逐渐增加，为加强区党部之领导及对工作之指示，以达成训练干部之目的，爰决定每月由本会召集各区党部及直属区分部书记联席会议一次，听取各级党部工作报告及意见。本年度内计一二四月份各召集联席会议一次，五六两月因空袭关系停止召集，至七月份由本会采用通讯办法规定报告及意见表格分发各区党部直属区分部饬各就其半年来工作之实施情形扼要填具报告及改进工作意见，本会根据其报告内容及建议要点分别指示办理。八月份寇机肆虐益狂，无间昼夜，召集各区党分部会议势所未能，故停止举行。至十月份以雾季来临空袭减少，始复召集会议一次。十一月份本会因担任战时后方工作督导，对于党务督导部分曾分区召集各区党分部书记谈话会（见督导专报），故无另行召集联席会议之必要。十二月份值年度终始之际，过去一年来工作之实施及今后工作之计划均应缜密研讨，借以鉴往知来特召集联席会议一次，并通告各区党部及直属区分部分别拟具工作报告及参酌其实际环境拟定下年度工作实施计划呈报本会审核。综观一年来召集干部会议因受客观环境之影响，未能如预定计划按月举行，然集会虽仅6次，而历次会议各单位参加之踊跃及虚心探讨坦白直陈之态度，实足为本党民主精神之表现，至若增强各级之联系尤其次者也。

4. 各区党部干部会议情形——本会在三十年度工作计划中对于干部训练一项，系采用会议方式借集思广益相互磋磨之机会，以达成训练之目的，故有区党部书记联席会议及区分部执行委员小组组长联席会议之规定。前者已如上述，至各区党部召集干部会议情形每月工作报告均有记载，惟以各区党部未能及时呈报，在统计数字上不无出入，记载亦有语焉不详之感。兹根据本会十二月份各区党部呈送之三十年度工作总报告详加审核，重行统计区党部召集联席会议达9次者5个、8次者5个、7次者1个、6次者10个、5次者4个、4次者9个、3次者4个、2次者4个、1次者2个，未召开联席会议者2个，其中有在本年度内成立之区党部，故平均数字以举行6次会议者为多.根据一般区党分部之意见，深感此种联席会议之举行对工作问题之商榷、区党分部之联系实助益不少，惟以人事关系一部分区党部尚未能切实办理，尤须力加督促者也。

5. 编发政治情报——政治情报系对本党同志之重要政治指示为训练材料之一，在二十九年度内为保持机密，曾一度由本会出席区分部会议之同志口头报告，嗣以该项办法未能普遍，自第27期起乃由本会编印转发各区党分部负责同志。本年度自32期起迄〔讫〕83期止，共印发五52期，中间因辗转费时，往往有失时效，乃请由中央组织部加印份数发交本会转发。实施以来颇感便利，增加实效不少。同时为使此项重要政治指示能普遍传达全体同志起见，并于区党分部会议时由本会参加同志作有系统之报告，促起注意，借以提高各同志之政治警觉性激励其斗争精神。

6.编发小组训练材料——关于小组训练材料，本会计编发讨论大纲7次。兹志其讨论题目于次：(1)总裁三十年元旦告民众书；(2)整饬军纪与加强抗战；(3)总裁在第二届国民参政会训词；(4)八中全会宣言；(5)日苏协定与我国抗战前途；(6)总裁在全国财政会议训词；(7)"七七"抗战四周年总裁告全国军民书。此外并转发中央颁发之总裁在八中全会对党务工作指示要旨讨论大纲一次，其他中央颁发之小组讨论题材均分别印发各区分部小组讨论，并饬其将讨论结果报核，以加强对党员之训练。

7.抽查小组情形——本市区分部小组截至二十九年底止，共有322个。本年度因区分部之增加，数字亦随之上增。至本年八月奉中央令饬将"机关小组会议与区分部小组会议仍应分别举行"，本会遵即令饬各机关区分部重行划编区分部小组，至本年底止区分部小组数字共为436个。关于各区分部小组之抽查共举行5次，抽查情形已载每月工作报告，惟以限于人力抽查工作致尚未能普遍，根据一般报告统计能经常举行会议者达百分之六十，故在督促与抽查方面实尚有增强之必要，庶使全部小组均能按期集会，然后训练始确能有效也。

8.举办党员通讯——本会为明瞭各级党部工作进度及党员实际生活情形，以便互相探讨增进工作效率并补训练之不足起见，在本年度工作计划内列有党员通讯一项，经常与各级党部及党员切取联系。例如工作之商榷、政治问题之研讨、学术方面之切磋等均用私人方式信札通讯，由各区督导委员及视察同志随时作答，实行以来颇有成效。惟在九月份以前未经专人统计致未列入报告，迄至九月奉中央组织部颁发党务通讯办法后即转饬各级党部遵照中央规定办法办理，自是各级党部及党员与本会之通讯益见踊跃，自九月至十二月共计收到各级党部及党员通讯1058件均，已见各月工作报告，兹不赘述。

9.设立中山室——依照本会三十年度工作计划，须于各区党分部普遍分期成立中山室以为训练党员及启迪民智之机构。嗣因鉴于本市各机关区党分部其所在机关多有书报室之设备，似无再行设立之必要，至其他地方区党分部又以觅致房屋地址搜集书籍不易，致一再延缓，及至九月份因空袭减少，各区党分部已恢复活动，本会决定先就本市各社会服务处之民众阅览室加以整顿添置各种书刊，更名为中山室尽速成立，计有10所。至各机关区党分部之愿兴办者亦力促其实现，在十一、十二两月份内乃有第八区中山室（新桥卫生署）、第三十一区中山室（歇马乡司法行政部）、第五十九区中山室（党政工作考核委员会）、第十二区中山室（市党部）等四所相继成立。统计已成立之中山室在本年度内共有14所，其余尚有在筹备中者，惟以近来印刷纸张高涨、书价激增，以绌于经费购置匪易，内容颇欠充实也。

10.充实小组管理制度——本会鉴于各区分部小组多未能按期举行会议，实有悖训练之主旨，虽举行抽查亦有兼顾难周之慨，乃决定施行一种小组管理制度以促进各区分部小组会议之举行。由本会分别考查，就各区分部中秘密遴选热忱负责之同志为区分部小组管理人，所负任务为策动督促各区分部小组按期集会，并随时将各区分部小组会议实施情形直接函告本会，以作抽查时之参考。担任小组管理者计153人，此种制度实施以来对于区分部小组会议之推动颇为收效。

（四）党员监察网工作概况

关于党员监察网工作，本会系于二十九年八月遵照中央监察委员会命令办理（中央规定七月份开始实施）。当时曾通告各区分部秘密遴选忠实干练而优秀之同志呈报本会，审查合格后派充监察员担任监察工作。至二十九年底止，共建立监察员 62 人。本年度计建立监察员 101 人，与本会计划应建立之数字相差尚远，推究其原因，由于制度新创，党内一般同志尚未能明确认识监察之重要与积极性；再则本会人力财力均感不够，一年间之工作收效无多。至每月监察员之通讯次数，月有统计，分载每月工作报告，统计本年全年度共收到 486 件，均已按照其通讯内容由本会负监察专责委员及经办同志分别函复矣。

（五）党员服务工作概况

1. 选任党员担任指导——本市各机关区党分部因空袭关系多疏散乡间，本会对于各种会议之派员出席及经常工作之指示，因交通困难常有鞭长莫及之感，乃就各该区党分部所在机关之首长中选择资高望重、对党极富热忱之同志，函聘为指导员，经常代表本会出席指导。如第三十六、第十六、第六十、第六十二等区党部均已分别聘定指导员协助本会就近指导。其他各较远地区亦有随时函聘代表本会参加区党分部会议指导者。

2. 选派党员参加空袭服务工作——本会在空袭期间之施药救护工作颇著成效，受惠市民或相称誉。本年度选派党员 326 人参加此项服务工作，当空袭严紧之际各服务同志之精神并不稍沮，每次空袭辄于寇机甫离市空之顷，驰赴灾区施放药品其，救死扶伤之热忱深足表现本党同志服务之忠勇。迭经空袭服务总队部奖勉，且有因工作特殊努力致受轻重伤者 85 人、为工作而殉职者 14 人，已由本会酌予奖金或恤金以示褒恤而资激励。

3. 党员参加社会服务——本会关于社会服务方面，成立社会服务处共 12 所，参加之党员在本年十二月底之统计数字共为 1389 人，各区之工作亦颇能有所表现。但以全市现有之党员人数 14535 人，实嫌过少放在策动党员参加社会服务之工作，尚待努力也。

4. 发动党员劝告商户依限登记货物——经济部平价购销处为平抑物价举办各商户货物登记，函请本会协助，本会当即通告各区分部饬即发动党员组织劝导队向各商户劝导，使其明瞭政府意旨，依限办理登记。自经通告后各区分部尚能遵照发动党员从事宣传劝导，将工作经过情形呈报备查者有第二十五区、第一区分部等 83 单位。

（六）所属区党部工作概况

本市各区党部大部分每月有工作报告，在本年度结束时并经通告各区党部编造一年来工作总报告呈核，并将各区党部工作情形比较优异者概述于次：

1. 第八区党部（新桥区卫生署）：举办征募寒衣公演、夏令卫生宣传、一元献机运动公演，联合后方勤务部特别党部、第十二补训处特别党部发起组织新桥社会服务处设立中山室提倡民间正当娱乐等。

2. 第十二区党部（中央秘书处）：设立民众学校，嗣因校址被炸毁暂告停办。参加上清寺区社会服务处工作组织空袭服务队，经常担任空袭时内之防护工作。

3. 第二十一区党部（歇马乡立法院）：该区党部在歇马乡独石桥设有社会服务处一所，由该区党部独立负责，举办事业有中山室、民众俱乐部、民众诊所、民众学校、小本贷款介绍所、民众食堂（因物价高涨于八月份停办现正谋恢复中）、戏剧音乐协进社、儿童健康比赛、夏季茶站、种树筑路等工作。

4. 第三十四区党部（银行业界）：该区党部对于捐献各种救国捐款多能率先倡导，历著成绩。关于社会服务工作，原拟组织重庆市金融业社会服务处，嗣为切合实际改为银行界同仁进修服务社，由该区党部主办，并经决议先由四行及中信邮汇两局共捐开办费 15 万元，正积极筹备中，以作为服务之基础，并借此将金融业中之优秀分子吸收入党，以增强本党在金融业中之力量。

5. 第四十二区党部（山洞区）：该区党部设立有山洞区社会服务处□□对于宣传各方面致力颇多，该区第一区分部并在黑天池地内设有天池社会服务处，创办有民众学校颇著成绩。对于民间疾苦之访问、劝导民众注意公共卫生、策动民众修筑道路、保护森林等工作颇能使当地民众深切瞭解其赞助。

6. 第四十五区党部（北碚区）：该区党部成立尚未逾年，平时各项工作颇能与当地四川省直属北碚区党部取得密切联系。黄桷树区之社会服务处即由该区党部所属区分部主持，对于民众教育等工作颇有表现，至于如防止奸伪活动该区党部尤能特别注意。

7. 第五十七区党部（天生桥区）：该区党部于本年五月成立，半年来对于各种工作均能积极推动，能按期举行会议，各种决议案亦能认真执行。组训方面，对于党员移转手续之办理、小组之督促、党员收支之稽核等工作亦极认真执行。宣传方面，如策动当地国民月会派员参加讲演从未间断，各种纪念会之扩大宣传无不尽量担任。社会服务方面，该区社会服务处对于启迪民智、公众福利、卫生等项无不视力之所及尽量兴办，极得当地人士之称誉，工作成绩允为各区之冠。

8. 第六十区党部（江北悦来场中央组织部）：该区党部工作颇为努力，区党分部间之联系亦极密切。宣传方面，如各种纪念节日均能策动当地机关扩大纪念。社会服务方面，最近有悦来场社会服务处之成立，该区党部为力甚多工作正日新开展中。

以上仅择述各区党部工作之特著成绩者，其余各区党部亦各有其事业之兴办。以篇幅关系故不一一列举。兹根据十二月份统计情形列表附载于后：

重庆市所属区分部及党员活动情形三十年度报告表

1942 年　月　日

区分部	划编成立者若干		376
	改选者若干		157
	按期举行各种会议者若干		651 次
党员	确实分配党员工作者若干		196（每月约如上数）
	原有党员人数		11543（1929 年底止）
	本年征求新党员若干		3600
	已参加区分部之党员若干		14535（1930 年 12 月底止）
	担任对党外政治团体斗争工作者若干		612（每月参加者平均约如上数）
	担任兵役工役工作者若干		389（每月参加者平均约如上数）
	参加保甲工作者若干		1034（每月参加者平均约如上数）
	担任为党宣传工作者若干		1211（每月参加者平均约如上数）
	参加动员党务者若干		986（每月参加者平均约如上数）
	参加社会事业者若干		1126（每月参加者平均约如上数）
	参加与发动组织民众团体者若干	职　业	487（每月参加者平均约如上数）
		社会文化	398（每月参加者平均约如上数）
		其　他	733（每月参加者平均约如上数）
	办理有无困难		
备考			

（七）党团之建立

关于党团之建立，除前建立有市参议会党团、文化界党团、新闻界党团外，本年度为开展人民团体中之党务活动，由组织社会两科协同办理，计建立邮工铸魂学社，自来水厂、电力厂、木作职业工会，渡船职业工会，板车职业工会，毛巾工会汽车工会等9个党团。其他人民团体正继续物色优秀同志从事建立中。

（八）党员动态卡片登记工作

本会为切实考核党员在党之工作情形，曾有党员动态卡片之登记。该项卡片除记载姓名、年贯、出身、经历、职业、技能、思想言行、在党经历等项外，并分月记载其参加党的各种会议情形，以作考核之根据。业经印制竣事，正从事于缮写编号。编号方法系採（采）用四角号码法，于每一姓字上编定号数，此项工作已完成三分之二。惟关于动态登记，由于各区分部之报告不详，致稽查未及统计难周，几于〔乎〕无法办理。此种困难尚须尽最大努力以期克服也。

（九）其他工作

1. 召集中央直属党部工作会报

本会为与在渝各中央直属党部交换工作意见，特有在渝中央各直属党部工作会报之召集，本年二、四两月曾召集第八、九两次工作会报，决定“三一二”总理逝世纪念及国民精神总动员二周年纪念联系纪念办法及策动党员参加五月份各纪念日大会等工作之联系。至五、六、七、八、九月份因空袭频仍，暂告停开。至十月份召集会报一次，彼此交换工作报告，在工作上实裨助不少，计参加会报单位如下：

军事委员会特别党部

重庆卫戍总司令部特别党部

军政部特别党部

重庆防空司令部特别党部

中央训练团特别党部

军委会交通警备司令部特别党部

军委会后方勤务部特别党部

海军特别党部

中华海员特别党部

川江航务管理处特别党部

陆军第二十五师特别党部

重庆警备司令部区党部

宪兵第三团团党部

宪兵第十二团团党部

国立中央大学区党部

中华大学区党部

军政部第十六补训处特别党部

中央直属裕华纱厂区党部

2. 参加“六五”惨案救济工作

本年六月五日寇机首次夜袭渝市，大隧道内发生窒息死亡情事，演成空前惨案。本会服务队于接获上项消息后，即于拂晓时紧急出动，携带大批药品驰往灾区协助救护人员施行抢救，并散发药品。本会全体委员、书记长亦由主任委员率领前往灾区视察，指挥在场工作人员努力救护。

3. 慰问受伤市民及救难家属

“六五”惨案发生后，受伤市民与死难家属殊堪悯念，本会特拨专款交由本会全体工作同志携赴戴家巷宽仁医院、海棠溪三公里第九重伤医院、江北相国寺第五陆军医院、复兴关马家寺第十重伤医院、玄坛庙仁济医院等处慰问救灾难胞及被难家属，每名发慰劳金 5 元，并附致慰问信一封，借表本会关怀慰劳之意。受惠者无不感激涕零，总计分发慰问信 247 封，慰劳金 1235 元。

4. 参加战时后方工作督导

中央为安定后方，增强抗建工作，爰有四川省及重庆市两战时后方工作督导团之组织。重庆市督导工作由本会主持，组设重庆市战时后方工作督导团，督导重要项目分为 :（1）兵役 ;（2）粮政 ;（3）国民精神总动员 ;（4）防止奸伪等四大端，以党务团务督导为发动工作之中心。自九月份起渝市督导工作即开始进行，首即召集全市地方自治保甲人员谈话会，以渝市行政区计 16 区署 1 直辖镇 1 水上区召集开会匪易，乃分区分期举行，计召开保甲谈话会 14 次、党务督导会议 12 次、团务督导会议 4 次，由本会委员分别主持谈话会。内容除听取各区镇保甲人员、党员团员报告兵役粮政地方自治之实施、党务团务之推进情形及意见外，同时并邀请兵役粮政各主管机关派员出席指示，历次谈话会各级参加人员均提供重要意见及陈述工作事实上之困难，经一一解答指示咸表满意。本会并印制《推进地方自治的基本要务》小册一种，内容系恭录领袖训示，即席分赠各参加人员，予以作工作之指针。至详细情形另有督导总报告专案呈核，兹仅记其概略如上。

（十）办理党政各级组织配合情形

关于党政各级组织之配合，本会曾拟具有《重庆市党务保甲配合运用办法》，提经第十次党政联席会议通过呈准施行。当即斟酌本市党务保甲实际情形，一面先谋区镇两级之配合再及于保甲，一面先就已有地方党员分布之区镇予以编配再及于尚无地方党员分布之区镇的编配，截至三十年十二月底止，计全市 17 行政区已配合区党部者 9 区（机关区党分部除外），64 镇已配合区分部者 42 镇，其余尚未配合党的组织之区镇保甲仍继续积极办理中。除已专案呈报备核外，兹将各级组织配合情形汇制一览表附载于后

重庆市党政各级组织配合一览表

区党部别	行政区别	区分部别	镇 别	备 考
第二区党部	第一区	第二区第十、十四区分部	龙王庙镇	
		第二区第八区分部	大华楼镇	
		第二区第七区分部	镇江寺镇	
		第二区第三、四、五、六区分部	马王庙镇	
第一区党部	第二区	第一区第一、三、八区分部	桂花街镇	区党部尚未成立
		第一区第五区分部	大阳沟镇	
			蹇家桥镇	
			北玄庙镇	

续表

区党部别	行政区别	区分部别	镇别	备考
第三区党部	第三区	第三区第二、三区分部	段牌坊镇	同前
			东华观镇	
		第三区第五区分部	东升楼镇	
			王爷庙镇	
第四区党部	第四区	第四区第一、三、四、七、十区分部	观音岩镇	
		第四区第二、六、八区分部	骡马庙镇	
			安乐洞镇	
第五区党部	第五区	第五区第二区分部	金马寺镇	
		第五区第一、八区分部	石板坡镇	
		第五区第五、七区分部	菜园坝镇	
		第五区第三区分部	宝善寺镇	
第六区党部	第六区	第六区第一区分部	曾家岩镇	区党部尚未成立
		第六区第二、三区分部	张家花园镇	
			大溪沟镇	
第三八区党部	第七区	第三八区第一、五区分部	上清寺镇	
		第三八区第三区分部	两路口镇	
			中二路镇	
第十、四七区党部	第八区	第四七区第三区分部	化龙桥镇	第四七区党部尚未成立
			新市场镇	
			遗爱祠镇	
		第十区第一、三、四区分部	黄沙溪镇	
		第四七区第一区分部	李子坝镇	
第九区党部	第九区	第九区第五、七、十区分部	米亭子镇	
			木关街镇	
		第九区第十一区分部	四方井镇	
		第九区第三、四、八、九、十二区分部	体仁堂镇	
		第九区第一、六区分部	三洞桥镇	
第七区党部	第十区	第七区第一、二区分部	陈家馆镇	
		第七区第三区分部	刘家台镇	
			石马河镇	
			猫儿石镇	
		第七区第四、五区分部	香国寺镇	

续表

区党部别	行政区别	区分部别	镇 别	备 考
第三九、四〇、四九区党部	第十一区	第四九区第二、三、四区分部	玄坛庙镇	
		第四〇区第一、二、三、四、五、七区分部	龙门浩镇	
		第三九区第二、三、五、七区分部	弹子石镇	
		第三九区第六、八区分部	窍角沱镇	
			鸡冠石镇	
第四一区党部	第十二区	第四一区第三、五、六、七、八区分部	海棠溪镇	
			南坪场镇	
			铜元局镇	
第五六区党部	第十三区	第五六区第四区分部	高店镇	区党部尚未成立
			歌乐山镇	
			山洞镇	
			上桥镇	
			新桥镇	
第四八、五〇区党部	第十四区	第五〇区第一、二、三、四、八区分部	磁器口镇	
		第五〇区第五区分部	沙坪坝镇	
		第四八区第一、二、三、四、五区分部	小龙坎镇	
		第五〇区第七区分部	童家桥镇	
第四三区党部	第十五区	第四三区第五区分部	黄葛垭镇	
			大兴场镇	
			清水溪镇	
第四六区党部	第十六区		寸滩镇	区党部尚未成立
		第四六区第一、三区分部	唐家沱镇	
		第四六区第二区分部	溉澜溪镇	
第四四区党部		第四四区第一、二区分部	直属石桥铺镇	区党部尚未成立

二、工作检讨

关于本会三十年度组训工作实施情形已概如上述，兹为便于稽考检讨缺失以作将来改进之准绳，爰就本会所定三十年度工作计划所列进度表实施检查，汇制工作实施情形检查表附载于后：

重庆市执行委员会三十年度组织工作实施情形检查表

项目		原定进度	实施情形	比较	备考
发展党员	工人	3000	810	少征求 2190	因中央所在地可□□□入党及照相征收党证费与□□四条
	商人	2000	882	少征求 1118	同右〈上〉
	保甲	2000	141	少征求 1710	保甲人员入党时所填职业栏内多写本身业务，故统计结果梳子甚小，实际不止如此
	警察	500	无		奉中央组织部□渝登字 37548 号指令军警应并入公务员一栏，统计故付厥阙如
	农人	500	80	少征求 420	因照相及征收党证费关系指模带相片尚不普遍
	妇女	600	161	少征求 339	
	文化及自由职业	500	386	少征求 114	因多向中央直接办理入党关系
	公务员	700	977	少征求 277	
	其他	200	163	少征求 37	
各级党部之调整与配合	调整				
	配合				
各级党部编整小组	职业党部	28	23	少增设 5	
	机关区分部	27	51	超过原定数 24	
	地方区分部	35	36	超过原定数 1	
	机关小组	调查未成立之机关策动同志组织	各机关小组均已组织并指定报告人	已完成	
	区分部小组	编整所有区分部小组并使健全	区分部小组已编整为 436 个	已完成三分之一	
加强训练	干部训练	召集各区党部书记联席会议 10 次	已召集各区党部书记联席会议 6 次	少召集 4 次	六七八九四个月因空袭期间未能召集
		每区党部全年召集区分部执行委员及小组长联席会议 10 次	各区党部已召集联席会议 9 次者 5 个，8 次者 5 个，7 次者 1 个，6 次者 10 个，5 次者 4 个，4 次者 9 个，3 次者 4 个，1 次者 2 个，未召开者 2 个	未全部完成	
	□□训练	编发政治情报 48 次	编发政治情报 52 次	超过原定 4 次	
		编发小组讨论题 24 次	编发小组讨论题 7 次	少编 17 次	
		转发中央颁发之训练材料	中央颁发之书刊及训练材料均已转发	已办	

续表

项目		原定进度	实施情形	比较	备考
加强训练		抽查党员读书情形4次		未举办	
		编发临时政治讨论题4次			每遇国内外重大政治问题□节由本会督导或视察同志于参加各区党分部会议时分别提交讨论，故未□编讨论题
		每小组全年开会12次	经抽查结果能按期举行会议者十分之六	尚有十分之四未完成	
党员通讯		办理党员通讯600件	已办理党员通讯1058件	超过原定数458件	
		汇集材料编呈报告两项	未办	未办	
党员监察网之建立	党员人数	建立监察员600人	已建立监察员101人	少建立4998	
	通讯次数	每监察员至少通讯4次	每监察员已通讯3次	少通讯1次	
党员服务		选拔优秀党员义务担任党员通讯指导员发动党员参加空袭服务工作	选拔党员义务担任党员通讯指导员未举办空袭服务工作队队员326人	已完成一部	
		选任资高望重党员担任出席指导	已办	已完成	
		督饬各区分部同志参加各该地社会服务处工作	区分部同志已参加社会服务工作者共为1389人	已大部完成	
		密选优秀党员组织行动队	未举办	未举办	
建立党团督导考绩		建立重要团体党团20个	已建立重要团体党团9个	少建立11个	
		建立文化团体及特种社团14个	文化界及特种社团党团已建立	已大部完成	
		分全年为4期分区督导与分区视察完竣	已分期分区视察完竣	已完成	
		办理党员动态登记半年考绩1次	党员动态登记卡片已办理三分之一全年已考绩1次		

第二，社会工作

本会三十年度工作计划对于社会运动工作原定两大目标：（1）民众组训方面为健全人民团体之组织，运用党团力量领导民众实行本党主义政纲政策建立本党社会基础。（2）民众服务方面，为发动党员参加社会服务，争取民众对本党信仰进而动员全民力量适应抗战建国之需要。所有工作实施尚能逐步推行，各项工作业经按月汇编，工作报告分别呈报。兹再将本年一至十二各月份工作实施情形摘要综述如次：

一、关于民众组训方面

（一）人民团体组训概况

本市人民团体之组织训练工作经本会一年来之努力，其组织业经调整健全者，计有农人团体9个；工人团体83个；商人团体已成立者115个、在筹备中者5个，合计120个；青年团体9个；妇女团体26个及特种社团255个。本市人民团体干部训练班正在积极筹备中，并已决定明年一月十五日前开班训练，所有工作实施尚能照原定工作进度顺利进行。兹将上述人民团体分别列表于后：

重庆市农会单位数量统计表

区别	市农会	区农会	备注
城区	1		本市农民运动前以市区□界问题未定，缓期至本年八月始开始策动组织
南岸区		3	
江北区		2	
沙磁区		3	
合计	1	8	

重庆市工会单位数量统计表

区别	总工会	工会	分会	支部	小组	备注
城区	1	61	59	91	2	渡船工会改组减少小组4个增加支部30个均计算在内
南岸区		5	28	30	2	
江北区		9	19	25	10	
沙磁区		8	16	15	3	
合计	1	83	122	161	17	

重庆市商业同业公会单位数量统计表

区别	市商会	商业同业公会	工业同业公会	输出业同业公会	联合会	福利会	备注
城区	1	90	12	4	2	2	
南岸区							
江北区							
沙磁区		4					
合计	1	94	12	4		2	

重庆市青年与妇女团体单位数量统计表

区别	学生自治会	妇女会	妇女分会	备注
城区	3	5	8	
南岸区	1	1	2	
江北区		2	2	

续表

区别	学生自治会	妇女会	妇女分会	备注
沙磁区	5	2		
合计	9	10	12	

重庆市各特种社团数量统计表

区别	文化团体	剧宣团体	体育卫生团体	自由职业团体	宗教团体	慈善团体	同乡会	同学会	备注
城区	24	17	15	4	5	38	59	62	
南岸区	1					2	1		
江北区						3		5	
沙磁区		1					3	15	
合计	55	18	15	4	5	43	63	82	

（1）一至十二月份工会及其所属分会支部小组数量①②

区别	一	二	三	四	五	六	七	八	九	十	十一	十二	备考
总工会	1	1	1	1	1	1	1	1	1	1	1	1	
工会	74	75	76	76	77	78	79	79	79	80	81	83	
分会	89	89	104	112	119	120	120	120	121	121	122	122	
支部	84	94	102	106	125	125	126	126	126	128	159	161	
小组	22	22	22	22	22	23	23	23	23	23	24	24	
合计	270	281	305	317	344	347	349	349	349	352	383	387	

（2）一至十二月份工会分类数量及会员统计③

区别		一	二	三	四	五	六	七	八	九	十	十一	十二	备考
市政	工会	28	28	28	28	28	29	29	29	29	29	29	30	外有许可组织4个农业工会未列入内
	会员	16749	16749	16949	17306	17306	17622	17622	17622	17718	17718	17718	17808	
交通	工会	13	13	13	13	13	13	13	13	13	13	13	14	
	会员	22669	22669	23836	22919	22919	22903	23011	23011	23188	23188	23339	17780	
文化	工会	5	5	5	5	5	5	5	5	5	5	5	5	
	会员	1819	1819	1819	1819	1819	1819	1819	1819	1819	1819	1819	1819	

① 表格中部分数字分项和与合计数不符，原档照录。
② 以下各表，在原档中就在此处，照录。
③ 表格中部分数字分项和与合计数不符，原档照录。

续表

区别		一	二	三	四	五	六	七	八	九	十	十一	十二	备考
生产	工会	28	29	30	30	31	31	32	32	32	33	34	34	
	会员	9238	9433	10433	10433	10533	10533	10611	10611	10611	1292	1444	1444	
合计	工会	74	75	76	76	76	77	79	79	79	80	81	83	
	会员	50475	50821	52037	52037	52477	52577	53066	53066	53066	53296	53448	53608	

（3）一至十二月份工会分类数量统计

单位	一	二	三	四	五	六	七	八	九	十	十一	十二	备考
总工会	1	1	1	1	1	1	1	1	1	1	1	1	
职业工会	64	65	65	65	66	67	68	68	68	69	69	70	
产业工会	9	9	10	10	10	10	10	10	10	10	11	11	
特种工会	1	1	1	1	1	1	1	1	1	1	1	1	
合计	75	76	77	77	78	79	80	80	80	81	82	83	

（4）一至十二月份商人团体分类及数量统计

类别	一	二	三	四	五	六	七	八	九	十	十一	十二	备考
市商会	1	1	1	1	1	1	1	1	1	1	1	1	
商业同业公会	83	85	87	90	92	93	94	94	94	95	95	94	
工业同业公会	7	7	8	8	8	8	9	9	9	9	11	12	
输出业同业公会	4	4	4	4	4	4	4	4	4	4	4	4	
联合会	2	2	2	2	2	2	2	2	2	2	2	2	
福利会	1	1	1	1	1	1	1	2	2	2	2	2	
合计	98	100	103	106	108	110	111	112	112	113	115	115	

（5）一至十二月份青年与妇女团体数量统计

类别	一	二	三	四	五	六	七	八	九	十	十一	十二	备考
学生自治会	9	9	9	9	9	9	9	9	9	9	9	9	
妇女会	9	9	9	9	9	9	9	9	9	9	7	10	
妇女分会	12	12	12	12	12	12	12	12	13	14	16	16	

（6）一至十二月份妇女团体分类统计

性质	普通	抗建慰劳	宗教妇女	学术研究	女同学会	分会
数量	1	2	2	2	2	6

（二）策动组织成立之人民团体

本会遵照非常时期职业团体会员强制入会与限制退会办法，切实督导全市民众参加，组织动员集体力量适应战时需要及积极发挥党的核心领导作用起见，特策动各界民众发起组织团体。一年以来，计许可组织之人民团体 76 个，经指导成立者 168 个。兹将一至十二各月许可组织及指导成立之人民团体分别列表于后：

（1）一至十二月份许可组织之人民团体统计

类别	一	二	三	四	五	六	七	八	九	十	十一	十二	总计	备注
农人团体								6		2			8	
工人团体	5	1	1		1	1	2		2	3	2		18	
商人团体	3		2	3								2	13	
特种团体	1	1	4	4	4	2	3	2	1	2	3	4	37	
合计	9	2	7	7	5	3	5	8	3	7	5	6	76	

（2）一至十二月份指导成立之人民团体总计

类别		一	二	三	四	五	六	七	八	九	十	十一	十二	总计	备注
农人团体										6	2		1	9	
工人团体	工会	1		3		3		1			1	1	1	13	
	分会	1		15	8	7	2	2	1	1		1		40	
	支部	1	10	8	4	19		1			2	8	2	60	
商人团体		1	2	3	3	2	2	2	1		1	3	1	21	
特种团体		3		2	5	2	1	1			1	3	7	25	
合计		7	12	31	20	33	5	7	20	7	7	16	11	168	

（三）健全已组织之人民团体并指导其活动

本会对全市人民团体注意健全其组织机构，充实其工作内容，加强其活动能力，经常派员指导各人民团体之活动，并督导其按时改选。一年以来计指导各人民团〔体〕会议 253 次，指导改选之人民团体 210 个。兹将一至十二月份经常派员指导人民团体会议及改选次数分别列表于后：

（1）一至十二月份指导人民团体会议次数统计

类别		一	二	三	四	五	六	七	八	九	十	十一	十二	总计	备注
农人团体										6	2	5	1	14	
工人团体	工会	8	8	6	7	6	5	5	4	6	9	9	6	79	
	分会				2	5		1		3	1	1	1	14	
	支部				3	1	1		1	1		10		17	
商人团体		12	4	11	17	6	4	4	4	3	8	7	13	93	

续表

类别	一	二	三	四	五	六	七	八	九	十	十一	十二	总计	备注
特种团体	3	3	5	5	3	3	2	3	1	1		7	36	
合计	23	15	22	34	21	13	12	12	20	21	32	28	253	

（2）一至十二月份督导人民团体改选次数统计

类别		一	二	三	四	五	六	七	八	九	十	十一	十二	总计	备注
农人团体										6		5		9[1]	
工人团体	工会	5	1	4	4	1	2	1	2	2	6	4	9	41	
	分会	2	1	2	4	4	2	3	1	2		2	1	24	
	支部	5	3	4	6	2	6	6	1		1	51	1	86	
商人团体			2				1			1	2	2	15	23	
特种团体		2		2	4	2		1				9	4	27	
合计		14	7	12	18	9	11	11	4	22	12	73	30	210	

（四）介绍工商团体优秀分子入党并组织党团

本会对于人民团体为加强党的领导，巩固党的基础起见，特就农工商团体中选拔优秀分子介绍入党。一年以来，共介绍农工商党员 1609 人，经于上半年选择热心会务忠实努力之职员文书会员组织民运小组 24 个，下半年复经指导组织党团 8 个，兹将介绍入党及组织民运小组党团情形分别列表于下：

（1）一至十二月份介绍农工商人入党人数统计

类别	一	二	三	四	五	六	七	八	九	十	十一	十二	总计	备注
农人团体							15	2		6	16	1	40	
工人团体	74	53	44	93	127	52	58	40	13	41	58	34	687	
商人团体	109	75	96	103	114	42	52	76	55	27	50	82	882	
合计	183	128	140	196	241	95[2]	125	118	68	74	124	117	1609	

（2）一至六月份介绍组织工人运动小组一览表

小组名称	人数
丝业公司产业工会工运小组	5
石作业职业工会工运小组	5
汽车业职业工会工运小组	5

① 总计与分项合计不符，原档照录。

② 总计与分项合计不符，原档照录。

续表

小组名称	人数
织布业职业工会工运小组	5
捆制业职业工会工运小组	5
屠宰业职业工会工运小组	5
机械业职业工会工运小组	5
旅馆业职业工会工运小组	5
成衣业职业工会工运小组	5
□烟业职业工会工运小组	5
斗量业职业工会工运小组	5
染制衣职业工会工运小组	5
弹花业职业工会工运小组	5
民生机器厂职业工会工运小组	5
承装电器业职业工会工运小组	5
肩舆业职业工会工运小组	5
面饼业职业工会工运小组	5
粗纸业职业工会工运小组	5
针织业职业工会工运小组	5
卷烟业职业工会工运小组	5
川醋木船业职业工会工运小组	5
中西餐厨业职业工会工运小组	5
机器缝纫业职业工会工运小组	5
竹作业职业工会工运小组	5

（3）六至十二月份组织工人团体党团一览表

名称	书记姓名	团员人数	通讯地址	备注
重庆市板车业产业职业工会党团	吴茂贤	7	两路口肖家沟31号	
重庆市电力厂产业工会党团	陈铁夫	10	国府路92号	
重庆市自来水公司产业工会党团	纪琮统	6	大溪沟自来水厂	
重庆市毛巾业职业工会党团	陈志高	6	窍角沱致胜□6号	
重庆市渡船业职业工会党团	文章	9	石灰仓20号	
重庆市木作业职业工会党团	姜明渊	6	临江路22号	
重庆市汽车业职业工会党团	□光军	11	中一路嘉庐2号	

续表

名称	书记姓名	团员人数	通讯地址	备注
中国铸魂学社重庆分社党团	罗春台	5	民权路 82 号	

（五）调解人民团体之纠纷

本会对各人民团体之纠纷注意杜渐防微防患未然，即偶然发生纠纷亦即会同社会局予以合理调解。一年以来，各人民团体所发生之纠纷计 14 件，约可分为三类。一为业务纠纷，同业间因为业务范围或营业地区划分不清所引起之纠纷，以□□团体为多。其次为劳资纠纷，即劳资双方因待遇高低所引起之纠纷，此种纠纷本会多会同市社会局才去协议调解办法。再次为人民团体与机关发生之纠纷，此种纠纷情形既属特殊，为数甚少。兹将一年来调解人民团体纠纷情形列表报告于后：

一至十二月份调解人民团体纠纷一览表

月份	纠纷团体	纠纷原因	调解结果	备考
三月	猪鬃工会生毛分会与熟毛分会	业务范围未清	重新划分范围	
	毛巾商业公会与职业工会	增加工资	比照□□一月份增加工资一倍半	
四月	运输工会朝天门□□支部与东水门支部	工作区域界限不清	重新划界	
	提装工会第一分会与运输工会朝天门支部	争□工作殴打致死	关于行李过档照旧案办理换发臂章江□龄何炳□等开除会籍	
	织布工会与江北□花街警察分驻所	警察□逮捕织布工人	派员调查交涉释放	
	挑水工会与市卫生局清洁队	清洁队□夺挑水工人业务，挑水工人被□一死一伤	被□工人由卫生局医治，刑事部分由法院办理，清洁队肇事人撤职	
八月	四川丝业公司产业工业与厂房	要求增加工资改善工人生活	工人每月例假 2 日照给工资每人每日津贴三角三分	
九月	市屠宰业职工会与市屠商业同业工会	要求增加工资	每只猪规定宰费五元三角	
十一月	市毛巾业职工会与市毛巾商业同业工会	要求增加工资	增加百分之四十	
	市藤器业职工会与市瓷器商业同业工会	要求增加工资	增加百分之四十	
十二月	市陶瓷器业职工会与市陶瓷工业同业工会	要求增加工资	增加百分之三十五	
	美亚绸厂产业工会与厂房	要求改善生活	每月例假 2 日照给工资	

（六）补办人民团体备案手续及调查空袭被炸损失。关于本市各人民团体之备案手续，本年八月本会准社会部函送人民团体备案事项表一种，经即转发各人民团体填报备案。自八月起至十二月止，凡新成立或改变之人民团体均由本会出席指导员指导各该团体填报，经本会转报社会部备案。至各人民团体及会员在七、八、九三个月中遭受敌机轰炸所受损失甚巨，本会除于

每次空袭后派员前往慰问外，并调查被炸损失情形，协助各会员迅速复业。兹将补办备案手续及被炸损失之各人民图案以情形分别列表于后：

（1）八月至十二月份报请社会部备案之人民团体一览表

类别	团体名称	负责人	备案日期	备注
农	市农会	龙文治		
	第八区农会	李玉成	十一月十七日	
	市第十区农会	苏尊玉	十一月二十五日	
	市第十二区农会	胡禹九	十一月二十四日	
	市第十三区农会	马寿征	十一月十九日	
	市第十四区农会	吴绍尧	十一月十六日	
	市第十五区农会	陈图林	十一月二十二日	
	市第十六区农会	李纯如		
	市直属石桥镇区农会	王思齐	十一月二十六日	
工	市电力厂产业工会	陈铁夫	九月十三日	
	市陶瓷业职业工会	谢照龙	十月八日	
	市美亚绸厂产业工会	潘华秀	十一月二十九日	
	市毛巾业职业工会	陈志高	十一月二十九日	
	市渡船业职业工会	万金盛	十二月十三日	
	市挑水业职业工会	彭海廷	十二月二十三日	
	市棉线业职业工会	叶茂森	十二月十一日	
	市藤器业职业工会	陈福礼	十二月三十日	
商	市糖果饼干罐头食品商业同业公会	王子照	八月五日	
	市竹商业同业公会	郑成之	八月五日	
	市陶商业同业公会	陈梓敏	九月十日	
	市米醋甜食商业同业公会	张照甬	九月十五日	
	市报□商业同业公会	吴国樑	九月十五日	
特种社团	市服务外侨联谊会		十二月	
	旅渝南洋归国侨胞互助会	庄明理	十二月	
	旅渝归国华侨协会	胡万里		

（2）七至九月份人民团体及会员被炸损失统计表

团体名称	会员名称	被炸日期	被炸地址	损失数目（元）	备考
市绸布商业同业公会	森记字号	七月四日	陕西路226号	5440	
市柴商业同业公会		七月五日	十八梯自信巷28号	700	
市柴商业同业公会	谦记柴号	七月七日	十八梯58号	530	
市木商业同业公会	光裕原记木厂	八月九日	黄沙溪竹梨街68号	24025	
市木商业同业公会	泉清木号	八月九日	黄沙溪竹梨街32号	16571.23	

续表

团体名称	会员名称	被炸日期	被炸地址	损失数目（元）	备考
市木商业同业公会	永大竹木行	八月九日	黄沙溪竹梨街 32 号	5670	
市旧五金商业同业公会	鼎新		千厮门行街 41 号	1900	
市旧五金商业同业公会	协记	八月十日	豆腐石 15 号	1500	
市旧五金商业同业公会	吴顺祥	八月十日	豆腐石 37 号	1000	
市旧五金商业同业公会	森记	八月十日	豆腐石 14 号	1100	
市旧五金商业同业公会	雷绍武	八月十日	豆腐石 13 号	1200	
市木商业同业公会	和记木厂	八月三十日	储奇门外人和湾	2590	
市木商业同业公会	民益木厂	八月十三日	黄花园 57 号	9900	
市木商业同业公会	同源长记	八月三十日	储奇门人和湾	1264	
市木商业同业公会	信记木厂	八月三十日	储奇门人和湾	11714	
市木商业同业公会	永胜木行	九月十日	江北金沙门外	47717	水灾
市木商业同业公会	同春茂木厂	八月三十日	人和湾	12034	
市药材输出业商业同业公会		八月三十日	林森路 288 号	4000	公会被炸
市纱商业同业公会	荣记纱号	七月三十日	药王庙街 32 号	2941	
市纱商业同业公会	华源纱号	七月十一日	棉花街 82 号	749	
市纱商业同业公会	协泰纱号	七月十一日	棉花街 74 号	1115.8	
市纱商业同业公会	和益纱号	七月十一日	棉花街 74 号	203	
合计				153963.03	

（七）实施劳工管制暨示范工会

本会迭准社会部函，以集中力量加强工人组织提高工作效能，对于工人生活及工价等均将实施管制，并为推进本市工人福利事业，达成战时任务起见，特制发本市工人管制方案暨示范工会实施办法过会。本会当依据是项办法分别制定本市工人管制方案及示范工会第一期工作实施计划。自七月份起分别派员切实指导办理，并选定市电力厂产业工会、人力车业职业工会、肩舆业职业工会、裕华织厂产业工会等四个工会为示范工会。除裕华纱厂产业工会尚未正式成立外，其他三个工会均能依据示范工会第一期工作实施计划及进度循序推进。兹将上述三个示范工会工作概况略述如下：

1. 电力厂产业工会

（1）组训方面：该会就会员工作地区分组 8 个直属支部及 1 个直属小组，完成本身基层组织并厉行强制入会办法，由各支部小组举办会员总登记。现该厂各部门工人业经全部办理入会手续，兹将各支部会员人数列表附后：

重庆市电力厂产业工会各直属支部小组会员人数统计表

名称	会员人数	地址	备考
直属第一支部	150		
直属第二支部	85		

续表

名称	会员人数	地址	备考
直属第三支部	69		
直属第四支部	60		
直属第五支部	45		
直属第六支部	105		
直属第七支部	44		
直属第八支部	36		
直属江北小组	6		
合计	600		

（2）福利事业方面：①扩大工人消费合作社业务。②设立工人书报阅览室，备有报纸6份、图书185册。③设立工人俱乐部，备有平剧道具及各种棋类。④设立工人体育场。⑤设立工人诊疗所。⑥设立人事咨询处。使工会为工人学校，工人视工会为家庭。

（3）战时工作方面：①推行节储实践会，已参加会员计742人，按月实行节储。②推行国民精神总动员，由会员每月举行国民月会一次。③协助政府平定工资，已依市社会局颁布《平定工资办法》办理。④促进劳资合作，提高工资效率。

2. 人力车业职业工会

（1）组训方面

该会依照以地区为分会之原则成立4个分会13个支部，并举行会员总查验，补行会员登记，兹将分会支部会员人数统计列表于后：

（1）人力车工会焚毁支部会员人数统计表

名称	会员人数	地址	备考
第一分会		中一支路56号	
第一支部	361	化龙桥后街19号	
第二部	178	两路口	
第三部	97	中一支路	
第四部	330	上石板坡	
第五部	292	安乐洞	
第六部	59	兴隆街	
第二分会		铜鼓台巷	
第七支部	320	若瑟堂	
第八部	390	临江门	
第九部	387	铜鼓台	
第三分会		下南区马路	
第十支部	341	燕喜洞	
第十一支部	120	下南区马路	
第十二支部	341	海棠溪	

续表

名称	会员人数	地址	备考
第四分会		七星岗	
第十三支部	320	保节院	
合计	4118		补行新会员登记计509人在内

（2）福利事业方面：①工人子弟学校一所，分甲乙两班，共计男女生82名。②工人疗养室一所，每月收容病人在20以上，伙食医药等费均由工会供给。刻正在另行筹设福利事业委员会专员筹集福利事业基金及管理各项福利事业之责。

（3）战时工作方面：①推行国民精神总动员各运动。国民在本市工人服务总队集合，人力车工人编队训练之时每日由指导员前往受训地点做简短之精神讲话。②协助政府平定人力车价，已依照平定工资联合办事处规定办法，由理事轮流检查人力车价，刻仍继续办理中。

3. 肩舆业职业工会

肩舆业职业工会以基层组织未臻健全，故各项工作推动较为困难。且会员多属农民，农忙则会员顿减，农闲则会员骤增，流动性甚大。自该会被指定为示范工会后即计划进行会员登记及划定8个分会23个支部，同时成立书报阅览室等。兹将该会组训方面、福利方面战时工作方面概述于后：

该会新迁会址于中一路通远门外第78号附14号，由各理事轮值办公，并拟定会员登记办法以加强各分会支部基层组织。

（八）筹办本市人民团体干部训练班

本会为培养人民团体基层干部健全社会组织，以达成战时农工商管制及推行地方自治的目的起见，曾拟定本地方干部训练班计划，嗣经十月间本市第十二次党政联席会议决议，以地方干部范围太广改为人民团体干部训练。其训练对象以人民团体之干部及书记财务人员为限。另由本会改拟人民团体干部训练计划，提经十一月间第十三次党政联席会议通过，并推定本会陈主任委员访先为该班主任委员、社会局包局长华国为副主任委员，聘请本会吴委员人初为教育长、汪委员观之为训导长，训练经费由本市政府担任4万元，并请社会部补助4万元，限期明年一月十五以前正式开班。兹附列《人民团体干部训练班组织大纲实施计划》、职员课程一览表、课程时间分配一览表于后：

1. 重庆市人民团体干部训练班组织大纲

（1）本市为培养人民团体基层干部、健全人民团体之组织，以达成战时农工商管制之目的，特设立重庆市人民团体训练班。

（2）本班隶属于市党部、市政府。

（3）本班设主任1人，由市党部主任委员兼任，综理全班一切事宜；设副主任1人，由社会局长兼任，襄助主任处理一切事务。下设教育长1人，总务组组长1人，均承主任、副主任、教育长、训导长之命办理全班训练事宜。

（4）本班组织系统表及编制另定之。

（5）本班学院由下列各项人员调训之：

①选调现任各同业公会之干部（委员书记等）

②选调现任各职业工会之干部（委员书记等）

③选调各区农会之干部

④选调各职业部门之优秀党员团员及会员

(6) 本班学院名额那个每期为100名。

(7) 本班训练期限暂以2周为度。

(8) 本班学员毕业后仍回原职服务。

(9) 本班训练计划另订之。

(10) 本大纲经本市党政联席会议通过后施行。

2.重庆市人民团体干部训练班编制表

职别	员额	备考
主任	1人	由市党部主任委员兼
副主任	1人	由社会局局长兼任
教育长	1人	聘任
训导长	1人	聘任
教务组组长	1人	
教务员	1人	
训育组组长	1人	
训育员	1人	
总务组组长	1人	
会计	1人	
庶务	2人	
书记	1人	
司书	1人	
讲师	3人	
教官	4人	
大队长	1人	
大队附	1人	
中队长	3人	
分队长	9人	
勤务	4人	
伙夫	4人	
学员	100人	

3.重庆市人民团体干部训练班实施计划

(1) 训练目的

①使本市人民团体干部训练加深对本党主义及政纲政策之认识，而提高其为主义而奋斗之热忱。

②使认清政府一切法令，而有率先躬行领导民众之品性与能力。

（2）训练要旨

遵照总裁《训练目的与训练实施纲要》及中央训练委员会《训练纲领》之规定。

（3）训练方式

各种训练以采用启发式、讨论式为原则，尤注意于实际工作之讲习与实际问题之研究。

（4）训练内容

①精神讲话 ② 普通课程 ③军事训练 ④训育实施 ⑤课外活动

（5）受训学员

以本市农工商书记及干部为对象，每期训练人数定为100名，分期调训完毕（附重庆市人民团体干部训练人数统计表）。

（6）时间分配

每期训练期间定为2周（必要时得延长之），自民国三十一年一月十四日至同月二十四日止，计2周，共14日。除开学典礼及星期纪念日外共作业12日，每日作业9小时，共计108小时，分配如左〈下〉：

①精神讲话5小时 ②普通课程81小时 ③军事训练6小时 ④训育实施13小时 ⑤课外活动3小时。

（7）精神讲话项目如左〈下〉：

①长官训话 ②特别讲读

（8）普通课程项目如左〈下〉：

①总裁遗教②总裁言行 ③公文程式④会计常识 ⑤法规⑥法律常识 ⑦音乐

（9）军事课程项目如左〈下〉：

学科：①防毒讲话 ②防空讲话

术科：基本教练（曾经受过军事训练者免训）

（10）训育实施项目如左〈下〉：

①座谈会 ②工作讨论会 ③小组会议 ④个别谈话

（11）课外活动

①日记写作 ②参观

（12）学员编制

全班学员编属一大队三中队九分队，每分队12人。

（13）考校办法

学员之体格精神思想学识能力经验生活行动修学效果，分别由各级会训人员及有关单位考核之。

（14）各项实施细则及表件另订之。

（15）本计划经核准后实行。

4. 重庆市人民团体干部训练班职员一览表

姓名	职务及担任课程	简历	备考
陈访先	主任	市党部主任委员	

续表

姓名	职务及担任课程	简历	备考
包华国	副主任	社会局局长	
吴人初	教育长	市党部委员	
汪观之	训导长	市党部委员	
徐□亚	教务组组长	市党部社会科科长	
汪清源	训育组组长	市社会局视导员	
周德侯	总务组组长	市参议会总务组主任	
曾希哲	大队长	三民主义青年团渝支团筹备组主任	
吴　迪	副大队长	市党部总务科长	
徐鸣亚	指导员	见前	兼任
汪清源	指导员	见前	兼任
周德侯	指导员	见前	兼任
汤直夫	指导员	市党部干事	
林茂苓	指导员	见前	
王　懋	指导员	市社会局工矿股主任	
梁子笏	指导员	见前	

5. 重庆市人民团体干部训练班课程时间分配表

课程	时数	担任者姓名
精神讲话	2小时	
总理遗教	4小时	龙文治
总裁言行	4小时	汪观之
党史	4小时	骆继常
现行行政制度	4小时	吴人初
公文程式	8小时	林骥材
会计规程	8小时	熊鸿昭
人民团体组织方案	1小时	高謇
非常时期民众组织纲领	1小时	高謇
公会法	4小时	徐鸣亚
商会法	2小时	徐鸣亚
非常时期工商管制办法	1小时	王开元
非常时期平定物价取缔办法	1小时	王开元
查禁敌货条例	1小时	杜茂苓
查禁资敌物品条例	1小时	杜茂苓
商业登记法	4小时	梁子笏

续表

非常时期工商业同业公会工作纲要	2 小时	杨骏昌
党政关系	2 小时	张江楷
军事训练	8 小时	曾□哲
		吴迪

二、关于社会运动方面

（一）各区社会服务处概况

本会为提高民众对于本党信仰，建立党的社会基础起见，本年仍继续指导所属各区党分部同志参加服务工作。嗣因六、七、八、九四个月份市区迭遭敌机轰炸，本会乃利用市区机关团体疏散，侧重乡村服务工作之推行。当将市区附近之各区社会处，如“上城”“下城”“观音岩”“海棠溪”“铜元局”“江北”“江北区第一分处”“中城”“下石桥”等 9 处先后撤销，集中力量充实疏建区域内各社会服务处工作。并视各处经费收支状况及举办事业范围，按月酌予补助经常费与分别拨给事业补助费。复于本年二月二十四日召集参加社会工作服务之各区分部书记举行座谈会，商讨推进社会服务之中心工作，于十二月二十七日召集天生桥、上清寺等十二区主任举行工作会报，检讨过去工作之实施，策进明年度工作之进行，结果均甚圆满。兹附列各区社会服务处一览表、工作概况表、事业补助费分配表于后：

各区社会服务处一览表

处别	负责人		参加区党分部番号		成立日期	处址	备注
	职别	姓名	区党部	区分部			
重庆市天生桥社区社会服务处	主任	俞理乾	57	2、3、4	1939 年 9 月 11 日	北碚天生桥	
	副主任	郎振古					
		张仓荣					
重庆市青木关区社会服务处	主任	费石师	26	1、2、3、4、5、6、7、8、9、10、11、12	1939 年 10 月 12 日	青木关老街 20 号	
	副主任	□为溥					
		许自成					
重庆市上清寺区社会服务处	主任	胡达用	6、13、15、16、20、27		1939 年 3 月 28 日	上清寺街 84 号	
	副主任	田绩超					
		刘毅夫					
重庆市陈家桥区社会服务处	主任	吴锦涛	24		1940 年 8 月	陈家桥街 37 号	
	副主任	顾□田					
		屠　晋					
重庆市独石桥区社会服务处	主任	楼桐孙	21		1939 年 12 月 12 日	歇马乡独石桥	
	副主任	谢保樵					
重庆市黄桷树区社会服务处	主任	徐厚元	45	2	1939 年 12 月 10 日	北碚黄桷树	
	副主任	王德槐					
		汪儒祥					

续表

处别	负责人		参加区党分部番号		成立日期	处址	备注
	职别	姓名	区党部	区分部			
重庆市赵家湾区社会服务处	主任	高越天	60		1939年10月10日	江北悦来场赵家湾	
	副主任	陈　清					
		宫怀素					
重庆市南岸区社会服务处	主任	罗洁濂	39、40		1939年10月	南岸玄坛庙正街	
	副主任	田光灿					
重庆市长生桥区社会服务处	主任		44		1941年9月	巴县长生桥	
	副主任						
重庆市山洞区社会服务处	主任	许正亘	41	1、2、3、4	1941年4月1日	山洞大田坝12号	
	副主任	安仪音					
		刘清斋					
重庆市金融业社会服务处	主任	徐□园	34	1、2、3、4、5、6、7、8、9、10、11、12	1941年9月		
	副主任	范□言					
		陈钟声					
重庆市沙坪坝区社会服务处	主任	邱介眉	50	1、2、3、4、5	1941年12月10日	沙坪坝	
	副主任	吴明钦					
		熊　斌					

各区社会服务处工作概况表

工作摘要			
序号	临时举办事项	临时调查事项	经常举办事项
1	举行各种纪念大会	调查附近地方物价	民众书报阅览室
2	举行国民月会	调查附近手工业状况	文化供应社
3	举行儿童健康比赛	调查附近农作物状况	公用电话
4	举行兵役宣传	调查出征军人家属生活状况	失业失学登记
5	举办民众防空常识讲习班	调查附近佃农与地主之关系	民众咨询处
6	举办防护团训练班		民众代笔处
7	举行检查旅社食馆清洁事项		卫生指导处
8	举办各界清洁竞赛记给奖		旅居响〈向〉导处
9	设置茶水供应站		小本贷款介绍处
10	施发夏令急救药品		民众俱乐部
11	乡政辅导事项		民众义务诊疗所
12	保甲长训练		民众学校
13	建筑国父纪念堂及忠烈祠国民月会场		民众夜校
14	举办民众通俗讲演		设附属小学

续表

工作摘要			
序号	临时举办事项	临时调查事项	经常举办事项
15	慰劳抗属		消费合作社
16	筹建公共菜场		经济报社
17	协助办理急振		壁报画报
18			附设民众茶社
19			附设妇女识字班

备注：上表所列各项工作业经各处举办，尚着成效，俱经分别编载本年度各月份工作报告内。

各区社会服务处补助经费分配表

处别	按月经常补助费	一次性事业补助费
天生桥区社会服务处		2000
青木关区社会服务处		2000
上清寺区社会服务处	50	1000
陈家桥区社会服务处		500
独石桥区社会服务处		500
黄桷树区社会服务处	500	500
赵家湾区社会服务处		500
南岸区社会服务处	40	400
长生桥区社会服务处		500
山洞区社会服务处		500

备注：上表所列各项补助费除经常费系按月发给外，事业费系本年九十两月一次发给各处。

各区社会服务处急救药品分配表

处别	药品分配						备考
	奎宁丸（粒）	十滴水（瓶）	止咳片（片）	阿司匹林（片）	红药水（瓶）	牛痘苗（支）	
天生桥区社会服务处	500	250	250	50	1	120	
青木关区社会服务处	350	250	100	30	1		
上清寺区社会服务处	400	250	100	30	1		
陈家桥区社会服务处	300	200	100	30	1		
独石桥区社会服务处	300	200	100	30	1		

① 合计与各分项之和不符，原档照录。

续表

处别	药品分配						备考
	奎宁丸（粒）	十滴水（瓶）	止咳片（片）	阿司匹林（片）	红药水（瓶）	牛痘苗（支）	
黄桷树区社会服务处	150	150	80	20			
赵家湾区社会服务处	100	100					
中城区社会服务处	100	100	50	20			
长生桥区社会服务处	200	150	80	10			
下石桥区社会服务处	100	100	80	20			
南岸区社会服务处	250	200	80	30	1		
山洞区社会服务处							
合计	3000	2100	1100	300	7①	120	

备注：上表所列各项药品系依各处民众发给实施情况于本年度七月份一次补助各处以安救事。

（二）推行国民经济建设运动

1. 倡导举办合作事业运动

本会鉴于渝市物价指数日增，影响战时人民生活甚巨，竭力倡导举办合作事业，以协助政府贯彻平抑物价政策。一年以来，经派员协助市社会局指导本市各区镇暨各机关团体，先后创立消费合作社62个、生产合作社21个，社员两共69173人，股金总额达617795元。兹将本市合作事业概况列表如次：

重庆市合作事业概况统计

社别	社数	社员数	股金	备考
生产合作社	21	357	54693	
消费合作社	62	67584	549374	
假登记①	6	1232	3728	
合计	89	69173	607795	

2. 推行节约储蓄运动

本会为遵照总裁训示推行节约储蓄运动起见，由陈主任委员兼任市节储实践会征求总队工业征求大队大队长，自六月份起即普遍劝导本市所属各业工会会员集体参加节储。截至十二月止，迁川工厂暨国货商厂工人会员计23310人，各业工会会员为4079人，共计27389人。兹将各业工会节储分会列表附后：

① 合计与各分项之和不符，原档照录。

重庆市各业工会节储实践分会统计

名称	会员人数	成立年月	备注
重庆市节储实践会瑞华企业制造公司产业工会节储分会	94	三十年九月	
重庆市节储实践会化土石忠猫拨船工会分会节储分会	56	三十年九月	
重庆市节储实践会电力厂产业工会节储分会	472	三十年九月	
重庆市节储实践会自来水公司产业工会节储分会	168	三十年九月	
重庆市节储实践会屠宰业职业工会节储分会	100	三十年十月	
重庆市节储实践会盐□业职业工会节储分会	38	三十年十月	
重庆市节储实践会运输业职业工会朝天门上货支部节储分会	234	三十年十月	
重庆市节储实践会运输业职业工会临江门上货支部节储分会	107	三十年十月	
重庆市节储实践会运输业职业工会临江门运炭支部节储分会	266	三十年十月	
重庆市节储实践会运输业职业工会临江门运糖支部节储分会	96	三十年十月	
重庆市节储实践会运输业职业工会千厮门上货支部节储分会	50	三十年十月	
重庆市节储实践会粗纸业职业工会节储分会	24	三十年十月	
重庆市节储实践会提装业职业工会第一分会节储分会	105	三十年十一月	
重庆市节储实践会提装业职业工会第二分会节储分会	74	三十年十一月	
重庆市节储实践会提装业职业工会第四分会节储分会	99	三十年十一月	
重庆市节储实践会提装业职业工会第五分会节储分会	100	三十年十一月	
重庆市节储实践会提装业职业工会第七分会节储分会	100	三十年十一月	
重庆市节储实践会运输工会太平门上货支部节储分会	50	三十年十一月	
重庆市节储实践会旅栈佣工业职业工会节储分会	100	三十年十一月	
重庆市节储实践会运输工会砖瓦运输支部节储分会	173	三十年十一月	
重庆市节储实践会海棠溪上货支部节储分会	333	三十年十一月	
重庆市节储实践会木作业职业工会节储分会	105	三十年十一月	
重庆市节储实践会拨船工会第十一分会节储分会	29	三十年十二月	
重庆市节储实践会拨船工会朝天门分会职业节储分会	53	三十年十二月	
重庆市节储实践会麦饼制造业职业工会节储分会	295	三十年十二月	
重庆市节储实践会白铁业职业工会节储分会	102	三十年十二月	
重庆市节储实践会转江业职业工会节储分会	129	三十年十二月	
重庆市节储实践会运输工会曾家岩支部节储分会	42	三十年十二月	
重庆市节储实践会竹作业职业工会节储分会	79	三十年十二月	
重庆市节储实践会裕华布厂产业工会节储分会	172	三十年十二月	
重庆市节储实践会运输工会运灰直属支部节储分会	50	三十年十二月	
重庆市节储实践会毛巾业职业工会节储分会	111	三十年十二月	
重庆市节储实践会拨船工会金南第四分会节储分会	128	三十年十二月	
重庆市节储实践会拨船工会葛码溪第九分会节储分会	26	三十年十二月	

3. 劝募战时公债

本会于本年二月派员策动市商会暨人民团体劝募战时公债及节约储蓄券，共计募得战时公债 210 万元，节约储蓄券 42 万元。

4. 协助政府平抑物价力价

本会会同市社会局指导市商会组织重庆市物价评定委员会，从事评定各种如用必需品之价格，每次评定会议本会均派员出席指导并为顾及工人力价能适合工人本身生活需要，以防制自由增加刺激物价影响一般人民生活起见，复会同市社会局及有关机关组织重庆市评定工资联合办事处专司评定工资之责，实施以来尚见功效。

5. 协助政府推行限制酒食消费运动

社会部为倡导实行节约激励士气，改造国民生活，树立节约风尚起见，曾制定限制酒食消费办法，约请本市有关社会部谷部长担任主任委员，本会陈主任委员担任副主任委员，社会科徐科长鸣亚担任推行组副组长，宣传科王科长蕴卿担任宣传队大队长，由本会组织宣传队 1 队分区挨着酒饭馆经常从事宣传劝导工作。

三、协助办理救济慰劳运动

（一）举办冬令救济运动

本会于本年一月协助市振〔赈〕济会发放冬令振款，划分本市为 5 个发放区，计发放振款 11401 元。并于本年十月二十日会同本市各有关机关团体组织重庆市冬令救济运动委员会进行劝募振款普遍赒济贫苦市民，已决定先就警察局调查赤贫市民 10328 人，各先发被胎 1 床，一、二、三、四、五各区集中市区都邮街精神堡垒广场发放，其他则分区集中发放。现因棉被胎正招商承制，发放日期延展至明年二月七日举行。兹将一月发放振款及贫赤市民人数分别列表于后：

（1）三十年一月发放本市各区冬令振款统计

区别	振款数（元）	备注
都邮街	2625	
菜园坝	2764	
米亭子	2387	
弹子石	2171	
海棠溪	1454	
合计	11401	

（2）本市各区赤贫市民人数统计

区别	贫民人数	备注
第一区	673	
第二区	574	
第三区	597	
第四区	620	
第五区	907	
第六区	402	
第七区	284	
第八区	382	
第九区	162	

续表

区别	贫民人数	备注
第十区	1040	
第十一区	709	
第十二区	1033	
第十三区	513	
第十四区		调查表未报
第十五区	1593	
第十六区	532	
第十七区	309	

（二）发动慰劳荣誉军人及抗属

本会于本年三月发动本市各界妇女组织妇女慰劳队，携带慰劳物品及代金分赴各地慰劳荣誉军人及抗战军人家属，每名分发毛巾一条，代金5元。兹将分发慰劳代金实数别〔列〕表附后。

中央直属重庆市执行委员会三十年三月发动

本市各界妇女慰劳荣誉军人及抗属代金数目表

名称	人数	慰劳金（元）	备考
第五陆军医院伤病医院	473	2365	
荣誉军人协导会训练所	104	520	
荣誉军人协导会在渝就业军人	81	405	
军政部调查处遗族工厂	49	245	
军政部妇女工作队抗属工厂	63	315	
第一区抗属	178	890	
第二区抗属	181	905	
第三区抗属	116	580	
第四区抗属	312	1560	
第五区抗属	436	2180	
第六区抗属	82	410	
第七区抗属	92	460	
第八区抗属	88	440	
第九区抗属	338	1690	
第十区抗属	152	760	
第十一区抗属	184	920	
第十二区抗属	46	230	
合计	2975	14925	

（三）策动各界参加出钱劳军竞赛运动

本会于本年四月策动各工会暨文化界参加出钱劳军竞赛运动，结果计各工会各工会捐款达

10余万元，文化界捐款达20余万元，均超出预订数额，当时情况至为踊跃热烈。

（四）指导本市妇女会为前方将士征募药品及代金运动，募各种药品及代金转送前方，藉表敬意。截止〔至〕十二月底共收到各机关团体及各界人士捐助药品及代金，合计国币50263.7元，业经全数汇送中国妇女慰劳自卫抗战将士总会代为分发，并将各机关团体及各界人士所指派及代金详情数目公布于本市中央、大公两报。

（五）慰问空袭被灾难胞

本会鉴于本市迭遭敌机狂炸，灾区辽阔，灾情惨重，乃于每次敌机轰炸后对受灾难胞一面派员慰问，一面协助陪都空袭救护委员会振恤处发放急振宣扬总裁与政府之德意，激发民众敌忾同仇之决心。更鉴于敌机集中惨炸陪都，复联合陪都空袭服务总队部三民主义青年团重庆支团部全团慰劳抗战将士总会共同派员组织慰问队，于八月二十九日分赴各重伤医院及留住各收容所之空袭被灾难胞予以精神上和物质上之慰问。同时动员本市党员、团员及各工作队员组织慰问队分区挨户慰问。本会担任本市六、七两区，计发动党员100人分编为大队，分镇挨户慰问，并张贴敬致慰问标记及散发告市民书。兹将本会参加慰问各重伤医院难胞之同志及参加慰问本市六、七两区被灾难胞之各区党分部同志分别列表附后：

（1）重庆市党部派员参加慰问各重伤医院空袭难胞一览表

队别	医院番号	地点	难胞人数	慰劳物品	备注
第一队	第七重伤医院	李子坝武溪疗养院	7	难胞每名慰问信一封慰劳代金10元慰劳袋1个内装牛肉干1包饼干1包糖果1包毛巾1条	
	第三重伤医院	沙坪坝红会医院	6	难胞每名慰问信一封慰劳代金10元慰劳袋1个内装牛肉干1包饼干1包糖果1包毛巾1条	
	第十五重伤医院	歌乐山中央医院	5	难胞每名慰问信一封慰劳代金10元慰劳袋1个内装牛肉干1包饼干1包糖果1包毛巾1条	
第二队	第五重伤医院	玄坛庙仁济医院	10	难胞每名慰问信一封慰劳代金10元慰劳袋1个内装牛肉干1包饼干1包糖果1包毛巾1条	
	第十一重伤医院	鸭儿凼	4	难胞每名慰问信一封慰劳代金10元慰劳袋1个内装牛肉干1包饼干1包糖果1包毛巾1条	
第三队	第十三重伤医院	黄桷垭红会医院	18	难胞每名慰问信一封慰劳代金10元慰劳袋1个内装牛肉干1包饼干1包糖果1包毛巾1条	
	第九重伤医院	三公里	107	难胞每名慰问信一封慰劳代金10元慰劳袋1个内装牛肉干1包饼干1包糖果1包毛巾1条	

续表

队别	医院番号	地点	难胞人数	慰劳物品	备注
第四队	第十重伤医院	马家寺	21	难胞每名慰问信一封慰劳代金10元慰劳袋1个内装牛肉干1包饼干1包糖果1包毛巾1条	
	第六重伤医院	江北香国寺	41	难胞每名慰问信一封慰劳代金10元慰劳袋1个内装牛肉干1包饼干1包糖果1包毛巾1条	
	难胞收容所	云梯堡	53	难胞每名慰问信一封慰劳代金10元慰劳袋1个内装牛肉干1包饼干1包糖果1包毛巾1条	

（2）重庆市各区分党部参加慰问空袭难胞一览表

队别	参加区党分布番号	领队	慰问难胞地区	备注
第一队	第五区党部暨第一区分部	正领队	第七区中二路镇	
	第四区党部暨第三区分部	副领队	第七区中二路镇	
	第四区党部暨第四区分部		第七区中二路镇	
	第十二区党部暨第一区分部		第七区中二路镇	
第二队	第五区党部	正领队	第七区两路口镇	
	第三七区党部暨第一区分部	副领队	第七区两路口镇	
	第四区党部暨第九区分部		第七区两路口镇	
	第十二区党部暨第一区分部		第七区两路口镇	
第三队	第十八区党部	正领队	第七区上清寺镇	
	第二区党部暨第一六区分部	副领队	第七区上清寺镇	
	第四区党部暨第十区分部		第七区上清寺镇	
	第十二区党部暨第二区分部		第七区上清寺镇	
第四队	第四区党部暨第二区分部	正领队	第六区张家花园镇	
	第四区党部暨第八区分部	副领队	第六区张家花园镇	
	第四区党部暨第六区分部		第六区张家花园镇	
	第十二区党部暨第二区分部		第六区张家花园镇	
第五队	第十九区党部	正领队	第六区大溪沟镇	
	第一区党部暨第三区分部	副领队	第六区大溪沟镇	
	第十二区党部暨第三区分部		第六区大溪沟镇	
	第十三区党部		第六区大溪沟镇	
第六队	第十三区党部	正领队	第六区曾家岩镇	
	第五区党部暨第六区分部	副领队	第六区曾家岩镇	
	第一区党部暨第一区分部		第六区曾家岩镇	
	第十二区党部暨第三区分部		第六区曾家岩镇	

（六）协助调查贫苦市民准购平价米

本会本年一、二、三各月均派员协助市粮食管理委员会筹划调剂民食及复查本市各区镇贫苦市民，以便依据此项调查准购平价米救济一般贫苦市民。

（七）发动组织重庆市伤兵之友社

本会鉴于本市各陆军医院及江北陆军第五医院留住负伤将士人数甚伙，特于本年十月四日会同地方各有关机关团体，如市参议会、市总工会、市商会、市妇女会、市政府、市社会局、市警察局、市新运会、陪都空袭服务总队部等计25个单位商定组织“重庆市伤兵之友社”，由本会陈主任委员兼任理事长，并分别聘请市警察局谭局长担任征求总队队长、各警察局份局长为各征求分队队长，原定征求社员总额10万人，切实慰问及服务各负伤同志以坚定其民族意识，增发其抗战决心，现统计征求社员人数已超过原定数额。

四、推行卫生运动

（一）举行夏令卫生运动

本年四月会同本市各有关机关组织“夏令卫生运动委员会”，拟定工作实施办法，自五月一日起至八月底止为工作实施期间，已于五六两月举办中西餐馆、旅社、茶社、浴室、理发厅等工友卫生常识训练与普遍实施防疫注射、清洁检查及全市大扫除，并订定《市民卫生检查奖惩办法》函请宪警机关负责执行，尚著成效。

（二）协助举行清洁大检查

本年十一月市政府为举行全市清洁大检查，特会同本会等各有关机关团体组织清洁检查团督导本市各警察分局举行清洁大检查，并订定奖惩办法。本会被推担任第一、二、三、四、五、六等区清洁检查工作。兹附列检查各区清洁成绩于后：

区别	镇数	时间	评定成绩	评定等级	奖惩	备考
一	4	十一月八日上午九时	85分	一等	奖国币1000元	
二	4	十一月八日上午十一时	85分	一等	奖国币1000元	
三	5	十一月九日上午九时	75分	三等	奖国币500元	
四	2	十一月九日上午十一时	60分	四等	申斥	
五	3	十一月九日下午二时	80分	二等	奖国币700元	
六	3	十一月九日下午四时	70分	三等	奖国币700元	

五、推行兵役运动

本会对于推行兵役运动，除指导各区党分部各社会服务处各人民团体随时利用机会从事兵役宣传外，并协助政府办理入营壮丁抽签事宜。本年七月份本市举行第二期入营壮丁抽签及十、十一两月举行第三期壮丁抽签，本会均先后派员协助市警察局监视各区镇切实依照三个原则办理，结果情形尚佳。兹将二三两期各区镇中签壮丁人数及所派各区镇监视人员姓名分别列表于后：

1. 重庆市各区三十年度第二期壮丁中签人数一览表

<table>
<tr><th>区别</th><th>签组</th><th>镇别</th><th>抽签地点</th><th>抽签时间</th><th>中签壮丁人数</th><th>本会监视员</th><th>备考</th></tr>
<tr><td rowspan="4">第一区</td><td>1</td><td>太华楼镇</td><td rowspan="4">太华楼街第一区署</td><td rowspan="4">七月二十三日午前七时</td><td>30名</td><td rowspan="4">哈捷三</td><td></td></tr>
<tr><td>2</td><td>马王庙镇</td><td>25名</td><td></td></tr>
<tr><td>3</td><td>龙三庙镇</td><td>23名</td><td></td></tr>
<tr><td>4</td><td>镇江寺镇</td><td>8名</td><td></td></tr>
</table>

续表

区别	签组	镇别	抽签地点	抽签时间	中签壮丁人数	本会监视员	备考
第二区	1	桂花街镇	中华路第二区署	七月二十三日午前七时	26名	顾景初	
	2	太阳沟镇			20名		
	3	北坛庙镇			21名		
	4	蹇家桥镇			21名		
第三区	1	段牌坊镇	林森路第三区署	七月二十三日午前七时	26名	冷良士	
	2	王爷庙镇			16名		
	3	东昇楼镇			26名		
	4	东华观镇			26名		
第四区	1	观音岩镇	民生路第四区署	七月二十四日午前七时	48名	冷良士	
	2	骡马店镇			26名		
	3	安乐洞镇			16名		
第五区	1	石板坡镇	金马寺街金马寺分驻所	七月二十四日午前七时	17名	哈捷三	
	2	宝善寺镇			13名		
	3	金马寺镇			19名		
	4	菜园坝镇			22名		
第六区	1	曾家岩镇	万化祠第六区署	七月二十四日午前七时	21名	顾景初	
	2	大溪沟镇			21名		
	3	张家花园镇			21名		
第七区	1	两路口镇	中三路第七区署	七月二十五日午前七时	23名	顾景初	
	2	中二路镇			11名		
	3	上清寺镇			29名		
第八区	1	遗爱祠镇	新市场第八区署	七月二十五日午前七时	4名	哈捷三	
	2	新市场镇			8名		
	3	黄沙溪镇			13名		
	4	化龙桥镇			13名		
	5	李子坝镇			7名		
第九区	1	木兰街镇	江北节孝祠第九区署	七月二十五日午前七时	25名	冷良士	
	2	体仁堂镇			19名		
	3	三洞桥镇			19名		

2. 重庆市各区三十年度第三期壮丁中签人数一览表

区别	签组	镇别	中签壮丁数		本会所派监察员姓名	抽签地点	抽签时间	备考
			甲种	乙种				
第一区	1	太华楼镇			第三十四区党部书记范鹤含同志	龙王庙第一区署	十月三十一日午前七时	抽签结果尚未据报中签壮丁人数缓列
	2	马王庙镇						
	3	龙三庙镇						
	4	镇江寺镇						
第二区	1	桂花街镇			第一区党部第十六区分部书记程宗隶	中华路第二区署	十月三十一日午前七时	抽签结果尚未据报中签壮丁人数缓列
	2	太阳沟镇						
	3	北坛庙镇						
	4	蹇家桥镇						
第三区	1	段牌坊镇	33	33	第二十九区党部书记王唯右书记	林森路第三区署	十月三十一日午前七时	
	2	王爷庙镇	20	20				
	3	东昇楼镇	32	32				
	4	东华观镇	32	32				
第四区	1	观音岩镇			第一区党部第一区分部书记颜伯壎同志	民生路第四区署	十月三十一日午后二时	抽签结果尚未据报中签壮丁人数缓列
	2	骡马店镇						
	3	安乐洞镇						
第五区	1	石板坡镇	32	32	第五十九区党部书记李宗义同志	金马寺街金马寺分驻所	十月三十一日午后二时	
	2	宝善寺镇	18	18				
	3	金马寺镇	26	26				
	4	菜园坝镇	24	24				
第六区	1	曾家岩镇	29	22	第十二区党部第二区分部吴忠予同志	万化祠第六区署	十月三十一日午后二时	
	2	大溪沟镇	27	50				
	3	张家花园镇	26	26				
第七区	1	两路口镇	20	10	上清寺社会服务处主任胡达用同志	中三路第七区署	十月三十一日午前七时	
	2	中二路镇	15	15				
	3	上清寺镇	26	13				
第八区	1	遗爱祠镇			第三十五区党部第二区分部书记黄永伟同志	新市场第八区署	十月三十一日午前八时	抽签结果尚未据报中签壮丁人数缓列
	2	新市场镇						
	3	黄沙溪镇						
	4	化龙桥镇						
	5	李子坝镇						
第九区	1	木兰街镇	18	10	第九区党部第七区分部书记刘安民同志	江北节孝祠第九区署	十月三十一日午前八时	
	2	米亭子镇	26	16				
	3	体仁堂镇	26	16				
	4	三洞桥镇	19	10				
	5	五里店镇	5	5				

续表

区别	签组	镇别	中签壮丁数		本会所派监察员姓名	抽签地点	抽签时间	备考
			甲种	乙种				
第十区	1	陈家馆镇			第七区党部书记任百鹏同志	江北廖家台第十区署	十月三十一日午前八时	
	2	刘家台镇	26	13				
	3	香国寺镇	24	17				
	4	石马河镇	32	16				
	5	猫儿石镇	23	12				
第十一区	1	窍角沱镇	16	16	第三十九区党部书记樊子良同志	南岸玄坛庙第十一区署	十月三十一日午前八时	
	2	弹子石镇	35	35				
	3	龙门浩镇	47	47				
	4	玄坛庙镇	27	27				
	5	鸡冠石镇	8	8				
第十二区	1	铜元局镇	8	8	第四十一区党部书记邹勋同志	烟雨堡第十二区署	十月三十一日午前八时	
	2	南坪场镇	32	30				
	3	海棠溪镇	30	30				
第十三区	1	歌乐山镇	36	36	第五十六区党部第二区分部书记黄钦同志	歌乐山第十三区署	十一月四日午前十时	抽签结果尚未据报中签壮丁人数缓列
	2	高店子镇						
	3	上桥镇						
	4	新桥镇						
	5	山洞镇						
第十四区	1	沙坪坝镇	26	26	第五十一区党部书记熊斌同志	磁器口第十四区署	十一月四日午前十时	
	2	磁器口镇	36	36				
	3	童家桥镇	19	19				
	4	小龙桥镇	26	26				
第十五区	1	大兴场镇	30	28	第四十五区党部书记郑甦民同志	黄桷垭第十五区署	十一月四日午前十时	
	2	清水溪镇	14	17				
	3	黄桷垭镇	41	20				

六、推行国民精神总动员运动

本年三月间为国民精神动员二周年纪念大会，本会特发动本市各人民团体、各区党分部同志集体参加，并经常派员分别督导本市各区镇按月举行国民月会，提高民族意识，激发爱国情绪。

七、召集工商团体干部会议

本会为使本市各业工会理监事暨各商业工会负责人明瞭政府目前之各项战时设施，各农工管制以及平定工资力价物价粮政役政与各种社会运动起见，特于十一月十八、十九两日假临江路中国留法比瑞同学会召集商人团体干部举行茶会，十八日计到各公会执监委员400余人，十九日计到执监委员300余人。复于十二月十二日下午二时，假市总工会大礼堂召集各工会理监事举行茶会，计到各工会职员300余人，先后由本会陈主任委员亲临主持并请社会部、经济部、粮食部、兵役署、工人服务总队部、市政府、市社会局等机关长官及代表莅临讲解非常时期工商管制、平定力价物价、取缔囤积居奇投机操纵以及粮食、兵役、社会运动等各种有关法令，继由各团体分别陈述意见，均愿在党政领导之下，切实奉行政府一切法令，情况至为良好。

八、协助政府推行地方自治

内政部以本市为陪都所在，为求地方自治早日完成，以树全国楷模起见，特派员会同重庆市政府及其所属各局与本会各派员共同组合宇重庆市地方自治巡回视导团。经费担任[①]视导本市各区镇办理地方自治情形，并对各区镇长干事及保甲人员执行政府法令及推行战时工作与法意，各级党政关系之调整指导甚多并鼓励尽忠职守，收效甚宏。

第三，宣传工作

三十年度本会宣传工作曾揭示四大目标：一曰宏〔弘〕扬总理遗教暨总裁训示以扩大主义宣传之基础与影响。二曰合理运用与发挥人（对象）时（机会）地（环境）物（经济）等力量，以达成宣传因应制宜之宏效。三曰消极取缔防止谬误言论与积极诱导扶持正常之宣传应为相互之配合。四曰争取与团结文化界人士于本党周围，以准备及进行广大的宣传并依此目标订出试打计划纲要逐渐施行。一年以来，有幸能切实施行，获得相当效果，兹将计划纲要实施概况及工作总检查分述于左〈下〉：

一、计划纲要

（一）拟订本会出版及发行计划

（二）协助政府推行战时政令之宣传

（三）举办党义与抗建讲注及其他机会

（四）健全与指导下级党部之宣传机构与工作

（五）确定各种纪念假日特种宣传之中心

（六）策动临时紧急事件之宣传

（七）改进通俗宣传推行歌咏运动

（八）调整文化团体组织并开展其工作

（九）统一宣传方针统制宣传活动

（十）加强图书杂志及戏剧电影之审查与检查

二、实施概况

（一）关于本会出版与发行工作

1. 出版方面：一年来本会因限于宣传事业费之短绌，无定期性之刊物出版。但曾利用各革命纪念日之筹备经费编印各种宣传品，举其重要者，如《三月二十九日广州革命记》《防空洞内机会教育教材》《地方自治人员的基本要务》及各革命纪念节日之宣传纲要、标语、宣传单不下30余种，凡60300份，均经分发。兹附编印宣传书刊统计于次：

三十年度全年编印书刊及宣传品数量统计表　（单位：份）

类别	三月份	七月份	九月份	十月份	十一月份	十二月份	合计
纪念标语	1600	3000			800	10000	15000
广州革命记	1000						1000
宣传大纲		1000					1000
告民众书		10000	10000		1000	600	21600
纪念图书传单		6000					6000
彩色标语			1200				1200

① 文句不通，原档照录。

续表

类别	三月份	七月份	九月份	十月份	十一月份	十二月份	合计
推进地方自治的基本要务					1000		1000
历史爱国故事				1000			1000
抗战英勇故事				1000			1000
消防与消毒				1000			1000
炸弹的威力与防范				1000			1000
空军陆战队				1000			1000
救护常识				1000			1000
国民精神总动员				1000			1000
新生活运动讲义				1000			1000
公民常识——我们的国家				1000			1000
合计	2600	20000	11200	9000	2800	10600	60300

2. 发行发面：本会承各方颁赠党义及抗建宣传书刊颇多，连通本会编印之书刊及宣传标语、宣传单等，全年度共计收发 23 万余份，均经按其性质分别转发各区党分部、各人民团体、各中山室、各书报阅览室及市民矣。兹附统计于次：

三十年度全年度发行书刊及宣传品数量统计表

类别	一月份	二月份	三月份	四月份	五月份	六月份	七月份	八月份	九月份	十月份	十一月份	十二月份	合计
党刊	1230	1254	1070	760	895	1250	310		10	11	1280		7151
书籍	250	1346	1580	40	260	895							4371
传单标语			6600			12000	27040	10470		4669	8400	17162	180571
抗战春联及门神												38000	38000
其他		2					120						122
合计	1480	2602	9250	800	1155	13245	27470	10470	10	4680	9680	55162	230234

（二）关于协助推行战时政令之宣传

本会协助政府推行战时各项政令之宣传，计分清洁卫生、疏散人口、节约汽油、实践储蓄、冬令救济、限制酒食消费等项。兹分述宣传情况如下：

1. 清洁卫生：协助市府于二月一日至十八日举行全市清洁运动，拟制宣传办法及各种宣传品，通令各区分党部扩大宣传并发动党员以身作则，荷帚持筐实地扫除以示倡导表率，尤以第二十五区第三分部及第三十五区第二分部等推行最力，收效颇大。复于五月至九月举行本市夏令营卫生运动，本会主持宣传工作，灌输市民夏令卫生知识，并联合各机关举办防疫注射及灭蝇捕鼠等工作。

2. 疏散人口：本会自三月十五日起，为协助政府厉行疏散人口，发动全市党员扩大宣传并令江北南岸等地区分党部组织劝导队挨户劝导。至六月五日大隧道案发生后，复发动党员团员及童子军参加疏散劝导，并于二十一日举行扩大疏散宣传周，给制标语张挂交通要道并组织家庭访劝队分区挨户劝导。

3. 节储实践：全国节约建国储蓄劝导委员会为扩大节约储蓄之实践，特发起各业节约实践会。本会经发动各工人团体扩大征求工人会员并翻印各项组织通则及宣传纲要，通饬各级党部及商人文化团体一致倡行。

4. 节约汽油：市动员委员会鉴于汽油来源不易，不必要之浪费仍多，特会同本会及青年团重庆支团部、市新运会组织汽油节约劝导团，于七月二十八日开始每逢星期六及星期日下午出发各餐馆、戏院实行劝告，颇收宣传之效。

5. 收兑现金：□政府为集中全国财力应付长期抗战及充实法币准备以巩固法币信用，特饬中中交农四行收兑民间金银，并拟定收兑金银宣传纲要广为宣传。本会奉令后即翻印转发各区分党部随时切实宣传。

6. 冬令救济：本市入冬以来，贫苦难民单衣瑟缩，亟待救济，市府邀同有关机关组织重庆市冬令救济运动委员会。本会担任宣传组工作，曾于十二月十三日邀请本市新闻界举行茶会说明冬振意义，即当场劝请各金融界商界慈善团体认募115万元，订制棉被1万床棉衣2万件，本会复被推担任协助采购工作。

7. 限制酒食消费：社会部为厉行节约运动，联合本会及有关机关发动限制酒食消费组织战时生活励进会，以资倡导。本会担任该会副主任委员，并派宣传科长王蕴卿同志担任劝导队总队长，拟定推行方式及限制办法，定于三十一年元旦开始工作。

8. 各种捐献运动：本年度本会发动党员劝募与捐献各种捐款，计出钱劳军、一元献机与劝募战时公债3种，共得国币19000余元，捐献者在3000人以上。除一元献机运动尚未结束外，余均结束清楚将款分别汇转各主管机关。兹附各项统计于次：

（1）党员劝募战时公债成绩统计表

劝募公债种类	票面金额（元）	实收金额（元）	备考
军需公债	6281.32	5904.38	
美金建设公债	美金15	法币199.90	
合计		6103.28	

附注：另十五支队向海外侨胞募得债额352.70元已由海外部转解不在此列

（2）党员出钱劳军捐款统计表

项目	捐款金额（元）	捐款人数	备考
由本会经收汇解	1251	861	
由党员服务机关转解	9733.42	1066	
合计	10984.42	1927	

（3）党员劝募一元献机捐款统计表

捐款单位	捐款金额（元）	捐款人数	备考
22	3176.60	1164	内有二单位人数未据呈报

附注：此次捐款仍由各单位陆续呈缴尚未结束

附：三十年全年度发动党员劝募各种捐款统计

类别	金额	捐献人数	备考
出钱劳军捐款	10984.42	1927	
一元献机捐款	3176.60	1164	

续表

类别	金额	捐献人数	备考
劝募战时公债	6103.28	369	
合计	19264.30	3460	

（三）举办党义及抗建讲座及其他学术集会

一年以来本会自行举办有关学术研究及抗建宣传之集会有如下 3 次：

1. 文化座谈会：苏日于四月十三日签立中立协定后，外间分析揣测纷纭，本会特于四月下旬邀集文化界人士举行座谈会，敦请潘副部长公展、梁副部长寒操讲述“苏日协定”应有之认识及宣传任务。

2. 广播讲座会：五月三日本会为扩大对侨胞及沦陷区民众宣传苏日协定与中国抗战的关系起见，特请文化界名士 8 人假广播电台举行广播座谈会，题为《日苏协定后之远东局势》，此举尚为本市集体广播之初创，据广播电台接各地听众报告甚为赞许，并希望经常举办，其所收效果可以概见。

3. 文化建设讲座：十一月十二日为国父诞辰纪念日，中央指示本届以发扬文化建设宣传为中心，本会遵于是日下午三时在抗建堂举办文化建设讲座，敦请陈部长立夫讲演文化建设之要义，听众约 2000 人，情绪极佳。此外，本会于十二月中旬复应中央广播电台之请举办时事广播座谈会，亦经拟订讲题《为什么日本必败》，并延请国际问题专家学者 10 余人担任主讲，定于三十一年一月九日晚间举行。

（四）关于健全与指导下级党部之宣传机构与工作

1. 宣传机构之建立：本会曾发动各下级党部建立各种宣传机构，如壁报社、歌咏队、话剧团、宣传队等，以开展本党之宣传。此项工作以机关区党分部最为努力，因其人力财力俱易办到也。

2. 宣传工作之指导

（1）颁发宣传指示、宣传要点、宣传通报，平均每一月 3 次。

（2）转发各革命纪念节日之宣传要点、纪念办法及标语口号。

（3）九中全会后，本党宣传方针亦曾于各区党部联席会议中向各代表详为指示。

（4）召开各区党部及直属区分部宣传委员联系〔席〕会议，商讨及检查宣传工作，通过重要提案多件，关于宣传方式之改进、宣传技术之研求等均论列甚详。

3. 宣传工作之考核：拟订各区党分部宣传工作考核办法，于十一月份公布施行。该办法规定本会委员于分区督导时听取宣传工作之报告，注意考察宣传工作以及由各区分党部按月填报宣传工作月报表以备书面考核。据本年十二月份总检阅结果，以市郊之区分党部宣传工作为最努力，城区次之。按区分党部成分而言，则机关区党分部较地方保甲区分部为最有表现。

（五）关于各革命纪念节举行办法

1. 关于各种纪念节日举行办法

关于各种纪念节日举行办法，经中央于二十七年颁行归并举行后，全年仅为 10 个重要纪念，节省民财物力，深符抗建需要。惟除中央规定者外，尚有若干纪念节日或系国际性质或由各业民众发动，每年仍循例，举行方式既不一致，效果遂不尽佳，本会有鉴于及此，特历数月之时间深思熟虑，另拟归并或分别举行意见，于八月份建议中央采择施行。

2. 拟订举行各革命纪念日经费筹集办法

本会因举行各种革命纪念日，其经费筹集办法中央尚未明文规定，特依据两年来之经验拟订各种纪念节经费筹集办法，将固定纪念日与本党纪念日划分，举行经费由当地最高政府及党部担负。此种开支可正式列入预算，至于人民自动发起之纪念节日，则以经费自筹为原则，党政机关可酌予补助。此项办法经于八月份建议中央核示奉批暂从缓议。

3. 本年内各革命纪念举行概况

本会遵照中央规定及指示每逢革命纪念节日配合当时政治局势及中心宣传筹办举行纪念，兹将各项纪念举行情形分别于下：

（1）庆祝民国成立三十年纪念：是日全市一律休假一日，张灯结彩悬旗志庆，青年团团员与童军大检阅及庆祝大会合并举行。总裁、何总长、戴院长、张部长均亲临检阅并致训词，并由吴市长向荣誉军人献旗会后举行体育游行，各区镇举行扩大国民月会，市郊分区举行纪念会。

（2）总理逝世十六周年纪念：由本会与市府会衔召集市区各界假实验剧院举行代表纪念会，到各界代表500余人，敦请千院长报告总理事略。郊外各区党分部，如青木关等地与当地乡镇公所联合举行纪念会。是日又为国民精神总动员二周年纪念，本会曾发动党员100人整队参加大游行。

（3）革命先烈纪念：于三月二十九日上午八时在实验剧院举行各界代表纪念会，敦请吴委员敬恒、马委员超俊讲叙革命先烈成仁之经过及其革命影响与意义。十时在遗爱祠先烈墓地遥祭黄花岗殉难诸先烈。林主席派吕参军长代表主祭，国府典礼局长王孝绩亲率典礼官及军乐队临场司礼，吴市长及本会委员领导各机关代表亦往参加。

（4）“四四”儿童节：本届儿童节适值扩大疏散之期，本会为策动儿童安全起见，决定分区举行办法通告各儿童妇女团体办理。

（5）五月革命纪念日：

①“五一”劳动节：由本会领导市总工会及各劳工团体于国泰大戏院举行纪念会。

②“五四”青年运动节：由青年团重庆支团主持，本会参加协助筹备，于市区及沙坪坝学校区分别举行大会及青年演说竞赛。

③“五五”革命政府成立纪念：由本会召集各界代表假实验剧院举行纪念会，到500余人.本会陈主任委员曾讲“五五”革命简史，并朂〔劝〕勉会众效法总理革命精神努力抗战建国。

（6）“六三”禁烟节：六月三日本会与有关机关联合筹备举行各界纪念大会，编印“六三”禁烟宣传参考资料及标语5种。

（7）抗战建国四周年纪念：七月七日本会曾于空袭严重情况之下主持纪念筹备工作，市区于七日晨在新运模范区举行纪念大会，由王部长亲临主持。市郊大佛寺、山洞、弹子石、陈家桥、黄葛垭、沙坪坝、悦来场、窍角沱等地均有热烈之集会。此外，并举行国防科学展览会，计分国防科学、生产建设、战利品及抗战实况四类分在新运所、中苏文化协会、中央图书馆3处展览。同时组织慰劳队，扩大慰劳陪都荣誉军人抗属、在营壮丁及空袭受难民众。宣传方面，印制大批传单、标语、图画分发全市张贴，各娱乐场所均排演抗战及爱国戏剧招待荣誉军人及抗属。

（8）“八一四”空军节：本会参加筹备空军节担任宣传组工作，撰印告民众书、宣传大纲、五彩传单、纪念标语、编发庆祝特刊、著文分送各报发表。

（9）“九一八”十周年纪念大会：本日于三日之内动员全体工作人员发动陪都各界民众热烈纪念大会，于是日下午四时在夫子池新运体育场举行。参加群众2万余人，由刘总司令主席，吴委员敬恒莅临训词，考试院代表宣读戴院长“九一八”感言，东北同胞代表王星舟报告《东北十年来敌人暴行》。会后举行火炬游行，行列长达数里，情绪至为振奋。印发彩色标语及告民众书张贴全市，组织宣传队宣传散发，并发动各机关悬挂布标数10幅，又代发政治部图书传单

《我们的东北》5000份。

（10）陪都建立周年纪念：十月一日本会负责主持陪都建立纪念宣传工作，发动下级党部及人民团体踊跃参加纪念会，并拟印大会各种宣传品、告民众书。

国庆纪念：由本会主持办理，十月十日全市休假一日，结彩张灯志庆。纪念大会在国泰大戏院举行，参加者达2000余人，居院长、谷部长均莅会致训词并向各抗战军人家属赠送荣誉牌。本届纪念以扩大国防科学运动为宣传中心，特举办国防科学游行与表演。此外，在中央图书馆举行国防科学展览会，在实验剧院举行国防科学讲演竞赛，吸引无数市民前往参观。

国父诞辰纪念：十一月十二日上午九时在实验剧院举行代表大会，由本会主任委员主席陈部长立夫莅会讲解国父遗教，各机关多举行祝寿晚会，市民等购食寿面、寿桃。文化建设座〔讲〕讲〔座〕分在市区及沙磁区举行，城区假抗建堂举行，由陈部长立夫主讲；沙磁器假中央大学，举行由中大区党部主持。此外，由市文化运动委员会举办职业青年论文比赛，题为《述战时职业上所得之经验及今后之计划》，亦于是日登报公告征文。

第二届防空节：十一月二十一日为防空节，本会参加筹备主持宣传工作，撰印告民众书1000份、标语800张、小传单2万，由航委派飞机于市中心区散发 。

云南起义纪念：十一月二十五日本会召集各界代表于上午九时在实验剧院举行纪念会，由吴市长主席敦请李宗黄先生讲演云南起义之经过，潘公展先生讲肇和兵舰起义的意义。

筹备纪念民国成立三十一年纪念：筹办项目——赠送春联、发动劳动服务、除夕大扫除、举行庆祝大会、新年大团年及示范国民月会，并祝贺抗战将士新年检阅、青年团儿童讲演竞赛及印制各种宣传品等。

（六）关于临时或紧急事件之宣传

一年以来本会策动紧急事件之宣传计共5次，而以协助国际文化团体举行之反侵略大会规模较为钜〔巨〕大，兹扼要分志于次：

1. 反侵略大会：自十二月八日太平洋战争爆发，国际形势突变，本市市民情绪高涨。本会协助国际文化团体于十二月十四日举行反侵略大会，动员民众万余人，并邀请驻渝各外交使节，如英大使卡尔、美大使高思、苏大使潘有新，参加致词。当场通过《加强反侵略国家互援运动》《建立远东最高作战指挥机构》等重要提案。

2. 陆玄南同志追悼会：南京市党部委员陆玄南及其他各地殉难同志追悼会由中央组织部主持，本会协助筹备，并动员各级党部社会服务处及人民团体致送诔词挽联并参加致祭。

3. 谢晋元团长追悼会：本会与全国慰劳总会共同发起筹备追悼，并举行公祭，仪式至为肃穆。

4. 公祭志士刘在勤：东北志士刘在勤因苏日协定愤而自戕，本会策动东北同乡举行公祭并派员协助。

5. 张淮南先生追悼会：本会协助军委会顾问事务处筹备追悼事宜，会场布置新颖，到会致祭人士颇多，仪式备极哀荣。

（七）关于改进通俗宣传与推行歌咏运动

1. 改进通俗宣传方面：

（1）实施防空洞内机会教育：利用空袭时间，在防空洞内实施避难市民之机会教育。早于二十九年经总裁手令试办，曾由社会部、教育部、军委会、政治部等机关邀同本会会商研究，并经拟订各种计划，指定区域试办。本年六月五日大隧道惨剧发生，本案复经决定移交本会主持办理，当由本会参酌本市空袭情况拟订实施计划并筹措经费征调施教人员划分施教地区，于八月份开始实施兹志实施概况表于下：

防空洞内机会教育实施概况表
（三十年八月至十二月）

基本施教人员			施教地区	施教教材	协助施教人员
派遣机关	人数	成分			
重庆市党部	85	党员	一、二、三、四、九、十及郊外各地	共计编印通俗教材 9 种每种 1000 册共 9000 册均经分发各施教人员参加	1. 各防空洞正副洞长约 500 人 2. 中央信托局人寿保险处约 10 人
青年团重庆支团部	98	团员	五、六、七、八、十一、十二		
陪都空袭服务总队部	22	党员	大隧道各段		
合计	205	党 107 团 98			
施教概况	次数	1 次		日期	9 月 1 日
备注	征调施教员工作完成至本年底仅遇空袭一次故实施成绩无可叙述				

（2）搜集改良通俗唱词剧本：由本会与市戏剧审查委员会分别负责搜集与征求，现正办理中。

（3）推行民众歌咏运动：本年初期，市普及民众歌咏运动委员会因感筹集经费困难，过去推行成效不著，业已停止活动。此项工作现由本会策动服务基督教青年会之党员负责推行。

（八）调整文化团体并开展其工作

本会设市文化运动委员会，聘请刘百闵同志为主任委员，负责与各文化团体联络并从事领导本市之文化建设与活动。除已举办文化座谈会、广播座谈会，已详上述“举办党义及抗建讲座与学术集会”外，并于本年度举行文化界集体国民月会 6 次。其余六个月适当夏秋空袭严重期间不宜大规模举行，改为由各文化团体分别按月举行。十一月十二日国父诞辰纪念，为响应中央促进文化建设运动之号召，特举办本市职业青年论文比赛，录取优胜者 10 名，最高奖金每名 300 元，最低奖金每名 50 元，全部奖金 1250 元，已定于三十一年元月份举行给奖。

（九）统一宣传方针与统制宣传活动

1. 恢复市宣传委员会之组织与工作：重庆市宣传委员会于本年四月改组成立，旋因空袭频繁以致会务不克积极推进，迄至十月雾季届临，即召开第一次常务委员会议，推定各项负责人员并修正通过工作实施计划开展工作。复于十一月举行第二次常务委员会议，拟定宣传区队划分及建立计划，惟因该会人选及经费问题未得适当办法，以致每月收支预算及各区宣传队长名单迟未确定。经商得市政府同意，自本年十月份起按月拨助 1000 元，另由本会筹措按月补助 500 元。截至本年终该会正拟具每月收支预算书及筹建普通宣传区队，物色各正副区队长人选中。

2. 拟订本市宣传集会管理办法：本市奸党分子常利用各种集会作公开讲演传布纷〔分〕歧错杂之思想，亟应统制各种宣传集会与活动。本会特商同市政府拟订管理办法提出党政联席会议通过施行，该办法规定凡在市内举行集会宣传无论任何机关团体均须向市警察局登记，经核准后始能举行。

3. 拟定标语壁报审定办法：本市机关团体每多张贴标语壁报以求工作表现，惟其内容常不合中央规定，本会遵照中央宣传部颁发之《标语制贴办法》之规定，负责审定本市一切标语壁报，经拟订审定办法于六月中公告施行，六月以来经本会审查合格盖章发还之标语、传单、壁报共 6 万余份。

4. 编制国民月会时事报告资料：本会受市动员委员会之托，编发各区镇国民月会时事报告资料以资统一宣传内容，已自十一月起按月办理。

（十）关于图书杂志戏剧电影之登记与审查

1. 图书杂志及新闻之登记工作

一年以来本会办理新闻杂志登记工作，经审查声[①]〔申〕请登记书同意检还之新闻纸共 7 种杂志共 76 种、又注销登记及取缔之新闻纸共 10 种、杂志 1 种，兹分附统计表及一览表于次：

（1）1941 年全年度重庆市新闻纸杂志登记数量统计表

三十年全年度重庆市新闻纸杂志登记数量统计表

类别			一月	二月	三月	四月	五月	六月	七月	八月	九月	十月	十一月	十二月
新闻纸	登		2	1										1
	变			1									2	
	补													
杂志	三日刊	登							1					
		变												
	周刊	登	1		1		1	4					1	2
		变									1	1		1
	旬刊	登												
		变									1			
	半月刊	登			1									
		变				1								
	月刊	登	11	2	1	5	7	5	2	2	2	1	3	4
		变											1	
	双月刊	登								1	1			
		变												
	季刊	登						2	1		2	1		
		变												
总计	新闻纸		申请登记				4		变更登记				3	
	杂志		申请登记				73		变更登记				3	
中宣部核准登记			新闻纸						杂志				39	

附注：表中所列“登”“变”“补”三字即“申请登记”“申请变更登记”“补行资本登记”之缩写。

（2）三十年全年度重庆市新闻纸杂志注销取缔一览表

1941 年全年度重庆市新闻纸杂志注销取缔一览表

种 类	名 称	注销登记或取缔原因	备 考
新闻纸	励商新闻社	停止发行	
	大江日报社	同	
	南京晚报社	同	

续表

种 类	名 称	注销登记或取缔原因	备 考
新闻纸	群力新闻社	同	惟据该社声〔申〕述停刊原因经中宣部令准恢复
	全民通讯社重庆分社	未经依法声请擅自发行	
	西南日报	停止发行	
	民众小报	同	
	崇实报	无案可稽	
	民权日报	有违疏散规定不许发行	
	市民日报	同	
杂 志	侨声报（三日刊）	应更名为周刊	

2. 违禁书刊之查禁

本市图书杂志之审查及违禁书刊之查禁，原由本会会同有关机关组织重庆市图书杂志审查委员会负责办理。本年夏该会改隶市政府并更名为重庆市图书杂志审查处后，本会仍协助其业务之进行，并于十二月份拟订各区党分部协助政府查禁违禁书刊办法，指定临近书店印刷所之区分部保荐忠实同志，由会核委专员调查检举违禁书刊之责，中央颁发之违禁书刊一览表即由会转发各负责同志密存参考。

3. 电影戏剧之审查

本市电影戏剧之审查，由党政军警宪等机关共同组织，重庆市戏剧审查委员会主持办理，本会陈主任委员兼任该会主任委员、社会局包局长兼任该会副主任委员。该会原有职责除审验电影执照及审查戏剧外，并负责办理各娱乐场所之演艺员登记给证事宜。此项登记工作系属社会行政之一部，经于本年六月将登记给证权移交社会局后，该会偏重于思想之指导。所有处罚规则、审查规程亦经先后修订。该会为充实该会人力、加强审查效率起见，并于十月份增聘审查专员2人，协助审查工作。一年以来该会工作可分二阶段：上半年度偏重于演艺员之登记及旧剧之审查，为第一阶段；下半年度演艺员登记工作经划移后，则着重审查工作之改进，此为第二阶段。惟自雾季开始，本市话剧公演盛极一时，间有不妥之戏剧该会对于剧本之审查尚属认真，计审查话剧剧本7种，其中两种经指示剧作家修改后始行公演，审查旧剧共2385曲，处罚犯规案件共6件，兹附各项概况表如下：

（1）1941年全年度重庆市话剧公演审查概况表

剧 名	演出剧团	内 容	审查结果	备 考
大地回春	中华剧艺社	复兴民族工业宣传剧	准予演出	
北京人	万岁剧团	描写沦陷后北平人民生活	准予演出	
反间牒	青年剧社	抗战宣传剧	准予演出	
天国春秋	中华剧艺社	太平天国失败历史剧	修正演出	
闺怒	中华剧艺社	翻译剧本系描写女子反抗旧家庭	修正演出	
棠棣之花	万岁剧团	历史豪侠故事	准予演出	
美国总统号	青年剧社	铲除汉奸抗战剧	准予演出	

（2）重庆市戏剧审查委员会 1941 年全年度处罚违规剧院一览表

剧 院	处罚原因	处罚情形	备 考
第一书场	演贵妃醉酒	罚锾 50 元	擅演禁戏
北平鼓书场	演探亲相骂	罚锾 50 元	下流淫秽
实验剧院	违不送审	罚锾 20 元	
昇平鼓书场	演有伤风化新剧	罚锾 30 元	诲淫
第一川剧院	延期送审	罚锾 50 元	
第一川剧院	抗不送审	停演 1 日	

三、工作检查

本会全年度宣传工作实施情况已如上述，但与原订计划相较实仅完成十分之七八，未能全部实现。兹就检查结果加具说明，特制检查表附后：

1941 年全年度本会宣传工作总检查表

工作项目	工作计划	工作实施	检查结果	备考
出版与发行	1. 创办党刊 2. 创办宣传通讯 3. 编印总裁文告小册 4. 调查党员与出版界之联系 5. 建立发行网配发宣传品	1. 试办《党员通讯》一期，因油印技术恶劣停办 2. 编印小册宣传文字共 30 余种 3. 发行宣传书刊及宣传品共 23 万份 4. 调查本市出版界概况	本会虽因进场费所限未能恢复《党刊》，但利用其他经费编印与举行之书刊成绩尚佳	
协助推行战时政令	1. 利用民间节日与习俗发动宣传 2. 协助战时政令之宣传 3. 发动各种捐献运动 4. 其他救灾赈济等宣传	1. 举行春节端节劳军，赠送荣誉牌贺年信运动 2. 空袭救灾、疏散人口、夏令卫生、冬令救济等宣传协助有关机关进行 3. 全年度发动党员捐献运动 3 次，共捐款 19000 余元	大体完成效果亦佳	工役兵役粮食管理另组战时工作督导团办理，详专册报告
举办各种讲座与学术集会	1. 举办党义讲座 2. 举办抗建讲座 3. 举办党员欢联会 4. 举办市民晚会	1. 举行文化座谈会一次 2. 举行广播讲座一次 3. 国父诞辰纪念及逝世纪念各地举行党员联欢会同乐会 4. 市民晚会由各区分党部分别举行	成绩不甚显著	本市文化机关团体甚多，大都有学术会座谈会之举办，故本会自行举办者不多
指导与考核	1. 召集各级党部宣传委员会议 2. 建立与健全各部宣传机构 3. 印发宣传要点 4. 指导与考核	1. 召集各区党部宣委联席会议一次 2. 各区分部已建立宣传队或壁报社歌咏队话剧社等机构 3. 每月平均印发宣传指示 3 次 4. 拟定各级党部宣传工作考核办法	考核工作虽已开始但未著宏效	

续表

工作项目	工作计划	工作实施	检查结果	备考
各革命纪念节日之宣传与集会	1. 确立个纪念日宣传内容 2. 改进纪念节日集会宣传	1. 拟订改进纪念节日归并或分别举行意见建议中央 2. 拟定各纪念节经费筹集办法 3. 本会主持与协助办理之纪念机会大小共 15 次	"九一八"十周年纪念于 3 日内筹备盛大举行，曾受中央嘉勉此次工作成绩特著	
策动临时或紧急事体之宣传	1. 严重局面宣传工作之准备 2. 组织突击队进行宣传斗争 3. 研究突击宣传之技术	1. 新事件发生策动派报工人拒绝派送奸报，人民团体宣言响应并进行突击与斗争 2. 策动与协办之临时宣传集会计追悼会 4 次群众大会 1 次	尚能及时准备达成预期目的	
改进通俗宣传	1. 征集通俗宣传品 2. 组训民间说书卖唱艺人 3. 改良通俗唱本词曲 4. 推行民众歌咏运动	1. 通俗宣传品正征集中 2. 组训民间说书艺人，拟先加以登记管理但未商得行政机关同意	推行民众歌咏已停止活动 改良唱本词曲尚未着手	此项工作非经长时间不能达到任务，故本年之成就极少
调整文化团体建立文化界核心	1. 调整本市文化团体 2. 举行文化界国民月会 3. 建立文化界核心组织	1. 本市文化团体已初步调查完成 2. 举行集团文化界国民月会 6 次（6 个月） 3. 市文化运动委员会并举办文化座谈时事广播各一次及职业青年论文比赛	大体完成效果亦佳	
统一宣传方针与统制宣传活动	1. 拟定宣传机会管理办法 2. 拟定墙壁标语保护及取缔办法 3. 编发统一宣传资料 4. 恢复劳军公演团及壁报座谈会	1. 宣传集会管理办法已公布实施 2. 拟定标语壁报审定办法公布施行，经审定盖章之宣传品共计 6 万份 3. 恢复市宣传委员会之组织并筹组各普通宣传区队 4. 编发每月国民月会时事报告资料 5. 调查壁报发行情况	劳军公演团及壁报编辑人座谈会未能依照恢复	本市劳军公演频繁因暂无恢复公演团必要，故停办。又壁报之发行多系党政重要机关暂时亦无恢复座谈会之必要
图书戏剧之查禁与审查	1. 登记新闻纸杂志 2. 查禁违禁书刊 3. 审查戏剧电影 4. 筹办戏剧电影从业员训练班	1. 全年度登记新闻纸 7 种杂志 76 种，又注销及取缔新闻纸 10 种杂志 1 种 2. 拟订各区分答案不协助查禁违禁书刊办法 3. 戏剧审查旧剧 2385 出话剧 7 种，处分违规戏院 6 次 4. 充实市戏剧审查委员会之人力	对于加强戏剧审查本年度已引起极大之注意	市图书馆杂志委员会自七月份更名为出，改隶市政府

四、总务工作

（一）文书方面

1. 收发文统计：本会本年一至十二月份共计收到中央及其他各机关公文 12400 件，发出公文计 107068 件。兹将公文类别及数字列表如后：

文别	收文	发文
呈文	4310	672
便呈	226	63
密呈	8	
公函	1318	3683
便函	1180	6955
密函	83	313
电文	33	340
代电	497	13694
报告	903	4219
通告	149	25659
通知	229	7013
指令	60	21564
训令	101	18623
批示	1	29
记录		
会报		
通报		233
杂件	3302	4008
总计	12400	107068

2. 缮写统计：本会本年一至十二月份所发出之各项公文经分别统计，计缮文件 10462 件，共 3349000 余字。兹将公文类别及数字分类列表如下：

科别	呈		函		令		其他		共计	
	件数	字数	件数	字数	件数	字数	件数	字数	件数	字数
组织	302	66800	401	55810	1699	138380	523	551700	2925	812690
社会	32	6900	564	106700	2119	248020	499	413800	3214	775420
宣传	171	41030	391	44780	347	103080	407	259020	1316	447910
总务	97	25200	369	52400			542	366000	1002	443600
其他	152	22800	717	142950	458	100840	678	602800	2005	869390
合计	754	162730	2442	402640	4623	590320	2649	2193320	10462	3349010

3. 清理党卷：本会档案依照二十九年十二月原定计划分科整理，至三月底止整理竣事。惟于五月初间存放档案之防空洞被敌弹震毁，所有文卷经掘出后卷宗封套损毁甚多，原编统系全形紊乱，当经分别整理并改换新套分装竹箱，俾遇警报便于挑置防空洞内。

4. 缮制党员动态卡片：本市党员 13000 余人，本会前曾缮造以姓氏分类之名册一种，兹为便于查考及管理起见，复经制定党员动态登记卡片一种，内载项目颇为详尽，共 10000 余片，于十月间填写竣事，此后对于全市党员查考及管理益臻便利。

（二）经费方面

1. 编造三十年度经常费预算书：本会二十九年度经常费原经中央核定为 15000 元，嗣因开展工作及物价高涨关系，依据工作需要编造三十年度经常费概算书并奉中央核定每月增加 5000

元，计每月共 2 万元。自一月份起由市政府加拨，当即遵照编定本年度预算每月分配表呈奉核准施行。

2. 编造职员薪俸追加预算：五月间奉到中央训令检发《改订省市党部职员薪俸等级表》令饬遵照办理，本会当即依照现有职员等级薪额及应追加数额编列表单呈奉中央核定，由中央拨发追加薪俸经费 4560 元。自五月份起实行旋即编造五至十二各月追加薪俸预算分配表呈请核准施行。

3. 编造三十一年度经常费支出概算书：本会于十二月间以三十年度行将终了明年度预算亟需早日拟订，特依照事实需要编定三十一年度经常费支出概算书每月支出总数拟定为 36800 元，比较本年度原核定预算及奉令提高职员薪额，实际月增 12000 余元，旋奉中央核定每月支出总数为 36035 元，并经编制支出预算分配表呈候中央核示中。

4. 本年度经常费收支概况：兹将一年来各月经常费收支概况表列如次：

（1）三十年度经常费收支表

	收入			支出
一月份	市府	19500	20000	15339.26
	中央	500		
二月份	市府	19500	20000	18459.01
	中央	500		
三月份	市府	19500	20000	17294.27
	中央	500		
四月份	市府	19500	20000	18569.62
	中央	500		
五月份	市府	19500	20000	18389.09
	中央	500		
六月份	市府	19500	20000	19040.97
	中央	500		
七月份	市府	19500	20000	17408.71
	中央	500		
八月份	市府	19500	20000	20932.55
	中央	500		
九月份	市府	19500	20000	21950.08
	中央	500		
十月份	市府	19500	47360	54560.27
	中央	500		
	中央五至十月份增加薪俸	27360		
十一月份	市府	19500	24560	27853.59
	中央	500		
十二月份	中央五至十月份增加薪俸	4560	24560	27746.83
	市府	19500		
	中央	500		
	中央五至十月份增加薪俸	4560		

以上共收国币 276480.00，共支国币 277544.25，两抵尚不敷国币 1064.25，以二十九年度银行利息 49.79，三十年度银行利息 879.80，洪前主任移交利息 5.86 及被炸损失剩余 128.80 等数，弥补清讫合并说明。

（2）1941 年度生活补助费

收 入	中央拨发 1 至 12 月份生活补助费每月 3780 元共计 45360.00 元
支 出	发给 1 至 12 月份生活补助费共计 45360.00 元
	两抵适合均经专案呈报有案

（三）庶务方面

1. 举行员工防毒训练：一月中旬军政部防毒科派员来会，举行防毒训练，讲授毒气之种类、性能、伤害程度及防御方法，至为详尽。同时并举行防毒演习本会全体员工均曾参加。

2. 训练工友：本会工友曾授以相当军事训练，每日晨晚训话教导，自本年二月间工友参加区分部组织，俾接受本党主义之熏陶。

3. 兴建工友宿舍及传达室：本会原有传达室狭小，工友宿舍向□□为，爰经决定在会址东侧敞地加建简单棚屋一座充作工友宿舍，在大门左侧建造传达室一间，上项工程已于十二月间兴建完竣。

（四）其他庶务

如本会所用器具之添置修缮，工友之管理物品之采购、分发、保管统计以及一切不属各科事项。凡此工作虽系零星细微无乏记述，然在事务上至为繁重，对于本会工作亦关系甚钜〔巨〕，特为附述以明梗概。

重庆市档案馆馆藏档案：全宗号：0051，目录号：3，卷号：9

6. 重庆市党部 1942 年度工作总报告

第一，组织工作

一、党籍登记情形

（一）转入报到党员数量

本市报到及转入报到党员人数截至三十年十二月份止，共计为 9401 人，已见上年度工作总报告。三十一年度内转入报到党员，计一月份 55 人、二月份 80 人、三月份 60 人、四月份 63 人、五月份 93 人、六月份 60 人、七月份 59 人、八月份 78 人、九月份 64 人、十月份 74 人、十一月份 63 人、十二月份 82 人，全年转入报到党员共 819 人。连同上年度数字合计共为 10220 人，至于本年度转入报到党员之性别、年龄、籍贯、职业及教育程度等分类统计列表附载于后：

重庆市执行委员会三十一年度九月至十二月份转入党员统计表

（1942年12月）

报到党员总数			男	755人	819人	本市人口约数				报到党员与本市人口百分比		
			女	64人								
籍贯	江苏	175人	广西	4人	察哈尔	3人	山东	23人	广东	40人	湖北	76人
	浙江	90人	贵州	7人	吉林	2人	山西	3人	新疆	1人	江西	25人
	福建	32人	西康	1人	辽宁	10人	四川	152人	河北	34人	安徽	49人
	河南	34人	湖南	58人								
年龄	20以下	24人	20—24	178人	25—29	276人	30—34	132人	35—39	101人	40—44	46人
	45—49	29人	50—54	21人	55—59	5人	60—64	人	65—69	人	70以上	人
教育程度	专门大学	258人	初中	□□□人	私塾	39人	不识字	2人				
	特种教育	184人	小学	69人	其他	6人						
	高中	121人										
职业	农	10人	商	56人	公务	392人	学生	30人	社会服务	10人	其他	40人
	工	49人	党务	□□人	教育	33人	自由职业	102人	失业	47人		
备考												

（二）新征党员数量

本市三十一年度新征党员计一月份400人，二月份300人，三月份500人，四月份400人，五月份300人，六月份400人，七月份200人，八月份200人，九月份□□韩同志患病关系所有该月之申请书均移并于十月份内办理□□□□，十月份700人，十一月份200人，十二月份250人，总计全年度内征求新党员人数3850人。业已分载于各月份工作报告。兹将本年度新征党员之性别、年龄、籍贯、职业及教育程度等分类统计列表附载于后：

重庆市执行委员会三十一年元月至十二月份审查入党表共3850份

重庆市执行委员会三十一年元月至十二月份审查入党表（共3850份）															
籍贯								年龄			教育程度		职业		
江苏	浙江	安徽	江西	湖北	湖南	四川	西康	20以下	35—39	55—59	专门大学	小学	农	工	商
258人	161人	144人	44人	449人	106人	2353人	2人	130人	473人	26人	343人	509人	104人	648人	970人
广东	广西	福建	云南	贵州	河北	河南	山东	20—24	40—44	60—64	特种教育	私塾	党务	公务	教育
53人	3人	12人	11人	22人	94人	57人	33人	884人	210人	8人	456人	1023人	75人	1326人	166人
山西	陕西	甘肃	辽宁	吉林				25—29	45—49	65—69	高中	其他	学生	自由职业	其他
12人	23人	3人	17人	3人				1242人	185人	2人	645人	26人	179人	177人	175人
								30—34	50—54	70以上	初中	不识字	社会服务	失业	
								665人	75人	0人	764人	84人	7人	84人	
合格		不合格	手续不合	1.入党人未盖章			人	7.介绍人不符规定			人	13.调查人名与章不相符			人

续表

男	女			2. 入党人名与章不相符	人	8. 介绍人未盖章	人	14. 各级党部未评审意见	人
				3. 入党人前后签名不一致	人	9. 介绍人未填党证字号	人	15. 各级党部未盖章	人
3637 人	213 人	人		4. 缺少相片	人	10. 介绍人名与章不相符	人		
				5. 籍贯未填省别县别	人	11. 调查人未填报告	人		
				6. 永久或临时通讯处未填	人	12. 调查人未盖章	人		
备考									

（三）党员人数总统计

本市党员总数截至三十年十二月份止共为 14571 人，三十一年度一至十二月转入报到党员 819 人，新征党员 3850 人，合计共为 19240 人，除移出外截至本年度十二月底止增有党员总数为 18402 人，兹附总计报告表于后：

重庆市执行委员会党员统计报告表

（1942 年 12 月）

总数		18402	男	17352	城市党员	11262	乡村党员	7140							
			女	1050											
籍贯	江苏	2265 人	云南	102 人	黑龙江	36 人	宁夏	0 人	所属党部数	区党部	学校区分部	工厂区分部	直属区分部	区分部	小组
	浙江	1321 人	贵州	149 人	吉林	80 人	甘肃	27 人							
	福建	264 人	西康	24 人	热河	19 人	辽宁	129 人							
	广东	491 人	青海	17 人	河北	602 人	察哈尔	16 人							
	广西	107 人	新疆	15 人	河南	440 人	绥远	22 人							
	山东	479 人	山西	169 人	陕西	131 人	四川	3316 人		55	15		14	435	736
	湖南	967 人	湖北	1625 人	江西	541 人	安徽	959 人							
	蒙古	21 人	西藏	20 人											
年龄	20 以下	847 人	20—24	3706 人	25—29	5000 人	30—34	3409 人	党员动态	新入党者	恢复党籍者	转入属党部者	开除党籍者	死亡者	移出所属党部者
	35—39	2003 人	40—44	1287 人	45—49	9□□人	50—54	449 人							
	55—59	241 人	60—64	86 人	65—69	15 人	70 以上	5 人							
教育程度	专门大学	23217 人	特种教育	2107 人	高中	3376 人	初中	3297 人							
	小学	2159 人	私塾	3283 人	其他	362 人	不识字	226 人							
职业	农	574 人	工	2584 人	商	2936 人	党务	1032 人							
	公务	6548 人	教育	1014 人	学生	968 人	自由职业	869 人		230 人	0 人	82 人	0 人	0 人	70 人
	社会服务	308 人	失业	890 人	其他	698 人									

二、各级党部组织概况

（一）区分部之增设情形

本年度本市区分部之增设情形业已分别表于各月份工作报告，总计在一年内计增设区分部 127 个，兹将每月增设情形列表附载于后：

重庆市执行委员会三十一年度增设区分部分月统计表

区分部名称	月份												合计	备考
	1	2	3	4	5	6	7	8	9	10	11	12		
直属区分部	2个		1个	1个		1个				1个			6个	
区域区分部	6个	12个	15个	4个	16个	18个	14个	5个	3个	8个	5个	1个	107个	
学校区分部						11个			1个	2个			14个	
工厂区分部														
总 计													127个	

（二）区党部之增设情形

本年度本市区党部之增设情形业已分载于各月份工作报告，总计在一年内计增设区党部10个，兹将每月增设情形列表附载于后：

重庆市执行委员会1942年度增设区党部分月统计表

区分部名称	月份												合计	备考
	1	2	3	4	5	6	7	8	9	10	11	12		
机关区党部	1个		3个		1个					1个	1个	1个	8个	
区域区党部												1个		
学校区党部													2个	
总 计													10个	

（三）区分部番号之注销

本年度本市区分部番号注销情形业已分别载于各月份工作报告统计，在一年内经注销番号之区分部共79个，兹将注销情形列表附载于后：

重庆市执行委员会1942年度区分部番号注销分月统计表

区分部名称	月份												合计	备考
	1	2	3	4	5	6	7	8	9	10	11	12		
直属区分部	1									1			2个	
区域区分部	54		4	2		6							66个	
学校区分部								3		1		3	7个	
工厂区分部										2			2个	
总 计													77个	

（四）区党部数字统计

本市区党部已划编者73个单位，已成立者截至三十一年底止计55个单位，兹列表于后：

本市区党部分类统计表

区党部名称	数目	备考
机关区党部	40个	
区域区党部	15个	
合 计	55个	

（五）区分部数字统计

本市区分部已组织成立者截至三十一年底止总计区分部为四三五个兹分类列表于后：

本市区分部分类统计表

区分部名称	数目	备考
区域区分部	102 个	
机关区分部	304 个	
直属区分部	14 个	
直属学校区分部	15 个	
合计	435 个	

三、训练与考核

（一）主任委员视察情形

本年度内本会主任委员曾两度抽暇赴各区视察，第一次在九月份视察第四十五区党部（北碚区）及所属各区分部黄桷树镇社会服务处等、五十七区党部（天生桥）及天生桥社会服务处，除分别召集各负责同志举行联席会议指示工作外，□为使北碚天生桥两区党部今后在工作上切取联络计，曾召集两区负责同志茶话会，从此两区关系增进不少。旋视察歇马乡独石桥第二十一区党部及独石桥社会服务处，均分别因应当地环境予以切实指示。第二次于十二月份出发视察第八区党部（新桥区）、第四十二区党部（山洞区）、第四十八区党部（小龙坎区）、第五十区党部及直属南开中学、省立女职校区分部与沙坪坝社会服务处等单位，以上各区情形各有其优点，就中以第四十八区党部、第五十区党部等欠健全，经指示立即整理并指定该区干练同志切实负责，尅期完成。自视察□□后主任委员并分别函勉各单位负责同志勖以健全基层组织以仰副中央厚望，结果收效甚宏，各单位工作亦已日臻进境也。

（二）委员分区督导情形

本年度委员分区督导情形已分别载于各月份工作报告，兹就一年来各月份督导情形统计列表附载于后：

委员分区督导各月份督导单位一览表

月份	督导单位	备考
一月份	二、四、八、十、十三、二十二、二十九、三十九、四十、四十一、四十三、四十九等 12 个区党部	
二月份	五、七、二十五、二十八、五十八等 5 个区党部	
三月份	三、八、二十、三十四等 5 个区党部	
四月份	三十九、四十一、四十二、四十九等 5 个区党部	
五月份	十、十二、三十四、十八等 7 个区党部	
六月份	一、二、三、十五、十六等 5 个区党部	
七月份	四、七、九、十一等 5 个区党部	
八月份	三、五、七、十、十五、二十一等 6 个区党部	
九月份	二十五、二十四、二十六、三十二、三十六等 5 个区党部	
十月份	四十、四十一、四十□、四十九等 4 个区党部	
十一月份	四十八、五十、五十□、二十六、六十二等 6 个区党部	
十二月份	七、八、九、四十四、十八等 5 个区党部	

（三）派员视察情形

本会对各级党部工作，除主任委员躬亲视察及各委员分区督导之外，并经常派组织科工作同志参加各区党分部会议协助解决一切问题，对于上下级意见之沟通与工作之改善所收效果不少。

（四）编发小组训练材料

本年度关于小组训练材料之编发，自一月份起讫十二月份止，计共编发《组织三十一年元旦庆□□研讨大纲》及《第三届国民参政会总裁训词讨论大纲》等共13份，均分月印发各区分部小组以作训练题材，并饬切实研讨具报。

（五）转发政治情报

政治情报为中央对党员之重要政治指示，本年度一月份讫十二月份计自84期起至132期止，本会共转发48期，每次均力求争取实效并于派员出席各区党分部会议时扼要报告，借使能普遍传达于全体同志，以提高其政治警觉性，图宏训练效果。

（六）编发特种通报

本会为训练党员提高其政治警觉性与斗争性，至为揭发奸伪之阴谋及其魍魉伎俩使其无所遁形起见，特编发特种通报一种寄与一般忠实热忱之同志以作参考，并利用时机广为宣播。自十月份创刊以来已发行二期，其后仍继续编发。

（七）抽查区分部小组情形

本年度抽查区分部小组计共办理4次，各区分部小组会议情形以第一区第十三区分部、第二十四区第二区分部、第二十六区各区分部及第三十六区第三区分部等为最佳讨论周，详并能按期呈报会议记录。

（八）召开书记联席会议情形

本年度召开书记联席会议，计一月份1次、二月份1次、八月份1次，共召开会议3次。历次会议情形均属良好并经专案呈报兹不赘述。

（九）举办新党员训练

本会为加深一般新党员对党之认识与信仰，原有分区分期办理新党员训练之计划，惟以限于经费人力始终未能普遍集中训练。但为逐步实施计，爰于十一月份内先着手办理一般地方区分部之训练，曾就第三十九区党部（弹子石区）着手办理，于十一月二十六日起假弹子石私立裕华小学开班训练，参加党员42人。训练期间为两周，训练内容遵照中央颁布之新党员训练实施纲要办理，自开办至结业情形尚称良好。

（十）办理年度考绩

本会自年度结束后即着手办理各区党分部工作总考核，就其工作情形分别评定等次以资勖勉，办理情形当另案专报兹不赘述。

四、举办党员总检阅

本年三月十二日为国民精神总动员运动三周年纪念日，本会鉴于国民精神总动员运动关系抗战建国至大，为遵奉总裁训示及中央九中全会以动员党员领导各种社会活动为工作中心之决议，并为发扬党员之动员精神以为市民表率起见，经奉谕于本年三月十二日陪都各界举行国民精神总动员三周年纪念日，动员□区党员热烈参加纪念大会，并举行大检阅。是日到场参加检阅党员1277人，按照原定计划编为四大队，自检阅间始约经20分钟始毕。各参加同志毫无倦容，秩序极为良好。至于办理完毕后专案呈报中央，曾奉嘉勉，一切情形兹不详赘。

第二，社会工作

本会三十一年度工作计划对于各社会工作原定为两大目标：（一）民众组训方面，为健全人民团体之组织，运用党团力量领导民众实行本党主义救纲政策，奠定本党社会基础；（二）社会运动方面，为发动党员及民众参加社会服务争取民众对本党信仰与□□并进而动员全民力量加速完成抗建大业。所有各种预定工作尚能逐步推行，详细情形业经汇编工作报告分别呈报在案。兹再将本年一至十二月份工作实施情形摘要综述如后：

一、关于民众组训方面

（一）人民团体组训概况

本市人民团体在本年六月份移交社会行政工作，以前业经本会调整健全者计有农人团体 11 个、工人团体 95 个、商人团体 115 个、妇女团体 26 个及特种社团 286 个。在六月份社会行政工作移交后，经本会参加指导成立者计渔人团体 1 个、工人团体 3 个、商人团体 8 个、特种社团 7 个。合计农人团体 11 个、渔人团体 1 个、工人团体 98 个、（分会支部小组未计入）商人团体 123 个、妇女团体 24 个、特种社团 293 个，兹分别列表于后：

重庆市农会单位数量统计表

团体名称	数量	备考
市农会	1	
区农会	10	
合　计	11	

重庆市渔会单位数量统计表

团体名称	数量	备考
渔　会	1	在本年六月社会行政工作检定前经由本会核准组织，本年十月成立

重庆市工会单位数量统计表

团体名称	数量	备考
总工会	1	
工　会	97	本年六月份移交社会行政工作前为 94 个，移交后成立 3 个，合计如上数
分　会	131	本年六月份移交社会行政工作前为 125 个，移交后成立 6 个，合计如上数
支　部	189	本年六月份移交社会行政工作前为 183 个，移交后成立 6 个，合计如上数
小　组	32	
合　计	450	

重庆市商会单位数量统计表

团体名称	数量	备考
市商会	1	
商业同业公会	93	在本年六月移交社会行政工作前为 98 个，移交后经党政联席会议民运审查小组会决定停止活动者 4 个、解散者 4 个、成立者 3 个，合计如上数

续表

团体名称	数量	备考
工业同业公会	24	在本年六月移交社会行政工作前为13个，移交后成立11个，合计如上数
输出业同业公会	3	
矿业同业公会	1	
联合会	1	
合计	123	

重庆市妇女团体单位数量统计表

团体名称	数量	备考
妇女会	7	
市妇女社分会	17	
合计	24	

重庆市特种社团数量统计表

团体类别	数量	备考
文化学术团体	32	在本年六月份移交社会行政工作前为30个，移交后成立2个
戏剧宣传团体	28	在本年六月份移交社会行政工作前为22个，移交后成立6个
自由职业团体	5	在本年六月份移交社会行政工作前为4个，移交后成立1个
宗教团体	5	
公益慈善团体	40	
同乡会	75	在本年六月份移交社会行政工作前为69个，移交后成立6个
同学会	87	在本年六月份移交社会行政工作前为86个，移交后成立1个
特种团体	21	
合计	293	

（1）一至十二月份农人团体分类及数量统计表

单位	一	二	三	四	五	六	七—九	十—十二	备考
市农会	1								
区农委		1		9					
合计	1	1		9					

（2）一至十二月份工会及其所属分会支部小组数量统计

单位	一	二	三	四	五	六	七—九	十—十二	备考
总工会	1	1	1	1	1	1	1	1	
工会	87	88	90	91	94	94	95	97	
分会	125	125	125	125	125	125	125	131	
支部	180	180	181	183	183	184	184	189	
小组	32	32	32	32	32	32	32	32	

续表

单位	一	二	三	四	五	六	七—九	十—十二	备考
合计	425	426	429	431	435	436	437	450	

（3）一至十二月份□□□□□□□□□□□□

类别	一	二	三	四	五	六	七—九	十—十二	备考
市总工会	1	1	1	1	1	1	1	1	
职业工会	71	72	72	73	76	76	76	79	
产业工会	15	15	6	17	17	17	17	17	
特种工会	1	1	1	1	1	1	1	1	
合计	88	89	90	92	95	95	95	98	

（4）一至十二月份商人团体分类及数量统计表

类别	一	二	三	四	五	六	七—九	十—十二	备考
市商会	1	1	1	1	1	1	1	1	
商业同业公会	94	94	94	95	99	98	98	93	
工业同业公会	12	12	12	13	13	16	18	24	
输出业同业公会	4	3	3	3	3	3	3	3	
矿业同业公会	1	1	1	1	1	1	1	1	
联合会	1	1	1	1	1	1	1	1	
合计									

（5）一至十二月份妇女团体数量统计

类别	一	二	三	四	五	六	七—九	十—十二	备考
妇女会	7	7	7	7	7	7	7	7	
妇女分会	17	17	17	17	17	17	17	17	
合计	24	24	24	24	24	24	24	24	

（6）一至十二月份各特种社团数量统计

类别	一	二	三	四	五	六	七—九	十—十二	备考
文化学术团体	27	30	30	30	31	32	32	32	
戏剧宣传团体	21	21	22	22	22	27	27	28	
自由职业团体	4	4	4	4	4	4	4	4	
宗教团体	5	5	5	5	5	5	5	5	
公益慈善团体	43	43	43	43	43	40	40	40	
同乡会	83	83	83	83	85	87	87	87	
同学会	15	16	16	16	19	21	21	21	
合计	262	266	272	272	278	286	289	293	

（二）策动及审查组织成立之人民团体

本会遵照非常时期职业团体会员强制入会与限制退会办法切实督导，已有团体组织之各界民众加入各该团体，并策动未组织团体之各界民众发起组织团体，借以发挥集体力量参加抗建工作。本年六月份本会主管有关社会行政工作移交市政府社会局接管后，复成立党政联席会议民运审查小组经常审议人民团体组织许可等事宜，自八至十二月份共开审查会议 10 次，审查申请案件计四 45 件，准予组织者 28 件，不准组织者 17 件，党政双方意见融洽联系密切，人民团体组训工作推行极为便利。一年以来计经本会核准许可组织之人民团体 36 个，连同党政联席会议核议许可之人民团体 28 个，计 64 个；经指导成立之人民团体计 76 个。兹将一至十二月份核准组织及指导成立之人民团体分别列表于后：

（1）一至十二月许可组织之人民团体统计

类别	一	二	三	四	五	六	七	八	九	十	十一	十二	总计	备考
农人团体	1		1										2	
渔人团体					1								1	
工人团体	2	1	2		3				1	1		2	12	
商人团体	2	1	1	5				5	1	2		3	21	
特种团体	2	4	4	2		4		3	1	5	4		29	
合计	7	6	8	7	4	4		8	3	8	4	5	64	

（2）一至十二月份指导成立之人民团体统计

类别		一	二	三	四	五	六	七—九	十—十二	总计	备考
农人团体			1		1					2	
渔人团体									1	1	
工人团体	工会					2	1		1	2	6
	分会	3								6	9
	支部	3		1	2		1			3	10
商人团体					2	5	2	2	9	20	
特种团体		4	4	8		1	4	3	4	28	
合计		10	5	9	5	8	8	6	25	76	

（三）健全已组织之团体并指导其活动

本会为健全本市人民团体之组织，充实其工作内容，加强其活动能力起见，经常派员指导各人民团体之活动。一年以来计指导各人民团体会议 259 次，指导改选之团体 173 个，兹将一至十二月份经常派员指导人民团体会议及改选次数分别列表于后：

（1）一至十二月份指导人民团体会议次数统计

类别		一	二	三	四	五	六	七—九	十—十二	总计	备考
农人团体		9	3	2	4	4	2	9	10	43	
渔人团体											
工人团体	工会	3	1		4	6	5	2	9	30	
	分会					1	1	1	8	11	
	支部							2	4	6	

续表

类别	一	二	三	四	五	六	七—九	十—十二	总计	备考	
商人团体	21	15	14	15	15	4	24	37	145		
特种团体	3	4	2	6	2			7	24		
合计	36	23	18	29	28	12	38	75	259		

（2）一至十二月份督导人民团体改选次数统计

类别	一	二	三	四	五	六	七—九	十—十二	总计	备考	
农人团体								1	1		
渔人团体											
工人团体	工会	6	3	5		1	2	4	7	28	
	分会	2	1	5	4		8	3	16	39	
	支部	6	3	6	5	3	9	9	11	52	
商人团体	12	3	1		4	3	6	6	35		
特种团体	2	3	8	3		1		1	18		
合计	28	13	25	12	8	23	22	42	173		

（四）介绍人民团体优秀分子入党并组织党团

本会对于人民团体为加强党的领导巩固党的基础起见，就农工商团体中选拔优秀分子介绍入党。一年以来，共介绍商〔农〕工商党员 1720 人，并策动组织党团。惟因二月间本会主任委员更替，办理交接手续，五六月间复办理。本会主管有关社会行政工作之移交，加以本会人力财力有限，致组织党团工作未能按照工作进度开展。自七月份起始从事于原有党团之调整及各人民团体党团之建立，并指导其活动，各种情形已分载本年度各月份工作报告。兹将介绍入党及调整与建立党团情形分别列表于后：

（1）介绍农工商人入党人数统计

职别、人数、年度	三十一年度现有党员总数	三十一年度新收党员总数	合计
农人	574	□□□	
工人	584	□□□	
商人	626	967	
合计	1784	1728	

（2）人民团体党团数量统计表

类别	三十一年度六月前	下年度						总计	备考
		七月	八月	九月	十月	十一月	十二月		
原有党团	5							5	
调整党团		2	2	1				5	
成立党团		4	4	8	6	6	10	38	
合计	5	6	6	9	6	6	10	48	

（五）督导工商团体推行管制工作

自三十年经济部颁布《非常时期人民团体及工商业管制办法》以后，本会与社会部、经济部及市社会局等机关密切合作，实行督导各公会推行管制工作。由四机关按月轮流召开工商督导会报一次（自三十年十二月起举行），并会同市社会局制定《必需品业公会工作会报办法》，饬由市商会按月举行会报一次。除上述各机关派员出席指导外，并约请有关机关如粮食部、财政部、物资局、国家总动员会议派员参加。一年以来上述两种会议共举行 12 次，每次会报成绩均甚良好，推行管制工作颇为顺利。

（六）举办社会工作人员训练班

本市人民团体干部训练经本市第十三次党政联系会议决议，举办训练班共办 3 期。第一期系于一月十五日开班，调训商人团体书记 39 人，市党部保送党员 11 人，三民主义青年团重庆支团部保送团员 3 人，市社会局保送 8 人，共计 61 人，受训期间于二月二日结束。计考试及格者 40 人，不及格者 17 人，未参加考试不予结业者 4 人。第二期于二月七日开班，调训商人团体书记 43 人，青年团支团部保送 7 人，本会保送 3 人，共计 53 人 . 受训期间为一月，于四月六日结束。计考试及格者 39 名，不及格者 8 名，旷课在 6 日以上经开除者 6 名。第三期系于四月十九日开班，调训职业工会书记 22 名，第二期考试不及格经续补入第三期受训者 8 名，本会保送党员 60 名，青年团重庆支团部保送团员 29 名，共计 119 名。受训期间 3 周，于五月十日结束，计考试及格者 62 名，不及格者 39 名，未参加结业试验不予结业者 10 名，旷课 6 日以上经开除者 8 名 . 各期讲授课程及训练详情已分载于一至五月份工作，报告不再赘。各期毕业学员嗣经市社会局派赴各职业团体工作，多能奉公守法刻苦工作，襄助团体负责人推动会务。兹将第一、二、三期学员数量统计于后：

重庆市社会工作人员训练班第一、二、三期学员统计

期别		保送机关及公、工会调训	列班数	不准毕业数					备考
				毕业数	考试不及格者	未应考者	开除者	小计	
第一期	重庆市党部	3	2	1			1		
	三民主义青年团重庆团支部	11	11						
	重庆市社会局	8	4	3	1		4		
	同业公会	39	23	13	3		16		
	合计	61	40	17	4		21		
第二期	重庆市党部	3	1			2	2		
	三民主义青年团重庆团支部	7	7						
	同业公会	43	31	4	4	4	12		
	合计	53	39	4	4	6	14		
第三期	重庆市党部	60	30	19	7	4	30		
	三民主义青年团重庆团支部	29	16	9	3	1	13		

续表

期别		保送机关及公、工会调训	列班数	不准毕业数					备考
				毕业数	考试不及格者	未应考者	开除者	小计	
第三期	重庆市社会局	8	3	2		3	5		第二期考试不及格学院8名由市社会局保送□□
	职业公会	22	13	9			9		
	合计	119	62	39	10	8	37		
第一二三期总计	重庆市党部	66	33	20	7	6	33		
	三民主义青年团重庆团支部	47	34	9	3	1	13		
	重庆市社会局	16	7	5	1	3	9		
	同业公会	82	54	17	7	4	28		
	职业公会	22	13	9			9		
	合计	233	141	60	18	4	92		

（七）调解人民团体纠纷及平息工潮

一至十二月份调解人民团体纠纷及平息工潮一览表

月份	团体及工厂名称	纠纷原因	解决结果	备考
一	美亚绸厂产业工会	主工双方因待遇问题发生争执	1. 每月休假两日照给工资 2. 工友因公伤病工资由厂方照给，并给医药费 3. 女工分娩给假40日工资照给 4. 战时津贴由市社会局商同厂方增加 5. 工会负责人因公外出工资由厂房照给 6. 学徒工资由厂房考核酌予增加	
	市捆制工会□纱分会		各职员轮流值日每日工作由值日员负责处理	
二	豫丰纱厂	厂方虐待工人引起工人不满，与厂房发生冲突，捕去工人13名，即于2月18日罢工	1. 厂方一次提出工人福利积①金10万元 2. 每人每月增加工资15员 3. 伙食原分甲乙丙三种，丙种取消 4. 厂房对工人处分分记小过记大过两种，记大过3次者开除，记过标准由市社会局核定施行 5. 逮捕工人立即释放 6. 工人立即复工	
	裕华纱厂	受豫丰纱厂工潮影响被不肖分子煽动罢工	1. 厂方允许一次提出工人福利积金10万元 2. 工人立即复工	

① 原文如此

续表

月份	团体及工厂名称	纠纷原因	解决结果	备考
三	四川丝业公司产业公司	厂方裁减3人发生劳资纠纷	1. 由厂方提供600元补助裁减3人路费 2. 被裁3人伙食由厂方延长供应3日 3. 在厂工友未入会者即日办理入会手续，违者由厂方开除 4. 以后厂方需要增加工人时工会会员有优先权	
	市服务业职业工会	要求增加工资引起劳资纠纷	本会会同市社会局召集劳资双方代表协定照原工资增加百分之四十	
四	市运输业工会朝天门运糖支部	要求主方增加力资	本会会同市社会局召集同业公会与职业公会代表协定照原工资增加百分之二十	
五	市籐器业职业工会	与籐器商业同业公会发生雇工纠纷	本会会同市社会局召集双方协定主方雇佣学徒人数由市社会局核定	
	市米糕甜食业职业工会	与米糕甜食商业同业公会发生会员会籍纠纷	本会会同市社会局召集双方谈话规定凡自制自售没有铺面者应□□加入同业公会不入职业工会	
六	理发业职业工会	主工双方因工资问题发生争执	本会会同市社会局召开仲裁会议决定：1. 关于理发技术部分以四六成粉红，工方4成主方6成。2. 关于化妆品部分以五五成分红，主工双方各分五成	
	鸡鸭蛋商业同业公会	公会分鸡鸭业与蛋业两种，会员因收费不一发生财务纠纷	本会会同市社会局商定清算公会账项办法并饬令公会依法改选	
九	市运输工会江北寸滩支部	工作纠纷	每日工作依排点名挨次轮流过轮不补	
	市土布工业同业公会	与织布业职业工会发生工资纠纷	由主方代表会同工方代表协议增加工资再呈由市社会局核定	
	市面食商业同业公会	公会分冷堂与热堂两种，会员因会务纠纷	将原有冷堂与热堂两组会员分贝组织切面工业同业公会及面食商业同业公会	
十	市盐秤业职业工会	业务纠纷	转呈中央解决	
	市运输工会朝天门下货支部	工作纠纷	分组工作	

（八）办理社会行政事项移交

本会遵奉中央执行委员会三月渝（31）机字第4501号训令，将经办社会行政事项移交重庆市政府社会局接管，由本会将应行移交事项编列清册于六月十五日下午四时全部移交市政府接收完竣。双方交接时并由本会委员会同吴市长国桢柬邀市政府秘书长、会计长、各局局长、社会局秘书科长各工作同志与本会各委员科长各工作同志举行茶会，并请中央组织部朱部长（马副部长代）、社会部谷部长及陆司长京士莅临指导茶会。开始首由本会杨主任委员报告奉令移交情形及移交各项数字，继由马副部长、谷部长相继训话，末由吴市长致词。茶会中充溢本市党政双方亲爱精诚携手互助之精神，移交详情六月份工作报告内已有记载，兹不赘述。

二、关于社会运动方面

（一）各区社会服务处概况

本会办理社会服务处业已三载，积三载之经验深感服务工作任务之大意义之深，所属区党分部同志亦能了解此意，对此项工作兴趣日益提高，纷纷请求加入已成立之社会服务处或另行申请设立社会服务处，各处民众对于各该地之社会服务处极表好感。此种现象实为本党同志努力社会服务工作之最大收获。本会本年除仍继续指导原有之上清寺等12个□社会服务处外并恢复下石桥区社会服务处1所，及将重庆金融业社会服务处改称为银行界同仁进修服务社，本年度复经本会核准设立"龙门浩区""歌乐山区""北碚区""黄桷垭区"等四处，一视各处经费收支状况及举办事业范围按月酌予补助经常费及事业补助费。复于本年八月五日召集上清寺等13处主任举行工作会报，借以检讨过去策励将来，且使各处工作得以相互观摩以达成服务之目的，结果甚为圆满。兹将已成立及在筹备中之社会服务处分别列表于后：

（1）已成立各区社会服务处一览表

处别	负责人		参加服务区党分部番号		成立日期	处址
	职别	姓名	区党部	区分部		
上清寺区社会服务处	主任	田积超	六、十三、十五、十六、二十、二十一		二十八年三月二十八日	上清寺街84号
	副主任	刘毅夫				
沙坪坝区社会服务处	主任	邱介眉 黄拜言	五十	一、二、三、四、五	三十一年七月二十日	沙坪坝
	副主任	熊斌 夏明□				
山洞区社会服务处	主任	许正□	四十二	一、二、三、四	三十年四月一日	山洞大田坝12号
	副主任	安怀音 刘清斋				
陈家桥区社会服务处	主任	汪弼	二十四		二十九年八月	陈家桥街37号
	副主任	顾□风 屠奇				
青木关区社会服务处	主任	费石□	二十六	一、二、三、四、五、六、七、八、九、十、十一、十二	二十八年十月十二日	青木关
	副主任	洪为传 许自威				
独石桥区社会服务处	主任	楼桐孙	二十一		二十八年十二月十二日	独石桥
	副主任	谢保樵				
天生桥区社会服务处	主任	金体乾	五十七	二、三、四	二十八年九月十一日	北碚天生桥
	副主任	邵振古 张仓荣				
黄桷树区社会服务处	主任	王荫槐	四十五	二	二十八年十二月十日	北碚黄桷树
	副主任	张人□ 江博祥				

续表

处别	负责人		参加服务区党分部番号		成立日期	处址
	职别	姓名	区党部	区分部		
赵家湾区社会服务处	主任	宫怀素	六十		二十八年十月十日	江北悦来场赵家湾
	副主任	马济棠 朱典常				
南岸区社会服务处	主任	罗学濂	三十九、四十		二十八年十月	南岸玄坛庙正街
	副主任	田光灿				
长生桥区社会服务处	主任	张丽生	四十四		二十八年九月五日	巴县长生桥
	副主任	周继光 刘树□				
下石桥区社会服务处	主任	程少□		直属第二区分部	三十一年四月恢复	下石桥
	副主任	冯斌申				
银行界同仁进修服务社	主任	徐柏□	三十四	一、二、三、四、五、六、七、八、九、十、十一、十二	三十年九月	第一模范市场
	副主任	范鹤言 陈钟声				

（2）经核准筹备中之社会服务处一览表

处别	负责人		参加服务区党分部番号		核准日期	备考
	职别	姓名	区党部	区分部		
第一区社会服务处	主任	刘野樵	二		七月八日	
	副主任	何文□ 杨安国				
龙门浩区社会服务处	主任	何舜卿	四十一		十月九日	
	副主任	李国蛟 钟雪澄				
歌乐山区社会服务处	主任	李□荣	五十六、三十六	四、三	十月二十七日	
	副主任	郝晋尧 牟青国				
北碚区社会服务处	主任	董生□	四十五		十二月二十九日	
	副主任	吴定域 庄连				
黄葛垭区社会服务处	主任	郑甦民	四十三		十二月三十日	
	副主任	葛润身 张美				

（3）各区社会服务处工作概况表

经常工作项目	临时举办项目	临时调查事项
1. 民众书报阅览室	1. 举行各种纪念会	1. 调查附近地方物价
2. 公用电话	2. 举行国民月会	2. 调查附近手工业状况
3. 职业介绍所	3. 举行民众讲演会	3. 调查附近农作物状况
4. 升学指导所	4. 举行农产品展览会	4. 调查出征军人家属生活状况
5. 民众咨询处	5. 举行兵役宣传	5. 调查附近佃农与地主之关系
6. 民众代笔处	6. 举行检查旅社食馆清洁事项	
7. 卫生指导处	7. 举行各界清洁竞赛及给奖	
8. 旅居向导处	8. 设置茶水供应站	
9. 公共体育场	9. 施发夏令急救药品	
10. 中山室	10. 乡政辅导事宜	
11. 小本贷款介绍处	11. 保甲长训练	
12. 民众俱乐部	12. 举行农民座谈会	
13. 民众义诊处	13. 管理公共菜市场	
14. 民众学校	14. 协助办理急赈	
15. 民众夜校	15. 募捐慰劳抗属	
16. 设立小学	16. 协助办理急振	
17. 消费合作社		
18. 经济食堂		
19. 壁报画报		
20. □□□□□		
21. 附设妇女识字班		

（二）推行国民经济建设运动

1. 倡导举办合作事业运动

本会鉴于物价指数日增影响战时人民生活甚钜〔巨〕，竭力倡导合作事业，协助政府平抑物价，三十一年度经派员协助市社会局指导本市各区镇及各机关团体先后创立消费合作社 289 个，社员 143110 人，股金 4 □ 5.8632 万元；生产合作社 7 个，社员 743 人，股金 15.381 万元。兹将本市合作事业概况列表于后：

社别	社数	社员数	股金数	备考
消费合作社	289	143111	4258612	
生产合作社	7	773	153810	
合计	296	143884	4412422	

2. 推行造林运动

本年三月十二日总理逝世第十七周年纪念，本市举行植树节及造林运动，由农林部邀集本会及各有关机关团体共 57 单位组织陪都各界造林运动委员会，由本会担任宣传组副主任，分复兴关、南区公园、南岸桃子山、沙坪坝磁器口、山洞 6 个植树地区，均于是日上午十时由各机关团体同时植树，计共植树苗 2 万余株。

3. 劝募滑翔机捐及美金储蓄

本会于本年四月派员策动市商会及各人民团体劝募滑翔机捐法币400万元、美金储蓄美金100万元、同盟胜利公债8000万元、文化劳军捐款250万元.

4. 协助政府平抑物价力价

本会会同市社会局指导市商会运用重庆市物价评定委员会机构评定各种日用必需品之价格，每次会议本会均派员出席指导，并为顾及工人力价能适合工人本身生活需要以防止自由增加刺激战时物价影响一般人民生活起见，复会同市社会局及有关机关运用重庆市评定工资联合办事处机构专司评定工资之责，施行以来颇著成效。

（三）协助办理救济慰劳运动

1. 举办冬令救济运动

本会于本年一月协助市冬令救济运动委员会办理冬振以来，先后收到之振款18万元，暂制棉被胎5000床，于二月七日在都邮街精神堡垒广场集中分发本市第一、二、三、四、五各区贫苦市民。并分区分发其余各区贫民。又本年二月份本市镇江寺镇、北坛庙镇因溃岩成灾，本会协助陪都空袭救护委员会振恤处发放救济金4655元，本年冬季复由本会发动市商会等团体机关组织重庆市冬令救济委员会经本会策动各同业公会募集捐款计50万元,各项工作正积极推进中，预计明年二月可办理完毕。

2. 发动慰劳荣誉军人及抗属

本会于本年元旦发动各区党分部及各社会服务处分赴各区慰劳荣誉军人，复于本年三月发动本市妇女利用“三八节”机会慰劳抗属，本年“七七纪念”及“八一四空军节”均发动党员及人民团体作劳军工作,结果均甚良好。

（四）推行卫生运动

1. 推行卫生防疫工作

本会为使市民注意清洁卫生减少疾病起见，特督导各社会服务处努力推行卫生防疫工作，设置医疗所由本会配发防疫药品饬其转发与病人服用。

2. 协助举行清洁大检查

本年四月市政府举行全市清洁大检查，会同本会与重庆卫戍总司令部、宪兵司令部、新运总会、卫生署工作竞赛委员会、三民主义青年团支团部及市政府所属警察、工务、卫生3局等机关组织本市清洁检查团，于四月二十八、九两日分别派员按期检查视其成绩予以奖惩，结果市容整肃焕然一新。

（五）推行兵役运动

本会对于推行兵役运动，除指导各区党分部、各社会服务处、各人民团体随时利用机会从事兵役宣传外，并协助政府办理入营壮丁抽签事宜，本年四月份本市举行第二期入营壮丁抽签，本年八月举行第三期入营壮丁抽签，本会先后派员协助市警察局监视各区切实依照三平原则办理。兹将二、三期各区中签壮丁人数及所派各区监视人员姓名分别列表于后：

（1）重庆市各区1942年度第二期壮丁中签人数一览表

区别	抽签地点	抽签时间	中签人数	监事人姓名	备考
第一区	龙王庙第一区署	四月二十七日午前八时	203名	第三区党部周德侯	
第二区	中华路第二区署	四月二十七日午前八时	188名	第一区第三区分部杨叔和	
第三区	林森路第三区署	四月二十七日午前八时	188名	第二区第四区分部程彰	

续表

区别	抽签地点	抽签时间	中签人数	监事人姓名	备考
第四区	民生路第四区署	四月二十七日午前八时	150 名	第十二区第三区分部刘伯予	
第五区	雷家坡第五区署	四月二十八日午前八时	165 名	第五十九区第一区分部田□□	
第六区	万划祠第六区署	四月二十八日午前八时	113 名	第十二区第一区分部邓□铭	
第七区	中山路第七区署	四月二十八日午前八时	113 名	第三十八区第五区分部胡达用	
第八区	新市场第八区署	四月二十七日午前八时	105 名	第八区委会干事长李玉清	
第九区	江北节孝祠第九区署	四月二十九日午前八时	152 名	第九区农会常务理事黄则乾	
第十区	江北廖家台第十区署	四月二十九日午前八时	150 名	第十区农会干事长苏专三	
第十一区	南岸区玄坛庙第十一区署	四月二十九日午前八时	165 名	第十一区农会干事长樊子良	
第十二区	海棠溪烟雨段第十二区署	四月二十九日午前八时	120 名	第十二区农会干事长胡禹九	
第十三区	歌乐山第十三区署	四月二十九日午前八时	120 名	第十三区农会干事长马寿徵	
第十四区	磁器口第十四区署	四月二十九日午前八时	165 名	第十四区农会干事长吴绍尧	
第十五区	黄桷垭第十五区署	四月二十九日午前八时	142 名	第十五区农会干事长陈图林	
第十六区	寸滩第十六区署	四月二十九日午前八时	120 名	第十六区农会干事长刘钧儒	
第十七区	石桥铺第十七区署	五月一日午前十时	113 名	直属石桥铺区农会干事长王思齐	

（2）重庆市各区三十一年度第三期壮丁中签人数一览表

区别	抽签地点	抽签时间	中签人数	监事人姓名	备考
第一区	龙王庙第一区署	八月三日午前七时	正签 206 名 副签 60 名	第二区党部周德侯同志	
第四区	民生路第四区署	八月三日午前七时	正签 150 名 副签 150 名	第四区第三区分部胡典章同志	
第五区	雷家坡第五区署	八月四日午前七时	正签 156 名 副签 77 名	第十六区党部汪令亮同志	
第九区	江北节孝祠第九区署	八月五日午前八时	正签 154 名 副签 85 名	第九区第三区分部邹勋同志	
第十区	陈家馆适中村第十区署	八月五日午前八时	正签 145 名 副签 77 名	第七区党部任百鹏同志	

续表

区别	抽签地点	抽签时间	中签人数	监事人姓名	备考
第十一区	南岸玄坛庙 第十一区署	八月五日午前八时	正签 160 名 副签无名	第三十九区党部樊子良同志	
第十二区	南岸烟雨段 第十二区署	八月五日午前八时	正签 126 名 副签 133 名	第四十一区党部彭开甲同志	
第十四区	沙□□ 第十四区署	八月六日午前九时	正签 116 名 副签 6 名	第五十四区党部熊斌	
第十五区	黄桷垭 第十五区署	八月六日午前九时	正签 122 名 副签无名	第四十三区党部郑甦民同志	
第十六区	寸滩 第十六区署	八月六日午前九时	正签 120 名 副签 63 名	第四十六区第一区分部周开新同志	
第十七区	石桥铺 第十七区署	八月七日午前九时	正签 113 名 副签无名	第四十四区第一区分部张辅仁同志	

（六）推行国民精神总动员运动

本会奉中央令举办国家总动员宣传周，经决定五月六日为妇女宣传日，由市妇女会主持办理；五月七日为农民宣传日，由市农会主持办理；五月八日为工商宣传日，由市商会主持办理。均经本会派员指导，如期举行，代表大会情形良好。此外并派工作同志 8 人担任本市各镇国民月会督导员，收效甚大，兹将督导员姓名列表于后：

担任各镇督导员姓名一览表

姓名	担任镇别	备考
蒋公达	上清寺镇	
汤直大	新市场镇	
胡达用	马王庙镇	胡同志离职自本年 9 月由卢希哲同志担任
陈显□	张家花园镇	
邹立先	曾家岩镇	
王兴槐	北坛庙镇	
刘伯予	遗爱祠镇	

（七）协助政府推行地方自治

本年二月二十七日本会会同内政部市政府视察本市一、二月份各区镇办理地方自治工作情形，七月及十一月本会复派员参加地方自治巡回视导团，协助政府视察地方自治实施情形。参加视察机关有内政部、市政府、警察局、□□局、粮政局、社会局、工务局、卫生局。第一期自七月十日起至七月十七日止，第二期十一月九日起至十八日止，每〔两〕期共视察 76 镇 664 保，切实督导推行地方自治工作，颇著成效。

（八）参加检视防空设施

本年一月十七日本会会同本市各机关协助市防空洞工程处切实视察本市各重要防空洞，如临江门至夫子池之“临江洞”、较场口至民生路之大隧道、中央公园左侧之大隧道、太华楼至七星岩之“一太洞”、石板坡之“五石洞”、上南区马路之“燕喜洞”等工程及洞内设施情形，并研究改进方法以策安全。又本年四月防空总监部主持组织陪都防空检视团，本会派员参加该团第6组，于是月十四日开始检视重庆防空司令部第三处业务、重庆市政府疏散业务、陪都救护委员会业务、医务委员会业务及各重伤医院各救伤站设备、陪都空袭服务总队及各区队业务、重庆市□□护团及各区团业务、消防总队业务及水上防空设备，至五月十日全部检视完毕，并由本会另编检视报告表，计分受检机关业务、概况困难情形及建议事项送请防空检视团转呈军事委员会核办。

第三，宣传工作

一、阐扬主义编印小册读物

本会原定计划拟于三十一年度内编印阐扬主义及有关抗战建国小册读物4种，惟因限于经费预算无专款可拨，此项计划不能不暂告停顿。仅于本年春将《党员须知》一书翻印1000册，分发各区党分部。又于八月份摘要油印《中央抗战以来施政概要》小册600份转发各下级作宣传时之参考。

总裁在参政会报告加强管制物价方案嗣又通电实施限价办法，本会特将有关文件汇编成册，题为《总裁加强管制物价方案及实施限价办法》（附研讨大纲）业已付印。

二、出版《党务通讯》供给下级宣传资料

本会出版计划原拟创刊《党务通讯》借资讲通本市党员与党部间之联系，并与各省市同级党部交换观摩，曾经拟订办法，但因印刷经费无着遂不克实施。嗣即设法运用党报（《中央日报》）篇幅经常将党员活动编拟消息投登或送中央通讯社发表或送中央日报刊载，举凡党员热心社会服务、推行战时政令及努力捐献运动其成绩特优者并予表扬以资激励。

本会复油印编发《宣传通报》及随时转发中央宣传指示，其印发情形如下所述：

（一）宣传通报：自本年五月创刊第1号迄至年终，共编印22号，每次平均印发550份，全年共计12000余份，均经及时分发各区党分部参考宣传。其内容分“国内外大势”“宣传指示”“宣传注意事项”及“重要消息报导”等栏，每期平均约千字左右，取材以中央宣传部颁发者为主，并间采盟利通讯社、民锋社、良心居等重要资料加以综合扼要编述，尤其对于奸党各种阴谋罪行几于每期均有揭露，尚能引起各级同志之注视。

（二）宣传指示：除具有一般性之指示经常在宣传通报内列述外，其性质重要须使各级同志加强注意者则另文颁发，一年来单独行文颁发之宣传指示其荦荦大者如次：

1. 敬爱领袖肖像：凡印有总理遗像、总裁肖像之各种书刊报章及宣传应一致爱护不得撕毁□污以示尊敬。

2. 整饬悬挂国旗：民间悬挂国旗多有不合规定，本会奉中央宣传部指示依照党国旗制造使用条例通饬注意纠正。

3. 指导绘制党徽：本市机关常于大门之内置一木质屏风上绘党徽，揣其用意欲以显示党□，所绘式样每多不合规定，经查〔察〕党市财政局及工矿银行等地业已派员嘱其改正。

4. 取缔民间迷信：□曾民众盛行观花走阴焚化纸帛等迷信，迭据第九区第十一区分部等建议取缔，本会以事关启迪民智，除□市政府注意取缔外并指复各该区分部随时留意破除迷信宣传。

关于供给下级宣传资料：一年以来本会收发宣传品共计12万余份，其中书籍约2万余册，具按其性质及其数量妥为配发各区党分部、各社会服务处、各中山室及有关人民团体。兹附统计于次：

1942 年全年度收发宣传品统计表

类别		一月	二月	三月	四月	五月	六月	七月	八月	九月	十月	十一月	十二月	合计
书籍	党务公报	670		100		200		1000	1000	2000	600	600	600	6770
	宣传通讯	40									40	40	40	160
	宣传小册	30		3760	400	3055		3000		39	1500	900	408	13092
	工作参考	255				255			200		600	400		1525
标语		1000				17200	1250	1500	13000		3000	10000		46950
传单		5000		1500			5000		5000		2000	35000		53500
壁报壁画				2			4							6

三、改进并推广通俗宣传

改进与推广通俗宣传工作原由市宣传委员会主持，该会因经费及人事未得解决（详见加强市宣传机构及其工作一节）工作迄未开展，本年度原定筹设城乡民众讲堂既无法开办而陪都中外观瞻所系更未便草率从事，故暂缓实施。惟通俗宣传本会仍以其他方式进行。其可资记述者：

（一）本年八月本会召集各区党部书记联席会议及各区社会服务处主任工作会报，曾拟就提案两件：1. 推进通俗宣传办法；2. 加强政府法令宣传办法要点交付。热烈讨论，责成与会各级干部分别人时地事物及主观力量因应制宜扩大通俗宣传有关之工作，故虽未设立城乡民众讲堂而所有与通俗宣传有关之工作以化整为零之方式仍照常进行，城乡各区党分部亦尚能利用各种机会深入民间宣传，收效颇著。

（二）关于广告宣传本会曾拟订管理办法，欲对该从业人员加以组训，因涉行政范围已将原拟办法送请社会行政机关参考。

（三）关于设立固定标语站、壁报站及整饬公共场所宣传布置，虽因经费所限未能设立，但本会每遇纪念节日或特种运动发生，临时绘制标语或张贴壁报尚能补其□□。

（四）本年初本会曾就通俗宣传任务规定之建立民众讲堂、组织巡回通俗宣传队、发动民间艺人等项工作合并拟订三十二年度推进通俗实施计划，一面拟就每月 5000 元全年 60000 元之支配概算函商市政府拨助以便逐步施行。

四、举办及指导各种纪念宣传

一年来本会主办之大规模市民集会凡 5 次，策动民众 60670 人；规模较小之代表大会凡 5 次，动员民众 1660 人。总计全年举办各种纪念集会共计 10 次，发动民众共 62330 人，影响民众在 200000 人以上。各郊区党分部策动办理之各项纪念宣传因统计不全尚未列入，此外协助及指导有关机关民众团体举行之临时性集会共 14 次，其中主持宣传工作计 4 次，兹将举办概况表报于后：

三十一年全年度大会举办及指导各种纪念宣传概况表

（1）本会主办各种纪念市民大会概况统计表

举行日期	大会名称	到会人数	举行概况	其他宣传	备考
一月一日	庆祝民国成立三十一年纪念大会	10000 人	新年大团拜及示范国民月会于上午八时在精神堡垒合并举行。 青年团团员于八时在夫子池举行检阅式，纪念大会于九时在精神堡垒举行，刘峙主席、潘公展、黄少谷讲演	悬旗张灯并休假一日举行除夕大扫除 张贴春联及抗战门神 祝贺抗战将士新年 欢送慰劳团出发□送贺年礼品	山洞南岸等地亦举行纪念宣传
五月四日至十日分别各界举行	陪都各界国家总动员宣传大会	15000 人	宣传大会于四日上午八时假夫子池广场举行，刘峙主席宣读国民公约，谷正纲宣读国家总动员法，吴国桢领导宣誓遵守国家总动员法，杨公达林大呼口号	各报发行专刊及社论 女青年讲读竞赛于下午一时在新运服务所举行 下午二时举行中国青年号飞机及滑翔机呈献命名典礼	七日为保甲宣传日，因雨延期举行，情况不详，各报刊登论文共 22 篇
		100 人	文化界座谈会于五日下午三时在中央文化会堂举行		
		300 人	妇女宣传大会于六日上午八时假实验剧院举行，张岫兰主席、杨公达、高传珠演讲		
		400 人	工商宣传大会于八日后假新运服务所举行，周懋植主席、吴国桢宣读国家总动员法，下午三时在原地举行工商讲座	发表通电拥护国家总动员法，出版工商宣传特刊	
		300 人	农民宣传大会于九日下午三时在新运服务所举行，龙文治主席、杨公达宣读国家总动员法，农林部、粮食部等代表演说		
		50 人	新闻界座谈会于十日下午三时假冠生园举行，潘公展、杨公达、陈博生致词		
六月十四日	重庆市民庆祝“联合国日”大会	5540 人	庆祝大会于上午十时在夫子池举行，杨公达主席、吴国桢宣读联合国共同宣言，吴秘书长训话，于斌、康心如演说，主席宣读各方来电，通过向联合国人民暨将士致□电奏胜利进行曲	悬挂联合国国旗于大会会场及精神堡垒两地，绘制漫画 2 幅，壁报 2 幅，布标语 50 幅各报著论宣传	

续表

举行日期	大会名称	到会人数	举行概况	其他宣传	备考
七月七日	陪都各界纪念抗战建国五周年大会	5000 人	“七七”五周年纪念大会与兵役宣传大会、劳军运动、国民兵运动会合并于上午八时在夫子池举行，何应钦主席、谷正纲等讲演，全国慰劳总会献慰问金	各娱乐场排演抗战戏剧	
			国民兵献飞机反侵略中国分会呈献总裁肖像献机典礼开始航空委员会特派飞机 2 架凌空表演		
十月十日	陪都各界庆祝国庆纪念大会	24080 人	庆祝大会于下午二时与青年团团员大检阅合并举行总裁亲临主持致训报告英美宣布废除在华特权全场欢呼情绪极为兴奋 会后国民兵防护团举行盛大火炬游行	全市扎制庆祝彩坊 60 余座整齐划，一顷收宣传之效	游行影响群众尚未统计在内

（2）本会主办各纪念节日小规模代表大会概况统计表

举行日期	名称	参加人数	开会概况	其他宣传	备考
三月二十九日	革命先烈纪念大会	500	上午八时在实验剧院举行，杨公达主席、于右任讲演		
	公祭革命先烈典礼	100	上午十一时在遗爱祠先烈墓地举行，刘峙主祭		
九月九日	国父第一次起义纪念	500	上午八时假实验剧院举行，杨公达主席、张溥皋讲演		
十一月十二日	国父诞辰纪念大会	500	上午九时假实验剧院举行，杨公达主席、吴国桢讲演，刘峙领导宣读《党员守则》	举办大中小学生讲演竞赛（另详文化运动专题报□）	
十二月五日	举行兵舰举义纪念	60	上午十时在本会礼堂召集全体员工举行，纪念会由杨主任委员讲述举义史略		
共计	5 次	1660			

（3）□□□□□□□机会宣传概况表

〈略〉①

五、协助推行战时政令法令之宣传

一年以来本会协助推行□□政令法令之宣传，如兵役、粮政、推销公债、防谍肃奸、奉行国家总动员法、加强管制物价及实施限价政策以及各种捐募运动，均□□可能者募□□力以赴，

① 原档模糊不清，略。

尚获相当成效。兹特据实分述于次：

（一）兵役宣传：以"七七"抗战建国纪念日为中心，发动扩大兵役宣传，并于各国定纪念日配合慰劳抗属工作，借此间□宣传兵役之效果。此外，郊区各区党分部、各社会服务处亦经常举行各式宣传活动以示尊敬□□抗战军人、负伤将士、入营壮丁及其家属。

（二）粮政宣传：本年粮政征□征购数量略有增加，政府决心除弊便民，总裁先后发表文告昭训认真从事踊跃纳粮，本会除及时转发粮政宣传要点外，并饬各区党分部、各社会服务处将总裁文告恭缮张贴或印发讲述或组队深入乡村访问农民，尚能做到切实有效之目的。

（三）推销公债：本年政府发行同盟胜利国币及美金两种公债，本市担任推销数字颇巨，亟应发动党员协助劝销。曾经本会转发两种公债条例，通饬各级党部利用一切机会向民间宣传并劝购。复将总裁勖勉购债之通电转发，切实向人民解释，据各区党部呈复尚能认真办理。

（四）防谍肃奸：本会参加防谍肃奸宣传委员会，曾以此项工作必须妥慎办理，所有公开活动（如宣传大会之举行、化装游行之举办等）不甚适宜反足以影响国际视听惑动人心，嗣经决定利用国民月会等原有集会及发给市民身份证机会进行临时及经常之宣传□教育。

（五）总动员法：《国家总动员[法]》自公布以至实施，本会均曾适时举办及参加各种宣传，如国家总动员宣传周之盛大举行等。此外市户政保甲人员训练班开课，本会特派员讲授总动员法期，使地方自治基层干部对于总动员法能瞭悉其内容以便领导人民奉行不渝。

（六）限价政策：实施限价政策为加强管制战时物价之重要步骤，总裁颁布实施限价办法后本会一面通饬各级党员应即发动限价宣传，一面将限价宣传列入庆祝三十二年开国纪念中心工作，曾拟具拥护限价通电一则，以便提付元旦庆祝会当场宣读通过。

（七）捐募运动：本年内发动党员进行各种捐募运动，计继续办理一元献机、征求滑翔会会员纪念节、劳军运动文化劳军捐款以及其他寒衣捐、捐献救国公债等，总计经收及汇解捐款达3321360元。兹将各种捐募运动分类统计于次：

（1）党员劝募一元献机捐款统计

月份	捐募单位	捐募金额	捐献人数	备考
2月份	4	4291.00	206	
7月份	1	273.00	不详	
合计	5	4564.00	206	

（2）策动党员征求滑翔会员统计

月份	参加团体会员数	参加个人会员数	缴纳会费金额	响应区党分部数	备考
2月份	7	88	1580.00	17	
3月份		74	613.00	4	
4月份		300	2171.00	8	内有3个单位为学校
6月份			11101.50	1	与农民银行□□□
合计	7	462	15465.50	30	

（3）党员征募文化劳军捐款统计

月份	捐献区党分部单位	捐献金额	捐款处置	备考
12月份	5	5997.00	汇转文化劳军运动委员会	截至本月25日止

（4）党员征募劳军捐款统计

征募区党部单位	捐款名称	捐募金额	捐款处置	备 考
1	“七七”劳军	3275.10	代购物品 2813 元于空军节慰劳空军，余款 462.10 元	
1	中秋劳军	3432.00	移充文化劳军	
合 计		6707.10	移充文化劳军捐款 3894.10 元	

（5）党员征募其他捐款统计

征募区党分部单位	捐款名称	金 额	捐款处理	备 考
1	寒衣捐	580.00	转送振〔赈〕济委员会	
1	捐献救国公债	40.00		
合 计		620.00		

（6）1942 年全年度本会发动党员征募捐款统计总表

捐款名称	经募单位	金 额	备 考
一元献机捐款	5	4524.00	该项捐款均经分别转函主管机关收讫
滑翔会员会费	30	15365.50	捐得滑翔机 1 架 11000 余元在内
文化劳军捐款	5	5997.00	
纪念节日劳军捐	2	6707.10	
其他捐款	2	620.00	
总 计	44	33213.60	

（八）劝导限制酒食：本会参加战时生活励进会，主持劝导总队，曾组织示范队、基本队、协助队 3 种劝导队。劝导队基本队由党员、团员、妇女会会员组成 4 队于，一月份出发，工作 3 次，劝导食店 80 家，食客 1200 人，散发宣传品 500 份；二月份出动 3 次，尚未发现违规情事。

（九）劝告节约汽油：本会参加各界节约汽油劝告团协助第二期工作，印制小标语黏贴汽车玻〔璃〕窗、统计浪费汽油事实、招待新闻界、发动各界协助检举等。

（十）扩大疏散宣传：本会担任扩大疏散宣传筹备会常务委员兼宣传组组长，拟制各种文字宣传品并协助举办空袭捐□及防毒展览会。

（十一）筹办书报劳军：全国慰劳总会发起书报劳军运动，本会参加筹备担任书报之审查，并提示须尽量能□征募之书报运达各部队。

六、加强市宣传机构并推进其工作

重庆市宣传委员会因经费问题未得适当解决，致各区宣传队未克建立。本年开始即题具建立各行政区宣传队计划，提出正副区队长名单提付市党政联席会议第 14 次会议通过施行。嗣因鉴于该会每月经费仅有 1000 元，而本市行政区凡 17 单位，如普遍建立宣传队则每队经费平均不过 50 元，在此物价节节高涨情势之下实不能举办任何事业。五月份召开第四次常务委员会时本会特提示该会工作应确定中心，俾不与其他机关工作相同业务重复，经妥慎研究决定各行政区宣传区队暂缓成立，另计划组织通俗宣传队一队，以期巡回示范宣传，并定工作原则为从小处着手，从下层做起，宣传区域着重农村并发动民间艺人参加宣传工作。

嗣复鉴于市宣传委员会系由各机关联合组织，参加机关均有其专司宣传之单位，对于市宣传委员会不予热心支撑。此为该会自成立以来工作迄难开展之最主要原因，经详加考虑并于本会第117次执行委员会讨论决定，该会实无设置之必要，建议中央请经奉准暂予撤销，所有该会任务悉由本会办理借便统筹，一面拟具推进通俗宣传计划呈报中央，一面并向市政府洽商增拨通俗宣传经费以利工作（参见改进并推广通俗宣传节所述）。

七、开展文化运动推进精神总动员工作

关于开展本市文化运动及推进精神总动员工作，本会一年来所致力者虽不多□但凡倡导一事则必悉力以赴。兹志其重要工作如次：

（一）职业青年论文竞赛给奖：上年十一月十二日总理诞辰纪念，本会举办职业青年论文比赛，曾收到论文25篇，发请专家详判取录优胜者10名，定于本年元月十六日举行给奖式，当场发出奖金1200元，并各赠送《总理遗教》《总裁言论》各一部勉其经常研读身体力行。

（二）举办时事广播座谈：日寇发动太平洋战争后，本会为使全国国民明瞭反侵略国家之局势与阵容，特于元月九日举办时事广播座谈会讲题为《为什么日本必败》，有黄少谷、王芃生、谢仁钊、尹葆宇、王昆仑、祝立武、龚德柏、余协中等国际问题专家主讲，颇收效果。

（三）举办大学生讲演竞赛：本会应国民精神总动员三周年纪念筹备会之请，于三月十二日主办陪都各大学及专科以上学校学生讲演竞赛，讲题为《如何建立三民主义的新中国》。参加竞赛学生13名（代表13个学校），当场评判取录优胜学生储我英等5名，并举行给奖。奖品至为丰富，参加学生均获奖品或纪念品。嗣于总理诞辰纪念举办第二次大学生讲演竞赛，参加学校18单位学生代表18名，讲题为《国父诞生及于中华民族之影响》，各生皆能于6分钟内完毕其讲词，内容亦甚可取，仍当场评判当场给奖，奖品较第一次尤为丰富。

（四）筹建市文化会堂：本会为便利文化界人士之接触联络与集会起见，曾洽商市政当局及驻军长官筹建市文化会堂，其建筑图样及经费筹募均商定办法，嗣因中央文化运动委员会文化会堂业已□工兴建，已无再建市文化会堂必要，故从缓议，

（五）举办党义及抗建讲座：本会除于举行国家总动员宣传周期内分别策动工商文化新闻各界举行座谈会外，更策动各区党分部随时举办党义讲座。第一区第三分部党员曾在新运服务所举行一次讲题为《权与能的学说》，由本会杨主任委员主讲，听众颇为踊跃功效亦著。

八、加强指导审定与考核工作

一年以来，本会对于加强指导审定与考核宣传工作分管理书刊摊贩、查禁违禁书刊、加强戏剧审查、整饬标语张贴、审定广告宣传、审查各报言论、登记新闻纸杂志、审定标语等宣传品及考核指导下级党部宣传工作。各项兹分别扼要简述于次：

（一）管理书刊摊贩——本会于二十八年冬为统一抗战宣传推广优良读物及管理巡回推销战时书刊人员起见，特拟订《重庆市战时书刊巡回推销管理办法》提经本市党政军机关联席会议通过，由本会委托中国文化服务社总社代行此项管理职权。两年以来尚著成效。惟对于书摊小贩之管理，该项办法尚未详为规定，乃于本年初将该办法予以修订，并易名为《重庆市战时书刊流动供应人员统一管理办法》，仍界权中国文化服务社总社统一管理。嗣因市警察局对于本市一切摊贩加以严密管理，该办法与市政当局公布之《重庆市摊贩管理办法》有相抵触重复之处，经呈奉中央宣传部核准将原办法予以废止。

（二）查禁违禁书刊——本会于一月十九日至二十四日派员协助市图书杂志审查处检查本市书店，曾没收违禁书刊72册，封存251册，提审21册。此项违禁及不合法书刊以生活书店为最多，

三友书店、新华日报馆及读书出版社次之。

关于敌伪反动报章，本市各区党部及机关团体亦常检获。据邮寄来会经转函市邮检机关注意检扣凡4次，附统计于后：

敌伪报章名称	投递方法	检获份数	检获单位
汉口民众时报	邮寄	2	第四十八区第五区分部
汉口民众时报	邮寄	2	第二区第十三区分部
建国日报	邮寄	2	重庆市工人服务总队
漫画与传单	邮寄	4	本会
合 计	邮寄	10	

（三）加强戏剧审查

1. 市戏剧审查委员会工作：该会于三月份奉令撤销，四月十五日正式结束。兹将一至三月工作概况制表附后：

工作项目		工作概况	备考
会议		举行第十二、十三两次全体委员会议	四月一日以后话剧审查由中央图书杂志审查委员会接管，监察工作由□□局负责
审查	话剧	审查合格之剧本《浮士德》《大雷雨》《原野》，改正送审合格剧本《重庆二十四小时》，不准上演《秃秃大王》	
	歌剧	审查合格之剧本《秋子》	
	□剧	□□□□□□□	

2. 建议改进演出剧本审检意见：中央于三月份颁布《剧本出版及演出审查监督办法》，市戏剧审查委员会遵令结束所有剧本演出审查与检查，职权即分别移交中央图书杂志审查委员会及市社会局接管。中央图书杂志审查委员会曾于四、五两月召集审查会报3次，本会虽曾派员参加但对于剧本之演出并未获参加检查之便利，且中央颁布新办法在实施上实有窒难之处，本会爰就过去办理工作经验及研究所及分向中央宣传部及中央图书杂志审查委员会提供改进意见3项，要点如次：

（1）审查剧本与检查演出原不可分，应由一个机构负责始克收实效。且陪都情形特殊，于戏剧审查与检查拟请统由中央图书杂志审查委员会办理。

（2）原办法规定检查人员由地方主管社会行政机关派遣，复规定此项人员指向党部调用为原则，不特在体制上有窒碍之处，同时负检查责任与权限似亦含混不清易滋流弊。

（3）检查戏剧固须有丰富艺术修养，尤须有高度政治理解，故此项人员非遴用干材不足以胜其任，应请对检查戏剧人员有适当资格之限制。

上项改进意见因新办法颁行不久未荷采纳即予修订，同时市社会局未将检查证制送本会，遂于四月份起对于戏剧检查不能不暂告停止矣。

3. 整饬标语张贴：关于本市张贴标语，本会甚为注意，除于审定各方送审标语时由主管同志告知必须依照规定张贴以肃市容外，并于各纪念节日派员分赴各地视察张贴情形，其有不合规定者即以电话通知拆除或改正。

4. 审定广告宣传：本市地处陪都五方杂处为中外观瞻所系，一般广告宣传莫不争妍斗奇以资号召，其中图书文字符合规定者固多，而舛谬百出者亦复不少。本会为加强审定广告内容以资统制广告宣传起见，特拟订《重庆市广告宣传审定办法草案》，经于四月份函邀市社会、警察两局代表会商执行办法，佥以本会所拟办法尚称完善，惟市社会局已将广告审查列为该局行政业务之一，为避免法令重复及分歧计，本会所拟办法送请市社会局参考实施。

又本会于五月一日，查得新民报刊登七七拍卖行批销海狗鞭、强精丸及老姑调经丸广告一则文中有“曾经总理赠□港督签证”之对总理实有不该之处，业经分别致函新闻检查处、市卫生局等主管机关予以处分。

此外本会于十一月中发现有敌伪宣传香烟一种在市内，销售牌名“万寿”系平和烟草公司出品，烟匣两端印有“善邻友好”荒谬口号，亦经函请财政部烟类专卖局予以澈究。

5. 审查各报言论：十二月一日本市南京晚报登载《人肉市场跌价》特写新闻一则，内容欠妥，有碍抗建宣传原则，并与本党妇女政策相违悖。且各晚报言论记载常帮软性殊不足以激发国人奋斗精神，经呈奉中央宣传部复示已转函新闻检查处转饬注意。

又十中全会开会宣言发表后，中共机关报新华日报登载《中共中央对于十中全会宣言之意见》一文亦有欠妥之处，本会特将该文详加研讨制成建议呈送中央鉴核。此外对□□日报言论即在亦经指定专人注意研究。

6. 登记新闻纸杂志：全年度本会办理新闻纸杂志申请登记事宜共计 101 件，其中经本会初核同意登记者 61 件，予以限制者 10 件，奉中央宣传部函核准登记者共 65 件。兹特将分类统计表附后：

三十一年全年度本会办理新闻纸杂志分类统计表

类别		本会初核同意登记	本会初核暂缓登记	中央宣传部核准登记
杂志	三日刊			
	周刊	4	1	3
	旬刊	5		3
	半月刊	15	1	14
	月刊	16	6	35
	双月刊	5		2
	季刊	9	1	3
	其他（刊期不明）	3	1	
	新闻纸	4		5
合计		61	10	65

三十一年度本会初核准予登记新闻纸杂志性质分类统计

类别	刊别	半月刊	日刊	周刊	月刊	双月刊	季刊	刊期不明	备考
杂志	文艺	10	2	2	6	1	2		
	政治	3	2	4	12	1	2		
	经济				9	2	1		
	学术				21		2		
	宗教				1				
	其他	1			2		1		

续表

类别	刊别	半月刊	日刊	周刊	月刊	双月刊	季刊	刊期不明	备考
合计		14	4	6	51	4	8		
新闻纸	日报	3	合计	4					
	□刊	1							

7. 审定标语等宣传品：本会办理审定标语、壁报、壁画及传单海报等宣传品，计分原稿审查与被封盖章两项手。续兹将一年来办理情形分制统计表附后：

（1）三十一年本会审定宣传原稿统计

稿件名称	送审机关或团体	审查结果	备考
交通党务通讯	第二十七区党部	内容尚妥准予备查	
“三八”宣言	“三八”节大会筹备会	修正发还	
“三八”宣传大纲	“三八”节大会筹备会	修正发还	
“三八”组织标语口号	“三八”节大会筹备会	修正发还	
“三八”纪念歌	“三八”节大会筹备会	修正发还	
“五一”劳动节标语	陪都“五一”劳动节纪念筹备会	修正发还	
厉行粮食节约标语	中国粮政促进会	同意发还	
国际合作节标语	市社会局	同意发还	
中医公会成立会标语	中医公会	修正发还	
西洋拳斗海报	国泰戏院	内容不妥，扣	

（2）三十一年全年度本会核对盖章之宣传品分类统计表

类别	标语	传单口号	壁报壁画	海报广告	其他
盖章发还者	76759	8000	16	2932	2666
不合规定扣存者	248			8	
统计	77007	8000	16	2943	2666

8. 考核指导各级党部宣传工作：本会所属各区党分部单位众多，其宣传工作之指导考核曾经拟订办法分书面考核及视察督导两种。书面考核方面，由本会拟订宣传工作月报表一种，发交各区党分部于月终填报，遵令造报之单位不多，良以各下级党部感觉上级文件纷繁大多数区分部同志无力应付此种书面工作。至于视察督导除于派员出席各区党分部党员大会提示宣传工作外，本会主任委员及各委员均不时□赴各地亲身督导鼓励，故各区党部尚能努力各种宣传事业。

第四，总务工作

一、文书方面

本年度本会工作□况文件加多，举凡收发缮校验印□指导事务力感分工□□手续改善随时注意改进颇著成效，兹将本年之缮写收发文件数量分别列表统计于后：

（1）三十一年度收发文件统计表

类别	呈文	□□	便函	公函	密函	电文	代电	报告	通告	通知	指令	训令	记录	汇报	密呈	批示	政治情报	宣传通报	表册	杂件	总计	备考
收文	3529	204	45	1245	89	39	351	953	97	163	95	102	11	5	43				17	2652		
发文	672	25	4155	1169	337	594	433	1471	8659	2201	21466	25027	53	9	17	40	26		46			

（2）三十一年度缮文统计表

	呈		函		令		其他		总计		备考
	件数	字数	件数	字数	件数	字数	件数	字数	件数	字数	
组织	192	39368	361	59310	1445	207770	3026	452510	5024	759290	
宣传	198	—	582	123980	6467	266700	4758	404820	12065	878910	
社会	66	18580	687	166740	1014	222550	1046	425240	2813	832210	
总务	123	53420	379	63950			343	200270	845	322660	
其他	95	33890	673	119730	79	49870	736	270120	1583	473630	
合计	634	—	2682	533710	9005	746890	9909	1752960	22270	3266680	

二、事务方面

本年度事务方面除经常办理工友之管理训练，物品之采购、保管、分发及不属于各科之事件外，并商洽接管振〔赈〕济委员会之防空洞（通称巴蜀小学第四洞）加以修理，添制木架支撑石质挡墙以策员工空袭安全；办理本会新旧主任委员移交接收事宜；成立消费合作社，增进员工福利；改修宣传社会两科办公室、会客室、中山室，新建礼堂，粉刷全部室内外墙壁会容焕然。

三、经费方面

兹将本会三十一年度全年经常费收支概况列表如后：

收领数额	支用数额	结余或超支	
		结余	超支
519820.00	519740.85	79.15	

重庆市档案馆馆藏档案：全宗号：0051，目录号：3，卷号：118

7. 重庆市党部 1943 年度工作总报告

中国国民党重庆市执行委员会三十二年度工作总报告

第一，一般工作

一、会议方面

（一）执行委员会议

本会执行委员会议原定为两周举行一次，惟因主办各项纪念集会及委员督导郊区党务未能举行外，综计一年以来举行会议共 18 次（自第 118 次至 135 次），通过重要案件 70 件，均已分别执行历次会议记录并经分别专案呈送。

（二）党政联席会议

重庆市党政联席会议由党政机关轮流召集，每月举行会议一次，三十二年度除七、十两月份因事停开外，共计举行会议10次（自第23次至第32次），通过本会重要提案9件（属于宣传者5件、训练者2件、社会事业2件）；市政府提案7件（属于宣传者4件、救济者1件、整饬市容1件、社会服务1件）；另民运审查小组提案9件；核准人民团体许可成立及不予核准者共计154个。

本会于每次党政联席会议之前均开提案审查小组会议，商讨提案之拟订及意见等事。故一年以来会议内容均尚充实，情形良好，党政关系益臻融洽。

（三）业务检讨会议

本会业务会议在本年度三月以前计分业务会议及小组会议两种。四月份编制扩充改科设处后，除本会业务会议外各处亦经常举行处务会议、各科室举行小组会议，惟以集会较多致各项会议不能按期举行，综计全年举行业务会议3次、处务会议20次、小组会议49次。本年终并曾举行扩大业务会议1次，全体工作同志均出席，对于一年来业务检讨颇为详尽，所有改进意见均分别交付施行。

（四）设计考核委员会

本会奉令设立设计考核委员会，遵于七月初成立拟订办事细则呈报备案。嗣于十一月中旬召开全体委员会议一次，对于设计与考核工作均有所决定。本年年终之前凡工作检查人事考绩均初步审核，于下年度工作计划之方针亦经初步审查。

（五）新生活运动委员会

本会新生活运动委员会系于本年七月二十九日成立，除随时推行清洁卫生、体育及业余娱乐等外，并按月参加新运月会及党政军联谊会，全会工作人员颇能符合新生活规律，树立精诚相与之新风气。

（六）参加其他会议

本会参加其他机关主持之会议最著者为卫戍扩大会议、防空会报市动员委员会、空袭救护委员会等，或交换意见或提供建议，不时与各方联系密切感情融洽，且能将本市党员所建议各种兴革意见逐一转达，以供改进之参考。

二、文书工作

本会文书工作原极繁冗，自本年四月改科设处各单位之分立较精，各部门愈克充分发挥工作效能文书往返愈益增多，惟均能顾及时效从无积压。兹将一年来之收发文件及缮写情形分别统计表列如后〈下〉：

（1）三十二年度收发文件统计表

类别	呈文	公（笺）函	带点	训令	指令	通（告）知	政治情报	宣传通报	记录	书刊表册	密件	单据	杂件	合计	备考
收文	7677	4168	942	607	453	834			19361	158	52	853	5772	68954	
发文	691	4955	2897	14358	21650	13100	56160	56160	2402	18372	193	1030	11562	175450	

（2）三十二年度缮文总统计表

统计	呈	函	令	杂件	合计	备考
件数	689	4040	37204	99070	131003	
字数	3057210	1406570	1235510	6545530	9493330	

三、事务工作

（一）修缮房屋：一年以来本会为适应改科设处扩大组织之需要，除将原有房舍调整办公，利用走廊下层增辟工友宿舍之外，更于北端搭盖餐厅，于大门内空地兴建宣传处办公室一大间，及礼堂前之小花园本会四周并筑围墙以防窃盗。

（二）劳动服务：本会会址北部原系土堆斜坡，经发动工友于业余时间实行劳动服务清除□□垃圾填平倾斜地面半月内完成，可资利用之地基约 10 余方丈。

（三）训练工友：早晚实行点名训话及健身操，对于侍应礼貌、工作技术亦随时利用机会集体传习并经常考察其生活言行，尚著绩效。

（四）员工福利：协助合作社办理採〔采〕购分售一切生活必需品。暑季时疫流行，本会特约医师购置药物为员工诊治疾病，一面督饬工友随时注意环境清洁卫生。一年以来本会员工尚未发生因病死亡情事。

四、会计工作

（一）岁计部分

编制三十二年度经常费预算；

编制三十二年度事业费预算；

编制三十二年度一月至九月份报销；

编制三十一年度单位决算书；

编制三十二年度宣传事业费预算及监察网补助费分配预算；

编制本年度七至十二月员工战时生活补助费请领清单；

编制本年度七至十二月份追加预算及临时费预算；

编造三十三年度概算；

编制三十三年度预算（十二月三十一日呈送）；

编制三十三年度员工生活补助概算表（十一月九日呈送）；

编送三十二年七至十二月改善工役膳食补助预算；

呈报本年度一至六月份生活补助费报销清册。

（二）会计部分

年度	月份	收入经费（元）	支出经费	结余	超支	备考
三十二年度	1 月份	70136.00	68539.97	1596.03		
	2 月份	72876.00	71352.22	1503.78		
	3 月份	72856.00	71230.65	1625.35		
	4 月份	72856.00	71902.90	953.10		
	5 月份	72856.00	72739.89	116.11		
	6 月份	72856.00	72735.49	120.51		
	7 月份	72856.00	72789.69	66.32		
	8 月份	72856.00	72753.69	102.31		
	9 月份	72856.00	72787.5	68.50		
	10 月份	72856.00	72704.96	151.04		
	11 月份	72856.00	72832.40	23.60		
	12 月份	72856.00	79182.65		6326.65	超出部分拟在以前结余月份抵消
合计		871552.00	871552.00	平		

第二，组训工作

一、组织工作

（一）党籍登记情形

1. 一年来转入报到党员人数　本市报到及转入报到党员在三十一年底止总数为 10220 人，本年度一月至十二月份共计转入报到党员为 899 人，每月转入情形均经填列转入报到表按月报请中央备查。兹将本年度转入报到党员按其性别、年龄、籍贯、教育程度及职业等项分别统计列表附载于后：

重庆市党部清查转入报到党员元月至十二月份年报表

（三十二年十二月）

报到党员总数			男	819 人		本市人口约数			报到党员与本市人口百分比			
574 人			女	80 人								
籍贯	江苏	190 人	广东	50 人	山西	10 人	辽宁	8 人	湖北	54 人	察哈尔	2 人
	浙江	87 人	广西	2 人	陕西	2 人	吉林	2 人	河北	38 人	西康	1 人
	安徽	36 人	福建	14 人	甘肃	1 人	江西	24 人	四川	269 人	山东	13 人
	云南	1 人	湖北	33 人	贵州	2 人	青海	2 人	河南	18 人		
年龄	20 以下	9 人	20—24	110 人	25—29	292 人	30—34	244 人	35—39	120 人	40—44	63 人
	45—49	32	50—54	20 人	55—59	8 人	60—64	1 人				
教育程度	专门大学	443 人	初中	227 人	私塾	38 人	不识字	8 人				
职业	特种教育	40 人	小学	37 人	其他	15 人	高中	91 人				
	农	3 人	商	162 人	公务	307 人	学生	10 人	社会服务	18 人	其他	12 人
	工	85 人	党务	88 人	教育	51 人	自由职业	65 人	失业	88 人		
备考												

2. 一年来新征入党党员人数　本市新征入党党员数量在三十一年度止共为 17150 人，本年度一至十二月份共征求新党员 3250 人，兹将其性别、年龄、籍贯、教育程度及职业等项分别统计列表于后：

重庆市党部三十二年元月至十二月份审查入党表

重庆市党部三十二年元月份至十二月份审查入党表（共 3250 份）															
籍贯								年龄			教育程度		职业		
江苏	319 人	广东	76 人	山西	10 人	辽宁	11 人	20 以下	35—39	55—59	专门大学	小学	农	工	商
浙江	178 人	广西	6 人	陕西	8 人	吉林	3 人	49 人	365 人	29 人	869 人	378 人	34 人	465 人	709 人
安徽	150 人	福建	30 人	甘肃	3 人	江西	60 人	20—24	40—44	60—64	特种教育	私塾	党务	公务	教育
云南	20 人	湖北	306 人	贵州	16 人	湖南	129 人	541 人	184 人	5 人	91 人	376 人	71 人	1192 人	189 人
河北	110 人	四川	1724 人	河南	57 人	西康	2 人	25—29	45—49	65—69	高中	其他	学生	自由职业	其他
山东	42 人							175 人	147 人		352 人	50 人	163 人	267 人	13 人
								30—34	50—54	70 以上	初中	不识字	社会服务	失业	
								716 人	38 人	1 人	115 人	19 人	18 人	129 人	

续表

<table>
<tr><td colspan="10">重庆市党部三十二年元月份至十二月份审查入党表（共 3250 份）</td></tr>
<tr><td colspan="6">籍贯</td><td>年龄</td><td>教育程度</td><td colspan="2">职业</td></tr>
<tr><td colspan="2">合格</td><td rowspan="3">不合格</td><td rowspan="6">手续不合</td><td>1. 入党人未盖章</td><td>人</td><td>7. 介绍人不符规定</td><td>人</td><td>13. 调查人名与章不相符</td><td>人</td></tr>
<tr><td rowspan="2">男</td><td rowspan="2">女</td><td>2. 入党人名与章不相符</td><td>人</td><td>8. 介绍人未盖章</td><td>人</td><td>14. 各级党部未□审意见</td><td>人</td></tr>
<tr><td>3. 入党人前后签名不一致</td><td>人</td><td>9. 介绍人未填党证字号</td><td>人</td><td>15. 各级党部未盖章</td><td>人</td></tr>
<tr><td rowspan="3">3006 人</td><td rowspan="3">244 人</td><td rowspan="3">人</td><td>4. 缺少相片</td><td>人</td><td>10. 介绍人名与章不相符</td><td>人</td><td></td><td></td></tr>
<tr><td>5. 籍贯未填省别县别</td><td>人</td><td>11. 调查人未填报告</td><td>人</td><td></td><td></td></tr>
<tr><td>6. 永久或临时通讯处未填</td><td>人</td><td>12. 调查人未盖章</td><td>人</td><td></td><td></td></tr>
<tr><td>备考</td><td colspan="9"></td></tr>
</table>

（二）各级党部组织概况

1. 一年来区党部之增设情形　本年度内计增设区党部 8 个，均已组织成立。兹汇列一览表附载于后：

重庆市党部 1943 年度增设区党部一览表

区党部番号	区党部所在地	成立月日	性 质	备 注
72	社会部劳动局	1 月 6 日	机关	
71	地政署	2 月 20 日	机关	
1	上城区	3 月 1 日	地方	
44	□皋岩镇	3 月 21 日	地方	
73	经济部日用必需品管理处	6 月 30 日	机关	
56	歌乐山区	8 月 24 日	地方	
66	中国农民银行	11 月 7 日	机关	
中央组织部党务讲习会□□□	中央组织部党务讲习会		学校	

2. 一年来区党部之撤销情形　本年度内计撤销区党部一个，所有党员均经令饬依法办理移转手续另行改划组织。兹列表于后：

重庆市党部 1943 年度撤销之区党部一览表

名称	撤销原因	所属区分部数	撤销日期	备考
中央组织部党务讲习会区党部	因讲习期满党员另有工作	5		

3. 接收中央直属学校区党部情形　中央组织部为加强各地学校党部与地方党部密切联系并切实推动工作起见，特将国立商船专科学校等 11 个区党部先后划归本会接管，除国立商船专科学校因奉教育部令停办□注接收外，其余各学校区党部均经本会派员分别接收。兹将本年度接管之学校区党部汇列一览表附载于后：

重庆市党部1943年度接管之学校区党部一览表

学校区党部名称	接管月份	备考
国立药学专科学校区党部	7月份	
国立国术体育专科学校区党部	7月份	
国立重庆师范学校区党部	7月份	
国立影剧学校区党部	7月份	尚在筹备中
国立边疆学校区党部	8月份	
国立中央工业专科学校区党部	9月份	
国立艺术专科学校区党部	9月份	
国立四川造纸印刷专科学校区党部	7月份	
财政部财务人员训练所区党部	8月份	
私立武昌中华大学区党部	9月份	

4. 一年来区分部之增设情形　本年度内计增设区分部46个，均已组织成立。兹汇列一览表附载于后：

重庆市党部1943年度增设区分部一览表

区党部番号	区分部番号	区分部所在地	性质	成立月份	备考
2	16	国营招商局	机关	1月6日	
39	1	弹子石泰昌街	地方	1月13日	
71	4	地政署地政人员训练所	机关	1月27日	
72	1	社会部劳动局	机关	1月6日	
72	2	社会部劳动局	机关	1月6日	
72	3	社会部劳动局	机关	1月6日	
6	5	工作竞赛推行委员会	机关	1月20日	
10	6	盐务总局黄沙溪支局	机关	1月6日	
25	13	财政部统计处	机关	1月11日	
45	7	北碚第三儿童教养院	机关	3月5日	
4	12	三民主义青年团重庆支团部	机关	6月19日	
4	13	重庆合作金库	机关	6月8日	
7	6	江北石马河镇	地方	4月10日	
12	4	重庆市党部	机关	3月14日	
13	14	国父实业计划研究委员会	机关	6月18日	
14	10	中央组织部	机关	4月1日	

续表

区党部番号	区分部番号	区分部所在地	性质	成立月份	备考
16	11	社会部实验救济院	机关	5月1日	
16	12	社会部	机关	4月9日	
34	14	农民银行重庆分行	机关	6月14日	
42	10	老鹰岩卫生站	机关	6月6日	
41	1	铜元局镇	地方	5月2日	
46	5	黑石子镇	地方	6月4日	
73	1	经济部日用必需品管理处	机关	5月31日	
73	2	经济部日用必需品管理处	机关	6月18日	
直属	振〔赈〕济委员会难民技工训练班区分部	南岸团山堡	学校	5月22日	
45	10	教育部实验□队	机关	7月17日	
34	11	邮政储金汇业局	机关	8月10日	
34	4	邮政储金汇业局黄桷垭办事处	机关	8月25日	
直属	17	重庆图书杂志审查处	机关	9月3日	
直属	20	青年书店总处	机关	9月18日	
34	10	中央银行稽核处	机关	10月27日	
60	8	国术教材编纂委员会	机关	10月1日	
66	1	中国农民银行总管理处	机关	10月25日	
66	2	中国农民银行总管理处	机关	10月25日	
66	3	中国农民银行总管理处	机关	10月28日	
66	4	中国农民银行总管理处	机关	10月29日	
66	5	中国农民银行总管理处	机关	10月26日	
66	6	中国农民银行总管理处	机关	10月26日	
直属	9	川康兴业公司	机关	11月5日	
直属	14	重庆工人服务总队部	机关	10月4日	
直属	21	经济部工矿调整处	机关	11月5日	

续表

区党部番号	区分部番号	区分部所在地	性质	成立月份	备考
中央组织部党务讲习会区党部	1	中央组织部党务讲习会	学校	11月5日	
中央组织部党务讲习会区党部	2	中央组织部党务讲习会	学校	11月5日	
中央组织部党务讲习会区党部	3	中央组织部党务讲习会	学校	11月5日	
中央组织部党务讲习会区党部	4	中央组织部党务讲习会	学校	11月5日	
中央组织部党务讲习会区党部	5	中央组织部党务讲习会	学校	11月5日	

5. 一年来区分部之撤销情形　本年度各区分部有因人事关系经撤销番号者，计有22个，所有党员党籍均分别按照住址另行移转编划组织。兹汇列一览表附载于后：

重庆市党部1943年度撤销区分部番号一览表

区党部番号	区分部番号	撤销原因	备考
45	7	因从业机关改组	
8	2	因从业机关迁移城内，改编为直属第21区分部	
直属	精益中学区分部	组织不健全负责无人	
直属	东方中学区分部	组织不健全负责无人	
41	5	组织不健全负责无人	该部现有同志已分别改编入其他区分部
68	8	组织不健全负责无人	该部现有同志已分别改编入其他区分部
49	3	组织不健全负责无人	该部现有同志已分别改编入其他区分部
49	4	组织不健全负责无人	该部现有同志已分别改编入其他区分部
6	2	组织不健全负责无人	该部现有同志已分别改编入其他区分部
6	3	组织不健全负责无人	该部现有同志已分别改编入其他区分部
6	6	组织不健全负责无人	该部现有同志已分别改编入其他区分部
4	7	组织不健全负责无人	该部现有同志已分别改编入其他区分部
3	2	组织不健全负责无人	该部现有同志已分别改编入其他区分部
2	12	组织不健全负责无人	该部现有同志已分别改编入其他区分部

续表

区党部番号	区分部番号	撤销原因	备考
4	8	组织不健全负责无人	该部现有同志已分别改编入其他区分部
国立边疆学校区党部	8	组织不健全负责无人	该部同志另划入其他区分部
国立边疆学校区党部	9	组织不健全负责无人	该部同志另划入其他区分部
中央组织部党务讲习会区党部	1	组织不健全负责无人	该部全体同志因讲习期满分发各地工作故撤销
中央组织部党务讲习会区党部	2	组织不健全负责无人	该部全体同志因讲习期满分发各地工作故撤销
中央组织部党务讲习会区党部	3	组织不健全负责无人	该部全体同志因讲习期满分发各地工作故撤销
中央组织部党务讲习会区党部	4	组织不健全负责无人	该部全体同志因讲习期满分发各地工作故撤销
中央组织部党务讲习会区党部	5	组织不健全负责无人	该部全体同志因讲习期满分发各地工作故撤销

（三）督导与考核

1. 委员分区督导情形　本会委员分区督导工作本年度内均系按月执行，并于十、十一、十二月份内将本会所辖区域划分为 8 区，由执行委员龙文治、吴人初、张兆、吴茂荪、骆继常、朱亦愚、程朱溪、徐鸣亚等 8 同志担任，同时分别出发作普遍视察，每一区并派工作同志 1 人协助，视察项目为指导办理党员总考核、清理党籍、指导扩大征求党员、检查各区工作成绩、对于各区党分部调整组织之考察等项，于十二月底视察完毕。所有视察结果另有专案呈报备核。

2. 派员分区视察情形　本会为谋各级组织之健全，除委员督导之外并派组织科工作同志经常视察各区党部，尤侧重于地方区党分部，随时参加会议实地指导，协助解决其困难，对于各级联系之加强所收效果颇大。

3. 抽查区分部情形　关于区分部之抽查，本年度内曾于七八两月视察时行之。抽查之单位为第五十六区、第三十五区、第四十八区、第四十九区、第四十三区、第三十九区、第四十一区及所属区分部，兹将抽查情形分述于次：（1）第五十六区党部为歌乐山区域内地方单位及疏散该地之机关所组成，共有区分部 7 个，区党部尚在筹备中，至八月份始成立。抽查结果以第五、六、七区分部成绩最佳，党员大会及小组会议均按期举行，党籍之办理亦极认真切实。以第二区分部最劣，人事变动甚大，负责人离去当重予调整。（2）第三十五区党部系在行政院服务党员所组成，抽查者为该区驻郊外办公之第四、五、六区分部，成绩尚优，对于民众组训、宣传等工作颇著绩效。（3）第四十八区党部为小龙坎区地方党员所组成，该区各区分部以第五区分部组织较健全，按期举行会议，各同志对工作颇热忱。其他各区分部则殊少成绩表现。（4）第四十九区党部为玄坛庙区地方党员所组成，该区共有区分部 3 个。区党部改选不久负责同志尚热心，惟以各执行委员间意见不一，推进工作颇多窒碍。区分部工作除第一区分部尚有表现外，其余二、三区分部均无成绩可言。（5）第四十三区党部为黄葛垭区地方党员所组成，所属 7 个区分部，以第二、三、四、五、六区分部成绩为佳，第一、七两区分部活动甚少工作无积极表现。（6）第三十九区党部为弹子石区地方党员所组成，共有 8 个区分部，以第四、六、八区分部工作有成及各种会议尚能经常召开，其余各区分部无成绩表现。（7）第四十一区党部为铜元局、海棠溪区域地方党员所组成，共有区分部9个。该区工作表现无成绩，区党部已应改选，所属各区分部以第一、九区能按期开会，其余殊少能按期举行会议。以上所述为此次抽查所得之实况，经分别按其实际情形督饬改进中。

（四）召开各区党部直属区分部书记联席会议

本会在三十二年度内原拟召开区党部直属区分部书记联席会议4次，嗣以辖区辽阔限于人力财力关系未能照原定计划实施，继以中央第十一次全体会议后中央对基层党务指示甚多，本会为传达中央指示及检讨一年来工作实施情形以谋改进起见，爰于十二月一、二日召开所属各区党部及直属区分部书记联席会议一次，出席各区党分部负责同志68人，较历届议会均为踊跃。对于今后党务之进行决议甚多，计通过提案42件。大会期中并请吴秘书长铁城、朱部长家骅莅会训词指示本党目前要务及今后工作方针，训示周详，各同志同深感奋。本会并拟订工作总提示分发与会同志以备执行工作之准绳。所有本届大会详细情形兹有专案呈报。

（五）举办党员参加联合国国旗游行

本年六月十四日为联合国日，本会遵奉中央命令隆重举行除庆祝大会外，并于同日午后举行联合国国旗大游行，全市党员均热烈参加。照原来筹备会决定党员队参加500人，经发动结果是日参加党员达943人，服装整齐，游行时全体党员精神振奋，全程10余华里毫无倦容殊为难能，详细情形并已报请鉴核，奉指示嘉勉在案。

（六）党部与保甲配合情形

本市行政区划计分为17行政区、1水上区、71镇，本会为求党政密切配合以加强政令之推行奠定地方党务基础起见，曾决定每一区党部与一行政区相配合，区分部与镇配合。本年度实施以来区党部与行政区配合一点，除水上区外已全部配合完成；区分部一级连上年度共已配合56镇。自镇以下小组与保甲之配合，由于保甲组织之改编频繁、人口与党员之密度不同尚待办理。

（七）举办党员总考核

关于党员总考核工作，本会以事属创举各级党部容有不尽□解者，曾先后订定本市各区党分部办理党员总考核须知及各区党分部执监委员、候补执监委员考绩办法，自十一月份开始举办后各区党分部确能照规定期限办理完竣者为数尚不多，经分区视察督促后已渐次完成。所有表册等项正积极审核整理，汇报中央备核。

（八）党籍之整理

本会历年来对于党籍之整理以限于人力财力未尽合理以致查对不易，自本年四月份起切实加以整理，分为两部分料理：（一）转入报到之党员按其所填报到表调制卡片；（二）新征党员按其姓字分头储存以备检查。此项整理工作业已完成。

二、训练工作

（一）小组训练

1. 小组划编　年初小组数为544个，其后历经调整督饬按时开会，其有名无实时撤销至六月为581个[①]、九月为426个、十二月为431个。

2. 颁发小组研讨题材　本会除转发中央颁发之各种研讨大纲外，并由本会斟酌情形拟发题材分发各区分部小组研讨。

各月颁发题材情形详后表：

---

① 此处数字应是有误，无法考证，原文照录。

重庆市党部 1943 年度转发及编发小组研讨题材一览表

月份	题目	转发编发机关	备考
一至三	1. 一中全会宣言研讨大纲	中央组织部	均转发并依各小组呈报□□摘要表报
	2. 林主席元旦告全国同胞广播讲演大词研讨大纲	中央组织部	
	3. 总裁为订立中美中英等新约告全国军民书研讨大纲	中央组织部	
	4. 边疆问题与边疆工作研讨大纲	中央组织部	
	5. 新生活运动九周年纪念总裁演讲词研讨大纲	中央组织部	
	6. 总裁实施限价办法及文告小册及研讨大纲	本会	
	7. 总裁通电指示厉行行政三联制研讨大纲	本会	
四至六	8. 蒋夫人在美国讲词研讨大纲	中央组织部	《中国之命运》专案呈报
	9. 国民精神总动员第四周年总裁广播词研讨大纲	中央组织部	
	10.《中国之命运》研讨大纲	中央组织部	
	11. 三民主义青年团全国代表大会总裁训词研讨大纲	中央组织部	
	12. 总裁讲“中国工业建设之捷径”演词研讨大纲	中央组织部	
七至九	13. 总裁为三十二年“六三”禁烟纪念训词研讨大纲	中央组织部	均经转发并表报研讨结论
	14. 总裁二次全国生产会议开幕训词研讨大纲	中央组织部	
	15. 党员守则释义	中央组织部	
十至十二	16. 如何健全本党基层组织	中央执行委员会	均经转发并表报研讨结论
	17. 如何使本党宣传深入民间	中央执行委员会	
	18. 如何选训本党各级各类干部	中央执行委员会	
	19. 十一中全会总裁训词研讨大纲	中央组织部	
	20. 十一中全会宣言研讨大纲	中央组织部	
	21. 国民参政会总裁训词研讨大纲	中央组织部	

3. 小组报告之审核与呈报　各区分部小组呈报小组会议报告表本会均详予审核分别指示，并就结论摘要表报中央，均获指复。

4.《中国之命运》研讨报告之审核　本会将研讨大纲转发各区分部后先后收到个人及集体之研讨报告四百份，报告之篇幅暂达二万字，短者亦千数百字，均经本会审核分别指复或专案呈报外并作成绩结论呈报中央。

（二）转发整理情报

本年度本会转发中央组织部发下之政治情报自 133 期起至 188 期止，共 56 期，均经编号妥慎转发。

（三）党务基层干部及工人党务训练

1. 党务基层干部训练班　本会本年度基务干部训练系采集中方式，共举办 3 期，其开业结业日期及办理情形均经先后专案呈报在案。兹列简表并附统计表于后：

期别	时间	地点	学员所属区党部	毕业人数
第一期	8 月 1 日至 15 日	南岸前驱路	四十区及四十一区党部	50 人
第二期	9 月 26 日至 10 月 10 日	小龙坎	四十八区党部	44 人
第三期	12 月 12 日至 12 月 26 日	城区	第一第二两区党部	53 人

并依照基层干部训练班各期学员年龄、籍贯、学历、职业等制成统计表，以备随时查考其表如后：

（1）重庆市党部 1943 年度党务基层干部训练班各期党员年龄统计表

年龄	人数			合计	备考
	第一期	第二期	第三期		
18—25	8	9	8	25	
26—30	13	17	18	48	
31—35	6	7	4	17	
36—40	9	5	4	18	
41—45	6	2	9	17	
46—50	6	2	10	18	
51—55	1	1		2	
56—60	1	1		2	
合　计	50	44	53	147	

（2）重庆市党部 1943 年度党务基层干部训练班各期学员籍贯统计表

籍贯	人数	统计分析
重庆	1 人	1. 籍贯次第 第一四川 67 人、第二湖北 44 人、第三江苏 11 人、第四湖南 4 人 2. 四川重庆合计为 68 名适占 50% 弱代表地方性 3. 其余 50% 强分属 15 省市，证明现在重庆为全国性都市
四川	67 人	
湖北	44 人	
江苏	11 人	
湖南	4 人	
河北	2 人	
河南	1 人	
江西	1 人	
福建	2 人	
广东	1 人	
浙江	3 人	
贵州	1 人	
南京	3 人	
山东	1 人	

续表

籍贯	人数	统计分析
安徽	1人	
青岛	1人	
北平	2人	
17省市	147人	

（3）重庆市党部1943年度党务基层干部训练班各级学员学历统计表

学历	人数			合计	备考
	第一期	第二期	第三期		
专科以上	2	1	8	11	
军警学校	2	6	1	8	
特种教育		2	2	4	
中等教育	20	11	29	60	
小学	15	10	3	28	
私塾	12	14	10	36	
合计	50	44	53	147	

（4）重庆市党部1943年度党务基层干部训练班各期学员职业统计表

类别	人数			合计	备考
	第一期	第二期	第三期		
工	35	20	8	63	
商	7	10	15	32	
交通运输	1	2		3	
公务	4	6	9	19	
自由职业					
教育	1	1		2	
新闻			4	4	
医	2	3	9	14	
社 团		1	8	9	
学 校			1	1	
共 计				147	

2. 工人党务训练　本市工厂林立工人众多，举办工人党务训练以加强其对本党主义之认识与信仰、提高其工作热情，爰照中央示范举办工人党务训练班第一期设于南岸大佛段庆新小学，受训工人为大东印刷厂、新新印刷厂、明亚机器厂员工，于十一月二十一日开学，每日下午六时至八时或六时至九时授课，授课时间共30小时，各种课程均照中央规定及实际需要而编印，于十二月五日结业。计有毕业学员59名，其详细情形均经专案呈报。

3. 训练后之检讨　本会为增进训练成效改进训练方法，计于每期训练完毕后即召集全体讲师指导员及学员代表等举行训练工作检讨会以上一期之得失为下一期改进之方针，举办以来颇著成效。

（四）新党员训练

本会遵照中央规定加强新党员训练，并将中央颁发之《新党员训练纲要》分发各区党分部令其斟酌实际情形及需要办理新党员训练，并指定水准较高之区党分部加紧办理以资示范。各区党分部对于训练新党员所采取之方式虽不同但均在逐渐实施中。

（五）党义讲习会

本会为加强党员对总理遗教之认识提高其研究之情绪起见，举办党义讲习会，由本会拟定讲题聘定本会各委员为讲师，分期举行。本会除经常派员担任各项人民团体集会时党义讲演外，并责成党员知识水准较高之区党分部举办党义讲习会，计已办者有第一区党部、第三区分部，听讲者40人，其题目及讲师之分配如下表：

题目	主办人姓名	备考
1. 知难行易与抗战建国	汪观之	
2. 民族主义与世界和平	骆继常	
3. 天赋人权与革命民权	龙文治	
4. 地方自治与宪政	徐鸣亚	
5. 民生主义与共产主义	吴茂荪	
6. 平均地权与节制资本	程朱溪	
7. 实业计划与经济建设	丁　骕	
8. 建国大纲要义	朱亦愚	
9. 怎样开会——民权初步	吴人初	
10. 实施宪政应有之准备	张　兆	

三、党团指导工作

（一）民运审查工作

查本市民众团体之申请许可组织成立、改选、改组、整理、解散与民众团体会员训练及有关一切工商管制等重要事项之举办，均透过党政联席会议民运审查小组决定后实施。由于党政双方意见融洽一致，民众团体组织训练工作进展极称顺利，本年度一至十二月份党政联席会议民运审查小组会议计开31次，共审查民众团体申请组织案件140案，准予组织者118案、不准组织者20案、合并组织者1案、准予整理者1案，兹将历次审查案件数量统计表附后：

重庆市党政联席会议民运审查小组会议1943年度审查案件数量统计表

会议日期	会议次数	民运审查小组会议决议案件				备注
		准予组织案件数	不准组织案件数	合并组织案件数	准予整理案件数	
1月16日下午2时半	第11次	5				
1月20日下午2时半	第12次	1				
2月3日下午2时半	第13次	5				
2月17日下午2时半	第14次	4				
3月3日下午2时半	第15次	1				

续表

会议日期	会议次数	民运审查小组会议决议案件				备注
		准予组织案件数	不准组织案件数	合并组织案件数	准予整理案件数	
3月10日下午2时半	第16次	1				
3月19日下午2时半	第17次	2				
3月21日下午2时半	第18次	1	3			
4月14日下午2时	第19次	10	1			
4月21日下午2时	第20次	6				
4月28日下午2时	第21次	3	1			
5月5日下午2时	第22次	3				
5月12日下午2时	第23次	4	2			
5月26日下午2时	第24次	4				
6月5日下午2时	第25次	7				
6月23日下午2时	第26次	3	1			
6月30日下午2时	第27次	5				
7月10日下午2时	第28次	2				
7月21日下午2时	第29次		2			
7月28日下午2时	第30次	4				
	第31次		1			
8月26日下午2时	第32次	2				
9月8日下午2时	第33次	1		1		
9月22日下午2时	第34次	3	1			
10月6日下午2时	第35次	10	2			
10月26日上午8时半	第36次	3				
11月5日下午2时	第37次	1	1			
11月11日下午2时	第38次	8	1			
12月8日下午2时	第39次	1				
12月15日下午2时	第40次	16	4		1	
12月22日下午2时	第41次	2				
合　计	31次	118	20	1	1	

（二）建立党团工作

本年度本会一面为巩固本党社会基础促进宪政设施，一面为协助政府推行非常时期工商管制政策，增强抗建力量起见，注重在各人民团体中建立可以实际把握运用之党团发挥核心领导作用，除将原有党团加以调整外，其于新建立党团干事之甄选尤持审慎之态度。本年度一至十二月份经调整及新建立之党团计有30个，已按期编列工作报告中。兹将各团体党团数量统计表附后：

重庆市党部1943年度建立各民众团体党团数量统计表

党团类别	党团数量	备考
农人团体党团	3	
渔人团体党团	1	
工人团体党团	11	
商人团体党团	14	
自由职业团体党团	1	
合计	30	

（三）指导民众组训工作

1. 农民渔民运动工作

本市农人团体计有八至十七区等10个区农会及市农会1个，渔人团体有市渔会1个，本年度本会特别注意指导其改选及举办会员训练班、农民福利社、试验农场、渔业生产合作社等增进其知识技能，促进其生产。兹略述概况如下：

（1）重庆市农人团体1943年度组织数量统计表

类别	市农会	区农会	镇数	保数	会员数	备注
数量	1	10	34	203	4750	

（2）重庆市渔人团体1943年度组织数量统计表

类别	市渔会	会员数	备注
数量	1	246	

（3）督导各农会及市渔会改选

本会为健全各级农会与市渔会之组织及指导其活动起见，经会同社会部市社会局派员督导市农会各区农会及市渔会依期进行改选。兹将本年度已改选各级农会及渔会情形列表附后：

重庆市各级农会及市渔会1942年度改选统计表

改选日期	团体名称	负责人		备注
		职务	姓名	
1月1日	第十五区农会	常务理事	刘野樵	
3月1日	第十一区农会	同	樊子良	
3月6日	第十四区农会	同	吴绍尧	
7月17日	第十七区农会	同	王思齐	
8月5日	市农会	理事长	樊子良	
11月6日	市渔会	常务理事	石重阳	

（4）辅导各区农会举行会员训练班

本会自十一月份检查各区农会，见各该农会会员数量大增质量不齐，经会同市社会局辅导第八、第十等6个区农会分别举办会员训练班，并由本会派员讲授总理遗教记载言行及民权初步与有关战时法令等，考查训练成绩尚佳。兹附各农会会员训练班一览表如后：

重庆市各区农会1943年度举办会员训练班一览表

名 称	受训学员人数	训练班主持人	开班日期	班 址	备 注
重庆市第八区农会会员训练班	50	李玉清	12月31日	新市场	
重庆市第十区农会会员训练班	50	蒋伯超	12月11日	江北观音桥	
重庆市第十一区农会会员训练班	50	夏厚丞	12月14日	弹子石	
重庆市第十二区农会会员训练班	50	王子平	12月7日	南坪场	
重庆市第十六区农会会员训练班	50	王和声	12月8日	江北寸滩	

（5）督导市农会筹办农民福利社

本会本年度不断派员指导市农会及第十一区农会，举办农民福利社，其业务为：①农民茶社②理发室 ③诊疗所 ④书报室，以改善会员经济生活、提高会员知能、增加其在会服务经验，尤造成会员与农会利益及经济上之连锁关系，使会员与农会组织关系更增密切。第十一区农会已切实办理成效尚著，市农会因限于经费未能举办，已指示于下年度开始切实筹办。

（6）指导第十一区农会举办试验农场

十一区农会常务理事樊子良同志为提倡增产改良农业技术，自将窍角沱镇私产50亩辟作试验农场，本会一面以该员热心公益提倡增产，已予传令嘉奖外；一面辅导该农场从事农产试验工作：①改良稻种麦种——向四川省粮食增产委员会领取稻种麦种散发会员试种。②改良肥料——向四川省粮食增产委员会购买骨粉试用。③推行防止蔬菜药害虫办法。均显有收获，下年度仍将继续督导试验以资示范用宏实效。

（7）指导各农会举办会员登记并检查办理情形

本市农民关于知识浅薄恒多未参加农会组织者，本会特派员分赴各区农会督导举办会员入会登记，同时商请地方保甲人员经常协助各区农会办理会员强制入会工作，并为检查各区农会办理情形起见，复会同社会部市社会局及市农会派员组织“市农人团体检查队”，自十一月十七日起至二十八日止分赴第八至第十七等10个区农会，检查其办理会员入会情形，结果各区农会会员人数大量增加。

2. 督导市渔会举办渔业生产合作社

为使市渔会达成改善渔民经济生活之任务与发展渔业生产之目的，经会同市社会局派员督导，该会于本年十一月筹办渔业生产合作社一所。

（二）工人运动工作

本市工人团体截至本年底除业经许可组织尚未成立者外，有产业工会、职业工会、特种工会共计72个单位。本年度本会特别注意运用其原有组织与党团力量指导其“改选”、“整理”及“举行五一劳动节纪念”与“慰问工厂工友”“举办会员训练班”“举办会员入会登记”及“检查办理情形”、协助“评定运价工资”“调解劳劳纠纷及劳资纠纷”“观察及评判各厂矿生产工作竞赛”等，并积极加强工人政治思想之训练与革命行动之领导。兹分别概述如下：

（1）重庆市工人团体三十二年度组织数量统计表

区别	总工会	工会	分会	支部	小组	总计	备注
城区	1	55	67	111	5		
南岸区		9	31	39	4		
江北区		5	23	38	18		
沙磁区		3	22	16	7		
合计	1	72	143	204	32[①]		

（2）重庆市工人团体三十二年度成立数量统计表

名称	一至三	四至六	七至八	九至十二	总计	备注
工会		3	2	2	7	
分会	4	1	3	4	12	
支部	1	6	4	4	15	
小组						
合计	5	10	9	10	34	

（3）重庆市工人团体三十二年度改选数量统计表

名称	一至三	四至六	七至八	九至十二	总计	备注
工会	16	9	13	7	45	
分会	10	21	7	6	44	
支部	17	43	14	71	145	
小组				17	17	
合计	43	73	34	101	251	

（4）发动五一劳动节纪念并慰问工厂工友

本年五一劳动节由本会会同市社会局策动本市各业工人，于是日午前在市内新运模范区举行“陪都五一劳动节纪念大会”，到〔会〕党政机关代表及工人万余人，情绪极称热烈。同时本会复派员参加“各区工人慰问团”，分别慰问市区电力厂，自来水厂，沙磁区豫丰纱厂、渝鑫钢铁厂、瑞华玻璃厂，江北区中国兴业公司钢铁厂，南岸区中新、裕华两纱厂等各厂工友，向工友讲解五一劳动节意义□各该厂实施政府所□定之奖金办法，结果尚属美满。

（5）指导各工会举办会员训练班

本会时虞各工会干部之缺乏影响组织之健全与会务之推动至巨，经商同市社会局分别派员指导市“文化”“交通”“市政”等各业工会，尽先举办会员训练班，由本会派员讲授各重要课程，并由本会各委员担任精神讲话，训练结果成绩颇佳。下年度仍拟指导各工会尽其可能继续举办会员训练班。兹将本年度业经举办会员训练班之各工会列表附后：

① 各分项合计数应为34，原档照录。

重庆市各工会1943年度举办会员训练班一览表

名称	受训学员人数	训练班主持人	开班日期	备注
重庆市印刷业职业工会会员训练班	89	陈光宇	12月1日起至12月16日止	
重庆市人力车业职业工会会员训练班	60	王禹平	12月8日起至12月16日止	
重庆市班车业职业工会会员训练班	90	周亚威	12月6日起至12月20日止	
重庆市“泥水”“木作”“石作”“篾作”“油漆”业职业工会会员训练班	80	李森荣	12月9日起至12月28日止	
重庆市中西餐厨业职业公会会员训练班	50	廖青亭	12月25日起至1944年1月27日止	

（6）指导各工会举办会员登记并检查办理情形

本会运用党团力量协助各工会实施强制入会限制退会办法，切实普遍举办会员登记，并为考核其办理情形起见，复与社会部市社会局及市总工会派员组织“市工人团体检查总队”，自十一月三日起至十五日止分区检查“市政”“交通”“文化”等各职业工会强制会员入会情形，检查结果尚有未入者之工人1000余人，业经劝导参加各业工会组织。

（7）协助政府评定工资运价概况

本市评定“工资运价”有一专管之机构为重庆市评定工资运价委员会，由本会及市社会局、工务局、警察局、三民主义青年团重庆支团部、市参议会、市商会、市总工会、迁川工厂联合会、裕华纱厂产业工会、市工人服务总队等11单位参加组织。至本年底共举行评议会议19次，评定工资者有：①织布业 ②纺纱业 ③煤矿业 ④毛巾业 ⑤机械业 ⑥面粉业 ⑦油漆业 ⑧针织业 ⑨印刷业 ⑩成衣业 ⑪西服业 ⑫斗量业 ⑬挑水业 ⑭木作业 ⑮石作业 ⑯篾作业 ⑰提装业 ⑱泥水业⑲肩舆业 ⑳人力车业 ㉑捆制业 ㉒自来水业 ㉓猪鬃业 ㉔毛毯业 ㉕染织业等；评定运价者有：①拨船业 ②转江拉滩业 ③渡船业 ④板车业 ⑤运输业等。自实施评定工资运价以来，颇能适合工人本身生活需要，且可防制自由加价刺激物价影响一般人民之生活，功效颇著。

（8）调解劳动纠纷及劳资纠纷情形

本年度调解劳工与劳工发生业务上之纠纷者4案，劳方与资方争议之事者7案，兹将调解情形列表附后：

重庆市1943年度劳劳纠纷及劳资争议一览表

纠纷或争议当事人	性质	主要调解办法	调解时间
市渡船业职业工会中渡口支部与盘溪支部	业务纠纷	双方协定合推办法	3月4日
市运输业职业工会中渡口支部与土湾支部	业务纠纷	双方协定分工办法	6月16日
市运输业职业工会矿灰支部与窑灰工会	业务纠纷	1. 矿灰支部属于窑灰工人参加窑灰工会 2. 窑灰工人即行改选健全组织	8月28日
市四川丝业公司产业工会与厂方	工资争议	双方协定工资调整办法	3月17日
市渡船业职业工会与重庆轮渡公司	争议临香轮渡航线	临香临刘两线由重庆轮渡公司办理	2月26日

续表

纠纷或争议当事人	性质	主要调解办法	调解时间
市猪鬃业职业工会与市输出商业同业公会	争议改善工人生活	双方协定改善膳食办法	4月8日
市拨船职业工会与重庆庆磁轮渡公司	业务纠纷	双方协定业务划分办法	4月13日
市猪鬃业职业工会与市输出商业同业公会	猪鬃工人怠工问题	双方协定调整工资办法	6月25日
市运输业职业工会□□支部与运炭支部	业务纠纷	双方协定划分业务办法	7月30日
市提装业职业工会与资方	工资争议	双方协定工资呈报主管机关核示	8月24日
精勤工厂工友与厂方	解雇争议	1. 照工厂法规给1月工资并津贴伙食费800元 2. 学徒由厂方供膳	9月22日

（9）视察及评判各厂矿生产工作竞赛

中央组织部工矿党务训练班同学会发动本市各厂矿同学自十一月十五日起至二十日止举行生产工作竞赛，视察竞赛结果各厂矿一般生产效率增进30%至50%。总评判团体优胜为民生造船机器厂，第一个人优胜，每一厂矿录取5人至10人，并各致送奖旗奖状奖章，本会赠与锦旗一面由工矿同学会转发以资纪念。

3. 商人运动工作

本市商人团体，截至本年底除营造薪炭两商业同业公会业经许可组织尚未成立者外，共有商业工业、输出业等同业公会119个单位。本年度本会特别注意运用党团力量指导其改选、改组、整理及协助平抑物价、督导工商团体会务业务情形并筹办人民团体书记训练班。以积极加强商人政治思想之训练与革命行动之领导。兹分别概述如下：

（1）重庆市商人团体1943年组织数量统计表

类　别	团体数	备　注
市商会	1	
商业同业公会	90	
工业同业公会	25	
输出业同业公会	3	
合　计	119	

（2）重庆市商人团体1943年度劳动数量统计表

变动性质	团体类别	团体数	备　注
成立	商业同业公会	7	
	工业同业公会	1	
	输出业同业公会		
	矿业同业公会	1	

续表

变动性质	团体类别	团体数	备 注
改选	商业同业公会	15	
	工业同业公会	3	
	输出业同业公会		
	矿业同业公会		
改组	商业同业公会	3	
	工业同业公会		
	输出业同业公会		
	矿业同业公会		
整理	商业同业公会	4	
	工业同业公会		
	输出业同业公会		
	矿业同业公会		

（3）协助平抑物价

自总裁颁订物价管制方案后，本市由市社会局于本年一月三日邀集有关机关及工商团体负责人举行限价会议核议物价、工价，本会主任委员亲自出席详解限价意义及推行方法，本会复经常派员协助办理是项工作及督导各公会遵照物价管制方案规定填报限价议价表。至四月份社会局成立"重庆市物价评议会"，本会吴兼组训处长茂荪兼任该会副主任委员，按时举行评价会议，督导各公会遵照会议决议案将限价议价货品一律标签出售，推行有日成效尚著。兹将历次评价会议情形列表附后：

重庆市 1943 年度评价会议概况表

召集评价会之机关或团体	会议日期	会议性质	备注
市社会局	4 月 17 日	讨论：1. 议价范围 2. 合理利润 3. 分组审察	
财政部川康区食糖专卖局重庆分局	4 月 20 日	评议食糖价格	
市社会局	4 月 23 日	评议特□砖瓦价格及存货问题	
财政部烟类专卖局重庆区办事处	5 月 3 日	评议烟类价格	
同右〈上〉	5 月 7 日	同右〈上〉	
同右〈上〉	5 月 13 日	同右〈上〉	
同右〈上〉	5 月 14 日	同右〈上〉	
同右〈上〉	5 月 15 日	同右〈上〉	
市社会局	5 月 17 日	评议鸡鸭蛋、烧饼、油条、电影、戏剧、理发、浴池等业价格	
财政部烟类专卖局重庆区办事处	5 月 27 日	评议烟类价格	
市社会局	6 月 19 日	评议□染、皂烛、制革、百货、饴糖、竹作、柴商、图书、教育用品等价格	

续表

召集评价会之机关或团体	会议日期	会议性质	备注
同右〈上〉	6月22日	同右〈上〉	
市商会	10月11日	评议皮货价格	
同右〈上〉	10月14日	评议戏剧、纸张价格	
同右〈上〉	12月3日	同右〈上〉	
同右〈上〉	12月20日	同右〈上〉	
同右〈上〉	12月21日	评议山米价格	

（4）督导工商团体推行管制工作

本会为协助政府加强工商管制，本年度仍会同社会部、经济部、粮食部、社会局每月轮流召开本市各机关督导工商团体会报一次，并约请有关机关如财政部、交通部、国家总动员会议、国民参政会、经济动员策进会、花纱布管制局、东川税务局营业处、财政部直接税处等参加商讨“工商训”“工商管制”及解答工商团体一切困难问题并指导市商会按月召开工商团体工作会报3次，每次会报均由本会及有关机关派员出席指导。上述两种会报均按期举行，成绩良好，下年度仍将继续举行。兹将两种会报情形列表如下：

①重庆市三十二年度各机关督导工商团体会报概况

会报次数	会报日期	召集会报机关	参加机关或团体	会报内容	备考
第十三次会报	一月二十九日	粮食部	市党部、社会部、经济部、社会局、财政部、粮食部、交通部、国家总动员会议、经济动员策进会、花纱布管制局、川东税务局营业处、财政部直接税处	1. 工商组训报告 2. 工作检查 3. 检查事项 4. 其他	
第十四次会报	二月二十六日	市社会局	同上	同上	
第十五次会报	三月三十一日	经济部	同上	同上	
第十六次会报	四月二十九日	社会部	同上	同上	
第十七次会报	五月二十九日	市党部	同上	同上	
第十八次会报	六月二十九日	粮食部	同上	同上	
第十九次会报	七月二十四日	市社会局	同上	同上	
第二十次会报	八月三十一日	社会部	同上	同上	
第二十一次会报	九月十六日	经济部	同上	同上	
第二十二次会报	十月二十九日	市党部	同上	同上	

续表

会报次数	会报日期	召集会报机关	参加机关或团体	会报内容	备考
第二十三次会报	十一月二十日	粮食部	同上	同上	
第二十四次会报	十二月三十日	社会部	同上	同上	

②重庆市三十二年度工商团体工作会报次数统计表

名称	一至十二月份工作会报次数				参加团体	备注
	一至三	四至六	七至九	十至十二		
重庆市工商团体工作会报	7	9	9	8	分组参加（1）普通商业（2）重要工商业（3）必需品商业	

（5）协助工商团体推行示范工作

本会与社会部、社会局、警察局及市商会督率市工商团体推行示范工作，于十一月份组织重庆市工商团体检查总队分区挨户检查，实行强制入会限制退会办法，以期组织严密检查。计分2期，第一期由第一区起至第八区止，业经检查完竣，第二区〔期〕由第九区起至第十七区止，已于十二月二十四日开始检查，预计至三十三年度一月份可检查完毕。兹将第一期检查情形列表于后：

类别	已入会数	未入会数	备注
工厂	159	62	
公司	190	5	
行号	9596	1029	
合计	9945	1096	

（6）视察各工商团体会务事务情形

本会为明瞭本市各工商团体会务事务情形起见，经商同社会部、经济部、市社会局及市商会组织“工商视察团”，各派代表1人。自六月一日起开始视察，于八月二十二日视察完毕。按各工商团体成绩优劣拟订奖惩办法交由市社会局分别予以奖惩。

（7）筹办人民团体书记训练班

本会为协助政府推行示范工作起见，经会同社会部、市政府、江北巴县政府筹办重庆市江北巴县人民团体书记训练班，由贺市长担任该班主任，本会杨主任委员担任训练委员会主席，并采取集中训练军事管理，学员膳宿由班供给。训练期间一个月，计调训同业公会书记26名，职业工会书记13名，招收21名，本会保送党员13名，三民主义青年团重庆支团部保送团员13名，江北县政府保送26名，巴县政府保送30名，共计148名。课程悉照社会部颁行社会工作人员训练办法所规定之课程，分为普通课程、专业课程，并注意学员个别考察及训育活动。前者由本会工作同志3人担任训育干事，后者分小组会议工作，讨论学术研究党务活动同乐会讲演会等由班聘任指导，予以指导，该班业于九月八日结束，学员考试及格予结业者计132名，已由市社会局、江北巴县两县政府派遣各团体服务。

（四）社会团体工作

1. 社会团体组织

本市各特种社会团体截至本年底，除业经许可组织尚未成立者外，共有314个单位。本会本年度特别注意运用党团领导自由团体之活动，并积极指导其他团体组织之健全，以适应战时之需要。兹将各特种社会团体组织及变动情形列表附后：

（1）重庆市社会团体三十二年度组织数量统计表

类别	数量	类别	数量	类别	数量	备注
文化学术	33	公益慈善	41	宗教	5	
戏剧宣传	27	同学会	97	特种团体	22	
自由职业	5	同乡会	89			

（2）重庆市社会团体三十二年度变动数量统计表

类别	成立数	改选数	整理数	改组数	备注
文化学术	2	1			
戏剧宣传		2			
自由职业		6			
公益慈善	2	8			
同学会	8	11			
同乡会	16	14			
宗教		3			
合计	28	45			

（五）协助政府推行合作事业

本年一至十二月份，本会会同市社会局指导本市各区镇暨机关团体，成立消费合作社计有124个，生产合作社计有24个，合计148个。连同三十一年十二月底以前成立消费生产等合作社280个，共计有428个。

第三，宣传工作

一、宣传指导工作

（一）改进并推广通俗宣传

1. 撤销市宣传委员会

通俗宣传工作原由重庆市宣传委员会主持办理，但限于经费人员以致工作停滞有名无实。爰经本会第17次执行委员会慎重研究决议，暂将该会撤销，所有该会任务统由本会负责办理。当经承奉中央宣传部核准。

2. 筹建民众讲堂

本会为协助推行政令，增进民众知识起见，依照通俗宣传实施计划，建立民众讲堂3所。第一民政讲堂设城中心米亭子，由本会主办。第二、三两讲堂由上清寺、青木关二会服务处分别主办。经先后成立施讲，各讲堂均能遵照规定，按周举行，并于各种纪念节日特别举行扩大讲演，会众皆甚踊跃，颇收宣传效果。兹将各讲堂工作概况列表如左〈下〉：

重庆市党部各民众讲堂工作概况表

讲堂名称	地址	主办单位	开讲日期	讲演次数	讲题范围	艺术宣传项目	听讲人数	效果
第一民众讲堂	米亭子永记茶社	本会	九月二十四日	16 次	党义、国父暨总裁言论、法令及时事报告等	抗战词曲魔术等	平均每次600 人以上	听众踊跃秩序良好
第二民众讲堂	上清寺	上清寺社会服务处	九月二日	18 次	党义浅解、公民常识、时事新闻等	抗战词曲幻灯电影等	平均每次300 人	听众踊跃秩序良好
第三民众讲堂	青木关	青木关社会服务处	七月二十四日	23 次	公民常识、时事报告、忠勇逸事	儿童歌谣抗战词曲等	平均每次三四百人	听众踊跃秩序良好

3. 办理扩大通俗讲演游艺大会

本会为加强通俗宣传起见，特会同中央宣传部于十一月四日假广播大厦举行扩大通俗宣传讲演游艺大会，敦请吴委员稚晖、梁部长寒操等讲演并表演各种通俗游艺，听众踊跃收效极宏。

4. 办理民间艺人调查登记

本市民间艺人为数甚众，过去漫无组织，非唯无由为党宣传且亦不克用[①]，为改良社会风尚，本会特派员详密调查办理登记，并召集在渝民间艺人举行茶会，指示其工作。请中央宣传梁部长亲临训话，及有关机关派员出席指导。当由各组分别推选代表 1 人筹备组织艺术改进协会，以期加强组织推进通俗宣传。兹将登记统计表列后：

重庆市民间艺人统计表

组别	类别	人数	领导人	备考
第一组	杂技	40	马守义	内有大鼓相声魔术口技滑稽戏等
第二组	清音	42	石金林	该组分湖北籍四川籍两派
第三组	评书	41	屈映平	内有评书竹琴等
第四组	金钱板	128	孙海山	
第五组	花鼓	133	杨鹏飞	
第六组	其他	9	孙海山	内有西洋镜及川籍清音
合计		405[②]		

（二）政令及法令宣传

1. 举办限价扩大宣传

本市近年来物价波动甚剧，影响人民生计，本会特汇集有关材料编印小册一种，并附研讨大纲发交所属广为宣传，及提出小组会议研究，复以限价宣传为本年中心工作之一。曾于庆祝开国三十二年纪念中宣读总裁实施限价办法、通电，及讲解限价法令，并遵奉中央规定举行限价扩大宣传周，全市民众悉能拥护限价，此表明收宣传之效。

2. 扩大户政法令宣传

① 原档照录。

② 各项之和与合计不符，原档照录。

本年为户政施行年，本会除将中央颁发之《各省市办理户籍及人事登记实施程序》暨《推行户籍行政宣传纲要》印发各社会服务处、各工商职业团体，会同当地乡镇保甲长举行宣传大会及转知国民月会督导员参阅讲解讲解编入宣传通报、绘制幻灯片，同将利用身份证总检查做口头宣传外，并于七月十五日举行户政法令宣传大会，召集各工商职业团体负责人及乡镇保甲长与户籍人员出席听讲。复通饬各级党部利用一切机会做普遍深入之宣传。

3. 协助疏散宣传

本市人口众多，为避免空袭无谓牺牲起见，特组织陪都各界疏散督导委员会，本会担任常务委员及宣传工作，利用一切宣传方法督促市民疏散。

4. 发动党员投保寿险

本会为协助发展人寿保险事业，特通令各区党分部、各社会服务处广为宣传，并饬属踊跃投保以资倡导保险事业与国民储蓄。

5. 改善市民争购日用必需品秩序

本会为本市民众购买平价物品时争先恐后秩序混乱，颇足影响人心，特函请市政府对于物品之供应支配管理加以改进，购买时秩序之维持再求合理之规划，由市府分别办理，颇多改进。

6. 协助征实征购法令宣传

本年征实征购数额增加办法亦有变更，本会于接奉中央电令后即通令各属遵照指示广为宣传，俾粮政推进顺利。

7. 办理空袭宣传

八月二十三日敌机突来本市偷袭，其后续发警报数次，陪都空袭救护委员会特举行会报，商讨空袭救护事宜，并请本会办理空袭宣传。当经拟定办法一种，并分别实施。

本会除对上述各项广为宣传外，尚有实施议价政策、市民领取身份证与出入境证及制止谣传食盐加价等项，亦均饬属及时宣传，使一切战时法令得以顺利推行。

（三）举办及指导各种纪念宣传

一年来本会主办大规模之纪念集会凡5次，策动参加民众在2万人以上。规模较小之代表大会凡6次，到会民众共计5000余人。总计全年举办各种纪念机会共计11次，发动民众3万余人。关于各种纪念集会之意义与政令宣传之效果，影响市民至大。各郊区党分部策动办理之各项纪念宣传均能与当地保甲认真举行。此外，协助及指导有关机关民众团体举行之纪念集会，共10次，其中主持宣传工作计5次。兹将举办概况表报于后：

（1）重庆市党部三十二年度主办各种纪念市民大会概况统计表

举行日期	大会名称	到会人数	举行概况	其他宣传	备考
一月一日	庆祝中华民国开国三十二年纪念大会	8000余人	上午十时在夫子池新运广场与国民月会及新华大团拜合并举行，刘峙主席领导行礼举行大团拜，贺耀祖领导全体朗诵国民公约，杨公达宣读总裁实施限价办法通电，谷正纲、康心如演讲。十一时许高呼口号散会	悬旗张灯全市休假1日，街头遍悬布标，各户张贴春联，各报发行专刊或增刊，午后二时在一园举行军马联欢大会，赠送拱卫陪都军军警慰劳金，晚间放映露天电影，各娱乐场排演有关抗建影剧	龙门浩、香国寺、罐山寺、唐家沱、山洞陈家桥、天生桥、弹子石等地亦举行庆祝大会

续表

举行日期	大会名称	到会人数	举行概况	其他宣传	备考
二月五日	庆祝中美、中英平等新约大会	5000余人	午后二时在新运广场举行庆祝大会，杨公达主席、贺耀祖宣读国民政府订立平等新约命令，刘峙宣读蒋委员长告全国军民书，张道藩、谷正纲相继演讲，通过呈蒋委员长致敬及英美二领袖申贺电，会后游行，参加约7万人，民众夹道欢呼盛况空前	全市悬旗张灯遍贴□制标语壁报漫画，会场及精神堡垒上空高悬同盟国旗，本会编印庆祝新约小调1种，策动民间多名演唱，颇收宣传之效	独石桥、青峰寺、黄沙溪、花垭湾、唐家沱、青木关、化龙桥、廖家台、九龙坡、歌乐山等地亦举行庆祝
六月十四日	庆祝联合国日大会	5000余人	上午七时假新运广场举行大会，杨公达主席宣读《联合国宣言》，嗣由吴铁城、张道藩演讲，九时半散会，下午举行联合国旗大游行	会场高悬联合国旗巨幅标语漫画，本会编制壁报特刊，印制口号单，全市各通冲悬挂横布标语胜利红灯	
七月七日	抗战建国六周年纪念大会	5000余人	上午八时在新运广场与七月份国民月会合并举行，会前举行公祭，阵亡将士及殉难官民典礼由贺耀祖主祭，主席团陪祭，大会由刘峙主席、张道藩、程泽润、李奎安演讲，通过电蒋委员长致敬并电慰前方将士及沦陷同胞盟方将士，高呼口号，十时许散会	编刊壁报特刊、标语及告民众书，发动各机关制悬横布标语，通令各区党分部，会同当地机关举行纪念会，晚间于夫子池及南岸放映抗战电影	
十月十日	三十二年国庆纪念暨蒋主席就职典礼	2000余人	上午九时假国泰戏院举行国庆纪念及蒋主席就职大会，杨公达主席、谷正纲、刘峙等讲演，通过恭贺蒋主席就职电文	悬旗张灯，本会绘制壁报特刊及巨幅标语漫画，晚间放映电影，各报均撰刊国防科学论文及庆祝专号	所属各区党部各民众讲堂均举办庆祝大会，并通俗宣传

（2）重庆市党部三十二年度主办纪念节日小规模代表大会概况统计表

日期	名称	参加人数	开会概况	其他宣传	备考
三月十九日	革命先烈纪念大会及纪念碑奠基典礼	各500余人	上午八时在实验剧场举行大会，由刘峙主席并报告纪念意义，邹海滨讲演先烈史迹，贺耀祖、李奎安、杨公达讲演，下午二时在中央公园举行先烈纪念碑奠基典礼仪式隆重	是日上午十时由市府主办，于遗爱祠举行公祭，典礼到各中委各机关团体首长代表百余人	

续表

日期	名称	参加人数	开会概况	其他宣传	备考
九月九日	总理第一次起义纪念会	300余人	上午九时在本会大礼堂举行，由吴茂孙主席，嗣由骆继常等讲演		北碚、青木关、天生桥、小龙坎、南岸、悦来场、赵家湾等区党分部分别召开纪念会
九月十八日	“九一八”12周年纪念大会	1000余人	上午九时假实验剧场举行，杨公达主席，刘哲、吴焕章、洪钫讲演，通电慰问东北四省同胞，□呼口号散会	编刊壁报及布纸标语并放映电影，各报社等专论或出特刊	
十一月十二日	庆祝国父诞辰纪念大会	1000余人	上午九时在实验剧场与社会教育运动开幕典礼合并举行，杨公达主席，吴稚晖、贺耀祖、刘峙等相继讲演	印发告民众书，悬制布标及各报发行特刊专号，举办广播讲演，排演抗建剧本电影，放映有关纪念国父影片	所属各区党分部据呈报有案者计有第四十一区第九分部等5单位
十二月二十五日	云南起义纪念暨张培爵烈士纪念碑奠基典礼	500余人	上午十时举行，由于院长报告张烈士革命事略，继即举行沧白路、邹容路命名典礼		
总计	4次	5000余人			

（3）重庆市党部三十二年度协助并指导临时机会宣传概况表

月份	集会名称	主办机关	协助及指导概况	所收效果	备考
三月份	国民精神总动员四周年纪念大会	国民精神总动员会	本会参加筹备及担任宣传事项，绘制幻灯标语及布标等		三月十二日在新运广场举行
五月份	“五一”劳动节	市社会局	本会担任宣传组组长，所有告工界同胞书及标语口号等皆由本会审印散发，杨主任委员公达特出席讲演，并派员参加访问队		上午九时假国泰戏院举行
六月份	“六三”禁烟纪念	市政府	本会拟定宣传纲要、标语、口号、仪式单等，并绘制幻灯片，复派员监视焚毁烟具赌具		上午八时假国泰戏院举行
七月份	国民革命军誓师纪念日	卫戍总司令部市社会局	本会各委员分别前往参加并出席中央之纪念大会		

续表

月份	集会名称	主办机关	协助及指导概况	所收效果	备考
八月份	空军节		绘制幻灯片、制贴壁报、张悬布标		林主席逝去大会停办
	孔子诞辰	市政府	本会各委员参加公祭，杨主任委员并出席教师节纪念会讲演		
十一月份	第四届防空纪念大会	防空司令部	本会担任筹备委员会及宣传组组长，洽请各报出刊专论增刊，绘制壁报标语幻灯片，撰印传单，特约广播放映电影，撰拟致敬电文，印发口号单等		
十二月份	接受美国人民友谊书信大会	本会发动	本会持续发动民众于十一月四日假银行界同仁进修社举行中国人民接受美国人民友谊书信大会		
	常德胜利宣传	本会发动	我军克复常德消息传到后，本会首先赶书捷报多份，派员乘坐汽车张贴各通冲，并书制大幅标语持走游行	全市民众闻捷报传来均纷纷鸣炮庆祝	
	知识青年从军运动讲演大会	三民主义青年团中央团部	本会特发动本市党员及人民团体会员前往听讲以利役政		
总计	10 次				

（四）陪都各界公祭林故主席

国民政府主席林滋逝，陪都各界公祭事宜由本会暨市政府会同筹办。所有一切布置日夜赶办，至八月七日清晨赶办完竣，会场庄严肃穆。上午八时正〔整〕公祭开始，到何参谋总长、严主任委员、贺市长等代表各单位主祭，个人主祭者亦甚踊跃，公祭情绪备极哀肃。

（五）阐扬遗教及开展文化运动推进精神总动员工作

本会对于阐扬遗教及开展文化运动，推进精神总动员工作莫不积极从事，悉力以赴。兹志其重要工作于后：

1. 阐扬遗教：关于中央广播电台播讲总理遗教间排定节目，按周举行。又本市南开中学及妇女辅导院等经常由本会派员讲述总理遗教，成绩良好。

2. 协助举办党义讲演竞赛：中央文化运动委员会暨中央宣传部三民主义研究会分别举办重庆市专科以上学校及中等学校学生三民主义讲演竞赛会，本会均派员参加筹备，并由本会委员骆继常出席担任评判，至本市各文化团体举行之各种座谈会，本会均派员参加指导。

3. 协助国民精神总动员四周年纪念工作：三月十二日国民精神总动员十周年纪念大会本会参加筹备，并任宣传组工作，所有幻灯标语均系本会代制。

（六）审定标语传单暨取缔出售不合规定之国父、主席、总裁头像

1. 一年来审定标语宣传单列表统计于左〈下〉：

续表

月份	类别	数量	审查结果	备考
一月份	口号	2000	查无不合盖章发还	
	标语	4200	查无不合盖章发还	
	杂件	8822	查无不合盖章发还	
二月份	口号	4012	内12件修改余发还	
	标语	60	内10件加以修改余均盖章发还	
	杂件	221	盖章发还	
三月份	口号	4000	盖章发还	
	标语	4042	盖章发还	
	杂件	7000	盖章发还	
四月份	标语	3010	内有10件加以修改余均盖章发还	
	杂件	5015	内有1件未尽妥善余均发还	
五月份	标语	1010	查无不合盖章发还	
	杂件	103	查无不合盖章发还	
六月份	标语	8347	内有129件没收余发还	
	杂件	116	查无不合盖章发还	
七月份	标语	878	内没收479件余发还	
	壁报	1	盖章发还	
	杂件	112	盖章发还	
八月份	标语	2000	盖章发还	
	杂件	92	盖章发还	
九月份	标语	2520	内改拟10条余发还	
	壁报	1	修正后发还	
十月份	口号	1000	审查合格盖章发还	
	杂件	45	审查合格盖章发还	
十一月	告民众书	4000	审查合格盖章发还	
	口号单	1500	审查合格盖章发还	
	杂件	2000	审查合格盖章发还	
总计	口号	12512		
	标语	26067		
	杂件	23526		
	告民众书	4000		

2. 取缔本市出售不合规定之国父、主席、总裁图

缘各地书局出售之国父、主席、总裁图像多有不合，有失崇敬之意。本会遵奉中央指示邀请有关机关组织检查队，分区检查。兹将检查结果列表于左〈下〉：

检查图像统计表

项目	像别	数量	备考
送审图像	国父	8	印刷像 6、前贴像 1、石膏像 1
	主席	5	印刷像 4、石膏像 1
	总裁	26	印刷像 9、造像 2、石膏像 5、铜像 2、佩章 8
封存图像	国父	321	印刷像 314、石膏像 7
	主席	256	印刷像
	总裁	898	印刷像 112、石膏像 5、佩章 781
没收图像	国父	6	印刷像
	主席	4	印刷像
	总裁	364	印刷像

二、编审工作

（一）编纂工作

1. 编发宣传通报

宣传通报系本会党内定期印品，每周按时编印一次，分发各区党分部各学校直属党部及各社会服务处，藉收宣传参政之用。自四月起由编审科继续编发。计自四月份之 29 期起至十二月底之 66 期止，共计编发 38 期。其中包括临时宣传指示《□请美国取消华人入境限制条例》《分析共产国际解散之原因》《七七抗战建国六周年纪念》与《意大利政党》4 种。

2. 办理通俗宣传

除审定坊间流行之唱本鼓词（另见审查工作）外，并自行编纂计有《庆祝新约》《疏散金钱板》《抗战花鼓》与《张自忠血溅南瓜店》4 种。

3. 印发告民众书

为配合纪念节日而作，分发本市各界人士。

（1）五一劳动节告劳动同胞书

（2）陪都各界抗战建国六周年纪念大会告同胞书

（3）陪都各界庆祝国父诞辰纪念大会告民众书

4. 撰拟论文及讲述资料

（1）请献出些微的礼物来（为鞋袜劳军运动作）

（2）同情与服务（为伤病之友运动作）

（3）节储与抗建（为节约建国劝储委员会三周年纪念作）

（4）川江民船公会特刊献词（为该会周年纪念作）

（5）九九革命纪念日讲述资料

5. 制贴壁报特刊

（1）六月十四日联合国日特刊

（2）七七抗建六周年纪念特刊

（3）八一四空军节特刊

（4）八二七教师节（孔子诞辰）特刊

（5）九九民族健康节特刊

（6）“九一八”十二周年纪念特刊

（7）国庆纪念日及庆祝总裁充任国民政府主席特刊

（8）十一月十二日国父诞辰纪念特刊

（9）肇和军舰起义纪念特刊

6. 编撰宣传小册

以阐扬主义分析时事为目的，除照原定工作计划完成阐扬主义者两种、分析时事者一种外，并增编宪政问题与分析时事者各一册，共计5册。

关于阐扬主义者：

（1）权能学说浅释

（2）平均地权与节制资本

关于分析时事者：

（1）第三国际的解散

（2）宪政研究参政资料汇辑

（3）从开罗会议到德黑兰会议

7. 分发宣传书刊

三十二年度本会分发宣传书刊情形列表统计附后：

重庆市党部三十二年度一至十二月份收发宣传品统计表

月份	类别	书籍			杂志	总计
		党务公报	宣传小册	宣传通讯		
一月	收	1200	300		40	
	发	1150	290			
二月	收	1200	289	200	8	
	发	1150	280	99		
三月	收	1200	96		34	
	发	1150	90			
四月	收	1285	73	60	23	
	发	1200	70	55		
五月	收		643		21	
	发		640			
六月	收	1284	1850	100	38	
	发	1200	1850	99		
七月	收		400		30	
	发		390			
八月	收		800		30	
	发		790			
九月	收	1200	1055		36	
	发	1150	1050			

续表

月份	类别	书籍			杂志	总计
		党务公报	宣传小册	宣传通讯		
十月	收	600	400		40	
	发	550	390			
十一月	收	1200	2000		60	
	发	1150	1990			
十二月	收	1200	1000		73	
	发	1150	990			
合计	收	10343	8906	260	433	19966
	发	9850	8820	253		19230
附注					存本会中山堂	

（二）审查工作

1. 审订坊间流行之歌曲

自抗战军兴，坊间流行之歌曲甚多，影响一般民众之抗战情绪实非浅鲜。本会鉴于该项词曲大多辞句芜杂文字讹误，故搜集街坊流行之歌曲加以审订，计先后审竣者共有 23 种。兹列表如下：

重庆市党部三十二年度审订坊间流行词曲一览表

名称	审查结果	送审处所（或人）	备注
日本鬼叹五叓	修正发还	湖北抗战歌评队	
男儿应服兵役	修正发还	湖北抗战歌评队	
改良孟姜女	修正发还	湖北抗战歌评队	
抗日连宵	修正发还	湖北抗战歌评队	
抗战连宵	修正发还	重庆市民间艺人孙海山等	
抗日孟姜女	修正发还	重庆市民间艺人孙海山等	
防空防毒	修正发还	重庆市民间艺人孙海山等	
抗日单叹妹	修正发还	重庆市民间艺人孙海山等	
四大缺点	修正发还	重庆市民间艺人孙海山等	
日本改良人种	修正发还	重庆市民间艺人孙海山等	
后方民众	修正发还	重庆市民间艺人孙海山等	
逃难从军	修正发还	重庆市民间艺人孙海山等	
东北风	修正发还	重庆市民间艺人孙海山等	
劝夫从军	修正发还	重庆市民间艺人孙海山等	
最后胜利	修正发还	重庆市民间艺人孙海山等	
出头机	修正发还	重庆市民间艺人孙海山等	
救国公债	修正发还	重庆市民间艺人孙海山等	

续表

名称	审查结果	送审处所（或人）	备注
失南京	修正发还	重庆市民间艺人孙海山等	
国民精神总动员	修正发还	重庆市民间艺人孙海山等	
新十八扯	修正发还	重庆市民间艺人孙海山等	
小菜打仗	修正发还	重庆市民间艺人孙海山等	
当兵好	修正发还	重庆市民间艺人孙海山等	
减衣缩食	修正发还	重庆市民间艺人孙海山等	

2. 复核通讯社新闻纸杂志登记注销事项

本会本年度办理新闻纸杂志登记审核事宜，除经常赴坊间书店调查暨协助登记证总检查外，计核准登记者共96种，不予登记者共3种，吊销登记者共2种，奉中央宣传部核准者共55种。兹分类统计如下：

（1）重庆市党部三十二年本会审核通讯社新闻纸杂志登记分类统计表

类别	刊别	本会复核准予登记	本会复核不准登记	本会吊销登记者	中央宣传部核准登记者
新闻纸	日刊	2			2
	晚刊	1			1
通讯社	通讯社	1	2		1
杂志	周刊	6			2
	旬刊	3			1
	半月刊	18			7
	月刊	48	1	2	30
	双月刊	4			2
	季刊	12			9
合计	96	3	2	55	

（2）重庆市党部三十二年度复核准予登记新闻纸杂志性质分类统计表

类别	性质	日刊	晚刊	周刊	旬刊	半月刊	月刊	双月刊	季刊	合计
通讯社	通讯社	1								1
新闻纸	新闻纸	3								3
杂志	文艺			4		11	17	1	1	34
	政治				1	1	14	1	1	18
	经济					1	3		1	5
	教育				1		3		2	6
	科学						6	2	2	10
	工业				1		4		1	6
	戏剧					2	2			4

续表

类别	性质	日刊	晚刊	周刊	旬刊	半月刊	月刊	双月刊	季刊	合计
杂志	书报					3				3
公报与会刊	公报与会刊									6
合计	4		4	3	18	49	4	14	96	

二、社会服务工作

（一）督导各区社会服务处开展社会服务工作

1. 本会所属各区社会服务处至本年十二月份止共计成立 13 处，经核准尚在筹备中者有 4 处，其经常工作均能切实办理，详细情形已详及各月份工作报告中。兹分别列表于后：

（1）重庆市党部三十二年度已成立之社会服务处

处别	成立年月	负责人	备考
上清寺区社会服务处	二十八年三月	田绩超	
天生桥区社会服务处	二十八年九月	金体乾	
青木关区社会服务处	二十八年十月	费石师	
赵家湾区社会服务处	二十八年十月	张世贵	
南岸区社会服务处	二十八年十月	罗学濂	
黄桷树区社会服务处	二十八年十二月	王荫槐	
独石桥区社会服务处	二十八年十二月	胡宣明	
陈家桥区社会服务处	二十八年八月	汪　弼	
山洞区社会服务处	二十八年四月	周静君	
下石桥区社会服务处	二十八年四月	程兆森	
沙坪坝区社会服务处	二十八年七月	邱介眉	
重庆市银行界同仁进修服务社	二十八年九月	范鹤言	
北碚区社会服务处	二十八年一月	董生禧	

（2）重庆市党部三十二年度在筹备中之各区社会服务处

处别	负责人	处别	负责人
第一区社会服务处	刘野□	歌乐山区社会服务处	李伯荣
歇马场区社会服务处	库象桂	黄葛垭区社会服务处	郑甦民

2. 本会督导各区社会服务处情形

年来本会所属各区社会服务处在经济困难和一切物价条件缺乏之下，经本会一面严督健全组织，一面指导开展中心工作，均能利用社会力量努力于各种社会服务工作之推行。兹将本会督导工作情形表列于后：

（1）重庆市党部三十二年度调整社会服务处组织概况表

处别	调整原因及其结果	调整日期	备考
天生桥区社会服务处	该处由教育部社教工作团工作通知主办，所有同志奉教育部命令赴璧山及沿川康公路一带工作，此项服务工作无法继续办理，乃由本会明令撤销	三十二年三月五日撤销	
龙门浩区社会服务处	该处在筹备期内发生财务纠纷由本会明令撤销，	三十二年十二月二十七日撤销筹备	
独石桥区社会服务处	该处负责人吴尚鹰同志因公离渝，由本会明令二十一区党部调整人事加强工作	三十二年十二月二十四日	
沙坪坝区社会服务处	该处由巴县私立中山书报社改组而成立，过去曾有一部分地产租拨与育英学校沙坪坝镇公所，因过户登记发生产权纠纷，经本会于本市第十六次党政联席会议提出讨论决议处理办法5项	三十二年四月三十日	
赵家湾区社会服务处	该处正副主任离渝他去，由本会明令调整人事	三十二年二月二十七日	

（2）重庆市党部三十二年度策动各区党部筹组社会服务处一览表

区党部名称	策动情形	备考
十六、十七、二十九、三十、五十九、六十七各区党部	由本会于十二月七日召集上列各区党部商讨筹设下城区社会服务处谈话会，推定筹设委员及召集人	
三十二区党部	该区党部曾在小磨滩筹设社会服务处，因地方偏僻，由本会策动在歇马场筹设并派朱委员前往视察筹设地址	

（3）重庆市党部三十二年度指导成立社会服务处一览表

处别	成立日期	负责人	备考
北碚区社会服务处	三十二年一月十日	董□禧	

（4）重庆市党部三十二年度颁订社会服务处章则一览表

类别	颁订时期	备考
设立社会服务处办法	于三十二年九月十七日修订颁发□行	
各区社会服务处经费报销办法	三十二年六月颁订	

（5）重庆市党部三十二年度指导各区社会服务处办理中心工作概况表

经常项目	临时举办事项	临时调查事项
1. 民众书报阅览室	1. 临时举办事项	1. 调查附近地方物价
2. 公用电话	2. 举行国民月会	2. 调查出征军人家属生活状况

续表

经常项目	临时举办事项	临时调查事项
3. 职业介绍	3. 举行民众讲演会	3. 调查附近工厂工人生活状况
4. 升学指导	4. 举行体育运动会	4. 调查当地民众生活状况
5. 民众咨询	5. 举行兵役宣传及政令宣传	5. 调查当地学校情形及失学儿童
6. 民众代笔	6. 举行农民讲座会	6. 其他临时调查事件
7. 旅居向导	7. 推行新生活运动及举行清洁扫除	
8. 卫生指导	8. 设置茶水供应站	
9. 中山室	9. 推行夏令营卫生运动并施发救急药品	
10. 民众义诊	10. 乡镇辅导事宜	
11. 民众学校及夜校	11. 保甲长训练	
12. 消费合作社	12. 协助办理急赈	
13. 经济食堂	13. 募捐慰劳抗属	
14. 壁报画报	14. 提倡节约储蓄运动	
15. 民众茶社	15. 参加空袭救护工作	
16. 民众俱乐部	16. 手痒弃婴	
17. 民众理发室	17. 参加劳军运动	

附注：右〈上〉表列各项工作由本会根据各区社会服务处之客观条件择要指示办理。

3. 派员视察及举办总考核与召开各区社会服务处工作会报

（1）三十二年度视察情形如附表

参加视察人员	视察单位	视察时间	备考
主任委员骆委员、吴委员、朱委员	各区社会服务处	经常利用视察党务之便分赴各区	
萧干事锦城	各区社会服务处	三十二年八月	

（2）三十二年度考核情形如附表

三十一年度总考绩等第	社会服务处名称	办理总考绩时间	备考
甲等	天生桥区、青木关区、黄桷树区、上清寺区、山洞区等 5 个社会服务处	三十二年八月由本会严格考核制订考核总表分呈	
乙等	独石桥区、赵家湾区、陈家桥区 3 个社会服务处	中央备核并印发个社会服务处参考	
丙等	下石桥区、南岸区 2 个社会服务处		
不列考绩者	银行界同仁进修服务社、沙坪坝区社会服务处、北碚区社会服务处 3 个		筹备中之社会服务处亦未列入总考绩

（3）三十二年度召开工作会报情形如附表

参加单位	举行会报日期	会报日期	备考
上清寺区、独石桥区、北碚区、青木关区、陈家桥区、歌乐山区社会服务处及银行界同仁进修服务社	三十二年十二月二日在本会举行	1. 检讨过去工作 2. 交换工作改进意见 3. 解决工作困难办法 4. 决定中心工作	其余各社会服务处负责人因请假未参加

4. 各区社会服务处工作情形

（1）重庆市党部三十二年度各区社会服务处举行经常工作概况表

工作项目	办理概况	备考
1. 民众书报阅览室	本会所属13个社会服务处均已办理，除由各处订购书报外并由本会经常寄发书报图标陈阅	
2. 公用电话	上清寺区社会服务处设有公用电话1个，免费供民众使用	
3. 职业介绍	由各区社会服务处负责人分别向有关机关团体设法安插失业分子	
4. 升学指导	青木关区社会服务处于三十二年夏成立考试服务队，办理成绩颇佳	
5. 办理民众咨询	由各区社会服务处办理解答法律及人事等问题之咨询，其中以独石桥区、青木关区、上清寺区3处办理成绩为佳	
6. 办理民众代笔	各区社会服务处经常为民众代写书信	
7. 旅居向导	由各区社会服务处经常办理，其中以青木关区、上清寺区等处成绩为佳	
8. 卫生指导	由各区社会服务处经常办理	
9. 办理民众义诊	各区社会服务处均努力办理，由本会斟酌给发药品，其中以独石桥区社会服务处成绩为佳	
10. 办理民众学校及夜校	黄桷树区社会服务处办有复兴小学1所，青木关区及上清寺区社会服务处各设有民众讲堂1所	
11. 办理消费合作社	北碚区及天生桥区社会服务处办有消费合作社各1所，其余各处限于财力未奉办	
12. 经济食堂	青木关区社会服务处办有平民食堂1所	
13. 壁报画报	青木关区、北碚区、天生桥区、陈家桥区经常办理壁报	
14. 民众茶社	北碚与山洞两区社会服务处办有特约文化茶社1所	
15. 民众理发室	北碚区社会服务处办有1所	
16. 民众俱乐部	北碚区社会服务处设有康乐组	
17. 推行新生活运动	各区社会服务处均以此为中心工作，发动区党分部分别协助地方保甲人员及民众推行	

（2）重庆市党部三十二年度各区社会服务处举办临时工作概况表

工作项目	办理概况	备考
1. 举行各种纪念会	1. 山洞区、陈家桥区、天生桥区、南岸区等社会服务处举行元旦庆祝大会，会后表演游艺 2. 独石桥区、青木关区、歌乐山区等处举行庆祝新约大会及举办游艺会 3. 北碚区、青木关区、天生桥区、山洞区、南岸区、赵家湾区等社会服务处与当地区党部举行总理第一次起义纪念大会 4. 青木关区举行公祭林故主席大会 5. 陈家桥区、南岸区、歌乐山区等社会服务处举办国庆纪念及庆祝总裁就任国府主席大会 6. 山洞区、南岸区、歌乐山区等社会服务处与当地区党分部举办国父诞辰纪念会	
2. 举行国民月会	由各区社会服务处协同当地区党分部发动保甲按月举行国民月会	
3. 举行民众演讲会	三十二年九月青木关区社会服务处曾举办一次，成绩良好	
4. 举行体育运动大会	1. 北碚区社会服务处于三十二年三月举行篮球赛，分学校、民众两组，学校组有 11 队、民众组有 10 队参加 2. 青木关区社会服务处于三十二年九月举行运动大会竞赛节目，有田径赛、国术表演、儿童健康操比赛	
5. 举行兵役及政令宣传	由各区社会服务处发动区党分部及当地机关学校与民众办理兵役及政令宣传，成绩良好	
6. 举行清洁大扫除	各区社会服务处发动党员会同当地民众办理，其中以歌乐山区社会服务筹备处办理成绩为佳	
7. 设置茶水供应站	天生桥区、青木关区、黄桷树区、陈家桥区等社会服务处均设置茶水供应站	
8. 推行夏令营卫生运动	由各区社会服务处于三十二年四五六七八等月推行夏令营卫生运动，努力办理灭蝇灭蚊及捕鼠等项工作，并由本会配发药品办理防疫注射	
9. 办理乡镇辅导工作	由各区社会服务处协助地方推行地方自治工作	
10. 保甲长训练	由各区社会服务处利用举办各种纪念会及参加国民月会机会向保甲长及民众讲解法令	
11. 协助办理急赈	由各区社会服务处协同区党分部党员办理三十二年度冬令救济贫民工作	
12. 慰劳抗属	1. 山洞区、天生桥区、陈家桥区等社会服务处于三十二年元旦庆祝大会举行游艺慰劳抗属并发动献金运动 2. 南岸区社会服务处于三十二年度元旦慰劳抗属招待茶点，并发抗属慰劳金每户 20 元、米 3 斗 3. 各区社会服务处经常慰劳抗属	
13. 提倡节约储蓄运动	由各区社会服务处与区党分部同志提倡推行	
14. 参加空袭服务工作	由各区社会服务处与当地党员同志组织空袭服务队	
15. 收养弃婴及掩埋路尸	1. 各区社会服务处收留弃婴送交社会部主办之育儿院抚养 2. 由各区社会服务处雇工掩埋路尸	
16. 参加劳军运动	各区社会服务处发动当地民众参加劳军运动成绩尚称良好	
17. 调查附近地方物资	独石桥区、北碚区社会服务处经常注意调查当地物价指数	
18. 调查抗属及民众生活状况	由各区社会服务处会同当地保甲调查	

（二）发动党员参加社会服务

本会所属各区党分部同志参加社会服务工作向极努力，一年以来经本会经常分赴各地视察督导，工作推行更加积极，详情已详报各月工作报告中。兹将各项工作列表于后：

重庆市党部三十二年度发动党员参加社会服务工作概况表

工作项目	工作概况	备考
救济灾民及患病旅客	1. 本年春本市西郊杨家坪发生坍倒房屋（9幢）惨剧，由四十四区党部同志驰往抢救救活多人 2. 本年春土湾发生崩岩惨剧，四十八区党部同志奔往施救，将受伤者抬送医院救治，并为死者遗孤向振〔赈〕济委员会请求抚育 3. 本年十月两浮支路汽车道上有女生2名发急疹，由四十四区党部同志雇医诊治痊愈	
修筑道路	1. 第四六、四一、三十九各区党部同志与中央警官学校修筑南岸弹子石至黄山之通舆大道 2. 二十六区党部及所属区分部同志修筑独石桥镇之石板路600余天 3. 第十二区党部党员修整巴蜀小学门面一段土路	
推行平民教育	1. 第十七区党部会同中央海外部驻悦来场办事处同志举办农民识字班共2期，教师均由同志担任 2. 第五十九区党部在林森路举办民众夜校及地方自治讲习班各一所 3. 第八区党部同志在新桥附近办理民众学校一所，共办2期 4. 十三区党部上清寺办有民众学校一所，三十二年七月停办 5. 六十一区党部办有民众学校一所，三十区党部办有工□夜校一所，直属南开区分部办有民众夜校一所，□十二区党部奉办□立子弟学校一所 6. 各区党部经常协助地方办理保国民学校	
推行新生活运动	1. 各区党部经常领导民众推行新生活运动工作 2. 五十六、三十六区党部发动党员及地方人士举行歌乐山区清洁大扫除，共1059人参加，三十区党部及二十八区党部参加清洁检查，成绩均良好	
设立民众图书馆及书报阅览室	1. 四十四区党部及六十一区党部各设有民众书报阅览室一所 2. 十三区党部筹设民众图书馆一所 3. 三十区党部举办时事书报展览	
举办公益慈善事业	1. 四十四区党部筹办鹤皋岩镇水电工程 2. 四十区党部党员捐资在南岸前驱路至上新街一带安装路灯42盏 3. 直属十五区分部及六十五区党部设立义诊处一所 4. 三十二区党部办有邮工膳宿处一所	

续表

工作项目	工作概况	备考
推进合作事业	1. 五十二区党部举办邮工合作社一所 2. 六十五区党部发起组织机关合作社 3. 各区党分部协助地方健全合作组织	
空袭服务	本会第十二区党部及三十五区党部均组织有空袭服务队，其余各区党分部同志均参加防护团工作	
参加远征服役	五十八区第五区分部书记张承树及党员张荣森等自动参加远征服务，其余各区党分部同志相继参加者颇多	
慰劳抗属	各区党分部除利用举行各种纪念大会慰劳抗属外，经常办理慰劳抗属工作，其中以三十九、四十二、七、四十六、二十一等区党部办理成绩为佳	
劳军运动	各区党分部均努力办理，详情见社会运动栏内	

（三）推行社会运动

本市各项社会运动本会均积极主持协助办理，一年以来，各项工作经本会发动党员及民众努力推行，成绩颇为良好。详情业于各月份工作报告详实报列。兹列总表于后：

重庆市党部三十二年度推行社会运动工作概况表

工作项目	工作概况	备考
救济运动	1. 救济灾民抗属及老弱残疾民众，由本会各区党分部经常协助办理 2. 办理三十一年度及三十二年度冬令救济工作，由本会派员调查贫民人数并挨户发放赈款，三十二年度冬令救济工作现尚在继续办理中，预计发放款额为 700 万元 3. 筹募陪都救济事业，经费由本会负责筹募 20 万元，现正在办理中	
劳军运动	1. 元旦劳军由本会发动各区党分部党员及民众捐献慰劳金及猪油食品，送交慰劳总会分发卫戍区驻军及前方将士 2. 端节秋节及七七抗战纪念，劳军发动各区党分部及各区社会服务处捐献大批礼品转送慰劳总会，并编组慰劳卫戍区各部队 3. 鞋袜劳军发动各区党分部及各社会服务处捐献鞋袜代金 44509.7 元，汇解中央银行 4. 鄂西劳军发动各区党分部及各区社会服务处捐献 29365 元汇解中央银行，并指派农会理事长□□鄂西慰劳团慰□鄂西将士 5. 湘鄂劳军三十二年十二月一日本会召开各区党部书记会议，恰值常德会战捷报频传，由本会委员及各书记当场捐献慰劳金 2650 元，并分令各区党部踊跃捐献，共捐 22220 元，均汇解中央银行 6. 文化劳军本会及所属党部共捐献书籍 1300 册	
慰劳抗属运动	1. 本会及所属党部经常与全国慰劳总会及陪都辅助抗战军人家属优待委员会配合办理慰劳抗属工作 2. 本会及所属党部均于举行各种纪念会分组慰劳抗属并发给慰劳金	

续表

工作项目	工作概况	备考
推行新生活运动	1. 本会经常与新生活运动总会及市政府所属之卫生局警察局配合设计及推行新运工作 2. 协助推行三十二年度夏令卫生运动 3. 各区党分部参加清洁检查并与民众联合举行清洁大扫除 4. 成立本会新生活运动会	
推行国民精神总动员运动	各区镇每月举行国民月会一次，由本会派刘伯予、陈显勋、赵亿、许尔盈、卢希哲、倪大伦、张行尧等同志为督导员，按月出席大会，向民众讲解法令	
推行地方自治	1. 经常向本会及所属党部与各社会服务处协助保甲推行地方自治工作 2. 参加地方自治巡回视察团视察地方自治工作，三十二年共举行地方自治视察 2 次，本会每次均派员参加	
推行工作竞赛运动	工作竞赛运动由国家总动员会议工作竞赛委员会主持，本会经常派员协助督导推行，三十二年十二月举行各项工作竞赛由本会派员参加视察督导	
推行社教运动	1. 本会除督导各区党分部推行平民教育外，并成立民众讲堂数所推行社会教育工作 2. 协助市教育局办理社会教育扩大运动周，三十二年十一月十二日为国父诞辰纪念，由本会协助市教育局举行社教扩大运动周，发动各学校各机关出刊壁报，举行各项展览及游艺，并令各影戏院放映教育电影与含有教育性之戏剧等，成绩颇佳	
推行国民健康运动	1. 督导三十区党部等单位发起远足会及北碚区、青木关区社会服务处等单位办理儿童健康比赛与体育运动大会 2. 补助市体育会经费并指导推行工作 3. 协助重庆滑翔分会社莱园坝筹建滑翔机场及协助中央训练团在复兴关筹建体育场 4. 协助市政府于三十二年十月十日举办重庆市第二届运动大会	
献机运动	本会于三十二年国庆纪念发动各区党分部办理一县一机运动，各区党分部均踊跃捐献，其中以省职校区分部办理成绩为佳，计 11426.2 元正	
推行劝储运动	本会担任推行数额为 640 万元，因劝储对象过分重复，推行较为困难，共计认储数字为 15350 元	
推行粮政役政	1. 督导各区党部协助地方办理征实征购工作 2. 协助市政府办理普查本市贫民平价米工作，本年十二月二十八日至三十一日为举行普查期间，由本会发动党员 40 名参加 3. 派员协助重庆市征兵督导委员会办理兵役工作	
推行国家总动员业务	1. 本会派员并发动区党分部同志协助政府办理限价议价工作及工商管制服务 2. 督导各工商团体推行国家总动员业务及组织限价检查队 3. 协助劳动局办理工厂技术员工登记及人力节制工作	

续表

工作项目	工作概况	备考
推行国民经济建设运动	1. 指导各区党分部协助地方健全合作社组织 2. 指导成立消费合作社 124 个、生产合作社 24 个 3. 协助政府及地方举办公营及民营事业 4. 指导各机关及地方区党分部筹组合作社	

第四，监察工作

一、一般工作

本处本年度工作除遵照三十二年度工作计划经常切实执行外，并编印监察员工作月报表调查和统计本市各项物价及通令各监察员研读《中国之命运》，整理所属各区党分部书记及执监委员名册，制订已建立监察网之区分部一览表，绘制三十二年度监察员增减表，本市监察网图、监察员籍贯统计图、职业比较表、制订办收登记簿，工作人员日记簿，编拟本处办事细则，召集城区监察员谈话会等等。

二、工作检讨

（一）纪律

1. 本市第一区第五区分部书记容威违犯党纪诈欺取财，经本处决定开除党籍并经呈奉中央通过永远开除党籍，其有关司法范围并移送重庆地方法院究办，业经分别办理在案。

2. 第四十二区党部党员时明荐、秦毅夫妇虐待儿媳殴伤致死案，经重庆地方法院检查处提起公诉，本处决定先行停止该时明荐等党权，并呈报中央核示。

3. 第十七区党部党员刘玉凤曾受刑事处分一案，本处现仍继续调查中。

4. 第一区党部党员黎天亮在担任第一区分部书记任内对于民间艺人孙海山（系本党党员）擅以区分部名义制宣传旗帜，不惟未加制止反加盖核区分部印信，违犯党纪，本处正审查中。

5. 振〔赈〕济委员会难民技工训练班会计员梁五堂同志入党未久，出言不慎，函约来处面予开导，幡然憬悟。

（二）稽核同级政府

重庆市政府先后函送该府三十二年度施政方针及三十二年度一至三月份、四至六月份、七至九月份工作报告，均经本处缜密审核加具意见移送市执行委员会函转该府查照办理。

（三）稽核财政

1. 市执行委员会财政收支本年度经本处审核者，计有三十一年度十二月份经费报销，三十一年度追加经费及增加收支经费和三十二年度一、二、三、四、五、六、七、八、九、十、十一月份经费报销，其中错误之处经本处分别列出，送回市执行委员会会计室遵照更正。

2. 下级党部财政收支本年度送经本处审核者，计有第四十五区党部执行委员会筹募事业基金演戏筹款收支报销表及直属第二区分部第六届收支报告，上清寺社会服务处四、五、六、七、八、九、十、十一月份经费报销及第二民众讲堂开办费、陈家桥区社会服务处四、五、六、七、八、九、十、十一月份经费报销，天生桥区社会服务处四、五、六、七、八、九月份经费报销，黄桷垭区社会服务处三十二年度一至四月份决算书，重庆市农会三十二年度概算及一至六月份报销，第十七区党部农民识字速成班经费收支报告表及移交清册，直属第十六区分部三十一年度经费报销，第二十四区十一月份收支报告，组织部讲习班临时区党部三十二年度收支报告，均经分别准驳指复去讫。

（四）审查党务

1. 本年度初步审查市执行委员会一至三月份、四至六月份工作报告及第127次至134次执行委员会议记录，其决议各案查已次第实施，各项工作亦著有成绩。

2. 下级党部呈送工作月报，经审查者计有陈家桥区社会服务处五、六、七、八、九、十、十一月份工作报告，天生桥区社会服务处四、五、六、七、八、九月份工作报告，上清寺社会服务处十一月份工作报告，均经详细审查予以具体指复。

（五）党员监察网

1. 三十一年度本市监察员人数计共84人，三十二年度一月份增加16人，二月份增加16人，四月份增加17人，五月份增加21人，六月份增加22人，七月份增加7人，八月份增加2人，九月份增加84人，十月份增加13人，十一月份增加18人，十二月份增加9人，连同三十一年度84人，共计310人[①]。又辞职经照准者，计六月份1人，七月份6人，八月份1人，九月份10人，十月份13人，十一月份4人，十二月份15人，共减去50人，增减两比连同三十一年度84人，总计现有监察员人数为260人。

2. 本年度监察员劝勉工作计二月份2件、三月份2件、四月份2件、五月份2件、六月份2件、七月份7件、八月份6件、九月份10件、十月份11件、十一月份22件、十二月份10件，总计本年度劝勉工作为76件。

（六）审查党员活动及特种工作

党员移转登记及小组会议举行情形，随时指示监察员注意考量，并于工作月报表内呈报备查外，本处并与市执行委员会之主管处科切取联系藉以考查。

（七）督导及视察

本年度六月一日派陈科长铁持赴城区视导并遴选监察员，为时一周。十二月中旬吴兼委员人初赴城郊各区分部视导各监察委员工作兼遴选监察员，计时一旬。陈科长视导报告除已专案呈报中央监察委员会备查外，吴兼委员视导情形另专案呈报。

三、工作困难

（一）经费不足，工作人员过少，对监察员无法经常作普通督导与考核，殊影响监察工作之开展。

（二）监察员流动性过大，掌握困难，且纯系义务，纸张笔墨邮费均未予津贴，而一般党员对监察工作不大重视，亦为开展监察工作之一大障碍。

四、其他

（一）第四十二区第一区分部监察员安怀音呈报发现新华日报馆派人持报分赠各机关推广宣传，其处心积虑，诚属叵测，除分令各监察员严密注意切实防止及转报中央监察委员会备查外，并分送本会各有关机关处室参考。

（二）总裁手著《中国之命运》一书，博大精深、立论严正，实为抗战建国之指标，现代政治之经典。本处特通令各监察员潜心研读并随时劝勉同志一致研讨，期对是书之理论指示有深刻之体认，奋起力行，各监察员研读心得和观感均经汇报中央监察委员会备查。

（三）陪都物价在六月份波动甚剧，本处为明瞭实际情形起见，特饬令各监察员就地调查报告并将其报告资料加以统计列表呈报中央及有关各机关参考。

（四）本年度四月份以前工作人员过少，故未举行处务会议，五月份后计共举行处务会议7次，临时处务会议1次，会议记录均经汇呈中央监察委员会鉴核备查。

---

① 共计人数与材料中各月份增加人数之和不符，原文照录。

（五）本处一至五月份文件收发均由市执行委员会兼办，自六月份起改由本会自行收发登记，7个月内计共收文793件，发文1463件。

五、结论

本处各项工作悉遵照工作计划次第付诸实施，其中除遴选监察委员人数与原有计划尚差60余人外，其他各项工作或□通办法实施或遵照计划执行，大部均已完成。其未能完成之工作统限于三十三年度一至三月份办竣。惟查本处三十二年度工作，以工作人员过少，监察员流动性过大，致影响工作之推动，复以经费困难交通不便致视察工作无法经常执行，致监察网之建立尤蒙影响。

附1：

重庆市负监察专责委员办事处三十二年度工作实施概况统计表

1. 组织

	县党部	市党部	区党部	区分部	直属区党部	直属区分部	党员总数	备注
正式成立监委会数							2221	查本会为特别市党部，无县市党部之设，而区党部组织条例内之规定仅有监察委员1人，区分部依照监察网组织仅遴选监察员1至3人，均无监委会之设，故均未填列
未正式成立数								

2. 纪律

中央核准处分党员（人）党部数								未结案件数		
永远开除党籍	短期开除党籍	停止党籍	警告	免予处分	恢复党籍	恢复党权	处分党部数	已呈上级件数	正在调查件数	正在审查件数
1人				1人				3件	1件	2件

3. 稽核同级政府

施政方针	政绩报告	会议记录	参加特别小组	
应送数	1件	4件		
已送数	1件	3件		

4. 稽核财政

	统计执委会报销	下级党部报销	财产目录	监视交代
应送数	13件			
已送数	13件	39件		

5. 审查党务

	工作计划		工作报告		会议记录	
	同级执委会	下级党部	同级执委会	下级党部	同级执委会	下级党部
应送数			4件			
已送数			2件	14件	8件	

6. 党员监察网

	县党部数	市党部数	区党部数	区分部数	直属区分部数	备注
已组织者				234	5	
本年增报者				136	1	
本年减少者				43	1	
监察员	总数	原有人数	本年增加数	本年减少人数	受奖人数	受惩人数
	260 人	84 人	170 人	50 人		1 人
监察员工作成绩	检举案件数	劝勉事项数	调查特种案件数			
		75 件				

7. 审查党员活动及特种工作①

查核党员移转登记事项	考察下级党部小组会议事项	检举奸党及汉奸事项

8. 分区督导

督导人员别	督导人数	督导县份	时间共计	备注
委员	1		1 日	12 月份
科长	1		6 日	7 月份

9. 财政收支

费用别	收入（元）	支出（元）	结存（元）	备注
总计	54240	10109.2	27930.8	
经常费	36240	8309.20	27930.8	
事业费	18000	18000		
追加费				

10. 工作人员

项别	总计	职别					备注
		秘书	科长	干事	助干	录事	
编制员额	13 人	1 人	2 至 3 人	3 人	4 人	3 人	
现有人数	5 人	1 人	1 人	2 人		1 人	

附 2：

重庆市负监察职责专责委员办事处三十二年度工作进度检讨总报告表

工作项目	原定计划	工作之实施与检讨	未完成部分及应补办工作	备考
遴选尚未选出之监察员	建立 240 名，分 4 期完成	全年增加 176 人	依照计划尚少 64 人，于次年一期内完成	
改选不尽职之监察员	预定计划 100 人，一期内完成	全年改选 50 人	依照原定计划尚缺 50 人，于次年一期内改选完毕	

① 原档为空白，照录。

续表

工作项目	原定计划	工作之实施与检讨	未完成部分及应补办工作	备考
补选缺额监察员	预定补选220人，6个月内完成	附遴选尚未选出监察员项内办理		
开办监察训练班	每两个月举办一次，6期完成人数为540人	渝市监察员多位机关党员，知识水准较高，改以谈话会方式召集城区监察员谈话一次		

重庆市档案馆馆藏档案：全宗号：0051，目录号：2，卷号：681

8. 重庆市党部重庆市执行、监察委员会工作报告

一、市执行委员会工作报告

（一）叙言

自三十三年七月举行第一次市代表大会后，迄今时逾两年，本会受全市党员付托之重，怀于职责，在人力物力财力诸种条件限制之下，黾勉从事，力求工作之开展，俾能循序推进。三十三年冬，桂柳陷敌，黔南告急，陪都震惊，人心浮动，本会处此时局动荡风雨飘摇之际，对于安定人心抚辑流亡宣慰前敌将士等工作，莫不悉力以赴。洎乎抗战胜利，野心党派，失意政客，复乘势而起，企图篡夺革命政权，动摇政府组织，喧腾叫嚣，淆夙听闻，本会为正视听力辟邪说异端，予反动者以打击，在宣传与行动方面，尤多表现。至如各级民意机关之选举，咸能运用各种关系，擘划策动，切实掌握。迨中央还都，各机关相率东迁，党员移转甚大，本会为充实各级党部之组织，配合地方行政，期能运用灵活，发挥力量，因于三十四年十一月呈准中央，重行调查各区党部组织，经一年之努力，各区组织得告完成。回溯两年以来，历尽艰难，赖各同志之协力同心，和衷共济，卒克有所成就，足资告慰，谨将本会两年来工作情形分述于次，借以检讨过去而励来兹。

（二）组织工作

第一，组织工作

1. 征求新党员　本会两年来征求新党员工作，均系按照既定计划实施，其征求原则，素主质量并重，尤注意于农工党员之征求，故在三十四年度内，新征党员中之农工分子，实占各阶层中之首位。计三十四年度征求新党员12034人，超过原定征求计划10000人之数字，三十五年度征求□□□人，与原定征求计划适相符合。

2. 区分部之调整与组织　本市区党分部之组织，在中央还都以前机关党部组织为数最多，地方党部组织，以改隶不久尚未能普遍建立，洎□抗战胜利，复员开始，各机关纷纷东迁，本会为奠定地方□务基础，并使基层党部组织与地方自治区域配合，以便于运用指挥起见，于三十四年十一月呈准中央重新调整各区党分部组织，决定以每一地方□治区域设立一区党部，分别令派调整委员，负责调整组织事宜，本市地方自治区域计有18单位，每一区内成立一个区

党部，自三十四年十一月开始自三十五年十月份，各区均经调整完竣，召开全区代表大会成立正式区党部，兹将各区组织情形列表附载于后：

重庆市各区党部组织概况表

区别	区分部数	党员人数	备考
第一区党部	23个	827人	
第二区党部	22个	920人	
第三区党部	20个	1020人	
第四区党部	29个	1304人	
第五区党部	33个	1613人	
第六区党部	16个	759人	
第七区党部	10个	551人	
第八区党部	15个	777人	
第九区党部	19个	519人	
第十区党部	23个	514人	
第十一区党部	21个	790人	
第十二区党部	22个	792人	
第十三区党部	12个	273人	
第十四区党部	23个	733人	
第十五区党部	10个	704人	
第十六区党部	16个	503人	
第十七区党部	8个	256人	
第十八区党部	17个	786人	

3. 工矿党部之组织　抗战军兴后，沿江各省工厂相继内迁，本市遂由一商业性之都市，一蹶而为后方各种工业之根据地，本会对于工厂矿场党务之推动，向极重视，凡工人较多及重要生产之工厂，均经先后筹设区党分部组织，两年来关于工矿党部之组织，颇有成效。兹将工矿党部之组织既况，列表附载于后：

区党部名称	区分部数	党员人数	备考
华福烟厂区党部	3个	155人	
电力公司区党部	9个	306人	
南洋公司区党部	3个	63人	
裕华布厂区党部	7个	277人	
裕华纱厂区党部	13个	372人	
申新四厂区党部	9个	261人	
豫丰纱厂区党部	6个	139人	
民生机器厂区党部	6个	126人	
中央造纸厂区党部	4个	252人	
四川丝业公司区党部	5个	141人	

续表

区党部名称	区分部数	党员人数	备考
自来水厂区党部	3 个	124 人	
中南橡胶厂区党部	3 个	108 人	
沙市纱厂区党部	6 个	289 人	
四川水泥厂区党部	4 个	256 人	
天府煤矿公司区党部	10 个	312 人	

4. 党员人数总统计　本市党员经此次调整组织，切实清查，泰半均已纳入组织，据统计结果，参加组织之党员计 16811 人。

5. 办理党员总考核　三十四年度党员总考核于十二月份开始办理，三十五年度以中央规定即将实施党员总清查，党员总考核停止举办，兹将举办情形及准免参加考核党部与党员人数概述于后：

（1）参加总考核区党部 24 个；

（2）参加总考核区分部 118 个；

（3）参加总考核党员人数 3826 人；

（4）成绩最优人数 10 人；

（5）成绩最劣人数 2 人；

（6）准免参加总考核区党部 40 个；

（7）准免参加总考核区分部 15 个；

（8）准免参加学校区党部 4 个学校、区分部 5 个。

上述准免参加总考核之区党分部，或系成立时间甚暂，未届考核年限，或系因机关撤销，组织解散，党员转移，无法办理，均经呈报中央核准免予举办。

6. 办理六全大会代表选举　大会遵奉中央命令以第六次全国代表大会，定期于三十四年五月举行，应即选举出席代表，当于三十四年二月遵照指示拟订选举法规，分区办理初选代表，于三月十四日，假中央党部礼堂举行代表大会，出席初选代表 296 人，由潘常务委员公展代表中央莅临监选，结果选举顾建中、骆美奂、唐毅、刘攻芸、宋宜山、陈介生、包华国、吴茂荪、陈逸云等 9 同志为本市出席第六次全国代表大会代表。

7. 召开各区联谊会及工作会议　本会为加强各区之联系并听取各区干部同志之意见，曾于三十四年一月份分别在南岸、沙坪坝及城区召集各区党部直属区分部委员举行联谊会 3 次，计到 35 单位，全体执监委员均出席参加。十月至十二月份召集各区党部书记联席会议 3 次及各区调整委员会议两次，三十五年召开各区党部及调整委员会议两次，研讨健全基层组织与检讨各区调整工作之进展情形，对于各项有关基层党务问题，均有宝贵意见，提供实施参考。

第二，训练工作

关于训练工作，分为基层党务干部训练、职业党务干部训练、小组训练、新党员训练四大项，兹将第一次市代表大会后本会训练工作执行情形简要叙述于后：

1. 基层党务干部训练　三十四年度举办基层党务干部训练班 3 期，分别设于第四、八、十四行政区域内，召训各该区域内之基层党务干部及优秀党员，3 期合计受训干部 239 人。

2. 职业党务训练　本市各重要工厂，中央均曾直接办理党务训练，同时自抗战胜利，各次要工厂多采取紧缩政策，裁遣员工以是对于职业党务训练一项工作，推行不无困难，本会乃于三十四年十一月份举办农运工作巡回督导团，巡回视察本市11个区农会，每区举办农民训练3日，历时1月，各区农会均经视察训练完毕，参加此次训练之农民，计860人

3. 妇女干部训练　本市妇运工作，因有市妇女会组织，尚多成效惟惜人力财力均感不够，致未能长足开展，本会为加强妇运工作，乃决定举办妇女干部训练，选拔富有领导能力与革命热忱之优秀妇女参加受训，爰于三十五年十二月份举办妇女干部训练班一期，受训妇女80人。

4. 小组训练　本市各区分部自调整后，关于小组之划分，亦经重新整理，按照各区分部党员之知识水准及住居地域，编为868组，每周转发政治情报并于每月中编发小组讨论大纲一次，以供研讨，按期将讨论结果整理报请中央察〔查〕核。

5. 新党员训练　本市新增党员于宣誓领证参加区分部后，即由区分部遵照本会颁行之新党员训练办法，经常施以党的训练，由本会派员督促实施，成绩尚佳。

第三，党团指导工作

1. 党团组织之建立　关于党团组织之建立，两年以来，按照原订计划积极实施，本市各重要人民团体及工厂，均已有党团之建立，兹统计列表于后：

（1）农会党团12个；

（2）商业同业公会党团69个；

（3）产业工会党团9个；

（4）职业工会党团54个；

（5）教育会党团12个；

（6）妇女会党团5个；

（7）民意机构党团10个；

（8）特种社团党团12个。

2. 调查职业团体党团员并指导其活动　本市各职业团体会员中，党员团员之分布，为数甚众，过去向无精确之统计与调查，本会为加强领导俾便建立党团，切实控制掌握起见，在三十四年度开始调查，大部分重要职业团体均已完成，惟以各业内之党员，时有增加，故该项调查工作，仍在继续进行中，并为指导党员工作，各重要团体内之党团规定每月举行党团干事会一次，借以指导其活动，训练其斗争技能。

3. 防止奸伪活动　自抗战胜利后，某一时期内，本市潜伏之奸伪分子活动甚力，异端邪说，淆乱观听，本会为纠正分歧错杂思想，辟斥荒谬言论，乃在各区党分部中遴选富有斗争精神之同志，组织积极小组，于各种反动集会中，发动同志参加，与奸伪分子展开理论与行动之斗争工作，嗣以环境需要，复将积极小组组织扩大改组为社会服务队，负起推行各项社会服务及与奸伪斗争之艰巨任务，现各队之组织，均已大部完成，工作成绩颇有表现。

4. 组织国民动员协进会　三十三年冬桂柳陷敌，黔南告急，陪都震动，湘桂人民受战祸波及，流离转徙，避难来渝者，为数甚众，财物荡然，饥寒交迫，亟须救济。益以前方战事紧急，大军星夜驰援，途经本市，尤当慰劳存问，借表敬仰之忱，本会乃于此时策动各区党部及金融工商各界发起组织重庆市国民动员协进会，各区组织区分会负起动员民众之使命，□组织成立后，对于征募救济慰劳等工作，成绩斐然，实有助于动员工作不少。

5. 救济失业工人　本会鉴于本市各民营工厂于抗战胜利后纷纷停业，失业工人日益增多，爰商同社会部善后救济总署、交通部公路总局、社会部、劳动局等有关机关，于三十四年十月联合成立重庆市民营工厂失业工人处理委员会，对各失业工人分别施以救济，每人连同眷属5人各发救济金（□千元）并予以遣送还乡或介绍工作，计被救济之工人达3000余人，连同眷属

达 7000 余人。

6. 调处劳资纠纷　因物价之波动不已，生活费指数随时上升，本市各工厂劳资间纠纷问题时起，自抗战胜利后，各民营工厂复多停业，工人失业之浪潮，一时颇形严重，本会为安定社会秩序，解除工人之痛苦，当即会同社会部、市社会局协同调处劳资之纠纷问题，解决工潮，夜以继日，不遑□处，计三十四年八月至十二月内，调处解决之劳资纠纷案件即达 325 件之多。故当抗战胜利初期，本市虽有数万失业之劳工，而未发生重大事□者，实由于党政双方协力调解之效。

7. 进行地方自治　健全各级民意机构，为本会组训中心工作之一。三十四年本市首届普选市参议员时，曾多方策动各人民团体中之优秀党员参加竞选，并运用党团力量，以助其成功，余如区民代表与区长选举等，均曾作有计划之部署，借以增强本党在地方自治中之地位，使地方自治工作得以推行顺利。

8. 成立工运指导委员会　本会为加强工运，鉴于过去工运指导机构不一，工作方式与步调颇难一致形成本市工运工作之纷乱现象，乃于三十四年冬秉承中央组织部、社会部并邀请重庆卫戍总司令部、重庆市社会局、青年团重庆支团部等机关，共同组织重庆市工运指导委员会，由本会主任委员兼任该指导委员会主任委员，下设指导、调处、警卫、调查、总务等 5 组，于三十四年十二月开始工作，此项组织相沿至今，对于本市工运方面各种困难问题，解决甚多，实为一有力量之指导工运组织，对于积极与消极两方面之工作均顾到，在本市工运史上，实创新页。

9. 民运审查小组　自社会行政管理权移交政府后，本会即于党政联席会议下设立民运审查小组组织，举凡本市民众团体申请许可组织成立、改选、改组、整理、解散，与民众团体会员训练及有关工会管制等重要事项，由主管局函送本会调查后，提付党政联席会议民运审查小组决定实施，两年来民运审查小组之工作，推行至为顺利，颇收党政联系之效。

10. 会同市府与团部协助总工会，接收中国劳动协会在渝机构，查中国劳动协会成立之主旨，在为工人谋福利，改善劳工生活，用意至善，惟该会主持人朱学范、易礼容等，不顾工人福利，竟将美国援助之福利捐款，纳入私囊，甚至勾结奸伪煽动工潮密谋不轨，本市总工会代表渝市数十万工人，向党政关关请求予以接收以谋工人福利，本会与市府及团部为徇全市工人之请求，协助总工会将劳动协会在渝各机构予以接收，同时复查出该会主持人易礼容等之罪行证据，依法诉诸法院，经侦查结果，罪证确凿，判以应得之罪。于是中国劳动协会乃另行改选，此实与劳工界造福不少。

（三）宣传工作

第一，宣传指导工作

1. 加强通俗宣传　本会以启迪民智，莫贵于通俗宣传，收效既宏，复易举办。在通俗宣传方面，一为民众讲堂：本市市区及郊区之繁盛区域，共设立民众讲堂 4 所，经常举行讲演会；一为举办影剧院 5 分钟讲演。本会曾因时局之需要，在各影剧院如“升平”“唯一”“民众”等作 5 分钟之讲演，由本会委员轮流出席，利用开演前之空隙时，对时事作详明之解释，指示其正确路向，收效颇大；一为指导民间艺人组织说书改进协会及民间艺人改进协会，利用其接近大众之关系，使其以通俗宣传方式，灌输群众以爱护祖国、服从政府、信仰主义之理念，上述各种通俗宣传方式，两年来历经实施，甚著成效。

2. 办理艺术宣传　艺术宣传一项，意识既浅显明瞭，复易引人入胜，本会曾利用各种适当时机，绘制各种宣传漫画，并于各大影戏院，制映幻灯标语，同时复指导各戏院改进宣传设备，使宣传工作之效果，藉［艺术］力量之反应而深入人心，以达成宣传之目的。

3. 加强文化运动　本会对于文化运动工作，素极重视，曾有重庆市文化运动工作委员会之组织，两年以来，对于本市文化运动工作，苦心擘划〔画〕，实有相当开展。兹将工作情形，扼要述之：（1）举办文化界国民月会。自三十四年一月份起，由中央文化运动委员会，移交本会接办，每月举行一次，曾邀请梁寒操、张道藩、孔庚、方治、潘公展、洪兰友诸先生作专题讲演，历次月会到文化界人士均极踊跃，济济一堂，堪称盛会。（2）举办文化界联谊会与座谈会。此项联谊会为本会与本市各文化机关团体联系之桥梁，由本会负责主持召集，每月一次，由各文化机关轮流担任招待。同时为谋本市文化工作者意见之沟通与力量集中起见，并自三十三年十月份起，举行文化界座谈会，召集本市各报纸刊物之编辑人及发行人出席，就时局问题国际大势，作分析综合之研究，提出具体而共通之意见，作成结论，以为言论准绳，并由陪都文化团体致书美国杜鲁门总统提出对时局之主张，借以反映文化界人士之意见，发挥国民外交力量。（3）举行新闻党团聚餐会。自中央还都后，中央组织部同宣传部所主持之新闻党团聚餐会即交由本会办理，在行辕及市府团部协助下每周举行2次，本市各报之本党同志均应邀参加，对于新闻之发布及言论等，每次均有具体之决定，同时复发起创办建国新闻专科学校，由张市长笃伦担任董事长，本会委员兼宣传处长吴人初同志任校长，各重要报纸均参加担任校务委员，借以造就富有党性之新闻人才，业已正式招生开学，行见今后本党在言论界方面将有重大表现。（4）救济湘桂内迁文化人士。三十三年冬，湘桂战事发生，湘桂文化界人士多流离转徙，历尽艰辛，间道来渝，身无长物，长安居处，大属不易，状至清苦，本会乃商请湘桂难胞救济委员会拨款100万元，由本会在陕西街楼外楼设立文化界招待所，为来渝文化界人士解决食宿问题，并按眷属每人分别发给协济金复函请教育部中央宣传部军事委员会政治部等机关，分别代为介绍职业，各文化界人士在颠沛流离之客途中，忽得此温暖，衷心均表感谢，计由湘桂来渝之文化人士，受本会临时招待者，连眷属合计达4800余人，曾在本会领取协济金者共584人，长期留住者，先后共达820人。直至三十四年六月，各文化界人士，多因觅得职业相率他去，本会亦以经费困难，始将是项救济工作予以结束。以上所述，仅属列举本会文化运动工作中之荦荦大者，其所收效果，自飞□墨所能尽其万一。

4. 加强政令宣传　本会鉴于历年以来，政府颁行之各种法规甚多，而一般人民知识低落，法令概念薄弱，致政令推行，不无阻滞，乃遵照中央颁发之法令讲习大纲，拟订讲习法令印发各级党部社会服务处民众讲堂等遵照宣传，并在各电影院制映幻灯片，以加深人民对政令之认识，俾各项政令得以顺利推行。

5. 扩大反内乱同盟运动　自中共违反政协决议，和平商谈陷于僵局，四处称兵构乱，攻城略地，破坏交通，复员工作不能及时完成，建设更属渺茫，兵连祸结，内乱烽火，始将燎原。本会为遏止内乱扩大，运用人民望治之心理，由陪都各人民团体发起组织反内乱大同盟，加盟团体达300余单位，签名反对内乱市民达5万余人，群情激昂慷慨，义正词严，此一反对内乱之怒潮，实给阴谋窃国者一重大打击。

以上所述，系属两年来宣传工作之重要者，至如举办各种纪念会，均由本会策动或主持办理，以系例行工作，兹不赘述。

第二，编审工作

1. 编发宣传通报　本会为指示各区党分部宣传工作，并供给宣传资料起见，每周编发宣传通报一次，两年来共编发98期，分发各区党分部及社会服务队队员参考。

2. 书刊审查　关于各种出版物之审查，悉遵照中央规定法令办理，两年以来，经本会核准登记之书刊杂志报纸，计 328 种。

3. 编印通俗宣传品　本会为配合通俗宣传工作之推进，曾编印从军乐、知识青年从军、献金献粮再献金、大义传、无价实绅商、争先、中共的第一枪、车马向□、莲花落、较场口事件内幕等通俗宣传小册 10 种，以作通俗宣传之资料。

第三，社会服务工作

1. 设立社会服务处　本会为推展社会服务工作，曾在北碚、青木关、歇马场等重要乡镇。设立社会服务处 15 个。自抗战胜利后，因中央机关还都，主持人他往，先后裁撤 6 个，现存社会服务处 9 个。

2. 策动党员参加社会服务工作　本会为发扬党员服务精神，以服务争取群众，扫除文盲。此外救灾恤贫工作，如救济石板坡灾民、沿江被难灾民、冬令救济、协助义民还乡等均有成绩。至如征募慰劳，曾征募社会救济基金 350 余万元，难民救济基金 70 余万元，航空建设协会会员数千名，并先后征募慰劳抗战将士代金及伤病兵营养费 1000 余万元。现正筹划于最近期中征募党员基金 3 亿元。

3. 推行社会运动　关于社会运动方面工作，如推行新生活运动、节约储蓄运动、工作竞赛运动、救济征募慰劳运动、国民经济建设运动，莫不竭力提倡，协进推行，颇著绩效。

（四）一般工作

第一，会计方面

1. 岁计部分

（1）编制三十四年度决算书

（2）编制三十五年度经常费分配预算

（3）编制三十五年度各项事业费预算

（4）编制三十五年度员工生活补助费申请书

（5）编制三十五年一至十一月份经常费报销计算书及追加经费报销

（6）编造三十五年度一至十二月份员工生活补助费报销清册

2. 会计部分

类别	收入经费	支出经费	备考
经常费	9219708.00	9217124.30	
追加经费	21120000.00	14182425.34	
各项事业费	2310560.00	1061486.00	
社会事业费	17500000.00	12577912.50	

附注：1. 右〈上〉表收支数字系自三十五年一月起至十一月底止，因事业费支出各主管单位尚未检据报销，故十二月份未结账，各费有无结余未便估计列数。

2. 甲乙级工作人员特别办公费本年四月份起照原额增高 10 倍，现正请示中，一俟奉令核定即须补发约 100 万元。

第二，事务方面

关于事务方面之工作，系属配合机关业务而推进，为免失之琐屑，不拟赘述。兹所欲报告者，自中央还都，中央党务机关之留渝财产如房屋家具等，经中央决定拨归本会接管使用，所有接收情形，列表附载于后：

重庆市党部接收中央党务机关留渝公产统计表

类别	数量	备考
数房	11 幢	
平房	9 幢	内有 4 幢无地皮
平房	3 间	无地皮
铺房	3 间	无地皮
小木房	2 间	
防空洞	1 所	
木器	8347 件	桌椅凳柜橱床板架等
竹器	1273 件	内坏 941 件
藤器	913 件	沙发椅架等内坏 334 件
什物	2547 件	厨房及杂用具内坏 49 件
文具	718 件	砚石、水盂、笔架、油印用具等内坏 89 件
图书	9492 件	本党义书籍及杂质等
旗像	123 件	党国旗、总理遗像、总裁塑像等内坏 5 件
被服	139 件	棉被、蚊帐、中山服等内坏 50 件
水电器材	314 件	水电表、灯泡、灯罩等内坏 5 件
车轿器材	49 件	汽车、人力车等器材内坏 3 件

附注：1. 各类物品项目极多，详列各单位移交清册

2. 备考栏所注已坏数目于各单位移交册上均经点交人盖章

二、监察委员会工作报告

关于监察委员会之工作，主要可分为两项，一为审查工作，一为稽核工作，兹简要叙述于后：

（一）审查工作　审查工作一为审查同级党部工作推进情形，关于市执行委员会之各种会议记录、工作实施概况，两年以来均经依照规定程序审查完竣，转报中央。一为审查下级党部党务，亦已依照进度审查分别予以指示。

（二）执行党纪　两年以来，党员违犯党纪，经本会审查决定处分案件共 10 件，均经依照法定程序，转呈中央予以停止党权或开除党籍处分。

（三）稽核工作　稽核方面之工作，一为稽核同级党部经费及各下级党部经费收支，此两项工作均系按月办理；其次为稽核同级政府施政方针与施政报告，本会于三十五年度，接准重庆市政府施政方针，业经审核：加具意见函复施行。

三、附载

中国国民党重庆市执行委员会办理重庆市
第一次代表大会议案报告书

重庆市第一次代表大会共通过提案 131 件，包括党务、政治、经济、地方自治、文化教育五大类。计党务类提案 82 件、政治类 20 件、经济类 12 件、地方自治类 10 件、文化教育类 7 件，所有各案均经依照决议次第实施，除有数案以与大会开会有关，如竞选人发表政见，市代表捐献旅费等案已于当时立付实施外。兹将其余各案在第二届大会之前实施情形报告于次：

（一）党务部分

第一，关于组织方面

大会通过关于组织方面提案，依其性质可分：

1. 属于健全区党分部，计有健全本党基层组织，调整区党分部组织等 20 案。经将各种决议办法并加研究，配合实际，或通令施行，或作为市执行委员会同仁之参考。迄至现在，本市区分党部，除工矿党部仍予保留外，所有地方机关及区域党员均按现行自治区划分别调整，每保成立一区分部，每区成立一区党部。

2. 属于征求新党员者，计有扩大征求农民入党、征求党员应质量并重等 6 案。经将其重要意义与技术方法经常指示各级党部遵照办理，本市党员数量不因中央复员机关迁移而有所锐减，实因地方土著已大量被介绍入党，其中农工分子所占比例，亦相当提高。惟党员证书内因须迳由中央制发，一般新入党者有党证颁给过于迟缓之感。

3. 属于加强督导考核者，计有按区设置党务指导员等 5 案，已依照决议精神实施分区督导，并注意党籍之清理，党纪之执行，与党员组织生活之臻进等。

4. 属于建议中央者，有培养高级技术人才，筹拟沦陷区复员计划，加强战区敌后党务工作，扩展党营生产事业，设立妇女部以及实行党内民主等 18 案，业经照案转呈中央采酌施行，其与抗战密切相关之决议案，因最后胜利之提前取得，益证本市党员之所建议与身体力行者，对于国家民族贡献不可谓为不钜，至堪欣慰。

第二，关于训练方面

大会通过关于训练方面之提案，包括选拔干部、提高党的素质、举办训练班等 9 案，亦经次第实行，于本市各区分党部调整中，曾选拔大量青年干部，担任基层组织领导之责，并举办基层干部训练班 3 期，受训干部计 239 人，最近并由市执行委员会调集各基层组织组训宣传委员分别短期讲习。

第三，关于宣传方面

大会通过关于宣传方面之提案，有两种性质：一为宣传本身者，如唤醒党魂及树立中心信仰等案；一为对社会服务者，如充实并设立社会服务处、开展社会服务以固党基等案。抗战期中，一切宣传皆以争取胜利为前提。复员期中，则以实现民主统一和平为目标，对于异党欺骗宣传，靡不就所能影响之言论机关，予以无情之打击。至于社会服务工作，近已于各区先后成立社会服务队，现有 15 队，队员展开广泛的服务工作，以期加强党在民众中之信仰，同时扩大保卫政治、保卫本党之社会力量。

第四，关于民运方面

大会通过关于民运方面之提案虽仅有加强民运工作、开展妇女运动等数案，但所提办法至为详尽，经已依照决议协助政府建立与健全各业团体组织，并于重要团体中建立党团干事会以为领导之核心，更就金融、工商、新闻、文化、劳工、渔农各界建立联合性之党团组织，以凝固各界团结增强党的领导。

此外，大会对于党务方面，尚通过增强党政联系、迁移市执行委员会办公地址两案，亦终迁入城中心区。惟可表遗憾者，尚有创办党的儿童教养院与设立党员福利馆两案，则因种种艰难，迄未能见诸实施。

（二）政治部分

大会通过政治提案 20 件中，其与市政建设有关者，如收容难民、救济失业、普设托儿所、筹建营房以为军用、增建住宅以利民居、改善公共卫生、肃清烟毒，以及协助推行兵役等案，均一面致函政府斟酌需要，别其缓急而办理之；一面转报中央参考采择。至如创办中医学院、修改宪草易党旗为国旗、特别补助5口以上之公务员，及转移社会风气、提高行政效率、实施民主集权各案，事属中央职权，亦经并予呈转。

所幸抗战期间与复员时期，本市湘桂难民之救济，失业工人之处置，社会治安之维持，尚能及时注意或预为防止，配合各方力量，一一顺利解决。

（三）经济部分

大会通过关于经济部分之提案12件，至足表现战时首都党员对于国家财政国民经济之异常关切，其所建议辟荒增产、保护农业普及农贷、通畅货运、抑平物价、加强劳资联系等案，获得中央之重视，凡所决策，均以重庆实际情况为主要参考资料，尤以管制党员经济生活，建立本党经济各案，不仅引起中央同情，且已制成方案，通令全党实现。

（四）地方自治部分

大会通过关于地方自治提案凡10件，其中有建议中央定重庆市为自治示范区一案。中央虽未明定本区为示范，但关于地方自治之考成，则实际以重庆市自治为衡量其他省县之尺度。至如健全保甲、普查户口、筹办公民训练等案，党政双方已经常配合进行。年来本市办理民选第一届参议员与区保长及民选参议会之顺利，尤足证自治基础业已坚固建立，民主精神之表现颇足称道。

（五）文化教育部分

大会通过关于文化教育提案7件，属于建议中央者，计制定设置党员子弟学校办法案、迅速筹建中山堂案、切实推行国民教育案、救济公教人员子弟入学困难案，就中以筹建中山堂案中央最为珍视，现已颁布办法，限期完成，本市中山堂亦正积极计划筹建中。属于地方政府者，计扶助私立中小学校案、提高小学教师待遇案，已由市府饬教育局分别实施中。

重庆市档案馆馆藏档案：全宗号：0051，目录号：2，卷号：684

9. 国民党重庆市执行委员会工作总结报告书

中国国民党重庆市执行委员会工作总结报告书

（1944年7月）

壹　概述

一、沿革

自抗战军兴，国府迁渝，本市由普通市改隶为院辖市，本会亦由前四川省重庆市党务指导委员会改为中央直属重庆市执行委员会，计自二十七年十二月改隶以来，迄今五年又半。本会曾于三十二年春以会衔内“中央直属”四字已无沿用必要，爰经呈奉更正为今名——重庆市执行委员会。

二、环境

本会改隶于抗战初期，其实党员数量不多，基层组织亦未划编。嗣以各地人才先后来集，转入报到者既日益增多，各界优秀分子亦踊跃申请入党，本市党务工作得以顺利展开。加之党员对党热忱高涨，凡有号召，党员莫不群策群力，淬励以赴，形成数年来本市党务至为优良之环境。至若本会密迩中央，随时可以承受督导；本市地居战时首都，示范风气已树，对于党务推行，尤臻便利。

三、机构

二十七年十二月本会改隶成立之时，仅主任委员1人、执行委员5人、组织执行委员会下设总务、组织、宣传、社会4科。嗣于二十九年四月扩充委员名额，设主任委员、执行委员11人，专任书记长1人，三十一年书记长改由执行委员兼任，除主任委员外，共设执行委员11人，中央并指定委员1人兼负监察专责，另设重庆市兼负监察专责委员办事处。三十二年四月，本会遵照新组织条例，扩科成处，共设秘书、组训、宣传3处，秘书处下设文书、事务2科；组训处下设组织、训练、党团指导3科；宣传处下设宣传指导、编审、社会服务3科；另会计、人事两室。至重庆市兼负监察专责委员办事处，下亦增设审察、稽核2科。组织日臻健全。

四、人事

本会五年来局部改组凡3次：二十七年十二月至二十九年四月，洪兰友同志任本会主任委员，龙文治、吴人初、汪观之、杨德翘、郭一予等为执行委员；二十九年五月至三十一年一月，陈访先同志继任主任委员，龙文治、吴人初、汪观之、杨德翘、包华国、程朱溪、朱亦愚、吴茂荪、骆继常、徐之圭等为执行委员；三十一年二月以后，杨公达同志继任主任委员，龙文治、吴人初、汪观之、包华国、杨德翘、程朱溪、朱亦愚、张兆、骆继常、吴茂荪、徐之圭等为执行委员。三十二年，杨德翘、徐之圭两委员先后奉调离职，由丁骕、徐鸣亚继任，以迄于今。

本会工作同志（连监察专责委员办事处工作同志在内），照核定编制为136人。本年春，中央令照编制名额裁减人员12%，应为120人，本会因经费关系，初未任用足额，现实有人员计106人，在规定名额之内。

五、会议

本会经常举行之会议，计分下列各种：

（一）执行委员会议：本市党务工作方针之拟订，基层组织之划编、调整，均经提付执行委员会议决定之。执行委员会议每两周举行一次，除因特殊事故外，皆能按期举行，五年以来，本会举行执行委员会议已达146次。

（二）党政联席会议：由党政双方分别按月召集开会一次，自二十九年十月举行首次党政联席会议以来，迄未间断，今已举行至第三十六次会议。关于党政意见之交换，提案之提出，本会均于每次开会之前举行审查小组会议，妥慎将事，故其内容尚属充实，党政联系倍臻密切。

（三）党政特别小组：由于本市党政联席会议按月举行，绩效颇著，故党政关系极为融洽，尤以关于民众组训案件，特于党政联席会议下组设民运审查小组，经常举行审查会，党政意见，赖以沟通，指导监督，步骤一致，已将特别小组会议内容包纳于内，故本市党政特别小组自于三十一年二月举行成立会后，即暂予停开。

（四）业务检讨会议：本会在扩科设处以前，关于业务之检讨，先后曾举行工作会报、业务会议及以科为单位分别举行之小组会议（机关小组与党务小组合并举行）。设处后，单位加多，业务会议每月举行一次，各处处务会议两周一次，小组会议两周一次，尚能按期举行。

六、经费

本会经费二十八年度系中央核发，二十九年至三十一年度由中央核转市政府权行使支出科目拨付，自三十二年度起，复由中央统一核发。兹将理念收支数字列表于后：

续表

年度	预算科目	收入金额	支出金额	备考
二十八年	经常费	56400.00	56400.00	中央拨发每月4700元
二十九年	经常费	126000.00	126000.00	中央补助每月500元，市政府拨发每月10000元
三十年	经常费	240000.00	240000.00	中央补助每月500元，市政府拨发每月19500元
三十年	事业费	30000.00	19066.64	中央拨发，计结余10933.36元，现存账上
三十年	督导费	15000.00	15000.00	中央拨发
三十一年	经常费	441220.00	441200.00	中央拨发1月份12735元，2至12月份13535元，市政府拨1至12月份23300元。
三十一年	追加经费	78600.00	78520.85	中央拨发，计结余79.15元，业解缴中央
三十二年	经常费	871552.00	871552.00	中央拨发1月份70136元，2至12月份72856元。
三十二年	事业费	391200.00	391200.00	中央拨发
三十二年	追加经费	306000.00	306000.00	中央拨发
三十三年一至六月	经常费	721278.00	720571.50	中央拨发每月120213元
三十三年一至六月	党务事业费	900000.00	815000.00	市政府拨发

贰　工作

一、组训工作

（一）党籍登记

1. 历年党员报到及转入报到情形：本市党员总报到，于二十七年十月二十日开始，由前重庆市党务指导委员会办理，至是年十二月本会改隶中央，接办党员总报到工作，至二十九年一月底截止；复继续举办补行报到工作，截至4月份止。以后月有转入。兹将历年清厘党籍情形表列于后：

年度	总报到或转入报到党员数	年度	总报到或转入报到党员数	
二十七年度	4140	三十一年度	819	
二十八年度	3402	三十二年度	899	
二十九年度	1285	三十三年度	1168	党员转入报到，截至5月15日止，如上数。
三十年度	574	合 计	12287	

2. 历年征求新党员情形：本会自改隶中央后，一面从事于党籍之清厘，并自二十八年四月份起，开始征求新党员。兹将历年征求新党员情形表列于后：

年度	征求新党员数	年度	征求新党员数	
二十八年度	3750	三十一年度	3850	
二十九年度	5950	三十二年度	3250	
三十年度	3600	三十三年度	4900	新征党员截至本年6月底止，如上数
合 计	25300			

（二）各级党部党组组织情形

1. 区党部：本市在二十八年以前，并无区党部组织。自开始党员总报到后，党员始行纳入组织，区党部亦逐渐成立。兹将历年组织情形表列于后：

续表

年度	区党部数	年度	区党部数	备考
二十八年度	16个	三十一年度	54个	
二十九年度	25个	三十二年度	66个	内学校区党9个
三十年度	46个	三十三年度	98个	内学校区党10个，工厂区党部8个，以上数字截至本年5月止

2. 区分部：本市区分部组织，年有增加，兹将历年增设情形表列于后：

年度	区分部数	备考
二十八年度	253个	内直属区分部32个
二十九年度	309个	内直属区分部24个
三十年度	263个	
三十一年度	464个	内直属区分部14个，直属学校区分部15个
三十二年度	460个	内直属区分部17个，学校区分部16个
三十三年度	560个	内直属区分部24个，学校区分部25个，工厂区分部29个。以上数字，截至5月份止。

（三）督导与考核

本会对各级党部之督导与考核，采下列方式：

1. 会议指导：各级党部举行党员大会，本会均派员前往参加，就地视察指导，其有道远未便派员时，亦于就近地区选派适当同志出席。

2. 分区督导：本会委员分定地区，经常督导各该区内党部工作。三十一年、三十二年内，本会主任委员并曾分赴各重要地区视察党务，就近解决困难问题，督导工作更为加强。

3. 年终考绩：本会于每年终举行各级党部考绩一次，根据观察督导结果，评定等次，分别予以奖惩。

4. 党员总考核：本会于三十二年终，奉令举办党员总考核，虽属创举，经时加指示及派员督促，卒能顺利完成，并经将总考核结果依照规定，分列最优、最劣党员名单呈报中央。

（四）小组训练

1. 小组划编及训练：本会所属各级党部、小组之划编，历年均有增加，其数量如次：

年度	小组数量	年度	小组数量	备考
1939年度	264	1942年度	336	
1940年度	286	1943年度	431	
1941年度	436	1944年度	456	截至本年6月止统计数

就小组数量言，五年来却有增加，但以现有党员20167人计，平均每小组46人，尚未完全符合小组训练纲领及现行小组训练办法之规定。至其小组训练题材，本会除按期转发中央供给资料外，并参考本市党员需要，另行编拟训练题材，随时印发各小组，讨论情形与结论，亦按月汇报中央。

2. 基层干部训练：本会对于基层干部训练，于三十二年度开始，并设立基层干部训练班，以从事集体训练。为使达到选拔基层干部及健全基层组织之目的，故于开班之初，确定训练对象，偏重地方区党分部同志，各期受训学员，均系由所属区党分部遴选，并经本会测验合格，始准予入班受训练，期间二星期，课程内容以党的理论与处理党务之技术及各项党的活动方式等为主。计先后举办基层干部训练班3期，共训练干部152人。兹附本会举办基层干部训练班一览表于次：

期别	时间	地点	学员所属区党部	毕业人数
第一期	1943年8月1日至15日	南岸前驱路	四十区党部及四十一区党部	50人
第二期	1943年9月26日至10月10日	小龙坎	四十八区党部	44人
第三期	1943年12月12日至26日	城区	第一、第二两区党部	58人

3.工人党务训练：工矿党务过去系由中央办理，本市以工厂林立，工人众多，爰于去年开始试办工人党务训练，以加强工人对本党主义之认识及在工人中发展本党组织为主要目的。三十二年十一月在南岸大佛段召集大东书局印刷厂、明亚机器厂、新新印刷厂3厂工人60余人，训练两周，毕业59人，现该三厂已成立区党部，负责推动者皆为曾经受训练之学员。

（五）建立党团工作

本会为加强党对于人民团体领导，以巩固党的社会基础起见，特就本市人民团体中建立党团，并指导其活动。自三十三年六月底止，所有建立与调整各农工商及社会团体中党团数量如次：

二十九年建立农工商及社会团体中民运小组32个。

三十年建立农工商及社会团体中民运小组24个、党团8个。

三十一年共建立农工商及社会团体中党团38个。

三十二年共建立与调整农工商及社会团体中党团30个。

三十三年（六月底止）共建立与调整农工商及社会团体中党团51个。

（六）民运审查工作

本会主管社会行政工作，自三十一年六月移交市政府接管后，即于本市党政联席会议下设立民运审查小组，凡本市民众团体申请许可、组织成立、改造改组、整理解散与民众团体会员训练及有关一切工商管制等重要事项，均须提付党政联席会议民运审查小组决定后实施，故民众团体组织训练工作，仍极称顺利。兹将三十一年度起至三十三年六月底止民运审查小组会议举行次数及审查案件数量分年列表于后：

年度	会议次数	审查人民团体申请组织及变更组织案件数量	备考
1942年度	10	45	
1943年度	31	140	
1944年度	13	60	截至6月底止

（七）民众组训工作

本会协助政府办理民众团体组训工作，除于民众团体内分别组织党团，运用党团力量，透过民众团体、机构以辅导各民众团体外，对于各民众团体之改选、改组、整理等，均派员分别前往指导。兹附二十九年至三十三年六月底止各民众团体数量表于后：

附本市民众团体数量表：

年度	农渔团体	工人团体	商人团体	社会团体	备考
1940年度		68	88	49	
1941年度	9	84	95	255	
1942年度	12	98	94	292	
1943年度	12	73	119	317	
1944年度6月底	12	80	120	165	社会团体停止活动及未办总登记者未列入

（八）督导工商团体推行管制工作

自三十年经济部颁布非常时期人民团体及工商业管制办法以后，本会会同社会部、经济部及社会局等机关，自十二月份起，每月轮流召开“本市各机关督导工商团体会报”一次，并约请财政部、交通部、粮食部、国家总动员会议、国民参政会经济动员策进会、花纱布管制局、东川税务局营业处、财政部直接税处等有关机关参加，商讨“工商组训”“工商管制”及解答工商团体一切困难问题。同时指导市商会按月召集各同业公会分组举行工作会报，每次会报，本会及有关机关均派员出席指导。上述两种会报，均能按期举行，成绩良好，兹将三十一年至三十三年六月底止以上两种会报举行次数列表于后：

附：

（1）本市各机关督导工商团体会报次数表

年度	会报次数	会报内容
1941 年度	1	（1）工商组训报告（2）工作检查（3）商讨事项（4）其他
1942 年度	12	同上
1943 年度	12	同上
1944 年度 6 月底	6	同上

（2）指导市商会召开各同业公会分组举行工作会报次数表

年度	会报次数	会报内容	备注
1942 年度	36	（1）会务报告（2）业务报告（3）建议事项（4）请示事项	
1943 年度	36	同上	
1944 年度	18	同上	6 月底止

（九）推行合作事业

本会鉴于物价指数日增，影响战时人民生活甚巨，倡导合作事业社会化，物资分配合理化，竭力协助市社会局指导本市各区镇及机关团体创立消费与生产等合作社。自 1942 年至 1944 年 6 月底止，本市成立消费合作社 537 个，生产合作社 82 个，兹附数量表于后。

附：

本市各区镇及机关团体消费与生产等合作社数量表

年度	消费合作社	生产合作社	备注
截至 1942 年底	289	7	
截至 1943 年底	142	24	
截至 1944 年 6 月底	106	51	
合 计	537	82	

二、宣传工作

在三十二年四月本会扩大组织、改科设处以前，宣传工作分属宣传与社会两科。迨宣传处成立，则负责宣传指导、编审及社会服务三方面之工作，兹扼要分述于后：

（一）政令宣传：利用各种时机，宣传政府法令，以助其推行，计曾举办国家总动员宣传周、兵役宣传大会、疏散宣传、新生活运动宣传、粮政宣传、限价宣传及户政法令讲演大会等。

（二）举办各种纪念集会：各种国定纪念，革命纪念及特定纪念（“七七”“九一八”“联合

国日”）节日，均由本会主持办理。至其他各种社会运动纪念节日及临时集会，则由本会协助
兹将本会历年举办各种纪念节会统计列表于次：

本会历年办理纪念集会次数及人数统计表：

年度	集会次数	参加总人数	年度	集会次数	参加总人数	备考
1939 年度	15	32000 余人	1942 年度	10	51150 余人	
1940 年度	11	34200 余人	1943 年度	10	25000 余人	
1941 年度	12	39360 余人	1944 年度	4	2600 余人	1 至 6 月

（三）倡导文化运动：其目的在阐扬本党主义，计曾举办歌咏比赛、大中学生讲演竞赛、广播座谈、文化界国民月会多次，并经常负责遣教广播及派员出席各学校讲演，或担任精神讲话所有市文化运动委员会工作，悉由本会办理。

（四）通俗宣传：举凡本党主义、政纲、政策之阐扬，以及国策、政令之推行，俱有赖于通俗宣传，俾得深入民众。此项工作，至为重要，列述如左〈下〉：

1. 设立宣传区分队：三十年四月，市宣传委员会改组，另按行政区域配合乡镇保甲人员划分宣传区分队。但因经费困难，工作无法推动。三十一年，本会乃将宣传区分队改由各区分党部负责推行。

2. 设立民众讲堂：设立民众讲堂，早经计划在案。因地点与经费问题，迟至三十二年九月始在米亭子、上清寺、青木关成立第一、二、三民众讲堂 3 所，每周各举行讲演会一次，遇有纪念节日或特别运动，则临时举行特种讲演会。听讲人数，第一讲堂每次 600 人以上，第二讲堂 200 余人，第三讲堂 300 余人。本年 4 月，又在菜园坝设立第四民众讲堂 1 所，每次听讲人数亦 300 余人。

3. 指导民间艺人：民间艺人，深入民间，其表演抗建词曲所收宣传之效极大。惟其分子复杂漫无组织，爰于三十二年举办民间艺人调查登记，加强其组织。计先后登记艺人 470 余人，并于本年 4 月 1 日正式成立重庆市民间艺术改进协会，受本会之督导，借以推进通俗宣传。

4. 编审通俗唱词及曲本：通俗唱词及曲本，深入民间，影响极大。惟因意识不正或文字错落均经本会加以审订或新编，计先后审订者 53 种，新编者 9 种。

5. 编发壁报特刊：自三十二年联合国日起开始编发壁报，以配合纪念节日。本年度规定每月两次，迄今共出 20 期。

（五）编印宣传通报：自三十二年四月十六日起开始编印宣传通报，每周 1 次，按期分发各区分党部、各社会服务处，迄今共出 86 期。

（六）编印宣传小册及主义、时事丛刊：三十年度曾编《空袭机会教材》，宣传小册 10 种利用空袭避难，教育民众。三十二年度起，另编阐扬主义及分析时事之丛刊，共 5 册；本年度规定编撰 6 册，现已完成 3 册。

（七）审查报纸、通讯社、杂志社之登记：本会历年依照出版法及非常时期报纸、通讯社杂志社暂行管制办法，协同市政府办理审查工作，计准予登记、不准登记与变更登记之数字列表如左（下）：

刊别	准予登记	不准登记	变更登记
报纸	15①		3

① 中文 13 家，外文 2 家。

续表

刊别	准予登记	不准登记	变更登记
通讯社	3	4	1
杂志社	398	56	14

登记之杂志类别

周刊	旬刊	半月刊	月刊	双月刊	季刊	共计
40	21	45	212	24	56	398

（八）成立社会服务机构：本会于二十七年下半年度，选择适当地址，发动各区党分部筹设社会服务处，二十八年成立 6 处、二十九年成立 1 处，三十年成立 2 处，三十一年成立 1 处，三十二年成立 1 处，三十三年成立 1 处，尚在筹备中者有 2 处，前后共计成立 12 处，均以文化服务、经济服务、卫生体育服务、生活指导服务、救济慰劳服务等项为中心工作。

（九）党员参加社会服务：本会连年督导各区党分部同志以推进地方自治、提倡平民教育、办理慰劳救济及推行新生活运动各项为社会服务中心工作，经各同志努力推行，成绩颇为良好。关于推进地方自治工作方面，除各同志经常协助地方保甲人员积极办理外，并由本会与内政部、市政府等机关合组地方自治巡回视察团，每年分季观察，前后共计举行 20 余次。关于提倡平民教育工作方面，各区党分部前后继办有民众学校 15 所。关于救济慰劳工作方面。各区党分部均能努力办理，计募救济经费 21 余万元，劳军捐献前后在 30 余万元以上。关于推行新生活运动方面，各区党分部经常协助保甲人员举行清洁检查及大扫除。

（十）推行社会运动：本市各项社会运动，向由本会协助政府办理，经常督导各区党分部派员协助政府推行国民精神总动员运动、新生活运动、国民经济建设运动、节约储蓄运动、工作竞赛运动、征募、救济、慰劳运动。各区党分部除积极加强各该项运动之宣传工作外，并努力参加实际工作。

三、监察工作

（一）概述

本市监察工作，悉遵照中央指示，并参酌地方实施情形，徐图实施。三年来，工作逐渐展开，监察组织日臻严密，惜以设处较迟，人力财力有限，致各项工作之成果，未能如预期之美满耳。

1. 组织：本市监察工作，于民国三十年开始，当时奉令成立监察室，内部工作同志仅一、二人。迨民国三十年九月，始改室为处，内分审查、稽核、文书三科，嗣以经费所限，迄今仅成立一科，工作同志五、六人而已。

2. 经费：本处经费，历年均系委托市执行委员会会计室办理，自三十年四月份起，监察室每月经费 800 元。三十二年二月份起，以〔已〕改室为处，工作人员增加，经常费每月为 2960 元，监察网补助费每月 1500 元。三十三年度每月经常费增加为 4150 元，监察网补助费每月 1500 元，视导费 1250 元。

（二）工作

1. 党员监察网

（1）二十九年七月，奉令建立本市党员监察网，当本质量并重之原则，徐图工作之开展，计三十年底，实有监察员 115 人。三十一年度对不尽职之监察员，先后加以调整，迄三十一年底，实有监察员 84 人。三十二年度新增 226 人，经核准辞职 50 人，增减两比连同三十一年度 84 人，实有监察员260人。三十三年度一至六月份，共增加180人，经核准辞职及免职者121人，增减两比连同三十二年度260人，总计现有监察员人数为319人。

（2）监察员劝勉工作：计三十年5件，三十一年度13件，三十三年度一至六月份5件，总计检举案件23件。

2. 纪律

党员违犯党纪案件，经本处议处者，自三十二年度起至三十三年度六月份止，计共10件；经决定并呈报中央核准者，计永远开除党籍2人、受严重警告2人、免予议处2人，尚有4件正在依法办理中。

3. 稽核同级政府

重庆市政府先后函送三十一年度、三十二年度、三十三年度施政方针及工作报告，均经本处缜密审核，加具意见，函送该府查照办理。

4. 稽核财政

（1）初步稽核市执行委员会财政收支，计三十二年经常费报销12件；三十三年一至六月份止，经常费报销7件、事业费报销8件，总计27件。

（2）稽核下级党部财政收支，计三十二年度40件，三十三年度一至六月份30件，总计70件，均经详细审核，分别准驳。

5. 审查党务

（1）三十二年度审查市执行委员会工作报告2件，会议记录8件：三十三年度一至6六月份会议记录7件，总计17件。

（2）下级党部工作报告及会议记录，经审查者计三十二年度14件，三十三年度一至六月份40件，总计54件。

6. 其他

（1）通令各监察员研读总裁手著《中国之命运》及监察员手册，其研读之心得及意见，均已汇转中央参考。

（2）三十二年奉令扩大编制，增添工作人员，对于内部工作之整理，尤为注意。在三十二年度内整理本处历年档卷，分别编号登记；编拟本处办事细则，编印监察员工作月报表、监察员调动登记册、监察员工作月报登记册，制定本市监察网一览表，绘制各年度监察员增减表、本市党员监察网图、监察员籍贯统计图、职业比较表，并制订办文登记簿、工作人员日记簿。

（3）三十二年度举行城区监察员谈话会一次，三十三年度曾与一部监察员实施个别谈话，交换工作意见。

（4）督导工作，三十二年度曾实施2次。

原载重庆市档案馆编《档案史料与研究》1988年第一期

10. 中国国民党重庆市执行委员会工作总报告书（1945年4月印）

中国国民党重庆市执行委员会工作总报告书

第一章　概　况

一、沿革

自抗战军兴，国府迁渝，本市由普通市改为院辖市，本会亦由前四川省重庆市党务指导委员会改为中央直属重庆市执行委员会。计自二十七年十二月改隶属以来，迄今6年又半，本会曾于三十二年春以会衔内“中央直属”四字，已无沿用必要，复经呈奉更正为今名——重庆市执行委员会。

二、机构

二十七年十二月，本会改隶成立之时，仅主任委员1人、执行委员5人，组织执行委员会下设总务、组织、宣传、社会4科。嗣于二十九年四月，扩充委员名额，设主任委员、执行委员11人，专任书记长1人。三十一年书记长改由执行委员兼任，除主任委员外，共设执行委员11人，中央并指定委员1人兼负监察专责。另设重庆市兼负监察专责委员办事处。三十二年四月本会遵照新组织条例，扩科成处，共设秘书、组训、宣传3处，秘书处下设文书、事务2科，组训处下设组织、训练、党团指导3科，宣传处下设宣传指导、编审、社会服务3科，另会计、人事两室。至重庆市兼负监察专责委员办事处下，亦增设审察、稽核两科。三十三年七月奉令举行本市第一届执监委员选举后，遂于八月正式成立执行、监察两委员会。执行委员会，除原有各处科室外，□于组训处增设党籍登记科，监察委员会除原有审查、稽核二科外另增设文书一科。组织遂日臻健全。

三、人事

本会6年半来重要之人事更迭凡4次：（一）二十七年十二月至二十九年四月洪兰友同志任本会主任委员。龙文治、吴人初、汪观之、杨德翘、郭一予等为执行委员。（二）二十九年五月至三十一年一月陈访先同志继任主任委员，龙文治、吴人初、汪观之、杨德翘、包华国、程朱溪、朱亦愚、吴茂荪、骆继常、徐之圭等为执行委员。（三）三十一年二月之三十三年七月杨公达同志继任主任委员，龙文治、汪观之、杨德翘、程朱溪、朱亦愚、张兆、骆继常、吴茂荪、徐之圭等为执行委员，三十二年杨德翘、徐之圭两委员先后奉调离职，由丁骕、徐鸣亚继任。（四）三十三年七月奉令举行第一次全市代表大会，选出龙文治、吴茂荪、吴人初、包国华，徐中斋、季源溥、鲁佩璋、骆继常、宋官山、汪观之、王思诚等11人为执行委员，庆深菴、徐鸣亚、张兆、龚云村、孙芹池等5人为监察委员，徐子青、朱亦愚、陈介生、许静芝、胡梦华等5人为候补执行委员，王助、林紫贵等2人为候补监察委员，中央复派方治同志为主任委员，于八月七日在中央党部大礼堂宣誓就职，以迄于今。

本会工作同志（连监察委员会工作同志在内）照核定编制为136人，去年春中央令照编制名额裁减人员12%，计为120人。本年春，复奉令增为141人，惟食米及米代金，未奉核增，本会为顾全实际困难，目前实际任用之工作同志仍为120人。

四、会议

本会经常举行之会议，计分下列各种：

（一）执行委员会议：本市党务工作方针之拟订，基层组织之划编调整，均经提付执行委员会议决定之。执行委员会议，每两周举行一次，除因特殊事故外，皆能按期举行。自二十七年终改隶以来至本年四月底止，本会举行执行委员会议已达159次。

（二）党政联席会议：由党政双方分别按月召集开会一次，自二十九年十月举行首次党政联席会议以来，迄未间断，至本年四月底止已举行至第四十四次会议。关于党政意见之交换，提案之提出，本会均于每次开会之前，举行审查小组会议，妥慎将事、故其内容尚属充实，党政联系，倍臻密切。

（三）党政特别小组：由于本市党政联席会议按月举行，绩效颇著，故党政关系极为融洽，尤以关于民众组训案件，特于党政联席会议下组设民运审查小组，经常举行审查会，党政意见，赖以沟通，指导监督，步骤一致，已将特别小组会议内容，包纳于内，故本市党政特别小组，自于三十一年二月举行成立会后，即暂予停开。

（四）业务检讨会议：本会在扩科设处以前，先后曾举行工作会报、业务会议，及以科为单位分别举行之小组会议，（机关小组与党务小组合并举行）设处后，单位加多，业务会议每月举行一次，各处处务会议两周一次，小组会议两周一次，尚能按期举行。

五、经费

本会经费二十八年度系中央核发，二十九年至三十一年度由中央核转市政府政权行使支出科目拨付，自三十二年度起，复由中央统一核发。兹将历年收支数字列表于后：

年度	预算科目	收入金额	支出金额	备考
1939年度	经常费	56400.00	56400.00	中央拨发每月4700元
1940年度	经常费	126000.00	126000.00	中央补助每月500元，市政府拨发每月10000元
1941年度	经常费	240000.00	240000.00	中央拨发每月500元，市政府拨发每月19500元
1941年度	事业费	30000.00	19066.64	中央拨发计结余10933.36元
1941年度	督导费	15000.00	15000.00	中央拨发
1942年度	经常费	447220.00	441220.00	中央拨发1月份12735元，2至12月份13535元，政府拨1至12月份2230元
1942年度	追加经费	78600.00	78520.85	中央拨发计结余79.15元，业解缴中央
1943年度	经常费	871552.00	871552.00	中央拨发1月份70136元，2至12月份72856元
1943年度	事业费	391200.00	391200.00	中央拨发
1943年度	追加经费	306000.00	306000.00	中央拨发
1944年度	经常费	441226.00	442556.00	中央拨发每月120213元
1944年度	追加经费	577020.00	575927.10	中央拨发结余1092.90元
1944年度	事业费	722000.00	1167233.60	是项事业费计分12项，科目共超支35232.60元，呈请中央追加
1944年度	社会事业费	1700000.00	1700000.00	市府拨发
1945年1至3月	经常费	649149.00	643375.70	中央拨发

第二章 工 作

一、组训工作

（一）党籍登记

1. 历年党员报到及转入报到情形：

本市党员总报到于二十七年十月二十日开始，由前重庆市党务指导委员会办理。至是年十二月，本会改隶中央，接办党员总报到工作，至二十九年一月底截止，复继续举办补行报到工作。截至三十四年四月份止，以后月有转入，兹将历年清厘党籍情形，表列于后：

年度	总报到或转入报到党员数	备考
1938 年度	4140 人	
1939 年度	3402 人	
1940 年度	1285 人	
1941 年度	574 人	
1942 年度	819 人	
1943 年度	899 人	
1944 年度	2570 人	
31945 年度	292 人	党员转入报到截至 4 月底止如上数
合 计	13981 人	

2. 历年征求新党员情形：本会自改隶中央后，并自二十八年四月份起开始征求新党员。兹将历年征求新党员情形，表列于后：

年度	征求新党员数	备考
1939 年度	3750 人	
1940 年度	5950 人	
1941 年度	3600 人	
1942 年度	3850 人	
1943 年度	3250 人	
1944 年度	8400 人	
1945 年度	2700 人	新征党员截至本年 4 月底止如上数
合 计	31500 人	

（二）各级党部组织情形

1. 区党部：本市在二十八年以前，并无区党部组织。自开始党员总报到后，党员始行纳入组织，区党部亦逐渐建立。兹将历年组织情形，表列于后：

年度	区党部数	备考
1939 年度	16 个	
1940 年度	25 个	
1941 年度	46 个	
1942 年度	54 个	

续表

年度	区党部数	备考
1943 年度	66 个	内学校区党部 9 个
1944 年度	100 个	内学校区党部 10 个，工厂区党部 10 个
1945 年度	105 个	内学校区党部 9 个，工厂区党部 12 个，以上数字截至本年三月份止

（二）区分部：本市区分部组织，年有增加，兹将历年增设情形表列于后：

年度	区分部数	备考
1939 年度	253 个	内直属区分部 32 个
1940 年度	309 个	内直属区分部 24 个
1941 年度	236 个	
1942 年度	464 个	内直属区分部 14 个，直属学校区分部 15 个
1943 年度	460 个	内直属区分部 17 个，学校区分部 16 个
1944 年度	575 个	内直属区分部 27 个，学校区分部 15 个，工厂区分部 42 个
1945 年度	634 个	内直属区分部 27 个，学校区分部 13 个，工厂区分部 52 个，以上数字截至本年 3 月止

（三）督导与考核

本会对各级党部之考核，采下列方式：

1. 会议指导：各级党部举行党员大会，本会均派员前往参加，就地视察指导。其有道远未便派员时，亦于就近地区，选派适当同志出席。

2. 分区督导：本会委员分定地区，经常督导各该区内党部工作。历年以来，本会主任委员，并会分赴各重要地区视察党务，就近解决困难问题，督导工作更为加强。

3. 年终考绩：本会于每年终举行各级党部考绩一次，根据视察督导结果，评定等次，分别予以奖惩。

4. 党员总考核：本会于三十二年终奉令开始举办党员总考核，三十三年终继续举行，经时加指示及派员督促，卒能顺利完成。并经将总考核结果，依照规定，分列最优最劣党员名单，呈报中央。

（四）训练实施

1. 小组划编及训练：本会所属各级党部小组之划编，历来均有增加，其数量如次：

年度	小组数量	备考
1939 年度	264	
1940 年度	286	
1941 年度	436	
1942 年度	356	
1943 年度	431	
1944 年度	588	
1945 年度	830	截至本年 4 月底止

就小组数量言，6 年来确有增加，但以现有党员 33016 人计，平均每小组 39 人，尚未完全

符合小组训练纲领及现行小组训练办法之规定。至于今组训题材，本会除按期转发中央供给资料外，并参考本市党员需要，另行编拟训练题材，随时印发。各小组讨论情形与结论，亦按月汇报中央。

2. 基层干部训练：本会为加强基层干部训练起见，特设立基层干部训练班，以从事集体训练。为使达到遴拔基层干部，及健全基层组织之目的，故于开班之初，确定训练对象，偏重地方区党分部同志。各期受训学员均系由所属区党分部遴选，并经本会测验合格，始准予入班。受训练期间 2 星期，课程内容以党的理论与处理党务之技术及各项党的活动方式等为主。计自三十二年迄今，先后举办基层干部训练班 5 期。共训练干部 353 人。兹附本会举办基层干部训练班一览表于次：

期别	时间	地点	学院所属区党部	毕业人数
第一期	1943 年 8 月 1 日至 15 日	南岸前驱路	四十区党部及四十一区党部	50 人
第二期	1943 年 9 月 26 日至 10 月 10 日	小龙坎	四十八区党部	44 人
第三期	1943 年 12 月 12 日至 26 日	城区	第一第二的区党部	58 人
第四期	1944 年 9 月 26 日至 10 月 3 日	南岸黄桷椏	四十三区党部及三十四区党部	99 人
第五期	1944 年 12 月 24 日至 1945 年 1 月 11 日	城西	第四第五两区党部	102 人

3. 工人党务训练：工矿党务，过去系由中央办理。本市以工厂林立，工人众多，爰于前年开始试办工人党务训练，以加强工人对本党主义之认识，及在工人中发展本党组织为主要目的。三十二年十一月在南岸大佛段召集大东书局印刷厂、明亚机器厂、新新印刷厂 3 厂工人 60 余人，训练 2 周，毕业 59 人。现该 3 厂已成立区党部，负责推动者，皆为曾经受训练之学员。

4. 新党员训练：本市第一次代表大会后，本会即着手新党员训练之设计。以本市辖区辽阔，交通不便，无法将新入党党员加以集中训练，爰决定由区党部或区分部负责办理，由市党部督导协助。经于三十三年十月制定本市新党员训练办法一种，通饬各区党分部实施。凡受训练之新党员，依智识程度，分为三级：（1）曾受高等教育在学术上有成就或在其从业部门有特殊贡献者为甲级；（2）曾受普（中等）教育，有阅读写作能力者为乙级；（3）曾受初等教育或不识字者为丙级。训练方式，依程度之不同，亦分为三类。其详细实施计划，由各区党部自行因时地制宜拟定后报请本会核准施行。

（五）党团指导

1. 建立党团组织：本市人民团体党团组织之建立，历年虽注意办理，惟成效未著，自本市第一次代表大会后，此项工作更积极展开。截至本年四月中旬为止，已建立之职业团体党团共 49 个，民意机关党团 1 个，附统计于后：

重庆市职业团体及民意机关党团分类统计表

类别	党团建立数量	备考
各业工会党团	21	
各同业工会党团	19	
渔会党团	1	
农会党团	5	

续表

类别	党团建立数量	备考
教育会党团	1	
自由职业团体党团	2	
民意机关党团	1	
合 计	50	

2. 指导党团活动：本会对各团体党团活动，均随时予以指导，并以左〈下〉列各项为基本指导方针：

（1）切实调查各该业党员团员，并注意其□转动态。

（2）介绍优秀分子入党，以发展党的组织。

（3）推行战时政令，健全团体会务。

（4）防止奸伪活动，粉碎奸党阴谋。

3. 协助组训民众：本会主管社会行政工作，自三十一年六月移交市政府接管后，即于本市党政联席会议下设立民运审查小组，凡本市民众团体申请许可组织、成立、改选、改组、整理、解散，与民众团体会员训练及有关一切工商管制等重要事项，由主管局函送本会调查后，提付党政联席会议民运审查小组决定实施。现已举行66次会议，党政配合，收效颇著。

本市人民团体，历年均有发展，以职业团体较为健全，社会团体次之。截至本年四月中旬止，职业团体经已合法成立及依法筹组者共254个，社会团体有实际活动及正在筹组中者，亦达250个。兹分类统计于后：

（1）重庆市职业团体分类统计表

类别	已成立数	在筹组中者	合计	备考
工业	27	1	28	
商业	95	1	96	
劳工	83	3	86	
农人	11		11	
渔民	1		1	
教育会	16	3	19	
自由职业	4	2	6	
福利会	6	1	7	
合 计	243	11	245	

（2）重庆市社会团体分类统计表

类别	已成立数	在筹组中者	合计	备考
文化团体	11	2	13	
宗教团体	4		4	
慈善团体	28		28	
公益团体	123	16	139	

续表

类别	已成立数	在筹组中者	合计	备考
互助团体	5		5	
戏剧团体	7	1	8	
妇女团体	18		18	
联谊团体	5	2	7	
动员团体	7	12	19	纯为党员所策动
学术团体	7	2	9	
总 计	215	35	250	

4. 推行地方自治：本市自治工作，党员颇能协助政府戮力推行，即以本市208保中，党员担任保长者约达40%。近来准备实行保长区长民选，党员中作竞选活动者，颇不乏人。又本市办理公职候选人资格检核，截至四月半止，参加检核之6428人之市民中，党员即占2185人（约占34%）。

（六）发动知识青年从军

三十三年十月，总裁号召知识青年从军运动以后，本会即积极推动。于十月十八日召集全市各区党分部书记，举行联□□□，对发动知识青年从军，规划甚详，并通令全市各区党分部，自十月二十六日起至二十八日止，分别举行党员大会，由本会分派委员前往参加，积极发动，切实督导，以期普遍热烈响应。又策动市教育局于十月十九日召集全市各中等学校校长及训导主任举行知识青年从军问题座谈会，并商请教育部于十月二十四日召集渝市附近各专科以上学校校长举行知识青年从军问题谈话会。此外本会复经常聘请社会名人分赴各校演讲，倡导从军，发动各业党团同志在各机关团体内多方策动，响应从军，举办陪都中等学校知识青年从军演讲竞赛，举办青年从军宣传大游行，在本市分区分期举办知识青年从军过俗宣传大会，并指定本市重要地区及迁建区之各区党分部，成立知识青年从军登记分处20处，举办从军登记事宜。经两月余来之努力宣传与督导，本市知识青年响应从军前来登记者，极□踊跃。至规定截止之日止，计来本会登记者1791人，连同在本市征集委员会登记者共为8027人，超过本市原配额数（转入驻印远征军由渝起飞赴印者有4000余人，尚不在内）。俱经本会指导各登记分处并转函市征集委员会指派医师分期办理体格检验，编定队次，分期集中指定之营地受训。

二、宣传工作

在三十二年四月本会扩大组织改科设处以前，宣传工作分为宣传与社会两科，迨宣传处成立，则分负宣传、编审及社会服务3方面之工作。兹将历年来宣传方面之工作。扼要分述于后：

（一）普通宣传

1. 政令宣传：利用各种时机，宣传政府法令，以助其推行．计曾举办国家总动员宣传周、兵役宣传大会、疏散宣传、新生活运动宣传、粮政宣传、限价宣传、户政法令讲演大会、知识青年从军宣传、献金献粮宣传等。

2. 举办各种纪念集会：各种国定纪念、革命纪念，及特定纪念（“七七”“九一八”“联合国日”）节日，均由本会主持办理。至其他各种社会运动纪念节日及临时集会，则由本会协助。兹将本会历年举办各种纪念节会，统计列表于次：

本会历年办理纪念集会次数及人数统计表

年度	集会次数	参加总人数	备考
1939 年度	15	32000 余人	
1940 年度	11	34200 余人	
1941 年度	12	39360 余人	
1942 年度	10	51120 余人	
1943 年度	10	25000 余人	
1944 年度	9	24700 余人	
1945 年度	3	2000 余人	至 4 月底止

3. 通俗宣传：举凡本党主义政纲政策之阐扬，以及国策政令之推行，俱有赖于通俗宣传，俾得深入民众。本会对此项工作，至为重视，兹择要列述如左〈下〉：

（1）设立宣传区分队　三十年四月市宣传委员会改组，另按行政区域配合乡镇保甲人员。划编宣传区分队，但因经费困难，工作无法推动。三十一年，本会乃将宣传区分队改由各区分党部负责。三十三年九月，将各区分队负责人，予以调整，并制颁宣传纲要，责令切实推行。

（2）设立民众讲堂　本会于三十二年九月开始在米亭子、上清寺、青木关，成立第一、二、三民众讲堂 3 所。三十三年四月，又在菜园坝设立第四民众讲堂 1 所。每周各举行讲演会一次，遇有纪念节日，或特别运动，则临时举行特种讲演会。听讲人数，第一讲堂每次 600 人以上，第二讲堂 200 余人，第三讲堂 300 余人，第四讲堂亦 300 余人。三十三年十月起本会为扩大从军运动及其他各项政令宣传起见，经饬各民众讲堂每周各增加讲演会一次，并随时派员督导切实办理。

（3）指导民间艺人　民间艺人，深入民间，其表演抗建词曲，所收宣传之效极大。惟其分子复杂，漫无组织，经于三十二年举办民间艺人调查登记，加强其组织，计先后登记艺人 470 余人，并于三十三年四月一日，正式成立重庆市民间艺术改进协会，受本会之督导，借以推进通俗宣传。三十三年九月，本会复召集该会全体会员，举行讲习会，指示通俗宣传之具体办法及目前通俗宣传之目标，会后复经常编印唱词及曲本，分发演唱。

（二）文化运动

1. 举行文化界座谈会：本会为谋本市文化工作者意见之沟通，力量之集中起见，特自去年十月起，开始举行文化界座谈会，每月一次，召集本市各报纸刊物编辑发行人出席，就当前时事问题，各抒所见，由本会出席人，根据党纲国策及每次中央之指示，归纳成为合理之结论，俾成为指导舆论之准绳。

2. 指导青年写作：本会曾约请专家 20 余人，组织青年写作指导协会，鼓励青年写作，并为思想与技术方面之指导，接受各地青年投稿，延请专家为之审阅。成绩优良者给予稿酬，并代送各报纸刊物发表，稍逊者亦为之删改寄还，特优创作，并为之代出专书。综计接受来稿已达 3500 余件，介绍发表者 370 余件，删改寄还者 2000 余件，代出《文化修养》1 册，其经费由本会及教育部政治部中宣部等处补助。

3. 救济湘桂内迁文化人士：去年湘桂战事发生，湘桂文化界人士多流离转徙，间道来渝，衣物荡然，生活无着。本会特商由湘桂难胞救济委员会移拨捐款 100 万元，由本会在本市陕西街设立文化界招待所为来渝文化界人士及其眷属解决食宿问题，并按眷属人数分别发给协济金。此外复由本会函请教育部、中宣部、政治部等机关，分别代为介绍职业。综计湘桂来渝文化人士曾受本所临时招待者，连眷属共计4800余人；曾在本会领取协济金者，共计584人；长期住所者，前后共达八820人；最近尚有已登记之内迁文化人士200余人，眷属600余人未觅得职业，本会复商由湘桂难胞救济委员会续拨捐款100万元，全部配发各已登记之文化人，以资救济。

4. 举行文化界国民月会：此项月会，自本年二月份起，由中央文化运动委员会移交本会接办，已继续举行3次，每次到会文化界人士均达七八百人，情绪至为热烈。

5. 举行文化界联谊会：此项联谊会为本会与本市各文化机关团体密切联系之桥梁。由本会主持召集，每月一次，由各文化机关团体轮流负责招待茶点，并举行游船，每次举行时，文化界人士济济一堂，欢洽无间，现已举行23次。

6. 发动大中学生演讲竞赛：本会为鼓励大中学生研究党义及协助宣传起见，计在各大学分别举办演讲竞赛42次，各中学分别演讲竞赛70次，各大学联合演讲竞赛5次，各中学生联合演讲竞赛15次。

（三）编审书刊

1. 编印宣传通报：自三十二年四月十六日起开始编印宣传通报，每周一次，按期分发各区分党部及各社会服务处，迄今已共编印144期。

2. 编印宣传小册：三十年度曾编《空袭机会教材》宣传小册10种，三十二年度起另编阐扬主义及分析时事之丛刊共5册，三十三年度编撰6册；本年度已编成《献粮献金》《征粮征兵》《禁毒除奸》《节约储蓄》《发扬民族英雄》《抗战壮烈事迹》等6种，刻正在付印中。

3. 编印从军词唱本：为响应总裁号召全国知识青年从军，期使此种运动能普遍热烈展开起见，特于去年十月约请通俗文化专家撰就知识青年从军词从军乐等唱本，印发民间艺术改进协会及各级党部并呈请中宣部核转全国各省市党部采用。

4. 征募书刊：本会鉴于知识青年军精神食粮异常缺乏，为谋补救起见，特于本年初发起征募书刊运动，规定每一党员捐赠一本书，每一杂志社捐赠300本书，通令各区党分部并函各种诗社切实推行。迄今共收到书刊2100本，已如数汇送军委会政治部配发各青年军阅读。

5. 审订坊间唱词及曲本：本市坊间流行之各种通俗唱词及曲本，意识不正，不合抗战建国需要者实多，爰经决定加以审订。一年以来，经审订发还者，计有《救国公债》《出头机》《最后胜利》《失南京》《逃离》《从军》等20余种，此项工作，仍在继续进行中。

6. 审查报纸通讯社杂志社之登记：本会历年依照《出版法》及《非常时期报纸通讯社杂志社暂行管制办法》，协同市政府办理审查工作，计准予登记、不准登记与变更登记之数字列表如左〈下〉：

刊别	准予登记	不准登记	变更登记	备考
报 社	15		3	中文13家外文2家
通讯社	3	4	1	
杂志社	597	8	27	

登记之杂志类别

周刊	旬刊	半月刊	月刊	双月刊	季刊	共计
67	28	72	382	25	43	597

（四）社会服务

1. 建立社会服务机构　本会发动各区党分部于本市各街要地带设立社会服务处，共计15处。

各处根据客观环境办理各项中心工作，成绩尚称良好，兹将各处成立情形及工作概况表列如左〈下〉：

（1）本会成立社会服务处概况

名称	地址	主办党部	备考
青木关区社会服务处	青木关	第二十六区党部	
天生桥区社会服务处	北碚天生桥	直属二十二区分部	
上清寺区社会服务处	上清寺	第十三、十五、二十、二十七区党部	
独石桥区社会服务处	独石桥	第二十一区党部	
黄桷树区社会服务处	北碚黄桷树	第四十五区二分部	
赵家湾区社会服务处	江北悦来场赵家湾	第六十区党部	
陈家桥区社会服务处	陈家桥	第二十四区党部	
山洞区社会服务处	山洞	第四十二区党部	
沙坪坝区社会服务处	沙坪坝	第五十区党部	
银行界同仁进修服务社	道门口	第三十四区党部	
北碚区社会服务处	北碚	第四十五区党部	
歇马场区社会服务处	歇马场	直属五分部第三十二、三十一区党部	
天池区社会服务处	山洞黑天池	第五十七区党部	
歌乐山区社会服务处	歌乐山	第五十六、三十五区党部	
南岸区社会服务处	弹子石	第四十九、三十九、四十、四十一等区党部	

（2）本会历年指导各区社会服务处办理中心工作概况表

工作项目	办理概况	备考
（1）民众书报阅览室	本会所属各社会服务处均已办理，除由各处订购书报外，并由本会经常寄发书包图标陈阅	
（2）设□公用电话	上清寺区社会服务处设有公用电话一个免费供民众使用	
（3）职业介绍	由各区社会服务处负责人分别向有关机关团体设法安插民众分子	
（4）升学指导	青木关区社会服务处于三十二年夏成立考生服务队，办理成绩颇佳	
（5）办理民众咨询	由各区社会服务处办理解答法律及人事等问题之咨询，其中以独石桥区、青木关区、上清寺区3处办理成绩为佳	
（6）办理民众代笔	个区社会服务处经常为民众代为书信	
（7）办理旅居向导	由各区社会服务处经常办理其中以青木关区上清寺区等处成绩为佳	
（8）卫生指导	由各区社会服务处经常办理	
（9）办理民众义诊	各区社会服务处均努力办理（由本会斟酌洽发药品），其中以独石桥区社会服务处成绩为佳	
（10）办理民众学校及夜校	黄桷树区社会服务处办有复兴小学一所，青木关区及上清寺区社会服务处各办有民众讲堂一所	

续表

工作项目	办理概况	备考
(11) 办理消费合作社	北碚区及天生桥区社会服务处办有消费合作社各一所，其余各处限于财力未举办	
(12) 经济食堂	青木关区社会服务处办有平民食堂一所	
(13) 壁报书报	青木关区、北碚区、天生桥区、陈家桥区经常办理壁报	
(14) 民众茶社	北碚与山洞区社会服务处办有特约文化茶社一所	
(15) 民众理发室	北碚区社会服务处办有一所	
(16) 民众俱乐部	北碚区社会服务处设有康乐组	
(17) 慰劳救济	各区社会服务处经常慰劳抗属及过境国军与智识青年军，并救济战区来渝难民及哭胞，以青木关北碚歌乐山等处办理成绩为佳	
(18) 推行新生活运动	各区社会服务处均以此为中心工作发动区党分部协助地方保甲人员及民众推行	

2. 发动党员参加服务工作

本会所属各区党分部同志，参加社会服务工作，向极努力。连年以来，经本会经常派员视察督导，工作推行，更加积极。兹将各项工作列表于后：

工作项目	工作概况	备考
办理慰劳征募救济运动	1. 发动各区党分部同志于各纪念节日分区慰劳卫戍部队及抗属 2. 发动各区党分部征募伤兵营养费慰劳国军捐款及救济经费（数字见社会运动栏） 3. 发动各区党分部同志救济灾民难胞并发放赈款	
推行平民教育	1. 各区党分部协助地方筹办国民学校及筹募建校基金 2. 各区党分部分期举办民众学校及识字班，三十二年计办 17 所、三十三年计办 15 所	
协助推行地方自治	1. 本会及所属各区当分部协助政府办理调查户口调整区保组织 2. 派员参加重庆市地方自治工作视察团，督导考核本市地方自治工作 3. 协助办理公职候选人检核工作 4. 督导区党分部同志参加区保长选举	
推行新生活运动	1. 各区党分部利用各种集会向民众作新生活运动宣传 2. 各区党分部协助地方改良环境卫生及举行清洁大扫除	
举办公益事业	1. 四十、四十一、三十九、二十六、十二等区党部分别修筑黄山、独石桥镇、观音岩等处石板 2. 四十四、四十等区党部筹设鹤皋岩水电工程及装置南岸路 3. 各区党分部筹设机关合作社及地方区镇合作社	
参加空袭服务	1. 各区党分部组织空袭服务队并参加防护团工作 2. 救济被炸难胞 3. 劝导市民疏散	

续表

工作项目	工作概况	备考
参加远征服役及推行智识青年从军运动	1. 三十二年各区党分部同志踊跃参加远征服役 2. 三十三年各区党分部踊跃从军	
举办党员储蓄	1. 各区党分部同志于三十二、三十三年各年度努力推行节约储蓄、乡镇公益储蓄运动 2. 三十三、三十四年度各区党分部努力推行党员储蓄，截至现在止共计 577.22 万元。	

3. 社会运动

本市各项社会运动，本会均积极主持，或协助办理。连年以来，各项工作，经本会发动党员及民众努力推行，成绩尚称良好。兹将各项工作表列于后：

工作项目	工作概况	备考
国民精神总动员运动	1. 每年 3 月 12 日举行国民精神总动员大会并举行扩大宣传周 2. 督导各区党分部派同志督导各区保举行国民月会 3. 利用各种集会及本会各民众讲堂讲解国家总动员法令 4. 按月举行文化界国民月会 5. 分区成立国民动员协进会	
新生活运动	1. 每年 2 月 19 日会同新运总会举行新生活运动纪念大会及扩大宣传周 2. 制放新生活幻灯片 3. 经常向民众作新生活运动宣传 4. 举行各机关清洁比赛 5. 协助市政府成立重庆市清洁管理委员会 6. 举办清洁扫除及大检查 7. 每年推行夏令卫生运动，由本会担任宣传组工作	
节约储蓄运动	1. 每年会同市府检查各餐馆酒食消费 2. 经常向民众作节约储蓄宣传并督导各区党分部同志实行节约储蓄 3. 发动党员同志推行党员储蓄	
工作竞赛运动	1. 协助市政府举办地方自治工作竞赛 2. 督导人民团体及各区党分部举行组训工作竞赛 3. 协助新运总会举行各机关清洁整齐竞赛 4. 举办党员储蓄竞赛	
救济慰劳征募运动	一、救济运动 1. 协助市政府办理各年冬令救济工作并派员发放赈款 2. 派委员设置难民收容站及成立文化界招待所 3. 协助市政府成立市振〔赈〕济委员会 二、慰劳运动 1. 派委员赴黔桂綦江璧山等地慰劳抗战将士及青年军 2. 督导各区党分部在南岸、青木关、歌乐山、北碚等地设置慰劳过境国军服务站费 3. 派员分赴各区发放驻军及抗属慰劳款物 4. 举办春节秋节及鞋袜劳军运动	

续表

工作项目	工作概况	备考
	三、征募运动	
	1. 征募劳军捐款 2. 征募伤兵营养费 3. 征集陪都救济事业经费（以上三项数字见后附表） 1. 指导成立消费合作社 134 个，生产合作社 31 个 2. 指导各区党分部协助地方健全合作社组织 3. 提倡造林增产运动	

本会办理征募数额一览表

（1943 年至 1945 年 4 月止）

征募目项	历年征募款项数额			合计	备考
	1943 年度	1944 年度	1945 年度		
征募劳军捐款	107520.90	2034068.08	4383740.00	6525328.98	
征募伤兵营养费		102855.00	15147.00	119002.00	
征募救济经费		210290.00		210290.00	
总 计	107520.90	2347213.08	4398887.00	6853620.98	以上各项均由本会及各区党部分别解放国家银行

三、监察工作

（一）组织及经费

1. 本市监察工作，于民国三十年开始。当时奉令成立监察室，由市执行委员 1 人负监察专责，时内部工作同志仅一、二人。迨民国三十二年元月，本市召开第一次代表大会选举监察委员，正式成立监察委员会，内分文书、审查、稽核 3 科，工作同志增至 9 人。

2. 本会经费历年均由市执行委员会统筹支付。自三十年四月份起，监察室每月经费 800 元。三十二年二月份起，以改室为处，工作人员增加，经常费每月增为 2960 元，监察网补助费每月 1500 元。三十三年度每月经常费增加为 4160 元，监察网补助费每月 1000 千，视导费每月 1250 元。三十四年度经常费增加为全年 64.9149 万元，视导费全年 5 万元，监察网补助费全年 5 万元。

（二）工作概况

1. 党员监察网

（1）民国二十九年七月奉令建立本市党员监察网，当本质量并重之原则，徐图工作之开展。计三十年底，实有监察员 115 人，三十一年度对不尽职之监察员，先后加以调整，迄三十一年底实有监察员 84 人。三十二年度新增 226 人，经核准辞职者 50 人，增减两比连同三十一年度 84 人，实有监察员 260 人。三十三年度新增 224 人，经核准辞职及通讯地址不明予以免职者 155 人，增减两比连同三十二年度 260 人，实有监察员 329 人。又三十四年度一月至四月半新增 22 人，经核准辞职及通讯地址不明予以免职者 52 人，增减两比连同三十三年度 329 人，计共现有监察员 299 人。

（2）监察员劝勉案件，计三十年 5 件，三十一年 79 件，三十二年 76 件，三十三年 171 件，三十四年一月至四月半61件。总计劝勉案件392件。

（3）监察员检举案件，计三十年5件，三十一年13件，三十三年13件，三十四年一月之四月半6件，总计检举案件37件。

2. 纪律

党员违反党纪案件，经本会议处者，自三十二年度起至三十四年四月半止，计共18件，经决定并呈报中央核准，计永远开除党记者9人，短期开除党籍者1人，停止党权者1人，严重警告者1人，免予处分者1人，正在议处中者4人。

3. 稽核同级政府

重庆市政府先后函送三十一年度、三十二年度、三十三年度施政方针及工作报告，均经本会缜密审核，加具意见，函送该府查照办理。

4. 稽核财政

（1）初步稽核市执行委员会财政收支，计三十二年经常费报销12件，三十三年经常费及事业费报销22件，三十四年一月至四月半9件，总计43件。

（2）稽核下级党部及社会服务处财政收支，计三十二年度40件，三十三年度89件，三十四年一月至四月半7件，总计136件。

5. 审查党务

（1）三十二年度审查市执行委员会工作报告4件、会议记录8件、三十三年度政绩比较表1件、会议记录15件。

（2）下级党部及社会服务处工作报告及会议记录迭经本会审查者，计三十二年度14件、三十三年度工作报告52件、会议记录4件，总计70件。三十四年度一月至四月半5件。

6. 其他

（1）三十二年十一月份举行监察员谈话会1次，三十四年一月份举行监察员谈话会3次，三十三年五月实施监察员个别谈话。

（2）视导工作，三十二年度曾实施2次。

（3）办理监察员总考绩一次，分别予以奖惩。

（4）通令监察员研读总裁手著《中国之命运》及《监察员手册》，其研读心得及意见，均经汇转中央参考。

（5）通令监察员注意检举贪污协助推进地方自治，调查奸伪活动，发动党员从军，收效甚宏。

第三章　检讨与建议

应尽量增加区域党部之组织——党员对于民众，必须接近之，了解之，进行领导之，运用之，使其成为本党之卫星。因是本党区党分部之划编，必须配合党员住所，俾党员与民众有接近机会。查本市现有之区党部，机关党部占53.77%，区域党部占27.36%，工矿党部占11.32%，学校党部占7.55%。至于直属区分部，则机关党部占68.75%，区域党部占2.86%，学校党部占28.50%，二者均以机关党部为多。此项区党分部内□党员，知识水准虽较高，而其平日活动范围，则仅限于其本身从业机关之内，与其住所附近之地方党员，既无相识之机，与一般民众更少接近之缘，党部与社会如此远离，党员与民众如此隔阂，党务焉能深入而发展？故今后急应设法调整，尽量减少机关党部之数量，增加区域党部之组织，俾党员与民众，打成一片。

应尽量吸收农工入党——本党革命系代表全民利益，须有社会各阶层民众，加入本党，然后党基始臻巩固。本市党员之素质，以三十三年底之统计，在33016人中，农人占4.3%，工人占13.3%，商人占17.2%，学生占5%，自由职业者占5.3%，其他占2.5%，公务人员占52.4%。总计社会各阶层人数之总和犹不及公务员人数之多，可知广大之农工以及各阶层之优秀分子，多数尚立于本党革命阵营之外。此后征求党员，对此等分子应多予吸收，以增加本党之革命力量。

本会机构应予充实——本会设于战时之首都，一切工作之进行，可随时秉承中央之指示，此较各省区固得地理之便，但以陪都地区特殊重要，须随时斟酌情势，争取机宜，不仅在执行中央之政策，推进本市之党务，尤在本会发自动之精神，作因事因时之肆应。顾就目前本会之组织言，仅秘书、组训、宣传3处，实不足以应上述之要求。故今后本会组织，似须予以扩增，如于3处之外，多设各种委员会，俾对各种问题，厘定方案，拟具计划，为执行之参考或依据。同时本会原有组织，亦须尽量予以充实，如是本市党务始克有发皇之望。

党政联席会议应着重实际工作之检讨——本市党政联席会议，按月举行，从无间断，故党政双方之联系，相当密切。并由联席会议成立民运审查小组，专司审核人民团体之组织、整理等事项，借以沟通党政双方对于人民团体之意见，施行以来，颇著成效。惟查每次联席会议多止于双方工作之报告，与夫双方情感之联系，内容尚嫌空洞。今后欲增进其效能，在会议中必须着重于实际工作之检讨，然后进而求双方工作之配合，如此互切互磋，相依相辅，党政联系之绩效必更有可观者。

党务经费应予增加——谨□提前实施宪政，为总裁历次所昭示，亦为本党当前努力之鹄的。惟欲提前实施宪政，必须加紧完成训政时期之工作。故在现阶段中本党工作时有配合环境，特别加强之必要。惟目前各地党部经费，俱极拮据，以致各项工作之进行，多受牵制。今后各地党部活动费，以宜普遍增加，以加紧党务之开展，促进训政之完成，必如是，宪政之初基，始克早日奠立也。

重庆市档案馆馆藏档案：全宗号：0051，目录号：2，卷号：684

三、重庆市临时参议会

1. 重庆市临时参议会六年两届经过概要

重庆市临时参议会六年两届经过概要

一、总纲

重庆市临时参议会于二十八年十月一日成立，至本年一月结束，前后两届历时六年零三个月，计自二十八年十月一日至三十二年三月三十一日止为第一届，自三十二年四月一日至三十五年一月十七日民选参议会正式成立之日止为第二届。前后两届共举行大会 11 次，通过提案 393 件，对市政府工作报告之决议案 95 件，对市民或市民团体请愿安检之决议案 48 件，均已先后送请市府执行。提案中最重要者有：1. 重庆市建设方案；2. 重庆市地方自治方案；3. 重庆市复员及建设计划案；4. 重庆市复员计划纲要案等。此皆经多数参议员精心研讨所制成，在推进市政建设上有重要之意义。至临参会 6 年零 3 个月之经过概要，特依照会别之次序分述于后以供参考。

二、第一届第一次大会

第一次大会于二十八年十月一日开会，适值重庆改为行政院直辖市之初，又为我国战时首都所在，市政设施正在次第兴办，机构日益扩大，预算逐步增加，市区范围即将由 12 万亩扩展至 43 余万亩，其突飞猛进之情形实为重庆历史所未有。

但在另一方面，重庆正遭敌机之轰炸，市内建筑及文化机关备受摧毁，无辜市民死伤甚众。“五三”“五四”之狂炸，使市区精华顿成废墟。故复兴建设，已成本市之主要问题。所谓复兴，意在从速恢复市面繁荣；所谓建设，意在企求永久发展。而暂时之复兴与永久之建设，又必须相顾相连，方可收事半功倍之效。故当时大多数参议员之注意均集中于本市建设工作之研讨与促成。

第一次大会通过提案 46 案，关于民政自治保安者 11 案，关于财政经济建设者 26 案，关于教育文化者 6 案，其他 3 案。其中以“组织重庆市建设期成会”及“组织重庆市地方自治促进会”两案发为重要。建设期成会之任务在对市政建设做全面考察与研究，并搜集材料拟具重庆市建设方案，重庆各界对市政建设作此有系统之注意，当以此为第一次。地方自治促成会之目的，在遵照国父遗教，促成重庆市地方自治之早日实行。以上两案为第一次大会之主要提案。他如建议市府测量市区土地，发展市区交通，加强防空设备，调整教育事业等，均甚切要。另有决议案一件，为组织“市政视察团”，由参议员分负视察之责。本会成立之初有此组织，于了解市政情况裨益不小。

三、第一届第二次大会

第二次大会于二十九年四月一日召集，由第一次大会至第二次大会之 6 个月间，重庆适为雾季，敌机未能肆扰，故驻会委员会、重庆市建设期成会与地方自治促成会及市政视察团皆能顺利工作，上次大会遗留之任务，此次大会悉能予以完成。

续表

此次大会通过提案37案，关于民政自治保安者14案，财政经济建设者15案，教育文化者5案，其他1案。此外更有性质特殊包罗广泛之“重庆市建设方案”及“重庆市地方自治方案”两案。重庆市建设方案包括下列各部分：（一）建设之前提，即请政府明定重庆为我国永久之陪都。（二）交通建设部分——1. 完成既定计划；2. 确定本市分区建设计划；3. 建筑螺旋形马路之新干线；4. 建筑地下铁道及过江铁桥；5. 改良及增设交通工具；6. 水上交通；7. 经费。（三）经济建设部分——1. 创立公营工厂；2. 设立市银行及金库；3. 整理土地；4. 确筹本市建设经费。（四）警政自治部分——1. 整理户籍；2. 健全保甲人选。（五）教育文化部分——1. 建立教育局；2. 增加教育经费；3. 推行职工训练；4. 推行职业补习教育；5. 添办初级职业学校；6. 推行合作事业；7. 设立职业指导及升学指导所；8. 充实民众教育馆；9. 扩充市图书馆；10. 目前应办事项。市民福利及其他重庆市自治方案，包括（1）促成自治之纲领；（2）政治部分；（3）保安部分；（4）经费部分；（5）教育部分等各项目。内容颇称广泛。

以上两端政府业已局部实施。如国民政府于二十九年九月六日明令定重庆为中华民国之陪都。他如建筑马路干线、测量市区土地、增设教育局等，其中要以陪都之建设堪称本会重要之纪念。但此两方案之最大部分均为战时环境所限，尚未能早日实施。

此次大会，市政视察团之报告为一特色，因各参议员得因此而进一步洞悉市政之情况。

四、第一届第三次大会

第三次大会于二十九年十一月十八日举行，此次大会特别注意听取市府之施政报告及认真检讨第二次大会移送各案之办理情形。大会曾特别研究提案未能全部实施之原因，或由于提案内容间有空泛，或由于主管机关实施间未彻底，此为本会今后所宜切予注意者。

此次大会通过提案31案，关于民政自治保安者11案，财政经济建设者13案，教育文化者4案，其他3案。其中以解决粮食问题一案最为切要，诚以当时川省粮价暴涨，而重庆更入粮荒状态，本案乃就来源（包括生产）、消费、运输、分配四方面拟定治标治本之办法，可谓既切实际又合时宜，实为此次大会中各参议员心血之结晶。

至于此次大会之检讨工作，使各参议员对市政设施之情况更为了解深入。故本届大会得由理论而进入实际，由原则而进入具体，实为本会工作进度上之关键。

五、第一届第四次大会

第四次大会与前三次大会不同之点有三：（一）前三次大会之建设多有涉及原则及理论方面者，此次大会则只讲实际不谈理论。（二）粮食及日用品之供给，为此次大会提案之中心，但关于此方面提案与第三次建议者亦复不同，此次大会以本市为对象而寻觅粮食供应之紧急办法，其要点只在畅通来源与购粮存储以备粮荒。（三）此次大会关于永久性之建议甚少，其对于交通、治安、教育及市民福利之建议亦系针对个别事实而言，故易于长期实施。

此次大会对于市政问题之探讨，亦较历次更为深入。如注意长警待遇而涉及整个警政改进问题，及研究重庆市之特殊情况而涉及重庆是否需要一单行之市组织法规问题，皆对市政问题之深切注□。

此次大会通过提案31案。关于民政自治保安者12案，财政经济建设者17案，教育文化者2案。议案较前稍少，然意义同样重要。

六、第一届第五第六两次大会

第五、第六两次大会，仍照以往成规举行。第五次大会于十二年十二月十五日开始，历时11日，总计通过提案25案，关于民政治安保安者9案，财政经济建设者11案，教育文化者3

案，其他2案；第六次大会于三十一年五月十一日起，总计通过提案23案，关于民政自治保安者12案，财政经济建设者7案，教育文化者3案，其他1案。

第五次大会以管制物资及封存货物应依政府明令颁布之法规办理案为中心。第六次大会以征收土地税应依轰炸时期重庆市之实际情形酌定征收标准一案为中心。其他尚有数案，如补偿开辟太平巷及增辟马路地价案，改订筵席捐征收标准案，为数次大会已有而尚未实施之提案，特再提出检讨，期其实行。

第六次大会曾遵照国民政府三十一年三月十六日公布之《修正国民参政会组织条例》，选举本市应出之国民参议员3名及选举驻会委员会后闭幕，第一届参议员任期亦随即届满。

七、第二届第一次大会

国民政府于三十二年二月二十三日公布第二届参议员名单，随即于四月一日召开第一次大会，会期13天。通过提案58件，关于民政自治保安者16件，财政经济建设者28件，教育文化者10件，其他6件。

此次大会期间本市物价波动，人心不安。本会乃针对现实提出关于限价问题各案，当讨论之始，行政院蒋兼院长曾召见康议长、李副议长有所垂询，并说明政府对限价政策之新决定。两议长恭聆后随即报告于大会各参议员，乃依其所示原则，并讨论具体方案，提供政府采纳。该案讨论过程中，曾组织限价问题特种审查委员会，详密审查结果。将各天意见并成一总提案，就实施限价之标的、调整限价之机构、改进限价之技术各方面提供具体办法，其要点有三：(一)将限价与议价分别办理，盐、粮、油、布等应为限价，其他各物适于议价。(二)调整产地与销地之价格，使能相互适应与联系。(三)确认限价为一治标办法，除限价外必须遵行领袖所订加强管制物价方案内之增加生产、畅通运输、把握物资等项方能竟其全功，此项限价方案提出后，颇得各方重视，并获得预期之效果。

八、第二届第二次大会

第二次大会之特点：为在配合中央实施宪政之决议，促进本市地方自治之完成，此次大会决议之设置“重庆市地方自治协进会”及“加强本市地方自治逐渐达到警保分治”两案最为重要，由此本市地方自治之基础才始得完全奠定。

此次大会中内（此系衍文）市民及人民团体向本会投呈请愿案纷至沓来，本会皆慎重处理，经大会决议送交市府办理者计15件，开临参会之先例。

大会自三十二年十月二十一日起至十一月三日止共开会14日。举行全体会议11次，通过提案36件，关于民政自治保安者13件，财政经济建设者15件，教育文化者5件，其他3件。对市政府各局处工作报告之决议案13件，对市民团体请愿案之决议案15件。

九、第二届第三次大会

第三次大会于十二中全会及全国行政会议之后开会，该两会议曾对实施宪政及加强推行地方自治有重要决议案，本次大会为响应其号召，乃通过《为陪都地方自治应提早完成请市政府实施中央各种法令以建树本市之民治而确立宪政之基础案》。提早完成地方自治，对各点胪列甚详，迄今仍有其价值。关于促进地方自治完成，临参会历次大会均有提案，举凡对于警保之分治、各级民意机构之设立、自治经费之扩充、专任人员之任用以及最近地方行政干部人员之训练等均有所建议，即最近本市普选工作之顺利进行，民选参议会之成立，临参会亦做有必要之准备工作，故六年来市临参会对本市地方自治工作之努力促成在本市民主政治的推进上具有历史意义。

大会期间美国副总统华莱士访华，曾亲带故罗斯福总统赠送本市人民之精美券〔卷〕轴一幅，其上载有总统亲笔签署之颂词，对本市人民抗抵空袭之坚毅精神倍加赞扬，词意诚挚，令人感动，其颂词及复电均为抗战期间重要历史文献。

此次大会，自三十三年六月二十日起共开会 11 日。举行全体会议 10 次，通过提案 34 件，计关于民政自治保安者 10 件，财政经济建设者 18 件，教育文化者 5 件，其他 1 件。另对市民及市民团体请愿案件之决议案 16 件。

十、第二届第四次大会

第四次大会于三十三年十二月十八日起举行，会期 10 天，举行全体会议 9 次，通过提案 19 件，计关于民政自治保安 4 件，关于财政经济建设者 11 件，关于教育文化者 4 件。就中改善管制物价方案为重切要，当时本市煤荒严重，影响市民生计，为求解决本市供应以舒市民痛苦起见，经大会餐邀请社会局长、燃料管理处长、重庆市煤业公会理事长等出席审查会议，报告并提出书面报告及解决途径交付大会通过，送请政府施行。同时参议员对重庆缆车公司在望龙门侵占民地非法建筑，纷纷提出质询，引起社会人士之注意，大会特提出为重庆缆车公司建筑妨碍交通及租购地皮未合法定手续建议改正各点案，决议办法三项（办法载重庆临时参议会第二届第四次大会纪录第 52 页，后略）并于本次大会休会期间驻会委员会迭次提出建议，请市政府令饬该公司改善，惟该公司迄今并未遵照政府命令办理，颇为遗憾，至此缆车公司违法问题已成悬案矣。

大会于议程完毕后遵照国民政府公布之修正国民参政会条例，选举本市应出之国民参政员 4 人，结果潘昌猷、邓华民、胡仲实、陈介生 4 人当选国民参议员。

十一、第二届第五次大会

第五次大会亦即临时参议会最末一次大会，于三十四年九月十七日召集，适当顽抗日寇全面败降之后，临参会能使本市渡过难关目睹胜利诚属荣幸。此次大会之中心任务在协助复员工作之推行，因此康议长在其开幕词中特提出三点希望：（一）在复员期中希望政府给予人民休养生息之机会；（二）目前当务之急希望救济工商，稳定市面，使国民经济纳入常轨；（三）希望中央政府迁离重庆之前，在此永留纪念，以志不忘。大会即针对此数目标提出各项议案。

此次大会历时 11 日，参议员对本市复员建设计划莫不悉心研讨，结果大会通过提案 51 件。关于复员计划者 4 件，关于民政自治保安者 16 件，关于财政经济建设者 19 件，关于教育文化者 12 件，另有大会对市政府各局处工作报告之决议案 8 件及大会对市民团请愿案件之决议案 8 件。

提案中有市政府交议之重庆市复员计划纲要案及本会复员计划起草委员会提交之重庆市复员及建设计划案，内容丰富，包罗广泛，为此次大会之中心提案，而其目的乃在达成复员任务并使得市民得以休养生息臻于富裕康乐之境。此外如建议废止或修正战时法令，裁并战时机构，注意善后救济，严惩汉奸罪犯等项提案，均系直接间接属于复员范围以内，所有案件均在送请市政府实施中。

九月二十七日大会闭幕，议长致休会词，总述临时参议会六年十一届大会之总成绩及其对抗战之贡献，并谓市临参会之任务业已达成，今后继往开来，应由民选参议会接替工作云云，临参会至此宣告结束。

十二、结论

以上所述为本会前身——重庆市临时参议会六年来两届之经过概要，特汇编以供参考。

重庆市档案馆馆藏档案：全宗号：0063，目录号：1，卷号：77

2. 重庆市临时参议会组织条例

重庆市临时参议会组织条例

（二十七年九月二十六日国民政府公布）

第一条　国民政府在抗战期间为集思广益促进市政兴革起见特设市临时参议会。

第二条　中华民国之男子或女子年满25岁，曾受中等学校教育（或同等教育）暨有左〈下〉列资格之一者得为市临时参议会参议员。

一、具有各该市之籍贯并曾在各该市之公私机关或团体服务二年以上著有信望者。

二、曾在各该市重要文化团体或经济团体服务二年以上著有信望者。

第三条　市临时参议会参议员定额为25名，由该市府及市党部联席会议就各该市住民中或该市区内文化团体或经济团体人员中，具有第二条甲或乙款之资格者提出加倍候选人，前项候选人名单，由市政府送呈行政院转呈国防最高会议决定之。

第四条　国防最高会议选定市临时参议会参议员时得于各该市所呈送参议员候选人名单以及选定若干参议员，但此项被选定人员仍须具有第二条所列参议员资格，且其名额不超过各该市参议员总额十分之一。

第五条　在抗战期间市政府之重要施政方针于实施前应提交市临时参议会决议，但在临时参议会休会期内遇有特殊紧急情形须为紧急处置时，应呈行政院核准并应于市临时参议会次期集会时报告于临时参议会。

第六条　市临时参议会对于市政兴革得提出建议案于市政府。

第七条　市政府对于市临时参议会依第五条第六条所通过之议案，如认为不能执行时，至迟应于市临时参议会次期集会时提交覆〔复〕议，覆〔复〕议时如经法定出席参议员三分之二赞同原议案或对于原案予以修正时，市政府对于市临时参议会覆〔复〕请时之决议除呈经行政院核准免予执行时应予执行。

第八条　市临时参议会有听取市政府市政报告之权。

第九条　市临时参议会参议员于开会时有依议事规则向市政府提出询问之权。

第十条　市临时参议会参议员任期一年，有必要时由市政府呈准行政院延期一年。

第十一条　市临时参议会每六个月开会一次，每次会期为两星期，市政府认为有必要时得延长会期或召集临时会。

第十二条　市临时参议会集会时有参议员过半数之出席始得开议，有出席过半数之赞同始得决议。

第十三条　市临时参议会休会期间设置市临时参议会驻会委员会，由参议员互选5人组成之，某〔其〕任务以听取市政府各种报告及决议案之实施经过为限。

第十四条　市政府市长秘书长及局长得出席于市临时参议会，但不参加其表决。

第十五条　现在官吏不得为市临时参议会参议员，但办理地方自治人员及学校人员不在此限。

第十六条　市临时参议会置议长、副议长各1人，由行政院就各该市参议员中遴选，提请国防最高会议决定之。市临时参议会开会时以议长为主席，议长缺席时由副议长代理之。

第十七条　市临时参议会参议员为兼职，但开会时应给旅费。

第十八条　市临时参议会置秘书处，承议长之命办理参议会一切事务。秘书处置秘书长1人，由国民政府简派之，置秘书 1 人至 2 人，由议长充派之。

第十九条　市临时参议会议事规则及市区临时参议会秘书处组织规则由国民政府另定之。

第二十条　本条例于各市施行日期由国民政府以命令定之。

重庆市档案馆馆藏资料 D1904

3. 省（市）临时参议会议事规则

省（市）临时参议会议事规则

（本规则第三十六条规定市临时参议会议事规则准用之）

第一条　省临时参议会议事规则依省临时参议会组织条例第 21 条制定之。

第二条　省临时参议会开会时，由参议长恭读总理遗嘱，全体肃立。

第三条　省临时参议会开会时，由参议员总额过半数之出席，始得开会，有出席者过半数之赞同，始得定议。

第四条　省临时参议会开会时，有议长为主席，议长因故缺席时，得由副议长代理之。

第五条　省临时参议会之开会休会及散会，由议长宣告之。

第六条　参议员在会场之席次，依抽签定之。

第七条　省临时参议会之会议公开之，但经议长之决定或会议之决议，得宣告开秘密会。

第八条　参议员在会场内得自由发表言论，不受会外之干涉，但在会场外发表之一切言论文字，仍受一般法律之限制。

第九条　省临时参议会置左〈下〉列审查委员会，分别审查各项议案。

第一审查委员会　审查关于民政自治保安等事项之议案。

第二审查委员会　审查关于财政经济建设等事项之议案。

第三审查委员会　审查关于教育文化等事项之议案。

省临时参议会对于特殊事项，得依议长决定或会议之决议，设置特种审查委员会审查之。

第十条　议案之内容涉及 2 个以上审查会之审查范围者，由议长就参议员中拟定，提交会议通过之。

第十一条　各审查委员会之人数人选及召集人，由议长就参议员中拟定，提交会议通过之。

第十二条　审查委员会开会时，不因出席之参议员未过半数而延会。

第十三条　审查委员会之决议，以出席人过半数之同意之，如有必要，召集人应将少数人之意见一并报告。

第十四条　审查委员会召集人认为有必要时，得请提案人列席说明。

第十五条　审查委员会开会时，得请省政府派员列席，发表意见。

第十六条　各审查委员会审查结果，应以书面报告于议长，由议长分别提出于会议。

第十七条　凡与省政府或抗战有关之事项，均得提出为议案，但其内容不得抵触三民主义。

第十八条　参议员之提案，应由参议员 5 人之连署提出之。

提案人之连署不影响其在会议时发言及表决之自由。

第十九条　参议员提案暨省政府交议案件，均得由议长径付会议讨论。或先交审查委员会审查，连同审查报告，提付会议讨论。

各项议案经议长决定或会议决议，认为特殊重要者，应由议长特别划定充分时间讨论之。

第二十条　参议员就省政或与抗战有关之事项，得于开会时一议案未开议□或已议决后，以书面提出临时动议，但需经参议员总额三分之一连署。

第二十一条　讨论之进行，依议事日程所定之顺序，但依议长之决定或会议之决议得变更之。

第二十二条　参议员对于议案欲发言时，应先以书面将席次姓名报告议长，或起立声称议长并报告席次，经许可后，始得发言。

第二十三条　会议时提案人之说明，其发言时间以 15 分钟为限。经讨论者之发言，每人以十分钟为限。但议长得酌量延长减少。

对于同一议题之发言，每人以两次为限，但有必要时，得由议长决定，增减其次数。

第二十四条　对于议案之修正，得以书面或口头提出，应经参议员 5 人之连署或赞同。

第二十五条　表决由议长酌量以举手起立或投票行之。

讨论终结时如有数种意见，其表决之顺序，由议长决定之。

第二十六条　省政府关于施政之交议案件，应以书面提出，关于施政之报告，得提出书面或以口头为之，其以书面提出者，会议时仍得请省政府主管长官列席说明，如有疑义，参议员得经议长许可，为简要之发问。

第二十七条　省政府之施政报告，经议长之决定，或出席参议员三分之一之要求，应列入议事日程移付讨论。

第二十八条　参议员对于省政府有询问时，应经参议员 3 人连署，以书面向议长提出，由议长请省政府主管长官定期答复。

第二十九条　参议员之询问事项，除因公众利益应守秘密者外，省政府主管长官应为书面或口头之答复。

第三十条　省政府临时开会时，秘书长应列席，并配置秘书及其他职员办理会场事务。

第三十一条　议事日程所列报告事项中之前次会议记录，由秘书长宣读之。

第三十二条　省临时参议会之议案询问案及其他文件，由秘书长呈经议长核定后始得对外发表。

第三十三条　参议员全体有共同维护会场秩序之责任。

第三十四条　参议员于会议时，如有违反本规则、妨害秩序之情事，议长得予以警告或制止之，其情节重大者，适用民权初步之条例。

第三十五条　关于会议之事项，本规则未规定者，适用民权初步之条例。

第三十六条　本规则于市临时参议会之会议准用之。

第三十七条　本规则自公布日施行。

重庆市档案馆馆藏资料 D1904

4. 省（市）临时参议会秘书处组织规则

省（市）临时参议会秘书处组织规则

（本规则第十三条规定市临时参议会秘书处之组织准用之）

第一条　本规则依省临时参议会组织条例第二十一条之规定制定之。

第二条　省临时参议会秘书处（以下简称秘书处）之职掌，依省临时参议会组织条例第二十条之规定。

第三条　秘书长理秘书处事务，并监督指挥所属各职员。

第四条　秘书承秘书长之命，办理指定之事务。

第五条　秘书处设左〈下〉列两组：议事组，总务组。

第六条　各组设主任 1 人，得由秘书兼任，主管各组事务，各组置组员 2 人至 4 人，办事员 3 人至 5 人，承长官之命分掌各组事务，秘书处职员，除秘书长之遴任照省临时参议会组织条例第 20 条之规定办理外，由秘书长呈请议长充任之。

第七条　议事组掌左〈下〉列事项

一、关于编制议事日程及会议记录事项。

二、关于各种议案关系文件之编集事项。

三、关于提案决议案及审查报告整理之协助事项。

四、关于会议及审查开会之准备及通知事项。

五、关于参议员出席缺席表决计数及其他协助议事日程进行中一切事项。

六、关于新闻之发表及新闻记者之接洽事项。

第八条　总务组掌左〈下〉列事项

一、关于文电之收发撰拟缮校编译及保管等事项。

二、关于典守印信事项。

三、关于参议会预算之编制事项。

四、关于款项出纳事项。

五、关于一切布置事项。

六、关于物品购置及保管事项。

七、关于出席列席旁听等证章编发等事项。

八、关于参议员报到之登记事项。

十、[①]关于会议时之一切警卫事项。

十一、其他庶务事项。

第九条　秘书处得酌用雇员。

第十条　秘书处职员，除应常用驻会办事者外，以向各机关调用为原则，常用驻会之职员，不得超过本规则所规定之职员总额三分之一。

第十一条　警卫士兵由参议会会场所在地之警察机关调用。

第十二条　办事处办事细则，由秘书处规定之。

第十三条　本规则于市临时参议会秘书处之组织准用之。

重庆市档案馆馆藏资料 D1904

① 原档缺九，照录。

5. 重庆市临时参议会驻会委员会规则

重庆市临时参议会驻会委员会规则

（民国二十八年十月二十七日第一次大会休会期间驻会委员会通过）

第一条　本规则依据市临时参议会组织条例第十三之规定订定之。

第二条　驻会委员会之任务，以听取重庆市市政府各种报告及决议案之实施经过为限。

第三条　驻会委员会开会应先期通知市政府，俾便派员出席报告。如对指定问题经议长许可，亦得请市政府主管长官出席报告。

第四条　驻会委员会为研究便利计得想政府机关征求必要资料。

第五条　驻会委员会会议，以驻会委员过半数之出席行之。会议时以议长为主席，议长因事缺席时，由副议长代理之。

第六条　驻会委员会会议，每周举行一次，必要时得由议长召集临时会议。

第七条　驻会委员会会议仪式，遵照省（市）临时参议会议事规则第二条之规定。

第八条　省（市）临时参议会议事规则第二十五条、第三十三条及第三十五条之规定，驻会委员会会议时均适用之。

第九条　驻会委员如因故不能出席会议时得以书面申明理由请假。

第十条　驻会委员会不得以驻会委员会名义，对外发表文字，并须遵守省（市）临时参议会议事规则第八条之规定。

第十一条　驻会委员会每一月终，须将驻会办理案件，通知各参议员。

第十二条　本规则经驻会委员会决议后报请行政院转呈国民政府备案。

重庆市档案馆馆藏资料 D1904

6. 重庆市临时参议会秘书处办事细则

重庆市临时参议会秘书处办事细则

第一条　本细则依据省（市）临时参议会秘书处组织规则第十二条之规定订定之。

第二条　本处常用驻会办事职员及调用人员均应遵守本细则之一切规定。

第三条　本处秘书及各组掌理事项悉照组织规则第四条、第七条、第八条各条之规定。

第四条　秘书秉承秘书长之之命办理制定事务，并核阅文稿，协助议事日程进行中一切事项。

第五条　各组主任秉承秘书长之命指定各员分别承办各组应办事务。

第六条　参议会大会参议会临时会开会前 3 日，由本处通知各参议员及市政府将提案或施政报告送交本处，俾便列入议事日程移付讨论。

第七条　参议员提案及市政府交议案件送达本处后，由议事组分别编入次日议事日程，并将次日议事日程即日印送各参议员。

第八条　每日会议记录分别整理就绪□送呈议长及秘书长核阅签字再行印送各参议员存阅。

第九条　各参议员提案及市政府交议案件若有关系文件，议事组应搜集编定供各参议员参考。

第十条　各参议员提案及市政府交议案件由议事组收集整理完竣呈经议长及秘书长核阅后，分别移交大会及审查会讨论。

第十一条　参议员出席缺席表决等事项应由议事组分别纪〔记〕入大会记录。

第十二条　本会休会期间市政府施政报告，本处应随即印送驻会参议员。

第十三条　本会发表新闻须经秘书长呈请议长核定。

第十四条　各员拟办稿件应随到随办。

第十五条　各员拟办稿件应各登入呈稿簿送由主管组主任暨秘书审核再送秘书长核转议长核行，与他组有关时间并须会商办理。

第十六条　各项稿件缮竣应立送交校对盖印转送收发员摘由封发归档。

第十七条　《文件缮写校对封印办法》及《文卷归档办法》□定之。

第十八条　各员因拟稿调卷须开具调卷证向管卷员调取，俟办毕归还时再将原证收回。

第十九条　各员主管事项有应自行提出办理者得随时拟稿呈核。

第二十条　凡属未经公布之文件不得泄漏〔露〕。

第二十一条　各□来文除密封文件须经送呈秘书长开拆外，其余文电应即由收发员拆封摘由登簿，分送各组由主任转呈秘书长核示。

第二十二条　收发文件详细办法另订之。

第二十三条　各员因公需用物品应具条向庶务室领取。

第二十四条　庶务室购置物品须先陈明总务组主任，并应取具单据月终汇报。

第二十五条　本处公用器具应有庶务员编号登记，妥善保管。

第二十六条　《领用及购置物品办法》《物品处理办法》另订之。

第二十七条　本处款项出纳由会计员秉承秘书长、总务组主任命令办理。

第二十八条　会计员应照章编制本处预算决算，并撰拟与会计有关之一切稿件。

第二十九条　本处经费请领及报销，会计员应按照规定时间办理不得逾延。

第三十条　本处公款应照规定存放银行开发支票提取应用时须由议长盖章。

第三十一条　款项收支详细办法另订之。

第三十二条　本处自雇员以下及调用警卫士兵均归总务组主任管理指挥。

第三十三条　本处办公时间由秘书长订定。

第三十四条　各员应按规定时间签到办公，不得迟到早退，签到簿由秘书长核阅。

第三十五条　本处休假按照规定办理。

第三十六条　各员请假规则另订之。

第三十七条　本细则如有未尽事宜得随时由秘书长商承议长修改之。

第三十八条　本细则经秘书长呈准议长核定后施行。

重庆市档案馆馆藏资料 D1904

7. 重庆市临时参议会旁听须知

重庆市临时参议会旁听须知

一、参加旁听者应先由参议员 2 人以上介绍，并经议长或秘书长之核准。

二、新闻记者之参加旁听须持有所属报馆或通讯社正式函件介绍，并经议长或秘书长核准。

三、旁听人一律凭本会特制旁听证入场。

四、旁听人进场时不得携带武器、手杖、照相机、书籍刊物等一切用物。

五、旁听人在会场时须绝对受警卫人员及会场干事之指导。

六、旁听人在会场内针对任何议案均不得作任何表示并不得随意发声谈笑或随时移动座次。

七、关于会场内之一切言论旁听人不得向外宣布。

八、凡会场讨论秘密议案时主席得随时通知旁听人一部分或全部退出会场。

九、旁听人在会场内倘有碍及秩序之言行，得随时饬令退出会场。

十、旁听证之填发办法另定之。

十一、本规则倘有未尽事项得由议长修正之。

重庆市档案馆馆藏资料 D1904

8. 重庆市临时参议会第一届第一次大会演词

一、开会式康议长演词

今天是重庆市临时参议会第一次大会的开幕之日，承中央国府各代表莅场指导，市长、洪主任委员及市政府各长官、市党部各委员、各位来宾惠临参加，本会深为荣幸。本席首先代表本会全体同仁敬致谢忱。其次，再就本会成立的意义，及此次大会最应注意的几个要点，向各位作一简要的陈述。

第一，先就重庆市市政而言，本来已有悠长的历史，市政的本身曾经有过若干次的改革，但其地位的重要，实无有甚于今日者。今日重庆市为我国的战时首都，亦为唯一重要的直辖市。自民国二十六年十一月国民政府移驻重庆以后，不久重庆成为全国的政治中心；今年五月敌机轰炸重庆，虽已尽其残酷狠毒之能事，但是重庆市本身发展的精神，殊不受其阻害。所以国民政府遂正式颂〔公〕布重庆市为直辖市，而其地位便益形重要。今天，我们市临时参议会的成立，更是重庆市发展的新纪元，而具有非常特殊的意义。各位同仁对于市政的沿革，都很熟悉，想来还能回忆。本市在几年以前，曾经有过市参议会的组织。但是，当时重庆市区尚未臻于繁荣之境，亦无今日战时国家赋予的特殊地位。所以以往市参议会的组织，和今日市临时参议会的性质，当有不能之处。今日的特点，在于重庆市区，事实上已成为整个大后方的重心，成为复兴民族的策源地，更是抗战建国伟大事业的发动机构之所在地区。这真是数千年来重庆历史上空前未有的特殊重要时期。并且我们相信，重庆一定能够在抗战建国的途程中，尽其最大的责任，造成惊人的奇迹，为抗战胜利若干年后世世代代所永远纪念！本会在这种时期和这种情形之下成立，不消说具有很特殊的价值，更加上今天我们大会的开幕，是全国市临时参议会组成最早的一个，所以更多一层特别的意义。

第二，重庆市既然有如此之重要，所以它的发展前途，不仅为重庆市民所重视，亦为全国上下所关切。抗战二年余来，重庆市政及各种事业，真是在突飞猛进的发展中，且其未来的远景，亦有无限光明的希望。这里可分两方面说，先说积极的方面，即是重庆市的建设问题。就是说要使重庆市更加繁荣，更加进步，更加扩大，尤其要迅速使它成为一个现代化的都市。这样，一方面可以使重庆完尽战时首都的责任，他方面要长远使它成为一个未来西南建设的中心。其次在消极方面，是重庆市区的复兴问题。重庆市数月来屡遭敌机滥施轰炸，致各种文化机关、建设事业，备遭摧残；无辜市民，死于轰炸者甚多。本年五三、五四以来，敌机迭次轰炸的惨痛历史，各位同仁曾亲历其境，谅必有深刻之印象，并且今后若干时间以内，敌人仍将以重庆为轰炸的目标。但是，敌人这种暴行，决不能动摇我们进取的信念，反之，我们只有以加倍奋勉的精神，在血火中去图重庆市的复兴。因此，目前重庆市应兴应革的事项，非常繁多，极须市府和市民的精诚合作，才能办到。市政府是统领市政的权力机关，对于市政，历来极有成绩。但是，“智者千虑，必有一失”，所以仍须市民的建议与协助，以收“集思广益”之效。因此，本会同仁，即有不可推卸之责任在。

第三，为了上述的原因，所以政府才有市临时参议会的设立。市临时参议会的任务，就在听取市府的施政报告，将市府对于市政的各项设施，宣达于民众，使大家同心协力，尽量执行。同时，市临时参议会亦须将市民之需要与建议，转达于政府，请其采纳施行，俾便认真做到精诚团结、集思广益的地步。所以市临时参议会是市府与市民间的一种转捩机关，对于市政的推行与发展，有很重要的关系。并且由中国政治进步的趋向上说，参议会又是由训政进到宪政的一个桥梁。本席深知各位同仁均为本市各界优秀贤智之士，对于市政的历史、现况及其未来的动向，素有深切透彻的见地，所以希望各位同仁，在此次首届大会中，尽量发抒宏论，对于各种市政设施，和衷共济，推诚研讨，俾便作成具体方案，以供政府采纳。

此次大会，贺市长因公离渝，由吴秘书长代表致词，并报告市府施政方针；市府各局、会、室长官，亦将有详尽之施政报告，必可作为会议讨论之基础。要之，本市市政，经第一任、现任直属市市长之整理，已颇具宏规，足为未来市政发展之根基，今后更得本会各位同仁的助力，谅必能更臻于完美的境地，而整个重庆市前途之发展，尤属光明无量。本席深信，各位同仁均颇洞悉目前正是抗战建国重要时期，同时国际大局亦异常紧张。本会同仁既居国家首要之区，而临此伟大时代，自宜格外认真，格外努力，克尽本身之责任，以副各方热切之期望。今天本会首届大会的开幕之日，本席仅以上述诸点，与各位同仁共勉。尚望各位长官、各位同志、各位来宾，多所指导为幸。

二、开会式行政院蒋代表廷黻演词

议长，各位参议员，各位来宾：

今天重庆市临时参议会开会，孔院长因事未能参与典礼，特派兄弟代表行政院说明对贵会的希望，并致庆祝之意。

市临时参议会，在此战时首都举行第一次集会，其重大意义，已由议长在开会词中说明。重庆今日为全国后方唯一的大都市，当此战争剧烈之时，我们在这后方唯一大都市举行市临时参议会，是严正的表示我们国家、我们民族的进步，表示我们已经开始推行开明的民主政治。本来，欧洲的民主政治发源于雅典等大都市，欧洲的近代文化亦发源于近代各大都市，是故都市为近代文化的领导者。但我国都市从未发生过像欧洲都市那样的作用，或者是因为几千年民治不发生的结果。可是国家进入紧要关头的时候，无论是政治制度的革新，以及工商业的建设，都是要从都市做起，因此都市就占着首要的位置，现在我们国家在蒋委员长领导之下，倾力促进民主政治的推行，故全国各省市皆着手组织参议会，而行都所在的重庆市，参议会更占重要的地位，亦具最重要的性质，全国民主政治的推进，端赖重庆市树其楷模。因此行政院期望于市参议会者至为远大！

各位今日在为市民谋幸福，为市政谋革新，行政院必能尽力促进市政当局采纳各位的意见，建设新兴的重庆，以为全国之表率。相信在诸先生同心协力之下，重庆市必能日益进步，日益兴盛！今天兄弟谨代表院长及全院同仁祝贵会工作顺利，诸位先生健康！

三、开会式贺市长国光演词（由市政府吴秘书长代读）

今天重庆市临时参议会举行成立典礼，集全市耆儒硕彦贤达英俊于一堂，共同研讨本市一切庶政设施及抗建工作，国光承乏市府，职责甚重，今得参与盛典，不胜荣幸之至，谨率本府同僚敬致诚恳之庆祝和热诚之希望，略贡数言幸予校正！庆祝的意义约有两点：（一）就抗建大业言，当兹寇氛日亟，国〔举〕步维艰的时候，正宜全国意志集中，力量集中，一心一德，向着总裁指示的方针，猛勇精进，庶能达到必胜必成的目的。自国民参政会成立以来，已充分表现全国意志力量集中之真精神，并已获有良好的成绩，现在各省临时参议会相继成立，而市临时参议会则以本市为全国之创举，足见我全民的意志与力量加紧集中，以贡献于国家，抗御外辱奠定邦基，此可庆祝者一。（二）就本市建设言，重庆为战时首都所在地，中外观瞻所系，一切庶政设施应为各地楷模，其地位之重责任之大，固无待言。抗战以来，本市人民团体与各界领袖，都能体谅时艰，辅助政府，通力合作，以故本市之人力财力物力，对于抗战都有相当贡献。虽敌机不断肆虐，而本市之抗建工作，如扩大市区、疏散人口、开辟火巷、修建马驿、营建市场、整编保甲，推行兵役战教，充实防空设备，救济难民，整饬市容，诸要政均得同时并举，顺利推行，收效之宏，□出意表，此皆全市民众了解抗建目的，善体政府意旨，所以得到相当成功。今本市参议会成立，更构成一个代表民众的总机关，将一切意志和力量集中起来，帮助政府，则今后本市之建设工作，必更将突飞猛晋〔进〕，获得良好之效果，此可庆祝者二。

希望的意义亦有两点：（一）就参议会本身精神言，参议会为地方临时的民意机关，实为民主政治作先驱，为地方自治立基础，而真正民主政治，必须实现三民主义，适应战时环境之需要，以期达到民有民治民享之最大目的，建立一个最进步的民治国家，故市参议会之职务，除监督指导市政设施之外，尚有一个制度上的重大责任，民主政治之实施，必须切合事实适应环境，所以在制度方面，尚须有精密的研究与仔细的实验，我们在原则方面已经有了总理的遗教与总裁的指示。而在实施方面，则正有待于诸君的实验与研讨，如何使人民意志能够普遍地集中表现出来，如何使行政机构的运用，能够更灵活敏捷的推动起来，诸如此类问题，均盼望诸君能本其实贵之经验，贡献本市，贡献国家，以树立制度方面之百年大计，为民治国家的议会树之先声，此所希望者一。（二）就临时参议会的任务〔而〕言，厥为辅助政府，完成抗建大业，自抗战至今，日寇已捉襟见肘，精疲力竭，但敌欲解嘲泄忿〔愤〕必然加倍的破坏我后方都市，故我愈接近胜利之期，前途之危难愈大。本市为战时行都，在政治上经济上，都有很重大的意义，欲完成本市的战时责任，自应加倍努力于建设工作，坚定抗战信心，培植建国能力。对于心理建设方面、物质建设方面，均需要详密的计划及严厉的督促，政府与会议通力合作，始克成功。本市一切庶政设施与推行，咸以抗战为前提，以民意为依归，政府与人民打成一片，虽在敌机轰炸之下，而团结精神，愈益坚强，建设工作，愈加紧张。今兹贵会成立，群贤毕集，构成本市民意代表机关，亦即为本市民意民力之具体表现，今□当更能集中本市之人力财力物力，以贡献国家，建设地方，完成抗建大业，树立民治楷模，而达到总裁所昭示国人的共同目标，此所希望者二。以上各点本人愿与诸君共同奋勉，努力达此艰巨的任务，敬祝贵会成功，并祝诸君健康。

四、开会式洪主任委员演词

议长、副议长、各位参议员、各位来宾：

今天重庆市临时参议会开幕，兄弟得忝与其盛，实深荣幸，谨代表市党部向贵会致其祝贺之忱，更代表全市国民党员，对贵会致无穷希望与诚恳之期待。

市临时参议会为地方民意机关，为推进本市民主政治的基础，是由训政到宪政必经的阶段。现在重庆是战时行都，市参议会将要在全国起模范的作用。国民党根据总理的民权主义和五权宪法，不仅希望民主政治之实现并且希望真正的永久的最彻底的民主政治的实现。为要达到这种要求，贯彻这种目的，本党总理制定建国大纲，规定建国程序为军政训政宪政三时期，步骤井然，循序而进。这种实现民主政治最切实、最科学的方法，是总理“本世界进化之潮流，循各国已行之先例，鉴其利弊得失，思之稔熟，筹之有素”“而后规定的”，政治制度之优点，撷取了古今中外。重庆市临时参议会开幕，适于国民参政会最近决议“建议政府于最近期内召集国民大会制定宪法实施宪政”以后，它的意义当更加重大了。实现民主政治为本党数十年来牺牲奋斗所欲达到的最大目的之一，惟必须经过训政这一个阶段，务使为害于民主政治之一切障碍，得以彻底铲除。本党在临全大会以前，即在第五次全国大会的时候，就已经决定召集国民大会实施宪政，因抗战发生，以致延迟。现在参政会根据本党过去之决议，有此建议，政府当然乐于接收，因这是本党一贯的主张和要求。目前抗战已转入到了一个新阶段，全国一致，人心镇定，正应趁此时候，加紧地方自治，召开国民大会，准备实施宪政，以奠定国家万年不拔之基。惟问题所在，不仅是有一个宪法，有一个国民代表大会，最重大的是人民有无行使四权的能力，人民有了这种能力，真正的民主生活才能建立。同时我们要知道训政的工作，也并不一定在宪政开始就要结束，任何时期都可以进行，只是到宪政开始时期，训政工作总须要做到了相当的程度才可。参议会在此宪政的呼声里成立，就应该加速的从事地方自治工作之推进，以达到真正能代表本市民意的机关的目的。国民党之所以与世界上任何政党不同者，就是因为一般的政党皆以夺取政权为目的，而国民党秉政的目的，是要训练民众、教育民众，必使民众能行使四权，然后始还政于民，这却正是以服务为目的。所以我们希望市临时参议会，不徒具民主政治的形式，而希望能在宪政开始以前，切实的、认真的负起训练全市民众，以为民众的保姆，以确立宪政实施的良好基础，用为全国的模范！

其次重庆既是战时首都，其地位自更非常重要，因之各位参议员的任务也就比其他省市的参议员的任务更为重大。在抗战建国的现阶段，一方面要为训政而努力，为奠定宪政良好基础而努力，这是建国工作的需要。同时为促进抗战最后胜利，更希望在动员方面收到伟大效果。今后以各位先生德望之感召，动员力量自更加强。我们相信贵会成立以后，在后方发动民众一点上效力必更宏，对全国的感召力亦更强大，这是兄弟代表全市国民党员，祝贵会的成功，与各位先生的健康！

五、休会式康议长演词

各位长官、各位来宾，文副议长、参议员各位同仁：

重庆市临时参议会第一次大会，于十月一日开幕，至今闭幕。在这15天的佳期中，各位同仁本着和衷共济、精诚合作的精神，对于市政建设，发挥宏伟的议论，制成具体的方案，使大会在今天得以圆满闭幕，真是给予本会前途无限的希望和鼓励。又承市长及市府各当局，市党部主任委员、书记长及各委员，按日莅会指导，使大会获得许多助益，尤值我们感谢。

此次大会，市长及各局、会、室负责当局，均能坦直详尽的提出施政报告，获得了我们大会的信赖。同时各位同仁对于一切建议和决议，都能切合实际，不尚虚玄，并且顾到战时的急需，把大家的注意力，集中到几个有建设性的议案，颇足以裨益政府施政方针的推行。在另一方面，各位同仁所提议案，又均能顾到全体市民的福利和需要，所以多得舆论的指示与赞助。因之本会虽属草创，尚能做到使政府与人民之间声息相通，利害与共，这真是具有非常重要的意义！记得在开会那天，本席曾经述及重庆市是大后方的中心，又是战时国家的首要之区，今天我们能在这个中心的地方表现这种“精诚团结”的精神，真可算得是全中国抗战精神的缩影，是全民族奋斗精神的表征！

这次大会，各位同仁，辛劳备至，会期15天，除休会一天外，每天大会和审查会，各位同仁绝少缺席，对于各项提案，亦均细心研讨，不惮烦琐；对于市政府各项施政报告，均经各组审查会同仁，分别研讨，制成审查报告，提交大会通过，贡献市府采纳。此次各参议员提案，及市政府交议案，计共51件，经大会通过成立者，46件。数量虽不算多，质量却颇重要。略举其内容，如组织重庆市建设期成会、组织市政视察团，建议市府整理市区土地、发展市区交通、加强防空设备、调整教育事业等，均为本市市政的切要之图。这些议案，便是各位同仁，以15天的辛劳，贡献于政府的一点成绩。其中重庆市建设期成会一项，更须党政两方的切实指导，及本会与本市各法团的切实合作，才能收到实效，同时亦即开了本会未来工作之序端。这一点，想来值得各位同仁特别加以重视。

现在，我们第一次大会是闭幕了。大会虽然闭幕，但是同仁为国尽瘁的工[作]，是不会一天休止的。即如本次大会，我们作成了许多的决议案，但是工作却不能称为完成。将来在这些决议案执行的途程中，或需本会同仁亲自料理，或需本会同仁协助推行，或有因时间环境之变迁，对于实施议案的方式和步骤，要审机度势，变通运用。要之，这些仍是我们同仁所不可推卸的责任。所以今天大会的闭幕，不是工作的休止，倒是另一段工作的开端。尤其驻会委员诸先生，有特别的任务，将来经常听取市府的施政报告，及检讨本次大会各件议案的实施情形等，都是驻会委员诸同仁的责任。非驻会委员诸先生，幸亦大多留居本市及近郊，仍望随时切取联络，协助会务之进行。并望全体同仁在大会闭幕期间，本平素深远之识见与随时亲身之体验，或用书面提供宝贵之材料，或迳行准备下次大会之提案，务期使下次大会的内容，比这次大会的内容，更加充实，更加进步。这实在是我们全体同仁共有的愿望！

今天当我们大会的闭幕之日，本席仅代表本会全体同仁宣告社会：重庆市临时参议会第一次大会，已经在“亲爱精诚”的空气中开幕，在同一的空气中闭幕，更将在同一空气中继续克尽我们未来的责任。我们更须加重声明，我们这次的会期，正好接到湘北捷报，又值欣逢国庆，真是给予大会精神不少的振奋。在国庆日，我们敬聆蒋委员长告国民书的重大指示，有云：“革命大义，只有前进，而无反顾；抗战大业，惟有成功，断不失败。务望我全国同胞，重振二十八年前民国肇始时蓬蓬勃勃之精神，继续革命先烈未尽之遗志，不骄不矜，勿怠勿畏，披荆斩棘，靡坚勿摧，向抗战胜利、建国成功之目标而迈进。”这段话，实在正是我们同仁应该承续的精神。今天大会闭幕之时，本席谨以至诚，敬望各位同仁协力同心，本着这种精神，来推动我们的会务，来协助政府建设现代化的重庆市，以尽我们在抗建大业中的一分责任，直到民族之复兴，三民主义的新中国之实现！

上陈诸端，谨以就教于各位长官、各位来宾、各位同仁。

六、休会式文副议长演词

议长、各位同仁、各位来宾：

我们重庆市参议会这次集会，诚可谓破天荒之大举，我们在此次大会虽无破天荒成绩的表现，好在二周以来得党政长官之指导，以及同仁之细心研讨能按照法定日期议毕我们所要讨论的案件，总算得已经交卷。但今天我们虽然已经交卷闭会，而同仁等仍担负很重要的责任，所负的是什么责任呢？就是救国责任。我们知道，在今日以前，地方政治上情有时很难下达，下情有时亦不能上通。这虽然是由于教育的不普及，人民的政治智识不够，但是未设立民意的机关，以致上下之间总免不了有一层隔膜，也是一个原因！现在中央为实施宪政起见，在此抗建时期，加强了地方政治的组织，所以有参议会组织的成立。在参议会成立以后，如有上下不交的情形，我们参议会同仁就应当要负其责任了。同仁既负了这种重大责任，则敝会以后还是要不断工作，对于市政兴革、民情好恶要随时留心考察，加以充分研究，以便下次开会再提出具体的议案供〔贡〕献政府。同仁等能做到这一点，则地方政治必能日益改进到达建国的要求，加强了抗战的力量。能如此，则同仁虽未能到前方执干戈以卫国家，却也在后方尽到了自己应尽的责任，也就是同仁做到了救国的工作。我们仰体政府付托之重者，在此！勉副民众瞻望之殷者亦在此！愿与同仁共勉之。

七、休会式监察院于院长训词

议长、副议长、各位参议员：

自贵会开会以来，看到报纸上记载各位种种周密具体的方案，非常钦佩。今天能亲与贵会闭会盛典尤感欣慰。重庆是我们战时首都，贵会于此时此地举行集会，参议员诸君对于谋市民之幸福，能尽其最大努力，此不特使全国各地方法团看到这种精神愿意效法，就是全世界许许多新闻记者报告他们的国民时，也一定要传为美谈，觉得中华民族在抗战激烈之今日，敌人不断轰炸下之重庆，人民精神能如此镇定奋发，绝不顾计环境之艰难与情况之危险，向民主政治之途勇敢迈进，由此更能深信中华民族确有其光明远大之前途。一旦在他们国家进入一种艰难改革的时期，必以重庆市今日临时参议会集会的经过，作为他们的宣传材料与良好教训，所以今日诸君会议之成绩，不仅立全国之楷模，并足为世界各国在艰难改造中鼓励民众之资料。

一般人皆以为参议会的成立，足为训政与宪政间立一桥梁，这种观察很对。我以为还有另外一层意义在，总理建国大纲上有一段是说，要实行革命主义者到自治完成时，才能享有选举权，这里所说的革命主义，当然是三民主义。我们看现在中日战争是一种什么战争，今天的战争，正是中山主义与明治遗策的决斗。要是明治遗策胜利，中华民族就绝无翻身的日子，只有中山主义能够打倒明治遗策，中华民族才能独立。中华民族的独立完全凭着三民主义，所以在全国一致拥护的抗战建国纲领中，确定以三民主义为最高准则，到此时代我们的抗战，是以三民主义与大陆政策对抗，我们建国也是以三民主义来建设一个新中国。在今天前方将士与后方民众贡献全力抵抗暴力侵略，是受三民主义精神之感导鼓励，今后建国工作之推进更是根据三民主义之指导原则，过去已经如此做，现在正是如此做，将来更非如此做不可。因为不如此不能抗战，更不能完成建国大业，因此当前国家唯一重任是力求三民主义之彻始彻终完全实现。吾人今日能将三民主义贯彻民间，则中国抗战必胜，三民主义如不能贯彻民间，则我国革命成功与否确有问题。

说到这点，我们觉得市临时参议会可算是本地地方自治指导机关，但今日我们可以把市临时参议会看成市党部，市党部也可看成市临时参议会，虽然是两个，实在是一个。因为市党部要训练人民明瞭主义，而参议会诸君是要把主义介绍于民间，这个主义是什么？就是实行革命主义者所行的主义，就是三民主义，因为三民主义就是救国主义。过去凭此革命，今日赖此抗战，将来更须以此建国。既然如此，那末〔么〕三民主义早普及民间一天，中国的抗战建国的事业就早完成一天。抗战的力量是什么？就是三民主义的力量，三民主义怎样才有力量，这有赖于大家信仰，因为全国人民信仰三民主义，所以三民主义才有此伟大力量，三民主义既有此伟大力量,所以中山主义亦定能打倒明治遗策。中山主义打倒了明治遗策,中国抗战乃一定胜利，建国一定成功。所以就今天我们的战争来看，市参议会和市党部实在是二位一体，市参议会市党部以此种精神散布民间，在建设国家的实际工作而外，进行全民族心理建设的工作。我们心理建设的工作能成功，我们革命建设的工作就不会不成功的，这是我们今天所要贡献各位的一点意见。希望各位能以今日重庆的精神，由近及远散布到全国各地方为之楷模，并宣扬于世界，树立风声。此固不仅收今日一时之效果，将来影响实至重大，盼诸君多加努力！

八、休会式市政府吴秘书长演词

本席在恭聆议长报告之余，仅代表市长说明一点意见，并对各位参议员自开会以来努力对于市政兴革作成具体建议，致其谢意。

市政府同仁对于工作，经常以“重行轻言”相勉励，贵会至今日闭会至下届开会以前，约有6个月时间，在此期间希望各位参议员对本府工作一面尽量监督，一面多多检查，不仅检讨对决议案的执行，即本府报告书中所列各项，凡有未能做到或不尽确切时，都希望多多检讨，不吝赐教，本府同仁必竭诚接受。

在此6个月中，希望各位对于市政府各项设施之利弊，随时加以注意，其有必须改革之处，随时指示市府或制成详细议案，于下届开会时提出，以期不断促成市政的进步，这是本席代表市长希望于贵会的一点意思。

九、休会式洪主任委员演词

主席、各位先生：

兄弟这次参与贵会盛典，深感荣幸，在贵会开会期中，不仅对市政建设多〔有〕所贡献，即对本市前途影响亦极重大，例如因贵会之精诚合作使全市民众意志更集中，使政党各界与民众之情感更融洽，各方面的思想意志因此能更沟通，这实在是贵会第一个成功。于院长适才训示说，市参议会与市党部相同，因为市党部与市参议会现在都负着培植民权，奠定民治基础的任务，大家都是要训练民众，希望民众能够管理自己的国家，使民有民治民享的最完善的三民主义国家得以实现。所以市党部与市参议会关系非常密切，乃至不可分，今后希望相互间通力合作，使民众意志更集中，使民力之发动更容易，使重庆市成为民权最发达的模范市，为全国树楷模，这是兄弟刚才听了于院长的训示后的一点感想，愿代表市党部与贵会共勉之。谨祝各位参议员健康！

十、休会式汪参议员云松演词

康议长、文副议长、各位长官、各位来宾、各位同仁：

今日为本会休会之期，过去15日中，本会同仁在两个议长领导之下，更荷市府吴秘书长以次诸长官协助进行，多方殷勤指示，因而圆满的结束此次大会，此为本席应代表同仁致谢者。

此次会期虽甚为短促,同仁所贡献虽至属有限,但对每一问题,每一案件,同仁皆已竭智尽忠，详慎讨论，不但求其理论畅锶办法周详，还求其适合事实环境便民可行，故所有决议案件，虽有先后重轻的不同，但总可达到预期之目的，因此同仁希望市政府当局仍以协助本会进行之精神，使所有决议案及早实现。

同仁才力至为有限，此次承政府期望之殷，市民付托之重，虽已竭尽心力，犹恐虑有未周，还望社会各方面时时指示，同仁等以民意为前提，本“国家至上、民族至上”努力为之，希望第二次大会举行之时能有更大的收获。

重庆市档案馆馆藏资料 D1916

9. 重庆市临时参议会第一届第二次大会演词

一、开会式康议长演词

文副议长，各位参议员同仁，各位官长，各位来宾：

今天重庆市临时参议会第二次大会开会，承蒙行政院孔副院长亲临指导，本会同仁实在十分感奋！又承刘总司令、吴市长、洪主任委员莅会指导，市政府吴秘书长各局会室长官、市党部各委员及书记长莅会参加，使本会增色不少；各位参议员同仁，亦均整齐赴会，尤其表示本次大会精神的振奋。

自从本会第一次大会闭幕以后，这半年间，时局变动甚大，国际斗争异常剧烈，而我们抗战建国的工作，也在这个紧张环境中，有了重大的进步和发展。各位同仁住在抗战行都的重庆，当然有锐敏的感触，毋待多言。今天我们大会重开，迎合着这个重要时期，自然有非常重要的任务，兹仅以三事先为简略陈述：

第一，大会应代表重庆市七十万市民，率先表明申讨前晨在南京成立之汉奸傀儡组织，并须以行都民意机关的姿态，追随外交部声明之后，向全世界郑重表明：任何非法组织如现在南京成立者，或中国他处所存在之其他伪组织，其任何行为，当然完全无效，吾人绝对不予承认。回忆本会第一次大会开会时，正值敌人士气衰颓，民心厌战，在军事上已陷入绝境，自知不能实现武力征服中国的迷梦，乃在南京设立伪组织，借以害危中国，扰乱东亚安宁，破坏九国公约，排除第三国在华利益，所以傀儡组织，是暴日危害中国扰乱东亚的无耻工具，我们惟有痛愤，惟有申讨。今天我们大会开幕，对于铲除汉奸逆贼，拥护抗战国策，实是一个中心政治的号召，也是本次大会的根本精神。

第二，是促进重庆建设，增强抗战力量。我们要达成抗战目的，必须巩固抗战的根据地，必须完成后方各种经济、产业、政治、文化，以及地方自治等等的建设，以加强我们抗战的本身，健全我们建国的基础。无论敌人如何阴险，奸逆如何无耻，国际变化如何迅速，这是我们唯一的根本问题。重庆市是抗战最高领导机构的所在地，也可以说是抗战的中心根据地，其性质的重要，不仅为本会同仁所深悉，亦为社会所公认。建设重庆既可增强抗战力量，亦可作为全国建设的表率，本会第一次大会时，决议建设重庆市建设期成会，现已遵照议案实行，由重庆市建设期成会数十位专家，经数月努力，据实地情形，辛勤研讨，制成约近万言之《重庆市建设方案》，均为本次大会应特别讨论的中心案件。我们除对两会会员顾问会员诸先生的热心赞助，申其谢意外，并希各位同仁，对两案详加研讨，缜密审查，俾便作成定案，转请政府施行，则重庆市未来数十年建设之宏规，成于本次大会，其意义与价值当不在小。

第三，重视市民福利，提供实际建议。前述建设事宜，和市民福利本来已有密切的关联，不过我们还须直接提倡各种福利事业，譬如用种种方法安定市民的生计，提高市民的文化水准等。我们这次大会的建设，如果多从这些方面着眼，相信一定切合实际而有优良效果，且亦必为全体市民所乐闻，其他各种建议，当亦希望尽量切合实际，不落空虚，使每一个议案在实施的时候，都容易获得效果，或可能获得效果，这样才能真正发挥议会的力量，这一点我们须得对第一次大会的决议案加以忠实的检讨，看所有的决议案，都已经实施没有，实施的情形怎样，实施时候发现的利弊得失怎样，或者何以不能实施，如果第一次大会的决议案都很完备，都切合实际，我们就严密的注视其实施，如果发现有不足的地方，我们亦宜力求补正，这一点也就是我们这次提案的一个经验，一个准绳。

上述三点，谨与诸同仁相共勉，本席深信诸位同仁经过半年的观察和研讨，在这次大会中一定会有更优良的成绩表现，谨待多多倾听各位的伟论。今天我们当首先诚恳期望孔副院长给我们殷切的指示，并望莅会各党政当局多多给我们贤明的指示，使本次大会能得圆满的收获，不胜企盼。

二、开会式孔副院长训词

主席，诸位先生：

方才议长请兄弟指示和训话，实不敢当，记得在上次贵会开会时，本人因事所阻，未能出席，闭会时又因病不能参加，深为抱歉。

今天适逢五届国民参政会开会，本来没有多余的时间，但因数次未能参与盛会，故特抽闲出席，不克久留，还望原谅。

贵会上次会议的决议，本人都已得见，均能集思广益，促进市政的兴革，实为各位努力的结果。说到参议会的意义与使命，大家都知道是非常重要的，要实现孙总理所制定的三民主义中的民权主义，那就要以参议会为实施民权的起点。总理建立民国，规定建国程序为由军政、训政而到宪政。惟当辛亥革命后，许多同志，越过程序，实行宪政，以致归于失败。北伐成功，本党召开国民大会，即有贯彻孙总理遗训，使达到真正民权的产生，也是实行宪政的开始，但过去因种种困难和障碍，故议会制度屡遭停顿，现在为要贯澈〔彻〕初衷，所以最先有各省市临时参议会的组织。

诸位为各方硕望，国家优秀，小可以影响地方，大可以影响全国。在抗战期中全国重心在四川，四川的中心在重庆，故诸君一举一动，均将影响全国各地，全国各省虽有各省临时参议会，而属于市者，则仅以贵会为创举。重庆既为战时首都，地位非常重要，因之诸君所负的使命，亦实较他省为重。今天本人所期望于诸君者约有三点：

第一，是和衷共济。过去议会制度失败的原因，在于不能同心协力，意气用事，往往因人的关系，某甲所提议案无论如何的好，而总被某乙所否认，反之，某甲对乙，也是如此。此种对立，形成不对事而对人的现象，今后我们要纠正过去的错误和缺点，应该精诚团结，和衷共济，使各地以贵会为模范而效法。

第二，是实事求是。举凡一事我们须要脚踏实地去做，才会成功，空中楼阁，画饼充饥，都是不能实现的幻想。以往我国凡事用在笔杆上，所谓纸上谈兵，实为一大毛病，现在则不然，现在已经不是玩笔杆的时候了，现在我们应该切实实行，每件事都得去做，而且要从大处着眼，小处着手去做。如说建设，更须因时制宜，因地制宜，从小处着手去做，如果不量力计划，是无用处的，故凡事须要视环境而抉择，否则对国家是帮助甚少。

第三，是因公废私。重庆为长江上游的大埠，将来前途未可限量，再以四川来说，又是天府之区，将来发展甚大。但建设重庆或建设四川，不仅只为本省本地着想，同时也要以四川和重庆的力量来推动其他省份的发展。尤其以重庆的资本及人力所生产的东西，不仅供自己享受，也可将大量的生产品推销至全国，供应各地的需求，以及供给抗战军需之用，这就是重庆对国家的责任。此外还希望诸君不单只任职参议员，提具办法建议政府而已，还希直接的以坚决的意志，本身的力量帮助政府实行才好。

说到这里，更须请诸君注意者，其主因实由于商人囤积居奇所致，形成市面恐慌现象，所以物价涨落，实是人的作为。试看，抗战以来，世界各国对我们莫不深表同情，而我们设身处地者，还不自悟吗？所以，这种自私的行为，不特影响抗战，并且影响民族的复兴，我们应该亟〔极〕力纠正，大家以因公忘私的精神，共同御侮。

最后，因为诸君的一举一动，可以影响全国，故须以诸君现在地位，对重庆方面的一切，应友好的布置，如需要政府帮助的地方，只要为国家，为抗战前途，政府一定为其后盾，无不尽量帮助的，希望大家在会期中详细讨论，实事求是，于短期中有完善的成绩，使全市建设进步，人民生计安定，使重庆市为全国的楷模。

三、开会式卫戍总部刘总司令演词

康议长，文副议长，各位参议员：

贵会第一届大会开幕时，适值本人因有他事，未克亲自参加，今天举行第二届大会，康议长文副议长约本人来参加，并要本人说几句话，觉得非常荣幸而且乐意，因为本人是负有卫戍战时首都的责任，各位是负有在抗战期间集思广益、兴革市政的责任，本人虽与贵会参议员诸君尚未完全见过面，但自从去年七月贵会筹备成立以来，彼此在责任的关系上，早就心心相印。卫戍区包含九个县、一个重庆市，卫戍业务虽不是仅含有重庆市的地方性，但因行都所在，自然以重庆市为卫戍的中心，因此本人与各位的关系，甚觉亲切。

我们从市政设施上来谈卫戍业务，市政不外乎管、教、养、卫四端，所谓管，是要求“事皆有序”；所谓教，是要求“人各有用”；所谓养，是要求“生活需要”；所谓卫，是要求“生命安全”。

社会秩序在平时固重要，在战时尤重要，因战时状态一切多易反常，秩序最容易紊乱，必须“事皆有序”，才能成为抗战建国的基本条件，譬如卫戍部办理致交通管制及其他各种公私行为的限制，其目的不过要做到“事皆有序”，这与市政当然有直接关系。目前社会国家，最没有秩序的事，莫过于匪盗间奸。卫戍部成立一年以来，所办直接审理抢劫盗匪案，计有68案，窃盗案件，计有84案，间谍汉奸案计有99案，其他贪污、烟毒、伤害、逃亡案件也很多。试看社会国家潜伏这些破坏秩序的行为，人民的生活、社会的生存、国民的生计、群众的生命，哪能不受影响。而国家平时立法，又失之太宽，战时往往不很适用，欲以平时权力来维持非常时期的秩序，困难实多。所以，委员长特下手令给本人，对于盗匪案件，有迳行处理之权，现在卫戍区内的秩序，已巩固得多了。

再讲“人各有用”。国家一种法令制度，绝不是偏重消极性的，譬如卫戍总部，依其职权，对于卫戍区内的人，无时不在干涉、取缔、防止。但另一方面，是要动员所有卫戍区内的人，来参加抗战建国，使“人各有用”，要人人动员、人人有用，当然与社会教育、民众组训有关，这与市政也是有直接关系的。

再讲“生活需要”。足食足兵，是古圣所定的国防最高原则，战时物资的调节，是非常重要，如发现不合人民生活需要的现象，就是社会国家的危机，譬如生活必需品被敌人潜施掠夺，被奸徒操纵居奇，或因物品无适当的分配，均足以使人民生活困苦，而社会无秩序的事件，定因而增加，这也是市政在卫戍效力上重大关系之一。

最后讲“生命安全”，譬如疏散人口、开辟太平巷、加紧防空设备等，都是卫戍总部秉承中央爱护市民的德意而极力推行的．现在全市市民约有42万人，必须留在市区已领有居住证的市民有28万7千余，即须补发约2万人，而现有防空洞容量，仅能容22万人，于此可以疏散人口与增辟防空洞，实为一般市民都应深切了解，而与政府合力赶办，否则危险殊大。这些任务，卫戍总部虽正在根据法令加紧督办，但又莫不与市政有关。

所以本人认为重庆市市政与卫戍工作之关系太密切了，各位既负有兴革重庆市市政的重责大任，当然与本人是休戚相关，而不能须臾脱去联系的。

贵会是适应战时而产生，各位又都是重庆数十万市民的代表，在过去所协助于市政者甚多，这也就等于本人得到各位帮助一样，今后更希望各位多发抒适应战时需要的市政方案，那不仅市政府愿意接受施行，就是本人以及本部同仁也要尽力之所及，相期有成，敬祝贵会第二届大会得到圆满，市政前途益放光明！

四、开会式吴市长演词

议长，各位先生：

重庆市临时参议会，成立于去年十月一日，时在贺前市长任内，国桢承乏市府，不及四月，适逢参议会举行第二次大会，得以躬亲参与，与诸君子欢聚一堂，交换关于本会一切兴革之意见，无任欣幸，兹于大会开会之始，仅就国桢所认为“本市当前的两个重要问题”，及“个人今后的一个重要希望”为诸君子略陈梗概，以求教正。

本市当前的两个重要问题，第一为本市财政基础问题。本市自二十六年国府西迁以后，已成全国政治中心，去年复改为直属市，地位更臻重要，自应积极整顿，加紧建设，一以巩固中枢，一以梳理全国各都市的模范，惟一切建设，非财莫举，本市地位虽改，而财政收入则一仍旧例，以致偶有新的举办，几莫不完全仰赖中央的临时补助。根本办法，自非依法将营业税划为市有不可，去年参议会第一次大会即本取之于市用之于市之旨，决议呈请划归市有，贺前市长编制本会本年新预算时，亦将营业税列入在内，国桢莅事之始，即根据法例及大会议决案，迭向中央陈述各种困难及必须收回之理由，幸蒙照准，明令于本年一月划归本府接管，嗣与省府方面迭次接洽，迄今未准移交，为省府设想。或亦不免有多少顾虑之处，惟本府因该项税收，尚未接管之故，以致不独各项计划无由进行，维持现状，亦感不易，一二两月每月亏欠挪垫之数，均在30万元以上，困难情形，可以想见。甘厅长现已来渝商洽，且奉委座电令，准再电省府移交接管，大约不日当可得一适当之解决，本问题解决后，本会财政基础始能奠定，而后一切建设，始有按照计划逐步实现的可能。

第二为本市人口疏散问题。去年五三五四的惨痛教训，思之如在目前，吾人惩前毖后，值此天气日渐晴朗的时候，应当将城区人口，从速厉行疏散，自不待言。惟国桢关于本问题曾经深思熟虑，以为办理疏散不应专从疏散二字着想，应当放大眼光，须使疏散与建设双方兼顾，同时并行，如由城区疏散至乡间，不当以业已疏散为已足，同时对于所疏散的乡区，有一种合理的建议计划，不独使疏散的市民得到便利与保障，而且建设乡区亦即所以繁荣城区，并使现代“都市田园化”的理想，得以实现于本市的将来。本府前根据上项旨趣拟具本市疏散办法大纲，呈准施行，其中关于疏散区内配备武力问题、添设学校问题以及给养、救济、卫生等问题，莫不按照疏散地区切实规划，是故就城区言，是为疏散，就乡区言，则为建设。此外关于水陆交通问题，亦以参照办法规定，正在设法征购营运汽车，增强运送力量，并商准空袭紧急救济联合办事处拨款制造木船百只，在空袭时便利城区沿江居住市民临时渡江趋避，平时则作为水巡队之用，是故此项汽车木船一方面固为更利疏散，实已成为疏建一体。又如城区方面，凡无碍于疏散及与疏散本旨不相违背的，仍照常进行，更不待论，惟此事关系甚大，牵涉复多，虽有办法规定，未必即有美满结果，必须各有关机关密切联系，尤须政府与民众切实合作，打成一片。市参议会为市民代表机关，如有所见，尚望不吝随时指示，共策进行。至本府半年以来，关于其他各项市政之设施，另有报告，兹不赘述。

其次说到“个人今后的一个重要希望”，概括言之，即是“愿以法治的精神，来推进民治的市政”。今后一切施政的设施，必须以多数市民的意见为意见，多数市民的福利为福利，已不成为问题。所成为问题的，仍在如何始能认真实行，如何始能行之而有实效，国桢以为基本条件，即在“法治精神”四字。“法治精神”的含义，容或因各人的观点不同，而未能一致，国桢则欲以“贯澈〔彻〕”二字概括之，就法的订立方面言，为“本末贯澈”，就法的推进方面言，为“表里贯澈”。第一本末贯澈，法之本为何，即是政策，末为何，即是一切法令措施，政策既定之后，所有一切法令措施，均必须以之为根据，庶不致发生头痛医头，脚痛医脚，及各不相谋彼此矛盾的种种弊端，如商君治秦，系以农战一事为政策，所有商君的一切的改革，即莫不以此二事为出发点。一国有一国的政策，一市亦应有一市的政策，本市今后的政策如何决定，这是首先值得注意的。

国桢之意，以今后市政的设施，应依照下列的几个原则进行：（一）就建设的本身言，须心物并重；（二）就市区的环境言，须城乡并重；（三）就现实的情况言，须疏建并重。至于具体的纲领，尚在慎重考虑中，参议会如有良好意见，国桢是无不乐于接受。第二，表裹贯澈。所谓表裹贯澈者，即名与实必须相符之谓，凡立一法，法是名，法必能澈〔彻〕底实行而有效是实，下一令，令是名，令必能澈实行底而有效是实，因其名而求其实，法乃不致成为具文，所谓“循名覈实”是也，如何循名覈实，即在“信赏必罚”，如何谓之信赏必罚，必须做到刑赏之施，确切不移，与绝对不等的两个条件，“徙木示信”，即是确切不移的先例，“太子犯法刑其师傅”，即是绝对不等的先例。以本市而论，已在关于市政的种种办法良否，姑置不议，惟各项办法，究竟应实行若干，即认为实行者，究竟达到何种程度，实是值得检讨的一件大事。所以今后市政的改革，固应注意规定各项良好的办法，尤应注意办法的彻底实行，务使表裹贯澈，不致成为具文，流于虚伪，而下手之方，仍不外“循名覈实、信赏必罚”八字。上项希望，亦可以说是个人的一种信念，如诸君子认为尚无大谬，窃愿一面予以鞭策，一面互相奋勉，以期本此精神，共同建设后方唯一都市的新重庆！

五、开会式洪主任委员演词

议长，各位参议员先生：

孔副院长和吴市长对各位的希望已经说得很详尽，兄弟实在无再好的意见贡献。

惟在抗战进展期中，我们要一方面抗战，一方面建国。在建国方面，应该积极组织民众，训练民众，使大家集中力量来奠定民治的基础。国民大会在今年十月便要举行了，为实行宪政的开始，但宪政实行的好坏，关系于民治本身的好坏，这就要有赖于各市县的民治之基碍〔础〕靠固与否而决定，要巩固这种基础，那末应该遵照，总理首订建国程序做去，故在此时，组织民众和训练民众最为重要，使民众能接受宪政，达到真正的民有民治民享，无论在抗战和建国来讲，都要从这方面着手。

市党部方面，秉承中央命令，已做此项工作，但未能达到圆满成绩，在贵会第一次大会开幕时，兄弟曾经说过，关于组织民众和训练民众希望诸位先生领导去做，因为诸位为地方硕望，容易达到目的，现在兄弟代表全市国民党员，也是代表全国国民党员，恳切地希望诸位先生的助力，并敬祝诸位健康！

六、开会式汪参议员演词

主副议长，各位长官，各位来宾，各位同仁：

第二届临时参议会于今日开幕，适闻议长开会词，党政长官演词，至为感谢，至为惭愧。

自本会第一届大会以至今日，其间正副两议长、领导同仁，贤劳备至，党政长官协助殷勤，同仁所建树者乃至微薄，深觉无以对政府，无以对市民，故此后自应特别努力，以求达到本会设立之本旨。

第二届大会，其重要工作，一为检讨过去，一为策励将来。本会过去决议案件甚多，何者已经完全实行？何者正在开始实行之中？何者尚未做实行准备？此中当有种种原因，遂各有其不同之结果。惟参议会为代表民意机关，凡所决议，皆为合乎民意的决议，同仁应监督政府，无论时间之早迟，必须使此合乎民意的决议，皆能见诸实现。

至于将来之策励，第一要点，则凡同仁今后有所提议，必须求其切合实际，切合目前之需要，本会所设之“重庆市建设期成会”及“重庆市地方自治促成会”，根据各方面之意见，拟具具体方案，同仁对于此两方案，自当详加研讨，俾本市在政治上在经济上之地位，皆能日见提高，市民因而得享满足之福利。

本会第二届集议之前两日，汪逆兆铭在南京僭设伪组织，汉奸国贼，卑鄙无耻，至堪痛恨，适间议长代表本会已予以痛斥，同仁等于此时更当特别努力，使后方日趋巩固，实亦辅助抗战建国之基本工作，足以扑灭汉奸种种邪说诡计。

同仁虽自惭行能无似，但绵薄所及，总求做到知无不言、言无不尽之地步，商望各方，随时指示，以策进行，不胜感谢！

七、休会式康议长演词

各位长官，各位来宾，各位同仁：

本会于四月一次开幕，今天闭幕，会期 13 天，一共举行了 10 次会议，通过了 38 件提案。收获虽然算不了怎么丰盛，但是所有案件，都能慎重地提出，详尽的审查，热烈的辩论，可以说，凡是通过了的案件，没有一件不具体，没有一件不适合目前环境的需要，单就这一点而论，本次大会确乎比第一次进步得多了。

在本次大会研讨的 38 个案件中，最使我个人兴奋的，便是《重庆市建设方案》和《重庆市地方自治方案》，都获全部通过了。这两个方案的制成，并不仅本会同仁的努力，而且是请了许多专家和地方绅耆，他们也费了很多心思，共谋奠定重庆建设的自治的百年基础。这两个案件的通过，不但是对第一次大会的决议案有了交代，而且也是本次大会的一个光彩。因为这两个方案，一个是着重于经济建设，一个是着重于推进宪政，正好和抗建国策相符合，所以通过了这两件议案，可以看出本会同仁拥护国策的一片真诚。

在建设方案及自治方案中，都明白表现，不但是有利于今日一时，其终极目标是在若干年后，使重庆成为中国及世界上一个光辉的都市。我们深信，立定了一个目标，循序渐进，必有达到愿望的一日，虽然在执行方案的时候，要支付很多的人力和物力，并且需要各方面的支持和助力，但是价值却非常宝贵，只要达到了目标，于是物质的建设和精神的建设一齐完成，本会同仁就足以自慰了。

其次，本市物价的高涨，对于一般平民的生活，不免大有影响。所以大会中通过了《平抑物价案》，在那件案件中提出了很多可以实行的具体办法，绝不仅仅做理论的空谈。我们知道，战争时期，物价上涨，本是难于避免的趋势，譬如欧洲各交战国他们打了几个月仗，糖也发生问题，油也发生问题，连鸡蛋都用代用品，至于我们的敌人，窘困的情形，更为显著，以致于天冷到零度以下而没有木炭烤火。彼此比较一番，我们在抗战三年的今日，百货尚不缺乏而稍稍感到涨价，原算不得什么，只因我们究竟是农业国家，就连这一点涨价现象，我们也要把他平抑下去，平抑了物价，大多数人民便可以过他惯常的生活，我们就可以很顺利的走上胜利之路。

再次，国民大会不久就要召集，本市自从改为行政院直属市以来，人口增至70万，市区面积增为43万市亩，而且是后方惟一重要的直属市，又是抗战行都的所在地，所以本市应有代表参加国民大会，可说是毫无疑义。因此，在本次大会中，同仁也就通过了请政府准许重庆指选出若干国民大会的代表，或在政府指定名额中指定重庆市有一定名额参加。这个建议系为市民要求制宪权，相信一定为全体市民所乐闻□要之，本次大会的决议案，既有数十件之多，也不必再行个别列举，总结一句：从上次大会到本次大会，这6个月之中凡是市民所要说的话，所想获得的福利本会无不尽量的代他们说，代他们请求了！

再则，关于本会本身立法上的两件事，其一是要求中央允许参议会的自行召集权，其次是要求中央允许参议会有审议概算之权。这两案原是福建、浙江两省参议会发起，要求各省市参议会一致建议，本会同仁有此同感，当一致通过，向中央作同样建议，希望中央能酌量采纳。至此，本人应代表全体同仁向市政府各位长官及市党部各委员致谢。市府各长官对于本会均有一种开诚布公的精神，正是吴市长所说“府会一家”的融洽现象。同样，市党部各委员对本会亦有很大的协助，良深感谢。在就同仁热烈与会情形而言，本席亦深为感动。最后当以最诚挚之意，期盼市长及市府各长官对本次大会各决议案予以重视，使之次第实现，则诚为重庆全体市民之期望，亦为重庆市前途无涯之幸福！

八、休会式文副议长演词

议长，各位同仁，各位来宾：

今天是本会第二次大会闭幕典礼，会期中的各种经过已由议长详细叙述。回想在上次大会闭会时兄弟曾说过，我们对于闭幕后的工作是应该将上下不交的现象做到上下能交，半年以来，政府方面对本会所决议之议案，诸多□诸实施，对市民之福利，亦多所创树，实为同仁等最欣慰的地方。此次本会决议案虽较上次少些，但政府如能一一采纳实行，对本市裨益当亦不少，所谓“为政不在多言”，视政府之力行如何耳！兹谨致短辞，祝大会之圆满闭幕，如右〈上〉。

九、休会式吴市长演词

今天为参议会举行休会式之日，兄弟本决定参预〔与〕盛典，乃因临时美大使有要事约商，故过江赴南岸一行，所拟向诸位参议员发表之意，已托与秘书长代为达致。顷间与美大使谈话完毕，即行赶回，幸仍能参加盛会。复承盛意相迎，用特在将鄙意，一申述之：

参议会此次作第二次之集会，收获甚丰，至为市府同仁所钦佩。尤其是建设重庆与地方自治两案，指示周详，裨益良厚。重庆市为今日行都所在，建设实不容或缓，关于建设方案中，有须急办者，有须从长计划方可举办者，自当分别重轻，从事进行。市府最近组织“都市计划委员会”，其重要工作，亦即为建设大重庆。相信该会成立之后，必将以参议会之建设方案为着手计划之中心。地方自治为宪政初步，市府方面正倾其全力于建国基础之工作，虽则中央仅有县自治纲领之颁布，对于市自治之组织尚无明确之规定，但本市决依据实际环境并参照县自治纲领，着手实施。参议会所决议之实施地方自治各项，市府当分别先后，予以推行。

兄弟向来有一主张，为“以法治的精神，推进民治的市政”。所谓民治，是指一切措施，当听取民众代表之意，依据此项主张，参议员凡有决议，兄弟无不尽量尊重，认为最良好之切磋。尤其在今日，一切工作，皆须精诚合作，方可期有成，故参议会与市政府，应打成一片，造成“府会一家”。于是政府之意见，方易传达于市民，市民之意见，亦易传达于政府；而市府同仁，凡有说明解答，亦皆不厌其详。此种彼此精神上一种感召，足以使人兴起，必须如此，民意与政治方可贯通，方可称为“以法治的精神，推进民治的市政”。

顷聆汪参议员所云：“希望市府偿还旧债”。此语兄弟固当诚意接受，但就其根本言之，本市市政基础过去未能坚实奠定，致诸种措施，皆受影响，实不仅参议会决议诸案为然也。今后市政逐步赶上轨道，则不但旧账可以还清，以后亦当随到随付，参议会一有决议，便可施行，无须再行记账。万一在市政基础方在建筑期间，参议会所决议各案，仍有到期不能实现之情形，尚希各位参议员加以原谅，并予指示。只要大家诚诚恳恳，同为市政努力，做到“府会一家”，兄弟相信，凡参议会所决议者，当无一不能诸实行也。

十、休会式市府吴秘书长演词

议长，各位参议员先生：

今天市长因事不能如时赶到，特命兄弟代表先来说几句话。

贵会对于本府同仁一再嘉勉实深感激，在贵会大会期中，本府同仁对于会中议案最感兴奋而感激的是《重庆市建设方案》《重庆市地方自治方案》及今晨决议组织之各种市政研究会等三案。

关于建设方案和地方自治方案是本府早就应该做到而也计划着去做的，贵会能在休会期中集专家悉心研究制成如此两大方案，对于本市未来建设奠定大体方针，指示本府进行目标，实在值得钦佩！

关于上次大会决议案或因报告不详，或有未全部办理者，贵会于开会时能给我们以检讨的机会，给予新的指示和勉励，以促进地方之建设，其意义亦殊觉重大。

至于贵会决议组织各种市政研究会，以协助本府同仁推动工作，尤称善美。本府同仁或因事务繁琐而不能多加研究，现在能得各位这种协助，将来市政工作一定能有更好的成效，这是可以预期的。

此外，贵会所议的各案，议长已详细报告，不必赘述，闭会后本府同仁愿竭诚接受二次大会的一切决议，努力去做，以完成市政建设，今谨代表市长及本府同仁热忱感谢与希望之意！

十一、休会式汪委员观之演词

康议长、文副议长，各位参议员先生：

今天贵会第二次大会举行闭幕盛典，洪主任委员适因事不克躬与参加，要兄弟代表前来申达歉意，兄弟得有这个机会和各位先生共话一堂，自家觉得非常荣幸！

贵会第二次大会与国民参政会第五次大会同日举行，后国民参政会两天闭幕，在同一时期内，代表全国的民意机关，和代表全市40万同胞的民意机关，同时在行都举行盛会，甚是所谓系中外之望！国民参政会这次到会的人员特别踊跃，所有的决意较历届尤为具体实际，更加做到了精诚团结、协助政府完成抗战建国的使命。而这一次贵会的大会，到会的也特别踊跃，更由于自第一次大会闭会后各位参议员先生的辛勤和努力，不断对民情的讨询，对民隐的蒐求，来向大会为切实的建议，同时对各局亲临视察，分别作成报告，在大会又决议了具体的应兴应革意见，送请市府参考施行。尤其通过了重庆市建设方案和促进地方自治方案，内容充实切要，前者为重庆市百年建设大计树立起规模，后者为重庆市达到政治民主奠定一个坚实的基础，可以说是本次大会的伟大收获，收到了集思广益，促进市政兴革的宏效！兄弟觉得参政会第五次大会和参议会第二次大会在抗战的紧要阶段同时在行都举行，同样收到非常的成就，绝不是偶然的现象，是表示全国全市民意的发皇、民心的一致、民志的坚定，是表现无论敌人的侵略如何的愈积极、愈凶横、愈残暴、愈阴狠，而我们全国同胞抵抗侵略的情绪则愈激烈、愈高涨、愈沉着、愈勇猛！是象征胜利愈接近，不只愈有希望而是更有把握，这是值得欣颂的！

中国民主政治的进程，与东西国家有异，是有方法有步骤，是要达到民主最高度的直接民权，而最主要的一点，便是推倒满清以后，便确定了“主权在民”。譬如敌国的人民，直到现在，还是天皇的臣民，主权在万世一系的天皇手上。由于我国确定了主权在民，便消失了政府同仁民对立的现象，如果照某种时髦的问话：什么是中华民国的统治者？那答语便是：四万万中华民国国民全体。因为中国的专制政体，是由我们革命的人民推翻的，现在由四万万人来作皇帝，来管理政治，所以就本源上事实上讲，我们的政府和人民不是统治、被统治的关系。国父孙先生在民权主义的遗教里说：现在民国的人民便有如公司的股东、政府的负责人，便有如公司的总办或经理，股东或股东的代表为董事会，能与公司的总办或经理分得开么？在这次大会上，吴市长一再提到"府会一家"的话，真是根源于遗教。"府会一家"这句话由吴市长说了出来我们觉得分外亲切，而这次在大会上的表现，凡有疑问，不辞再再的质询，凡有解说，不阐反复的答辩。我们在会场上看不到半点意气用事、丝毫私□之争的现象。彼此相见以诚，在建设新重庆市一个共信上发抒伟论，获得成功，真值得为40万市民庆幸！市临时参议会是训政时期过渡到宪政时期市民自治的重要民意机构，有如斯贤明的市政当局和如斯贤达的参议员诸先生为将来的市自治树立严肃雍和地会议的楷模，同时证明中国可以实行民主政治，为实施宪政增加信力，这一个意义尤值欣颂！

新重庆市的建设甫经开始，经纬万端，市地方自治的促进和民智的开发，尚待积极推动，知各参议员诸位先生必继此为百尺竿头更进一步的努力，尚幸为国珍重，视今后有更大的成功！

十二、休会式汪参议员云松答词

康议长、文副议长，各位长官，各位同仁：

今天是本会第二次大会闭会的一天，承各位长官来宾光临指导并致词，云松代表同仁谨致谢意。

本次会议情形及各种议案，已由议长说得很明白，不再详述。在本会第一次大会中，本会曾代表民意建议政府的议案已有40余件，其中有已办者，有尚未办者，本次会议又增加了30余案，以上次未执行的议案来说，好像已替人民欠下了债，而今又添了如许新债，实令人不安，我们只有督促政府切实迅予执行所有议案，偿还旧债，不拉新债，已完成政府设置议会之初意，完成"府会合作"的使命。

重庆市档案馆馆藏档案：全宗号：0054，目录号：1，卷号：147

10. 重庆市临时参议会第一届第三次大会演词

一、开会式康议长演词

孔副院长、各位长官、各位来宾、各位同仁：

自本会第二次大会休会，至今日第三次大会开幕之7个月间，乃重庆历史上空前未有之变化时期。吾人断不能忘却敌人在此数月内，对重庆所施之暴行：数月来吾人曾以奋勇无畏之精神，在敌人绝灭人性之破坏之威胁下，经历苦难之生活。然忠于抗战、忠于国家之重庆市民，环境弥艰、意志弥笃，卒能抵御敌人狠毒之袭击，而巍然屹立不为所动。现在旧重庆不幸已遭受重大之损害，而新重庆则正在孕育中。贤明之国民政府，现已采纳本会第二次大会建议，于九月六日明令定重庆为中华民国永远之陪都，并特派孔副院长任陪都建设计划委员会主任委员，周部长杨委员任副主任委员，自此各种复兴事业，即将着手进行。且新重庆之性质，亦较以往大见重要。本会值此兴革时期，举行第三次大会，其任务特别重大，自不待言。其望各参议员同仁，根据新环境之需要，尽量发挥宏论，以供政府采择。兹须特别提及者，吾人除对陪都新重庆之建设计划，应有丰富建议外，目前粮食问题甚为严重，切聆各位同仁加以讨论，此外对于市民福利事业，冬季救济工作，及其他各种兴利除弊事项，亦应加以注意。要之，吾人今兹所能自信，亦即敢于告慰于全国上下者，即过去数月，重庆市民坚毅奋斗之精神，实乃民族复兴之象征，与预测抗战胜利最可凭借之尺度。国家民族之前途，诚属光明无量。今日承孔副院长亲身莅会指导，同仁精神亦为感奋，又因本会会址被炸，承市政府帮助布置临时议场，同仁亦应向吴市长及市府各长官致恳切之谢意。

二、开会式孔副院长训词

康议长、各位先生：

今天贵会举行第三次大会，本人有机会与各位共聚一堂，参加开会典礼，感觉异常快慰。在战争期间，中央政府移来重庆已有3年，在这3年之中，重庆市曾遭敌人凶狂的轰炸，不下100余次，使得繁华的街市成为断瓦残垣，许多市民丧失了生命，或残废了肢体，积年累月所辛勤缔造的事业，遭受破坏。但是重庆市依然还是一个朝气勃勃的都市，并没有因暴敌的摧残而稍有变更，并且市区扩大，在邻近的地方树立了新的基础。这就是重庆的几十万市民，效忠国家，不屈不挠的精神所致。也就是贵会诸位先生以言论或行动的感召而得的效果。我们固然为死伤的同胞悲哀，为残破的市尘叹息，但同时更为贵会诸先生及全市市民前仆后继牺牲奋斗的精神欣幸。我国拥有这样强毅的国民，抗战岂有不胜，建国岂有不成之理。

重庆已经国民政府明定为陪都，关于陪都的建议，也设置了专管机关，本人并奉命主持此事。陪都的复兴建设经纬万端，一切现在还在计划之中，将来这个计划之执行，还须要代表重庆市民的参议会尽力协助，使政府与人民能够群策群力建设陪都的市面，今当贵会第三次大会集会之时，本人特将对于建设陪都的几个原则，向诸位先生说明，以供参考。

第一，重庆是全国许多省市中的一市，他的问题自然有其地方性，但惟其是国家的一市，则无论何事，均与国家有关，因此对于市民每一件事，在在都要顾到整个国家，尤其当此抗战建国的时候，只有国家至上民族至上一切都应本牺牲小我，以存大我的精神。因此我们在建设陪都的时候，应当时时想到整个国家，不但使重庆市本身日趋繁荣，并且要使他能够对于国家有所贡献，并且对于国家贡献越多，重庆市在国家中的地位越更重要，重庆市的市民也越有光荣，这是极重要的一点，提出来供诸位先生的注意。

其次，我们在建设陪都的时候，同时是在建设一个优良的社会，社会是整个的，社会进步社会内一切分子也必定随着有了进步，因此，我们的建设目标，应当以整个社会为对象，决不能只计较自己的团体，或个人的利害。在建设一个大都市的时候许多人民的利益或团体的利益，也许暂时受到损害，例如政府在划定一个道路系统的时候，若干人的财产就要被割裂，从前的市中心，也许不复再为将来的市中心，但这是暂时的事情，在都市建设成功了以后，整个市容改变了，各部分都繁荣起来了，整个的社会都蒙其利，个人团体，既然是社会的一分子，自然也能同享其幸福。因此在建设重庆市的时候，我们必须从大处着眼，以整个的社会立场，不应当斤斤计较一时的利害得失，然后一个新的现代化的都市才能产生出来。最近中央政府对于全国的城市复兴十分注意，前年中央曾制定一种都市计划法公布施行，因此过去我们的都市人烟稠密，发展一任自然，生活不规则，局所不卫生，市容固然远不及外国的都市，甚且不如外国在华的殖民地及租界，其于人民的健康，也有莫大妨碍。都市计划法的目的，就在命各地都市都根据一种预定的计划来发展，这种计划由各市审度当地的情形拟定由中央核准，同时鉴于近代战争，敌机轰炸的关系，各都市尤须切实的具有防空的条件，务使空中的轰炸，不能发生效力，因轰炸而生的火灾，亦可以减少到最低的限度。

最近行政院奉总裁的手令，切实厘定都市建设的基本原则，行政院方面更将约集全国专家来拟定具体的都市建设方案，务使全国的都市都能具备现代都市的规模，过去许多人以为都市为万恶的渊薮，总以居住乡间为清高，殊不知近代的文明就是都市的文明，西洋的史家以为语言文字及都市的群居生活为人类文明的两个特点，与禽兽不同者，即在于此。我们要使得都市不但不是万恶的渊薮，并且使其成为文明的结晶，使得在都市居住的人民，都能获得优美舒适的生活。重庆市在战事以后因前方人民迁来后方格外繁荣起来，所以有人说，如抗战结束以后，前方迁来的人民，或将仍迁回去不是重庆又恢复从前的情形，此事如何，端在乎重庆市如何应付，假若重庆市使前方移来人民安居乐业，觉得重庆环境优美，生活安适则，以来者既不致走未来者亦许都要来，工商业能发展，银行界也乐于投资。本来四川向称为天府之国，物产非常丰富，开发极为容易，只要大家努力的建设，发展是定有希望的。不过近来重庆市内，似有一种不安定的现象，就是物价高涨，尤其近来米价涨得太不合道理，以致一般人民生活上感受压迫。然以四川过去两年丰收，今年虽略为歉收，粮食决不至感缺乏，其中定有人为的原因。关于这一点，市参议会为代表本市民意上达及代表政府意旨下达的一个机关，更希望各位对于这一点特别注意，想出方法，解除这种人为的原因。

重庆市为直隶行政院的市，在战时为中央政府所在地，在战后为中华民国永久的陪都，其地位之重要，是不待言的，现在政府已具建设重庆的决心，尚望诸位先生能够领导全市的人民，以国家为重。以社会为重，协同政府努力促成这件大事；本人忝为重庆陪都建设委员会的主持人，尤当尽个人一切的力量，使得这件大事成功，收到美满的效果！

三、开会式卫戍总部刘总司令代表演词——由刘参谋长德芳代表

议长、各位先生、各位来宾：

今天贵会举行第三次大会开幕典礼，刘总司令因事不能出席，特派兄弟代表参与盛会，并嘱讲话实深荣幸，备就卫戍总司令部立场略谈数点。

第一，关于贵会上次的议案中，有关的本市防空疏散等问题的案件卫戍总部均有一一办理，并加改善，以后仍希望贵会一如过去，不断的指示，以使继续改善和发展。

其次，说到本市的治安问题，目前市区中盗窃案的发生，每日不下三四起，市郊的抢劫案亦闻有发生，此为卫戍总部所引为其歉憾的。然盗劫案不时发生的原因，不外是物价与粮食高涨的所致，今后卫戍总部除加强警卫严密防范外尚望贵会对于影响治安之各项问题如物价问题等多多研究，作成具体方案付诸实施，俾社会秩序得以安宁。

贵会此次集会，必有不少宏论来解决目前各项重要问题，可为预祝，谨颂各位健康！

四、开会式陈主任委员演词

议长，各位先生：

今天是贵会第三次大会开幕，本人能参加典礼，殊为欣幸，现在简单贡献几点意见。

本人所负的责任是办理本市的党务，尝谓市党部与市政府市、参议会三个机关虽然任务不同，目标却是一致。因为政府是管理人民，党部是指导人民，参议会是代表人民，为谋市政的发展，我很希望市参议会，市政府与市党部三方面，分工合作，打成一片，一致为市民谋福利，为国家民族求自由、求平等。

目前的重庆，各方面均在突飞猛进中，可称光荣的都市。抗战三年来，本市虽不断在敌机

轰炸下，人民不但无怨恨，而抗战意识更加坚强，步骤愈趋一致，团结愈臻精诚。盖今日之重庆实已成为全国的模范，其一举一动无不为举世所注目着。然重庆之能有今日，当系贵会代表民意、民政有方的结果，本人无□钦佩！

贵会上二次大会，已有不少议案，包罗广泛，一切市政的兴革，市民福利的改进，均有详细之决议，惟本人希望此次集会更能群策群力，集中目标，发扬民治精神，详切研讨议案减除民众的疾苦，增进民众的福利，亟盼努力，并盼成功！

五、开会式吴市长演词

议长，各位诸议员先生：

今日参议会开第三次大会，实具有非常重要性，第一，此次参议会之开会适在本市遭遇空前大轰炸以后，我们在此开会，对于我们艰苦奋斗。沉着镇定的数十万市民，实怀有无上的钦佩，对于舍死忘生的空军勇士，日夜辛苦的防空部队、防护人员、消防队士，以及其他空袭服务机关团体人民，均应表示最诚恳的感谢。今兹政府虽有恢复市面的计划，市民虽有再接再厉的勇气，而善后复兴各种问题，繁难艰巨，均须有待于诸君详细的商讨。且今年雾季能否如以往雾季的安全，明年的空袭更有变本加厉的可能，均是当前的问题，如何未雨绸缪，积极防范，也有待诸君的指示。

第二，此次参议会之开会，又在米价高涨声中，本市系行都所在，关系重要，且米价高涨，对于治安、建设，以及其他物价，各种方面均发生极大影响，在本市如何暂求价格之稳定、供应之适宜，在全局如何统筹价格之合理、分配之妥当，诸君关心民疾，对于此当前重要问题务望尽量发抒意见，俾市府有所遵循，其非市府职权范围所能及者，市府亦愿负责转陈主管机关办理。

第三，此次参议会开会，又在国府明令定本市为陪都以后，重庆之所以取得此光荣的特殊地位，一面系由于贵会建议，一面系重庆对于抗战的伟大贡献与牺牲而换取来的。故中央此举，也可以说顺从民意，确认重庆在国家的重要性与抗战以来的劳绩。重庆作为陪都以后，各种建设自应具有全国政治中心性，而非往昔一隅都会所可比拟。重庆本来具有山川形胜，可以能成为一伟大都市的特点，但是自此以后，我们负建设重庆职责的人们，更应加意培植，发扬光大，使他在平时成为国家的一个美丽的陪都，在战时就成为可以作国家首脑部的最雄壮坚强的堡垒。此种筹划，不独关系本市前途，且关全国大计，中央认定此事非常重要，所以才设立陪都建设计划委员会，并特派大员主持其事。对于此事，诸君本系发动的人，自应请多方贡献意见，使此目的能早日完成！

六、开会式李参议员奎安演词

康议长、文副议长、各位长官、各位来宾、各位同仁：

今天本会举行第三次大会开幕典礼，荷承各位长官、各位来宾莅临参加，并作详尽的指示，同仁深为感谢。

本会同仁第一年任期本已届满，深憾贡献不多，不足以符政府及市民之期望，幸蒙中央又将参议会延期一年，使同仁等能在此一年中努力补救以往之不足，不胜兴奋。至于前两次大会的议案，政府方面其有尚未实施者盼设法克服苦难，迅予实施，或再共同商讨解决方法。本次大会的提案，同仁等自应详尽研讨以俾切合实际。

聆康议长开会词、孔副院长训词，皆认为粮食问题为目前最主要而须积极解决之问题。考其所以严重之原因，当系政府实施粮食管理办法后，一般人民知识不够，管理方法，又未臻于完密，致造成一时人民心理的恐慌，例如封仓、阻关、竞买等，最容易引起人民之误会。所以，如何设法将心理的、人为的恐慌现象加以纠正，乃是同仁所必须研讨的关键。

至于本次大会即将提出之议案甚望同仁精密讨研，市政府切实实施，共同为市政努力，始可达到“府会一家”的目的。

七、休会式康议长演词

各位长官、各位来宾、各位同仁：

此次本会第三次大会承各位长官按日莅会，各位同仁踊跃出席，使本会精神十分振奋。今天大会闭幕，任务告成，各位同仁两星期辛勤研讨之结果，计通过提案 32 件，及对市府施政情形之审查报告 10 件。其应加陈述者：第一，关于解决粮食问题之方案。本会同仁曾针对目前实际情况，作全面之研讨，并慎重作成此案，其中最重要部门为：指出解决粮食问题之正确途径，并从生产、消费、运输、分配四部门提供治标治本之办法，在该案之结语中，曾着重指出目前尤应注意治标办法，如封仓阻关之取缔，如从速运粮接济各消费区域等项，为解决本市粮食问题之关键。第二，组织陪都建设促进会案。国府明令定重庆为陪都，并成立陪都建设计划委员会，市民实寄予热切之期望，吾人站在市参议会之立场，发起组织陪都建设促进会，敦聘本市绅耆名流参与其事，以民间之力量协助陪都建设事业之进行，实为完全合理而切要之建议。第三、关于改进陪都交通，注意冬防治安，促进教育事业，加强防空设备，从速补偿开辟太平巷地价，及其他有关市民福利诸案，均为各位同仁缜密研讨辛勤审议之结晶，而有裨市民日常生计者。综计此次大会通过之提案，大都切合实际需要，既有益市政之推进，有裨抗战之进行，复处处顾到市民切身之利益，此实为本次大会进步之表征。现在大会已圆满闭幕，本届驻会委员之任务，即从今日开始。

八、休会式文副议长演词

议长，诸位长官，各位同仁：

本会第三次大会又已闭幕，前几天深感议案太少，但结果通过的议案竟亦达 32 件，数量虽不为多，但均经慎重提出缜密研讨者，此点尚属可以自慰！

本会本届同仁在二次大会集议后，本已任期届满，而中央又继命连任，致有今日三次之大会。有如学生入校读书，成绩欠佳，学校当局令其留级一年，俾再能检讨过去，努力将来，以造就新的成绩。

同仁今后自应有始有终完成任务，本来以议会制度说，理论与事实往往有不甚密合者而本会历次所议者，不但力求合于理论，而且，尤求切于事实以期理论与事实互相吻合，而达地方自治之澈〔彻〕底实现！

三次大会现已闭幕，四次大会瞬息又临，盼同仁彼此自勉，完成任务，相信可以如期“毕业”的！

九、休会式孔副院长训词

议长、各位先生：

贵会本次大会开幕时，适当米价上涨昂贵，形成一时的严重问题，在举行开幕式时本人即乘参加典礼之便提出如何平抑米价问题，幸荷各位注意。在过去几天的会议期中，曾作详细的讨论，提出切要的补救办法，并能以各位平时在社会上的地位声望，领导舆论，安定人心，风声所树。所以这几天来，本市粮价已逐渐下跌，这于市政推行及抗战前途，均有重大裨益。惟其他需待解决的重要问题尚多，不但在会议期中应详细计议，而且须在会后促其实现。诸位皆为本市各界领袖，一切言论行事，均足以代表各界，凡诸位所发表的意见，就是各界要想发抒的意见，诸位的主张，也就是代表各界的主张，凡所研讨与决议，都是根据事实需求，与一般舆情施行起来，必能事半功倍，推行尽利。现正重庆已定为陪都，建设事业百待端举，无论为市政前途为民族福利，均望各实能切领导群众、襄助政府，务使本市市民能与政当局打成一片，发扬议会制度的精神，以求市政的发展。

十、休会式吴市长演词

议长、各位先生：

今天参议会第三次大会已圆满闭幕，在本次大会中，贵会更充分表现民治精神，市府与参议会亦达到非常融洽的程度。上次大会的各项议案，市府无不尽量遵循办理，其有因事实困难尚未执行者，亦经提向大会报告，在讨论时，参议会与市府均根据实际情形进行缜密的研讨，务使所有议案收获圆满效果，如此通力合作，可说真正达到“府会一家”，亦即民治精神的有力表现。

当本次大会开会时，各位有以提案之多寡为虑者，认为除粮食问题一案外似乎缺乏其他新奇案件。其实，检讨此次议案，以较上次更为实际，二次大会虽有《重庆市建设方案》及《重庆市地方自治方案》等规模宏大的提案，但此次的提案则更加具体切实，大都系根据理论与事实研讨的结果，将来收效自然很大。凡事在奇特中求正轨，新颖中求平凡，始能作百年之计以奠定市政基础。希望各位先生本此精神做到重庆市是以民意为依归的市。

十一、休会式市党部吴委员人初演词

议长、各位参议员：

本人代表市党部参加贵会第三次大会闭幕典礼，不胜荣幸！

值〔植〕物开花而结果，会议闭幕自亦有其收获，适聆议长的报告，知道此次大会中通过不少重要议案，可说参议会结了一个美满而肥大的果实，至为欣慰。

贵会是重庆市人民的领导者，代表市民正确的意见以贡献于政府为主要任务，此次大会较前两次更加进步，因为它最能将市民的意见正确地表露出来。例如水电等问题的热烈讨论，结果获得详切的解决。在开会期中尤充满着热烈紧张的空气，这是象征着贵会前途光芒万丈。又贵会与市府间，对于一个问题的讨论，均能各本立场作热烈的辩论和详尽的答复，这种论战，以中国议会制度言，重庆市参议会现出这种姿态，也是很可宝贵的！

读工作报告及决议案，知道议案中有实行的有未实行的，我们认为只要是必要的、合理的，希望市府尽量采择施行，并望市参议会、市政府和市党部，三机关打成一片，共同研究今后的市政，以谋本市的发展，避免议而不行的空调，共同向着成功的目标而努力。

重庆是抗战的陪都，全国的心脏，一切皆居于领导地位，今后我们更须结合力量，使它造成一个有机体，来建设新型而现代化的新都市，自由、平等、博爱的康乐都市，这便是□□主义的新都市！

十二、休会式李参议员奎安演词

康议长、文副议长、各位长官、各位来宾、各位同仁：

今天本会三次大会闭幕，承各位长官各位来宾莅临并赐教言，奎安谨代表本会同仁敬致谢忱。

此次大会会期10余日，各方极为注目，孔副院长、吴市长、吴委员亦认为本会收获圆满，同仁等至为欣慰，至为惭愧！

粮食问题为目前极严重而急待解决的问题，故本会曾组织特种委员会研讨此项问题，经数日的缜密商讨，并邀请粮食管理局卢局长出席会议对粮食管理情形详加说明，借资参考。本会得以作成一较完备之方案，此可谓为本会一新收获。是以此次大会议案虽不多，但均系根据实际情形而提案，均能全部采择，见诸实施以副人民厚望！

此外，关于陪都建设方面，荷蒙孔副院长一再嘉勉，对本会嘱以不仅注重重庆方面，尤须负起全国责任，使本会责任愈重且大，同仁等自不能不勉力为之。

会期中，承市政府市长、秘书长、各局长、市党部各委员，按日莅临，极备辛劳，谨此致谢！

重庆市档案馆馆藏档案：全宗号：0061，目录号：15，卷号：1593

11. 重庆市临时参议会第一届第四次大会演词

一、开会式康议长演词

各位长官、各位同仁：

今天本会第四次大会，承孔副院长暨各位长官莅会指导，同仁甚觉欣幸。又承市长、市府各长官、市党部主任委员及各委员出席会议，使本会增色不少，本席谨代表全体同仁敬致谢忱。

本会自成立以来，转瞬将及两载。两载期间，正值吾国家民族对外抗战之最忧患时期，本会同仁在历次大会中，曾就陪都市政以及市民福利尽量提供意见，俾对抗战民生有所裨益。本市临时参议会以规模初具，本会同仁又因力量绵薄，故所有历次大会之成就，仅能认为市政民生之初基，而不能自视成绩已完美无憾。历次大会对于市政建设之原则与方针已迭有建议，例如陪都之建立系本会之提案，业经国民政府于去年九月六日公布其命令；又如重庆市建设方案之提出，在重庆建设历史上殊不失其意义。关于各种原则上之建议，现在因抗战时期物资困难及技术上或人力上之问题，未能全数付诸实践，固无足异，然将来必有全部完成之一日，彼时吾人即可目睹重庆市之新面目矣。

原则之建议既略具系统，然则今日之问题为何？今日吾人在此举行第四次大会，吾人先环顾世界有两城市焉，正在随时遭受暴力之威胁与摧残，这两伟大城市各本其传统之文化精神与暴力作坚毅之搏斗，而为维系二十世纪人类文明之两大柱石，是即重庆与伦敦是也。两城市之人民在长期奋斗中，已在生活上发生若干之问题。此类问题固不如敌人所宣传为不能解决者，然政府务须竭力助其解决之，余以为目前安定后方人民生活并鼓励其奋斗心理，使之业于效忠抗战，并发挥全面最高之战斗力，以争取胜利，实为当务之急。各种生活上之实际问题，如粮食供给、物资供给、市区交通与治安、轰炸后之居住问题，以及城市繁荣赖以维持之工商业方面诸问题，吾人均有切实考虑、提供建议之责任，并有协助其实践之义务。今年雾季已过，残暴之空袭随时可以到来，吾人尤应预作准备，以减轻损失，而不能对敌人稍存侥幸之心理，他如战时人民各种福利问题，亦须严密注意。凡此诸端，均属目前最实际之问题，要求确切有效之解决方案，甚望参议员诸吾，作精辟之建议，以为政府及人民之一助。

现在侵略狂潮尚在奔流，吾人战胜暴力、争取自由、伸张正义之真正历史使命，尚未完成。吾重庆既为东方反侵略之领袖城市，与西欧英伦之业绩遥相辉映，吾全体市民自应在工作与生活上，发挥坚忍宏毅之精神，以继续吾人以往奋斗牺牲至之光荣历史也。

二、开会式孔副院长训词

议长、诸位先生：

今天贵会举行第四次大会，兄弟有机会来和诸位先生说几句话，感到非常兴奋、非常荣幸。贵会自从成立以来，兄弟每一次都来参加，每一次也都提出一些希望。检阅过去贵会的工作，以及今日陪都建设的一天天大有进步，觉得贵会有一个特点，即是所有决议案大体上来说都可以执行，而执行也相当的切实，足证议长主持有方，各位参议员都能切实努力，不落空泛。同时也难得的，市政当局以及全体士绅民众，能够彼此合作。讨论的时候，大家推诚研究，肺腑相见，不唱高调，不说空话；执行的时候，脚踏实地，一步一个脚印的向前努力，才有今日这样的成就，也才有这样的特点。目前无论就国内情形来看，就国际情形看，我们的抗战已经转到了一个最高的阶段，需要我们的艰苦奋斗也更加迫切，重庆市为陪都所在，是全国的政治中心，自然是今日一个唯一的最大而最重要的都市，因此对于抗战建国所负的任务更加严重，所以更要发挥我们上面所讲的特色，对国家民族有更重大更多的贡献，兄弟特此趁这个机会，提出一点新的希望。

总裁指示我们，今后的抗战是七分经济三分军事，即是说我们争取最后胜利，经济更占重要的成分。这个见解，不仅国内的各方面一致予以承认，美国和英国最近与我们签订的平准基金的协定，即是一个有力的表现。本来中央的财政政策是一贯的稳定法币的政策，抗战以来，除开以财政的力量积极发展经济建设以外，稳定币制，是在不断的努力，现在有了这个协定之稳，法币前途更可以乐观。在金融上说，今后是绝对没有什么问题。金融上既没有问题，经济上的努力也比较容易。当然经济工作是有关全国的工作，整个的责任不是重庆市可以担负的，今天我们只是希望重庆市各界人士负起重庆市应该而且可以担任的责任，更希望市参议会与市政府负起领导的责任，领导重庆市的全体市民，能够大家对这个责任尽到最大和最善的努力。贵会不妨就把这个经济上的努力，作为这次大会的中心工作，假定大家赞同的话，我们不妨把这个工作的要点做一个简单的说明：

第一，粮食问题。民以食为天，粮食问题当然关系最为重要，最近米价又有反弹的现象，更有大家协同注意的价值。川省去年的粮产并没有什么不能自给的问题，全国粮食管理局也早已定好一定的计划，并且切实在执行。今年小春的收成很好，尤其是杂粮胡豆，比去年还好许多。只因过去稍微迟几天下雨，粮价即忽然反动，现在正是快要栽秧的时候，雨量固然重要，可是迟了几天到最近才连续的下雨，问题并不如一般人想象的严重，而公然影响到米价，可见这个完全是人民心理上作用，或者有利用人民心理而为私人牟利的。在这个心理上和人上的问题，在都市上有相当的重要性，希望大家从长计议，如何予以纠正。人民应该尽力的地方由人民来尽力，政府应该尽力的地方，建议政府，使政府采择。

除此以外，粮食的节约也非常重要。最近个人提倡营养运动，且已经由行政院卫生署的同仁切实进行，发现日常生活浪费财务而不合营养的地方非常之多。假定大家能竭力倡导，共同协进，使这个运动普及一般的市民，那末日常所用粮食一定可以节约许多，而对人民身体营养不有坏处，而且更有增进，实在值得大家注意。

第二，节约问题。欧美各国到战时，人民的享受极度减少，德国方面自这次战争的开始，一切日常用品，即采用绝对的计口管制办法。食用品一项，每人的消费量仅及1937年的一半，衣服等项自然更不必说了。我国社会组织没有他们的严密，统计数字也不完全，实行他们那种绝对的计口管制的办法当然比较困难，可是相对的管制是可以的。总裁极力提倡计划经济，八中全会又有实施统制经济的决议案，事实上中央也已经实施了许多经济上的管制办法，惟其是相对的统制，需要人民及各级政府协助的地方非常之多，而人民自动的节约，尤其关系重要。节约，说来虽然简单，可是应该如何普遍的推行，家喻户晓，切实指导，在外国教育普及的地方还成为一个大问题。上次欧洲大战的时候，英国国内即有国民节约会1000多所，从事节约宣传的人员到500万人。我们虽然也老早提倡节约运动，可是还没有达到最理想的效果，希望大家着意在这个上面，有一极具体的办法，深入社会里层使他切实发生效果，一方面对于人民自己有一种节约的利益，一方面也可以协助政府管制政策的实施。所以节约运动虽然是消极的行动，却含有绝大的积极意义。老实说，今日重庆市的一切都有进步，而节约的运动实在做得不够，甚至还可以说奢侈浪费的风气还多得很，这个对于物价问题都有很大影响，希望大家强烈的注意。

第三，增加生产问题。战时增加生产，有极重大的意义。我们本来是物质生产很不高的国家，后方各省因为交通困难，过去生产比较落后，近年来虽然因为政府及人民积极努力生产，力量已经大有进步，各种日用必需品都有大量生产。就是基本工业，如钢铁、如机器等的量生产也有可观的地方。可是还不敢说已经达到了自给的程度，这是就工业方面说。农业方面，在技术上、在品种上，以及施肥驱除病虫害种种方面，有待改良的地方更非常之多。政府多年努力农业试验的工作，已经有许多的成就，可是如何普遍到农村方面，使农民能够增加他们的生产能力，却还待大家的努力。大家都知道农业方面的增产运动，在表面上看是非常零碎，似乎无关重要，而实际上所收的效果常常有出人意料的地方。仅仅就陕西一省推广棉种一项工作说，每年已经可以增加几千万的收益，惟其是这个工作的零碎，需要人民共同努力的地方也更多。重庆虽不是一个完全的农业都市，可是市区以内的耕地还是非常之多。假使大家努力，树之风声将来再推广及于全川，及于全国，增加抗战物力，协助平抑物价，解决粮食问题，关系非常之大。工业方面，重庆市的工业已经有相当的基础，以后如果大家把过去商业上的投资转到工业方面，对于增加后方物资，乃至增加前方作战物资，都有很大的希望，果真如此切实进行达到我们的愿望还希望大家共同研究，切实推进。

最后要说到的，即是许多的经济上的努力，可以个别去做。可是如果要发生更大的效果，则需要大家共同的组织，由共同的组织者才能发生一种集体的力量。例如最近重庆的金融界，共同组织粮食协助社，这是金融界一个贤明而荣誉的行动，一定可以发生很良好的效果。不过这个还只是一件事，而且拿出的经费还只 300 万元，假定能够发动一个较为具体的运动，集中重庆市金融界及产业界的力量，做各种有益于战时经济的活动，对于国家的贡献一定很大。重庆市的金融界及实业界是全川的领袖人物，如果能由重庆的金融界及实业界发动，集合全四川的人力物力共同努力，想出类似粮食协助社的办法，多方进行，完全以服务社会为目的，政府一定予以绝大的赞助。自表面上看去，许多资金用到社会服务方面去，不能直接营利，似乎是一件个人的损失，而事实上却因为社会经济一天天的健全起来，抗战建国的经济基础一天天稳定，整个国民经济上发展，整个的产业界金融界也才有办法，不然许多人因为投机取巧的关系，在目前或者偶尔的获利，甚至于获取暴利，实际上还是大家吃了亏，□转的清算，归根结底，也还是失败。所以社会上的人士，应该以这次金融界合作组织粮食协助社为模范，也是以这个协助社会为起点再行加强组织、加强努力，加强服务精神，在各方面扩大我们的互助事实。如何才能达到这个目的呢，这是希望贵会同仁本过去的工作精神，工作特点，能够负起这个领导的责任，而重庆市政府同重庆市的市民能够一致发挥这个互助精神，那么粮食问题、节约问题、增加生产问题都可以迎刃而解，而总裁所指示的三分军事七分经济的教训，也因为重庆市参议会集中经济工作，登高一呼，万由皆应，得到无穷的效果。兄弟谨借这个机会，向诸位先生贡献这点小意见，希望指教，并祝各位健康。

三、开会式贺副总司令国光演词

议长、诸位先生：

回忆前年贵会组织成立时，适本人长重庆市政，曾参与其事，后因公离渝，致未能出席首次大会，深为抱歉。今日幸能参加第四次大会盛典，实觉分外欣慰！

贵会成立两年以来，能使政府与人民通力合作，促成市政日益发展，使重庆市之市政建设，较诸已〔以〕往有着显著进步，此实为贵会重要成绩之表现，深值赞扬。

本人以为目前市政之急务，应注意两点：第一，为安定工作。举凡平抑物价、疏通粮源、厉行疏散、维持治安等等属之。第二，为建设工作。即重庆在敌人不断轰炸下，如何谋其复兴是也。此外，凡有利于民，有利于国之事项，均盼诸位先生于本次大会中详加研讨，建议政府，藉谋改进。谨祝贵会之成功！

四、开会式陈主任委员演词

议长、诸位先生：

今日贵会第四次大会开幕，本人欣能参与盛会，藉获教义，至为快愉！

自贵会第三次大会以来，所有议案，本人均会详加注意，各方案既能充分代表民意，又能对政府做适当之剀切建议。方案中关于都市建设计划、市民福利问题等，均有具体之内容。由此，当可预料此次会议，更将有卓越之成绩。

战时之重庆，地位益趋重要，更为抗战政治、经济、文化之中心，一切莫不突飞猛进。贵会成立以来，市政建设进步尤速，此当归功于各位领导之成功。中央为贯彻总理遗教，实施民治，故设立各省市临时参议会，其对于训练人民参与政治，树立政治百年之基，所负任务甚大，切盼诸位先生能完成此重大使命，使重庆成为全国民治之楷模。综观诸位之努力，将来必不难达到目的也。

五、开会式吴市长演词

议长、诸位参议员先生：

今天贵会举行四次大会，实堪庆幸，在本次大会中本人希望于各位者，简扼说来不外三点：

第一，上次大会重开之时，本市正遭敌机狂炸以后，当时紧要工作为如何使重庆恢复旧貌。然当时此项计划尚无把握完成，但时至今日，此项目的可谓已完全达到，重庆市民之复兴精神实出人始料以外。市民既有恢复市区之精神，且有事实之表现，故市府与市参议会应负切实规划，如何〔把〕重庆建设成为现代都市之具体计划。

第二，粮食问题在上次大会时，正值恐慌严重之期，更因人民心理及各种枝节问题，致造成一种失常现象。吾人此时此地允宜研究如何管理粮食分配与节约消费诸问题，及目前之治标办法与秋收后之治本办法。

第三，省与市组织不同，情形各别，故县各级组织纲要，对于市未必能完全引用，而市自治组织法规，竟应如何制定，中央尚无明令颁布，故颇值研究，此点并盼市参议会有所研讨。

六、开会式李参议员奎安答词

议长、各位长官、各位同仁：

今天又值本会举行第四次大会，所有本会之工作与任务，议长已详加说明。各位长官莅临指导，备多奖词，同仁等深感到惭愧。但既参列市民代表，当应以民意为依归，对于市政建设有所主张。至于以往各次参议会之议案，均为同仁等悉心研讨结果，注意在行，其间市府曾经实施者，同仁自应代表市府致谢。其有困难不能实行者，盼将困难情形转达人民，俾免发生上下隔阂之病。

当本会第二次大会时，粮食问题颇为严重，不料此时又成问题，且较前此〔次〕更为严重，但目前并非青黄不接，造成恐慌现象，实为人民智识水准不够，致有一股心理上之恐慌。本会前次大会所提方案，对于治标治本皆有建议，兹更应依据新的环境及新的需要，研究此项问题，以期帮助国家，祛除此严重现象。

今日承各位长官莅会指示，同仁等当本“知无不言、言无不尽”之义，对本市市政问题重作详细之研讨。

七、休会式康议长演词

各位长官、各位同仁：

本会第四次大会，于五月一日开始举行，今日闭会，会期13天。虽然迭遭敌机空袭，但同仁昼夜辛勤工作，尚能完成任务。本次大会市政府向本会提出报告，甚为坦白详尽。本会同仁检讨市政设施、贡献办法、提供意见，亦极诚恳认真，彼此和衷共济，大公无私，所以大会精神非常融和，非常充实。本次大会所通过之提案30件，亦全系针对现实而发，无一件空洞难行。相信政府必能充分接受，切实施行，并望本会同仁敦促市民一致努力，以为市政设施之后盾。

本次大会与前三次大会不同之点有三：第一，前三次大会所提出之建议，多有涉及原则及理论方面者，本次大会之全部提案则不谈理论，只讲实际。因以目前环境而言，事实重于理论故也。第二，粮食及日用必需品之供给，为本次大会提案之中心，但关于此方面之提案与第三次大会时所建议者亦复不同。第三次大会之建议，以原则为重，本次大会则以本市之为对象而寻觅粮食供应之紧急办法，购粮存储及畅通来源，为此次建议之要点，其目的在于办到由今日以迄秋收务期本市不致发生粮荒。第三，本次大会关于永久性之建议甚少，而对于交通、治安、教育及市民福利事业之建议，全系针对具体之个别事实而言，故易于实施。又如关系于地方自治之提案，即属于精神方面之建议，亦为本次大会之特点。本次大会已于今日闭幕，同仁任务至此告一段落。回溯两年以来大会共举行4次，本次大会各位同仁均备极辛劳，虽同仁等竭尽棉〔绵〕薄，而贡献实微，然市政民主之初基，亦于此略肇端倪。

八、休会式文副议长演词

议长，各位长官，各位同仁：

今天本会第四次大会闭幕，本席应说的话，议长已说得详尽，本可不必赘述，惟所说者仅有浅简八字“进思尽忠、退思补过”。愿同仁以开会为进，休会为退，休会之时，仍当以见闻所得，报告驻会委员会，俾得提供政府，作施政参考，此即补过之道。

九、休会式陈主任委员演词

议长，诸位先生：

今天贵会第四次大会举行闭幕典礼，敬聆议长致词，至为恳切详尽，个人认为中国能否成为坚强之三民主义共和国，当视人民行使自治程度如何为转移，亦即以全国参议会是否健全为转移。参议会代表民治精神，已由诸公发轫，尤以前数次大会成绩之表现，可说已奠定重庆市民治之基础。重庆市为战时首都，其影响及于全国，由此可见，三民主义共和国之前途，实属光明无量。

参议会负言责，政府负行责，言者当注意行时困难，行者应体验言者主张，如此则言者行者乃能一致，所谓“府会一家”，尤当于此求之。

以往中外议会之缺点为只言不做，甚且不做亦不言，但贵会则不然，贵会能随时表现言与做之精神。诸公为各界巨子，会后更切盼以本身地位，领导市民、爱护政府，为全市市民福利而策划；以“知无不言，言无不尽”之精神，组织人民、训练人民，以配合战时国家之需要，使人民达到真正行使治权之能力，此即贵会奠定未来国家百年大计基础之重责，渝市来日突飞猛进，各位之功绩亦将永垂不朽矣！

十、休会式吴市长演词

议长、诸位先生：

今天贵会第四次大会闭幕，实深庆幸！

据各省市临时参议会组织条例参议员任期为一年，必要时得延长之！行政院最近复又修正组织条例，继续延长参议员任期，故本届贵会亦将继续延长，将来诸位参议市政之时机尤多。

当前天蒋委员长饯别詹森大使时，曾谈及中美两大民族立国之主义完全相同，美国立国之精神，在民有、民治、民享的民主主义，中国立国之精神乃在民族独立、民权自由、民生平等——即总理手创之三民主义。据总理解释，我们三民主义的精神，所谓民族独立，即是民有；所谓民权自由，即是民治；所谓民生平等，即是民享。简言之，这两种主义，都是以民为本的三民主义，亦即是真正的民主主义，由此可知中国确为现代的民主政治国家。

议会代表民治，固属不成问题，但在此抗建时期，临时参议会尚非完全之民治机关，备为将来实施宪政时期正式组织市参议会之准备。

市临时参议会历次大会，实极有进展，如目前能悉心研讨市自治之单行法规，一俟有完满成绩后，实可向中央建议先由本市首先切实推进地方自治，创立地方自治之楷模。盖市单行法规至少应规定一切市政之施政方针全由市议会作主，俾政府一切法规及施政办法，均将提示市议会讨论通过，如最重要之市预算，亦必由市议会组织审查委员会审核决定后，始诸施行也。

贵会已历四次大会，贵会同仁与市府同仁相处已达两年，根据两年之经验，个人认为组织正式市议会并不困难，实可向中央建议正式设立，一旦获得实现，本市必能建立全民地方自治首创立模范区，此为贵会休会时本人之一点愿望。

十一、休会时李参议员奎安答词

议长，诸位长官，诸位同仁：

今天本会第四次大会闭幕，承各长官莅临指导，同仁等深感荣幸，陈主任委员、吴市长致词，大多奖励，本会同仁，且谢且愧。本次大会所提各案，均为目前一般市民之实际需要而提示，议长已特别指出：不讲理论，只谈实际之原则，故同仁认为通过各案，均属势在必行，希望市府多所采纳付诸实施。

目前所急待实施者为解决本市粮食问题之提案，尤以畅通来源与储粮备荒两项最为重要，政府应如何设法加强其管理，借使供需平衡，实为当前青黄不接时期之重大任务。其次为防空问题，因空袭时期已至，敌人必将加紧其残暴之轰炸。本市防空洞应加强管理，便利市民，免生事端；同时应以合理方法厉行疏散，及保障疏散者之能安居乐业。以上两点，同仁□盼市政当局注意，其他各议案，亦盼迅予实施，以副市民之热望。

重庆市档案馆馆藏资料 D1905

12. 重庆市临时参议会第一届第五次大会演词

一、开会式康议长演词

文副议长，各位长官，各位同仁：

本会此次开会，适值太平洋大战爆发，今后世界战争，将分为互相联系之若干战区而进行，重庆遍为亚洲战场之领袖城市，与大西洋战场之伦敦、太平洋战场之华盛顿，及欧洲战场之莫斯科，并肩作战，故吾人在历史上责任之重大，无有逾于今日者。目前全人类正为民主自由而战，重庆又为民主自由四大堡垒之一，故重庆市民同胞，极应面对现实，善尽责任，而不宜妄自菲薄，贻误军机。四年以来，重庆市民曾有一贯奋斗之光荣业绩，为中外所称道，今后自应一笔往昔，继续努力，倍加奋勉，以□全功。

本会自成立以来，顷已届满二年，虽不能自诩成绩如何圆满，但得各位同仁大力支持，尚能略尽其责任，计以往二年四次大会共通过建议案146案，数量虽不算多，但关于民政、自治、保安、财政、经济、建设、粮食、物价及教育文化等各市政部门，及市民各种福利，均已全部涉及，市政府亦多有大数悉能照案实施，两年来市政呈突飞猛进情况，诸位同仁与有力焉。

但时至今日，时事已有转变，舆论有收缩建设及节约物资之议。故今日而言，市政建设，务必分别缓急，择要施行，又须避免不急需之庞大工程，以节省人力物力，用于其他急要事端，此殆为吾人今后提案之一标准。

其次，本市地方自治，急待推进。良以省市相较，市之人口密集、户籍易查、文化较高、组织力量较强，故地方自治现应易于实践。市临时参议会业经政府一再延期，现为第三年之开始，甚望在此年度内，政府能颁布重庆市地方自治单行法规，及成立正式之市议会，以为省市地方自治之倡导。再次，关于市民福利及救济事业，吾人亦应特加注意，按在以往两年中，市民对本会之请愿及建议案件共47案，计文件100余件，大多数属于市民本身福利之呼吁，本会除对呈件格式不合及超出吾人责任以外之案件不予置理外，其大多数案件，均曾函转市政府，请予公平处理。至本会历次大会之提案，关于市民之福利者，就狭义而言，其成分约占百分之四十；就广义而言，则全部提案实均以促进市民福利为依归。吾人今后仍应本此方针，继续努力！

二、开会式孔副院长演词

议长，诸位先生：

太平洋大战爆发的时候，贵会举行会议，不仅同仁应特别兴奋，即重庆市民对于贵会的期待一定特别的热烈，因为重庆市已由抗战建国的战时首都，成为太平洋大战，乃至全世界为保卫自由和平战争的重要司令台之一。贵会同仁过去的努力，对于国家的贡献，已经很多，今后当然更要重大。重庆市既是世界大战中间一个重要司令台，全体市民应该每个人站上自己的岗位，认识自己在这样一个大时代中间历史的使命。然而如何才能达到这个愿望，下列几件事最关重要：

第一，大家发挥更大的战斗精神。世界大战起来以后，大家切记不可误会，以为今后毁灭侵略国家，重建世界和平的责任，因为有世界各国来分担，中国的责任比较轻松。大家要知道，暴日是世界大战的祸首，我们是首先抵抗侵略为人类公理正义自由和平而战的国家，力量也不可过分的轻视，固然侵略集团最后必将溃败，可是必定有一个艰难的斗争，我们既与各友邦并肩作战，即应该发挥我们四年多以来的战斗经验，加倍的努力在远东战区起一种决定的作用，把握最后的胜利。这个不是空话可以达到，必须全国上下贡献一切人力物力。重庆市是战时的首都，全国上下视线所集，所以希望重庆市的全体市民做一个表率。

第二，实行战时节约。过去重庆市民一切都很好，可是节约精神可以说不够，因此奢侈浪费的习气，随时还是可以看得见，希望大众今后对于这个上面特别注意，遵照政府的指示，厉行节约以外，尤其要有自发的精神，无论何时何地，都以撙节人力物力为准则，不浪费一文钱，不浪费任何一件小物品，竹头木屑皆有用之资，绝不可以为是小处而有所忽略。中国儒家哲学教人作事，都是从小处下手。古来成功的人物，无不是自小处谨慎，如此的大时代我们对于小处，尤其不可放松，必定要做到时时刻刻个人的节约，进而造成风气，成为社会的节约，并得把节约所得，提倡储蓄，直接贡献国家。

第三，祛除一切自私自利之行为，加强生产事业。重庆市是大后方的重要工商业中心，因此工商业资本,因此工商业的资本也特别的发达。而事实上过去商业的资本,更大于工业的资本，今后舶来品也许有若干的减少，后方的生产加强是特别重要，而同时对于一切不正当的商业行为，政府已有严密的管制，加紧的制裁；物价方面，也必定会走到统制上去，实践总裁的统制经济政策，作一个全面的平价。那末就私人资本的安全性说，最好是投之于有利于国计民生的私人资本的运用，国家不仅不加干涉，而且有各种的奖励，私人资本假定纠正过去运用的方式，是一个于公于私双方有益的事，这个当然也不仅是属望于重庆市一个范围，不过希望重庆市民做一个倡导。再就物价问题而言，目前极为严重，全国皆然，尤以重庆一埠为甚，物价高涨的原因，大部分都是人为的因素。这个问题系抗战前途、民生疾苦，至为深切，贵会为人民代表，务请力为倡导，协助政府解决这个严重的问题以为全国的表率。

上面三点意见是加强战斗精神、厉行节约、加强生产事业，彼此之间，都有□带的关系，如何配合的运用，如何在技术上提高效能，如何在实际上发挥最大的效果，希望诸位先生切实研究、制成方案、贡献政府，领导重庆市的市民，进而领导全国，那末贡献的伟大真是不能估计，顺祝诸位先生健康。

三、开会式防空司令部贺司令演词

议长，各位先生：

本席今天参加贵会五次大会开幕典礼，感到异常光荣与兴奋！现在仅就个人所见的数点微薄意见，贡献诸位先生，借作参考。

第一，希望检讨决议案的实施情形。因鉴于以往许多会议，只决议而不实行，所以诸位先生应将上次决议案仔细检讨与研讨，分别轻重与困难，督促政府采择施行。

第二，讨论议案时，宜先顾及其实施条件。凡一议案之提出，顶好不要理想太高，徒托空言，在讨论议案时，尤需顾及本市人力财力及其他各项条件是否具备，在作通盘筹划后，叫政府去做，方可事半而功倍，不致发生应付敷衍的情形。

第三，今后责任重大，十倍于往昔。因太平洋大战现已爆发，今后我国已为世界大战中之主角，尤其重庆，更是民主国在远东的重要堡垒，故吾人今后对于重庆市政之设施，应特别加倍努力。

以上三点为个人意见，特别提出以供参考。至于本席所负职务与贵会有关者，为防空与治安两项，分述于后：

防空方面：本席今年七月接任防空司令后，对于防空设施即从事积极调整，及加强各种防空配备，八月间空袭仍频，但市民死伤数目，幸告减少。惟市区防空洞容□有限，为求万全计，今后仍望市民联合多辟防空洞，以策安全。关于防空司令部本身，则计划于雾季中增设警报球台若干处，并健全各地通讯网，设立防毒处等。防空事业本为人民自卫事业，与市民关系极为密切，故盼贵会督促市民，积极来做保卫自己的工作。

治安方面：本席并任宪兵司令，今须报告者为宪兵之职责问题。宪兵之职责在主管军警，兼管行政司法警察，故一方面维持军纪，一方面要维持治安。本席曾令宪兵处理事务，必须大公无私，尤必以“爱”为出发点，而不可以“恨”为出发点。至于全部宪兵是否均属优良，未可一概而论，尚望随时予以纠正，宪兵如违法，则惩罪更较一般人民为重。□望人民应尊重宪兵职权，但如有违法情事，盼各位随时通知。兹特将个人所负职责，略为报告如上，如荷提供意见，实所希望。

四、开会式卫戍总部刘总司令演词——由胡参谋长伯翰代表

议长，诸位先生：

今天□人代表刘总司令参加贵会第五次大会开幕典礼，深为荣幸！

在重庆市政府领导下之重庆市政，年来□有长足进展，此□为贵会诸位先生督促之效果。刚才听主席说，太平大战业已爆发，重庆已成为民主国家的重要堡垒，希望重庆做一个模范城市，望政府人民努力建设，以完成重要使命。卫戍总部负重庆及附近各地治安之责，表面上虽未与贵会取得联系，实际上，各方面均与贵会有联系，今就治安问题提出一谈。

谈到治安，不论政治、经济、社会各方面，均与之有关。但在目前的重庆谈治安，却有不少困难。治安健全必须政治上轨道，而重庆之政治设施入于正轨，实为最近几年来之事，基础尚不稳固，更因战时生活压迫，易使一般人去做不良事情。因之，市区内外常有窃盗案件发生，卫戍总部为防范起见，市区与各县已拟具联防计划。市区冬防问题，亦已会同有关机关商定，准备举行冬防期间戒严检查；另一方面由保甲组织巡逻队，予以有形无形之防御。至关于市内治安问题，希望市府市参议会多提议案，随时指导，俾便执行。

五、开会式陈主任委员演词

康议长，文副议长及参议员诸先生：

今天贵会举行第五次大会，本人得躬与盛典，心中感到意外的荣幸，谨将一时所能想到的几点意见，向诸位先生作一个简单的报告；

第一，现在倭寇日暮途穷，在进退维谷的时候，忽然又发动了太平洋大战，把英美等民主国家都牵入战国，冒着最大的危险，想要一逞侥幸。其疯狂暴躁，如困兽如疯犬的情态，其走投无路垂死挣扎的苦况，已经很清楚的摆在我们眼前。我们一方面固然应该联合各友邦一致向敌人进攻，以加速倭寇的崩溃。同时在这划时代的战争中，我们究应采取何项策略，已达成击溃倭寇、收复失地的目的，这当是贵会在□严重的关头，举行第五次大会的主要意义，本人希望贵会对于这一个问题，能有一个完整的计划，提供中枢的参考。

第二，太平洋大战发生后，世界爱好和平的民主国与侵略残暴的轴心集团的界线业已划分得非常清楚了，我们由于友邦的增加，最后胜利的获得不仅更有把握，而且将更迅速的获得，唯在这获得最后胜利的过程中，我们应该怎样处理我们国内的许多问题，如食粮物品之供应及其价格之平抑，保甲组织之健全，兵役、粮政、税收，地政之推行，文化、教育、卫生、财政以及防空振〔赈〕济各项事业之改进等，在在都需要研究，在在都急待解决。贵会在这接近最后胜利的时期，举行第五次大会，本人希望贵会对于这许多的重要内政问题，能向政府提出一些更具体更切实际的意见，以减轻民众的痛苦，加速胜利的来临。

第三，本市自去岁经中央明令定为陪都以后，地位更见重要。一方面中央政府及各院部的高级长官，均在本市，本市的一切动态，自下而上的都能传到中枢去。中枢对本市进步的期望越殷，对于本市的要求便越发严格，故本市市政府的革新，实为一时一刻都不容展缓的急务。另一方面，本市为全国观瞻所系，全国的视线都集中在重庆，重庆市政的刷新，实有推动全国的示范作用，并有昭示友邦人士以中国内政在抗战期中上能突飞猛进的意义。因此，贵会在敌人采取“疲劳”“恶性”等残酷轰炸以后的今日，在太平洋大战激烈进行的今日，举行第五次大会，本人希望贵会能有圆满的周密的改进市政计划，将本市应兴应革的事项，详细的提供政府当局，以作建设陪都的蓝本。

以上三点，是本人在贵会举行第五次大会的今日所感想到的意见，很肤浅很简单的提供给诸位先生，预祝诸位先生健康，并盼望诸位先生在本次大会中，能宣达全市民意，获得美满的成果！

六、开会式吴市长演词

议长，诸位先生：

本席今天参加贵会第五次大会开幕典礼，有两点感想：

第一，贵会自举行第二次大会后，会址即遭敌机炸毁，易地举行两次大会，今日重返旧址召开第五次大会，可说真正表现了我国坚强不屈的固有精神的伟大，至堪欣慰。

第二，个人回忆上次大会与各位聚会集议，转瞬半年，相见之下，有如好友多日阔别，一旦相聚，亲切之感油然而生。市府过去的一切，均经诸位充分研究，并随时予以指导及协助，今日相聚，更令人想起“府会一家”的精神，可说真正达到了。

惟此次大会与过去举行的数次大会，实具有特殊意义：

（一）现在太平洋大战业已爆发，整个世界已划分为反侵略国家与民主国家两集团，重庆已成为民主国家之东方堡垒，与伦敦、华盛顿、莫斯科等处于同等重要地位，过去重庆防空设施的坚强，已引起各国的赞美，今后我们对于整个市政建设，应如何使其发展，必能与伦敦等都市并驾齐驱，此刻有倾于贵会之研究与协助之处甚多。

（二）当贵会开会前，国民参政会已决议战后如何实行宪法一案，本席曾建议贵会向中央建议正式设立市议会以健全地方自治，良以市自治较县自治容易实施，切盼贵会能于此次大会后，率先完成全国第一个真正的自治区，实所期祷。

七、开会式李参议员奎安演词

议长，各位长官，各位同仁：

本会今日举行第五次大会，承各位长官莅临参加，并致词指示，至为感奋。同仁等今后仍本“知无不言、言无不尽”之义，在大会中尽量提供建议，贡献政府采择实施。虽说同仁等之义务为使民意上达，府意下达，然仍有不少苦衷存在。譬如政府法令，有时未能尽量使人民知晓，而形成上下隔阂。以平抑物价而言，不法商人应当受惩，故无庸疑，但正当商人似亦有未获法律保障而致停业者，此实由于经济管理机关太多，政府事权不能统一所致，故望政府速设统一机关管制其事，庶可收效。

孔副院长训词中，有祛除自私自利，争取最后胜利之指示，同仁经自应一本此旨，对于协助市政建设，略尽绵薄。

八、休会时康议长演词

文副议长，各位长官，各位同仁：

本会第五次大会，于今日闭幕，承各位党政长官，逐日莅临指导，各位同仁每次辛勤出席，不胜欣慰之至！

本次大会共通过提案 25 件，及对市政府工作报告书 12 件，其中包括建 43 项。提案中“促请政府早日筹设市议会”一案，与中央最近决议“厉行基层建设树立民治基础”之原则，若合符节，甚望各方予以重视。关于防毒问题，为目前最现实而迫切之问题，本次大会通过“请政府注意本市防毒设施”一案，亟盼政府方面照案迅予实施，以策市民安全。其他各案如“呈请行政院改定房屋租赁条例”“请市府从速发给太平巷补偿地价”“提高筵席捐征收标准”等案，悉与市民福利及市政进度有密切关系，各案亦皆切实易行，深信将来可收宏效。

回顾数年来，重庆市政已有显著之进步，此固由于市长及市政府各长官努力之结晶，而本会同仁迭次提议，已尚能尽其敦促之任务，今后更望市政当局，充分致力各提案之实施，并望各参议员及全体市民同胞，一致给予支持！

九、休会式文副议长演词

议长，各位长官，各位同仁：

今天本会第五次大会又闭幕了，回顾一想，在历届大会当中所费时光不多，计已议决200余案贡献市府，并经市府陆续施行，从这一点看来，也算尽职。然议长时□再说，并无重大议案可言，又觉本会同仁职责尚未尽到。何以故？国难期间，无论何人都应在抗战建国两大标题下努力工作，何况参议会，显然是占在建国方面参加工作的一个组织。从前只说抗战艰难，建国比较容易，到今天一看，抗战不到五年，胜利之期已经不远，自问建国成绩如何，不敢望如孔子□月巳可三年有成，降如越王勾践也不过十年生聚，十年训练，就造成一个霸业。我们民国三十年了，建国的效芒如捕风，其故安在？他们总说国民的知识不够，我想到是这一般知识不够的国民，尤其是农民，很对得起国家，他的义务是尽完了的。第一是纳税，凡国家正税或地方杂派，无一样不先行拿出，并且夫役之征也出自农民，兵役之征也出自农民，这种好百姓，应当爱护，不应当负过。然则国未建好，还是知识界的人要多负责任。就拿参议会来说，唯一的任务必要做到上下交孚，才说得上建国。易经说得明白："上下不交，而天下无邦"；注疏更补充得明白："无邦者亡国之谓也"，关系如此重大！所以我们同仁要想上泽下究，下情上通，不能不为我政府宣扬苦衷。例如此次征购粮谷，民间岂少的议论，总说政府有的是法币，要谷何以不买？购谷何以不给钱？我们也就逢人便说，抗战时间需要如许大量的粮谷，一定要拿钱买，四川一省便要支出20余万万元，通货一定膨胀，通货越发膨胀，物价就会越发高昂，结果仍是人民受影响，有此解释，至少也可以减少若干怨言。其次，再说人民疾苦。随时随事我们都在向市府陈述，惟此一问题不仅是一个重庆市的关系，市区以外疾苦尤甚，更有何人替他陈述？宣传已久之县参议会，至今尚未举办。无怪乎到了今天，还有人说民间很好，说到此处我们更不能嘤鸣求友，希望县参议会普遍成立。古人有言："知宇漏者在宇下，知疾苦者在田间"，议员大半从田间来，欲知民间疾苦即不能不设议会，要有议会才能焕发民治精神。并不敢骤然说到好恶问民，只求对民间不扰，多取亦不为虐。以现在机关一天比一天多，加重人民负担，增多国库开支，尚属细事，而人才不敷分配，机构不能健全，结果只是政出多门，人民竭尽血汗，常在无数重干涉之下，往往误触法网而不自知，是皆官多之为害也。记得高等讲章有两句话："疆场之上思人少，坛席之间患人多"。与其多设官，不如厚给禄，如果饩禀称事，勤能称职，绝不会因官不多，而事不举。盖常见当任何难办之事，如兵役也、民夫也、粮食也，部行省，省行县，最终执行的人只是几个团甲，官多亦奚以为，徒以扰民而已。况治疲瘵之民，只宜中和之政，吾国大政治家，历史具在，甚则不适与民以当民，不如省事而民自富，广求以丰国，不如节用而国自丰。虽曰抗战建国同时遵举，是为我国前所未有之变局，然世可变，道不变。太史公云：非兵不强，非德不昌，任何时期，不能逃此定义。要抗战就要强兵，要建国就要务德，人民所服者德而已矣，我们的贤明政府。亦当勤求民隐矣，但所谓民隐者，岂能比户而求之，挈纲仍在议会，果使各级议会一律成立，市政府以外之政府，市政府以上之政府，都能周知民隐，内政修明，外□何难削平，虽一个议会权力有限，然有了县参议会，就可推举代表组织各省县参议会联合会，集合众思编成方案建议于省参议会及省政府，各省市参议会亦可推举代表组织省市参议会联合会集合众思编成方案，建议于国民参政会及国民政府，才力自然不同，收效亦自宏大，否则一个市参议会，马负千斤蚁□一粒，只能各自着其力所能为，以后开会恐终难如议长所期，别有重者也。大者之表现，我们固当努力，在市府正不必过于期许，在市民亦不必过于责备也。

十、休会式陈主任委员演词

议长，各位参议员先生：

贵会第五次大会又届闭幕，会期中经10日之悉心研讨，议案丰富切实，深为庆幸。

此次议案中曾通过组织市议会促成会一案，市议会成立，实为政府与人民所切盼者，因临时参议会性质既为临时，故非完全民治机关，将来在宪政时期中应有市议会之组织，为使本会达到真正民治阶段，顾盼市议会早日实现，市议会促成会成立后，尤望多多努力研究，期其早日实现。

本席在上次大会时曾希望贵会成为全国之楷模，此次则希望贵会创立地方自治之楷模，盖一切市政府设施建议，均希望诸位先生倡导，一切始能日益迈进，目前所注意者为如何健全地方基层机构，提高人民智识水准，地方自治之基础巩固，则兵役粮政及实行土地政策等问题均可渐上轨道，地方自治之干部为保甲长，保甲之优劣关系地方自治之前途，本席认为保甲长之训练，党部、市府及参议会应共同负其责，已达到地方自治干部机构之完成，对于此点，实有深切之期望。

十一、休会式吴市长演词

议长，诸位先生：

此次大会开会的10天中，本席深感市府已得各位很多宝贵的贡献，所谓“府会一家”的话，在几次大会中可算是充分的表现了，本人在欣慰之余，再提出两句话，以作共同迈进的目标：

（一）从非常到平凡——纵观第一、二次大会的议案，如重庆市建设及地方自治等方案，规模非常大，却不易实施，自第三次大会以来，已有显著进步，市府同仁以议案切实，故在执行上亦有同样进步，本次大会议案更较历次大会为切实易行，假使以参议会初召集时为非常，则现在即由非常达到平凡了，今后只要按步〔部〕就班进展，市政即真正走上轨道。

（二）从临时到经常——市临时参议会六个月开会一次，似觉休会期间太长，其性质为临时的。但市临时参议会又与省临时参议会不同，省参议会受地域限制，议员不易聚集，市参议会则无此困难，随时容易聚集，故市临时参议会，最易变为经常之市议会，俾能每周开会一次，那时不必找寻议案，而会议中自会经常产生不少议案，因之此次大会通过成立市议会一案，意义殊为重要，甚望能如期实现。

以上两点，特在贵会五次大会闭幕时提出，以作市府市参议会共同迈进之目标。

十二、休会式汪参议员云松演词

议长，各位长官，各位同仁：

今日本会五次大会闭幕，承各位长官莅临，议长，副议长及各位长官致词，非常感谢！

会期10天以来，各位热烈出席，大会无日间断，市长曾谓“府会一家”于此可以窥见。会期中大会有如公司组织，市长譬如总经理，各局处长为经副襄理，议长及各参议员为董事长及董事，全体市民为股东，市党部委员为监察人，参议会大会如董事会。现在董事会闭会，望经理人善尽职责，以便下期集会时有满意之报告，并由董事会转达全体市民股东云。

重庆市档案馆馆藏档案：全宗号：0296，目录号：14，卷号：204

13. 重庆市临时参议会第一届第六次大会演词

一、开会式康议长演词

各位长官，各位来宾，各位同仁：

本会成立已届三载，本次大会为议员任期延长三次后之末次会议，深望各位同仁，本以往历次会议辛劳不避之精神，继续努力，完成任务，期无负国家之厚望与市民之期待。兹值大会开幕之日，本人有可陈述者约为三点：（一）本次大会在《国家总动员法》公布实施后举行，吾重庆市工商业各界及全体市民同胞，宜体察政府意旨，依据法令精神，如何使吾人之努力，能与该法相配合，建成国家真正之总动员。（二）本次大会为参议员连任三届最末次会议，历次大会建议已颇丰富，其实施情形有完全满意者，有中途遭遇阻折者，亦有建议重复或不切实际，或尚未深入于市政各部门者，此次大会如能予以总的检讨，必为最有裨益之事。（三）市民切身福利事业，吾人尤宜以最大之注意力加以研究及主张。本次大会，希望各位同仁深入个别之事实，而勿为原则或大纲所困扰。目前政府方面，正在推行土地登记等新政，吾人之任务即在对于新政精确研讨，慎重审议，然后宣达市民，协助实施，希望各位同仁较历次大会有更加之建树，实所企盼。

二、开会式杨主任委员演词

议长，各位先生：

本人很荣幸，能在贵会第六次大会参与盛典，本人此次虽为第二次参加，然对诸位先生代表民意之精神及对本市应兴应革之一切建设，仍甚明瞭。

刚才议长说，以往建议案或有未完全实现者，原因谅必由于事实上或物质上之困难。所谓建设，当不外物资建设、社会建设和心理建设三者，在目前环境之下，物资建设虽不易，但心理建设与社会建设，则较易进行。

个人认为都市建设一不当心，最易流为畸形之繁荣。尤其在战时，都市因受物价波动之刺激，极易形成畸形视象。一般人为了生活关系，往往抛弃原有预定目标和理想，去做投机取巧的事情。一念之差，致形成投机取巧之败坏风气。此种风气，危害匪鲜，个人以为应请各位先生登高一呼，以纠正此不正当之现象。再则近来上海及香港社会之陋习已搬入后方，个人实极不表欢迎，亦望能加纠正。

川省过去虽有不少不满人意之处，但有一点可引〔以〕为荣，即教育发达是也。教育发展，可以挽救青年，使之不走投机取巧的路径，又可使之不沾染社会的恶习。重庆市教育事业虽有可观，但尚未臻完美之境，希望各位先生多多提倡，使本市教育就其过去之基础，日益发扬光大。此为个人贡献之管见，亦即所以希望于贵会者。

此外贵会虽仅以重庆市为讨论范围，而其地位极其重要，凡有关社会建设、心理建设方面之建设，个人以为，不限于重庆市未始不可，谨祝贵会此次大会之成功！

三、开会式吴市长演词

议长，诸位参议员先生：

今天是重庆市政府改隶行政院的三周年纪念日，亦即重庆市临时参议会，届满三年之第六次大会举行开幕典礼礼[①]日。所谓“三年考绩”，市府当为被考核机关，本人责任较重，以考核来说，本人自亦应付较大部分责任。贵会成立以来，本人除第一次大会内五个月的时间未参加，

① 原文照录。

及粮政局甫告成立，涂局长到任不久，警察局唐局长任职只两年外，其他市府各局长亦皆任职三年以上，故此次大会可称为“考绩大会”。

（一）为政府考绩。政府之考绩，在民主国家应由议会执行，以我国目前情形言，市政府方面成绩如何，则希望贵会加以考核，将缺点尽量指出，以期改进。

（二）为议案考绩。三年来之议案，亦应加以检讨，其中或因事实而虽未能办理，或因议案本身尚须研讨，均望分别指出，作总检讨。

至于三年来，市政府之工作报告如何，俟以后报告时再详细申述。惟市政府与市参议会可引为庆幸者，实为三年来，“府会一家”的精神，为任何省参议会所不及，府与会有时虽然意见略有不同，而结果目标仍能一致。

此外尚有一点可以自豪，亦为各省所不及，即市预算送参议会审议是也，因个人认为市参议会为市民谋福利之民意机关，吾人应表示崇敬，故虽法令未有明文规定。本人亦将财政审核权，畀予贵会，以期实现地方自治之民治精神。

今天没有更多的话可讲，谨简致词如右〈上〉。

四、开会式李参议员奎安答词

议长，各位长官，各位同仁：

今天本会第六次大会开幕，承各位长官莅临并作恳切指示，本人仅代表本会同仁竭诚接受，并致谢忱。

吴市长致词所谓“三年考绩”是属于行政方面，其实本会自身亦应加以考核，始可谓“三年有成”。目前抗战已至最重要阶段，困难因亦愈多，川中俗语有云：“船夫上滩，只需五桡”，意谓事至紧要关头，必须最后努力，始克成功，吾人今亦宜作最后之努力。

三年来本会所提案件，可说处处在使下情上达，各次大会提案。因战时环境限制，市政府尽其最大之努力，付诸实施固多，然未即执行者亦复不少，如开辟太平巷补偿地价案因种种关系，一再延期尚未执行。其执行者吾人应该表示钦佩，其未执行者吾人亦应留心研讨，探究其“知”与“行”之间不能协调之原因，而设法谋取补救。

五、休会式康议长演词

文副议长，各位长官，各位同仁：

本会第六次大会今日闭幕，谨陈二义：

第一，本次大会之经过。本次大会吾人自始即注意市民福利与新政推行两事，故所通过议案 23 件中，有三分之二与上述两事有关。对市政府施政报告所通过之决议案，计 12 件，包括建议 50 项以上，亦皆偏重于吾人所注意之标的。提案中关于本市征收土地税者，系主张遵照土地法关于土地税率条例之伸缩性，及参酌非常时期重庆实施情况与频年轰炸之战时环境，减低地价税税率，改订“未改良地”及“荒地”税率之规定，并展缓开征土地增值税时间。此案乍看似为地主利益而申诉，实则有关一般市民福利甚大，更于推行新政有所裨益，且由低税率起征，循序渐进，依次完成国父之土地政策，故为远大之图。再关于教育事业，吾人备极注意，本次大会提案约有五分之一属于此一范围。防毒防空为当务之急，大会亦特别重视。再如治安交通、物价、粮政、卫生、医药各方面凡与市民切身福利有密切关系者无不竭力进言。又本次大会遵照国民政府三十一年三月十六日公布之修正国民参政会组织条例，选举龙文治、胡仲宾、潘昌猷等 3 人为国民参政员，此三君皆素著信望，吾人除深庆得人外，并信必将有证言谠论以报效国家，报答市民。

第二，本会三年之回顾。回顾三年来本会先后共开大会 6 次，约可划分为两时期：有第一至第三次大会同仁注意力多注重建设方面。本会第二次大会，曾对市政建设作全面研讨，《重庆市建设方案》之出现，曾促起市民对市政建设作系统之考察，为重庆历史上一新页。及后空袭频仍，方案所订各点，多无法实现，吾人乃益悟战时环境之困难，而作实事求是之打算。迄第四次大会以来，为第二时期，兹后立言论事，多重市民切身福利。更谋巩固陪都防御，议决各案虽似琐细，然关系实大，而受益亦能迅速实际。所幸三年来，同仁等咸能博采舆情，制成方案，贡献政府。尤赖党政长官多方指导，采纳施行，使吾人克尽厥职，仰报国家付托之重，无负市民殷望之切，此引为欣庆者。

六、休会式文副议长演词

议长，各位长官，各位同仁：

今天本会第六次大会又已闭幕，本会成立，计时不觉已到 3 年．此次大会开会时市长有谓“三载考绩”，三年来市政府成绩斐然，事业蒸蒸日上，众目共睹。而本会性质在贡献民意，上达舆情，借谋市民福利，其所作成之决议仍有赖于市政府之采纳执行。本次决议案有 23 件，以言数目，似乎不及前数次之多，其实议案少亦政治□□上轨道之良好现现[①]。

过去党政长官曾勉励同仁“领导市民、爱护政府”，今试检讨，则同仁“爱护政府”已经澈〔彻〕底做到，所谓“府会一家”已表现无余。惟“领导市民”，力有未及，不胜惭愧。此次大会中市民希望政府者，诸如查封物品等，至今迟迟未能解决，又如征收土地税，本会亦有提案，如能减轻税率，当可顺利推行，故市民疾苦苟得解除，市民福利，逐渐无现[②]，则市民爱护政府之心，必□而生，又无然待乎领导矣。

七、休会式杨主任委员演词

议长，各位先生：

贵会开会期中，本人因职务关系，未能随时恭聆高论，惟在书面上及同仁告述，已知之甚详，非常欣〔钦〕佩。尤其在开会时通过《拥护实施国家总动员法》案，为各省市参议会拥护该法之先声，此事影响各方甚大。关于总动员法，不仅通过拥护案后即算完毕，法中有两部分，即积极的——国家使用一切，与消极的——国家管制一切，均须逐步实施。

各位先生，今后吾人对总动员法之实施愚意，必须有两个态度：第一求合理，第二求公允。政府实施时当然力求合理与公允，万一有不合理与公允时，即应建议政府求其改进。其在消极方面，即管制方面，法令虽多，而收效尚小，如法令不能达到，则仍靠道义制裁，即所谓舆论，顾盼各位先生登高一呼，协助政府推行一切。

在休会期中，诸位先生一方面采访民间疾苦，一方面亦希望宣扬抗战意识。抗战以来我国国民对抗战毫无反战意识，因大众有牺牲一切挽救危亡之决心，甚望今后参议会对于民间能多多灌输抗战意识，俾更增进胜利基础。

最后，希望从今天以后与各位有随时接触请教的机会，并盼对党务方面随时指教。

八、休会式吴市长演词

议长，诸位先生：

今日为市参议会第六次大会闭幕之日，本人在开会时曾提出“三年考绩”一语，希望贵会对市政府工作详作指示与检讨。至于市参议会三年来之工作如何，兹谨代表市府作一检讨。先以目标说；国父定建国程序为三个时期，即军政、训政、宪政是。训政时期，所以训练国民进于民主之治，故市参议会目标，在训练市民掌握宪政，三年来市参议会对于此项工作，已有显

① 原文照录。

② 原文照录。

著成效。

关于议会政治，原有二大学派，有谓议会政治应着眼于公众利益，非在此范围内者，议会即不发言；有谓议会政治除注意公众利益外，可少数人之疾苦与利益，亦不可加以漠视，仍可视为公众利益。两说当□并存。检讨三年来市参议会之成就，不但着眼于公众利益注意于大者远者，即对于民间之个别疾苦与利益，亦未忽略，收获实为宏大。

本市训政工作，可说已大半完成，市参议会亦已达到了市自治的成熟阶段，不但训练了民众，抑且训练了政府。三年来成绩之优良，个人实深欣慰！

九、休会式汪参议员云松答词

议长，各位长官，各位同仁：

今天本会第六次大会闭幕，承各位长官光临致词，借此致谢。本次大会中有所谓“三载考绩”，本会再过半年即届满三年，古人谓“三年有成”，过去两年半中，吾人应检讨是否“有成”，未来半年中是否“能成”。本人今日在六次大会闭会之期，特提出“三年有成”的口号，盼共同努力，以期有成。

重庆市档案馆馆藏资料 D1906

14. 重庆市临时参议会第二届第一次大会演词

一、开会式康议长演词

各位长官，各位同仁：

今天重庆市临时参议会举行第二届第一次大会，承中央各长官莅临指导，本会同仁深为感奋。又承贺市长、杨主任委员及本市各党政长官莅会参加，使本会十分增色。各位同仁，重庆市临时参议会自成立到今天，已有 3 年的历史，但是我们第二届参议员的集议，倘以今天为第一次，所以觉得今天的局面焕然一新。同时这次大会举行，又值中美、中英废除不平等条约，而订立平等新约之后，所以我们心理上的感觉和实际上的环境，亦较以往大□不同。当此旧时代结束，新时代开始之际，我们民意机关自有更多的义务和更大的责任应该去负担。蒋委员长曾说：“我们民族对于不平等条约撤除的反应，不取功利主义，而我们民族的反应，乃是义务感的激发，与责任心的加强”。我们市参议会位居陪都，我们的言论行动，辄为全国各地所注目，所以我们更有兢兢业业负担责任和善尽义务的必要。由此可见第二届的参议会，实较第一届的责任还要重大，今当开会之初，本席谨述两点，以供各位同仁的参考：

第一，以往成绩的检讨。为了要进行以后工作，我们先讲一下第一届参议会的情形，第一届本会共举行大会 6 次，通过提案 193 案及市政府施政报告之决议案 70 余件。提案之已付实施及为一般社会容易体察者，如建立陪都、增设教育局、增修马路、增设市立男高中女初中、取消不合理税捐、调整物价、建仓储粮、改进弊政，及举办市民福利事业等项。就中陪都建立一事，不仅提高本市的地位，亦与抗建大业息息相关，所以是本会的一个重要纪念。这些都是第一届参议员诸君努力的结果，而政府当局能够采纳民意，认真实施，亦殊令人钦敬。第一届参议会，共经过三年零六个月的时间，在这三年零六个月内，凡所言行悉依国民政府公布的《市临时参议会组织条例》第一条所载："集思广益，促进市政兴革"十个字进行。而第一届的六次大会，每次大会又各有进步之点。那些进步，乃是民主政治的宝贵经验。在我国由训政走向宪政的过程中，是有重大价值的。譬如，起初我们或未把握市政的重心，后来，就把握着了，起初的提案或尚空泛而不切实，后来就渐次切实而深入了。我相信其他的参议会亦必有此同样的情形。足见全民政治是渐次形成，而非一蹴即成的，我们已由实地经验证明了这点。最近蒋委员长所著《中国之命运》一书，对于民主政治有精辟的阐述，他说："训政是达到全民政治必经的阶段，非此即不能树立民权的基础，否则将来的宪法，必徒为白纸黑字的具文。"这是真理，也是新中国政治经典。我们三年半来对议会工作的一点体验，与此原则正相吻合。

第二，今后工作的方针。第一届参议会的任务现已终了，从今天起，参议会的任务，由今天与会的各位同仁共同负担，本席亦当追随诸君继续努力。从明天大会第一次会议起，再来倾听各位的伟论。第二届本会的工作方针，自然仍应遵照"集思广益，促进市政兴革"十个字做去，不过我们更宜实事求是，精益求精，以符合新环境之需要。临时参议会本来是由训政渡到宪政的一个桥梁，也可视为政府与民间的一个媒介，由此乃产生两项任务；其一要促成市政各项建设及训练人民行始〔使〕政权；其二要帮助国策推行与民间，及转达民意于政府，而使我们的国家，免去"上下不交"的现象，成为"上下相交"的现象。蒋委员长说，不平等条约的废除，是"国民革命的初步成功，即为建国工作真正的开始"。我们今天举行第二届首次大会，欣逢建国工作真正的开始，实在可以增加我们发言的精神和气魄。而且建国的原则与方向，业已确定，就是"建国的基本工作，在于教育、军事与经济的合一。而求基本工作的完成，又必须就心理建设、伦理建设、社会建设、政治建设与经济建设，五个要目制定周详的方案，而使之实践力行"。因此，讨论原则的时期业已过去，讨论具体方法的时期业已到临。所以我们今后的提案，希望不要大而无当，或模糊宽泛。而应切合实际，提供办法。这样提案，才可以发生更大的吸引力，而使主管机关不得不付诸实践，同时亦即增高了会议的方量。各位同仁，现在是国家抗战的严重时期，最近两年，乃是中国命运的决定之年，深望各位同仁，本"天下兴亡，匹夫有责"之义，在本次大会发抒宏论，裨益国家。本席的话至此为止，我们再恭聆各位长官的说论。

二、国民政府林主席颁词

共和政纲，尊重民意。慎选礼罗，询谋建议。维兹渝市，夙□纷繁。地方行政，千绪万端。时值非常，同时抗建。意志集中，基局迺奠。绸缪至计，通达舆情。发摅忠爱，团结精诚。济济英舒，助成市治。宇水金山，嘉谟炳蔚。

三、开会式孔副院长演词

康议长，诸位先生：

今天是重庆市第二届参议会第一次会议，也就是诸位先生工作开始的第一天，兄弟有机会来说几句话，觉得非常荣幸。

首先我们感到的，重庆市参议会过去的工作成绩，实在令人满意。举凡市政之改进、市财政的整理、市卫生的改良、市教育的推进以及工役兵役的推行，过去的参议会都有很好的决议。而市政当局也从善如流，对各项施政情况，事先有详细的报告，临事也很能够遵照人民的意见，锐意革新。凡有参议会的决议或者建议，只要在可能范围以内，政府没有不充分接纳，尽量实施。如各种卫生事业之改进，教育局之设置，都有明显的事实。第二届参议会，就人事方面说，有许多参议员是第一届蝉联下来的，新加入的分子，当然更是社会上的优秀人物，而就参议会的本身说，上一届是初期的试验，这一届才是参议会的长成时期，一定比上一届更加充实，未来的工作，也一定比上一次更为完善，这个绝不是兄弟个人的颂扬，想必诸位先生一定也有同样的认识。可是这个认识，对于诸位先生一方面是恭维，一方面也是责备。中国有一句老话："春秋责备贤者"。重庆市参议会，过去成绩既如此优良，而这一届人才，又如此贤隽，各方面对于诸位先生的期望，也一定特别殷切，想必诸位先生也一定努力尽责，满足人民和政府的期望的。其次，重庆市现在不仅是战时的首都，也是一个重要的国际都市，所有重庆市的一举一动，对内说是全国的楷模，对外说是中华民国人民行动的代表，关系之重要，不言可知。为期真正能够表现民主政治的精神，尤其需要澈〔彻〕底实行地方自治。重庆的一切行政措置，固然有政府各级负责的机构来管理，而许多事情，仍然需要民众，自己负起责任。各位都是地方声望之士，对国对民素极忠心，一方面固应代表民众，反映民众意见，督促政府的措施；一方面希望能够尽量协助政府，实行一切必要设施。这种重大的使命，都是诸位先生共同负担的，所以希望诸位先生对于今后重庆市的一切细大不捐，予以不断的注意，而尤其希服[①]对于当前几个重要的行政，协同市政当局共同努力，向前迈进。

所讲当前重庆市重要的行政，总括的说，即是实践国家总动员，分开来说，即是兵役、工役及限价政策三大要政。兵役工役，用不着解释，大家都明白其内容，过去重庆市的成绩也很良善，不过真正做到完美无缺，成为全国的模范，还待不断的改善，不断的求其进步。限价政策，在我国经济组织、社会组织情况之下，本来不是一件容易的工作，不过因为事实上的需要，总裁才毅然决定自本年一月十五日，全国开始实施。重庆市实施限价政策，也快到了三个月，正是大家检讨过去，策励将来的时期，各位先生既是来自民间，也大部分是实业界、文化界的先知先觉人物，一定对于限价政策的实施，利弊得失，看得非常清楚。什么地方有待于加强，什么地方有待于改善，什么地方有待于补充纠正，胸中一定已有成竹，希望悉心体察当前抗战建国的需要，仰体总裁实施限价政策的旨意，了解市政当局及中央政府的困难，体察工商界及民众的实际要求，站在国家民族的立场，站在民众和政府的中间，悉心研究，多多贡献意见，协助政府，以期限价政策顺利开展，以为各地的模范，以奠定经济战争胜利的基础。这是兄弟个人的希望，也是全重庆民众乃至全国民众的希望。

最后还有一点，即是，总裁最近特别注意到生产力的扩大问题。民生主义，本来重在人民衣食住行一切物资条件的充实，扩大生产力量，早为本党的一贯经济政策，也是总裁素所提倡。所以本党的都市政策，与一般资产发达的国家原始即不相同，在一般资本主义国家，平时因为生产发达，社会繁荣，乡村的购买力，不足以消纳大量的生产品，换句话，即是农村的消费力量，不足以与庞大的生产力量平衡，所以都市的建设，消费性居多，而生产性比较的少。一般的都市，也就是消费都市。民生主义的都市建设原理，是在我们农业国度里成长，也是在我们生产比较落后的国度里实施，所以他的基本原理是生产都市的建设，不是消费都市的建设。在平时已经是如此，战时自然更不必说。现在的重庆市的一举一动，既为全国及中外的观瞻所系，自然应该树之风声，为全国倡导。所以总裁注意扩大生产力量指使之下，重庆市应该迎头赶上，展开生产都市的建设。

再就事实上说，重庆市区之内广土众民，有无尽藏的物资力量，有足资运用自如的广大□面，又如自上海内迁的许多工业单位，有比较良好的工业设备，也集中了全国最优秀的企业人才、技术专家，也集中了绝大数量的资本，假使真能够通力合作，合理运用，重庆市的生产事业，一定可以长足进展。再切实的说一句，过去许多游资，是在商业市场活动的，现在踏入了物资的管制阶段，商业资本的过分利得，已经没有什么希望，许多资本已经感到彷徨，目前唯一的正当路向，即是走上生产事业的大道。可是如何引导他们，开辟这条光明的大道，责任还

① 原文照录。

在各位社会上先进人物的身上，希望大家在这个方面多多注意，政府方面一定期待大家的努力，而予以各种各样可能的协助的。

上面所举的各项要政，推行的基础都建立在社会组织上面，所以希望大家对于重庆市的基层组织多多注意。基层组织充实了，对各项要政说，固然是成功的凭借，而就政治建设说，更是一个基础的基础，所以希望大家予以注意。兄弟今天就感想所及，随便说几句话。因为贵会自成立以来，兄弟差不多每一次开会都参加，可以说是贵会的一个老朋友，今天以老朋友的资格，直率的贡献一点意见，想必是诸位所愿意接受的。

四、开会式国防最高委员会甘副秘书长乃光演词

议长，各位先生：

今天贵会第二届第一次大会开幕，许多参议员已有第一次大会的经验，而又新加不少人才，将来成绩较上次优越，自在意料之中。抗战现已六年，胜利在望，而正在此时，亦即最艰难困苦的阶段，今后必须实行总动员，集中全力，以争取最后胜利。贵会虽为临时参议会，而实则影响中外观听，重庆的进步，而影响全国的进步。本席希望贵会一方面代表民意，一方面要了解政府困难，故参议会实为一体二面，应共谋解决一切困难问题，使政府与人民之间，密切合作，无彼此之分，敬盼各位努力完成此抗战中之艰巨工作。

五、开会式内政部周部长代表师连舫演词

议长，各位先生：

本人能参与贵会开幕典礼，感到非常荣幸。此次会议的意义，已经由康议长说得很明白，本人特补充贡献几句：

抗战建国中，地方自治工作，甚为重要。地方自治工作完成，其重要工作，则在如何训练人民达到行使四权的目的，必须如此，人民才能尽量发挥民权。贵会为民意机关，正是借此实际训练民众行使四权的集团。过去贵会对地方自治的推行，已有重大的收获与帮助。深望今后继续努力，使成绩益见优良。重庆市为全国的模范，其成绩如何，当为全国各省市之标准，兹寄慰贵会完成地方自治，并祝大会成功！

六、开会式卫戍总部刘总司令演词

康议长、李副议长，各位参议员：

今天是重庆市参议会第二届第一次大会开幕，本人奉邀来参加，觉得非常愉快：因为，贵会是本市的民意机关，可以说和我们卫戍总部是有着密切的关系的。我们捍卫陪都的任务，在谋卫戍区内人民的安全，而一般市政则在为市民谋福利，虽然卫戍区并不只重庆一个市，但重庆为陪都所在，自然是全卫戍区的核心。所以诸位参议先生们的工作，不但为市政当局所重视，就是本人也愿接受指教。视当诸位萃集一堂，共谋市政兴革的时候，本人愿提供几点意见，以就正于诸位先生之前。

（一）治安：根据报告及本人视察结果，卫戍区内的治安本市为最差，自然是因为人口大众，情形复杂；军警虽多，也难免不有顾此失彼的缘故。而最大原因，则为不务正业游手好闲的游民太多，以致窃盗案件，时有所闻。蒋委员长在卫戍会议上指示我们的中心工作，就是要根绝烟赌娼盗四者足以妨碍治安的根源，也就是必须做到卫戍区内烟赌娼盗的禁绝，才足以言治安的确保，这虽然是我们治安机关的责任，但都莫不与市政相关的。譬如今后本部对于烟毒犯及游手好闲者，凡已拿获都照规定一律送劳动总队，也只能说是治标的办法，而治本的办法，如扩充职业教育，多设工厂，普及国民教育，及设法教育等，才足以言治本。所谓：“正本清源”，才能说得上根绝二字，可以说本部是禁于已然之后；而防于未然之前，就要希望今天诸位参议

员先生来集思广益，加以倡率的。

（二）军民纠纷：军队在驻防期间，在其食与住的问题上，绝难说不与人民发生关系，往往军民之间不能互相谅解，以致发生许多纠纷。关于这些问题，军民双方都要付相当的责任。过去也想过很多的办法，不过民众方面也希望能在爱护军队体恤军队的原则下，尽可能的予军队的便利，本部对于军风纪的维持，自然是特别注意的。如何减除重庆军民之间的纠纷，促进军民合作，也要希望诸位先生协助进行的。

（三）国防工事：卫戍任务当然是以武力来捍卫战时首都，□本市四周，都筑有很多坚固的国防工事，和交通通讯的设备，耗费的人力和财力不在少数，但是间有乡村无知愚民，罔识利害，私自拆卸木板，偷窃树料，或更窃取电线，破坏通讯，这当中或许还有奸宄作祟，除令所属严加查缉外，诸先生是为人民代表，言望素著，此点并希望能加以宣传，使人民知道爱护国防工事的重要。

其次还有一点意见就是，抗战到了今天，已经到了决定性的阶段。军事上可说是胜利在握，但经济上的困难日益加重，物价猛涨，一般公务人员，尤其是军人生活实在不易维持。这种情形以本会为最显明。今天本会既成为政治军事的重心，自然也成为经济的总汇，所以重庆的物价波动，就足以影响全国。因此，今天本人除了对各位先生提与卫戍业务有关的三件事外，对于经济问题，也希望诸位把它当作一个讨论的中心，以求得合理而彻底地解决，本人相信诸位而能将经济问题为合理而彻底地解决，造福不止一地一时，我军人尤所希望。最后敬祝此次大会成功！

七、开会式杨主任委员演词

议长，各位先生：

刚才听了主席的开会词，说到参议会是由训政渡到宪政的桥梁，本人特就此意申述两点感想：

第一，参议会既为训政到宪政的桥梁，则必须努力实现者为民权主义，亦即革命民权。民权主义的中心理论是“权与能”的学说，要做到人民有权而政府有能。如何使人民有权，各位先生当有研究，亦即各位职责的所在，必须人民有权，政府有能，才能相得益彰。如果政府无能，人民有权，则人民的权很难发挥的，权与能犹如辅串相依而前进的。缺一不可，人民的四种政权[①]，政府的五种权，要使能够同时行使。

第二，社会有黑暗与光明的两面，我们应该如何使黑暗的社会变为光明的社会。重庆是战时的首都，是全国人心之所寄，国际观瞻之所系，假如光明的社会还让有黑暗的阴影所蔽，那么我们就当站在光明的前面，伸张正义和激发正气，把那些不能留存在光天化日之下的现象和事实，涤□净尽。必须这样，社会才有进步，才可寻致社会的福利。抗战六年来，一般地说，社会是进步了，但有不少地方亟待改进的，改进的责任与其期诸政府，毋宁期诸人民，因为最好要有进步的社会来推动政治，比较容易。如果政治是进步了，而社会仍在停滞状态中，充满了封建的意识，阻碍了事物的发展，则犹如拖着僵尸而进步，当然费力而效果迟缓。所以希望各位先生负起改造社会的责任。总裁屡再指示，重庆的一切应起模范的作用，参议会是训政步入宪政的桥梁，各位先生即为此桥梁的建筑师，桥梁建筑巩固至抗战胜利的一天，我们走过了桥梁，主义实现，建国必成了。

---

① 原文照录。

八、开会式贺市长演词

康议长、李副议长，各位先生：

今天是重庆市参议会第二届第一次大会开幕，本人要首先饶舌报告一点感想。

自从卢沟桥战事爆发，全国人士知道非有一个统一的强有力的政府，动员全国所有的人力物质，不足以抵御强暴，挽救危亡，因此全国同胞，抱定同一的信心，在“国家至上、民族至上，军事第一、胜利第一，意志集中、力量集中”的共同目标之下，牺牲小我，化除在见[①]，纵或以往政见不同的，也都放弃自己的主张，拥护抗战国策，在总裁领导之下，竭尽全力，来争取抗战的胜利，建国的成功，自从国民参议会和各省参议会先后成立，更显而易见的看到人民和政府之间，是绝对的精诚团结，这种精诚团结的精者，应该是推行抗战国策的原动力，亦当是树立民权政治的础石。

又看到贵会自二十八年成立，开第一届第一次大会一直到去年五月举行第一届第六次大会，所作的各决议案，知道贵会是极前进，极诚恳的，不仅着眼于民间的疾苦，而且也注意大政大纲，尤其能与政府互谅互信，推诚协助，才能举“会府一家”之实，得以造成以往本届光辉的成绩。兹者抗战虽逐渐接近胜利，而时会的艰难，则不啻数倍往昔，所望贵会在本次会期中，盱衡时局，恢宏谠论，以有助于抗战伟业。本府对于贵会的议决案，凡无重大障碍的，自当尽力推行，以期有效地来实施。

其次，关于反侵略军事方面。回忆贵会上届第六次大会以前，我们虽有湘北的大捷，但是侵略的轴心国家方面，仍然气焰冲天，纳粹在苏联，倭寇在南洋豕突狼奔，使我们的同盟国家，几乎只有招架，而没有还击。可是这十个月当中，美国在珊瑚海所罗门水域，几次海战的胜利，摧毁倭寇的强大舰阵，美英盟军则有在北非的胜利，苏联则有史城的大捷，并收复许多重要的城镇，我国则将浙赣路上的敌人击溃。我们同盟国家的力量，一天天的增加，暴风阴霾，已成过去，现在已是黎明的到来，转瞬必定如日在中央，最后胜利属于我们，这是毫无疑义的，中国这六年以来，为民族生存而战，为贡献世界和平而战，已为世界所共喻，亦已成为远东反侵略的主力军，重庆已成为远东同盟军的一个司令台，也无异是保障世界和平的一个坚强的堡垒，我们全体市民，都是荣誉的战士。但是战争的胜利，绝不是侥幸可以获得的。现代的战争，是国力的总决斗，谁能忍耐和紧持最后五分钟，谁才能得到最后的胜利，因此今后仍有待于我们的努力。

其次，关于本市的经济方面。抗战到了第六个年头，经济的艰难，是无可避免的。政府为增加军队的营养，和维持人民的生活，不能不厉行管制物资，因此总裁手订加强管制物价方案，并以篠代电规定限价实施办法，通令全国一致遵行。其顺序注意由点及面，重庆为首都所在，当然是重要的经济据点，是按策推行的基地，不可玩忽。但是管制物价，本来是一件极艰巨的工作，何况中国工业尚未发达，交通亦感困难，许多物资的生产，尚停滞在手工业的状态，极不容易集中管理。而同时一般人民，在消费方面，因为管制的缘故，日常生活大都不免紧缩。古人云“由俭入奢易，由奢入俭难”，这种生活的突然改变，一是自然感觉不便，因此要使管制成功，必须大家以国家民族的利益为重，自觉自治，才能确实有效。

事实告诉我们，本市管制物价，确实收有成效，据正确的统计数字，在限价以前物价每月增涨百分之二十，限价以后每月只增百分之三。又本市管制猪肉，取缔餐馆以后，已由每日宰猪 600 头，减为 150 头至 200 头，即此已收安定物价、节约消费的实效。本席之为此者，目的在证明中央政策的正确，和全体市民能以民族的利益为重，所谓以“荣誉代面包”，才获得这成

① 原文照录。

绩，也就是贵会诸公领导之力，这是本席引为感慰的。

本席深切知道，管制物价是经济问题，是供求的问题。在一般自由市场之中，商品价格的高下，决定于供求的多寡，因此不独要“地尽其利”，而且必须“货畅共流”。所以本府始终并不漠视正当工厂的合法利润，同时也极注意货运的畅通，如果限价能全面施行，交通不受阻碍，以上的问题便可解决，不然的话，则须物价各别检讨而区处之。

可知管制物价是全面性的，不仅限于一隅一地，换一句话说，不仅要注意点的管制，尤其要迅速达到面的管制。点的管制只能作面的管制的一个先导，因为如果生产地和附近的地方不同时管制，往往形成外高内低之象，使都市转因限价而致来源阻塞，则不免违反限价的目的。

因此我们常在研究，如何使经济状况达到合理，而价格亦臻稳定。比如说这次管制猪肉的措施，只是政府取缔黑市，抑止狂波，达成点的管制的一种紧急措施，虽一面求养成人民守法和节约的习惯，但对供求相应和价格的合理，仍然时时注意，期能恢复正当状态。至于管制物价，近虽有议价和限价之详细规定，但就政府的公文书来看，未来的议价和过去的限价相差无几，因为过去限价，是根据各业公会组织业公会填报上年十一月底的价格，通过物价评议会的评价，由政府予以核定，已经规定一经政府许可，仍得予以变更，而未来议价的手续，仍为报议和核定。不过特别注意生产与进货的成本，视其差异，所以过去限价，并非胶柱鼓瑟，一成不变，而将来的议价，亦非无绳之马，可任奔腾。兹特先向贵会说明概略，一俟政府手续完备，当再详细报告。

耀祖于上年十二月十六日到职，到现在已三个多月，时会多艰，不敢自逸，虽然依照以往各市长成规，力求步趋，而一切应兴应革的事，如荷贵会诸贤仍照以往“会府一家”的精神，多多指导，多多协助，本人仅代表本府同仁诚恳的接受。

九、开会式李副议长演词

议长，各位长官，各位同仁：

今天是本会第二届第一次大会开幕，承各位长官来宾，莅临指导，本会不胜荣幸。各长官更致词奖励，同仁实深感愧。

本会任务甚大，各长官对本会期望亦甚殷。说到使重庆市为全国之模范，应达到示范目的，实极为不易。如何使政令传到民间，当为本会应尽之责任，但民间疾苦，亦当使其上达于政府，不能使民隐不顾，这样才算做到上情下达，下情上达的转换工作。古人云：“民之所好好之，民之所恶恶之”。抗战期间，艰苦备尝，吾人自然应当吃苦，但是人民所吃的苦，譬如重税的负担，生活的艰困，亦深盼政府注意。

目前胜利在望，本会同仁自当领导人民加紧努力，争取抗战胜利，随时敬盼政府探求民隐，适应民情，以求效果。本会之工作，希望做到上不负政府之嘱托，下不负人民之希望，即为满足。谨此致谢，各位长官今日之莅临及指导。

十、休会式康议长演词

李副议长，各位长官，各位同仁：

本会第二届第一次大会今天闭幕，这次大会出席的人数特别踊跃，会场发表的人特多，各参议员对于市政问题的研讨，较第一届各次大会更深入、更认真、更仔细，结果通过的案件亦最多最切实际。这次大会，社会对我们的注意增加了，政府亦然，这是很值得我们自己奋勉的。今当闭会之日特提出以下三点，作一简要的检讨：

第一，大会的成绩。大会共举行 13 天，除开幕闭幕不计外，共举行会议 9 次，审查委员会 10 余次，特种审查委员会 1 次。大会计通过提案 58 案，关于民政、自治、保安者 16 案，财政经济建设者26案，教育文化者10案，其他6案，另对市政各局处施政报告之决议案11件。提案中关于限价问题各案，曾组织特种审查委员会审查结果造成一总案，就实施限价之标的，调整限价之机构，改进限价之技术各方面，提供具体之意见。其要点有三：（一）将限价与议价分别办理，盐粮油布等应为限价，其他各种物品适于议价。（二）调整产地与销地之价格，始能相互适应与联系。（三）确认限价为稳定物价之治标办法，除限价外，必须遵行领袖所订加强管制物价方案内之增加生产、畅通运输、把握物资等项，才能竟〔尽〕其全功。这一案相信对于社会必有相当贡献。

第二，大会之特点。这次大会通过的案件，较第一届各次大会为多，会场发言的人数和次数，超过了每次大会的记录。提案的内容也更广泛了，更丰富了，的确令人有日新月异之感。这次大会，各位同仁对市政问题的询问和建议，亦颇为坦白，颇为诚恳，凡在会场发言的人，悉能为真理为大众福利而坦直陈述其意见。市政当局则能认真听取，以收集思广益之效。这真是一种显著的进步。因此社会上加于本会的注意力，亦较以往更有增加，这是值得同仁更加奋勉的。

第三，未来的展望。从本会第一届至第二届的递嬗，已可显然看出民主政治演变的痕迹，将来民主政治前途的光明无量，可以深信不疑。不过，我们必须认识我们一般人民的训练，仍是不够的，我们还须努力不懈，才能真正走上民主政治的道路。这次大会期间，蒋委员长在日理万机之余，曾召见本席及李副议长垂询本会各种情形，足见领袖对于本会的重视。同时孔副院长亦邀请各位聚谈，由今日以视将来，可见本会的前途也是非常光明的。

十一、休会式李副议长演词

议长，各位长官，各位同仁：

今天本会的闭幕，康议长已将会期中之经过详细说明，不必赘述。古人云："言之匪艰，行之维艰"，这是说言的机关，应该知道政府行的困难。参议会虽是代表人民，但参议员所说的话，不仅代表民意，亦须想到政府的立场和处境。虽说"言之匪艰"，但本会提出议案时，每案必悉心研讨，尽量顾到执行者的困难。如摊派公债问题，本会即有提案，但决未请予豁免，而主张"有钱出钱"尽量购买，不过总期以合理摊派为原则。又如兵役问题，亦以"袪除征兵积弊，改良新兵待遇"一案提出，使两方面均能顾及。

总之，本会通过之议案，有关转呈办理者请俯察舆情，尽量转请实施，有关市府办理者，亦望市府勉为其难，澈〔彻〕底实施。至于政府之政策，本会当领导人民竭诚拥护。

十二、休会式孔副院长演词

议长，各位先生：

贵会开会的时候，兄弟已经就个人所见向诸位提出几点希望，很荣幸的，这次会期中间各位先生对于个人的希望，如加强市自治的基层组织、改进市卫生和市教育、推行新兵役法、扩大生产，以及限价政策的改进等方面，都有许多重要的决议，足以概见贵会这次在短短的会期中间，已经有很大的成就，兄弟今天又来说几句话，特别感到兴奋，也特别感到荣幸。

贵会这次会期中间，有许许多多的决议案，因为匆促之间，兄弟固然没有方法详细地加以研究，可是就大量地观察，都是眼光远大，切合实际的，兄弟很想借今天这个机会，提出几点感想，来和诸位商榷。

第一，说到兵役问题。重庆市现在有人口八十万，可以说是目下中国一个最大的都市，当前的兵役问题，固然十分重要，可是并不是说要把重庆市作为征兵的一个唯一的对象，因为80万人口，就各国都市来比较，虽然是一个很大的数目，而就中国全国来说，却并不是一个太大的数字。话又说回来，重庆市为战时首都所在，中外观瞻所系，他的一举一动，对内是全国的准绳，对外是代表全中国民族的活动。现在新兵役法正在推行，蒋委员长和何总长都已经历次说明过这个法令改革的意义，贵会这次也有“切实推行新兵役法，严禁各级办理役政人员徇私舞弊，善遇新兵及妥善优待抗属办法”的决议案，足见大家已经注意到这个上面。今后如何实践这个决议案，使本市成为实行新兵役法的模范区域，这是一个切要的问题，各位参议员闭会以后，大半都常住重庆，随时随地切实注意，达到这个愿望，一定是很容易的，这是第一点。

第二，说到限政的改进问题。总裁以限价政策的确是当前急切需要而且是十分正确的政策，可是如何实施，在技术却是一个很复杂的问题，因为以中国经济组织的复杂，社会情形的特殊，而尤其是产业组织、同业组合，现代化的程度不十分够的阶段，如何使限价政策真能够做到因时制宜、因地制宜恰到好处，真是需要有极高度的行政技术，可以说是太不容易的事，过去重庆市政府固然已经尽心竭力，努力地在推行，而利弊如何，诸位先生在这次会期中间，已经有多次的检讨，也有许多高明的建议和重要的决议，兄弟现在帮助最高领袖主持全国行政，看到这种切实合作，不存意气，不存客气的改进行政的精神，认为是今后行政改进的一个张本，特别感到兴奋，也十分的佩服。不过今后的问题多，蒋委员长也曾特别约请贵会正副议长，当面加以指示。今后希望大家本着领袖公忠体国的精神，使重庆市在限政推行上也作一个全国的模范。

第三，说到生产方面。兄弟在大会开幕的时候，已经提到建立“生产都市”这个名词，因为民生主义的市政论，本质上即是生产都市，不是各国的消费都市。诸位先生在这次会期中间，对于如何加强生产也有几项决议，同时还顾虑到与生产有关系的，如劳工福利等问题，足见各位先生已经同意兄弟建立“生产都市”的主张。至于贵会所请市府转咨中央有关机关，对于有关抗战之工厂购办必需之原料或机器物件、结领外汇、请领运照，应特别予以便利俾利生产一案，兄弟可以负责任地说，过去政府已经注意及此，也许主管部会注意的比这个还多，因为诸位的提起，兄弟更要转告各主管人员以后更加切实办理。至于如何增加生产力量，扩大生产组织的整个计划，也正在检讨之中。将来在可能的范围，一定设法尽量便利生产事业，使建立重庆市为“生产都市”的理想，充分实现。

第四，说到研究经济问题，兄弟对于这个问题素来注意，自根本上说来，我们三民主义者，对于战后的建设，实在负有贡献意见的义务，蒋委员长在《中国之命运》书中间，已经说明了世界战争的原因，中国本身绝对不可能成为战争的原动力，而同时世界上的任何形态的战争，即可完全终止，所以民生主义的哲学，实在是实现世界和平理想的最高指导原理。我们绝不想领导世界，不过应该拿国父创造的这个学问，为世界人类服务。所以我们三民主义者，是研究世界战后问题最适宜的人员。再就国内说，战后如何复员、如何建设、如何吸取辛亥革命失败的教训、如何运用几年来抗战建国的经验展开我们新中国的建设工作，当然更是一个切身利害的问题；再缩小而就重庆市来讲，在战时固然是首都所在，而战后按照今后建国的方面，其重要性一定更超过于今日，也会要超过战前上海，因为这个长江上游的吞吐枢纽，这个西南西北经济命脉的咽喉，自任何方面看，重庆市的重要性，在敌后是无可估计的。当然战后重庆市的建设问题也是十分重要。贵会这次议组织战后问题研究会，实在是一个重大见解的发现，将来也一定有很伟大的贡献。

兄弟因为时间关系，不能对于贵会这次决议案，作再详细的研究，也不能贡献再多的意见，实在抱歉。好在大家都共处于战时首都，随时有见面的机会，大家以后可以不断地交换意见，随时的互相切磋，也无事不可以随时商量。今天想兄弟不再多说，祝诸位先生健康。

十三、休会式杨主任委员演词

议长，各位先生：

在贵会开会期中本人有机会多次参加，至为欣幸！今值休会之日，略述所怀：在大会开会期中，各位情绪热烈，悉心研讨，知无不言，言无不尽，精神极为贯注。本来议会原是说话的意思，英文的巴力门 Parliament 是渊源于说话的首字，这次各位尽量发言，知无不言和言无不尽，是参议会的一大进步。开幕的时候，康议长说得好："我们的参议会是由训政走到宪政的桥梁"，这一句话，很能影响民众，现在参议会，这座桥梁的工程，显然比从前更多加工了。

复次这次大会的发言和建议，政府各长官多能虚心接受，尤其是贺市长更虚怀若谷，曾和本人谈到，我们应以革命的精神研讨，更应以革命的精神来接受。

参议员的职责，是在恢宏民意发扬民气，在这次大会里，各位能够尽量代表民意，促进市政的发展，十足令人钦佩，各位在闲谈中，说到现在民气消沉，应该如何激发，以争取抗战胜利，现经十余日的集议，结果圆满，这是我们大家引为庆幸的事。休会以后，相信各位必能本此精神，密切致力，以竟全功的，我们更相信政府亦自能将决议案件付诸实施的。

最后奉赠各位"为民前锋"一句话。

十四、休会式贺市长演词

康议长，李副议长，各位先生：

贵会第二届第一次大会，由康李两议长领导，和各位参议员先生的努力，经过了两星期的时间，议决了数十个提案，今天在这庄严雍穆的空气当中举行闭幕典礼，检讨这次大会议决的要案，足以表现贵会对于政府热烈的期望，表达市民迫切的要求。由此我们可以看到各位参议员能够代表人民，把人民的要求及意志，提供给政府。同时，看到各位参议员确实能够与政府推诚合作，使市政推行更能顺利，本人觉得非常感佩和无限的兴奋。

诵读贵会这次 50 多个提案的当中，有关人民的福利的很多，而有关于抗战和建国的大政大纲的建议也很不少，现在就我所记忆，大略区别一下：

（一）关于人民福利方面

关于卫生的，有建议扩充市民医院，增设病床，厉行防疫运动，树立公医制度，从速设立产科医院，筹设公共体育场，举办联保切结，澈〔彻〕底禁烟等案。

关于教育的，有建议宽筹教育经费，添设小学，慎选师资，积极扶助及指导私立小学，维护推进女子教育充实公立学校，提供教员待遇，改进中小学教科书，明定《中国之命运》为各级学校课本，设置曾吉之先生奖学金，严禁市内学校违章征费等案。

属于救济的，有建议请充实救济院，创设托儿所，筹设妇女教养院，收容失业妇女等案。

属于劳工的，有建议实行职工福利金条例案。

（二）关于抗战方面

属于限价的，所有建议多与政府新定办法不谋而合。

属于兵役的，有建议切实推行新兵役法案。

属于节约的，有建议厉行消费节约案。

（三）属于建国的大政方面

属于工业政策的，有建议维护民营事业，管制工业，应先顾及工厂成本，予以合法利润，请对有关作战之工厂购办原料等特别予以便利案。

属于财政金融的，有建议积极筹设市民银行，取缔黑市利息等案。

属于法制的，有建议中英美新约签订后，应励行法制，实行提审法案。

还有关于纪念先烈的，则建议改定干路名称纪念革命先烈。以上我所举述的这些重要议案，足以增加本席对于贵会的认识，即是贵会开幕时本席所说，“始终站在民意的先头”这句话，确而有效，尤以切实推行新兵役法、厉行节约消费、取缔黑市利息等等建议，都是站在国家民族的立场所发的谠论，而建筑广大的公共体育场和改定干路名称纪念革命先烈，及请定《中国之命运》为学校课本等建议，远瞩高瞻，尤值钦佩。

自从英美等国宣布放弃在华特权，订定平等新约以后，中国的国际地位恢复，气象一新。回想这次平等新约的缔结，乃是全国上下男女同胞在我总裁领导之下，为反侵略战争艰苦奋斗，以及无数英勇战士牺牲热血所换得来的成绩。古人云：“种瓜得瓜，种豆得豆”，所以总裁恳切的昭告我们“要自立才可以独立，要自强才可以自由”。又说：“我全国军民，如果此后不能各尽其所应尽的义务，负其所应负的责任，建设中华民国为完全独立自由的国家，以尽其对有世界人类的任务，则独立自由的地位行将得而复失”，实是发人深省。自立自强之道，固非一端，而经济自足，财政清明，乃极基本的条件。总裁在手著《中国之命运》一书中告诉我们，“我们要改造百年来次殖民地破碎偏枯的经济，而为独立自由的经济，且期于适合国防之所需，则必以政治的力量转移经济发展的趋势，我们要整治建设健全而有效，则必须社会建设能为政治设施作切实的础基，至于社会建设的成功，又必须改变国民过去消极和被动的心理，与提高国民对国家和民族的道德，故心理建设、伦理建设，实为各项建设的起点”。因此，为要达到政治的一切实施，非有赖于人民的自觉，自治，群策群力不可。

贵会诸公，都是社会上极富声望的人士，足能倡导风气，从这一次大会以后，驻会委员诸公故能随时与本府联系，即不驻会委员，亦盼能随时协助本府，通达民隐，改变国民过去消极和被动的心理，作政治建设的基础。

重庆是战时首都，在现在平等新约缔结之后，更应当积极奋发，建设一个有新精神的都市，使与同盟国之各首都相较而无逊色，使全国各地方资为楷模。这个新的都市型，不在如何建设富丽堂皇的气象，而在养成一种整齐清洁、简单朴素、朝气蓬勃，适合于新生活的风范。所以，总裁特于本年指定重庆为新生活运动示范区，耀感觉自己能力的薄弱，同时感觉这样重大的使命，实非一手一足之功。昔诸葛武侯开诚心，布公道，集众思，广忠益，卒取人和之效，使蜀国大治，耀不敏非敢企望前哲，惟盼贵会诸贤，敬恭桑梓，攻错他山，领导民众协助政府，促进市政，奠立民治基础，这是耀所十分企望的。至于贵会这次所有的决议案，凡本府所能办到的，自当极力推行，绝不使贵会这两周来殚精竭虑付诸空耗，这是耀所敢代表本府同仁负责保证的。

十五、休会式文参议员化成答词

议长，各位长官，各位同仁：

今天本会举行第二届第一次大会，闭幕典礼，承各位长官莅临指导，颇多奖励之词，本人仅代表全体参议员竭诚接受。惟盼不必奖励太过，期望太奢，大会中虽然提案不少，而执行之权操于政府，成绩若何，当以政府采纳实施之程度而定，否则形成议而不行了。

有关重庆民气消沉，原因实由于过去川省民众所受压迫使然。吾人虽为话匣子，但应有好唱片相配合，话匣子始有功效。盖民气振作，舆论则能健全，有了健全之舆论，然后才发生良好的效果。故本会及各方面均应负起提高民气之责任，各长官又为吾人之导演者，盼随时予以指导。

重庆市档案馆馆藏资料 D1907

15. 重庆市临时参议会第二届第二次大会演词

一、开会式康议长演词

各位长官，各位同仁：

今天本会第二届第二次大会开幕，我们各位同仁半年的分别，现在又重新聚首了。这次开会，正值同盟国不断胜利，中国抗战完全稳定之后，又值十一中全会及国民参政会，对于政治经济问题有重要决议之后，我们纵观内外大局，真是觉得充满了光明，充满了希望。尤其是我们内政上有一件划时期的大事，充分显示了中国前途的光明！那就是上月二十五日国民政府蒋主席在参政会席上把政府实施宪政的决心，昭示于全国。这件事充分表现了领袖大公无私的精神，表现了政府推行民主政治的诚意。本会同仁及陪都全体市民，当然表示无限的敬意，竭诚的拥护。

本席以为实施宪政，就是最后胜利的象征。因为不获胜利，宪政就无法实行。实施宪政，又有完成训政的意味。因为国父在建国大纲里面，提建国的程序分为军政、训政、宪政三个时期，要结束训政，才能完成宪政。那末，从现在起就是训政时期的最后阶段了。我们听到最后胜利快要到来，我们当然兴奋。我们听到建国大功快要告成，我们尤其十分兴奋。可是在兴奋中，却有一种危惧，危惧我们人人肩上的责任都加重了。

国父的遗教昭示我们，训政的中心工作是地方自治。宪政的真实基础也是地方自治。实施宪政之前，地方自治工作，经纬万端，过去虽有相当的规模，但是离地方自治完成的目标尚感遥远。重庆市是一个自治单位，本会又忝列民意机关，所以同仁等对于促成地方自治的工作，实在义不容辞，责无旁贷。又因为重庆是陪都，又是战时中央政府所在地，重庆的地方自治，虽不敢说一定要为全国示范，但是至少也不应该落后，那么同仁的责任也就格外重大了。今天在这促成地方自治的场合中，本席愿提供两点意见，以作各位同仁的参考：

第一，如何加速自治的完成。前面说过，地方自治工作，经纬万端，但其目标则为管教养卫四大项。这四大项又可分为政治建设与经济建设两方面。政治建设的核心，是训练民权发挥民力，经济建设的核心，则在乎国民生计的均足与人民生活的充实。根据建国大纲第八条和第十条的规定，地方自治开始施行时，应举办下列数事：（一）清查户口，（二）测量土地，（三）规定地价，（四）办理警卫，（五）修筑道路，（六）设立自治机关。这些事情，和其他若干的自治工作，我们重庆市早已照章举办了，不过办理的成绩如何，还应严加检讨。其未举办的，应如何筹划，如何举办，亦应有所布置。本席希望这次大会对于地方自治的整个问题详加研讨，而在大会短短的时期中不能解决的问题，则依照本会第一届第二次大会的办法，设立促成地方自治的机构，作长期深入的研讨。这是提供各位同仁参考的第一点。

第二，如何促进市民的福利。地方自治的终极目的，本来就在促进人民福利，不过目前有更现实的问题应该注意，就是战时的特殊情况问题。因为重庆市曾遭过敌机很大的破坏，破坏之后有许多人陷入非常贫困的状态，有许多人遇着地权纠纷、房屋纠纷，及其他种种的纷扰，而未获得公正的解决，他们心理隐痛，很希望参议员为他们作公正的伸张。我们市参议会过去对于宣达政府政令方面的工作，做得很多，但是为人民声诉痛苦，还做得不够。现在政府既在积极培养民意，那么我们参议员就应该在合法与公正的范围，勤求民隐，伸张民意，以尽我们的天职。我们总希望一方面人民出钱出力贡献国家，他方面国家要保护人民的合法权益。领袖曾经指示我们说：“民主政治的真谛，全在于守法”。所以在合法的范围以内，我们参议员有“知无不言，言无不尽”的义务和责任，希望各位在这次大会中，尽量发抒宏论，为民造福，为市尽忠。这是提供各位同仁参考的第二点。

今天承各位长官莅会指导，本会同仁无不感觉十分兴奋。尤其要特别提出的，本市市政在贺市长主持之下，这十个月来又有很大的进展。我们深望今后市民的地方自治工作，在贺市长倡导下顺利完成，并成为全国各地的模范。

二、开会式市党部杨主任委员演词

康议长，李副议长，各位议员，各位来宾：

今天欣逢重庆市临时参议会第二届第二次大会开幕盛典，本人又得与诸君相见一堂，不胜喜幸。

本届大会适举行于中国国民党第五届十一中全会与国民参政会第三届第二次大会之后，正当我国结束抗日战争最后一年或有两年的开始时期，我们瞻望即将来临的胜利的光明，实具无限的兴奋。但是正如蒋主席在十一中全会闭幕训词中说："在这个时期之中，如果我们国内不能加倍的努力，使各种事业，尤其是军事政治经济事业不能进步充实，建设工作没有切实的准备，那抗战就是得到胜利，敌寇虽然是被我们打败，而我们自己最后仍旧是要受到失败的危险"。重庆是战时首都，重庆市参议会是中枢所在地的民意机关，一向为中央所重视，所以今后如何加倍努力，以实现十一中全会宣言所揭示"于加紧抗战迎取最后胜利之中，为民治之机构培植，宪政之积极准备，以促民权主义之实现，并厉行经济建设，以求民生主义之实现"，为我陪都人民上下一致共勉共行的目标。今本此义。提供意见数点，用备与会诸君参考。

第一，培植宪政坚实基础：我国民主政治的基础很厚，民权思想的渊源也很久，古训有"天聪明自我民聪明，天明畏自我民明畏"(《虞书》)，"民之所好好之，民之所恶恶之"(《论语》)的话，可见我国传统精神都是以"民为贵"的。国父秉受数千年文化的道统，制定革命方略，创立五权宪法，即在使人民有权，全体人民来担当国家大事，中国国民党继承国父遗教，在蒋主席领导之下早于民二十四年十月第五次全国代表大会即决议"宣布宪法草案及召集国民大会日期"，同年十二月五届一中全会决议："二十五年五月五日宣布宪法草案，十一月十二日开国民大会"。宪法草案已于二十五年五月五日由国民政府明令公布。关于国民大会的举行，因办理选举未能如期办竣，本拟展延至二十六年十一月十二日召开国民大会，乃日寇发动"七七"事变，宪政进展遂遭阻挠。此后因战事紧张，交通困难，政府一面积极办理未完选举事宜，一面成立国民大会筹备委员会负责主持。上月十一中全会对于实施宪政特郑重决议两点：

（一）全国党政机关，除后方各省应就原有基础加紧推行地方自治之工作，今后随各地之恢复，应积极辅导各该地人民，加速完成地方自治，及职业团体组织，确定宪政之基础，并以为复员建国之中心工作。

（二）国民政府应于战争结束后一年内，召集国民大会，制定宪法而颁布之，并由大会决定施行日期。

参议员诸君既为本市民意代表，对于国民党这种精诚为国为民的措施与决定，当所乐闻。惟其诸君来自民间，朝夕与民共处，而诸君之神圣责任与光荣使命更必伟大，盖中央希望于渝市参议会者不仅在宣传宪政之即将实施，尤在如何促进此一宪政之实施，即如何"积极辅导各该地人民"，"确立宪政之基础"是也。

第二，为加速完成地方自治：建国大纲第八条规定地方自治之程度须"以全县人口调查清楚，全县土地测量完竣，全县警卫办理妥善，四境纵横之道路修筑成功；而其人民曾受四权使用之训练，而完毕其国民之义务，誓行革命之主义者，得选举县官以执行一县之政事，得选举议员以议立一者之法律，始成为完全自治之县”。第十六条“凡一省全数之县皆达完全自治者，则为宪政开始时期，国民代表会得选举省长为本省自治的监督；至于该省内之国家行政，则省长受中央之指挥”。本市为院辖市，相当于省，各区相当于县，依照建国大纲之规定，宪政开始时期应为全市各区皆达自治程度。今当抗战胜利之期日益逼近，全国国民大会召开在即之际，这种自下而上的民权制度，有赖于我们加倍努力，加速完成。尤其关于地方自治各项基本工作，如推行新生活，守法纪，重秩序，切实改造社会风气等等，均为完成地方自治先决条件，更应就已有基础扩展而深入，俾能在战争结束期内，筹备与成立正式的民意机关——变重庆市临时参议会为重庆市参议会。

此外，有两点建议：（一）本市于民国二十八年五月改为直辖市，直属行政院以来，在行政区划上既与前有别，则关于参加国民大会自不能不多所筹划，在此积极筹备宪政期中，参议员诸君当必本其应尽之义务与法定之权利有所考虑也。

（二）国民参政会现已准备设立宪政实施协进会，本市临时参议会似亦应设置类似之经常机构，名称宜从“地方自治”方面着想，以便对于实施宪政完成自治方面，随时交换意见、发挥意见、贡献意见。

最后，对于参议员诸君将在此次大会中集思广益，发皇民意，共抒宏见，辅助政府，励精图治，促成宪政，谨致热忱之祝贺，并祝大会成功。

三、开会式贺市长演词

主席，诸位先生，诸位同志：

市参议会今天举行第二届第二次大会，本人来这里参加开幕典礼，心里感到非常荣幸。

自贵会第一次大会休会，到今天已经超过半年了。在这半年当中，贵会驻会委员会与政府合作紧密，诸位参议员先生分组考察市政，竭智尽虑，当有宝贵的意见提供政府改进市政。政府在贵会协助之下，也当奋勇地向理想的目标迈进。虽然许多事情还只在创始，或尚是一种计划，而有待于将来继续努力完成，但已决心不畏阻碍，配合军事的反攻，谋尽后方的责任。至于贵会送交政府实施的决议案，亦已大部交付实施，只有少数未能实行的，那是因为政府工作计划早已确定，为财力所限，一时无法更张；同时，也因为行政方面许多事情，在纵的方面具有历史性，在横的方面具有连〔联〕系性，所以只能渐改革，而不可求效太急，致蹈治丝愈紊的毛病。不过无论如何，政府极愿接受贵会的建议，兴利除弊，刷新市政，这却是可以断言的。

诸位参议员先生代表全体市民，不仅负有为市民谋福利，对政府尽协赞的义务；而且贵会是首都的议会，一切表现都会行成全国各地民意机关的模范，现在中央已决意在战后一年之内召集国民大会，颁布宪法，实施宪政为期当在不远。我国宪政，尚无良好的成规可循，有赖于目前创造者甚多，所以贵会的责任，更在于为我国宪政开辟一条大道，记得康议长在上次大会时曾经说过：“参议会是实施宪政的桥梁”。现在推行自治与准备实施宪政的时候，正有赖于贵会担负起这“桥梁”的责任，使我国政治迅速过渡到全民政治的理想境界，缩短建国的历程，这是本人对于贵会的祝贺，也必定是贵会诸公所乐于接受的。

贵会本次大会的意义和使命，既然如此重大，要完成这重大的使命，便需要诸位参议会先生在大会上发挥批评和建议的精神。从前胡林冀先生提倡“扬善公庭，规过私室”，现代议会政治鼓励议员公开批评政府，初看好像和这种“扬善公庭，规过私室”的精神相背，其实不然。因为现代民主政治，是把议会会场当成全国国民与政府评论政治的“私室”。在议会内，大家都真诚坦白、开诚布公、交换意见，有如一家的兄弟骨肉，在内室互相劝勉一般。所以各先进民主国家的议员，在议会中发表言论，对外不负责任。从这一点，我们就可以看出现代议会政治的精神，实际上正是一种“规过私室”的精神。我们要把议会当成“私室”，而把整个社会当成“公庭”。在议会里，政府的缺点，我们不妨尽量指出，而在社会上则不妨积极地去鼓舞民气，以利政令的推行。而且因为政府人力有限，耳目不周，难免有见不到的地方，所以除了在消极的批评之外，尤贵乎有积极的建议。根据现代政府的观点，政府执政的人是人民的公仆，而民权主义则更把政府比为驾驶汽车的人，把人民比为坐汽车的人。诸位既然是坐汽车的人的代表，则在这代表人会议，不妨提出将要到达的目的地来讨论，并决定。这负责驾驶汽车的人的当然更应该竭智尽能，设法把汽车开到目的地去。

目前本市急需解决的问题很多，现在单提出两点来讲：

（一）建设问题：本市在二十八九三十之三年间，叠〔迭〕遭轰炸，大部建筑已残破不堪，在成为四强之一的首都来讲，不仅市容有待整顿，就是都市建设也应当有一个整个的计划，作长久的打算，按步〔部〕就班地去进行。现在本市居民激增，全市人口已近百万，目前固然是战时首都所在，政治、经济、文化的中心，即将来反攻胜利以后，也不失为我国西南重镇、工商业的重心。当此胜利的前夕，全国正拟准备复员工作，本市亦不应例外。虽然战时财政趋重军事，但是古人说：“众志成城”“众擎易举”，今后对于市政建设，必须动员全市人力财力，共图策进，以补预算之所未逮。说到这里，本人愿特别提出义务劳动问题来。现《义务劳动法》即将颁布，此制度即将普遍推行，市为人口密集之区，自可率先倡导，充分利用市民的劳力，来谋市的建设。但实施义务劳动时，若干技术问题，犹待研讨，更需要诸位参议员先生广泛宣传，以利推行。

（二）组织问题：此次国民党十一中全会决议于战争结束后一年内，召集国民大会，制定宪法而颁布之。并于宪法实施前，应就原有基础加速完成地方自治，及职业团体组织，以确立宪政的基础，并以此为复员建国的中心工作。同时本年五月国府颁布《修正市组织法》，其根本精神，亦在于市自治的实施。我们检讨本市过去的自治组织，倘只粗具规模与政府颁行之各级组织纲要之精神，距离尚远。今后应如何设法改进，很值得详细研讨。至于本市各业公会及职业团体组织，现在为数已多，政府为切实领导起见，八月间曾举办本市及巴江两县各职业团体书记训练班，市各职业团体书记人员以主义常识及业务上各种训练，结业后分发各同业公会及职业团体工作。既以加强各团体的组织，复使其与政府有密切的联系，而便于政令之推行。惟将来应如何谋进一步的革新，自然也值得我们预为设计。

上面所说的建设和组织两个问题，是目前本市工作的重心，必须在最近期间能获具体解决，我们的市政才能勉成为四强之一的首都的市政，和呼应中央的决议而于建国大业前途有所补益。

今天本人要向贵会贡献的意见，就是如此。我们试就国内外的大局来看，也大大地可以鼓舞我们的志气，提高我们的精神。先就国内来看，军事方面我们有鄂西的大捷；经济方面物价在若干部分，亦有稳定的趋势；而十一中全会修改国府组织法，蒋主席就任国府主席兼陆海空军大元帅，对于将来反攻力量的加强，行政效率的提高，一定会有良好的表现。再看国际大局自意大利无条件投降以后，同盟国的军事更加节节胜利，敌人无论能西，已有崩溃的征兆。在这胜利迫近的前夕，我全体国民宜上下一心，内外一体，同心协力，自立自强，以把握胜利的契机。我们相信贵会一定能体此时会，发抒宏论。政府亦将与贵会密切合作，实现过去所说的：“府会一家”的精神，相与达成时代的使命，这是本人所以自勉，也是对本次大会的希望。最后诚挚地敬祝诸位健康。

四、开会式李副议长演词

各位长官，各位同仁：

光阴易逝，转瞬六月已过，本会第二次大会今天又开幕，承各位长官莅会并蒙指示，谨致谢忱。

参议会以宣扬政府法令，陈述人民疾苦为任务，年来对于宣扬政府法令，吾人曾殚精竭虑有所贡献，虽不敢言功，自信无过，惟陈述人民疾苦二节，自愧未能尽符理想。

至于，自治工作，至为不易，除人民应从本身努力外，官民亦应相互合作，于此，将来实施地方自治始可趋于圆满之境。

以上各点，曾一说再说，不厌其烦，以副人之望，谨代表同仁，敬谢各位长官之指导。

五、休会式康议长演词

各位长官，各位来宾，各位同仁：

今天本会第二届第二次大会闭幕，各位同仁十四日之辛劳，至此告一段落。各位长官，在公务百忙中，按日出席会议，其辛劳不减同仁。而其情意尤属可感。今乘闭幕之日，对大会各项经过略加检讨，一来可供本会同仁的参考，一来向市民及社会报告本次大会之结果。兹有三点陈述之：

第一，开幕时吾人曾悬有两目标，即注意地方自治及市民福利是。幸本次大会通过加强地方自治推行及设置地方自治协进会的两要案，对于原来目标，圆满达到，差可告慰。以上两案的内容，前一案是循序渐进达到完成地方自治的目的，以便和战后一年内召开国民大会相衔接。后一案是要邀请参政员以外的地方耆宿及学者专家，来共同参加协进地方自治的工作，和国民参政会通过设立的“宪政实施协进会”性质相似。这两案都是应运而生合乎时代需要的两要案。

第二，除了上述两案以外，大会共通过提案 35 件，对市政府各局处施政报告之决议案 13 件，处理市民及市民团体之请愿案件 15 件。提案中关于民政自治保安者 13 件，财政经济建设者 15 件，教育文化者 5 件，其他 3 件。这些提案，或关于治安，或关于交通，或关于地政，或关于教育，都与市政发展和平民福利直接关联，相信市府方面必能予以重视。

第三，此次大会参议员发言空前热烈，市府长官答复询问，提供意见，亦颇详尽认真，此为一重大进步，足见参议员重视自身，市政府重视本会。这样替民主政治开辟道路，奠立基础，其贡献亦不在小。今后仍望再接再厉，继续工作，完成临时参议会之任务，无任感盼！

六、休会式李副议长演词

各位长官，各位同仁：

今天是本会二次大会闭幕，本次大会各项情形已由议长说明，本人不在赘谈。

本会成立以来，现为第二届，先后已举行大会八次，唯一般人士重视本会，无有逾于今日者。譬如此次大会期间，接收市民请愿案件数十起，要求大会解除民间疾苦，此半由本会同仁自身努力结果，半由政府提倡重视民意所致。

吾人之责任，在传达政令，申诉民困，“知无不言，言无不尽”，即为吾人之义务与责任。然仍望政府方面对本会提案多加采纳，方能发生效果。国父民权主义宗〔中〕“权”“能”划分，为政治学上一大发明，吾人过去与今后，必“尽所知”贡献政府，更望政府“尽所能”采纳施行。当此胜利将临之期，吾人必须加倍努，通力合作，共竟事功。

七、休会式孔副院长演词

议长，诸位先生：

今天是重庆市临时参议会第二届第二次大会闭幕的日期，这次大会于上月二十一日开幕以来，到今天经过了两个礼拜。报告特别的详细，议案特别的多，讨论特别的审慎，会期也特别的延长，可见各位先生公忠报国，不辞劳瘁。兄弟今天来说几句话，也特别感到兴奋。

首先感到的即是这次大会对于时代的要求、国家的政策，不仅认识非常清楚。而且所有的决议案都能够切合这个大时代的要求，而为国策树立了一个实践的楷模。大家都知道今日是民主政治时代。本党一贯的政治主张，是实现民主政治。最近中央全体会议，更有战后即将实施宪政的决议，国防最高委员会决议设立宪政实施协进会。全国上下在蒋主席领导之下，一方面奠定民主政治的准备工作，真是抗战建国的最高阶段。这次大会即以促进宪政建立民主政治基础为讨论的重心，可见与时代的要求和中央的国策完全一致。这是这次大会重要意义的所在，而诸位先生也充分的担负了这个重大的任务。

国民党的民主政治，本来不是空洞的民主政治，换句话，三民主义的民主政治，是建立在民族独立自由平等，民权的切实运用的实践，民生的富裕康乐上面。不是单纯的十九世纪的民族运动的民主政治，也不是单纯的二十世纪资本主义的民主政治，更不是单纯的民权议会政治。所以他的基础必须以对侵略者的战斗，争取民族的平等自由，必须以训政来培养人民的政治能力，而又必须以经济建设来充实人民的生活条件，而以博大精深的三民主义，予以贯通。所以抗战建国以及心理建设、物质建设是一贯的民主政治的活动。说到这里，大家既可以了解三民主义的民主政治，是一种最高的理想，可是不是一种空洞的理想，而是一种真实的实在，是一种具有一贯的体系的实际行动。而其最初的起点，则完全在地方建设上面，他的成败，也完全系于地方自治，再详细一点说，与兵役行政、劳动服务、财务行政、交通建设、土地测量、户口调查、学校教育，都有密切之关系。这个我们只要一读国父手订的《地方自治开始实行法》，即可以安全明白。这次大会中间，大家一方面以促进宪政为中心，并且成立地方自治协进会，一方面对于各种建设，如警保分治、经济建设、财政建设以及交通教育，都有缜密的研究，都有良好的建议。可见大家对于本党的民主政治，有极深刻的认识，而同时也很能够实事求是，注意从各种建设上面，奠定民主政治的基础。重庆市为战时的首都，树立了这种优良的作风，全国各地如□斯应，这种对于建设的推动力量，这种对于民主政治基础的奠定力量，自然十分伟大。这次大会的伟大收获，真是不容易估计的，兄弟也应借此再来贡献几点期望。

（一）希望市政当局能够本着这次大会精神，向前迈进。重庆市政当局，素来是尊重民意的，这次与参议会推诚合作的情形，已经值得称道。今后如能在原则上本这次大会的精神，再加以市政当局高度的行政技术，那末将来所收的效果，一定比较今天所期望的更大，这是希望的第一点。

（二）市参议会闭会期间，希望各位先生还能够协助市政当局实践决议案。这次大会的决议案，却是非常重要，市政当局一定会尽可能的完全予以实施，也许将来行驶到行政上面，因为牵设的地方较多，在技术上有不能不再予以考虑的地方。这个就不能不希望市参议会在闭会期间的驻会参议员以及地方自治协进会的同仁，随时予以协助，以期解决案的实际效果。并且诸位参议员都是民间的领导人物，如果能够继续考察各种社会实况，寻求一种建设的实际情形，随时对市政与局提供意见，给执行的人以重要的贡献，兄弟相信必定是贺市长与各位执行责任的市政当局所欢迎的。这是希望的第二点。

（三）希望大加注意研究战后建设问题，以期战时建设与战后建设互相衔接。民主国家的胜利已经在望，战后建设的研究，已经为各国当道及学者所提倡，美国纽约市即有研究战后问题的许多团体。重庆市现在是中国的华盛顿，将来在经济上的地位实施的困难而加强决议，只要建设成功，在形势上尽管不同而在经济上可能的相当于中国的纽约。而且现在为中国经济专家集中之地，如果趁此机会，展开战后中国建设的研究，将来对于国家的贡献，一定很大。记得以前贵会已经有研究战后问题的决议，希望于促进宪政之余，强化战后问题的研究工作，而与民主政治的建设互相发明，因为民主政治的准备工作，必须在抗战时期即奠定他的基础。例如：自兵役行政中间，训练民族独立的战斗精神；自财政地政中间，树立人民对国家负担贡献力量的意志；自保甲组织保民大会中间，训练四权的行使；自物资管制乡镇造产中间，奠定民生的基础。而准备工作究竟是一个起点，重在把这些准备工作与战后建设联成一体，打成一片。所以战后问题的研究，一定要及早开始，真能够如此做去，那末将来所收到的效果以所发生的影响，一定会超过现在所能想象的。

总而言之，现在我们联合的胜利已经是具有极大的把握，中国不仅负担了抗战建国的重大任务。国民党是为民主政治一贯奋斗的组织，蒋主席更是实践民主政治的典型领袖，我们外面感到对世界责任的重大，内面看到抗战建国工作的繁重，需要结〔集〕思广益把全国人士的智力充分发挥，把全国人民的意志充分表现，成功为一个集体的伟大智力、一个集中的伟大意志。重庆市在世界上，是一个重要的司令台，在国内是一个重大的政治中心，诸位先生在这次大会中间能够有这样的贡献，不仅兄弟个人感到钦佩愉快，想必全国人士，各省参议会也一定感到钦佩，感到愉快。大家起来贡献意见、贡献能力，推进各种建设，奠定民主政治的基础，这种意志是何等的重大。顺祝诸位先生健康。

八、休会式杨主任委员演词

议长，各位先生：

贵会这次大会，开会的时间最长，两周以来，本人虽有机会参与盛会，然仅坐着不能说话，当然很为难过，但本人对此次大会有四点感想：第一，大会期中，各位先生表现坦白直卒真诚的态度。第二，所有议案可归纳为两部分，一为反映市民的意见，一为设施的贡献。因为所有的议案，找不出代表一部分或少数人的意见和贡献，有人曾问到，此次参议会的议案究竟如何？本人答复说：没有看见偏见和仅少数人的意见之议案，确是公共的态度。第三，辩论激烈，但一经表决，少数服从多数，表现民主集权精神。第四，宪政即将实施，将实行选举之际，而此次大会对于民权初步比历次大会□悉多多，于宪政前途至为乐观。

这次大会通过设立“地方自治协进会”实为重要收获之一，也是闭会后各位努力的目标。第一，地方自治工作是建设性的，无论在政治经济各方面均为努力之工作，且皆为建设性者。第二，地方自治是全面性的，重庆市为一都市，不可忘记农村情形，要兼顾每一角落，常常重庆仅划为一至七区，其他各区便不顾及，这是不对的，本人愿具体的提出意见，即地方自治工作，应将所有地方法规切实加以研究，一方面教育民众，一方面推进政府法令，地方自治协进会似应有一党政调查的实际工作，调查建议各地方之革兴如何，以供会内参考。

这次大会圆满成功，希望各位于闭幕后仍努力迈进，尤其祝民权主义的完成。

九、休会式贺市长演词

主席，诸位先生，诸位同志：

市参议会经过 14 天的会期，今天举行闭幕典礼。这十多天的会议进行非常顺利，诸位在会场上直言谠论，畅所欲言，充分表现着民主的精神，诚不愧为战时首都的民意机关。所以在这次闭幕典礼当中，本席感觉非常欣慰，并愿表示无限的敬意。

一个合于理想的民意机关，尤其是战时胜利第一的民意机关，必须排除客气，念念不忘胜利地代表人民的意见，所以我国抗战当中作为宪政桥梁的参议制度，乃责在选出真正有学问有道德有见解的人，来充当参议员。而参议员尤贵乎能言人民之所欲言，匡政府之所不逮，以期成为万民的喉舌。诸位参议员先生或者高龄硕德，或为专家通才，平日立身社会，为众望之所归，一日置身言路，自能风骨崚嶒，发抒伟伦，为政府及市民之所颂服。所以贵会此次的成就，乃是必然的结果，无足惊异。

本席深深觉得。此次大会最可贵的地方，在于富有率直坦白的精神，凡多数参议员先生披沥所陈，无不勤勤恳恳，发自内心；而政府负责诸人，虽然间亦不无难言的苦衷，要之，对于诸位诚恳的意见实已深切之体认，而且也愿以诚恳对诚恳，以坦白对坦白，把我们对于战时政治特质的几点意见，报告出来，作为诸位的参考：

世界上无论什么国家，她的政治在战时和平时，必定有其区别。就是说，战时政治为了要适合于战争的需要，一定有特质。这种特质可归纳成下列四点：

第一，“能”的观念重于“权”的观念。总理在政治上的大发明，是权能区分的原理，说政府要有能，人民要有权。此虚所谓战时能的观念重于权的观念，并不是说政府要有能而人民可以无权，更不是说现在的政府已经万能，而民意机关则只有权而无能；而只是说战时国力应集中对外，政府的能力应特别加强人民的权力，不要对政府有所牵制，尤其是某些艰巨的工作，不能咄嗟立就，如果实效太速，势将压〔揠〕苗助长，于事实既无裨益，反足以减低政府办事的效能。所以欧美各民主国家，在战时多半加强政府的能力，授权政府，任其放手做去，而于事情完成之后，始严密考察其成绩。

第二，协同重庆对立。在平时间的民主政治下，尤其是在欧美各国的政党政治之下，因为多党并立，各党的主义政纲、政策，各不相同，对于政治事件的处理与态度，亦复互异，结果政党之间，形成对立的状态，但这是平时的政治。到了战时，交战各国虽系民主政体，亦无不便多数政党归于统一或联合，政党对立的状态于是消除，亦不复有在朝在野的严格区别，这时候只宜上下一心、内外一体、同心协力，加强国家的力量，争取战争的胜利，民族的复兴。

第三，实行重于现论。政治关系于社会大众的福利，战时政治尤其影响于国族的存亡，自宜实事求是，使国家民族与人民能蒙受实惠。理论需实行的目的，本来十分重要，但理论之可贵并不在其为理论而在其能实行，所谓“不能行的知，不是真知”即是这个道理，事实上许多不兑现的支票，反而惹起无益的纠纷，与其有，不如无。在国家对外战争之时，一切要采取非常的措施，以行动来谋政治力量的加强，行动应为一切价值衡量的标准，议会既不必以高调为光荣，政府亦不宜以低调为满足。战时政治无须乎分高调低调，最好集中精力，共求政策的实行。

第四，政治技术重于政治道德。政治道德为革新政治的根本，为求军事胜利与大众福利的起点，乃人人之所同。惟政治技术则属于科学的范畴，是□知法令与行政运用的问题，弄错法令，或不知行政的运用，则政治道德将无所附属。因此政治应竭力求政治技术的改进，而人民亦应信任政府的技术。我记得在开幕大会席上，曾经举出民权主义上一个例子，总理乘坐汽车，从上海某处赶赴虹口，汽车夫却开足高力，经过城内向黄浦外滩，绕着一个大圈子，当时总理深恐误了时刻，可是结果终于如时赶到。这个故事正可用作政治需要技术的比喻，古人说，“耕当问奴，织当问婢”；又樊迟请学稼，子曰，“吾不如老农，请学为圃”，也就证明技术和经验的重要。局外人不能身处局中，即难明瞭许多的手续和方法，更不易体察其中的困难，如果不详细究明内容，而□加判断或督责，便会扞格不通，引起无谓的误解，徒然费去许多时间和精力。在这种情形下，断判或督责者，虽然具有高尚的政治道德，满怀善意，可是事实上难免不得到相反的效果，所以战时政治宜竭力避免这种浪费，注重政治技术，提高政治效能。

以上所说，战时政治的四个特质，有些我们已经做到了一部分，有些还有待于我们共同努力，达到理想，今天乘这开会典礼提出来，希服大家予以指教。

记得贵会开会的那一天，本席曾诚恳希望诸位共抒卓见，提供政府参考，尤其是如何实施中央决议，促进地方自治，希望诸位提出宝贵的意见。十多天来，贵会各种决议于市政之推进，已大有贡献，而“加强本市地方自治推行，借以奠定宪政基础案”，尤可大书特书，表现了参议会的力量，惟是本市自治能否如期完成，还要看厉行如何，这无疑的属于本府的责任，但实施过程中，仍有赖于各位参议员先生，尤其本市地方自治协进会的协赞，这是本府所切盼，想亦是诸君所乐许的。

最近中英美苏在莫斯科签订四国联合宣言，国际和平的基础可趋坚强，我抗战胜业，事实上已进为对世界的巨大贡献，换句话说，我国的国际地位，已跃为四强之一。在此使人兴奋的情绪中，我们更要一心一德，革新庶政，提高行政效率，一面求抗战的早日胜利，一面求建国的加速完成。政府与贵会之所主张，毫无二致，故日来会场上热烈的争辩，无不是为着胜利或大众的利益，绝不会影响到会外私人的情意。不仅如此，我们更要有政治家的风度，在散会以后，仍然互谅互敬，并为从公，实行决议，以表现民主政治的特质。这样一来，庶几康议长所说的“参议会是实施宪政的桥梁”，可以见其端倪，而“府会一家”的精神，才算得是不折不扣的了，聚首两周，行将离散，并祝诸位健康。

十、休会式周参议员均时答词

议长，各位长官，各位同仁：

今日本会第二次大会闭幕，承各位长官莅临嘉勉同仁，十分感谢。同仁等来自民间抱定同一观点、同一态度、同一个愿望，促进市政之兴革，不以敷衍态度从事。在此抗战建国期中，如见机构发生缺憾，必以所见贡献政府、建议政府，期其改进。譬如欲完成地方自治必须实行警保分治，而本市警保目前却不能达到分治阶段，故同仁皆同一主张警保必须分治，是为观点一致。其次本会所有建议皆对事而不对人，希望之切，不亚于市府长官，以善意之态度，求积极之改进，是为态度一致。再次，同仁愿望相同，譬如设立民意箱勤求民隐，接近舆论，代政府树立威信，不使货弃于地，攻心为上，责无旁贷，是为愿望一致。

此次所有议案均注重实际，既非高调，亦非低调，而系公正和平之清平调，苟蒙施行，深信必有裨益于政府行政效率与市民福利也。

重庆市档案馆馆藏资料 D1908

16. 重庆市临时参议会第二届第三次大会演词

一、开会式康议长演词

各位长官，各位来宾，各位同仁：

今天我们重庆市临时参议会举行第二届第三次大会，正当着全世界战争异常激烈，同盟国对轴心国最大的决战业已开始，敌人正要濒于崩溃败亡的时候，我们真是感到莫大的兴奋。回顾我们重庆市参议会，自成立以来这五年以内都是国家的忧患之秋，全世界的人类，也陷入危难的局面。我们重庆和各地的人们，长期遭受敌机的肆虐，全世界也遭受侵略者的蹂躏。而我们同盟国方面，从来没有扬眉吐气的事，空气真是感到沉闷。可是，今天的情形，就完全不同了。英美的强大部队已在欧洲登陆，进行着历史上最大的战略进攻；盟方的超级空中堡垒，已由中国基地起飞，痛炸日本三岛，完成历史上往返最远的轰炸任务。现在整个战局，业已改观，全面胜利，即将到临。今天全世界的人心，都异常振奋，我们身居中国的战时首都，亲历长期的苦难，支撑艰钜〔巨〕的局面，到今天，自然不能无所感□！

今天承各位长官、各位来宾莅临，又得各位同仁踊跃出席，更逢着这一个大好时光，真是难得的盛会。本次大会，又适本会得市政府及工务局之助，将议场修葺一新，益使大会增色。我们市参议会，在这四五年间，对于政府政策的推行，及本市市政旳兴革，不敢说有很多贡献，但是各位同仁确能“知无不言，言无不尽”，冀收集思广益之效。我们市参议会在这四五年间的一切言行，不敢说对全国各省市的民意机关有何影响，但是亦尚能追随在各省参议会之后，贡献一得之愚，可引为慰。省市临时参议会，本来是个别的地方民意机构，但是就其全体的意义讲，就是由训政达到宪政的桥梁。我们中国的宪政，因为最高领袖的倡导，中央地方各级政府的准备，和舆论的赞助，在这四五年间已有很大的进展。回忆我们市参议会成立之时，还是宪政的最初准备阶段，现在就接近宪政的实行时期了。换言之，就是我们省市临时参议会这个桥梁，快要由此端走到彼端。本会第二届参议员，现奉命延长一年，在这一年的时间内，我们就要竭力促进地方自治的完成和未来民选参议会的成立。因之，此次大会，我们除了对市政的兴革事宜，应该继续研讨外，更应注意，中央当局最近对国内政治的重要决策，而站在一个首都所在的参议会的立场，对此有所贡献。今值大会开幕之日，本席特提出以下三点，以供同仁的参考：

第一，各位同仁均曾注意，上月杪和本月初，中央先后举行了十二中全会和全国行政会议。这两个会议各有四个重要决议案，而其尤要者为以下三案：（一）主席兼院长交议：“重申法治精神以利宪政实施案。”（二）“确立中央与地方行政之关系案。”（三）“加强推行地方自治案”。这三案，与本市及本会最有直接关系的，为最后一案，即加强推行地方自治案。这一案经中全会决定了八项原则：其第一原则规定：“限民国三十四年年底以前，除有特殊情形地方外，各县市民意机关，应一律完成”。其第三原则规定：“陪都及各省政府所在之县市，与各省所指定之示范县市，应提早完成自治。”这个原则就是说在明年年底以前，全国各省市县，要普遍成立民选的省市县参议会，本市则更应提早在此时限以前成立民选的参议会，以为示范。我们得悉这项决议以后，就知道我们同仁，应赶速完成我们由训政渡到宪政这一过渡阶段的历史任务；更明白地说：就是我们同仁要尽量利用这一次大会和下次大会，为地方自治和未来的市参议会，奠定坚实的基础。我们本会第一第二两届的同仁，在先后五年的时间内，能够达成这项任务实在颇引为荣幸！各位同仁，了然于这一点，就可知本次大会的意义，较以往历次都有其特殊之点。这是本席提出的第一点。

第二，和本市及本会有直接关系的，为同案之第六原则规定“原有自治经费，应明确规定整理并设法增加其来源”。这项原则，又经全国行政会议定出具体办法如下：即自治经费之增加，除原有的屠宰税、娱乐捐、牌照税、房捐、车捐、筵席税等仍充作自治经费外，自明年一月起，决定拨营业税百分之五十，及征实百分之十五（由中央平允作价购买），充作地方自治经费。本市的征实数额，本席未知其详，但就去年的营业税额而论，已在3万万元左右，将来拨出半数来充作自治经费，为数就较有可观。我们都非常知道，施政与预算要于适宜的配合，事情才能推动。那末，今后有了经费，就可免过去那种捉襟见肘的情形了。这项原则，与市政兴衰及自治前途有直接关系，而同时亦寓有“取之于市用之于市”的意义，足见中央重视地方政治的苦心，值得我们非常感激！这一点预示市政前途的光明，这是本席提出的第二点。

第三，是本市未来的建设问题。就以上两点看来，本市在政治组织上有了一定的程序，在经济上有了较为充裕的来源，那末，未来积极性的建设，就成为可能的事了。本会同仁和一般社会人士，都曾瞩目于本市战后的地位问题，大抵都认为重庆在战时是陪都，在战后是西南各省的枢纽。既然如此，所以本席觉得我们还要旧事重提，继续民国二十九年本会设立“重庆市建设期成会”的精神，来研讨本市本来的建设方案，为市谋百年之福利，为国家作建设之先锋，这是极有意义的事。这是本席提出的第三点。

以上三点，本席提请同仁注意以后，甚望各位在大会上就此多多发挥伟伦，以奠立市政百年之基础。现在我们就请莅会各长官论予我们宝贵的指示。今天以后，我们尚可听取市府长官的详细报告，然后各位同仁各抒所见，以完成此次大会的特殊任务，不胜企〔祈〕祷！

二、开会式市党部杨主任委员演词

议长，副议长，各位先生：

今天市参议会举行第二届第三次大会，本人得参加盛典，深觉快慰！贵会历次大会，对于市政当局之贡献，日有进步，因此使本市市政逐渐兴革，市民共蒙其利，贵会成绩之佳，堪为楷范。本人今日无多话讲，特提出两项原则，贡献于诸先生：

第一，现在抗战方酣，希望贵会研讨问题、通过提案，要以“军事第一、胜利第一”为最高准绳，以协助抗战胜利，建国成功。

第二，希望贵会一切提案，要贯彻中央政策，同时策顾地方环境，俾将事半功倍之效。谨祝大会成功！

三、开会式贺市长演词

议长，副议长，各位先生：

贵会去年十月二十一日举行第二届第二次大会以来，至今转瞬已经 8 个月了，在这个期间，本市早有许多重要的问题需要等待贵会集会来商讨，原盼在四月中举行，后因十二中全会和全国行政会议相继开会，致贵会不得不延期两个月到现在召开，在本府实已如大旱之望云霓。今天诸位先生济济一堂，共抒谠论，当能对本市诸多重要问题圆满解决，以为本府施政的依据，这是本人今天所引为欣慰的。

在上次大会闭会期间，贵会诸公分组考察市政，较之以往特别认真，对每一部门，无不实事求是，大体看来，似亦寻常，但细察中国政治的演进，这种精神的表现，实即民主政治的曙光。此次诸位考察既如此实事求是，则所提出的报告，亦必定针针见血，市政府自当虚心接受，以副民主政治之实。

尤其值得注意的，贵会所主持的地方自治协进会，历次开会研讨，决定推进地方自治和实施自治时许多重要问题解决的途径，必有为大会所采纳，足资本府借镜〔鉴〕的方案。本府对于这些重要问题，将向大会提出施政报告，俾供详尽研讨，兹不具及。惟行政院前已划定本市为全国地方自治示范区，十二中全会也曾决定陪都应提早完成自治，本市地方自治办理的成效如何，行将为全国观瞻之所系。我们决不能徒托空名，因循虚饰，而必须脚踏实地，按步〔部〕就班，勇往迈进，以求地方自治的完成，宪政基础的奠立。本人既在此担负市政的职责，上对中央的决议，中对全市市民与贵会诸公的期望，均负有法律上与道德上的责任，倘不勉力从公，引导本市走上民主宪政之途，达成现代都市的建设，将无以达成抗战建国的政令，所以本人常兢兢业业以求当前最善努力之道。

此次十二中全会决定加强推行地方自治的八大原则，各地民意机关，限于明年年底以前一律完成，并须确定地方自治条件的最低标准。全国行政会议，根据这八项原则，曾订定具体办法，将地方自治条件，最低必要的标准，作简要的规定，并明确划定地方自治的经费，这些办法的决定，对于地方自治的加强推行，必然有良好的效用。因此我们知道本市完成地方自治的重要条件，尚须特别尽力者，为人、财政、教育、卫生四者。（一）人才问题，尤其值得注意，本市现正举办公职候选人检核，申请检核的人虽然已经很多，但离预定的标准还相差很远，社会上有能力有地位的人，未必通通参加，而参加的人，又不一定能尽合我们的要求。诸如此类的情形，对于本市办理地方自治的影响，当然极大。（二）自治财政。行政会议已规定：1.提高营业税收率，并以百分之五十拨交地方；2.中央征收之粮食的百分之十五发还地方，并得以现地市价，由中央收买所得价格，以充自治经费，但后者本市所得无多，将来自治经费，是否敷用，尚不可知。（三）教育的最低标准，应完成三保两校，本市尚缺少100余校，如何充实犹待设法。（四）卫生事项，在本市为一严重问题，中外观瞻所系，中央督责基严，而限于经费与时间，如何加紧推行，乃是当前紧要事情。以上诸端，皆有待于本届大会澈〔彻〕底讨论，以举自治之实者也。诸位先生领导全体市民，翕然兴起，必能有济于以上诸问题。同时不仅地方自治如此，就是本市其他施政，如建设、地政、社会救济、警政改良诸端，也必须仰仗贵会诸公的协助，与全体市民的参加，才能达成预期的效果。在此次大会开幕之时，我们且衡国际战局，已有新的发展，盟军克服罗马后，复在欧西登陆，美国的海空军也开始攻击日本的本土和太平洋上的军略要地，这时候敌人感于他的穷途末路，乃一再向我国的河南、湖南等地蠢动，以作最后的挣扎。目前前方战事颇称紧急，然我们深知战争愈到接近胜利的时候，困难亦必增加，而苦难的增加，也适足以预示最后胜利的来临，就是要看我们能否艰苦奋斗，克服目前的困难。在此最后关头，本市首先所受的影响，一定是经济的问题、物价的问题，我们应该针对当前困难，突入核心，以谋解决，才有自力更生的可能。

四、开会式吴参议员晋航答词

正副议长，各位长官，各位来宾，各位同仁：

今天本会举行开幕典礼，承各位长官莅临指导各位来宾莅会参加，本会同仁深觉荣幸，并推本席代表同仁谨致谢忱！

本会两届大会以来，对政府已提许多建议，承蒙政府采纳施行者固属不少，市民咸多称道，但尚未付诸实施，或实施而无成效者，亦所在多有。譬如抽丁完粮纳税诸项，本会曾迭有建议请政府除弊兴利，但迄今仍未有完善之改进。本次大会，同仁恐将继续通过提案，建议政府，以谋兴革，深望政府方面确能认定目标，抓住困难，采纳施行，则于事有济矣。

五、休会式康议长演词

各位长官，各位来宾，各位同仁：

本次大会开会日期共11天，今天议程完毕，行闭幕典礼。每次大会，承贺市长、杨主任委员及各党政长官，按时莅会指导，予大会极大的帮助，同仁等颇引为快慰！

此次大会共开全体会议10次，及分组审查会10余次，各位同仁连日辛劳，共计通过提案34案，其中关于民政自治保安者10案，关于财政经济建设者18案，关于教育文化者5案，其他一案。以上各提案，其有关地方自治之部分，无论在数量上与质量上均占重要地位。各案悉能依据十二中全会及全国行政会议之意旨，一方面贯澈〔彻〕中央的既定政策，他方面顾及地方的实际环境，务期本市在完成地方自治的过程中，能有示范的成绩表现。其余有关市政兴革、市民疾苦、市民福利各案，亦皆根据实际需要而提出，希望有裨益于市政民生。除提案外，尚通过市民请愿案之决议案16件，大多系转陈市民意见，反映民间疾苦，相信由此必可提供丰富的实际材料，以供主管长官的采择判断。

本次大会开会时，适值美国副总统华莱士先生莅渝，渠曾亲带美国大总统罗斯福惠赠本市市民卷轴一幅，上载颂词一通，对本市市民抵抗敌机轰炸之坚毅精神，赞扬备至。同仁兴奋之余，更视该项卷轴应为本市历史上之宝贵文献，交本会秘书处妥为陈列，传之久远，市政府，本会及全体市民，与有荣焉。

现在大会业已闭幕，各驻会委员及市政视察各组负责人，将负担本会之经常工作，甚望仍本已往精神，推进会务，至所期盼！

六、休会式李副议长演词

各位长官，各位同仁：

今天本会第二届第三次大会闭幕，大会各项情形以及所议各项提案，已由议长说明，本人不再重复。兹提出希望二点如后：

本次大会，值十二中全会及全国行政会议之后，的确有特殊的重要性。因为该两次会议，决定了实施宪政的年限和完成地方自治的最低标准，本市为陪都所在，一切应该有示范的作用，所以希望本次关于地方自治的各项提案，务要澈〔彻〕底实施，以应潮流而符中央政令，否则本市就只有落后之感了。

其次，大会关于反映民间疾苦的案件提得不少，又讨论了十几个市民请愿案件，希望主管方面对于这些案件多赐注意,为民族除弊兴利,便是有价值的政绩。我想这两点最低限度的希望，一定会使之满足吧。

七、休会式市党部汪书记长观之演词

议长，副议长，各位参议员，各位来宾：

今天欣逢贵会第二届第三次大会举行闭幕典礼，敝党部杨主任委员因公缺席，由本人代表参加，得与诸君相见一堂，不胜喜幸。

本次大会，适举行于十二中全会及全国行政会议之后，我们瞻望将来胜利到临，宪政实施，真具无限的兴奋！重庆是战时首都，贵会是中枢所在地的民意机关，一向为中央所重视，所以今后如何加倍努力以实现十二中全会和全国行政会议的决议案所示各点，为我陪都人士一致共勉共行的目标。

刚才听议长报告本次大会的各项成就，是侧重于地方自治方面的案件居多，足见诸位先生的嘉言谠论，正合时宜。今天个人没有更多的话可讲，只希望贵会的提案，都能见诸实行，那末本市的地方自治，可为全国示范，市政情形亦必日新月异而岁不同。兹谨对贵会诸位参议员在本次大会中，集思广益、发皇民意、励精图治、促成宪政的精神，致其祝贺与慰劳之意！

八、休会式贺市长演词

康议长，李副议长，各位先生：

贵会第二届第三次大会，于今日闭幕。这次大会开会 10 余天，通过提案 30 余件，都属扼要中肯，很合时宜，足以表现贵会对于政府热烈的期望，和表达市民迫切的要求，本人觉得非常愉快。

贵会这次大会所通过的提案，关于地方自治部分的数量很多，而质量亦复重要。这是贯澈〔彻〕十二中全会和全国行政会议的决策，为地方建立自治的楷范，为国家奠定宪政的基础，其意义是十分深远的。本府自当竭力推行，以符贵会诸公及全体市民之厚望。

除了地方自治以外，关于市民福利的，关于物价的，关于乡镇公益储蓄的，关于救济的，关于卫生的各项提案，本府凡所能办到的，一定极力推行，决不使贵会这十几天来殚精积虑的言立谠论付诸空耗。

重庆为战时首都所在，中外观瞻所系，耀祖负着市政的责任，深觉自己能力的薄弱，所负使命的重大，实非一手一足所能竟〔尽〕其全功，深盼贵会诸贤，在提案之余，更能领导民众，协助政府，促进市政，奠定民治基础，这是本人所十分企盼的！

九、休会式傅参议员况麟答词

刚才听了行政院代表训词，市长及来宾的致词，本会同仁谨敬接受，以期共同勉励，并感谢致词各先生的美意。此次大会，开会10次，承市府各长官躬莅指导，贯始澈终，我们亦感谢无既。本席谨代表全体同仁，于今日闭幕之时，聊作答词数语。

此次大会，在议会精神上的表现，有三大特色，值得我们追述的。一为贺市长具有政治家的风度，诚挚负责；二为参议员负有为民请命的积极精神，坦白热情；三为参议院的询问与提案，及市府长官的答复与解释，皆根据实在情形，无丝毫私意存乎其间。我们知道本市为中央政府所在地，又为抗战之司令台，更为建国之示范区，其地位的重要、使命的伟大、意义的深远，在全国各地区中无可伦比。以其具有楷模全国影响全民的功用，所以本市所应致力的地方，首为民主政治的倡导。一面使有权的市民，充分发挥其权力。中国一般民众，在数十年专制政体下过活，对政权理解不足，尤乏行使政权的兴趣与素养；而执政人员，亦以心理上之积习，不惯于民意的过问正事。故倡导工作，亟难从事。中央重视本市前途至切，乃特派贺先生来长本市。一年余来，扶助本会发展，每次开会，都亲率政府各长官列席，凡有询问或提案。均尽情圆满答复，对本会议案，亦切实执行。本会同仁，受了贺市长之感召，兴高采烈，并引起市民热望。以前所有不满政府措施的舆情，不再向茶馆散布，而纷纷倾向本会，透过本会而为民意表示。成效之大，远非吾人想象可及。在各级政府中，如中央省县三级，政府与议会之间尚有若干间接关系，可以保持相当距离，而市政府与市议会，其所接触之机会甚多，件件事情，都在耳闻目睹之列，欲求双方调协，亦非吾人想象可及。贺市长不仅为市府长官，抑且为党国元勋，为领袖素所信赖之人，其处理本市公务，兼有国家整个政策之衡量，处境之难，亦非吾人想象可及。贺市长以老成谋国之态度，对本会所反映民间之多方要求，无不欣然接受，纵有指论，各局处办事人员的激烈言论，亦力予奖饰，鼓舞同仁发挥。在不懂民主政治者看来，疑为猖狂，疑为过分。而贺市长反认为应该，愈听反对之词，愈感快慰，其肚量之大，殊堪钦佩。从前有谓“宰相肚内撑得船”，吾人称颂贺市长，可谓“贺市长肚内可以驾驶航空母舰”。庄生所谓“鹏鸟可飞南冥北冥，其翼若垂天之云，搏扶摇而上者九万里”，皆因为风积甚厚，于气的浮力甚大使然。正可以喻负责的政治家，所应具有的气量。所以我首先提出的三点，为本会此次在议会精神上表现出来的三大特色。

其次，本会对于市府有一个愿望，即希望市政府对民意之所要求，“向上力争，对下严督”。譬如乡村公益储蓄，派本市20万万元，已超过市民力量，应请向行政院力争减少，市府一面课征本市房地产之各项税捐，市民一面收不回房地产，增不起租金，此种矛盾现象，已历数年，本会一再呼吁，市府应根据本市特殊情形，向中央力争。修改适合于重庆市的租赁条例。再本“取之于地方，用之于地方”之原则，在市府能尽量办事的预算内。再向行政院力争，宽筹经费。此即所谓向上力争之意。至于对下严督部分，则不外中央所颁法令，及本会各项议案，应请市长严督各局处室办到；各局处室严督其所属各职员办到。如是而已。

以上所述之三大特色，实足以作为本会永久的纪念。至于所提出的一个愿望，尚希贤明的市长，概即采纳！

重庆市档案馆馆藏资料 D1909

17. 重庆市临时参议会第二届第四次大会演词

一、开会式康议长演词

各位长官，各位来宾，各位同仁：

本会自成立以来，业已举行大会9次，吾人今日再行集会，实负有特殊重要之任务。因近半年来，国内民主政治之气氛颇为浓厚，本年九月国民参政会开会时，曾表现前所未有之议会精神，使政府能收集思广益之实效。同时新闻记载之尺度放宽，使言论界对于抗战民生，更作有效之贡献。他一方面，全国各级民意机构，正在遵照中央既定方针由临时性质之议会，演变为经常性质之议会，并定于明年底以前完成。凡此均属民生之象征，此项民主潮流，对内足以显示吾人之领袖及政府当局，具有实行国父遗教之决心，对外则与我并肩作战之同盟各国政治情形，适相吻合。本会忝列陪都民意机关，为中外观瞻所系，本次大会又值全国各省市积极筹组民选议会之时期，以故吾人实应使临时参议会之任务圆满达成，而为民主民治奠立坚实之基础。就本人观感所及，本次大会，应有以下三项不可缺少之任务：（一）检讨本市地方自治推进实况，提供建议，期能如限完成，并为全国示范，以奠定宪政之百年基础。（二）注意本市一般庶政，一方面宣导人民忍受抗战最后阶段之困难；他方面吁请政府，在可能范围内减轻人民之疾苦，以为市民兴革市民福利之张本。（三）注意各项临时事件，如招待知识青年志愿兵、慰劳过境国军及救济湘桂来渝难民等项。除驻会委员会及各参议员以个人身份业已办理者外，本会仍应尽力之所能直接办理，或吁请有关方面妥善办理，以上三点，均系针对时局需要而言，兹特提请同仁共同注意，并望各参议员尽量发抒宏论，以完成本届临时参议会之任务。

二、开会式行政院宋代院长训词

康议长，李副议长，及参议员诸君：

本日重庆市临时参议会第二届第四次大会开幕，值此盛典，期待良殷，抗战建国，经纬万端，现为接近胜利而又为最艰苦之时期，行百里者半九十，惟赖全国同胞再接再厉，以竟此九仞一篑之功。贵会为民意机关，诸君为人民代表，过去宣扬中央政策、领导民众、协助政府，已有卓著成绩与伟大贡献，此后尤望为民众先导，务使人民澈〔彻〕底了解政府之政策法令，而推行尽利，以完成抗战建国之神圣任务。

市参议会之职责，在讨论市政府之重要施政方针，对于市政兴革，提出建议案于市政府，并听取市政府之施政报告，检讨得失。敷陈利弊，各尽所能，各竭所知，以使政府为一万能之政府，国家为一富强康乐之国家。参议会之性质及组织，与政府虽有不同，彼此之目的，则均在利民福国，实殊塗〔途〕而同归，诸君为民喉舌，尤希宣□民隐，转知政府，务使民意政情，息息相通，精神一贯，集中意志与力量，借以修明政治，奠定国本。

抗战结束后一年内颁布宪法，中央已有决议，宪政之基础，端赖地方自治之完成，而地方自治实施方案明定地方自治条件及其完成标准，及中央对于加强推行地方自治案原则八项，以及全国行政会议决议地方自治条件二年内应完成之最低标准，均经政府通令遵照。此种最艰巨最重要之工作，政府已有最大之决心，以期完成，人民亦具有极度之热忱，以求实现。惟此有一先决条件，即自治之完成，跃在人民自决心之启发，及自治能能力之加强，与其最有效之方法，实为人民意思结晶体之民意机关自动自发的宣扬，与自立自强之推进，至于政府之训导扶植，自当善尽其责，诸君为社会之中坚，就国民身份言，即已负有自动推行及相互启发之责，就人民代表之立场言，则对于推行地方自治工作之宣导与协助，更属义无可辞。

尤有进者，重庆乃陪都首善之区，中外观瞻所系，贵会一言一动，均足以发生广泛之影响，诸君聚首一堂，应以示范作用为中心观念，对于政府施政报告之检讨，各种事项之建议，相信必能聚精会神，开诚商讨，以收妥慎周洽集思广益之效，树之风声，为全国倡，作民治之楷模，奠国基于永固，想诸君必以此自勉，并愿与政府同仁共勉。

三、开会式市党部方主任委员演词

议长，各位先生：

今天是重庆临时参议会第四次大会举行开幕典礼之日，刚才聆听康议长的报告，和行政院代表的致词，是值得这次大会各位先生及市政府深切注意的。

本党遵行国父遗教及数十年来所努力的目标，即是实现民主政治，还政于民，使民众管理政事。同时，我们政府为适合时代的潮流和民众的要求，也正在采取种种步骤，以求达到真正实施宪政。

今天市参议会在此开会，相信不仅全市市民的目光集中于此，而市民亦将重视代表全市的各位先生是否在为民谋福，更要注意政府是否接受民意而为市谋福，所以百余万市民的目光集中于此，百余万市民亦在会外，聆听贵会的一言一行，有如百余万市民在此开会一样。

当此国难严重之时，吾人的目标是抗战建国同时并进。抗战是要群策群力全国动员，这几月来，全市民众已可说真正在动员了，可以表现我们抗战首都的精神，但是动员不可紊乱，今后的动员工作似应做到分工合作，机密计划，步骤一致，以期收到最大的效果。

至于说到地方自治，如果要建立真正的民主政治，必须从地方自治着手，虽然地方自治工作近年来已很普遍在推行，但距总理遗教与总裁训示尚远，所以我们对于地方自治方面，还尚待多多努力。

市政府的市长与各局长，我相信皆能采取各位参议员的建议。但国难期间，义务繁重，如建议案件万一有问题不能实施时，则应恳切向各参议员报告并希望其帮助为市民谋幸福。如此，则政府与民意机关打成一片，共同为民谋福利争取胜利。兹特提出上述几点与各位先生参考。

四、开会式贺市长演词

主席，诸位先生：

今天贵会举行第二届第四次大会，济济一堂。集思广益，本人能躬逢其盛，感觉非常荣幸。

刚才听到主席和诸位先生的高论，使我们深切感觉到贵会这次大会意义的重大，和责任的艰巨。贵会过去代表全市民意，贡献许多良好的意见，给政府参考，使政府愿虑未周的增加注意，政府力不从心的得到协助，政府努力以赴的增加更大的成效。例如地方自治、物价管制、征兵防务、税收公债诸端，无不直接间接、有形无形的得到贵会许多指教和赞助，这不仅本人非常感激，就是全市市民也是非常欣慰的。贵会过去的成就，已经替本市将来实施宪政奠定了一个稳固的基础，同时，也替全国的民主政治树立了一个良好的楷模。现在贵会在这时局紧张的时候举行大会，我们回溯贵会过去光辉的成绩，更感到诸位先生责任的重大，而对于这次以寄无限的希望，当最后胜利快要到来的时候，我们的艰难困苦也必然增加，我们更需要最大的努力，才能争取到光荣的胜利。重庆是战时首都，是争取最后胜利的根据地，也是抗战建国的司令台，贵会为各地民意机关的榜样，一定要有更大的成就，来迎接这最后胜利的到来，本人除了致无限的希望和诚恳的贺意之外，谨就有关市政的几个问题，提出一些意见来请诸位指教：

（一）抗战建国，应有新的认识。自抗战以来，中央即确定抗战建国同时并进的国策，就是一面抗战一面建国。但是仅作这种表面的解释是不够的，本来在抗战时期最高的原则是军事第一、胜利第一，全国的人力物力财力都应该集中在抗战工作上，不容有丝毫的分散。只是因为抗战的工作与建国的工作，有时是有连带的关系，不可分离，往往一件工作，既是为了建国，也是为了抗战。譬如道路工程，在战时便利军运，是与抗战关系最密切的工作，而同时交通运输也是建国的根本，因此，道路工程即使在战时人力物力财力万分困难的时候，也仍然十分重要，不可偏废。在市政建设中，像这种类似的例子虽不很多。然因此在我们的施政上不能不本着一切为了抗战的原则，选择与抗战有密切关系的工作，积极推动。这是我要说的第一点。

（二）自由与组织，应相反相成。我们知道，自由与组织并不是相反的两极端，而只是一物的两面。自治与法治，更是不可分离。我们把国家的政事分做政府委办和地方自治，只是根据科学的分工，而分工以后，仍然要有密切的合作才能发生效果，本市的地方自治，过去实施警保合一制度，是因为轰炸的影响，保甲人员无法工作，才由警察代行一部分职权，现在为了加强人民自治能力，实施新市组织法，奠定宪政基础，便实行警保分治，但是分治并不是分离，不过就全盘业务，作合理的分划，分工合作，以求效率的增加。所以在地方自治实施以后，自治工作人员，对于政府法令，仍须切实奉行，所有战时重要委办事项，如军事方面的征兵、国民组训、防护与避难、军队补给，以及募债与筹款、救济与慰劳义务劳动等，尤须切实办理。这些工作，都须要有组织的力量来推动，也没有一事不需要得到警察的协助，如此紧密联系，也就是一种组织，也就有利于人民的自由。这些工作虽然多属于政府委办的性质，但与地方自治的关系密切，不可截然分离，推行地方自治时候，自然更须切实奉行。这是我所要说的第二点。

（三）政府与人民，应同心一德。美国市政学家孟禄曾经说：良好的市政，必须有良好市民的合作。这句话实含有至理。事实上，市政府的设立是属于自治的，它的一切设施，其最终目的，完全在为市民谋福利，而市民对于政府贡献意见，督促改进，也不过是为了市民全体的利益，两者的目的完全相符。因此，我们如要使为市民谋福利的目的完满达到，便需要市政府和市民双方的合作，政府要遵循民意，市民要恪遵法令，同心一德，共赴事功。试以本市征收清洁费一案为例，本是原先计划向市民征收清洁费 3000 万元，以为改进本市清洁之用，这个案子本已经贵会驻会委员会通过同意，即可执行，后来市政府方面发觉虽收此捐，仍不能完全解决清洁问题，必再要收第二次清洁捐，加大众以二重的负担，认为不妥，结果决定暂不征收。这就说明，市政府工作，有些要市民负责，有些要政府负责，各有适当的范围，而其间的关系非常密切，必须双方各处本分，通力合作，才能有合理满意的解决。这是我所要说的第三点。

上面所说的三点，第一，抗战与建国应有新的认识；第二，自由与组织应相反相成；第三，政府与人民应同心一德。虽然是一种粗浅的看法，但对于市政设施上却是十分重要的，是否妥当，还希望诸位先生加以指正。

现在国内时局，随湘桂的失陷而呈现紧张，但自独山克复，敌人溃退于黔桂边境后，战事已渐趋好转。而纵观世界全局，德国三面被攻，日本本土屡遭轰炸，美国在太平洋西岸的登陆，为时想亦不远，而盟国胜利更见接近。我们这时候，正要互相勉励，互相督促，为争取抗战胜利，民族复兴而努力奋斗。本人敬愿就这开幕典礼，祝贵会这次大会圆满成功，和诸位的健康！

五、开会式刘总司令代表刘德芳演词

议长，各位先生：

今天贵会举行第四次大会开幕盛典，刘总司令因公不能到会参与盛典，特嘱兄弟代表参加，不胜荣幸！

贵会此次大会与以往各次所召开会议时的时局情形，有迥然的不同。在卫戍总部所感者本市近有三多：第一，军队出入境多；第二，难民入境多；第三，谣言多。此三样为卫戍部所深深感觉者，相信各位参议员先生亦有同感。

但上述这三种非常事物如何应付下去呢？卫戍部所能负全责的，是军队出入境的问题。至于难民的安置处理，有市政府负责办理，又有赖民意机关协助办理。谣言方面虽有报纸舆论指导，但不能尽其全功，实有赖各位先生之力量最大，深望各位先生鼓励正确舆论，登高一呼，以振作民气，争取胜利。

最后卫戍总部方面的业务，望各位多所指教外，并请对以上所述予以注意，敬祝大会成功！

六、开会式李副议长奎安演词

各位长官，各位同仁：

今天本会举行第四次大会开幕典礼，承各位长官莅临参加并详尽指示，不胜感谢。

本会同仁，故应协助政府推行政令，代表市民建议政府，自不待言，本会同仁数年来所努力者亦在此。惟“足食足兵”为当前急务，国家要政，但施政情形如何，实不能令人满意。以“足食”来说，各公教人员士兵人民常吃霉米；以“足兵”来说，强拉壮丁，虐待士兵之事，惨不忍睹。此中实情，不知为上者，是否得知？我认为现在的情况，可以说是上下不通以致于此，因此，本人曾大声疾呼“足食足兵”。当本会第二次大会时，蒋主席曾召见康议长与本人，即曾提出改善士兵待遇之意见，盖因改善士兵待遇，直接影响抗战前途关系甚大，所幸当局采纳民情，士兵待遇已逐步改善，本人认为不胜欣慰。

现在黔桂边境军事失利，重庆人心动摇，而乡间盗匪乘机而起，至堪忧虑。所幸当局措施有方，将士用命，战局好转，人心始得安定。

此次局势已表现国人爱国之热忱，慰劳前方，捐款踊跃，各界发动募捐，其所收效甚钜〔巨〕。最令人兴奋者当推知识青年热烈从军，本会参议员苏汰余即有两子从军。可以说重庆市民已表现其有力出力有钱出钱之精神。本会自此次大会以后，即将正式成立民选之参议会，现在我们特将与现实有关之事提出一谈，其枝节问题，不再赘述。

本会对于政府所希望者，集中军事力量争取胜利，此谨代表本会同仁所欲言者，并致谢今日莅会各长官。

七、内政部张部长训词[①]

议长，各位先生：

今日贵会召开大会，本人因职务较繁，为时间限制，故少来参加，向各位领教，实深歉然。

贵会在开会期中情形，报载甚详，诸位所提议案亦多切实，深为钦佩，兹就一般地方自治工作之意见，提出谈谈，请诸位指教。

总理在遗教中曾昭示国人，建国之基础在地方自治，现中央既决定于战后一年实施宪政，则地方自治自应加紧推行，惟办理地方自治须全国上下一致努力，遵照总理遗教，循序推进，不得紊乱。庶几建国基础得以巩固，盖总理之遗教，实即建立一亿万年不破之国家之根本方法，且为民主政治之保证，否则民主政治徒托空言。重庆为全国楷模，必须依照三民主义所昭示，加紧推进地方自治。

政府提倡民权，今后全国民意机构，将普遍成立，并将召开国民大会，实行宪政，但吾人所应注意者约有三端：第一，人民对政府的态度应该严正；第二，政见即令不同，并应彼此尊重，尤不可互闹私见；第三，批政评治，要有是非，以树立正气。

以上几点希望诸位大加倡导，将来实施宪政时，自有良好的结果，并祝大会圆满成功。

---

① 发表于第八次会议。

八、休会式康议长演词

各位长官，各位来宾，各位同仁：

今天是本会第二届第四次大会闭幕之日，此次大会，一共开会10天，举行全体会议9次，承市党政长官的按日莅会及本会同仁的热心出席，其所表现的精神，异常振奋，所得收获，至为圆满。本会自成立以来已共召集大会10次，每次皆有其特殊环境，但每次大会所得结果，亦无不与时日而俱进，此次大会所表现的成绩更为显著。

本次大会的特色，一方面在于市府各长官均能对其工作得失作诚恳坦率之报告，他方面各同仁尤能把握各项问题的重心，就事论事，切实讨论。故议案虽少，而颇扼要，所得结果实较以往更为进步。

此次大会以后，临时参议会参议员任期至明年三月届满，甚望本次大会即为最后一次大会，民选参议会能早日成立，以俾衔接此项工作。

在会期中政府给予本会之材料甚多，感谢之余，实无多话可说。本届大会能圆满完成，殊堪欣慰！

九、休会式李议长奎安演词

各位长官，各位同仁：

本会前后两届，共已举行10次大会，自此以后，临时性之本会，即将产生正式的民选参议会了，在这过去的十次大会中算一总账，是否达到“知无不言，言无不尽”的任务，则均表现在本会历次开会的提案中了。

说到本会的责任，在宣导人民奉行政令方面，自感无愧，可以说已经完全做到，在代表民意方面参议员虽已尽述民间疾苦，但如本市房屋租赁纠纷及开辟太平巷补偿地价等问题，尚迟迟未获解决，不无遗憾。

重庆为模范市，本市市民虽未能做到“模范市的市民”，但亦在尽量向此方面发展，譬如今日的参政员竞选演说，尚有临时自动来参加者，竞选情形非常热烈，不仅开本市未有之先例，由此推行于全国各县市地方，造成民主政治的风气，实有重大的贡献。

本市尚有进步者，市府希望市民对其施政说“不好”，以便改进，这也是本市近年来的特点。本会大会今日虽已闭幕，但驻会委员会尚有几个月始能结束，其未完之任务当留交与驻委会办理。最后希望市政府长官，尽量采纳本会提案，付诸实施。以使市政日益完美，不胜期祷之至！

十、休会式市党部方主任委员演词

议长，各位先生：

贵会此次大会连续开会10天，本人曾经参加旁听3次，仅仅在此短短的时间，已看着各位参议员提供种种意见，获得很好的决议。

当开幕时本人曾说“各位代表百余万民众在此开会，希望多多主张、多多建议”，现在可以说在这10天当中，已完全实现，得到预期的圆满结果。

在各种决议案中，本人相信政府机关，一定愿意将代表民意之主张采纳施行，党部必定能协助政府实施，以不负此次大会的收获。

今天贵会选举参政员，竞选人在大会公开竞选，实已倡导民主政治的风气，可以影响将来产生正式的参议会。在竞选演说时，各人夸各人的好，以获得一般的选票，这是进步的民主风气。

明年三月本市即将产生正式参议会，由民选参议员来负责，但是仍希望今日有经验的各位参议员出来竞选活动，继续负责。各位先生将来竞选的时候，要注意目的与手段，即是光明磊落的目的，光明磊落的手段。今天看到选举，有一印象，是过去竞选没有女同胞，今天已有女同胞出来竞选。今后希望鼓励女同胞均能踊跃出来作竞选活动，同时看到今天大家的选举，不免感情重于理智，希望今后注意感情是感情，理智是理智。

贵会开幕后希望严格注意提案的实施，政府应尽量实施，党部方面亦将尽量帮助实行。最后今日当选的参政员，希望坚定其今日在会中所说的抱负，并密切与市民联络，俾能在参政会上充分反映市民的意志，为本市市民作有力的代言人，这是一点迫切的希望

十一、休会式贺市长演词

主席，诸位先生：

市参议会第二届第四次大会自本月十八日开幕以来，会期十日，现在圆满闭幕，在这闭幕的时候，我们盱衡大局，愈感觉到贵会使命的重大，和陪都建设工作的艰巨。

自从本月初旬，敌人于侵陷我桂柳后，以强弩之末，并力北犯黔南，曾引起国人的惊疑。到了贵会开会的前几天，战局便节节好转，把敌人在大陆上的陆军已遭□到挫折，他的力量是决不能危害我根本重地的。不但如此，近月来，美国雷伊太岛的光复，底多罗岛的占领，战火已迫近至敌人的门前，美国的□□空中堡垒，屡次由塞班由中国基地出击日本本土，以及他在中国的军事根据地，日本空军的抵抗力日趋微弱，招架既然无功，还击更是无力，由此可见敌人的空军也到了穷途末路了。盟机现在对日本的袭击，还是战略上的轰炸，目的在摧毁他的军需生产和供应，这个目的完全达到以后，必然会进一步作大规模的进攻，在今后的几个月当中，我们相信敌人的环境愈趋困难，而敌我的竞争也必然更趋白热化。这时候我们后方建设工作，尤其要积极推进，与军事相配合，发挥极大的效果，以争取抗战的胜利，奠定建国的基础，本市在各方面都为各地观瞻之所系，全市民自然要和政府密切合作，共谋建设的推进，所以贵会在这次闭会以后的工作，势将更为繁重，更为重要，这是我们所可断言的。

其次，就市政府方面说，自然也要配合以后军事的发展，尽量推动有助于抗建大业的工作。在物质方面，我们要发动全体市民踊跃捐献，本市本年度乡镇公益储蓄配额为20亿元，现在实际筹募的数目离理想还很远。今后自然要继续尽力推行，又政府根据国民参政会的意见，发动全国人民献金献粮，本市已奉到命令，今后推行时，自当力求公平合理，简化手续，达到预定目的，以充实抗战力量。在精神方面，我们要积极健全地方自治组织。现在本府已着手考选自治干部人员，办理公职候选、检核，及公民宣誓登记，筹开保民大会，将来保甲组织应力求严密各级民意机构应力求健全，市民组训工作亦应逐渐开展。民众组训工作如能顺利进展，则地方自治必著成效，宪政基础自然稳固。以上两方面的工作，都不是政府单方面所能完成，而必须贵会诸公热心赞助，共求成功的。

最后，我们要提到难民救济的工作，随着战局的变动，湘，桂，黔来渝的难民为数日多，政府和各救济机关现正纷纷发动救济，社会热心人士，也积极参加，贵会诸位先生对于这项工作，素极关怀，并曾积极负责推动，令人十分感佩，这个工作在短期内一定还不能结束，举凡难民的疏散安插，救济费的筹措发放，都需要政府与人民同心协力，积极办理。我们中华民族的固有道德，最重悲天悯人，和救死扶伤的侠义精神，这个精神用现代的话说出来，就是发挥充分的"同胞爱"。古人说："民吾胞也，物吾□也"，这种爱人如己的美德，早为古人所称道，《礼运大同》篇更说："故人不独亲其亲，不独子其子，使老有所终，壮有所用，幼有所长，鳏寡孤独废疾者皆有所养"。可见中国古代的政治理想，即极端重视救助的精神和丰富的同胞爱。我们希望贵会和政府互相督勉，来积极推动救济工作，实践这种民族的美德和一贯的政治理想。贵会闭会后，诸位驻会委员仍将经常与政府保持密切联系，我们深信诸位一定能随时给我们更多的赞助和指教的。

末了，敬祝诸位健康！

十二、休会式吴参议员晋航答词

议长，各位长官，各位来宾，各位同仁：

本会第二届第四次大会今日闭幕。承各位长官莅临指导，各位来宾莅临参加，不胜欣幸和感谢。

此次大会精神，所可述及者，约有二端：（一）本会同仁与市府长官合作守法，共谋解决本市应兴应革之市政。譬如，本市缆车公司侵占民地问题及本市煤荒问题等，皆有详慎之议案，提供政府，采纳施行。（二）此次大会充分发扬民主精神，今日参政员之选举及竞选人之演说，实为本市创举，亦即开展民主之新风气。

至于大会所决议之案件，尚望市府尽量尽速采择施行，以谋本市市政之发展，兹谨代表本会同仁，答谢数语如上。

重庆市档案馆馆藏资料 D1910

18. 重庆市临时参议会第二届第五次大会演词

一、开会式康议长演词

市长，各位长官，副议长，各位同仁：

今天是我们重庆市临时参议会最后一次大会开幕的日子，我们回想以往六个年头十次大会的种种经过情形，有无限的感慨，而这最后一次大会，留待我们抗战完全胜利以后来举行更富有特殊重要的意义。这次大会，就我们临时参议会的本身来说，是一次结束的会议，因为临参会的任务马上就要完成了，本届参议员的任期即将届满，而民选的参议会，短期内便可成立，因此这是我们检讨以前十次大会的良好时期，也是替未来参议会奠立永久基础的最后关键。再就重庆这个城市来说，我们这次大会以后，重庆市马上要由战时首都的地位，退居于陪都的地位，重庆将不再是全国政治经济的中心，而变为西南或四川的重镇，这当然也是一个重要的演变关键。

从本席刚才讲的两层来说，那么我们这次大会的意义虽然特殊，时机虽然重要，而我们的任务却是简单明确在乎以下两项：第一项任务，是结束临时参议会的工作，促进正式参议会的成立和市组织法之全部实施，以完成地方自治，奠立民主宪政的基础。第二项任务，是与市政府协作，将重庆市由战时首都变为战后陪都，将重庆市的战时非常状态变为战后的平时状态。简言之，就是一般所说的复员工作。不过，复员是一种短期的工作，随之而来的是建设问题，建设才是百年大计，这是要费更多的财力物力和聪明智慧，也是更能为市民谋长久福利，为国家作广大贡献的。本席深信我们各位同仁一定能够在这次大会中间，提供优良的意见，达成上述的任务。同时对于市政府方面所拟的方案，也要仔细研究，俾使府会双方的意见能够得到适宜的配合，以帮助市政前途的发展。

此外，本席尚有三点意见，愿扼要提出一述：

第一，在复员期间，希望市政府要切实采取有效措施，给予市民休养生息的机会。因为抗战八年，陪都市民对于税捐兵役公债各项负担，曾有较大的贡献，犹〔尤〕其在空袭严重之时，市民曾历尽艰险，作英勇之精神的抵抗，从未稍有畏缩的表现。现在抗战既获最后胜利，对于这些勇毅可敬的市民，现应采取有效措施，早日减轻其义务与负担，使他们休养生息，恢复元气。九月三日，蒋主席在其庆祝胜利的致辞中，首要一项，就是指示抗战胜利之后，要给予全国同胞休养生息的机会，同日国民政府明令豁免田赋一年、缓征兵役一年，并令全国各级政府照“二五减租”的决议及其他政纲政策中有关民生之各种战时法令，其有未合平时规范者，得先申请废止，以期符合约法之精神，而作实施宪政之准备。我们很希望市政府在执行复员工作的时候，对这方面择取实效的办法，做出优良的政绩，非仅市民受其福利，国家亦将由此而新生，这就是所谓功在国家，利在民生了。

第二，目前的当务之急，要救济工商，稳定市面，使国民经济纳入常轨。敌人实行投降，至今不过37天，而我们在经济上的破绽已大为显露，尤以重庆一地银根紧张，市场混乱，工商百业顿告萧条。这种现象表示一种严重的意义，就是我们的国民经济经过八年战争摧毁，业已贫困不堪，如果目前处置不得其宜，随之而来的还有失业的恐慌以及私人和企业的破产，和倒闭的种种危机。为了将来人民的安居乐业，以及全国国民经济的复兴，切盼政府高瞻远瞩，采取适宜的政策，以消灭此项可怖的经济危机。

第三，此次抗战，关系我百代子孙之祸福，应在重庆永留纪念，以志不忘，本席深信此建议，本会全体同仁必具同感。因为重庆经八年抗战，已为世界之历史名城，当此中央政府将迁离之时，吾人对于政府有依依惜别之感，而大多数人士亦将怀念此一城市对于复兴国族之勋绩，所以我们本次大会，应该建议一种永留纪念的方式，或表现于文字，或表现于建筑与陈列，或采多种方式并行不悖，望我同仁集体研讨，抉择进行。

今天我们在胜利声中召开大会，真是感到兴奋快慰之至，更望各位同仁，以兴奋快慰之精神，在本次大会作出优良的成绩。本席的话到此为止，现在我们恭聆各位长官的致词。

二、开会式中央党部狄秘书长演词

二十六年十一月十五日我离开了南京，到了生平所想不到的重庆，当初在南京的时候，对迁都的问题，起了很激烈的讨论，政府究竟搬到哪里去呢？成了每个人注意的中心以论点，有的人主张迁到洛阳，有的人主张迁到兰州，有的人主张迁到重庆，有的人主张不走，最后问林主席，而林主席的意见，也是不肯走，这每个不同的主张，拥荡在政府各部门里及各人民团体之间，纷纷议论着、讨论着。最后的决定，仍然是迁到重庆，重庆也就成了战时的首都，不负全国人民之所望，肩负起大时代的责任。在当时虽然决定迁到重庆，对名字的应用，也起了一番讨论，究竟用“重庆”还是用“巴县”呢！但各方的讨论，仍采用了“重庆”，为什么毅然决然地用“重庆”这个名字作为陪都呢？当中有许多寓意，第一，形势好，山水皆备，有都城的气象。第二，人民爱国心切，多慷慨义士，八年来，重庆所表现的，对国家的贡献，也都证明了这是事实，不是借口而说的。

抗战八年当中，重庆市对于国家，尽了他不能再尽的重责，壮丁之应征，向不后人，一批一批的青年壮士，开赴前线，做杀敌卫国的工作。物力则尽其所有，贡献国家。重庆市党政方面的工作，时刻都与人民打成一片，其工作人员们努力辛勤，领导协助地方，更为中央所嘉奖，其有今日的成效，非是偶然的。所以本人特代表中央党部向市参议会及市政府、党部致最大的感谢与敬意。关于本党的工作，一般人只重其本身实际的工作，而未留心其普遍工作的展开，殊不知国民党一贯的方针，乃是把中国建成一个现代的国家。现在有一班人，强谓中国不民主，说中国现在需要民主，必须澈〔彻〕底真正施行民主。可是只高唱不去做，只在喊口号，而不领导群众，不去向民主这方面努力，试想天天口头宪政，而不着手宪政之实施，这就可以成功的。

这一点，在建设民主，实施宪政将开始的时期，必须把这种观念改正，这样思想的人，不仅在重庆有，全国亦多此类的人。今后，我们要建立新中国，实施宪政，创造新世界，建立三民主义的新中国，必须以民为主，这完全靠各位参议员先生。

有人谓：现在胜利了。政府不久便要还都，一切都要复原，重庆不是又要恢复战前状态吗！不，绝对不。抗战以前，人民生活水准低，教育程度差，交通不便利。八年来，政府各机关的设施，学校工厂的建筑，使重庆突飞猛进。胜利后的复员，并不是复原，也不是恢复战前的荒凉，乃是恢复战前美满的生活，从而建设改进。我想政府迁走之后，对重庆仍是永不遗忘的，我希望在这末后一次大会，各位参议员先生应当趁国民政府未还都之前，建议政府拨允巨款，作为抗战八年的重庆，全国发号司〔施〕令台建筑永久纪念之用。重庆是最美丽的，长江、嘉陵江环绕整个山城，风景天然，如再由专家设计，不难时为东方的乐园，民族复兴根据地。但是要达到这样理想的境地，须要各位参议员先生努力领导。今天是贵会第二届第五次大会开幕之日，兄弟代表中央党部向大家慰问，希望大家保持以往光荣的历史，继往开来，建设新重庆。最后，敬祝各位参议员先生身体健康，中华民国万岁！

三、开会式行政院陈参事克文演词

议长，各位先生：

本人今天得参加重庆市参议会第二届第五次大会，至为荣幸。八年抗战当中，重庆经过至大的磨炼，受过很大的牺牲，对抗战尽了很大力量与贡献，受苦受难为的是什么？为求国家之和平，世界之和平。这次国民参政会开会当中，对于重庆市的教育计划、建设计划都有周密的讨论及指示，可见政府对我们重庆的关心是何等的重视。对外省来的朋友，战后要回家返乡，他们的心理，并不是说重庆不好，可是，他们为什么要积极盼思回家呢？为什么要走呢？刚才狄秘书长不是已经谈过重庆有很美丽的风景吗？这般人为什么不留恋重庆呢？其中最大的问题，是思家心切，虽归心似箭，就是自己的家再不好，而在外已久的人，也不免有思家的人，此乃是思家心切，久而必厌的心态所致，非是厌恶重庆，说重庆不好。等到他们回到自己家乡时，他便会想起，八年的成长，在那里，那个时候，他们便会想起，抗战八年的支柱，陪都司令台，其优美伟大的情形，又会使他们想起旧地重游，一赏昔日的风光。还有物价高涨，和战前相差极大，生活困苦，不舒服，人在苦难的时候，便会想起家乡。另外一个原因，就是重庆卫生环境不好，到处都是粪便垃圾，更加上老百姓教育程度差，使人觉着厌恶，所以卫生环境太管紧要，这需要各位先生对今后巷道清洁、市民教育，应当协助各级政府积极推行才是。无论那个人尽管对重庆不留连，可是他们没有想这八年的期间能够支持撑稳，使国家能有今日胜利，没有重庆就不得了，胜利何能获得，和平更是无从求着。

政府不久便要离开重庆，还都南京，一切设施、建筑，却将移交市政的接管，政府东迁之后，我们对这移交接管的建筑、设施，不仅充分利用，更应急速建设扩充，这样，方不负此八年来所居的重要位置。以现在和战前相比，重庆方面当然有进步。如马路，过去很窄很少，现在则又宽又多；老百姓教育水准亦较战前为高；卫生设施亦有进步。这都是现在比较进步了。最使我们看得见的像：中心马路之翻修，上清寺阴沟污水之清除，一切都是表现着比过去有进步，可是我们不能认为战时给予重庆的进步，我们便固守不求发展，这是不对的。好的应当保守并求改良进步，不好的应当革除，如现在不善之处亦很多，像中四路一部分，污水垃圾，不能全数清除，粪便不能保持清洁，住屋四围，还是很脏，偏街小巷必掩鼻而过。这也有赖各位唤醒市民注意，提请市府整理。胜利之后，并不是恢复抗战以前的凄凉状态，乃呈恢复平常的繁荣状态。重庆将来在国家所占的地方是很重要，交通方面，西南西北诸铁路，通湖南亦有铁路，并有扬子江东西横穿。不过，要发展到这样，还需要各位参议员努力。要知道，欧洲所谓民意机关，并不是牵制政府，乃是创造立法使政府去施行，我们也应本此建设中国，创造新四川，协同政府并进。

最后，愿本届参议员诸先生，把握这最后一次大会的机会，继往开来，建设新重庆，与地方政府及民众共同协力，以期做全国之模范。本人今天代表行政院到来参加贵会，因为时间关系，不欲多说，恭祝各位健康。

四、开会式内政部张司长文翰演词

议长，诸位参议员：

兄弟代表内政部参加这个会，觉得十分荣幸。二十七年国民参政会驻会委员会召开临时会议，对于本省市在抗战期间贡献之大，倍致敬佩。今天抗战已胜利，日本已无条件投降，同盟国胜利已获得，是何等伟大值得纪念的时代，恰逢此时，贵会召开末次大会，真是难得的机会，兄弟在此特此地参加贵会开会典礼，是何等的难得。谨就本人所希望于贵会及市府者，简单述之：

第一，希望本市完成地方自治，树立宪政基础。过去几年来，重庆市对于地方自治，实施虽多，而成绩很少。八年来，对国家帮助固然较任何为大，但当抗战最紧张的时期，并未能尽善尽美，运用其人力，物力。现在，抗战结束了，政府不久就要召集国民大会，进入宪政阶段。重庆，在此时期应当赶快完成地方自治，以为全国省市县示范。

第二，希望工商、财政各界，积极发扬战后经济。政府虽然东迁，一部分工厂仍将留在重庆建设大西南，亦配合建国需要，亦不负战时的陪都历年所负的使命，重庆战后必须发展，其发展工商业尤为重要，使重庆能成为西南政治的中心。过去，受战事的影响，全国每个都市都是破坏不堪、政治颓丧、经济紊乱。现在胜利了，极需庞大的人才去整理、建设。而重庆政治几年来可说是全国模范，建筑方面虽屡受敌机轰炸之威胁，因为政府在者，民意坚强，愈炸愈坚，格外繁荣起来，成为全国政治的中心、经济中心，为西南第一个城市。假如经济基础不稳，政治中心不坚，一定会造成社会的不安，像最近工商金融各界动摇紊乱，工商停工，种种不良现象，都需要我们针对困难去解决，重庆市的繁荣，以商业为基础，是以依赖商业建立的都市，今后应该注意商业的繁荣，发展战后的经济。

第三，努力建设事业的推进。重庆市政府应尽量采纳参议员们的意见，参议会同仁也应当协助市政府积极建设，在目前必要的事业，尤应审选积极推行。不就政府搬走了，重庆的居民，亦将有100多万减低到数十万，大家对于各项分配运用，善自为之。今后重庆人口减少了，所有留交公司设备甚多，若不以合理的分配与运用，必将引起若干争论事件。卫生上、教育上，也不似战时那样短缺，但切不可以保守旧的为满足，依靠这些为得意，必须建设新的务求应有尽有，使各方面都能获得完善的设备，使各种事业突飞猛进，以为全国之模范。

以上三点，主席刚才也曾提到，不过在兄弟的感想，只有这些，此外也不必多说，为了节省时间，就此告一段落，最后祝大会成功，诸位健康。

五、开会式卫戍总部冯主任演词

议长，诸位参议员：

兄弟代表卫戍总司令部参加贵会，很是高兴。我们抗战了八年，到今天已经获得最后的胜利，今后国内的问题尚多，许许多多的事业，也都等待去改进。各位参议员在社会上都有不少的成就，都是居于领导地位的，举凡地方之建设，人民之福利，皆有赖于诸位参议员先生去开导。政府不久实施宪政，还政于民，这两句话有许多人天天在喊口号，天天在念民主，可是看看他们本身是不是民主呢？是不是在施行宪政呢？他们党内是不是有其他党派加入呢？是不是做了纯粹的国民党员呢？我们的领袖讲："还政于民"乃是本党一贯的方针。英美报上常讲："蒋委员长是中国唯一的领导者，他还政于民的心急切，但中国民众教育水准低，到如今尚不能完全实现"。别人对我们的批评，是这样透澈〔彻〕真诚，我们若不向还政于民实施宪政这条路去实施，怎对得起领袖的期待训导及友邦的关怀。我们的毛病很多，应当反省纠正，好的应当保存，并发扬光大。以后建国大事业，全赖诸位先生倡导、协助去实施，过去官僚的作风今日亦不复存在，我想诸位一定能够担当这个大责任。

重庆今后的重要性、价值，张司长也曾讲过，望各位参议员先生能将重庆优美之点，表现出来并发扬光大，协助政府，建设新重庆。完了。

六、开会式市党部方主任委员致词

议长，各位先生：

今天是本市参议会在此地举行大会的一天，我要说的话，大致各位都讲过了。不过，今天，各代表所讲的，都是认为这是最后的一次大会等类的话。我认为这最后一次大会，仅仅是重庆临时参议会末次的一次会议，乃是今后责任之重大，使命之艰巨，不论抗战胜利，或政府还都南京，或是国民政府马上离开重庆，这都不值得我们注意。临时参议会结束之后，正式民选参议会产生，此乃是新生，并非结束，所以我说，这次会，不但不是最后的一次会，乃是开始的一次会。

一个民族之构成，国家之繁荣，不是口号虚号可能办到，必须言行一致，积极达到目的，如何才能达到目的，必须运用灵活的手段，协助政府，才能使其圆满。需要我们参议员注意的，就是今后本市各种设施之推进，必以合乎实际情形，实事求是，方能有进步，不应以一个机关设立之有无，为全面范示，这样会妨碍教育文化发展前途的，必不以一个机关设立有无，而仍能按实求是，如此才能够建设起来的。

八年多抗战中，重庆市对国家贡献最大，重庆市民对抗战出力也最多，否则不会得到今日的胜利的。我们不管政府今天迁，明天搬，以此为虑。应保持八年来对国家的光荣记载，尤其是目前，应趁政府未还都之际，要特别注重建设重庆市，这不是今天说几句空话，就可以办到的。必切切实实去做，方能建设起来，复员起来。我们参议员以建设新重庆为己任，领导地方为职责，建议政府为权极。重庆要复员，并不是像沦陷区一面复原一面建设，我们重庆的复员，是改进、建筑，并不是坐享战争中所得之福。

以上两点，是兄弟简单的意思，想各位先生定能发挥卓越之才，领导地方，完成未竟之志，为地方为国家，互相前进，协助政府，襄助党部，为人民造福，建设新重庆，纪念永久陪都，最后，祝各位成功!

七、开会式贺市长演词

议长，副议长，诸位先生：

今天本市临时参议会举行第二届第五次大会，也就是最后一次大会。自民国二十八年十月一日贵会成立以来，历时 6 年，过去已开过大会 10 次了，这次是 11 次大会。我们检讨过去六年来贵会的成就，实在令人欣慰和钦佩，重庆是我国战时首都，举凡全国政治、经济、军事、文化，莫不以此为司令台，而全国推行地方自治实施宪政，又以本市为示范区，贵会为战时首都的最高民意机关，过去已能充分代表民意，运用民权，一方面有许多良好的议案，为市民谋福利，一方面配合战时需要，促进本市对战争做重大的贡献。而诸位参议员先生名言说论，风骨嶙嶒，匡政府所不逮，实可为现代民主政治的优良风纪，而尤其是本人素来所敬佩和感激的。

当此世界大战已正式结束，最后胜利终于到来，全世界正在庆祝胜利与和平，国内国外民主宪政的浪潮奔腾膨胀，以过去有如此伟大成就的贵会，正在此时此地开会，其意义自然十分重大，而其任务也就特别繁重。这次大会中，我们至少要集中注意力来研讨下面三个问题，这些问题刚才诸位先生大都已经提到过，就是：

（一）如何加紧完成地方自治，以促使宪政的顺利实施。

（二）推进复员工作，转移战时市政措施为平时措施。

（三）根据都市计划原则，促进新陪都的建设。

现在仅对这三个问题，略陈鄙见，以供诸位参议员先生的参考，还望诸位先生不吝指教。

以上是我一时想到的几点，特别提出和各位商榷，现在政府还都在即，本市面临空前的大变动，上面所说地方自治、复员工作与建设计划三个问题，迫切需要我们来解决，今后的环境虽然会一天天转佳，但建设的困难，实有甚于抗战，更需要我们加倍的努力来克服。本人服务本市瞬经三年，当此庆祝胜利声中，与诸位举手一堂，回忆过去与诸位同艰苦共患难的情景，真不胜今昔之感，我们能在此伟大的时代共同服务于伟大的圣地，尤觉荣耀万分。我们根据过去府会合作的事实看来，深信在这次大会中，诸位先生，一定能各抒卓见，尽情研讨，并根据上次大会后分组考察的观感，尽量批评，使政府有所遵循，使这一次大会有更伟大的贡献，这是本人馨香祷祝，最后并祝诸位先生健康。

八、开会式李副议长致词

市长，各位长官，各位同仁：

今天是我们第 11 次大会开会的一天，本会前后二届，有五年多不到六年。过去六年当中，大家都是悬心吊胆，有话不敢说，就是说出来恐怕得罪于各级政府，这一次还开会，可以说是舒服极了，其安稳舒适，为历次大会所没有。因为过去几年来，都是在不安状态下，因为要躲空袭，有时在政府开会，有时在社会局开会，这是抗战期间没有办法，对于推行我们的职务，也是不可避免的困难。今天的情形就不同了，更得到各位长官宝贵的训词，尤觉得舒服可贵，我们这种舒服安稳，是从那方面得来地呢？是什么道理呢？就是：过去我们想说几句话，想推行政令，给人民谋幸福，始终不能够，就说我自己吧！也没有办到，我们大家究竟应说的话说了没有，可以直截了当地说：没有。俗语说“做一日和尚撞一日钟”，我们虽然只有这一次大会，一定要本此意旨，我们在一日就要做一日。

刚才听了方主任委员说：重庆市对国家贡献很大，市民对抗战出力也最多，没有重庆市民，就不会得今天的胜利，现在我们可以看看，经常所办理及应做的工作，可说未尽万分之一，真是惭愧，对于这些赞美我们的话，我们真是受之有愧，真是不敢担当。七八年中间，我们不能说，没有进步，但这些进步，都是政府搬到重庆以后进步的。抗战以前，四川的交通不方便，重庆这样大的商埠，也不能与外面各省交通连贯。文化水准不够。抗战以后，交通也方便了，教育水准也够了，中央政府各机关各部门整理、建设、教育市民，为我们服务，这种现象，抗战以前是没有的，这一切的进步，不能不归功于中央对重庆的造福，能有今天的胜利与成就。今天在此开会之际，特代表本会同仁向各位长官致谢。

八年来，我们同仁始终站在自己岗位，没有轻视过自己的任务，虽然在敌机轰炸，生活不安的状态之下，仍然协助政府，引导民众，做后方应尽的职责。就拿献金说吧，虽然不能如政府想象的数字，可是已尽了最大的力量，在蒋主席领导之下从事工作，现在替政府想想，政府爱戴我们，可以说到了极点。政府告诉我们，国家的财力是如何的困难，为了纪念抗战复兴根据的重庆，给中央做个永久纪念，将拨款巨款建筑两座铁桥。我们对中央这番心血，真是感激万分，惟盼政府将此款早日拨下，以便极早开工兴建，参议会是代表民意的，替百姓说话的，可是我们有好多话还不敢说，还不敢直接去批评，如黄金政策、贪官污吏，因为我们没有得到充分言论自由的权利。我想，今后这一切，都可以改正的。

最后，代表本会同仁，向市长及各位长官致谢，今天得到这么多勉励训词，我们一定会接着指示，向着建设本市路程迈进！

九、休会式康议长演词

各位长官，各位来宾，各位同仁：

今天本会第二届第五次大会闭幕了，这次大会闭幕，也就是我们市临时参议会主要工作的结束，今后仅留少数的会务，交涉驻会委员会处理，一俟驻会委员会的工作完毕，我们市临时参议会的任务即全部达成，以后便移交与民选的参议会。兹大会闭幕之日，本席特将个人感想叙述如次：

（一）此次大会的成绩。此次大会共通过提案 51 件，其中有市政府交议之重庆市复员、建设纲领案，这两案是应抗战胜利后的复员需要而产生。两案的内容，讲复员工作，分门别类逐项列举。而两案的精神，是要减轻人民的负担，修订战时的法令，安插复员的士兵，救济战后的失业，以及稳定经济、救济工商，使人民能够安居乐业，日趋繁荣。这是本次大会两个中心的案件。其他如关于地方自治的提案，关于改进水电供应，建筑下水道网，促进教育文化等等提案，也都带有复员和建设的性质。当此八年抗战，一旦胜利的时节，提出这些建议，是有划时期的重大意义的。

（二）本席要叙述：自民国二十八年十月本会成立以来整整 6 年，11 次大会之间，可资纪念的一些事件。我们在前三年的第一届六次大会，参议员 25 人，共通过提案 193 件；后三年的第二届五次大会，参议员 30 人，共通过提案 184 件，两共 337 件。这些提案，是我们各位同仁心血的结晶，我们虽不能自诩成绩优越，但至少我们同仁是在环境许可的范围以内尽了最大努力的。这六年中，我们深知是抗战的非常时期，人民的权利不免要受到若干限制，更因为市临时参议会的组织条例，是一个过渡性质的条例，它规定临时参议会只有建议和研讨的责任，而没有充分立法的权责，所以本会的工作成绩，要以上项条例为其准绳。在另一方面，市政府执行本会决议案时，亦因重庆以往的设备不够，基础薄弱，难免发生困难，做到近日市政兴革的成绩。这一点，我们要特别向本市的历任市长和现任市长，以及各位党政长官，表示感佩之忱，而我们本会和市政府这种互谅互信，精诚协作的作风，亦可为未来民选参议奠立一个较好的基础，并可供其他省市的借镜。

（三）本席要说到：本会所完成的任务和未来民选参议会的展望。我们同仁都知道，本会是我国直辖市成立的第一个市临时参议会，在这六年间，我们已形成了民意机关的雏形，树立了民主政治的初基。现在我们预计：本市的民选参议会，也将是全国所有直辖市最早成立的一个是参议会，重庆所以能得风气之先，是抗战之所赐，也是重庆市民的光荣。在我们本次大会开幕那天，中央监察委员会秘书长狄膺先生，对于重庆的市民，和重庆的天然环境，有一致公平而普意的赞扬，足见中央对于重庆的期望之殷。因此，我们希望未来的市参议会，有完好的规模，和优良的组织，来负担本会未竟的任务，发挥我们民主政治的精神。

末了，本席谨代表本会同仁及全体市民，对于领导本市的历任市长和现任贺市长，方主任委员，及各位党政长官再三致意，并祝各位同仁健康，祝本市和全国，迨后在和平统一民主建设的大道上，顺利前进！

十、休会式李副议长演词

今天是本会第二届第五次大会闭幕之一天，合前届计算，是第 11 次大会了。我们这会，因抗战结束本会亦随之结束，差不多是与抗战相终始。抗战八年，得到全面的胜利，而本会亦有相当的成就，不过有许多未实行的，固为过去在抗战期中，无法进行。抗战既结束，自当逐步实现，无庸赘言，不过目前有最迫切的几点，要提请特别注意：（一）是战时一切法令。尤其关于房屋地皮租赁各项，此刻最关重要，昨日本人临时动议，因税局对于未缴地价税移送法院办理，其中大多数都因租赁条例未废止，无法过问，以致一钱莫名，因之未缴，再抗战既经结束，争相还都，所有关于房屋地皮，在这期间或转租、转抵、转卖等等事项，不免发生，着不从速明令废止，则纠纷以致逾多，此应请特别注意者一也。（二）关于教育。此次听取教育局长的报告，校舍之破烂不堪，校具不敷应用，相差太远，合格师资，亦不敷分配，以此主教，殊属痛心已极。夫教育为国家之根本，小学教育尤根本之根本，若不设法改善，则教育从何发展，此应请特别注意者二也。（三）关于地方自治，此次听取报告，调一般自治人员，大部对此莫不关系，现隔选期甚近，若不训练，则将来实行选举之时，即无从措手。不过训练的目的是为公不是为私，是为本市训练基层领导干部不是为私人训练工具，此应请特别注意者三也。最后八年抗战以来，人心败坏，道德堕落，大多数借口于百物昂贵，生活高涨之故，背弃信念，所以贪污案件，随时发生，欺诈巧取，层见迭〔叠〕出，尤其是最近黄金扣成政策以来，在政府原有不得已之苦衷，而在一般无知识者，以为政府违背契约，不顾信义为借口，妄取巧夺，实为社会之隐忧，而同仁领导民众，自应请特别注意者四也。以上四点，本会同仁均所提及，不过实为目前最迫切最重要者，特别提出，希望我贤明市府长官予以注意。

十一、休会式军委会贺主任演词

主席，各位先生：

今天是贵会举行闭幕典礼，本人得来参加，感觉非常荣幸。刚才主席说："市参议会是以贺市长开始，以贺市长结束"，这很有意义。参议会成立及历次开会，我都参加过，并且深切的了解这个会议的重要性。谨就个人的一点感想简述如下：（一）市参议会与市政府及地方的关系，非常的密切，市政府能有今日的成绩，全赖市参议会之辅导，而市参议会能有此辉煌的成就，亦全赖诸位参议员之努力所致，各参议员都是有声望，有经验的干才，所以重庆地方行政推进，与各位参议员实有不可分离的关系。（二）市参议会与市政府及地方冲突的时候也有，但两方面，都能互相尊重，互相了解，排除异议，融洽合作，这实在是最可称道的事。

这几天在报上看到贵会开会的情形，各位参议员的宏论对市府及中央的建议殊多，我非常的高兴。各位参议员都能及时赴会热烈讨论，互相谅解，互相尊重，由此可见，对地方建树一定更多，未来的重庆定能在诸公引导之下，发扬光大，而做全国的楷模。至于互相了解而无隔阂，这是很重要的，市政府与参议会及地方人民必须互相了解，互相尊重，才不致有其他事件发生。但现在，还没有做到这一点。像"马路"，重庆的马路，可说是坏极了，市政府的苦心建修，而地方人民始终不了解其所为，这就是一种缺憾。

这几年来，我在重庆做的工作，可说是对地方密切极了。如"宪兵"。我在宪兵司令部的时候，训练宪兵，便要使他们能爱民，不肆扰，有温和谦恭的态度与精神，不要有压迫摧残的举动，做到宪民一体。记得有一次，捉了一个汉奸嫌疑犯而实际不是汉奸的人，已经判了死罪，将要执行，我们也判断清楚，宣布无罪。这对于维持社会秩序，关系极大，所以我带宪兵，绝对不叫他们压迫百姓，任意摧残。有我当防空司令时每次敌机来袭，也都顾到市民的损害，当民国二十九年以后，敌机对我数度疲劳轰炸，日以继夜，到重庆来肆扰，使市民没有时间休息，将空袭的时间尽量拖长。可是，我们对市民之休息全顾虑得到，尽量使其休息，减少其损害。"大隧道惨案"，使我们十分警惕，使我们十分伤心，因此在那时以后每次的轰炸，我们都是站在最危临的地带，担任空中警戒。当第一批敌机走了之后，马上就开始调查，掷了好多炸弹，炸了什么地方？毁坏了好多房子，死了好多人？但在这个地级刚离开市空，警报尚未解除之际，我们便叫市民休息，或是暂出洞外呼吸新鲜空气，我们却在同一时期做着最危险的事情。所以市民休息的时候，我们不能休息，并且是我们工作最紧张的时候。记得有一次，敌机到万县，我们立刻判断，不会来袭重庆，不会沿着长江而来，当时我们便没有发放警报，可是另外侦察机到了重庆，我们吓坏了。有人问我：为什么这样。我们因为判断敌机不会来，同时我们情愿牺牲一个人的性命，而顾全整个市民的休养，情愿不要一个人的脑袋，而求全市民的安康。还有一次，那是民国三十年，据报：敌机一批到了恩施，当时判断不是敌机，可是我们的飞机已迎头往攀，及至过了万县，我们仍没了发放警报，因为判断正确，不是敌机，而是我们归来的飞机，然后到了涪陵，果然不错还是我们的飞机。这完全是顾虑市民的休养，把自己的脑袋置之不顾。

以上所说，那是在说明了我们与市民谋福利，替市民求安息，置已命于不顾。在今天贵会闭幕的时候，顺便提出来，并不是来向诸位表功，而是说明相互间关系的重要。今天因为贵会闭幕，临时参议会亦将结束，而成立民选的参议会，同时本人在重庆亦有10年的历史，分外觉得关系的密切，特将个人工作与本市有关的部分附带的报告以供各位的参考。最后，祝贵会大功告成，圆满闭幕。

十二、休会式贺市长演词

议长，副议长，各位参议员先生：

今天市参议会第二届第五次大会举行闭幕典礼，各位先生，在过去10天会议当中，昼夜勤劳，热烈讨论，贡献了许多宝贵的意见，提供了许多具体的方针，对于当前几类重要问题，又已得到完善的决议，这种大公无私和精诚合作的精神，不仅是使本府今后在工作方面获得了最高的准绳，而各位先生，就事论事和尽所欲言的态度，无疑的又将成为全国各地民意机关的典范。六年来贵会与本府之间，和衷共济，始终如一，已经充分表现了“府会一家”团结精神，同时也共同担负了许多有关陪都的重任，现在贵会适于抗战胜利之初举行末次大会，几天来和洽而愉快的气氛，可以想见贵会这一次大会的成就，同时也证明了本市临时参议会结果的圆满。

本市为战时首都，一切军令政令外交皆源于此，其所负文化使命至为重大。凡战时足以风范当时、昭垂后世诸措施，当不可任其随战事终了而消逝，必须按照事实，或昭诸文字，或者于设施，俾丰功伟烈与困难艰苦之往迹，得以流传千百代无穷，期使后代子孙所有观摹〔摩〕，以助文化之进展。

战时经济，因供需失调，及通货膨胀之影响，遭受严重困难，所予一般工商业发展之阻力至为重大，本市自环境特殊，关系尤切，闻抗战胜利突然来临，经济情形为之丕更，战时物价高涨的现象，顿呈一时狂跌的趋势，于是金融恐慌，信用紧缩，市场混乱，生产萎缩，商业凋零等险恶现象，纷至沓来，中央当局虽会力予救济，但以问题严重，非医头医足之法所能善后。为使经济不流于崩溃，而期造成开始建设之基石，则有关经济复员工作，且较其他各项问题更为重要，且战时经济复员之良否，不仅关系民生及国家建设诸问题，当前数万万军队复员之成败利钝，更如响斯应，此其问题虽亦为全国经济复员的重要课题。中央方面常有通盘筹划，但我国土地辽阔，交通不便，各地经济情形既有不同，在整个经济复员当中，有不能漠视其区域性，即以四川而论，虽物资丰富，工业生产亦能克服战时困难，然现正形成大后方与收复区之个别经济形态，而与遭厄运，是本市复员计划，自必针对其独特性，谋初期的救济，使渐入于整个经济建设途程，贵会此次大会有关经济的决议，本府当竭所能，期底于成，这是毫无疑义的。

上述两点，要皆目前重大事项，特再加以申述，以强其意，至其他各项复员工作，本府当照复员计划纲领，一一付诸实施，贵会此次大会为本市临时参议会继往开来的一次大会，本市历年来的建设以及地方自治的推进等工作，得于贵会者为多，去年功绩，民治楷模，“宪政桥梁”的责任，固已完全达到。本人三年来在诸位先生指教之下，精益尤匪浅鲜，惟目前正市参议会尚未成立，贵会使命尚属重大，仍望当选驻会参议员诸先生，一本初衷，协助本府，完成地方自治与经济复员，及文化建设诸工作，裨益于伟大神圣的使命，本府幸甚。最后，敬祝诸位先生健康。

十三、休会式行政院代表陈参事演词

各位先生：

今天是贵会闭幕的时候，这 10 天在各报纸上看到贵会开会的情形及决议的案件无往不在，处处俱论对本市将来的发展，最为有关。在此战胜之后，最困难之问题，莫过于经济的困难和经济的危机，这种困难和危急，在各位参议员努力之下，都克服了，由此可见诸位辛勤功绩。抗战八年来，重庆始终站在不屈不挠的立场，排除万难，克服逆境，安然蹚过危险的桥梁，所以目前的经济困难与危急，其能安然蹚过克服，一如各位对八年来之重庆度过一样是我们想象得到的。

今后，定能秉照过去之精神，克服一切困难，成全八年光荣收获。我们要知道罗马不是一天两天的罗马，纽约伦敦也不是一天两天的纽约伦敦，所以重庆的复员和建设，正待我们去开辟，尤希望我们代表来努力来筹划，并且去实施。要知道建设一个现代新的都市，不是零零碎碎可以建设起来的，也并不是不费精力、思力，可以侥幸建设成功的。所以一个都市的建设，第一，需要很长的时间；第二，需要很多的人力；第三，必需有周详的计划。此三者，为建设都市之不可少，如此才能有条有理，按步〔部〕就班建设起来。才能把重庆建设成一个很好的都市，与历史上才能成为永远优美伟大的都市。我看到各位建设重庆的计划，非常详细，顾虑非常周到，因为今天是贵会闭幕的一天，特地说出此三点意见来贡献各位，尚希望指教。

十四、内政部代表刘燧昌致词

主席，各位来宾，各位先生：

今天是重庆市临时参议会第二届第五次大会闭幕典礼，本部张部长因有其他事情，不能亲自来参加，特派兄弟来，非常的荣幸兴奋。重庆是抗战期间国党政军发号施令，本应也是全国独一无二的大好河山。重庆市受很好的山水所环抱，形势天然。抗战八年来，在各位先生努力指导之下，在市政府领导工作之下，有辉煌的成就，在抗战期间对国家有很大贡献，胜利后的今天，更应有周密计划，运用灵活的手段，要建国必先建川，要建全国的经济，必先建设重庆的经济，能够及时计划努力，作为全国模范，兄弟是西南人，只来说西南。要使西南的文化、经济双方齐进，首先必建重庆。重庆是西南独一无二的都市，既是独一无二的都市，当然无异义的要作为西南的模范。

报上逐日登载着贵会这次会议的成功，十天的会议，对国家建设了很好很多的议案，给实施地方自治的市政府许多宝贵的意见。这种协助政府领导民众，建树地方，真值得我们钦佩，我们看了，所发生的感想，真是难尽情述。几年来，诸位的努力，重庆发挥了至高的地位与责任，刚才主席说“开始于贺市长，结束于贺市长”这是很有意义的。完了。祝各位成功！

十五、休会式市党部汪书记长演词

议长，诸位参议员，诸位先生：

今天是贵会第二届第五次参议会，这次会议历程共 10 天，做出了很好好多的议案，今天圆满闭会，大功告成真是值得我们钦佩。先后两届大会共举行过 11 次大会，通过议案，纪录装订成书，共有11巨册，不下数十万言，这都是各位先生的成绩，各位努力之所收获。今天临时参议会结束了，正式的还正在产生，正待选举，在这个新旧的当中我们来参加这个闭幕典礼，感觉着非常的高兴，不过在这个当中，没有一点什么来表示我□诚意和庆祝这次圆满闭幕觉着十分的不安，今天主任因为有事，不能前来，特派我来代表，谨将我一点小小的意见供献给各位，就是今后重庆市政当局最重要的一个问题，便是“复员和建设”。关于复员方面：我们市政府已有一个很好的计划，这□我相信重庆复员很快的而且很容易的。因为动员不大，复员亦易。建设方面：市政府也有一个很好的规划，而我们参议员又有很好的建设。但是，今日所谓军事第一，一切事情都以军事为主，所以不能按步〔部〕就班的实施；可是，从此以后，大家做了一个比较完成整计划，而能按照施行，今往当有不同。譬如：我们重庆的铁路干线，如果决定，重庆发展情形又不同了，长江航运畅通以后，而我们重庆的发展当又不同了，假如铁路终点在九龙坡，则重庆的发展情形又不同了。这个计划如能全部实现，重庆一定是很圆满顺利走入一个很繁华很重要的一个都市，这是我对贵会一点意见。

其次，中国是农业社会，以农业为主，可是还没有像欧美各国农业那样发展，工业化当然谈不到，外国说我们的工业不能以日继工，不走向工业化的道路上。这话我们也承认，但是今后一切条件，均非战时所可比，只要努力建设，没有不会成功的，一定能够顺利完成重庆工业化，全中国工业化。

再者，一个计划拟好之后，拿出来施行，一定有很多人欢喜，相反地也有好多人不欢喜，在这两者之间，有一个衡量就是欢喜的人多或少，然后再决定其做否，如对多数人有好处，其对少数人无好处，当然决定其做，不能以少数人之利益极不满意，而影响多数人。这一切在初期做的时候，希望市政府不要对这些顾虑太多。一个事业的成功，一定有多多少少受损害或得利，少数人损失就可以毅然决定去做。以后应当纠正过去种种的失败以便建设新重庆。

以上所说，是我今天参加这个会的闭幕典礼，小小的贡献，是否得当，尚希各位先生的指教。

十六、休会式市党部杨前主任委员演词

参议员，各位同仁：

你们辛辛苦苦的开了10天会议，到今天二十七日圆满闭幕，我昨天收到通知，叫我今天来参加贵会这个闭幕典礼，我是非常的痛快。10天的会议，我对这个会有透澈〔彻〕了解及正确的认识，其中最值得提述约下两点：

第一点：贵会已经发扬了贵会应发的精神。会议，主要的一点，就是要尽量的言论，这是各个民主国家必有的特色，所谓“意无不言，言无不至”，这是必然的。然而，我们才觉得中国议会都是太规矩了太严肃了，我在外国看到开会都是很严重而民主，吵起来打起来，是很平常的事情，不管是什么性质的议会，这种现象是必然有的，这种现象在中国，可说是没有。但是在贵会，却是毅然表现了这些精神，我真高兴得很，替重庆贺替中国民主前途贺。因为这样诸位对重庆的贡献，在各方面都是很伟大，我不仅是以来宾地位这样说，也是以国人地位这样讲，刚才贺主任和贺市长也说过，我们的意见不是代表一个人一个团体的，而是代表人，代表整个的地方。所以我们以为在一个国家在一个地方，当然是要代表人民及地方。

第二点：有人说，重庆参议会总是为地方说话。这话是错误的。试想，我们重庆参议会，是地方的议会，当然是为地方说话，不为地方说话，难道为自己说话吗？重庆市参议会，就是为重庆市说话，为重庆市人民说话。综上两点意见，我在重庆，与各位常常见面，也曾提到过，而这次贵会开会，适逢兄弟在重庆，天天在报纸上看到各种议案，心中为诸位庆，不过在开会当中打吵可以，而以后就要彼者了解，不可有丝毫互相攻击的事情，这样才不愧为民主作风。

贵会有六年光荣的历史，以后要成立正式参议会，我感觉我们重庆参议会的各位先生能够代表市民。新参议会产生，听说有几位要离开的，不愿意的，但是，我仍希望各位先生能继续帮助重庆。至于迁都方面，前天蒋主席讲过："□都复员，暂时不要忙"。这意思是说：今后建国，仍然在西南各省，关于后方的大机关、工厂，都仍然留集重庆。贺市长也有新的大的计划，很快地就可以完成。兄弟今天在贵会六年最后一次来和各位讲这些话，这就是兄弟在重庆工作结束后的时候做一个纪念。

十七、休会式温参议员少鹤答词

主席，各位长官，各位同仁：

我代表我们参议员来说话，我们只知道，参议会是一个言论机关，对于一切的事情，一定有不少的话说。因此，也很容易找麻烦。就我看来，参议员对于一切事情，应该要看作很重要，因为我们是要集思广益，精益求详，一方面不高谈阔论，而对现实，切实做到。另一方面我们要佔〔站〕在时代的前面以求本会改良进步。自二十八年成立到现在，可以说没有什么进步，就自治说：当时是有计划而实行的决心，可是以后也就慢慢消沉下去了，到现在可以说也没有什么关系了，又如土地测量，在民国二十八年第一次大会时我们就提出，可是到了今天仍没有顺利完成，他如教育局、财政局，其本身的工作有无进展，推行之缓，真使我们惭愧。二十八年第一次会议的时候说：全国各地办理最好的还是重庆，到现在还是进步了呢还是退步了呢！就如教育吧！一定要严厉督导来发扬，才能达到良好的成绩，否则，开会又开会又有什么用呢！再如地方自治，在实施开端，一定要从根本做起，按步实施，这样才有希望我们政府都能上下一心尽量做到，我们参议员也绝不苟循，协助去做，如此才有成绩，才能够解决经济危急，才能够完成地方工作，复员才能有把握。他如处置汉奸一项，要确实铲除，积极进行，如能在抗战结束之时候，来完成这项工作，那再好没有了，如果迟延那就晚了。这一切，都是要积极进行，正如刚才议长及市长说的"社会一家"这样做去，才会收战时之功，而得战后之效。

过去历次的会议决议案，我们知道市政府方面有很多的困难，贺市长本人也有很多的困难，这当然是事实。不过，在一件新事业的开端，不论多少，一定是有阻碍的。实施方面，市参议会同市政府也都感觉不够，在我们省议会方面，究竟尽到了我们的能力没有？我可以说：我们的力量很少很少。我们在抗战期中，所谓"军事第一，胜利第一"，一切都以军事胜利为主。战时首都所在地方，工商业很多，市府和我们职权有限，所以不能普遍督促，没有尽量发挥，政府所给我们参议会的权是很小很少，及所谓"审察"的权都没有，为了受职权限制，环境所限制，我们工作不能够如计划的那样推进，所以我们到现在还不明瞭，我们"职权"为什么会受这样的限制，以致我们的工作不能推进，这更是我们本会同仁惭愧的地方，今天我特别提出来，使各位长官瞭解我们参议会是怎样的在工作及不能工作的征〔症〕结。最后敬祝各位健康！

重庆市档案馆馆藏资料 D1911

民众之部[①]

一、抗日救亡运动

（一）抗战初期重庆各界的抗日救亡运动

1.《国民公报》关于重庆市妇女抗敌后援会成立的报道（1937 年 8 月 17 日）

（本报特讯）战号响了，牺牲已到了最后关头，要求民族的生存，只有发动全面抗战。重庆市妇女抗敌后援会于昨午后四时在社交会堂正式成立了，到会的妇女大约有五六百人，会场情绪异常热烈，由闵蔗佳司仪，朱斯白、陈倩华记录。行礼如仪，并向前线阵亡将士静默志哀，青年歌咏会男女会员 10 余人，亦参加合唱救亡歌曲二首。先由李光岱致开会词，李慷慨激昂，说明日人侵我暴行和妇女抗敌后援会成立的动机和使命。继由彭毓炯报告筹备的经过，次由市党部代表周德侯训词：各地后援会，悉由党部领导，统一组织。本市已有后援会的成立，本不应再有妇女抗敌后援会的出现，应该合并组织，俾能集中力量。惟思及妇女界人数众多，工作甚烦，特权变组织，单独成立。但将来亦应受后援会的指挥，名义是否仍用“妇女抗敌后援会”，须待今日后援会开常会讨论。市政府、宪三团、警备部、新闻界代表亦相继致词。末了选举执行委员 21 人，于执委中互推常委 7 人，内分主席、总务部主任、宣传部主任、组织部主任各 1 人。

原载《国民公报》1937 年 8 月 17 日

① 此部分所说的“民众”，并非单指纯粹的民众，同时也有中央政府、地方政府以及其他各机关团体的参与。只是与本书所指的《中央之部》《地方之部》相比，此部分有更多的民众参与，故取名为《民众之部》。

2.《国民公报》关于重庆市妇女抗敌后援会召开首次执委会的报道（1937年8月23日）

（本报特讯）妇女抗敌后援会于前日午后三钟在该会会址开第一次执行委员会，全体执委除有4人请人代表缺席外，其余均到。由丁勇任临时主席，陈倩华记录。第一通过工作大纲，甲：总务内分文书、交际、事务、讯问（专设妇女讯问部以便为妇女界解答各种问题）。乙：组织内分看护和军事训练、慰劳劝募（募集各种战时需用品，并着重向各方征募金银首饰、装饰品等）、调查（调查会员和一般妇女的生活状况）。丙：宣传部对内办理各种讲演和各种座谈会（以抗敌救亡为中心题材）；对外组织乡村宣传队，办失学妇女教育训练班，办街头壁报、广播，办定期刊物。至于各部工作细则，由各部于一周内自行拟定。第二由总务负责办理聘书，于一周内向各方征聘各部干事。第三经费，一面向各委员征收会金，由事务负责；次由各会员与执委乐捐。第四，各执委因职业关系，无法每天到会址办公，但为了方便会员与外界接洽事务起见，故由执委中捐钱聘请一位经常值日员，并定于每日午前九至十二钟，午后二至五钟，为办工〔公〕时间。目前各部均已分别积极进行，并定于下星期六午后三钟半开第二次执委会。

原载《国民公报》1937年8月23日

3. 漆鲁鱼：今年的九一八（1937年9月18日）

同是一个“九一八”的纪念日，却具有几个不同甚至相反的意义。这个不同的意义，完全是根据中国的内政和外患的情形的发展而变迁的。

从1931年9月18日沈阳事件发生直到现在，已经整整有6个年头了。在这外患和内政急剧的变动的6个年头当中，中华民族是遭受到从未有过的厄运。它逐日在死亡线上挣扎，国土也日在无形中缩小，由东北而热河，而察绥，而平津……使每一个中国人民，都觉得会有一种大火将烧到自己的脚跟，就是说，在今年以前的5个年头中间，中国人民都在忍辱含垢中过着惨痛的生活，因此，我们纪念“九一八”每每是在悲痛中举行的。现在呢？无疑的人民所久已渴望的全面战争已经到来，也正是全国人民为国家民族牺牲、奋斗、流出他们最后一滴血的时候。那么，我们的纪念，当然不会完全一样了。

这个不同的意义在哪里呢？当然在政治和我们的任务上面。那么，在我们今年纪念“九一八”的时候，来研究一下6年来中国政治的演变，大致不会是一件全无意义的事情吧！

从1931年到现在，中国的政治形势，我想最低限度有下面几个特征。

一、相继不断的内战。说远一点，可以说是近20年来，中国人民在外侮交侵底下，不但不能团结一心，共同对外，相反的而是把他们的所蓄积的财力、人力，消耗在极不合理的内战上面。在数十年中间，中国人民把人力、财力，消耗在内战上面的，是比之任何一种消耗，不知要大几多倍。此种自相残杀的内战，她不但不能在外敌侵凌底下，集中力量来一致对外，而且还极度的破坏了农村经济，使中国人民，在天灾人祸交侵底下，过着牛马似的生活。至造此种连年不断的内战的原因，我以为是帝国主义的挑拨离间，他们很怕中国人民自行团结，这样必然会使他们无从侵略，增强中国人民的反抗，所以他们就采用“以华制华”的方法来造成中国内战，使他永远不能团结，他们好顺利的进行侵略。〈下略〉

二、割据的形势。几年来呈现在中国政治上另一个特征，就是割据的形势。〈中略〉这完全基于封建势力的残余，无疑的会削弱中央政府的威信。因此，帝国主义者认为这一割据的形势，于彼侵略有利，遂不惜用种种卑劣手段来扶植地方政权，以削弱中央政府的权力，“使之不能统一”，用各个击破的方法，来向中国进攻，是帝国主义者一贯的毒计。九一八事变，中国未能立即发动全面抗战，这是有很大的关系的。

三、汉奸跳梁时代。自从殷汝耕之流在通县成立所谓“傀儡政府”以后，于是为有识者所不屑为的汉奸，在中国境内，便大加活动起来，特务机关到处秘密设立，特别是1933年时华北的自治运动与福建的骚扰，简直闹得满城风雨，郑州特务机关的破获及太原纠纷，都说明了当时汉奸跳梁的情形。

四、局部抗战的失败。就在这样的情形下，中国人民也并未放弃对争取民族的独立的斗争，长城诸役、一二八的淞沪抗战以及东北义勇军的困扰敌人，都给予敌人进犯以相当的打击。但是因为这些抗争，都是局部的抗争，结局都失败了。

五、亡国灭种的危机加紧。一方我们在进行着不断的内争与割据，一方汉奸、敌人又在加紧进攻，因此，中华民族很快的就会由半殖民地的地位降到真正殖民地的地位。亡国灭种的火焰在每个国人的眼面前燃烧着。这便是五年来中国政治的缩写。

但是今年的“九一八”，中国政治形势是大大的转变了。这个转变，我们简单的把它概括在下面几个特征上面。

一、和平统一的完成。在事实上，由于西安事变的影响，促成了中国的和平统一。不论党派，不分阶级、宗教、职业，在一致对外的号召之下，统一起来，中央政府达到从未有过的巩固。抗日第一和反对内战，已为各方所坚决拥护。

二、敌人的全面进攻和我们的全面抗战开始。卢沟桥事变发生，战线很快就发展到全中国各部，现在的上海战争，事实上已由掣制战转变成主要战线之一了。全中国的军队和人民在成千成万的拥〔涌〕到前线去，全面战争是在逐日开展着。这不能不说是由于内部统一，才有今日的抗战实现。

因此，我们纪念“九一八”，我们非执行以下的几个任务不可：

（一）巩固我们的联合！谁进行民族分裂，谁就是民族的敌人！

（二）广大的动员民众，武装民众，来参加战争并支持这一战争！

（三）肃清汉奸，把内部的内奸洗刷干净！

（四）拥护中央政府！并彻底实行民主政治！

只有这样才能争得民族的独立与自由，只有这样才能把日帝国主义赶出中国去，只有这样才能收复东北失地。今年的九一八是最后一次的纪念，我们要用鲜红的血液来把五六年来的耻辱污点洗掉！从今年后，我们希望永久不再去纪念九一八。

再喊一声，纪念九一八，我们要巩固联合，动员大批群众到前线去参加战争。让我们把日帝国主义埋葬在太平洋的深渊里去吧！我们要争取独立与自由！鲁鱼

原载《新蜀报》1937年9月18日

4. 重庆市救亡歌咏协会宣言（1937 年 9 月 29 日）

（一）时代的愤怒，民族的呼声。

“起来，不愿做奴隶的人们，把我们的血肉筑成我们新的长城……”听啊，救亡的歌声已随着全面抗战的展开而传播到全国的每一个角落里。40 年来的仇恨和愤怒，在每个不愿做奴隶的人心中爆发了出来，全国的民众为了祖国的自由解放而发出最后的吼声，汇成一条伟大雄壮的洪流，向着我们的敌人冲去。

（二）“歌声在那里，民族解放的战士也在那里。”

真的，自从我们时代的歌手聂耳先生奠定了中国新兴音乐基础以后，全国的救亡运动就在悲壮慷慨的歌声鼓荡中益发蓬勃起来。《义勇军进行曲》《大路歌》……的风行，反映出这怒吼的时代中，千千万万觉醒了的人们，意识到了当前时代的使命而走上了为民族争生存争解放的救亡的大道上来。我们从过去《毛毛雨》《桃花江》一类淫靡之音的自然没落，我们已在事实上证明单用为个人抒情享乐的音乐已经快被时代的暴风雨所冲洗掉了。

（三）大众的歌曲，应该唱到街头巷尾穷乡僻壤去。

“要唱得全国的大众，每个人的热血沸腾。”救亡歌曲的使命，在以悲壮激昂的歌声刺激大众，鼓舞大众，使大众从歌声中认清我们的时代，认清我们自己的责任，热烈地积极地参加到救亡的阵营里来。在过去的表现和经验告诉我们，在目前文化水准低落的中国，教育大众、组织大众最良好的方法，莫过于推行救亡的大众的歌咏运动，最能发生效力了。在一个教育大众的场合之下，一度“打倒日本”歌胜过教他们一个月的大众国难教本，而人力时间的经济更能显示出推行救亡歌曲有利的条件。尤其在民族自卫抗战的火炬熊熊高举的今天，激发全国民气，组织全国民众，已为当前刻不容缓的工作，我们更应该加紧脚步，张大我们的喉咙，高声呼喊起来，让我们暴风似的吼声，勇往直前地通过全国的空间，激起民族自救的巨浪，联合而成民族抗战的洪流，要把敌人泥脚的阵营，予以无情的打击和摧毁。

（四）唯团结能发生伟大的力量，我们要紧紧地团结起来。

自抗战展开以来，本市新兴歌咏团体，如雨后春笋，蓬勃发展，一反过去死寂无声的现象，真令人极为兴奋和愉快。惟救亡工作之推动，必有赖于团结所有一切共同目的之力量，整齐步伐，统一计划，互相勉励，携手共赴光明的前途。目前全市歌咏团体已达数十单位，但平时各自为政漫无联系，虽皆异常努力推行工作，成绩亦好，现本市救亡歌声在各团体努力之下，渐渐蔚为风气，一般社会也渐由冷漠的态度转为热烈的同情，但我们不能因此满足，而更要加紧工作，团结我们的力量，努力普及救亡歌咏，以达到我们唤醒民众的目的。在这客观的条件下，本会等一致热烈同意，发起组织“救亡歌咏协会”，希望以严密的组织，集体的力量来推动这伟大的工作。愿本市歌咏集团予以热烈的同情和响应；全市的青年兄弟姊妹们，团结起来，一条心，一个声音，在一个目标下前进。最后谨以至诚欢迎本市各音乐家及社会人士，予以有力的扶助和指导，俾在各先进指导之下，本会能顺利发展，至为感谢也。

发起集团：青年民众歌咏会、暴风歌咏队、雪耻歌咏队、怒吼歌咏团、省职校歌咏队、巴女中歌咏队、重庆女师歌咏队、妇女抗敌后援会歌咏队、南岸女中歌咏队、青职互助会歌咏队。

原载《新蜀报》1937 年 9 月 29 日

5. 重庆各媒体关于重庆文化界救亡协会戏剧队、怒吼剧社开展抗敌救亡演出的报道（1937年11—12月）

（一）海棠溪龙门浩演剧记

十一月三十一日午前九钟，下着细雨，文化界救亡协会十几个人在白象街集中向海棠溪出发。

我们中有没穿雨衣，又没有带伞，到轮渡囤船时，我们的头和衣服都打湿了，挤得满满的一船，在油烟冲鼻机声聒耳中过了河。路滥得厉害，有几个人几乎跌了跤。到场上，强心到联保处和警察派出所去办交涉，我们就在一家馆子里围住一张桌子吃点心、吃饭，又□面商量今天的工作。强心不久便转来，说是交涉结果圆满，我们就出了饭馆，到达选定的临时剧场。

剧场就在联保处和派出所，是一间破旧的庙宇的正殿。巡官和警士们都很热心，忙着为我们借东西，拿开水，叫人到街上打锣召集观众，又帮着我们用小凳摆在临时舞台的前面，就居然像一个小小的剧场了。可是观众却寥寥无几，而且多是小孩。警士们又帮着我们叫小孩回家去喊人来看戏，又借来道士的大锣、包包锣、马锣和小钹，演员在化装，我们3个人和1个警士就拿着借来的锣和我们带去的小鼓小锣敲打起来。我们都不曾学过打锣鼓，可是一打起来，竟会创作些很有味的锣鼓牌子。锣鼓打得闹热，观众果然渐渐多了。

演剧之前，先由肖崇素先生报告我们来演剧的意义和节目。《放下你的鞭子》开台了，原来是闹着的观众都静下来了，笑着脸听那个卖艺汉的一场说白，等到香姑娘和卖艺汉诉说着国破家亡的惨痛时，他们都默默地在脸上流露着悲伤与愁苦。过后舞台上呼口号，也有几只小手举起来，几张嘴高呼着。剧场渐渐满了，坐着立着的大约有300多人。剧完了，又是“金钱板”，唱歌，肖先生演说，最后呼口号就放场。我们又踏着泥泞唱着歌向龙门浩去。

又是强心做交涉员，警士领着我们走了多长一节路，看了一个不合用的庙宇，最后只好选了河坝作剧场。河坝人太多，我们几个人又大鼓大擂。没有房子，只好走河边低处去化装。节目与原来一样，观众虽然只有一二百人，大人却占了多数。因为我们都感到一点疲倦，匆匆地就离开了他们。他们也许还没有满足吧，等我们跨上渡船时，他们还拥到河边来望着我们呢！

我们由朝天门上岸，是午后正三点。（戈浪）

原载《新蜀报》1937年11月2日

（二）文救会戏剧队昨表演街头剧

本市消息：此间文化界救亡协会戏剧队，于昨午前赴南岸弹子石出演《当壮丁去》之街头剧，先后加以讲演、歌咏。因均属于激发抗敌救亡情绪者，且表演又极认真，故甚获得该地民众之赞许。该队在弹子石演毕后，旋又赴江北觐阳门河坝表演，至午后二时方始返城。闻该队现正赶排《反抗》一剧，及积极征求男女队员，以备扩充，增加工作云。

原载《新蜀报》1937年11月13日

（三）怒吼演剧队赴南岸公演

本市怒吼剧社乡村演剧队自训练以来，将近半月，今晨八时第一队20余人冒雨往南岸出演国防戏剧，藉以唤起乡村民众爱国情绪，并宣传抗敌救亡，首在海棠溪联保办公处举行，到观众500余人。午后一时，复假黄桷垭渝南餐旅社出演《张家店》，并领导大众习唱救亡歌曲，成绩极佳。闻该队以后凡星期及假期，继续赴各乡场表演宣传，又闻该社第二次公演之四幕国防剧《黑地狱》正在加紧排练中，不日即将出演云（中央社）。

原载《国民公报》1937年11月13日

（四）怒吼剧社街头演剧队第二次出演

半月的阴云，在今天消失了，阳光散着温和的恩惠，普及到任何的角落，不像初冬，倒仿佛像初春来到，把蛰居在室内的人都勾引出来，所以街上的行人是比往日多，有的聚集在照相馆的门口，瞻仰我们元首林主席的丰采，有的徘徊在上清花园的附近，参观国府的修筑，他们是需要更有力量的刺激，刺激他们一腔沉静下来的抗敌情绪。

在这个时候，怒吼剧社街头演剧队，便出现在江北公园、刘家台和相国寺，上演他们唤起民众的救亡戏剧。这里没有灯光，这里不用布景，这里无须买票，这是戏剧工作——为的是鼓动起民众抗敌的情绪。

“杀了日本鬼子！”这是观众们看到剧中紧张情形，情不自禁喊出来的。观众们在没看戏以前是平静的，看过了戏后却是激昂。演出的效果是相当的好……

原载《国民公报》1937年12月2日

（五）怒吼剧社与文协会戏剧队昨表演街头剧

本市文化界救亡协会戏剧队，男女队员20余人，于昨日午前十钟，至黄沙溪表演街头剧，节目有《难民曲》《当壮丁去》二出，此外有讲演及歌唱。当到观众600余人，其中以船夫、苦力、洗衣妇最多。因化妆逼真，表演努力，成绩极为良好。又本市怒吼剧社街村演剧队，昨日赴南岸作第四次公演，首至下龙门浩菜市坝子出演《张家店》与《火中的上海》，计到观众600余人次；在弹子石谦泰街前空场内演出《大家一条心》及《当壮丁去》，共到观众500余人，演出效果极佳。闻该队除以后每星期日仍在街头或附近各乡场出演外，年假期内，将作远征云。

原载《新蜀报》1937年12月13日

（六）文协戏剧队深入农村

此间文化界救亡协会戏剧队，曾在城区先后公演四次，昨日复又至菜园坝公演街头剧，成绩甚属不恶。现该队鉴于城区之抗敌救亡宣传已多，而农村尚少此项宣传，故特组“乡村游击戏剧队”。第一次时间定为7日，出演地方已决定沿嘉陵江西上至蔡家场、悦来场等处，现已签名参加者，有肖崇素、高孟党、施时昌、李华飞、陈志坚、曾艺波、严华龙等20余人。至出发期间，俟召开一度会议后，即可决定；至演出剧目，已大体决定有《当壮丁去》《长城月》《放下你的鞭子》《当义勇军去》等云。（大陆）

原载《新蜀报》1937年12月7日

6.《国民公报》关于重庆抗敌气氛高涨的报道（1937 年 11 月 15 日）

（本报特讯）由于上海太原的失败，重庆抗敌的空气也随之高涨，各中级学校的救亡呼声，更高唱入云。本市各马路巷口之墙壁上，开始发现一些粉笔标语，含义深长，语调尖锐。昨天是星期日，各界抗敌后援会纠察组所属各中学童子军，在夫子池检查后，经过各街巷时，特别动员粉笔队，写出许多刺人的口号，如"主和的就是汉奸""反对和平妥协""反对日德意三国的反共公约""反对国际和解""杀尽汉奸"……路上行人，多驻足而观，其宣传的力量当然不小了。

原载《国民公报》1937 年 11 月 15 日

7.《国民公报》关于重庆救亡歌咏协会扩大乡村宣传的报道（1937 年 11 月 22 日）

（本报特讯）近日我方因战略关系，军事稍有失利，一般无耻汉奸遂播谣和平妥协之空气，障碍抗战前途，违反政府意志。本市救亡歌咏协会有见及此，遂于日前曾举行反汉奸游行歌唱大会以唤醒民众。该会为欲促成长期抗战之最后胜利，又于日前举行各歌咏团体代表座谈会，议决于（二十一）赴磁器口扩大乡村宣传，共到 170 余人，精神振着，皆冒雨步行，上午十一钟抵磁器口，未曾片刻休息，遂分队前往该地四处宣传，一时全镇充满救亡歌声，群众为之兴奋，并于当时学会简单之救亡歌曲。又该会之粉笔标语"主和即汉奸""实行对日绝交"等沿街皆是。时至午后三时半才搭揽载返家，沿途歌声震天，情绪热烈，毫无疲倦之态，此次成绩实为乡村工作罕见云。

原载《国民公报》1937 年 11 月 22 日

8. 重庆媒体关于重庆文化界救亡协会成立的报道（1937 年 11 月）

一、渝市文化界救亡协会定二十一日正式成立

本市文化界救亡协会筹备会，于昨午后二钟在商会开正式筹备会，到男女会员 100 余人，由主席金满成报告开会理由后，即由漆鲁鱼、高孟觉先后分别报告过去文救会及目前戏剧队加紧工作情形，次即依序决定下列各项，（一）以援战反汉奸为大会之中心工作。（二）请市抗敌会发起召集援战反汉奸市民大会。（三）本会定二十一（即本周星期日午前九钟）召开正式成立会。（四）未成立前应积极筹备之事项，由筹备委员会负责，其筹备员由众提名选出，肖崇素、邱漫潮、漆鲁鱼、金梁却、陈凤兮、郝威、傅杰、李华飞、赵铭彝、严华龙、毛通普、金满成、蒋昭宣、杨均实、李仲年 15 人充任。（五）组织检讨汉奸理论座谈会。至五钟时，始全体散会。

原载《新蜀报》1937 年 11 月 15 日

二、文化界救亡会发表成立宣言

本市文化救亡协会，已于昨日成立，推定负责人，该会宣言，已于今日印就送出，兹志如次：

自我国举国一致的全面抗战开始以来，这实是我国历史上一个划时期的事件，因为由此我们不独可以清算自甲午战争以来暴日对我的血债，还可由此正面的给向我进攻最烈的暴力以打击，并由此解除我们历史上长期未解除的种种束缚。

在这神圣战争的进行中，是每个国民都应当把他的力量贡献给国家的，因此我们在这时期也应当毫不迟疑地果敢的负担直〔起〕每一个人对国家应尽的责任来。

就文化的素质来说，在抗战时期中，他正有无限的不可推卸的工作，举例如：一、帮助抗战发展的抗战理论的充实。二、帮助政府外交的国民外交的推进。三、帮助政府教育的战时教育的实施。四、帮助政府作训练民众基础上所必要的宣传工作的完成。——这一切都是政府与人民双方合作方能完成的工作，而且这工作是必要、同时又必需由文化界担负起来的。

我们感到我们责任的重大，当我们想念到目前的每时每刻，都有无数为祖国生存而战的英勇战士，在前线流血牺牲，我们再不敢对我们应做的工作彷徨犹豫了，我们盼望能在政府抗战政策的领导与一致下，做出一点我们国民所应作的工作来。

我们愿接受各方面的指导，我们愿我们所有的力量与一切为民族自由解放而战的友人们携手，我们便能为我们全体国民所要求的自由而解放的中国奋斗。文化工作者一致团结起来，努力救亡运动！打倒日本帝国主义！拥护政府抗战到底！

原载《国民公报》1937 年 11 月 24 日

9.《国民公报》关于重庆抗敌后援会指导委员会成立的报道（1937 年 11—12 月）

一、抗敌指导委员会短期正式成立

（本报特讯）抗敌后援会，以人力财力均应集中抗敌后援指导委员会，由行营贺主任国光，叶厅长元龙，三十六军军长周浑元，副军长姚纯，警备司令李根固，重庆市长李宏锟，中大校长罗家伦，重大校长胡庶华，南开大学校长张伯苓，教育学院院长高显鉴，一百六十一师长许绍宗，中央银行总分行经理潘益民，中国银行总分行经理王君韧，省银行总行协理康心之，聚兴诚银行总经理董庆伯等为委员。闻贺主任对此颇为赞成，希望早日实现，以便推动后援一切重要工作。至各委员聘书，日内即将发出，正式举行成立大会，商决今后之工作大纲云。

原载《国民公报》1937 年 11 月 23 日

二、市抗敌后援会指导委员会昨成立

（本市消息）市抗敌后援会，为加强抗敌后援工作计，曾于二十次常会决议敦请各机关首长与各界闻人，组织一指导委员会。消息早经各报披露。兹悉该会已于昨（十八）日午前十时，假青年会西餐堂开成立大会，出席指导委员贺国光、李根固、李宏锟、姚纯、赵锡光、罗家伦、胡庶华、许绍宗、关吉玉、袁家佩、罗维骥、郭一予、王秉章、费有俊、康心之、涂重光、王君韧、冯一飞、董庆伯、潘益民、廖焕廷等，市抗敌会委员袁宇仁、蔡家彪、刘家康、吴人初等及各报馆代表亦均列席。由贺国光主席，梁汝池记录，行礼如仪后，主席报告略谓："市抗敌会成立已久，工作不无困难，现值全面抗战日益展开，全国上下，均应齐心协力，统一意志，集中力量，在唯一政府、最高领袖指导之下整齐步伐，奋勇抗敌，方足以争取最后胜利。不容有假名救国，另有企图之纷〔分〕歧组织，以免忧〔扰〕乱秩序，破坏统一阵线。今天成立指导委员会，请各界首长各界闻人出席一堂，群策群力，共谋救国良图，庶期抗敌后援工作加强效率，达成任务云。"次即由抗敌会李根固代主席致欢迎词，略谓今天欢迎各位指导本会工作，是克服过去困难指示今后工作，深望各指导委员不吝教示多多指导，俾有遵循云。旋由袁宇仁报告筹备经过及抗敌会四月来工作概况后（词长从略），即欢迎各指导委员就职，讨论组织简章，推定贺国光为主任委员，李根固、李宏锟为副主任委员，各股股长：（一）政治股股长郭一予，副股长龙文治；（二）军事股股长许绍宗，副股长袁家佩；（三）教育股股长胡庶华，副股长罗宗文；（四）金融股股长康心之，副股长董庆伯；（五）新闻股股长汪观之，副股长周钦岳；（六）民运股股长龚一维，副股长察家彪。后由贺主任及李副主任委员致词，贺主任讲词，希望各委员本权利义务而努力指导抗敌后援工作。李副主任讲词略谓，吾人做事不畏艰巨，应否沉着赴之百折不回，本市抗敌后援工作，民众少许尚有不明大义，从中障碍，或有纷〔分〕歧组织，破坏抗敌阵线，今后希望各位切实指导，将所有救亡团体爱国人士，一致劝迎参加抗敌后援会工作，群策群力，集中意志，整齐步调，救亡工作，庶乎有豸。今后凡有假借救国名义，别有企图之组织，一概不能再有活动云。末由罗家伦委员讲话，大要云日暴侵略日益深入，国际局势日益演变，吾人应努力长期抗战准备，以应非常。（一）应努力筹谋防空建设，以避敌机空袭；（二）应努力募集救国捐款，以充抗战军费；（三）应统一民众力量，加强民众组织训练，以增加抗战实力；（四）应积极实施国难教育，以统一的步骤，而推行各种技术的训练，吾望学生应夺取"时间""技术""知识""训练"，不要夺取民众，要总动员，不要乱动员，更应注意处此非常时期，应总工作，不要总休息云。于午后一时始散会云。

原载《国民公报》1937 年 12 月 19 日

10. 重庆市妇女抗敌会为奉命结束告同胞宣言（1937 年 11 月 26 日）

亲爱的会员们！同胞们！

当此宣言和你们见面的时候，我们刚成立才 3 个月的重庆市妇女抗敌后援会已经结束了。在这里我们带着万分悲痛的心情，谨向你们略述本会自成立以迄结束的经过。

自卢沟桥事变发生，全国同胞一致奋起，为挽救国家民族的危亡，为尽国民应尽的天职，各地纷纷组织了抗敌会，团结各界的同胞，作政府抗日的后盾。本市妇女界迫于良心的驱使，已在此伟大的号召下响应了宋美龄、何香凝等诸女士所创导的全国妇女抗敌后援会而成立了重庆分会。

在炎热的八月八日下午，我们 200 多个妇女在市商会礼堂开第一次筹备会，只是 8 天的时间，就有 700 多个妇女在市政府、市党部、警备部、宪三团以及各报记者的指导下，堂堂皇皇的成立了我们的重庆市妇女抗敌后援会，接着九月二十四日又奉到重庆市党务指导委员会第 1246 号批示"准于备查"在案，是本会已取得党部的认可，系属合法的人民团体无疑了。

但意外地，重庆各界抗敌后援会某次常会席上，有人提议解散本会，经本会代表力争，认为救国团体应当多多的组织起来，才能扩大抗敌工作，加强抗敌力量，并且妇女另外还有其特殊的活动范围，绝不能绝其爱国之路，结果始得未遭解散；嗣后各界抗敌后援会更将其决议案通知本会，并分配我们各项工作。

九月二十五日接得首都慰劳总会来函“……查贵会组织章则并无不法之处，惟要统一救亡力量，必先统一名称，贵会应照本会改名为全国妇女慰劳自卫抗战将士会重庆分会，并将委员名单送会，以便转送军委会第六部备案存查……”等因。本会当即遵令筹备改名，并呈请南京总会颁发组织章则在案。

又十月四日，本会为举办失学妇女夜校，特呈市、县两政府备案，并请发给书本，同月八日奉到市县政府教字第1569和5136号指令“……该会热心教育，至堪佩慰，查无不合，准予备案……”等因。并领得课本共700册，随即呈报学生名册各在案，当时并未闻本会有何不法之处。

但自十月五日，各界抗敌会复又训令本会，只准成立“妇女运动委员会”。本会以目前为全民抗战共谋救亡之际，实非单独推进妇女运动的时候，故未改组，仍照常抗敌工作。

本月初接奉首都妇女慰劳总会公函，并检发组织大纲等件，本会当即筹备改组更名，决定于本月十四日在女师校大礼堂召开改组更名大会，因时间太促，通知未周，人数只到200余，大会未克举行，方拟改期召集。突接到市府的训令暨各界抗敌会解散我们的公函——市府训令：“查该会成立之初，并未遵照人民团体组织法，呈请登记，数月以来，所有活动情形及组织状况亦未呈报备案，应依法停止活动。复查抗敌后援工作，中央早有统一规划，本府迭奉四川省政府训令，饬令遵照四川省各界抗敌后援会市、县分会简章，成立重庆市各界抗敌后援会在案，所有本市后援工作，皆由该会统筹办理，各界爱国人士，并宜参加此项组织，不得另组团体，自兹纷〔分〕歧。该会应即与本市各界后援会合并，以收统一工作之效，除分别函令外，合行令仰遵照，此令。”重庆市各界抗敌后援会公函：“案准重庆市市政府，二十六年社字第465号公函开，‘案查本市妇女抗敌后援会，成立至今，并未遵照人民团体登记办法，呈请立案。值兹抗战期间，后方后援工作，务宜统一整齐，以收宏效。查该会过去宣传、劝募，皆系单独办理，并未呈报备查，时时改易名称，更动组织，亦未呈报备案，监督人民团体，本府职责所在，况值非常时期，更应严密监督，以免行动分歧。该会应即停止活动。所有会员，应准全体参加贵会，共同办理后援工作。除分别函令外，相应函达贵会，请烦查照，办理接收合并等事，并盼将接收情形，函复过府，以便查考为荷。此致。’等由，准此，相应函达，请烦查照为荷。此致！等由。”

当我们读了这道令文和公函的时候，使我们万分的惊异，绝没有想到本会的生命就这样的被结束了。

三月来，本会凭着会员的爱国赤诚，在各种困难的情形下，委屈〔曲〕求全地作了下面各种工作。

一、募了2000余元现金（已汇出1000元交军委会转发前方将士，余作制背心之用）。

二、缝制了丝棉背心及棉背心共1600余件。

三、募集了金银饰物大小110余件（如戒〔指〕手饰、器皿之类，悉交中央银行）。

四、举办了6所妇女夜校（学生500余人）。

五、发表了3次宣言，出版了12次街头壁报。

六、举行了3次讲演会，一次座谈会。

七、举行13次以上的街头乡村、娱乐场所的宣传。

八、组织了几个女校妇女抗敌后援会分会。

上面这些，比起目前敌寇的深入与我们国民应尽的职责来，无疑的是万分不够的，正因为如此，我们抱定了多大的决心，准备于改组更名之后，在中央各先进同胞领导之下，集中力量，振刷精神，加紧抗敌工作。但是，现在市政府和各界抗敌会命令我们解散，我们也不能不遵命解散。不过我们这个团体现在虽然结束了，但在敌人的侵略日益加紧，日益深入内地的时候，难道我们的抗敌工作也能结束吗？我们相信，只要是不愿做亡国顺民或者做汉奸的人，一定是不会停止抗敌工作的。

目前也许大家感着“爱国无路”的痛苦！但,我们不要因此灰心,现在国民政府已移驻重庆，抗敌战争将达入一个更高的阶段，国家兴亡，国民有责。

姐妹们！同胞们！忍住我们的悲愤，积蓄着我们的热情，重新整齐我们的步伐，向着抗敌的大路迈进吧！

原载《国民公报》1937 年 11 月 26 日

11.《国民公报》关于重庆市各界抗敌会学生分会成立的报道（1937 年 12 月 5 日）

（本报特讯）此间各大中学发起筹备之重庆市各界抗敌后援会学生界分会，已于昨日午前九时在市商会礼堂正式成立。计到中央大学、重庆大学、教育学院、巴男中、省职、女师、联中、高工、省商、求精、陶专、艺专、正中、赣中、淑德、文德、治平、复旦、妇女工读校、南岸、市立、实商、精益、巴农、南渝、通惠、川师等二十七校代表，来宾计有市党部、市政府、别动队总部、市抗敌会、警备部、警察局、学生纠察大队等机关团体代表列席参加。当即公推中大蔡若水主席，行礼如仪后，由主席报告开会理由，川师代表王月生、温士一等报告筹备经过甚详。旋由各机关代表相继讲演，随即进行选举，开票结果，重大、中大、川师、高工、女师、求精、联中、省商、教育学院等九校当选为理事，又由九理事中互选重大为主任干事，川师、女师副之；教院、高工、联中、求精、省商等校分任文书、总务、组训、组织、宣传、劝募等部干事。最终讨论各代表之提案多件，于正午十二时许散会云。

原载《国民公报》1937 年 12 月 6 日

12. 重庆市各界抗敌后援会拥蒋抗敌通电（1937 年 12 月 20 日）

暴日入寇，日益煎迫，夺我华北，占我首都，逞其强烈火力，企图屈服我伟大中华。我蒋委员长，督厉将士，不计牺牲，坚决长期抗战，争取最后胜利；惟恐后方民众，信念不坚，特于十二月十六日，发表训示三项，谕勉全国，彻底认识，倍加奋勇，公忠谋国，义大凛然。市抗敌会，特于昨日致电拥护，兹探志原电如次：汉口军事委员会行营转委员长蒋钧鉴：倭寇横暴，日益深迫，首都被躏，举国发指。钧座督厉将士，继续抗战，不计焦土牺牲，争取最后胜利。

铣日训示，谕勉弥殷，公忠谋国，大义凛然。本会谨率渝市40万民众，竭诚拥护，誓作后盾，肃电奉闻，祗叩钧安。重庆市各界抗敌后援会叩。帮印。

原载《国民公报》1937年12月21日

13.《国民公报》关于重庆抗敌会组织学生界寒假乡村宣传队的报道（1937年12月21日）

（本市消息）市抗敌会宣传组，鉴于本学期行将终了，日昨特召集各学校团体宣传队长会议，商讨寒假期中乡村宣传工作进行办法，计到有巴中、省职、高工、联中、女师、女巴中、成德、高商、美职、市中等17校代表，由李我九主席，作简单谈话，乃开始讨论，定名为“重庆市各界抗敌后援会学生界寒假乡村宣传队”，以学校为单位，人数以5人至7人为原则，出发时由会发给旗帜及执照，至宣传材料已印发，并函各学校当局督促办理云。

原载《国民公报》1937年12月21日

14.《国民公报》关于重庆市五千中学生参加战训的报道（1937年12月31日）

（本报特讯）本市中级学生寒假战训事宜，本报连日均有记载，现悉初中部受训学生之编队集训地址等事，已于昨日经总队部会议完全决定，兹将各总队及各队负责人员、参加受训学校、各校学生受训人数、各大队总数及集训地址等列次：总队长谢国钧，第一大队长牛守一，第二大队长贾祺康，第三大队长李国祺，第四大队长江健垣，第五大队长穆渭光，第六大队长谢增民。参加受训学校及受训学生人数，计第一大队为求精300人，赣江校190人，三里职校80人，共570人，地点求精校，政治指导员周壁光、牟寒冰；第二大队为治平240人，艺职115人，益商、通惠240人，共595人，地点川师，政治指导员张鸿士、唐勉之；第三大队复旦212人，广益250人，共462人，地址复旦校，政治指导员杨子戒、邱焕斌；第四大队精益150人，江北250人，明诚172人，共572人，地点川师校，政治指导员胡善权、梁森文；第五大队市中250人，南岸176人，共426人，地点市中校，政治指导员吴国梁、徐鸣亚；第六大队巴中269人，南渝251人，巴蜀80人，共600人，地点巴中校，政治指导员封昌远、张君泽。综计初中六大队，共达3000余人，连前志高中及女生两总队，则本市受训之中级学生，将近5000人。……

原载《国民公报》1937年12月31日

15. 重庆大学抗敌后援会乡村宣传团报告（1938年3月13日）

本团于寒假时筹备组织，主其事者为重大抗援会宣传组，筹备事项：（一）筹集经费，学校津贴100元，前重大救国会存款提用120元，抗援会拨付50元，工学院税西恒先生捐助60元，共330元，团员每人缴伙食费6元（共收156元），多退少补。（二）征求团员，团员限定26人，应征者须遵守下列三条公约：1. 绝对服从公决，并受领导人的指挥，2. 不得自由行动及中途退出，3. 伙食及零用自理。（三）通过规约推举职员，团员征齐后，由抗援会宣传组召开团员大会，通过规约如下：

四川省重庆大学抗敌后援会乡村宣传团规约

第一条　本团定名为四川省省立重庆大学抗敌后援会乡村宣传团。

第二条　本团以唤醒民众抗敌救亡为宗旨。

第三条　本团刻木质图章一颗，文曰："四川省立重庆大学抗敌后援会乡村宣传团"，以昭信守。

第四条　本团组织如下：

团长一人，总理本团一切事务。

副团长一人，襄助团长总理一切事务。

文书组七人，办理公文、壁报、通讯、日记、图画等事宜。

事务组四人，办理会计、采买、交通、保管等事宜。

交际组二人，办理对外一切交涉事宜。

讲演组三人，办理一切讲演事宜。

戏剧组五人，办理一切演剧事宜。

歌咏组三人，办理一切歌咏事宜。

正副团长由团员互推之。

各组组员由团员分别担任，并各互推一人为组长，主持该组一切事宜。

第五条　本团事务由全体会议议决施行，全体会议由团长或副团长召集之，各组事务由各组会议议决施行，各组会议由组长召集之。

第六条　本团经费由重大抗敌后援会筹备之，团员伙食及零用由团员自备。

第七条　本团团员须遵守下列公约：

一、不得自由行动。

二、不得中途退出。

三、服从公议及领导人指挥。

四、忍苦耐劳。

第八条　本规约如有未尽事宜，得由团员三分之一以上之提议，经全体大会之通过修改之。

第九条　本规约由重大抗敌后援会呈准学校后施行。

团长及副团长由团员公推，各组组员由团员自认，组长由各组互推。

职员名单如下：

团长：赵人骥

副团长：向安抚

文书组：周享达（组长）、吴韶华、冉懋让、李继华、聂士悳、任光融、陈式玉

交际组：梁华昌（组长）、周学庸

事务组：赵裕章（组长）、王梦周、周风月、陈季贤
戏剧组：陆孝同（组长）、敖本忠、张跃华、敖硕昌、涂聚义
歌咏组：张天明（组长）、刘为端、左惠君
讲演组：张兴富（组长）、张琼英、魏琼
拟定工作日程，工作日程预定如下：
二十七年一月二十六日，乘校车赴永川（200 里）。
二十七日，在永川工作（住茶店，距永川 15 里——工作）。
二十八日，由永川往荣昌（120 里）。
二十九日，在荣昌工作。
三十日，由荣昌往烧酒房（40 里）工作。
三十一日，由烧酒房往隆昌（60 里）工作。
二月一日，在隆昌工作。
二日，由隆昌往椑木镇（90 里）。
三日，上午在椑木镇工作，下午往内江（30 里）。
四日，在内江工作。
五日，由内江往白马庙（30 里）工作。
六日，由白马庙往自流井（90 里）。
七日，在自流井工作。
八日，往贡井工作。
九日，参观。
十日，由自流井往富顺（105 里）。
十一日，在富顺工作。
十二日，由富顺往泸县（水路 200 多里）。
十三日，到泸县。
十四日，在泸县工作。
十五日，同上（往小市、兰田坝二处与泸县城隔江相望）工作。
十六日，由泸县往合江（水路 146 里）。
十七日，在合江工作。
十八日，由合江往中白沙（水路 142 里）工作、住宿。
十九日，上午在中白沙工作，下午往江津（水路 85 里）。
二十日，在江津工作。
二十一日，由江津回重庆（水路 175 里）。

上面工作日程后来稍有变更，出发时汽车过了山洞，因机件损坏开回重庆修理，团员在山洞住一夜，第二日再往永川，在荣昌因旧年多留一天，椑木镇及白马庙二处放弃，缩短两天，出入相抵，如期返校。

本团工作分为四个部门推动，分别报告于下：

（一）文字宣传每到一处，首先将本团宣言向各机关分送，并择地张贴，又择地贴壁报数份，壁报内容：文字以通俗、简短、精确为主，加插有刺激力的图画，无时间性的文字预先准备，得到最近抗战消息，临时撰稿加入，在永川出“一二八纪念特刊”，在荣昌出“旧历特刊”，为自流井《正确日报》及泸县《泸县民报》出专刊。大幅布制宣传图画分两种：一、张挂用的，二、

演讲用的。标语力求简要，油印传单，文字求生动活泼而富有刺激性。

（二）口头宣传分集合演讲及个别访问两种，集合讲演的场合，街头、戏院、兵营、壮丁队、学校、民教馆等地，讲演的内容，注意目前战况，抗战的意义，日本的认识，抗战必得最后胜利的信念，后方民众的任务诸点。个别访问的对象，茶馆的闲人，住家妇女（由女团员担任），男女学生，各界青年，商店职员，机关职员，劳苦的大众——工人、农民，各种抗敌救亡团体的工作者。访问注重各地救亡工作者的情形及一般民众抗敌的情绪。

（三）化装宣传主要是话剧，我们派演了七出戏，即《大家一条心》（即放下你的鞭子）、《张家店》《难民曲》《如此皇军》《东北小景》《九一八以来》及《警号》。这七出戏以《大家一条心》的效力最大，每次必有许多观众被感动得下泪，其余诸剧凡演到日军残暴及我们义勇军和民众起来抵抗时，观众必发出"打呀！打倒日本人！"的吼声，由此可见，戏剧对于民众宣传力量的伟大。每次演戏，观众多在3000人左右，至少也有上1000的人，由此可见，民众是如何的欢迎抗敌的戏剧。其次是莲花落，改良圣谕，我们利用这些旧的方式和调子来宣传抗战的意义，也都受下层民众的欢迎。

（四）歌咏宣传每到一地，在工作的开始，举行全体团员歌咏游行，然后分途工作。演戏——街头戏、午〔舞〕台戏——时，开幕之前教观众唱歌，所唱之歌，计有《打倒日本》《矮磨磨》《爬山豆》和《打走日本人》，四支歌都很简单浅显，在短时间容易学会，学唱的以儿童为最多，成年人不大愿意开口，但亦有苍白胡须老人，热心学唱的。在戏剧中间，插入合唱或独唱，唱声一发，会场立即肃静，唱声一竭，掌声雷动，可见抗战歌曲亦为民众所欢迎。我们又到军队、警察局、保安队、壮丁队教歌，所教之歌为《打走日本人》《认清敌人》《救国军歌》《牺牲已到最后关头》《义勇军进行曲》等，他们极表欢迎。

工作的结果，知道话剧的效力最大，歌咏讲演次之，文学的效力最小。此外，文书组还做了通讯、调查、摄影的工作。交际组做了访问、调查、联络等工作。事务组的结算，公费尚剩余二十六元零五厘。剧务组演《大家一条心》九次，收到观众的捐款共七元一角九分，已由事务组送交《新蜀报》转赠前方抗敌的将士。

末了，对于各地方长官、法团、各界人士，尤其是住在自流井的九七七团江团副倪庆国先生，政训员韩玉符先生，自贡市巡回抗敌歌咏话剧团，富顺救亡剧社诸同志给予我们的热烈真挚的招待、赞助和鼓励，令我们深深地铭感，永远不能忘记。

这个报告为篇幅所限，未能详尽，我们将在重大校刊出一个专号，周密地检讨我们的工作，在那里，再请大家赐教吧！

原载《国民公报》1938年3月13日

16.《国民公报》关于重庆市各界举行抗敌建国大会的报道（1938年4月11—13日）

一、明日市民大会拥护蒋汪两总裁庆祝台儿庄大捷

（本市消息）江巴渝市各界拥护蒋汪两总裁抗敌建国大会，订十二日午后四时在夫子池公共体育场举行。是日全市排悬国旗，并规定于开会日当晚火炬游行，燃放鞭炮，以示隆重。各街铺户，

应用三尺长八寸宽红色纸书写“拥护蒋汪两总裁抗敌建国”“庆祝国军歼灭台儿庄倭寇”标语两张，贴于门首两边，用表庆祝。兹将大会主席团名单志次：市党部、行营别动队、川康宪兵部、市政府、警备部、抗敌会、行营政训处、江巴两县府、江巴两党部、三十六军、重大、市新运会、宪三团、市商会、绥靖公署、警察局等，并推龙文治报告开会理由。一、参加须知，各机关团体学校(初中以上,但小学得自由参加)全体参加。二、军队酌派部队参加。三、民众自由参加。四、参加者每人手执火炬或三角纸小旗一首（上书标语）。五、各机关团体学校应指定领队人，听候大会总副指挥命令转达参加者遵照办理。六、游行应呼口号或唱革命歌曲。

标语口号：

（一）蒋汪两总裁是本党最高领导者！

（二）拥护蒋汪两总裁抗敌建国！

（三）拥护蒋汪两总裁领导全国民众抗战到底！

（四）拥护全国临时代表大会一切决议案！

（五）拥护中国国民党！

（六）拥护国民政府！

（七）全国民众一致联合起来，打倒日本帝国主义！

（八）台儿庄大捷，是抗战胜利的初步！

（九）闻胜无骄，闻败无馁！

（十）中国国民党万岁！中华民国万岁！

（十一）蒋汪两总裁万岁！

原载《国民公报》1938年4月11日

二、拥护蒋汪庆祝胜利市民大会昨盛大举行致电蒋汪致敬并慰劳抗敌将士韩国志士讲演中韩应联合杀敌

（本报特写）重庆市江巴各界拥护蒋汪两总裁抗敌建国大会，于昨日午后五时在夫子池公共体育场举行。至时计到中央暨地方政府各机关、各法团各民众团体等50000余人，200数十个单位。由李根固、王资军、袁家佩、袁宇仁、刘家康、尹静夫、杨学渊等任主席团。五时许，由刘家康宣布开会，唱党歌，鸣礼炮。行礼如仪后，主席团推龙文治报告开会理由，计共三点。继由国民政府代表朱文中代表致辞，博得掌声不少。市抗敌后援会代表袁仁宇致辞毕，最后登台讲演者，为韩国革命志士金俊。在一片严整的掌声中，金君第一句话是“亲爱的中国同志！”，接着说：“我是一个亡了国的韩国人，今天来参加这个空前热烈的市民大会，我只感觉得无限的兴奋。大家都知道：在地理上、历史上，中韩两国同是一个民族。我们的国家虽然亡了，韩国的民族还在，我们韩国的每一个人，都愿意来参加中国的神圣抗战，打倒共同的敌人日本帝国主义者。”在狂热的鼓掌声中，他说：“蒋委员长是中国革命的宝石，是建国的救星，我们愿意一同和中国的战士们，杀到东三省去，杀到鸭绿江边！我的中国话说得不好，我心里这时候是非常的高兴，我祝中国抗战胜利。”金君讲辞毕。

通过议案

主席团临时动议两项，全场一致举手通过：

（一）以大会名义，致电蒋汪两总裁致敬，拥护抗战建国之宣言及全部纲领。

（二）以大会名义电慰台儿庄抗战胜利全体将士并请迅速北上收复失地。

此时会场中颇多临时动议者，经主席团宣布因时间关系，不克一一提出，

各团体提案，均可送交主席团审议后再行发表云。当有女师学生二人送提案三件至主席台，大会至此闭幕，时正五点三十分。全场学生、军队、宪兵、公务员、民众等即在总指挥发令之下，依次退出会场，开始空前未有之火炬游行。

原载《国民公报》1938 年 4 月 13 日

三、六万人参加游行火炬行列蜿蜒十里情绪热烈盛况空前

（本报特写）破题儿第一遭的火炬游行，在重庆 50 万市民的眼前出现了！自抗战开始以来，九阅月中的重庆民众运动，昨晚的火炬游行，算是最热烈最神圣的一幕了！

各级学校的男女学生、童子军、小学生，各种武装同志、警察、宪兵、警备队、航务队、学生军、劳动服务团、社训干部班，各种民众团体、文化团体、职业工会等组成了绵延 15 里长的队伍，在黄昏的街头上行进着，跳跃着，歌唱着。当游行大队前锋已抵南纪门的时候，而夫子池会场里的团体，还没有动员完毕。记者在鸡街口，足足站了一点钟，男男女女的学生群众，都没有过完。都邮街一带的公司、商店，特别燃放鞭炮欢迎这一群时代的开路先锋。

千万人的眼发出革命的光，千万人的心有着节奏的跳。在鞭炮的烟火中，一行行的人影，如像长江东去的流水，滚滚的流来！千万人的眼在发出革命的光，千万人的心在有着节奏的跳！每一个站在人行道上的市民，都呆了，都兴奋了，都为眼前的现象所控制了。

抗敌的口号声震屋宇，救亡的歌声高唱入云霄。从女学生队伍中间，播出了婉转高亢的《前进曲》；从可爱的小朋友中间，唱出了“打日本”；从青年们和士兵工人们的行列中，播出了慷慨激昂的“牺牲已到最后关头”。军号响了像生力军，军乐悠扬像凯旋队。群众好像已经醉了。整个的一座山城，只听得这一片片巨浪击石的声音！拉拉的军号响了，我们正好似一群开赴前线的生力军；军乐悠扬，我们又好似那百战归来的凯旋队伍。我们——但愿真的有这么一天。

5 万人——热血在奔腾的 5 万人，15 里长的行列——是我们新的长城。一个人一把火炬，千万的火炬便织成了一条长长的弯曲的“火之河流”。我们要从这条河流上载着英勇的战士们一船船的前进！我们要把这河流去淹没敌人的寇兵！

总之，暴力的远东大地上，已经没有了光明的太阳，“火炬”，便是我们前进的路灯。

“火炬”，算春云月刊社的最好，重庆著名老教师何履之所负的“火炬”最大最长；求精中学的队伍最整齐，军乐最漂亮；南京警官学校的人数最多，行列也最严肃；女二师、淑德女中、复旦女中等校的歌声最引人兴奋；一群兹〔稚〕幼园和孤儿园的小朋友，也特别卖劲的在唱歌。字水学校更纸扎了一架高射炮打中一架敌机。城门上还写上“杀尽寇奴还我河山”八字。某校的女童军，完全武装，戴上钢盔，简直像奉令杀敌的女战士。

南京钟南中学、东方中学，都因为抗战而出现在重庆街头。特别是“战区中小学教师四川服务团”的一批男女青年，令人起无限的感慨！

中航公司，也有职工参加；怒吼剧社，也有十几人在喊口号；妇女慰劳抗敌将士重庆分会有 100 多人，后边还连上 100 余的附属平民校的小学生。

直到七时三刻，这长亘十五里的一条“火蛇”，才在南纪门一带分散了。（赤子）

原载《国民公报》1938 年 4 月 13 日

17. 巴县中学乡村宣传队工作报告（1938年6月1日）

踏上了征途

我们的宣传队组织好了，可是还没有工作窝。在上周的大会上，有同学提议走冷水场、马王乡和石桥铺3个地方，当即通过而又得到学校的许可，于是便决定从星期六起到星期一止，一共工作3天。

刚天亮，我们就集合在学校的花台了，全体是三四十人，都背上了杂粮袋和被盖，有的同学已经换上了草鞋，真像一队走长路的军人。我们很整齐地排着，由训育主任训过话后，便开始出发前进。

这时天气很凉爽，走起路也觉得很轻松，一点也不吃力的，可是走到菜园坝的时候，小路非常崎岖，全是烂石头铺满着，有的小同学是跌着了，但他们仍旧鼓起勇气向这难路前进。这似乎象征了我们的救亡工作，是要坚苦地去奋斗才会得着民族的解放！太阳渐渐的上升，这时才走20多里路，我们有些儿感到发热了，汗水虽然从额上掉下来，但同学们精神仍旧很好，一点也不感觉疲倦。他们只觉得有些口渴，每走七八里路总要喝一些水，坐下来休息一回。

在冷水场

45里路走过了，已经全部到达冷水场，负交际责任的同学老早替我们觅到了休息地方，那是人和小学。我们行李寄放好了之后，就整队出发游行，雄壮的歌声冲破了这场上的闹热，很多赶场的乡民，他们都停止了讲生意，把视线集中在我们身上。

游行之后全体出动访问，这场上到处都可以看见穿黄色衣服的学生，我们已经不像从前那样的和民众隔膜，讲起话来很亲热，很友爱。

在一个馆子里吃了午饭，我们就开始讲演和教歌，这场上的空气是紧张起来了，而且墙壁上也多了几样东西，就是壁报、传单和标语。

在戏剧还没有开演的时候，台子下面就有很多农民等着了。第一个节目是歌咏，第二个节目是口琴合奏，第三个节目是话剧，我们自己演了《热血》《民族公敌》和一幕独角戏；其他还有赣江男中和女中的合唱、独唱，一直到晚上八点多钟才演完。在最后我们化起装全体合唱，在群众中发出了热烈的欢呼和掌声，这表示了他们的诚挚的感情。这个晚上，我们歇赣江中学，承他们殷勤的款待和有力的帮助，晚上睡得很舒服，这是我们应该感谢的。

上马王乡

从冷水场到马王乡是15里路，我们八点多钟出发将近十点钟到马王乡了，先是在场上游行了一周才开始分组讲演、教歌、访问。这个乡也是赶场人很多，今天不约而同地来了川东师范宣传队，他们只有10多个人。在下午两点钟我们一齐布置剧台，他们参加了一幕剧和金钱板，外还有马王小学参加表演双簧、花鼓。我们正在演得紧张的时候，哪知天不凑巧，竟一阵偏东雨下将起来，我们认为观众们定会解散，出乎意料的他们的情绪也很高，有的固然是退到两边的走廊去了，可是有的却淋着雨在看，不一会雨停了，看的人更多起来。演完之后，我们照例的化起装全体歌咏，群众在悲壮的歌声中散开了。

这夜歇马王小学，我们开了一个茶会，承他们校长先生的指示和款待。在我们脑子中留下了一个很深的印象：他们校舍整洁，学生很有礼貌，先生很朴素，没有校役，是先生打铃子学生扫地。

在石桥铺

从马王乡到石桥铺是8里路，我们九点钟就到达那儿了。今天同学们感觉到有些疲倦，没有讲演，也没有访问，可是我们却很忙的在准备化装宣传。

这儿也是今天赶场，除了我们而外，还有川东师范和益商两个学校，所以今天场上的情绪紧张，学生在群众中很活跃。

在一点钟的时候，我们的化装宣传队出发了。我们化装两个是汉奸，一个是日本军官，还有两个中国兵押着，这样很令人注目，在我们的后面已经跟着很多小孩和农民，借这机会作了一次讲演，骗他们汉奸是真的，于是他们信以为真，都嚷着打汉奸，踏上了归途。

在四点多钟的时候，我们踏上了归途，这3里路的途程毫不吃力地走陇了，在马路上，我们用已嘶哑了声音高唱起雄壮的《救亡进行曲》!

原载《商务日报》1938年6月1日

18. 妇女救亡运动在江北（1938年6月）

江北县仅与重庆隔江相对，但因接受外来文化的不同，须是重庆一般的政治意识比起江北要敏感些。

江北全城有妇女17000儿，但是过去没有任何组织，到八一三光荣的抗敌战争爆发后，此地较热忱前进的妇女们就个别参〔掺〕进重庆市的妇女抗敌会中去工作，直到妇抗改为妇慰时，这边才成立第十一区区支会，当时会员只有10余人之多，单独工作可说没有。

今年三月开政干会决议扩大组织，吸收新会员以推行新工作，于是就呈请党政机关协助成立分会，不久参加的人数达400余，在三一八这天便在江北达德社开正式成立会，江北妇女救亡工作这才走入新的开端。

现在妇慰分会又干了些什么呢？客观地说来仍是不够得很，不过会里的负责人还是尽可能在干，据我们所知的已办有妇女识字班两所，学生概系成年妇女共百余人，课程注重战时教育，除授战时读本外，由教员自编抗战认识、救护常识、国难史地等课程，又于本周已组成街头儿童歌咏队，以资提高儿童抗战情绪，并经常出街头壁报教育民众。

又据该会负责人谈：将于最近组成救护训练班一所，训练军事看护，准备将来组织战地服务团。

总之，江北妇女救亡运动是在萌芽中、开展中。

原载《生力军》第8期

19.《新蜀报》关于课余农村宣传队在寸滩演出的报道（1938年6月20日）

明朗的天空，没有火热的太阳，清爽得使人感到一种煦风的舒适。时针正指着七时，我们——课余农村宣传队——的44个热情的小伙子，集合着向“寸滩”迈步！几十颗热情活泼的心都愉快地肩上了这伟大神圣的任务！“呵，寸滩到了！”每个眼睛里流露出一种快感，整队围绕寸滩一周，在“打杀汉奸”“救中国”“打倒日本”……的歌声中完成了这一个小节目，接着开始街头宣传（粉笔运动、壁报、演讲、教唱……）；十二点半了，开始家庭访问，茶馆宣传。同时许多小朋友排成了队伍在街上唱着“抗战到底”“牺牲已到最后关头”“救国山歌”“光明歌”，又喊口号，他们都说要打倒日本帝国主义，救中国呢！

两点钟开始演剧，《汉奸与鬼子》的剧里告诉了他们：凡是汉奸，都要杀光；《打回老家去》的歌剧里大大的喊着：“东北是我们的，我们要打回去啊！”

三点钟吃中饭，每个人肚里都在叫了，不觉都吃了几大碗。向联保办公处道了谢，乘着傍晚的微风，走上归途，但每个朋友的心里都不忘记那些小同胞们的话：“你们什么时候再来啊？”

原载《新蜀报》1938年6月20日

20.《新华日报》关于重庆各界举行纪念“七七”一周年活动的报道（1938年7月15日）

“七月七日”，是个使人难忘的日子啊！像一支熊熊的火炬燃遍了全中国，燃热了千千万万不愿做奴隶的人们的心。

在重庆——这个年青了的山城——有10多个青年团体联合着在抗敌后援会的热烈赞助下，发动了一次扩大的街头宣传。为了这，起先，各团体合开了几次联席会议，出席的有自强读书会、民众歌咏会、青年职业互助会、青年剧社、书业同仁联谊会、怒吼剧社、中华歌咏队、妇女慰劳分会、青年歌咏社、青年旅沪返乡服务团、后援会的文化支会、歌咏支会等计14个青年团体，他们有计划地分配和拟定了各个单位以及总的方面的工作，筹备迎接这伟大的一日来临。

是“七七”了，上午，火热的太阳灼烫着柏油街道，灼烫着人们的皮肤。街头，特别显得熙攘，到处可以看到一堆堆的人在围聚着，仰着头，谛听着那站在板凳或石级上的年青宣传员热情而有力的语句。动人的歌声，在每一个街头、巷口、茶肆，青年宣传员像一块有引力的磁铁，聚来了一大群好奇的民众，他们很通俗很亲切地解释给民众听：“七七是个啥子日子？”“我们应该怎样来纪念他？”……汗水不停地从额上滴流下来，嘴角粘着白沫。但他们也不顾到那没有吃着午饭的肚子在饿，也不顾那狠毒的太阳在刺灼着皮肤，他们的心已同听众的心融化在一起了，每一次演说后，是一连串震耳的口号：

“拥护政府抗战到底！”

“驱逐日本帝国主义出中国去！”

“中华民族解放万岁！”

在灰黑的墙壁上、电杆木上、黑门上，粘满了和用粉笔写满了各式各样纪念“七七”的标语。

这次各青年团体在总的计划下分别动员了他们自己的宣传队，分成几个区域，布满了整个山城的每一个角落，表现出了一股强壮的力量。

傍晚，市民大会的游行队伍从夫子池公共体育场出发了，一里多长的行列，每个人手里擎起那象征着光明自由的火炬，响亮的口号跟着雄壮的歌声，交响成一种无可比拟伟大的巨流。

“纪念七七，要实现抗战建国纲领！”一致喊出了这个口号。

“敌人打到我们家里来了，从北打到南……”唱的是《祖国进行曲》。

“大刀向鬼子们的头上砍去……”又是一支《大刀进行曲》。

“加紧民众动员，保卫我们的武汉！”是一句有力的口号。

跟着是音乐的乐器洪亮地合奏着进行曲的调子。

当行列经过那路旁置着的“献金台”边，每个人都从袋里摸出了铜子、钞票，丢向那个捐款箱中去，于是，一阵鼓励的掌声飘荡在队伍的周围。

街的两旁，拥挤着密密的观众，站在后面的更不顾颈背上的汗水，紧紧地肩并着肩，胸贴着背，踮起了脚尖在看，兴奋的笑容掠过了每一个人的脸，热的血沸腾了每一个人的心。

这个古老的山城是年青了，这个沉默着的山城在怒吼了。听到吗？民众在喊：“加紧动员民众工作，保卫我们的武汉！”（凤耶华）

原载《新华日报》1938年7月15日

21.《新华日报》关于重庆举行“八一三”抗战周年纪念活动的报道（1938年8月18日）

毕竟是伟大的抗战周年纪念日，远在后方的山城——重庆，蠕动起来了。

这一天，从清晨起，满街满巷就张贴着红红绿绿的抗战的标语，悬挂着青天白日满地红的国旗，在每一个十字街头，就填塞着可爱的诚挚的民众，在倾耳听着宣传队的队员讲演——他们听到明晰的热烈的地方，忠实的面孔，便不禁油然的表现出兴奋的状态来。同时，一些救亡团体的歌咏队，则充满了街头巷尾，许许多多男女青年的嘴巴叫出中华民族的呼声。

到下午三时左右，小梁子街、都邮街、苍坪街、武库街，特别是夫子池公共体育场的进口柴家巷一带，更加活跃起来了。一队队的队伍持着树林的木叶一般的小旗帜，浩浩荡荡地向夫子池集中了。夫子池的体育场上，到这个时候，便呈现出人山人海的现象，宪兵第三团、川康区宪兵司令部、别动队、保安队及纠察队等武装同志，布满了整个会场，担任了维持会场的秩序。民众团体如歌星社、青年自强读书社、抗敌后援会文化支会、印刷工会、妇女慰劳会重庆分会、青年剧社、青年职业互助会和本报重庆分馆等亦继续不绝地涌进会场，塞满了体育场上的每一个地位。

当天大会的主席台上，悬挂着各机关各团体欢送三十六军的深红色的、金黄色的旗帜。到了五时二十分的光景，在军乐密奏的声中，汪精卫、孔祥熙及张岳军诸先生莅场，接着主席胡文澜先生便宣布开会了。汪精卫先生、孔祥熙先生及张岳军先生便相继演说，汪精卫先生说的是：“今天重庆市各界开‘八一三’纪念大会并欢送三十六军出川抗敌，意义极为重大……现在中国已走上为求自由平等的大道，前方战士在那里坚苦的抵抗，后方人士也应走上这条大道。”

孔祥熙先生说的是:"今天这个八一三的纪念日,是我们一年来抗战战士及民众的血肉所筑成的。我们要永远勿忘记这个光荣的纪念日,就应忍受一切的牺牲,在全面抗战之下,下更大的决心,作更大的努力,后方人士应实行节俭,应精诚团结,因国而忘身,牺牲小我的利益……"张岳军先生说的是"四川应以经济建设为中心,这一面以国防为最高目标,一面也须改良人民生活……"。三位先生训词之后,便由各团体代表赠旗,由三十六军各代表谢副军长答词。到了这个时候,便在"起来,不愿做奴隶的人们……"的歌声中,在高呼"打倒日本帝国主义"及"中华民族解放万岁"……的口号中,宣告"礼成"了。

参加大会的民众团体,大都认为是有火炬游行的,有许多队伍,预备了很多的火把。他们热烈地希望用中华民族的光明的火花照遍这个山城,用中华民族的热力焚烧尽一切黑暗的堕落的势力,用中华民族的生气勃勃的力量驱逐日本强盗。因此,宣布散会的时候,虽则有些队伍把执在手中的火把重新收集起来,有的队伍把高揭在空中的、自己团体的旗帜、徽号静静地卷束起来,可是大部分的民众团体是不甘就此散去的。他们要表现中华民族的活力,他们要唤起这个远在后方的山城的民众,于是在六七千军警散去的时候,他们——歌星社、青年自强读书社、印刷工会、青年剧社、文化支会、妇女慰劳会重庆分会、本馆重庆分馆和青年职业互助会等数十团体,1000多人,仍继续地团结在一起,拥成一片巨浪,浩浩荡荡地冲出大门,经过柴家巷、都邮街、小梁子街、木牌坊街、龙王庙街、打铜街、上新丰街转入西大街,经市商会入中山公园。

队伍并不怎么长,但是参加这一游行的民众是很热烈的。他们高唱着"向前进,莫退后,牺牲已到最后的关头……"的歌声,他们高叫着"拥护政府抗战到底""打倒日本帝国主义"等口号,特别是妇女慰劳会重庆分会的一些小朋友,她们自始至终未尝有一点倦容,她们的小小的喉咙,唱出清晰的歌声;她们的小小的拳头,在高呼口号的时候,在空中挥舞着;她们的小小的心中,孕〔蕴〕含着中华民族的千红万紫的好花的萌芽。口号叫了之后,她们仍兴奋地向我们说:"喊吧,我们很高兴跟你们喊。"

这一队年轻的、活泼的队伍,使这座山城的空气更加紧张起来,他们所经过的地方,马路的两旁,充满了观众。这些观众,虽然并未参加游行,可是从他们的兴奋的面孔上,是可以看出他们的心弦是和游行的群众共鸣共感的。一直到中山公园的网球场,这群热烈的青年们才在《义勇军进行曲》和"纪念八一三必须保卫大武汉""实现抗战建国纲领"等口号中散去。

在参加大会的群众离去了夫子池之后,这一座公共体育场,是仍不寂寞的。从七点半钟开始,教部的新教工作团电化教育队、巡回施教队及民教馆等团体,联合在这儿表演歌咏、话剧、说书及电影,其中以刘绍承君的《戚将军平倭记》说得最有声色。晚上的会场,充满着比白天更多的民众,他们舒畅地激昂地在接受各种表演所给与的暗示,他们的热烈的脉搏是跟着台上的呼声与动作而跳动着啊!(渝华)

原载《新华日报》1938年8月18日

22. 重庆市各界抗敌后援会工作概述(节录)(1937年8月—1938年8月)

一、本会成立之经过

日本帝国主义,不放弃其积极侵华政策,实行武力进攻,自卢沟桥事件发生,我国已到忍无可忍之时，实行自卫抗战。本市各机关法团，即于是时筹组援助平津守土抗战大会，于七月十九日假市党部地址正式成立，推举常委，设常委会。七月二十一日举行第一次常会，互推胡文澜先生为主席，并设总务、宣传、监察、劝募各组。旋因华北战事日渐展开，本会应工作之需要，亦决议扩大组织，经七月二十七日第二次常会更名为重庆市各界抗敌后援会，并改监察组为纠察组，另设监察委员会，增设慰劳组。八月二十四日七次常会决议，增设组训组，以发展后援团体之组织，及各民众训练工作。惟各组工作推动以来，缺乏整个联系与监督指导，于九月三日十次常会决议设联席办公厅秘书处，以总其成，并增设妇运组，以便领导妇女工作。为加强本会工作效率起见，复于十二月二十日第二十二次常会决议，聘请党国先进、各界名流贺主任国光、李市长宏锟、罗校长家伦等64人为指导委员，以期随时指导工作，成立抗敌后援指导委员会，下设政治、军事、教育、新闻、金融、民运各股。自是本会组织，于以完整，工作效率，逐渐加强。惟抗敌后援工作，须随抗战前途的转变，非所固定也。本会针对抗战需要而随时改进，尚希各界人士时赐南针，藉匡不逮，并盼一致参加，共策进行，国家民族前途，庶乎有豸！

二、本会一年来之工作概述

本会成立以来，因财力、人力之限，致应办工作，多未照原定计划进行。幸赖全体同志之努力，虽未达到预期目的，但已获得一部分之成效，兹定述一二于后：

（一）竭力援助抗敌将士：在精神方面，如电慰前方抗战努力之将士，慰唁阵亡将士之家属，举办各次追悼大会，宣扬忠勇将士抗战事迹，使前方官兵得精神上之安慰与兴奋。在物质方面，本会募得慰劳金23109.11元；军用担架、麻袋、棉背心、棉被、内衣裤、军鞋、各种药品，大小共161697件（详数参见慰劳组工作报告），均已先后分别赠慰抗战将士。又由总务处办理慰唁郝军长暨抗敌死难将士游艺，募捐收入法币7019.60元，支付游艺会各项开支洋1387.57元，慰唁郝军长家属洋1000元正外，尚存法币4632.03元正，交慰劳组收存中央银行渝分行，充作慰劳抗敌将士经费。此项捐款尚有少数未收齐，正向各警察分局催收中。经募鞋捐款5257.15元正，布鞋1447双，除支付购买草鞋8479双及运力装捆费用法币2599.56元外，尚存法币2657.59元正，款仍交慰劳组收存中央银行充作慰劳经费。至军鞋已全部运送前方将士矣。又经办“七七”献金运动，从七月七日起至九月二十日止，由本会总务直接收入现金法币209379.395元，民生公司股票面额8000元。除兑缴军委会政治部18万元外，余29000元，拨10000元与市政府优待出征军人家属委员会，其余即遵照政治部敬电指示，作为慰劳慰问抗敌将士之用。

（二）加紧组训后方民众：本会为求巩固统一抗敌阵线，加强抗战力量，对于后方民众之组织与训练，积极进行。如组织各支分会及办理各种训练班，登记技术人才等。现已成功者，有南岸分会、学生分会、工人分会及文化分会，各级学校支会50余个；各项技术人才100余人；战地服务团一期，计男女72人，由本会慰劳组招考训练三月后，分组救护、慰劳两队，吴组长延环亲身率领，开赴赣、浙、皖最前线战区工作。据各方电告及省外报纸记载，工作成绩甚佳。又由组训组办理救护训练班一期，招收男女学员108人，经三月训练毕业，分发军政部各后方医院服务，由纠察组办理工人干部训练班一期，毕业200余人，由妇女组办理战时妇女训练班一期，毕业80余人。所属支分会，亦分别办理民众训练。

（三）严密清查汉奸仇货：本会对于汉奸，随时饬由纠察、调查两组，严密查拿，送请官府究办。一年来破获案件不少。至于仇货之处置，更有显著事实。凡在卢沟桥事变发生后，各商人贩运到渝之仇货，一律扣留，计扣留嘉禾、万通两轮仇货1000余件，分别登记鉴定，遵照军委会行营及省府指示，纯仇货抽50%抗敌捐，掺仇货抽20%抗敌捐，所有捐款，以十分之五报效中央。旋奉军事委员会令，扩充后方医院开办费，以十分之四作本市防空经费，余十分之一拨作本会及市肃清仇货委员会、抗敌后援指导委员会办公费（此款均由肃委会经办，呈行营批准）。

（四）致力宣传工作：本会为唤起民众抗敌情绪，坚定信念，集中力量，有力出力，有钱出钱，全体动员，一致拥护中央政府，服从最高领袖，抗战到底，争取最后胜利。文字方面：抗敌导报、旬刊、小册及各种宣传大纲小册多种。口头宣传：除领导各级学校、民众团体组织宣传队，在城乡宣传外，并有虎标永安堂捐款组办川康宣传队，由本会派员训练一周，分组十小队，指定川康路线，限期完成使命，结果成绩甚佳。每逢纪念节，亦举行扩大宣传，并随时敦请党国名流，集合群众讲演。

在此周年中，由本会发起或召开之群众或代表大会20次，其他若追悼、公祭、欢送、欢迎、讲演、展览、游艺会等，次数更多。尤须特别申述者，计有本年五月间各界联合举行之五月抗敌宣传大会，工作之紧张，动员群众之广大，开历来未有之记录。其组织分总务、宣传及纠察三组，设文艺、新闻、讲演、图画、音乐、戏剧、电影七宣传委员会，各宣传委员会下设宣传各队，动员工作人数将及一万。“五一”“五三”“五四”“五五”“五九”“五卅”等七纪念日，均举行火炬游行，扩大宣传，情绪之热烈，均为前此所未有。其详细情形，记载该会报告书内。至抗战建国周年纪念与献金运动，“八一三”纪念及欢迎汪副总裁、孔院长、张主任三先生莅渝，欢送三十六军出川杀敌大会等，热烈详情，曾公布报端，此处从略。

以上各节，不过本会工作之荦荦大者，其详情及其他各项工作，另有各处组报告，兹分志于后。〈后略〉

原载重庆各界抗敌后援会编：《重庆市各界抗敌后援会工作概述》，1938年10月出版

23.《国民公报》关于“双十节”重庆市开展抗敌救亡活动的报道（1938年10月11日）

（本报特写）昨天又逢国庆纪念日，国旗招展，飘扬大地，全市民众在热烈中庆祝这划时代的双十节。

今年国庆，正值国难，所以中央明令并不扩大庆祝，仅举行简单仪式，山城中充满了严肃热烈的气氛。

照例的街头所见又是些新鲜的标语、漫画，和着整齐的国旗，悬挂在每一家商店住户的楼前，正因为是纪念日，有些商店，亦藉此休假一天。

街头在昨天，更形活跃，除开“戈兴”“民族”等20余个街头剧团，在第一届戏剧节纪念会毕即到市内及南北两岸演出外，国立剧校下午二时半亦在公园内表演“新十八扯”“重整战袍”“抗战小调”“募寒衣”四出，最难得的是影人们的总动员，潘孑农、赵丹、顾而已、施超等更是卖劲，他们领导着一般人马，由上清寺出发进城，锣鼓喧天，由两位大汉执着“中央电影摄影场上海业余剧人协会扩大宣传队”的旗帜，周围有无数“有力出力，有钱出钱”的标语陪衬着，行列里异常热闹，有学生，有商人，有农工，有英勇的将士，还有卑鄙无耻的汉奸和

残暴的日本军阀，可是这一批可耻的东西，都被热血青年所紧紧抓住，而给以饱拳，这样一来，汉奸们抱头鼠窜向前跑，执刀荷枪的青年在后追，街上如潮水样的涌，秩序颇为混乱，而沿街观众们则兴奋异常，喝彩声、呼打声，不绝于耳。他们并在两路口、七星岗、较场口、青年会演出《打汉奸》《募寒衣》《抗战三部曲》等剧，各处观众麇集，热烈万分。在热烈场会中，难能给市民不少警惕的地方。宣传队和歌咏队昨天出动的，计有 72 队，都是各学校、各团体的结晶，他（她）们的行综〔踪〕，除开市区外，大多是在江北、南岸和乡间活动，并都制有大批标语、漫画、壁报，或上街头演话剧及歌咏，一批工作朋友们，都是在晚上才返城的。

保育院里的朋友们爱国不敢后人，数百男女儿童，沿街歌唱救亡流浪曲，极凄惨悲愤，令人一洒同情之泪！

集训女生第八九两大队，昨天又总动员 1500 多个爱国女儿，分布在市街上，十字街头，戏院里，酒馆中……为前线将士们劝募寒衣捐款，她们是那样努力进行所负的使命，虽然天气是无情的酷热，汗珠直流，而她们没有休息，不敢懈怠，晚上九时已过，街上仍有她们的足迹，成绩是壮然可观。

伟大的双十节庆祝，在昨天整个山城里的中华儿女再度动员中，又沉痛悲愤地过去了！

原载《国民公报》1938 年 10 月 11 日

24. 重庆市抗敌后援会拥护蒋介石抗战到底电（1938 年 11 月 4 日）

（中央社讯）自蒋委员长告国民书发出后，渝市抗敌会顷特去电表示拥护，原文云：军事委员会委员长蒋钧鉴：恭读钧座十月三十一日告全国国民书，无任感奋！钧座运筹果决，将士勇敢用命，西北、西南正在建设，后方前线，万众一心。敌速战速决之计，经摧毁无余。我最后胜利之基，尤坚如磐石。全市七十万民众，誓以热忱，拥护钧座抗战到底。谨电奉陈，伫祝胜利！重庆市各界抗敌会叩。支。

原载《新华日报》1938 年 11 月 5 日

25.《新华日报》关于重庆市青年抗敌救亡运动的报道（1938 年 12 月 3 日）

重庆青年对国家民族的解放运动，一向就有着很大的贡献。不过，重庆青年由比较单纯的爱国热忱走向对客观现实进一步的了解，由比较应时的“来一下”走向有计划的行动，由比较散漫的自己干走向集体的并且推动别人也干……这还是从去年“七七”以后才有的事。如果我们去年把“七七”做个分水岭，对重庆的青年救国运动再进一步地检查一下，我们还可以找到她（渝市青运）在“七七”前后有着这样显着〔著〕的区别：性质上，比较不合法的与比较合法的；方法上，比较单一的与比较多样的；范围上，比较狭窄的与比较广泛的；程度上，比较浮面的与比较深入的。这里所以用了这许多“比较”，这是因为，在“七七”以前，就慢慢地有了所谓“登记”，虽然手续上还有过繁之嫌，条件上至今还未免稍嫌过高。“七七”前只有什么救国会，“七七”后可就有了歌咏、话剧、慰劳、读书等各种，包括成分也不再仅限于极小数几个知识青年，而店员、工人、劳动妇女也开始踏进了组织之门；然而，到现在为止，不要说广大的青年工人、青年农民、商人子弟尚未被吸收进来一道走，就连占知识青年最大多数的各级学生也都还剩着绝大部分在那儿苦于救国无门。因此，一个人参加几个组织这一个在别地方犯过的毛病，渝市青年团体在今天还在某种程度地重演着。

在目前，重庆青年团体最活跃而所占数量最大的是话剧，就记者拜访过或尚待拜访的有：怒吼剧社、怒潮剧社、吼声剧团、青白剧社、戈兴剧社、民族剧团、南友剧社、七七剧团、移动演剧队、儿童演剧队等20余团体，她们有的在抗战前就成立的，有的才新近成立；有的具有完备而考究的道具，只在舞台上公演，有的只在街头或近郊村庄公演街头剧，两者兼而有之的亦复不少。本年十月十日——卅一日戏剧节，新旧形式的各种戏剧差不多每天都在剧院、街头和乡村上演着，横挂在街头上的那幅美丽的白布上所写的“全体剧人总动员”，是没有夸大的。在平时我们的剧人也在朝夕地工作着，每逢日历翻到红颜色的时候（节日与星期日），他们就背起锣鼓向着他们预定的地方走去了。

歌咏在重庆也是比较活跃的一个，数起名字来也有着民众歌咏会、青年歌咏研究社、中航歌咏队等七八个，其中的民众歌咏会历史最长，会员较多。一般性质的团体如华北宣传队、文化供应队（属战时书报供应所）等也有歌咏队组织者则更多。

去年南京失陷时，当某些失败论者企图和平妥协的时候，重庆市曾经举行过一个将近千人的歌咏大游行，在对动摇分子的正义的打击上，他们尽过了不可抹杀的功绩。然而，自从重庆市救亡协会因被误会而停止活动后，歌咏运动也随着受了相当的挫折。据说最近渝市各歌咏团体又有在市抗敌后援会的领导下，有每周在一块儿商量歌咏进行事宜的机会，并决定在十二月四日举行渝市歌咏界劳军歌咏大会，这是使人特别兴奋的消息。他们确实应该得到这样一个优遇与工作良机，因为他们已经对抗战提供了不小的努力，我们只要一听到他们为了在早晨三四点钟到码头上去欢送川军出川而轮流地坐以待旦的消息，我们就不能不在眼前映出这样的一幅图画：先是万无聊赖的枯坐，接着是轻重不一而迅速地奔跑，接着是江声伴着歌声，兴奋了战士们也兴奋了我们民族的歌手，这兴奋，终于造成了前线上的百战不挠的英勇图画！

壁报工作在重庆也是值得报道的，这不光是因为每个团体都出壁报，贴遍了大街小巷和村头，而且是因为重庆的壁报比起别的地方具有着一种更进一步的作风，在这一点上，战时书报供应所提供了他们最善的努力。起初，他们因鉴于壁报对抗战大众教育的重要，而大部分壁报工作者又都是些忙人，对材料的搜集与运用不免有时会失之未妥，他们就创办“壁报资料”（油印）一种，每周二期，每期千七八百字，内容包括时事简述、抗战知识、敌军暴行、英勇故事，形式美观而活泼，因为他们是无条件的义务供应，所以受供应者日众，本埠已达100余份，外埠亦30余份。最近，经过一度调查后，他们发觉壁报工作尚有许多缺点，于是，由他们发起，召请各壁报工作者座谈，对壁报出版份数、日期、张贴地点诸技术上的问题，亦曾予以热烈讨论而获得具体的规定。

此外，如妇女慰劳会、职业青年互助会及自强读书会等比较庞大而工作亦比较繁而更实际的团体，因篇幅关系，希望将来能够作进一步详细的报道。

总之，渝市青年救亡运动是具有着充实的内容的，尤其是自广州失守、武汉撤退，国内几个较大都市的青年救国运动转换到另一形式以后，青年们在这一全国政治中心、西南唯一重镇的地方，是在尽着他们最大的努力进行他们的良心工作的。而最近一月来，他们为了配合目前情势而思有以实行最高统帅为抗战而建设西南的计划，他们在对政治的注意上与青年组织的统一上，都表现了惊人的进步，关于这一点，在他们“对第二次国民参政会的建议”这一具有历史意义的文件里，是坦白直率而又完整无遗地表露着；而作为这六项建议（原文见十月三十一日本报）骨干的，则是“建议一”里面的要求政府对青年团体的领导与扶助。我们希望在不久的将来他们能够获得成功。

重庆，近来敌机常常在天空里盘旋，在逃难者对重庆发生惑疑的时候，这里的青年们却依旧与更加起劲儿地工作着，他们对敌机上的炸弹所投下的影子在头顶上掠夺这件事，好像都满不在乎似的。他们正准备着以血和肉来捍卫我们的祖国，来收复我们的失土呢！

原载《新华日报》1938年12月3日

26. 中国妇女慰劳自卫抗战将士重庆分会一年来工作报告（1938年12月4日）

抗战开始以后，全国同胞一致奋起，本市妇女界亦响应了宋美龄、何香凝等女士所倡导的全国妇女抗敌后援会，而成立了重庆分会。在三个月中，作了一些征募工作，办失学妇女夜校，访问劳苦妇女，出壁报，出发街头乡村宣传等。九月二十五日，接得首都妇女慰劳总会公函并组织大纲等件，本会当即筹备改组更名，愿在蒋夫人领导下努力，遂于去岁十二月一日在社交会堂正式成立本会。

兹将各部由成立到现在工作概况简述于后：

一、总务部　部长李兰　干事陈奇雪、朱容

在党政当局领导之下，我们曾参加“一二八”纪念会、“三·一二”总理逝世纪念、“火的五月节”“反侵略运动周”“三八国际妇女节”“招待世界学联代表”“欢迎反侵略代表何登夫人”“欢迎欢送经过此地的战地服务团”“七七建国献金运动”“庆祝台儿庄胜利示威游行”“欢送川军”“庆祝南浔线胜利游行”“欢迎女参政员”等。

本会经常费用及特别开支用项，如开办失学民众夜校，救护训练班，招待费，赠送挽联花圈旗子等费，全系由妇女抗敌后援会捐140.48元，常执委的常月费33.30元，第二三期征募零款606元拨用，总共收779.78元，共付出661.24元。本会工作人员（常执委干事等）完全义务，因此有很多热心同志生活发生问题，不得不另找职业，以致影响会里工作甚大。

本会全体600余人，以家庭妇女职业妇女占大多数。在组织方面，系依会员住址，城市内分为八区，城外一区，江北一区（现已独立为支会），南岸一区，银行界及公司职员为一区，总共12区。由第一次区务会议选出各区区长一人负区里完全责任，并与组织股直接联系。

二、宣传部　部长闵蔗佳　副徐培影

这时期内，我们曾举行讲演会十次，座谈会每月扩大举行一次，欢迎会内外的人参加，联谊会每周一次，以联络会员的感情、交换知识为主。民众学校（失学妇女补习班）每三月一期，第一期接收妇女抗敌后援会主办六所，学生800余人；第二期开办四所，学生400余人；第三期办三所，学生300余人；第四期办四所，学生300余人（现正开学）。四期共计1800余人，成分70%为儿童，30%为成年妇女。

歌咏组共七八十人，经常宣传和欢迎欢送军队等。

壁报组，每周出10大张，在五月宣传节一月内，共出200张，合计一年来共出1000张左右。

宣传组，共有讲演队4队，每队10人，经常出发街头和城市近郊宣传，若遇纪念日，宣传队必增加文字宣传品：纪念“一二八”宣言2000份，纪念“九一八”告女同胞书2000份，纪念“三八”节告女同胞书4000份，“反侵略妇女日告同胞书”3000份，“五月节纪念日告劳苦妇女书”4000份。

话剧组，参加者20余人，征募期出发街头，集体旅行时演剧，扩大联欢会演戏剧。

三、征募部　部长张琼英　副曾维凤

扩大征募共四次，收入部门：第一次在二十七年元旦，为慰劳伤兵并沿门募集废物，如旧破衣服棉花纸烟筒，共募得3000余件，又现金600余元，棉背心200件，又杨学优先生捐600元正。第二次在二月一日（旧历元旦）游艺募捐，共募得现金1400余元。第三次在五月二十一日，为前线募集防毒面具及出川将士购毛巾药品，发动全体会员沿门征募，又函请各机关代为征募，共得洋2817.8元。第四次在“九一八”，为响应寒衣运动，发动全体会员沿门征募三天，共得洋1540.8元正，四次总共募得现金7200元正。

支出部门：被盖400床，1200元正。汇台儿庄500元，汇汉口十八集团军600元正。拨会内经费492元正。购毛巾5000张和加印毛巾字776.2元正，购红药两瓶30元正，七七献金400元正，事务拨款141元，灾区难民4元，旧衣300余件，征募特刊印刷纸费7.4元正，寒衣棉背心1500元正，伤兵棉背心80件，购象棋军棋其他15元正，伤兵慰劳费15元正，伤兵离队川资5元正，伤兵棉被50床，慰劳袋100个。现尚存法币1300余元。

四、慰问部　部长李秀芝　副李光岱

（一）访问队。经常访问出征将士家属及贫苦妇女，由组织股每区慰问组负责。

（二）慰问队。慰问伤兵六次，赠送毛巾牙刷书籍玩具棉背心棉被等慰劳品。慰问难民个别予以援助。慰问阵亡将士家属，及迎灵送灵献花圈挽联又共6次以上。欢送出川将士赠送锦旗棉背心毛巾药品等，计一百四十九师毛巾2000张，一六二师毛巾2000张，红药2瓶。六十七军毛巾2000张。三十一集团军棉背心1000件。二十二集团军棉背心1000件。二十八集团军1000件，十八集团军棉背心2000件。寒衣分会5000件。托战地服务团带100个慰劳袋至前方。响应30万封慰问信运动，写信500余封，又发动各团体学校及会员写慰劳信装在10000件棉背心内，至今共收到10000封以上。

五、劳作部　部长岳永着　副部长曾勉

（一）劳作部代新蜀报制棉背心10000件，自制棉被□百床，代儿童保育会制衣裤500件。制赠前线将士慰问袋100个。

（二）救护班第一期在四月份开办，期限六周，有学生40人，现已结束。

原载《新华日报》1938年12月4日

（二）声讨汪精卫集团投降卖国

1. 国民党中央执监委员会开除汪精卫党籍决议案（1939 年 1 月 1 日）

汪兆铭，承本党付托之重，值抗战紧急之际，擅离职守，匿迹异地，传播违背国策之谬论。二十九日来电，竟主张以敌相近卫根本灭亡我国之狂悍的声明为根据，而向敌求和，一面载之报章广为散发，以建议中央为名，逞摇惑人心之技，而其电文内容，尤处处为敌人要求，曲意之饰，不惜颠倒是非，为敌张目，更复变本加厉，助其欺蒙，就其行为而言，实为通敌求降，其影响所及，直欲撼动国本。我国民救亡图存，发动抗战，百余万将士之死伤，数百万同胞之牺牲，惨痛深切，无非欲根本消灭敌人侵略之毒计，以永保我国家民族万代永久之生命。年余以来，国民则精诚团结，将士则踊跃用命，万众一心，咸集中于本党总裁蒋委员长领导之下，坚毅不屈，有必达胜利之自信。今敌人图我之野心益彰，伎俩益毒，即吾全国之敌忾愈切，决心愈坚。汪之所言，不但为中央所痛绝，实亦为全国民众所不容。查战争期间，任何国民，绝对不能违反战时国策之决定而自行主张。本党纪律，更绝对不许逾越党的正式决议，违反党的规则，而以个人发表其意见。汪兆铭此种行动，为其违反纪律，危害党国，实已昭然若揭。大义所在，断难姑息，即予永远开除其党籍，并撤除一切职务，藉肃党纪，以正党风。我国民须知抗战决胜之最要关键，唯在意志统一，精神不亡，我民族往昔迭遭外患，如宋、如明，固仅为一姓一家朝代之溃灭，而非为我民族之责，择其致败之原，皆由当时朝廷少数奸邪，精神慑服，天良丧尽，以致灭亡，决非民气与国力之不能抗敌也。故今日抗战，非整肃法纪，不足以振作精神，非袪除携贰，不足以战胜强寇。综观敌人最近之毒计，实欲威胁我精神而导我于分裂覆亡。本党深知我全国同胞民族意识，普遍发扬，春秋大义，深入人心，只须坚定不移，奋斗不屈，严守国策，统一意志，最后胜利，自必实现。今后抗战国策，一以本党总裁上月二十六日在中央纪念周所发表之演词，为唯一标准，愿我全国同志及将士同胞，本此意旨，悉力以赴，其有背越斯旨之一切言论与行动，皆为国家利益与法纪所不容，必与国人共同摈弃，以保持战时意志之严整，而完成我三民主义革命救国之使命。

原载《中央处分汪兆铭案》，中央警官学校特别党部印发，1939 年 2 月

2. 国民党中宣部、军委会政治部为汪精卫艳电声明之要旨（1939 年 1 月 1 日）

一、对外声明之要旨

（一）汪精卫此次离国养病，事先与国内同志未告而别，事后亦未正式函电，其纯系私人行动明甚，故与党政军各方面均无丝毫关系，其在外行动，自不能作为任何方面之代表，且早经总裁在报端向中外郑重声明。最近汪精卫在港向各报发表其所谓向中央建议之艳电，中央尚未接读，国外已自宣传，以汪精卫在党国之历史，论情论理，均不应有此种行动。

（二）汪精卫此种建议，然亦只能代表其个人意见，或极少数意志薄弱、甘心为敌伪利用者之怯懦卑劣心理而已，对于整个抗战前途，绝无任何影响。盖汪精卫个人之意见，实不足以动

摇全国军民坚决抗战之意志也。

（三）至于中日问题，本非一朝一夕之事，更非一二个人之事。中央决定抗战，实遵照总理遗嘱之训示，并根据全国国民一致之要求。故抗战为我国固定国策，殊非一二人之异议所可轻易撼动而变更者。自“九一八”以来，全国上下，忍辱负重，汪精卫对于日寇之痛愤，尤为国人所共知，自淞沪战争以迄芦变爆发，汪精卫皆身历其境，其力倡精诚团结共赴国难之说，言犹在耳，论理论情，岂应有如此先后矛盾之言论。

（四）汪精卫此种表示，也许系一时为敌人之狡猾所欺朦，然近卫之狂谬宣言，一曰中日“满”结合之总体，二曰中国内地驻兵与自由杂居，三曰“共同防共”（包括内蒙驻兵），无一非灭亡中国之阴谋，虽三尺孩提，亦知其用计之险毒，我总裁固早已一一加以痛斥暴露无遗矣。汪精卫在港之主张发表自相矛盾，其为亲者所痛，仇者所快，盖无疑义，退一万步言，近卫之声明，果具最低限度之诚意，则更可证明日寇力竭声嘶，已达黔驴技穷之境地，我人正宜积极反攻，收复失地，完成最后胜利，何能于此时谋中途之妥协。

（五）且事实证明日寇最近以求和烟幕，完全为新的进攻以前的试探，近卫之声明，对于汪精卫可谓一种玩弄。汪精卫不愿信任全国军民抗战最后必胜之成功，而却信任近卫之欺骗的阴谋，则朝鲜实是一个最好殷鉴，愿深明大义如汪精卫者，重加三省。虽然，汪精卫此次行动在他个人或不无原因，过去汪精卫在革命过程中，时而表现坚决，时而表现动摇，在目前抗战遭遇新的困难期间，或许会发生一时的动摇，因而离开革命，此虽于国家抗战前途不致发生任何影响，然而每个敬爱汪精卫者，固不能不深为痛惜。

（六）虽然稽之各国革命史实，当革命行将成功之际，亦往往发生企图中途妥协而脱离革命之分子，盖此乃革命过程中不可避免之现象。远的不谈，近之如民之脱党附袁者，以及陈炯明之背叛总理，皆其例也。然此乃系个人之行动，决非革命阵营之分化，实际上革命力量却必然因此而更加团结与坚强，其发展与成功亦因而愈有把握。今日吾人大敌当前，唯有一心一往，服从最高领袖，坚决抗战到底，决不因敌人的挑拨离间而所松懈也。

二、对于各级党部及部队政训人员之指示

（一）抗战为吾党既定之国策，决不因一二叛徒之异议而轻易变更，中央决定抗战，本非一朝一夕之事，在吾党历史文献中早有根据。

1. 总理遗教遗嘱中，早已预示国民革命之完成，非抗战决不能求民族的独立、自由、平等。

2. 本党历届大会宣言与决议，无不声明民族至绝续存亡，和平至最后关头时，全民族唯有决然奋起，以抵御外侮，绝不能中途妥协，自促灭亡。

（二）汪精卫于去年十二月贸然发表艳电，对党对国，均属叛离行为。第一，汪精卫以副总裁之地位，竟破坏党纪，违背党的宣言与决议，将何以上对总理在天之灵下对数百万抗日阵亡将士与民众。第二，汪精卫自“九一八”以来，力主精诚团结，共赴国难，在芦〔卢沟桥〕变发生之后更坚决主张“长期抗战”，在临时代表大会中，亦热烈拥护抗战建国纲领，对于抗战，从未发生不同意见，乃今于抗战最紧张关头，突然发表如此通电，先后矛盾如此，诚令吾人为汪精卫个人惋惜不置。

（三）汪精卫通电之内容，显然已对日本帝国主义表示屈服，承认其灭亡中国之条件，所谓共同防共（包括内蒙驻兵），所谓自由杂居，所谓经济提携，皆一一接受，是汪精卫附和汉奸，投降敌人，出卖祖国，在吾党革命历史上，实永为最大之污点，岂仅汪精卫个人之政治生命，从此完全断送而已。

（四）但汪精卫离开革命之后，客观上更足以使我们对抗战，必愈趋团结，愈趋坚定一致。

故汪精卫此种行为对党国决无影响，对敌伪除了多一层招摇撞骗的工具外，亦不能发生何等作用。唯有汪精卫个人之损失，即自毁其革命历史，背弃全国国民与同党同志，此则最堪痛惜者。虽然稽之各国历史，无不有企图中途妥协而离开革命之动摇分子，此固革命过程中不可避免之历程，如总理民之革命，一部分之脱离附袁者，以及此后陈炯明之叛变，皆属革命列车前程中所扬弃之尘屑，然此皆系个人行动，决非革命阵容之分化。故吾人唯有在积极方面更加强革命力量之团结，在消极方面不做亲者所痛仇者所快之事，方足以促使革命成功。汪精卫此次通电，凡我忠党爱国者，必人人同具无限之痛感，但吾人“白刃当胸，目不旁睨”，现在唯有加紧第二期抗战，肃清内奸，坚定与敌周旋到底，最后胜利，当可拭目而待也。

第三战区司令长官司令部编：原载《汪兆铭开除党籍之经过》

3. 国民党中宣部、军委会政治部为汪逆叛国紧要声明（1939 年 1 月 3 日）

（中央社讯）中宣部、政治部三日发表紧要声明云：“汪兆铭于去年十二月二十九日在国外发表艳电主张之后，中宣部、政治部曾于三十一日发表对外声明，□□□□。当时因中常会尚未有开除党籍之决议，故该声明末段有‘望先生早日痊愈重返中央’一语[①]。此声明因三十一日晚间不及送各报刊登，故于一日与中常会决议同时在各报登载；然外间不明真相，易滋误会，以为此项声明，与中常会决议稍有抵触。兹特重行声明，中常会既已决议，汪兆铭此种行动为违反党纪，危害党国，予以永远开除党籍并撤除一切职务之处分。则本党同志，全国国民，自应遵照此项决议，以祛除□贰，整肃纲纪，辟邪远佞，不稍姑息。须知明是非，辨顺逆，遵国法，守党纪，此为本党革命精神之所□托，而亦争取抗战必胜建国必成之首要条件。想本党同志，全国同胞，必能深体是旨也。上述之声明，因发出在前，刊布较后，故在时间上有郑重说明之必要，特此声明。”

原载《新华日报》1939 年 1 月 4 日

4. 国民政府通缉汪逆令（1939 年 6 月 8 日）

汪兆铭违背国策，罔顾大义，于全国一致抗战之际，潜离职守，妄主和义，并响应敌方谬论，希冀煽惑人心，阻挠大计。经中央加以惩戒，犹复不自醒悟，倒行逆施，竟于上月秘密赴沪，不惜自附汉奸之例，与敌往还，图谋不轨。似此通敌祸国之所为，显属触犯惩治汉奸条例第二条之规定。比来海内外民众同深愤慨，先后呈请通缉严办者不下千余起之多，政府如尚曲予宽容，其何以伸张国法，慰我军民，应即由全国军政各机关一体严缉务获，依法惩办，以肃纪纲！此令。

原载中国国民党中央执行委员会宣传部编印：《抗战第六周年纪念册》，1943 年 7 月 7 日

① 中宣部、政治部声明见前文，由于该文是后来辑录的，所以已将此语删去。

5. 蒋介石为日汪密约告全国军民书（1940年1月24日）

近日中外各报所披露的汪逆卖国文件，有日汪在上海签定而由犬养健携回东京的“日支新关系调整要纲”，以及汪逆向敌方提出成立伪政府的必具条件和敌方的答复。这几个文件，全国同胞披阅之后，对敌阀与汪逆的阴谋奸计，必有更进一步的认识了。由这几种文件的披露，我们可以明了敌伪双方这几个月来秘密进行鬼蜮勾结的一般，我们可以察知敌国在一月初所谓“兴亚院”开会讨论的内幕，我们更可以由此认识汪逆装腔作势做尽讨价还价姿态，以及他卖国行为的狡狠。在我们未曾见到这个文件以前，我们早知道汪逆是不惜将整个国家和世代子孙的生命奉送给敌国的。现在这个文件是披露了，我要请全国同胞郑重注意这个文件的内容，再阅读我在前年十二月指斥近卫声明的演讲，再拿所谓“日支新关系调整要纲”，和近卫声明作一个对比，就可以知道我在一年多以前批评近卫声明时所说的“日本真正之所欲，乃在整个吞并我国家与根本消灭我民族”，以及“近卫声明是敌人整个吞灭中国独霸东亚进而征服世界的一切妄想阴谋的总自白”。这几句话到今日来看，更可以证明为正确，绝不是过甚其词。我曾告诉大家，近卫声明骨子里暗藏着机械利刃，现在机括一动，锋刃毕露，这个“日支新关系调整要纲”，把近卫声明“东亚新秩序”的一字一句，都具体化了。这一个敌伪协定，比之二十一条凶恶十倍，比之亡韩手段，更加毒辣，我敢信稍有血气稍有灵性的黄帝子孙，中华国民，读了这一个文件，一定要发指眦裂。

首先请大家注意，所谓“日支新关系调整要纲”及其附件。汪逆一年来，尾随着敌人，颜向世界标榜的，不是所谓无害于中国独立自由的和平吗？他不是津津乐道所谓“善邻友好”“共同防共”“经济提携”，以为无伤于中国的独立生存吗？现在我们大家从他们签定的条件中，可以看出这三个特别用语的意义，我再给简单明白的说穿了吧：所谓“善邻友好”，就是“日支合并”，所谓“共同防共”，就是“永远驻防”，所谓“经济提携”，就是“经济独占”。这就是近卫声明中所希望于汪兆铭将要成立的“更生中国”，亦就是“奴隶的中国”的要纲，这就是敌阀以“分担建设新秩序职责”的名义，强迫“中国”分担“支解中国自身”的任务。试想世界上凶徒杀人，强迫被杀者引颈就戮，也就够凶暴了，还要在行使解剖手术的床上，强迫被支解者自刳其肺腑，这不是往古来今破天荒的骇闻吗？这个文件内容的狠毒，我不屑一一列举，我只大略举其要点：

（一）请看他的原则包含些什么？第一，就是要在“建设东亚新秩序”理想之下，相互善邻而“结合”，设定“日支满”三国一般的提携善邻友好而至于“结合”，这不是“日满支不可分”的实现吗？“东亚协同体”成立之日，不就是中国独立国家的消灭吗？其次，就是划华北及蒙古（原文是蒙疆）为国防上及经济上强度结合地带，而在蒙古特别设定军事政治之特别地位。试问这所谓国防，是谁的国防，中国的领土上，要为日本的国防作成“强度结合”，设定特殊地位，这样的中国，还能算是一个独立国家吗？其次，是在长江下流要设定经济上“强度结合”地带，这“强度结合”是什么？是胶呢，是漆呢，还是所谓“混然一体”的不可分呢？明白些说，你的就是我的，再明白些说，中国的都是日本的，凡是中国所有的一切，日本都应该据而有之罢了。再其次，是华南沿海岛屿设定特殊地位，从此闭锁中国，不许与海外自由交通，使我们南疆的屏藩，变为东夷进出南洋的脚踏板，变为日本在太平洋与印度洋上对欧对美作战的根据地。这些都是“日支新关系调整中”不可违背的原则，而这些具体事项，还要在其他附件作更详细毒辣的规定。

（二）先从“善邻友好”说起，其条款内所载者，一则曰“浑然相提携”，二则曰“全般的讲求互助连环之手段”。“连环”的意义，我曾比之于牵我们子孙入十八层地狱的锁链，想大家必能回忆。至于“浑然相提携”，真是日本最近特创的新语，汪兆铭说：“近卫声明轮郭〔廓〕明白”，而敌寇所要的是“浑然”，汪兆铭机关报还老着面皮说，经济合作有范围，有限度，而敌寇答之以“浑然”。什么是“浑然”呢？中国文字内有“浑然无迹”的成语，又凡一切模糊而记忆不起的叫作“浑忘”。所谓“浑然”，只是无畔岸无踪影的意思。提携到了相互之间无分限，无影迹，除非是“合并”，这不是整个吞噬的说明吗？

（三）要伪组织先承认“满洲帝国”，而后中国领土主权由日满来尊重。试想承认了伪满，还说是尊重中国领土及主权，而中国的领土和主权，还要由宰割出去的伪满傀儡来尊重，真是戏弄呢，还是侮辱呢？

（四）不但宣传与教育，就是政治外交贸易，足以破坏相互好谊者，不独现在，即将来亦禁绝之。换一句话说，中国境内凡有不便于日本者，一概永远禁绝之。

（五）“对于第三国关系，不采取违反相互提携的基础之措置”，这就叫中国的外交权，从此整个听命于日本，不许有自由独立之余地，这是不是完全夷中国于日本的附庸。此外还要派遣顾问于“新中央政府”，于强度结合地带及其他特定区域，这就是要对中国层层配置监视人员。

（六）协力于文化融合与创造，这就是从此不许中国有独立的文化，不许中国人在文化上自己有创造。

（七）再看所谓“共同防卫”事项之内所载的，不仅是“共同防共”，还要协力于共通治安的维持。这“共通的治安”的新名词，就是要把整个中国变为日兵驻防区域的注解，就是驻兵于全中国任何地点的张本。

（八）于是说到“防共”，就图穷匕见的说，要驻兵于华北于蒙古各要地，于是还要结成防共军事同盟，于是还须中国承认日寇舰船部队得在长江沿岸特定地点和华南岛屿长期停泊。因为这些地点，离日寇的假想敌苏联太远了，不能应用到“防共”二字上来，所以在上文要制造共通的治安之维持的一句话来应用，而驻兵区的铁道航兵通讯，主要港湾水道，日方还保留着军事上的“要求权”和“监督权”。至于中国本国之军警配置和军事设施，要限至最少程度，而且这个最少程度的军警建设，还要由日本派遣顾问协力行之，试问什么是协力，监视而已，支配而已。

（九）更看看所谓经济提携的内容怎么样？首先是要互助连环，其次还要“经济结合”，整个掠夺中国的经济，甚至中国财政经济政策乃至关税和海关制度之成立，都要受他的支配，受他的限制，受他的统制。

（十）关于资源开发，关于关税交易，关于航空交通通讯和气象测量，均要以便利日本的援助协力和物资需给的主旨，缔结所要之协定。

（十一）资源的开发和利用，在华北内蒙要与日本以特殊的便利，又在其他地域，关于特定资源，也要给日本以所要之便利。而其所谓全国交通协力之重点，乃包括整个中国之航空，华北（包含陇海线在内）之铁道，中日之间及中国沿海之海运、长江水运及华北与长江下流之通讯等等。以上种种，就是日本要将中国所有的一切，囊括以尽，连我们同胞人人的衣食住行，都要受他日本的支配，而毫无自由的余地。上述各项，他们还恐未能列举完备，在备考栏内，更规定须与日方密切协议以为随时要索的张本。

除此以外，还有规定伪中央与南京华北及蒙疆三傀儡组织的关系，内容甚为琐细，而其主要精神，无非是一块块脔割开来，便其吞嚼。最足令人注目者，便是厦门与琼州岛特别各列为一条，厦门要设为特别行政区域，而“海南岛”上要承认日本之特殊地位，使之有权处理航空通讯海运之事项，和国防必需资源之开发利用事项，这还不是干脆的说厦门与琼州岛要是永久让于日本就完了么？而其没有明举的，还有所谓华南沿海特定之岛屿。我们须注意，这就是日本决心掀起太平洋上的风云，而要以我神圣禹域之资源，黄帝子孙的血肉，作他南进北进冒险并举的资本。

综观这一个密约，较之民国四年日本向袁世凯所提出的“二十一条”，不知要广泛毒辣到多少倍，这个卖国条件如果见之于实行，中国就陷于万劫沦亡，四万万五千万黄帝子孙真无噍类，而东亚与世界的祸害，更不知伊于胡底。可是丧尽天良的汉奸汪兆铭，竟于去年十二月三十日欣然签字在这个万劫不复的卖身契上。请问全国同胞，这是和平呢，还是卖国呢？这是国交调整呢，还是亡国条件呢？由这个条件的实行，中国独立自由是可以因此确保呢，还是从此永远断送净尽呢？

尤其令人痛愤的，请全国同胞再看一看汪逆的卑劣无耻到如何的地步，在他向敌方提出的“新政府成立前所急望于日方者”一个文件中，他所认为“中央政府成立之必具条件”是什么？对于国家民族生死存亡的领土主权行政等等，他一切都可以不管，而所争者乃是4000万元款项之借支，以及关税之存放与统税盐税之转移。明白的说，汪兆铭向敌人所要求的，第一是钱，第二是钱，第三还是钱，有了钱就可以一概不争。此外他所要请者，就是开放南京上海间长江之一段。再其次，是京沪间的通行问题和宪警检察权，以为有此数项，便可保障他个人的安全。大家知道，狗偷鼠窃，总是贼胆心虚，何况汪兆铭的生平，本是这样一个患得患失反覆无耻的角色，他要求长江开放，何尝是专为欺骗英美诸国，要求通行证和宪警权，何尝更有其他目的，实在是准备不得了时，他可以从海上陆上脱走。因此这三项，第一是要命，第二是要命，第三还是要命。有了钱，有了命，他就可安心作傀儡，所以除此而外，便一概可以不争。只有对于这两点，一定要低声下气向敌人请求，还设其辞曰：要“变更人民观感，改善人民心理”，你看他拿我们同胞当作什么人。可是日本方面怎么答复他呢，日方最后的答复，是很简单的。就是“动用4000万元一层，必须日支新关系调整之原则及其他过渡办法得到确约时，则有设法以副尊意的准备”；其他对于关税收入，还是仍旧要存放正金银行；而华北及内蒙部分，还要另外保留；关于长江开放，干脆的拒绝了；关于通行证与宪警检查，要待适应治安状况等现地之实情，而由日支双方之关系官宪协议再定。我们要注意敌方所谓“得到确约”一句话，就是要汪贼签订了《日支新关系调整要纲》卖国条件，给了他永不反悔的保障，才过付这4000万元卖国的款项。我们由此可以知道汪贼所以要在十二月三十日满盘承诺的缘故了，我们由此可以知道十一、十二月间上海汉奸报纸彷徨焦急装腔作态的内幕了。汉奸们粉饰场面的伎俩，毕竟敌不过他主子的压力，畏惧逡巡的心理，毕竟战胜不了他袍笏登场的私欲，奸逆的丑恶心事，只看这几个文件，已不必待我再加阐明了。我只是提醒现在还有极少数过于忠厚专以君子之心度小人之腹的同胞们，不免迷惑于汪逆过去甘言欺诈的烟幕弹的，读了这几件从他自已内幕里揭出来文件之后，请问做何感想。

敌阀和汉奸本来是针芥相投，沆瀣一气，分不出谁先谁后的，我们如果说敌阀来勾引汉奸，也更可以说是敌阀的妄行狂想，是受了卖国汉奸的教唆与鼓励。试看这一年以来，敌国内部由近卫而平沼，由平沼而阿部，由阿部而米内，换来换来，脱不了少壮军阀的掌握。现在敌国新阁登场，米内的首次谈话，是要援助“新中央政府”的产生，而劈头第一语，却是吁请“全国有一致团结以建立东亚新秩序的必要”。这可以看出敌国政界和民间都有不一致的实情，可以知道敌国之内，也还存在着不少头脑清楚的分子，知道这样灭人国家的狂妄企图，结果必陷日本自身于灭亡的。无论少壮军阀是怎样的朦上欺下，毕竟掩不住敌国内部的矛盾与不一致，可是这一个不一致,并不关于傀儡政权的成败。我在几个月前早经断定,汉奸伪组织是迟早要出现的,我又说“无论敌人制造几十个伪组织,无论这种伪组织假借任何名义,吾人只认为日本之奴隶,其对内对外决不发生丝毫效用,亦决不能损害我党国于毫末”。我们都知道一个人既作汉奸,存心卖国了,必然会卖绝他祖宗和子孙,所以对他的卖国条件,我们并不如何惊异。我们今天是抗战第一,四万万五千万同胞抱定决心,保障中华民国独立生存,任何力量,任何诡谋,绝对亡不了我们中国。可是这一次汪逆卖国文件的披露,毕竟是有重要的意义,如果不是他的内部有人发动天良,把这个密约公布于世,我可断定不论敌阀和汉奸,必定要遮掩其全部,或者至少一部,以朦住世人的耳目的。而丧失了灵魂的汪逆,还要继续着对我们一般忠厚同胞,用花言巧语不断的来欺骗,现在这个密约何时递交,何时签字,何时带回敌京,以及敌阀如何颐指气使的胁迫,如何涕泪纵横的诱骗。人证也有了,物证也有了,汪贼和敌阀虽欲抵赖,也无从抵赖,虽欲改窜掩饰,看他又如何改窜掩饰。这可以让我们同胞知道,汪贼的所谓和平运动,是不是卖国运动,更可以知道由近卫声明东亚新秩序所推演出来的毒计,毕竟是怎样的险恶。如果我们不坚决抗战,使敌军崩溃,敌阀消灭,不但中国国家和民族将皮骨无存,就是太平洋有关的各国,也将要陷于不能幸免的劫运。这可以让世界各友邦知道,敌国在伪装媚美亲俄与调整各国外交的姿态之下,实掩藏着怎样的野心,是在同一时间进行着如何的工作。这也可以让敌国民众知道,他们军阀是怎样的认识自己兵力不够,要涕泣哀求的假手汉奸来结束中日战争,而一方面又是如何的卑劣狂妄,以日本的国运为孤注,来对世界作更大的冒险。我们全国抗战,有坚强无比的决心,可是我时刻系念着我们沦陷区域内受尽伪组织压迫欺骗的同胞,我知道汉奸国贼蛊惑欺骗的对象,是始终集中于我们海内外忠厚同胞,尤其是在沦陷区内同胞身上的。

这一年以来,汪兆铭到处散播妖言,讲什么“和平无望,我也跟着殉国,如果和平有望,而和平条件无害于中国之独立自由,为什么不可讲和平”,又是什么“日本所求只是经济合作”,又说什么“日本以道义观念代功利思想,不以战胜者自居,且有同忧患之诚意”,又说什么“日本舆论主张尊重中国之主权与独立”,又说什么“日本若要灭亡中国,则以全力继续作战便了,何必更有托词”。我们同胞中间,存心过于忠厚的,听了他这些话,或不免多少为其所麻醉,似乎觉得其事可疑,而其言或非无因的样子。现在他狠毒贪劣的本来面目,随着卖国文件,一齐揭露出来了,我们同胞想一想,汪兆铭翻来覆去所说的“老实话”,哪一句不是绝对的谎话?他假作慈悲,关心同胞痛苦的蜜语甘言,原来就是要骗我们同胞世世子孙跌入万丈深渊为敌作伥的惯技。他自谓一年以来,殚尽心力,和日本朝野开诚讨论的“和平方案”,现在分明摆在国人的面前。就是这样的一个方案,我们同胞这就可以明白汪兆铭一年以来所殚尽心力的,无非是替敌阀建造灭亡中国的路子,替敌阀构筑陷死中国国民的圈套。大家当还记得他在去年七月九日对海外的广播,他不是说“两国交战,都是由停战而议和,由讲和而撤兵,交战形势依然存在,撤兵从何说起”,拿这一套说法,替敌阀来劝诱来辩护吗?他不是还到了广州,坐在敌军司令部里说,要实现广东的局部停战吗?同胞们,想一想,自去年以来,我们前线几次血战,愈打愈强,现在连汪兆铭汉奸机关报《中华日报》,也可以藉着前线将士的牺牲,来说几句骗人硬话,像所谓“日本希望和平,乃出发于不能击败中国”等等一类话的时候,敌阀所探怀而出掷交汉奸迫令签订的,还是这一个《日支新关系调整要纲》。如果真像汪兆铭所说的先停战后讲和,那还有什么和可讲呢,一经停战,还不是无条件的要中国干脆投降就完事吗?还不是将这个“日支新关系调整要纲”更加可以用狰狞的面目,放肆无忌的掷了出来,要你承认吗?那还有什么撤兵不撤兵可讲吗?唯其我们全国一致没有人上他的当,所以汪兆铭只好千辛万苦的在偷偷摸摸中间和敌阀私订这种卖国契约,当他的主子不肯交付4000万元借款的时候,便从他的机关报里发出“吾等又何必组织中央政府，岂吾等亦将沦为汉奸之流乎”一类的呼声。这足以证明只要我们同胞意志坚定，汪兆铭的卖国奸谋，是断然没有法子称心遂愿而成功的，敌阀也没有法子实现他这样侥幸狂妄的毒计的。

汪兆铭签订这个卖国的密约以后，他再打算如何做法呢，敌阀又将采取怎样的手段呢，这都是我们全国同胞心中所必然引起的问题。但我以为这些都不重要，不值得注意，只要我们守定一贯不变的国策，坚强抗战，自然能够以最后胜利的光明，消散这种鬼蜮幢幢的黑影。先说汪逆罢，汪逆在这个卖国契约将近签订的时候，他踌躇满志极了，先是他的机关报《中华日报》说什么“全面的和，不能实现，除了以局部的和蕲致于全面的和以外无办法”。继而汪逆自己在去年十二月二十九日又发表了一篇艳电书后，说“目前所余的问题，只是和平原则能否实现，和平方案能否完成的问题”，又说“具体和平条件的能否获得，有待于和平运动，获得之后期其实现，亦有待于和平运动”。这一半是他还想掩饰其秘密签字的事实，一半也是要仰望他主子的颜色，所以他今天以后，必然还是致力于他的所谓“和平运动”，就是想“以局部的和，蕲致于全面的和”。他一定是想拉拢丑类，组成伪府，盗窃名义，作为执行这个“日支新关系调整要纲”的主体。他或者还妄想即使没有第三国承认他的伪府，亦必然可以造起一些纠纷和麻烦来，使若干国家同他的伪政府发生事实上的往来。至于“局部的和”，他所谓“局部”是怎样说呢，这就是说日军所占领的南京城，就是他所能做主出卖的“局部”，再以这个“局部”作基础，假借他主子的力量，和我们全国抗战军民作对敌，来残害我们全国不愿做亡国奴的每一个同胞，而后妄想由此达到“全面的和”，就是出卖整个的国家，以偿他主人之大欲。他的打算，就是如此。他说他“已不能再有顾虑”了。但我要问我们同胞，我们难道对于这种万恶不赦，寄生敌体上的汉奸，还有什么顾虑吗？我们真不屑措意他这种伪组织，更不屑注意他将怎么样“蕲致于全面的和”，我们只认定这种汉奸败类任凭僭窃什么名义，终不过是日本的一个奴隶，奴隶是没有独立的人格的。我们现在一心抗战，到消灭了他的主子敌国军阀为止，他的主子消灭了，寄生体的奴隶，岂不也就完了。不过，中国历史上又多一个秦桧、刘豫、张邦昌的后身，供后人痛愤而已。中国的民族意识，和夷夏大义，总是每逢有汉奸国贼出现之时，更是砥砺发扬之会，我相信我们全国军民忠义激烈的奋斗，必然随着这个汉奸卖国行为的具体化，而更见坚强，更见骁勇，更见普遍！

至于敌阀以后怎么样，我们也大略可以推测。我猜想敌阀以后的行动，不外两条路：一条路是一面捧出汉奸，一面“悉索敝赋”的把他仅余可调的兵力调了出来，继续加紧向我们进攻，以便他们军部可以向议会要索军费，同时可以搪塞他民间的不满和责备。第二条可能的路，或者是他自己觉得实力已竭，如再调其他兵力，连到他国内部要发生变乱了，等到汉奸出场以后，他便借此名义，宣告他的“事变结束”。只把军队放在占领区内，既不再向前进攻，亦不向后撤退，藉此安慰他国内反战厌战的情绪，以期由此稍纾喘息，而后扶植汉奸来以华制华。但是这两条路分明都是敌国的死路。先从第二条来说，老实讲，如果他想藉此结束，想藉此稍息，绝没有这样便宜的事。日军一天不整个撤退，我们的战斗是一天也不终止的，他要退守，难道我们就不会反攻吗？他想用全力巩固占领区，我们不会乘机收复失地吗？再从第一条路来说，那就是把在国内国外所仅余可调的五个师团，抽调出来，加紧进攻。这个在我们本是时时准备着的，而且必有十分把握的。全国同胞都知道，自从去年年底桂南粤北战事至今一个半月来，他屡次抽调增援，屡次丧兵折将，我们已测验过他号称最精锐的五师团和近卫师团的力量了。我今天可以明白的说，在三年以前，敌人妄想我们中国在华北对他不战而屈，到三年后的今天，我们就要使日本军阀在华南战场上不战而死，乃至不战而败。敌军现在军纪的秃败，战斗精神的低落，都出乎我们意料之外，他现在所凭藉者，不过是他比较优势的武器，但武器是要有战斗精神的部队来使用的，敌国现在国内经济危机日深，外交彷徨无措，毫无出路，厌战反战的空气，弥漫全国，这种动荡不安的因素，当然反映到他前线士气的衰落。我在去年五中全会时已经透彻论述敌人必败之道，说他已陷入于卦形和死地，处处都处于欲进不得欲退不能的地位。自从他侵占南宁之后，无论天时地利与人和上，他更是陷于绝境了，他的最后失败的时期，必不在远了。我们只待他最后覆灭的时期到来，加以一举的歼灭。现在姑不论我们随时随地都给敌军以积极的不断的打击，即使我们和他作消极的防御战，我们亦必可使他不战而死，促起他最后的失败。我们只看山西战场，他始终保持六个师团以上的兵力，一度度的补充，不知道补充多少回了，到如今已打了两年之久，而我们山西依然如故。现在拿山西来和两广的地形和天候相对比，莫说两广地形嶂峦重叠，交通困难，而且瘴疠迷漫，疾疫盛行，敌军以岛国人民的生活习惯，以平原地区作战的训练，而进入到这样地带，岂非不战死也要病死么。我还可以说，敌军进入这一地带，就是不病死也要困死，就是我们不用兵力去围困他，而那里特殊的天然地形和气候，这些自然力量，就可以制敌军的死命，使他全数困惫而死，他开来的军队愈多，我们歼灭他的机会愈大，而最后胜利也愈快，所以敌人进犯两广，本来是自寻死路。他前年仅占广州，或者还没有尝足这种病死的苦味，更没有想到困死的一着，所以去年年底敢来进攻南宁，实际这就是最后的冒险，我们就要在这个地带，逼得他大量增援，实现使敌军不战而死的原则，以造成我们的最后胜利。至于其他战场上，我们一方面不断的与以消耗，一方面积极的与以打击，要使他应合了我们的有利的战术，来自寻覆灭。总之，在军事上我早经屡次声明，自信有十分胜利的把握，何况这一次卖国阴谋和敌汪协定的披露，更加深我们前线将士的愤恨，不啻对全国官兵下一道激励军心最有力量的檄文。我们全国同胞和将士，现在必然知道，不奋斗就是灭亡，不血战就是要束手待毙，就要被汪逆出卖做奴隶。我们如何能受此污辱，我们如何能不雪耻湔恨，求取我们国家的生存，争回我们国家的人格呢。现在敌国内阁一换再换，少壮军阀的孤注一掷，不但要牵累日本六千万人民自寻死灭，更要搅乱东亚引起全世界人类莫大的祸患，这是敌阀回光返照死期将至的时机，这是东亚的祸福世界安危最要关头的一瞬。我们抗战的意义，就在不惜一切牺牲，为国家民族独立生存作护卫，为国际公约东亚幸福作干盾。我们的责任，实在是万分重大，我们现在正是踏上最后胜利前所必经的最大艰钜〔巨〕的阶段，深愿我全国同胞，全军将士，乘此时机，加倍黾勉，努力奋斗，驱逐倭寇，光复山河，达成我们荡涤汉奸腥膻，报复先烈仇恨，完成国民革命，实现三民主义的庄严使命。

原载《汪逆卖国之铁证》，正论出版社印行，1940 年 1 月 24 日

6. 国民党中宣部为制发声讨汪逆伪组织宣传方案致军委会政治部代电（1940 年 3 月 20 日）

军事委员会政治部均鉴：极机密。汪逆签订卖国密约后，积极进行伪组织，亟应加强讨汪宣传以锄奸逆。兹制发声讨汪逆伪组织宣传方案一份，务希查照转饬所属妥为运用，各就本位，从速准备，及时行动。一面分别策动附属机构及报纸刊物文艺团体切实照办，并对本方案严守秘密为荷。中央宣传部。寅哿。印。

附方案一件

极机密：声讨汪逆伪组织宣传方案

一、宣传原则：

(一) 加强全国讨汪宣传，争取宣传上的主动地位。

(二) 发动民众运动及军事力量，与宣传工作配合进行。

(三) 侧重唤醒沦陷区民众及海外侨胞不受愚惑。

(四) 后方宣传不必过事夸张，以避免副作用之发生。

二、宣传实施：

一般的：

(五) 统一讨汪宣传名词。关于汪逆伪组织之名称，不得沿用所谓“中央政权”或“汪政权”等，日文译语“中央”二字尤须避免，遇有此种字样，一律改以“汪逆伪组织”代替。即外国通讯社电讯中所用之词句，亦须酌予改正。

(六) 普遍发动铸奸运动。发动各地民众团体雕塑或冶铸汪逆夫妇跪像，置于阵亡将士墓前或忠烈祠内或污秽场所，即以汪逆伪组织粉墨登场之日为全国“铸奸日”，各省市县同时奠立像基。

行都及后方各省市：

(七) 发表汪逆丑史。运用报纸刊物及广播机构，披露汪逆丑史，结算汪逆罪恶，并编撰通俗小品、文字，刊登各种杂志及副刊。

(八) 排演讨汪戏曲。印行讨汪戏曲（话剧歌剧），赶速发动戏曲团体，于汪逆伪组织登台前后普遍公演。

沦陷区：

(九) 扩大讨汪运动。强调总理遗教关于抵抗侵略之部分，证明汪逆和平谬论完全背叛遗教。发动沦陷区民众于汪逆伪组织登台之日，尽可能地做到罢工罢课罢市，一致通电讨汪，并协助军队破坏南京附近之交通，同时就京沪各地加紧实际诛奸运动。

(十) 鼓吹附逆分子自新。由战区各地党部公开宣传及秘密运用，唤起一时附逆分子自新，并以诛奸自赎。

(十一) 印发小型宣传品。由战区工作机构大量印刷富有刺激性之小型讨汪传单，就地寄发并由中央空军届时飞京散发。

(十二) 诱导伪军反正。由各部队政治部负责大量鼓吹，作激动伪军反正之宣传。

(十三) 加强对敌军及敌侨之宣传。由政治部在此时期，集中其力量，加强此项对敌宣传工作，使沦陷区之敌侨及战区之敌军反战情绪日益高涨，并使明了利用汪逆决不足以结束中日战争。

海外：

(十四) 策动侨胞积极讨汪。策动海外侨胞，针对汪逆宣传，尽量利用文字、讲演及戏曲、漫画等各种宣传技术作有效的讨汪运动，并于汪逆伪组织登台前后一致通电声讨。

(十五) 公布侨胞捐款。关于侨胞捐款，汪逆正作恶意造谣，应由主管机关准备材料，用适当方法在海外及时公布并说明其用途。

国际：

（十六）造成世界舆论。根据日汪及敌伪所订密约，分析其对各国不利之点，唤起世界舆论，务使各国明了汪逆伪组织登台之后，必与敌国合作，驱除各国在远东之利益，以促各国政府从速作不承认汪逆伪组织之表示。

（十七）运用侧面宣传。请由友邦人士作预言性之谈话或学术性之论证，批判汪逆伪组织之命运，证实其终无前途，以收侧面宣传之效。

中国第二历史档案馆馆藏档案：全宗号：772，目录号：605

7. 军委会政治部为指示扩大讨汪宣传各要点给各级政治部代电（1940年3月27日）

特急。各级政治部：密。汪逆精卫，认贼作父，集合群丑，将于本月陷日在南京成立伪组织，应即发动军民，共申讨伐，并切实遵照总裁历次训示及依下列各点，扩大宣传。一、汪逆伪组织之成立，徒见倭寇心劳日拙，已达穷途末路：（一）敌阀军事进攻既受打击，政治阴谋又被揭破，其利用汪逆即证明其无可奈何之办法，即如我总裁称：敌攻南宁为其军事上之最后一着，今牵汪上台，实为其政治上之最后一幕。（二）敌各派对立冲突甚烈，即对汪逆之估计亦甚纷〔分〕歧。今敌阀强使汪逆登台，虽欲转移国内视线，免除纠纷，但必因弄巧反拙，使其内部危机日加严重。（三）敌欲藉伪组织之成立，内以欺骗其民众，外以转变国际观感，但其国内壮丁不断被调，极少生还，国债日增，物资缺乏，人民负担加重，生活痛苦日深，事实如此，仍难欺骗。其在国际，因倭寇独霸东亚之野心更形暴露，决不致为所蒙蔽。二、汪逆及其伪组织，尸居余气，毫不能发生作用。（一）在军事上，汪贼不能组织伪军，亦无诱惑力量。（二）在政治上，汪逆主张卖国，早为国人深所痛恨。（三）在经济上，汪逆卖身投靠，无力从事生产建设。（四）在思想文化上，汪逆为乱臣贼子，违天悖德，为人类所不齿，人人所得诛之。三、我国则因汪逆卖国真相毕露，反可激发民气，加强抗战力量。（一）自汪逆脱离本党，内奸已去，政治更见清朗。（二）汪逆卖国叛党，使国人更增加同仇敌忾之心理。（三）敌因无办法而利用汪逆，使国人认清敌必不能亡我，加强我人必胜之信念。四、我之对策，除军事方面中央另有布置外。（一）应尽量发动敌后工作，动员敌后民众，予伪组织以严重之打击。（二）加强经济反封锁，取缔走私，以破坏敌伪吸收我物产之经济阴谋。（三）加强对敌伪宣传，指出敌伪欺骗政策，以瓦解敌军，争取伪军反正。（四）以团体或个人名义通电讨伐，并指出倭寇利用汪逆对付各国之毒计，使各国均痛绝汪逆，防范倭寇。（五）积极对军民宣传解释伪组织成立之意义与作用，使能认清敌寇危机，汪逆罪恶，提高抗敌精神，坚定必胜信心。以上统希详定办法，转饬所属刻日施行。陈诚。治导渝。寅感。印。

中华民国二十九年三月二十七日

中国第二历史档案馆馆藏档案：全宗号：772，目录号：605

8. 国民政府外交部为不承认汪伪组织致各友邦照会（1940年3月30日）

日本自侵略中国以来，不惜使用种种方法，以达其征服与控制亚洲暨太平洋之目的，奸掠屠杀与空中之滥施轰炸，使平民受生命之残害与财产之毁灭，难以数计。凡此种种，以及其他野蛮行为，更坚中国人民抵抗暴力之意志，以维护人道正义。

中国抗战将及三年，日本军阀既已陷于绝境，乃在南京设立伪组织，僭称“中华民国国民政府”。此项组织，纯为日本军阀所制造与控制之傀儡，日本显欲利用此项组织为工具，以侵夺中国之主权，破坏其独立暨领土与行政之完整，并藉以推翻国际间之法律与秩序，毁灭九国公约，而将第三国在华之一切商务与利益排除净尽也。

所有构成伪组织之人员，不过为日本之奴隶，其丧尽道德廉耻与爱国天良，自不待言。此辈危害祖国助长日军侵略，中国政府与人民视之为国贼之尤者，应依法予以严处。

中国政府于此愿以极端郑重之态度，重申屡经发布之声明：即任何非法组织，如现在南京成立者，或中国他处所存在之其他伪组织，其任何行为，当然完全无效，中国政府与人民绝对不予承认。中国政府深信世界自尊之国家，必能维护国际间之法律与正义，对中国境内之日本傀儡组织决不予以法律上或事实上承认。无论任何行为涉及任何方式之承认，既属违背国际公法与条约，自应视为对中国民族之最不友谊之行为，而承认者应负因是所发生结果之全责。

中国政府与人民，不问日本在中国境内所采之方法如何，始终坚决抵抗日方之侵略，直至日军完全驱逐于中国境外，公理战胜强权而后已。

原载中国国民党中央执行委员会宣传部编印：《抗战第六周年纪念册》，1943年7月7日

9. 国民政府通缉汪逆命令（1940年11月30日）

国民政府十一月三十日令：汪精卫即汪兆铭，通敌祸国，触犯惩治汉奸条例，前经明令通缉在案。该逆久匿南京，依附敌人，组织伪政府，卖国求荣，罔知悔悟；近更僭称国民政府主席，公然与敌人签订丧权辱国条约，狂悖行为，益见彰著。亟应尽法惩治，以正观听。为此重申前令，责成各主管机关，严切拿捕，各地军民人等，并应一体协缉，如能就获，赏给国币十万元，俾元恶归案伏法，用肃纪纲。此令。

重庆市档案馆馆藏档案：全宗号：0053，目录号：15，卷号：20

10. 国民政府外交部为日汪签订伪约之声明（1940年12月1日）

日本业与南京傀儡组织签订所谓条约，日方此举，实为企图在中国及太平洋破坏一切法律与秩序而继续其侵略行动进一步之阶段。日本始则制成机构以遂其欲，今则与之订约，藉以助成其独霸与侵略之政策。实则此种机构，不过为东京政府之一部移置于中国领土之上，而为日

本军阀实行其政策之工具耳。

中华民国国民政府对于傀儡组织，迭经宣示其态度，兹再郑重声明：汪兆铭为中华民国之罪魁，其伪组织全属非法机关，为中外所共知，无论其任何行动，对于中国人民或任何外国完全无效；其所签之条约，亦属非法，全无拘束，倘有任何国家承认该组织者，我政府与人民当认为最不友谊行为，不得不与该国断绝通常关系。

日本无论在中国，或太平洋之企图如何？中国决心抗战至最后胜利；中国自信必获胜利，盖自由与法律与正义必能战胜一切也。

原载中国国民党中央执行委员会宣传部编印：《抗战第六周年纪念册》，1943 年 7 月 7 日

11. 国民党重庆市党部为检发对日寇承认汪逆伪组织宣传要点函稿（1940 年 12 月）

兹检发对日寇承认汪逆伪组织宣传要点如下：“一、汪逆自通敌求降以后，业经我政府明令通缉。其在本党之革命历史，中华民国之公民资格，已全部丧失，不复为全国国民所齿。去年十二月三十日，汪逆与敌方所订密约，经高陶揭发之后，卖国铁证昭然，更为全世界人士所唾弃。故自三月杪汪逆粉墨登场之后，我全国人民均知其为在日寇卵翼下之傀儡组织，无不表示愤慨与鄙视。此次敌方对傀儡组织之承认，或将前次与汪逆所签密约重经一度签订公布之手续，在事实上对我抗战局势，丝毫不能有何影响。二、日汪密约为亡国灭种之条款，早为国人所深知。此次敌方批准阿部与汪逆所密议之协定，即系以前此高陶所揭发之日汪密约为张本，而内容之苛刻毒辣，或且有过之而无不及。此类在敌人劫持下之汉奸文件，在法律上只为废纸，在事实上必然增加全国人民除奸与抗战之决心。三、敌寇承认汪逆或公布密约，必促起国际反侵略势力更进一步之制裁，当无疑义。同时吾人应明白向全世界昭告：汪逆为我国家之罪人，民族之公敌，倘有任何国家继敌人之后加以承认，即系有意与中国人民为敌，我全国国民应亦以敌人视之，我政府应即与之绝交并采其他报复手段。”即希查照，切实宣传为荷。

此致

中国国民党中央直属重庆市执行委员会（章）

十二月□日

重庆市档案馆馆藏档案：全宗号：0051，目录号：2，卷号：45

12.《新华日报》社论：汪精卫叛国（1939 年 1 月 2 日）

近卫声明之狠毒和恶辣，就如蒋委员长所指明，是“敌人整个的吞灭中国，独霸东亚进而企图征服世界的一切妄想阴谋之总自白，也是敌人整个灭亡我国家灭亡我民族的一切计划内容

的总暴露”，我全国国民对近卫声明之认识和决意，亦诚如蒋委员长所示：“凡明大义，认识事势之国民断无一人再存与日本妥协和平之想。”因而本报去年十二月二十八日社论认为：“如果在近卫这种无耻的声明发表之后，凡是一个中国的国民，对于近卫声明存在丝毫幻想者，必为全国人民所唾弃；只有伪满及南北傀儡——今天的小秦桧小吴三桂之流的无耻叛徒，才会替近卫声明作可怜与卑鄙的应声虫。”

文后一日，汪精卫居然通电叛国。在替近卫声明作可怜与卑鄙的应声虫中，在今日小秦桧小吴三桂的名单中，竟赫然有汪精卫三字在矣！汪精卫竟然配上了李完用、郑孝胥而成了东亚的第三“杰”了。

在对于日寇灭我国家亡我民族的总暴露的声明之后，汪精卫竟大胆无耻的响应，公然通电，向敌求和，要求以近卫声明为“和平谈判之根据”，欣欣然以为“和平谈判之门已开”，肆意咒骂抗战为“创巨痛深”，而对占领我土地，破坏我主权，屠戮我同胞，淫污我妇女之万恶日寇，则倡言“睦邻善友”，腼颜无耻，恬不为羞。尤可恨者，电文之中任意颠倒是非造谣惑众，且丧心病狂，竟在睦邻善友之名词下，承认割让满洲内蒙，允许在一切重要都市中寇兵常驻，将神圣伟大的中华民国沦于日寇殖民地之地位；在共同防共名词之下，挑拨内争为敌人以华制华之鬼〔诡〕计作先导；在经济提携的名词下，将中华民国沦为日本经济上之奴隶牛马。总观其电文内容，诚如中监委决议所云：“处处为敌人要求曲意文饰，不惜颠倒是非为敌张目，更复变本加厉其欺蒙，就其行为而言，实为通敌求降，充其影响所及，直欲撼动国本。”其自绝于中国民族，自绝于黄帝子孙，其甘心事仇，其甘心卖国，已无容置疑。因之，中执委与中监委决议，“汪兆铭此种行动，其为违反纪律，危害党国，实已昭然若揭，大义所在，断难姑息，即予永远开除党籍，并撤除一切职务，藉肃党纪，以正视听”。实为惩处叛逆应有之初步步骤，为全国人民所极端拥护的。

汪兆铭之叛国，他的堕落到民族叛贼的地位，当然是有来由的。他从抗战开始起就充满着妄自菲薄的民族失败主义，他看到的只是敌人的武力比我们强，敌人目前的政治力量经济力量比我们占优势，对于其他决定胜负的因素特别是敌人正在削弱，我军正在增强的因素，弃而不谈。因此，对抗战的前途，丧失信心，以为中国抗战会亡，再战必亡；以为中国的抗战地必焦光，人必死尽。在这种结论之下，他便不相信中华民族有着光明的前途，因而或明或暗时隐时现的破坏国策，阻碍抗战，一遇机会，就响应诱降，侈言和平。尤其在武汉广州弃守之后，竟倡言无忌，攻讦国策，到如今，就公开的背叛民族国家，公然地与傀儡合流。

像这种分子之被淘汰，我们不必为抗战前途作任何杞忧。因为这种人之淘汰，可以减少坚持抗战的障碍，可以开展一切有利于抗战的工作，可以减少敌人挑拨造谣的机会。伟大的抗战，已经大大地锻炼了我们民族，广大的民众的民族觉醒，已经有充分的雄伟的力量，可以保证坚持着抗战的光荣旗帜，而达到最后的胜利。任何个别的叛贼，通敌投降，固无损于抗战营垒之毫发。我们深信：无耻叛逆之肃清，只会使抗战营垒阵容日坚，团结益固，力量更增，而使我们能够更加迅速地把叛贼汪兆铭之流及其提线人——日本帝国主义驱逐出中国去！

原载《新华日报》1939 年 1 月 2 日

13. 沈钧儒、张申府等声讨汪精卫之代电（1939 年 1 月 2 日）

国民政府军事委员会蒋委员长钧鉴：汪兆铭背党叛国，通敌求和，违反国策，惑乱人心，固革命政党所不容，亦全国人民所共弃。顷读中央执行委员会常务委员会决议，永远开除其党籍并撤除其一切职务，当机立断，义正辞〔词〕严，非特足以肃党纪，正观听；更可以安人心，振士气，破奸谋，固国本，威声所播，全国奋兴。抗战到底，原属全国拥护之国策，一年有半以来，赖将士用命，民众效力，内部团结，国际同情，最后胜利，已可操券而待。日寇势穷力蹙，爰有近卫荒谬声明，谋逞其以华制华之毒计，前经我委员长严词驳斥，敌人鬼蜮伎俩已既揭发无遗。乃汪兆铭竟认贼作父，甘作敌伥。征诸过去汪氏所发表之言论，对于内政外交主张，本已处处表现妥协动摇之倾向，艳电发表后，贼子用心，始乃毕露。但我全国同仇敌忾之决心，绝不致受其影响，我政府领导抗战之威信，更将因之而增加。我全国人民，除坚决拥护政府抗战国策、领袖革命主张及中常会锄奸决议外，更应以此次事件为殷鉴，提高对于汉奸国贼之警觉。自兹以后，凡属言论妥协动摇倾向之分子，均应随时揭发，严加制裁，以击破日寇之诡计，巩固革命之阵营，在我最高领袖领导之下，努力迈进，以完成抗战建国之大业。迫切陈词，伏希鉴察。沈钧儒、张申府、邹韬奋、胡愈之、史良、张仲实、王炳南、沈兹九、曹孟君、柳□、沙千里、于毅夫、于炳然、艾寒松、毕云程、史枚、戴白桃、胡子婴、杨经才、徐仲航叩。冬。

原载《新华日报》1939 年 1 月 3 日

14. 中华民族解放行动委员会声讨汪精卫叛国投敌电（1939 年 1 月 2 日）

当抗战局势转入第二阶段，全国人民及各党派在国家最高领袖蒋先生领导之下，一致奋斗，力求反守为攻的时候，身负国家重任的汪兆铭，竟脱逃抗战的革命营寨，遁走香港，且进而响应敌酋声明，通电主张乞降。其通敌叛国的逆迹，确实已昭彰，不能再加饶恕。

自抗战以来，全国人民及在野党派，莫不一致呼吁举国团结，接受国家最高领袖之抗战领导，不惜任何牺牲，以求痛惩暴日，争取民族国家的独立自由。而汪兆铭自始本其民族失败主义的谬说，对军事则于每次失利后，必散布求和空气，以淆惑人心，懈怠士气；对外交则务求窘迫助我之友邦，以断我国外之助力；对抗战建国纲领，则亟求阻止其实现，以斩新生抗战力量之来源；对抗战之在野党派，则肆意压迫与排挤，以求破坏国内之统一与团结。国民参政会本为集中民意，增厚政府抗战力量之机关，乃亦妄思利用，变为反领袖反政府之营寨。凡此种种，国人苟非健忘，当所共晓。综汪兆铭一年又数月来之行为，每日不在求使抗战图存的局势陷于军心涣散、民气消沉、外援断绝、内争再起的绝境中，以达到其卖国求荣之目的。——因此，我们认为汪兆铭今日之公开叛国，实为其过去行为发展之必然结果。在武汉的时候，我们的机关报——《前进日报》，即曾在《重申吾人之外交主张》的社论中，暗示这种危险性的严重。同时我们认为丧心病狂的汪兆铭，即已率其丑类，逃往香港，公开反对国策，腼颜乞降，则今后必至为虎作伥，与南北傀儡为伍，以积极危害国家民族。

因此，我们认为在蒋先生领导下之国民党执监委员会临时会议，永远开除汪兆铭党籍的决议十分欣慰！因为国民党能将这种败类肃清，则国民党在国际上和国内的革命信誉，将愈见增高，全国人民及在野党派，对蒋先生及国民党的抗战领导，必愈加拥护，而抗战的光明前途亦必日近一日。不过我们认为国民党对汪兆铭执行了党纪以后，国民政府对汪兆铭尚须严申国法，政府应该立刻下令通缉汪逆兆铭，归案严办。同时我们认为汪逆本人虽以脱逃，而其党羽潜伏各处尚不在少数，后患堪虞，不容姑息，应彻查缉办，以期除恶务尽。我们认为汪兆铭之叛国，对于抗战前途，是不能有丝毫损害的。汪兆铭之公开叛国，乃是抗战进步的表现，因为领袖的坚定，军民的振奋，国际形势的转佳，使那些暗中企图破坏抗战的败类，不惟感觉其阴谋无所施，且感觉其本身亦无容身之地，这才弃其假面具跑到公开叛国之一途。汪兆铭之脱逃叛国，其意义即系如此。

抵御外来的日本强盗，以争取中华民族的独立自由，这是一个历史的艰苦任务，只有能忍受痛苦，不顾牺牲，真正决心效忠于民族国家的斗士，才能在最高领袖领导下，负担这种至大且巨的任务。那些动摇妥协、投机取巧的分子，是必然要中途脱逃，乘危叛国的。而欲求得抗战的胜利，也必须要将那些分子彻底肃清，才能保证抗战革命政策之实现和抗战的最后胜利。民国二十八年一月二日于重庆。

原载《新华日报》1939年1月3日

15. 黄炎培、张澜等讨汪宣言[①]（1939年1月3日）

吾人求尽国民卫国之天职，自始以纯洁的心理，坚决的态度，主张拥护政府，拥护领袖对敌抗战。对汪兆铭艳电曲解敌相近卫声明，主张接受，坚决反对，尤以其向中央提议之先遽行向外宣传，一似有意破坏团结，大为诧异。惟愿吾全国同胞，认清利害，坚定意志，在领袖领导之下，同心戮力，不断地求进，增加抗战力量，争取最后胜利。谨此宣言。黄炎培、张澜、梁漱溟、冷□、江恒源。江。

① 重庆市档案馆馆藏档案。

16. 中国教育学术团体联合办事处讨汪通电（1939 年 8 月 26 日）

各报馆请转中央各院部会、各省市政府钧鉴，前线抗敌将士勋鉴：汪逆精卫，乘我抗战建国进展之际，竟认贼作父，叛党卖国，罪大恶极，神人共弃。本办事处谨与十二教育团体全体会员，誓随全国国民之后，共同灭此民族罪人，以彰国法，而肃纲纪。中国教育学术团体联合办事处。宥叩。

原载《新华日报》1939 年 8 月 28 日

17. 重庆文化界讨汪宣言（1939 年 9 月 1 日）

（中央社讯）重庆市文化团体、报社、通讯社、杂志社、戏剧界，于昨（一日）晨八时，假一园大戏院举行国民月会，到陈部长立夫、叶部长楚伧、张秘书长群（潘公展代）、潘部长公展、洪主任委员兰友等五百余人。陈部长主席，领导行礼并宣读誓词后，由叶部长报告，略谓：今日重庆市文化界、戏剧界在此举行月会，本人并无宏论可以贡献各位，但说几句“平平实实认认真真”的话。按国民精神总动员纲领所规定与国民公约所要求于国民者，本系极“平实认真”之事，故人人均能身体力行，时有少数汉奸及卖国贼，不循“平实认真”之途，人云抗战彼主投降，人为建国彼图卖国，除此少数败类外，国民苟能“平实认真”，即是好国民。次讨论提案，全体一致起立，通过声讨汪逆宣言，原词如次：

汪逆精卫，巧佞便给，行险□幸，阴藏祸心，匪伊朝夕。溯自倭寇黩武，侵陵中华，全国军民，无不同仇敌忾，保卫宗邦。抗战经年，实力益奋，最后胜利，左券可操。倭寇速战速决之迷梦，于焉粉碎，计穷力竭，乃一变而欲以诱和，亡我国家。去冬敌酋近卫宣布荒谬声明，冀藉东亚新秩序之名，摇撼我全国抗战之决心，使我国家民族，一任其宰割控制，万劫不复。蒋委员长既辞辟于先，通国同胞莫不洞烛其奸，汪逆精卫忽于斯时，弃职潜逃，妄发艳电，以为响应。薄海震怒，万民愤激，中央于此，犹复宽大为怀，期其悔悟，本年元旦，中央常会临时会议，仅予开除党籍及革职处分。半载以来，汪逆匿迹异域，不思闭门自□，乃变本加厉，初与敌使往返，继则深入虏庭，婢膝奴颜，仰承鼻息；近更受敌厚贿，集合丑类，冀以和平苟安之谬说，隳减艰苦抗战之前功。熟知正义不泯，国论益坚，汪逆用心，路人皆知其奸佞；汪逆行事，通国尤断为常诛。乃汪逆及其徒党怙不知羞，自甘遗臭，欲藉辞邪说之力，遂其覆灭宗邦之国，其于港沪文化界，威胁利诱，极尽荼毒之能事，数月来港沪文化界之受其蹂躏者，指不胜屈。汪逆毕生，罪戾滔天，此次叛国媚敌，百死不足蔽其辜。而其贼害文明，摧残正气，尤当唤起民众，共同致讨。今日凌晨，全国文化团体、报社、通讯社、杂志社、戏剧界集会于抗战首都，对兹文明蟊贼，民族叛徒，正名定罪，施以显戮。正邪不能并存，顺逆无可两立，全国文化战士，奋尔斗志，振尔戈矛，扑杀此獠，遏绝祸乱，共为抗战前驱，必胜在望，齐向建国努力，成功可期。谨此宣言，维祈公鉴。国际反侵略运动大会中国分会、中国国际联盟同志会、中国国民外交协会，中华全国文艺界、戏剧界、音乐界、木刻界、美术界等抗敌协会，中国经济学社、中国行政建设学会、中华职业教育社、中国回教救国协会、中苏文化协会、中央图书杂志审查委员会，中央、大公、扫荡、新蜀、时事及本报等报社共计百余团体。

原载《新华日报》1939年9月2日

18. 全国大学校长讨汪通电（1939年9月1日）

（中央社讯）全国各大学及专科学校校长，昨（一日）联名电呈蒋委员长，对汪逆精卫叛国通电，痛予申讨，并谓惟知服从中央，拥护国策，在英明、伟大领袖领导之下，与敌国汉奸作殊死战。原电录次：

蒋委员长钧鉴：全国各报馆转全体同胞公鉴：纵世间万恶有词可以文饰，惟作汉奸则绝对无词可以文饰，于民族抗战顺利进行之时，背叛党国离弃首都，去此革命之大本营，而私奔敌方，腼颜事仇，安居于火焰甫息、血迹未干之虹口，奔走于劫灰遍地之南京、广州，受敌人刺刀、机枪之重要护卫，以作危害祖国、出卖民族之企图，历史上实罕有此种丧尽廉耻全无心肝之人。即令其有如簧之口，曲解降敌为言和，则上列之铁的事实，已能铸成慧剑，将其舌根割尽。至于妄欲成立伪组织，私树小朝廷，欲藉敌人卵翼以滋长，他日敌人退出，彼可偷生，则试问敌人岂有付八十余万将士，伤亡一百万战事损失之代价，以为汪逆精卫及一般伪组织傀儡打天下，而令其坐享其成之理，此理至显，乳臭小儿可以知之。岂汪逆与一般伪组织傀儡竟至不悟，乃竟以此欺骗我沦陷区域之同胞，则其居心更不可问矣。汪逆有张邦昌、李完用之用心，而无洪承畴、钱谦益之才学，以此惑军人，则军人方枕戈待旦，惟有愤怒杀贼；以此愚民众，则民众方沥血推心，惟有复仇雪恨；以此欺青年，则纯洁爱国之青年早视之如矢橛，其伎俩至多不过为老辈汉奸添一辩护士而已；其人其事，本不足数，绝无重视之可言。惟校院长（同仁）等，身司教育，以为是非、顺逆不可不明，为此申电致讨，以□其奸，待见其明正典刑之日，正国人额手称庆之时。校院长（同仁）等赤诚耿耿，惟知服从中央，拥护国策，在英明伟大领袖钧座（蒋委员长）领导之下，与敌国汉奸作殊死战。谨布衷诚，诸希鉴察，愿我全国同胞共起图之也。国立中央大学校长罗家伦、国立中山大学校长邹鲁、国立西南联合大学常务委员、国立北京大学校长蒋梦麟、国立清华大学校长梅贻琦、南开大学校长张伯苓、国立武汉大学校长王星拱、国立四川大学校长程天放、国立浙江大学校长竺可桢、国立西北大学校长胡庶华、国立东北大学校长臧启芳、国立湖南大学校长皮宗石、国立云南大学校长熊庆来、国立同济大学校长赵士卿、国立厦门大学校长萨本栋、国立广西大学校长马君武、国立西北农学院院长辛树帜、国立西北工学院院长赖琏、国立师范学院院长廖世承、国立西北师范学院院长李蒸、国立贵阳医学院院长李宗恩、国立中正医学院院长王子汉、国立江苏医学院院长胡定安、国立药学专科学校校长陈思义、省立重庆大学校长叶元龙、省立河南大学校长王广庆、省立四川教育学院院长高显鉴、华西协合大学校长陈凌高、金陵大学校长陈裕光、金陵女子文理学院院长吴贻芳、复旦大学校长吴南轩、大夏大学校长王伯群、光华大学校长张寿镛、中华大学校长陈时同叩东。

原载《新华日报》1939年9月2日

19. 国民政府军事委员会特别党部、重庆卫戍司令部特别党部讨汪通电（1939年9月8日）

（中央社讯）国民党军委会特别党部，八日通电声讨汪逆，其电文云：（衔略）溯自日寇侵略我国，全民战争展开，赖我全国上下，戮力一心，遵奉中央抗战建国之国策，在英明伟大领袖领导之下，与敌人相周旋，卒将敌寇速战速决之迷梦及其所谓建设东亚新秩序之诡谋毒计，粉碎无遗。今敌已势弱日蹙，泥足日深，正我充实国力，准备反攻之时机，最后胜利可操左券。乃汪逆兆铭受国家厚恩，不思图报，竟背叛党国，奴颜事仇，为虎作伥，始则妄发谬论，淆惑听闻；继竟南北鼠逃，争夺汉奸首领，冀分傀儡残羹，并纠合败类，谋组伪政府，串演丑剧，媚敌求荣，实为罪大恶极；近更变本加厉，在敌人卵翼之下，召集伪代表大会，企图僭窃本党名义，以遂其出卖祖国，危害民族勾当，消息传来，尤堪发指。该逆早被消除党籍，明令通缉，待〔戴〕罪之身，有何资格再言国事。至其一切欺骗理论及荒谬行为，因毫不足动摇国人抗战建国必胜必成之信念，而该逆罪恶昭彰，实为民族罪人，更难逃党国之制裁。本部全体党员，誓本赤忱，在我总裁领导之下，奉行既定国策，贯彻抗战主张，誓灭此獠，清除汉奸，以完成抗战建国之伟大使命。特电申讨，敬希垂察。

又讯：国民党重庆卫戍司令部特别党部，通电全国，声讨汪逆，全文如下：中央通讯社转全国特别党部、各省市县党部、各报馆暨全国同胞公鉴：汪逆精卫，背叛党国，弃职潜逃，中央宽大处置，犹复不自敛迹，反而腼颜事仇，谬信敌人东亚新秩序之邪说，作屈膝投降之藉口，人之无耻，莫此为甚。近更变本加厉，在敌人卵翼之下，召开伪国民党代表大会，以冀淆惑听闻，逞其叛行。似此败坏本党之蟊贼，出卖国家之奸徒，国人皆曰可杀，若不严予申讨，何以平民愤，而伸纪纲，谨电张伐，并陈二义，以告国人：（一）值此国际形势于我日趋有利，世界黩武主义者日形穷蹙之时，我国利用此有利时机，在本党总裁领导之下，针对既定国策，再作更大之努力，日寇崩溃，拭目可待，深望全国上下，精诚团结，益坚我抗战必胜，建国必成之信念，出钱出力，以击破汪逆投降妥协之迷梦。（二）汪逆除出卖自身外，犹复派其余党，潜伏各地活动，助长敌人以华制华之毒计。为除恶务尽计，应请全国上下，随时予以扑灭，以清奸邪，而正人心。上陈二义，谅所同情，谨布区区，敬希鉴察。

原载《新华日报》1939年9月10日

20. 国民参政会声讨汪逆兆铭电（1939年9月15日）

全国同胞公鉴：

汪逆兆铭，身负国家重寄，于去年十二月出走后，匿迹越南，发表艳电，响应敌前首相近卫文麿之声明，违反国策，逆迹已露，初尚止于言论，国人已见其精神屈服于暴日，而哀其自毁革命人格。初不料其由越南潜至上海东京，腆颜事仇，并与南北诸丑逆勾结为奸。近复啸集败类，在敌人卵翼之下，开伪代表大会，丑态百出，丧尽天良，不知羞耻。本会顷开第四次大会，经全体一致决议声讨，并以二义昭告全国：一、忠奸不两立，汪兆铭及附逆诸奸，卖国求荣，宜膺显戮，以彰国法。二、汪兆铭等出卖祖国，已自绝于人类，凡其所言所行，悉为无耻罔义之言行，凡其所组织之机关，全为敌人所制造之傀儡。我全国国民应洞察奸隐，一致斥伐，以昭大义。

国民参政会秘书处编印：原载《国民参政会第四次大会纪录》，1939年11月

21. 重庆各界声讨汪逆通电（1939年9月）

一、张君劢通电（1939年9月17日）

全国同胞公鉴：欧美现代国家至战争之日，其政治家共守之原则曰：对外一致。中含三义：第一，各党弃其平日之嫌怨，务以息争为事；第二，以意见贡献政府，使其得发挥最大之作战能力；第三，勾结敌国另立政府为毁国乱纪之行，尤当力戒。此三者，虽不列诸宪法条文，然较成文之字句，尤为重要，诚以此原则之不守，则国已陷于分裂，尚何作战之可言。君劢与其同志之友，自八一三以来，所以侧身于国防参议会与国民参政会者，自愧力薄，无所贡献，然所兢兢不懈者，则为上项原则之遵守，务期尽吾心力，稍树近代国家政治道德基础而已。乃去年十一〔二〕月汪精卫氏以主持中枢之人，忽出走而发主和之电，复自至东京，与敌人磋商条件，更闻有另组伪府号召国中之谣。夫有战必有和，诚哉其然。然欧战时英有兰斯唐之主和论，一经舆论反对，自寝其说；法有克郁氏与德军单独讲和之论，致为国人共弃，身陷囹圄，此可见近代国家中所以励行对外一致之原则为如何？政府云者，一国至高无上之机关也，其成立也，必出于本国之自力，不容有丝毫外力之参入，稍有迁就，便成傀儡，此刘豫、张邦昌之所以为万世唾骂。今民族主义日益昌明，此种痛史，岂容再演，至于今后战局之久暂，自为国人心目中一件大事。然征之数年之经验，日人食欲无厌，既得东四省，又进占华北，所谓塘沽协定等等，不过为日本军人长途跋涉后片刻休息之所。吾国处此局势下，与其任敌之予取予求，何如起而为轰轰烈烈之牺牲。两年战绩，虽不尽入国人所期，然国内团结益坚，国外援助益至，国格不致堕地以尽者，实此抗战政策有以致之。今敌人实力虽未耗尽，然其捉襟见肘之情，为世所共见，现金输出无已，兵力不敷分配，海陆意见互相对立，和英联德之策，纷争不决，其不能取我而吞噬之者，固已显然。政府有意励精图治，以为持久抗战之计，虽不能直捣黄龙，要当有以寒敌人之胆，使其不敢轻启戎心而已。然国人持论，颇谓战事牺牲甚巨，领土损失，资源减少，灾民痛苦，与其劳师费财，何如与敌言和，徐图振作，此其所言，乃出于一念之苟安，而不识百年之大计。敌人既大声疾呼，为我借箸代筹，曰联邦政府，曰华北、华中、华南如何？彼固已视我为俎上肉，岂复许我有自主之权，即令言和，亦终为日本帝国之附庸而已。故今日国人所共识者曰：立国大计，惟有一语，即本持久作战之决心，以消耗敌力，因以动摇其国本。如某不然，中敌人之奸谋，暂得一日之安，终为台湾、高丽之续。同仁所以不辞冒昧，敢劝告国人，在中央领导之下，一致拥护抗战国策，拒绝一切分裂国家之行为，庶有以上答数千年祖宗缔造之艰辛，下慰民国先烈之英灵。敬掬赤诚，伏祈一心一德以图之。张君劢叩。

二、黄炎培、张澜、林虎、梁漱溟、冷遹、江恒源等通电（1939年9月18日）

全国国民公鉴：同仁于本年一月间，对汪精卫艳电主张接受近卫声明，曾以江电表示绝对

反对。不意近顷倒行逆施，愈行愈逆，知国人之不我从，乃以施行宪法，各党各派，无党无派，一致团结，为诱骗国人之计，即如斯言，是直以士偶尔饰冠裳相夸耀耳。我国人甚愿在国家完整的主权之下，由政府施行民治，全国国民，精神一致，若夫身被敌□庇护，受敌豢养，而尚昌言法治〔治〕，可谓滑稽之尤，我谁欺自欺耳。抗战已逾二年，敌人财力不继，兵力日疲，速战速决，速和速结，两俱无望，乃以金钱收买汉奸，制为种种甘言，希图分化团结精神，削弱抗战力量，亦只见心劳日拙而已。是非成败，章章可睹，有从逆者，惟我全国国民共弃之。黄炎培、张澜、林虎、梁漱溟、冷遹、江恒源。啸（十八日）。

三、国民党中央警官学校特别党部讨汪通电（1939 年 9 月）

国民党中央警官学校特别党部，发表讨汪通电如下：文人无行，自古耻之。汪逆精卫，实为典型，溯其事迹，反复无常，近更接膺伪命，袍笏登场，冀分傀儡之残羹，藉博敌人之寇爱，卖身投靠，搔首弄姿，始则响应近卫声明，继则进行卖乡活动，终到召开伪代表大会，曲解遗教，谬播主张，屈膝求和，恬不为耻。回忆去年“七七”纪念，汪逆在渝广播，曾曰“最惨痛的是屈服，屈服之后，做人奴隶，做人牛马，任人驱策，任人宰割。起初因为舍不得自己，所以忍心害理，将国家民族断送，谁知卖身之后，仍然不免于杀身之祸”。是言也，揭橥报端，有目共睹。乃不旋踵通敌潜逃，企图推翻中央政权，不惜出卖民族利益，是而可忍，国法何在？尚望全国同胞一致声讨，俾明顺逆，而正视听。愤激陈词，伏维垂察。

原载《新华日报》1939 年 9 月 16 日

四、国民政府立法院讨汪通电（1939 年 9 月）

（中央社讯）立法院通电全国云：（衔略）汪逆兆铭，僭窃本党名义，招摇卖国，奴颜事仇，迹其丑行，岂独不齿于国人，亦且自绝于人类。此次在沪又复召开伪代表大会，是其甘冒天下之大不韪，为出卖民族，遂其作最高傀儡之冀图，至此殆已昭然若揭。凡我同胞，无不发指者，谨举数端，期共声讨：（一）依据本党总章，全国代表大会之召集，须经中央执行委员会之决议，并应在国府所在地举行。今汪逆在日敌卵翼之下，召开所谓代表大会，无论代表产生假何项名义，其托庇日敌势力，并在非国府所在地举行，显属违法。（二）抗战国策，为本党临全大会所决议，全党同志全国同胞一致拥护遵从，毫无□贰。且开战以来，前方战事苦斗二年，今敌势日蹙，正我收最后胜利之机，汪逆甘心违背国人共守之国策，欲使吾抗战大功，败于垂成，是不啻为敌张目，此而可为，尚复何所顾忌。且汪逆在党已被永远开除党籍，在国亦经明令缉拿，以刑余鼠逐之徒，人所不齿，更有何资格侈谈国是。今揣其用意，直是自甘□堕于平京汉奸之列耳。惟我中华民族，必以抗战而求永久独立，汉奸卖国，不旋踵而灭亡，为希全国志士，忽为利用，一致声讨，而肃视听。立法院印。

原载《新华日报》1939 年 9 月 5 日

22. 蒋介石答记者严斥汪精卫（1939 年 10 月 1 日）

一、问：汪兆铭上月在沪召开所谓“第六次代表大会”，何以中央党部对此未有若何之表示？答：此理显而易见，汪逆卖身降敌，罪恶昭著，根本上已自绝于中华民国全国国民，对此汉奸罪犯，人人得起而诛之。汪逆所召集之会议，国民皆知为汉奸卖国之会议，其参加之每一分子，国人尽知为卖国之汉奸，问题已远超过于党的纪律规章之外。故中国国民党不必再有如何声明，而举国自无一人不知邪正黑白之所在。

二、问：汪兆铭方面发表之文电，仍称国民党员为同志，是否彼尚有悔祸之心，希服将来可以宽恕与来归之余地，委员长之意如何？

答：余意汪逆未必敢存此观念，其尚称本党党员为同志者，乃欲使黑白混淆有意污蔑本党而已。惟其主人敌寇在其幕后，播弄指使，只求消灭我民族，则可无所不为，或有此匪夷所思之梦想，此种梦想，实与其去冬所倡东亚新秩序之梦想初无二致。君等须知，吾人对汪决非私人好恶恩仇之问题，盖汪逆今日与任何中国人民，已立于不共戴天之地位，非任何人所得而宽恕。余受国民付托，职在捍卫我国家，汪逆受敌人指使，欲出卖我国家，予之地位，不迳应为本党诛此败类，更应为国家除此元恶。汪逆态度如何，自其通敌以后，早已不值注意，其民国十五年前后，汪如何对余，汪自知之。余为国家关系，始终不忍声言，数年以来，对之如旧，直至其离开中央为止。今彼甘心作贼，出卖国家，此为民族公仇，凡有人心，必与之誓不两立。故余决不能想象汪逆尚有悔祸之可能，而为我民族人格与国家荣誉计，亦绝无赦免之余地，如其果有天良发现之一天，猛省罪恶，不欲玷污其祖宗与子孙，亦唯有自杀以谢国人耳。中国抗战二年以来，一般军民皆能为国家效忠，无愧其职责，即卑贱如盗匪娼妓，以至于狱中之囚犯等，亦皆能激发爱国良知，尽其国民一分子抗战之天职，其中可歌可泣之事，不胜枚举，故吾敢信我黄炎胄裔，全国同胞，无一而非能为爱国与救国事业者，更无一人忍心害理，倒行逆施，至于如汪逆所为之极者。汪逆投降敌军，破坏抗战，是其罪恶，诚百死不足蔽其辜。余对人向守绝交不出恶言之旨，其间或有意见相违者，但除私人函电规戒之外，从不公开斥辱何人，而独对于今日之汉奸汪逆兆铭，在此绝望之余，则不能不声讨其罪，中外人士咸知此意，即可知余对汪逆之深恶痛绝为如何矣！

三、问：国民党向主宽大，从前党部政府亦尝有离而复合之事例，何以此次决望至此？

答：君所言者，当系指民国十六年武汉另立中央，自置政府，及民国二十年广东分开代表大会等事例而言。但此举现在情形绝对不同，当此仅为党内国内之纷争，故为党国利益起见，一□彼此觉悟，即可提携复合。既如总理生前陈炯明率部谋叛，甚至炮轰总统府，总理宽大为怀，犹谓可以宥之。余于西安事变之负责者，亦请国府加以特赦，盖因为过犯诚极重大，然并非外患罪之罪犯，非如汪逆投身敌人卵翼之下，以敌军为背景而进行其卖国之行为也。君等试思在敌军压境战斗剧烈时，公然响应敌人所谓“建立东亚新秩序”，意图并吞中国之声明，此为何种之行为？奔走敌京，勾结敌军，唆使敌人加紧侵略，屠杀同胞，此为何种之行为？在敌军司令部内广播演讲，污辱我国军，诬蔑我同胞，对于我正在战斗之将士，劝诱其局部停战，此又为何种之行为？君等试思，任何国家政府，对此等奸逆，应作如何处置？中国国民党负有革命救国之责任，对于如此罪恶昭著之汉奸国贼，如予以宽纵，则将何以对总理？何以对先烈？何以对主义？何以对国民？更何以尽领导革命之天职？如此在本党岂不蒙薰莸同器之讥，而纲纪荡然，廉耻道丧，又将何以立国乎？一言蔽之，海可枯，石可烂，而对此引狼入室为虎作伥之汉奸汪逆，则永无宽恕赦免之理。

四、问：国民党之意见既承详示矣，但汪逆等正在进行其和平运动，彼等曲解主义，耸惑听闻，是否国民将为其说欺蒙，以遂其卖国降敌之所欲？

答：今日全国国民，不分党内党外，只有一个意思，即坚决抗战，反对投降，以保持国家之独立生存。国民参政会之讨汪通电，言之甚为透澈〔彻〕，汪之行为，其为投降敌人，断送祖国，无论如何巧辩，亦不能自饰其奸。余敢断言，稍有国家观念与认识三民主义，明了民族大义者，断无一人为其所惑，除非丧失人性毫无理智之汉奸败类，乃始物以类聚耳。须知敌人今日所唯一畏惧者，即为我民族正气与全国国民持正不挠之精神。今汪逆在上海敌军卵翼下对我同胞威胁利诱之所为，及种种卑劣无耻之伎俩，无非欲将我全国国民与本党党员一网打尽，迫令与之同流合污，而后中国尽为汉奸所支配，华胄尽为倭寇之奴隶，此其幕后牵线，一望而知为敌阀所主使。敌人此种污辱我民族之毒计深心，较之军事侵略，尤堪痛恨！盖由此更可证明敌人之处心积虑，不仅欲灭亡我国家，实欲消灭我种族，必先使我民族之正气沉沦，而后五千年历史之伟大民族，乃可撕灭以尽，用心之毒，无可比伦。然吾国民于此必更能认识敌人汉奸之阴毒险狠，必更切齿痛恨与敌寇结成子子孙孙百世莫解之深仇。因此吾敢断言，汪逆在敌人指使下之阴谋愈张，而本党与全国国民誓死卫国，奋勇杀敌之决心，亦必愈坚强愈普遍。余敢言敌寇汉奸此种心劳日拙所为，只自暴露其日暮途穷，决不能得到丝毫之结果耳。

五、问：现在欧战发生，各国对中日战事，未始无希望早日结束者，汪之运动，正在此时急进，国际方面，是否将有若干影响？

答；任何友邦，决不能忽视中国人民真正之感情与意志，国民政府之抗战，乃执行中国国民真正之公意，吾人抗战达到目的之日，才是战事结束与和平实现之日，余信世界各国，对汪逆之投降运动，只有鄙弃，决无重视之者。中国只有国民政府统治大权，只有全国人民赋予职权之国民政府，方有决定对外作战与媾和订约之权，否则无论其假借任何名义，皆为降敌卖国之汉奸行为。故无论汪逆将来篡窃何种政府名号，或如何假借本党名义，乃至伪造任何民意，对内对外决不能发生任何效用。

六、问：如果汪精卫之伪中央政治委员会产生，其伪中央政府，而竟获得若干国家之承认，委员长以为中国将作如何处置？

答：汪逆之所谓“中央政治委员会”及其所产生之伪组织，谁亦明知其皆为日本所制造之傀儡机关，余不信除日本以外，更有任何国家承认汪逆之汉奸政权。盖余信世上绝无一个国家愿与我四万万五千万之全体中国民众为敌也。以伪满为例，德意承认满，已将两年，试问有何效果？岂伪满问题果因德意承认而能解决乎？反之，在日本方面，始则制造傀儡，继乃加以承认，亦可谓无所不用其极矣。然结果徒使其国内二二六事件等之剧变，层出不穷，日本承认伪满之结果，其影响于我国与日本最后之得失与利害，究竟如何？中国全体民众既已一致觉醒，抗战建国不达目的，决不中止，无论国际环境如何险恶与艰危，决不能障碍我抗战国策于万一。试观苏俄革命时代，其内反革命之伪组织与伪中央政权，为世界大国所承认者，何止三四，如远东共和国即为日本之傀儡，而今皆安在哉？况世界守信义之各友邦，除其与远东密切关系之各大国，决不能附和日本之侵略行为，明知此等傀儡组织为日本之军事附属机关，自决无承认之理。吾故曰无论敌人制造几十个伪组织，无论其伪组织，假借任何名义，吾人只认其为日本之奴隶，无论其对内对外，决不发生丝毫效用，亦决不能损害我党国于毫末也。要在我全国国民，因此更能敌忾同仇，抗战到底，已求得之最后胜利而已。

原载《汪精卫卖国阴谋之总暴露》，军事委员会委员长桂林行营政治部编印，1940 年 1 月

23. 重庆各大学教授声讨汪逆通电（1940年1月25日）

中央党部、国民政府、军事委员会转全体将士，教育部转全国学校，中央社各报馆转全国同胞公鉴：

溯自七七事变，敌人迫我至于最后关头，党国当局深知不战必亡，战而中途乞降亦必亡，故决心以最大之牺牲，争最后之胜利。国策一定，始终不渝。两年以还，我前方将士流血牺牲之勇，全国民众艰苦奋斗之劳，震动全宇，超迈往古，在在足以保证中华民族之不可征服，与夫最后胜利之必归于我。盖我国自汉唐以降，积弱不振，每遇异族侵凌，未战之先，既无牺牲到底之决心，既战之后，稍经挫折，辄至举国失措，朝野仓皇，宋明之亡，端由于此。今日之势，吾人若不能发扬蹈厉，匡复汉唐之盛，即必因循萎靡，重蹈宋明之衰，千钧一发，不强则亡，初无苟安旦夕之道。况际兹国际间生存竞争最剧烈之时代，国家民族之兴盛，绝不能从侥幸中获得，而其衰亡，则必致一蹶不振，版图易色。前者远如美法革命之成功，近如苏土革命之建国，要皆以最大之艰苦牺牲为代价，博得国家自由独立之光荣。后者远如朝鲜之覆亡，近如捷波之瓦解，其战也无持久之牺牲可称，其降也则幸存之希望殆绝。是知中国今日若由乞降而亡，则纵欲求如宋明之复国于数千百年之后者，且不可得，其由奋斗而兴，则功业无既，必且超迈汉唐，所谓以建民国以进大同者，必以此奠其基础。吾人有此基本认识，自能了然本身时代使命之伟大，从而侥幸苟且之脆弱心理，乃得一扫而空，环境之变化，既不足以动摇吾人坚定之信心，环境之困难，更不足之阻挠吾人艰苦之奋斗，而非常之革命建国事业，惟有于此种信心与奋斗中乃能获得。此同仁欲为国人道者一也。

中国革命基础之奠立，与夫革命事业之必成，其最明确之保证，即为五十余年来总理创导革命于前，先烈之血迹既已唤醒沉眠千载之国魂，总裁以伟大人格及艰苦之努力继承其后，而全国革命之民众，复能认识此伟大之领袖，一致服从其领导而牺牲奋斗。惟是少数汉奸败类，因袭宋明亡国之余，奴颜婢膝之风，昧于近代国家革命图存之道，为虎作伥，率兽食人，举其尤者，如汪精卫之通敌乞降，及其狐群狗党之附逆求荣，罪状万千，擢发难数，其最无耻之行为，如对奸淫烧杀，举世共愤之寇军，则歌颂万端；对人格丧尽狗彘不食之群奸，则推崇备至。其实例如汪逆前此公开感谢日军保护南京总理陵园之“盛德”，及尽而嘉奖王梁诸逆保卫地方之“殊勋”，几欲使人世间不知羞耻为何如事。其最荒谬之论调，如对敌人侵略之野心，则力辩其为善意之提携，对我国英勇之抗战，则力诋其为亡国之举动，其实例如拥护敌酋近卫亡我国家之声明，甚且谓抗战非出于民意，仅为党派所劫持，几欲使人世间不知是非为何如事。又如基于其抗战必败之志愿，对我国胜利之基础，以及国际同情之援助，则必力曰其无，惟恐其有，而其本身，即本其外无国际同情，内无抗战可能之幻想，孑然投靠于敌军卵翼之下，尽其投降卖国之能事，更几欲使人世间不知利害为何如事。观其帮助敌人残杀同胞，可谓天下之至忍，自毁立场，认贼作父，可谓天下之至拙，僭窃党权，捏造国是，可谓天下之至伪，而最近暴露之汪逆与敌所订卖国密约，尤集古今中外罪恶之大成，似此国家妖孽，民族败类，亟宜共谋剪除，以维民族之正气。此同仁欲为国人道者二也。

立国之本，在于文化与教育，我国民族本位文化之树立，与夫三民主义教育之推行，历有年所，今日誓死抗战之意识，植基于此，将来无穷建国之大业，亦植基于此。自抗战以来，敌人轰炸之目标与宣传之对象，辄集中于消灭我立国文化教育之一点，而汪逆精卫适足以供其驱策，为之鹰犬，对于沦陷区域之文教工作人士，多方利诱威胁，以暗杀收买等卑劣手段，推行其“骂敌者死，媚敌者荣”之无耻政策，近复变本加厉，在敌人指示之下，修改总理遗教，推行奴化教育，其实例如由曲解总理之大亚细亚主义，进而修改三民主义，及总理手订之国民党政纲，改编历史课本，认日本为东亚惟一先进之国，颠倒国际恩仇，自堕民族文化，以为敌人亡我国家灭我种族之先声。迩来沦陷区域之文教同仁，或以骂敌被狙，死为国光，或以摘奸被困，生为民范。同仁等谨对我抗敌死难之文教同仁，致其崇敬，坚贞奋斗之文教同仁，致其慰问。其有无耻丧节，甘为敌人汉奸利用，以自毁民族文化，推行其奴化政策者，在朋友为绝交，在亲族为绝缘，尤愿动员我全体文教同仁，共谋有效办法，铲除此辈害群之马，勿使沾污文教，贻羞民族。此同仁等更欲特别为我文化界同仁道者三也。多难兴邦，光明在望，谨挚挚忱，敬希亮察。

中央政治学校教授萨孟武等 37 人
国立中央大学教授吴干等 86 人
省立重庆大学教授叶元龙等 111 人
四川教育学院教授郭秀敏等 14 人

原载《汪精卫卖国阴谋之总暴露》，军事委员会委员长桂林行营政治部编印，1940 年 1 月

24. 重庆市各团体讨汪通电（1940 年 1 月 27 日）

（中央社讯）重庆市各团体，为汪逆与敌寇签订卖国契约，顷特联衔通电申讨，略谓：我们从《日支满新关系调整要纲》这个灭亡中国的密约中，看出了汪逆的狠毒。我们相信，汪逆所谓依据近卫声明所产生的和平，确实是奴隶的和平，汉奸的和平。我们在今日来看长期抗战的国策，亦更觉得正确，至当不移。我们除坚持拥护这正确的国策外，别无生路。敌寇想利用汪逆制造一个比之二十一条凶恶十倍，比之亡韩手段更加毒辣的密约，这简直是梦想。

同胞们！我们从此只有一德一心抗战到底，肃清汉奸，争取最后胜利。今后我们的信念与努力：一、拥护长期抗战国策，非驱逐暴日于中国领土之外，誓不中止。二、反对在暴日指使下的任何和平；真正的和平，在最后胜利实现之时。对于汪逆，我们彻始彻终不承认他是中国人。三、争取国际外援，我们要求友邦明了《日支满新关系调整要纲》是痴人说梦，我们要求友邦明了“抗战是救中国，也是在救世界，为人类和平”的一个真理。四、在敌人灭亡中国的野心彻底暴露的今日，我们更应加倍努力于精诚团结，以粉碎暴日与汉奸合串的阴谋毒计。重庆市总工会、商会、农会、教育会、妇女会、迁川工厂联合会、重庆各报联合委员会、重庆各大中学联合会同叩。

（中央社讯）中国劳动协会顷发表通电，声讨汪逆，略谓：汪逆精卫，与敌签订卖国密约，其条件之苛刻，用心之毒辣，不仅举中国主权领土之完整，断送无遗；且囊括我资源，操纵我军政，奴役我国民，实足置我国族于万劫不复之境。于此足有使吾人更彻底认识者，即敌人野心无底，非至我国族覆亡不止，纵图妥协言和，仍难苟全幸免。益信我持久抗战国策与夫总裁坚毅奋斗之主张，终能获致最后之胜利。此后劳动界同仁，自当更坚信念，竭尽全力，贡献于抗战，以求民族更生之早臻实现，并对汪逆之荒谬无耻，同致声讨，务使元凶授首，奸计无所得逞，民族正气得以申〔伸〕张。

原载《新华日报》1940 年 1 月 27 日

25. 全国报界声讨汪逆（1940 年 2 月 2 日）

（中央社讯）全国各地报社对汪逆卖国行为，深表痛愤，特联名通电声讨，其电文如下：国民党中央党部、国民政府、各院部会、全国各机关、各学校、各民众团体均鉴：汪逆兆铭，背叛党国，举国共弃，近复悍然不顾，与倭寇订立密约，出卖国家。迹其行径，实秦桧所不敢望其项背，充彼密谋，即世界亦不免被其祸殃，此真丧心病狂之尤，人人可得而杀之者也。同仁等侧身新闻界，宣扬抗战，诛斥奸恶，职责所在，义无反顾。所望薄海民众，一致声讨，共伸正义，使汪逆之密谋，不致实现，倭寇之鬼蜮，赖以遏止，是岂只〔止〕中华民族之幸，实世界人类无疆之休。谨电奉闻，诸维鉴察。

重庆大公报、时事新报、新蜀报、国民公报、新民报、商务日报、新华日报、扫荡报、中央日报、西南日报晚刊、南京晚报。〈其后为大后方各省之主要报社，此处从略〉

原载《新华日报》1940 年 2 月 3 日

26. 重庆市长吴国桢率全体市民讨汪通电（1940 年 2 月 4 日）

（中央社讯）重庆市市长吴国桢，前日电呈蒋委员长暨全国，声讨汪逆，两电录次：

（一）呈委员长蒋电略谓：汪逆以和平烟幕欺国人，淆惑视听。我总裁早知贪狼之无厌，国贼之鲜耻，迭经揭发奸谋，昭告中外，渝市全体一致决议声讨汪逆，拥护领袖抗战国策。

（二）讨汪电略谓：汪逆利欲薰〔熏〕心，奴颜附敌，藉睦掩屈膝之迹，假和平售卖国之计。国桢不敏，谨率重庆全体市民，一致声讨，誓扑此獠，以湔民族之羞，而闳抗建之业。

原载《新华日报》1940 年 2 月 6 日

27. 中国青年党讨汪通电（1940 年 2 月 8 日）

（中央社讯）日汪密约发表后，举国同愤。中国青年党顷通电声讨，对于汉奸拟利用党派名义，欺骗国民，极表痛恨。原电探志如次：

全国各报馆均鉴：汪逆兆铭，降敌卖国，早经政府明令通缉在案。本年一月二十二日，由与汪逆共事甚久之高宗武、陶希圣，所发表日本与汪逆最近在上海签订之《中日新关系调整要纲》一份及其他附件，除暴露日阀之愚昧无聊，汪逆之病狂无耻外，其作用仅等于一堆废纸，与整个中华民国之抗战国策，决无丝毫影响可言。本党自七七事变以还，早本拥护政府之立场，共求国策之贯彻，流离颠沛，矢志不渝。汪逆以国民党永远开除党籍之人，既盗窃国民党名义，以愚弄日阀于前，近复妙想天开，更思假借各党各派之名，以肆其□张为幻之技，汪逆之作伪心劳，与日阀之甘心受骗，其可笑可怜之心情不同，其为无赖之尤则一。兹特敬谨声明，如将来汪逆果有盗用本党名义之外，此仅汪逆个人作伪企图之扩大，对本党自来一贯之立场，决不足以动撼分毫也。中国青年党。齐。

原载《新华日报》1940年2月9日

28. 重庆妇女界通电讨汪（1940年2月28日）

新运妇女指导委员会、中国妇女慰劳自卫抗战将士总会、战时儿童保育会、重庆市各妇女团体等六十七团体，顷通电讨汪，略谓：重庆市各妇女团体，誓死反对日汪密约，决以失地收复之日，作为讨逆完成之时。愿我全国同胞在政府领导之下，愈益精诚团结，一致对外，并积极展开妇女讨逆除奸运动，动员全国妇女同胞，作反奸斗争，粉碎敌寇分化阴谋，完成抗战伟业。

原载《新华日报》1940年2月28日

29. 中国国民党军政部特别党部讨汪通电（1940年3月4日）

（中央社讯）国民党军政部特别党部，顷通电声讨汪逆云：（衔略）汪逆精卫，利欲薰〔熏〕心，捣乱成性，中央本宽大为怀之旨，作精诚团结之图，不咎既往，畀以重职，该逆应如何感奋自励，力效驰驱，用副党国之厚望。讵自“七七事变”以还，全国上下，正集中力量，坚苦抗战，而该逆暗通日寇，艳敌主和，企图摇撼抗战之意志，遂此卖国之野心；近更倒行逆施，与日寇订定所谓“日支满新关系调整要纲”，细释全文，较二十一条，尤为苛刻，若使见诸实行，将置我国家民族于万劫不复之境。罪案确凿，百口难辞，巨憝神奸，言之发指！所望全国上下，一致声讨，杀此奸逆，以彰国法。一面在我总裁领导之下，坚定必胜信念，誓与倭寇周旋到底，争取最后最大胜利，以完成革命建国之使命。谨电陈词，伏维垂察！中国国民党军政部特别党部寅支印。

原载《新华日报》1940年3月5日

30. 国民参政会声讨汪逆兆铭南京伪组织通电（1940年4月3日）

全国同胞公鉴：

汪逆兆铭，叛国降敌，为虎作伥，早经政府明令通缉，本会亦于四届大会通电声讨。讵该逆天良泯丧，毫不愧悔，竟与敌阀订立卖国密约，由敌阁庇护指使，在南京设立伪组织，盗称中央，其各项伪机关，悉盗用国府原有名义，将欲以伪乱真，实行卖国密约，以亡中国。明明消灭独立也，而曰此即独立；明明丧失自由也，而曰此即自由。事实上举政治军事经济资源，凡国家主权民族命脉所寄托之一切有形无形之权利，完全归诸敌人之手，而汪逆及其同伙群奸，反扬言为和平救国。充其极，盖欲全中国民族虽亡国而不知其亡，且使其逐渐忘却一独立国家必须具备之一切条件，千秋万世安于作日本武力支配下之奴隶顺民，而徒见伪衙林立，伪官扰攘，尚以为国家与政府如故也。回顾五千年历史，虽偶有叛国降人通敌事仇之事，然从无目降敌为救国，称亡国为和平，助敌进攻而有理论，代敌招降而讲主义，颠倒黑白，丧尽羞耻，如汪逆兆铭其人者。本会同仁，自民国二十七年膺选集会以来，在《抗战建国纲领》之下，代表全国公意，翊赞政府，共当国难，兹对于汪逆兆铭之叛国卖国行为，一致深表愤恨，用再激励军民，同申诛讨。惟须注意者：汪逆仅敌阀之奴隶，敌阀则策动之本源。故望全国同胞，因逆奸之污行，更悟敌阀之狡计。日本三年来经我英勇抗战之结果，国基动摇，人民惶惑，侵华敌阀，虽野心未死，而自信已亡，其扶立汪逆之鄙行，实际乃其最后无聊之一试。故我军民，务须保重过去之成绩，加强胜利之自信，自今以往，更一心一德，努力奋斗，予敌人以最后之打击，抗战成功之日，即逆奸伏法之时。仰我前后方及游击区同胞，务须时刻记忆国家主权神圣不可侵犯之大义，及我抗战必胜、建国必成之至理。夫敌军占领地，安能有政府降人订伪约，安能有效力。四万万五千万同胞，以血汗保障之国家主权，安能容敌伪盗窃。无量数忠勇将士及各项辛勤工作人员，血战三年所取得之国际信誉，安能被敌伪动摇。尤可笑者，敌伪更僭言宪政，并称包含各党。世界安有以亡国为目的之宪政，又安有以降敌为主义之政党。是以凡敌阀指使汪逆之一切罪行，惟加强中国民族抗战之决心，以尽速求取最后之胜利。至于世界各友邦早有正确认识，断不为敌伪宣传所惑，更不待论。而荡涤污秽，光复河山，惟赖全国同胞，加紧努力焉耳。谨电沥陈，即希公鉴。国民参政会叩江。

原载《新华日报》1940 年 4 月 3 日

31. 重庆各界声讨汪逆通电（1940 年 3—4 月）

一、程潜通电（1940 年 3 月 30 日）

（衔略）据报汪逆兆铭，本日在南京成立伪组织，以图实施其与敌签订之亡国灭种密约，将我国民领土换取傀儡政权，丧心病狂，至于此极，叛党卖国，罪不容诛。彼既引狼入室，为虎作伥，我惟率领军民，声罪致讨，歼除丑虏，还我河山，殄灭神奸，伸国正气。诸维察照，仅电奉闻。程潜。卅日。秘。

二、商震等通电（1940 年 4 月 3 日）

（衔略）汪逆精卫，自前岁离渝潜逃以来，匍匐虏庭，勾结丑类，近更丧心病狂，变本加厉，既认贼作父，与倭寇签订所谓《日支新关系调整要纲》，又在倭寇卵翼与导演之下，成立伪组织，沐猴而冠，恬不知耻，揆其阴谋，直欲将我民族五千年之历史与四万万五千万之同胞一人包办，拱手奉敌。虽此种敌伪协定与傀儡组织，并无丝毫效力与地位，业经我总裁于告友邦人士及全国军民书中痛斥无遗。然汪逆卖国降敌，逆迹昭彰，穷凶极恶，罪无可逭。震等分属军人，矢忠党国，誓当激励部属，诛锄奸宄，尚望全国同胞，在我总裁领导之下，一致奋起，共张挞伐，肃清宇内，光复山河。谨布区区，诸维亮察，商震等仝叩。江。印。

三、五千万回胞通电（1940年4月7日）

（衔略）汪逆精卫，背党叛国，与敌寇签订卖国条约，迭经我全国各界同胞，一致通电声讨，政府明令拿办。然犹不自知敛迹，竟率群奸，甘作虎伥，组织傀儡政府，沐猴而冠，恬不知耻，似此丧心病狂，出卖祖国，天地不容，人神共愤。本会代表全国五千万回胞，誓死反对其傀儡组织，兹特通电申讨，尚祈我全国各界同胞，群起声援，灭此奸恶，国家幸甚，民族幸甚。中国回教救国协会叩。阳。

四、重庆卫戍总部特〔别〕党部通电（1940年4月12日）

（衔略）查汪逆兆铭，狡猾成性，利欲薰〔熏〕心，背叛党国，久为国人所共弃，前以领取日寇津贴四千万元不惜出卖祖国利益，签订所谓《日支新关系调整要纲》，虽在国际上不发生若何效力，但迹其用心，诚秦桧、刘豫、张邦昌之不如，近更变本加厉，率领群丑，于上月三十日在南京成立伪组织，诡称国府还都，无聊无耻，莫甚于此。凡我同志，誓当愈加奋厉，驱除日寇，收复失地，活捉汪逆，湔此奇辱，谨电声讨，伏希亮察。中国国民党重庆卫戍总司令部特别党部叩。文。印。

以上通电原载《国人皆曰汉奸汪精卫》，正论出版社编，1940年6月

（三）国民精神总动员

1. 国民党第五届中央执行委员会第五次全体会议通过《拟请通饬全国举行“国民抗敌公约”案》（1939年1月28日）

理由：

根据十八个月抗战之经验，深感前后方民众对于抗敌锄奸最低之任务，似未能普遍尽到。因此一般民众对抗敌工作之参加，既欠积极，尤于我军转进敌人到达时，聚众迎敌，甘做顺民者，比比皆是。此实民族意识之薄弱、抗战信念之不坚所致。为救此弊，似应使全国人民举行“国民抗敌宣誓”，以自发自动之精神，出为共信互信之誓约。是于加强必胜信念，增加抗战力量，关系至巨。总理历次革命，其能咸□〔尽〕号召之功者，亦唯与革命同志共守誓约之所致。

际兹二期抗战开始，民众动员亟待加强，是则全民精诚团结矢志救国之抗战宣誓，自为极待普遍举行之要务矣。

办法：

拟请中央拟定“国民抗敌公约”，通饬各级党政机关加以宣传，然后由民众大会通过誓约，举行宣誓（附公约及举行办法）。是否可行，敬候公决。

国民抗敌公约暨宣誓实行公约办法

第二期抗战，业已开始，凡我国人，尤应精诚团结，矢志救国，各抱抗战必胜之决心，始能获得最后之胜利。兹制定“国民抗敌公约”及“宣誓实行公约办法”，通饬各省党部、

政府普遍宣传，指导民众一体举行。其誓约如次：

省县（机关、学校）联保、保甲国民抗敌誓约：

我等各本良心，服从最高领袖蒋委员长之领导，尽心尽力，报效国家，并代表全家发誓遵守抗敌公约，不做汉奸；如有违背，甘受政府最严厉的处罚与民众的裁判。

抗敌公约如下：

一、不做敌国顺民！

二、不参加伪组织！

三、不做敌军官兵！

四、不为敌人带路！

五、不为敌人侦探！

六、不为敌人做工！

七、不用敌人纸币！

八、不买敌人货物！

九、不卖粮食及一切物品给敌人！

宣誓人：

中华民国二十八年　月　日

宣誓实行公约办法

一、在举行宣誓之前，由各地党部、政府、学校校长、教员、学生等，先作扩大普遍之宣传。

二、誓行公约以保甲为单位，由联保主任召集民众大会（规定由户主出席），先将公约用沙纸（或其他耐久之纸张）写好，提出大会宣读。有不懂者，由联保主任详加解释。

三、抗敌公约经民众大会通过后，即由联保主任将全体参加宣誓人之姓名写上。

四、宣读地点即在联保主任办事处，誓约贴于总理遗像之下。

五、宣读誓约时，各举右手，由联保主任领导宣读，联保主任读一句，宣誓人读一句，直至读完为止。

六、宣读誓约完毕后，各宣誓人即就誓约上自己的名字下亲自花〔画〕押或盖章或打手模（右拇指），办好即由联保主任将誓约转送县府备案。

七、誓约全文由各县府翻印，分发住户，贴于墙上，父诫其子，兄诫其弟，妇诫其夫，亲戚互相告诫，切实遵守。

八、各机关各学校由各当地长官领导联合举行宣誓，每机关一张。

九、如有公务员出差或外省旅居本省有户籍者，须一律参加宣誓。

十、如不参加者，处以一元之罚金，仍须勒令补行宣誓。

十一、宣誓后如有违背行为，由人民检举，呈请政府依法治罪。

决议：

修正通过，由中央密令各省党部、各省政府转令地方党部及地方政府人员，以适当方法暗示民众自动举行。

原载中国国民党中央执行委员会宣传部编印：《抗战第四周年纪念手册》，1941年7月7日

2. 蒋介石为实施国民精神总动员告全国同胞书（1939 年 3 月 12 日）

今日为总理逝世十四周年纪念日，中正谨以庄敬严肃之至诚，宣布实行全国国民精神总动员，所有纲领办法及国民公约，业已发表，全文刊登各报。总理有言："人者，有精神之用，非专恃物质之体。"又曰："武器为物质，能使用此武器者全赖精神。两者相较，精神力量居其九，物质力量仅占其一。"总理尽瘁革命，身经战阵，凡此遗教，均为躬亲体验，信而有征之言。稽之革命史实，吾人最初赤手空拳，推倒满清帝制，建立中华民国，其后誓师北伐，扫除军阀障碍，完成国家统一，亦均赖精神制胜，乃克奠此始基。不幸革命未成，导师早逝，国难日深，外侮日亟。今抗战入于第二期，北望燕云，东瞻京国，寇虏之凶锋未戢，陵寝之瞻拜莫亲，无数同胞之涂炭待救，国家、民族之命脉，犹在存亡呼吸之中，而革命建国事业成功，犹极辽远。推原所以致此之故，纯由吾人对总理主义与遗教，服膺不力，信奉不诚，精神未能振作，意志不能集中，或虽振奋一时，而未能强毅不懈，以致敌寇朝野，竟尚有打击吾人精神，与收揽吾国人心之狂想。自侮人侮，非尽无因，以是思耻，耻可知矣。当前国运之危殆，强寇之猖狂，既由吾人已往精神、行为之颓惰散漫，因而招此不良之结果；今当抗战之际，天下兴亡，所系至巨，若犹不悲愧奋发，急起直追，共同努力于民族之固有道德，一致发挥总理之革命精神，集结于国家至上、民族至上，军事第一、胜利第一，意志集中、力量集中三个共同目标之下，扫荡萎靡腐败之障碍，养成蓬勃奋发之朝气，各竭其能，各尽其职，以努力奋斗于抗战建国之大业，将何以自救而救国？亦何以上对民族祖先，下对后世之子孙？中正痛总理之不作，念遗教之可循，确认国民精神总动员，实为建军建国克敌制胜之基本，循是而行，则一可当百，十可当千。切望我前方、后方全体将佐、士兵，全国各省、市各界男女同胞，矢诚矢信，对纲领揭示各点，深切体察，一致实行，誓行国民公约，确立抗战意志，以精神之改造，著于实际之行为，期对我总理逝世十四周年，做具体之纪念，用慰总理与阵亡军民、先烈在天之灵。所以竭尽吾侪后死者尽忠报国之天职者在此，所以湔雪我中华民族被暴敌侵略蹂躏、淫掳焚杀莫大之耻辱者亦在此。语曰："精诚所至，金石为开。"务当表里贯彻，切勿视同寻常为要。

原载中国国民党中央执行委员会宣传部编印：《抗战第四周年纪念手册》，1941 年 7 月 7 日

3. 国民精神总动员纲领[①]（1939 年 3 月 12 日）

一、绪论

抗战迄今，时逾年半，赖我全国团结之固，将士牺牲之勇，摧挫敌寇之势焰，消耗敌军之力量，国誉增高，世誉刮目。然二期抗战今已开始，来日方长，所需于吾国民之淬砺奋斗以期克服之艰难，较之前期亦日见其扩大，敌人今日，已知军事力量不足以屈服吾人而达其速决之目的，故其最近计划，乃欲以种种方法摇撼吾人之意志，威胁吾人之精神。吾人熟察吾国历史上外患之深，皆坐朝野士大夫精神上为敌人所慑服，致不能发挥吾民族雄厚之力量。如宋如明，皆为

① 该纲领系由国民政府提出，由国民参政会议长蒋中正于 1939 年 2 月 20 日在该会第一届第三次会议上代表政府宣读纲目，全文于 1939 年 3 月 12 日公布。

殷鉴。则今日之所宜致力者，尤当注重于精神之振作与集中。质言之，前期抗战，军事与精神并重；而第二期即后期之抗战，则精神尤重于军事。非提高吾全国国民坚强不屈之精神，不足以克服艰危而打破敌人精神制胜之毒计。吾人回抚十八阅月以来奋斗之经过，而检讨其缺失，则物质条件之欠缺固甚明显，而精神条件之未备尤难讳言。现代战争为全民动员之战争，故不仅应动员国内一切物资与人力，亦必动员全国国民之精神，欲动员全国国民之精神以充实抗战之国力，不仅在于发动而尤贵于组织，必以有组织之精神，发挥有组织之人力，利用有组织之物资，方足以适应国家当前之需要。且此次抗战之意义，不仅限于排除暴敌之侵略，而尤在于努力抗战之中树立战后建国之永久基础，其任务之重，使命之大，在吾国历史上将为空前绝后之一役。反观今日社会，则基础之团结虽立，而精神之统一未臻，忠勇奋发之表现虽所在多有，而颓废散漫之状态亦同时并存，组织之懈弛，基础之薄弱，如是之国民精神，何堪负荷国族兴亡之巨任。鉴往察来，不能不认国民精神总动员之实施，为今日当务之急也。

所谓国民精神总动员者，自其字意言之，则在个人为集中其一切意识思维智慧与精神力量于一个方向而提高使用之，在国民全体为集中一切年龄职业思想生活各各不同之国民的精神力量于一个目标而共同鼓舞以增进之，整齐调节以发挥之，确定组织之中心，以增强发挥之效率者也。精神力量之所由表现为道德，而其所由发挥即必归着于信仰，古人有言："成于一败于二三"，凡事皆然，况在军事？况在吾国民处此存亡绝续争死生于呼吸之战时？是以就今日中国而言，国民精神总动员，则其涵意应为集结全国国民之精神于简单共同之目标，使全国国民对自身皆确立同一的救国道德，对国家皆坚定同一的建国信仰，而国民每一分子皆能根据同一的道德观念为同一的信仰而奋斗牺牲是也。此所陈述,似极平凡。然中华民族之起死回生必由斯道，吾人如确能举国一致，实施国民精神总动员，则任何艰巨皆可负担，任何困难皆可克服，而最后胜利亦事属必然，反之，若国民对此不能体会而力行，或体会不真切，力行不一致，则国族危机必将增重，制胜克敌将益艰难，故抗战前途，国族命运，成败安危，实均系于国民精神总动员之一举。兹特阐其要意，分节论列，愿吾国民一致接受而力行之。

二、共同目标

国民精神总动员，有国民人人所易知易行之简单明显之三个共同目标，为国民精神所当集结者，当首先标扬之，即（一）国家至上民族至上，（二）军事第一胜利第一，与（三）意志集中力量集中是也。

（一）国家至上民族至上

吾国民今日无间智愚，应皆已痛切感觉在民族生存受尽威胁之情形下，任何个人与其事业均未由保其安全，敌人之欲消灭我民族意识，拆散我民族团结，始则必切而分割之，继必奴辱而撕灭之，其野心毒计，已日益明显。故巩固民族生存应先于一切，然民族生活之最高体系为国家，无国家则民族生活不能维持与发展，失国之民族如犹太人受人宰割何等悲惨，则巩固国家尤应先于一切。是以吾人今日必须认定国家至上民族至上，国家民族的利益应高于一切，在国家民族之前，应牺牲一切私见私心私利私益乃至于牺牲个人之自由与生命亦非所恤。

（二）军事第一胜利第一

在此解决国族存亡之军事期中，国家民族之最大利益为军事利益，是以国民一切之思想行动，均应绝对受国家民族军事利益之支配。为达成军事之利益，为增进军事之利益，国家民族得要求国民为一切之牺牲，而为国民自亦必自动踊跃而贡献一切之所有，故曰军事第一；军事之唯一目的在求得胜利，则国民务须确立必胜之信念，达到最后胜利之目标，且竭其全部之知能与全部之时间精力以求取军事之胜利，在此时期，应无所谓个人得失，个人利害，与个人之屈伸与荣辱，唯求得军事之胜利乃为吾国民人人共享之光荣，唯不能获得胜利为人人最大之耻辱，一切功罪，一切是非，胥当以此为标准，故又曰胜利第一。

（三）意志集中力量集中

吾国今当国家民族紧急自卫之时，凡为国民，所有意志均当集中，所有力量均当集中，有理智有良心的国民，此时除殚思竭力于如何巩护国家求取胜利以外，应无暇有其他思维，亦必不暇有其他行动，而就国家民族而言，则亦必要求国民全体的思想，绝对统一集于国家至上民族至上军事第一胜利第一两义之下，不容其分歧及怀疑，不用作其他之空想空论，更必须动员一切职业一切部门之国民，均专心一致为国家民族军事利益而奋斗，于艰苦之中各竭其能各尽其职，以改进一切创造一切，以贯彻长期的军事计划，同时达到吾建国工作之完成，故曰意志集中力量集中。

如上三意，意至简明，事极易举，国民对此必乐于接受，必一致接受。请进而论述吾人所要求确立之同一道德及坚定之同一信仰的内容。

三、救国之道德

今日中国之需要，为振衰起敝，攘寇患以救国家，故今日所需于吾国民全体力求实践之同一道德，厥为救国之道德，而此救国之道德，实为吾先民所固有，亦即总理所倡导之忠孝仁爱信义和平之八德。国民对此八德，认识或有浅深，但中国民族昔日之绵延光大，实赖有此道德，今日之衰弱式微，实由丧此道德，故非要求吾国民一致确立此救国道德不可。八德之中，最根本者为忠孝，唯忠与孝实中华民族立国之大事，五千年来先民所留遗于后代子孙之至宝，今当国家民族危急之时，全国同胞务必竭忠尽孝，对国家尽其至忠，对民族行其大孝。请先言孝道，中国社会数千年来之所谓孝，不唯尽孝于其亲，亦重在尽孝于其祖，故以不祀无后为最大之罪恶，此就人人之直系祖先而言之也。至总理讲民族主义，更将中国固有之孝道阐扬光大而极于国族。由亲亲之义而推及于同国同族之相保，由追远之意而晓然于同国同族之相关，是以吾人今日行孝之对象，应为整个之民族，应求不辱吾民族共同之祖先，吾人应时刻自念吾人数百代共同祖先所辛苦经营而遗留于吾人之锦绣河山，如竟丧失于吾人之手，则吾人上何以对先民，下何以对共同之种姓，他罪有可赎，不孝无可赎，吾同胞明乎此义，则牺牲一己以维护民族之生存，自必引为人人最高之责任。其次所谓忠者，第一须忠于国家，忠于国家实即所以保我民族之生存与发展，就中国今日而言，必须人人以拥护国家独立为神圣的责任，而后国家乃有救。国家者有其绝对性者也，欲卫护国家之自由与独立，其先决条件则为军令政令之绝对统一。今当暴敌以绝大武力摧毁我国家，并于各占领区域制造伪组织，企图分割我国家之时，凡我国民，尤必一致忠于国家，以加强国家自卫之力量，忠于职守，忠于纪律，忠于法令，万不可稍萌涣散或违背法纪，以减弱国家之权威。吾国人诚能人人对民族尽孝，对国家尽忠，则抗战救国之使命即有确实负荷之人。至于仁爱信义和平诸德皆由忠孝二义演进而来，仁爱为孝道之扩展，信义为忠道之延长，和平实出于同源，仁爱则不致相残而和平实由于信义，吾人今日能推仁爱之心，则必不坐视同胞之被戮辱被残害，而必有同仇敌忾之勇，推信义之心则必能负责尽职不欺不贰以造成一致赴难之团结，推吾数千年爱好和平之固有理想，则必乐于为抵抗暴力与求取永久和平而奋斗，且必率先为勇厉无前之奋斗。凡此救国道德，当其发挥功用，即无异于坚甲利兵，质言之，此实为民族精神的武器，而国民人人当以武装自身，以驱除暴敌，开创吾国家光辉之新历史者也。

四、建国之信仰

夫吾人今日所以要求我国民趋集同一之方向，确立同一之道德，不辞艰苦而奋斗者，其最后目的为何？曰：在完成建设三民主义的国家，前已言之。此次抗战意义，不仅在却敌，而尤在确立建国之基础，故虽在战时，必当一刻不忘建国，尽唯具有一致确立的建国方针，而以全力推进之，始能充分发挥御侮之力量，以求取胜利，亦必国民全体皆能确立建国之信仰，而后国民之精神力量与救国道德乃有确实之寄托以为积极之发挥，故救国与建国，义本一贯，事无二致。中国建国之最高原则，厥为总理孙先生所手创之三民主义，此固为全国同胞所公认，今日国家存亡，所争一问，抗战而胜，则建国必成，民族即得永久之乐利。故吾国民对吾建国原则之三民主义，必须更巩固其信仰，共同奋斗以求其实现，尽三民主义之目的，在促成中国之国际地位平等、政治地位平等、经济地位平等。吾人理想中所欲建设之国家，外则为独立自由平等，内则为民有民治民享，此人人心理之所同，而三民主义即为达成此国家建设唯一无二之法门。当今之时，人心振奋，趣向更见一致，救国建国，正宜兼程并进，以言乎民族主义，则抵抗外力侵略，以求得民族之独立自由与平等，故为今日抗战唯一之目的。而国内各民族携手共肩抗敌之事业，更足以增进整个民族之团结，为博大的中华民国奠其坚实之基础。以言乎民权主义，则战时国民政治意识之普及，既然以加速培养真正之民权，而战时政府职权之集中调整，更足以造成高度效率之政治。以言乎民生主义，则战时增加生产管制消费之努力，即所以树立民生均给之基础，而国家根据民生主义以实施战时经济政策之结果，必使战后公私产业均有平衡合理之发展，而最大多数人民必以战时之生活，战时之行动，战时之精神，努力生产，努力创造，因以获得进步与繁荣。循此以进，三民主义新国家之建立，即在抗战获得光荣的胜利之时，而中国永远安乐之国基亦将于是乎克奠。前途光明，历历在望，此正吾国民所宜应为鹄的一致兴奋共同努力以赴之，而其道则自吾国民一致坚定同一的建国信仰始。

五、精神之改造

国民所必需确立之同一道德与同一信仰即已阐明矣，于是吾人乃进而探讨何者为适合于今日国家民族军事利益而足以达成抗战建国的目的，健全的精神，何者为违反此意之不健全的精神，从而分别扶植或淘汰之，以造成共同一致之良好环境，而彻底改造我国民之精神，类而举之则有下列之类项：

（一）醉生梦死之生活必须改正

生活者，精神之根本，无合理之生活，即无健全之精神。是以沉溺于声色货利之醉生梦死的生活，必须加以彻底之改正，而实行新生活之信条，否则不仅个人之精耗神散，自误误国，且必致相习成风，使整个社会顿呈亡国之现象，而招致世界之鄙视与寇仇之深入，不唯有损于国家，尤必影响于军事。

（二）奋发蓬勃之朝气必须养成

次于醉生梦死之生活，而为国民精神之蟊贼者，厥为消沉颓废之风气，此风气之存在，实由于心理与生理两方面之原因所造成。在心理方面：由于民族自信心与国人自强心之缺乏，不谓民族无复兴之望，即视民族复兴之事业于〔与〕己无关。此两种心理若不纠正，国民奋发蓬勃之朝气即无法养成。在生理方面：则运动、卫生、整齐、清洁，乃至早起之习惯，均须提倡与实行，然后能使国民精神充实，朝气焕发，以担当非常之革命事业。

（三）苟且偷生之习性必须革除

抗战中有一不可不注意之精神现象焉，即在前方之民众欠缺誓死复仇之决心，而在后方之人员，多有避难就易之私图也。前一现象，促使敌人之顺民增多，而寇气其张，后一现象，促使民族之战士减少，战意薄弱。究其动机，则皆由民族至上之观念不固，苟且偷生之习性犹存。欲纠正前一现象，在于阐明春秋大复仇主义，所谓“为国复仇虽百世可也”，使沦于失地之国民，永不忘国家至上民族至上之观念。纠正后一现象，在提倡纲纪，昌明正义，使人人咸视规避职守，潜国安全，为莫大之耻辱，而后革命之精神乃能树立。

（四）自私自利之企图必须打破

只图保全个人之生命与财产，增长个人之名位与权利，而不顾民族全体之利害与存亡者，亦犹有兵权者之欲保存其实力与地盘，同一私的动机也。充此自私之心理必至私见高于一切，乃至于个人名誉地位权利欲望之扩张与满足，必先于一切，推衍所极，必至牺牲民族利益，破坏抗战计划而后已。今当抗战剧烈，存亡呼吸之际，而犹不自觉悟，岂唯不智，实亦不仁。在国民精神总动员之目的下，此种痼习，必须排除，所当发扬舆论之权威，加以尽量之指正，务使尽祛私见，共输肝胆，而归于至公与至诚。

（五）分歧错杂之思想必须纠正

抗战以来，全国之思想与言论，在根本上虽已形成统一，而枝叶上分歧，仍所在多有，若任其杂然并存，势必导民志于分歧，贻战事以不利，故必于吾人上述国家民族至上，军事胜利第一，意志力量集中之原则下，确立标准，分别纠正，俾统一之基础获得进一步之巩固。尤必积极疏导，造成共同之国论，俾告吾国民与青年，在认识上对国家前途怀抱同一之理想，在行动上趋赴同一之目标，既以万众一心而克敌制胜，亦所以造成战后全国永久之团结而免于分歧与抵牾。此之标准，当根据当前事实需要与民族利益，为全国国民所义当接受亦乐于接受者，约而举之，则为 1. 不违反国民革命最高原则之三民主义，2. 不鼓吹越逾民族之理想与损害国家绝对性之言论，3. 不破坏军政军令及行政系统之统一，4. 不利用抗战形势以达成国家民族利益以外之任何企图。一切思想言论，悉以此为准绳，有违此义，则一体纠绳，共同摈绝，合乎此义，则多方奖进，务使由此基础，充实发展，蔚为风气。

如上五者，仅略举其大端，吾人欲达到国民精神之彻底改造，更须推而广之，首求国民精神之充实，次求国民精神之集中，而更求国民精神之革命化。所谓充实者，即使其蓬勃焕发，坚强贞固，有克服环境抵抗艰难之力量；所谓集中者，即求其密合团结，万众一心，众志成城，以达于休戚利害绝对相关及永不离散之境地；所谓革命化，即本于爱民族爱国家至高无上的观念以献身于革命之事业，对内则矢忠于政府与主义，对外则抵抗民族之敌人，必也富贵不能淫，贫贱不能移，威武不能屈，进而以此精神感化同胞，更进而以此精神战胜敌国。吾国民精神之改造，诚能达此三者之标准，则国民精神总动员之目的，始可谓为完成。

六、动员领导

精神总动员之对象，虽为全体之国民，而率先负有倡导实行之责者，则为下述各类人员：

（一）党员与公务人员

本党继承总理遗志，实行国民革命。在革命未成时期，本党负政府施政之责。今多少省区，陷于敌手，千万民众，备受摧残。本党党员应如何自责自勉，切实省察其公私行动，是否足为一般国民之模范，在实施一般国民精神总动员之始，首先须由党员精神总动员。每一党员，必须其道德的实践，无愧于非常时期之天职，较之一般国民，必须更刻苦精勤，更节约廉介，亦更能勇敢牺牲，此就党员言之也。至于公务人员特别为各级行政官吏与地方自治人员，负有施行政令，协合军民，充实军事准备之重责，其精神行动更须足以取得国民之信仰，堪为国民之表率。故精神总动员之实施，党员以外，即须由公务人员首先实行，以倡导一般之国民。

（二）全体军人

吾全体军人应一致认识军人之本分，不仅在于对敌军之战斗，更应知军队代表国家威权，军人应代表国民精神，且中国在一切民众组织尚未完备之今日，国军即为国家实力之中心，今日救国家救民族之重责大任，全在我军人肩上，故我全军将士，必须首先实行全军精神总动员。凡我军人，绝对应具有救国道德与建国信仰，具备抗战复兴所必须之健全精神，尽忠尽孝，时刻不忘，且须对同胞尽仁爱，对长官袍泽与部下尽信义，而最后则尤必重人道，重纪律，以发扬吾民族固有崇高之和平理想。诚使全国军人一致力行精神总动员，发扬中国固有道德的光辉，则此种伟力，其表现之于军事者，将无可计量，而全国同胞必一致感动，一致响应，更无疑义矣。

（三）全国各界领袖

吾人在实施精神总动员于一般国民之前，更热望全国文化界、实业界、宗教界，与各职业团体的领袖，以及社会中坚分子，与各地之耆贤父老，均同情于国民精神总动员之旨趣而躬为之倡率。抗战以来，全国贤达，尽力为国家军事之后盾，其贡献甚大，而诸战区各种文化事业与生产之被摧残，其所受牺牲亦至巨，但今后国家之艰难困苦，益将加深。迄今为止，全国各界在精神上所表现之力量，尚不足以应国家当前之需要，深望更进一步，率先实行精神总动员，一心一德，贡献全部力量于国家民族。各部领袖与中坚人士能躬行实践以为之倡，则各地方各职业部门之国民，益有以景从而风起，至于文化界、言论界、著作家之人士，更望省察国家安危民族盛衰之责任，飞世祸福，千载兴亡，均视各界领袖此时机能否接受精神总动员之要旨，而为共同之奋斗以为于断。

（四）全国青年

青年为国家之命脉，吾人对于全国曾受、现受教育之青年，无论是否失学或失业，均时致其深切的期望，国家民族之命运，在将来固全赖青年担负，而此日亦赖青年之尽瘁与努力。日本欲征服我中国，其最所仇视者，即为中国之青年。是以在敌寇占领地区，无数青年，殒身受祸，而军兴以来，前线后方，均有不少青年忍饥耐寒，勤奋工作，此实国家所宜特别爱护与督导者。今日实施国民精神总动员，切盼全国青年，均一致参加，先于一般国民，而为热烈之倡导。吾人特别属望于吾全国青年，一致实现中国固有之救国道德，一致信仰三民主义，勿分歧、勿疑惑、勿颓废、勿暴弃，一致笃信国家至上民族至上，与军事第一胜利第一之至理，而共同努力，以从事于抗战复兴之奋斗。

七、动员实施

精神动员之实施，大部分有赖于每个国民良知之自觉，而相互之勉励与启发，则为助成其自觉之手段，至于法纪纠绳，仅当以之辅佐启发与勉励之所不及。故主要工作，重在倡导与宣传教化之合宜，至实施之际，必先测度每一工作效果如何，是否能如吾人所预期，然后悬的以求，悉力以赴，选择经济之办法，以求简单迅速与确实，力避官样文章与繁庞之手续，运用现成之组织与自然之方式因势利导，以免扰民耗时与妨碍群众。兹特其实施方面，分为实施之主体、实施之步骤、实施之方法，与实施之事项，分别叙述之。

（一）实施之主体

精神总动员之工作，应由党政军民全体一致共同努力，联合进行，以期贯彻。

1. 党部方面

一面督促所属之党员一致实行精神总动员，而加以考核与训练；一面领导各级党部与党员，且联络文化机关，利用种种宣传方法，向全体国民宣传精神总动员之要义，积极地纠正国民思想言论上之歧误，积极地供给推动精神总动员之理论。

2. 政府方面

一面改革社会上颓废弛懈之恶习，取缔醉生梦死之生活；一面督饬所属公务人员与地方自治人员，实施精神总动员而普及于全体国民，同时指导各级学校实施精神总动员之教育。

3. 军事方面

一面由各级政治部规定精神总动员为军人精神教育之主要科目，并兼负民众精神总动员之推行；一面由各级部队长官逐级贯彻精神总动员之实施，以及于全体之士兵。

4. 社会方面

各种文化团体、民众团体、职业团体，以及各种杂志社与报馆等，应一致以精神总动员之要领协助党政军精神总动员之工作，俾能普遍彻底作有效之施行。

5. 家庭方面

一面造成推行精神总动员要项之环境（如厉行节约勤劳与卫生早起等）；一面以父诏兄勉互相鼓励之方法，促使家庭内各分子为抗战复兴与之一大目的而努力，并须普遍养成民族利益高于家庭利益之观念。

6. 负责主干

精神总动员之推行，其负责主干之人物，在政府与部队应为各级之长官，在家庭则为家长，在学校则为校长与教员，在团体则为会长，在报馆杂志则为主笔，在县区与乡村则为县长乡长与保甲长。此皆群体之首脑，事业之主干，一方面必须要求其以身作则，化导风动，同时亦必朝斯夕斯，视精神总动员为其必要之职务，而贯彻于其全部之事业。

（二）实施之步骤

除关于整个精神动员工作之策动考核，及对纲领之解释，办法之补充等，应设置精神总动员指导政策机关，以利实施外，所有党政军民各机关团体，应分别依照下列之步骤切实进行：

1. 拟定具体计划

党政军民各机关或团体之主管与负责者，宜各依照精神总动员纲领之所示，按其所举各事项之性质，属于本身职权或事业范围以内者，分别拟就有系统有秩序之具体计划，切实执行。

2. 贯彻所属分子

党政军民各高级机关团体，一方面应首先督促其直接隶属之人员一致实行，一面即发动所有下级机关利用小组会议等之机会，各依实际环境，制定适宜方法，切实执行，务使逐层督促，用竞赛与检查等方法相互观摩，实实贯彻于所属之每一分子以普及于一般之国民。

3. 利用固有团体

除党政机关直接领导或管辖之人民团体与文化机关等外，对于其他社会上固有之团体，同乡团体，同业团体等，亦宜尽量利用，使协助促进精神总动员之工作。

4. 注意联络进行

各地精神总动员之推行，以由党政军民各机关团体分别依照既定计划尽力推行为原则，其有依事项性质涉及一般或多方面者，则应互相联系协力进行。

（三）实施之工作

精神总动员实施之工作，按其性质，可分下列四种：

1. 宣传与创导

例如精神总动员要旨之提示，国家观念之树立，民族道德之倡行，必胜信心之建立，错误言论之驳斥，悖谬心理之改造，以及关于精神总动员理论与实际之阐发与说明等属之。此项工作宜由党部宣传部、军队政治部，及各报馆各学校各文化机关团体等负责进行。

2. 训练与改进

宣传与创导，仅属于精神总动员第一步之工作，继之者则为训练与改进。例如国民思想之错误，既以宣传之方法加以启示，必进而利用集会等训练方法，以互相砥砺革命人格，确立抗战意识，讨论世界大势，研究国家与民族亡盛与敌国外患之史实，以共进于精神之充实与统一。又如国民意志之颓废，既以宣传指明其缺点，又必进而推广军事训练，以及讲求卫生推行新生活等改进国民身心之工作。此项工作宜由党部社会部、军队政治部、教育机关学校等负责实施。

3. 督促与规劝

精神总动员之推行，虽发端于由上而下，然欲其效果之真实不欺，尤必有赖于国人之相互督促与规勉。在家庭则家人兄弟应相互申儆与鼓励，在机关与团体则各分子应共同砥砺与切磋，在社会无论身份相侔者，应以同志同胞之关系相互督促与劝勉，即对身份较尊者，遇有违反精神之思想言论与行动，亦宜本国家民族之立场，恳切规劝，促其改革。

4. 研究与推行

凡精神总动员之工作，既非虚应故事，亦非徒循平时常识进行即为满足，必期有研究与创导之精神。盖今日为非常时期，故必有非常之工作，以资适应，而欲有非常之工作，尤非有非常之研究与设计不可。故欲求精神总动员各项工作长足进展，端赖党政军民各界一致尽心研究与竭力推行。

（四）实施之事项

精神总动员实施之事项，自以前述之精神改进各节为依据，而以下列事项示其略例，以资触类旁通，详细子目有待补充，兹分别陈述如次：

1. 关于改正生活者

（1）整饬国民之日常生活，取缔一切不当娱乐；（2）禁绝奢侈虚糜及一切无谓浪费；（3）限制消费，减少奢侈品之输入；（4）劝导国民减低生活水准，实行普遍的紧缩。

2. 关于养成朝气者

（1）爱惜光阴，爱惜人力、物力；（2）扩大战时生产，增进全国的工作时间与效率；（3）组织与训练民众，予以适当的战时工作之分配。

3. 关于革除恶习者

（1）宣传敌人政略战略失败，与我军愈战愈强之实情；（2）检举一切游闲怠惰分子，强制战时服役；（3）肃清对国际上之依赖心及侥幸心、中途妥协之幻想。

4. 关于打破不良之企图者

（1）切实肃清贪污；（2）鼓励国民毁家纾难，以个人财产捐助战费；（3）收集一切军需物资，贡献国家政府；（4）切实推行以精神或物质贡献国家之各种运动。

5. 关于纠正思想者

（1）整饬民众团体之组织，及其训练；（2）统一文化团体之组织及工作方针；（3）取缔有碍抗战之论争，及非法活动；（4）纠正各种报章刊物之言论倾向。

八、结论

如上所述，精神总动员之内容与实施纲要，已略具于斯，最后尚有三义，须为负责实施精神总动员之人士告者：即（一）精神总动员之实施，必求其表里贯彻，整个革新，勿以细故末节而任其滋长以为害于国民之精神。故吾人检点身心锐意克治，必于错误习惯之初萌时着眼，亦必于生活之小节逾闲上着手。（二）必求其效果之持久不渝，盖精神总动员绝非仅凭一时气血热情之鼓励，发生五分钟之救国热度而已，必须将国家民族至高之观念，深植于国民之脑中，尤必事事验之日常生活与行为，使内心无丝毫之疚愧，而后临事能不越于准绳。（三）民族精神之建立，必求其坚忍不拔贞固不移，苟一遇外来之压迫与诱惑即行动摇，则此精神仍不足以完成非常之事业，是以一切革命的人生观之理论，必须彻底提倡，此又实施时所宜注意者也。

总之，国民精神总动员实抗战制胜之主要条件，亦救国建国之最新武器。今日中国国民自非感情绝对麻木，未有不对危殆之国情与痛苦之民众而切其悲愤之念者。是则认定目标，一致奋进，不惟自尽其国民之天职，亦正所以觅取人生最高之安慰，而国家民族千秋万世未来光辉灿烂之命运，必肇于此，望吾同胞，一致奋斗。

原载《新华日报》1939年3月12日

4. 国民公约及誓词（1939年3月12日）

一、不违背三民主义！
二、不违背政府法令！
三、不违背国家民族的利益！
四、不做汉奸和敌国的顺民！
五、不参加汉奸组织！
六、不做敌军和汉奸的官兵！
七、不替敌人和汉奸带路！
八、不替敌人和汉奸探听消息！
九、不替敌人和汉奸做工！
十、不用敌人和汉奸银行的钞票！
十一、不买敌人的货物！
十二、不卖粮食和一切物品给敌人和汉奸！
誓词：
我们各本良心宣誓：遵守国民公约，绝对拥护国民政府，服从蒋委员长领导，尽心竭力，报效国家，倘有背誓行为，愿受政府的处分，谨誓！

原载中国国民党中央执行委员会宣传部编印：《抗战第四周年纪念手册》，1941年7月7日

5. 国民精神总动员会组织大纲（1939年3月）

第一条　国防最高委员会为主持国民精神总动员之实施，设置国民精神总动员会（以下简称本会）。

第二条　本会设会长1人，由国防最高委员会委员长兼任，副会长1人，由行政院院长兼任，并以左〈下〉列人员为当然委员。

一、中央执行委员会秘书长
二、国防最高委员会秘书长

三、组织部部长
四、社会部部长
五、宣传部部长
六、内政部部长
七、经济部部长
八、教育部部长
九、政治部部长
十、新生活运动促进总会总干事

第三条　本会设秘书长1人，承会长之命处理本会事务，由会长于委员中指定一人兼任之。

第四条　本会置秘书处，其职掌如左〈下〉：

一、关于议案编制，会议纪录及文书撰拟事项。

二、关于国民精神总动员计划之拟订审核事项。

三、关于各级精神总动员主管机关工作之指导考核事项。

第五条　秘书处设秘书2人，总干事3人，干事6人，由国防最高委员会秘书厅及新生活运动促进总会职员调用之。

第六条　本会每两星期开会一次。

第七条　本会决议事项，除交主管机关办理外，并得以本会名义行之。

第八条　本大纲自公布之日施行。

重庆市档案馆馆藏档案：全宗号：0110，目录号：1，卷号：872

6. 国民精神总动员会修正颁布工作分配计划①（1939年5月）

一、总纲

精神总动员为一切动员之基础，其要旨在集结国民精神于“国家至上，民族至上，军事第一，胜利第一，意志集中，力量集中”之目标，以健全其道德之修养，整饬其生活之规律，确立其思想之准绳，而共赴抗战必胜，建国必成之鹄的。本此原则：

（一）中央应将有关精神总动员之书籍大量编行，并许各地大量翻印，以供民间各种集会之讲材。

（二）对于精神总动员三个主要目标，即国家至上，民族至上，军事第一，胜利第一，意志集中，力量集中之三义，应由中央精神总动员会分别制定浅说，作全国各地精神总动员月会之基本课目。

（三）精神总动员中之各种实施事项，多有业经主管机关分别单独进行者，应由精神总动员开始时，由各级主管机关分别作一总指讨〔导〕，根据以往经验，增进其成绩，矫正其缺点，并参照有关事项，切实配合，以谋将来工作之健全。拟具报告及意见，提交同级精神总动员会议讨论决定，并联合进行。

① 此工作分配计划由国民精神总动员会修正颁布。

（四）精神总动员之工作，除由党政军各机关倡导实行时，尤倚重于社会人士组织之精神总动员协会之协助。此项协会，宜一面根据精神总动员之目标，随时发起社会上各种实际运动（如慰劳、捐输等运动），一面就社会上业已推行之各项运动中，注入精神总动员之质素，使精神与实际得以配合发展。

二、工作之分配

关于精神总动员之一般的推动考核，纲领之解释，办法之补充等，虽由精神总动员会及各级动员委员会精神总动员会议统筹进行，而各种具体工作之实施，仍有待于党政军民各机关团体之分工合作，其主要分工如左〈下〉：

（一）党部方面

1. 督饬各级党部以精神总动员为今后中心工作，领导全体党员以身作则，带动民众实施精神总动员，并以推进精神总动员情形为考绩标准之一（中央秘书处会同组织部办理）。

2. 指示各级党部，联合当地精神总动员机关暨各界领袖，发起各种实际运动（中央社会部主办）。

3. 举行精神总动员宣传周，编制精神总动员各种宣传品，领导各宣传机关并联合文化界，扩大并继续宣传纠正一切纷〔分〕歧、错误之思想，并根据精神总动员之目标，充实各报之言论消息与材料，以树立舆论权威（中央宣传部主办）。

4. 华侨精神总动员之工作（中央海外部主办）。

（二）政府方面

1. 督饬各级政府负责实施精神总动员之工作，并为考绩标准之一（行政院主办）。

2. 领导全体公务员以身作则，并领导民众实施精神总动员（监察院规定办法，国府所属各机关长官负责督促实施）。

3. 整饬社会生活，取缔不当娱乐（内政部主办及各地警政人员负责实施）。

4. 奖励关于阐扬民族历史文化，表彰忠勇义烈行为及其他足启发民族前途自信之优良著作（教育部主办）。

5. 指导各级学校教职员、学生实践精神总动员，并作民众之领导（教育部主办）。

6. 厉行国防资源节约，扩大战时生产，提倡国货，奖励发明（经济部主办）。

（三）军队方面

1. 督饬各级政治部，以精神总动员为中心工作，并作考绩之标准（政治部主办）。

2. 领导全体军人，以身作则，并领导民众实施精神总动员（各级军事长官及政治部负责）。

3. 推广战地精神总动员之各项工作（政治部及前方全体将士负责）。

（四）其他

1. 三民主义青年团应与教育部联合领导全国青年实施精神总动员之工作。

2. 新生活运动促进会，应普及组织于各地，并联合当地党部政府主办关于振作国民道德，革新社会生活之各项工作。

3. 其他社会团体之工作，应由各级动员委员会根据《运用原有组织发动精神总动员办法》分配督促之。

三、工作之实施

精神总动员纲领中，关于“精神之改造”各项及“实施之事项”提示之略例，为实施一切工作之根据，在工作实施进程中应编制之讲材，应发起之运动，应进行之事项，及应适用之方法，分别规定如左〈下〉：

（一）关于改正醉生梦死之生活者

1. 在各地月会中，讲述改革不良生活之意义，报告前方艰苦牺牲之事迹，唤起严肃警惕之自省，并检讨当地习惯或实际上各种生活之实例及其改革之办法，其关于讲述部分之要目为：

（1）国民道德须知（教育部编）。

（2）战时生活示范（搜集各国战时艰苦生活之史例及我抗战前线艰苦之事实，汇编成书，由政治部、教育部主编）。

（3）政府禁止不良嗜好之法令（内政部汇编）。

（4）烟赌嫖之害及戒烟方法（新生活运动促进会及内政部编）。

（5）战时节约运动之意义与办法（社会部编）。

2. 各级精神总动员机关，应发起非常时期生活改进运动，其要目为：

（1）改革不良习俗。

（2）戒绝不良嗜好。

（3）实行战时节约及建国储金。

3. 各级政府应严厉执行禁止不良嗜好及提倡节约之法令，具有明知故犯及执行不力者，应采取检举及连带负责之方法，其办法由政府根据实际情况，另行制定。

4. 各级精神动员机关，应主办巡视及生活改进的竞赛事宜，其主要办法如左〈下〉：

（1）由中央编定竞赛科目及奖惩纲要。

（2）省（市）动员委员会依据竞赛科目，制定表格，发由县动员委员会举办，同日开始巡视，但中央与省（市）亦当随时派人抽巡或稽核。

（3）竞赛奖品分三级，按其成绩，由各级动员委员会依据奖惩办法开具事实，送由同级政府核夺，于国民月会时颁发并公告之。

（4）惩罚之执行为县政府，惩罚之检举为县动员委员会。

（二）关于养成奋发蓬勃之朝气者

1. 各地月会均应于清晨举行，以提倡早起之习惯，并讲述左〈下〉列课目：

（1）中国民族奋斗之历史及我先民惨淡经营之事迹（中央宣传部编）。

（2）历代先烈成功轶事（教育部编）。

（3）总理及领袖生平（中央宣传部编）。

2. 各级精神总动员机关，除提倡不良生活之改革外，并应发起左〈下〉列运动：

（1）早起运动（极力戒除无益的夜生活）。

（2）战时服务运动。

（3）体育及卫生运动。

（4）生产建设运动。

3. 社会部、教育部、内政部及新生活运动促进会，应分别检讨左〈下〉列工作以往之成绩，并课将来之彻底改进。

（1）国民体育工作。

（2）国民军训工作。

（3）战时服务工作。

（4）战地服务工作。

（5）社会卫生及清洁教育工作。

（三）关于革除苟且偷生之习性者

1. 各地月会及一切集会中讲述左〈下〉列课目：
（1）发扬民族至上，国家至上之爱国守法观念。
（2）提倡忠勇尚武之精神。
（3）肃清中途妥协之幻想。
（4）暴露敌军残暴之事实。
（5）表扬我国军民忠勇义烈机智之事迹。
（6）分析敌人政略、战略之失败与我军愈战愈勇之情形。
（7）宣传兵役之意义及办法。
（以上各种教材由中央宣传部及政治部会同供给之。）
2. 各级精神动员机关应发起并进行左〈下〉列各事：
（1）兵役促进运动。
（2）追悼殉职殉难军民官吏。
（3）抚慰出征及阵亡将士家属。
3. 各地动员委员会应以精神总动员为基础，发动各种战事动员，使全体国民尽量供〔贡〕献人力财力于抗战，同时，党政机关应协同检举游闲怠惰分子，实施强制战时服役。
（四）关于打破自私自利之企图者
1. 各地月会及一切集会中讲述左〈下〉列课目：
（1）阐扬礼义廉耻之要义（新生活运动促进会编）。
（2）肃清逃避兵役及逃避各种法定的战时征用之私图（政治部编）。
（3）鼓励毁家纾难及一切输财输力等助战运动（教育部编）。
2. 各级精神总动员机关应发起慰劳、劝募以及难民救济、伤兵救护等各项运动。
3. 各级党政军机关，应切实肃清贪污及偷惰情事，尽量发挥党政军监察机构之效用，并责成各主管人员，以身作则，严厉执行（此项由精神总动员总会函请主管机关规划督促办理）。
（五）关于纠正纷〔分〕歧错杂之思想者
1. 各地月会及一切集会中，应经常讲述左〈下〉列课目：
（1）三民主义要义（中央宣传部编）。
（2）服从领袖与巩固统一（中央宣传部编）。
（3）国家法令与社会秩序（内政部编）。
2. 各级精神总动员机关及精神总动员协会，应随时根据精神总动员之目标，会同并协助党政机关进行下列各事：
（1）整饬民众团体之组织及其训练（中央社会部主编〔办〕）。
（2）统一文化团体之组织及工作方针（中央宣传部主办）。
（3）取缔有碍抗战之言论及非法活动（中央宣传部、政治部及各级党部、政府主办）。
（4）纠正各种报章刊物言论之不正倾向（中央宣传部主办）。

重庆市档案馆馆藏档案：全宗号：0110，目录号：1，卷号：872

7. 运用原有组织发动精神总动员办法[①]（1939 年 5 月）

一、一般工作

（一）各级党部、各级政府、各种公务机关、各级学校及各社会团体、民众团体、学术团体，均应利用各种集会与其他机会，切实发挥左〈下〉列各点：

1. 精神总动员理论与实际之阐明。

2. 国家观念之发扬。

3. 民族道德之实践。

4. 责任精神之贯彻。

5. 必胜信心之树立。

6. 错误言论之纠正。

7. 悖谬心理之改造。

（二）各级党部工作人员、各机关公务员、各学校校长、教职员、各社会团体领袖，均应以身作则，实践精神总动员纲领，注意左〈下〉列工作：

1. 对所属党部、机关、学校或团体之同事，应依照精神总动员之要义，互相规勉砥励。

2. 对本人之家族，应予以教导感化，并领导或督促其参加国民月会。

3. 对本人之邻里乡党，应尽可能协助其举行月会，并担任国民精神总动员督导之责。

4. 积极参加当地有关精神总动员之集会，并就能力所及，协助其各部门之工作。

5. 随时依据纲领，以劝导辩论解释等方法，纠正一切违反精神总动员之思想、言论及行动。

（三）每一党员、公务员、学校教职员及学术团体之会员，除参加其本党部机关学校团体月会外，并应积极督导国民月会。

二、各级党部及党员

（一）各级党部，每逢年逢节，应因时因事因地指示下级党部及党员，作左〈下〉列各项运动：

1. 领导民众组织极经济而有意义之同乐会，提倡有益身心之各项娱乐。

2. 取缔一切不当娱乐。

3. 鼓励劝导民众以人力物力供献国家。

4. 禁止奢侈虚糜及一切应酬浪费。

5. 约束游闲怠惰分子，协助强制战时服役。

（二）各级党部负责人员，应以党的区分部及小组为训练党员实施精神总动员之最好场所，经常举行讨论会，其要旨如左〈下〉：

1. 确立抗战意识。

2. 明了世界大势。

3. 研究社会现状，促进精神动员。

4. 了解敌国外患。

举行批评会，其要旨如左〈下〉：

（1）砥励革命人格。

（2）养成团体意旨。

（3）促进劳动服务。

---

① 此办法由国民精神总动员会颁布。

（4）推行新生活。

（三）各级党部应指导下级党部对党员日常从事如左〈下〉训练：

1. 生活训练：此项训练必须达到整齐、清洁、简单、朴素、迅速、确实六项标准，做到合乎礼义廉耻。

2. 体格训练：此项训练应尽可能实行军训、游泳、爬山、竞走、射击、骑马等，以唤起尚武爱国之精神，并藉以配合动员工作之需要。

3. 工作训练：此项训练必须从平日工作技术与效率上求其进步，并做到负责任，守纪律。

（四）各级党部对于各界党员，除应予以适当战时工作之分配外，并应按照其职业及社会地位特别注意其精神动员事项之实施，例如：

1. 对农工党员应使其特别努力于扩大战时生产，利用脊地，应均增进工作时间及效能，以作一般农工之模范，并领导其国民月会。

2. 对商人党员，应使其特别努力于抑低利润，遵守政府关于贸易租税之法令，推销国货，减少奢侈品输入，促进国产品输出，并踊跃举行义卖献金，以为一般商人表率，并领导其国民月会。

3. 对青年党员，应使其振奋报国精神，坚定奋斗意志，努力智能修养，爱惜时间、人力、物力，养成迅速确实习惯，以为一般青年表率，并领导其国民月会。

4. 对妇女党员，应使其节约消费，服用国货，参加生产服务，对国家政府有所供献，以为一般妇女表率。

5. 对从事文化事业之党员，应使其相互联合，特别努力于阐扬三民主义与抗战建国信念及研究精神总动员有效的推行方法。

（五）各级党部于拟定工作计划时，应将精神总动员事项列为专章，并订定实施程序，按期推行。

（六）各级党部于工作报告中，应按期将精神总动员之实施状况，逐级呈报，以凭考核。

（七）精神总动员之考核除书面外，应着重于视察及检阅，其办法如左〈下〉：

1. 随时派员会同国民精神总动员会派员分赴各省市举行精神动员之检阅，于各部派员视察党务时特加注意。

2. 随时派员会同省（市）动员委员会分赴各县举行精神动员之检阅，于派员视察各县党务时特加注意。

3. 各县党部应尽量介绍党员参加县动员委员会之督导工作。

三、公务机关及公务员

（一）各机关公务员之精神动员，由各该主管长官倡导及考察之。

（二）各机关公务员之考绩以精神动员为考绩标准之一。

（三）各机关应充分利用小组会议实践精神总动员，首宜注意左〈下〉列数点：

1. 办公时间之不虚糜。

2. 公物之不浪费。

3. 工作效率之提高。

4. 与民众接近办法之研究及私生活之改进。

（四）各机关精神动员之考核，依照小组会议及公私生活行为辅导办法所规定之程序办理。

四、各级学校及全国青年

（一）各级学校分别受教育部、厅、局、科之指导监督，考核实施精神总动员之教育。

（二）各级学校应依照精神总动员纲领，拟具有系统之具体计划与训育方面相配合，分期督促学生切实履行。

（三）各级学校除国民月会外，应利用早操、朝会、纪念周、年级会、恳亲会及其他固有组织会议之机会，用竞赛与检查等方法，训练学生实践精神总动员。

（四）各级学校教员应于课业上、教材上灌输精神动员之要旨。

（五）各级学校应普遍采用导师制度，由各级导师以个别或团体训导方法训练学生实行精神总动员。

（六）社会教育机关因应实际环境，拟具适宜方法，实施精神总动员，例如：

1. 播音、壁报及通俗讲演。

2. 民众卫生指导与乡村劳动服务。

3. 学生家庭访问。

（七）各级学校及社会教育机关分别组织左〈下〉列团体，互相督促劝勉，其各级学校应以各科系年级为单位，教职员学生一律参加。

1. 规劝团。

2. 监察团。

3. 检察团。

4. 比赛团。

（八）利用各级学校兴办社会教育办法及中学以下学校推行家庭教育办法，实行精神总动员，贯彻于所属之每一分子，以普及于一般国民。

五、学术团体及其会员

（一）学术团体应以倡导精神总动员为其基本责任，除自身举行月会外，并应督率其各个会员实行精神总动员之宣传，推进研究各项工作。

（二）学术团体应与动员委员会取得切实联络，接受其指导，积极参加精神总动员各项实际工作，如公开演讲、发布文字、刊行小册、巡回宣传等，并各以其组织发生纵横之联系行动，以扩大并加强精神总动员之力量。

六、宗教团体及其教徒

（一）各宗教团体之精神动员，由其主持人负责推行。

（二）各宗教信徒之精神动员，以其所属区域或职业为集合单位。

（三）如同一区域或同一职业之各宗教信徒自动约集国民月会，得于其举行宗教仪式时合并举行。

（四）凡全国性之宗教团体，应与其世界性之宗教团体取得切实联系，说明敌寇侵略及肆虐真相，藉以昌明主义，使举世之同教信徒同情予我之自卫抗战。

七、工会及工人

（一）产业工人之有工会组织者，由工会主持人领导之；其无工会组织者，由工厂负责人主持之，以每一工厂为范围，切实举行左〈下〉列各项工作：

1. 国民月会。

2. 公约实践。

3. 生活训练。

4. 思想训练。

5. 工作比赛。

（二）工业工人之有工会组织者，由工会主持人领导；其无组织者，除参加保甲组织，举行前条所列五项工作外，并应参加地方之紧急战时服役，如军事工程之兴筑或撤除，防空消防之任务，军需品及伤病兵之输运等各项工作。

八、同业工会及商人

（一）各业商人应各参加其同业工会，举行左〈下〉列各项工作：

1. 国民月会。

2. 公约实践。

3. 生活训练。

4. 思想训练。

5. 献金竞赛。

6. 分配地方动员服务工作（例如难民救济工作、劝募工作等）。

（二）各同业工会得因时因地发动下列各项运动并设法使其实现：

1. 不贩卖敌货。

2. 不接受伪钞。

3. 不抬高物价。

4. 不以货物资敌。

（三）各同业工会之主干会员及初中以上毕业之会员，应各领导其国民月会。

九、农会及农人

（一）农人之参加农会组织者，由农会主持人领导之切实举行左〈下〉列各项工作：

1. 国民月会。

2. 公约实践。

3. 生活训练。

4. 思想训练。

5. 生活竞赛。

（二）农人之未参加农会组织者，除参加保甲组织举行前条所列五项工作外，并应参加该地方之紧急战时服役，如军事工程之兴筑或撤除、防空消防之任务、军需品及伤病兵之输送等各项工作。

十、其他社会团体民众团体

其他社会团体与民众团体之精神动员工作，可比照前列五、六、七、八、九各项类推之。

重庆市档案馆馆藏档案：全宗号：0110，目录号：1，卷号：872

8. 国民精神总动员实施办法①（1940 年 3 月 21 日）

各级组织

一、中央

（一）由国防最高委员会组织“精神总动员会”，以国防最高委员会委员长兼任会长，行政

① 此办法由国民党第五届中央常务委员会第 143 次会议备案。

院院长兼任副会长，中央党部秘书长，国防最高委员会秘书长，组织部、社会部、宣传部、经济部、教育部、政治部各部部长，及新运总会总干事为当然委员。

（二）精神总动员会设秘书长一人，由会长于会员中指定一人兼任之，办理会务。所需助理人员，由国防最高委员会秘书厅及新运总会调用。

（三）精神总动员会每两星期开会一次，其决议事项，除交主管机关办理外，并得以本会名义行之。

（四）本会会议性质注重审定计划，考核工作及督导各级主管精神总动员机关之实施。

二、省（市）

（一）各省（市）动员委员会为省（市）精神总动员执行机关，为推行精神总动员工作起见，每周召开精神总动员会议一次，其性质与中央精神总动员会会议同；议决事项，均以省动员委员会名义行之。

（二）各省（市）设精神总动员协会，由省（市）动员委员会聘请本省（市）公正人士及新生活运动促进会主干人员组织之。其性质为协助省（市）动员委员会领导人民，实行精神总动员之辅佐机关。

（三）国民精神总动员纲领及本实施办法公布之后，各省（市）总动员会于一月内召开全省（市）精神总动员会议一次，说明精神总动员之重要性与实施步骤，及月会办法（办法大纲另项）。全省精神总动员会议，出席人员如左〈下〉：

1. 各县党部书记。

2. 各县县长或秘书，及教育局长或科长。

3. 各县教育会长及中学校长。

4. 各县动员委员会主席或常务委员。

三、县

（一）各县动员委员会为县精神总动员执行机关，其尚未设置动员委员会之县，限于本年五月以前一律成立。各县动员委员会为推行精神总动员工作起见，每周召开精神总动员会议一次，其性质重在研究执行，及指导考核与改正。

（二）县动员委员会设督导员，循环督导，其人选标准为老成热心之绅士、知识界分子、社会团体领袖及党政机关所派教育等各种视察员任之，并须积极考核负责推动，党部及其所组织之宣传队亦应参加。

9. 国防最高委员会为修正国民月会办法大纲给重庆市动员委员会的训令（1940年3月21日）

查国民精神总动员实施办法第二项国民月会办法大纲施行以来，有经国民精神总动员会采纳各方意见允其局部变通者，亦有根据事实需要随时以文电补充者。兹将该办法大纲各项条文重加检讨，其事实上已有增改或尚有未尽妥惬之处，均正式予以修改，俾符实际而利推行。除分行外，合亟抄同修正国民月会办法大纲，令仰该市动员委员会遵照并转饬所属一体遵照。此令！

计抄发修正国民精神总动员实施办法第二项国民月会办法大纲一份

委员长　蒋中正

修正国民精神总动员实施办法第二项国民月会办法大纲

二、国民月会办法大纲

为实施精神总动员及国民公约并普及贯彻计，特定国民月会办法大纲如下：

（一）举行月会组合

1. 同保之成年男女，每月十五日上午举行一次。

2. 同业而有公会等组织之分子，每月一日上午举行一次。

3. 同校或同机关、同厂肆之分子，每月一日上午举行一次。

4. 其有家祠及其他宗族组织者，每月一日上午举行一次。

5. 其他自动约集举行。

凡成年男女，必须参加于上列五项之下且须固定参加之。至各组合举行月会日期及时间，如有特殊情形时，准予酌量变通办理。

（二）国民月会目次

1. 宣誓国民公约誓词，每次开会，主席应宣读一遍，会员随声朗诵。

2. 讲解应将精神总动员纲领之第五章纲目及国民公约，向参加人员讲解；对于总理遗教、总裁言论及新生活运动之要义，亦可征引，以求讲解内容之充实。

3. 报告时事及其他有关本地生产、消费、风俗等。

4. 提议参加人对地方应兴应革事宜，如有意见，得提出讨论。

（三）月会督导

1. 月会之主席，在校为校长，在保为保长（讲解及报告可另延约），在业为领袖，在机关、在厂肆为主管人，在宗族为族长，在其他自动约集则推定之。

2. 月会之督导人为当地之党部人员，地方行政人员，校长、教师及地方公正人士，不足时由县动员委员会指定之。

3. 县督导员应随地参加月会，并纪摘其情形，区长及乡（镇）长应与尽力协作。

4. 区长为驻地督导员，应派人分头视察并汇集月会报告，摘要移送县动员委员会。

（四）月会开始

全国月会于二十八年五月一日一律开始举行。

重庆市档案馆馆藏档案：全宗号：0073，卷号：76

10. 国民精神总动员会为改进国民月会试行办法及国民月会仪式致重庆市动员委员会代电（1940年4月27日）

重庆市动员委员会勋鉴：查国民月会仪式，前经规定通令颁行在案。兹为充实国民月会起见，制订改进国民月会试行办法，并将国民月会仪式第七项“报告时事及其他有关本地生产、消费、风俗等”修正为“报告时事，传达政府重要法令及其他有关本地生产、消费、风俗等”，乃增第八项“建议有关公益事项或评论各项业务成绩”，其余仍照原规定办理。除分行外，相应将改进国民月会试行办法及修正仪式各检一份，电达查照并希转饬所属一体遵照为要。国民精神总动员会。感。动。

附改进国民月会试行办法及国民月会仪式各一份。

中华民国二十九年四月二十七日（章）

一、改进国民月会试行办法

（一）为利用国民月会训练行使民权及兴进工作效率起见，特订定本办法。

（二）参加国民月会之民众，得提出有关本地方公益公务上应兴应革之意见。

1. 每人发言以五分钟为度，每次月会以五人为度。

2. 发言时如有超越范围事情，主席得纠正或停止之。

3. 月会主持人应将民众所发表之意见据实纪录，评报当地动员机关。

4. 民众如有切中肯綮之建议，当地动员机关应一面通知其月会主人，于下次月会当众嘉奖，同时应通知有关机关酌量办理。

（三）国民月会中得讨论本地方各人各家或其他单位各项足资比较之业务、工作成绩。

1. 月会主持人得酌量情形，试办各种工作竞赛，于月会中提出报告与评论。

2. 月会主席或到会民众得就本地方各人各家或其他各单位各项业务、工作成绩，提出讨论并评定优劣，时间以半小时为度。

3. 到会民众得提出有关增进各项业务工作之效率问题，讨论时间以半小时为度。

4. 月会主持人应将评论情形详报当地动员机关。

（四）当地动员机关应每月汇集各国民月会开会情形，为优劣之比较，于下月开会时择要报告，俾到会人员知劝勉。

二、国民月会仪式

（一）全体肃立。

（二）唱国歌。

（三）向党、国旗及总理遗像行三鞠躬礼。

（四）主席恭读总理遗嘱。

（五）主席宣读国民公约誓词，全体循声朗诵。

（六）讲解精神总动员纲领第五章纲目及国民公约。

（七）报告时事或传达政府重要法令及其他有关本地生产、消费、风俗等（关于地方公务公益之建议——于城市中试行之，关于各项业务工作之评论——于乡村中试行之）。

（八）呼口号：

1. 国家至上，民族至上。

2. 军事第一，胜利第一。

3. 意志集中，力量集中。

4. 革除旧习染，创造新精神。

5. 实行三民主义。

6. 拥护蒋总裁。

7. 拥护国民政府。

（九）会毕。

重庆市档案馆馆藏档案：全宗号：0073，卷号：76

11. 蒋介石在国民月会上的讲演：党员对于国民精神总动员之责任[①]（1941 年 4 月 1 日）

今天是我们八中全会开会之第九日，适逢四月一日，依照国民精神总动员实施办法之规定，于本日会议之前，特举行国民月会，宣读国民公约与誓词。现在宣读完毕，本席要将精神总动员纲领的要目及第五章“精神之改造”的要旨，对各位略加讲解。我们觉得很惭愧，本党领导全国同胞，从事抗战建国，要发扬我们全民族革命的精神，来打击敌寇，而我们一般同志，对于本党所颁发的国民精神总动员纲领和实施办法，都没有一体领悟，切实做到，更不能以身作则，来领导全国的民众，我们精神胜利的基础，还不能普遍树立，要完成抗战建国，实行三民主义，前途还很渺茫。今天我们全会的同志，大家聚首一堂，在总理遗像之前，对此要有深切的反省。为郑重提起大家的注意，本席特将纲领要目，首先对各位朗诵一遍（总裁朗诵精神总动员纲领目录，全场静听）。

我们读过全书目录之后，应该反求诸身，各自省察，对于各项规定，是否已经做到？是否能“表里贯彻，持久不渝，贞固不移”？我们只要至诚的检讨一下，就可以知道，我们对国民精神总动员的工作，实在还没有尽到最大的努力，大家对国民精神总动员纲领，还不免视同具文！我们主义之所以不能实行，民众之所以对于我们不生信仰，就是因为我们只有标语、口号，而没有工作成绩，只有文字的规定，而没有实际的行动；这是本党目前最大的缺点，我们再不深自惕厉，痛加改革，那我们革命的前途，实在是非常危险！今后我们一般同志，如要真正获得抗战的胜利，和建国的成功，就再不能像过去一样的因循坐误，敷衍形式，而要躬行实践，力求贯彻。须知我们所谓国民精神总动员，其要义就是要从振作本党的精神做起，要使我们全体党员，大家都能以身作则，精诚感召，领导全国同胞，一致振奋，以收振衰起敝，除旧布新之效；否则，如果本党不实行发动，不负责领导，那我们国家的前途还有什么希望！所以从今以后，大家要切实觉悟，真诚实践，对于国民精神总动员纲领及国民公约誓词，时刻牢记力行，贯彻到底；如果有一点没有做到，或是有一事违反规定，今天就要反省，到明天就要改正过来；只要我们能如此自强不息，日新又新，真正做到全国精神总动员，则抗战一定可得胜利，革命一定可以成功，三民主义一定可以实现。要知道，国民精神总动员纲领的颁布，已经在两年以上了，而我们精神上、生活上、行动上，还留着许多的缺点，反而一般民众老弱妇孺，却有誓死不屈，持久耐苦的精神，我们回想以往抗战所得的成绩，应该怎么样负责知耻！今后国家的存亡，革

① 此文为蒋介石于 1941 年 4 月 1 日在国民党五届八中全会所举行的“国民月会”上的讲演词。

命的成败，完全要看我们全党的精神、毅力如何以为断，希望我全体同志，一致警省，一致努力，来振刷我们的精神，克尽我们对于精神动员的责任！就此，本席再要将国民精神总动员纲领第五章各节，逐一宣读，补充说明，请各位悉心谛听。

第五章　精神之改造

国民所必须确立之同一道德与同一信仰既已阐明矣，于是吾人乃进而探讨，何者为适合于今日国家、民族、军事利益，而足以达成抗战建国目的之健全的精神，何者为违反此义之不健全的精神，从而分别扶植或淘汰之，以造成共同一致之良好环境，而彻底改造我国民之精神。类而举之，则有下列之数项：

一、醉生梦死之生活必须改正　生活者，精神之根本，无合理之生活，即无健全之精神，是以沉溺于声色货利之醉生梦死的生活，必须加以彻底之改正，而实行新生活之信条；否则，不仅个人之精耗神散，自误误国，且必致相习成风，使整个社会顿呈亡国之现象，而招致世界之鄙视，与寇仇之深入，不惟有害于国家，尤必影响于军事。

这一点我们已否做到？已否完全改正？现在外面许多人，说我们党内同志和政府高级官吏还有恣求享受的，有纵情逸乐的，我们今天要切实反省，赤裸裸的检讨出来。须知我们担负了这样重大的责任，要领导社会民众艰苦抗战，我们的一切生活行动，真是十目所视，十手所指，哪里能有一点苟且随便，以招致外面的物议，而丧失我们党和政府的信仰！希望各位特别要注意，要彻底改正醉生梦死的生活。

二、奋发蓬勃之朝气必须养成　次于醉生梦死之生活，而为国民精神之蠡贼者，厥为消沉颓废之风气。此风气之存在，实由于心理与生理两方面之原因所造成。在心理方面：由于民族自信心与个人自强心之缺乏，不谓民族无复兴之望，即视民族复兴之事业于己无关，此两种心理若不纠正，国民奋发蓬勃之朝气即无法养成。在生理方面：则运动、卫生、整齐、清洁，乃至早起之习惯，均须提倡与实行，然后能使国民精神充实，朝气焕发，以担当非常之革命事业。

这就是我在开会词中说的，要我们以身作则，领导民众，“发扬我们过去悲壮奋斗的精神，和凌厉无前的气概”。在今天，我们临到抗战建国最后成败的关头，这一点特别的重要！无论哪一部门，无论哪项事业，都要养成一种奋发蓬勃的朝气，然后我们的事业才有起色！其实国民精神总动员的要求，并非陈义过高，做起来并没有什么困难；但我们总不去做，当然没有结果，这就是我们没有革命力行的精神，因而丧失了革命领导的资格。不说别的，就是文中所提到的运动、卫生、整齐、清洁、早起等习惯，只要稍微注意一下，就可以做到；但我们反省一下，我们已确实做到了没有？已经做到了哪几项？如此容易的事情，我们还不能做到，我们还能担负什么大的事业？希望我们全会的同志，切不要随便看过，要从我们本身做起，从这几件小事做起；只要我们能将这几件事一一做到，那我们要养成蓬蓬勃勃的朝气，并非难事。

三、苟且偷生之习性必须革除　于抗战中，有一不可不注意之精神现象焉：即在前方民众，欠缺誓死复仇之决心，而在后方之人员，多有避难就易之私图也。前一现象，足使敌人之顺民增多，而寇氛益张；后一现象，足使民族之战士减少，战意薄弱。究其动机，则皆由民族至上观念之不固，苟且偷生之习性犹存！欲纠正前一现象，在于阐明春秋大复仇主义，所谓“为国复仇，虽百世可也”，使沦于失地之国民，永不忘国家至上之观念；纠正后一现象，在提倡“见危授命”之风气，发扬殉战死难之忠烈，更须严饬纪纲，昌明正义，使人人咸视规避职守，潜图安全为莫大之耻辱，而后革命之精神乃能树立。

我常常观察我们党政人员心理上和习惯上普通的毛病，以为我们要打破自私自利的企图，还比较容易，我们一切生命、自由都可以贡献党国，为党国牺牲；但要革除我们一般同志和国民苟且偷生的习性，真是非常困难。这真是我们国家、民族一个最大的致命伤！此病不除，则蓬勃奋发的朝气，亦永远不能养成，革命建国的事业，也就完全没有希望！其实除病不难，而难于无决心，只要看我们过去恶习惯中最难革除的，莫过于吸鸦片烟，而现在一般有烟瘾的老百姓都可以戒绝，那我们其他不良习惯，当然更容易革除，绝对没有什么困难；如果不能革除，那只是我们没有决心，不能立志！我们平时对于生活行动的检点，只要求大家能照现代国民生活的标准做到，并无其他的苛求。然而我们还有许多同志，连一般普通国民应该做到的事情都没有做到，这就是我们党的耻辱，不仅不能革命，反要成革命之累了！大家要注意本节原文中还有几句话：“欲纠正前一现象，在于阐明春秋大复仇主义，所谓‘为国复仇，虽百世可也’……纠正后一现象，在提倡‘见危授命’之风气。”现在见危授命的风气，已经渐渐的养成，我们一般同志在战地为敌伪异党所残杀陷害，因而慷慨牺牲，成仁取义的不在少数，这就是我们革命精神的表现。不过我们这种表现还不够，尤其是在后方的同志，更没有完全革除其“避难就易之私图”。反观一些非党员的绅耆和同胞，反能忍受艰难，不辞劳苦，更能为国牺牲，至死不屈，实在令人钦佩景仰！我们今天还要发扬这种见危授命，临难不苟的精神，才能完成我们复兴民族的使命，尤其在战地的同志、同胞，更要能阐明春秋的大复仇主义。什么叫做大复仇主义？就是我们要为国家、民族和同胞报复身受的仇恨，对于个人的私怨和小忿，我们不要计较，否则如果我们为个人之事报复人家，这不过是匹夫之勇，就毫无意义，也就为我们革命党员之所不取。但如果是国家、民族的仇恨，是党的仇恨，是总理和先烈的仇恨，我们就要时刻怀念，时刻警惕，一定要设法报复；而且一次失败，还要再来二次，以至三次、四次，总要达到我们的目的。即如当年陈炯明，我就一定要消灭他，并不是我和他个人有什么私仇，而是他背叛了总理，背叛了本党，他就是我们党的仇敌，我们如果不能消灭他，就是我们的耻辱！我们此次发动神圣的抗战，就是要为国家、民族复仇，所以我们无论遭遇怎样的艰难挫折，一定要艰苦支持，不折不挠，不达到消灭敌人的目的不止。至于我们做了党员，更要时刻为党复仇，为党雪耻。我们要有这种志气，然后才不愧为黄帝的子孙！

四、自私自利之企图必须打破　只图保全个人之生命与财产，增长个人之名位与权利，而不顾民族全体之利害与存亡者，亦犹有兵权者之欲保存其实力与地盘，同一私的动机也。充此自私之心理，必至私见高于一切，私利高于一切，乃至于个人名誉、地位、权利、欲望之扩张与满足，必先于一切，推衍所及，必至牺牲民族利益，破坏抗战计划而后已。今当抗战剧烈，存亡呼吸之际，而犹不自觉悟，岂惟不智，实亦不仁。在国民精神总动员之目的下，此种痼习，必须排除，所当发扬舆论之权威，加以尽量之纠正，务使尽祛私见，共输肝胆，而归于至公与至诚。

这一条，我们许多同志都已经做到，我敢相信，今天我们在座的同志，都已经打破自私自利的企图，这是我们几年来最大的进步。不过我们还要以身作则，养成一种大公无私的风气，使全国同胞，都能“尽祛私见，共输肝胆，而归于至公与至诚”。这样，才能使我们党和政府的威信，在民众中间树立起来。

五、分歧错杂之思想必须纠正　抗战以来，全国之思想与言论，在根本上虽已形成统一，而枝叶上之分歧，仍所在多有；若任其杂然并存，势必导民志于分散，贻战事以不利。故必于吾人上述国家、民族至上，军事、胜利第一，意志、力量集中之原则下，确立标准，分别纠正，俾统一之基础，获得进一步之巩固。尤必积极疏导，造成共同之舆论，俾吾国民与青年，在认识上对国家前途怀抱同一之理想，在行动上趋赴同一之目标，既以万众一心而克敌致胜，亦所以造成战后全国永久之团结，而免于分歧与抵牾。此项标准，当根据当前事实需要与民族利益，为全国国民所义当接受，亦乐于接受者，约而举之，则为（一）不违反国民革命最高原则之三民主义。（二）不鼓吹超越民族之理想，与损害国家绝对性之言论。（三）不破坏军政、军令及行政系统之统一。（四）不利用抗战形势，以达成国家、民族利益以外之任何企图。一切思想、言论，悉以此为准绳，有违此义，则一体纠绳，共同摈绝；合乎此义，则多方奖进；务使由此基础，充实发展，蔚为风气。

这一点在今天特别重要，我们国民精神总动员纲领已经颁发了两年，当时共产党的阴谋，还没有现在这样的显露，我们所以提出这一点，完全是根据抗战建国的需要，保持我们全国团结奋斗的力量。今天我们仍要运用这个规约，特别提倡同一理想与同一目标的重要，来造成全国一致的舆论，和国民共同的心理，以促起共产党的觉悟。只要全国的舆论一致，国民的心理一致，则共党的野心就不难摧破，其阴谋就不难抑制。大家要知道，军事的力量无论怎样雄厚，不能消灭政治上和思想上的斗争；我们要求得全国真正的统一，只有从全国舆论和国民心理上来努力，要使他们在理论上、思想上彻底觉悟，决不违反国家、民族的利益，而后一切荒谬的宣传与恶意的煽动，都无所施其技。必须这样，才能达到目的。至于军事上的剿灭，还是出于不得已的下策。尤其本党为执政的党，更要以此为惟一的方针，非到最后关头，决不轻用武力；而要用政治的办法，阐扬我们的主义，发挥我们的理论，用理论来领导全国同胞，来统一全国的意志。如果我们能在同胞的心理上造成一种力量，那就比什么力量还要伟大；任何阴谋，决计无法得逞！本节所包括的五条要义，就是我们理论的根据，我们要切实阐扬，使全国同胞大家明了，来巩固我们抗战的基础。

如上五者，仅略举其大端，吾人欲达到国民精神之彻底改造，更须推而广之，首求国民精神之充实，次求国民精神之集中，而更求国民精神之革命化。所谓充实者，即使其蓬勃焕发，坚强贞固，有克服环境，抵抗艰难之力量；所谓集中者，即求其密合团结，万众一心，众志成城，以达休戚、利害绝对相共及永不离散之境地；所谓革命化者，即本于爱民族、爱国家之至高无上的观念，以献身于革命之事业，对内则矢忠于政府与主义，对外则抵抗民族之敌人，必也“富贵不能淫，贫贱不能移，威武不能屈”，进而以此精神感化同胞，更进而以此精神战胜敌国。吾国民精神之改造，诚能达此三者标准，则国民精神总动员之目的，始可谓为完成。

以上所举第五章各节，就是我们今后精神改造的必由途径，亦是国民精神总动员的基本工作，今天藉此机会，对各位郑重朗诵一遍，这个机会甚是难得，这个意义，绝非等闲！要知道，民族存亡，千秋荣辱，都在我们能不能真正实行精神的改造，来造成负荷艰危的力量！希望各位至诚反省，永久奉行，领导全国同胞彻底做到，来达到我们抗战建国的目的！

原载台湾省台湾中国文化大学编印：《先总统蒋公全集》

12. 蒋介石为国民精神总动员第四周年纪念广播词（1943 年 3 月 12 日）

全国同胞：

今天是我们国父逝世十八周年纪念日，同时也是国民精神总动员第四周年纪念日。我们在纪念国父的时候，要知道国父致力国民革命的目的，在求中国的自由平等，现在不平等条约，虽是已经取消了，但是敌寇还在我们国境之内，还要我们作最后的努力和最大的牺牲，才能收复我们的失地，拯救我们的同胞，才能使民族得到真正的解放，国家获得真正的独立。我们在纪念国民精神总动员的时候，要认识精神力量的伟大，要认识精神总动员对抗战建国关系的重大，要认识精神改造和生活革新，对于人生成败得失的影响之密切。务必要提高各自的精神力量，克服一切难关，要发挥我们的精神力量，加强经济战争，争取最后胜利。更要运用我们的精神力量，努力经济建设，使我们的国家成为坚强的国防组织，在抗战之中，能够摧毁敌寇，不愧为反侵略盟国的一员，在抗战胜利以后，能够发扬三民主义，奠定世界永久和平，必须如此，才对得起国父与一切抗战殉国的军民先烈之灵。

回顾四年以前，我们宣传实行精神总动员的时候，曾经勉励我们同胞要恢复救国道德，确立建国信仰，要求我国民为国家尽忠，为民族尽孝。最后特别指出实施精神总动员，第一要彻底，第二要持久，第三要坚韧。我在当时为什么要特别提出这三点来呢？就是预想到这一次抗战将是很长久很艰苦的斗争，是生死存亡，主奴荣辱所由决定的大战争，是需要我们四万万五千万同胞发纾真诚，冒险犯难，以九死一生的牺牲精神，来争取胜利的最剧烈的战争。因此我们精神的改造和生活的革新，如果不能彻底，就要因循姑息，表里相违；如果不能持久，就要中途懈怠，功亏一篑；如果不能坚韧，就要经不起困难，受不住痛苦，最后仍然不能完成革命建国的非常事业。现在我们的抗战，已经将近六年了，宣传精神总动员，也已满四年了，我们在前线在敌后，诚然有悲状〔壮〕热烈的牺牲，英勇坚强的奋斗，在全国广大的乡村里，诚然有不少同胞忍受着极端的辛苦艰难，正在刻苦努力，为国家增强战争的力量。但是我们一般同胞，反躬自问，我们是不是能够一致做到彻底、持久和坚韧呢？我们实施精神总动员，是不是一年进步一年呢？有没有因循懈怠，虚伪敷衍的恶习呢？我们有没有改正醉生梦死的生活来实行战时生活呢？有没有改革消沉颓废的风气而做到奋发蓬勃呢？有没有革除苟且偷生的习性而做到见危授命慷慨牺牲呢？有没有打破自私自利的企图而一致奉公守法呢？有没有纠正分歧错杂的思想而确立共同信仰呢？我可以说一句，我们实在没有彻底做到，更没有始终如一地做到。我们刻苦节约的精神不够，加紧奋斗的精神不够，我们一般国民对于兵役工役的基本义务，自动报效的精神也不够。我们一般教育界人士和公务人员，努力不辍，忍艰耐苦的生活，是大家所知道的，但奋发自强，积极领导的精神，还是不够，战时的生活没有能厉行新生活的信条，还不能普及国家总动员的法令，还不能贯彻经济管制的办法，更没有普遍实施，这些都是我们无可讳言的事实。然而战争正在发展，敌寇正在挣扎，而且今年这一年将是决定我们成败存亡最大关键的一年。全国同胞们，大家为国家民族前途彻底想一想，就应该特别警惕，特别的痛切省悟，来改革这一切的缺点，以适应当前重要的时机了。

全国同胞们：必须知道，我们由于将近六年的抗战，国家的地位，已经提高了，同时我们的责任，却是十倍的加重了。今后我们国家平等地位的保持，抗战力量的增长，以及建国工作的推进，可以说外在障碍，都已解除，光明大道，也已开启。而此后关键所在，全看我们同胞能不能自立自强，换一句话说，就是有赖于精神总动员的持久与扩大，我们四年前颁布的精神总动员纲领，曾经列举了精神改造的五大要项，所着重者，在于打破种种不健全的心理和现象，但在今天我们更必须积极的造成健全奋发的精神与风气，我所希望于全国同胞的：第一，战时刻苦的生活必须普及，我们不能再优〔悠〕游散漫，不能再奢侈浪费，不能再讲求享受，不能再放任破坏经济法令的败类而不予制裁。全国国民都应该厉行战时生活，也都应该实行整齐清洁简单朴素的新生活。第二，笃行实践的习惯必须养成，我们不能再阳奉阴〔违〕，不能再始勤终怠，不能再粉饰敷衍，不能再畏难苟安。为了冲破一切的困难，为了达成我们抗战建国的任务，我们都应该提高力行精神。第三，成仁取义的精神必须增强。六年抗战的成绩，国际观听的转移，平等地位的获得，不是凭空得来的，是无数先烈、无数殉国军民的热血和生命换来的。今天是战时，我们正在战斗，战时国民最基本的任务和最高的道德，就是舍身报国。我们和各国讲平等，就要看看盟邦国民英勇牺牲的好榜样。我们到了今天，不仅不应该稍存苟且偷生心理，更要人人有冒险犯难不辞一死的决心，要这样才能增强卫国力量。第四，奉公报国的赤诚必须发扬。我们不能再自私自利，不能再自暴自弃，不能再推诿旁观，不能再蔑视法纪。我们要放开眼光，扩大胸襟，从远处大处瞻望国家民族的前途，绝对的奉献个人的一切，以求取抗战胜利与建国成功，这就需要确立服务的人生观。第五，革命建国的思想必须坚定。这次平等新约的订立，证明我们国父革命方略的成功，这对于我们国民，一方面是激发我们的义务感，加重我们的责任心，同时也更增强了我们对于革命建国前途的信心。我们幸而遭逢此千载一时难得的良机，真应该如何的兴奋，如何的惕厉，我愿全国同胞，从此统一建国的信仰，精诚一致为建设三民主义新国家而努力。

上面这五点，乃是从积极方面指出我们同胞对于精神总动员进一步努力的方向。至于我们目前的急务，尤其在发展我们的经济力量，这在一方面，当然要加紧经济建设；而在另一方面，又必须实行国家总动员，厉行经济管制。凡是爱国的同胞们，对于战时生活的规律，管制物价的法令，增进生产的计划，节约消费的方法，都必须以自动自主的精神，踊跃接受，彻底遵行，并且要竭力协助其执行，断不可苟且因循，或竟至存心规避。要知国家最大的耻辱，不在于外力造成的国耻，而在国民不知自爱所造成的国耻。在同胞流离痛苦，战士浴血牺牲的今天，如果还有只图享受，不顾国家的国民，如果还有营求暴利，干犯法纪的奸商，如果还有积极消极的破坏经济政策，阻挠经济管制的图私害公的败类，我们全国同胞，都应视为万恶不赦的公敌，社会的制裁，决不应宽容，邻里的检举，决不应姑息。必须如此，才能森严我们战时的法纪，振作我们战时的精神。

此外，更有一点不能不特别提出的，精神总动员和实行新生活是一表一里，互相为用，分开来说，是两件事，合起来就是一件事。我们要不愧为现代战时的国民，要踏上建国成功的大道，必须相互勉励，相互督察，来彻底实行新生活。而我们勉励督促的最好机会，就要利用国民月会。因此，我希望我们全国每一机关、每一团体、每一学校、每一都市、每一乡镇保甲，都应该认真举行国民月会，我们全体同胞，都应该经常参加国民月会。在国民月会中，除了宣读国民公约，讲述国民法令而外，还要乘此机会，由月会的领导人，彻底检讨所属分子、所属机关、所属团体、所属乡村及其家庭实行战时生活的进度和新生活运动的成绩，逐月有逐月的比较，一次又一次的考查，有成绩有进步的要当众表扬，有缺点有违约的也要当众批评，总要用激浊扬清的方法，来求日新月异的进步，务使我们每一同胞，都知道实行战时国民义务是无〔尚〕的光荣，不能实行战时国民义务是最大的耻辱，更须使每一同胞都知道力行新生活是我们国民自强自立的始基，由此造成我们国民为现代的国民，达成我们国家为现代的国家。

重庆市档案馆馆藏档案：全宗号：0051，目录号：2，卷号：275

13.《中央日报》关于重庆市精神动员协会召开成立大会的报道(1939年4月8日)

重庆市精神动员协会，于昨日午后四时假市商会召开成立大会。到总会秘书长张群、市长蒋志澄、市党部主任委员洪兰友暨各界领袖二百余人。市长报告开会意义后，张秘书长即席训示精神动员之要义十点：一、指导的人，应该以身作则。二、自身应明白了解，并随时随地作普遍宣传。三、利用固有的组织来发动并且可以藉精神总动员的运动而使固有组织未完之事业与任务，得以完成。四、必须有积极的创造精神，不仅注意到消极的作为，而应该提倡积极的作为。五、必须注意时与地的条件，推行的事情必须切合时间与地方的要求。六、必须配合具体的工作，以免落空。七、必须提倡社会的奖惩，发扬社会的制裁力，以维持精神动员于永久。八、应发扬互助互爱的精神，以为本运动之基本条件。九、必须持之以恒。十、厉行法制，尊重会的组织纪律与秩序。当场并决议电呈蒋会长及电慰前方将士，至五时半散会云。

原载《中央日报》1939年4月8日

14. 社会部为请担任国民公约宣誓监誓人致陈立夫、蒋志澄便函稿（1939年4月13日）

查本市各文化团体国民公约宣誓，已定于四月十五日上午十、九时分第一、第二两组，在川东师范、市党部大礼堂举行，谨请钧座、市长担任第一、二各组文化团体国民公约宣誓、监誓人，即望准时前往川东师范、市党部大礼堂监誓为祷（荷）。

此上（致）

部长　陈①

市长　蒋②

附国民公约宣誓仪式〈略〉、口号、标语及参加各组文化团体名单各一份

中央社会部

参加第一组文化团体名单

中国计政学会、中国政治学会、中英文化协会、中国社会问题研究会、中国民生教育学会、中波文化协会、中国教育电影协会、中国教育学术团体联合办事处、中国考政学会、中苏文化协会、中德文化协会、中华体育学会、中国经济学社、中国大众文化社、中国教育行政学会、中国社会问题研究会重庆分会、中华职业教育社、中国青年服务社、中国统计学会、西南建设学会、中国国联同志会。

① 即教育部部长陈立夫。

② 即重庆市市长蒋志澄。

参加第二组文化团体名单

中山学社、中国社会教育社、中国会计学社、中华全国文艺界抗敌协会、通俗读物编刊社、中国水利工程学会、中华民国法学会、中华农业推广协会、中国科学社运动协会、中华警察学会、边事研究会、中华全国木刻界抗敌协会、留俄同学会、中法比瑞文化协会、重庆市教育会、重庆市中等教育研究会、重庆市国医学术研究会、重庆市护士学会、中国青年记者学会分会、重庆新闻学会、四川经济学会、四川工业学会重庆分会、中苏文化协会四川分会、中国国民外交协会、中国青年记者学会、中华健康教育研究会、国际反侵略运动大会中国分会、外交问题研究会、中国垦殖建设学会、中华全国音乐界抗敌协会、中华全国戏剧界抗敌协会、中国工商协进社、中国更生学社、兵役实施协进会、中国医药教育会、三民主义学会重庆分会、文艺研究会、重庆市国术研究会、青白剧社、怒吼剧社、戈兴剧社。

一、国民公约宣誓口号

（一）国家至上，民族至上！
（二）军事第一，胜利第一！
（三）意志集中，力量集中！
（四）三民主义万岁，中华民国万岁！

二、国民公约宣誓标语

（一）第一期抗战是精神与物质并重，第二期抗战精神更重于物质！
（二）实施国民精神总动员要实践救国的道德！
（三）实施国民精神总动员要坚定建国的信仰！
（四）实施国民精神总动员方能集中民力充实抗战的国力！
（五）实施国民精神总动员方能克服艰难完成抗战的使命！
（六）醉生梦死的生活必须改正！
（七）奋发蓬勃的朝气必须养成！
（八）自私自利的企图必须打破！
（九）苟且偷生的习性必须革除！
（十）分歧错误的思想必须纠正！
（十一）三民主义万岁！
（十二）中华民国万岁！

重庆市档案馆馆藏档案：全宗号：0053，目录号：29，卷号：79

15.《新华日报》关于重庆妇女界实施精神总动员的报道（1939 年 4 月 20 日）

（本报特写）市商会几乎成了检阅各界民众力量的场所。继献金运动而后，重庆妇女又在精神总动员的国民公约宣誓运动中表现了最有力的阵容。昨天下午，虽然天是那样阴沉沉地，而且还不时下一阵子雨，市商会的广场上却依然排满着妇女群众的队伍。

主席团随蒋夫人登台后，仪式开始了。主席张蔼真女士报告正当抗战至紧急阶段，正当敌人竭尽心力进行挑拨离间阴谋之际，政府颁布国民精神总动员之重大意义——指示“国家至上，民族至上”“军事第一，胜利第一”“力量集中，意志集中”，为全国共同努力的最高方针。妇女具有全国力量之半，需要在精神总动员中，全体参加抗战工作，坚定抗战必胜的信念，打破日寇与汉奸的阴谋，继续坚持抗战到底。

接着，监誓人蒋夫人在群众热烈鼓掌声中作如下训话：

今天所讲的分下面几部分：

第一，这一宣誓，表示着什么？我们要认识，宣誓是动员的开始，表示我们今天宣誓后，将继续努力来动员广大的女同胞，同时也表示了个人对国家最起码的认识。

第二，要每个人有爱国精神才能取得抗战最后胜利，建立新中国。中国有五千年的历史，五千年来我们的民族道德是忠与孝——孝长者，忠家族。为什么今天我们遭受如此的压迫呢？可见仅是孝长者、忠家族已不能维护国家的生存。人民只知有家不知有国，所以外人目中国为胆小、懦怯、退让、甘受压迫的民族。而二十二月来的抗战，粉碎了这种成见，证明了中华民族是勇敢的（大鼓掌）。纵然抗战以来，我们失去了不少土地，但是，我们的国际地位反较抗战以前提高，因为我们同胞爱国心提高了，参加了救国工作。不过，这还不够，所以提出精神总动员，全国同胞最高的忠，最高的孝不是对长辈，不是对家族，而是对国家、对民族（大鼓掌）。目前的时代不同，我们当前的敌人是日寇帝国主义侵略者，不同过去历史上的异族。日寇有新式的杀人武器，它采用空前残酷的杀人方法，所以我们对敌人应有新的认识。根据对敌人的适当估计，以爱国精神为国家的根本，好象〔像〕栋梁之于房子，动员起来保卫国家，中国目前的社会，女子在家庭里起着中心作用，而责任也就特别重。

第三，参加精神动员才能取得最后胜利，因为模范的爱国行动在精神上能影响其他的人。这次，我在香港听到关于一个妇女战地服务团英勇艰苦的工作情形，同座的孔夫人感动后当场承认以后永久担任一服务团的经费，以补偿自己不能亲赴战地工作的缺憾。香港慰劳会听到重庆妇女献金的热烈情况后，也承认经常担任战地服务团的经费。这都是由精神动员所生的物质效果。所以，先进分子应以自己实际行动的精神感召落后的，才能做到全国总动员。其次，以精神动员，从小处做起，以达到全国同胞为国贡献一切的最高目标。也用精神动员如吸铁石般团结、组织全国同胞，以贡献大的人力。最后，蒋夫人引用一西方友人的名句“爱国心要从共同生活共同患难中建立！”而得到如下结论：“大家爱国才能创造新的国格，二十二个月的抗战，我们历尽艰难困苦，然而煅炼了新的民族精神。我们相信：惟有从今日的痛苦中才能创造新的工作，我们要从流血中恢复国家。我们能忍受任何痛苦，因为我们已看到国家的光明前途。”蒋夫人讲至重要处，时对台下群众提出问题，群众用怒吼般的呼声作了答复。蒋夫人的坚持抗战的精神恰如“电流”一般的感召了妇女群众，她们忘了天已在下雨，高举起手，严肃地发誓：“不做敌寇和汉奸的顺民！”……“打倒日本帝国主义！”

通过通电蒋委员长致敬，通电全国妇女的提案后，口号声冲破了沉闷的天盖。

原载《新华日报》1939 年 4 月 20 日

16. 重庆市政府、市动员委员会为五月一日起一律举行国民月会给所属训令稿（1939年4月26日）

查国民精神总动员实施办法规定，全国月会应于本年五月一日一律开始举行。兹特制定月会督导人须知，并依照规定指定本市党部人员、地方行政人员、学校教师、校长及地方绅耆与本市精神总动员协会会员为月会督导人，分别参加月会，督导进行。合行检发国民精神总动员纲要、国民公约、誓词、国民精神总动员实施办法、本市国民精神总动员协会组织规程、国民月会会场布置及仪式、重庆市国民月会督导人须知各一件，令仰该局即便遵照，并特饬各保甲人员遵照，领导市民一律于五月一日起开始举行月会（局即便遵照于五月一日起开始举行月会），并将举行日期时间、地址，先行呈报来会，以便派定督导人出席指导为要。此令。

附发国民精神总动员纲领、国民公约誓词〈略〉。

国民精神总动员实施办法〈略〉、本市国民精神总动员协会组织规程〈略〉、月会会场布置及仪式督导人须知各一份。

市长　蒋□□

主任委员　蒋□□

国民月会督导须知

一、市动员委员会根据精神总动员实施办法之规定，指定月会督导人。

二、督导人应出席何种月会，会议地点及时间，及特别注意事项，由动员委员会于五日前通知之。

三、动员委员会关于精神总动员之各项法令及出版物，发交月会督导人，转发月会。

四、月会督导人参加月会时，应办理下列事项：

（一）说明精神总动员之重要性质；

（二）说明精神总动员之实施步骤；

（三）指导月会进行办法；

（四）提议具体实施工作；

（五）考察月会会员之生活情形及实践公约之进度；

（六）报告正确时事；

（七）解释政府政策及法令。

五、月会督导人对于所出席之月会，应先明了其组织之性质，如宗教、职业、学术之不同，而准备适合之材料与提出不同之具体工作。

六、月会督导人对于月会提出之问题，应慎重答复；若不能解答时，应提请动员委员会解答。

七、月会督导人出席月会时，应摘要纪录月会举行情形，报告于动员委员会，其报告表式由动员委员会规定之。

国民月会仪式及会场布置

（一）会场布置：全国大小机关团体，大都备有纪念堂。总理遗像、遗嘱及党、国旗，为纪念堂必有之设备，各地月会，应即以原有纪念堂为会场，其特设会场，暨在家祠祭堂奉行月会者，应仿照纪念堂布置。

（二）月会仪式：1. 全体肃立。2. 唱党歌。3. 向党、国旗及总理遗像行三鞠躬礼。4. 主席恭读总理遗嘱。5. 主席宣读国民公约誓词，全体循声朗诵。6. 讲解精神总动员纲领第五章纲目及国民公约。7. 报告时事及其有关本地生产消费风俗等。8. 呼口号。口号定为：(1)国家至上，民族至上。(2)军事第一，胜利第一。(3)意志集中，力量集中。(4)革除旧习染，创造新精神。(5) 实行三民主义。(6) 拥护最高领袖。(7) 拥护国民政府。(8) 会毕。

重庆市档案馆馆藏档案：全宗号：0051，目录号：2，卷号：275

17. 国民精神总动员标语（1939 年 4 月）

一、实行全国国民精神总动员！
二、国家至上，民族至上！
三、军事第一，胜利第一！
四、意志集中，力量集中！
五、要抗战必胜建国必成，必须实行国民精神总动员！
六、忠孝、仁爱、信义、和平是救国的道德！
七、人人要对国家尽其至忠，对民族行其大孝！
八、人人要坚定对于三民主义的信仰！
九、人人要为实现三民主义而奋斗！
十、改正醉生梦死的生活！
十一、养成奋发蓬勃的朝气！
十二、革除苟且偷生的习惯！
十三、打破自私自利的企图！
十四、纠正分歧错杂的思想！
十五、绝对不违反国民革命最高原则的三民主义！
十六、不鼓吹超越民族的理想和损害国家绝对性的言论！
十七、不破坏军政军令和行政系统的统一！
十八、不利用抗战形势以达成国家民族利益以外的任何企图！
十九、禁绝奢侈虚糜和一切无谓消费！
二十、绝对不作不正当的娱乐！
二十一、穿旧衣、吃粗饭实行节省！
二十二、努力耕田增加收成！
二十三、努力做工增加出品！
二十四、爱惜光阴爱惜人力物力！
二十五、好好做买卖不可高抬物价！

二十六、肃清贪官污吏！
二十七、捐出财产帮助战费！
二十八、不做汉奸和日寇的顺民！
二十九、不参加汉奸组织！
三十、不做日寇和汉奸的官兵！
三十一、不替日寇和汉奸带路！
三十二、不替日寇做轰炸标识！
三十三、不替日寇和汉奸打听消息！
三十四、不替日寇和汉奸做工！
三十五、不用日寇和汉奸银行的钞票！
三十六、不买日寇的货物！
三十七、不卖粮食和一切物品给日寇和汉奸！

重庆市档案馆馆藏档案：全宗号：0073，卷号：13

18. 国民公约宣誓标语（1939年4月）

一、第一期抗战是精神与物质并重，第二期抗战精神更重于物质！
二、实施国民精神总动员，要实践救国的道德！
三、实施国民精神总动员，要坚定建国的信仰！
四、实施国民精神总动员，方能集中民力，充实抗战的国力！
五、实施国民精神总动员，方能克服艰难，完成抗战的使命！
六、醉生梦死的生活必须改正！
七、奋发蓬勃的朝气必须养成！
八、自私自利的企图必须打破！
九、苟且偷生的习性必须革除！
十、分歧错误的思想必须纠正！
十一、三民主义万岁！
十二、中华民国万岁！

重庆市档案馆馆藏档案：全宗号：0053，目录号：29，卷号：79

19. 国民精神总动员会为颁发国民月会注意事项致重庆市动员委员会代电（1939年9月25日）

重庆市动员委员会勋鉴：

兹颁发国民月会应注意事项如下：（一）提高民众参加月会兴趣。例如举行歌咏、音乐等节目，是关于音乐的习唱，因民众智识水准过低，不必教练歌谱，只教唱歌词即可。并应教导有关抗战，浅而通俗，易于习唱者为佳，最好为抗战通俗小调一类，极能适合一般民众的口味。领导人应于会前会后与民众接谈，以增高其对于月会之兴趣。（二）使月会与民众生活发生关系。例如对于贫苦的民众，应把平日普遍施与的药品及赈济等类，改在月会时间施与之。最显著的，如春秋施种牛痘、夏秋注射防疫药针等，虽不能尽数在举行月会时施行，但应多多利用月会时间之前后半小时内施与之为佳。再如发放赈济等费，亦可设法利用月会时间，酌量办理为好。民众为利害心的驱使，自然乐于参加。如此一来，可以收到双重的效用。（三）设法鼓励各地士绅参加月会。各地士绅影响于民众的力量很大，藉士绅的宣传与领导，民众的观感和习染最快，在民众智识落伍的现状下，一件事情在一个地方，能否推动，每每视当地士绅的欢迎或反对决定其大半，不能不注意及之。（四）各机关团体、学校及民众联合举行月会。关于举行月会组合，于国民精神总动员实施办法所规定之五种外，再加一项，即各机关团体及学校得与其当地或附近之民众月会组合（如重庆市之联保区及同业公会），联合举行月会。因民众尚未能了解月会意义，自动参加，一时难期普遍，被动出席，内容不免空虚。欲使月会内容充实，效能增进，必须借重于当地及附近之各机关、团体、学校，使之与保甲长共同负起领导月会之责。如此既可专其责成，同时各机关、团体、学校与当地民众，同居一地，情感相通，领导自然亦较易。联合月会，须以维持民众组合之固有区域为原则，以免重新划区之烦，但因会场设备关系，以召集民众等机关、团体、学校举行为宜时，得因地制宜。（五）按月规定中心工作。如早起、卫生、节约、遵守时间、促进生产、肃清贪污、检举汉奸、贡献国家等项，应由各省市动员委员会酌量地方情形订定具体办法，规定进度，配合月会内按月推行。（六）规定国民月会开会时间。月会每次开会时间，以一小时为原则，藉免精神涣散，妨碍本务。（七）督导人员会议与检讨工作。督导员及督导人，每月至少应举行会议一次（分区分期举行之），一方检讨过去工作，一方研究以后工作，知道过去工作的得失，才能有未来工作的改进。（八）保甲长之访问及联络。保甲长为民众直接的领导者，一切事情必须通过保甲长，才能达到民众，所以保甲长占很重要的地位。为推行月会顺利，各级精神总动员机关负责人，应对于保甲长作不断的访问，征询对月会的意见，以引起其兴趣而使月会有长足的进步和开展。（九）讲演人员应有准备。月会讲演人员关于讲演的材料，事先应有集会作系统的准备，以时事报告、国民精神动员纲领及月会所规定之中心工作为主要题材，比较切合实际。而民众月会之讲演人，以能讲当地方言者为宜；一般民众，智识简单，对于冗长空泛的演讲，不易了解，且生厌烦，如能制成有关讲演题材之漫画、标语，张贴会场周围，意义既易索解，印象亦较深刻。再将讲演内容择要印成单张（愈简明愈好），分发听众，并使携回传阅，更能收到事半功倍之效。

除分电外，合亟电达查照。国民精神总动员会。有。精。

重庆市档案馆馆藏档案：全宗号：0073，卷号：76

20. 国民精神总动员会为进一步推行城市及乡村精神总动员致重庆市动员委员会代电（1939年11月22日）

重庆市动员委员会勋鉴：

查国民精神总动员之实施，已逾半载，赖全国党员、公务员、军人、各界领袖、一般青年之共同努力领导，颇著成效。惟考查各省市过去工作，多趋重于都市，而忽于乡村；注重于形式，而略于实际。通都大邑之机关团体，固已分别举行国民公约宣誓，并按期举行国民月会；而穷乡僻壤，不仅一般民众对于精神总动员尚不甚了解，即所谓领导社会者，亦多漠焉置之。而都市之实施精神总动员，亦仅止于举行宣誓，举行月会，其能因精神动员以改造生活习惯，策进实际运动，以为我抗战建国前途大业之助力者，尚属罕见。国民精神总动员运动，为抗战前途国族命运成败安危之所系，已于纲领内剀切言之。际兹抗战军事渐有转机，敌伪之政治阴谋积极活动时期，倘非全民精神动员，其何以克服空前艰危，争取最后胜利，所望全国各界，共喻斯旨，益加淬励。凡已举行国民公约宣誓及国民月会之各都市，须作进一步之努力，如公约誓词之如何力求实践，国民月会之如何持久不渝，精神改造与实际运动之如何分别策进，始能转移风气，发挥实效，均应悉心体察，切实办理。至乡村之精神总动员，尤关重要，更应竭尽全力，加紧倡导，策动当地知识分子，唤起一般民众，共同迈进，以符普遍贯彻之旨。除分电外，希即查照办理，并转饬所属切实注意为要。国民精神总动员会。精。

重庆市档案馆馆藏档案：全宗号：0073，卷号：76

21. 重庆市动员委员会为奉发该市1942年度国民月会应注意办理事项给各镇公所训令稿（1942年2月25日）

查本市国民月会举行以来，已将三载，其中热心办理，成绩斐然者颇多，而因循敷衍者亦复不少。际此加强动员工作，争取最后胜利之时，各组月会主持人更应悉心设计，努力改进，以期将国民精神总动员之意旨，得以贯彻普遍。兹附发国民月会本年度注意办理事项九点，仰即遵照办理具复为要。此令。

附发本市国民月会本年度注意办理事项一份。

兼主任委员　吴□□

重庆市国民月会三十一年度注意办理事项

一、各组国民月会会场，应于门首竖立木牌或横额，书明重庆市第〇区〇〇〇镇国民月会会场。

二、各组国民月会主持人，应于最近期间设置或借用屋内会场，以备雨天举行国民月会。

三、国民月会会场内，应于可能范围设法添设阅览室，购置书报，以备民众阅览。

四、出席月会人数，每户至少应有一人参加。

五、国民月会会毕，应举行简单游艺，以引起参加民众之兴趣。

六、各组国民月会主持人，应与督导员切实联系。

七、各组国民月会可于月会举行前呈会转聘各机关高级职员出席讲演。

八、各组国民月会如有改进意见，应尽量提供本会参酌办理。

九、国民月会预报表及报告表，均应按期送会。

重庆市档案馆馆藏档案：全宗号：0110，目录号：1，卷号：76

22. 国民精神总动员第三周年纪念办法（1942年2月）

抗战迄今，四年又半，国誉日隆，胜利在望。兹值国民精神总动员三周年之期，应以军事化、生产化、艺术化及全国民众总动员，发动工作竞赛，增进工作效率，各方面表现“精神总动员”之具体作用，庶使国民益加淬励，抗战大业早日完成。谨本斯旨，拟具纪念办法如左〈下〉：

一、各省市

（一）全国各地省市县党部及青年团各级团部，集合当地党员团员整队参加于是日上午与国父逝世十七周年合并举行之纪念大会后，举行大检阅，当地军警、团队一律参加。

（二）纪念会后举行体育、国术等表演竞赛。

（三）举行植树竞赛（如所植树在机关、学校、团体附近或即在其所在地址内者，应由每植树人，将所植树标识姓名；如有枯死或靡萎情形，由该植树人负责重植），以竞赛方式评定优劣。

以上三项原则，呈奉核定后以本会会长名义通电各省市动员委员会分别函令遵照，拟具办法施行。

二、陪都

（一）由市党部集合全体党员一律穿着青色或黄色制服或短衣，左袖佩带〔戴〕党徽臂章；由青年团重庆支团部集合全体团员一律穿着青色或黄色制服或短袖，左袖佩带〔戴〕团徽臂章；由市警察局集合全市国民兵、防护团及义勇警察，一律穿着制服，于是日上午八时齐集珊瑚坝与国父逝世十七周年合并举行纪念大会，会后举行大检阅（由市政府、市党部、青年团支团部、市动员委员会会同拟定详细办法，负责筹备）。

（二）纪念会后举行集体国民体育表演（由教育部体育委员会及重庆市体育协进会会同主办）及国术表演（由重庆市国术馆主办）。

（三）体育表演及国术表演后，举行滑翔表演（由滑翔总会主办）。

（四）是日下午在川师区、沙磁区及夫子池区分别举行各项体育表演及竞赛（由教育部体育委员会及重庆市体育协进会主办）。

（五）是日下午六时在都邮街精神堡垒举行音乐大会（由教育部音乐委员会主办）。

（六）举行植树竞赛（市区以乡镇为单位，以竞赛方式评定优劣，其详细办法，请农林部会商市政府拟定主办）。

（七）将本市一年来军警各机关所捕获之鸦片、毒品及烟毒器具、赌具并反动书籍等项，预为搜集，于是日择地当众焚毁（由重庆卫戍总司令部及警备司令部会同重庆市图书杂志审查委员会主办）。

（八）函各机关、各团体于是日在街中心悬挂布质横额标语，各住户、商店于是日夜间悬挂标语门灯（标语由本会拟定分发市动员委员会转饬遵照，并函本市电力公司于是日不得停电）。

（九）恭请会长向国内外同胞广播致训，本市各冲要街头分制播音机，以便市民恭听（由本会预拟训词呈核，并请中央广播管理处主办）。

重庆市档案馆馆藏档案：全宗号：0110，目录号：1，卷号：59

23. 重庆市党部为国民精神总动员六周年纪念扩大宣传办法致各区分部代电（1945年3月6日）

各区党分部、各社会服务处：案奉中央宣传部渝（34）明普字第一四一四号代电开：查三月十二日为国民精神总动员六周年纪念，除根据国民精神总动员纲领予以宣传外，亟应把握时机，适应时宜，应用精神总动员口号，推行下列各项宣传：（一）扩大知识青年从军宣传，坚定从军青年之意志，转变社会对于从军之旧观念，并安慰从军青年之家属。（二）策动改善士兵生活宣传，指出改善士兵生活为提高士气，整饬军纪之前提，督促负责机关认真执行，切实办到唤起社会全力协助，务必做到军民切实合作。（三）加强战时生产宣传，根据“军事第一”原则，宣传集中生产战时必需物品，强调战时生产之努力即可为战后现代化之工业生产树立其基础，指示战时生产必须与农矿各业相互配合，并期待美国盟邦之大量供给各种原料工具。（四）展开政治改革运动宣传，应以蒋主席本年元旦开国纪念日对僚属之训词作为改革政治之准绳，根据事实说明政府在现阶段对于改良政治，加强行政效率之措施，如裁并骈枝，调整机构，惩治贪污以及改订有关人民言论出版自由权利之法令等，并宣扬法制精神，发挥健全民意。（五）促进宪政运动宣传，说明宪政为本党一贯之主张及政府筹备宪政之种种设施，督促完成各级民意机构并厉行地方自治。至对筹备国民大会，则须指示普及《五五宪草》之研究，训练四权之行使及增长国民之宪政常识。（六）扩大劳军运动宣传。说明劳军足以鼓舞士气，加强战力，策动各地慰劳团体，利用季节或纪念日，举行劳军工作并发动各地机关、学校、保甲捐献实物或代金，实物暂以布鞋布袜为主。即希根据以上各点，参照当地实情，详订办法，切实宣传具报为荷。等因。附纪念标语及口号一份，电仰该部处遵照宣传。其在城区各区党分部，由会另文通知，指派同志参加陪都各界纪念大会，不另举行仪式。至郊区各部处，希即会同当地机关团体举行纪念大会，以宏宣传为要。重庆市执行委员会（34.3.6）印。附纪念标语及口号一份。

国民精神总动员六周年纪念宣传标语

一、集中意志力量争取抗战胜利！

二、恢复固有道德发扬民族精神！

三、厉行节约储蓄严肃战时生活！

四、改善士兵待遇加强战斗力量！

五、尊重从军青年转移社会风气！

六、促进战时生产配合反攻！

七、完成地方自治准备实施宪政！
八、积极奋斗发扬无畏精神！
九、团结盟邦力量击溃侵略暴力！
十、慰劳前线士兵集中鞋袜捐献！
十一、改善士兵待遇齐力献金献粮！

附口号：

一、国家至上民族至上！
二、军事第一胜利第一！
三、意志集中力量集中！
四、革除旧习染创造新精神！
五、实行三民主义！
六、拥护蒋主席！

重庆市档案馆馆藏档案：全宗号：0051，目录号：2，卷号：45

24. 重庆市动员委员会为报该市五月份精神总动员实施状况致国民精神总动员会呈稿（1939年6月2日）

案奉钧会精字第一三七号暨二零一号代电，为饬按月呈报动员实施状况并转抄委员长手令，饬详报精神总动员成绩及国民公约按期实施状况等因。理合将五月内本会推行工作情形，作成报告书，赍呈钧会，恳请鉴核，指令祇遵。

谨呈

国民精神总动员会

重庆市动员委员会主任委员　贺[①]

重庆市动员委员会工作报告

一、组织本市精神总动员协会

遵照《国民精神总动员实施办法》乙项第二款之规定，聘请本市新生活运动促进会主干人员、各同业公会主席、各职业公会理事、各学校校长、各报社社长、青年团干事、市党部委员、市抗敌后援会委员、组长及本市公正绅士等220人组成重庆市精神总动员协会，并决议推举洪兰友等七人为理事，于四月七日开始工作。

二、举行国民公约宣誓

与市党部等机关会商决议，本市各界宣誓由本会印制誓词，统一办理，当于四月一日起（一）通饬市属机关、学校、团体分别举行宣誓典礼，由本会分别派员出席监誓。（二）由警察局领导各保甲人员及市民举行宣誓，惟市民因职务职业关系，不能完全参加，改由各保集团举行。（三）联合各机关举行第二期抗战宣传周，分别公务员、党员、工、商、学、妇女各日，举行集团宣誓。

① 即贺国光。

三、组织各种月会

于四月十二日以后，开始着手组织月会，先由本会与工商学各界领袖接谈，并在协会内讲解月会意义，并翻印月会有关之文件，通令市属各级机关团体学校，遵照规定，组织月会。计组成者122会，于五月一日开始举行，计已举行者有市属机关及学校、职工俱乐部等。继因三日被炸以后，本市加紧人口疏散，市民及机关团体多在疏散迁移之中，以致月会暂时停止，于五月二十五日再通令各月会详细呈报迁移后状况，限期于六月十日以前继续举行。

四、翻印各项小册

为求本会工作易于推行起见，本会将中央颁发之国民精神总动员纲领、国民精神总动员实施办法、国民公约誓词、运用原有组织发动精神总动员办法、国民月会仪式及会场布置及总裁训词行的道理、政治的道理与本会月会督导人须知等，分送各机关学校各月会及各协会会员。

五、发起各项运动

本会遵奉总会代电，拟发起各项实际运动，详细办法正核议呈请核示中。

重庆市档案馆馆藏档案：全宗号：0053，目录号：3，卷号：314

25. 重庆市1939年10月份国民月会报告表（1939年10月）

名称	主席姓名	举行地点及日期	督导人姓名	到会人数	讲解及报告要点	备考
重庆警备司令部	李根固	左营街 十月二日		84人	讲解精神总动员第五章纲目及时事报告	
重庆市卫生局	张崇德	市民医院 十月一日		31人	讲解军事概况及时事报告	
重庆市财政局	刁培然	下陕西街 十月一日		89人	时事报告	
重庆市各业工会（职工俱乐部）	谭泽森	守备街 十月一日	刘丕承	500余人	讲解精神总动员第五章纲目及报告时事	
武昌中华大学	陈　时	南岸下龙门浩 十月一日		150人	报告各地月会情形及月会之意义	
重庆电力公司	唐道昌	曾家岩 十月一日	何钦贤	50余人	精神总动员经五章要义及时事报告	
海棠溪联保	文好贤	海棠正街 十月一日	萧怀古	500余人	时事报告及整编保甲经过	
铜元局镇	汪德章	大码头 十月一日	谢锡福	700余人	国民精神总动员纲领及月会意义	
南坪镇	徐少聊	南坪镇 十月一日	朱达政	750人	报告时局情形	
弹子石镇	况锡成	市七校 十月一日	刘光美	600余人	总动员纲目及时事报告	

续表

名称	主席姓名	举行地点及日期	督导人姓名	到会人数	讲解及报告要点	备考
玄坛庙镇	孔华龙	牛草坪 十月一日	叶嗣湘	700余人	国民精神第五章纲要及时事报告	
龙门浩镇	徐久安	中华牙刷厂 十月一日	李士杰	1100余人	时事报告	
窍角沱镇	胡世钧	窍角沱镇 十月一日	李启南	5人	时事报告	
陈家馆镇	杨达荫	陈家馆街 十月一日	吴浩宇	100余人	国民月会之意义及动员纲领	
刘家台镇	陈志恭	大板桥 十月一日	严傅馨	356人	时事报告	
三洞桥镇	雷振球	三洞桥 十月一日	李旭东	300余人	精神总动员纲目及时事报告	
体仁堂镇	萧荣康	体仁堂街 十月一日	龙　飞	2850人	月会之意义及时事报告	
溉澜溪镇	赵健常	溉澜溪中正街 十月一日	赵　达	304人	精神总动员纲领及时事报告	
四方井镇	杨邦齐	毗卢寺 十月一日	王蕴卿	180人	精神总动员之意义及时事报告	
木关街镇	刘玉明	观阳月台坝 十月一日	候载葡	200人	精神总动员第五章及时事报告	
米亭子镇	瞿金平	江北裕民戏院 十月一日	吴仲坚	400余	月会之重要及时事报告	
黄沙溪镇	邱什恒	交通街 十月一日	李其平	284人	精神总动员纲领第五章及镇公所合作情形	
新市场镇	崔新庚	新市场 十月一日		220余人	精神总动员纲领及报告时事	
遗爱祠镇	丁静波	遗爱祠 十月一日	钟定元	250人	国民月会之意义及保甲制度之推进	
化龙桥镇	刘宏熏	化龙桥 十月一日	张烈先	180余人	月会之意义	
中二路上清寺两路口三联保	马先根	大田湾 十月一日	韩觉剑	427人	动员纲领第五章及中国固有道德	
曾家岩镇	余福坤	中四路 十月一日	熊道瑞	176人	精神总动员纲领第五章及时事报告	
大溪沟镇	李云青	国府路 十月一日	朱宜风	280余人	精神总动员之意义及时事报告	
张家花园镇	郑大坤	张家花园 十月一日	周仁术	254人	总动员之意义及注意卫生等	

续表

名称	主席姓名	举行地点及日期	督导人姓名	到会人数	讲解及报告要点	备考
石板坡镇	周　燊	神仙洞 十月一日	金　铨	700余人	国民公约及誓词及国内外时事报告	
莱园坝镇	邹南薰	王家坡 十月一日	魏绍征	386人	精神总动员纲领及时事报告	
金马寺镇	朱有章	金马寺 十月一日	汪今亮	583人	精神总动员之意义及时事报告	
宝善寺镇	周德光	转行街 十月一日	姜文锦	372人	报告最近之军事国际之情形	
观音岩镇	郭清岚	中一路 十月一日	童世荃	640人	精神总动员第五章纲目及抗战情形	
骡马店镇	陈振有	骡马店街 十月一日	朱子爽	369人	国民公约及时事报告	
安乐洞镇	秦述高	劝工局街 十月一日	曹起鹏	413人	抗战大势及国际情形	
段牌坊镇	邱用敏	段牌坊 十月一日	徐　霖	349人	精神总动员纲目及改编保甲情形	
东华观镇	李有节	东华观 十月一日	金本德	290人	时事报告	
王爷庙镇	吴　鹏	王爷庙 十月一日	叶季槐	305人	时事报告	
东升楼镇	胡建勉	东升楼小学 十月一日	江　穆	380人	月会之意义及时事报告	
白鹤亭镇	殷玉春	顺球街 十月一日	向子涣	300余人	精神总动员纲领第五章纲目及国际情形	
镇江寺镇	张　溥	镇江寺 十月一日	张步霞	386人	本镇应改革事项及时事报告	
龙王庙镇	袁庆坚	龙王庙街 十月一日	林紫贵	620人	月会之意义及遵守国民公约及时事报告	
朝天门镇	刘培德	马王庙 十月一日	欧阳有方	300余人	月会之意义及时事报告	
太华楼镇	孙盛齐	模范市场 十月一日	林楚材	210人	国民公约及本镇兴革事宜等	
大阳沟镇	张治国	柴家巷 十月一日	谭训聪	559人	国民公约十二条及时事报告	
蹇家桥镇	张治国	柴家巷 十月一日	谭训聪	685人	国民公约十二条及时事报告	
桂花街镇	毕孔殷	杂粮市 十月一日	廖声涛	895人	月会之意义、兵役抽调及汪精卫之罪恶	

续表

名称	主席姓名	举行地点及日期	督导人姓名	到会人数	讲解及报告要点	备考
北坛庙镇	毕孔殷	杂粮市 十月一日	廖声涛	895 人	月会之意义、兵役抽调及汪精卫之罪恶	
自来水公司	胡子昂	打枪坝 十月一日	严　肃	92 人	革除不良习惯奉行新生活及时事报告	
马王庙镇	陈志刚	金沙岗 十月一日	詹世清	638 人	国民公约及时事报告	

重庆市档案馆馆藏档案：全宗号：0073，卷号：8

26. 重庆市动员委员会工作报告（1941 年 9 月—1942 年 2 月）

一、本会概况

本会领导陪都动员工作，三载于兹，其业务之广泛，使命之重要，同仁等深感责任之巨大，无时不懔然于心。凡适合战时需要之运动，均在积极发动，务期于不妨碍人民工作时间之下，俾一般民众，能切实负担动员之业务。对于宣传方面，力求简明、浅显、普遍、深入，使人民家喻户晓，政府各项法令，得以顺利推行。且自日寇发动太平洋战争以来，我国更为同盟国家之中坚，本市为战时首都，非但须以人力物力，供国家总动员之需要，且世界永久和平之获得，亦惟我国广泛之人力物力是赖。此则今后之动员工作，又必须顾及。本会当循此迈进，以发扬我民族之伟大力量，期早完成我抗战建国之大业，并奠定世界永久之和平。

二、国民精神总动员实施情形

国民精神总动员运动，创导以来，将及三载，举凡纠正分歧错杂之思想，革除苟且偷生之陋习，改造醉生梦死之生活，均已次第办理，务在养成奋发蓬勃之朝气，以从事于各项动员工作。自本年起，尤注意于战时节约生活之提倡，工作竞赛之推行，而以国民月会为推动之机构。兹将各项经过，分述如次：

（一）国民月会办理情形

关于一般市民之国民月会，仍照行政区划，以每镇为单位，现每月举行者，计有 66 镇，参加人数，以本年一月份为最多，计达 113357 人，约占全市人口五分之一强。月会会场，亦经民众自动建筑，计已完成者，有海棠溪等 25 镇。并由本会发动预备雨天会场，以免雨天月会不克举行。现各组正在分别寻觅宽大之公共场所。至人民参加国民月会，亦经规定每户至少有一人出席，如二次不到，则拟予劳动服役一日，现在全市民众大半均能按时出席。各工商团体商界方面，各同业公会职员，仍合并在市商会举行；各业从业员，则参加各镇国民月会。工界方面，已成立产业工会之各大工厂，单独举行；其未成立工会之工厂，则派代表参加附近各镇国民月会。职业工会仍分大河、小河、南岸、江北及新市区五区，举行国民月会。至水上船户，亦经本会设法责成水上警察局领导举行。他如文化团体国民月会，前曾一度停顿，亦经设法恢复，于三十年十一月份起继续举行，并由本会按月补助一部经费。本市国民月会至此已渐臻普遍，内容也日渐充实，用以推动各项工作，颇感顺利（参加人数见附表一甲、乙）。

（二）督导工作

各组国民月会督导员，区镇方面，由本市地方机关派员担任，工商团体，由中央机关派员担任。并商由国民精神总动员会，每年访问各组国民月会一次，采取意见，以资改进。关于督导员讲解内容，除国民精神总动员纲领及政府法令外，本会每月就中心工作、市民应办事项及国内外时事，编成报告资料，分发各督导员讲解。他如兵役法令解释、防毒问题及其他特殊事项，亦经分请有关机关派员担任，务使参加月会市民，得兹各种宝贵之常识。

（三）提倡正当娱乐

一般市民，每因无正当娱乐，易为不正当娱乐所引诱，殊有悖于精神总动员之意义。本会有鉴于此，除经常商由有关机关举办球赛、棋赛各项体育比赛及于纪念日举办游艺会外，并饬各镇国民月会于会毕举行游艺，项目分川剧、平剧、楚剧、电影、话剧、杂要等。现经常举行者，有裕华布厂等37组，增加人民集会情绪不少。此外，并拟于各区镇及各工厂，增设娱乐室，以期消弥〔弭〕不正当娱乐之活动。

三、宣传工作

（一）口头宣传

本会除于每次国民月会由主持人、督导员及经常讲演员切实讲解外，并于各项运动开始时，商由有关机关首长，假广播电台分别广播讲演。至于兵役宣传，亦经本会商请兵役署等尽量供给材料，派员轮流分赴各组国民月会讲解并答复民众疑问，他如卫生医药讲座，亦经设法分请各著名医生担任讲解，灌输市民以医药常识。

（二）文字宣传

文字宣传，本会注意一般民众之了解力量，故宣传品，以浅显易晓为主，除按月将各项报告资料分发外，其他均按实际需要制成标语及宣传材料，大量印发。在六个月内，计发出宣传品28300份。

（三）其他宣传

其他宣传，项目至多，经常绘制者为幻灯、标语，每月更换，由五电影院放映。漫画方面，亦经于一元献机等运动开始时，绘成漫画八幅，分别在通衢张挂。他如抗战有关电影及教育电影，亦经本会商请各电影放映队在广场轮流放映，以供市民参观。

四、各项中心工作实施情形

（一）九月份中心工作——一元献机运动

一元献机运动，经本会积极发动，除运用各组国民月会努力筹募并将宣传品大量印发外，1.自九月二十二日起至二十八日止，举行扩大宣传周一星期。2.与各娱乐场所商定，以五日期间随门票带征一元，作为献机捐款。3.商请各□戏剧音乐团体，发动公开演奏，征募献机款项。此项运动，迄三十年度止，尚在分别举行。4.发动各报纸、壁报、杂志等举办一元献机运动专刊，以期造成热烈风气。5.绘制布漫画四幅，标语多份，幻灯片多张及纪念邮戳等，分别张挂放映及盖戳于往来信件。自经此次推动后，各方均热烈响应，收效颇宏。

（二）十月份中心工作——陪都建立周年纪念活动

十月一日为重庆陪都建立周年纪念，本会为唤起民众努力建设新陪都，并对抗建有更大之贡献起见，特发起陪都建立周年运动。1.关于纪念大会：本会除分令各组国民月会于十月一日与陪都建立周年纪念合并扩大举行外，并于是日下午二时在夫子池新运模范区，举行陪都各界庆祝陪都建立周年纪念大会。计到各机关团体及各界民众4700人，由本会主任委员吴国桢主席，孔副院长并莅场致训，康议长心如讲演，会场情绪异常热烈。并以建设新陪都、节约储蓄及增加生产三项工作相勖勉。最后全场通过向林主席及蒋委员长致敬电暨向前方将士慰劳电。2. 关于游艺方面：正当娱乐，向为本会所提倡，值此陪都建立纪念，更应扩大规模，俾一般市民得有普遍享受之机会。（1）由各组国民月会表演游艺，其不能筹备者，由本会设法商请各演员前往表演。（2）各戏院均于是日减价优待观看。（3）□于下午七时在夫子池新运模范区广场举行游艺会，参观民众约达一万人。（4）体育表演因事停止。（5）各商店减价优待市民。3. 宣传方面：除印刷小型标语、幻灯片、漫画及刊制纪念邮戳外，并于一日晚间请吴市长、陈主任委员及康议长广播讲演。各报亦于是日撰述纪念文字，时事新报且发行纪念特刊，并以 3000 份分发会场民众。是日上午十一时，并商由航空委员会派机散发标语，以广宣传。

（三）十一月份中心工作——防空节纪念运动

十一月二十二日为我国第二届防空节，本会爰与防空司令部筹备纪念，藉以增加市民对于防空之注意。计办理事项：1. 防护团队检阅，于是日上午七时在夫子池举行，由贺司令国光及党政机关领袖担任检阅官，计受检阅者 3500 人。其他防空部队各在原地由防空司令部派员会同军政机关检阅。2. 是日上午八时，在新运模范区举行防空节纪念大会，参加者计有 4200 余人，由贺司令主席，陈主任委员、吴市长等讲演。3. 防毒展览会，商由军政部防毒处办理，自二十一日至二十四日止，举行四日。4. 由各机关代表联合慰问防空殉难同志家属，并由全国慰劳总会发给慰问金。此外并发起市民自建防空洞运动，以资增强本市消极防空力量。

（四）十二月份中心工作——劳动服务运动及冬令救济运动

劳动服务运动，前经本会于二十八年十二月首次提倡，本年由警察局发动，并经本会规定十二月份为劳动服务月。举凡街道之清洁，废墟之整理，危墙颓壁之拆卸，沟渠之疏通，厕所之清除，均在服务之列，各界民众参加异常踊跃。并由本会会同市政府等机关组织会查团，评定成绩。结果第一区成绩最佳，第二区次之，第五区得第三名，由市政府发给奖金。至冬令救济运动，过去均以普设粥厂为主要工作。本年则由本会协同各机关组织冬令救济委员会，散发棉被，积极推动冬令救济工作。

（五）一月份中心工作——庆贺抗战将士新年运动

抗战将士在前方不惜牺牲，抵抗暴日，争取胜利。值此新年，民众理应设法慰劳，以表敬意而增抗战情绪。各省市由省市动员委员会办理外，陪都方面由全国慰劳总会及本会邀请各界组织庆贺抗战将士新年运动会主办。慰劳对象，除海陆空军士兵外，荣誉军人、住营壮丁及抗战军人家属，均在慰劳之列。慰劳品以食品、服用品、医药用品及贺年信为主。食品以食盐捐献为最多，猪牛羊鸡次之；服用品以毛巾、草鞋、线袜、牙刷牙粉为最多，衬衫、毛刷、汗衫、短裤及布鞋次之；医药用品较少。其他致送年糕、饼干、铅笔、信笺等，亦有多起。庆祝大会于本年元旦在都邮街广场举行典礼，参加者达万余人之多。所获礼品，计达 11 万余件，均当场分配各慰劳对象。

（六）二月份中心工作——节约汽油运动

本会于三十年六月间，鉴于本市汽油浪费之风甚炽，曾发起节约汽油运动，实行节约汽油劝告工作。虽一时浪费风气，为之大戢，然自十一月份起，浪费汽油之汽车，又屡见不鲜。本会爰于二月份再行办理劝告工作，并规定制裁步骤：1. 实行劝告，2. 公布汽车号码，3. 对汽车主警告，4. 公布车主姓名，5. 送请主管机关停止汽油供给。自二月十二日起，分三组出发实施劝告，日期及时间均系临时决定，以免浪费汽油之汽车有所规避。截至三月底止，共劝告汽车 140 辆，被劝告三次者 1 辆，被劝告两次者 24 辆，被劝告一次者 115 辆，共劝告 165 次。至浪费汽油汽车之事实及时间，亦经详为统计（见附表二）〈略〉。一时舆论界督促尤力，使本会节约汽油运动得有相当成绩，计将汽车号码公布者三次，车主机关、姓名公布者一次。并建议当局，除救火车、救护车及公共汽车外，所有小汽车自每日下午八时起至翌晨五时止，一律限止行驶。现此项工作，尚在不定期出发劝告中。

五、其他

其他日常动员工作，如组训、征调、救济、宣传等，事涉繁琐，兹不赘述。至于工作竞赛，取缔宴会办法，亦均尽力推行。今后本会工作，拟注意于空军建设运动，生活节约运动及增加生产运动之展开，以争取抗建大业之完成。

附表一　甲：重庆市各区镇国民月会参加人数统计表　（单位：人）

区别	组合别	三十年九月份	十月份	十一月份	十二月份	三十一年一月份	二月份	备考
第一区	太连楼镇	3260	3524	786	1258	5250	830	
	龙王庙镇	562	517	513	564	763	659	
	马王庙镇	9795	9878	9892	9864	9954	9798	
	镇江寺镇	975	842	836	978	972	873	
第二区	桂花街镇		759	986	996	1865		
	大阳沟镇		未报	1928	2024	2189		
	塞家桥镇			1548	1754	2456		
	北坛庙镇			1564	3567	3567	1867	
第三区	段牌坊镇	783	897	989	1035	1228	1385	
	东华观镇	457	647	316	924			
	东升楼镇	821	1283	893	828	1584	859	
	王爷庙镇	428	472	517	516	825	647	
第四区	观音岩镇	2612	2836	2850	2912	3124	2219	
	骡马店镇	3224	5574	5231	2031	7684	2892	
	安乐洞镇	1020	1239	1230	1219	1269	1461	
第五区	金马寺镇	1284		1419	1854	1884	1723	
	石板坡镇	795			1214	2309	852	
	宝善寺镇	1000	1024	1023	1000	1002	1000	
	菜园坝镇	550		550	880	3800	850	
第六区	张家花园镇	1354	1348	1432	1540	1860	1245	
	曾家岩镇	1397	1297	1627	1273	985	794	
	大溪沟镇	1157	1136	1820	1239	1530	1670	
第七区	中二路镇	357	396	430	397	360	645	
	两路口镇	979	979	979	578	484	823	
	上清寺镇	469	493	456	456	469	526	
第八区	遗爱祠镇	230		250	221	862		
	新市场镇	798		812	751	812	800	
	李子坝镇	98		465	285	594		
	化龙桥镇	872		962	824	1645	782	
	黄沙溪镇	853		567	1221	3985	1768	

续表

区别	组合别	三十年九月份	十月份	十一月份	十二月份	三十一年一月份	二月份	备考
第九区	木关街镇	921	963	986	1075	5800	965	
	四方井镇							
	米亭子镇	453	1380	350	429			
	体仁堂镇	326	213	835	273	580	1569	
	三洞桥镇	798	1023	727	457	723	934	
第十区	刘家台镇		296	401	1024	528	623	
	陈家馆镇	468	488	1105	708	870	713	
	石马河镇				238	122	123	
	香国寺镇							
	猫儿石镇					1005	320	
第十一区	龙门浩镇	1846	2405	1761	1980	3800	2041	
	玄坛庙镇	954	965	987	951	2549	962	
	弹子石镇	650	1131	680	1531	3980	1550	
	窍角沱镇	2630	2171	2171	1560	3620	3560	
	鸡冠石镇	936	185	375	396	382	462	
第十二区	海棠溪镇	756	1856	1325	823	3625	982	
	铜元局镇	879	853	305	323	673	314	
	南坪场镇	570	165	535	536	7856	385	
第十三区	歌乐山镇	563						
	高店镇							
	上桥镇				71	285	84	
	三洞镇				367	1549	608	
第十四区	小龙坎镇				320	372		
	沙坪坝镇			745	1012	1323		
	童家桥镇	320		402	341	400	220	
	磁器口镇				328	600		
第十五区	黄桷垭镇			600	2967	2004	2900	
	清水溪镇				1124	1620	1248	
	大兴场镇				263	437	315	
第十六区	溉澜溪镇	1873		700	1769		2374	
	寸滩镇	2745			423	1451		
	唐家沱镇	34			346	1150	1153	
直辖镇	石桥铺镇	1235	1356	1256	1147	389	2500	
	水上警区				850	853		
合计		55078	50611	59124	69660	117032	62863	

附表二　乙：重庆市工商团体国民月会参加人数统计表　（单位：人）

组合别	三十年九月份	十月份	十一月份	十二月份	三十一年一月份	二月份	三月份
市商会			125				
自来水公司	43	35	43	135	438	40	
裕华布厂		1238		1277	1336	1054	
美亚织绸厂		210			189		
交通工人服务 处					1055		
合计	43	1483	168	1412	3018	1094	

重庆市档案馆馆藏档案：全宗号：0053，目录号：3，卷号：207

27. 四年来的国民精神总动员（1943年3月）

（中央社）十二日为国民精神总动员第四周年纪念日，在加强实行“国家至上，民族至上；军事第一，胜利第一；意志集中，力量集中”三大共同原则以来及目下特别注意：（一）推行限价法令，安定国民生活。（二）加紧精神动员，完成物质建设。（三）提高战斗意志，争取盟国胜利。（四）奋发革命精神，实行战时生活的重要事项。国民精神动员工作之积极推行，非但为胜利之源，抑且为建国之本。国民精神动员纲领实施以来，我全国国民均能透彻认识我国的责任，及我国在世界大战中的主要性，互相策励，努力增强我们的精神，使横梗在我们面前一切的困难，皆因精神力量而消失。今后我国民仍须遵奉领袖训示，要用中国精神来扫荡恶魔，重建世界。人人痛下检讨的工作，尽量发挥精神的力量，俾完成抗战建国大业。兹值国民精神四周年之纪念盛典，记者特将过去四年来国民精神动员情形以及今后之趋向分述如下：

一、国民精神动员缘起

蒋总裁兼国防最高委员会委员长鉴于第二期抗战之中，精神重要远过于物质，必先提高国民坚强奋发之精神，乃可克服困难，完成抗战建国之大任，爰制定国民精神总动员纲领及国民公约并订定国民精神总动员实施办法、国民精神总动员会组织大纲于总理逝世十四周年纪念日（二十八年三月十二日）开始实施，蒋委员长并于是日通电全国阐述国民精神总动员之重要性，勉国人一致实行，复由国防最高委员会组设国民精神总动员会，主持精神总动员之推进督导事宜。关于国民精神总动员纲领，国民公约及其实施办法业已公布，并撮要志此，俾唤起大家再加以密切之注意。（一）精神总动员纲要中之第一条为三大共同目标，即国家至上，民族至上；军事第一，胜利第一；意志集中，力量集中。第二条为救国之道德，意指国民应实践总理所倡导之忠孝仁爱信义和平之八德。八德之中最根本者为忠孝，惟忠与孝〔为〕中华民族立国之大本，故全国同志务必竭忠尽孝，对国尽其大忠，对民族行其大孝。第三条为建国之信仰。中国建国之最高原则，厥为总理所手创之三民主义。今日国家存亡，所争一间，抗战必胜，则建国必成，故吾国民对吾建国原则之三民主义必须固定其信仰，共同奋斗，以求实现。第四条为精神之改造：1. 醉生梦死之生活必须改正。2. 奋发蓬勃之朝气必须养成。3. 苟且偷生之习惯必须革除。4. 自私自利之企图必须打破。5. 分歧错杂之思想必须纠正。第五条为领导动员。分由党员公务员全体军人，全国各界领袖及全国青年领导。（二）国民公约分十项及誓词一项。国民公约之规定为不违背三民主义，不违背政府法令，不违背国家民族利益，不做汉奸和敌国顺民，不参加汉奸组织，不做敌军和汉奸的官兵，不替敌人和汉奸带路，不替敌人和汉奸探听消息，不替敌人和汉奸做工，不用敌人和汉奸银行的钞票，不买敌人的货物及不卖粮食和一切物品给敌人和汉奸。其誓词为：我们各本良心宣誓，遵守国民公约，绝对拥护国民政府服从蒋委员长的领导，尽心竭力报效国家，尚有背誓行为，愿受政府处分。谨誓。（三）动员实施办法：1. 实施主体为党政军社会家庭及负责主干方面。2. 实施步骤，先拟定具体计划，然后贯彻所属分子与利用固有团体，最后注意联络进行。3. 实施之工作分宣传、训练、督促及研究数项。4. 实施之事项，分生活之改正，朝气之养成，恶习之革除，不良企图之打破及思想之纠正数点。

二、蒋会长迭次之训示

关于国民精神动员之重要性，蒋委员长在国民精神总动员纲领颁布前，曾两度作明白之训示。第一次于民国二十八年二月十二日国民参政会第三次大会开会词中指出，谓国民参政会对国家最大的贡献就在于发扬我们全国一致的民族精神，提高我们固有的民族道德，这种精神和道德的感应力，直达到各省各县直达到文化经济每一职业每一部门的国民，可以鼓舞起同仇敌忾，不屈不挠的精神，启示全国国民对于国家民族光明前途的自信。临到这个抗战第二期的时候，我以为强化精神集中，以我们的言论行动领导全国精神总动员，应该是本届大会的工作中心所在。第二次于民国二十八年三月四日第三次全国教育会议训词中，曾谓最近中央提出国民参政会决定实施精神总动员。目的就在强化我们全国的精神，以负起抗战建国的时代使命，不久就要定出办法，推行全国。这一个重大责任，希望我们全国教育界人士，毅然担当，以身作则，来倡导各界普遍力行。蒋委员长于国民精神动员纲领颁布之日，曾电勉国人实行国民精神总动员，电文中最恳切之训示谓："今当抗战二期，胜败兴亡，所关至巨，若不悲愧奋发，急起直追，共同恢复我民族之固有道德，一致发挥总理革命之精神，集结于国家至上，民族至上，军事第一，胜利第一，意志集中，力量集中三个共同目标之下，扫荡萎靡腐败之障网，达成蓬勃奋发之朝气，各竭其能，各尽其职，以努力奋斗于抗建之大业。……切望我前后方全体将佐士兵，全国各省市各男女同胞矢诚矢信，对纲领揭示各点，深切体察，一致实行，誓行国民公约，确定抗战意志，以精神之改造著于实际之行为。"自此以后，蒋委员长每发表训词，必对国民精神总动员之意义剀切阐明。谨将蒋委员长数年来对于精神动员之具体指示，恭录于后。蒋委员长于二十八年四月十七日，作实施国民精神总动员之广播，内中训示谓，"为什么要实施国民精神总动员，第一，我们必须承认精神力量的伟大，超过于一切物质的力量和一切的武力。第二，我们必须反省已往精神方面的缺点。……我们痛切要求我们每一同胞守定国家至上、民族至上、军事第一、胜利第一、意志集中、力量集中之共同目标，切实恢复我们民族固有的道德，加强我们精神的堡垒，每个人要为国家尽忠，为民族尽孝，为痛苦同胞尽仁爱，对一切人和事重信义，还要尽一切奋斗的力量，在这个纷扰黯淡世界中，求取真实永久的和平。我更要求我们同胞大家明了我们抗战就是为建国，这两件大责任要拼在一起来完成，所以必须痛切怼悔过去不能真切信仰三民主义之错误……"。二十八年国庆纪念日，蒋委员长告军民书中，曾训示谓："此后之抗战，必须全国同胞一致奋起，以坚决之行动，打破敌人军事进攻以及所谓政治进攻与经济进攻的阴谋毒计。是以今日抗战急务，除发扬民族大义，打击卖国汉奸，以摧毁敌人之政治组织而外，首在提高前后方尤其沦陷区域内之国民正气，共天下与敌人共亡之决心，厉行国民公约，发挥游击实力……"。二十九年元旦，蒋委员长特以精神总动员会会长名义向全国军民广播，讲解一年来所提倡的关系国家存亡，民族生死，抗战成败第一件大事——国民精神总动员。

讲词主旨为“提高民族精神，战胜一切艰难，实施精神动员，要求普遍深入。沦陷区同胞，惟有坚勇奋斗，从动作上发扬精神力量，及各级领袖人物尤应确实力行”。二十九年二月十八日，新生活运动六周年纪念日，蒋委员长作广播讲演，提及精神动员一点，蒋委员长特别训示谓：“精神动员之实施办法，实在是加强抗战力量之基本工作，我们同胞不但自己要身体力行，还要勉励家庭，劝勉社会一致实践，务使大家对国家战时法令很忠实的去履行，对国家应尽的贡献很慷慨的去报效，对自身的公私生活确实做到紧张严肃、刻苦节约的地步，对于抗战建国的天职，很勇猛精进的去奋斗。”二十九年三月十二日精神动员第一周年纪念日，蒋委员长播讲，列举四事，策勉全国同胞。“第一，具体实行动员纲领，从实际工作中表现出来。第二，加强经济斗争，以打破敌人最大的阴谋。第三，提倡工作竞赛，来增加生产，以完成建设。第四，充实国民月会，组训民众，策进战时生活。”二十九年七月七日抗战三周年纪念日，蒋委员长在发表告全国军民书中曾检举五事，勉军民实行。其一“要一致实行国民精神总动员，我们必须确实履行国民公约，必须真诚实行三民主义，拥护国民政府，必须知廉耻，守纪律，人人以国家至上，民族至上为目标，集中意志与力量，准备为国家民族作任何之牺牲……”。二十九年八月十三日抗战三周年纪念日，蒋委员长告沦陷区民众书中提及国民精神动员一点，曾恳切告诫谓，“每一个同胞，要切实实行精神动员的信条，誓死不供敌人驱使，拒绝敌伪引诱和压迫，更盼排除万难，用有组织或单独行动与国军配合，破坏敌人的军事经济设施”。三十年二月十八日新生活运动七周年纪念日，蒋委员长向国内外同胞广播讲演时，亦痛切地训示谓，“这几年来，我们举办了很多服务团体，并协助了精神总动员，但是我们的工作，实际上还是零星的……国民精神也没有完全振作……”。三十年三月二日第二届国民参政会第一次大会开幕时，蒋委员长莅临致词，剀切地阐明：“……时代的潮流已使我们不能不负起空前艰巨的责任，然而同时亦不得不要求全体国民确认国族至上国防第一的真理，放弃一切不合时代的旧观念，而使全国成为一个统一坚固的战斗体，证实中国为一个足以自卫生存与维护正义和平的伟大力量。”三十年三月十二日国民精神总动员二周年纪念日，蒋委员长发表播演说明时，曾提出三点：“第一，确定共同信仰，发挥集体意识，促进社会的纪律化。第二，提高科学精神，普及科学技术，促进国防的科学化。第三，普及音乐体育，发扬民族精神，促进生活的现代化。”三十年十二月十五日九中全会开幕，总裁致开会词，对于充实基层力量一层，曾提出三点，其第三点即进一步实行全民动员，发挥力量，争取胜利，缔造富强之新中国。三十一年元旦，蒋委员长在对全国国民及海外侨胞广播词之末段中，曾痛切昭告谓：“我们现在已参加世界的战争，献身于世界舞台，更要知道我们过去种种实在没有做到全国总动员。……今当三十一年元旦开始，我们要彻底立志实行全国总动员，不论在精神物质方面，制度方法，乃至习惯行动和一切生活方面，都要整个革新，以造成战时气象。我们一切国民，都要牺牲自由，放弃安乐；我们首先要厉行节约，从事劳动，人人切莫作一个于战事无益，甚至于战事有害的人……”三十一年二月十八日为新生活运动第八周年纪念日，蒋委员长发表告全国民胞书中，特别勉励同胞“一致实行全国总动员。现代战争中所谓全国总动员者，不仅是以前所谓动员限于武装将士出动，也不仅是技术人员和国民劳力的征用，乃是要以全国人力物力为对象，使之增加，使之集中，而加以统制和运用，以加强整个新年的力量。为使大家都厉行战时生活与实行全国总动员，我认为主要之点是要以新生活运动的方法与机构为基础……”。三十一年三月十二日国民精神总动员三周年纪念日，蒋委员长向全国军民同胞广播，揭示四点策勉军民：“（一）发扬民族精神，就是以哲学充实人生，奠定精神动员的基本。因之我们要提倡三民主义文化建设运动。（二）发展国防科学，就是以科学巩固国防，是要集中发挥我们智识能力，赶上时代需要。（三）推广工作竞赛，就是以竞赛来激励战时工作，增进我们人力物力的运用。（四）厉行节约储蓄，就是要以刻苦节约的精神来补助物力之不足，以储蓄生产的方法来防止生活的困难。”三十一年五月五日蒋委员长向全国发表广播演说，题为“实施国家总动员法告全国同胞”，论及国家总动员法颁布之意义，蒋委员长训示谓：“这一次世界大战，人类牺牲其痛苦可谓到了极点。我们必须彻底消灭这侵略的恶魔，根本奠定世界和平，我们战争才算是真正胜利，我们的世世子孙才有自由生存的余地。因之我们要有持久作战的准备，为了这个理由，更不能不加强我们全国总动员，更不能不进一步发动我们全国人力物力财力和智力来供战争使用。我们每一同胞要知道我们此时贡献人力物力财力不只是贡献于国家，而且是为整个世界人类文明幸福而贡献，这意义是何等伟大……”。三十一年十月二十二日第三届国民参政会开会，蒋委员长莅席致词时，除痛斥后方奢侈生活，必须纠正，及发国难财者不容蔓延外，并希望参政员协力推行四要政，即实行战时生活，平抑物价，集中财力及动员人力。

三、动员会之工作概况

国民精神总动员会成立于国民二十八年三月十二日，其工作由宣传开始，渐入于督导。业务分为两方面：一为国民月会之督导与考核，全国各机关团体部队等不论中央及地方，均由本会负责；二为工作竞赛之普遍推行。本会于三十一年一月起设置工作竞赛推行委员会，专办各项工作竞赛推行之业务，一年以来，已具相当规模，兹将过去四年之工作概况，择要条举于后。（一）制定本会法规等37种。（二）设置工作竞赛推行委员会。（三）视察各省市县关于精神总动员工作。（四）指示并解释有关精神总动员之各种法规。（五）督导各省市县动员委员会有关精神动员工作。（六）督导并抽查陪都各机关团体及各镇国民月会。（七）登记并审核中央及地方各机关团体国民月会报告表及督导员报告表。（八）发动各项有关精神动员之运动。（九）建筑精神堡垒。（十）主办各届国民精神总动员周年纪念大会。（十一）参加陪都各项有关之活动。（十二）编印精神动员季刊及周刊。（十三）编撰国民月会讲材。（十四）编纂国民守则小丛书。（十五）编辑民族英雄故事集。（十六）编印国民月会小丛书第一集，并续编第二集。（十七）发行纪念特刊。（十八）举行精神改造座谈会。（十九）邀请名人广播。（二十）翻印蒙藏文国民精神总动员纲领。（二十一）其他。

四、精神动员今后计划

国民精神总动员会自三十一年十月起，已改隶国家总动员会，由党务机构一变而为行政组织，关于编制及经临预算，尚在呈核中。今将该会三十二年度呈核之工作计划要条录于后：（一）修订各种办法规程。（二）设置各省（市）县国民精神总动员协会。（三）联系三民主义研究机构，齐一党的领导思想。（四）联系各文化团体推行文化运动。（五）奖助有关社团及刊物。（六）编行国民精神动员月刊。（七）编撰国民月会讲材。（八）编印各类有关动员之丛书。（九）加强精神动员视察及督导工作。（十）补助并督导陪都及巴县试行之国民公社。（十一）主办国民精神总动员四周年纪念大会。（十二）举办陪都国民精神总动员演说竞赛。（十三）编印本会法规。（十四）本年以遵奉政府法令为中心，尤以协助限价法令为最。（十五）其他。

五、国民月会工作竞赛

国民精神总动员会成立之后，对于国民月会实施非常积极。工作竞赛推行委员会，于上年一月正式成立开始工作后，进度极为迅速，于上年十中全会开会时，蒋总裁对该会工作慰勉有加。宝鸡陇海铁路机厂实行工作竞赛，一年之中，大修机车24辆，效率较前增加三倍，其成绩惊人，为工作竞赛之最优异楷模。

六、精神总动员之效果

国民精神总动员运动为时代革命需要而产生，为国家总动员之准备而发动，其使命与任务的重大，纲领亦已详为叙明，毋庸赘述。而总裁对此运动之重视，可于其种种有关训示与亲任会长中见之。现在国民精神总动员运动开始，迄今整整四个年头，虽尚在萌芽而渐达逐步展开时期，然而我们检讨过去，由会长伟大坚毅精神的感召及各级领导干部人兢兢业业，其影响之大与收效之宏，是难以估计的。一般说来，四年以来，敌人虽用尽一切方法，不断猛烈进攻，至再至三，而其所施毒计，均未得售，可谓已束手无策，毫无办法。她虽仍图挣扎，想尽各种方法来进攻，利用少数无耻国贼汉奸地痞流氓来捣乱，可是那都是些回光返照，不得而已的狂妄之举，已不足重视。我们当前所致力的，应是如何自力更生，加强各方面的实力，以配合盟国的力量，开始反攻了。抗战至今，已近六年，敌人武力屈服我们的梦，早在我们长期抗战开始，已被粉碎；乃进而利用种种卑劣方法，以图摇撼我们的国民精神。会长早已料及，于是适时倡导国民精神总动员运动，振作并集中全国国民的精神，时间虽只有四年，而以这四年全国国民之精神表现上，不论前方后方和沦陷区域，所有少壮老弱军民各界，纵遭受敌人种种惨〔残〕酷蹂躏，与物质方面极严重的压迫，而平时所不能忍受者，均无不堪支持、任所摆布、妥协投降的表示。反之，都充满了攻击苦干的积极精神。由于前方将士的沉着应战，待机反攻；后方节衣缩食，努力增产及沦陷区实践公约，誓不投降的精神，都有显著的表现。

总而言之，地不论前方后方和沦陷区，人可分男女老幼，抗战以来，尤其是自会长于民国二十八年三月十二日倡导国民精神总动员运动迄今，物质方面固愈艰难，而国民精神反愈振奋与集中。莫不意志集中，力量集中，认清国家至上，民族至上，而以军事第一，胜利第一为目标，此种精神与认识，乃系国民精神动员以来所发生之效果，所产生之影响。因有此普遍之国民精神与认识，国家乃能实施总动员，以动员人力，创造物资，乃抗战胜利之保障，建国必成之条件。四年来之效果与影响，虽距理想之境界尚远，而有待于今后之努力者仍多，但国民精神动员之基础业经奠定，则无可否认。

原载《国民公报》1943年3月12日—13日

二、物力动员

（一）捐献与征募运动

1. 重庆市政府为转发全国征募寒衣运动总会1939年度寒衣征募计划给所属的训令（1939年9月22日）

案奉行政院本年九月吕字第10455号训令开：“案据全国征募寒衣运动委员会总会二十八年八月三十日总字第492号呈称：‘窃查本会自抗战以来，曾于去年九月在汉口由中央宣传部、军委会政治部及振〔赈〕济委员会等20余机关发动征募棉背心及旧衣运动，赠送

□□□□□□□□□难同胞。自推行以来，颇承各地机关团体热心劝募，海□□□□□□□□□征募所得不下四五百万件，给予将士鼓励及难胞□□□□□□□□夏在川购置夏布暑衣30余万套，分发入营新兵服用。现我国抗战正在愈挫愈坚，愈战愈强之际，届兹秋候已临，寒冬将至，亟应早筹今冬御寒之具，用资振奋抗战精神及安慰流亡难胞，而争取最后胜利。爰经大会议决于今冬继续征募棉背心300万件及尽量征旧衣。除已拟定二十八年度征募计划函请各省市党部发动征募及分电各分会遵办并分呈中央党部、国民政府军事委员会外，拟请钧院分令各省市政府一体协助，转饬所属普遍发动，以期达到预定目的，等情，据此，应准照办。除令知振〔赈〕济委员会分行外，合行抄发原定计划，令仰遵照办理。”

等因，计抄发全国征募寒衣运动委员会二十八年度征募运动计划一份。奉此，除分令外，合行抄发原征募运动计划乙份，令仰该局即便遵照，俾协助转饬所属□□发动，以期达到预定目的为要！此令。

计抄发全国征募寒衣运动委员会总会二十八年度征募运动计划一份

中华民国二十八年九月二十二日

市长　贺国光

全国征募寒衣运动委员会总会二十八年度征募运动计划

一、目标

（一）征募棉背心300万件，分发抗战将士。

（二）征募旧衣分发难民，数目不定，以尽量多募为原则。

二、期限自本年九月一日开始，至十月底完成，如有因特殊原因不能克期完成者，亦可酌量延长日期，惟此日期须商由本总会决定。

三、征募机构以本总会为统筹机关，以原有各分会、各办事处为实施征募及缝制配发机关，如无分支会地方，于必要时亦可增加组织。

四、征募及缝制办法本年度以募集棉背心300万件为最低目标，按照各省市经济情形决定其分担数目，南洋沪港各地，因交通关系，以募集代金为限，此项代金决以之分发运输困难之游击敌人后方各部队。

（一）各地分担数目（详见附表）

（二）以劝募为原则，□□□最普遍、最深入之方法完成之。

（三）征募〈中缺一行〉普遍之有效宣传方法〈后缺〉

（四）根据去年经验与□□，交通困难情形，本届以征募代金在各省市选择交通便利，材料人工齐备之适中地点缝制及配发为原则，其办法如左〈下〉：

1. 棉背心以国币一元五角折抵一件。

2. 如以材料折抵棉背心者，可照本会规定尺码依据各当地棉布市价折算。

3. 旧衣方面，不论长短大小均可，数目亦不限定，如有以现金代旧衣者，亦所欢迎，均请交由中央振〔赈〕济委员会所属各当地振〔赈〕济机关收受转发，但须将其数目通知本会；如当地无振委会所属机关者，可交由本会转交中央振〔赈〕济委员会统筹分配。

（五）材料

1. 以坚实耐用而不发光泽之粗布为主，颜色以灰色为主，黑、蓝、草绿亦可。

2. 棉花或粗细毛绒每件以铺七两为限。

3. 如西北各地以皮件作背心者，亦所欢迎，此项皮件可依照当地市价抵棉背心数目。

棉背心式样（详另表）分两种。第一种普通用，第二种较简单，任择一式均可。

五、分配及运输

（一）因目前交通运输极感困难，各省所募制者可迳由各分会发与各该省市境内或邻近之部队及新兵壮丁伤病兵，但在配发以前，须将其数目及发交之部队番号通知本会，由本会按照军政部、政治部之竟见，通盘筹划，俾免重复而资普及。

（二）其因材料困难或运输不便而无法缝制者，可将其所集代金汇交本总会制发。

六、现决定先以总会□□□□酌量提出一小部分作为必要之周转金外，决以90万元分在□□□□□重庆、桂林、□□□□发动缝制，除本会所在地外（中缺一行）当地党政军机关民众团体□□□会所属分支会积极办理并决定将来即以此五地为棉背心集中及分发地点，凡各省分会，除直接分发者外，均集中此五大制给配发地，各省汇交总会之代金，亦分别发交各该制作地继续缝制。

七、代金请汇交重庆两路口大田湾陶业专门学校本总会。

各地分担征募数目一览表

地名	征募数目	地名	征募数目
湖北	100000件	广西	200000件
湖南	200000件	福建	150000件
贵州	200000件	浙江	50000件
云南	200000件	江西	100000件
广东	200000件	重庆	200000件
自贡市	200000件	甘肃	100000件
四川	200000件	新疆	200000件
西康	100000件	青海	50000件
河南	100000件	宁夏	200000件
安徽	50000件	陕西	200000件

续表

地名	代金数目
南洋及海外各地	1000000元
上海	200000元
香港	100000元
合计	3000000件

重庆市档案馆馆藏档案：全宗号：0061，目录号：16，卷号：4450

2.《中央日报》关于重庆市决定征募寒衣具体办法的报道（1939年9月27日）

（中央社）渝市征募寒衣运动，近益积极进行。日前渝市征募寒衣分会，收到擦皮鞋某工友血汗所得10余元，全数捐作寒衣；又有某邮务工友将其积蓄30元慷慨捐献，此种□举实令人钦敬。重庆市征募寒衣分会具体展开征募寒衣工作，前日特假卫戍总部政治部开第二次常委会，到常委贺国光（韩觉剑代）、洪兰友、陈介生、温少鹤、郭一予等，由郭主席。议决：（一）请各工商人民团体及迁川工厂在一周内将认捐总数函知本会。（二）请市党部、市政府、青年团重庆支团部、警察局会商按户征募寒衣的办法。（三）各娱乐场所按级征收寒衣捐，以不超过票价二分之一为限。（四）义卖以不妨碍交通秩序为原则，时间定双十节一日。（五）请各有关机关推荐绅耆，由本会聘请为名誉劝募委员，向各疏散乡间之富绅劝募。（六）卫戍区各县征募寒衣数目函请卫戍区总动员会转饬办理。（七）所有零星捐募，自十月一日起停止。（八）函请市府代征房捐一月之十分之一，作寒衣捐款。（九）各剧团演剧事宜，交由总干事统筹办理，并规定寒衣捐款除请中中交农四行代收外，再请中央、大公、扫荡、新蜀、新民报馆代收云。

原载《中央日报》1939年9月27日

3.《国民公报》关于重庆市征募寒衣运动分会拟定征募寒衣标准的报道（1938年9月27日）

（本市消息）征募寒衣重庆分会，昨（二十六）日午后四时，在市商会开第二次常务委员会，中央社会部、宣传部均派代表出席指导，由尹静夫主席，议决各界征募如下：

一、凡薪给人员至少捐一日所得，由各机关团体学校公司行员负责人扣缴。

二、各级学校小学生至少每人捐一件，中学生至少每二人捐一件，专科以上学校学生每人至少捐一件。

三、商会所属各同业公会至少募集10万，未加入银行公会之银行，与未加入商会之同业公会及各大公司工厂行号共捐10万。

四、工人团体自由捐献。

五、机关首长与士绅由会派员持函接洽，请其尽量捐助，凑足10万。

六、娱乐场所由妇女慰劳会组织劝募队劝募，餐旅馆由商会劳动服务团组织劝募队劝募。

七、妇女界由本会组织妇女劝募委员会办理之。

原载《国民公报》1938年9月27日

4. 全国征募寒衣运动委员会总会为推行 1940 年度寒衣征募致重庆市临时参议会函（1940 年 8 月 13 日）

重庆市参议会勋鉴：

查本会自成立以来，关于征募寒衣转赠前线将士及被难同胞运动，颇承贵会热心倡导，致本会各省市分会征募工作顺利进行，成效卓著，加以海内外同胞踊跃输将，本会两年中得先后征募寒衣凡 700 余万件，均经一一分送，去今两夏更缝制夏布暑衣 30 万套及蚊帐 8 万床，分赠各地新兵及伤病将士，全国抗战将士莫不衷心感奋，难胞亦蒙实惠不少。年来各战场之赫赫战果与难胞在困苦中坚持奋斗、不畏牺牲之表现，捐献运动与有力焉。方今倭寇垂死挣扎，凶焰未戢，为加强军民合作，争取最后胜利，并示抗战一日未停，捐献慰劳工作誓不中止起见，本会今年度实有继续发动征募寒衣运动之必要。当兹暑去秋来，寒冬瞬届，为念及冰天雪地中冒寒苦战之将士与转徙流离瑟缩号寒之难胞，更应提早发动，以期切合时效。爰经各参加机关团体代表大会议决，自八月十五日开始征募，惟以前此经验，深感各地运输不便，寒衣配送颇多困难，且由各地分别缝制，质料与式样亦难期其适合，故今年决改募代金 1000 万元（国内 600 万元，海外 400 万元）及尽量征募旧衣，按照各战场实际需要，分别商请各地军需局代制大衣、皮衣、棉背心或军装衬衫裤等，予以转赠，并请托振〔赈〕济委员会所属各机关将募得之旧衣酌量分送各地难胞，以适应军用而资救济。至征募期间，则定为自八月十五日起至十月三十一日止，务期于两月半内全部完成。除已拟具二十九年度征募计划呈请中央执行委员会、军事委员会、行政院通令全国及国外各地一致发动并分电各省市征募分会遵办外，特此电请贵会惠予倡导及协助各省市征募分会工作，并请通令所属协助各县支会工作，俾早获成效，达到预期目的，以资慰劳将士，救济难胞，抗战前途，实深利赖。附二十九年度征募计划、宣传纲要及告海内外同胞书各二份。全国征募寒衣运动委员会总会叩。未元。渝。

全国征募寒衣运动委员会总会二十九年度征募寒衣运动计划

一、征募动机

天寒地冻，将士衣单，为激励前方士气，发扬后方民气，促进军民合作，增强抗战力量，特发动二十九年度征募寒衣运动。

二、征募标准

（一）因战区扩大，抗战将士增多，寒衣原料价值又极高昂，为应各战区之实际需要及普遍配发起见，本年度决征募寒衣代金 1000 万元（商请军政部各地军需局，针对各战区之急需，分别代为制发棉背心、大衣、皮衣或军装等），并定国内募额为 600 万元，海外募额为 400 万元。

（二）尽量征募旧衣，就地配发难民。

三、征募期限

自八月十五日起，至十月三十一日止（两个半月）全部完成，其有征募难应时效者，最好由各分会将应募之额，先行设法筹垫，以俟陆续收集填还，如有特殊原因，万无办法，克期完成者，得酌量延长，惟日期须商请本总会决定。

四、征募机构

以本总会为海内外统筹征募机关，各省市县分支会为实施征募机关，支会由分会直接指挥，如无分支会之地区，可酌量增设，由当地党政军机关及民众团体联合组织成之。

五、征募办法

（一）召集当地绅耆、富户、殷商等，举行谈话会，晓以大义，请其尽先捐献，以资倡导。

（二）利用保甲机构，并组织劝募队，挨户劝募，劝募队队员，最好由妇女同志担任之。

（三）由党政军学商各界组织劝募队（如银行钱庄营业发达之处，并可另组织银行队，或银钱业队等）并请各为队长。

（四）由各机关首长，及各团体主持人、各学校负责人，分别向各该机关、团体、学校全体人员劝募，并请每一同志担任劝募若干人或若干代金。

（五）由党政军首长，邀集各祠产庙产主人，劝其尽量捐献祠庙财产，充作寒衣代金。

（六）请准政府以没收敌货之拍卖款，及其他各种罚款充作寒衣代金。

（七）在各街衢要冲或特殊场所，设置寒衣代金捐献台，或寒衣代金捐献柜。

（八）请各报及其他宣传机关代募代收。

（九）训练儿童，组织儿童劝募队，并请中国童子军总会，组织各地童子军劝募队。

（十）约请名人讲演，在讲演场中，当场劝募。

（十一）举办游艺募捐大会。

（十二）发动义卖运动，或其他方法。

（附）应请注意事项如下：

1. 以劝募为原则，尽量避免摊派方式。

2. 一人以捐献一次为原则，被劝募人，可以收据为凭得免重捐，但出于自〔志〕愿者，次数愈多愈好。

3. 街头拦募，收效少而易扰人，最好不采此种方式，如在餐馆、茶社及娱乐场所劝募，则以不扰人为原则。

六、发动办法

（一）由本会呈请中央执行委员会、军事委员会、行政院，通令全国党政军机关，一致推行。

（二）由本会函请中央社会部、军委会政治部、教育部，分别通饬各级党部、各民众团体、各级政治部及全国各教育机关各学校等一致推行。

（三）由本会函请各省市党部、省市政府、省市动员委员会、抗敌后援会等机关，广为倡导及协助各省市寒衣分会工作，并请通令所属，协助各县支会工作。

（四）由本会函请海外部、外交部、侨务委员会，通电海外各级党部，务使领馆、各华侨团体，分向海外各地侨胞劝募。

（五）由本会函请各党政军机关及其首长，暨各界名流，一致倡导及协助。

（六）由本会函请新生活妇女指导委员会及中国妇女慰劳总会，通令全国各妇女团体，一致倡导及协助。

（七）由本会函请中国童子军总会及其他具有全国性之民众团体，一致倡导及协助。

（八）由本会函请中央宣传部，转饬全国宣传机关，一致宣传，并函请中央社及全国各报馆、各杂志，以及各宣传机关，特为著论倡导。

（九）各省市县征募寒衣分支会，亦应分别邀请各机关团体、各妇女团体、各学校、各文化机关及各界领袖社会名流等，广为倡导及协助。

（十）在乡村方面，应由各省市县征募寒衣分支会，利用保甲机构，广为募集，或请当地绅耆，倡导或组织乡村劝募队，下乡劝募。

七、代金缴纳及寒衣缝制办法

（一）各捐献人，所捐献之捐款，及各省市县征募寒衣分支会，所收之捐款，在未经指定拨交地点以前均须迳汇重庆两路口本会集中，以便统筹配发。

（二）由本会函请军政部、军令部、政治部，先调查各战区之实际需要（如大衣、军装、背心、皮衣或衬衫裤等），以便请由各军需局针对其急需而统筹制发，并于所发物品上加盖本会制赠戳记，事后并将分配单位，分配数目，通知本会编印征信录。

（三）各捐献人，如愿捐献衣物杂件者，由各当地分支会经收后，就近分发新兵壮丁、荣誉军人、抗属等，如属旧衣，则交由当地振〔赈〕济委员会所属机关，配发难民，并将经收及分发数字汇报备查（支会办理者应呈报省分会汇转本会备查）。

（四）本会得在所收代金内，酌拨一部分，并请振委会制发难民寒衣。

八、宣传办法

依据宣传纲要办理，宣传纲要另定之。

九、奖励

（一）个人捐献在100元以上，1000元以下，团体捐献在500元以上，5000元以下者，由各地分支会函请当地政府，特予嘉奖，并报请总会备案。

（二）个人捐献在1000元以上，团体捐献在5000以上，及捐献人之情形特殊者，则报由本会汇案呈请国民政府或函请各当地主管机关，特予嘉奖，或由本会赠给荣誉奖状。

（三）各支会工作人员，及其他办理征募之团体及个人，其成绩特优者，由分会发给奖状，或函请各当地主管机关予以褒扬，并报请总会备案，属于分会方面者，则由本会发给奖状，或呈请国民政府，或函请当地主管机关特予嘉奖。

（附二十九年度各省市担任征募寒衣代金数额一览表于后）

省别	担任数额	备考	省别	担任数额	备考
四川	700000	重庆市、自贡市及重庆卫戍区除外	重庆市	500000	包括卫戍区
自贡市	100000		云南	400000	
贵州	300000		湖南	400000	
湖北	100000		广东	300000	
广西	300000		福建	300000	
浙江	300000		安徽	100000	
屯溪	100000		江西	300000	
河南	200000		陕西	300000	
甘肃	200000		宁夏	100000	
西康	150000		青海	150000	
新疆	300000		上海	500000	
合计	6000000				

全国征募寒衣运动委员会总会二十九年度征募寒衣运动宣传纲要

一、宣传要点

（一）阐扬寒衣运动与抗战之关系

1.抗战进入第四年度，赖我数百万抗战将士，忠勇奋斗，浴血苦战，后方社会之安定，因以保全，中华民族之国际地位，因以提高，故踊跃捐输，慰劳抗战将士，帮助抗战将士，实为我海内外同胞神圣的义务。

2. 为了争取最后胜利，敌人的侵略战争一日不停，我们对抗战将士的捐输慰劳工作，便一日不休，一年一度的寒衣运动，正是我们敬爱将士援助将士，坚持长期抗战的坚强表现。

3. 宣扬前方将士在隆冬季节，冰天雪地中，冒寒鏖战的忠勇事迹，以争取海内外同胞的同情，激起帮助前方将士普遍的热潮。

4. 寒衣运动，是促进军民合作最具体的运动。捐赠寒衣，就等于捐赠武器，歼灭敌人。

5. 在隆冬季节里，只有捐赠寒衣，才是前方将士的唯一慰安，也是前方士气的唯一鼓励。

（二）阐述本会过去征募的成绩及其影响

本会成立以来，于二十七年度即曾向海内外同胞呼吁，为前方将士募得寒衣400余万件，去年夏季曾为全国新兵缝制夏布暑衣30余万套，冬季更征募棉背心300万件，分请军政部及各战区司令长官部，一一分赠前线将士，本年夏季，复缝制蚊帐8万床，分赠伤病将士。而我各同胞捐献之踊跃，尤深感奋，如去冬征募寒衣，湖南、云南、浙江、新疆、甘肃、青海、四川及重庆市等地，或超过预定征募数额，或竟先期完成。两年来前线士气百倍，屡建奇勋，我海内外同胞捐输与慰劳之至诚，实亦具有莫大之影响。

（三）本年度征募计划梗概

因交通不便，运输及配送上既多困难，各方分别制送，质料与样式，亦难整齐划一，为使更能适合前方抗战将士之需要起见，特改订办法如下：

1. 本年度决全部征募代金，以1000万元为标准（国内600万元，海外400万元）。

2. 赠送寒衣之质料及式样，不作普遍规定，悉按前线各地实际需要，分别制赠，如需要大衣之地，则制赠大衣，需要棉军服之地，则制赠棉军服，需要皮衣或棉背心等之地，则制赠皮衣及棉背心等。

3. 各项寒衣制作按照地域与需要，分别商请军政部各地军需局，统筹制发，俾合军用，而资齐一，且运送上亦极便利。

4. 由各地军需局制成之各项寒衣，一律作出鲜明标记，表明系民众捐献之物，以资识别。

二、宣传实施

（一）会同当地党政军机关民众团体学校等，发动广大之集会宣传，并酌量地方情形，配合征募计划，举行扩大征募宣传周。

（二）尽量发动各地之报章杂志，及一切文化出版物，刊布专刊特刊，及有关寒衣运动之种种消息，扩大宣传影响。

（三）联合各当地党政军机关，发动当地各学校学生，各战时工作队，及各民众团体，共同组织宣传队，普遍宣传，为避免宣传与征募脱节起见，各宣传队最好同时担负征募工作。

（四）运用各项宣传手段（如壁报、标语、图画、音乐、戏剧、演讲等），务须注意使其生动、通俗与刺激性，同时尤须适应当地之特殊风俗与习惯。

（五）各种宣传机构之组织，应尽可能使当地绅商，及地方有力分子，共同参加，俾使宣传与征募工作，得以有效推进。

（六）其他适合地方情况之各种特殊宣传方式与手段，各该地俱宜机动采用，以贯彻宣传目的为要务。

三、标语提要

（一）推行征募寒衣运动，就是直接帮助抗战！

（二）捐献寒衣，是敬爱前线将士的真诚表现！

（三）用寒衣来帮助浴血苦战的将士，是我们神圣的义务！

（四）把我们爱护抗战的将士的热情，寄托在捐募寒衣上。

（五）你身着重裘，能忍心看见前方将士冒寒鏖战吗？

（六）多捐献几件寒衣，多杀几个鬼子的头颅！

（七）将士在杀敌，怎不寄寒衣？

（八）一件寒衣一分心，人人能尽一分心，最后胜利早降临！

（九）寒冬即至，我们要替前方将士预备寒衣！

（十）节衣缩食，踊跃捐输，发挥我们爱护将士的热忱！

（十一）侵略一日不止，抗战一日不停，我们对前方将士的慰劳，也就要一日不断！

全国征募寒衣运动委员会总会为发动二十九年度征募寒衣运动告海内外同胞书

溽暑即过，转瞬秋凉，每届隆冬，吾人身拥重裘，当炉不暖，而我数百万前线将士，则复于冰天雪地中，冒寒以鏖战；流离失所之难胞，更瑟缩而号寒。忠勇精神，人天共仰；毁家赴难，举世同情。本会自二十七年度以来，即曾大声呼吁，发起征募寒衣，转赠前线将士及难胞，深赖我海内外同胞，慷慨解囊，踊跃捐输，两年中先后征募寒衣凡700余万件，俱经一一分送，去今两夏，更缝制夏布暑衣30余万套及蚊帐8万床，分赠各地新兵，及伤病将士。全国抗战将士，莫不衷心感奋，灾难同胞，亦蒙受实惠不少。年来各战场赫赫之战果，与难胞不畏牺牲之表现，我后方同胞，与有力焉。

方今倭寇垂死挣扎，凶焰未戢，吾人为加强军民合作，争取最后胜利起见，对前线将士之慰劳，与难胞之抚慰工作，尤须扩大加紧。故本会决仍继续发动本年度征募寒衣运动，庶使我全国同胞，一年一度送寒衣之坚韧精神，与前线将士再接再厉，杀敌致果之战绩，互相辉映，抗战一日不停，吾人捐献寒衣之工作，誓不中止。

惟以前此经验，深感各地运输不便，寒衣配送，颇多困难，且由各地分别缝制，质料与式样，亦难期整齐划一，故今年决改募代金1000万元（国内600万元，海外400万元），及尽量征募旧衣，按照各战场实际需要，分别商请各地军需局，代制转赠，并请托振〔赈〕济委员会所属各机关，将募得之旧衣，酌量分送各地难胞，以适军用而资救济。

自八月十五日起开始征募，以两月半为期，务于十月三十一日前，全部完成。本会谨代表前方将士及难胞，恳切呼吁，望我海内外同胞，切念爱护前线将士，慰劳前线将士，及援助灾难同胞，乃吾人当前之神圣义务，各本有钱出钱之旨，奋起响应，最后胜利，必可指日而待也。

重庆市档案馆馆藏档案：全宗号：0054，卷号：481

5. 全国征募寒衣运动委员会重庆分会为征募寒衣运动办法致市动员委员会函（1940年10月3日）

查严冬瞬届，前方将士及后方被灾难胞急需寒衣，以御严冬。本会奉全国征募寒衣运动委员会总会函，开始征募二十九年度寒衣捐，业经拟定征募寒衣运动实施办法及募捐收据，分请各界热烈劝募，并请托中央银行、中国银行、交通银行、中国农民银行及本市各报社代收捐款。素仰贵会同仁热心义举，赞襄宣慰，不遗余力，相应检送征募寒衣运动实施办法一份，函请查照，迅赐积极征募，相成盛举，是所公感。

此致

重庆市动员委员会

全国征募寒衣运动委员会重庆分会启

十月三日

全国征募寒衣运动委员会重庆分会征募寒衣运动实施办法

一、本办法依据全国征募寒衣运动委员会重庆分会（以下简称本会）二十九年度征募寒衣运动办法订定之。

二、本年度遵照全国征募寒衣运动委员会总会规定，征募代金50万元并募集救济重庆市空袭被灾同胞赈款50万元，合计征募100万元。

三、前项捐款统限于本年十一月二十日以前征募完竣，分别转解。

四、征募方式分劝募、义卖、献金、认购四种，就各界情形分别举行之。

（一）劝募：1.各机关首长、各团体领袖、各学校负责人分别向所属全体人员尽量劝募。2.各保甲人员组织劝募队，分向所属住户商店（住户属于机关学校商店，已加入公会业经缴捐有据可查者，可不强迫重募，其有热心再捐者，听之。）劝募。3.国民党党员、青年团团员及其他团体组织劝募队，分向各公共场所劝募（绝对禁止街头拦募）。4.各学校童子军组织劝募队，分向各学校学生、教员劝募。5.妇女会组织劝募队，分向妇女界劝募。

（二）义卖：1.各报社、书店、杂志社、印刷社等得定期举行义卖。2.各餐室、旅馆、浴室、理发店、糖果店及其他各商店得定期举行义卖。3.请各书画、木刻、雕塑、金石专家捐献作品，交由本会定期举行义卖。4.请各界人士捐献珍贵器物（金玉饰物古玩等）交由本会举行义卖。5.发动女同胞举行针织品、鲜花义卖。以上各项义卖，须由义卖人先将办法呈报本会，由本会派员参加督导办理，其捐款得分左〈下〉列几种缴纳，但须先行认定：（1）全部捐献，（2）留本捐利，（3）捐十分之几。

（三）捐献：1.于各街头要冲或特殊场所，设置寒衣代金捐献台或寒衣代金捐献柜，由行人自由捐献。2.各种戏剧（川剧、平剧、楚剧、话剧）、书场、电影、音乐团映演一日至十日，除必要开支外，将全部收入捐作寒衣代金。前项募捐公演属于游艺部分，由各参加单位主持宣传及发票收款，由本会派员协助办理之。3.捐献祠庙产款、私人遗产或各项公债、股票，充作寒衣代金。4.请各房主捐献房捐一月或一季收入十分之几。

（四）认捐：由本会邀请各机关首长、各银行工商领袖、本市富绅及各慈善团体负责人茶会，请其认捐或派员接洽认捐。

五、征募手续

（一）征募寒衣捐款不拘多寡，均须送交本会指定银行、报社代收，掣取本会收据，用凭稽考。

（二）捐献器物、公债、股票或产业契据等，概交本会以便复价或定期义卖。

（三）举行义卖，在商店应设置捐箱，流动者应备捐箱，将所收捐款当着义卖人投入箱内或筒内，一俟义卖完毕，请凭本会派员清点数目，送交指定银行或报社代收。

（四）本会指定代收捐款银行、报社如左〈下〉：甲、中央银行、中国银行、交通银行、中国农民银行。乙、时事新报、中央日报、国民公报、新华日报、新民报、益世报、大公报、扫荡报、新蜀报、商务日报。

（五）征募奖励办法另订之。

（六）本办法经常委会议通过施行。

重庆市档案馆馆藏档案：全宗号：0073，卷号：51

6. 全国征募寒衣运动委员会重庆分会宣传组工作计划及实施办法（1940年10月）

一、宣传目的

宣传之目的在唤起民众热烈赞助征募寒衣运动，并踊跃捐输，以达成征募成绩最高之限度。

二、宣传原则

为达成上项任务，故宣传工作，首应阐明前方抗战将士，为国家民族，为全国同胞之英勇牺牲精神，以提高后方民众之敬佩观念。次则说明后方民族〔众〕所应担负之责任及对抗战将士应有之义务，而激发其良知良能，自动踊跃捐输，以求得宣传工作最高之效能。

三、宣传要点

（一）说明抗战近况及敌国之危机。

（二）抗战将士英勇事迹。

（三）抗战将士之牺牲精神。

（四）游击区沦陷区我军之活动情形。

（五）后方民众应有之责任及义务。

（六）确立后方民众对抗战将士爱戴之观念。

（七）征募寒衣运动之意义。

（八）坚定抗战必胜建国必成之信念。

四、实施办法

（一）集会宣传

1. 由本会发动本市各界代表分区召开重庆市各界征募寒衣运动宣传大会。

2. 自九月二十三日至九月二十九日为扩大征募寒衣宣传周。

（二）文字宣传

1. 发动报纸壁报杂志刊行征募寒衣特刊。

2. 函请各机关主官广播演讲或撰拟论文，由本会转送各报登刊。

3. 发动各机关团体缮制纸布标语或壁画、布画等悬贴各要道通衢，以广宣传（本会拟妥标语底稿分送）。

4. 印发宣传大纲及各项宣传品。

上四项于扩大宣传周内举行之。

（三）技术宣传：

凡关于京剧、话剧、电影、体育及音乐等宣传，由宣传组统筹办理之，售票及票款均由征募组负责。

（四）组织宣传队：

1. 发动党员、团员、学生、童子军、妇女及各民众团体组织宣传队，配合征募队普遍宣传。

2. 所有宣传队于扩大宣传周内自动选择地点讲演，并将工作经过报告本会。

3. 利用双十节筹设献金台以资扩大宣传效果。

重庆市档案馆馆藏档案：全宗号：0054，卷号：481

7.1940 年度征募寒衣代金及救济费重庆市保甲劝募队工作要点[①]（1940 年 10 月）

一、组织　每镇组织劝募队一队，由正副镇长兼正副队长，各该镇所属各保甲长及由镇聘请热心绅商为队员。

二、劝募队组成期限　各镇劝募队统限于本月十五日以前组成。附各镇劝募队一览表。

三、劝募方式　劝募时各劝募队须集体行动，挨户征募。

四、劝募收据　各劝募队于募得代金时须填发分会制印之收据，是项收据，俟向该分会领到后，再行发给。

五、解款手续　各劝募队募得捐款，应即时交解各指定之银行或报馆，截取收据存执。

六、期限　劝募工作，统限于本月底以前办竣。

七、结束手续　劝募完毕后，由各镇将征募寒衣代金总数及交解银行总数，填具结束报告表两份，以一份连同用余收据及存根迳交征募分会，一份呈由该管区署转报本局备查（结束报告表附）。〈略〉

① 本工作要点由重庆市警察局制定。

重庆市保甲人员征募寒衣劝募队一览表

区别	队别	队长姓名		队员	
		正	副	保长	甲长
第一区	龙王庙镇队	曾一波	罗子伯	4	44
	太华楼镇队	孙盛齐	詹厚基	9	84
	马王庙镇队	吴　鹏	石善周	17	155
	镇江寺镇队	况有鹿	萧炳林	2	26
	白鹤亭镇队	曾愚若	殷玉书	4	40
第二区	桂花街镇队	彭汉卿	刘　德	20	203
	大阳沟镇队	藩振华	刘绩彬	12	107
	蹇家桥镇队	李青云	陈华丰	10	106
	北坛庙镇队	杨遂帆	周碧升	10	133
第三区	东华观镇队	杨槐春	蒋克诚	7	60
	段牌坊镇队	袁庆坚	段裕华	9	90
	王爷庙镇队	夏俊臣	何吉祥	8	117
	东升楼镇队	钟肇卿	藩朔初	6	60
第四区	观音岩镇队	古铭新	马汉卿	18	236
	骡马店镇队	陈振有	曾维周	12	138
	安乐洞镇队	秦述高	刘炳林	7	64
第五区	金马寺镇队	刘清池		10	124
	石板坡镇队	周　荣	杨吉康	12	166
	菜园坝镇队	龙文光	唐成章	12	151
	宝善寺镇队	查全求	邹镇华	6	76
第六区	曾家岩镇队	余福坤	杜云钦	6	45
	大溪沟镇队	邱用敏	王佑民	6	67
	张家花园镇队	郑大坤	徐耀廷	6	80
第七区	两路口镇队	陈志刚	魏　鑫	8	75
	上清寺镇队	尹洪让	朱绍铨	10	112
	中二路镇队	刘宗汉	袁品言	5	57
第八区	新市场镇队	沈　云	牟序贤	4	53
	化龙桥镇队	雍济川	吴岂凡	4	44
	遗爱祠镇队	宋信渠	冷旭春	3	29
	黄沙溪镇队	邱升恒	胡元璋	5	59
	李子坝镇队	李西泉	许永清	3	27

续表

区别	队别	队长姓名		队员	
		正	副	保长	甲长
第九区	木关街镇队	胡坤伟	黄寿康	7	54
	体仁堂镇队	萧云康	代金容	8	96
	米亭子镇队	喻口农	祝斌杨	7	76
	四方井镇队	余廷桢	唐静轩	7	64
	三洞桥镇队	王建勋	黄光乾	6	83
	溉澜溪镇队	周开新	蒋汉璋	10	85
第十区	陈家馆镇队	张泽清	胡治光	9	125
	刘家台镇队	陈志恭	邓树轩	8	100
第十一区	玄坛庙镇队	孔华龙	杨仲仁	22	246
	龙门浩镇队	徐元安	曾省吾	22	247
	弹子石镇队	况锡成	刘永庆	20	246
	窍角沱镇队	李之玉	张辉之	7	86
第十二区	海棠溪镇队	满道源	邓壁辉	22	238
	南岸场镇队	徐绍卿	胡雨礼	20	189
	铜元局镇队	蔡则英	汪德璋	15	156
直辖镇	回龙镇队	林凤来		8	96
	石马镇队	候诚中		8	76
	猫儿石镇队				
	音溪镇队				
	石桥铺镇队				
	新丰镇队				
	马王镇队				
	崇文镇队				
	大兴镇队				

重庆市档案馆馆藏档案：全宗号：0061，目录号：16，卷号：4450

8. 重庆市征募寒衣运动宣传标语[①]（1940 年 9 月）

一、严冬即至，要赶快替将士预备寒衣！

二、雪中努力杀敌，灯下赶制寒衣！

三、多捐一件衣，多杀一个敌！

① 此标语为全国征募寒衣运动委员会重庆分会制颁。

四、推行寒衣运动，就是直接帮助抗战！

五、捐献寒衣，是表示敬爱前方将士的热忱！

六、捐献寒衣，是我们神圣的义务！

七、北风紧，寒衣急！

八、要打胜仗，快送寒衣！

九、救济难胞，就是保存后方的实力！

十、援助难胞，就是增加抗战力量！

重庆市档案馆馆藏档案：全宗号：0054，卷号：481

9. 全国征募寒衣运动委员会总会为捐募1941年度难民寒衣事致重庆市临时参议会函（1942年1月12日）

查本会以现时各地难胞迁徙流离，备尝艰苦，且值此隆冬，单衣瑟缩，至堪悯念。吾人本于胞与为怀之旨，理应发挥博施济众之美德，以对此无告哀鸿多予援助，故本会决为各地难胞尽量征募寒衣，转发服用，以资救济。爰经拟具征募难民寒衣计划，呈奉社会部指令，准予发动在案。兹为求扩大征募运动，俾期早获成效起见，除分电各省市分会遵照办理，积极推行并呈请社会部转呈中央通令全国各党政军机关团体一致推行外，拟请贵会鼎力倡导并转饬所属一致推行，则万千灾黎，受惠实深，特此函达并检奉征募难民寒衣计划二份，即希惠察办理为荷。

此致

重庆市参议会

附征募难民寒衣计划两份

全国征募寒衣运动委员会总会三十年度征募难民寒衣计划

前言

本会自二十七年度成立以来，即发动征募寒衣，分发抗战将士与流离难胞服用。深蒙海内外同胞热烈响应，踊跃输将，总计二十七八两年先后募集寒衣凡700余万件，计值1000余万元，均经一一分送前线将士及后方难胞服用，复由本会缝制夏布暑衣30余万套及蚊帐8万床，分赠各地新兵及伤病将士。二十九年度预定募集代金1000万元，亦能如期完成，所有全部代金，亦经遵照行政院指令，解由财政部经收，交由军政部暨振〔赈〕济委员会统筹办理将士难民服装。本年度将士寒衣，政府业经统筹制发分配，惟难民寒衣尚待筹集散发，因特发动征募难民寒衣，散给难胞以资救济而示安慰。

一、征募目标

难民寒衣数目多多益善，视当地情形，尽量募集，其有以单夹衣及鞋袜帽裤等相赠者，亦所欢迎，如以现金折抵，每件估计为国币20元。

二、征募期限

暂定为三十年十二月一日起，至三十一日止，一个月为征募期间，其有奉令较迟之分支会，得酌量延期办理。

三、征募机构

以本总会为海内外统筹征募机关，各省市县分支会，为实施征募机关，支会由分会直辖指挥，如无分支会之地区，可酌量增设，由当地党政机关及民众团体联合组成之。

四、征募办法

（一）召集当地绅耆富户殷商等举行谈话会，请其尽先捐献以资倡导。

（二）由党政商学各界组织劝募队，请各界领袖担任队长。

（三）由各机关首长，各团体主持人，分别请各该机关团体人员，每人担任劝募若干人，或若干件。

（四）在各街衢要冲或特殊场所设置难民寒衣（或代金）捐献台或捐献柜。

（五）请各报及其他宣传机关代募代收。

（六）约请名人讲演，请在讲演场中当场劝募。

（七）举办游艺募捐难民寒衣大会。

（附）应注意事项：

1. 以劝募为原则，尽量避免摊派方式。

2. 一人以捐献一次为原则，被劝募人可以收据为凭，得免重捐，但出于自愿者，次数愈多愈好。

3. 街头拦募，收效少而易扰人，最好不采此种方式，如在餐馆茶社及娱乐场所劝募，则以不扰人为原则。

五、发动办法

（一）由本会呈请社会部转呈中央执行委员会、行政院通令全国党政机关，一致推行。

（二）由本会呈请社会部函请军事委员会政治部、教育部，分别通饬各民众团体、各级政治部、各教育机关一致推行。

（三）由本会呈请社会部函请各省市动员委员会、抗敌后援会等机关广为倡导及协助各省市寒衣分会工作，并请通令所属协助各县支会工作。

（四）由本会呈请社会部函请海外部、外交部、侨务委员会，通电海外各级党部、各使领馆、各华侨团体，分向海外各地侨胞劝募。

（五）由本会函请各党政机关及其首长，暨各界名流一致倡导及协助。

（六）由本会函请新生活妇女指导委员会及中国妇女慰劳总会通令全国各妇女团体，一致倡导及协助。

（七）由本会函请中国童子军总会及其他具有全国性之民众团体一致倡导及协助。

（八）由本会函请中央宣传部，转饬全国宣传机关，一致宣传，并函请中央社及全国各报馆、各杂志，以及各宣传机关，特为著论倡导。

（九）各省市征募寒衣分支会，亦应分别邀请各机关团体、各妇女团体、各学校、各文化机关及各界领袖，社会名流等广为倡导及协助。

（十）在乡村方面，应由各省市县征募寒衣分支会，利用保甲机构，广为募集，或请当地绅耆倡导，组织乡村劝募队下乡劝募寒衣（或代金）。

六、经收运配及缝制办法

（一）各地捐献难民寒衣，缴由各当地征募机关，汇缴各省市分会将经收数目报告总会统筹分配予以决定，或就地拨交，或运交指定处所，其有分会所在地交通困难，则由分会酌定境内之交通便利处所集中，如有以代金折抵者，则汇交总会（总会现住重庆两路口大田湾三十号），再由总会遵照行政院指示办法，汇解财政部，转拨振〔赈〕济委员会，统筹拨发。

（二）寒衣材料以坚实耐用之粗布为之，颜色以青蓝为主。

（三）男衣以棉一斤，布七尺缝制，女衣以棉一斤，布六尺缝制，童衣以棉十四两，布六尺缝制。

七、棉衣式样（附另表）。〈略〉

八、奖励办法

（一）个人捐献在200件以上，1000件以下，团体捐献在1000件以上，3000件以下者，由各地分支会函请各地政府特予嘉奖，并报总会备查。

（二）个人捐献在1000件以上，团体捐献在3000件以上及捐献人情形之特殊者，则报由总会函请各当地主管机关，特予嘉奖，并转呈行政院备查。

重庆市档案馆馆藏档案：全宗号：0054，卷号：481

10. 吴国桢：征募寒衣的意义①（1940年9月28日）

（中央社）渝市征募寒衣分会，于昨（二十八日）晚七时，请市长吴国桢假中央广播电台播讲征募寒衣的意义，演词如次：各位同胞：我们这次神圣的抗战，已经第四个年头了，在这四年当中，幸赖我们伟大的领袖坚定持久抗战的国策，和前方将士英勇流血奋斗，使得敌人之泥足愈陷愈深，莫由自拔，而我们最后胜利的希望，却一天一天接近了。但在胜利即将来临的关头，我们除感谢英明的领袖外，我们对于前方的将士们，更应该格外的关切和特别的给予同情，这是我们每一个后方的同胞们都应该做到的。我们知道抗战到了现在的阶段，我们还能在后方安居乐业，而且还能使我们的国基一天一天的巩固，这都是赖前线将士浴血苦战换来的结果。现在，秋天到了，我们前线的将士有的已在冰天雪地中和敌人决斗，执行他们神圣的任务；有的还是单衣短裤，站在号野的战场度其瑟缩的生活。在这种情况下，物质方面我们固能需要大大的供献，尤其在精神方面我们要有所表示，来安慰前线将士，并藉此以鼓励他们英勇的前进，早日达到胜利的目标。陪都各界的同胞从来对于抗战大业的拥护，都是不肯后人的，而且可以说曾经有过很大的贡献。这次本市征募寒衣分会，决定征募代金120万元，以一部分解送前方为缝制各将士寒衣之用，并提出一部分作救济本市难胞之需。关于这点，本人拟藉这个机会向各界略加说明，就是近来敌人因前方军事毫无办法，所以派飞机到我们后方来发泄他们的兽性，本市迭遭敌寇狂炸之后，被灾同胞之无家可归者为数甚多，虽经政府救济，然目下寒风已起，难胞的衣服被盖，多数无法自购，若不加以救济，势必受冻不可，我们同在后方的人们，自应格外关切，

① 此文为重庆市市长吴国桢1940年9月28日在中央广播电台的讲演词。

不能望视不救。因此我们决定于征募前方将士寒衣代金时，同时并为重庆难胞请命，因为本市这次遭受轰炸，灾情是特别严重，非平时可比。总之，我们的目的是要前方将士和后方的同胞都无受冻之虞，而个个能为抗战效力，加紧我们的抗战工作，就是缩短我们抗战的时期，务使最后胜利能早日来临，使我们大家都能过一种和平愉快家室团圆的生活。同胞们，当前这国势严重的关头，我们都是风雨同舟，所以大家应该共济，暂不是哪一个吃亏倒霉，哪一个却能置身度外。我们试展开报纸一看，现在欧洲各国无论哪一个国家，凡是其人民团结不固，互助不力的，其军事无不失败，等到军事失败以后，全国人民，无论富贵贫贱，没有一个不感受痛苦的。可见前方捍卫国土的将士是为我们而奋斗的，就是后方的难胞，不〔也〕是我们大家庭的一部分，为我们而流血牺牲的，我们应该援助，应该同情，这是天经地义的，就是后方的难胞，亦不容忽视。我们希望我们后方的同胞，千万不要错过报效国家的机会，我们虽没有荷枪实弹，去冲锋陷阵，但是我们能够多多出钱，缝制寒衣，鼓励将士们去杀敌，也就是等于我们去了一样，请大家一致踊跃输将，完成我们后方神圣的义务。

原载《国民公报》1940年9月29日

11. 陈访先、康心如播讲征募寒衣的意义（1940年9月30日）

（中央社）市党部主任委员陈访先、市临时参议会议长康心如于昨（三十日）晚七时假中央广播电台讲征募寒衣，陈氏讲题为《征募寒衣的意义》，康氏题为《请大家踊跃捐募寒衣》，原词摘要如下：

陈访先氏讲词征募寒衣的意义

三年来我们仰仗前方将士，以铭心刻骨的愤痛，咬牙切齿的坚忍，和排山倒海的力量，打破了敌人各种毒计，建立了抗战胜利的基础，使敌人泥足愈陷愈深，走上日暮穷途的败亡途径，使我们安居在后方的同胞们能各乐其业，从事生产，增强抗战建国的国力，这不能不说是我们这些忠勇将士们所赐予我们的。

抗战已达到紧急的关头，最后胜利日期亦已接近，我们在此时期，更应淬厉奋发，发挥我们最大的力量，以帮助前方将士与被灾被难的同胞。因此，我们在严冬转瞬将届的时候，就应该设身处地的为前方将士们着想，怎样才能够使他们在冰天雪地、凄风苦雨中不致受到寒冷的侵袭呢？怎样才能更增强他们成功成仁的决心呢？又怎样才能发挥其保家卫民杀敌致果的技能。所以我们对于一年一度表示敬爱我忠勇将士的征募寒衣运动，就应当仁不让地负担起来，我们应较往年加倍地去踊跃响应、捐助，发挥我们敌忾同仇的精神，藉以提早胜利的到来。

此外，各地流离失所的被难同胞，在政府一贯施行的救济政策之下，已经随时随地帮助他们、救济他们了，我们站在同胞的立场，也应该于寒冬之际，对于他们表示一些敬意，我们对他们同时捐送寒衣或代金，正是我炎黄子孙救死扶伤义不容辞的义举。我相信我们重庆市的各界同胞一定能为全国各地模范，不肯甘居人后，大家一定是能踊跃捐送，并且还要劝导亲戚邻友共同的捐送。如此，则重庆市的百万寒衣代金，不仅能够如期完成，并且也许会超过预定数目，获取光荣的奖评。例如征募伤兵之友运动，就是一个很好的先例。诸位，我们出力出钱，报效国家和报答前线将士的机会到了，请全市的同志和同胞们共同捐输，共同努力。

康心如氏讲词请大家踊跃捐募寒衣

各位同胞：

现在是抗战的重要时期，前方将士的辛苦奋斗，特别值得我们关怀，特别值得我们想念，我们的战士们，经过了三年的风霜，抵抗着敌人的进攻，保卫了后方的安全，造成历史上永不磨灭的功勋。我们后方同胞，对于这种英勇悲壮的事迹，实在应该佩服，实在应该感激。

现在战士们的奋斗已经四易寒暑了，这第四度的秋天到来，特别使我们回忆战士们三年来冰天雪地和敌人浴血奋斗的情形，他们为了保卫国家的自由，保卫同胞的安全，保卫我们的家庭，保卫我们的妻子骨肉，而尽着神圣的义务，历遍无限的辛苦。现在秋凉既到，转瞬就是冬令，战士们除了抵抗敌人以外，还得和冰雪相奋斗。我们后方同胞，人人能够缝新补旧以御寒冬，前线将士则有无衣可加之感。我们想到这种情形，岂能无动于衷吗？当我们每家人从箱柜里取出棉衣夹衣，每个人走到布店里购买布匹，走到缝衣店缝制新衣的时候，我们能够一刻忘去前方风雪侵蚀中的战士们吗？我相信我们是不能的。因此我们应该义不容辞的迅速展开寒衣征募运动，使我们的战士们不致受到寒冬的压迫，所以今天兄弟要向各位同胞呼吁的，也就是只有一句话，就是“请大家踊跃捐募寒衣”这一句话。

同时，今年重庆的寒衣征募运动，更有一种特别的意义，就是重庆市征募的100万元的代金中，预定以50万元作为救济重庆市及卫戍区九县空袭被灾同胞之用。这一□我们住在重庆的市民，在敌机的残暴轰炸下所见种种触目伤心的惨景，已经够令每一个人义愤填膺，更何忍在破瓦残堆之上，看见饥寒交迫的孤儿弱女，看见流离无归的贫苦灾民，所以我们今年征募寒衣，更须普遍深入的发挥对于被难同胞的伟大同情心，我们更须踊跃的捐输，更须努力的捐募，定要使我们制成的寒衣，给他们以慰安，给他们以温暖！

原载《国民公报》1940年10月1日

12.《中央日报》关于重庆市寒衣征募成绩的报道（1938年11月6日）

本市征募寒衣分会，连日派员分往各代收银行报馆统计代收寒衣捐款数目，计查明时事新报93000余元，中央银行25000余元，新蜀报13000余元，国民公报3000余元，中国银行7000余元，四川省银行3000余元，和成银行1300余元，新闻界与中国制片厂募捐公演50000余元，其他各银行报馆代收约10000元，总计已募集捐款二十万零数千元，棉背心40000余件。

此外商会担负之100000元，各富绅公司行号担负之100000元，尚有八成未交；各机关学校捐款，尚有五成未交，预料结束时，本市征募寒衣捐款，不下40余万元云。

原载《中央日报》1938年11月6日

13. 全国征募寒衣运动委员会总会为征募棉背心分配情形致重庆市警察局代电（1939年11月22日）

重庆市警察局勋鉴：查本会发动今年度征募棉背心300万件运动，备承贵局鼎力协助及全国各机关、团体、各海内外同胞热烈倡导，踊跃输将，即告足额。现以天候渐寒，将士需衣在急，为尊重时效，便利运输计，经商同军政部、政治部等决定，按照各战区人数，以战区为分配单位，将战区各省征募所得，就近拨交各战区长官司令部统筹配发。至后方各省如川滇黔康新疆青海等，则改募代金汇交总会制作或转汇代金，以补助不足之战区。除将分配情形及数目分别呈报及电知外，特检附分配表一份，请予备查为荷。全国征募寒衣运动委员会总会叩齐渝印。

附分配表一份。

全国征募寒衣运动委员会总会二十八年度征募棉背心分配单位数目表

<table>
<tr><th rowspan="2">战区别</th><th colspan="2">配发数额</th><th colspan="2">就地拨发</th><th colspan="2">总会补助</th><th rowspan="2">备考</th></tr>
<tr><th>类别</th><th>数目</th><th>省别</th><th>数目</th><th>类别</th><th>数目</th></tr>
<tr><td>第一战区</td><td>棉背心</td><td>10万件</td><td>豫</td><td>10万件</td><td>代金</td><td>30万元</td><td>由总会迳汇代金30万元请长官部自制，计折合棉背心20万件，共30万件；冀察战区即请由一战区长官部按照实际需要转发。</td></tr>
<tr><td>第二战区</td><td>代金</td><td>40万元</td><td></td><td></td><td>代金</td><td>40万元</td><td>二战区情形特殊，就近无可拨交，故由总会迳汇代金40万元，请长官部自制配发。</td></tr>
<tr><td rowspan="2">第三战区</td><td>棉背心</td><td>22万件</td><td>浙</td><td>5万件</td><td rowspan="2">代金</td><td rowspan="2">28万元</td><td rowspan="2">总会补助代金28万元，计18万元系汇桂林行营政治部，请代制拨交，又10万元系迳汇长官部请自制。</td></tr>
<tr><td>代金</td><td>10万元</td><td>皖</td><td>5万件</td></tr>
<tr><td rowspan="2">第四战区</td><td rowspan="2">棉背心</td><td rowspan="2">30万件</td><td>粤</td><td>20万件</td><td rowspan="2"></td><td rowspan="2"></td><td rowspan="2"></td></tr>
<tr><td>闽</td><td>10万件</td></tr>
<tr><td rowspan="2">第五战区</td><td>棉背心</td><td>50万件</td><td>鄂</td><td>10万件</td><td rowspan="2">代金</td><td rowspan="2">60万元</td><td rowspan="2">本战区水运较便，故由总会拨代金60万元在川代制棉背心40万件运发，至鲁苏战区，则请五战区长官部按照需要转运。又代金5万元系于未统筹分发前由桂省拨交，故为50万件又5万元。</td></tr>
<tr><td>代金</td><td>5万元</td><td>桂</td><td>5万元</td></tr>
<tr><td>第九战区
第六战区</td><td>棉背心</td><td>60万件（内少5万元）</td><td>湘</td><td>30万件</td><td></td><td></td><td>桂省额内已拨5万元与五战区，故不足5万元，第六战区由第九战区转发。</td></tr>
<tr><td rowspan="2">第七战区</td><td rowspan="2">棉背心</td><td rowspan="2">20万件（内少5万元）</td><td>赣</td><td rowspan="2">10万件</td><td rowspan="2"></td><td rowspan="2"></td><td rowspan="2"></td></tr>
<tr><td>桂</td></tr>
</table>

续表

战区别	配发数额		就地拨发		总会补助		备考
	类别	数目	省别	数目	类别	数目	
第八战区	棉背心	30万件	甘	20万件			宁夏省募额本为20万件，业经汇来代金6万元并迭陈征募困难，恐难足额，故除6万元外，暂改定为10万件；甘肃省募额本年度原定为10万件，因该省去年度尚存余代金15万余元，计可制10万件，故暂定为20万件。
			宁	10万件			
第十战区	棉背心	20万件	陕	20万件			
合计	棉背心	222万件		270万件	代金	258万元	
	代金	80万元					

总计配发各战区棉背心2753333件。

附记：1. 本会为注重时效及减少运输困能〔难〕，特尊重军委会政治部及各战区长官之意见，依据军令部之数字，与军政部商定分配办法如右〈上〉表。

2. 未列入表内之后方非战区数省，如四川、重庆市、自贡市、云南、贵州、新疆各分会应募之各20万件，西康应募之10万件，青海应募之5万件，已电知改募代金汇交总会，以补助不足之战区。

3. 如各款全部收齐，则尚有少数余存，即由总会酌量制发伤兵及新兵冬衣。

中华民国二十八年十一月日制

重庆市档案馆馆藏档案：全宗号：0061，目录号：16，卷号：4450

14.《中央日报》关于重庆市寒衣征募成绩的报道（1940年2月22日）

（中央社讯）重庆市征募寒衣分会在刘总司令、吴市长、洪主任委员等领导之下，二十八年征募成绩，颇为优异，原额30万元，结果50万元，超出20万元之多。昨日午后四时，该会代表赵冠先等10余人，由军乐前导，赴总会缴献，由简泰梁代表总会接收，并在总会举行简单仪式云。

原载《中央日报》1940年2月22日

15. 全国征募寒衣运动委员会总会工作概况[①]（1939年3月）

该会由最高宣传会议发起，以中宣部、社会部、军政部、军令部、振〔赈〕济委员会及本部等中央机关及各民众团体为主干，于二十七年九月在武汉成立。当即发动大规模征募运动，拟征募棉背心400万件，旧衣500万件，运寄前方抗战将士及难胞服用，以资鼓励及救济。本部对于该会工作，曾尽最大之努力，故该会各参加机关，均公认本部之领导地位。自发动征募以来，成绩尚佳，全国各省市县乡村及南洋各地，甚至敌人后方，均一致推行。计全国已成立分会者，有香港、上海、重庆、四川、云南、福建、浙江、甘肃、河南、屯溪、新疆、广东、宁夏等处；由各省抗敌后援会代办者，有江西、贵州、陕西、广西等处；由省政府代办者，有西康、青海两省，湖北则由动员委员会代办。该会并以前线需用在急，统筹分发，容有不及，特令各分会以征募所得，就地分发。截至现在止，已据各分会报告分发者，计棉背心622000余件，棉军装10万余套，羊狗皮11万余张，旧衣50余万件，寒衣代金367000余元，其他尚有已行分发而报告尚未寄到者；至总会直接分发之棉背心及代金，约有8万余件之谱；此外，尚收有各地汇解寒衣代金1334000余元。而各方踊跃输捐，陆续汇解者，犹在络绎不绝中，尤以海外侨胞为多。该会自迁渝后，各方捐款始渐集中，以制成棉衣运到前方，而冬寒已过。为求适用计，拟先改制暑天用短袖衬衣50万件，再续制棉背心100万件，储供今冬需用，刻正计划在重庆、西安等地赶制。再该会以此项工作，关系前线将士之保健问题，至为重大，须积极推进，俾征募所得能普遍惠及前方将士，并曾奉委座电饬发动各省市县地方机关团体继续征募戎衣，赠送入营壮丁。除已分电各分会遵照办理外，复增请各中央机关团体参加总会，以期健全组织，扩大工作，并拟设置工厂，招用出征军人家属及残废军人工作及发动各界家庭妇女及妇女工作队义务缝制，俾期能陆续供给我前方抗战诸将士之需用。该会将改名戎衣会，以便继续征募，使此种运动与抗战相终始。

中国第二历史档案馆馆藏档案：全宗号：772，卷号：973

16. 全国征募寒衣运动委员会重庆分会附设购置委员会工作总报告书（节录）（1941年5月）

一、本会组织

本会于二十九年十二月根据本卫戍区扩大会报之决议，于重庆寒衣分会内附设购置委员会，主持购置寒衣被，救济卫戍区各市县空袭被灾难胞事宜，并于十月十九日召开第一次筹备会议，推定社会部振〔赈〕济委员会、重庆卫戍总司令部、重庆市党部、重庆市政府、三民主义青年团重庆支团部、重庆空袭救济联合办事处为常务委员，推刘总司令峙为主任委员，陈主任委员访先、吴市长国桢、黄常务委员伯度为副主任委员，并推寒衣分会总干事曾树勋兼本会总干事，市党部科长王蕴卿、市政府专员文河清为副总干事。各股正副股长人选，先由主任委员指派，

① 该文系军委会政治部所作，标题系原有。

后函请各有关机关负责人员担任之，并规定于十二月二十日开始工作，限期完成任务，以嘉惠被灾难胞。

二、工作实施

本会自组织成立后，即开始办公，当向重庆寒衣分会领到经费50万元，确定经费支配数目，以30万元购置棉衣、夹裤10000套，以15万元购置棉被5000床，以5万元购置旧衣。制作式样，分男、女、小孩三种，并于棉衣被上织明标识，以防变更。运配办法，以重庆市及卫戍区原辖巴县、江北、江津、綦江、璧山、铜梁、长寿、永川、合川为限，数量分配，按各县市调查所得及申请之确实数量，予以详确配发。上项寒衣、棉被，经加紧赶制，于二十九年年底全部完成，一面致函本市及各县政府及空联处实施调查，一面请求发给寒衣被申请书，并分电各县县政府依照规定，迅速派员来会领发。同时本市方面，亦由空联处及市警局、振〔赈〕济委员会，空袭服务总队部派员分区监发，先后共三次，第一次为十二月十五、六、七、八、九等五日，第二次为十二月二十四、二十五、二十六、二十七、二十八等五日，第三次为三十年一月十、十一、十二、十三等四日，总计发出寒衣3210套，棉被2346床。各县及各机关团体先后向本会领取者，计棉大衣54件，寒衣5878套，棉被2637床。尚存棉被17条，棉衣服940套，棉大衣266件，水滇棉衣200。余均存卫戍总部江北仓，经议决留为三十年冬季救济之用。惟以物价太高，购置材料及包工承制均成问题，经各同仁之共同努力，差幸如期告成，亦为不幸中之幸事也。〈后略〉

重庆市档案馆馆藏档案：全宗号：0054，卷号：481

17. 全国征募寒衣运动委员会重庆分会1940年工作总报告书（节录）（1941年7月）

一、叙言

本会于二十九年八月中旬接准全国寒衣总会公函，以寒冬瞬届，为念及冰天雪地中冒寒苦战之将士与转徙流离瑟缩号寒之难胞，亟应扩大发动征募寒衣运动，以慰劳我前方英勇战士及战区后方难胞，请登高一呼，广为倡导，并附征募计划及宣传纲要、告海内外同胞书各一份。等由，准此，当由重庆市党部召集各机关团体代表开筹备会议二次，决定推卫戍总部、市党部、市政府、三民主义青年团渝支团部、市参议会、卫戍区总动员委员会、市商会、市妇女会、市总工会等九机关团体为常务委员，并请刘总司令峙为主任委员，陈主任委员访先、吴市长国桢为副主任委员。下设正副总干事各一人，总务、宣传、征募三组，每组设组长一人，副组长、干事各若干人，经常负责办理征募事宜。本分会于九月五日接准市党部通知后，即于九月十三日举行第一次常务委员会议，通过本年度征募实施办法及要案多起，并确定征募比额为100万元，以50万元捐献前方抗战将士，作寒衣代金；以50万元作为救济本卫戍区内各市县空袭被灾难胞之用。其征募比额计中中交农四行40万元，重庆地方银行20万元，迁川工厂10万元，商会15万元，卫戍区内各县5万元，其他10万元，合计100万元。征募方式分劝募、义卖、捐献、认捐四种，缴款办法由本分会函请中央交农四行暨大公、中央、扫荡、时事、新华、新蜀、商务、新民、国民、益世等十家报馆代收。发动以来，人民踊跃捐输，成绩尚佳。惟至十月间又准全国寒衣总会公函，以政院通知，二十九年度征募寒衣代金收款办法，有所修正，以后各方缴款，均由财政部指定国家银行统收，并由财政部统支，以示统一。本会方面当即照办，但各机关团体，仍多不明变更情形，尚有向本会缴款者，本会为减少各机关团体与人民缴款麻烦计，不得不变通办理。故实施征募以来，各方所缴寒衣代金，除财政部直接经收者不计外，截至最近止，本会实收捐款924056.64元，又公债利息票十二张计票面12.6元，储蓄券九张计票面195元，金戒指乙个计重一钱二分。除拨付本会附设购置委员会购置寒衣被救济卫戍区各市县空袭被灾难胞经费526434.44元及提出捐款5‰，计洋4620.28元，作为本会用费外，实缴全国寒衣总会国币393001.92元。本年度以收款办法有所变更，对于原定征募计划略受影响，故收款未能达到确定之数字，此本会办理征募寒衣代金运动之大概情形也。

二、本会会议纪录〈略〉

三、本会常务委员暨各职员姓名一览表〈略〉

四、刘兼主任委员峙在本会招待重庆各界席上演词

各位先生：

今天各位到这里来，虽是以便餐招待，但意义是非常重大。我们中国抗战已三年余，现在正是争取最后胜利的时候，同时我们前方数百万英勇的战士，正在坚〔艰〕苦奋斗，与敌人血肉相搏。今天我们在这里喝的淡茶，吃的粗饭，大家饮水思源，都是他们在前方苦撑苦打之功。现在时值深秋，转瞬冬来，我们前方将士转战沙场，衣服单薄，露宿风餐，是特别的劳苦堪念。我们应如何发挥高度的热情，踊跃捐输寒衣代金，用我们的汗来补充前方的血，用我们的钱帮助前方的饷，俾得赶快把日本军阀打倒，这是本会征募寒衣代金的主要意义。

今天到会的先生们，都是地方各界的领袖，现在我有三点要向各位先生报告的：

第一，要向各位报告的是：去年寒衣征募，全国总额为1000万元，重庆原定征募30万元，但实际上超过原定数额21万元，共募得51万元。这充分表现我们有钱出钱、有力出力、军民合作抗战到底，最后必胜的伟大精神，也是今天在座各位尽到甚大的力量。今年决定全国征募总额与去年相等，重庆方面为充分发挥民众爱国的热忱，决定募定50万元，作本市民众慰劳前方将士的寒衣代金。又因重庆自六月以来，迭遭敌机轰炸，有数万民众衣物荡然无存，现值秋凉，衣被无着，为安定本市治安，巩固后方计，必须征募50万元，为救济重庆被炸之难胞。故本市与卫戍区各县，本年须募足100万元，方可完成此两大任务。但从表面上看，去年本市征募51万元，今年100万元，似乎增加负担太多了。但去年棉背心每件约需一元五角，51万元可制36万件；今年一件棉背心起码10多元，虽筹100万元，亦只可制数万件。捐款数目似乎增加，实在前方将士所得的棉衣更减少了。我相信我们重庆各界的领袖先生们，一定了解这个道理，进一步发挥过去光荣，作全国各界的模范，同仇敌忾的慷慨捐输。

第二，要向各位报告的是：根据上述的数额，在重庆这方面亦作了一个原则上的决定，即中中交农四行捐输40万元，重庆地方银行捐输20万元，重庆商会捐输15万元，迁川工厂捐输10万元，重庆卫戍区各市县捐输5万元，其他捐输10万元，共计100万元。除这一个原则的决定外，当然欢迎更多的捐输。今年本会工作是在九月九日开始，到现在当不过二十二天的工夫，我们已经完成了我们预定的一部分数目。这种踊跃捐输的精神，充分表现了我们全国军民的同仇敌忾，充分证明敌人亡不了我们中国。本市银行界、商界慷慨好义，素不后人，深盼踊跃捐输，完成预定数目或超过这个数目，多多益善，为各界倡，以表示我们拥护抗战，争取最后胜利之热忱和决心。

第三，今年征募寒衣的时间，较去年短促。因以前征募寒衣，规定自九月份起至十二月底完成，等到寒衣做妥，已届春暖，失去了时效，前方得到了这些寒衣，已不需要，反而增加累赘，与

民众慰劳将士的心理适得其反。所以今年规定在十月底以前，必须办理结束；十月二十日以前，必须缴款，时间迫促异常，限期完成，我们对于捐办理寒衣代金的工作必须加紧努力，不容稍懈。

今天本会欢迎各位领袖先生们，就是希望各位以拥护抗战的热忱，来体念前方将士的劳苦，以胞与为怀的心理，来体念全市难胞的疾苦，踊跃的捐输，多多的捐输，完成这个义举。兄弟敢代表前方数百万的将士、后方数万的难胞，向各位表示谢忱，共领一杯，即此祝抗战胜利，各位先生健康！

五、实施办法

（一）全国征募寒衣运动委员会重庆分会征募寒衣运动实施办法〈略〉。

（二）重庆市寒衣分会宣传工作计划及实施办法〈略〉。

（三）全国征募寒衣运动委员会重庆分会订定《重庆戏剧、电影、音乐、体育各界举行捐献寒衣公演统筹办法》草案〈略〉。

六、全国征募寒衣运动委员会重庆分会为征募寒衣告各同胞书

亲爱的同胞们：

强暴倭寇，侵我中华，幸赖我贤明领袖坚定持久抗战国策及我前方将士英勇牺牲的精神，用能克服一切困难，达到三年又两月的今天，奠定了胜利的基础。但是在这个胜利来临的最后阶段里，更需要我们全国军民共同努力，来完成举国一致抗战建国的伟大使命。

我们知道，我们的抗战是以劣势的军备去抵抗强大武器的暴敌的，经过了三年又两月血的长期战争，把握了胜利的左券，这完全是前方将士英勇牺牲、努力杀敌的效果，使得敌人阴谋妄想口口无余。英勇的战士们为了保卫国家民族的独立自由，或保护全国国民的生命财产，不顾一切地跑上战场，在敌人猛烈的炮火下向前冲杀。他们这种英勇的精神，我们后方的同胞要怎样的敬佩和感谢，同时在感谢之余，更应当担负起我们对他们的义务呢？

现届深秋，严冬即至，我们前方的英勇将士，还要在冰天雪地中和敌人决斗，执行他们神圣的任务。我们在后方的同胞，要体认到他们的艰苦，为他们赶制寒衣，用以御寒，表示我们爱戴前方将士的真识，同时履行我们后方大家同胞应尽的义务。我们需要以寒衣来安慰前方将士，更藉此以鼓励他们更英勇的前进，早日到达胜利的标的！

狂暴的敌人，因其在军事上不能取得胜利，所以不惜以大批的飞机大肆狂炸后方的重庆，企图动摇人心。可是敌寇弄巧成拙，我全国同胞不但不为所动，而且益坚消灭倭寇的决心。但是另一方面，敌机狂炸的结果，我被难同胞，日益增加，流离失所，忍饥受冻，凄惨的景象，使全世界文明人士致其高度的同情，我们同胞是更应该发出伟大的同情心，捐献寒衣，实行扩大救济难胞，以减轻他们的痛苦！

本会在慰劳前方将士和救济被灾难胞的双层意义之下，产生了我们要为前方抗战将士，与被灾难胞征募寒衣。但是根据以往经验，深感各地运输不便，寒衣配送颇多困难，而且各地分别缝制，质料、式样亦难期适合。所以我们今年改征寒衣代金，计在重庆卫戍区内我们需要征募寒衣代金 100 万元，甚望我们重庆卫戍区内全体同胞，本爱护前方将士及救济被灾难胞之热诚，确认有钱出钱之本旨，奋起响应，踊跃捐输，以完成后方同胞之神圣义务，增强抗战实力，争取最后胜利之早日来临！

七、本会代收寒衣捐收据式样〈略〉

八、本会经办中华民国二十九年度征募寒衣代金征信录〈略〉

九、本会经费收支对照表〈略〉

重庆市档案馆馆藏档案：全宗号：0054，卷号：481

18. 全国慰劳总会通过陪都各界鞋袜劳军运动办法（1943 年 5 月 17 日）

（本市讯）陪都各界鞋袜劳军运动，昨假全国慰劳总会举行第一次全体委员会议，出席各机关团体口委员马超俊、梁寒操、洪兰友、陈良、杨公达、包华国等 30 余人，由谷代会长正纲主席，报告该会奉令发动鞋袜劳军运动之经过，及各省市之热烈响应情形。继通过：一、鞋袜代金，前定鞋每双 38 元，袜每双 20 元，现因物价高涨，不敷购制，该项代金，应增改为鞋每双 60 元，袜每双 35 元（共 100 元），即日分电各省市实施。二、陪都鞋袜劳军运动委员会，公推谷代会长正纲为主任委员，洪次长兰友、陈署长良、黄厅长少谷、杨主任委员公达，包主任华国、唐局长毅为副主任委员，并公推唐局长毅兼任征募总队总队长。三、陪都鞋袜劳军劝募及竞赛办法要点：（一）劝募办法：1. 保甲竞赛，陪都鞋袜劳军之劝募工作，由本市各区镇保甲，负责推动，并由市警察局负总责，督促办理之；2. 发动全市及各大中小学青年团团员，全市童子军、妇女界及当地士绅名流，组织"劝募鞋袜劳军队"，就地协助区镇保甲，作深入民间之劝募工作；3. 全市各区镇保甲劝募日期，定于六月一日起，六月二十四日止，以上劝募详细办法及手续另订之。（二）竞赛办法：1. 保甲竞赛，各保甲竞赛由镇公所召集竞赛会，全市定于六月二十五日一律举行之；2. 各镇竞赛，由区公所召集竞赛会，全市定于六月二十八日一律举行之；3. 竞赛大会，全市竞赛大会，定于七月一日举行，由全国慰劳总会会同各机关团体主持之。四、献赠典礼，定于七七抗建六周年纪念日，由全国慰劳总会将全部鞋袜或代金献赠军政部接收，以上竞赛详细办法及手续（如经收鞋袜代金之收据数量之公布等）另订之。五、自六月一日至三十日，宣传鞋袜劳军。

原载《国民公报》1943 年 5 月 18 日

19. 鞋袜劳军运动标语[①]（1943 年 6 月 5 日）

一、赠送鞋袜慰劳将士！
二、赠送鞋袜是慰劳将士最亲切礼物！
三、将士有鞋袜才能保健康！
四、将士有鞋袜杀敌就便当！
五、将士有鞋袜容易打胜仗！
六、将士有布鞋布袜就能胜过敌人的皮鞋洋袜！
七、扩大鞋袜劳军加强反攻力量！
八、扩大鞋袜劳军加强军民合作！
九、前方将士拼命杀敌人后方民众踊跃送鞋袜！
十、扩大鞋袜劳军争取最后胜利！

重庆市档案馆馆藏档案：全宗号：0054，卷号：434

① 此标语由全国慰劳总会制定。

20. 重庆市市长贺耀祖为鞋袜劳军运动告重庆市民书（1943年6月12日）

（中央社讯）贺市长为鞋袜劳军，昨日发表告重庆市民书略云：我军鄂西之捷音传来后方，举国欢腾。然一念及我前方之忠勇将士，不惜以血肉之躯，与敌铁弹相周旋，其坚韧奋斗，杀身成仁之精神，艰辛浴血争先之战绩，则未有不令人喜极而继之以泣也。最近全国慰劳总会发动劳军，全国各地已热烈响应，陪都亦发起鞋袜劳军运动。盖劳军为对战士之敬礼，亦为极诚挚庄严之礼节，且鞋袜为日用必需之品，亦为对前方将士一种最亲切之表示，且易普遍推行，简单易举，前方收到礼物，更足以慰藉军心，鼓舞士气，俾使于获得实惠之余，倍增战斗力量。凡我陪都民众，抚躬自问，于战争继续中之今日，而能安居乐业于后方，岂非我前方将士之所赐。为崇德报功计，均应共襄盛举，踊跃捐献，务期达到预定之收获。积极方面，仍在我陪都民众人人能尽到国民之责任，切实反省，努力实践战时工作，增加生产以充实国防与民生之需。调剂盈虚，安定物价，以安定生活。慷慨当兵，不存规避，加强战斗力量。更须含辛茹苦，节约消费，各就岗位，善尽己职，遵守法令，协助政府完成施政，使前后方打成一片，通力合作，庶前方将士更增精神之慰藉，安心作战，而无后顾之忧，则吾人之所以报答将士者，意义为更远矣。

原载《大公报》1943年6月13日

21. 全国慰劳总会陪都鞋袜劳军运动推行办法（1943年6月）

一、组织

陪都鞋袜劳军运动，由全国慰劳总会邀请有关机关团体组织陪都鞋袜劳军运动委员会办理之。

二、数量

以每甲至少捐献布鞋一双、布袜一双为原则，全市经募之鞋袜，除于本市日报公布外，各保劝募之数字，并须于各保公布之。

三、质料与式样

鞋料用黑色帆布或坚厚之黑色土布，袜料用各种黑色布。鞋式用圆口长脚面布带式，袜用高统式（附图）〈略〉。鞋长26公分（小号）至30公分（大号），其阔度与袜长照此类推。（中号）应较大小两号之数量需要较多，其数额由陪都鞋袜劳军运动委员会规定之。

四、劝募

（一）陪都鞋袜劳军之劝募工作，由本市各区镇保甲长负责担任，并由市警察局负总责，督促办理之。

（二）发动全市各大中小学校学生、青年团团员、童子军、妇女界及当地士绅名流组织“劝募鞋袜劳军队”，就地协助区镇保甲长作深入民间之劝募工作。

（三）全市之劝募日期，定于六月一日起至六月二十四日止。

（四）收据。

五、集中与分配

（一）市警察局按照本市各区镇保甲数字，规定各该区镇最低劝募目标。

（二）各保将该保劝募之鞋袜，于各镇竞赛日送交镇公所汇集；于区竞赛日送区公所由区公所汇集；于全市竞赛大会日送交大会，由军政部代表接收。

（三）各保甲劝募之代金，于镇竞赛日送交镇公所；由镇公所当日送存本市之中中交农四行任何一行，除将银行收据于区竞赛大会赠献外，并报告陪都鞋袜劳军运动委员会备核，俟代金集有成数，由全国慰劳总会转请军需署代制鞋袜分配之。

六、代金

（一）运输不便之地区，得呈准陪都鞋袜劳军运动委员会，按布鞋每双65元，布袜每双35元折缴代金。

（二）各镇镇公所将经收鞋袜劳军代金，统缴本市中中交农四国家银行中之任何一行，以“鞋袜劳军代金”科目列收统一捐献账户，并将缴款日期呈报陪都鞋袜劳军运动委员会核备。

（三）各经收银行收到各镇缴解代金时，应依照财政部与四行商订委托经办办法第十条之规定，直接缴解国库，由国库开立鞋袜劳军代金特种基金存款户存储备用，一面并由四行按旬填列报告，分别报告财政部及全国慰劳总会。

七、竞赛

（一）保甲竞赛

各保甲竞赛由镇公所召集竞赛会，全市暂定六月二十五日举行之。

（二）各镇竞赛

各镇竞赛由区公所召集竞赛会，全市暂定六月二十八日一律举行之。

（三）全市竞赛

全市竞赛大会暂定七月一日举行，由全国慰劳总会陪都鞋袜劳军运动委员会主持之。

（四）竞赛会之详细办法另订之。

八、赠献典礼

定于七七抗建六周年纪念日，由全国慰劳总会将全部鞋袜或代金赠献军政部接收。

九、奖励

（一）一甲（或个人）捐款6000元以上或捐献鞋袜各50双以上者，由市县慰劳会发给奖状，并由市县驻军最高长官函谢。

（二）一甲（或个人）捐款3万元以上或捐献鞋袜各250双以上者，由省慰劳会发给奖状，并由省驻军最高长官函谢。

（三）一甲（或个人）捐款6万元以上或捐献鞋袜各500双以上者，由本会发给奖状，并由该甲所隶属战区司令长官函谢。

（四）各级劝募人员经募鞋袜超过原分配额或于限期完成任务者，由省慰劳会函请主管机关奖励之。

十、宣传要点与标语

（一）要点：

1. 说明前方将士拼命杀敌卫国保民之忠勇事迹及需要鞋袜之迫切情形。

2. 说明鞋袜劳军是每个国民对前方将士应尽之最低义务。

3. 说明鞋袜劳军是全国同胞对前方将士最亲切之表示。

4. 说明鞋袜劳军是慰藉军心鼓舞士气。

5. 说明鞋袜劳军是加强抗战力量争取最后胜利之有效办法。

6. 说明鞋袜劳军是每个国民劳军之最简单最容易方法。

（二）标语：

1. 赠送鞋袜慰劳将士！

2. 赠送鞋袜是慰劳将士最亲切的礼物！

3. 将士有鞋袜才能保健康！

4. 将士有鞋袜杀敌就便当！

5. 将士有鞋袜容易打胜仗！

6. 将士有布鞋袜就能胜过敌人的皮鞋洋袜！

7. 扩大鞋袜劳军加强反攻力量！

8. 扩大鞋袜劳军加强军民合作！

9. 前方将士拼命杀敌后方民众踊跃送鞋袜！

10. 扩大鞋袜劳军争取最后胜利！

十一、日程

（一）六月一日起至七日止，各镇保举行保民大会，宣传鞋袜劳军之意义。

（二）六月八日起至六月二十四日止，为劝募时期。

（三）二十五日镇竞赛会。

（四）二十八日区竞赛会。

（五）七月一日全市竞赛大会。

重庆市档案馆馆藏档案：全宗号：0054，卷号：434

22. 全国慰劳抗战将士委员会总会为广泛发动鞋袜劳军运动致重庆市参议会代电（1945年7月26日）

重庆市参议会公鉴：案奉委座电令广泛发动社会各界捐献鞋袜，以应前方需要，等因。奉此，经由全国慰劳总会邀请各界组成鞋袜劳军征募委员会，于七月七日开始积极推行，期于十月十日举行总呈献。兹为扩大劝募起见，用特电请贵会指派热心精干之负责人员3人至5人，策动所属，量力自由捐献，以示倡导，必要时并请组织劝募队进行劝募工作。除各项办法客日另行电奉外，敬请先将指定人员或劝募队负责人员列单赐复，俾资联系，共策进行，毋任企感。全国慰劳总会鞋袜劳军征募委员会主任委员刘攻芸，副主任委员唐毅、舒舍予、仇秀敷、潘仰山、吴晋航叩。渝秘午（寝）印。

重庆市档案馆馆藏档案：全宗号：0054，卷号：428

23. 全国慰劳总会鞋袜劳军委员会结束会议纪录（1945年10月5日）

时间：三十四年十月五日下午二时。

地点：慰劳总会。

出席者：社会部袁桂生、青年团中央团部杨耀先、重庆市政府余惠伯、重庆支团部王逢吉、军委会政治部华以松、市党部汤直夫、军需署蔡湘、四联总处陈乃昌、中宣部刘翼、全国慰劳总会张知辛、诸大文。

主席：张知辛

纪录：诸大文

一、报告事项

（一）各省市推行鞋袜劳军情形：

1. 甘肃：除已汇寄代金50万元外，以大部分县亢旱成灾，电请体念民艰，暂缓办理。

2. 绥远：以去年粮食歉收，负担特重，电请缓办。

3. 安徽：以灾荒频仍，民生困苦，电请改为每甲献鞋两双。

4. 青海：以旱魃为虐，灾情缓重，请缓办。

5. 四川：与本年“三八”妇女节合并，筹募军鞋30万双。

6. 江西：本年“七七”劳军征募布鞋28499双，袜50000双。

7. 山西：已募得鞋800双，袜880双。

8. 贵州：已募得2万余双。

9. 陕西：发动西安市募集鞋15000双，送第一战区转发士兵并继续策动各地办理。

10. 广西：已募得鞋14000双，袜22000双，代金250万元，该项运动拟在九月底结束。

据以上各省电告：已募得或在募集中者计有鞋408299双，袜72880双，代金250万元。

（二）日本投降后，本会即将鞋袜劳军改为胜利劳军，嗣奉中央宣传部来函后，并已分电各省市。

（三）已收到各常务委员机关补助经费：

1. 社会部：补助国币20万元。

2. 重庆市政府：补助国币5万元。

3. 重庆市党部：补助国币1万元。

以上共收到补助经费国币26万元。

又中央宣传部电准补助国币5万元，以鞋袜劳军奉命停办，改办胜利劳军运动，故已电复该部不拟具领。

二、讨论事项

（一）准山西省慰劳会电告以各县所募得之鞋袜现品，如照计划规定送交接收厂库，距离过远，可否就近配发本省正规部队领用一案，请公决案。

决议：函复商同第二战区兵站总监部就近发给部队领用。

（二）准广西省党部、省政府、省支团部电告，已募得鞋14000双，袜22000双，代金250万元，上项鞋袜及代金如何处置一案，请公决案。

决议：函复鞋袜现品，就近送交最高驻军当局分配部队领用，代金移作胜利劳军献金，汇解重庆中央银行国库局汇收。

（三）此次本运动筹备费用，计付历次招待各界茶会费 37785 元，邮电费 389 元，旅口费 3780 元，广告印刷文具纸张费 451800 元，□□费 10230 元，共计 513984 元。上项支出费用，应如何报销，请公决案。

决议：除收得各常务委员机关补助之 26 万元外，其不足之数，概由全国慰劳总会支付。

三、临时动议

（一）四川省所募鞋袜送成都军需署仓库接收。

（二）江西省所募集之鞋袜，送交第九战区兵站总监部接收。

（三）电各省市，告以鞋袜劳军停办，如已有募得之鞋袜，可送交附近之军政部军需署厂库接收，如距离过远，可送交就地之部队领用，如有已募得鞋袜代金，则改作胜利劳军献金，扫数汇解重庆中央银行国库局统筹配发，慰劳将士。

重庆市档案馆馆藏档案：全宗号：0054，卷号：428

24.《国民公报》关于重庆市政府及市新运会倡导一日一分捐钱运动的报道（1939年12月5日）

（本报特讯）市政府及市新运会为策长期抗战经费来源，将倡导本市一日一分捐钱运动，并即将函令各机关、团体、学校，分别成立一日一分运动委员会，地方联保甲以联保为单位组织之，各机关、团体、学校、报馆、工厂、银行以每人一日一分计算，保甲住户，以一户一分计算，各会每旬迳向中央银行代收处缴款一次，每月终由市府市新运会，会衔报解财政部云。

原载《国民公报》1937 年 12 月 5 日

25.《国民公报》关于重庆市警察局官员捐薪助战的报道（1937年12月10日）

（本报特讯）市警察局局长王资军氏，有鉴于日寇纵横，我前线将士，已作壮烈之牺牲，后方民众，自宜踊跃输将。特领导所属员警夫役，发起献捐所得，济助前线将士，自九月份起局长月献一日所得，职员长警夫役则照月得 10 元以下捐 1 角，11 元以上 20 元以下者捐 2 角，21 元以上至 40 元者捐 3 角，41 元以上至 60 元者捐 5 角，60 元以上捐 1 元，规定按月扣送，直至扫除日寇时止。该局已将九月份抗敌捐 293.3 元，十月份 280.90 元，先后送交市抗敌会收转汇寄前方。王局长及警士夫役之爱国热忱，匪可令人钦佩，尤为万民倡首，各机关、团体、学校人士，如能风起推行，则长期抗战胜利，左券操如反掌，闻市抗敌会，已传令嘉奖云。

原载《国民公报》1937 年 12 月 10 日

26.《国民公报》关于重庆市新运会发起节省新年消耗捐献国家运动的报道（1937年12月16日）

（本市消息）暴日侵迫以来，京沪精华，化为焦土，华北重镇，已非我属。我政府领导长期抗战，非得最后胜利，誓不中止；后方民众，不能拚命疆场，亦当竭物力供献前方。当兹新年将届，旧例必有贺拜就餐之举，本市新运会特发起节省新年消耗，供献国家运动，并拟定办法数项如下：

一、各机关、法团、学校、银行、商号，一律免除聚餐及贺电贺片贺函，节省以上各项费用，供献国家。

二、各商店铺户居民，免除宴会及贺电贺片贺函礼品，将上面各项费用，供献国家。

三、由本会向中央银行交涉，代收此项捐款（不论多寡均收）。

四、二十七年元月三十日截止，由本会登记各机关、团体、商号或私人捐款数目，交各报公布。

五、本项捐款仍交中央银行转汇军政部军需署，以济军用。

六、捐款人迳向中央银行交款取据。

原载《国民公报》1937年12月16日

27. 重庆市抗敌后援会学生分会劝募游艺大会告全市民众书（1937年12月26日）

亲爱的同胞们：

中华民族现在是已经到了生死存亡的最后关头了。自七月七日的卢沟桥事变燃起了中华民族反日大格斗的烽火以来，不知已有多少同胞，离开了美丽的故乡，年老的父母，恩爱的妻子儿女，在雄伟的前进号中，踏上了驱倭大战的征途，和敌人猛烈无情的炮火作不退却的死斗！试问，他们为了什么？还不是为了要清算六年来一篇失地辱国的血账吗？

日帝国主义在过去是一条贪而无厌的野蚕，在今日是一只疯狂了的嚣狼；它总想征服中国，以至并吞中国，而最近更以大规模的暴力侵占我土地，屠杀我同胞。在这决定我们自身生死的关头上，我们还能因循苟安图物质的享受吗？还能让敌人不费力气的征服了我们而我们连最后挣扎的机会也得不到吗？不！我们决不！我们要发动民族一致的抗战，在这全面抗战里，打断那野蛮的侵略者的魔手，杀尽没有理性的倭寇，把横暴的日帝国主义一足踢出我们的国土去！

所以中华民族的对日大抗战，含有最伟大的意义，他不但要洗净我国历史上的耻辱千万件，回争我国主权和领土的完整，夺得我国完全的独立；且将给世界的“泥脚大蛮牛”——日本——一个最严厉的惩罚；亲爱的市民们！为着我们自己的独立生存，为着维护世界的道德和公理，为着解放在黩武主义者铁蹄下的日本平民，我们重庆的民众，实不容再坐视抗战的自然开展而不加援助了！我们不独应该保证抗战的胜利，加强抗战的力量，还应促进抗战必胜的可能早一日成为事实。这样，便产生了这次劝募游艺大会。

亲爱的市民们！千万别把这次大会看作赢利的活动，或循例的新年庆祝，因为这次大会的真正意义在：

一、使后方的民众有钱出钱，有力出力，以达到救国不问阶级贫贱的目的。

二、使参加大会的观众，深深地留一个“抗战第一”的印象，以奋发抗战的精神，加强抗战必胜的信念，铲除一切自私自利的行动和思想。

三、诚意地向观众“劝募”，在观众则牺牲虽小，在国家则可集腋成裘聚沙成塔，积各个人小额的输将得一笔足以加强抗战力量的巨额款项。

四、使我们学生界以“游艺”表演的方式，把潜伏在内心的爱国热力贡献给国家。——所以大会游艺没有浪漫萎靡的歌曲，不演风流引人的艳史，只是一些泼辣辣的力的表演。

最后，我们恳挚地希望市民们以最高度的热诚爱护这次大会，赞助这次大会，参加这次大会，使这次大会顺利地进行；并让我们重庆全体市民，在驱倭抗战史上，展开光荣灿烂的一页！

重庆市抗敌后援会学生分会劝募游艺大会筹备会　敬启

原载《国民公报》1937年12月26日

28.《国民公报》关于重庆抗敌后援会所募慰劳品移交军委会战地服务团的报道（1938年1月23日）

（本市消息）本市抗敌会慰劳组历次所收各方捐来之慰劳物品，首批已于去岁二十六年十二月四日战地服务团出发时，带往前方。其后至最近募集者，该组因不便专人运输，特请军委会战地服务团重庆区分团代为运送。闻该组已于昨（二十一日）日下午，将所有慰劳品悉数点交该团，嗣后各方凡有捐来者，仍然照常募集，以济军需。兹探点交之物品数额如次：棉背心6500件，丝棉背心1000件，风帽62顶，棉军服390套，布鞋3600双，洗脸帕54张，旧者24张，伪装网720个，麻布袋2200条，纱布20疋，破旧单夹棉布衣1000余件，旧毛线衣1件，军服2套，大悲散5000包，神丹100打，金灵丹1000包又5盒，国宝丹1000包，民生丹2000包，防疫散5万包，头痛膏2000张，小儿卧车1辆，果子露1瓶，废铁2800余斤，内衣1件，内裤6条，袜子10双，洋瓷盆1个，布伞104把，白手巾105张，旧军帽52顶，信纸2扎，茶叶6瓶又散茶1袋，钮子1包，草鞋20双，罐头15厅，豆豉2包，茶壶2个，旧温水瓶5个，废电池12筒，电筒5支，时疫药水11瓶，民丹6包，头痛粉1包，八卦丹24包，救命丹2包，灵芝至圣水1瓶，旧棉花1包，破烂铜器皿40余斤云。

原载《国民公报》1938年1月23日

29.《国民公报》关于重庆市党部倡导义卖运动的报道（1938年11月17日）

（本市消息）重庆市党部，十七日午后三时，召集全市商人团体主席常委在大礼堂开会，商议“义卖”一日献金运动（按“义卖”在港粤桂各地，曾有盛大运动，其办法系由商号自定一日为“义卖”期间，将所卖货物之钱，悉数捐献国家，但买主买物，如货五角值者，至少须给一元，卖方不补，连同多数，一并捐献。如值一元几角者，至少须给二元或五元亦不补，总之，须给多量之整数，增多捐款。其意义商人捐货，买主捐钱，互相利用，贡献国家）。由该会周秘书报告办法，并请各公会负责人转向所属会员，劝导施行，末由市商会代表仇秀敷发言，愿领导所属同业公会，尽量提倡办理，请党部拟定详细办法，藉杜流弊云。

原载《国民公报》1938年11月18日

30.《国民公报》关于重庆市决定义卖献金办法的报道（1938年12月14日）

（本市消息）重庆市各界义卖献金运动委员会，昨日（十三日）午后三时在市党部礼堂正式成立。并推定市党部、行营政训处、宪三团、市政府、市抗敌后援会、警备部、市商会、市新运会、警察局、报业公会、妇女抗战建国协会、职工俱乐部等常务委员。定日内召开首次常会，商讨一切办法，兹将义卖献金办法纲要探志如下：

一、本办法根据重庆市各界义卖献金运动委员会组织简则第十七条订定之。

二、义卖献金分下列三种方式举行：

（一）由本会筹办义卖献金市场，凡机关、团体、学校、商店、摊贩及私人捐献新旧货物或艺术作品者，均可交由本会填发收据，标明价格，定期出售，其详细办法另定。

（二）商店自行举办，市区内各商店自愿举行义卖献金者，得依下列办法进行。

1. 时间至少须有一日，由举办人自定。

2. 义卖献金运动日所收捐款，应凭购买人投入本会制备之捐款箱内（但须经售卖人先清数），并由本会制备复写发单，交各举办商店将购物人姓名记入填发，次日汇送本会委托报社公布。

3. 举行义卖献金运动日，应先期请本会派员于开幕时临场封锁捐款箱，闭幕后临场监视开箱，并清点捐款数目（规模较大之商店，得提出货物一部分，另立义卖献金部）。

（三）流动义卖献金队，凡机关、团体、学校……等原组织流动义卖献金队者，得参照乙款办法办理，惟售货时不必填给发单，捐款箱应送至本会监视启封。义卖献金收入由主办人次日送交中央银行重庆分行国库课收献金救国捐项下，解交财政部。

三、举办义卖献金人将捐款送交中央银行后，须将收据送本会查验登记，再发交收存。

四、义卖献金运动成绩优异者，得由本会函请本市党政机关报请上级机关核赐奖状，其办法另订之。

五、本办法经本会通过，送请本市动员委员会备案后施行。

六、本办法如有未尽事宜，得由本会随时修改之，并呈送本市动员委员会备案。

原载《国民公报》1938年12月14日

31.《国民公报》关于1939年3月重庆各界献金盛况的报道(1939年3月1—13日)

一、第三日献金盛况

(本市消息)新运总会节约推行会主持之全市节约献金竞赛，自经昨日蒋委员长夫妇亲自捐金万余元，贡献国家，以为人民倡率后，昨日之献金竞赛热烈情况，远过于前数日，一方面为委座精诚感召所致，一方亦表示本市同胞爱国热忱之增长。兹志昨日献金情形于次：

献金典礼，仍于下午三时在礼堂举行，黄仁霖主席，昨日顺序为丝业、棉花业，于悠扬声中献金礼开始。

丝业献金4000元，棉花业1113.5元，当主席报告时，掌声伴之而起。嗣有南洋兄弟烟草公司陈厂长代表该厂自由献金1500元，内有300元为陈厂长个人捐出；又有新亚建筑公司曹工程师，鉴于场面热烈，亦慷慨献金200元；蒋逢源君个人献金200元，当主席报告之时，全场掌声震屋。此外三民主义青年团1017元，宜昌各界献金2700元。

昨日个人献金最多者为孙院长10000元，主席报告时，掌声历数分钟之久，良以政府领袖之倡导，最足引人民之兴奋也。

计昨日献金总数为21168.3元，内除丝业棉花业及孙院长10000元外，个人之自由献金为837.8元，预料今日必更有一番盛况。

原载《国民公报》1939年3月1日

二、第四日献金盛况

(本报特讯)新运总会战时节约推行会主办之重庆市节约献金竞赛，本市银行界原已排定今日献金，昨晚因财政部孔兼部长招待各银行负责人，嘱银行界方面扩大献金数额，藉示倡导之意。银行同仁等当即表示接受，临时决定增加献金数额，故原拟今日献金时间亦将展至三日举行。

(本市消息)昨日为节约献金竞赛第四天，热烈情况，场内实行开始“竞赛”，为前此三日所未有，兹详志各情于下，下午三时正，献金礼开始，由前汉口市长吴国桢主席行礼后，主席及温少鹤献金，各业代表相继致辞。

巨额献金

正在献金进行中，外交部王部长亲自赶到，当场独献5000元，主席报告时，掌声开堂而起，并请王外长作简短之演说。在此群众情绪高涨中，黄仁霖即起立宣布航委会黄光锐厅长独献1000元，前广东省政府主席吴铁城独献5000元，交通部张部长独献2000元，于是群众情绪益趋紧张，掌声不绝。在此热烈空气之中，一幕献金竞赛局面开始。

热烈竞争

首先当场添加献金者旅栈业方面有裕城20元，望记长盛公10.5元，复源10元，人和11.2元，同昌10元，继续竞争者三级商店添献40元，大西洋50元，享达利50元，及时公司50元，盛昌公司50元，慎昌公司50元(上两项系公款)。个人方面张奇峰5元，林少筠小妹妹糖果钱2元，钱正钧小弟弟50元，徐成锦10元，马和周10元，詹厚基50元，段衡5元，周梦熊10元，张炳藩5元，何文翰100元，吴国桢先生亦独献100元。此时竞争益烈，苏货5.5元，共计4424.5元，纱布业方面亦急起直追，何文翰宣布该业续献500元，詹厚基(纱布业)亦负责继续募150元，经此一番之热烈竞争，至下午五时始告一段落。

此外有华荣生君将其戴用已有八年之九成金婚戒一只，送到本会，作为献金，来函有云“我更加替我的金戒庆幸，因为他将要发生最有意义的作用，他就要从一个装饰品一变而为打击敌人的子弹”，当场宣布时，博得最多之掌声。

昨日成绩

统计昨日献金结果，连补献在内，苏货业 4574.5 元（内公债 100 元），棉纱业 4580 元，针织业 215 元，个人献金 16848.7 元，共 26218.2 元，已超过前日之数。尚望同胞多多努力，使今日献金数继相增高。

原载《国民公报》1939 年 3 月 2 日

三、第五日献金盛况

（本报特讯）此次新运总会举办之节约献金，意义重大，连日献金数额，继长增高，可见各界民众爱国情绪之热烈，一般对于金融中心之银钱业献金数目，尤为重视。银行业献金办法，于前日各行开会时，本已有所决定，后经孔院〔长〕鼓励，昨又召开会员代表大会，议决银钱业今日午后五点钟献金，共献 10 万元，分配办法计中中交农四行各认 1 万元，其余各行每家负担 2500 元，共为 5 万元，钱庄业共认 1 万元，凑足 10 万元之数。但出席诸人，均望四川省银行献金数目，能与四行一致，故总数绝不止 10 万元。至各行行员个人献金，亦议定至少每人应各献一日所得，多者听便，由各行分别收齐，同时呈献。各行定于午后五钟即行休业，全体职员，先赴银行公会聚齐，整队前新运展览会场参加献金典礼。

（本市消息）昨日为献金竞赛第五日，前日之热烈竞争，昨日情况，益有进步，总数是 35377.13 元，兹志昨日情形如次：

昨日献金情形各业竞争情绪热烈

昨日主席为市党部洪兰友，行礼后致词，略谓重庆为战时首都，中外观感所系，本市同胞，特别商界必有一番热烈表现，为全国模范，激励前方将士，后方民众，更努力抗战。继由商会主席温少鹤致词后，即开始献金。

首批巨额献金，为监察院于院长 5000 元，报告时掌声大起；第二批巨额献金为厚记银号股东孙可亭 4000 元，又该号同仁献 6000 元，共 1 万元之巨，全场空气更形热烈。继即由各业献金，计银楼业先献 1012 元，保险业 1119.54 元，于是一园戏院代表孔能到场，代表该园全体同仁补献 1000 元，连前日 200 元共计 1200 元，电力公司献 1000 元。个人献金方面，陆续呈上者有梁朔初 40 元，益中行 18 元，蒋云池 3 元，吴产 10 元，老振和洗染店 30 元，姚景梅、沈三礼公债 30 元（连息），清香阁 60 元，奇芳阁 12.24 元，付和平 5 元，蒋承孝 1 元，尤常珍、严璋小弟弟各献 1 元，主席洪兰友亦献 100 元，此外盐业公会亦到场献 5000 元。

在此各方热烈竞献空气中，各业亦开始竞争，银楼业首先添献 500 元，保险业代表为华安公司，单独添献 100 元，银楼业再添献 200 元，储奇门旅栈业再到场补献 15.15 元。

献金别开生面：母鸡一只价值 10 元

此时有几项特别献金：第一项为振〔赈〕济委员会转来难童卖报结余 16.5 元，引起全场极大之感动；第二项是在军委会服务之欧阳谦君夫妇将其去年在桂林获麟时所节约之汤饼宴费 60 元作为献金；第三项有安徽合肥逃来之难民温栋臣君，年逾六十，孑然到渝，将其身边所剩之 5.25 元，当场投入献金柜内，并致简短演说：谓个人从战区逃出，亲见同胞被敌人残害，皆无家可归，今年老不能上前线作战，但亦应表示爱国热忱云。一时场面甚为感动；第四项有章启元等，共集得 13.5 元另母鸡一只，兹携至堂上作为献金，当由黄仁霖以 5 元买进此鸡，旋由孔能君以

10元购去，皆作献金，博得全场热烈掌声。

最后，黄仁霖乃于群众紧张情绪中，起立宣布孔院长夫妇共献金10000元，于是掌声益烈，在异常热烈空气中，献金礼告一段落。

原载《国民公报》1939年3月3日

四、第六日献金盛况

（本市消息）各业节约献金运动，昨（三）日为第六日，系银行业与本市钱业及重庆市图书教育用品业等献金。竞赛时期下午五时，仍在市商会礼堂举行，仪式隆重，情况热烈。主席团有马副部长超俊、张秘书长群、徐次长堪、中央银行陈副总裁行、康主席心如、温主席少鹤及献金各业主席等十余人。由马副部长领导行礼如仪并致词，略谓欲达抗战必胜建国必成之目的，必须人人为国出力，而节约献金即系报国之道，人人应节衣缩食，将所节余之金钱，献呈国家，果能一致风行，其数目必甚大，抗战前途，实深利赖等语。次由张秘书长致词略谓：余前长外交部时，即有外籍老太太及小孩子向我献金，作为打倒世界共同敌人之用，其拥护正义和平之精神，实堪敬佩。想我国人爱护祖国之热忱，是不后于外人等语。继由徐次长等致词，即开始献金。首由重庆市图书教育用品等同业公会献金，共4000余金；后钱业公会献金11820元；再由银行业公会献金共60余万元，并有数行当场申请明日仍继续献金；复有战区青年工作团擦皮鞋队，将三日所得，呈献国家，共23.6元；及有两难童将抚恤金80余元，亦均呈献国家。最后黄干事仁霖，将南洋槟榔城中华中学全体员生敬献蒋委员长之金质纪念章一枚，举行拍卖，全场人士均极振奋，争先出价，情绪热烈，最后由银行公会康心如主席出价10000元购去作为银行公会永远之纪念品，是时全场鼓掌，同时军乐随之大振，一场盛会也随之闭幕。综计今日献金成绩在615149.65元，已超过日前之成绩数倍，今日为报业纸张，印刷业等献金，并闻天厨味精厂预定献10000元。

附各银行献金数目一览

中央银行全体献10万元。
中国银行全体献10万元。
交通银行全体献10万元，又茶役献68.75元。
农民银行全体献10万元。
四川省银行献5万元，总经理潘昌猷个人独献5000元，职工献1119.9元。
聚兴诚银行献1万元，职工188.83元。
美丰银行献1万元，职工355.22元。
川康平民商业银行献1万元，职工295.75元。
川盐银行献1万元，职工202.22元。
上海银行献1万元。
中南银行献1万元，职工45.43元。
中国国货银行献1万元，职工48.33元。
和成银行献1万元，职工128元。
中国实业银行献1万元，职工76.19元。
四川建设银行先献2500元，职工300余元今日续献。

江海银行先献 2500 元，职工 55.2 元。

金城银行先献 2500 元，职工 65.3 元。

浙江兴业银行先献 2500 元，职工 72 元。

新华储蓄银行先献 2500 元，职工 17.5 元。

重庆银行先献 2500 元，职工 83.56 元。

(以上建设等六家今日仍继续献金)

湖北省银行及同仁献 3000 元。

大陆银行驻渝办事处同仁献 1000 元。

兴业银行驻渝办事处同仁献 1000 元。

四川储蓄会同仁献 1000 元。

安徽地方银行驻渝办事处同仁先献 200 元。

原载《国民公报》1939 年 3 月 4 日

五、第七日献金盛况

（本市消息）热烈之献金竞赛，昨为第七日，参加顺序为报业、旧货业、制革业及纸张印刷业，尚有植物油料出口业，改期举行。兹将昨日情形分志于下：

昨日参加各业，以报业阵容最盛，到各报工作人员 300 余人，排队到会，前导军乐，三时半典礼开始，四川建设厅长何北衡氏主席，致词后即举行献金。

各业献金

报业献金包括本市报纸及中央通讯社，总数为 5998.03 元（另又大汉晚报 10 元），计中央社献 1112.9 元，时事新报 835.13 元，中央日报、大公报、扫荡报、新蜀报、国民公报、新民报各献 500 元，新华日报、商务日报、济川公报、大江日报各 200 元，西南日报 100 元，大陆晚报、南京晚报、新蜀夜报各 50 元，大汉晚报 10 元，并由代表人时事新报总编辑崔唯吾致词。继由山货业献金，总数 5278.22 元，制革业 1326.42 元，纸张印刷业 2662.35 元，四业共计 14125.02 元。

个人献金

昨日个人献金者：司法院居院长 5000 元，王伯群 1000 元，内政部何部长 3000 元，复华漂染公司孙益祥、上海中国化学工业社周伯奇 10 元、30 元，章延钟 10 元，孙佩章 10 元，中国工程师学会重庆分会 444.65 元（另有金银呈献见后载），中央政治学校合作学院举办信用合作社 100 元，扫荡报同仁再独捐 183.83 元，时事新报将其代收读者献金 13084.17 元，亦当场呈献，川江航务管理处 10 元，建国工业社 50 元，青年书店 200 元，三民主义青年团 10 元，怡和公司 200 元，新昌和沈佑之及同仁 300 元，大汉晚报另献 10 元，曹允源 35 元，李德轩 200 元，刘志远 20 元，利昌公司 100 元，李崇伯 10 元，蒋功全 5 元，上海鸿新染织厂 100 元，聚光荣 100 元，付天德 20 元，小学生付辉志、付辉贞各 5 元，此外天厨味精厂吴蕴初并亲自到会献金 10000 元，另有黄锡兹君于会后赶到亲献 10000 元，李泽敷君献金 2000 元，三才生煤矿厂献金 1000 元。诸君之热心，令人起敬。

总计昨日献金总数为 65554.97 元，另有金银器皿不在其内。

金银呈献

自前日蒋夫人将金质勋章一枚作献金后，此举实寓有提倡将金银饰物呈献政府之意。各界闻风而起，昨日即有上海龙章造纸公司重庆工厂到会呈献银砖一块，重一百两零八厘；又该厂同仁献银砖一块，重一百零一两，砖上均镌“提倡金银献金”各字。又该厂经理庞赞臣个人另献金锡一只，重五钱一分，大银条四枝，合重十七两，小银条四只，合重三两八钱，银花插二只，六两八钱，银镯三只，一两八钱五分，银杯一对二两一钱五分，共重二百三十三两一钱一分八厘。中国工程师学会重庆分会除捐献国币外（载前），另献银块五枚，银锁一把，银簪一支，银插簪三支，银纽扣十二枚，银索一条另件九件。又李孰羡献银质三件。

妇女献金

今日为妇女及公务员献金日，闻此次妇女献金，进行甚为积极，逆料有最佳之成绩。并闻该会为礼堂太小，限制人数起见，礼堂内将只留作参加献金人数入座，两旁楼上作为来宾席，为增多献金，并将楼上地位略予限制，入座参观，每人须至少献金一元云。

又昨日献金总数，因结算已迟，不及送各报发表，特为补志于下：实计总数605149.65元，内救国公债65元。

原载《国民公报》1939年3月5日

六、第八日献金盛况

（本市消息）昨日为献金竞赛第八日，参加顺序，疋头绸缎布业、新药国药中西餐业及汽车等六家。由交通部卢作孚次长主席，行礼后致词，略谓旧习有求神保佑之事，今吾人应以所有钱财，求唯一之神保佑，即是中华民国大家出钱，一定能建立强固国防，赶走日本帝国主义。嗣即于热烈掌声中，开始献金。

各业献金

昨日到各业代表吴绍兴（新药）、陈志刚（布业）、周懋植（药材）、卓德全（绸缎）、张铭汉（汽车）及中西餐业刘君等，均于该业献金前有热烈之演说。献金成绩，亦大有增加，各业献金数如下：新药业3064元；中西餐食业3715.26元，又该业厨工等合献78.59元；疋头绸缎业6565；布业1955.95元；汽车业703.5元（本市公共汽车将另有大批献金）；药材业11715元，又银锭二枚；国药业2027.34元。

个人献金

大公报代转中国地质学会及天府公司职员116元，乐曼雍君40.05元，太古公司万流轮船职工42元。侨务委员会亦有捐献，赵公馆50元，林云陔部长等3000元。印刷业同仁1290元正，华华公司职员510元（内公债240元），商务团第三期第一中队120元，田常松君20元，市新运会转来节约献金1052.90元。利森永酱园同仁7.2元。此外当场冠生园单独增献300元，华华公司单独增献300元，到场药业恒丰大号蒙宜之君献30元，吉祥云号程健明君献10元，尚有80多岁老翁陈炳林献10元，无名氏献金戒一只，新药业吴绍兴个人献1000元，卢次长亦献200元，尚有本市基督教徒献1664.6元，又加献658.79元，天一医院周院长特将其个人节省烟酒费100元作献金，并宣布正在劝募本人所设戒烟医院戒烟者举行献金。又有川盐银行石竹轩将其家藏金银首饰及本人存款一部分共10163元作献金，当场激起不少之掌声。

至此已将六时，献金礼告结束，共计昨日总数为50352.58元，金戒一只，银锭二枚。

（更正）前日监察院全体同仁合献5000元，各报误登为于院长个人所献，应特予更正。

（又讯）考试院戴院长以此次献金竞赛异常热烈，特将本人一二月份公俸共3100元悉数作为献金，又〔戴〕夫人亦献金4000元，公子戴安国献金1000元，共8100元，均已送节约献金会。

原载《国民公报》1939年3月7日

七、第九日献金盛况

（本市消息）昨为本市纸烟、丝烟、叶烟及歌场等四业献金竞赛日，到各业代表纸烟业邱君、丝烟业何君、歌场业孙君，各业同仁及来宾共600余人，由李奎安主席致词，略谓：前方有力者在出力，后方有钱出钱为义不容辞，如此始能达到抗战必胜建国必成之目的。嗣即举行献金：

各业献金

纸烟业7205.9元，丝烟业226元，叶烟业1572元，后又加献80元；歌场业小广寒705.35元，后又加献50元，月宫442元，大广寒429.54元，金陵公寓126.3元，太和楼60元。

个人献金

有纸烟业颐中公司同仁1156元，纸烟业工会同仁1700元，无名氏公债10元，宋哲夫、贾伊箴、陈瑞瑛各10元，江北明记裕民戏院30元，申江印务局50元，周佩箴500元，江蓉、吴忠信各200元，江北县党务指导委员会1元，陈云耕30元，清唱队20元。

扑满拍卖

至此有月宫小主人梁阿富（七岁）将其扑满一只呈献，当场出计49.88元。当将已破之扑满一只举行拍卖，由20元增至200元，先由杜振华君拍进，但杜君除献金外愿将碎满再行拍卖，由主席李奎安以220元拍进，此时月宫场主梁鹤云愿再以40元代价购进，留作纪念，计当场拍得460元之多。

热烈争献

于是竞赛情形开始，首先当场歌女各各解囊呈献，小广寒蒋俊卿、俞美云、张梅卿、亚红、张君秋各献5元，李桂风3元；林山楼朱雅云、朱雅仙各1元，唐素莲2元，又该场全堂场面亦献20元；蒋俊卿并即脱下金戒一只呈献，激起全堂不少掌声。又有大广寒张月秋亦献金戒一只，该场再补献6.76元。金陵公寓春茂5元、金玲珑、王飞红各献2元，卜爱玉1元，卜美玉0.78元。月宫全体同仁再增献40元。时已六时，即于热烈欢声中告一结束。

总计昨日共献55440元，另金戒二只。明日献金竞赛，有盐业参加，将有巨额献出云。

又新运会此次举行节约献金竞赛，各界热烈情绪有增无已，开空前之记录，足为全国模范，已引起中外之注意。最近有未曾参加各业于另日献金完毕后，前往续献者热情可想，该会已决定请各业各界自由参加，前往该会申明即予排定献金日程，以资共同呈献，更使此次竞赛为之生色，尚望未参加各业各界特别注意。

（更正）前日中国化学工业社献金1000元，报载有误；又中西餐厨工业职业工会献金781.59元，昨报误载78.59元，应合并更正于上。

原载《国民公报》1939年3月8日

八、第十日献金盛况

（本市消息）昨日为盐业、糖业、米粮及油业四业献金竞赛日，到中央党部马超俊，财政部盐政司马司长，各业代表职工及来宾等共500余人。马超俊主席，由主席及马司长分别致词后，即开始献金。

盐业

昨日盐业献金成绩最佳，计四川产销盐商10万元，富荣运销商人8000元，富荣联合办事处2000元，富荣运销商各号职员合献2746元，湘西运销处1000元，个人方面有湘西岸运销处张筱坡等人捐款10元5元不等。最后魔术家马守义君将其铜制聚宝盆一只送来拍卖，亦由盐业公会以300元最高价买进，作为献金。

糖业

该业初献3560元，后两次增加共献2000元，合计5560元，又连从云君献金500元。

米业

米业公会2500元，会员合献2500元，共5000元，又唐连夫君个人献100元。

油业

初献466.3元，后加献20元。

此外重庆银行于昨日到场添献7500元，又精益眼镜公司王翔欣君献20元，总计昨日总数为134396.3元另金戒一只。

（又讯）三民主义青年团发动青年节约献金后，敌人的后方青年纷电响应，除各集大宗款项待献外，华北某地青年并备献金戒138枚，战区青年之爱国心，可见一斑。重庆方面自各报响应青年节约献金之启事刊出后，各界青年日来纷向指定缴款地点缴纳，青年团中央团部职员楼桐茂、李鸿恩等，全体亦已认献。

书记长陈诚认献正中书局稿费1294.64元；宣传处副处长李惟梁、包华国，办公处处长叶溯中，秘书谢然云，各捐薪一月；文化组组长鲁觉吾献薪一个半月。献金筹委会四次会议，并决定全市青年团团员十日下午四时在体育场总集合，分60队出发全市宣传劝募，并推谭平山、陈诚、朱家骅、陈立夫、康泽、郑彦芬、陶百川七人组主席团、包华国为总指挥，涂公遂为副总指挥云。

原载《国民公报》1939年3月9日

九、第十一日献金盛况

（本市消息）三民主义青年团渝市团员，今日下午总集合后分60队出发宣传劝募，其分布地区如下：

重庆支团部所属团员为通远门、七星岗、劝工局街、售珠市街、白菜巷街、武库街、杂粮市、第三模范市场、木货街、临江门、夫子池、演武厅、油市街、桂花街（第一区）。中央直属第一分团部所属团员为大梁子、中央公园（第二区）。中央团部宣传队队员为都邮街、关庙街、苍坪街（第三区）。青年招待所服务社社员为小梁子、龙王庙、过街楼、陕西街、新丰街、一二三牌坊（第四区）。各队工作时间自下午四时至晚十时，全市分布劝募期，成绩必有可观。并装饰美丽之献金车，自昨日起活跃市上，车上设备周详，宣传队员每晚至各游艺场所参加游艺节目，从事夜间活动。昨日下午五时晚七时并由陈诚、包华国两氏向全国青年讲播节约献金云。

（又讯）昨日为木业、煤业、屠宰业等三业献金竞赛日，到中宣部副部长潘公展，各业代表职工及来宾等500余人，潘公展主席行礼如仪，主席致词后，开始献金：

各业

木业首先献4018元，后又加献1000元；煤业先献4669.68元，后又加献500元，再加献200元；屠业674元，又加献25元。

个人

童子钧1000元，王执中300元，马良仕30元，张仲文20元，主席潘公展亦献200元，嘉陵球工厂10元，谭采臣20元，童明伦5.4元，黄肇伟1.2元。

补献

连日来于献金毕后，尚有多业，于事后补献者甚多。昨日补献者有金城银行7500元，苏货业441元，典衣公会699元，中国银行妇女工作队64.25元，市政府妇女工作队110元，妇女座谈会 15 元，巴县政府妇女工作队 6.2 元，笃仁小学 18.22 元。

银物

昨日献真金银者，有施礼摩献银杯一个；燧川庆记除献公债 75 元外，另献银条一条；文善元银锭二枚，银元 10 元。

总计昨日献金总额 22200.45 元，另银器若干。

原载《国民公报》1939 年 3 月 10 日

十、献金总成绩

（本市消息）热烈之节约献金竞赛，已于昨日告一段落，总额共达 250 万余元，尚有金银器皿首饰戒子〔指〕银条银块等不计在内，折价亦有巨数可达 25 万之最大数。

兹将二月二十六日起到昨日止每日献金总数列后（金银饰物未计在内）：

二月二十六日	4896.86 元
二十七日	20278.62 元
二十八日	21168.30 元
三月一日	26128.20 元
二日	35377.13 元
三日	605172.63 元
四日	65554.97 元
五日	627359.36 元
六日	50352.58 元
七日	15445.51 元
八日	134396.30 元
九日	22200.45 元
十日	24707.94 元
十一日	57051.62 元
十二日	754105.07 元

新运会方面，闻将于全部总数结清后，即定期举行给奖礼，除给预定奖品外，林主席赠送名贵物件，将分赠献满 10000 元以上者各 1 件。除此之外，再由各界出金购作纪念品，并特定期向政府举行隆重之献金礼，届时将有一番盛况，一面并将此次献金数全部公布各报及刊行征信录，以昭大信，新运纪念会所举办之展览会，昨亦结束。

最后一日献金各业特别踊跃

（又讯）昨日为献金最后一日，总数 754105.07 元，超过前此各日之记录。下午三时开始献金，马超俊主席，先由三民主义青年团献金，总数计 40248.84 元及金饰等件甚多（尚有江北青年团献金 5000 余元，时迟不及到达，定今日补献）。

次由各业献金，计特业行采商 131900 元，又加献 58000 元；特业店商 10223 元；又特业新协记及金双成同仁合献 521 元；合成同仁 142.5 元；川江轮船航业公会各航业公司共献 50000 元，内民生公司又加献 20 元；油漆公会 300 元，服装业 2079.72 元，又各商号工人献金 175.58 元，白炭业 100 元，建筑业由关颂声经募馥记营造厂等十家建筑公司及同仁等共 12000 元，又航业秦钟如个人献生银一块金月石 5 元，酒业 1235 元，又加献 10 元；纸合装潢业 158 元，兑换业 400 元，鸡鸭蛋业 40 元，陶器业 62 元，木作业 300 元，胶皮业 668.5 元，煤业加献 6200 元，颜料业补献5370元，理发业南京等十家共献812.55元，又理发业工会157元又8.15元，律师公会500元，重庆市商会亦献50000元巨数，尚有武汉流亡商人献金3900元。

其他献金，四川畜产公司3000元，古耕虞1000元，南开中学、黄锡兹等亦各献巨金。

至五时，各业献金队陆续到达，即开始第二次献金礼，由财政部徐次长主席，致词后开始献金。

昨日献金最巨之数，为出席此次第二次地方金融会议，代表各地方银行献金总数325000元，详数如下：

广东省银行70000元，福建省银行50000元，江西裕民银行40000元，浙江地方银行30000元，广西省银行25000元，河南农工银行20000元，湖南省银行20000元，甘肃平市官钱局20000元，陕西省银行20000元，安徽地方银行10000元，湖北省银行10000元，江苏农民银行10000元，广东省银行顾群加献1000元。

原载《国民公报》1939年3月13日

32. 新运总会发起节约献金运动概况（1939年）

本会于战时，为发动民众有钱出钱有力出力之主旨，首先发起节约献金，各界热烈响应，五周年纪念时，曾举办重庆市各界节约献金竞赛，为时半月获得空前成绩，计献金总数，共计2291530.32元。自最初收款日起，截至献金之日止，共计利息11090.14元，总数共计2302620.47元。所有一切开支费用，未在献金数内动用分文，当于是年（二十八年）五月一日，亦即全国国民精神总动员国民月会开始之日，由黄总干事代表全体献金民众，谨献于国民政府林主席暨军事委员会蒋委员长。所有献金账目，悉请国民政府主计处派员审核，并将征集银数刊登中央日报三天，以昭大信。〈后略〉

摘自新运总会编：《新运十年》第一卷第三章（2）《战时重要工作概述》

33.《国民公报》关于陪都各界举行出钱劳军竞赛运动的报道（1940年2月9日）

（中央社）陪都出钱劳军竞赛运动竞赛大会，原订本月十日起举行，顷以此次运动规模最大，动员范围最广，各方响应亦极热烈，为求有更充分之准备，俾获圆满结果起见，爰决定延至二月十七日开始举行，二月十日则仅举行预赛。其办法即请各单位将已募集之概数函告慰劳总会，慰劳总会并订定各动员单位劝募界线区划办法，藉免重复而利推行，兹录其划分办法如下：劝募界线区划办法：

一、出钱劳军共分（一）党政，（二）金融，（三）工商，（四）侨胞，（五）妇女，（六）青年，（七）交通，（八）文化，（九）农工，（十）边疆等十大总的动员单位。

二、各大动员单位，除原已确定之动员单位外，兹为劝募便利及避免重复起见，特再区划界线如次：

（一）党部政府既不属于上列动员单位之各机关团体，以及后方各军事机关，一律属于党政范围。

（二）财政部及其所属机关，属于金融动员范围。

（三）教育部及其所属机关（学校例外）、中央研究院、中央图书馆、编译馆及其他文化团体等，一律属于文化动员范围。

（四）青年团体学校（教职员与学生），一律属于青年动员范围。

（五）交通部及其所属交通机关，一律属于交通动员范围。

（六）经济部及其所属机关，属于工商动员范围。

（七）各种职业公会之团体，一律属于农工动员范围。

（八）各机关团体内之女职员捐款，一律属于妇女动员范围。

三、侨胞边疆不在陪都动员范围之内。

四、本办法之订定，（一）为便利劝募，（二）为避免混淆重复。总之，以做到每一单位或每一个人出钱一次为准。

出钱劳军

（中央社）出钱劳军竞赛，现各方已在热烈进行，侨务委员会于六日举行该会个人竞赛，全会职员工友均踊跃参加，由该会陈委员长树人主席，先致词助勉，随即举行竞赛，结果成绩颇为圆满。职员方面，办事员吴思速出钱960元，合其16个月薪给之数；科员业德厚出钱960元，合其薪给全年之数；其余捐助薪金2个月1个月者尚有多人。工友方面，陈秩生、石玉明各捐薪金2个月，捐助一个半月一个月者，亦有多人。竞赛决定后，陈委员长对于该会职员如此热心大为嘉勉，当场宣布：以其本人画五幅分赠成绩首列职员五人，字四幅分赠工友四人，藉表敬意云。

运输工人捐款可达万元以上

又本市运输公会，为响应出钱劳军运动，特于七日召开第七次全体代表大会，到党政机关及各支部代表50余人，决定采自由捐款方式，但每会员至低须献1元。按该会拥有会员10000余人，为本市组织最严密而庞大之工会，以每人献金1元计的总数当在10000元以上云。

原载《国民公报》1940年2月9日

34. 国民精神总动员会为踊跃参加出钱劳军运动告全国同胞书（1940年12月）

全国慰劳总会最近发起出钱劳军运动，以竞赛的方式，鼓励同胞作自由的捐献，这是一个有重大意义的运动。

据该会副会长谷正纲氏所发表的谈话，这次运动预定募捐款额为1000万元。用途的支配，大部为组织全国慰劳团与办理或扩充对荣誉军人及抗属的福利事业。举行的办法，将普遍劝募并举行竞赛。举办时间定二月二日为预赛期，二月十日——旧历年元宵节日为竞赛期。期限已迫，希望全国同胞一致奋起，踊跃参加“胜利年”首次伟大的运动！

全国同胞要知道，我们和强寇打了五年，何以到今天仍能保持国家的独立，何以大家到今天还能呼吸自由的空气，这就是数百万将士拼头颅洒热血艰苦奋斗的结果。他们捍卫国家的疆土，争取民族光荣；他们惊天地、泣鬼神的壮烈牺〔牲〕精神；他们无可比拟的功勋，我们要怎样，才可以表示敬仰呢？踊跃参加出钱劳军运动，就是表示我们的微意！

当兹一元复始，岁序更新之际，人情莫不怀念骨肉，我们却要扩大怀念骨肉之情，寄与前方守土的将士，使将士们在腥风血雨中得到热情的慰藉。我们相信英勇的将士们，必将格外欢欣鼓舞，转移思亲之念，加紧为争取国家独立自由而奋斗！

亲爱的同胞们：前方将士已将生命贡献国家，我们安居后方，如果竟不能节一粥一饭之资，省其一衣一履之费，参加出钱劳军的运动，揆诸良心，能不愧怍？1000万元的数目，由全国同胞来担负，真是微乎其微，不难立办。我们每个人都必须参酌自身经济能力，尽量贡献，贫困者一元不为少，富有者万元十万元不为多。总之，这是大家报国的机会，这是测验爱国情绪的试金石！

凡是爱我伟大祖国的中华儿女们，都一致踊跃参加出钱劳军运动！

重庆市档案馆馆藏档案：全宗号：0054，卷号：471

35. 重庆市商会为捐款劳军致全国各省市县商会电（1941年10月）

（中央社讯）重庆市商会顷通电全国各省市县商会云：此次湘北大战，关系国际国内视听至巨，幸赖我最高统帅之指挥若定以及前方诸将士之英勇战斗，用能将敌最精锐之主力部队六个半师团之众击溃，造成湘北战役第二次大捷，造成我抗战之绝对优势。捷报传来，欢忭弥深。本会除立即向司令长官及前方各将士致敬外，特再发动大规模捐款，慰劳湘北将士运动，以示我中华工商人员赞助抗战之愚忱。贵会公忠体国、素具热情，对兹倡议，必荷赞同，请即转知贵会各会员踊跃捐款，共襄盛举。收得款项，除请迳交当地中中交农银行查收赐据外，并请将捐款人姓名开示，俾便在报端披露，以昭严实。谨电奉达，诸维莘鉴。重庆市商会主席周懋植暨全体执监委员同叩—□歌印。

原载《大公报》1941年10月6日

36. 陪都各界文化劳军运动委员会为发动文化劳军运动致重庆市临时参议会代电（1942年10月31日）

重庆市临时参议会勋鉴：查文化劳军献金运动在陪都方面刻正积极推行，初步工作一在完成劝募组织，一在进行广泛宣传，以期造成热烈空气，期获圆满结果。素稔贵会为本市民意机关，最为民众信仰，相应电请号召全市同胞热烈响应文化劳军，以资激发民气，鼓励士气，而为全国楷模。检附文化劳军运动手册乙份，至希查照办理见复，毋任感盼。陪都各界文化劳军运动委员会兼主任委员谷正纲，副主任委员吴国桢、杨公达、康心如印。引。

附文化劳军运动手册乙份。〈略〉

中华民国三十一年十月三十一日

重庆市档案馆馆藏档案：全宗号：0100，卷号：20

37. 全国慰劳抗战将士委员会总会为发动 1944 年元旦献金致重庆市临时参议会电（1943 年 12 月 25 日）

重庆市临时参议会康议长心如勋鉴：查此次鄂湘大捷，举国振奋，本会除已发动海内外扩大慰劳鄂湘将士运动外，并定于三十三年元月四日上午九时假道门口银行进修服务社举行陪都各界慰劳鄂湘将士献金大会，用资激励军心民气。顷悉贵会于本月二十二日邀集各有关机关会议，议决陪都各界庆祝中华民国开国三十三年纪念献金及赠送湘鄂将士慰劳金大会合并于元旦日举行。查本会主办之各界慰劳湘鄂将士献金，自常德会战之始，即已积极发动，各方响应献金，大都准备就绪，未便更改日期。贵会主办之陪都元旦献金大会，拟请顾念上项事实，并于三十三年元月四日举行，俾获圆满结果，各有关单位，亦无重复举办之苦。除分电各有关单位外，特此电请查照，并祈见复为荷。全国慰劳抗战将士委员会总会。渝。秘（有）。

重庆市档案馆馆藏档案：全宗号：0054，卷号：471

38. 全国慰劳抗战将士委员会总会为 1944 年元旦献金办法致重庆市临时参议会电（1943 年 12 月 25 日）

重庆市参议会公鉴：陪都各界慰劳鄂湘将士献金大会，谨订于三十三年一月四日上午九时假道门口银行界同仁进修服务社举行，届时拟请贵会组织献金队，准时前往参加，用资鼓舞军心民心而表崇敬之意，相应抄送办法一份，谨特电请察照办理赐予见复为荷。全国慰劳总会渝秘亥。

附献金办法一份

陪都各界慰劳鄂湘将士献金大会办法

一、日期：三十三年一日四日。

二、时间：上午九时举行（请于八时四十五分到达会场）。

三、地点：林森路道门口银行界同仁进修服务社。

四、组织：5 人至 30 人（能多派则更好，以示热烈），每队设队长 1 人。

五、宣传：尽可能配以旗帜、炮竹、锣鼓或乐队，以广宣传。

六、献金：（一）请以红纸包扎，加书“献赠慰劳鄂湘将士”“金额”“献赠机关团体或个人衔名”。（二）如已交送国家银行或储金汇业局者，则请以红纸一方开明“送交银行”“金额”“赠送者姓名”即可。

重庆市档案馆馆藏档案：全宗号：0054，卷号：471

39.《中央日报》关于陪都各界劳军献金盛况的报道（1944年1月5日）

（中央社讯）全国慰劳总会自发动海内外湘鄂劳军运动以来，各地热烈响应，献金额已近2000万元左右，足证后方民众对于前线将士爱护之殷。陪都各界慰劳湘鄂前线将士献金大会，于昨日上午九时假银行界同仁进修服务社举行，二小时内各界献金600万元以上，超过预期一倍以上。

献金大会盛况空前

当时到会党政首长各机关团体领袖，有社会部长兼慰劳总会代会长谷正纲、宣传部长梁寒操、组织部副部长兼慰劳总会副会长马超俊、社会部次长洪兰友、政治部第三厅厅长兼慰劳总会副会长黄少谷、重庆市长贺耀祖、重庆警察局长徐中齐、四联总处秘书长刘攻芸、市参议会议长兼市银行工会会长康心如、市参议会副议长李奎安、市商会主席周懋植、迁川工厂联合会常务理事潘仰山、盐务总局总办张绣文、湘灾筹赈会代表贺衷寒、青年团中央团部宣传处长郑彦棻、妇女慰劳总会唐国桢、梁黎剑虹等1000余人，济济一堂。此外，各行业会员区镇民众自动参加者，纷至沓来，户限为穿。大会由谷部长主席致开会词，阐述此次鄂湘大捷为吾国与同盟之光荣，亦即敌寇崩溃之开始。今日到会献金人数之踊跃与情绪热烈，充分表现吾国民之爱国精神，亦即吾伟大民族精神之表现，乃抗战胜利建国成功之重要因素。深信在场者均能自发自动，诚诚恳恳慰将士，慷慷慨慨来献金。次梁部长致词，谓预料年内必有甚多诸如此类之盛大献金会，今日鄂湘劳军献金，不过肇其端。此后收复汉口、广州、南京、北平、沈阳之日，诸君必更争先恐后来此踊跃输将，献金会规模一次比一次大，数额一次比一次多。又贺市长致词，以慰劳献金之精神、作用千百倍于物质贡献，今日盛会不过表示重庆市民爱护前线将士之万一。刘攻芸、潘仰山、周懋植、张绣文、贺衷寒等分别讲演，均称慷慨献金，藉表敬意云耳。其间以湘灾筹赈会代表贺衷寒演词最为动人，彼以筹赈湘灾难民500万人赈款中，拨2万元献金劳军，全场感动，掌声雷起。

随即开始献金，时有希腊商人菲立瑟弟氏道经会场门首，触景生情，自动捐献金表及挂表各一只，全场情绪益为高涨。此后徐中齐代表渝市十八区镇献金100万元，刘攻芸氏代表国家银行及同仁献金100万元，潘仰山代表迁川工厂联合会、中国全国工业协会、国货厂商联合会合献110万余元，康心如氏代表市银行公会各会员行家献金992000元。张绣文氏代表盐业界及监务局同仁献金68万余元，又礼品88件。梁夫人黎剑虹女士代表妇女界献金40万元，贺衷寒氏代表湘灾筹赈会献金20万元，王洸氏[代]表轮船及长江区船业献金11万元，宾元渝商号献金10万元，中央秘书处10000元，国民政府16000余元，国民参政会25900元，海外部12000余元，中宣部12000余元，立法院1万余元，交通部二十七区党部2万元，外交部1万元，财政部关务署 23000 元，社会部 1 万元，市政府 1 万元，南开中学 6 万元，文德女中 19050 元，重庆大学 11900 余元，懿训女中 5000 余元，重庆电力公司 5 万元，市钱业公会 4 万元，求精商校 1 万元，辅助抗属子弟校 100 元，小朋友丁阿立 100 元。献金者争先恐后络续〔绎〕不绝，于二小时共献金 600 万元以上，除一部分已迳送中中交农四行代收外，当场由中国银行经收，审计部派员点验，共计现金支票 2492000.2 元。大会于十一时闭幕以后，续献者可迳送国家银行代收转划，候汇呈军事委会统筹分配。

又大会通过致敬电五通：一、电呈蒋主席。二、电何总长、白程两副总长。三、电陈薛两长官、孙代长官并转前线将士。四、电航委会周主任并转空军将士。五、电美国在华十四航空队陈纳德司令并转全体队员。

原载《中央日报》1944 年 1 月 5 日

40.《中央日报》关于全国劳军献金总额的报道（1944 年 1 月 5 日）

（中央社讯）海内外响应全国慰劳总会鄂湘劳军献金，截至目前，总额已近 2000 万元，内陪都 600 万、湖南 324 万、湖北 200 万、广西 100 万、河南 36 万、甘肃 12 万、江西 77.4 万、新疆 20 万、贵州 100 万、安徽 2 万、福建 10 万、广东 200 万、海外侨胞 30 万（美金 15000 元）、西康 100 万，其他各省市献金以未经报告，尚未计算在内。

原载《中央日报》1944 年 1 月 5 日

41. 全国慰劳抗战将士委员会总会为发动七七扩大劳军运动致重庆市临时参议会公函（1944 年 6 月 22 日）

敬启者：本会近以中原湘北鄂西滇缅各战线大战展开，我忠勇将士及协同作战之盟军，艰苦奋斗，备著辛劳，为表示敬意并鼓励士气激发民气起见，特扩大推行劳军运动。全国各省市，经本会发动后，劳军浪潮日益澎湃，陪都方面，自更应积极推行，以资示范。爰于日昨邀请有关机关团体代表商讨陪都七七扩大劳军献金运动办法，当经全体代表公推先生为陪都市民自由献金劳军宣导团副团长，兹特随函检奉自由献金办法一份，敬乞惠察并积极领导进行，期获圆满结果，以励士气，毋任企感。

此致

康议长心如

附自由献金办法一份

会　长　陈　诚
代会长　谷正纲
副会长　马超俊　郭沫若　黄少谷

七七劳军自由献金办法

一、自由献金采用“献金塔”，组成行列分区游行街衢，号召市民自由献金，以收“聚沙成塔”之效。

二、“献金塔”行列中配合乐队、化装宣传队、化装车马、漫画、标语，以生动热烈，激发民气并能使各界慷慨捐输为主。

三、劳军献金塔暂以市区一至八区，分四天以竞赛方式分别举行（自七月三日至六日），藉以普遍深入。

四、各区劳军献金塔游行事宜，由全国慰劳总会会同警察局及各区署主持办理，争先并由各区发动保甲人员、学生挨户向市民宣传劝募（劝募期间不得经手捐款）。

五、自由献金须将姓名、住址及捐献数额加封，投入献金塔内，以便检查。

六、凡公司、行号或个人捐款较多者，得当场赠送或在其店前张贴制就之献金标帜（书明数目），以示宣扬。

七、献金时邀请社会部、中宣部、审计部、市政府、市参议会派员组织献金监察团随行监视，并请国家银行派员于游行终点点收金额，解存国库。

八、各区献金数额，由各区推派代表于七七献金大会呈献。

九、各项详细办法另订之。

重庆市档案馆馆藏档案：全宗号：0054，卷号：428

42. 陪都各界七七劳军献金分配会议纪录（1944年7月21日）

日期：三十三年七月二十一日下午三时

地点：夫子池新运模范区忠义堂

出席者（以签到先后为序）：审计部蒋树芬、财政部烟类专卖公司于次青、青年团重庆支团任觉五（谢星曲代）、扫荡报王学国、中央日报赵冯远、新运总会章楚、市参议会李奎安、后勤部李树□、盐务总局王达仁、中央党部宋宣山、中央宣传部詹洁悟、市政府袁振计、国民参政会孟广原，中华全国基督教协进会耿元学、市妇女会傅伯群、中国劳动协会水祥云、市党部张兆、银行公会康心如（沈仲宽代），中英文化协会余慕瀛、青年团中央团部程思远、青年团中央团部杨耀光、社会部组训司袁桂生、市政府贺耀祖、重庆中国银行朱翔卫、军委会政治部华以松、新民报浦熙修、卫戍总司令部向子渔、中央党部沈善宏、钱大钧、陈良、张道藩（胡一贯代）、吴铁城（宋宜山代）、张继、市党部汤直夫、市商会邓德予、海外部黄铁铮、翁坚（张云清代）、藩仰山、张鹏才、张治中、李俊龙、曾伟民、邓发请、于斌（郭鸿群代）、邵力子，市社会局包华国（杨照代），财政局许大纯（胡填之代）、妇女慰劳总会□□□（□□□代）、重庆市警察局夏综远、时事新报杨唯力、市商会周懋植、周荟柏、梁寒操、市政府王祖祥、马守义、鲜英、杨丙初、新蜀报黄水、盐务局李庆实、贺国光（贾伯涛代）、参议会张厚村、谷正纲、马超俊、黄少谷、贺倪斐君、马沈慧莲、刘攻芸、张知辛、诸大文、王绍维。

主席：谷正纲
纪录：张知辛
一、报告〈略〉
二、讨论及决议事项：
（一）七七劳军献金应如何分配案：
决议：1. 目前所收献金，暂以5000万元（截至七月十五日止，国库已收45314853.56元），分配下列各对象：
（1）保卫衡阳攻防部队1000万元。
（2）空军将士及盟国驻华空军将士1000万元。
（3）远征军及驻印军（包括从军学生）1000万元。
（4）湘鄂粤作战部队2000万元。
2. 其余待缴献金俟收到后，分配下列各对象：
（1）其他全国将士3000万元。
（2）荣誉军人600万元。
3. 关于慰劳金之送致与空军慰劳品之设计，除空军推有关机关团体（名单另列）代表设计慰劳物品外，余以现金送请军事当局斟酌前方部队实际需要办理之。
（二）集团献金各单位重复列报之献金，应如何处理案。
决议：
1. 已于自由献金时捐献之金额，不列入集团献金。
2. 集团献金各单位如金融工商各方面，非直接献金而由报馆或其他方面转献者，亦不列入集团献金。
3. 上二项重列之数，由各有关业倡导团团长负责补募足额，又集团献金部分认献未缴之数，请各倡导团团长负责在八月五日以前缴齐。
（三）全国慰劳总会提请组织催献监审委员会并拟具组织要点，请公决案。
决议：
1. 组织要点通过。
2. 推张委员继为主任委员及邵秘书长力子、梁部长寒操为副主任委员。
3. 推各倡导团团长及有关机关团体（名单另列）为委员。
（四）应缴未缴之献金，如不能缴献足额时，如何办理案。
决议：由催献监审委员会处理。
三、散会：下午五时三十分。

附录：

（一）盟国及本国空军慰劳物品设计者

中央宣传部、外交部、军事委员会外事局、军事委员会政治部、航空委员会、全国慰劳总会、妇女慰劳总会、盟军之友社、国际广播电台、美术家。

（二）催献监审委员会委员名单

主任委员张澍泉、副主任委员邵力子，委员张道藩、贺耀祖、刘攻芸、康心如、杨公达、任觉五、周懋植、杜月笙、潘仰山、尹任光、陈公亮、张绣文、王智明、徐中齐、刘航琛、胡庶华、贺倪斐君、马沈慧莲、李俊龙、重庆市总工会、中国劳动协会、中国天主教文化协进会、中央通讯社、全国基督教协进会、中国银行。

重庆市档案馆馆藏档案：全宗号：0054，卷号：428

43.重庆市警察局为结束七七献金事宜致全国慰劳总会公函（1944年10月31日）

查本局前发动本市保甲民众参加七七劳军献金运动一案，经各区先后献缴款项计共9515533元，并经分别扫数解缴国家银行代收，特解国库暨先后检同各缴款收据，除函贵会查照各在案。兹本案已告结束，特再造列各区七七献金一览表，函请查照核对，公布见复，用资结束为荷。

此致

全国慰劳总会

附送各区七七献金一览表一纸

局长　徐□□[①]

本市各区七七献金一览表

区别	献缴金额	备考	区别	献缴金额	备考
一	842419.00		二	857000.00	
三	1020000.00		四	1050000.00	
五	750990.00		六	210000.00	
七	200000.00		八	133822.00	又募21500元，共为1553232元
九	750000.00		十	403500.00	
十一	1373521.00		十二	350000.00	
十三	355175.00		十四	220000.00	
十五	395100.00		十六	220006.00	
十七	230000.00		十八	154000.00	
总计	9537033.00				

① 即徐中齐。

44.《大公报》关于陪都妇女界献金盛况的报道（1944年12月18日）

（本报特写）昨日为陪都妇女界献金大游行之第二日，献金行列于清晨八时于望龙门集合出发，前日参加游行之夫人小姐们仍全体列队参加。昨晨虽雪片飘飞，寒气逼人，但在夫人小姐们热情的劝捐下，路旁行人，商店与休假的公务员，无不自动献上现金与实物。

行列游行至上清寺储汇大楼时，劝募人员在大楼里遇到了徐局长继庄，包德明女士请他为该局全体同仁献金5万，费侠拦着他加到10万，贺夫人倪斐君请他加到20万。“20万！”这句话传在张着旗子的太太小姐们的笑声里。

行列到七星岗时，播音机失了声音，金嗓小姐朱铭仙也徒唤奈何了，但是捐献的热情却激起了。几家报馆的同仁都自动捐出钱，正中书局同仁绝食三日，捐给前方将士5万元，中央社全体同仁献了10万元，以全部代购毛巾。“中央社一个从军职员傅用霖捐出了5000元的安家费，最难得的是他这笔钱是请别人匿名献出的。”马夫人连声对记者说。

“多少该献能献的却不献，而相反的多少无力献的却竭力献；我们跑了一天，可真是悲喜交集了。”贺夫人倪斐君无限感慨地说。

“昨天被骂了还不够，今天更气人了。都邮街大华西服店不捐也罢了，还说什么上次捐的未汇出，这次给1000元是慰劳你们的辛苦。”徐夫人费侠气愤着说：“幸而金嗓子说，记得上次这店家也没捐，难道一个败类也连及其他。我多少出了些气！”

梁夫人黎剑虹说：“我到好，两位牙医师却顺利的各献了1万。”

到观音岩时，十一保的居民有组织的自动集体捐出了12200元；上清寺人文书店献出了五六十本书，累得市女中与妇女辅导院的小姐们一本一本往上送。一位女学生说：“今天好多了，一天虽没喝到水，却吃了沙利文与冠生园的面包与点心。”

迟暮时分行列到了上清寺，寒冷疲乏与饥渴，她们是每个人都哑了嗓子，储汇局给她们打了最后一口气，20万刺激出每个人粗糙不完全的歌声：“起来！不愿做奴隶的人们……”

昨日献金所得除实物外，现金为286万余元。前日献金所得清查后，除实物外，现金为615万余元。两日共得除实物外，现金900余万元。

原载《大公报》1944年12月18日

45. 国民政府财政部为发动改善士兵待遇献金献粮运动致重庆市临时参议会代电（1944年12月）

重庆市临时参议会康议会勋鉴：密。查改善士兵待遇献粮献金办法暨配额，业奉行政院分令各省市政府查照实施。贵会为协助机关，谅承洽照。惟此项献金收入，在明年度预算内列定200亿元为改善士兵待遇等经费重要来源，此项经费，为数巨大，需要迫切，必须宽筹迅拨，以利戎机。本部主管度支，责任綦重，深赖群策群力，共济艰巨，务请迅赐协助，早观厥成，俾资应付，并希将协助办理情形随时电示为祷。财政部长俞鸿钧渝。国壹。

重庆市档案馆馆藏档案：全宗号：0054，卷号：602

46.《国民公报》关于发动大户献粮运动办法的报道（1945年1月13日）

（中央社讯）为改善士兵待遇发动大户献粮事，顷已由政府通令实施，并规定自三十四年一月开始收集，至三月底办竣。全国献粮数额以达到稻谷1500万市石为目标，各省配额亦经核定，通饬知照，于即日起开始发动。抗战以来，我政府为顾念人民战时负担，对军糈战费靡不竭力节省，不愿增多支出，以期稍减民困。惟年来各地物价高涨，致全国部队官兵生活日趋艰苦，食则粗粝果腹，缺乏营养，衣则布棉稀薄，不足御寒，影响士兵健康，减低战斗力量，我全体官兵之困苦，实以为政府与全国同胞所一致关怀。现在抗战已达最后阶段，为迅速完成反攻准备，获致最后胜利起见，必须增强抗战力量，尤必须先谋士兵生活之改善，使全国部队士饱马腾，纪律严肃，然后杀敌致果，乃能把握胜利。就当前战局必须配备之兵员数额，而求使其衣食生产确能保持健全体力之最低需要，则一年所需费用，非于原有预算之外，另筹巨额专款不足以资支应。此项筹借来源，若取诸增加赋税，则一般民力既有增之费，再陷不足之虞，迭经政府当局与参政会再心计虑，郑重商讨，佥以发动各地大户殷富献粮献金较为直接有效，而取诸富户亦不致影响一般人民之负担。爰经参政会第三届第三次大会一致通过，并决议改善士兵待遇献粮献金办法24条，其中关于献粮部分实施要点胪举于后：

献粮办法：

一、献粮目标：为筹措专款，改善士兵生活以增强抗战力量，迅获胜利起见，发动大户献粮以达到稻谷1500万市石为目标（以稻谷为计算标准）。其不产稻谷者，以他种粮食按田赋折征率折算之。

二、经办机关：献粮事宜在省以省政府为主办机关，省党部、省团部、省参议会、省动员委员会暨参政会经济策进会各地办事处等为协助机关，并各推派代表一人组织会议负审议监察之责。在县市以县市政府为主办机关，县市党部、县市团部、县市参议会、县市动员委员会为协助机关，并各派代表一人，再由县市政府加聘公正士绅若干人组织会议，负审议监察之责。

三、献粮标准：献粮以地主为对象，各地粮户应本有粮出粮之旨，除自动捐献者外，凡收益在10000市石以上者，捐献40%。收益在5000市石以上不满10000市石者，捐献35%。收益在3000市石以上不满5000市石者，捐献30%。收益在1000市石以上不满3000市石者，捐献25%。收益在500市石以上不满1000市石者，捐献20%。收益在300市石以上不满500市石者，捐献15%。收益在100市石以上不满300市石者，捐献10%。此项献粮并得依捐献者之志愿，按照核定公布价格折缴代金。

四、献粮手续：各县市捐献之户经县市审议机关审查后，由县市政府将姓名及其献粮额列表公布，一面报省备查，并以通知书分别送达捐献人。捐献人应于接到通知后，一个月内，将献粮缴交指定之仓库。但为粮户事实上之便利，亦得向本县市境内邻近仓库缴纳。收粮机关仓库，对献粮验收手续，应尽量简便迅速，随到随收，立即制给收据。其愿折缴代金者，得报明县市田粮机关填发四联缴款书，注明“献粮代金”，由献粮人持向国库受其委托之行局缴纳，至折缴代金标准，由县市政府提经县市审议机关参酌当地当时市价分区议定，呈省政府核准先期公告。

五、献粮奖励：（一）献粮10市石以上30市石未满者，由县市政府颁给奖状。（二）献粮30市石以上50市石未满者，由县市政府颁给匾额。（三）献粮50市石以上100市石未满者，由省政府颁给奖状。（四）献粮100市石以上300市石未满者，由省政府颁给匾额。（五）献粮300市石以上500市石未满者，由国民政府颁给荣誉奖状。（六）献粮500市石以上1000市石未满者，由国民政府颁给荣誉奖章。（七）献粮在1000市石以上3000市石未满者，由国民政府颁给荣誉奖章及匾额。（八）献粮在3000市石以上5000市石未满者，由国民政府依勋章条例之规定授予勋章。（九）献粮在5000市石以上者，由国民政府颁给匾额，并依勋章条例之规定授予勋章。（十）凡献粮不满10市石者，均由县市政府汇案传令嘉奖之。

现此项办法，已由政府通令实施，并规定三十四年一月开始收集，至三月底办竣。在各省大户殷富，值兹丰稔之年，捐献一部分余粮，以供浴血奋斗之战士，助成抗战最后之胜利，而使身家性命永获光乐安全之保障，衡之我国先民“箪食壶浆”“毁家纾难”之美德，与现代我盟邦高度征收人民所得，以济军需之实例，当必能争先奋发，慷慨输将，以求到此时代之重任。

原载《国民公报》1945年1月13日

47.《国民公报》关于大户献金办法的报道（1945年1月17日）

（中央社讯）为改善士兵待遇，发动全国大户献粮献金办法24条，迭经参政会与政府当局郑重商讨，最后经参政会第三届第三次大会一致通过。其中关于献粮部分，已公布施行。至献金事宜，中央社记者特于十六日下午四时往访财政部俞部长鸿钧，据谈：全国献金数目，以达到国币200亿元为目标，由本年一月开始收集，三月底办竣。此次政府改善士兵待遇，发动全国大户献金运动，使全国部队士兵生活得以提高，俾使具有健全之体力，奋发之精神，配以最新式军械，定能加速敌人崩溃，提早完成胜利。改善士兵待遇，不独为全国同胞一致要求，亦为盟邦人士所极端注意与关怀。俞氏表示，全国同胞能秉“有力出力有钱出钱”之最大抗战取胜原则，该款可于限期内达到目标当无问题。

献金办法要点：

改善士兵待遇献粮献金办法24条中，关于献金部分，实施要点兹胪列于后：

一、献金目标：为筹措专款，改善士兵生活，以增强抗战力量，迅获胜利起见，发动人民献金，以达到国币200亿元为目标（以国币为计算标准），其以有价证券外国货币捐献者，以其时值折算之。

二、经办机关：献金事宜，在省以省政府为主办机关，省党部、省团部、省临时参议会，省动员委员会及国民参政会经济建设策进会各地办事处等机关为协助机关，并各派代表一人，组织会议，负审议监察之责。在县市以县市政府为主办机关，县市党部、县市团部、县市参议会、县市动员委员会为协助机关，并各派代表一人，再由县市政府加聘公正士绅若干人组织会议，负审议监察之责。

三、献金标准：献金以工商业及其他收益者为对象，各地殷富，应本有钱出钱之旨，除自动捐献者外，（一）凡300户以上之城市乡镇房主，捐献房租金额两个月，其自用之房屋，亦应估定租额捐献两个月。（二）各地工商业各捐献其一个月营业额5%。（三）其他收益（薪俸工资除外）者，按下列标准指名捐献之：1. 全年收益在2000万元以上者，捐献其收益额40%。2. 全年收益在1000万元以上不满2000万元者，捐献其收益额35%。3. 全年收益在600万元以上不满1000元者，捐献其收益额30%。4. 全年收益在200万元以上不满600万元者，捐献其收益额25%。5. 全年收益在100万元以上不满200万元者，捐献其收益额20%。6. 全年收益在60

万元以上不满100万元者，捐献其收益额15%。7.全年收益在20万元以上不满60万元者，捐献其收益额10%。前款所称之收益，包括动产（个人之家属生活用品除外），不动产（已献粮之田地及已献租之房屋除外），有价证券或其他财产权利所得之利润及薪俸工资以外职业所得之报酬，其收益应按实际情形查定之。

四、献金手续——各县市捐献之户，经县市审议机关审查后，由县市政府将姓名或公司行号及其献金额分别列表公布，并以通知书分别送达捐献者，另以名册一份报省府备查，人民对于前项公布之名册，认为某户有隐匿收益低估富力时，得密报县市政府或县市审议机关调查属实后，依前次程序重新核定其捐献额，经指明捐献之户，认为其捐献额超过其富力时，得于收受通知后五日内，申请县市审议机关查复后，县市审议机关复核之结果，仍由县市政府分别公布通知并汇报省府备查。对于复核之结果，不得再请复核，捐献户应于接到通知后一个月内缴纳，由县市政府填发四联缴款书交由献金人持向国库或受其委托之行局缴纳。国库或受其委托之行局，于点收后应即于缴款书加盖印信，以一联交献金人收执，一联送县市政府登记，一联由经收行局存查，一联县市政府送由省政府转递财政部。

五、献金奖励——（一）献金在2万元以上6万元未满者，由县市政府颁给奖状。（二）献金在6万元以上10万元未满者，由县市政府颁给匾额。（三）献金在10万元以上20万元未满者，由省政府颁给奖状。（四）献金在20万元以上60万元未满者，由省政府颁给匾额。（五）献金在60万元以上100万元未满者，由国民政府颁给奖状。（六）献金在100万元以上200万元未满者，由国民政府颁给荣誉奖章。（七）献金在200万元以上600万元未满者，由国民政府颁给荣誉奖章及匾额。（八）献金在600万元以上1000万元未满者，由国民政府依勋章条例之规定授予勋章。（九）献金在1000万元以上者，由国民政府颁给匾额，并依勋章条例之规定授予勋章。（十）凡献金不满2万元者，均由县市政府汇案传令嘉奖之。

现此项办法，已由政府通令实施，并规定自三十四年一月开始收集，至三月底办竣。各省配额，亦经核定，通饬知照，于即日起开始发动。

原载《国民公报》1945年1月17日

48.《大公报》关于“重庆市献粮献金会议”成立的报道（1945年1月25日）

（本报讯）渝市府市政会议昨日通过组设改善士兵生活重庆市献粮献金会议，其组织章程规定：（一）本会议设委员21人至31人，以市长兼任主任委员、市党部主任委员、市参议会议长兼副主任委员，委员由市政府依法聘请有关机关团体主管人或代表暨本市公正士绅充任。（二）本会议下设推行处，处内设秘书室、专门委员室，宣导、调查、收献、稽核、总务五科；处长1人，主任秘书1人，秘书2人，专门委员10人至15人，科长5人，科员办事员各40人至50人，均由主任委员派充之，其中半数得调本市有关机关人员兼任。该会议并定每月举行常会一次。兹据某负责人称：该规程现正呈报行政院备案，一俟批准后，即可确定推进工作之步骤。该会议之办公地址，闻将另行寻觅。

原载《大公报》1945年1月25日

49. 重庆市政府为函送献金献粮实施细则及组织规程致市临时参议会函（1945年4月5日）

案奉行政院义三字第二四四三六号令发改善士兵待遇献粮献金办法，并核定本市献粮额2万市石，献金额270400万元，饬办理具报，等因。经即依据奉颁办法，并斟酌本市实际情况，拟具献粮献金实施细则及献粮献金会议组织规程等件，提请献粮献金会议审议，经修正通过在案，除呈行政院备案外，应抄同原件，函请查照！

此致

本市临时参议会

计抄重庆市改善士兵待遇献粮献金实施细则，重庆市改善士兵待遇献粮献金会议组织规程各一件。

市长　贺耀祖

重庆市改善士兵待遇献粮献金实施细则

一、重庆市改善士兵待遇献粮献金会议（下称本会议）为便利市民献粮献金，特遵照行政院令颁改善士兵待遇献粮献金办法第23条之规定，订定本细则。

二、献粮献金分指名捐献、自由捐献两种，指名捐献者应依本会议核定捐献额为准，不得少献；自由捐献者得由捐献人自动认献。

三、献粮属于指名捐献者，以在本市区之粮户为对象，应以左〈下〉列标准：

（一）粮户收益在1万市石以上者，捐献其收益额40%。

（二）粮户收益在5千市石以上不满1万市石者，捐献其收益额35%。

（三）粮户收益在3千市石以上不满5千市石者，捐献其收益额30%。

（四）粮户收益在1千市石以上不满3千市石者，捐献其收益额25%。

（五）粮户收益在500市石以上不满1000市石者，捐献其收益额20%。

（六）粮户收益在300市石以上不满500市石者，捐献其收益额15%。

（七）粮户收益在100市石以上不满300市石者，捐献其收益额10%。

四、献金属于指名捐献者，以在本市区之业户为对象，依左〈下〉列各标准：

（一）房主类：无论出租或自用房屋，一律按其三十三年度缴纳房捐额捐献，其属出租者，由承担人代献，以收据抵偿三十四年度租金。

（二）商业类：按其三十三年度查定三十二年度所得税利得税额，增加100%捐献。

（三）银行钱庄保险业类：按其三十三年度查定三十二年度所得税、利得税额增加100%捐献。

（四）工业类：依照商业类标准捐献，其属抗战需要之重要工业或为民生必需之生产者，得经本会议核定，按其三十三年度查定之三十二年度所得税、利得税额增加50%捐献。

以上二、三、四三类各业，其所得税、利得税未经查定者，得按其资本额及最近之营业额，经本会议核定数额，指名捐献。

（五）娱乐类：每一座券每次捐献50元，由售券之娱乐场院代为派收。

（六）市民类：以每一成年市民为对象，每人捐献600元，得分两个月清缴，赤贫者经保甲长证明，得予以豁免。

（七）其他收益类：包括动产（个人及家属用品除外）、不动产（已献粮之田地及已献租之房屋除外）、有价证券或其他财产权利所得之利润薪俸工资以外所得之报酬，均按其收益额，依左〈下〉列标准捐献：

1.全年收益在2000万元以上者，捐献其收益额40%。

2.全年收益在1000万元以上不满2000万元者，捐献其收益额35%。

3.全年收益在600万元以上不满1000万元者，捐献其收益额30%。

4.全年收益在200万元以上不满600万元者，捐献其收益额25%。

5.全年收益在100万元以上不满200万元者，捐献其收益额20%。

6.全年收益在60万元以上不满200万元者，捐献其收益额15%。

7.全年收益在20万元以上不满60万元者，捐献其收益额10%。

五、前两条列举之指名献粮献金，除娱乐类系当场派收外，其余各类由本会议印发通知单，限期向收献机构缴纳。

六、献粮献金属于自由捐献者，应本有粮出粮、有钱出钱之旨，于缴纳指名捐献以外，自动向本会议特约办理之各警察分局所或报馆，书面或口头索取自由捐献通知书，向指定之收献机构捐献，本会议得以左〈下〉列各种方式启导捐献之。

（一）延请各机关社团首长或热心公益人士代为征求荣誉献金人，每届月终，由本会议在各大报章将荣誉捐献人之姓名公布。

（二）举行现金游艺会。

（三）举行献粮献金竞赛会。

（四）发行献金奖券。

七、献粮献金属于指名捐献者，应依通知单规定期限捐献，逾期十日，得照原定额指名加献10%，逾期上十日，本会议得通知政府予以强制执行，□属工商各业者，并得予以停业处分。

八、献粮献金奖励办法，照中央规定行之。

九、本细则由重庆市政府公布施行并报请行政院备案。

重庆市改善士兵待遇献粮献金会议组织规程

一、重庆市政府为遵照行政院令颁改善士兵待遇献粮献金办法，特组设重庆市改善士兵待遇献粮献金会议（下称本会议），办理献粮献金事项。

二、本会议设委员21人至31人，以市长兼任主任委员、市卫戍总司令、市党部主任委员、市参议会议长兼副主任委员，委员由市政府依法聘请有关机关团体主管人或代表暨本市公正士绅充任。

三、本会议下设推行处，处内设秘书室、专门委员室、宣导、调查、收献、计核、总务五科，置处长1人，主任秘书1人，秘书2人，专门委员10人至15人，专员5人，科长5人，科员40人至45人，办事员40人至50人，均由主任委员派充之，其中半数得调本市有关机关人员兼任。

四、本会议每月举行常会一次，由主任委员召集，必要时得召开临时会议。

五、本会议得酌聘各机关社团首长或社会热心公益人士为顾问或劝献团长或队长。

六、本会议得临时雇佣雇员并得调用警队。

七、本会议推行处办事细则另定之。

八、本规程由重庆市政府核定施行并呈报行政院备案。

重庆市档案馆馆藏档案：全宗号：0054，卷号：602

50. 重庆市保险商业同业公会会员献金分配清册（1945 年 4 月 28 日）

公司名称	公司所在地	献金额	备注①
川盐产物保险公司	中正路川盐银行大楼	190000 元	
属中央信托局人寿保险处	中正路 204 号	220000 元	
并非中央信托局产物保险处	中正路 204 号	220000 元	
中国人寿保险公司	中正路中国银行三楼	160000 元	
中国产物保险公司	中正路中国银行三楼	220000 元。	
中国人事保险公司	中华路 4 号	190000 元	
中国工业联合保险公司	民族路蓝家巷特 5 号	160000 元	
中国航运意外保险公司	白象街	160000 元	
中国农业保险公司	民国路 17 号	190000 元	
中兴产物保险公司	第一模范市场 28 号	160000 元	
中国工商联合保险公司储蓄部内	民族路 59 号和丰银行	100000 元	
中华产物保险公司	中正路开源银行内	100000 元	
太平产物保险公司	第一模范市场 11 号	190000 元	
太平洋产物保险公司	五四路特 19 号	190000 元	
太安丰产物保险公司	第一模范市场 11 号	120000 元	
永大产物保险公司	邹容路 62 号	160000 元	
永中产物保险公司	林森路 110 号附 6 号	160000 元	
永兴产物保险公司	林森路 16 号中国工矿大楼	130000 元	
四明产物保险公司	中正路水巷子 27 号	120000 元	
民生产物保险公司	九尺坎 41 号	160000 元	
民安产物保险公司	陕西路 170 号	190000 元	
安宁产物保险公司	中正路 194 附一号	100000 元	
合众产物保险公司	机房街宁村	160000 元	
全安产物保险公司	中华路 64 号	160000 元	
怡太产物保险公司	林森路 25 号	160000 元	
恒昌产物保险公司	太华楼巷 17 号	160000 元	

① 原表在备注栏称："本会此次献金，系会员自动慨捐，根据各会员资产及营业之大小，特此陈明。"为排版方便计，特于此说明。

续表

公司名称	公司所在地	献金额	备注
长华产物保险公司	中华路特 19 号	160000 元	
亚兴产物保险公司	曹家巷亚西银行内	160000 元	
保安产物保险公司	五四路兴华公司内	100000 元	
泰安产物保险公司	民族路泰裕银行内	100000 元	
富滇产物保险公司	林森路永龄巷 2 号	130000 元	
裕国产物保险公司	中正路 187 号	220000 元	
新丰产物保险公司	白象街 81 号	130000 元	
新中国产物保险公司	五四路交通银行楼上	120000 元	
华孚产物保险公司	林森路 77 号	160000 元	
华联产物保险公司	陕西路 196 号	120000 元	
宁波产物保险公司	陕西路 225 号	130000 元	
兴华产物保险公司	第一模范市场 38 号	190000 元	
联安产物保险公司	五四路特三号	130000 元	
宝丰产物保险公司	林森路 9 号	190000 元	
合计		6390000 元	

重庆市档案馆馆藏档案：全宗号：0100，卷号：18

51. 重庆市钱商业同业公会各会员庄号拟献金分配数额清册（1945 年 5 月）

庄号名称	三十二年度所利得税实额	应献金额	备考
信通钱庄	89324.00 元	178648.00 元	
同生福钱庄	96469.92 元	192939.84 元	
义丰钱庄	178648.00 元	357296.00 元	
永生钱庄	178648.00 元	357296.00 元	
正大永钱庄	71459.20 元	142918.40 元	
福余钱庄	89324.00 元	178648.00 元	
万镒钱庄	89324.00 元	178648.00 元	
信源钱庄	53594.40 元	107188.80 元	
志诚钱庄	133986.00 元	267972.00 元	
义亨钱庄	178648.00 元	357296.00 元	
豫立钱庄	133986.00 元	267972.00 元	现已奉令停业
永庆钱庄	89324.00 元	178648.00 元	

续表

庄号名称	三十二年度所利得税实额	应献金额	备考
金源钱庄	44602.00 元	89324.00 元	
益民钱庄	89324.00 元	178648.00 元	
成大银号	142918.40 元	285836.80 元	
振裕银号	107188.80 元	214377.60 元	
久裕银号	89324.00 元	178648.00 元	
总汇银号	89324.00 元	178648.00 元	
江庆银号	178648.00 元	357296.00 元	
四川兴业银公司	204445.20 元	408890.40 元	原名仁裕钱庄
同丰银行	89324.00 元	178648.00 元	原名同丰钱庄
复兴义银行	168542.50 元	337085.00 元	原名复兴钱庄
泰丰银行	44662.00 元	89324.00 元	原为泰丰银号，现已改入银行公会
其昌银行	89324.00 元	178648.00 元	原为和兴银号，现已改入银行公会
和通银行	89324.00 元	178648.00 元	原为和通钱庄，现已改入银行公会
汇通银行	53594.40 元	107188.80 元	原为和畅钱庄，现已改入银行公会
华康银行	200979.00 元	401958.00 元	原为华康银号，现已改入银行公会
和丰银行	89324.00 元	178648.00 元	原为和丰银号，现已改入银行公会
建业银行	165249.40 元	330498.80 元	原为和济钱庄，现已改入银行公会
安康银行	223310.00 元	446620.00 元	原为安康钱庄，现已改入银行公会
聚丰银行	223310.00 元	446620.00 元	原为聚丰钱庄，现已改入银行公会
永美厚银行	31263.00 元	62526.00 元	现已奉令停业
泰裕银行	55827.50 元	111655.00 元	原为泰裕银号，现已改入银行公会
谦泰豫银行	22331.00 元	44662.00 元	原为谦泰银号，现已改入银行公会
福钰银行	14887.30 元	29774.60 元	现已奉令停业
总计	3889822.02 元	7779644.04 元	

附记：1. 豫立、永美厚、福钰三家，奉令停业，应献 360273.40 元，应请剔除。

2. 泰丰、其昌、和通、汇通、华康、和丰、建业、安康、聚丰、泰裕、谦泰豫等 11 家，业已退出本会，改入银行公会为会员，其应献金额应请列入银行公会册内。

3. 本会会员共应献 4904900.84 元。

重庆市档案馆馆藏档案：全宗号：0100，卷号：18

52. 重庆市银行商业同业公会各会员为改善士兵待遇拟献金数额清册（1945年5月）

行号	三十二年度议定应纳所利得税额	献金100%金额	备注
四川农工银行	477719.00元	955438.00元	
中国通商银行	230173.70元	460347.40元	
中国农工银行	104229.60元	208459.20元	
华侨兴业银行	347432.00元	694864.00元	
华侨联合银行	494916.88元	989833.78元	
复华银行	521148.00元	1042296.00元	
永利银行	814293.75元	1628587.50元	
大同银行	868580.00元	1737160.00元	
福钰银行	289526.67元	579053.34元	
大夏银行	289526.66元	579053.32元	
永成银行	434290.00元	868580.00元	
金城银行	564577.00元	1129154.00元	
江海银行	86858.00元	173716.00元	
上海商业储蓄银行	434290.00元	868580.00元	
大川银行	260574.00元	521148.00元	
中国实业银行	547205.00元	1094410.80元	
中国国货银行	300528.68元	601057.36元	
山西裕华银行	1085725.00元	2171450.00元	
浙江兴业银行	35584.38元	71168.76元	
中南银行	21714.50元	43429.00元	
新华信托银行	86858.00元	173716.00元	
盐业银行	21714.50元	43429.00元	
中国银行	5211480.00元	10422960.00元	
四川美丰银行	1664778.33元	3329556.66元	
川康平民商业银行	868580.00元	1737160.00元	
重庆银行	868580.00元	1737160.00元	
长江实业银行	173716.00元	347432.00元	
亚西实业银行	868580.00元	1737160.00元	
四川建设银行	260574.00元	521148.00元	
和成银行	868580.00元	1737160.00元	
通惠实业银行	390861.00元	781722.00元	
建国银行	434290.00元	868580.00元	
开源银行	228523.40元	457046.80元	

续表

行号	三十二年度议定应纳所利得税额	献金 100% 金额	备注
同心银行	434290.00 元	868580.00 元	
中国工矿银行	434290.00 元	868580.00 元	
光裕银行	434290.00 元	868580.00 元	
川盐银行	521148.00 元	1042296.00 元	
泰裕银行	253335.83 元	506671.66 元	
永美厚银行	217145.00 元	434290.00 元	
谦泰裕银行	217145.00 元	434290.00 元	
复礼银行	180954.16 元	361908.32 元	
胜利银行	217145.00 元	434290.00 元	
茂华商业银行	214249.73 元	428499.46 元	
交通银行	5211480.00 元	10422960.00 元	
聚兴诚银行	738293.00 元	1476586.00 元	
大陆银行	21714.00 元	43429.00 元	
四明银行	347432.00 元	694864.00 元	
合计	29598920.67 元	59197841.34 元	

重庆市档案馆馆藏档案：全宗号：0100，卷号：18

53. 重庆市各业献金献粮数额统计（1945 年）

名称	户数	金额
重庆市油业商业同业公会		2148900 元
重庆市纸烟商业同业公会	953 户	4014500 元
重庆市木器商业同业公会	326 户	1742200 元
重庆市榨菜咸菜商业同业公会	302 户	745301.74 元
第一区酒精工业同业公会	4 户	1417414.42 元
重庆市铜铁锡器商业同业公会	175 户	1579571.34 元
重庆药材输出业同业公会	130 户	3534700 元
第二区印刷工业同业公会		672150 元
重庆市粮食商业		3033000 元
重庆市苏裱商业同业公会		83000 元
第一区制革工业同业公会	406 户	5196000 元
重庆市新药商业同业公会		9498819.46 元
重庆市竹商业同业公会		257952.58 元

续表

名称	户数	金额
重庆市薪炭商业同业公会		1000000 元
重庆市服装商业同业公会		868084 元
重庆市服装商业同业公会非会员	50 家	225700 元
重庆市服装业同业公会兼营该业并入他业	374 家	2333900 元
第二区面粉工业同业公会	5 家	332200 元
第一区碾米工业同业公会（入会会员）		4500500 元
（未入会会员）		1220000 元
重庆市纸盒装璜商业同业公会		55615.08 元
第一区电工器材工业同业公会		4625897.19 元
重庆市土布工业同业公会		2104350 元
重庆市丝棉线商业同业公会		359000 元
重庆市棕麻质绳商业同业公会		186000 元
第三区造纸工业同业公会		150000 元
重庆市陶瓷工业同业公会		174000 元
第一区机器棉纺织工业同业公会		9601687 元
重庆市报关商业同业公会		69000 元
重庆市牙刷工业同业公会		1207400 元
重庆市牙刷工业同业公会会员工厂		378394.71 元
重庆市酱园酿造工业同业公会		2460416 元
四川丝业公司		1400593 元
重庆市铁锅商业同业公会		129500 元
重庆市出版商业同业公会	48 户	3698708 元
重庆市洗染商业同业公会	57 户	1838073.72 元
重庆市承销盐商业同业公会		237000 元
重庆市中西餐食商业同业公会		3581409 元
重庆市颜料业同业公会		4300000 元
第二区制药工业同业公会		3014728.35 元
重庆市石商业同业公会		870159 元
重庆市藤器商业同业公会		52000 元
重庆市皮货商业同业公会		336000 元
重庆市伞商业同业公会		335000 元
重庆市钱商业同业公会		7779644.04 元
重庆市保险商业同业公会		6390000 元
重庆市银行商业同业公会		59197841.34 元

编者注：①本统计根据馆藏全宗《重庆市改善士兵待遇献金会议推行处》卷内所列相关数字统计而成，并不全面。

②统计数字中，有的是分配数字，有的是已献金数字，并不统一。

③列此表之目的，是为了与其他几件史料相配合，从中窥其一般。

重庆市档案馆馆藏档案：全宗号：0100，卷号：18

54. 重庆市警察局为造列各区办理湘鄂劳军献金一览表致全国慰劳总会公函（1945年6月4日）

案查前准贵会三十三年二月二十四日慰总发会字第五三八九号公函附送湘鄂劳军募捐收据，嘱转发劝募等由。经收该项募捐人收据分发各区发动劝募，除十五、十六两区未据呈报外，余经先后献缴款项计共861125元，并已分别扫数解缴国家银行代收转解国库暨先后检同原发募捐收据存报及缴□收据转函贵会查收在案。除再令催十五、十六两区赶速缴解外，兹造列各区办理湘鄂劳军献金一览表，函请查照核对公布见复，用资结束为荷。

此致

全国慰劳总会

附送各区办理湘鄂劳军献金一览表一份

局长　唐□

本市各区办理湘鄂劳军献金一览表

区别	原发募捐收据本数	已缴款数	备考	区别	原发募捐收据本数	已缴款数	备考
一	4本	89600.00		十	5本	40000.00	
二	4本	86900.00		十一	6本	107200.00	
三	4本	80000.00		十二	3本	41910.00	
四	3本	71240.00		十三	5本	35300.00	
五	4本	65731.00		十四	6本	52834.00	
六	3本	30000.00		十五	3本	该区办理情形尚未呈报到局	
七	3本	28240.00		十六	3本		
八	5本	30220.00		十七	4本	22620.00	
九	6本	40000.00		十八	7本	39330.00	
合计	78本	861125.00					

重庆市档案馆馆藏档案：全宗号：0061，目录号：16，卷号：1229

55. 国民政府行政院就结束献金献粮事给重庆市政府的训令（1945年7月28日）

三十四年七月十一日市秘叁字第七九一四号呈复办理献粮献金情形并请延期六个月结束由呈悉。该市献粮应于本年八月底办竣，献金限九月底结束，仰即遵照，此令。

院长　宋子文

重庆市档案馆馆藏档案：全宗号：0100，卷号：20

56. 重庆市改善士兵待遇献粮献金会议市民献金团为该团献金款项解缴国库情形致该会议主任委员呈文（1945年8月10日）

查本团前饬各分团于七月七日至九日发动改善士兵待遇自由献金三天，除十八分团未遵令办理外，其余各分团均已举办，截至八月九日止，计收第一分团210万元，第二分团270万元，第三分团1853100元，第四分团1741106.2元，第五分团963283元，第六分团1094872元，第七分团958240元，第八分团2111346元，第九分团27万元，第十分团842380元，第十一分团1101350元，第十二分团1050500元，第十三分团40万元，第十四分团1739255元，第十五分团385478元，第十六分团121770元，第十七分团60万元，水上分团90万元，合计20932680.2元。经由本团于七月十四日解送国库1145万元，七月二十四日解送636万元，七月二十八日解送219万元，八月九日解送889680元，以上三笔共解出20889680元，下余未解之43000元系郊区支票，一俟本团派员持往各行洽取后，即行补解结束，除登报公告外，理合具文呈请钧会议鉴核备查！

谨呈

兼主任委员　贺

市民献金团兼团长　唐毅

重庆市档案馆馆藏档案：全宗号：0100，卷号：4

57. 陪都七七扩大劳军献金运动办法（1945年7月）

一、本办法以慰劳中原、湘北、鄂西、滇西、缅甸将士暨在华盟军为主。

二、分别发动金融、农工、商学、妇女各界及各文化、社会、宗教团体单独或联合举行“七七劳军献金劝募晚会”，以资扩大宣传，其内容如下：

（一）晚会，由该业及各界领袖主持。

（二）敦请党政长官一人至二人出席讲演。

（三）当众宣布或讨论各该业献金办法。

（四）举行游艺助兴。

（五）在晚会“酌请举办义卖及卖花”。

（六）其他。

三、聘请各界各业领袖组织七七劳军献金倡导团，如金融界、商界、工业界、文化界、妇女界、士绅农界、工界劳军献金倡导团等，其任务如左〈下〉：

（一）宣传劳军献金。

（二）提倡劳军献金。

（三）劝募劳军献金。

（四）其他有关各该业献金之筹划与推行事宜。

倡导团由会聘请各该业领袖为正副团长，团长一人，副团长若干人，并得由会聘热心人士为委员，协助倡导团一切工作。

四、组织重庆市市民劳军自由献金宣导团，聘请重庆市市长为团长，重庆市党部主任委员、重庆市支团部干事长、重庆市参议会议长为副团长，警察局局长为劝募总队长，领导市民自由献金事宜。

五、定七月一日为“劳军献金宣传日”，是日集中力量举行下列事项：

（一）舆论宣传。

（二）标语宣传。

（三）军乐队大游行（邀请全市各军乐队）。

（四）其他有效宣传。

六、各界各业劳军献金劝募晚会主办单位如下：

（一）金融界请四联总处、重庆市银行公会、银行界同仁进修服务社、四联总处银行人员训练所主办并请四联总处召集。

（二）商业界请市商会主办（得邀同业公会共同主办）。

（三）工业界请迁川工厂联合会、国货厂商联合会、全国工业协会、中国工业合作协会主办，并请迁川工厂联合会召集。

（四）劳动界请中国劳动协会、重庆市总工会、工人服务总队主办，并请市总工会召集。

（五）文化界请中央文化运动委员会、全国文艺、戏剧、美术界抗敌协会及各报联合会、陪都记者联谊会、中国新闻学会主办，并请中央文化运动委员会召集。

（六）妇女界请妇女慰劳总会、妇女指导委员会、中央妇女运动委员会、重庆市妇女会、重庆市妇女慰劳分会主办，由妇女慰劳总会召集。

（七）社会服务团体请中国社会服务事业协进会主办。

（八）宗教团体请中华全国基督教协进会、中国天主教文化协进会、中国回教协会主办，由中华全国基督教协进会召集。

（九）青年方面请重庆支团部主办。

（十）盐业界请盐务总局主办。

（十一）糖业界请食糖专卖局重庆分局主办。

（十二）布业界请花纱布管理局主办。

（十三）士绅界请重庆市党部、支团部、市参议会、地政局主办劝募事宜，由市参议会召集。

七、劳军献金晚会须在七月六日以前举行完毕。

八、自由献金七月四日起至六日止。

九、陪都劳军献金数额预定为2000万元。

十、敦聘党国元老及社会名流3人至5人为陪都七七扩大劳军献金运动指导员。

十一、全部献金于七月七日在纪念大会呈献。

附七七劳军标语

一、扩大劳军献金加强军民合作！

二、要前方打胜仗多献金表敬意！

三、何以慰将士有钱多出钱！

四、前方浴血杀敌后方献金劳军！

五、献金劳军才对得起前方将士！

陪都七七劳军献金运动倡导人名单

一、指导员

吴稚晖、居觉生、张溥泉、吴铁城、徐可亭、张文白、梁寒操、张伯苓、邵力子。

二、劝导团

士绅献金劳军劝导团团长刘航琛、副团长杜月笙。

三、倡导团

文化界献金劳军倡导团团长张道藩、副团长老舍。

金融界献金劳军倡导团团长刘攻芸、副团长康心如。

工业界献金劳军倡导团团长潘仰山、副团长吴蕴初。

商业界献金劳军倡导团团长周懋植、副团长周荟柏。

盐业献金劳军倡导团团长张绣文、副团长王智明。

花纱布业献金劳军倡导团团长尹任光、副团长翁坚。

烟业献金劳军倡导团团长陈公亮。

糖业献金劳军倡导团团长李公辅。

四、自由献金

陪都市民自由献金劳军宣传团：团长　贺耀祖，副团长　杨公达、任觉五、康心如。

陪都市民自由献金劝募总队：队长　徐中齐。

重庆市档案馆馆藏档案：全宗号：0054，卷号：428

58. 全国慰劳总会发动庆祝最后胜利劳军运动办法要点（草案）（1945年8月17日）

一、向领导全体军民艰苦抗战八年的最高统帅致敬并呈献致敬书。

（一）致敬书请党国先进撰文及书写。

（二）致敬书发动各界同胞签名。

（三）致敬书签名为求普遍起见，采取下列方式：

1. 扎建签名台一座（集中在都邮街精神堡垒，以备各界签名）。

2. 签名时辅以乐队并于开始时举行盛大热烈之签名致敬揭幕式，柬请各界领袖参加，藉资号召。

（四）致敬书签名后约集各界代表1000人，定期赴国府向最高统帅呈献。

二、发动庆祝最后胜利劳军献金。

（一）邀请各界领袖及代表组织献金策动委员会。

（二）献金分三日举行。

第一日机关团体学校人员（包括学生）及文化妇女劳工戏剧新闻医师律师会计师各界。

第二日全市保甲（一般市民）。

第三日金融界商业界工业界（包括交通盐业）。

（三）举行献金大会，并扎建形式高大、布置精美之“献金台”一座，接受各界献金（并运用各种活泼之宣传方式）。

（四）献金大会借用广场举行，会场进口扎建胜利门，以加重最后胜利到来，献金应特别热烈踊跃之意义。

（五）献金请由国家银行派员当场接收，并请有关机关团体代表组织献金监察团。

三、举行盛大之庆祝最后胜利劳军大会。

（一）以盟我陆海空将士为对象。

（二）大会除赠送礼品外，并举行游艺节目。

（三）会场布置，务求堂皇及表现热烈生动之情况。

四、组织慰劳团，分华中、华南、华北三团，遍慰坚苦抗战八年之将士。

（一）出发日期，视准备及交通等项情形决定。

（二）此次慰劳团，为最后之一次，规模宜大，人数宜多，其详细办法另订之。

五、商请中央摄影场、中国电影制片厂摄制整套“庆祝最后胜利劳军运动”新闻片，以资永念而广宣传。

附注：本办法由本会在陪都推行，各省市慰劳会及海外分会，则另行通告办理。

重庆市档案馆馆藏档案：全宗号：0054，卷号：428

59. 全国慰劳总会庆祝最后胜利劳军筹备会议组织简则（草案）（1945年8月17日）

一、全国慰劳总会为集中力量推行胜利劳军运动，特邀请陪都各有关机关团体代表暨热心人士，组织庆祝胜利劳军筹备会议（以下简称本会议）。

二、本会议对外行文，仍用全国慰劳总会名义；其工作之推行，亦仍由全国慰劳总会会长、代会长、副会长主持之。

三、本会议为求献金结果圆满起见，得设献金策动委员会。

四、献金策动委员会设主任委员一人，副主任委员三人至五人，主持献金策动工作。

五、献金策动委员会之下设立三个献金推行委员会：

（一）第一献金推行委员会以金融工商业为对象，并分设下列各组：1. 金融组；2. 商业组；3. 工业组。

（二）第二献金推行委员会以保甲（一般市民）为对象，不分组。

（三）第三献金推行委员会以一般机关社团自由职业者为对象，并分下列各组：1. 机关组；2. 妇女组；3. 学校组；4. 宗教组；5. 律师组；6. 会计师组；7. 医师组；8. 同乡会组；9. 文化组；10. 劳工组；11. 新闻组。

六、第一、二、三各献金推行委员会各设主席一人，副主席一至三人主持之；各组得设组长一人，副组长一至三人。

七、献金策动委员会设总干事一人，由全国慰劳总会总干事充任，所有宣传、总务等及其他各项工作，亦由全国慰劳总会内部原有各单位担任。

八、本简则经筹备会议通过施行。

重庆市档案馆馆藏档案：全宗号：0054，卷号：428

60. 全国慰劳总会庆祝胜利劳军献金注意事项（草案）（1945 年 8 月 17 日）

一、献金一律请国家银行代国库经收，本会委托代收之机关（如报馆）其所收献金，均须缴送国库，本会绝不经收。

二、一般同胞献金送交献金大会或迳送国家银行，听其自定。

三、献金大会举行日期如次：

第一日（月日时）为各机关团体学校及文化妇女新闻戏剧劳工医师律师会计师各界。

第二日（月日时）为全市保甲（一般市民）。

第三日（月日时）为金融界商业界工业界（包括交通盐业）。

四、献金大会地点为，虽遇风雨，并不迁移地点（亦不更改时间）。

五、每一单位，均请整队赴献金大会，并用旗帜标明“某某单位庆祝胜利劳军献金队”。

六、献金队最好辅以乐队（锣鼓亦可）及燃放鞭炮，以示热烈。

七、献金单位请备就献金人清单一份，交大会存查。

八、经募单位（如区公所）得自行备制临时收据掣交捐款人，一面以保为单位公布经募结果；献金大会后，并须将国库收据公布周知。

重庆市档案馆馆藏档案：全宗号：0054，卷号：428

61. 全国慰劳总会庆祝胜利劳军运动筹备会议各委员会负责人选参考名单（1945年8月17日）

一、献金策动委员会

主任委员：刘攻芸

副主任委员：唐毅、仇秀敷、潘仰山、吴晋航。

（一）第一献金推行委员会（金融工商）

主任委员：吴晋航

副主任委员：范众渠、周荟柏、李烛尘。

各组组长副组长：A金融组、B工业组、C商业组。

（二）第二献金推行委员会（保甲）

主任委员：唐毅

副主任委员：各区区长及警察分局长为委员。

（三）第三献金推行委员会（机关团体等）

主任委员：中央党部

副主任委员：行政院秘书处、社会部、军委会办公厅、海外部、政治部、中央团部、重庆市党部、重庆市政府、重庆市支团部、重庆市参议会、侨务委员会。

各组组长副组长：

1. 党政机关组：中央党部、社会部、中央团部。

2. 海外组：海外部、侨务委员会。

3. 妇女组：新运妇女指导会、妇女慰劳总会、妇女慰劳分会、重庆市政府妇女工作队、重庆市妇女会。

4. 学校组：教育部、重庆市教育局。

5. 文化组：中央文化运动委员会、中华全国文艺界抗敌协会、中华全国戏剧界抗敌协会。

6. 新闻组：重庆市各报联合委员会。

7. 宗教组：中华全国基督教协进会、中国天主教文化协进会、中国回教协会、中国佛学会。

8. 律师组：重庆市律师公会。

9. 医师组：中西医师公会。

10. 会计师组：立信会计学校、会计师公会。

11. 劳工组：中国劳动协会、重庆市总工会、工人服务总队。

12. 同乡会组：社会部、社会局主办。

二、慰劳盟军委员会

（一）机关团体

外交部、外事局、军委会战地服务团、国民外交协会、中美文化协会、中英文化协会、中法比瑞文化协会。

（二）个人

彭乐善、温广彝、汪竹一、章楚、王云五、马市长夫人、贺市长夫人。

重庆市档案馆馆藏档案：全宗号：0054，卷号：428

62.《国民公报》关于陪都各界庆祝胜利劳军献金大会的报道(1945年9月26日)

（中央社讯）陪都各界为报谢八年浴血抗战将士之功勋，于今（二十五）日在青年馆举行胜利劳军献金大会，盛况空前，献金总额达20000万元，超过八年来陪都历次劳军献金之总额，相当于全国各地八年来劳军献金总额之三分之二，献金大会由各机关团体代表冯玉祥、程天放、梁寒操等任主席团，由刘攻芸氏大会主席，领导行礼，向抗战阵亡将士默哀致敬后，即席致词。继由冯委员玉祥、莫德惠讲演。

随即开始献金。首由市参议会议长康心如代表陪都各界献金，由全国慰劳总会副会长黄少谷接谢，其后各界纷纷献金，献金大会于黄副会长领导高呼口号后，散会。

原载《国民公报》1945年9月26日

（二）慰劳抗战将士

1.《新华日报》关于国民政府明令慰劳前方将士的报道（1938年10月10日）

（中央社重庆十日上午一时电）国民政府十月十日令：自芦［卢］沟桥事变发生以来，我国以争生存之决心，为自卫而抗战，奋斗至今已逾一载。敌人穷兵黩武，愈加暴残，违约蔑理，轰炸滥施，甚至使用毒气，以逞其凶。我忠勇将士，服从军令，凭血肉之躯，攻坚挫锐，或当正面，或出奇兵，喋血裹创，再接再励〔厉〕，经历寒暑，捍御艰危，洵足振起人心，增光民族。惟是最后之胜利，端赖吾人之精神。尤望益奋忠忱，坚忍迈进，复我疆土，共奏肤功。兹当国庆纪念之日，弥念经年苦战之劳，着军事委员会传令前方，优加奖勉〔厉〕，并饬各军事长官查明有功将士及阵亡殉职者，分别呈请褒恤。至伤病官兵，应为妥备医药，详慎将护，用示政府眷念忠勇之至意。此令。

原载《新华日报》1938年10月10日

2.国民政府行政院院长孔祥熙慰劳前方将士电（1938年10月10日）

（中央社重庆九日电）国庆纪念日，孔院长特致电慰劳将士："程、阎、顾、李、朱、陈司令长官勋鉴，并转各战区副司令长官、各集团军总司令、各路军总指挥、各军团长暨全体将士钧鉴：抗战军兴，阅十五月，我前方将士，在最高统帅指挥之下，驰驱南北，百战英威。自南口之苦战，淞沪之坚持，陇海之剧战，台庄之奇捷，以至大武汉之保卫，其间壮烈之牺牲，忠勇之奋斗，永树我民族国家百世之光荣。政府同仁，夙深钦重！际兹国庆之期，念国家缔造之艰，痛同胞涂炭之苦，我全体将士，益能发挥凌厉，克挫凶顽，缅企肤勋，益殷轸念。暴敌之企图原期速战速决，乃以我将士抵抗之坚强，早已打破敌人之迷梦，益以死亡之众，消耗之多，敌国内部，已极分歧，军民率皆怨望，进退维谷，罔知所措。而我将士沉着抵抗，愈战愈勇，全国人民，精神团结，意志益坚，在抗战建国纲领之下，政治策应军事，齐头并进，举凡安抚流亡，增加生产，改进教育，发展交通，动员民众，编练壮丁，储备军实，稳定金融，一切充实后方之工作，政府无不努力以完成，至今现象之佳，实为前此所未有。迩来国际对我之同情，亦日有增进，国际联盟更应我之申请，决定援用盟约第十六条，以制裁暴敌，援助我国。敌人外交军事，既已遭遇非常之顿挫，财政经济日益暴露崩溃之危机。今后惟赖将士之忠勇，坚〔艰〕苦奋斗，全国人民，誓为后盾，则最近之将来，必能收抗战之全功，而完成建国之大业。特电倾忱，敬祝胜利，行政院院长孔祥熙。”

原载《新华日报》1938年10月10日

3. 全国慰劳前线抗战将士委员会工作报告（1939年3月）

一、成立经过与过去及现在之组织状况

（一）成立经过及过去组织状况

二十七年八月五日，由本部召集武汉各机关团体，组织武汉各界慰劳前线抗战将士委员会，以置办30万个慰劳袋及征求30万封慰劳信为中心工作。参加该会工作者，除本部外，计有中宣部、后勤部、武汉卫戍总部政治部、湖北省政府、省党部、汉口市政府、市党部、市抗敌后援会、省抗敌后援会、武昌市商会、汉口市商会、新生活运动妇女指导委员会、妇女慰劳总会等。组织方面，设常委三人，总干事一人及总务、运输、采购、保管、分发、宣传设计、缝纫装置等七组，于八月八日在汉口三井洋行正式办公。事业经费方面，由本部在七七献金项下支付，至必要开支之少数办公费，则由各机关分担。

（二）现在组织状况

自武汉撤退后，该会以慰劳会工作，不应中辍，因之随同本部而迁移，又以武汉各界名称已不适用，且该会在武汉时之工作，已含有全国之性质，故由本部与中宣部、后勤部、妇女慰劳会等代表商定，更名为“全国慰劳抗战将士委员会总会。”在长沙、衡阳、桂林、重庆各地，均曾有相当之工作表现。移渝后，经常委会决定，充实内部，扩大组织，以期慰劳工作能普及全国。故除拟定宣慰计划增请各有关中央机关及全国性之团体加入工作外，经于三月四日在本市县庙街黉学小学内，举行全体委员会议，当决定改设常务委员五人，总干事一人及总务、宣慰、征募、采购、审核五组。兹将工作分配情形列表如下：

全国慰劳抗战将士委员会总会常务委员总干事暨各组正副组长一览表

常务委员：中宣部、政治部、军委会办公厅、后方勤务部政治部、战地文化服务处

总干事：全国征募寒衣运动委员会

总务组：组长——政治部　副组长——政治部、交通部、后勤部

宣慰组：组长——中宣部　副组长——国际宣传处、妇女慰劳总会、中央社、全国文艺界抗

敌协会、全国戏剧界协会、全国电影界抗敌协会

征募组：组长——社会部　副组长——侨务委员会、振〔赈〕济委会、海外部、财政部、全国征募寒衣总会

采购组：组长——后勤部、政治部　副组长——卫生署、战地文化服务处

审核组：组长——审计部　副组长——军政部、军委会办公厅、侨务委员会

（附注）各部分负责人之推定，系以工作性质为标准，未计机关地位之高低也。

二、武汉时期之慰劳工作概况

（一）发动30万封慰劳信运动

以武汉为中心，以全国各省市县及南洋各地之新闻界、文化界、教育界为推动力量，普遍发动。此项工作截至现在止，已收到35万封以上，均经逐一审查后，发送前线。据前线各部队来函，均谓此项信件对于士兵之安慰与鼓励极大，要求继续征募。

（二）慰劳袋、锦旗与药品

慰劳袋内容为毛巾、草鞋、牛肉干、搪瓷盆、明信片、宣传品等，曾发动武汉各家庭妇女及妇女团体300余人担任缝制、装置等工作。惟因当时武汉接近前线，购置慰劳品极感困难，仅办到10万个慰劳袋左右之物品。此外并购买医治疟疾之奎宁丸225000余粒及民生丹5万包，万金油100打，红药水20磅，以及少数之阿士〔司〕匹灵〔林〕，救急水等，并收有各界捐赠之救急包2000余个。至于锦旗方面，当时以五九两战区师以上之部队为单位，每单位献锦旗一面，故定制锦旗120余面。总计以上各项全部费用，约为66000元。

（三）慰劳代表团与慰劳队

由武汉各界推定代表10余人，组织慰劳代表团分赴阳新、武宁、南昌、宋埠等九五两战区各部队及武汉近郊之城防部队献旗并赠送慰劳品、慰劳信、药品等；北战场各部队，则委托本部设计委员张申府先生等携带慰劳品代表慰劳，至伤病兵医院及武汉附近诸部队，则组织慰劳队，分别前往演剧、唱歌、放电影、缝补洗衣、理发、写信及散发慰劳品。

（四）被慰劳部分

被慰劳之部分，为五战区诸部、九战区诸部，北战场诸部、担任城防之一八五师、九十二师、四十三师诸部，以及二十七师、三十一师、一八四师、一六二师、四十五军、六十军、第一战区铁道警备总队等部。关于伤病兵方面如六十四收容所、五十六收容所、三十三收容所、九十八收容所、五十二收容所、八十七收容所、第九收容所等，均曾全部慰劳，并为伤病将士服务。

（五）现金慰劳与拨付各机关购置药物等款项

1. 拨赠五、九两战区慰劳现金各3万元。

2. 拨还本部总务厅垫付上海市民战地救护队救护药品购置费1443.2元（由总务厅俞匡时科员经手）。

3. 拨付本部战区救护大队医药设备费、宣慰费20122.8元。

4. 拨付本部战区救护大队担架床、油布、医药费5176.2元。

5. 拨付武汉各界“九一八”七周年纪念筹备会及难民妇女服务团慰劳负伤将士经费700元。

三、长沙、衡阳、桂林、重庆之工作概况

（一）武汉撤退后，长沙曾成为前线负伤将士聚集之所，当时伤兵数目，多至5万以上，故在长沙发动大规模慰劳运动，动员各界赴各医院、各收容所慰劳。又因湘西一带，新兵颇多，于十一月初派遣长沙市各民众团体、艺术团体所组织之慰劳队四队，携带慰劳物品及宣传品赴湘一带，慰劳新兵、壮丁及伤兵等。

（二）在衡阳时曾发动军民联欢大会及慰劳伤兵运动。

（三）在桂林曾慰问伤兵及寄发慰劳信 2 万余封及一部分药品赴湘鄂前线。

（四）到重庆后，曾购买大批川产榨菜、芽菜、大头菜运赴桂林慰劳伤兵及分送二十六军三十二师等部队，并拟再运一批赴襄樊劳军。以上各地所有之慰劳经费，总计在万元以内。

四、重庆春节慰劳大会

（一）发动各家庭妇女 200 余人，在三昼夜内为伤兵赶制棉被千余床。

（二）发动各商帮及各团体，捐赠约值万元以上之慰劳物品。

（三）发动各家庭妇女及理发匠，赴各伤兵医院、壮丁营、荣誉团等处，为伤兵及壮丁等缝补、洗衣、理发、写信。

（四）发动全市各机关、各团体代表 1000 余人，分为七队，由吕超、孔庚、曾琦、吴人初、张蔼真及本部郭厅长、范副厅长、杨副处长寿康诸先生，分任队长，携带慰劳物品、宣传品分赴本市及江北、南岸各地，慰劳伤兵壮丁，并切实为其服务。

（五）发动妇女团体，挨户访问出征军人家属生活情形，并请由重庆市优待出征军人家属委员会，补发优待谷及切实执行优待条例。

（六）在一园戏园举行慰问出征军人家属游艺大会，并馈赠慰劳物品，到出征军人家属 2000 余人，部长及叶部长楚伧、邵委员力子、吕参军长超及蒋夫人代表史良等均出席主持。

五、赴港采购征募代表团

采购系由前武汉各界慰劳前线抗战将士慰劳委员会派赴粤港办理采购及征募药物及慰劳品工作，原定由本部派代表三人分任主任、会计、干事职务，中宣部一人任宣传，市党部一人任联络，银行公会一人任出纳，红十字会一人任购置，共七人组成代表团。后因市党部及红十字会均以人少，无法派出代表，中宣部及银行公会则各派在港之陈蔼琳、李叔声就近参加，故该团一行仅五人。因之本部派出之代表阳翰笙、雷平一、程步高三人，颇有任重事烦之感。现该团已返渝，购置及征募情形，已由该团另具详细报告送呈，兹不赘。至程步高同志，该会并请其重赴香港，押运第二批药物回国。

六、今后工作计划〈略〉

中国第二历史档案馆馆藏档案：全宗号：772，卷号：969

4. 重庆市各界“九一八”八周年纪念大会敬慰负伤将士书（1939 年 9 月）

英勇的负伤将士们：

你们为了国家民族的独立自由，在前线负了创伤，全国同胞对你们都感觉到无限的敬意与谢意！你们有的伤了头面，有的伤了四肢，我们处在后方的同胞，目睹了诸位的创伤，就无异是亲看到了敌人的凶残与你们的忠勇奋发、冒死杀敌的情状！使我们更加愤慨，更加感奋起来了！由于对敌人之愤慨，更感觉诸位将士的可敬可爱！

你们在前线的时候，几无片刻的休息，眼睛时时刻刻注视着敌人，心里时时刻刻愤恨着敌人，枪口时时刻刻对准着敌人，尝胆卧薪，甘之如饴！这是为的什么？无非为了争取国家的生存，民族的生命。换一句话说：为了我们大家的生存！

自卢沟桥七七抗战以来，屈指已是两年又三个月了。现在敌人已深陷在泥淖中，进退维谷，真个是骑虎不能下背了！从这里看出：我国家的独立自由，是要牺牲奋斗才能保住。诸位将士的创伤，是冒死与敌奋斗的唯一的标志，因而你们的创伤，也就变成了国家民族独立自由的无上宝贵的代价！政府嘉奖你们，各界慰问你们，民众景仰你们，全世界的人士都赞佩你们，也就是因为这个道理。语云："死有重于泰山有轻于鸿毛。"你们和敌人白刃相肉搏，负了伤，流了血，故伤亦有泰山鸿毛之别。所以你们的伤，有无上的光荣！将士死了，国家民族才得免于死，诸位伤了，国家民族才得免于伤。所以国家民族之不会灭亡，是由于你们将士在前线效死的结果，那么负伤将士显然是国家民族独立自由的唯一盾牌了！总理曾说："我死则国生，我生则国死。"中国是四万万五千万人的中国，后方的人民，必紧随诸君之后继续赴死！俗语说得好："长痛不如短痛。"假如耐不住现在的短痛，而贪生怕死以致于国亡族灭，那就是"长痛"，是永远的惨痛。抗战是"短痛"，最长不过三年五载。但这三年五载一过，国家就奠下了长治久安的基础了。中华民族可永存于世界，后世子子孙孙可以永享太平！

现在有许多汉奸卖国贼，昧于这些道理，竟甘心附敌为虎作伥，在敌人那边拿起刀来残杀自己的同胞！可耻孰甚！唯有你们能在蒋委员长领导之下，矢志报国，勇猛杀敌，使汉奸卖国贼之企图无法实现，保障中国的独立生存。这次本市各界来慰问你们，是表示我们在后方的人民，都深切的知道你们为国家的辛苦勤劳，对诸位表示十二万分的敬意与谢意！我们诚恳地祈求诸位为国珍重，早复健康！

重庆市档案馆馆藏档案：全宗号：0051，目录号：2，卷号：275

5. 国民党五届六中全会慰劳抗战将士电（1939年11月16日）

军事委员会蒋委员长转全体抗战将士钧鉴：

御侮抗战，时逾二年，我将士忠勇奋发，愈战愈强，卫国保民，杀敌致果，动静攻守，悉中机宜，顽寇之气渐竭，胜利之形已著。本大会全体一致决议，敬致慰劳，更望在最高统帅指挥之下，益加奋励，早集大勋，完抗战之功，成建国之业。

中国国民党第五届中央执行委员会第六次全体会议

6.《大公报》关于伤兵之友运动成绩的报道（1940年4月21日）

（本报讯）征求十万伤兵之友运动自二月十九日起在渝发动以来，已经四次揭晓，成绩良好。兹以征求事宜正待结束，孔总队长昨午特在嘉陵宾馆招宴各队正副队长及干事，以示庆功，到蒋夫人、何部长、叶秘书长等 40 余人。席间孔院长报告二月来征求经过，目前因各队征求范围辽远之故，人数及款数均不能确定，以目前交到成绩而论，当属党务队第一，军务队第二，青年队第三，政务队第四，农工、妇女、实业、国际、商业各队列后，党务队人数逾 20 万，款数逾 30 万。10 队总人数在 65 万以上，募集款数在 123 万元以上。孔院长谓：征求虽告结束，但工作正待展开，尤盼妇女界本慈母心肠多为伤兵尽力。继蒋夫人致词谓，西欧历史上对于出征将士荣归之热烈欢迎，每每遂次淡减，而我国抗战则须得此经验以为教训，务须使民众对伤兵之关怀持久，并须注意伤兵之复原及残废之恤养工作，以免胜利来临时，诸战士有孤苦之感。何部长又即席报告全国伤兵现况，并代全体伤兵向伤兵之友工作人员致谢。末叶秘书报告各队征求近况，并请准孔院长容远道之伤兵之友稍缓交纳款项。席散后，各理事举行第一次理事会，常务理事 5 位，理事 32 位为新运总会蒋会长所圈定，名单列后：常务理事：孔祥熙（理事长）、蒋宋美龄、叶楚伧、何应钦、张群。理事：陈立夫、陈诚、朱家骅、张嘉璈、王宠惠、谷正纲、孔宋蔼龄、孙宋庆龄、冯李德全、何王文湘、陈谭祥、马沈慧莲、张伯苓、康心如、刘峙、于斌、徐堪、王秉钧、彭学沛、李奎安、卢作孚、吴国桢、康泽、段承泽、陈心铭、王文山、王志圣、余琪、白克礼、黄仁霖、徐维廉、章楚。

原载《大公报》1940 年 4 月 21 日

7. 新生活运动总会伤兵之友总社工作概况[①]

抗战军兴，我数百万忠勇将士，为保卫国家民族之独立自由，浴血疆场，拼死效命，多有肢体断丧。我政府抚恤伤亡，不遗余力，惟以战争日久，战区日广，复因交通梗阻，医疗人员及药品器械难期周详，而国内一般民众对我保卫祖国从事抗敌负伤将士，自应本有钱出钱，有力出力之宗旨，为其服务，以示崇功报德之意。是以始初，经数人联合呼吁，发动社会力量，以为救济伤众之举，继之各地应声而起，纷纷响应，遂由一隅之事工而成伟大壮烈之运动。本会乃于民国二十九年二月十九日新运六周年纪念时，成立伤兵之友总社于陪都，统筹整个伤友运动之进行，拟订各项章则办法通告实行，并通电全国扩大征友，分党务、政务、军警、青年、实业、商业、妇女、国际、农工、教育十队，采竞赛方式，展开征募，国内外人士无不踊跃捐输，一时轰动海内外，成绩良好。继之开展服务伤患工作于全国各地，兹将该社工作概况略述如后：

一、理事会

伤兵之友社总社理事会，于二十九年四月成立，由本会会长聘请孔祥熙、蒋宋美龄、叶楚伧、何应钦、张群、陈立夫、朱家骅、王宠惠、张嘉璈、谷正纲、陈诚、刘峙、孙宋庆龄、孔宋蔼龄、冯李德全、何王文湘、沈慧莲、陈谭祥、张伯苓、康心如、于斌、徐堪、王秉钧、彭学沛、李奎安、卢作孚、吴国桢、康泽、陈心铭、王文山、余琪、黄仁霖、徐维廉、章楚等 34 人为理事，推孔祥熙、蒋宋美龄、叶楚伧、何应钦、张群等 5 人为常务理事，以孔祥熙为理事长，又指定黄仁霖为总干事，徐维廉为副总干事，负实际推动工作之责。是年十二月，又加聘吴铁城、金宝善、卢致德、叶实之、张蔼真、魏益三、潘小萼等 7 人为理事；三十二年三月又续聘何明

① 该文原载新运总会编：《新运十年》，原名为《成立伤兵之友社总社》，无成文时间。

华、艾德敷2人为理事。二十九年四月二十八日，该社假嘉陵宾馆，举行第一次理事会议，重要决议案有通过总社组织大纲，决定总社设立总务推行训练三组及定制社徽20万枚。同年十二月二十日，复在嘉陵宾馆，举行第二次理事会议，重要决议案，有通过三十年度工作计划及经费预算等。三十二年三月四日复假嘉陵宾馆，举行第三次理事会议，重要决议案有通过三年来审核委员会审核总社经费报告及开展“虽残不废”工作，与扩大征友运动等。

二、组织

（一）总社

1. 总社组织系统：总社设理事会，由理事41人组织之。理事设常务理事5人，并以1人为理事长，下设总干事，副总干事各1人，并分设总务推行训练3组，暨全国服务总部，总社组织系统表如左〈下〉:〈略〉

2. 总社工作人员：总社工作人员，除一部专任外，其余多借新运总会等机关原有人员兼任之，其薪给概由原机关支给，现有工作人员统计如左〈下〉:

职别	共计	员额						备考
		总干事	副总干事	组长	股长	股员	办事员	
总计	35	1	1	3	7	9	14	
各机关派遣专任	16			2	3	6	5	
兼职	19	1	1	1	4	3	9	

（二）分社

1. 分社数目：各地分社因人事之异动，战地之转移常有变动。谨将历年调查结果，列表如左〈下〉: 至现有分社分布图如下〈略〉

历年分社数目统计表

年度	二十九	三十	三十一	三十二
国外之部	6	6	6	6
省市分社	9	8	8	10
县分社	23	77	102	88
特别分社	1			
合计	39	91	116	104
备考				

2. 分社工作概况：各地分社，除遵照总社规定，举办四项中心工作外，据历年各分社工作报告，计为办理普通营养，代写书信，精神慰劳，招待过境伤兵，建筑伤兵墓地，设立俱乐部，成立荣军职业介绍所，组织荣军教育班，组织担架队救护伤兵，开设荣军商店，为荣军服务等，并有赠送蚊帐、草席、衬衣裤、毛巾、报纸、杂志、信笺封套等。

（三）全国服务总部

二十八年十二月，本社在筹备期间，即开始组队驻院服务，嗣以队数日增，工作繁剧，乃于三十年八月一日另成立全国服务总部，专责办理各服务队之工作。部址原设江北董家溪，现已迁入总社合并办公，总部之下，分设各区总队部，直辖各地服务队。服务队有与战地服务团、伤兵慰问组、妇女指导会、红十字总会、后勤部、汉口女青年会等合办者。复规定各区总队部，就原有队中选择成绩最优者二队为模范队，以资示范。其经费加多，工作增繁，各项新办法之推行，首以模范队试办，办理以来成绩尚称优良。本社为促进分社组队服务，并以总部所属服务队为示范计，遂将112队，逐渐缩编为54队，分社服务队经费由总社补助一部，谨将总部组织系统，总部历年所辖服务队数目，服务队历年驻院统计〈略〉，三十二年度服务队驻地分布图列表如左〈下〉：

全国服务总部组织系统表〈略〉

本社所辖服务队历年数目统计表年度

队别	三十	三十一	三十二	备考
总部直辖	16	24	23	1. 本社民国二十九年组织有91服务队，分驻各区医院服务，惟以分区与组织系统不同，故未列入。 2. 现为加强分社业务，总社服务队逐渐减少，分社服务队逐渐加多，惟是项材料尚未收集齐全，无以统计。
湘桂区总队部	16	20	12	
浙赣区总队部	33	19	7	
安徽区总队部	3	4		
五战区总队部	12	9		
六战区总队部	8	6	6	
陕西区总队部	16	12	6	
贵州区总队部	8			
合 计	112	94	54	

三、训练〈略〉

四、服务〈略〉

原载新生活运动促进总会编：《新运十年》

8. 全国慰劳总会为颁发发动全国各界慰问前方将士等书写贺年信办法致重庆市警察局函（1940年12月18日）

迳启者，本会此次发动全国各界为前方将士、荣誉军人、海外侨胞与沦陷区同胞书写贺年信运动，陪都方面已定本月二十二日午前九时分在都邮街新运总会宣传场（大会仪式亦在此处举行）暨通远门、道门口、弹子石、江北嘴、沙坪坝、磁器口等七处举行签名，至希贵局届时发动所属整队分别就近前往签名地点踊跃参加签名，藉示热烈而励士气，检附贺年信办法及书写贺年信注意事项各一份，并请查照办理，毋任感荷。

此致

市警察局

附贺年信办法及书写贺年信注意事项各一份

全国慰劳总会启

中华民国二十九年十二月十八日

全国慰劳总会发动全国各界慰问前方将士、荣誉军人、海外侨胞、沦陷区同胞书写贺年信办法

值兹抗战日益艰苦，亦日益接近最后胜利之际，二九年将告完毕，各界同胞正准备庆祝及迎接民国三十年元旦——即民国成立纪念。吾人缅怀国父暨诸先烈创造中华民国之艰难困苦与光荣历史，尤其四年来我全体军民在最高统帅蒋委员长领导下，为保卫中华民国而坚〔艰〕苦奋斗，打击敌寇之伟大功绩，荣誉军人流血之英勇伟大牺牲，千余万海外侨胞热烈援助祖国抗战之伟大贡献，沦陷区同胞为热爱祖国而忍受一切牺牲，遭受敌寇压迫并不断与敌寇作抗争之伟大精神，吾人实不胜感佩兴奋与系念之至！本会有鉴及此，为表示我后方同胞对前方将士、荣誉军人、海外侨胞暨沦陷区同胞之崇敬与怀念，尤其为表示我后方同胞对前方将士、荣誉军人、海外侨胞与沦陷区同胞，不因时间与空间之限制，始终一心一德，精诚团结，始终为争取抗战最后胜利而奋斗之精神起见，特发动各界同胞书写贺年信运动，一以表示慰问及敬意，一以鼓舞士气及增强侨胞对抗战胜利之信心，同时，使沦陷区人心，为之振奋！其裨益抗战前途，当非浅鲜，尚希各界同胞，踊跃参加，共襄盛举，兹订定写信办法如次：

一、写信之主要对象为：（一）前方将士。（二）荣誉军人。（三）海外侨胞。（四）沦陷区同胞。

二、写信之内容，除慰问及贺年之意，对上列任何对象均相同外，余因对象不同而内容亦略有分别，兹约为规定如下：

（一）对于前方将士者：

1. 致敬；

2. 鼓励抗战情绪；

3. 说明后方建设进步之事实；

4. 说明政府及社会优待抗属之事实；

5. 说明后方同胞抗战意志之坚决；

6. 说明国内外于我抗战有利之形势；

7. 说明迎接新年同时迎接胜利；

8. 其他足以鼓舞士气之事实。

（二）对于荣誉军人者：

1. 致敬及慰问；

2. 赞扬其对于抗战之功绩；

3. 说明胜利随新年到来鼓励重上前线；

4. 其他足以安慰及鼓励荣誉军人之事实。

（三）对于海外侨胞者：

1. 对侨胞热烈援助祖国抗战之精神，表示敬佩；

2. 说明祖国在抗战中建设进步之事实及抗战日益接近最后胜利之情形；

3. 说明全国同胞拥护中央拥护领袖坚持抗战国策之事实；

4. 希望侨胞加强对祖国之援助并希望回国投资共同担负建设三民主义新中国之任务；

5. 其他足以鼓励侨胞热烈爱国之事实。

（四）对于沦陷区同胞者：

1. 表示深切慰问与怀念之意；

2. 说明全国同胞拥护中央拥护领袖坚持抗战国策之事实；

3. 说明后方建设进步国际形势益见对我有利最后胜利亦日益接近；

4. 希望切实实行国民公约；

5. 其他足以鼓励沦陷区同胞之事实。

三、写给前方将士荣誉军人之信件，如指明某部队某医院或某人均可。

四、写给海外侨胞之信，应注意侨胞所处之政治环境，措词以谨慎为宜。

五、写给海外侨胞之信件请分别指明某一地区（如美洲纽约新加坡荷属东印度等）或某华侨团体及领袖，写给沦陷区同胞者亦可分别地区（如东北上海南京北平武汉广州等），但勿写个人姓名。

六、此次慰问及贺年信，由每一机关团体酌量为每一对象各写若干封，请机关长官领衔签名并发动本机关团体职员及各界同胞签名，但各界同胞亦可自由书写。

七、贺年信运动，陪都方面由本会商同有关机关团体发动，各地由本会电请各省市动员委员会发动之。

八、信件之收集及转寄办法如下：

（一）陪都方面由本会收集及转寄，各省市由当地动员委员会收集及转寄。但得请各省市动委会将发动情形及结果详细函告本会。

（二）寄往海外之信件，其邮票由写信机关团体或写信人自行购贴。

（三）写给前方将士荣誉军人者，分别送寄前方及医院；写给海外侨胞者，分别寄交驻外使馆或华侨团体及报社转；写给沦陷区同胞者，设法请最前线部队及敌后游击队或有关机关团体秘密转送。

（四）对海外侨胞及沦陷区同胞之贺年信，如虑寄送困难，得选择一部分就近请当地广播电台播送或请国内外中国报纸发表。

九、发动此项运动时，得约集当地机关团体代表及各界人士举行会议，商讨进行办法并扩大宣传

十、贺年信内容有违反本办法之规定，或措词有违背三民主义及抗战建国国策并影响抗战情绪，经收集机关审查及发觉后，得停止转寄。

十一、全国各地一致于二十九年十二月十五日发动，二十五日收集，截止二十九日以前由收集机关全部寄出。

十二、写给海外侨胞之信件，以采用中文为主，如写信人认为有采用外语之必要者，亦得酌用外语。

十三、贺年信之文字，以简洁生动亲切并富有情感为原则，列举事实尤须具体确实。

十四、信封须较坚硬，信笺最好用对开之大幅宣纸或其他大幅纸张，以便签名并使受信者可能传观张挂，藉留纪念。

十五、由主办机关召集各界举行贺年信签名大会，以示热烈而广宣传。

慰问前方将士荣誉军人海外侨胞沦陷区同胞暨抗战军人家属书写贺年信注意事项

一、写贺年信纸张最好用宣纸，整张或对开均可。

二、贺年信形式绘制如左〈略〉，藉供参考，请各机关团体自行创造更优美之形式。

三、信封以较坚固为宜，请自行制定。

四、书写贺年信数量，在原则上希望写给前方将士、荣誉军人、抗战军人家属者较多（包括空军将士），因顾虑寄送困难，写给海外侨胞及沦陷区同胞者，数量以较少为宜。每一机关团体书写之数量，请自行决定，如写给前方将士者，可以战区为单位，每一战区一封，全体空军一封，荣誉军人五封至十封，其余各对象一封或二封。

五、每一机关团体准备之贺年信，请于二十日以前送交本会会封，以备在签名大会会场张挂，事后仍退还原机关团体，此项贺年信上请勿签名。

六、签名大会定于本月二十二日（星期日）上午九时分区举行，地点俟确定后登报公告，但总的签名大会会场及签名大会仪式，仍在都邮街新运总会宣传场举行，并由本会敦请各机关首长领导签名。

七、举行签名大会时，请各机关团体推派代表一人，携带签名纸（式样大小须与贺年信同，数量亦请自行估计决定，但签名在各项纸上者，不限于本机关团体人员），前往指定之签名地点（决定后另函通知）照料及协助一切，但务须于是日上午八时前赶到。

八、请各机关团体发动所属机关及人员，踊跃参加签名。

九、各机关团体之贺年信，请于签名大会后分别加以整理及粘结（贺年信与签名纸联结起来），于十五日以前汇送本会，分别转寄。

重庆市档案馆馆藏档案：全宗号：0061，目录号：16，卷号：4417

9.重庆市政府为向前方将士等书写贺年信给所属的训令（1940年12月18日）

案准全国慰劳总会函开："抗战益艰，胜利在望，三十年元旦行将来临，本会缅怀先烈缔造民国之难，系念前方将士奋斗之勇，尤其我海外侨胞热烈援助祖国抗战之伟大贡献，沦陷区同胞热爱祖国、忍受牺牲、遭受敌寇压迫并不断与敌寇抗争之伟大精神，全国军民在最高统帅蒋委员长领导下为保卫中华民国而坚〔艰〕苦奋斗、打击敌寇之伟大功绩，荣誉军人流血牺牲之英勇伟大，吾人实不胜感佩兴奋与系念之至。兹为表示我后方同胞对前方将士、荣誉军人、海外侨胞与沦陷区同胞之崇敬与怀念，加强精诚团结，为争取抗战最后胜利而奋斗之精神起见，本会特发动全国各界同胞书写贺年信运动，于二十九年十二月十四日全国一致发动，二十九日前全部分别寄出。检附办法一份，敬希惠允，热烈倡导进行为荷。"等由，准此，自应照办，除分行外，合行令仰该局即便饬属一体遵照办理为要！此令。

附办法一份〈略〉

市长　吴国桢

重庆市档案馆馆藏档案：全宗号：0061，目录号：16，卷号：4417

10. 全国慰劳总会为颁发书写贺年信运动标语致重庆市警察局函（1940 年 12 月 19 日）

迳启者，本会为加强军民合作，鼓励士气及慰问荣誉军人、沦陷区同胞、海外侨胞等起见，特发动全国各界书写贺年信运动。本市定本月二十二日分在都邮街、道门口等地举行签名大会。兹为使此项运动普遍深入并使全市人民踊跃参加签名及扩大宣传起见，特拟定标语数则，敬希分别以布制就张贴通衢，以广宣传，毋任感荷。

此致

市警察局

全国慰劳抗战将士委员会总会

十二月十九日

附标语一纸

一、给前方将士写贺年信预祝抗战胜利！

二、给荣誉军人写贺年信是爱国精神的表现！

三、给海外侨胞写贺年信是团结海内外同胞的有效方法！

四、多给前方将士写一封贺年信多增加一分抗战力量！

五、贺年信运动是激发抗战情绪加强军民合作的运动！

六、向沦陷区同胞致敬及慰问要多写贺年信！

七、爱国的同胞们要踊跃去参加贺年信签名！

八、书写贺年信迎接胜利年！

九、在贺年信上多签一个名多为将士们增加一分杀敌的勇气！

十、给抗属写贺年信是优待和尊敬抗属的表示！

十一、贺年信运动是抗战最后胜利的信号！

十二、以贺年信运动迎接最后胜利的到来！

重庆市档案馆馆藏档案：全宗号：0061，目录号：16，卷号：4417

11. 全国慰劳总会为颁发向抗战将士庆贺新年运动办法致重庆市政府公函（1941 年 12 月 9 日）

敬启者，查中华民国三十一年元旦将届，本会为鼓励士气起见，特发动全国各界敬向抗战将士庆贺新年运动。陪都方面，刻已由本会联合各有关机关团体组织筹备会，积极筹备一切，素仰贵处爱护抗战将士，不遗余力，拟请惠允办理下列事项：

一、印制贺年片或贺年信，数量不求其多，署名务求其众（由主管长官领衔）。

二、敬请多捐礼品，至何项礼品，请按照贺年运动办法之规定，自行决定，但不收代金。

三、捐赠之礼品数量，请于本月二十四日以前函告本会，以便统计分配。

四、请指派人员组织贺年队，届时携带贺年片及贺年礼品前往贺年台（时间及地点另行公布）。

以上各项除分函外，相应检附贺年运动办法两份，至希查照办理，毋任感荷。

此致

市政府秘书处

附贺年运动办法二份

会　长　陈　诚　公出

副会长　谷正纲　代行

马超俊

郭沫若

全国慰劳总会发动全国各界敬向抗战将士庆贺新年运动推行办法

本会鉴于民国三十年行将届满，新岁瞬即到来，缅怀全体将士在蒋委员长领导之下，四年余浴血抗战之功绩，与瞻望明年争取最后胜利，尚须坚〔艰〕苦奋斗，为鼓励军心，激发民气，加强军民合作及抗战必胜信念起见，特发动全国各界于三十一年元旦，敬向全国将士庆贺新年，藉示慰问与崇敬，并以预祝抗战最后胜利之到来，爰订定推行办法如次：

一、庆贺对象为：（一）抗战将士。（二）荣誉军人。（三）抗战军人家属。

二、庆贺方法及方式如下：

（一）发动全国各界暨海外侨胞，一致于民国三十一年元旦电林主席暨蒋委员长及抗战将士致敬。致将士电文，请自行发至各战区，呈林主席暨蒋委员长电文，概请于十二月二十四日以前，寄达本会汇转，并交报纸发表、电台广播及编制巨幅专报张贴。

（二）敦请当地党政长官，联名印发形式新颖可作纪念之贺年笺片，慰问战士及其家属。

（三）征募适合实际需要之食用品如：猪、羊、鸡、鸭、食盐、毛巾等类，作为新年礼物，分别赠送。（不收代金）

（四）就城镇交通便利及重要地区，建立“贺年台”，广泛发动当地各界同胞前往贺年，并作下列庆贺表示：1. 递送自行准备之贺年信或贺年片。2. 签名，同时请当地空陆海军及荣誉战士抗战军人家属（包括抗属儿童）选派代表若干人，立贺年台上，接受及答谢各界之庆贺，贺年台并须举行隆重热烈之揭幕式及“团拜礼”。

（五）发动当地各界分别组织贺年团，于元旦后或元旦日，前往部队及后方医院举行集体贺年，征募之礼品，亦须携往散发，并先行妥为分配及装饰，以壮观瞻。对各界前往“贺年台”贺年之盛况，尤须特别宣扬，以励士气。

（六）赠送抗属之礼品，得视实际情形，另行集合散发或组队个别分送。

（七）贺年团或贺年队，须备旗帜、乐队或灯笼、炮竹前往“贺年台”及部队、医院贺年，以示热烈。

（八）礼品封装后，须加标注，如书写：“恭贺战士新禧并祝胜利”等字样，赠送者名号亦须注明。

（九）贺年运动，各项活动须摄取影片或照片及文字记载。

三、本运动在陪都方面，由本会联合各有关机关团体组织筹备会推行，各省市由本会电请动员委员会推行，并以普遍推行至县、区、乡、镇为原则。至各项方式，得由各地斟酌环境情形采用。贺年台仪式，必要时得与当地元旦庆祝大会合并举行。

重庆市档案馆馆藏档案：全宗号：0073，卷号：60

12. 陪都各界庆贺抗战将士新年运动筹备委员会组织简则草案（1941年12月）

第一条　本会以推行全国慰劳总会发动之庆贺抗战将士新年运动为任务。

第二条　本会由陪都各有关机关、团体联合组织，并以其所派代表为委员。

第三条　本会设主任委员一人，副主任委员二人，常务委员九至十一人，主持及推动会务。

第四条　本会设总干事一人，承主任委员、副主任委员之命，综理日常会务；设秘书一人，襄助之。

第五条　本会设推行、宣传、征募、调查、总务五组，分别办理一切筹备事宜。

第六条　本会各组设组长一人，副组长及干事若干人，均由有关机关、团体代表兼任或调用之。

第七条　本会经费，由参加筹备会各机关团体分担。

第八条　本会常务委员及各组联席会议，每周开会一次，由主任委员召集；必要时得召开临时会议。

第九条　本会会址设中兴路韩家巷九号全国慰劳总会。

第十条　本会办事细则另定之。

第十一条　本简则经全体委员会议通过后施行。

陪都庆贺将士新年运动筹备工作大纲

一、推行方面

（一）分别发动各机关、团体（包括各公会、工会等）组织贺年队，往“贺年台”贺年并递送贺年信片。

（二）视市区部队驻地及伤兵医院之处数，发动青年妇女及其他方面组织贺年团数团，届时分别前往部队及医院贺年。

（三）函请警察局发动各镇以镇为单位，组织贺年队，届时往“贺年台”贺年并捐献礼物。

（四）函请重庆市临时参议会号召全市民众响应贺年运动，并往“贺年台”贺年。

（五）函请市党部发动全市党员，以区分部为单位，推派代表参加贺年运动。

二、宣传方面

（一）发动舆论界著文倡导。

（二）随时撰发新闻。

（三）编制全国各地上元首领袖致敬电文巨幅专刊，并先计划版式及收集电文。

（四）呈请元首领袖颁赐训词，以利倡导。

（五）函请警察局通传全市商店、住户张贴恭贺将士新禧之对联或标语。

（六）拟定各界贺年片式样。
（七）印发小型传单及画报。
（八）印发贺年笺片并先请党政长官签名。
（九）绘制幻灯宣传片，在戏院放映。
（十）分电各战区长官暨全体将士贺年。
（十一）设计建立“贺年台”并布置。
（十二）组织各种集会宣传或游行宣传。
（十三）其他有关宣传事宜（广播宣传）。
三、征募方面
（一）针对 1. 部队、2. 荣誉军人、3. 抗战军人家属之实际情形及需要，分别征募各种礼品。
（二）以工商、金融界为征募对象。
（三）礼品分食品与用品两类，食品方面如食盐、蔬菜、肉类等，用品如毛巾、袜鞋等。
（四）礼品之分配、登记、统计与公布。
四、调查方面
（一）调查市区部队驻地及人数。
（二）调查防空部队驻地及人数（包括空军）。
（三）调查荣誉军人数目。
（四）调查抗属及儿童数目。
五、总务方面
（一）文书、事务、会计等工作。
（二）向空陆海及伤兵机关交涉派代表至贺年台。
（三）交涉建立“贺年台”地点及雇工。
（四）交涉贺年台乐队及宪警警卫。
（五）贺年台人事之布置。
（六）贺年台文具、簿册及一切用具之准备。
（七）其他有关事务及对外接洽事项。
（八）敦请各级长官及社会领袖、闻人往贺年台贺年，以示倡导。
（九）拟定贺年台揭幕仪式。

重庆市档案馆馆藏档案：全宗号：0073，卷号：60

13. 陪都各界庆贺抗战将士新年运动大会慰问函三则（1941 年 12 月）

一、慰问战地同胞函

亲爱的战地同胞们：

民国三十年是我们的胜利年，大家当然是在热烈的庆祝着，不过，在每个人的心坎上，除了愉快的情绪外，总是不自觉的透露出一种不安的状态，在怀念着我战地的同胞们。抗战四年，你们无日不在水深火热之中，受尽敌人宰割、屠杀，但你们仍艰苦的英勇的与敌人抗争、游击，这种精神真使我们无限感泣。我们今天能在青天白日下呼吸一点自由的空气，可说是你们的赐与！本会同仁特发动各界同胞，谨以最真挚、最热烈的心，遥向你们致敬，并诚恳的告诉你们一点新消息：就是后方的伟大建设逐步实现了，海外侨胞千千万万的汇款，继续不断的援助祖国；国际局势也在日渐好转，而敌人又顾此失彼，陷于穷途。在这些有利的条件下，希望你们更坚强的、更勇敢的、随时随地予敌人以打击。敌人在战地给我们的礼物是威胁利诱、奴化残杀，而我们的回答是“反抗”。今后我们前后方更要紧密的连系起来：你们在战地抗战，我们在后方建设，分工合作，携手迈进，争取最后胜利，以达到举国共庆的三民主义新中国的实现。敬祝胜利，并颂：

年禧！

二、慰问海外侨胞

亲爱的海外侨胞：

韶光易逝，倏又新年，抗战四载，胜利在望，遥瞻海外侨胞，良深驰系。吾侨胞远离祖国，当此佳节，其感怀于乡邦者，或更胜于国人也。回溯抗战以来，吾侨胞踊跃输将，急公赴义，国人共感！因斯抗战信念益坚，建国伟业日彰，试观各战地之捷报频传，国内建设之惊人发展，以及英美苏等国之加强援助，使重庆新育之陪都已成远东民族解放光明之灯塔，藉此一节，定可告慰于我侨胞矣。年来虽倭寇猖獗，傀儡滋蔓，但我全国军民在蒋委员长领导之下，咸能一心一德，精诚团结。敌伪黔驴技穷，崩溃之期不远，深望吾侨胞本过去救国精神，继续努力，念同舟之风雨，共济艰难，还祖国之河山，同由庆祝。纸短情长，不尽缕缕，敬祝努力！并颂：

年禧！

三、慰问前方将士函

英勇的前方将士们：

值兹民国三十年的元旦，本会同仁特发动各界同胞谨以最诚挚、最热烈的心，遥向我们最崇敬、最系念的前方将士致最高的敬礼。回忆抗战四年以来，我英勇的将士出入生死，愈战愈强，无形中感动了每一个同胞，在兴奋着、策励着，使各个部门都呈现着胜利成功的新气象：后方有伟大的新建设，海外有侨胞踊跃的献金，国际有英美苏等国的积极援助；政府与社会对于我们将士的家属，尤尽其力之所至，予以种种物质和精神的优待。这些事实，都可告慰于我亲爱的将士们，请你们一切放心！希望你们今后继续在全国最高统帅领导之下，更勇敢更艰苦的来为国家争独立，为民族争自由，为历史洗污点，为先烈偿血债，为同胞报深仇，乘胜直驱，收复失地，完成抗建大业。本会正期待着为你们发动盛大而热烈的庆祝胜利大会。敬祝胜利！并颂：

年禧！

重庆市档案馆馆藏档案：全宗号：0073，卷号：60

14. 陪都各界庆贺抗战将士新年运动大会验收组组长吴浩宇关于验收情形给市动员委员会的报告（1942年1月3日）

查本市庆祝三十一年元旦筹备委员会，本会被推为集会组组长；又庆贺抗战将士新年运动筹委会，本会被推为宣传组并验收组组长。计筹备至小除夕，大致就绪。职于三十一日上午赴都邮街广场布置庆祝抗战将士新年验收组会场，下午赴夫子池布置庆祝元旦大会会场，午夜始毕。元旦晨七时，本会全体职员赴都邮街广场参加新年团拜，九时一部分赴夫子池参加庆祝大会，其余留在广场准备验收礼物，各区工作人员如川康盐务管理局、百货业公会、四川荣誉军人管理处、屠宰业公会、日用品公卖处及本府合作社职员，均能按时到达。南侧为验收各种食物，北侧为验收一般日用品，开始验收时，因各方致送礼品单位颇多，皆欲争先，各区职员任劳忍怨，虽当时有空袭之说，仍不离职位，镇静处之，计收受礼品在10万件以上，以毛巾、草鞋、猪肉、饼干、食盐为最多，估计价值在200万元左右。三时正，截止接受礼品，开始整理交散发组散发，下午六时散发完毕。此次以10万件之礼品能于三小时内分类整理完竣，实由各区均为自组验之职员如食盐区所收盐在6700余斤，未及一小时即称称及整理交散发组；肉类区所收猪在27只以上，牛羊鸡鸭共7000斤左右，亦于礼物收受完毕后不久，即全部计算交散发组；即以一般用品区而言，所收礼物种类最杂，几令人无从下手，亦由百货业公会于二小时许分门别类，交给散发组。所有验收组职务均于当日办理完竣，而各区办理人员之努力，实可钦佩，拟请对于原派机关各致函道谢，所有办理庆祝元旦各种大会经过情形，理合检同验收组职员清册及验收礼品清单各一份报请鉴核。

谨呈

秘书郑书记长夏核转

主任委员　吴

职　吴浩宇　刘毓搡

验收组经手礼品清单

名称	数量	名称	数量	名称	数量
猪	27条半	咸肉	260斤	肉	17斤
牛	1头	肉	5斤	羊	10只
活羊	6只	鸡	18只	鸭	3只
榨菜	50罐	榨菜丝	100罐	花盐	16大包
花生	45斤又1378小包	饼干	1060包	散盐	860斤
牛奶饼干	8大盒	罐头牛乳	239厅	饼干	3大包
桃片	34包	罐头牛肉	20筒	冰糖	4盒
肉松	12筒	十〔什〕锦糖	4包	桂圆	50斤
伊夫面	10盒	5斤装甘糖	1包	1斤装甘糖	7盒
年糕	40斤	咸蛋	50个	便蛋	50个
藕粉	10盒	茶叶	122包	2斤装茶叶	65包
半斤装茶叶	2包	奎宁丸	1瓶	毛巾	29371条
袜子	2798双	衬衣	117件	毛背心	28件
手套	653副	白衬裤	20条	布鞋	1双

续表

名称	数量	名称	数量	名称	数量
〔绑〕腿	2 副	梳子	10 把	软毛刷	9 把
小毛巾	612 条	铅笔	1200 只	肥皂	2172 块
香肥皂	1546 块	纸袋牙粉	14253 包	玻瓶牙粉	72 瓶
纸盒牙粉	30 盒	牙膏	12 支	牙刷	11610 把
胃痛药	10 盒				

重庆市档案馆馆藏档案：全宗号：0073，卷号：60

15. 全国慰劳总会庆贺抗战将士新年运动报告书（节录）（1942 年 4 月）

一、贺年运动之缘起及办法

本会鉴于民国三十年行将届满，新岁瞬即到来，缅怀全体将士在蒋委员长领导之下，四年余浴血抗战之功绩，与瞻望明年争取最后胜利，尚须坚〔艰〕苦奋斗。为鼓励军心，启发民气，加强军民合作及抗战必胜信念起见，特发动全国各界于三十一年元旦，敬向全国将士庆贺新年，藉示慰问与崇敬，并以预祝抗战最后胜利之到来，爰订定推行办法如次：

（一）庆贺对象：1. 抗战将士，2. 荣誉军人，3. 抗战军人家属。

（二）庆贺方法及方式如下：

1. 发动全国各界暨海外侨胞，一致于民国三十一年元旦电林主席暨蒋委员长及抗战将士致敬，致将士电文，请自行发至各战区；呈林主席暨蒋委员长电文，概请于十二月二十四日以前，寄达本会汇转，并交报纸发表、电台广播及编制巨幅专报张贴。

2. 敦请当地党政长官，联名印发形式新颖，可作纪念之贺年笺片，慰问战士及其家属。

3. 征募适合实际需要之食用品，如：猪、羊、鸡、鸭、食盐、毛巾等类，作为新年礼物，分别赠送（不收代金）。

4. 就城镇交通便利及重要地区，建立“贺年台”，广泛发动当地各界同胞前往贺年，并作下列庆贺表示：(1)递送自行准备之贺年信或贺年片,(2)签名。同时请当地空陆海军及荣誉战士、抗战军人家属（包括抗属儿童）选派代表若干人，立贺年台上，接受及答谢各界之庆贺，贺年台并须举行隆重热烈之揭幕式及“团拜礼”。

5. 发动当地各界分别组织贺年团，于元旦后或元旦日，前往部队及后方医院举行集体贺年，征募之礼品，亦须携往散发，并先行妥为分配及装饰，以壮观瞻。对各界前往“贺年台”贺年之盛况，尤须特别宣扬以励士气。

6. 赠送抗属之礼品，得视实际情形，另行集合散发或组队个别分送。

7. 贺年团或贺年队，须备旗帜、乐队或灯笼、炮竹，前往“贺年台”及部队、医院贺年，以示热烈。

8. 礼品封装后，须加标注，如书写：“恭贺战士新禧并祝胜利”等字样，赠送者名号亦须注明。

9. 贺年运动各项活动须摄取影片或照片及文字记载。

（三）本运动在陪都方面，由本会联合各有关机关团体组织筹备会推行；各省市由本会电请动员委员会推行，并以普遍推行至县、区、乡、镇为原则。至各项方式，得由各地斟酌环境情形采用贺年台仪式，必要时得与当地元旦庆祝大会合并举行。

二、贺年运动发动之经过

前项办法经于三十年十二月初确定后，由中央通讯社向全国各地广播，电请各省主席及动员委员会就近倡导发动，先后接得川、陕、豫、晋、黔、滇、桂、粤、湘、赣、浙、绥等省来电响应，现已接得河南、绥远两省动员委员会书面报告，其中尤以河南方面卓著成绩，计募得普通毛巾5321条，上等毛巾6000条，肥猪10头，粉丝400斤，肥皂2592块，棉背心600件，军鞋5300双，贺年片5364张，贺年信2752封。

关于陪都方面，于三十年十二月六日下午二时召集各有关机关团体，计中央党部秘书处、中央宣传部、军委会办公厅、社会部、军政部兵役署、中央文化运动委员会、军委会政治部、卫戍总司令部、文化工作委员会、振〔赈〕济委员会、中央广播电台、国际广播电台、中国电影制片厂、中央电影摄影场、重庆市党部、重庆市政府、卫戍总部政治部、市警察局、市商会、迁川工厂联合会、国货厂商联合会、市参议会、卫戍区动员委员会、市动员委员会、市优待委员会、中国妇女慰劳总会、妇女指导委员会、市妇女会、三民主义青年团中央团部、三民主义青年团重庆支团部、四川荣誉军人管理处、中央通讯社、各报联合委员会、新生活运动总会、市社会局、励志社、社会服务处、全国慰劳总会等38单位组织筹备委员会，通过筹委会组织简则及筹备工作大纲，并推定谷代会长正纲为主任委员，吴市长国桢、陈主任委员访先为副主任委员，三民主义青年团重庆支团部、重庆市参议会、卫戍总司令部政治部、重庆市动员委员会、军政部兵役署、四川省荣誉军人管理处、重庆市妇女会、重庆市商会、银行公会等9机关团体为常务委员，全国慰劳总会为总干事，负实际筹备责任。同时常务委员会通过筹备会经费为国币21000元，分由参加筹备委会各机关团体分担，并推定重庆市政府、市警察局为推行组正副组长，军政部兵役署、四川省荣誉军人管理处为调查组正副组长，卫戍总司令部政治部、重庆市动员委员会为宣传组正副组长，重庆市商会、重庆市妇女会、银行公会为征募组正副组长，全国慰劳总会为总务组组长。同时规定在筹备期中，各组负责人员每日下午至全国慰劳总会集合办公，随时商讨工作进行。

三、陪都之宣传与推行工作

本运动发动之后，即获得陪都新闻界之一致热烈赞助，分别著论响应，并有中央、扫荡、时事、商务、国民公报等报刊登启事，欢迎各界刊登庆贺抗战将士新年广告，同时制定“庆贺将士新年预祝抗战胜利”“庆贺将士新年争取最后胜利”“庆贺将士新年努力国防建设”“庆贺将士新年踊跃捐赠礼品”等标语，分函各机关、团体制成横幅布标语，悬挂通衢要道，另印制纸质美术图案标语4000份，分别张贴于商店橱窗；并制为幻灯片，假各电影院映放。十二月十九至二十二日，每日午后七时分别敦请社会部谷部长正纲、军政部兵役署程署长泽润、重庆市参议会康议长心如、重庆市商会周主席懋植为庆贺将士新年运动作广播宣传；二十五日举行扩大宣传，并有宣传汽车游行全市各要道，散发如左〈下〉之小型传单：

向抗战将士庆贺新年，是尊敬及爱护抗战将士的真诚表示，而且这是应该有的表示，更相信每一个同胞，必然有这样的表示。又因时间已极迫促，关于贺年礼品，务希早早准备，共襄盛举。因此，我们谨向本市各界同胞，提出两点希望于后：

（一）慷慨捐赠礼品：抗战将士及其家属们生活的辛苦，是谁都知道的。许多部队里面，连鞋袜都感缺乏，务请捐赠鞋、袜、毛巾等合乎实际需要的物品，数目多少不拘。

（二）踊跃参加贺年：现在贺年台的地点已决定在本市都邮街广场，同时已决定于明年元旦上午十时开幕，届时务请携带所捐礼品前往参加（由陆海空军将士、荣誉军人及抗属等代表自己在台上接受答谢各界的庆贺）。其他的同胞们，如果无力捐赠礼品，也请届时走上贺年台去签一个名，面向将士们表示慰问之意！

陪都各界庆贺抗战将士新年运动筹备委员会谨启

〈中略〉

四、礼品之征募与部队调查

此次贺年运动，庆贺对象为抗战将士、荣誉军人、抗战军人家属，陪都方面则为驻在市区内之陆海空部队、宪警、荣誉军人及抗属。其中尤以海军将士自抗战以来，与敌人作艰苦之水雷战，破坏敌人之长江航运，在国际上亦获有声誉，厥功不可没，故特列为慰劳对象之一。经调查结果，驻在陪都之陆军（包括特种部队及在营壮丁）约50000员名，海军约1000员名，空军（包括地上工作人员）约2300余员名，荣誉军人约900余员名，抗属约3000余户。以是对于礼品之征募，均按照受礼者之实际情形与需要，分为食品、用品两大类，诸如猪、牛、羊、鸡、鸭、食盐、糖果、草鞋、袜子、毛巾、牙刷等类，征募对象以商业、金融界为主，除分函各主管机关团体发动外，并分别派员推动，用宏效果。

五、贺年运动大会前之准备工作

贺年运动大会，事先函请吴秘书长铁城、王部长世杰、陈部长立夫、刘部长维炽、张部长治中、谷部长正纲、马副部长超俊、郭主任委员沫若、陈委员长树人、刘总司令峙、黄总干事仁霖、吴市长国桢、陈主任委员访先、康议长心如、赵主任可夫、周主席懋植等为主席团，市警察局唐局长毅、宪兵第三团袁团长嘉佩为大会总指挥，各报社、中央通讯社、中央摄影场、中国制片厂、国际宣传处派员参加贺年大会，记述大会进行盛况摄制新闻影片；中央广播电台装置广播机，将大会进行情行转向全国各地广播。卫戍总司令部、中央训练团、市政府、市警察局派遣军乐队参加大会奏乐，鼓励群众情绪。规定大会举行期间，交通秩序维持办法，由市警察局派出警察40名，宪兵第三团派出宪兵40名，童子军总会派出童子军30名负责担任外，并于十二月二十七日上午八时举行第二次扩大筹备会，通过礼品登记、验收暨散发实施办法（另行附录于后）。

六、贺年运动大会进行之盛况

庆贺抗战将士新年运动大会与欢送前线将士慰劳团出发典礼，联合于元旦上午十一时在精神堡垒上举行。台上除主席团各界代表外，并有陆海空军、荣誉军人、抗战军人家属代表各10人，站立台上接受礼品并答谢各界之庆贺，参加大会各机关、团体、学校、工厂及区镇贺年队210余单位共约20000余人。大会开始奏乐后，主席谷代会长正纲致开会词，阐述庆贺抗战将士新年运动及前线将士慰劳团出发之伟大意义，勉国人在新的一年中更事努力，以争取最后胜利之到来云。续由吴市长国桢、郭副会长沫若、国民兵司何司长志浩致词，前线将士慰劳团居总团长正致答词，阐述此次慰劳团出发使命极为重大，定将政府德意、领袖坚苦卓绝精神及后方各地一般民众关怀将士之热忱带赴前方，使卫国健儿得所慰藉，以加强其作战情绪云。军乐队再度奏乐后，即由谷代会长正纲、陈主任委员访先、吴市长国桢，以贺年礼品向荣誉军人敬献，由一等伤残之荣誉军人代表卢辅德接受。礼成后，即开始由各贺年队捐献礼品，情绪至为热烈，迄下午一时，始行捐献完毕。经详加点验，下午三时开始当场散发，计陆空军及宪警方面由卫戍总司令部总代领分发，海军方面自行派员领取，荣誉军人方面由四川省荣誉军人管理处总代领发，抗战军人家属方面由重庆市警察局总代领发，至下午五时散发完毕。所有礼品数量，捐赠之机关、团体，领受之部队、医院名称，均另详附表。

重庆市档案馆馆藏档案：全宗号：0061，目录号：16，卷号：4417

16. 全国慰劳总会1942年度端节劳军运动总报告书

一、端节劳军运动之目的

查本年为抗战进入最艰苦阶段，捍卫国家，归功将士。兹值农历端节，战士咸有“每逢佳节倍思亲”之感；益以酷暑蒸人，我前线将士浴血杀敌，倍增艰辛。本会有鉴及此，为表示后方同胞爱护及崇敬前方将士起见，特发动全国端节劳军运动，藉以全国同胞节省端节消耗，踊跃转赠前后方将士，以表崇敬与慰问。

二、工作方式与方法

（一）此次端节劳军运动，经本会拟具实施办法草案，呈奉社会部组七字第二七五一四号指令，核准在案。

（二）慰劳对象为：1. 陆军（包括补充兵、宪兵），2. 海军，3. 空军，4. 荣誉军人。

（三）各省市县方面，根据全国端节劳军运动实施办法草案，由本会电请中央转请全国各省市动员委员会依照实施办法要点，斟酌当地环境情形举办之；同时并电各战区司令长官、副司令长官暨前方诸将士，述明劳军运动之意义，以励士气。上项电文，见六月六日陪都各大报。

（四）陪都方面，由本会发动举办，邀请陪都各机关、团体代表于六月十一日假本会召开筹备会，商讨各界各业组织“端节劳军队”及征集礼品办法，其要点如次：

1. 凡有部队暨荣誉军人驻在之处，不分前方后方，一律给予慰劳，并以精神为主，物质为副。

2. 邀请当地各团体代表及金融、工商、学界领袖，领导当地金融、工商、学界同胞，视实际需要组织若干“端节劳军队”，就近分赴各部队及荣誉军人医院进行慰劳。

3. 慰劳礼品以粽子、食肉及其他时令食品或用品为主，不得公开征募代金。

4. 慰劳时以歌咏等简单游艺等配合进行，以励士气。

5. 慰劳礼品由各单位劳军队自行向同业同行征集之。

6. 各地各机关、团体及各界同胞，请于端节以函电就近慰问战士。

三、陪都方面实施情形

（一）宣传工作之进行

1. 函请各报社于端节日（六月十八日）撰发社论，并对劳军办法广为宣扬，计有：六月十七日《新蜀报》社论：《关于今年的慰劳运动》；十八日《益世报》社论：《端节已届，战士如何》及《新华日报》社论：《端节劳军》等数篇。

2. 函请各机关长官及各界名流撰拟论文，于端节日发行特刊，计有六月十八日《时事新报》及《国民公报》均增刊——端节劳军特刊。

3. 本会印制“前方努力杀敌，后方踊跃从军”“端节劳军，激励士气”“端节思战士，热诚来劳军”“节省端节消耗，慰劳前方将士”等红绿两色标语四种，于六月十六日（端节前二日）张贴全市，以广宣传。

4. 函请市政府、社会局令饬全市各电影院、游艺场于端节日免费招待军人观剧。准社会局电复照办，并有重庆市电影戏剧商业同业公会响应，转饬全市各剧院于端节特加演早场，免费招待军人，以表欢迎。

5. 函请市党部、经济部、社会局等转饬所属，于端节日：（1）平价供应军人商品食物，（2）于大门前张贴欢迎将士优待物品购买等红色字样标识，以示优待。

6. 函请中央党部及总政治部通令各级党部及各级政治部，于端节日举行同乐会，以资鼓舞军心民气。

7. 函请三民主义青年团、中国妇女会，各学校及中国童子军总会，于端节日组织服务队，为将士代写书信，缝补衣服，洗衣慰问等工作。准中国童子军总会电复，陪都童子军于端节日全体出动，分往各部队及荣誉军人院所进行服务及慰劳。

（二）劳军工作之推行

1. 函请陪都各机关、团体，各商业同业公会，各大中小学及学生自治会等，分别组织“端节劳军队”，并发动各界各业踊跃赠送劳军礼品。

2. 由本会动员，分头至各大商铺、公司、菜馆等发动于端节日踊跃赠送劳军礼品。

3. 由本会派员分访各界各业领袖，请其转饬同业同行踊跃赠送劳军礼品。

（三）部队人数之调查

陪都市区，面积广阔，部队驻地，大部散处四郊。经调查结果，驻在陪都之：

1. 陆军（包括防空部队、补充兵、宪兵）计有大小单位 132 个，约计人数 46910 员名。

2. 海军计有单位 10 个，约计人数 1147 员名。

3. 空军计有单位 16 个，约计人数 4101 员名。

4. 荣誉军人计有单位 13 个，约计人数 989 员名。

以上陆海空军各部队及荣誉军人人数，共计约有 53147 名，所有部队番号极为机密。

四、劳军礼品之接收与散发

（一）由本会邀请筹备会议，议决散发礼品代表之重庆卫戍总司令部政治部、中国妇女慰劳总会、重庆市党部（缺席）、重庆市参议会、四川荣誉军人管理处及中国童子军理事会（缺席）等机关、团体于六月十五日假本会举行，商讨接收散发礼品办法及手续，决议：

1. 礼品接收散发共分：（1）市中心区：①都邮街社会服务处，②两路口社会服务处，③新街口扫荡报馆营业部。（2）郊外区：①海棠溪车站附近，②新桥车站附近，③小龙坎车站附近等六处及本会亦可就近代收散发。

2. 礼品接收散发日期，定于六月十七日及十八日（端节）二天，各区同时举行。

3. 各区礼品接收散发人员，计卫戍总司令部政治部四员，重庆市参议会二员，中国妇女慰劳总会二员，四川荣誉军人管理处二员，余由本会派员办理并主持各区礼品经理。

（二）本会派定之各区接收散发礼品人员，复于六月十六日出动工作前，举行工作会报，商讨关于礼品接收散发之手续要点。

1. 视各区实际之需要，由本会派遣二员至五员不等，连同各机关团体所派之代表，共同负责办理；每区由本会指定干员一员负其总责。

2. 编印各区部队番号人数表，所有礼品接收散发，各区均按照该表所划定之部队，统筹分配礼品，如有不够分配之处，由礼品较多之区派员前往散发。

3. 经收礼品应填给本会印发之正式收据为凭，上下复写二份，一份交送礼品单位，一份存根。

4. 部队人数在千人以上者，礼品数量较多，则由本会先函通知部队派员夫持函掣据，前来具领。

5. 接收散发礼品数量、品名、赠送单位及送往何单位，各区应随时登记于礼品登记簿上，以资查封。

6. 各区接收散发礼品办理完毕后，应即于二日内缮具书面报告，连同礼品收据簿册一并呈缴，以资汇案呈报公布，以昭大信。

（三）端节劳军各界赠送礼品，接收散发日期、地点，由本会分登陪都各大报封面广告，计六月十六日《新民报》《新蜀报》，六月十七日《大公报》《中央扫荡报》，六月十八日（端节）《益世报》《时事新报》。

（四）各界劳军队自行就近往各部队或荣誉军人院所进行慰劳者，由各界各业先行将礼品数量函告本会，复由本会视其礼品之多寡，函复请其迳往某部队或某荣誉军人院所进行慰劳；同时并由本会附发致对方部队或荣誉军人院所介绍函一件，通知某单位劳军队携带礼品前来慰劳，使赠送者与受礼者均能先事准备。

五、各界劳军队与礼品数量统计

（一）各界组织劳军队者，计有汉口裕华纺织公司等54个单位。

（二）各界直接送往各礼品接收区者，计有军政部等211个单位。

（三）各界直接送往各礼品接收区之礼品，计有粽子25393个，毛巾68851条，盐蛋3970个，皮蛋7995个，牙刷5363支，肥皂6918块，猪肉1718斤，饼干298斤20磅，代金4432元（上项代金系由邮局汇来或以购赠礼品不及者），火腿4块，豆腐乳50罐，糯米1市石，鸡4只，鸡蛋175个，茶叶200包9合〔盒〕，桃子608个，草鞋330双，线袜3打，包子514个，救济水560瓶，牙粉120包4袋，白糖50斤3合〔盒〕，蒜头20把，馒头20个，牙膏1合，酱菜10罐，酱油10瓶，面包100个，百宝丹24瓶，酒4瓶，糕点140件，红糖1色，罐头沙鱼菠萝雪梨5听，蜜枣1合〔盒〕，桂花1合〔盒〕，炒米2包，时代饼干1合〔盒〕，节糕60合〔盒〕，桃片100包，花卷100个，点心10合〔盒〕，冠生园礼券100元。

（四）前项礼品，随即散发陪都各陆海空军部队及各荣誉军人院所接收（见附表）〈略〉。

六、各界劳军队进行慰劳之盛况。

（一）学校方面，计有：1. 四川省立重庆大学劳军队，慰劳沙坪坝一带军政部荣誉军人生产事业管理局第一农场及第二工厂，并配有歌咏，乐队前往演奏。2. 国立交通大学分校劳军队，慰劳沙坪坝卫戍总部特务二营全体官兵。3. 中央政治学校劳军队，慰问南温泉军警团稽查处第十五补训处炮兵连，南温泉宪兵区队，南温泉稽查处等官兵四处。4. 国立药学专科学校劳军队，慰劳歌乐山，高店子一带抗战出征军人家属。5. 国立戏剧专科学校劳军队，参加江安县动员委员会劳军运动节目，进行慰劳。6. 国立商船专科学校劳军队，慰劳头塘海军永绥军舰。7. 南京青年会中学师生劳军队，慰劳江北悦来场二十五师四团三营九连连部，由蒋连长召集全体官兵，虽时值大雨倾盆，师生代表致词后仍举行歌咏，杂耍，民众冒雨前往参观者甚众，军民尽欢而散。8. 江苏复兴中学在南岸真武山该校举行端节劳军公演，计邀请观剧之部队为驻真武山之航空委员会特务营及第十五补训处第二团第三营，共到官兵500余员名，开幕前分赠慰劳食品。公演《反间谍》三幕话剧，描写我方间谍与敌方间谍搏斗获得最后胜利之剧情，博得军民热烈欢迎。9. 私立文德女子中学师生劳军队三队，分别慰劳大石坝第十五补训处二团二营、机枪连等，分发慰劳品，表演游艺及歌咏，并为士兵代写家书12封。10. 私立汉口博学中学劳军队，慰劳江北童家溪第十五补训处第二团输送连等，分发慰劳品及举行军民联欢。11. 重庆西南小学师生劳军队，慰劳海棠溪一带重伤医院高射炮连防空照测队全体官兵、黄山沾口宪兵、警士及荣誉军人、抗战出征军人家属分发慰劳品、慰劳信，均由该校师生一一亲往致送。12. 中央训练团劳军队，就近慰劳该团各调用部队及驻团宪兵连，输送队等官兵2000余名。13. 此外尚有市立女子中学、重庆女子职业学校、龙门浩镇中心小学等劳军队，配有歌咏、演讲，前往各荣誉军人院所进行慰劳。

（二）团体方面，计有三民主义青年团中央团部、教育部、屠宰业同业公会、服装商业同业公会、湖北旅渝同乡会、全国民船业公会、木商业同业公会、裕华纺织公司、中国童子军总会等20余机关、团体，分组劳军队，出动向市区、郊外各部队及荣军进行慰劳。

（三）各界各业方面，六月十七、十八（端节）两日，陪都各界于艾绿蒲香中纷纷冒雨响应，争先赠送礼品，计参加送礼之机关、团体达200余单位，情况热烈兴奋，倍于去年今日，足征〔证〕我抗战意志已益趋坚强，个人方面计有潘副部长公展、王殿英及六岁幼童李燕玉、王静宜等数人，均送赠将士礼品，以表敬慰。

七、各省市方面发动情形〈略〉

八、陪都劳军运动之经费

此次陪都各界发动端节劳军运动所需经费，概由本会支出。

全国慰劳总会发动三十一年全国端节劳军实施办法草案〈略〉

端节劳军各单位礼品接收数量表〈略〉

重庆市档案馆馆藏档案：全宗号：0053，目录号：3，卷号：324

17. 全国慰劳总会为捐款慰劳鄂西将士致重庆市临时参议会代电（1943年6月1日）

重庆市参议会大鉴：此次顽寇乘机大举来犯，分途西进，威胁陪都，赖我鄂西将士浴血拒敌，我空军及美空军奋勇助战，卒于世日将敌六个师团全部击溃，战绩辉煌，海宇欢佩。此一战役，不仅固我国陪都之屏藩，抑且系远东全局之关捩。我全国民众，自宜隆重慰劳，广大援应，彰已往之殊勋，励将来之士气。本会有见于此，即日起发动全国鄂西劳军运动，除组织鄂西将士慰劳团先行携带慰劳金100万元驰往前线慰劳外，素仰贵会诸公热心爱国，关怀将士，对于此次慰劳鄂西将士运动，定荷热烈赞助，谨希慷慨捐献慰劳金送交中中交农国家银行，汇赠将士，藉以激励前方将士再接再励〔厉〕之精神，而表示全国国民爱国御侮之热忱，特此电达，即请查照，迅予办理见复为荷。全国慰劳总会代会长谷正纲、副会长马超俊、郭沫若同叩。渝秘巳冬印。

重庆市档案馆馆藏档案：全宗号：0054，卷号：434

18. 重庆市临时参议会为庆祝鄂西大捷致前线将士代电（1943年6月3日）

军事委员会请转鄂西前线将士公鉴：鄂西大捷，痛歼倭寇，巩陪都之门户，开决胜之先河。

尤其要塞守军，身冒弹石，建树殊勋，举国人民，同深钦仰。本会兹谨代表陪都70万市民，专电驰贺，并致慰问，仍望再接再励〔厉〕，务期尽歼残寇，获致战果，以竟全功，谨布悃忱，即祈察照。重庆市临时参议会议长康心如，副议长李奎安暨全体参议员同叩。江印。

重庆市档案馆馆藏档案：全宗号：0054，卷号：434

19. 重庆市临时参议会为祝贺鄂西大捷与陈诚往来电（1943年6—7月）

一、重庆市临时参议会电（6月17日）

第六战区陈司令长官并转前方将士均鉴：此次敌寇怀抱野心，不惜孤注，聚众10余万人，窥我陪都门户。幸赖将军指挥若定，调度有方，各部将士，忠勇奋发，戮力同心，用能乘时反攻，杀敌致果，丧倭寇之胆，奠胜利之基。捷报传来，举国欢腾，陪都市民，尤深感奋。本会除已于本月三日电请国民政府军事委员会转致贺忱外，兹特推本会傅参议员况麟代表本市百万市民，亲临前方，面致慰劳。尚祈益励士气，尽歼妖魔，光复故土，克竟全功。谨电布意，诸维鉴察。重庆市临时参议会。印。

二、陈诚复电（7月10日）

重庆市临时参议会勋鉴：电敬悉，鄂西克捷，上秉统帅机宜，下赖诸将士用命，诚□主传命，何有于功，辱承藻贺，复蒙公推傅议员况麟溽暑远临，面致盛意，隆情厚谊，且惭且□，除将原电转前方将士外，敬复布谢。施陈诚。午灰要。

重庆市档案馆馆藏档案：全宗号：0054，卷号：434

20. 陪都各界慰劳黔边守土将士征募委员会就该会组织成立致重庆市临时参议会函（1944年12月9日）

谨启者：查强敌压境，保卫大后方之战斗业已展开，为联合征募，集中慰劳起见，本会经于昨（八）日由陪都各界代表决议成立，并经公决推请贵会为本会委员，相应检奉组织大纲一份，敬请照登为荷！

此致

重庆市参议会

陪都各界慰劳黔边守土将士征募委员会

十二月九日

陪都各界慰劳黔边守土将士征募委员会组织简则（1944年12月9日）

一、本会定名为陪都各界慰劳黔边守土将士征募委员会。

二、本会由陪都有关机关团体为委员，共同组织之。

三、本会任务为办理关于慰劳品（金）之征募、保管及配赠、运送等事宜。

四、本会设主任委员一人，常务委员五人至七人，主持会务，由全体委员推选之。

五、本会设总干事一人，副总干事一人，承主任委员之命及常务委员会之决议综理日常会务，并得设秘书二人襄助之。

六、本会设左〈下〉列各组：

（一）劝募组：办理慰劳物品（或代金）之劝募事项。

（二）宣传组：办理宣传事项。

（三）收配组：办理慰劳物品（或代金）之点收及配发等事项。

（四）总务组：办理一切文书、事务、会计及其他不属于各组之事务。

各组设组长一人，副组长若干人及干事若干人，均由各参加机关团体代表互推兼任或调任之。

七、本会得聘各界领袖及社会名流为个人委员，领导及推动征募工作之进行。

八、本会每两周举行全体委员会议一次，每周举行常务委员召集会议一次，均由主任委员召集之，必要时均得召集临时会议。

九、本会办公地点设全国慰劳总会内。

十、本会办事细则另定之。

十一、本简则经全体委员会议通过后，报请社会部及有关党政机关备查。

全国慰劳总会扩大慰劳黔边守土将士运动办法要点

一、强敌压境，保卫大后方之战斗业经展开，本会适应前线需要，暂以开赴或已在贵州前线之将士为主要慰劳对象，普遍发动征募实物，该项实物，以切合士兵实际需要为主（品目详见第五点）。

二、会同有关机关，发动川黔两省就国军过境交通要道各县设立县慰劳会，并设置慰劳站或军人服务站，发动当地民众以人力物力帮助及慰劳军队。

三、陪都方面，为联合各界发起之征募实物运动并求普遍深入起见，由本会发起组织陪都各界慰劳黔边守土将士征募委员会（征募委员会组织简则另定之），邀请党团政军工商金融文化妇女各界领袖及热心人士为委员，共同推动征募工作，期收宏效。同时由本会通电成都、昆明、西安、贵阳四地慰劳会，展开征募工作。

四、发起组织陪都各界慰劳团，驰赴贵阳一带实地慰劳将士，俾将慰劳品及慰劳金直接送达官兵。同时发动剧人艺人，随时出发表演，以励士气（慰劳团组织办法另定之）。

五、征募慰劳物品以鞋（草鞋布鞋）、袜（线袜布袜）、药品（奎宁丸、阿司匹灵〔林〕、疥疮药、纱布、药棉、眼药及其他日常需用成药）、毛巾、内衣裤、搪瓷、茶缸、斗笠、饼干，但亦可折捐现金。

征募办法：

（一）随时征募随时分发过境部队及运送前方，并随时登报公布。

（二）检行各业捐赠物品或送本会及妇女慰劳总会经收，或同业公会、工会经收，暂行保管，随时需要随时由本会或妇女慰劳总会领用，并取得部队正式收据，送交该业公会或工会，必要时，该业公会或工会并可指派代表偕同分发。

（三）各机关团体及各界人士自由捐赠之物品，除由本会及妇女慰劳总会经收外，并请由社会服务处、新运服务所、青年会、女青年会及各报馆代收。

（四）各界人士代捐现金者，请送国家银行。

劝募方式：

（一）由各业公会或工会组织劝募队，普遍向同业劝募。

（二）各行各业劝募所得物品或现金，分别定期集中献赠，以昭郑重。

（三）绝对避免重复，每家每店或每厂，只劝募一次，捐献一次。

（四）以自由乐捐为原则，决不勉强或摊派。

全国慰劳总会陪都各界慰劳黔边守土将士征募工作推动办法要点草案

一、邀请各界领袖会商扩大征募事宜。

二、请重庆市商会迅即召集各同业公会理事长，举行紧急会议，商讨征募事宜。

三、请本市各同业公会理事长，召集会员大会，商讨征募事宜，并成立该业劝募队。

四、劝募队应冠以各该业名称，如“〔××〕业慰劳黔边守土将士劝募队。”

五、各业劝募队请由各业理事长及常务理事领导，向各该同业会员逐一劝募。

六、劝募队内部工作之分组，由各队自行规定之。

七、各业劝募队经募之物品与代金，应详细统计列表通知本会，并于呈献大会时列队携往赠送（大会日期另定之）。

八、各业劝募队向同业劝募之物品或代金，应由该业公会出具正式收据，以昭信实。

九、敦请有关机关首长于工商各业团体举行征募会议时，前往致词，鼓励捐献。

十、推派有关机关团体代表，经常与各业公会理事长密切联系，并推进该业征募工作。

注：慰劳物品以鞋（草鞋布鞋）、袜、药品（奎宁丸、阿司匹灵〔林〕、疥疮药、眼药、纱布、药棉及其他日常需用成药）、毛巾、内衣裤、搪瓷、茶缸等为主，但亦可折捐代金。

重庆市档案馆馆藏档案：全宗号：0054，卷号：428

21. 陪都各界黔桂前线将士慰劳团工作报告书（1945年1月24日）

一、组织经过

三十三年冬，桂北黔南抗敌之役，我前线将士忠勇奋战，浴血杀敌，备极辛劳。全国慰劳总会为激励军心民气，特策动陪都各界组织陪都各界黔桂前线将士慰劳团，推请梁寒操先生为团长，陪都金融、工、商、妇女、新闻、党、政、军、团、文化等机关团体各派代表为团员，携带大批慰劳金与物品，驰往黔桂前线慰劳将士，以表陪都百万市民之敬意。

二、人员名单

职别	姓名	代表单位	原任职务	备考
团长	梁寒操		中央委员	
团员	李烛尘	工业界	久大盐业公司经理	
	简涵辛	商业界	重庆市商会科长	
	潘世杰	四行联合总处	中央银行经济研究处编纂	
	董守豪	重庆市银行公会	总务股副主任	

续表

职别	姓名	代表单位	原任职务	备考
团员	诸大文	全国慰劳总会	秘书	兼本团秘书
团员	王绍维	全国慰劳总会	第二组组长	兼本团总务
团员	陈逸云	中国妇女慰劳总会	委员	主持本团慰劳组
团员	黄翠峰	中国妇女慰劳总会	总干事	主持本团分配组
团员	费侠	重庆市妇女慰劳会	常务委员	主持本团慰劳组
团员	容羡余	重庆市妇女慰劳会	总干事	主持本团分配组
团员	周培敬	中央社	编辑	
团员	史正之	重庆市各报联合委员会	扫荡报记者	
团员	阚岳南	重庆市各报联合委员会	国民公报记者	
团员	廖公诚	大公报	记者	妇女慰劳总会约请参加
团员	王公遐	军政部	少将部附	
团员	皮天泽	政治部	少将部附	
团员	徐鸣亚	重庆市党部		
团员		重庆市参议会	重庆市党部委员	
团员	赵友培	中央文化运动委员会	秘书	因已参加中央战时服务督导团未曾来团工作
团员	陈西玲	中央社	摄影记者	于贵阳时参加
团员	任福履	三民主义青年团视导	重庆支团部	
干事	马守仁	表演幻术	干事	
干事	许胜先	全国慰劳总会	干事	协助总务押运慰劳品
干事	李志豪	全国慰劳总会	干事	协助总务押运慰劳品
干事	邹玉元	协助总务		

三、工作日程及劳军情形

（一）三十三年十二月二十二日

陪都各界黔桂前线将士慰劳团一行，由梁团长寒操率领，有团体客车一辆，慰劳品卡车二辆，上午十时离渝过江至海棠溪出发，下午五时到达綦江，宿綦江县银行及渝南中学董事会。

（二）三十三年十二月二十三日

1. 上午视察綦江县各界办理慰劳过境国军情形，工作成绩甚佳，城内设有各界战时服务总队，以慰劳过境国军为主要任务。沿川黔公路之县属桥河、篆塘、益石、赶水、安德、镇紫等各场镇，分设七个军人服务站，工作正积极展开。

2. 关于过境部队遗留綦江病兵，因痊愈后部队已开赴前方，追赶不上，无法归队。此项问题，有关兵员之消损，梁团长特电请军政部陈部长诚设法收容，并商请卫生、军医两署，于川黔公路沿途多设病兵收容站，疗愈归队。

3. 在綦江，闻松坎与桐梓间公路为岩石崩裂塞路，不能行车，故下午一时始离綦江南行，五时到达东溪，属綦江县，设有战时服务分队一，正在发动当地士绅举行百万元劳军献金运动。夜宿中国旅行社招待所。

（三）三十三年十二月二十四日

上午八时出发，经松坎，设有军人服务站一；下午四时到达桐梓，此间劳军工作，办理颇形热闹。晚应中央战时服务督导团桐梓队邀请茶会，由梁栋氏报告桐梓各界办理劳军情形甚详。夜宿桐梓中国旅行社招待所。

（四）三十三年十二月二十五日

1. 上午七时半离桐梓，下午三时到达遵义，有浙江大学师生办理劳军工作最为热心，成绩甚佳，该校组织战时服务队一，策动遵义各界慰劳将士，并组织浙大战地服务团开赴黔桂前线工作。

2. 遵义途中，见落伍士兵病兵甚多，梁团长特电请交通部曾部长养甫转请公路局于回空车时，□□搭乘此类士兵，以利彼等归队。

3. 在遵义，遇保卫衡阳之第十军眷属拟赴渝转陕，梁团长特电请全国慰劳总会马副会长超俊、黄副会长少谷，准备发动陪都各界慰劳该辈。

4. 下午六时，应遵义各界邀请，举行座谈会，商讨加强慰劳过境国军事宜，夜宿社会服务处。

5. 由重庆全国慰劳总会续开礼品车一辆到达（连前共计三辆）。

（五）三十三年十二月二十六日

上午八时由遵义出发，下午三时抵息烽，设有慰劳站。五时到达贵阳，有谷部长正纲、汤总司令恩伯代表刘参谋长广济等军政首长迎于三桥，宿于贵阳社会服务处。

（六）三十三年十二月二十七日

1. 上午八时慰劳团一行由梁团长率领访慰汤总司令恩伯，洽商拟分黔南、桂北、湘西及百色一线前往劳军办法。

2. 上午九时又分访贵州省政府吴主席鼎昌、省党部伍代主任委员家宥、省参议会平议长口、省三青团支团部韩干事长文焕、贵阳市政府何市长辑五等党政首长。下午由各团员分访贵阳市党部、青年团分团部、市参议会及市商会、市银行商业公会等机关团体，请予指导及协助。

（七）三十三年十二月二十八日

梁团长为前线将士需要鞋袜，特电全国慰劳总会向陪都各界呼吁，赶制鞋袜运筑，转赠将士。

（八）三十三年十二月二十九日

1. 上午八时于南厂慰劳城防部队。

2. 下午三时于扎佐慰劳驻军

（九）三十三年十二月三十日

1. 上午十时假社会服务处礼堂邀请黔省市党、政、军、团、金融、工商、妇女、新闻各界首长、领袖举行扩大慰劳黔桂前线将士座谈会。

2. 下午二时慰劳参加南丹战役之中央军校第四分校员生。

3. 下午七时假南明堂慰劳驻筑盟军，宴请美国空军、陆军、宪兵供应处及英国军事代表团等高级将领，并邀请谷部长正纲、张部长道藩、吴主席鼎昌、汤总司令恩伯、黔桂湘边区总部刘参谋长广济、石军长觉、刘主任漫天、何市长辑五、伍代主任委员家宥、黔省黄参政员宇人等党政军首长作陪，到百余人。情绪异常热烈，至十时半始尽兴而散。

（十）三十四年一月一日

下午三时应省党部伍代主任委员家宥邀请茶会。

（十一）一月二日

下午三时应省政府吴主席鼎昌、汤总司令恩伯邀请，于南明堂茶会。

（十二）一月三日

上午八时由筑出发，前往黔南劳军，汤总司令恩伯陪同前往，经龙里、贵定，均设有服务站。下午五时到达马场坪，晚七时在黔桂湘边区总部指挥部举行同乐晚会，有张副司令雪中、苟副参谋长告堂等高级将领等40余人。

（十三）一月四日

1. 上午八时慰劳黔桂湘边区总司令部指挥部全体官兵。

2. 十时离马场坪，赴麻江慰劳第九军二十四师官兵。

3. 下午二时离麻江，五时到达都匀，晚七时在第九军五十四师司令部举行同乐晚会。

（十四）一月五日

1. 上午八时在都匀慰劳第五十四师全体官兵。

2. 十时离都匀，下午一时到达独山，慰劳第二十九军各师官兵。

（十五）一月六日

1. 上午八时离独山赴南丹，经上司、下司、六寨等地，参观战绩。下午一时到达南丹，慰劳第一六九师全体官兵。并至南丹至车河间慰劳最前线将士。

2. 晚七时在一六九师司令部举行同乐晚会，将士兴奋。

（十六）一月七日

1. 上午八时离南丹，中午返抵独山。

2. 晚七时设宴慰劳驻独山盟军将士，邀请谷部长正纲、冯李德全女士、汤总司令恩伯、孙兼军长元良等作陪，并有平剧、歌咏等助兴，情绪热烈，为独山未有之盛会。

（十七）一月八日

上午八时离独山，经都匀，下午五时返抵马场坪。

（十八）一月九日

1. 上午八时离马场坪，下午七时返贵阳。

2. 重庆续开慰劳品车四辆到筑，连前计共七辆。

（十九）一月十日

原定前往百色慰劳第四战区张司令长官发奎所属各军，因交通困难，经与长官部吴参谋长石洽商，改赴黔西安顺该部举行慰劳，同时由梁团长领衔特电百色张司令长官发奎暨全体将士致敬。

（二十）一月十一日

1. 上午八时离贵阳赴安顺，下午一时到达，慰劳第四战区长官部所属官兵。因张司令长官在前方，由吴参谋长石代表接受慰劳金，并请转达敬意。

2. 晚七时在安顺县政府举行军民联欢晚会，盛况空前。

（二一）一月十二日

下午二时离安顺，下午七时宿清镇。

（二二）一月十三日

中午十二时慰劳某机场中美空军，情绪热烈，下午七时返抵筑垣。

（二三）一月十四日

下午二时慰劳驻筑防空部队。

（二四）一月十六日

上午八时由筑出发，前往黄平慰劳杨森将军所属各军（原定前往湘西前线慰劳，因汤总司令视察湘西归来，据告沿途高山，为冰雪所阻，行车危险，不能通过，只可到达黄平为止，故暂缓去湘西，先去黄平）。下午一时到达马场坪，以车辆机件修理，止宿马场坪。

（二五）一月十七日

1. 上午七时半离马场坪，中午到达炉山慰劳第二十六军四十一师全体官兵。

2. 下午二时到达重安江，慰劳第二十六军四十四师全体官兵。

3. 下午四时到达黄平，慰劳第二十七集团军全体官兵。

4. 晚七时假湘桂公路局黄平路局举行同乐晚会，将士至为兴奋。

（二六）一月十八日

上午八时离黄平返筑，下午七时到达。

（二七）一月二十日

上午八时离筑返渝，下午七时到达桐梓止宿。

（二八）一月二十一日

上午八时离桐梓，下午六时到达綦江止宿。

（二九）一月二十三日

上午八时离綦江，中午十二时半返抵陪都。

以上日程，慰劳团自三十三年十二月二十一日由渝出发，迄三十四年一月二十二日返渝，为时整整一月，计分赴黔南、桂北、黔西、黔东三线劳军，工作顺利，前线官兵士气极为旺盛，共举行劳军大会及其他集会列表如次：

举行各种劳军集会类别	次数	参加分子	备考
劳军大会	12	部队官兵	
慰劳盟军晚会	2	驻筑盟军及邀请地方党政首长作陪	
慰劳中美空军	1	中美空军	
同乐晚会	5	部队官兵地方党政首长各界士绅	
座谈会	2	地方党政军及各界首长领袖	商讨加强慰劳运动联谊
聚餐会	2	部队官长及地方党政首长	
茶会	3	地方党政首长及各界领袖	
合计	27		

慰劳团此行任务，除慰劳前线将士外，沿途并督导各地积极推行慰劳运动，与加强军民合作，宣达中央德意及报告陪都百万市民热烈捐献之情形，于鼓舞军心民气，收效颇宏。

四、前线将士之实际需要

前线将士需要鞋袜，几为一致之要求，不论在训练、行军、作战之时，均需鞋袜，值此天寒地冻之际，将士跋涉山岭，需要鞋袜，尤为迫切。希望陪都各界及全国同胞捐献慰劳品时，多多赠送布鞋、布袜或麻鞋，□□咸菜、榨菜、大头菜等，亦极感需要，希望后方同胞踊跃赠送，较之任何慰劳品切合实际。

五、慰劳金与慰劳品之保管与配发

（一）慰劳金之保管与收支，由团务会议推请团员潘世杰、董守豪两先生担任。

（二）慰劳品之保管，由团务会议推请团员王绍维先生担任。

（三）慰劳品之配发，由团务会议推请团员黄翠峰、容羡余两先生担任。

（四）官兵各赠毛巾一条，慰劳金100元，官佐加发线袜1双，带兵官团长及将官以上又加发毛背心一件为原则。其他携往之慰劳物品，参酌部队人数与需要，酌量配赠之。

（五）慰劳金与物品赠给部队后，由部队长官出具正式收据交团存查。

六、慰劳团之经费

（一）慰劳团经费，由全国慰劳总会黔桂劳军事业费项下拨给。

（二）团员旅膳费，由参加机关团体各缴5万元，不敷之数由全国慰劳总会劳军事业费中补给。

（三）慰劳团经费及团员旅膳费，由团员王绍维先生经手支付，所有单据，由团务会议公推团员李烛尘、陈逸云、廖公诚三先生审查。

七、慰劳金与慰劳品之收支报表

慰劳团此次携往黔桂前线之慰劳品与慰劳金，经收经发之各单位衔名，分别列报如次。〈略〉

重庆市档案馆馆藏档案：全宗号：0054，卷号：428

22. 全国慰劳总会为征集抗战八周年致敬电致重庆市参议会代电（1945年6月27日）

市参议会公鉴：查七七抗战八周年纪念，转瞬即届。际兹伟大纪念日，我全国同胞对于领导抗战之最高统帅及前方将士、荣誉军人、抗战殉职将士遗族、抗战军人家属以及协助我国作战之美国陆空将士，自不能不表示敬意与慰问，兹特敬向各机关团体及各界人士广征上项致敬电文，除向我最高统帅致敬电文应写明“蒋委员长”，向美国陆空军致敬电文应写明“美国驻华陆军总司令部魏德迈将军暨全体将士”“美国第十四航空队陈纳德司令暨全体将士”外，余请依照前列对象，分别撰拟电文，于七月二日以前缮送本会，以便汇转及发表，藉以激励士气民心，加强抗战情绪。除分电外，相应电请贵会查照办理并转饬所属一致办理，毋任企感。全国慰劳总会会长陈诚，代会长谷正纲，副会长马超俊、黄少谷叩。渝秘。巳（感）印。

重庆市档案馆馆藏档案：全宗号：0054，卷号：428

23. 重庆市临时参议会为七七抗战八周年纪念致敬电稿七则（1945年6月30日）

一

蒋委员长钧鉴：暴日肆虐，凌犯上国，仰赖钧座，统率军民，奋起抗战，擘划〔画〕辛勤，挽狂澜于既倒；指挥若定，遏寇焰于方涨。今者，敌势穷蹙，胜利在望，仰瞻德威，曷胜倾戴。兹值抗战八周年纪念之期，谨电致敬，伏乞睿察。重庆市临时参议会议长康□□[①]，副议长李□□[②]印。

---

① 即康心如，下同。

② 即李奎安，下同。

二

前方抗战将士公鉴：抗倭义战，八年于兹，诸将士在最高统帅下，踊跃用命，罔惜牺牲，屡错〔措〕敌锋，保全国土，行见配合盟军，大举反攻，直捣敌巢，克竟全功。兹值抗战八周年纪念之期，瞻念勋绩，弥增感佩，肃电致敬，当祈察照。重庆市临时参议会议长康□□，副议长李□□印。

三

全国荣誉军人公鉴：暴日侵凌，穷凶极恶，诸君束命遄征，奉行天讨，冲锋陷阵，奋不顾身，斩将搴旗，罔计伤残，用能遏彼寇焰，固我国土。瞻念勋劳，曷胜钦感。兹值抗战八周年纪念之期，肃电致敬，当祈察照。重庆市临时参议会议长康□□，副议长李□□印。

四

全国抗战殉职将士遗族公鉴：抗战军兴，八载于兹，我忠勇将士以劣势装备，与强敌作殊死战，牺牲之壮烈，直可惊天地而泣鬼神。诸将士今虽身为国殇，其丰功伟绩，将长留人世，永值吾人之钦仰，此不独一家之荣庆，实亦全国之辉光。兹值抗战八周年纪念之期，谨电致敬，当祈察照。重庆市临时参议会议长康□□，副议长李□□印。

五

全国抗战军人家属公鉴：神圣抗战，八载于兹，诸君亲属，深明大义，踊跃从军，历祁寒酷暑之苦，冒弹雨枪林之危，愈战愈勇，再接再励，用能遏彼凶顽，保我国土，功在当时，名垂千古。此不独一家之荣庆，实亦全国之辉光。兹值抗战八周年纪念之期，特电致敬，当祈察照。重庆市临时参议会议长康□□，副议长李□□印。

六

美国驻华陆军总司令部魏德迈将军暨全体将士公鉴：诸君远涉重洋，来华参战，戮力同心，誓珍强深，耀军威于东亚，申正义于寰区，丰功伟业，中外咸钦。兹值抗战八周年纪念之期，特电致敬，当祈察照。重庆市临时参议会议长康□□，副议长李□□印。

七

美国第十四航空队陈纳德司令暨全体将士公鉴：诸君来华，倏届四载，屡歼强敌，迭建殊勋，寒倭寇之胆，壮盟军之威。丰功伟绩，中外咸钦。兹值抗战八周年纪念之期，特电致敬，当祈察照。重庆市临时参议会议长康□□，副议长李□□印。

重庆市档案馆馆藏档案：全宗号：0054，卷号：428

24. 中国妇女慰劳自卫抗战将士总会八年工作总报告（1945年12月）

自卢沟桥事变后，战争烽烟弥漫全国，自卫抗战纷纷而起，蒋宋美龄先生鉴于国难方殷，我全国人民亟宜团结一致，出钱出力，参加此神圣之抗战，以求民族国家生存与独立。而前线将士浴血抗战，忠勇杀敌，后方民众，自应各尽所能，各献所有，以表民心，以励士气，尤其我妇女界，更应爱国不可后人，克尽天职，爰邀集热心妇女，在南京创组中国妇女慰劳自卫抗战将士总会，筹募大批款物，从事慰劳服务等工作。计自二十六年八月成立迄今，整整八年又四阅月，此八载之中，内藉主任委员蒋宋美龄先生之号召与领导，各界热心妇女之鼓励和协助；外蒙国际盟友及海外同胞响应赞助踊跃输将，本会得能开展各部门之慰劳及与慰劳有关之工作。而组织方面，国内曾先后成立41分会，国外17分会，工作范围几遍全国，虽不敢侈言已收硕大之成果，然同仁实已竭其心力，推进各种慰劳服务等工作。际兹抗战胜利、任务完成之今日，同仁等回念已往任务之艰巨，弥深感奋，想关心及爱护本会工作诸贤达亦有同感。

本会工作既因抗战而开展，自当与抗战相始终，随战事而结束。关于本会历年工作详细报告及收支详情，除已陆续在本会出版专刊及报章等报告外，际兹各地受降典礼次第完成，全国人士庆祝欢腾之时，特将本会八年来工作概括报告，以作八年来工作之总检讨。

一、工作概况

本会工作自二十六年八月开始迄三十四年抗战结束。工作重心略可分为两大阶段，二十八年前注重前线慰劳及伤兵难胞等服务工作，二十八年后除原有工作外，复加紧征属及新兵、荣军等服务工作，至于工作种类，略可分为七大项：

（一）举办前线将士及后方荣军、伤兵、征属等慰劳工作。

（二）发动劳军征募运动，以扩大慰劳工作。

（三）成立战时儿童保育总会，发动抢救难童工作。

（四）组设荣军服务队，派驻各地伤兵医院办理护理、教育及慰劳等工作。

（五）组设新兵服务队，派驻各地补训处从事政训、教育及保健等工作。

（六）创设荣誉军人自治实验区，收容抗战残伤军人施以教育及技能之训练，使其由自给而达于自治。

（七）设征属纺织厂、征属服务处、征属互助会及无息小本贷款处，以培植征属生产技能及维护征属福利。

慰劳工作最能振奋军心，鼓励士气，为战胜之要素。本会成立迄今，均以慰劳为主要任务之一，曾历次推派代表组织慰劳团，亲携大批药品、衣物、书刊、食用品、慰劳金等赴各战区劳军，以加强战士抗战情绪，坚定胜利之基石。计自抗战军兴迄抗战结束八载之史，先后曾赴平绥、平汉、正太、陇海、淞沪各路战区，台儿庄、长江南北岸、华北、鄂北、南路各战区，湘北、黔、桂、滇及国外缅甸等前线，慰劳国军及盟军；至后方新兵、空军、各地医院伤病官兵及荣军及征属等，则在每一个重要纪念日或季节，均予以适当之慰劳。总计曾受本会慰劳之地区，包括绥远、河北、河南、山东、江苏、浙江、安徽、山西、陕西、江西、福建、广东、广西、湖北、湖南、贵州、四川、云南等省及印缅等地。兹为便于叙述起见，特将八年来慰劳工作略分为前后两阶段概述如次：

二、前期慰劳工作（二十六年八月至三十年七月）

本会二十六〔年〕在南京成立后，会址由京而汉而湘而川，每次搬迁均在战争紧张中，同时还担负抢救难童、难胞，救护伤兵及慰劳等工作。在此等紧张局面之下，只求事功之速达，未遑在文字上作详尽之记载，本期所列之慰劳工作，只择其荦荦大者而言，其他一般慰劳多未列入。

（一）前线劳军

平绥、平汉、正太、陇海及淞沪各路战区劳军　二十六年抗战军兴，平绥、平汉、正太、陇海及淞沪各路战区，本会曾分别推派本会委员携带大批军用药品、风镜、望远镜、衣裤鞋袜、食用品、慰劳金及锦旗等亲往劳军，各代表虽经长途跋涉之苦，却给前线带去全国同胞抗战到底之决心，并奠定最后胜利之基础。

台儿庄慰劳　台儿庄大捷消息传来，举国振奋，本会特拨款数万元，推派委员前往慰劳，历经万险，方将慰劳款送达英勇将士之手，同时在敌人炮火下，向白长官献赠全国妇女制赠之锦旗。

第五、九两战区劳军　二十七年九月第五、九两战区，系由本会委员会同武汉各界代表携带大批衣物、慰劳信及锦旗前往慰劳，于九月十六日出发长江南岸，归后，于二十九日再度出发长江北岸，并曾至阳新、土地堂、卢家湾、宋埠等地慰劳。此行除饱尝风尘之苦外，并数度遭受敌机之狂炸，历经万险，始得完成此行之任务。

华中劳军　二十八年春，当鄂北战事紧张之际，本会为促成此次会战胜利之效果，特推派委员携带棉大衣、衬衣裤、毛巾、军袜等数万件，前往华中前线慰劳，曾至鄂北等战地10处。并购赠游击队白米、食盐及药品等，所有负伤官兵每名赠发慰劳金2元，历时一月始完成任务。

南路各战区劳军　二十八年六月，本会参加全国慰劳团赴南路各战区劳军，来回日期四月余，行程二万数千里，历在桂、湘、闽、浙、皖、粤等地慰劳部队及伤病官兵，至十月底始返渝。

湘北慰劳　湘北大捷消息传来，全国民心振奋，本会主任委员蒋宋美龄先生特率本会委员亲至湘北慰劳，曾在敌人炮火之下，亲至战壕慰问战士，并赠送慰劳物品。此外复亲赴湖南各地伤兵医院视察和慰问，每员伤兵各赠慰劳金、毛巾、肥皂及食品等，战士伤兵均受无限之感动。

慰劳各地空军　自二十六年至二十八年之间，本会组织慰劳队赴各空军驻地慰劳达20次之多，除赠送牛奶、香烟、罐头食品、麻纱衬衣等物外，并举行同乐会等作精神慰劳。

（二）纪念节日及季节慰劳

“三八”慰劳　“三八”节是我们妇女之纪念日，为表现妇女能力，加强抗战阵容起见，每年此日均举行盛大慰劳。抗战后第一次“三八”节是在武汉举行，本会于是日拨巨款及日用品动员全武汉妇女分赴各部队、各后方医院慰劳；二十八年至三十年之“三八”节，均在重庆举行，每次除拨巨款慰劳荣誉军人、壮丁及征属外，并通电各地分会和妇女机关就近举行慰劳。

“四四”儿童节　在抗战初期，本会对于抢救难童工作则极重视。二十七年春，主任委员蒋嘱拨款创办战时儿童保育总会于汉口，本会派员曾亲赴河南等地，身历万险抢救无数难童。三十年儿童节，主任委员蒋夫人特拨款150万元捐助战时儿童保育会，以资纪念而助义童之教养。

“五四”及“七七”慰劳　为纪念发动革命伟大纪念日，每年“五四”，本会均参加各界纪念大会从事慰劳工作，“七七”纪念更发动大规模慰劳。计二十七年“七七”纪念，曾在汉皋举行武汉三镇各医院伤病官兵大慰问，组织15队慰劳队分赴武汉三镇各伤兵医院慰劳，除个别慰问外，并分赠各伤兵每员汗衫一件，毛巾一条，宣传品一份。二十八、二十九年之“七七”纪念，除本会组织慰劳队举行部队伤兵等慰劳外，并通电各地分会及有关机构同时举行慰劳。三十年之“七七”纪念，本会负陪都各界纪念“七七”大会慰劳组总责，本会除参加大会外，并组织慰劳队5队，慰劳渝市近郊在营壮丁，每人赠慰劳金5元，共发慰劳金135000元。

“八一”纪念慰劳　八月一日为本会成立纪念日，每年此日，本会均拨巨款组织慰劳队分赴各地实地慰劳，慰劳对象有前方部队、伤病官兵、难胞、壮丁、高射炮队及征属等，而主任委员更亲自慰问我空军健儿，并赠发慰劳金及食物等，以示慰勉。

“九一八”慰劳　二十六年至三十年之“九一八”纪念，本会慰劳对象各视实际需要而不同，计有华北前线将士、陆军医院住院官兵及湖南伤病官兵等。

双十节慰劳　二十六年双十节，本会慰劳华北前线将士及首都医院伤兵；二十八年双十节慰劳涪陵、万县、宜昌、江津、北碚等地伤病官兵；二十九年更发动慰劳全国伤兵运动，本会特拨伤兵慰劳款150万元，除渝市附近由本会负责慰劳外，为节省人力、财力起见，远地托军委会伤兵慰问组代为转发，伤者10元，病者5元。

元旦慰劳　二十七年元旦慰劳是在武汉举行，本会联同全武汉妇女组织慰劳队，分赴各后方医院及近郊部队慰劳；二十八年、二十九年元旦在重庆举行，慰劳出征军人家属和受伤将士；三十年元旦复拨慰劳款170万元，慰劳全国荣军，川、贵、鄂由本会委员、职员分往慰劳，苏、浙、皖、闽、赣、两粤、湘、桂、陕等地，托各地分会，妇女工作委员会及伤兵慰问组等代为办理。

春节、端节及秋节慰劳　每年春节、端节及秋节，本会均拨赠布鞋、军袜、衣裤、食物、代金等分别慰劳抗战军人及荣军，四年来荣军受本会慰劳者不下10万人。

（三）住院伤病兵慰劳和服务

经常慰劳和服务　住院荣军生活苦闷，除精神物质均须予以慰藉外，并须经常为之服务。本会特组织慰问队，分驻各医院，经常举行精神训话与慰问，并随时分赠衣物、现金及药品等；同时发动当地妇女组织慰劳队、洗衣队、慰问队等为之服务。

参加驻川荣誉军人慰问团　为慰劳伤患同志并促进军民合作，本会派员携带衣裤4000余套，慰劳金3万元，慰劳丛书3000余份，参加驻川荣誉军人慰问团，赴江津、合江、泸县、江安、南溪、宜宾等慰劳，并促进军民合作，历时一月，工作单位为131后方医院、十四陆军医院、二十一陆军医院、第五残废教养院、第三残废教养院、第二残废教养院、53后方医院、119后方医院、第二临时教养院等，解除不少军民误会，对于军民合作方面获有相当效果。

总计自二十六年至三十年中所发出之医药器械，计军用药品450箱，并有全套医院用具及救护车5辆，大部运送前方分赠抗战将士应用，少数发各保育院救济难童或医院救济平民之用，惟药品种类繁多，详细收支业于三十年专刊详载，现以篇幅关系，不再重赘。除药品外，此四年中所发之慰劳款物详附表：

中国妇女慰劳自卫抗战将士总会历年发出慰劳金及慰劳品统计表

名称	数量	单位	名称	数量	单位
慰劳金	10912281.23	元	金表	4	只
棉衣	200000	件	铁床	36	床
棉衣	75201	件	网球全套	1	套
皮大衣	1000	件	荣誉章	30000	枚
衬衣	67653	套	慰劳袋	10000	个
毛军毯	14701	条	锦旗	69	面
蚊帐	20000	床	牙刷	10000	把
棉被	3048	件	电筒	3000	个
皮背心	1000	件	电池	8000	个
雨衣	5000	件	扇子	760	把
手套	30000	付	肥皂	60000	块
毛巾	39748	条	暹米	4000	担
袜子	25000	双	白米	200	担
军鞋	973771	双	猪肉	3914	斤
草鞋	689	双	牛肉	2000	斤
救护车	4	辆	鸡蛋	10000	个
望远镜	24	面	牛奶	10158	厅

续表

名称	数量	单位	名称	数量	单位
防风镜	10000	个	香烟	10150	听
收音机	1	只	月饼	20000	个
缝衣机	1	架	桔子	120000	个

三、后期慰劳工作（三十年八月至三十四年十二月）

（一）慰劳

1. 前线劳军

（1）慰劳全川防空步哨　三十年双十节慰劳全川防空步哨，分赴成都、重庆、自贡、万县四区举行，每区均由本会委员主持，长官每名发慰劳金10元，士兵5元。惟万县区负责人周百禄、鲁宗珍两指导员赴梁山慰劳途中覆车，周殉职，鲁受重伤腿折，为本会历年工作中未有之损失。

（2）湘北二次大捷慰劳　湘北二次大捷佳音传来，本会拨款30万元由委员亲赴湖南前线慰劳，除将10万元为前方将士犒劳食品费及赠送锦旗外，负伤官兵每名发慰劳金10元及食品费5元，计此次慰劳将士有8万余人，伤兵13000余人。

（3）慰劳郑州胜利将士　本会拨款10万元，交由本会陕西分会就近代为慰劳。

（4）湘北三次大捷慰劳　三十一年一月湘北三次大捷，本会拨款10万元，由委员及湘分会前往慰劳。

（5）慰劳在缅作战盟军及入缅国军　三十一年本会拨款5万卢比，由主任委员亲赴缅慰劳盟国战友；又拨款55万元，交由云南分会代制衬衫慰劳入缅国军。

（6）分赠各战区药品　三十一年二月，本会举行赠药典礼，各战区派代表接收，计药品230种，154箱，当时价值3000万元。

（7）慰劳湖南前线将士　三十一年“八一”纪念，本会拨慰劳金5万元，慰劳湖南前线将士。

（8）元旦慰劳前线将士　三十二年元旦，本会发动全国性慰劳并拨款协助各地分会就近慰劳前线将士。

（9）鄂西劳军　三十二年六月，本会拨款10万元慰劳鄂西前线将士，并派委员参加鄂西慰劳团亲赴鄂西劳军，并赠送奎宁丸25万粒，针药千余针，其他药品、胶布、纱布、救急包等一大批。

（10）鞋袜劳军　三十二年“七七”纪念，本会响应鞋袜劳军运动，献赠布鞋1000双慰劳前线将士。

（11）慰劳湘鄂前线将士　三十二年十一月，本会拨款40万元，慰劳湘鄂前线将士。

（12）慰劳各战区将士及远征军　三十二年元旦，本会发动全国性慰劳，除发动各地分会就近举行慰劳外，本会分别拨款慰劳各战区及远征军，计一、三、四、五、六、七、八、九战区慰劳款41万元，远征军20万元。

（13）慰劳中原战士　三十三年五月，以中原激战展开，本会特赠大批奎宁丸针药品慰劳中原将士。

（14）“七七”劳军　三十三年“七七”纪念，本会献金20000元劳军。

（15）慰劳衡缅将士　三十三年八月，衡缅战事激烈展开，本会捐献毛巾2000条，慰劳衡、缅战士。

（16）慰劳桂柳将士　三十三年十月，桂柳战事紧张，本会拨款200万元，慰劳桂柳将士。

（17）黔桂前线劳军　三十三年十二月，敌寇扰及黔边，本会为激励士气起见，特联合陪都各界黔桂将士慰劳团亲赴黔桂前线劳军，计自三十三年十二月至三十四年一月，历在贵阳、马场坪、麻江、都匀、独山、安顺、清镇、黄平、南丹等地举行慰劳，共举行劳军大会 12 次，慰劳中盟空军大会 1 次，盟军晚会 2 次，同乐会 5 次，招待各部队长官叙餐 2 次，对象包括黔桂及湘西作战国军伤病官兵、美国陆空将士、英国军事代表团高级将领及中央军校参与黔桂战役员生等，本会赠发慰劳金 1000 万元，衣裤等物品 22310 件，军用药品 9 大箱。

（18）滇缅慰劳　三十四年春，滇缅反攻捷报传来，举国振奋，本会为对滇缅比肩作战之中盟战士鼓励慰勉起见，特由本会单独组织慰劳团前往滇缅慰劳，计自三十四年三月二十四日起至四月底止，历时五星期余，来回旅程两万里，历在八莫、腊戍、畹町、芒市、龙陵、松山、保山、永平、喜州、云南驿、楚雄、昆明、沾益、陆良、曲靖等地举行慰劳 78 次，共 100 余单位，慰劳部队人数 30 余万，伤兵医院 41 所，伤病官兵 20000 余人，盟军数百人，共发赠慰劳金 1600 万元，印币 8 万卢比，衣裤实物 67601 件，价值数 1000 万元。

（19）胜利劳军　三十四年九月，为庆祝胜利，本会捐献胜利劳军款 50 万元。

2. 慰劳过境国军

三十三年秋，黔桂战事紧张，各路大军源源东开增援，路过渝市及附近者为数甚众，天气寒冷，长途跋涉，备极辛劳，精神固须慰藉，物质尤待补助。本会为鼓励士气，加强作战力量起见，除发起征募慰劳过境国军物品运动外，并发动慰劳过境国军运动，各界人士热烈响应，参加慰劳服务者甚为踊跃。计自三十三年九月起至三十四年二月，本会历在綦江、壁山、土桥、渝市等地，共举行慰劳过境国军 55 次，慰劳人数达 60000 人，发出慰劳物品 164460 件，代金 182900 元。

3. 伤病官兵慰劳

（1）年节慰劳　三十一年年节，本会慰劳渝市荣军，每名赠本会征属工厂所制垫单一床，肉代金 10 元。

（2）慰劳川东荣军及伤病官兵　三十一年九月，本会参加川东慰劳团赴合川、长寿、李渡、涪陵、丰都、忠县、万县、云阳、江北、磁器口等地慰劳伤病官兵及荣军，本会赠送衬衣裤 10000 件。

（3）慰劳全国荣军　三十二年元旦，本会除发动各地分会就近慰劳荣军外，渝市附近伤病官兵由本会负责慰劳，并赠送棉背心及毛巾等物品。

（4）新运周年纪念慰劳荣军　三十二年二月新运周年纪念，本会赠到会荣军每名麻纱衣、牙刷及皮带各一件。

（5）慰劳滇缅线伤兵　本会寄赠毛巾 1000 条、纱布 10000 卷，以备滇缅线伤兵应用。

（6）慰劳渝市伤兵及荣区荣军　三十二年秋节，渝市伤、病兵各发毛巾一条，荣区荣军袜一双，肉代金 10 元。

（7）慰劳全国荣军　三十三年元旦，本会除发动各地分会及服务队就近慰劳荣军外，渝市伤、病兵各发棉背心、衬衣裤及毛巾等，荣区荣军各赠棉被一床，棉衣裤各一件。

（8）慰劳参加新运纪念大会荣军　本会拨赠牙刷、牙粉、毛巾、牙膏等用品。

（9）慰劳渝市住院伤患　三十四年元旦，本会派员携带毛巾、衬衣裤、棉背心及食物、代金等，赴江北及寸滩等地慰劳住院伤病官兵。

（10）慰劳川省休养院及临教院荣军　三十四年九月起至十二月，本会慰劳成都、南溪、江安、泸县、宜宾、涪陵、犍为、中坝、沙坪、万县、叙永、长寿、童家溪、磁器口及渝市等地荣军，共发布鞋万余双，衬衣裤 3200 余件，毛背心 400 余件，毛巾千余方。

4. 慰劳中外空军及盟军

（1）“七七”劳军　三十一年“七七”本会会同全国慰劳总会举行同盟军战友游园会，并赠送锦旗及运动用品等。

（2）元旦慰劳　三十二年元旦，向中国空军献赠手帕及食品及盟军首领献赠锦旗外，并赠送军毯180床，慰劳昆明美国空军医院。

（3）慰劳渝郊中国空军　三十二年六月，本会赠麻纱衣400余件，茶点400余份，慰劳渝郊中国空军。三十三年元旦，渝郊中国空军除备茶点2000余份招待外，曾赠送征募所得精美物品400余件。

（4）慰劳驻昆盟军　三十三年元旦，本会与战地服务团联合邀请教育部实验管弦乐团，赴昆明举行慰劳驻昆盟军音乐大会，共分9处举行，并由本会用抽奖方式赠送中国名贵美术礼品3000余件。

（5）14个音乐演奏慰劳会慰劳川省中盟空军　三十三年八月空军节起至双十节前夕，本会联同战地服务团邀请实验管弦乐团亲赴成都、凤凰山、温江、广汉、新津、邛崃、彭山、彭家湾、双流、重庆等空军基地，举行音乐演奏会，慰劳中盟空军，共计举行音乐会14次，献赠锦旗11次，慰劳人数2万余。

（6）慰劳美国超级空中堡垒将士　三十三年十一月，本会与重庆分会举行茶会招待美国超级空中堡垒将士，并赠送名酒及鲜花。

（7）欢送陈纳德将军　三四年八月，本会参与陪都各界欢送陈纳德将军。

（8）慰劳美国妇女辅助队　三四年八月，本会举行茶会招待美国妇女辅导队全体队员，并赠送绣花领巾及手帕，并表演游艺、平剧等助兴。

（9）慰劳美国十四航空队华侨人员　三四年十一月，本会赠送锦旗及胜利纪念章千余枚，慰劳美国十四航空队华侨人员。

5. 征属慰劳

（1）“八一”慰劳　三十年“八一”纪念，渝市征属每户发慰劳金10元。

（2）元旦慰劳　三十一年元旦，渝市征属每户发慰劳金10元、点心1包，并放映电影招待。三十二年元旦，渝市征属慰劳，由本会补助慰劳款交重庆分会办理，每户发毛巾1条、肥皂1连，并放电影招待。三十三年元旦，仍由本会补助重庆分会办理慰劳，计分七区举行游艺会，招待征属8000余人。

（3）端节慰劳　三十一年端节，渝市征属每户发毛巾1条、食盐1斤。

（4）“三八”慰劳　三十二年“三八”节，本会放映电影招待征属并各发点心1包。

（5）“七七”慰劳　三十二年“七七”纪念，本会放映电影招待征属并发茶点。

（6）国庆纪念慰劳　三十二年国庆，本会举行茶会，招待征属代表。

（7）慰劳湖南被灾征属　三十三年六月，本会汇款25万元交湖南分会，慰劳湖南被灾征属。

（8）慰劳渝市征属　三十四年“八一”纪念，本会慰劳重庆全市征属，共发代金130万元，毛巾3250条。

总计自三十年八月至三十四年十二月，共计举行前线慰劳48次，过境国军55次，中国空军及盟军46次，伤病官兵115次，征属19次，欢送出征入营及出国受训等28次，所发慰劳款物详附表。

中国妇女慰劳总会发出慰劳款物统计表（民国三十一年八月至三十四年十二月）

名　称	数　量	名　称	数　量
慰劳金	国币 30668000 元又印币 130000 卢比	衬衣裤	57106 件
毛巾	41686 条	短裤	600 条
袜	6437 双	毛背心	4086 件
棉背心	1011 件	鞋	50862 双
胜利纪念章	2000 枚	救护包	1824 个
丸济	153783 粒	针药	3316 针
药品	5905 件	手帕	16580 条
食品	9325 条	荣誉证书	6310 个
香烟	2722 包	锦旗	51 面
慰问袋	54 个	绣花领巾	5 条
雨衣	967 件	牙刷牙膏牙粉	15343 件
肥皂	10596 块又 280 斤	军用药品	154 箱
香槟酒	12 瓶	皮带	8 条
手套	8 双	鲜花	3 篮
书报	1200 件	猪	3 只
总计：	慰劳金：国币 30668000 元，印币 130000 卢比，慰劳品：502184 件，军用药品：154 箱		

四、征募运动

自二十六年至二十九年间，本会共举行大规模之征募运动共有六次：

（一）二十六年在首都发起之献金运动。

（二）二十七年在汉口发起之寒衣运动。

（三）二十八年在陪都发起之 50 万件棉衣运动。

（四）二十九年在陪都发起之 50 万套单衣运动。

（五）二十九年在陪都发起 50 万双布鞋袜运动。

（六）二十九年在陪都发起药品运动。

各种征募运动均藉各界人士之热心赞助，得以如期完成。计二十六年至二十九年收到金银饰物 500 余两，均解呈国库收存；二十六年至三十年六月征募代金 1000 余万元，详细收支均由本会保管委员会保管并已分别公布；征募药品详细收支统计亦业于本会三十年八月出版之慰劳专刊登载，为篇幅关系不再重赘。

三十二年十二月至三十四年十二月征募工作，由本会发动者计有：

（一）三二年十二月征募慰劳空军礼品运动，共募得物品 5583 件，代金 10100 元。

（二）三三年十二月发起征工缝制劳军衣裤鞋袜运动，渝市各校女生、机关团体女职员、本会委员及同仁等热烈响应，共缝制衬衣裤 6000 余套、手帕万余方、布袜百余双。

至本会协助其他社团征募工作，计有：

（一）三三年陪都妇女捐献慰劳衡缅将士劳军手帕运动，本会代募得毛巾 3000 余条，代金 2000 元。

（二）三三年十二月发起之征募过境国军及前线将士慰劳物品运动，由大公报经收及本会委员经募者，共计募得物品 122946 件，代金 43824539 元，均详制征信录刊载大公报。

（三）三四年青年军读物征募运动，本会募得书报杂志千余份。

（四）三四年陪都各界妇女“三八”节鞋袜劳军征募运动，本会协助推动，共募得布鞋20000余双。

至本会历年所收捐款，向由本会保管委员会保管，收支详情，由保管委员会另行公布，本文不再重赘。

五、伤兵服务

本会自二十六年至三十四年中，曾举办救护队人员训练班4次，招考战区女青年予以救护常识之训练，然后派赴各后方医院、伤兵医院，临时收容所等为伤兵服务，并为空袭被炸难胞服务。

伤兵服务队二十八年复协助妇女指导委员会组设伤兵服务队，历在湖北秭归，四川云阳、吊龙滩、简洞子、桐梓湾、新开田、万县、襄渡、忠县、石家基、高家镇、丰都、李渡、长寿、合川、北碚、江津、白沙、合江、兰田坝、江安、南溪、宜宾及云南保山、下关等地伤兵医院及地方医院等办理宣传、慰问、护理、缝补、救护组织、教育、代书及代办伤友沐浴、送开水、灭虱、治疥与特别营养等工作，经常服务人数13000余人。

新运医疗队此外本会复协助新运医疗队，历任国内各战区及滇缅战线，为前方将士、伤病官兵、后方民众、保育院难童及盟国人士等办理诊病、敷药、接骨、解剖、手术、注射等医疗工作，服务人数达数十万人。

六、新兵服务

本会为协助政府推行役政，提高新兵知识水准及改善新兵生活起见，于三十一年十一月开展新兵服务工作，招训热心女青年派驻补训处工作，工作内容分一般与特殊两种，前者偏重教育方面如政治教育、时事报告、三民主义讲述、识字小组以及各种富有抗战意义之歌曲、休间指导、并代书等；后者稍偏于生活方面之服务如卫生工作及特别营养等。

计自三十一年十一月至三十四年十月，本会新兵服务历在四川璧山、綦江、内江、泸州、贵州清镇、贵阳等地，为补训处新兵及过境远征军服务，服务人数达43000余人。

七、荣誉军人自治实验区

荣军复员工作为战时及战后重要工作之一，本会有思及此，于三十一年则开始筹备举办荣誉军人自治实验区，三十三年十月正式成立，192名征调来区之荣军，开始予以教育与生活技能之训练及新生活之习惯，以养成其自给自足自治之能力。

区内风景优美，面积近1000亩，教室、宿舍、食堂、工场等建筑物凡30余幢，生产部门有农艺、养鱼、畜牧、藤器、皮鞋、雨伞等部，投资2700余万元。区内荣军经年余之训练，对于智识技能方面已有长足之进步，奠定自治之基础。

八、征属服务

为减少前方将士后顾之忧，以加强抗战力量，对于征属之生活应予以密切之注意和协助，本会有鉴及此，特组设抗属服务队分驻川省各地，为征属举办调查、慰问、教育、代书、组训及救济等工作。

白沙征属纺织工厂二十八年复由本会拨开办费15万元，请由妇女指导委员会筹办白沙征属纺织工厂，招收征属200余人，采半工半读制，施以教育及纺织技能。三十年复由本会增拨66万元补充其事业费。历年来工作生产均有长足之进度。

北碚征属纺织工厂二十九年春本会复筹划第二个征属纺织工厂，厂址在北碚毛背沱，收容征属100余人，施以教育及纺织技能之训练，并实行八小时工作制，工余予以补习教育。工作分为纺纱、织布、织毛巾3种，向以纺织布疋〔匹〕及毛巾专供本会慰劳之用。自三十三年七月与财政部花纱布管制局合作，实行领纱缴布以来，成品仅限于白布一种。征属生产率高者每日可织布一疋，膳食由本会供给，故颇能自给自足。

慰劳品缝制工场本会为普遍援助征属，授以手工技能，增加本会慰劳品缝制效力起见，于二十八复设征属缝制工场于渝市陕西街，计前后收容征属 140 余人，缝制本会棉大衣、棉衣裤、衬衣裤、布鞋袜等慰劳品。此外并承制社会人士衣服，征属收入颇能自给。

征属互助会为协助征属自立并联系起见，二十九年本会组设重庆市各区征属互助会，共有 14 个区会，会员人数约万余人，由会员选举干事处理会务，凡征属请求救济或诉解纠纷，可迳向互助会请求协助解决，互助会能力不及时，转请本会办理，年来为工作敏捷起见，本会经常派员轮流至各区会办公。

征属小本无息贷款处为救济一般贫苦征属营生而无资本起见，本会自三十一年起先后设立征属小本无息贷款处 8 处，地点为江安、彭县、万县、重庆、白沙、巴县、成都、贵阳，贷款总额增至 100 万元，历年贷款人数计有 800 余人，贷出款项 414500 元。

征属服务处为对渝市征属予以适当之救济及积极之扶助，三十二年四月复组设征属服务处，工作内容略分为个案救济、手工教育、办理小本无息贷款、文字服务、调查与慰问、宣达政府政令及时事报道、维护征属权益、办理征属成人及儿童识字班等。计自三十二年一月至三十四年十月，本会为征属服务工作计救济案 1719 件，介绍案 404 件，调解纠纷 307 件，文字服务 698 件，共计 3130 件。

八年以来工作成绩，以种种条件所限，未能获有伟大之成果，同仁等弥感愧歉，惟慰劳事业之组织，本会实属创举，既无成规可循，又无兰本可考，任务繁杂，职责艰巨，8 年之中，同仁实已竭其心力，勉尽棉〔绵〕薄。际兹抗战结束，任务完成之今日，应将八年来工作坦率公诸社会，以供当局及社会人士之参考，海内外诸贤达幸垂察焉。

原载重庆市档案馆编：《档案史料与研究》（季刊），1991 年第 3 期

三、人力动员

（一）人力节制

1. 重庆市政府为抄发《节省人力物力办法》给所属的训令（1941 年 12 月 27 日）

查一国人力物力之盈亏，关系战斗力量之强弱，平时已当加意靳惜，时际非常，尤应尽力节省，争取最后胜利。本府各单位，例行公文，每多付印；各种会议，照例添员；人力物力，两不经济。

经饬据本府秘书处召集各局秘书商定节省物力人力办法，提交本府第119次市政会议决议："修正通过"等语，纪录在卷。除分令外，合行检同该项办法，令仰该处切实遵照办理为要！此令！

附节省人力物力办法一份。

市长　吴国桢

节省人力物力办法

一、关于节省物力者

（一）通饬全文应令所属各有关单位，其他无关单位免予饬知。

（二）凡饬属查转文件，除关系两个单位以上或主管长官有所指示以外，应批交办理，不另行文。

（三）各种表册及工程图案，应尽量减少份数，非必须分送机关，无〔毋〕庸检送。

（四）重要法规，应办文转令各有关单位并交由本府公报公布。该项公报，应由主管人督饬经办人员限期编印颁发。

（五）例行公文，得发交各单位依次传知，其传知简则，由秘书处妥拟呈核。

（六）无时效且性质相同公文，得每周汇办一次。

（七）次要公文，应由主管人尽量利用电话或便笺合询办理。

（八）各局每周工作报告，应予停办；每月工作报告，应于下月十五日以前检同原稿，送府核定印发。其内容须注意叙述该月内之中心工作，例行事项应予简略，俾省篇幅。

二、关于节省人力者

（一）除有特殊性质会议，须由各有关该局派员出席外，其他各种例会，由府派员代表各局参加。

（二）传递文件，每日上、下午各一次，私人信件不得迳行饬送。

（三）本府及各局门首，应置邮政信箱，由各单位迳向东川邮政管理局洽办。

重庆市档案馆馆藏档案：全宗号：0053，目录号：2，卷号：1425

2.重庆市人力节制实施办法会议纪录（1943年1月11日）

重庆市人力节制实施办法会议纪录

地点：本府市长室

时间：三十二年一月十一日上午九时三十分

出席：贺耀祖　陈介生　包华国　唐　毅　吴华甫　杜季书　车宝民

主席：贺耀祖

纪录：孙希骅

一、主席报告〈略〉

二、决议事项：

（一）被取缔员工之转业、就业及遣送、救济一案，由本府函请社会部主持办理并请召开会议，拟订实施办法。

（二）车轿行开设地点及其数额与车轿夫最高数额一案：1. 车轿行开设地点、数额及其登记，由社会局办理，并由工务局审查是否曾经检验合格。2. 本市人力车数量，暂定为 2200 辆（每辆 2 人，分班工作），人力车夫以 4400 名为限；乘轿 2500 辆（每轿平均 5 人），轿夫人数以 7500 人为限。3. 人力车夫、轿夫之清查登记事项，由警察局主持，并由该局于本月十三日（星期三）召集社会局会同清查登记，及其他应行筹办事项，限于本月底登记完竣，汇送社会局核发工作证（工作证采用胸章）。4. 各公司、行号、厂商及私人舆轿之登记及核发执照事宜，由社会局办理。5. 各机关舆轿之限制事宜，请中央主持办理。

（三）重订车轿租赁费及车轿乘坐价格事宜一案，由社会局并同限价案办理。

（四）限制各从业员工之最高数额一案，照人力节制办法第二条第三、四、七、八、九各款之各项从业人员，由警察局办理清查，社会局办理登记，会同进行，并由社会局发给工作证。

（五）增辟公共汽车路线及增加车辆与市区行驶马车一案，1. 由工务局迳与公共汽车管理处暨驿运管理处洽商增辟路线、增加车辆办法。2. 由工务局派员设计菜园坝至珊瑚坝马路工程。3. 本市郊区应大量增加马车及马匹，便利交通。4. 本市城区除菜园坝至过街楼一线照交通部办法行驶马车外，其余各线在马路未展宽以前，暂不行驶马车。

（六）关于限制与抗战业务无关各业事项一案，由社会局办理。

（七）以上决定，由社会、警察、工务各局办理事项，应在本月二十九日前分别拟订办法呈府，以凭核转。

重庆市档案馆馆藏档案：全宗号：0061，目录号：15，卷号：4059

3. 国民党中央执行委员会为抄送《重庆市人力节制办法》及《实施重庆市人力节制办法应准备事项》致国民党重庆市执行委员会公函（1943 年 2 月 11 日）

顷准国防最高委员会秘书厅国纲字第 33021 号函开："奉委员长子宥侍秘代电开：前以重庆市内聚集之车轿夫以及与抗战业务无关之工人，应加限制，使之转充兵役或从事生产工作。经手令社会部及重庆市政府加以清查，并拟具办法呈核。兹据呈送重庆市人力节制办法前来，并据称该项办法已呈送国府予以公布。惟事关动员要政，各党政军机关车轿夫自应一律限制。为期减少实施之困难，拟请通令渝市各党政军机关切实遵行。等情。查核所陈办法，尚属切实，兹随文转发，希即由本会通令本市党政军，应依照规定，认真办理。等因。附原办法一份。奉此，除由会代电五院及军事委员会、中央设计局、党政工作考核委员会转饬所属，依照规定，认真办理外，相应抄同原件函达，希即查照转陈，分饬在渝党务机关遵办。"等由。除分函外，相应抄同原件函达，即希查照办理为荷！

此致

重庆市执行委员会

附抄送原附重庆市人力节制办法及实施重庆市人力节制办法应准备事项各一份

中华民国三十二年二月十一日

重庆市人力节制办法[①]

第一章　总则

第一条　本办法实施之主旨，在清查及限制市区内劳力之浪费，以充裕兵源，并使转就生产事业及有利抗战之工作。

第二条　左〈下〉列各款，依本办法清查并限制之。

一、人力车轿行及其所租赁之车轿夫。

二、各机关、公司、行号、厂商暨私人自备人力车轿及其所雇佣之车轿夫。

三、奢侈品制造业与贩卖业之员工（如香水、脂粉等）。

四、事涉迷信之员工（如锡箔、仪仗、星相等）。

五、擦背、修脚工人。

六、擦鞋工人。

七、旅馆业之从业员工（如旅舍、饭店、公寓之员工、夫役等）。

八、饮食业之从业员工（如饭馆、茶楼、酒店、甜食面点店铺之员工夫役等）。

九、娱乐场所之从业员工（如戏院、书场之员工、夫役等）。

十、各机关超过编制规定之长夫公役暨各公司、行号、厂商之逾额夫役。

十一、私人雇佣之逾额夫役。

十二、无业游民。

前项三、四、五、六各款应尽先限制，七、八、九各款应逐渐限制。

第三条　本办法以重庆市政府为执行机关，必要时由社会部及宪兵司令部派员协助之。

第四条　在重庆市区内各机关及各业公会负责人，应接受市政府之要求，切实推行本办法，如有敷衍或违反情事，由市政府报告该上级之机关，予以处分。

第二章　清查与登记

第五条　凡在本市经营车轿行业者，应向市政府申请登记，非经市政府发给许可证并加入该业公会，不得营业。

第六条　凡本市车夫及轿夫，均须持身份证向市政府申请登记，非经市政府审查许可，发工作证并加入职业工会，不得工作。

第七条　凡机关、公司、行号、厂商之私人自备人力车轿者，须向市政府申请登记后，始得使用。

第五条及本条之车轿，于登记前，须先经检验编号，合格者发给检验执照。

第八条　经登记许可之车轿行、车轿夫及车轿，如不继续营业，或解雇、或停止使用者，须向市政府申报，分别缴销许可证、检验执照及工作证。

第九条　本办法第二条第三款至第九款各色人等之年龄、体力、籍贯、技能、教育程度及其生活状况，应由市政府尅期调查完毕，分别限制或禁止之，非经市政府审查许可，发给工作证并加入职业工会，不得在本市仍操旧业。

第十条　凡市区内无业游民，由市政府举行总清查，并依其年龄、体质及技能，予以审定后，分别处置。

---

① 此办法由国民政府1942年12月30日公布。

第三章　限制与取缔

第十一条　本办法第二条规定之人力车轿夫暨各业从业员工、夫役、游民等，凡合于兵役法规定者，一律送服兵役。

第十二条　对于人力车轿行之限制如左〈下〉：

一、依照市区人口比例及交通需要，限定车轿行之开设地点及其最高数额，逾额者限期停业。

二、已申请停业之车轿行，禁止复业。

三、申请新开业之车轿行，不予登记。

四、每一人力车之租用人数，以 2 人为限；每一乘轿之租用，以 4 人为限。

第十三条　对于人力车轿夫之限制如左〈下〉：

一、依照市区交通需要及核准之车轿数量，限定车轿夫之从业最高名额，逾限者限期停业。

二、已申请停业及解雇之车轿夫，禁止复业。

三、申请新就业之车轿夫，不予登记。

第十四条　各机关、公司、行号、厂商及私人自备之人力车轿，以每一人力车雇佣 1 人，每一乘轿雇佣 2 人为限。

第十五条　对于乘坐人力车轿者之限制如左〈下〉：

一、军人、宪警、壮丁、青年，不得搭乘车轿，但因患病就医，不在此限。

二、非左〈下〉列人员，不得乘坐车轿：

(一) 老弱及妇孺确难步行者。

(二) 疾病、残废有明显表现者。

(三) 公务员因公出勤者。

(四) 携带笨重物件，必须乘轿者。

(五) 医师、助产士、救护人员及其他因业务必需争取时间者。

三、为执行本条规定，得由警察或宪兵随时予以劝告并禁止。

第十六条　本办法第二条第三款至第九款各业工人之限制如左〈下〉：

一、已退业之员工，禁止复业。

二、新就业之员工，不许补充。

三、擦鞋工人以年龄在 60 岁以上者为限。

四、旅馆业从业员工，不得超过该旅馆旅客客额十分之一。

第十七条　对于各机关、公司、行号、厂商及私人雇佣夫役之限制如左〈下〉：

一、各机关夫役之限制，依法令之所定。

二、各公司、行号、厂商及私人雇佣夫役，由市主管机关另定办法限制之，逾额之夫役，应予审定之日起，予以解雇。

第十八条　对于无业游民，不准寄住市区，一律强制就业，或收容训练。

第四章　处置与救济

第十九条　凡未予登记或撤销登记之车轿夫暨与抗战业务无关各业被取缔之员工、逾额夫役及游民等，在取缔前，市政府应予为统筹安置办法，使其改业或转业，其要点如左〈下〉：

一、适龄壮丁，送服兵役。

二、具备各种工作技能者，依技能分配于各生产部门，予以适当工作。

三、无相当技能者，依其年龄、体质等，由市政府会商各有关机关、工厂予以适当训练后，再行分配工作。

四、远乡外籍无法还乡者，酌量尽先予以适当之工作或救济。

第二十条　依前条分配转业于市区各生产事业之员工，一律发给工作证，并饬令加入职业工会，未经许可，不自由转业。

第五章　附则

第二十一条　本办法施行细则，由市政府定之。

第二十二条　本办法施行后，对于人力车轿租赁费暨车轿乘坐价格，应由市政府规定最高标准，切实执行。

第二十三条　本办法施行后，应同时于市区内增辟公共汽车行驶各线，增加车辆，并于不妨碍交通之原则，行驶马车。

第二十四条　本办法施行时，在农闲季节，应同时将农闲义务劳动服务，配合实施。

第二十五条　本办法自公布日施行。

实施重庆市人力节制办法应准备事项

一、本办法实施步骤，由社会部、重庆市政府会同订期邀请各有关机关会商决定之。

二、扩大宣传事宜及社会制裁，由社会部、重庆市政府会同中央宣传部、重庆市党部、三民主义青年团商定办法，发动进行。

三、被取缔员工之送服兵役、转业、就业及遣送救济事宜，由社会部、重庆市政府会同有关各机关、工厂洽商办理。

四、车轿行开设地点及其数额与车轿夫最高数额，由重庆市政府核定之。

五、各机关、公司、行号、厂商与私人雇佣夫役暨车轿限制检查实施办法，由社会部、重庆市政府共同拟定，呈请行政院转呈国防最高委员会核准，通饬施行。

六、重庆车轿租赁费暨车轿乘坐价格事宜，由重庆市政府主持办理。

七、限制各业从业员工之最高数额，由社会部、重庆市政府、经济部会同核定。

八、被取缔员工就业训练事宜，由社会部、重庆市政府会同有关机关办理。

九、增辟公共汽车路线及增加车辆与市区行驶马车事宜，由重庆市政府商请交通部办理。

十、农闲季节，应配合实施义务劳动事宜，由社会部、重庆市政府会同计划办理之。

十一、关于限制与抗战业务无关各业事项，由社会部、重庆市政府会同经济部办理之。

十二、实施日期，暂定二月一日实行。

重庆市档案馆馆藏档案：全宗号：0051，目录号：2，卷号：669

4. 重庆市政府为抄发《商讨人力节制实施办法会议纪录》给所属的训令（1943年2月18日）

查本市人力节制实施办法，经于本年二月十三日在本府开会商定实施日期及应办事项，纪录在卷。除分别函令外，合行检发该项会议纪录一份，令仰遵照。决议第二、三、五项，会同劳动局孙处长从速详拟办法，报核为要。此令！

附检发会议纪录一份。

市长　贺耀祖

重庆市政府商讨人力节制实施办法会议纪录

时间：三十二年二月十三日上午九时

地点：本府会议室

出席：贺耀祖　陈介生　包华国　唐　毅　龚云村　孙伯謇　周石泉　梁尔恭
蒋廷璧　廖仲衡　朱峻德

主席：贺耀祖　纪录：李永佩

一、开会如仪

二、报告事项（从略）

三、决定事项：

（一）关于本市人力节制实施办法，定于三月一日实施。

（二）关于本府所拟之《重庆市人力车轿及车轿夫限制办法》与社会部所拟之《重庆市限制公私雇佣工役暨车轿实施办法草案》，归并讨论，由社会部劳动局孙处长及本府龚参事会商修正。

（三）关于转业及转业后之失业救济实施办法，由劳动局与本府会同办理，其实施步骤，分：一、车轿夫，二、役工，三、与抗战无关之从业人员。

（四）关于取缔与抗战无关之从业人员办法，由社会与警察两局会同拟订，呈府核夺。

（五）关于检查办法，由本府起草，再咨社会部核定后实施。

重庆市档案馆馆藏档案：全宗号：0053，目录号：2，卷号：340

5. 重庆市暨江巴两县人力节制工作竞赛实施办法[1]（1943年5月29日）

第一条　工作竞赛推行委员会（以下简称本会）为谋市县人力节约，用以充裕兵源，并使转就生产事业及有利抗战之工作而符合国家总动员业务起见，并依据国民政府三十一年十二月三十日公布重庆市人力节制办法之规定，订定本办法。

① 本实施办法由工作竞赛推行委员会第17次会议通过。

第二条　本竞赛在重庆市及江巴两县同时举行。

第三条　本竞赛之单位，以乡镇为竞赛单位。

第四条　本竞赛项目，暂行选定如左〈下〉：

一、调查与登记；

二、限制与取缔；

三、处置与救济。

第五条　前条所列竞赛项目之细目及评判记分标准，另订附表。

第六条　举行本竞赛时，由各主管机关（重庆市社会局、江巴两县县政府）会同有关机关及参加竞赛单位，组织“××县（市）人力节制工作竞赛委员会”（以下简称竞赛委员会），负督导、检查、评判之责，其组织章程，自行订定，呈报社会部转本会备查。

第七条　前条所称之“竞赛委员会”，秉承“重庆市及江巴两县社会工作竞赛督导委员会”（以下简称督导委员会）之指导。

第八条　本办法第六条所称之“竞赛委员会”，在重庆市以社会局局长为主任委员，市党部组训处处长为副主任委员；江巴两县以县长为主任委员，县党部书记长为副主任委员。

第九条　本竞赛分左〈下〉列期限举行之：

一、分月竞赛——由“竞赛委员会”于每月月终举行检查一次，记录其成绩。

二、分期竞赛——每半年举行一次，由“竞赛委员会”申请“督导委员会”派员会同切实总检查并记录其成绩。

三、年度竞赛——每年举行一次，由“督导委员会”派员会同“竞赛委员会”实施总检查，并记录其成绩（竞赛记分表附后）。

第十条　前条规定各期竞赛成绩，应于10日内送请社会部核转本会备查。

第十一条　本竞赛每期（6个月）由“督导委员会”派员会同“竞赛委员会”举行评判一次，每年举行总评判一次，其评判成绩结算办法如下：（1）分月竞赛所得之平均成绩占60%；（2）分期竞赛所得成绩占40%以上。（1）（2）两项布线合计，则为年度总成绩。

第十二条　竞赛成绩，依左〈下〉列百分数为标准评定之：

一、清查与登记是否确实，占30%；

二、限制与取缔是否彻底，占35%；

三、处置与救济是否妥善，占35%。

第十三条　本竞赛成绩等第，规定如左〈下〉：

一、总平均分数在90分以上者，为优等；

二、总平均分数在80分以上者，为甲等；

三、总平均分数在70分以上者，为乙等；

四、总平均分数在60分以上者，为丙等；

五、总平均分数在60分者，为丁等。

第十四条　竞赛结果，其成绩优良者，由上级主管机关分别予以奖励；其成绩特优者，则转送本会依照工作竞赛奖励办法奖励之；过劣者由各该主管机关予以惩处。

第十五条　本办法经本会委员会议通过后，函请社会部施行。

重庆市档案馆馆藏档案：全宗号：0051，目录号：2，卷号：535

6. 重庆市限制机关车轿夫及公私雇佣工役实施办法草案（1943年6月）

第一条　本办法依据重庆市人力节制办法第二十一条之规定订定之。

第二条　本办法所称工役，系指机关人力车轿夫及公司、行号、厂商与私人所用传递、侍应、厨役等勤务并不从事生产之人而言。

机关工役及公司行号、厂商与私人自备人力车轿夫，依其他法令之所定。

第三条　凡机关及政府官吏使用卫队、随从者，由军事委员会另订限制办法。

第四条　凡公司、行号、厂商，其职员在5人以内者，得雇佣工役1人；超过5人者，每满5人得添雇1人。但有特殊情形，经核准、登记、许可者，不在此限。

第五条　凡一家人口在5人以内者，得雇工役1人；超过5人者，每满5人得添雇1人。至女工乳佣及看护等，不在此限。

第六条　各机关有左〈下〉列各款情节之一者，得自备人力车轿。

一、因公务需要者；

二、职员年龄在60岁以上者。

第七条　前条规定之自备人力车轿，以每车雇佣1人，每轿雇佣2人为限。

第八条　凡有左〈下〉列各款情节之一者，不得为工役及车轿夫，已雇佣者，应即解除。

一、合于兵役法规定之适龄壮丁。

二、有其他生产技能者。

第九条　凡机关自备车轿及公司、行号、厂商与私人雇佣工役者，须备具申请书向市社会局申请登记，其申请书格式，由社会局制发。

第十条　市社会局接到上项申请书后，应依本办法予以核定，其合格之车轿发给许可证，工役及车轿夫发给工作证（许可证及工作证式另订）。

逾额及不合规定之车轿，停止使用；工役及车轿夫，通知解雇。

第十一条　前条被解雇之工役及车轿夫之处置，依重庆市人力节制办法之规定办理。

第十二条　凡机关自备人力车轿与车轿夫及私人雇佣工役之数额，自登记后，非经许可，不得增加；如有停用或解雇、另雇情事，须报市社会局备查。

第十三条　市社会局办理各机关雇佣车轿夫登记完毕后，即开列名册通知，发给其平价米或米津机关，其未列名册之车轿夫，应自通知之日起，停发平价米或米津。

第十四条　凡机关自备人力车轿及雇佣车轿夫违反本办法规定者，由市社会局转呈市政府分别请由该管上级机关予以处分。

第十五条　凡公司、行号、厂商与私人雇佣工役违反本办法规定者，处200元以下之罚锾或撤销其许可证及工作证。

第十六条　本办法公布施行后，凡与本办法有抵触之法令，不得引用。

第十七条　本办法自呈准公布之日起施行。

重庆市档案馆馆藏档案：全宗号：0053，目录号：2，卷号：723

7. 重庆市被取缔员工夫役及游民安置办法草案（1943年6月）

一、本办法依照重庆市人力节制办法第十九条各款之规定制定之。

二、所有被取缔之员工及逾额夫役与游民等之安置、转业事宜，悉依照本办法之规定办理。

三、本办法所称被取缔人员之对象如左〈下〉：

（一）营业之人力车轿夫。

（二）各机关、公司、行号、厂商暨私人所雇佣逾额之车轿夫。

（三）各机关、公司、行号、厂商暨私人超过编制及逾额之兵夫役。

（四）无业游民。

（五）与抗战无关各业之从业员工。

四、本办法实施前，重庆市政府应就被取缔员工、夫役之体格、学识、技能，予以调查，并就左〈下〉列事项，分类统计。

（一）合于兵役法规定者之数量。

（二）曾习有相当职业技能者之数量。

（三）能自行转业或改业者之数量。

（四）无相当职业技能者之数量。

五、被取缔员工安置办法如次：

（一）送服兵役。

（二）其不适合兵役条件或有专门生产技能者，按左〈下〉列各款办法安置之。

1. 分发与动员业务有关之各部门工作。

2. 自行转业或改业。

3. 遣送还乡，从事耕作生产。

4. 移垦就业。

5. 派赴嘉陵江煤矿工作。

6. 派赴渝市各纱厂受新工训练。

7. 派赴游民习艺所或卫戍总司令部劳动服务总队收容训练。

六、送服兵役及遣送改业、转业事宜，由市政府会同各有关机关办理之。

七、训练事宜，由重庆市政府会同社会部办理之。

八、本办法实施时所需各项经费，由重庆市政府会同社会部呈请行政院专案发给。

九、本办法呈奉核定后施行。

重庆市档案馆馆藏档案：全宗号：0053，目录号：2，卷号：723

8. 重庆市旅栈、饮食、娱乐、奢侈品及迷信各业从业员工夫役限制办法修正草案[①]（1943年6月）

重庆市旅栈、饮食、娱乐、奢侈品及迷信各业从业员工夫役限制办法修正草案

第一章　总　则

一、本办法依据重庆市人力节制办法第二条第三、四、七、八、九各款及同法第九条、第十一条、第十六条、第十九条、第二十条、第二十一条之规定订定之。

二、凡在本市辖区内从事左〈下〉列各业员工夫役之清查及限制，概照本办法之规定办理之。

（一）奢侈品制造业及贩卖业之从业员工。

（二）锡箔、仪仗、星相及其他事涉迷信之从业员工。

（三）旅馆、饭店、公寓、客栈及其他属于旅栈业之从业员工、夫役。

（四）饭馆、茶楼、酒店、甜食店、面点店及其他属于饮食业之从业员工、夫役。

（五）戏院、书场、电影院及其他属于娱乐业之从业员工、夫役。

三、前条各业从业员工、夫役之清查及限制时间，以命令定之。

第二章　清　查

四、本办法第二条所列各款从业员工、夫役（以下简称各从业员工、夫役），应于规定登记期限内，携带市民身份证（入工会者须带会员证），向该管警察分驻所办理登记。登记表式另订之。

五、各从业员工、夫役之登记手续办理完毕后，该管警察分驻所应按户复查，不得遗漏。

六、在登记清查期间，各该业业主不得增偏〔雇〕从业员工。

第三章　限　制

七、本办法第二条第一款之从业员工，其限制种类及标准，由重庆市政府以命令定之。

八、本办法第二条第二款之从业员工，就其教育程度及技能，依第十五条之规定安置之。但营业星相业之人员，其身体残废有明显表征及年龄在50岁以上者，得暂缓执行。

九、本办法第二条第三、四、五各款从业员工夫役之限制，依左〈下〉列标准办理之：

（一）旅栈业之从业员工、夫役，不得超过该旅栈旅客容额十分之一。

（二）饮食业之从业员工、夫役，俟清查后以命令定之。

（三）娱乐业之从业员工、夫役，戏院、书场得用50人，电影院得用30人。

十、本办法第四、五两条规定之登记及复查手续办理完毕后，由社会局、警察局会同审查，依第七、八、九各条规定之标准决定合格与否，合格者发给工作证。其工作证式另订之。

前项工作证由社会局填制，送警察局转发。

十一、领得工作证之从业员工、夫役，于工作时，应照规定佩带。

十二、各从业员工、夫役之未经核发工作证者，一概不准仍操旧业，已受偏者应予解雇。

十三、各从业员工、夫役如停止营业或缩小业务范围因而退业或解雇〔雇〕者，须于退业或解雇后三日内报由该管警察分驻所转报社会局并缴销其工作证。

前项退业或解雇之员工、夫役，禁止复业。

十四、旅栈业、饮食业及娱乐场所奉到本办法第三条所定之限制命令后，对于无工作证之员工、夫役，一概不得雇佣。

十五、依照本办法限制改业、转业及解雇之从业员工、夫役，由市政府会同有关机关依照

① 本草案由重庆市政府制定，国民政府社会部予以修正。

重庆市人力节制办法第九条之规定，分别安置，其详细办法另订之。

第四章 罚 则

十六、各从业员工、夫役，如有违反本办法之限制者，依左〈下〉列各款之规定处罚：

（一）违反本办法第四条、第十三条之规定者，处以100元以下之罚锾并勒令依照规定履行。

（二）违反本办法第六条、第九条、第十四条之规定者，处以400元以下之罚锾或勒令停业。

（三）违反本办法第十二条之规定者，处以200元以下之罚锾。

（四）违反本办法第十一条之规定者，处50元以下之罚锾。

违反本办法第七条规定之限制命令者，于上列处罚办法准用之。

十七、本办法各条之处罚，由警察局执行；其处分与各局或其他机关有关者，须同此通知备查。

第五章 附 则

十八、凡与本办法不相抵触之法令，仍得适用之。

十九、本办法自呈准行政院后公布施行。

重庆市档案馆馆藏档案：全宗号：0053，目录号：2，卷号：723

（二）兵役动员

1. 国民政府征兵令（1937年8月30日）

东邻肆虐，侵我疆土，自非全民奋起，合力抵抗，不足以保卫国家之独立，维护民族之生存。在此非常时期，凡属兵役适龄之男子，均有应征入营服行兵役之义务。兹特依兵役法第三条之规定，着由行政院转饬各兵役主管机关，得随时征集国民兵，俾资服役，而固国防，此令。

原载中国国民党中央执行委员会宣传部编印：《抗战第六周年纪念册》，1943年7月7日

2. 兵役署署长程泽润谈1941年度的役政（1941年1月）

（本报讯）记者顷晤及兵役署长程泽润氏，畅谈关于役政诸问题，记者首询程氏，本年度各地抽调壮丁，既定三、六、九、十二月四期行之，何以今年一月四日至九日重庆即在办理三十年度第一次壮丁抽签。程氏答谓："前分四期，系规定各地壮丁入营期，至于何时办理抽征，仍由各地在入营期前自行决定日期办理。"程氏并谓："兵役署本年度力谋做到各地壮丁自动入伍，绝对避免强制执行，欲建成壮丁自动入伍之理想，固属困难，但如优待抗属工作及部队下级干部改善能有成效，自动入伍亦不甚难。四川之优待抗属合作基金，已由川财政厅准发善后公债330万元，以此基金，创办农场、工厂收容抗属，使其能安心工作，优裕生活，征人即能在前

方安心抗战，中签壮丁自愿入伍自亦不成问题。至于办理壮丁自愿入伍之根本办法，兵役署正研究请政府对于全国人民发行一种‘国民身份证’，中包括姓名、年龄、籍贯、学历、职业等项，由政府统筹办理，此事虽较繁杂，但如办理完善，即可解决三十年来尚未完成之全国人口总调查，不但对兵役工作有大帮助，即施行总动员清查户口征收粮税等，均可收极大功效。”程氏末称此事与内政部及其他有关机关均已交换意见，一俟计划完善，即呈请上峰，采纳办理。又兵役署原设有兵役监察宣传队，对于各乡镇办理兵役协助甚力，惟以人力物力关系，不能普遍设置，现拟与各学校合作，商请每一中学设立兵役监察队一队，协助地方保甲人员办理兵役宣传、调查等工作，藉以达到总裁“政教合一”之指示，此事亦正商讨中。

原载《中央日报》1941 年 1 月 10 日

3. 党员公务员及士绅子弟调查征集办法①（1942 年 11 月 16 日）

一、由各县（市）长、县（市）党部书记长、国民兵团副团长、军事科、社会科长及师管区遴派一员，组织特种壮丁调查委员会，以县（市）长为主任委员，党部书记长为副主任委员，余为委员。

二、以县（市）为单位，定期将全县党员、公务员及士绅子弟一次调查登记，于检查后抽签公布之。

三、凡党员公务员及士绅子弟，确已应征入营参加作战或亲送其子弟应征者，予奖励并保障其工作。

四、凡经调查依法应予征集者，限期送征入营，逾期或逃避者，其父兄开除党籍，停止其工作并予究办。

五、凡党员有关之应征入伍者，如是调查不实者，应由县党部书记长负责，以颟顸舞弊论，公务员与保甲长有关者，应由县长负责，以颟顸舞弊论。

六、凡党员、公务员及士绅子弟应征者，□准入模范队或特种兵部队。

七、党员入党，公务员请委时，应填表叙明家中有无壮丁，是否应征入营。

八、乡（镇）保长以出征抗敌军人家长充当为原则，其新任乡（镇）保长中有子弟应服兵役者，先送征入营后，再派充乡（镇）保长。

重庆市档案馆馆藏档案：全宗号：0110，目录号：1，卷号：775

---

① 此办法由国民政府军事委员会公布施行。

4. 兵役法[①]（1943 年 3 月 15 日）

第一章　总　则

第一条　中华民国男子，依本法兼有服兵役之光荣义务。

第二条　兵役分为国民兵役、常备兵役二种。

第三条　男子自年满 18 岁之翌年一月一日起役，至届满 45 岁之年十二月三十一日除役。

第四条　凡身体畸形、残废或有痼疾不堪服役者，免服兵役。

第五条　凡判处无期徒刑或褫夺公权终身者，禁服兵役。

第二章　服　役

第六条　国民兵役分左〈下〉列三种：

一、初期国民兵役以男子年满 18 岁者服之，为期二年。

二、甲种国民兵役以初期国民兵役期满，适合于常备兵现役所需之超额者服之。

三、乙种国民兵役以初期国民兵役期满，而未征服常备兵役及甲种国民兵役者服之。

前项第二款第三款国民兵役期限，均至满 45 岁止。

第七条　常备兵役分左〈下〉列二种：

一、现役以年满 20 岁之翌年，经征兵检查合格征集入营者服之，为期二年，但步兵之军士及特种兵、特业兵，为期三年。

二、预备役以现役期满退伍者服之，至满 45 岁止，期满除役。

前项常备兵现役，如为曾受军训合格之高中以上毕业学生，其服役期为一年，但特种兵、特业兵，为期一年又六个月。

前二项常备兵现役，于期满后得志愿留营。

第八条　国民兵役平时受规定之军事教育，战时或事变时，以命令召集服任左〈下〉列勤务：

一、作战部队之补充；

二、辅助作战勤务；

三、地方治安。

第九条　现役中有左〈下〉列情形之一者，予以停役，至原因消灭时回役。

一、身体疾病不堪行动在六个月内无健复之望者。

二、判处有期徒刑或褫夺公权，经核准停役者。

第十条　现役中有左〈下〉列情形之一者，得延长其服役期间。

一、战时或事变之际；

二、航海中或在国外勤务者；

三、重要演习或特别校阅时；

四、因天灾或其他不可避免之事故时。

---

① 此法由国民政府公布。

第三章　管　理

第十一条　军政部为全国兵役行政主管机关，内政部为全国兵役行政协管机关，其他有关各部会署事项，由关系各部会署会同办理之。

第十二条　为执行兵役事务，划分全国为各级管区，分别设置管区司令部，层隶于军政部，办理各该管区内之兵役及其有关事务。

第十三条　省政府、院辖市市政府，受军政部、内政部之指示、监督，协助管区司令部办理兵役及其有关事务。

省政府主席、院辖市市长为省市征兵监督。

第十四条　县长及省辖市市长为县市征兵官，受上级管区司令部之指示监督办理所管区内兵役及其有关事务。

第四章　征　集

第十五条　男子年满18岁者为国民兵役，年龄年满20岁者为常备兵现役，及龄常备兵现役及龄之年，应受左〈下〉列征兵处理。

一、身家调查；

二、体格检查；

三、抽签；

四、征集。

前项征兵处理，由管区司令部会同院辖市市政府或县市政府及有关机关组设征兵委员会办理之。

第十六条　身家调查以乡镇为单位，每年四月至六月举行；侨居国外之现役及龄男子，其身家调查由驻外使馆或领事馆办理之。

第十七条　体格检查每年七月至九月就本籍举行，如寄居他籍者，得就寄居地行之。

届检查之年，因故未受检查者，于次年补行。

第十八条　抽签每年十月举行，凡体格等位相同者，分别兵种，依抽签定其征集顺序。

前项抽签由现役及龄男子亲自行之，其未到场者，由征兵委员会代为抽签。

第十九条　征集就本籍举行，如寄居他籍者，经呈报核准后，得就寄居地行之。应征服现役者，以每年一月一日为正规入营期，于必要时，另定补助入营期。

第二十条　现役及龄男子有左〈下〉列情形之一者，得延期征集，称为缓征。

一、因公出国在三年以内未能回国者。

二、身体疾病不堪行动经证明确实者。

三、直系血亲尊亲属或配偶死亡未满一个月者。

四、专科以上学校肄业学生年未满25岁者。

五、独负家庭生计责任无同胞兄弟者。

六、犯罪在追诉中者。

前项缓征原因消灭时，仍受征集。

第五章 召 集

第二十一条 预备役及国民兵受左〈下〉列之召集

一、教育召集；

二、演习召集；

三、动员召集；

四、点阅召集；

五、临时召集。

第二十二条 预备役及甲种国民兵有左〈下〉列情形之一者，得延缓动员召集，称为缓召：

一、现任小学以上教师经审查合格者。

二、现任荐任以上官职经铨叙合格者。

三、现任军需工业或国防工程交通之专门技术员工，经审查核定者。

四、现任正规警察者。

五、合于第九条各款或第二十条各款者。

前项缓召原因消灭，有召集必要时，仍受召集。

第二十三条 有左〈下〉列情形之一者，得免除其教育、演习、点阅或临时之召集。

一、合于第九条各款，第二十条第一款、第二款、第三款、第六款者。

二、航行于国外之海员。

第六章 权利义务

第二十四条 现役兵享有左〈下〉列之权利：

一、应征前所负债务无力清偿时，得延至服役期满后第二年内清偿之。

二、配偶及直系亲属得享受生活救济之优待。

三、退伍后对于机关、法团、学校、工厂之职务，有优先充任之权利。

四、勋赏抚恤及其他法令规定应享之权利。

第二十五条 预备役及国民兵于集训及演习期内，得保留原有职位及薪金。

第二十六条 现役兵应履行左〈下〉列之义务：

一、于入营或受训时，应宣誓效忠中华民国国民政府。

二、对于公务有保守秘密之责任，至除役后亦同。

三、未经长官之许可，不得参加任何集会或结社。

四、未经长官之许可，不得结婚。

第七章 附 则

第二十七条 合于本法第三条年龄之女子，战时得征调服任军事辅助勤务，其服务另以法律定之。

第二十八条 依志愿而服兵役者，其服务以命令定之。

第二十九条 海空军之兵役，除法律有特别规定外，准用本法之规定。

第三十条 妨害兵役之处罚，另以法律定之。

第三十一条 本法施行法另定之。

第三十二条 本法自公布日施行。

重庆市档案馆馆藏档案：全宗号：0110，目录号：1，卷号：775

5. 重庆市警察局为兵役科设置情形呈重庆市政府文（1938 年 10 月 20 日）

本年十月八日案奉钧府二十七年秘字第 500 号训令，为奉令转发四川省各县市兵役科组织暂行条例，仰饬遵照，等因。前曾以行字第 89 号呈请将兵役科设置市府在案。兹于本月十四日案奉钧府字第 558 号指令开："呈悉。仰仍遵照前令办理可也！此令。"等因，奉此，查属局已于本月十六日将原有兵役股撤销，另行设置兵役科，该科长敖从政于十七日到局供职，正式接收办理。兹奉前因，理合将兵役科设置情形暨科长敖从政到职日期一并赍呈钧府，俯赐鉴核转报备查，指令祗遵。

谨呈

重庆市市长蒋

局长　徐中齐（章）

中华民国二十七年十月二十日

重庆市档案馆馆藏档案：全宗号：0053，目录号：2，卷号：17

6. 重庆市军政教当局座谈推进兵役宣传（1939 年 1 月 21 日）

（本报讯）在邓锡侯主任来渝的时候，军政当局问到他，第一声便是四川兵役问题。同时，在蒋委员长十九日通电全国，号召各界贤达一致奋起的第一个任务，也是协助政府，推行兵役，以增强前线的兵力。

这个重大的指示，已经得到重庆市各界的响应，四川省军管区，特邀本市军政教当局、各学校负责人及兵役协进会诸先生，于昨日下午在永年春举行座谈会，讨论利用寒假期间学生还乡的机会，进行兵役的宣传工作。计到会的有军委会政治部陈诚部长、教育部陈立夫部长、国府吕超参军长、军政部兵役司朱司长、军管区司令部戴高翔参谋长、政治部郭沫若厅长、蒋志澄市长、戴经尘局长及沈钧儒、孔庚、董必武、曾琦、黄炎培、江恒源、王昆仑、吴南轩等诸先生，与本市各大中学校长、兵役协进会会员及新闻界等共 60 余人。永年春的礼堂上，紧紧地坐满一园〔圆〕圈，大家都对讨论的问题，抱着绝大的兴趣。

首先由主席戴高翔先生，报告一年来四川的兵役工作。他坦白地说出过去兵役运动中的困难和症结所在，特别是将士们出征后，家属生计没有办法；土劣阶级等从中作祟〔祟〕，以及行政机构的不健全和庞杂紊乱，更使兵役工作受到影响。然而，也有些地方，得力于行政工作和深入的宣传，收到了良好的效果。因此，在抗战军事重于一切的时候，兵役宣传更需要大大的努力。同时戴先生也深切地感到，在兵役运动中，干部问题是一个重要问题，需要各校学生利用寒假，来推进兵役宣传。

教育部陈部长演说，教界诸同仁当然应该把兵役宣传，认为是社会教育中心的一环，最好能用竞赛比较的办法，更能推动工作的进行。政治部陈部长因为公务忙，来得迟了些，但是他的来临兴奋了大家，全场一致站起来欢迎他。尤其令人兴奋的是他的坦白诚恳的讲话，他凭他自己几个月来在前方督战所得到的观察，说了两个与兵役有关的问题。许多伤病兵流离失所的情形，使民众看到了当然影响到征兵；另一个是优待抗战军人家属的问题，这个问题不解决，也会妨碍兵役的推行。但是，他郑重提出说："这两个问题是不难解决的。"接着他举出了具体的数字与实例。并说重上前线杀敌的有30万，而且大多数伤病兵都是愿意再到火线上去的。最近他曾看了在处的600多个负伤将士，他们之中有负伤达七次之多的，一半以上是负伤四五次的，但他们都十分兴奋，盼望再上战场去。关于第二个问题他以由他主政的湖北为例，在湖北现在已实行了简单的优待抗属办法，每一个被征的兵，都由他所属的那一保共同担负他家属的生活，每月供给一担谷或其他粮食，并每月津贴五角钱。

"但是，宣传也是重要的。"他继续说："假如使民众知道敌人侵略我们的情形，民众也很乐于起来捍卫国家。遗憾的是有些地方的民众竟还不知道抗战这回事，像鄂西某几县的民众就是这样，虽然知道了和日本打仗，却不知道为什么要和日本打。所以兵役宣传是非常迫切需要的。"

对于宣传技术，陈部长也给了不少宝贵的指示，要普遍地使大家知道敌人对中国侵略的种种事实，以引起民众的同仇敌忾；要做比讲话与文字更有力量的戏剧宣传；宣传的时候要关联到民众的切身利益。

最后他说，要推行兵役主要的还要靠民众有组织，至在宣传的时候还应当调查办理兵役者有否舞弊，假使调查出弊端而加以严办，则也可以作为一种实际的宣传。陈部长的一席话，博得大家大为鼓掌。

自然的，兵役问题的缺陷，谁都感到皱眉头，然而，今天的问题，已经不是空口宣传，要的是从实际上能得到解决，自然就能使征募兵员顺利进行。所以，军政部朱司长和黄炎培、江恒源、吴南轩、沈重宇、吴人初等诸先生，都提议兵役宣传，应当有一个统一办法，具体计划，使青年学生在寒假中不是白忙，并一致赞同在最近几天内，成立一个"四川省军管区重庆学生兵役宣传实施委员会"，由军、政、教当局及各学校、兵役协进会、新闻界都派员参加，今天下午在市党部继续开会讨论，在最近期间便推行这个工作。

原载《新华日报》1939年1月22日

7. 重庆市政府为转发兵役宣传材料给市警察局的训令（1939年8月11日）

案准巴县团管区司令部二十八年八月七日役二（8）字第1204号代电开：

案奉渝西师管区司令部师字第4318号训令开：顷奉四川省军管区司令部本月皓年役二字第833号代电开：查兵役推行，首重宣传，本部在过去一年中曾规定宣传办法纲要及材料等项，动员各地绅耆、公务员及各学校教职员、学生，利用各种纪念集会及寒暑假期，因时因地广为宣传，颇著成效。兹本期暑假已届，凡本部近对征兵防逃各种办法之改善与补充，亟应利用各校学生回籍之便，努力宣传，务使各级民众皆能明了。特由本部拟定第二次壮丁抽签办法要点，防止壮丁逃役办法要点及有关各部法令要点，随电附发。仰各司令迅即转饬各县市长在各校教职员、学生回籍时，在县市者由县市长召集，在乡由当地区长或联保主任召集，在不支报分毫经费之原则下，会商宣传办法，最好利用场集或分队下乡，对上列要点切实宣传，务期家喻户晓，俾能推行尽利为要。除分电外，合行电仰转饬遵照，并将办理情形专案具报为要。抽签办法要点及防逃办法要点附发。等因，除分电外，特电抄发原各办法要点一份，仰即遵办并将办理情形专案按级具报为要。等因，奉此，除分令外，特电达请转饬遵照办理并将办理情形见复为荷！等由，准此。除分行外，合行令仰遵照，转饬实行为要！此令。

市长　贺国光

兵役宣传及监督实施方案

一、兵役宣传机构组织大纲

（一）二期抗战，兵员补充甚为重要，本于政治重于军事，后方重于前方，训练重于作战之原则，应先在后方各省（粤、川、滇、湘、鄂）扩大兵役宣传。

（二）兵役宣传，在时间上应长期实施，在地域上应深入乡村。全国各宣传机构，应将兵役宣传作为中心工作之一，并应由各有关机关、团体组织兵役宣传之常设机构，并发动中学以上学校在学学生临时下乡宣传，相辅而行，以收实效。

（三）各级兵役宣传机构组织办法如左〈下〉：

1. 常设兵役宣传机构

常设宣传机构，设中央、省、市、县、各乡镇（区）各级兵役宣传委员会。

（1）中央兵役宣传委员会设于国府所在地，由中宣部、妇女会、政治部、军政部、军训部、内政部、教育部、中央通讯社及其他有全国性质之文化团体、民众团体派员组织之。其任务在：①指导监督下级兵役机关，②派员赴各地巡回视导并宣传，③编印各种宣传品或制定图标案本等，④直接担任所在地之兵役宣传，⑤发动党政人员及各界知识分子下乡宣传。

（2）省兵役宣传委员会

各省兵役宣传委员会设于省府所在地，由省党部、军管区政治部、教育厅、省抗敌后援会、省动员委员会、省会中上学校、省社教机关及有全省性质之文化团体派员组织之。其任务：①承中央兵役宣传委员会之命，指导监督下级兵役宣传机关；②派员到各地巡回视导并宣传，编印或翻印各种宣传品；③直接担任所在城市之宣传；④发动省城党政人员及各界知识分子下乡宣传。

（3）县市兵役宣传委员会

县市兵役宣传委员会设于县市政府所在地，由县市党部、县市政府兵役科、国民自卫总队、当地驻军政治部、县市抗敌后援会、县市动员委员会、出征军人家属优待委员会、慰问出征军人家属委员会及各中上学校、各文化团体与各民众团体派员组织之，并以政治部所派各县市政治工作队为经常兵役宣传基本组织，其任务在：①承中央及省兵役宣传委员会之指导，监督下级宣传机关或团体；②派员赴乡镇（区）指导宣传；③制发各种宣传品，组织各种宣传队，下乡巡回宣传。

（4）乡（镇、区）兵役宣传委员会

乡镇（区）兵役宣传委员会设于乡镇（区）所在地，由区分部、乡镇（区）自卫队、区公所或区署、区社教机关、各高小以上学校、区内民众团体所派人员与公正士绅组织之，并由政治部所派之下乡政治工作队（政训服所拟组织之）及各乡镇保（民训）之国民自队（分）队为宣传委员会之基本组织。①承上级宣传委员会之命或自定计划实施兵役宣传，②发动居民为出征军人家属服务，③在战区或接近战区为伤兵服务，④帮助社训，⑤帮助役政施行。

2. 学生临时下乡宣传

（1）利用各省市中等以上在学学生，于寒假、春假、暑假等休假期间，临时下乡至各地作兵役宣传。

（2）学生下乡宣传，于本年寒假、春假试行，至本年暑假正式举行。

（3）学生下乡宣传，各该校教职员应参加指导，并预为组织。其下乡日期、行程、区域，均应预为规定，惟须受上级宣传委会之指挥。

（4）学生下乡宣传时，其服装、言语、态度、举动，均须特别注意，务宜避免受人指责或惹人反感。

（5）学生下乡宣传之成绩，各校应评定分数，列入总考成内，以资鼓励。

（四）各级兵役宣传委员会，得设秘书、干事、事务员、书记、司书等，必要之人员编制表，另订定之。

（五）各级宣传机构所须经费，由各该参加机关、团体按其出资能力共同负担，事业费另行统筹。

（六）各级兵役宣传委员会服务人员之考成办法另订之。

（七）各级宣传委员会之办公细则自行订定，但下级兵役宣传机关应呈请上级核准。

二、兵役宣传实施办法

（一）一般宣传

一般宣传应限定时期，发动各级兵役宣传机构与其他有关机关团体作扩大宣传□□，尤须应用文字、图画、戏剧、歌咏、电影等各种宣传方式，俾得深入而广泛；宣传对象除一般民众及应服兵役者外，对于办理兵役人员及各地士绅，亦须特别注意，其各项宣传办法如左〈下〉：

1. 定期举行兵役宣传周。

2. 用极通俗文字，编撰兵役实施办法及兵役法令，讲释优待抗战军人家属故事，民众踊跃从军之英勇故事等。文字最好均在千字以内，分发民众读阅，并由宣传人员随加讲解。

3. 宣传敌寇暴行，以激发国民之敌忾心。

4. 于重要地点制作从军大壁画及制印连环图画，分发各地，宣传人员亦应随加讲解。

5. 创作投军杀敌等类剧本并改编一切旧剧、杂剧等剧本，分发排演。

6. 摄制从军乐及优待抗战军人家属等类剧情之影片，普遍放演于各农村中。

7. 编制兵役□□歌及踊跃从军等歌曲，并改编民间旧有歌曲，最好多改编民歌、山歌，印成分发。

8. 切实运用访问、讲演、广播等类口头宣传。

9. 派遣青年及抗战归来之荣誉将士下乡宣传。

10. 发起写信运动，由一般知识分子寄信亲友，说明抗战之有望及服兵役之重要。

（二）关于兵役制度之宣传

在我国现时□□之下有民兵、征兵、募兵及自愿义勇军等。

1. 我国自三代至唐为止，一向采用征兵制，平〔时〕为民，战时为兵，民兵不分。最近广西之民团，各省之义勇壮丁，常备队或国民自卫常备队等，均系民兵制度，此应特别加以宣传，俾便征调。

2. 征兵在狭义上原为常备兵之征集，入营常备兵或退伍兵不足时，则应召集国民兵参战，此时亦用抽签入营办法，但此系召集国民之性质，有时应加说明。

3. 依兵役法第四条，在地方自治未完成地区，有用募兵；在沦陷区应用募兵，故自愿投军亦应宣传。

4. 无固定职业之壮丁群等，亦为兵源之一，为增加自愿兵与义勇军计，亦加以宣传。

5. 但为通俗及简单明了起见，对一般人民及壮丁应有说明，为保卫乡土救护同胞，好男儿上前线当兵之必要，而不必详兵役制度。

（三）关于办理兵役人员及国民兵之宣传

编印左〈下〉列各种读物及训练用书，分发于办理兵役人员及国民兵。

1. 兵役法规详解。

2. 办理兵役人员须知。

3. 保甲长办理兵役须知。

4. 兵役述要。

5. 新入伍士兵读物及训练教材。

6. 国民兵（社团人员）读物及训练教材（应将科目成教材中加入兵役宣传内容）。

7. 用问答式文字在新闻杂志上解释兵役法令、优待出征军人家属条例及办理兵役上应防止之各种弊端等。

（四）关于应征募入伍士兵及其家属之宣传

1. 对于入伍士兵及其家属，全体乡人应特加尊敬；并拟定办法，由全乡保障其家庭生活之安全，于实施前加以宣传。

2. 提拨公产（如祠产庙产等）以其收益或价额作为救济费用，其办法另定之。

3. 倡导兵役献金，救助出征军人自身及其家属，并以之作抚恤，其保管与分发办法另定之，但以由本县市特设机关保管为原则。

4. 由各乡士绅组织醵金会，以其收入作为出征优待救济抚恤等费用。

5. 发动地方各级公吏及多数孚望士绅参加优待及慰问出征军人家属工作。

6. 发动青年或当地热心分子为出征军人家属服务。

7. 欢送出征军人，送牌匾或纪念证章给其家属。

8. 在乡镇建立烈士祠或在各宗祠内设立烈士碑位。

（五）关于前方士兵及伤病兵之宣传

1. 发动中央地方党政人员及知识分子分赴前方慰劳官兵。

2. 发动青年或当地热心分子为伤病兵服务。

3. 供给官兵稻种食粮。

4. 欢迎伤兵归里疗养。

（六）关于以上各项宣传，除各级兵役宣传组织负责进行外，各县民训机关更应依此宣传实施办法，订为国民政训之课程，列入国民自卫队之经常训练中，以资深入和普及。

中等以上学校学生假期兵役宣传实施纲领

一、根据兵役宣传及监督实施方案一、项 2.“利用中等以上学校在校学生（以下简称学生）于寒假、春假、暑假等休息期间，临时下乡宣传兵役”之规定，特订本纲领。

二、学生假期兵役宣传，教职员应一律参加指导；学校军事教官及助教并先为之编造学生名册；其下乡日期、行程、区域，均应预为准备，惟须受兵役宣传委员会之指导。

三、学生下乡宣传，于本年寒假试行，本年暑假正式举行，由政府转令各省市有关机关行之。

四、学生假期兵役宣传之组织，无论已受军训与尚未受军训之学生，拟准军队之编制，以学校为单位，已受军训之学生就原有军训团（队）组织之；未受军训之学生，临时编组之。均由省主席兼军管区司令督饬教育厅、兵役处、国民军训处实施之。

五、各校学生假期兵役宣传队，应冠以各该校之校名称，如某某学校学生△假兵役宣传第

△大队△中队△区队△分队。

六、各校学生假期兵役宣传队，以分队为单位，以大队为最高单位，每15人编为一分队，三分队为一区队，三区队为一中队，三中队为一大队，人数不足三中队在三中队以上者，亦得成立一大队；大队以上为总队。总队部由省市兵役宣传委员会、教育厅、军管区兵役处、军训处高级长官会同组织之。不足一大队之学校，得成立直属中队部。总队部以省市兵役宣传委员会之主任委员（未成立者以省主席兼军管区司令）为总队长（或因主席兼司令指定参谋长代理），教育厅、兵役处、军训处高级长官为副总队长；大队长以各校校长担任为原则，在二大队以上者，以各该校之高级教职员任大队附；中队长以学校教职员担任为原则；区队长、分队长以学生担任为原则，直属中队部，以各该校之校长任之。

七、学生假期兵役宣传队，应按宣传之性质及学生之志趣，分别组织话剧、演讲、化装、演讲、歌咏等类分队，分别编配于各中队或区队中，不必另列名目。

八、学生假期兵役宣传队在未出发前，应于课外时间由各校军事教官或当地兵役宣传机关施以三日至五日之业务讲习，其办法由省市兵役宣传委员会（未成立前由当地最高行政机关）订之。

学生兵役宣传业务讲习实施办法，交由各校所在地之兵役宣传委员会或当地最高行政机关传令各校在校实施。

九、学生假期兵役宣传队业务讲习之课目如左〈下〉：

（一）兵役法暂行条例摘要。

（二）国民兵役施行规则草案摘要。

（三）陆军征募法暂行规则摘要。

（四）陆军兵役惩罚条例摘要。

（五）违反兵役法治罪条例摘要。

（六）优待出征抗敌军人家属办法。

（七）慰问出征军人家属办法。

（八）应征（召）入营士兵家庭救济暂行办法摘要。

（九）修正保甲条例摘要。

（十）兵役宣传办法。

（十一）宣传方法技术及服务注意事项。

十、学生兵役宣传队地区之划分，以普及村镇为原则，由当地最高行政机关规定之。

十一、学生假期宣传队宣传方式分为左〈下〉列各种：

（一）文字宣传——如传单、标语、口号等。

（二）口头宣传——为讲演、访问、广播、歌咏等。

（三）艺术宣传——如戏剧、图画等。

十二、学生兵役假期宣传，应刻苦耐劳，以身示范，尤须注意服装、言语、态度、举动各项，服装宜朴素、整洁，言语宜普通、清晰，态度宜端庄、诚恳，举动宜规矩、大方。

十三、学生兵役宣传队，应以合于宣传对象之程度并以深入乡僻家喻户晓为原则，对象除士农工商各界外，对于兵役人员、应征入伍士兵及伤病兵及其家属与老少妇孺等，均应对之广为宣传。

十四、学生假期兵役宣传应简明扼要，浅近通俗，使民众切实了解，俾收实效。

十五、学生假期兵役宣传，无论到何地区，不得接受民间之供给。

十六、学生假期兵役宣传，个人服务之成绩，各校应评定优劣，予以奖惩。

十七、学生假期兵役宣传，应附带做兵役调查工作，调查表由政治部订定格式，转令填报。调查表格式另定之。

十八、学生假期兵役宣传，各地兵役宣传委员会或当地最高行政机关派员考查并负责评定各校之成绩，递呈中央以凭奖惩。奖惩规则另定之。

十九、各地学生假期兵役宣传所需之材料、交通、饮食等项必要之经费，由所在地之省（市）政府统筹拨发，得作正式报销。

二十、学生假期兵役宣传大纲，由政治部颁发。

二十一、本办法由军政部、教育部、政治部会颁定之。

重庆市档案馆馆藏档案：全宗号：0061，目录号：16，卷号：4417

8.《新华日报》关于重庆市学生利用寒假举行兵役宣传的报道（1940年1月5日）

（中央社讯）渝市学生寒假扩大兵役宣传，昨（四）日午召开末次筹备会，当经决议，自本月九日至十五日止，为重庆市学生寒假扩大兵役宣传周，并分定日程，作大规模之宣传，于九日上午十时举行大会，除各级学生尽量参加外，各机关团体均派代表参加，同时以区为单位，举行出征军人家属恳亲会，下午一时起，由各校学生化装讲演，并发行专刊；十日上午八时，各学校分组宣传队，赴各乡镇宣传，或化装演讲，夜间放映抗敌电影，尽量欢迎抗战军人家属；十一日上午八时，各校分组宣传队赴各乡镇宣传或讲演，夜间七时起，表演有关民族思想之歌咏、新剧或旧剧，在乡镇较远地方由当地学校联合举办；十二日至十五日，由各校分组宣传队，赴各乡镇宣传，并慰问抗战军人家属。至慰劳物品，业由各校事先发动劝募金钱物品，交由各校校长负责统筹支配，致送各抗属。各学校办理成绩，将由筹备会派员考核成绩，由社会局列入各校本期考成之一；至各学生担任宣传事宜，由各学校校长切实监督考核，如有奉行不力者，得呈报予以留级扣分等处罚。又国立中大等学校员生，昨利用休假分别组织宣传队，深入各乡村扩大兵役宣传，同时慰问当地出征军人家属，情绪均甚热烈。

原载《新华日报》1940年1月5日

9. 重庆市党部关于“学生寒假扩大兵役宣传周”的报告[①]（1940年4月）

奉军事委员会渝孝役宣字第0076号及中央宣传部渝美宣字第10620号代电：嘱依照学生假期兵役宣传实施纲领，于寒假期中策动市区各级学校扩大兵役宣传。本会遵即会同市社会局拟定策动各级学校学生利用假期扩大兵役宣传周办法及宣传计划，于二月五日召开筹备会议，决定宣传周二月九日开始，至十五日止。工作项目：一、检发宣传计划、标语、口号及军委会政

① 摘自《中央直属重庆市执行委员会二十九年一、二、三、四月工作报告》。

治部所颁各种有关兵役宣传小册，函各级学校发动学生，就所在地附近乡村，努力宣传。二、制发工作报告表，各级学校于宣传周结束后填报。三、二月九日上午十时在川东师范内举行兵役宣传大会，由吴市长主席，军政部兵役署及本会代表出席讲演兵役重要意义。是日到会机关、团体、学校代表千余人，尤以中央工校教职员学生远道参加，极为热心。四、二月十五日上午十时在川东师范内举行出征军人家属恳亲大会，并函请全国慰劳总会酌赠慰问品，如毛巾、牙刷、肥皂、糖果等，分赠到会各出征家属（共千余），会后即由全市各剧院、书场轮流演唱抗敌戏剧，从上午十一时起至下午五时止，招待抗属及市民参观，观众莫不深为感动。

总计策动本市各大中学校凡39所，填报工作报告表者有中央工业校、武昌中华大学、中央大学、武昌文华图书馆专科学校、药学专科学校、中央政治学校等，一般宣传结果，颇为良好。就地区言，各校学生均能深入附近乡村，就效果言，各地民众对战时服兵役之意义有进一步的了解，并深信抗战必获最后胜利。

重庆市档案馆馆藏档案：全宗号：0051，目录号：1，卷号：672

10. 重庆市政府为乘国民月会集会之机施行兵役宣传致市动员委员会公函（1940年6月5日）

案奉军政部本年六月冬役宣代电开："查国民月会系按月举行之集会，拟乘机施行兵役宣传，收效必宏，经呈奉行政院阳字第11315号指令准如拟办理等因，希转饬各地于举行国民月会时由主席或兵役机关派员讲解兵役法令，时间定为10至20分钟，其材料由各军师团管区及国民兵团供给，并于本年六月起施行。特电查照并盼见复为荷。"

等因，准此，除分令警察、社会两局外，相应函达，即希查照办理为荷！

此致

重庆市动员委员会

市长　吴国桢

重庆市档案馆馆藏档案：全宗号：0073，目录号：1，卷号：12

11. 重庆市党部为将学生暑期兵役宣传列为八月份国民月会宣传中心致市动员委员会函（1940年7月27日）

案奉军政部代电：以发动中等以上学校学生利用暑假期间举行兵役宣传并以防止逃兵运动为本期宣传中心，等因，奉此，除分函各学校组织学生宣传队出发各指定区域，切实工作外，相应检附宣传纲要100份送请查照。以是项运动列为八月一日国民月会宣传中心并请转饬各国民月会主持人及督导员切实宣传，并请将宣传经过汇送来会，以凭转报，是为至荷。

此致

重庆市动员委员会

附件如文〈略〉。

主任委员　陈访先

重庆市档案馆馆藏档案：全宗号：0073，目录号：1，卷号：54

12. 重庆市动员委员会为准将学生暑期兵役宣传列为八月份国民月会中心工作给月会主持人、督导员的训令稿（1940年7月30日）

案准中国国民党中央直属重庆市执行委员会二十九年七月二十五〔七〕日先宣字第152号公函，请将学生暑期兵役宣传运动列为八月一日国民月会宣传中心，附宣传大纲，并请转饬国民月会主持人及督导员切实宣传，等由，准此，除分令既函复外，合行检发宣传大纲，令仰该主持人、督导员即便遵照，切实宣传具报为要。此令！

附宣传大纲一份

兼主任委员　吴□□

学生暑假兵役宣传办法大纲

一、暑期兵役宣传的意义

抗战建国是我们的神圣事业，服役从戎是当前的主要工作。这是人人应尽的义务，也是人人应享的权利。现在敌寇压境，危亡迫于眉睫，我们要想安居乐业，要想自由生存，就得消灭倭寇，就得奋起抗战。在抗战原素的部门中，无疑的是"军事第一"；在军事力量的组成中，最要的是军人居先。盖无"前仆后继""歼敌疆场"的战士，则决无致胜之理，所以服役当兵，是最主要的救国工作，何等光荣！何等神圣！这种救国事业是人人应该争先恐后的来干的。但为使权利、义务能平等、平均、平允起见，政府乃将"贻害多年"的募兵制度而改取切合需要的征兵制度，对于各种兵役法规，订定务求适切。惟我国文化水准太低，轻武积习太深，或不知兵役法令为何物，或竟对兵役法令生误解，或应服役而不踊跃，或已入伍而尚逃遁，不知不行，误己误国。故必须作经常广大与普遍深入之宣传，俾使家喻户晓，父诏其子，妻勉其夫，此实为我各阶层知识分子应尽之责任；热烈爱国之青年学生，更应于暑假期间对此重要工作尽其最大之努力。

二、我国兵役制度的概要

要想明白我国兵役制度，首先就要弄清我国平等、平均、平允的兵役三平原则。

什么是平等？就是不分贵贱，不论阶级，只要达到兵役年龄的合格男子，都有服任兵役的义务。

如何平均呢？就是征兵数量是按国内各地人口壮丁的多寡作比例来分配、征集，壮丁多的地方就多征；壮丁少的地方就少征。

怎样平允？就是兵役年龄的男子，依修正兵役法实施暂行条例，应免役、缓役的就免缓其役，不当免缓的就是富贵子弟也不能除外。

以上是我国的兵役三平原则。

至于兵役年龄，我国规定是年满18岁起至届满45岁止，合于这种年龄的，都应该服兵役。

兵役分国民兵役及常备兵役两种。常备兵役分为现役、正役、续役。现役就是经检定合格中签入营服务的，现役期满退伍后，应服正役，平时在乡应规定演习，战时动员应召回营。正役期满后转为续役，其任务与正役同。其次，国民兵役就是应该服兵役的男子，除了正在服常备兵役或为免役、缓役、禁役者外，应服的一种兵役，按期间是分初期、前期、中期、后期，其任务是：在平时应受国民兵教育，或点阅召集，在非常时期应受战时或事变召集，以补充常备兵的不足及担任后方的守备。

假使身体畸形、残废或有不治之病以及受有特任职务的，就可免除兵役。若果是：(一）依国家官制，由中央及省政府授予委任以上之现任官职的；(二）在国外有正当事业，短期内不能回国的；(三）身体疾病不堪行动，在数月内无健复之望的；(四）主办官公事务及现任小学以上教师，经登记合格的；(五）因刑事嫌疑在追诉中，尚未判决的；(六）同胞半数在营服务现役的。这些就可缓役。缓役就是展缓入营年期，至前项缓役原因消灭时，再受征集入营，在缓役期间，仍须受国民兵教育。如父兄俱无或父兄年老残废，若被征集为现役兵，其家庭即不能维持最低生活，有保甲长证明，复经征兵官查明确据时，得酌予以缓役二年。

若果有：(一）体格等位不适于现役的，(二）于家庭为独子的，(三）本身归化的，(四）高中或同等以上学校毕业的，(五）在国外有正当职业回国时已逾现役的，这些都只服国民兵役。

假使你被判处无期徒刑或褫夺全部公权终身，那就要禁役；纵令已在服役而遇有前两款之一，也要剥夺你服役的权利而予以除役。

我们试看上边所述各种规定，是我们切合需要，体贴人情；更可见能得检定合格中签入伍，是同中彩票一样的不容易。

壮丁们：应该赶快争先来享这份权利。

三、防止逃兵运动的重要

征兵制度既如此重要，兵役法令又如此公允，能得服役当兵，能到前线杀敌，真是千载一时的良机。乃各地能服现役而为兵者，仍时有逃跑情事，此在逃兵个人，固为奇耻大辱，而对国家，亦为无限损失。这个严重问题，可分作几点来说明：在数量上，国家征兵原视需要而定，有一定数额配赋，于一定应征区域，因发生逃兵，遂致名额不敷，势必另外征补，兵役行政因而紊乱，军队编配因而阻滞，此其一。在质量上，我国过去国民军训未能普遍，新兵入伍常须受数月之训练，始克效用于战场，若竟中途发生逃亡。则训练难期齐一，战斗实力更大受影响，此其二。在国民道德上，服役救国为国民应享权利，亦为国民应尽的义务，乃竟临役苟免，自误误国。这种怯懦无耻之行，若任其相习成风，将诱致国民道德日趋堕落，此其三。以上仅举其大者，总之，逃兵之风不弥，则抗战建国之大业不能成功，兹制定防止逃兵运动的要点如下：

（一）定期举行防止逃兵运动周，扩大宣传，以引起全民之认识。

（二）策动全国农工商学各界，拒绝逃兵参加及雇用。

（三）策动全国妇女，不与逃兵为配偶。

（四）策动全国家庭，不与逃兵通婚嫁。

（五）策动全国家庭，不与逃兵家庭通庆吊。

（六）逃兵及其家属，不得享受一切公益事业之利益。

（七）在逃兵门庭悬示丑恶标志，以引起人民厌恶。

（八）各乡村举行防止逃兵运动竞赛，优胜者由当地政府奖励之。

四、关于物资救济者

（一）出征抗敌军人家属，有左〈下〉列情形之一者，得申请救济。

1. 生活不能维持者，2. 疾病无力治疗者，3. 死亡不能埋葬者，4. 子女无力教养者，5. 遭遇意外灾害者。

（二）出征抗敌军人，在应征召前所负之债务无力清偿者，得展至服役期满后第二年内清偿之；其因作战阵亡或因公积劳成疾，或受重伤致成残废，或因伤病请假回籍而死亡者，得自阵亡或停役或请假之日起，满第三年后于一年内清偿之。

（三）出征抗敌军人在服役期内，其家属赖以维持生活之财产，债权人不得请求强制执行。

（四）出征抗敌军人或其家属承租耕作之地，或自住之房屋，在服役期内，出租人不得收回或改租于他人。

五、关于人力扶助者

（一）出征抗敌军人家属，得免服劳役。

（二）出征抗敌军人家属，在沦陷区或接近战区者，由政府保护并协助迁移后方。

（三）出征抗敌军人家属之通讯，其有不识字者，该保甲长有代写代解之义务；如所居不能通邮，并由保甲长代发。

（四）各县市政府兵役科（军事科、征训科），应负责转寄出征抗敌军人及其家属信件事宜。

（五）以保为单位，组织义务帮工队，帮同出征抗敌军人家属工作，其事项如左〈下〉：

1. 关于婚丧大故之奔走、挑抬、运送等事项。

2. 关于分娩、疾病之抬送、就医或延医、购药事项。

3. 关于意外灾祸之抢救、防护事项。

4. 关于田园栽种、耕耘、灌溉及收获事项。

5. 关于森林种植及木材砍伐事项。

6. 关于塘堰疏浚及取鱼事项。

六、关于精神安慰者

（一）壮丁抽中签后，该乡（镇）长应协同地方人士为诚恳之庆贺。

（二）应征新兵启程赴营时，当地机关学校法团应作欢送会；入营后，该师管区司令部应召集驻地各界举行入营典礼。

（三）出征抗敌军人家属婚丧大故，该乡（镇）长应协同地方人士庆吊馈赠。

（四）出征军人家属，得赠予荣誉牌并得于县府所在地筹建出征军人荣誉亭。

（五）每一、四、七、十月应以乡（镇）为单位，举行出征抗敌军人家属恳亲会。

七、关于特种优待者

（一）出征抗敌军人家属，得减免各项临时捐款，对于族中会社之所需，得概予豁免。

（二）出征抗敌军人家属入公立学校读书或公立医院治疗，得减免学费或诊费。

（三）出征抗敌军人家属，得优先享受一切公益设施。

（四）出征抗敌军人家属财产被人侵害之诉讼案件，得提前处理。

（五）出征抗敌军人在服役期内，其未婚妻或已娶之妻，无论持何理由，一概不准解除婚约或离婚。

（六）出征抗敌军人在服役期内，其妻女与人通奸或被诱脱离家庭，而委托他人代行告诉，不拘一定之方式，即出征军人在出征前曾有概括意思表示，委托之人亦得代行告诉。

重庆市档案馆馆藏档案：全宗号：0073，目录号：1，卷号：54

13. 重庆市警察局关于办理役政的报告（1939年8月—1943年9月）

一、报告一[①]（1939年8月）

前言

本局掌理本市兵役事项，原系受委代办，过去系由行政科户籍股兼理。及二十七年十月十七日，奉四川军管区司令部命令，特成立兵役科，专司役政。兹将该科本年来之业务推行，简述如下：

（一）调查

统计本市甲级壮丁（由18岁至30岁），共55183名；乙级壮丁（由30岁至40岁），共42407名。兹将各区内调查所得壮丁数目，分录于后：

第一区（上城分局）：甲级壮丁11010名，乙级壮丁7886名。

第二区（中城分局）：甲级壮丁13919名，乙级壮丁9268名。

第三区（下城分局）：甲级壮丁10932名，乙级壮丁9260名。

第四区（新市分局）：甲级壮丁8829名，乙级壮丁7590名。

第五区（江北分局）：甲级壮丁5458名，乙级壮丁4499名。

第六区（南岸分局）：甲级壮丁5075名，乙级壮丁3874名。

以上系去年十二月调查数字。五月后增设分局，改划警区，兼以敌机狂轰之后，户口异动甚大。现正编整全市保甲，壮丁数字在统计中。

（二）抽签

查本市壮丁抽签，系遵照四川省非常时期征集兵员第一次抽签实施办法办理。本市因二十七年十月以前壮丁调查不准确，乃于十二月再令各区、联保、保甲重新调查本市18岁至30岁之适龄壮丁，于十二月底调查完竣。复规定各保第一次抽签时间及地点，暨各联保复抽时间及地点，再由本局布告周知，各区同时举行。从二十八年一月一日至五日完成初抽，一月六日至九日完成复抽，计抽得本市应申送之适龄合格壮丁为2304名。至办理情形，仍系事前报请团管区司令部暨重庆市政府、市党部派员会同监视办理。

---

① 节录自《重庆市警察局工作报告》（1939年1月至8月）。

（三）征募办法

本市壮丁之征募，系遵照四川省非常时期征集兵员第一次抽签实施办法举行抽签，抽中之甲乙级壮丁，按照签号秩序，造成花名册3份，2份分呈团管区司令部及本局，1份则存联保处。奉令征送时，即按照壮丁号签次序层送来局，经医官施以体格检查合格时〔者〕，转交到义壮常备队入营受训。亦〔抑〕或临时奉令拨付其他部队接收。内中各有剔除之壮丁，仍带回交原有保甲领回遣散。至于剔除所差之壮丁欠额，则由区、保、甲依照中签壮丁花名册，依次递补。

（四）申送

本市遵照军管区规定，二十七年七月至十二月止，每月规定月征兵为103名，特征兵430名；又涪陵补充团174名。二十八年一月至三月止，每月月征兵规定为212名，二、三两月又加征兵每月为212名，均能如数征送。但因“五三”“五四”连遭轰炸后，市民多数疏散，对于征送壮丁，大感困难。本局将详情呈报上峰，准予缓征。兹将本年一、二两月申送壮丁及接收之部队，分列于后：

二十八年一月		送义壮常备队入营训练	212名
	二月	送涪陵补充团	129名
		又送30集团军	112名
		又送96师	129名
		又送通信兵队	11名
	特征兵	送军政部练编处	302名

以上六起，共征送895名。外有补充二十七年十月以前历年壮丁欠数1649名。

（五）宣传

1. 文字宣传　本市在二十七年十一月，翻印兵役法规8万册，转售本市市民，以期市民明了兵役法之要义。又翻印兵役问答1000份，分发警察局以下各级承办兵役以及保甲人员，详加研究；同时又在各娱乐场所贴粘和映放兵役宣传标语。

2. 口头宣传　本局对于长警及户籍生之正规教育及补充教育，均加授兵役法规；各区每周纪念周，由兵役科派员讲解兵役法之意义。

（六）缓役

本市免缓役，从二十七年十月起，至二十八年三月底止，其申请缓役者共91人，至奉令准予缓役者，共12类：

1. 民生公司员工；
2. 船舶运输队所征船员船夫；
3. 直接生产之熬盐工人；
4. 消防队、掘埋队、救济队员，务为专业者，年在31岁至届满40岁者；
5. 关于铁道养路工人及技术工人；
6. 联保办公处书记、户籍员等，如系实际任务，暂准缓役；
7. 叙昆路驮运夫子；
8. 重庆路透社工人，须持有证明者；
9. 奉令凡公营矿之壮丁，私营矿之壮丁，在二十六年六月以前雇佣者，一律准予缓役；在二十六年六月以后雇佣者，须年满30岁者；
10. 各兵工厂工人，一律视为现役军人，不再应征；
11. 关于红十字会职员；

12. 航空委员会现役兵役，准予免役。

（七）优待出征抗敌军人家属

第一次发放优待谷，于二十八年二月十五日，总计出征抗敌军人家属领得优待谷者，共617起，发给谷洋9160.5元正。

第二次发放优待谷，于二十八年六月三十日，总计出征抗敌军人家属领得优待谷者，共663起，发给谷洋9945元正。

附记：查本市历来无积谷，对于优待出征抗敌家属，将法币折合成谷洋，每人领15元，以作2石优待谷之用。现呈转优待，尚调查办理中者约1000余户。

（八）成立兵役监查委员会

本市为协进兵役之推进，以期适合于三平原则，遵照军管区兵役指导委员会之规定，成立市监查委员会1处，联保监查委员会39处，保监查委员会304处。

（九）成立在乡军官分会

国难当前，抗战建国，需人孔殷。军委会特颁布成立在乡军官会，以期搜罗草野遗贤，以备国家之用。本市遵照法定，已成立重庆市在乡军官分会，共登记之会员65人。其他之会员，现正饬各区署调查登记中。

（十）其他

1. 成立兵役问题谘〔咨〕询处共46处；

2. 参加四川省军管区司令部重庆市学生寒假调查宣传指导委员会；

3. 遵照省政府通令，高中以下学校增加兵役课程，规定由本科职员担任讲授；

4. 本市区内，各墙壁添置兵役宣传标语，由本局统办；

5. 每周轮流召集各区联保保甲长作兵役讲话；

6. 各电影院每一月改换一次兵役宣传标语；

7. 在新闻纸上尽量发表兵役有关消息；

8. 每三月由本局派员赴附近各补充团或部队，慰劳本市征送之壮丁，再发给慰劳品；

9. 由本局随时派员往本市已征送壮丁之家庭，施以慰问；

10. 凡已征送壮丁之家属，除照法令予以优待外，如尚不能维持最低生活者，经本局调查属实，函送到中国妇女慰劳抗战将士总会暨保育会等处，予以相当工作或扶养，以资救济；

11. 编制兵役宣传纲要，拟印1000份，分发各区联保甲，并送市立各级学校，请随时随地宣传。

重庆市档案馆馆藏档案：全宗号：0061，目录号：16，卷号：4

二、报告二①（1940年8月）

查警察局奉令承办本市役政，瞬届两年。窃自抗战军兴，兵员补充，极关重要，本局上秉层峰之指示，下适地方之民情，遵照法令，按步推进。惟本市为战时陪都，又系工商巨埠，机关工厂林立，银行公司遍布，市内应免缓役之壮丁，凡占壮丁总数三分之二，且本市土着〔著〕极少，客籍者流动性极大，迨实行抽签后，或多方请求缓役，或藉词规避；兼以迭受敌机狂炸，浩劫空前，灾情惨重，市民奉令疏散，适龄壮丁亦多迁徙他乡，全市户口异动无常，是以困难情形，尤倍于往昔。兹将半年来调查免缓役、抽签、征送、优待、宣传等事项摘要叙述如下：

---

① 节录自《重庆市警察局工作报告》（1940年3月至8月）。

（一）调查

1. 适龄壮丁调查

查本市适龄壮丁调查，只以空袭频仍，市民异动无常，且保甲曾一度改编，进行颇受影响。计全市甲级壮丁（18 岁至 35 岁）共 45741 名，除应免役者 4118 名，应缓役者 22871 名，应禁役者 340 名，除役者 3958 名，应征壮丁仅 14454 名；乙级壮丁（36 岁至 45 岁）共有 69491 名。

2. 在乡军官调查

本市在乡军官居住本市者，前经调查，计有 75 名，迄今相隔年余，难免有移动者。在此敌机狂炸期间，又多流动，现在拟饬属重行调查，究有若干，亦应查明确数，以符实况（附重庆市在乡军官统计表）。

重庆市在乡军官人数统计表

区别	人数	区别	人数
第一区	3	第二区	6
第三区	9	第四区	8
第五区	10	第六区	4
第七区	2	第八区	1
第九区	9	第十区	4
第十一区	6	第十二区	3

附注：本市在乡军官，系二十八年八月份调查，多已移动，拟重新调查，以符实况。

3. 征属调查

自二九年三月份起至八月份止，准本市出征抗敌军人家属优待委员会函，调查征属共 545 户，内计直向各区申请核转计 18 户；已经各区查明转报征属 348 户，查已迁出、或疏散下乡、地址不明，无法调查者 32 户；已经转令各区正在调查中之征属，计 179 户，调查空袭被灾征属共 214 户；内计已经查明转报者 176 户，转令各区正在调查中者计 38 户。

（二）免缓役

查适龄壮丁之免缓役申请，警察局于本年度开始即遵照各部颁法令印制免缓役申请书，分发各镇，并布告市民，如适于规定者，于抽签前依法申请，综计全市应免役者共 428 名，应缓役者共 22871 名，其余之适龄壮丁自应依法参加抽签，入伍服役。一般市民对服行兵役之意义，仍未深切了解，间有于中签后始申请免缓役，或造事实蒙蔽以求达到目的，此类案件，每月层出不穷，均经本局查明分别核办，至奉令解释各项免缓役法令，均经转令各区镇长转告市民知照，并将内政部颁发之兵役法规释疑汇编，印发各区镇以作参考。

（三）抽签

查本市适龄壮丁抽签，原系遵照各部颁非常时期征集国民兵办法办理。惟此中情形复杂，环境特殊，执行之际，困难颇多。为适应环境，解除困难起见，于本年一月特依据四川省非常时期征集国民兵第三次抽签办法，并参酌本市实际情形，拟具非常时期重庆市征集国民兵抽签实施暂行办法。惟原办法第六条规定三个月抽签一次，施行以来，间有中签壮丁尚未至入营时期，即相率潜逃，以致征集常感困难，乃于本年八月复修改为每月抽签一次，困难情形，因之减少。

（四）征送

查本市壮丁，自去年五月份起，因轰炸停征，直至九月份再开始征送，中间四个月欠征兵额，因空袭频仍，再以本市土着〔著〕甚少，异动甚大，且壮丁逃役之风甚炽，又因少数市民不谙兵役法令，对于保甲人员依法抽签，或经征送壮丁时，即认为招兵，横加阻挠，纠纷迭起。现值轰炸季节，政府厉行疏散之际，人口减少，每月配额190名，经各级承办兵役人员之努力，勉能交付足额，三月份至八月份止，已征送1290名，超交原赋额150名，作为以前欠额。惟困难情形，则不堪言状也。附重庆市警察局二十九年三月至八月征送兵额一览表。

重庆市警察局二十九年三月至八月份征送兵额一览表

月份	种类	配赋数	征送数	备考
三月	月征兵	190名	227名	
四月	月征兵	190名	223名	
五月	月征兵	190名	262名	
六月	月征兵	190名	239名	
七月	月征兵	190名	147名	
八月	月征兵	190名	192名	
合计	月征兵	1140名	1290名	多征送150名抵作欠征兵额

（五）优待

本市征属优待事宜，由重庆市出征抗敌军人家属优待委员会办理，警察局担任调查工作，普通由征属向该会申请优待，再由该会函请警局调查，警局转令各区查报，按照调查结果，函请该会核办，亦有征属向各区申请，经各区查明属实，呈报警局转函市优委会，照章予以优待。至市优委会决定发放优待谷代金时，再填发领款通知单，送警察局交各分局代为转发各征属承领，其以因时逾数月，各征属辗转迁移，及保甲番号之变更，故上项工作，亦甚繁难。

（六）宣传

本市兵役宣传，为拟定抗战标语，分发各娱乐场所张贴，或放映，每周更换一次。至每月征集壮丁入营时，举行欢送会，并发动地方人士及团体致送礼品，以资鼓励。每遇纪念日，用布质制成兵役标语，横挂马路上空，唤醒民众服兵役是民众应尽的义务，如“五三”“五四”及“七七”便是。

三、报告三[①]（1941年2月）

（一）宣传

办理役政各级人员及人民，对于兵役法令多未能充分了解，警察局特利用国民月会及其他纪念日，均派员分赴各区详加讲解。

（二）调查

关于征集三十年度第一期甲乙级壮丁，须先事抽签，抽签之前，由警察局制定调查表册，分令区署确实调查，将适龄壮丁分镇列册呈报，由警察局派员复查核对无漏列情事，同时并核定“免”“缓”各役。三十年度第一期甲乙级壮丁，于二十九年十二月上旬开始调查，于二十九年底完成调查，结果全市共有壮丁86750名应参加抽签。

核定本市各工厂技术员工缓役

查本市工厂林立，技术员工身份自应核定，经核定缓役之技工不参加抽签者有300余名。

① 节录自《重庆市警察局工作报告》（1940年9月至1941年2月）。

（三）抽签

三十年度第一期甲乙级壮丁于二十九年年底调查完竣，三十年元月六日至九日分期举行抽签，先将壮丁姓名刻上竹签，抽签时以镇为单位。届时由警察局请重庆卫戍总部、重庆市党部、市参议会、本府及重庆团管区司令部、重庆市国民兵团与本市各法团代表监视，以昭郑重。全市十二区（新成立四区未参加）计抽中甲乙级壮丁正签者有570名，抽中副签者有570名，共1140名候令征拔。

（四）征送

发动每保数兵运动

二十九年九月，奉军政部令，各县市积欠兵额，应一次清理补征足额，发动每保数兵运动。本市数兵运动自十月份起，按积欠兵额分配，预定每保征送3名，至二十九年十二月底止，全市共送壮丁848名。

（五）优待

1. 调查贫苦抗属生活状况

查出征军人家属优待事宜，系由优待委员会办理。现值物价昂贵，贫苦抗属所得优待费甚微，不敷应用。警察局特令各区详细调查贫苦抗属，造册报局，函请重庆粮食管理委员会发放平价米。业将调查完竣者转送本市粮食委员会查核，其余正在继续调查中。

2. 令饬各保酌筹中签壮丁安家费

查中签壮丁，多因征拔以后，其家属生活无法维持，又不及享受优待。警察局转令各保，如有中签壮丁，即由该保酌筹优待费，作为该中签壮丁安家之用。

四、报告四①

（一）关于办理役政人员事项

1. 奉令指定为兵役示范区

本市奉令为全国兵役示范区，一切役政事务，均由军政部兵役署组织，重庆市征兵督导委员会直接督导，所有征兵程序，均依法定办理。

2. 举办兵役讲习会

自本年新颁兵役法后，警察局恐各级承办人员对新法规定有未尽了解之处，乃秉承兵役署意旨，会同国民兵团分区召集各镇保甲人员，举行兵役讲习会，并于讲习完毕时分别抽询，以期彻底明了。

3. 协助兵役宣传

本市兵役宣传事项，亦由征兵督导委员会直接办理，警察局随时尽力协助，如协助兵役宣传队于市区中心要道设置兵役问询处，于各电影院放映役政玻片、广告等，如有直接向局中询问者，亦无不随时解答。

4. 受理控告舞弊案件

本报告期内，本市未行征兵，故投告舞弊案件亦较少，但警局对各级役政人员，平时尽力告诫其奉公守法，遇有上级交查及本局自行受理之控告徇私舞弊案件，无不及时明密严查，如有罪证，立行撤押法办。本报告期内，计共受理控案20余起，均经依法处理。

---

① 节录自《重庆市警察局工作报告》（1943年3月至9月）。

（二）关于调查审核事项

1. 调查及点阅适龄壮丁

警察局依照法定程序，自五月份起办理适龄壮丁调查，不论是否合予免缓役条件，均在调查之列。调查完竣时按镇列榜公告，准许人民更正错误及检举遗漏，一面由征兵督导委员会派员会同警局分区集合一镇或数镇壮丁，按照名册举行点阅，并分年次编组（各机关团体学校工厂等有特殊情形者，准许呈准自行定期集合，但仍由警局转报督委会派员莅场监点）。是项点阅，于七月终完竣，全市适龄壮丁30万余人，到场听点者达十分之八以上，且多高级职员亲身到场听点，守法精神至堪钦尚。

2. 开始壮丁体格检查

本年八月份起，依照法定程序，近〔进〕入检查壮丁体格阶段，仍由征兵督导委员会组设检查委员会，由警局派员会同赴各区镇按次检验。是项检查，仍不问是否合乎免缓召条件，均须参加。至九月终止，第十区已检验完竣，十月份自第十一区起继续办理。

3. 办理免缓役审核

本市工矿业技术员工免缓役审核委员会，业于本年四月间裁撤，该会业务及本市市民免缓役申请，即由警局军事科负责办理。所有申请缓役人员，先由该科审查后，提请重庆市免缓役审查会议开会决定。在本报告期内，共召开会议13次，共审查工厂237家，核准技术员工7523人；个别申请核准缓役市民1319人，已填发尽复抽征证及缓召证共12197枚。截至九月中旬止，共收免役、缓召缴纳出征军人家属优待金1275900元，支用调查、印刷等费931673元，现尚存储中农行344527元，候全部审核完竣后，移充优待经费。

（三）关于征募及优待征属事项

1. 征雇赴印运输工人

警察局于本年七月终，奉令征雇赴印运输工人4000名，并筹募安家费每名5000元。即经拟具“重庆市警察局征雇赴印运输工人实施办法”及“重庆市征雇赴印运输工人安家费筹募保管及发放办法”（二办法均附单行法规栏），呈由本府提交市政会议决定。警局即依照办法于九月中旬召集各区兼副区长开会，商讨依照各区情形分配应征工人人数及应募安家费款数，现各区正积极办理征雇中。

2. 优待出征军人家属

本市优待出征军人家属事务，系由市优待委员会办理，警察局仅负调查协助之责。本报告期内，共：（1）办理出征军人家属调查案件56起，（2）办理抚恤伤亡员兵家属调查案件38起，（3）处理调解出征军人家属房屋租赁纠纷案件31起，（4）九月终会同陪都补助抗战军人家属委员会举行优待抗属周，发动市区各商店自动减折物价优待抗属及举行招待抗属大会等工作。

重庆市档案馆馆藏档案：全宗号：0061，目录号：16，卷号：4

14. 渝西师管区 1941 年度兵役实施计划大纲（1941 年 5 月）[①]

说明：

第一条　查兵役法令规章，现已渐臻完善，今后役政之能否畅行，端视各级干部之能否遵照委员长蒋对于行的训示，以彻底奉行命令而定。本部为彻底扫除兵役积弊，切实奉行兵役法令，树立本管区役政基础计，谨遵现行法令，参就各县人力财力所能举办之限度下，订定本计划大纲。

本计划大纲经呈奉层峰批准后，公布实施。如有未尽事宜，得随时呈请修正之。其未经本办法规定之事项，概遵法令办理。

承办兵役事务机关之兴革事项：

第二条　举凡调查、检查、抽签、征集、编练、退休、惩奖、优待抚慰等事项之执行，均应切实遵照法令规定办理，并确求实在，不得阳奉阴违，或藉端变更。其对于现行法令规章，如觉有缺点，而必须补充或改善时，亦须经过建议层峰，采纳令准后，始行公布施行。

上项业务，按团区司令、县长、区长、乡（镇）长、保长、甲长层次予以指导督促行之（国民兵团亦按系统行之）。具有阳奉阴违，或行而不力者，以及发生弊端等，一经查出，执行与监督双方关系人员，依法由团区司令核定，交由县长兼团长执行或报请层峰执行之。其有徇情不报或报而不实者，加倍处以应得之罪，不假宽贷。

第三条　各种兵役法令规章，其能宣达民间者，各级兵役机关，应录令布告或摘要张贴，并派人鸣锣遍告宣讲，务使家喻户晓。

录令布告，由团区司令及县长行之；摘要张贴，由区长或乡（镇）长行之；鸣锣遍告宣讲，由乡（镇）公所及保甲长行之。

第四条　排除一切障碍法令推行之恶劣势力及严惩贪污不法分子。

为达到上项目的，凡承办兵役事务人员，应率先奉行法令，如“以身作则”，将自己子女亲朋（限于依法应服役者），尽先遣送入营。将管辖下之违法失职人员，尽先送处；然后推及有势力背景之强硬者。并引导人民，严别忠奸，尤须养成“视违法自私者有如仇敌”之风气，以扶植正气，以扫除恶劣势力及纵情贪污违法之风尚。对阻挠役政推行，或公然反抗，或侵占兵役有关款项等不法分子，则严厉裁制。

第五条　清查县境内之工厂、工矿、学校，其有依法不能缓役者，应请厂矿校方遣回应征。

上项工作之推行，由县长先事筹划，呈请团区司令并邀同各该工厂学校首长，并力行之。

第六条　各区乡镇保办公处所等地，广设兵役案件密告箱，并鼓励人民告密，及保障告密人士不受非法侵害。

上项密告箱，由县府名义制悬，由县府特派人员或兵役宣查人员启封、核办。

第七条　以办理兵役，列为考成第一项。对从公勤能之各级兵役人员，除依法奖励外，并随时保障其职权，扶助其工作，藉示政府重视役政而转移轻视者之心理。

第八条　各级役政人员，应不断推求法令难行之症结所在，法有未周之处，则建议层峰改革，行而不力者当者，则策励纠正。

第九条　为明了区乡兵役实况，及引起人民注意起见，县长兼团长及军事科及国民兵团人员，应适时下乡视察，团区司令每半年会同县长出巡，或派员视察乡镇一次。

第十条　各县国民兵团长与副团长及军事科长，务秉“亲爱精诚，共赴国难”之旨，协调工作，

---

① 该计划大纲奉军政部 1941 年 5 月渝仁役管字第 4532 号齐代电核准。

示人良范，俾收顺利推行役政之实效。

协助推行兵役团体之兴革事项：

第十一条　优待金之筹集与用途支配，均须按照部颁三十年度征补兵员实施办法第十五、十六、十七、十八等条之规定办理，并将收支数目一面详细呈报，一面列榜广为公布。

田亩尚未清丈不确之县，照平年所收田租额推算。

上项业务之推行，以县长命令行之。

第十二条　改组兵役协会，建立经常工作。

是项工作之推行，按：改组兵役协会，设置兵役讲习会，设置兵役询问处，组织兵役宣传队，筹募事业费等项分别推行。

一、制定兵役协会会员志愿服务书，分发当然会员及普通会员，填缴县府汇呈团区司令部，以杜绝尸位素餐之流弊。

二、征求若干富有服务社会精神而又正直方刚之出征军人家属及士绅为会员，藉重此等人以监督违法者，以取得民众信赖。

三、推定常务干事人，轮流常驻会中，其如因本身职责不能兼顾时，亦必专派人员代行。常务干事，得视其家庭生计状况，其贫困者，准月支生活津贴费若干。

四、组织兵役宣传队，隶属县兵役协会领导，轮回乡村工作。宣传队之工作纲要为：宣传指导兵役，调查兵役有关案件，监发优待物款及抚慰抗属，督促征送等项。

宣传队之组织，由县政府及国民兵团、兵役协会三方，会同组织之。

五、设置兵役询问处

六、设置兵役法令讲习会——是项工作之推动，县城由县协会，乡（镇）由乡（镇）协会分别聘定主讲人员，指定地点规定日期（乡镇利用商业交易场所及场期）行之。

七、凡入营壮丁，在未交付接收部队以前之途中，（保乡镇区县）各站均须设置入营壮丁招待所，办理入营壮丁食宿、娱乐等事宜。

八、关于如何展开工作，另拟工作计划（注重宣查优待）；如何处理会务，另拟办事细则。

第十三条　与县党部、工会、动委会、学校等机关团体，在有关方面，确取连〔联〕系。

经费支付及报销：

第十四条　有关推行本办法所需之经费，准拟具预算，由优待捐款之兵役事业费中提拨开支造报。具有浮报不实或任意浪费者，查出，决按情节分别轻重，予以惩办。

本办法第十二条第（四）项所需经费，准拟具预算由三十年度征补兵员实施办法第十六条所规定之区乡保兵役宣传费项下提出一部，集中支报。第（七）项所需费用，由征集费及招待费项下统筹提拨使用。其有浮报不实，或任意浪费者，得按情节轻重，分别议处。

惩罚及奖励：

第十五条　严行奖惩，并将奖惩情形，随时公布。

奖惩分为定期与临时两种行之，属于一般者为定期，属于单独或特殊者为临时。以告密特约通讯与入营壮丁谈话为耳目，以事实昭著为根据，以“罚自上始，奖从下起”为原则。

惩罚与奖励之实施，除遵照法定条例外，属于区乡（镇）以下者，如遇特殊情形时，得由军事科或副团长，按例行手续，签请县长或兼团长呈请团区司令并力坚决执行之。

重庆市档案馆馆藏档案：全宗号：0081，目录号：3，卷号：579

15. 重庆市政府关于办理兵役行政的报告（1942 年 6 月）

一、调查适龄壮丁

本年度第二期适龄壮丁之调查，业于四月份办理完竣，计全市共有甲级壮丁 8006 名，乙级壮丁 4109 名，共 12115 名。（附第二期适龄壮丁统计表）

重庆市第二期壮丁统计表（三十一年四月至六月）

区别	壮丁人数		抽征人数
	甲级	乙级	
总 计	8006	4109	2472
第一区	967	352	203
第二区	799	347	188
第三区	937	288	188
第四区	405	215	150
第五区	550	428	165
第六区	379	125	113
第七区	425	276	113
第八区	403	276	105
第九区	549	310	152
第十区	587	303	150
第十一区	597	379	165
第十二区	276	105	120
第十三区	432	216	120
第十四区	551	204	165
第十五区	226	210	142
第十六区	340	89	120
第十七区	383	135	113

二、举行壮丁抽签

本年度壮丁抽签，遵照军政部三十一年征拔壮丁应以年额计算规定，将本年度四期壮丁，分为两期办理。第二期壮丁抽签，经于四月二十七日起分区举行完毕，全市计抽出壮丁 2742 名。

三、交拨壮丁

本年度第二期中签壮丁，经由警局先后交拨各部队接收者，共计 1301 名（附征拔壮丁数目表）。

重庆市征拔壮丁统计表（民国三十一年四月至六月）

月 别	总 计	四 月	五 月	六 月
征拔壮丁数	1301	220	688	395

四、办理缓役事宜

（一）审核防护团团员及空袭服务队队员缓役兵册。（二）办理市区以内洞长缓役事宜。（三）呈核空袭服务队职员缓役名册。

五、办理抚恤及优待征属事宜

四至六月份，警局共办理故员兵抚恤案53件，征属优待案79件。

重庆市档案馆馆藏档案：全宗号：0053，目录号：3，卷号：82

16. 渝江师管区司令部工作报告书（节选）（1942年）

前　言

窃佛承乏本区役政，已逾一年，年蒙层峰殷切训导，地方士绅贤达热心匡助，及本部僚属，黾勉奉公，尽忠职务，得能本诸原定计划，次第实施，虽建树无多，然尚能顺利进行，差少陨越，稍觉自慰。

本人身系革命军人，久膺军职，对于役政虽非诣习，然懔于国难严重，兵役前途，亟待开展，故敢毅然担任，勉图报效。奉命之初，即决心遵照法令规章，举凡兵员之征补，民兵之组训，征属之优待，以及其他有关业务，靡不努力推行，以期剔除一切弊端。为达此目的，役政机构力求完整，人事力求健全，经济力求公开，工作效率力求迅速确实。但本管区幅员辽阔，人口辐辏，且系陪都所在，机关工厂林立，环境极为复杂，业务纷繁，困难实多。虽推行未敢稍懈，而隙驹不留，苦无显著之成就，所幸三十年度之兵额，且有超交，尚觉不为徒劳。值兹全区兵役会议召开之时，爰就本任到职一年以来之心得，以及从工作中得来之宝贵经验与教训，依征募、编练、优待、人事、经理、役务各项，分类□述，藉供检讨，深望上级长官剀切指导，同僚贤达推诚批评，以作将来施政之南征，役政前途幸甚。

关于征募部分（含调查）

一、一年来之征拔状况及其数额

役政之推行，莫难于征拔，本管区尤甚焉。良以本管区位值陪都，中央机关及学校工厂之迁建于斯者，殆如林立，其与壮丁之吸收，人口之异动，较诸他地为繁，故征募不易。又若接兵单位较少，则对众□策，拨交较易。本管区在三十年度自重庆团管区以迄于渝江师管区，计与交接兵员之单位，竟达百数，□□□□□□□□□□□□□上下齐力，率所奉配总额超交。□蒙中央兵役视察第一团以发字第一七七号代电，褒其“督征努力”，予以传令嘉奖，然一瞻念前途，益增戒慎惕励之心耳。兹将三十年办理征募之经过，分述如次：

（一）壮丁调查抽签之实施　本管区除有少数县份已开始举行壮丁调查，其余各地均系就原有名册去其异动以为抽签标准，尚无多差错。查三十年度征补兵员实施办法草案第十四款之规定，本应一次将全年应征壮丁之姓名，公开抽签规定，惟本管区于召开三十年度兵役会议时，佥以各地过去采行秘定抽签办法颇为有效，遂照同草案第二十六款“□军师团管区过去征兵如经推行顺利有成规可循者，得准照成规办理”之规定，得酌情办理，故除一部分系照同草案十四款之规定办理者外，余均采取成规适于二十六款之规定施行之（详参附表四）。

（二）举行应召壮丁之身体检查　本管区壮丁身体检查，除由各县（市）遵照规定组织身体检查委员会，分赴各乡镇保召集应征壮丁举行体格检查外，并于征拔时，由各县（市）国民兵团医务人员遵照上峰规定之标准，认真检查，合格者拨交接收部队验收，其不合格者，则将原因注册，以备查考，给证遣回。同时，本部为明了各县（市）征拨壮丁体格素质起见，特制发壮丁体格检查统计比较表，分饬填报备查。惟查各国民兵团军医设置于三十年八月奉令撤销，今后此项统计作业势难再办矣（详参附表五）。

（三）征集拨交之实况　本管区三十年度应征壮丁，既已按照实际情形，分别抽签一次予以决定，故历次征集者，均属中签壮丁。计三十年度前后奉配总额47000名，已拨交清楚者27456名，除本年度应征名额27356名品迭，尚超交95名。辛苦之余，感我管区处境特殊，终能上下齐力，获渡难关，堪以自慰矣（详参附表一、二、三其一至其七）。

二、一年来之宣传工作

宣传为推动役政之前导工作，其目的在揭露敌寇对我国家之阴谋与迫害，以启发国民之爱国忠忱，增强其同仇敌忾之心理，从而动员广大激于义愤之群众，以履行服任兵役之义务。当兹圣战方酣，保证胜利之条件，厥在敌我力量之孰为优厚，与夫兵员对比之孰众孰寡以为断，然而兵员之召集，有赖于宣传工作先声以鼓舞之振奋之。本任到职之初，出巡各县，体察实况，认为宣传工作应普遍深入农村，而技术上，又不宜于乡村，乃确定“城市以文字宣传为主，口头宣传为辅；农村以口头宣传为主，文字宣传为辅”之原则，更指出寓宣传于潜移默化之间，不应重于形式；同时拟定宣传工作实施计划，分饬各地遵照进行。司令本身及派员随时分赴各地督导考核，尚觉收效颇著焉（宣传工作实施情形请详附表八）。

三、一年来之调查工作

统计与调查，一年以来，本管区对于一切数字之总计，壮丁户口之调查与夫下层弊端之侦讯，同时并进，不遗余力，团区改师区以后，照署长程手订师区司令应注意事项中所定各项调查工作，均在积极进行中。

（一）普通调查工作　本任到职，除壮丁数字有仍照以前调查表式饬各地随时填报以求翔实外，其他各种应行调查之数字，皆□制表格，或饬各地填报，或派专人专填，靡不如期告竣。本令改为师区以后，遵照新征补训管区业务实施应注意事项中师区司令应注意事项所列应行制定之各项调查图表，刻正分别赶忙办理中，大约最短期内，可望竣事。

（二）弊端之考查与控案之处理　本任自团管区以迄于师管区之时间内，早具剔除弊端之决心，以为欲使役政推行□利，则对各种弊端，不厌彻查为明，对于控诉案件，不惜惩之以刑，故所派密查，暗中踵趾相属，在团区时代，部内未设军法官，诉案之解决，多系查明真象〔相〕后，再饬各县市办理。及□改为师区，则遇有疑□，更可详慎审理矣（本部三十年度处理诉讼案及其性质之统计，详参阅附表第六、七）。

关于编练部分

现代战争为全体□国际化之战争，一国家民族之兴亡隆替，完全视其人力财力物力，能否尽运用发挥效能为先决条件，为以全民动员为最重要。建国必先建军，欲使民族复兴，必须达到“全国皆兵”之程度，树立良好之兵役基础。国民□□教建训练，即基此主旨而实施，以期军民一体，人人皆具有普遍军事学识技术，人人皆能同仇敌忾，执干戈以卫社稷，平时皆为良民，战时则为良兵，前方兵员，有巨量充裕之补充；后方警卫治安，有良好确实之把握，方能争取最后之胜利。抗战以来，国民兵训练积极推行，已有良好之成效，此项训练，亦为役政最要工作。本任到任后，对于编练业务极为重视，曾迭次亲赴各县视察、检阅国民兵，督促实施严密训练。因其间机构几经调整，人事亦多变换，故未能按照预定计划，循序渐进，次第推进，殊为遗憾。兹将一年来本区编练业务重要事项，分述于左〈下〉：

一、机构之调整与人事之考核〈略〉

二、国民兵之组训与干部之讲习

（一）普通训练

各县区乡镇保队，依地区编组，召集适龄壮丁举行普通训练，利用农隙空暇分期召集，使受□备兵教育，教育时间为二月至三月，实施以来，颇见成效。自19岁至35岁之甲级壮丁，多已次第召集。及训练县区乡镇保队数目及已训人数，见附表。

（二）集合训练

各县后备队即依年次编组，召集30岁左右各年次壮丁集中训练，其队额已训人数，依据三十年十月份调整后统计如左〈下〉：

重庆市3中队214人（截至三十年四月止）。

巴县5中队1400人（五月份止）。

江北4中队3390人（十月份止）。

綦江4中队1440人（五月份止）。

三峡区4中队388人（七月份止）。

共计20中队，已训人数共计9762人。

现已奉令暂行停办后备队完全改为普通训练。

（三）常备队——原系按各县配赋兵额编成，因补充需要，不能遵照规定实施，已于三十年八月奉令裁撤（原有队额及已训人数见附表）。

（四）自卫队——原为维持地方警卫治安之用，已于三十年八月奉令改为地方警察，暂归县政府指挥。

（五）预备队——预备队系为退伍士兵、已训国民兵组成，编为警备侦察通讯运输工务消防救护各任务班〈后缺〉。

（六）干部讲习会——三十年五月至七月停征期内，各县均召集各级干部举行短期训练，讲习兵役法令。

三、防御敌空军陆战队设备警备治安任务之配置

本管区为陪都所在，系抗战策源地，国防重要位置，地方之安危亦即民族存亡之所系。为防御敌空军降落部队计，特遵照军委会颁布之防敌降落伞兵配置办法，通饬各县编组警戒部队，将地方团队已训国民兵分别组成警备班队，分配任务，切实实施。

四、在乡军官及后备干部之管理组织

各县均已成立在乡军官分会，惟三峡区尚未组设。后备干部会因地方机关与学校不相调协，无法调查，登记者廖廖〔寥寥〕无几，亟应改善，以利业务。

五、国民兵身份证之实施

国民兵身份证，奉令于三十年一月开始实施，六月底完成。本部已经通饬各县切实办理身份证，均已印制，惟因调查不实，中队管理不□，故身份证之颁发，尚未普遍实施。至盘查□□不清，□清查队长无法执行任务矣。

六、补充团队之□成训练

本部奉令于三十年十月一日成立补充兵模范队，召集各县公务人员士绅子弟及党员团员入营受训，以作补充宪兵机械化兵之准备，早经通饬各县保送入队受训，业已遵照规定教育计划切实训练。本年一月复奉令于二月一日以前成立补充兵一团，并由二十八补训处拨给两个补充团，改归本部训练。现补充兵第一团业于二月一日组织成立，现正接领新兵，积极进行，日内可即开始训练。

关于优待部分

一、办理优待事之机构

优待出征抗敌军人家属，一在免除出征军人后顾之忧，而鼓励其杀敌果敢之精神，二在安定后方社会，而昭踊跃出征之激劝，关系兵役事业之推进。本管认为此种事实宣传之效果，胜过杂□家之口舌，故极重视。各县市以军事科、兵役协会或优待委员会负责办理，其机构则由各县市切实调整，期能负荷此项重任（详参附表）。

二、本部对于优待事业督导

本部对于各县（市）优待业务之办理，特制发表式数种，令其按时填报，藉以明了实况。本已或高级职员常往各地，对其优待情形，必多方探询，而后研讨办法，策其即时施行，用期征属克沾实惠，优待不落空谈。各县司其责者，亦均能尽力以赴，显著成效。惟兹事体大，殊不□谓为已止至善，故今后之进展，尚须各专责人员，加以更大之努力也。

三、各县（市）办理优待之实况

各县（市）办理优待情形，可分精神与物质两方面，精神方面在予以精神上荣誉之安慰，物质方面则予以生活之维持，职业上之辅导，教育之辅助，以及公事之便利。本管区所辖，虽因地域之不同而办理情形各异，但大体言之，各地出征军人家属，均皆享受优待之实惠，爰就精神优待与物质优待方面分述如次：

（一）精神优待第一、凡出征军人家属，均赠以荣誉门牌，由地方保甲士绅倡导，向其家庭表示敬意。第二、凡遇季节及伟大纪念日，均由地方士绅及机关法团组织慰问队，分别慰问并赠送礼品。以上两种办法，以重庆市、江津县及三峡实验区办理成绩最佳。

（二）物质优待物质□□优待，以发给优待金及安家费为主；其次为设置抗属工厂，以安定职业，维持生计；复次优遇其子弟升学，并免学费；再次则公共之利益，尽先予以享受，政府之征税，酌予豁免，更给予法律地位之保障。优待金及安家费，各地均已发给，其他各项有分别办理者，尤以重庆市及三峡区，已具显著之成绩。

关于人事部分〈略〉

关于经理部分〈略〉

关于役务部分

一、办理役务之困难

役政之初级工作，在于壮丁数字之精确调查，果将所有吻合条件之壮丁，悉编之于名册，一无漏脱，则后此按册征集编练，即轻而易举。是调查之正确与否，关系甚巨，而调查工作之实行，亦谓难矣。然调查统计，不难于第一次之调查，而难于变幻无索之缓役、停役、禁役、除役之及时确定，至于免役则尚彰明较著，可于调查时确定之。但一切征集不公之纠纷，大多由于缓役、禁役、停役、除役之不能及时确定所引起，故云应征壮丁之难，在于役务□□之不易确切也。

二、本部对役务之策励及单位之遵行状况

在诸种役务之中，免役原因简单而情况固定，至易确定其应免与不应免。其他诸种，本部曾制发各种统计表式，分饬以时查报，藉期界限分明，易于着手推行役政。顾壮丁本身既无申述缓役、停役等之习惯，缓役停役之原因消灭，更无肯依法呈报者，类多临到征集之时，始就情况而定其去留，推行之未尽利，勿〔毋〕庸为讳也，今后本部当注意督办之（详参附表四十七）。

三、逃亡缉捕情形

壮丁逃亡，是现阶段兵役推行中所难免发生之现象，缉捕逃亡自应列为兵役行政工作之一。顾逃亡无论多寡，然而究其原因，不外：（一）壮丁之智识水准太低，缺乏国家民族思想；（二）入营后领导者之统驭无方；（三）入营后待遇既薄，生活亦乏调剂。是故本部每于接到逃亡通知书之后，即依法转饬分别缉捕，缉获之数，实亦甚少。今后防止逃亡，应请接兵部队善加注意焉（详参附表四十八至五十）。[①]

附表三其一：重庆市警察局三十年度配征实交欠交人数表

接兵部队番号	配拨数	实交数	欠交数	备考〈略〉
一一八师	157	157		
二八补训处	544	544		
防空司令部	150	150		
军政部总务厅	20	20		
军政部军乐队	15	15		
防空司令部	314	314		
炮兵第二团	384	384		
交通司器材总仓库	30	30		
役政司	6	6		
要塞工兵一团运输连	45	45		
十五补训处	352	352		
三二补训处	700	425	275	
军政部特别党部	8	5	3	
军务司	20	16	4	
交通司	20	5	15	
汽车第十修理厂	16		16	
城塞局	100	33	67	
炮兵第十团	200		200	
新机械化司	60	6	54	
荣誉军人生产事业管理局	80	21	59	
防护大队	160		160	

① 附表中，因油印之不清楚，故只选择了几个清楚的表格，其余皆略，从所选的几个表格中，也可窥其一斑。

续表

接兵部队番号	配拨数	实交数	欠交数	备考〈略〉
军政部特五团	400	40	360	
第五军练兵团	45	45		
合计	3826	2612	1214	

附记：

1. 以九个半月计算，应征兵额2755名。

2. 该局现已实交兵额2612名（内已呈缴印据者2017名，未呈缴者595名）。

3. 该局年额欠交143名。

附表四：渝江师管区人口壮丁数目统计表

县别	人口				壮丁			备考
	户数	男	女	合计	甲级	乙级	合计	
重庆市	134514	435829	259375	695204	103534	88960	192494	
巴县	139860	424387	374638	799025	27903	86498	114401	
江北	90533	272955	260960	533915	29254	27211	56465	
江津县	121863	427807	385603	813410	38947	24880	63827	
綦江县	56925	196218	183057	379275	17082	13060	30142	
三峡区	15564	428762	34581	463343	5618	4587	10205	
总计	559259	1799958	1498214	3298172	224338	245196	469534	

附记：本表系根据三十年底各县（市）呈报数目汇订。

附表五：渝江师管区各县市征送壮丁身体检查素质统计比较表

项目		重庆市	巴县	江北县	江津县	合川县	綦江县	三峡区	总计
实送数		3292	9134	6966	10297	8685	4297		42671
验收数		2621	5880	5892	6617	6659	4046		31733
剔除不合格数	痼畸	117	574	315	425	600	26		2057
	畸形	14	571	63	86	203	13		950
	疾病	61	322	100	1509	354	75		2421
	老弱	113	535	253	1024	448	56		2429
	幼弱	84	501	190	516	312	40		1643
	毒品	180	270	109	120	64	15		758
	其他	102	481	44		45	8		680
	合计	671	3254	1074	3680	2026	233		10938
素质总评		乙	丁	乙	丁	丙	甲		

附记：1. 本表系自二十九年一月份起至三十年七月份止计列。

2. 本表系根据本区各县市国民兵所报壮丁身体检查素质统计月报表制定之。

3. 本管区国民兵团军医因于三十年八月一日奉命撤除，故自三十年八月份起至十二月份止无法填列。

4. 三峡区团部未设军医，无法查填，故未计列。

附表十：渝江师管区各县市区国民兵年次编组统计表

年次	重庆市	巴县	江北	江津	綦江	三峡区	总 计
19	4252	4248	2249		1539	276	
20	5510	2829	1220		1285	229	
21	4174	1550	879		1064	233	
22	4346	2213	987		906	259	
23	4337	1571	865		961	219	
24	4815	2018	1228		866	223	
25	4867	2317	1882		1102	280	
26	5103	2318	2242		1121	235	
27	5326	2338	2843		1029	224	
28	5355	2839	2661		1154	280	
29	5574	2736	1904		963	205	
30	5567	3737	5212		1325	242	
31	5421	2411	1939		1060	225	
32	5242	2901	2647		1368	226	
33	4696	2036	1817		1046	206	
34	4300	2492	2585		1062	224	
35	4197	2901	7588		1768	229	
36	4617	3274	3828		1672	185	
37	4334	3090	4521		1208	197	
38	4816	4051	4525		1372	208	
39	3954	3647	5885		1390	270	
40	4495	4123	2842		1069	197	
41	4227	2508	3452		4546	174	
42	4650	2628	5102		1743	201	
43	3730	1700	2848		1770	187	
44	4430	1636	2360		1672	178	
45	3891	1155	2201		1052	188	
合计	125966	71768	78312		38041	5950	

附表十一：渝江师管区各县市区国民兵地区编组统计表

项目	重庆市	巴县	江北	江津	綦江	三峡区	合 计
区队（局）数	17 区队	5 区 1 局	4 区队	5 区队	4 区队		
乡（镇）队数	72 镇队	62 乡镇队	45 乡镇队	60 乡镇队	31 乡镇队	6 镇队	275

续表

项目	重庆市	巴县	江北	江津	綦江	三峡区	合 计
保队数	456 保队	960 保队	405 保队	927 保队	300 保队	130 保队	
甲班数	3600 甲班	10136 甲班	6499 甲班	10224 甲班	300 甲班	1345 甲队	
已人训数	75436	43420	24125	17140	6500	4993	129898
备 考	截至三十年十月份止	截至三十年十二月份止	截至三十年十二月份止		截至三十年九月份止	截至三十年十月份止	

附表四十七其一：渝江师管区各县市三十年度办理兵役概况表

月份	适龄壮丁总数		年月征集壮丁总数		役数	免役数	缓役数	停役数	除役数	备考
	甲级	乙级	甲级	乙级						
一月	215536	65705	1928	85	605	12583	68702			三十年度报到十月份止，余各县尚未报来，故未列报。
二月	213508	99408	2496		605	12583	68702			
三月	211012	91323	2710		605	12583	30957			
四月	106833	50698	2098		265	6707	30957			
五月	104672	50708	2024	300	265	6707	30957			
六月	102648	50708	1134		265	6707	30957			
七月	107514	50708			265	6707	30957			
八月	102514	50708	1973		265	2242	14014			
九月	100541	50708	621			2242	13981			
十月	29605	35199	494							
十一月										
十二月										

附表四十七其二：渝江师管区各县市三十年度办理兵设概况表

区别		重庆	巴县	江北	江津	綦江	三峡	总计	附记（略）
壮丁总数		167456	73541	56439	67827	30142	10205	400616	
甲级壮丁		91682		29082	38947	17082	3610	162408	
乙级壮丁		74774		27357	29880	13060	6595	238208	
免役	二五年	113				626			
	二六年	89		1534		626			
	二七年	107		1874		626			
	二八年	66	15822	2465		626			
	二九年	124	15622	2565		626			
	三十年	124	19522	2528	2127	626			
缓役	二五年	319				9684			
	二六年	355		6134		9684			
	二七年	389		8228		9684			
	二八年	226	69246	11654		9684			
	二九年	298	69546	14783		9684			
	三十年	241	69246	16841	11837	9684			

续表

区别		重庆	巴县	江北	江津	綦江	三峡	总计	附记（略）
禁役	二五年	17				282			
	二六年	28				282			
	二七年	50				251			
	二八年	28				251			
	二九年	49				251			
	三十年	24				251			
停役	二五年	30							
	二六年	31							
	二七年	59							
	二八年	29							
	二九年	23							
	三十年	64							

重庆市档案馆馆藏资料

17. 重庆市政府为颁发《重庆市三十二年度征兵实施纲要》等致市国民兵团训令（1943年2月17日）

案准军政部三十二年元月渝信役募字第03413号寝代电开："兹遵照最高幕僚会议第三十一次会议，对于重庆市准备举行正规征兵，议决各项办法，拟定重庆市三十二年度征兵实施纲要计十条，承电颁发，希查照督饬，切实实施，并将实施情形随时报核。"等由，附重庆市三十二年度征兵实施纲要一份。准此，除分令警察局外，合行抄发原附件，令仰遵照，随时具报凭转为要。此令。

附抄发重庆市三十二年度征兵实施纲要一份

市长 贺耀祖

重庆市三十二年度征兵实施纲要

一、重庆市三十二年度征兵，除照正规征兵程序办理外，并照本纲要实施。

二、重庆市本年度征兵数额，原定3120名，遵照委座批示，各大都市征兵应增加三成之规定，应改为4056名。

三、本年度征兵，以征年21岁（前期）、25岁（前期）、26岁（中一）及36岁（中三）、37岁（中三）五个年次国民兵为准，如尚不足征兵数额时，另行呈请核定。

前款所称年21岁，系指年满20岁至届满21岁者，余类推。

四、本年度征兵，调查名册根据重庆市所发市民身份证登记册、年次调制，如查有身份证漏列之国民兵，得提前征集服役。

五、根据本年度征兵调查册，策动本市医生分组举行征兵检查。

六、以重庆市规定征额为准，经征兵检查合格之甲种体格，一律征集；如不足征额时，乙种体格，仍一律征集；如仍不足征额，丙种体格亦举行抽签。

七、本年度征兵，经过以上造册、调查、检查及抽签手续后，依21岁、25岁、26岁、36岁、37岁之年次顺序征集之。

八、学生服兵役，遵照最高幕僚会议关于重庆市学生服役决议案六项及非常时期兵役适龄学生服役办法办理。

九、本纲要实施细则另订之。

十、本纲要自呈奉核准之日施行。

重庆市征兵督导计划草案

一、方针

为树立全国征兵模范起见，特以重庆市为征兵示范区，设置重庆市征兵督导委员会督导之。

二、督导要领

重庆市征兵，仍以警察局为实施机关，但因社会情形之复杂，责成警察局照正规征兵程序办理，至为不易。为增加力量，推动便利，由军政部协同中央地方各有关机关组织重庆市征兵督导委员会（以下简称督委会），督导重庆市警察局按照正规征兵程序办理，以期杜绝一切弊端，达到合理合法、如期如数之目的。督委会之组织如附件一。

三、督导权责

督委会为重庆市征兵督导机关，对于重庆市征兵实施事宜，应函市政府令饬警察局遵照办理，必要时得一面通知市警察局办理。

四、督导实施

（一）成立重庆市征兵督导委员会。

（二）起草工作大纲，拟定征兵宣传、调查、身体检查、免缓役审查、抽签、征集、交接、优待各项实施程序。

（三）关于督导重庆市警察局实施事项：

1. 调查壮丁确数，印备壮丁名册、国民兵名簿。

2. 印备免缓役申请书、免缓役证及征兵身体检查表。

3. 调查重庆市公私西医生及体格检查器具，并置备征兵体格检查必要器具。

（四）定期召集全市各区保甲长及有关征兵机关法团人员举行全市征兵大会，讲解重要兵役法规及督导工作。

（五）定期分镇召集全镇壮丁，举行点阅并开国民月会，讲解重要兵役法规及征兵要义。

（六）督设征兵招待所及营房。

（七）加强补充兵及国民兵训练事宜。

（八）加强出征军人家属优待事宜。

五、督导期间

督委会督导期间，以六个月完成为原则，于三十二年元月一日起实施，必要时得延长之。

六、经费

督委会所需经费，由军政部主管兵役建设费项下开支，预算如附件二〈略〉。

附件一：

重庆市征兵督导委员会组织规程草案

第一条　为使征兵树立模范起见，特组织重庆市征兵督导委员会（以下简称督委会）。

第二条　督委会直隶于军政部，并受内政部之指挥监督。

第三条　督委会之职权如左〈下〉：

一、关于征兵免缓役之审查事项。

二、关于征兵宣传、优待之督导事项。

三、关于国民兵组织、管理、训练之督导事项。

四、关于征兵之考核事项。

五、关于军政部、内政部临时交办有关征兵督导事项。

第四条　督委会设委员 19 人，除军政部兵役署署长、渝江师管区司令、重庆市市长、重庆市警察局局长为当然委员外，其他各委员由左〈下〉列机关派主管高级负责人员兼任之。

一、内政部

二、教育部

三、经济部

四、财政部

五、交通部

六、社会部

七、中央宣传部

八、政治部

九、军训部

十、重庆卫戍总司令部

十一、宪兵司令部

十二、重庆市党部

十三、三民主义青年团重庆支团部

十四、重庆市临时参议会

十五、全国慰劳总会

第五条　督委会设左〈下〉列各组：

一、第一组掌理免缓役审查、宣传、优待、救济督导事项。

二、第二组掌理征兵调查、检查、抽签、征集等督导事项。

三、第三组掌理国民兵组织、训练、服役等督导事项。

四、第四组掌理会议、文书、庶务、会计、统计及不属其他各组事项。

第六条　督委会为业务推进便利，就各项业务组设各种委员会办理，各种委员会之组织另订之。

第七条　督委会设常务委员 3 人，由重庆市市长兼委员、军政部兵役署署长兼委员、重庆市党部主任委员兼委员担任之，承军政部部长之命，综理会务及督委会决议交办执行事项。

第八条　督委会各组设组长1人，副组长1人，干事若干人，由各有关机关调派人员兼任之。

第九条　督委会设主任秘书1人，秘书2人至3人，由各有关机关调派人员兼任之。

第十条　督委会得设雇员（同上中少尉）10人至20人。

第十一条　督委会办事细则另订之。

第十二条　本规程自呈准公布之日施行。

重庆市档案馆馆藏档案：全宗号：0053，目录号：9，卷号：43

18. 兵役署与重庆市警察局为统计适龄壮丁及免缓禁停役人数往来电（1943年2—3月）

一、兵役署致重庆市警察局代电（2月24日）

重庆市警察局唐局长勋鉴：本部现正统计三十一年度免缓禁停各役人数，重庆市上年度对于前列各项，计共若干，特请查明，列表见示。又全市所有壮丁数甲乙级壮丁数，并希分别填注为荷。兵役署。丑回信役务印。

二、重庆市警察局复兵役署代电稿（3月12日）

军政部兵役署署长程勋鉴：丑回信役务代电奉悉，谨检附本市三十一年度适龄壮丁及免缓禁役人数统计表一份电请查照为祷。重庆市警察局局长唐毅。军调。寅印。附检送本市三十一年度适龄壮丁及免缓禁役人数统计表一份。

重庆市三十一年度适龄壮丁及免缓禁役人数统计表

区别	壮丁总数	甲级壮丁数	乙级壮丁数	免役数	缓役数	禁役数	应受征集数	备考
第一区	11309	5622	2752	5	2659	1	8374	
第二区	8975	3830	2091	171	2787	96	5921	
第三区	6009	2460	1474	78	1963	34	3934	
第四区	4240	1470	986	104	1668	12	2456	
第五区	5085	1765	1457	107	1750	6	3222	
第六区	2685	538	355	10	1782	无	893	
第七区	2311	1029	349	35	898	无	1378	
第八区	2263	412	294	50	1507	无	706	
第九区	4134	1364	764	无	2006	无	2128	
第十区	4820	1486	995	557	1822	无	2481	
第十一区	3470	1231	951	38	1250	无	2182	
第十二区	3391	1505	914	12	960	无	2419	

续表

区别	壮丁总数	甲级壮丁数	乙级壮丁数	免役数	缓役数	禁役数	应受征集数	备考
第十三区	1836	650	484	48	650	无	1134	
第十四区	5022	1837	1228	55	1902	无	3065	
第十五区	1579	187	159	83	1150	无	346	
第十六区	1792	478	382	80	852	无	860	
第十七区	1908	900	732	26	249	1	1632	
水上区	1343	496	415	70	359	3	911	
总 计	71942	27260	16782	1529	26218	153	44042	

重庆市档案馆馆藏档案：全宗号：0061，目录号：16，卷号：4413

19. 渝江师管区司令部与重庆市警察局为报渝市免缓禁停役统计表往来电（1945年5月）

一、渝江师管区司令部代电（5月11日）

重庆市警察局唐局长令果兄勋鉴：案奉四川省军管区本年信骥修字第2198号辰江代电开："查该区三十三年度免、缓、禁、停各役壮丁人数统计表，逾限已久，迭经电催，迄未据报，殊有未合，仰于文到三日内立即填报，以凭核转勿延为要。"等因，奉此，查由（二十六）年起至（三十三）年底止各年度免缓禁停役统计表，贵局前送仅统计总数，未分年详填，已电请分填另送在案。奉电前因，特再电达，希即详填送部凭转为荷。渝江师管区司令王吉甫。（卅四）（辰）（真）。师征仁印。

二、重庆市警察局复电稿（5月21日）

渝江师管区王司令吉甫兄勋鉴：师征仁字1632号及1723号两代电均诵悉。查由二十六年起至三十三年底止各年度重庆市免缓禁停役壮丁人数，业已统计，照式填就，准电前由，相应检同统计表一份，复请查照为荷。重庆市警察局长唐□。（辰）（马）。军审印。附统计表一份。

重庆市免缓禁停役壮丁统计表（二十六年起至三十三年止）

项目	二十六	二十七	二十八	二十九	三十	三十一	三十二	三十三
免役数	89	109	66	104	104	10529	770	793
缓役数	355	329	296	298	241	26218	20237	12999
禁役数	28	50	28	49	24	153	110	116
停役数	31	59	29	23	64			

重庆市档案馆馆藏档案：全宗号：0061，目录号：16，卷号：4413

（三）知识青年从军运动

1. 蒋介石训勉从军学生（1944 年 1 月 27 日）

最近两个月来，我们全国学生自动的踴躍〔踊跃〕从军，报效国家，争先恐后，蔚成风气。本委员长对此，异常的快慰。今天特别召集我们教导第一团的从军学生，来此听训。我先要将你们从军的意义，以及入伍以后所有生活行动和学业修养应该注意的几点，扼要的指示你们，希望你们能切实领会，彻底实行。大家都知道，凡属现代的国民，对于国家，都有当兵的义务，如果他们不能尽到这个义务，那他就不能算是一个现代的国民。这在一般有组织有纪律的国家，都是如此，无论英美苏俄以及各轴心国家，不论其为元首或人民，不论其为智识分子或农工阶级，不论贫富上下，以及其皇室贵族的子弟，一律都要服规定时间的兵役。由此可知，凡是现代国家，所有的国民，莫不以当兵为应有的义务。如其不然，那这个国家就不能存在于现在的世界。但是我们中国，由于积习相传，一般国民，至今对于服兵役的观念，还没有切实养成；对于当兵的义务，更没有普遍的履行；甚至有若干及龄壮丁，为避免兵役的缘故，借在学的名义，取得缓役的资格，以致兵役的负担，不能平均普及。尤其在军队方面，得不到知识青年的参加，因之战斗力亦无形减低。这是我们国家与军队最大的弱点，亦是我国青年与知识分子最大的耻辱。如果我们一般青年，尤其是一般公务人员和士绅的子弟，不能奋起投效，以身倡导，来转移国民的心理和社会的风气，那我们中国，虽已废除不平等条约，而外国人看到我们一般青年学生和知识分子，没有作战的勇气，不能尽其国民应尽的义务，就要轻视我们；而我们国家，亦仍旧没有独立平等的资格。所以这一次全国各级学校的知识青年，自动的奋起从军，一改我们青年学生过去文弱怯懦的习风，来尽到国民自卫国家的职责，实在是抗战以来一件特别值得欣慰的事。我相信这次全国各地知识青年的奋起从军，一定还有无数青年闻风兴起，这不仅是我们中华民国抗战转败为胜的保证，亦是我们中华民族转弱为强的枢纽，实在是我们国家独立和民族复兴的前途无限光明的新气象。

我所要提醒你们的，从军是集团生活中最感快乐、最有意义的事情，也是最高尚、最圣洁人格的表现。因为他对国家是为国捐躯，是以身殉国；而他对同伍的战友与全军的袍泽，是患难相助，生死与共的。你看这种精神、这种人格，还有比他更高尚的没有？但是大家也要知道，当兵是一件极严肃、极辛苦的事情，因为军营里面所过的是一种最有组织、最重纪律而且最讲阶级的生活。今天大家既然立志为国家为民族而来慷慨请缨，固然于国家增加很大的力量，但是你们个人亦就在此时可以增进很多的智能和体力。这种学业，是在任何普通学校所学不到的。所以你们特别要去体认从军实际的生活。你们还是新近入伍，对于军营生活的方式和意义，大家或许还没有真切的认识，我趁此机会，要将我自己三十几年前在日本军队里见习时期当兵的经过，以及我体会的心得告诉你们，作为你们一个最宝贵的参考！

我在 19 岁的时候，是在我本县的龙津中学肄业的，因为当时痛愤乡里土豪劣绅的横行，目击我们国家遭受帝国主义者的压迫，尤其是那时看到日本以一个弱小的国家，能够奋发图强，战败帝俄，予我精神上以最大的刺激，所以我在龙津中学肄业不到半年，就请求家母准许我到日本去学军事，来尽到我国民一分子的义务，来促成我们国家的雪耻自强。我就在这一年的夏季，到了日本，我想进日本的军队，但当时日本的规定，中国学生要入日本军队受训，必须由中国陆军部保送，否则概不收容。我既非政府保送，自然不能入伍。因此我只在日本留学一年就回国了。到了第二年，陆军部要在保定创立通国陆军速成学堂，在各省分别招考，规定每省考送40名，而浙江省的40名，大多数的名额已由武备学堂与弁目学堂等处保送了，所留余额只有14名，全省青年子〔千〕余人在杭州报名投考，我就是在这14名额内考取的一个学生。于是我在20岁的夏季，就进了保定通国陆军速成学堂。但是我的目的，仍是要东渡日本，去学他的陆军。因为在保定这个军校，才有机会可以希望保送到日本去学陆军；果然到了这一年的冬季，我就得一个机会参加留学考试。当时取录的，连我一共40人——现在四川的张主席，亦在其内——我们都被保送到日本振武学校，这时我已经21岁了。振武学校是日本陆军预备学校，在振武学校学习了三年毕业，就进了日本的高田野炮兵联队。最初是当二等兵，后来升了上等兵，称为士官候补生，这一年我正是25岁，就是辛亥革命的一年。那年十月，革命军在武昌起义，我觉得这是我们军人效命的时候到了，于是就从日本回国，参加实际的革命工作，开始献身于革命的事业。直到现在，都是为了贯彻我当初从军报国的一念。如今回想起来，我在青年的时候，能够立志从军，而且千方百计，不顾一切的挫折困苦，达到了我从军当兵的志愿，实在是我平生最快意的一件事。由此可知一个人只要能立定志向，抱定决心，不屈不挠，耐劳耐苦的向前做去，那就一定可以完成他报国的志愿。

我现在要为你们略述我进了日本联队以后生活的情形，这绝对不是我们国内一般青年学子所能想象得到的。当时我们入伍以后，是在联队里面当一个二等兵。日本新兵的入伍，大概都是在冬季，而我们入伍的地点，是在高田——高田是在相近北海道的一个□□县所管辖的村镇，这一带地方天气严寒，每年冬天总下着很厚很大的雪（这样的大雪，在我国塞北，亦是很少看到的），但无论他天气如何寒冷，无论他雪下得怎样大，我们每天早晨五点钟以前就得起床，起床之后，就得自己拿着面盆，到井旁提冷水来洗脸。因为在炮兵联队里学炮兵，都要你自己来养马，因此我们洗了脸之后，官长就带领我们进到马厩去擦马，擦马的工作，要从马蹄、马腿，擦到马背，经过马背擦到马头马尾。这马的每个关节，每一部肌肉，都要用禾草来尽力的擦摩。这样，大概经过一小时，将马的浑身擦热了，马的血脉流通了，而我们本身也因为用劲擦马，努力工作，虽在这样冷天，不仅不觉得寒冻，而且身上和手足都是发热，有时候还要流汗。这是我平生最大的学业，到如今仍觉以苦为乐，不懼〔惧〕艰险的精神，自认为完全得力于此。等到马擦完了之后，再将他牵到厩外雪地里马糟〔槽〕去饮水和喂料，等到马喂好了，我们自己才能回营房里去吃早饭。到了傍晚，再要同样的到马厩去擦马一次，然后才吃晚饭。说到这里，我再要将他日本军营的饭食是怎样情形，告诉你们。各位从前在学校在家庭吃饭的时候，饭菜或许也有不够的时候，但吃饭总是没有限制的，能吃多少，就是多少。而他们日本军队里面，每人每餐规定只许吃一中碗的米饭，每星期要吃几餐麦饭，饭的上面有时是三片咸萝卜，有时是一块咸鱼，只有星期日才能吃到一点豆腐、青菜、肉片。无论你吃得饱吃不饱，每人的饭菜，就只有限定的这一点，高田虽然是一个贫苦的地方，但当时入伍的有许多日本耆绅贵族的子弟，他们在军队里面的待遇和生活，亦是同我们一样的一点没有例外。我在入伍最初半月之内，这点饭实在是吃不饱，肚子里常常觉得饥饿，白天毫无办法，只有到了晚上，才能到军营里的酒保——倶乐部——买饼干来充饥。但是饼干也有定量限制，不能任意购买的，每次最多是两三片，而且去迟了买不到。饼干的质料又非常粗糙，在平时我们在家庭与学堂时是不要吃的，但在饥饿之余，吃起来就觉得津津有味了。这种生活过到两周以后，就渐渐成了习惯，到了第三星期，虽不到酒保去购食饼干，也就不觉饥饿了。这是讲当时生活的情形。现在还要讲到待遇：

我当时是一个二等兵，二等兵之上就是上等兵，上等兵之上有下士，有中士，有曹长，有特务长，特务长之上才是正式的军官了。这许多军官士曹，一级一级地管着我们，加之日本军营里面的习惯，相当粗野，新兵要替老兵洗衣服、擦皮鞋，有时还要给他铺被服，二等兵就要受上等兵的使唤，当差稍不如意，他们不是骂，就是打。所以在日本军营里面，当时上级的官长打骂低级的士兵，是常见的事，我当时认为日本军队的弱点，就是在此。

由我在日本联队一年中所过的生活和所得到的经验，使我想到一个国家要他军队精强，必有几个要素，不能缺少的。

第一，是军队官兵，须认为服从国家的命令，是军人天经地义的义务，因之他乃能严守纪律，执行命令；如果他不知服从法令，严守纪律，那结果就是一盘散沙。这样没有纪律的士兵，临到作战，没有不失败的道理。

第二，是政治训练和中心信仰的重要。凡是一个军队的官兵，能够勇敢坚强，就是他军事教育对于政治与伦理的认识彻底，尤其是要他对本国历史地理的理解正确，使他士兵人人能够增强其对国家的责任心。各国军队决死精神之所以养成，可以说就是这种政治训练的功效。军队里面一般士兵，有了这种政治训练和中心信仰，所以他到了战场上面，能够不惜牺牲，不怕危险，能够忠勇奋斗，达成使命。

第三，一般士兵都以军队为他最优良的职业学校。军队本来是一切军事学术的专门学校，联队里的教育训练，就是一般军事学校最基本的学术课，而且比一般学校的教育还要重要，还要实际。因为在普通军官学校里面所讲授的，只是一些战略和战史的理论，至于军事基本常识和动作，以及军队生活的精神与制式，都是要从军队里实际生活上来学习，来体验得到的。而且他们一般士兵在军队里的，一定要就其性之所近，学习一种日常生活所必需的技艺。例如他未入伍之前，本来是作木匠，就叫他实习木工；作过裁缝的，就叫他实习缝工；作过铁匠的，就叫他实习铁工。所以他的军队里面，自从速记、录事一直到剃头、洗衣、炊饭乃至种菜、牧畜以及司号的、看护的和当差的，无一不是由军队的士兵学习以后挑选出来的。这样，不仅他对已经学过手艺技术的人，因材利用，不使遗忘，就是没有学过手艺的士兵，也要他认定一种技术，利用业余的时间来学习，如此他一方面军队里一切生活所需用，固然不必假手军队以外的人民，同时士兵退伍之后，更不致于失业而流为社会的游民，而且一般士兵既受过军队的训练，则其体格格外强健，常识格外丰富，又明瞭军队组织的技术，知道军队组织的精神，所以他回到社会之后，就可以成为民众的领导，社会的中坚。现在世界列强之所以能成为有组织的国家和有组织的社会，可以说完全得力于一般退伍的士兵，以军队精神普及社会的组织，现代国家的基础，就是在此。

由于上面所说的几点，可见你们要达成当兵报国的志愿，建立现代国家的基础，第一必须绝对服从政府的发〔法〕令，严守军队的纪律，执行上官的命令；第二必须注重政治训练，确立中心的信仰，为三民主义而奋斗，而立志从军，完成革命建国的大业；第三必须努力学习人生日常必需的一种技能，养成为建立国家改造社会的中坚干部。你们必须知道，要真正造成自已为一个现代的军人，只凭一腔热忱是不够的，必须要认识当兵真正的意义，求得建国实在的技能，惟有到军队里来接受最刻苦最基本的训练，才不负你们这一次慷慨自效的壮志。诸生今天入伍以后，都是本委员长的部下，亦就是我的子弟，我希望诸生必须先领会我们革命的道理，和学习我们奋斗的精神，实践我们军人成功立业的信条。总理说过："华盛顿大名之下，不知包括多少无名的华盛顿，为他牺牲奋斗，用能促成美国的独立"。今天我们中国的青年，要完成中国的革命事业，亦惟有人人以无名英雄自居，使我们中国能有无量数的无名的蒋介石，能为三民主义和国民革命而奋斗，而牺牲，那我们国家才能真正成为一个独立自由的现代国家，才可使中华民族世世代代子孙，免为异族的奴隶牛马。还有一点，亦要提起诸生注意的，就是入伍当兵之后，要切实认识，凡是中国的军人，就要爱护中国整个的国家。我们国家亦只有国民革命军一个整个的军队，所以我们军人的生命亦是整个的，生活亦是整个的，因之凡是同伍的战友，全军的同胞，不论官兵，必须要和衷共济，无论疾病困难，都要彼此扶持，在平时养成亲爱精诚团结一致的精神，在战时才能成为真正同生死共患难的同胞。我们军人必须如此，才能完成神圣抗战的使命，建设一个三民主义富强康乐的新中国。诸生要知道：社会是怎样称许你们，政府是怎样期待你们，你们能够切实努力，刻苦耐劳，为我们兵役史上开一个新纪录，同时由于知识青年的参加军队，更可以促进我们建军建国事业的完成。你们的责任，实在是异常重大，亦是异常光荣。本委员长对于你们实在寄与无限的期望，我相信你们一定不辜负我的期望。

原载中国国民党中央执行委员会宣传部编印：《抗战第七周年纪念册》，1944 年 7 月 7 日

2. 军事委员会为颁发全国知识青年志愿从军征集办法等致重庆市政府、市党部代电（1944 年 10 月 23 日）

重庆市政府贺市长并转重庆市党部方主任委员、青年团重庆支团部任书记长勋鉴：

兹颁发全国知识青年志愿从军指导委员会组织办法、全国知识青年志愿从军征集办法、省（市）知识青年志愿从军征集委员会组织办法、县（市）知识青年志愿从军征集委员会组织办法、专科以上学校知识青年志愿从军征集委员会组织办法及编练计划纲要各一份。除着由该市长兼任市征集委员会主任委员，该党部主任委员及青年团部书记长分任市征集委员会副主任委员，将市征集委员会及所属县市及专科以上学校征集委员会尅日组织成立，并规定应征日期自本年十一月十二日起，至十一月三十日止外，仰遵照并转饬所属一体遵照办理具报为要。中正。酉。养办一恭印。附全国知识青年志愿从军征集办法，编练纲要及省（市）、县（市）专科以上学校各征集委员会组织办法共六份。

重庆市档案馆馆藏档案：全宗号：0051，目录号：1，卷号：397

3. 全国知识青年志愿从军指导委员会组织办法[①]（1944 年 10 月 23 日）

一、本办法依据知识青年志愿从军征集办法第四项甲款之规定订定之。

二、全国知识青年志愿从军指导委员会隶属军事委员会，主持全国知识青年志愿从军之策划、指导与考核。

三、全国知识青年志愿从军指导委员会（以下简称本会）设委员 15 人至 31 人，由军事委

① 此办法由国民政府军事委员会颁布。

员会聘请之。

四、本会设常务委员 9 人，由委员互推充任之，组织常务委员会。

五、本会分设 5 组，第一组掌理关于征集之规划、指导及考核事项；第二组掌理关于宣传、慰劳之规划、指导、考核事项；第三组掌理关于征集经费、粮秣、医药卫生之筹划、配给及指导、考核事项；第四组掌理关于交通输送之规划、指导及考核事项；第五组掌理关于文书事务及其他不属于各组之事项。

六、本会设主任秘书 1 人，秘书 4 人，组长 5 人，组员、办事员各若干人，均由本会常务委员会向有关机关调派充任之。

七、本会每两周开会一次，必要时得召开临时会议。

八、本会常务委员会每周开会一次。

九、本会开会时，如有必要得请有关机关派员参加。

十、本办法呈案核准后施行。

全国知识青年志愿从军指导委员会名单

委　员：张伯苓　莫德惠　蒋梦麟　顾毓秀　何应钦　白崇禧　陈立夫
张厉生　周钟岳　谷正纲　吴铁城　张治中　陈果夫　徐永昌
俞飞鹏　罗卓英　张定璠　徐思平　梁寒操　段锡朋　黄季陆
康　泽　袁守谦　李惟果　郑彦棻　余井塘　赖　琏　狄　膺

常务委员：何应钦　吴铁城　陈果夫　张治中　白崇禧　陈立夫　张定璠
康　泽　徐思平

重庆市档案馆馆藏档案：全宗号：0051，目录号：1，卷号：397

4. 省市知识青年志愿从军征集委员会组织办法①（1944 年 10 月 23 日）

一、本办法依据全国知识青年志愿从军征集办法第四项甲款之规定订定之。

二、省（市）知识青年志愿从军征集委员会（以下简称本会）设主任委员一人，副主任委员二人，委员若干人，主任委员由主席（市长）兼任，副主任委员及委员由省（市）政府就本省（市）有关机关学校民众团体地方绅士中聘任之。

本会设总干事一人，由主任委员就有关机关人员中调派充任之。

省（市）征集委员会组织，以适用于后方各省（市）为原则，凡情形特殊之战地省（市），

① 此办法由国民政府军事委员会颁布。

得斟酌变更或不组织。

三、本会设总务、宣传、编组、招待四科，其职掌如左〈下〉：

总务科职掌：

（一）关于文件收发、撰拟、保管及信印之典守事项。

（二）关于经费之出纳、保管及县（市）征委会经费之转发稽核事项。

（三）关于营房、给养、卫生、交通之修理、购置、规划、接洽及其他庶务事项。

编组科职掌：

（一）关于征集规划及名额之分配等。

（二）关于入伍青年之登记、编组、管理事项。

（三）关于入伍青年之运送交接事项。

宣传科职掌：

（一）关于征集宣传之规划事项。

（二）关于宣传要点及各种宣传品之编撰收转事项。

（三）关于各地宣传工作之发动指导事项。

招待科职掌：

（一）关于招待事宜之规划指导事项。

（二）关于发动民众欢送欢迎事项。

（三）关于慰劳及各种慰劳物品之募集事项。

四、本会各科，各设科长一人，科员、办事员、录事各若干人，均就有关机关团体工作人员中调派充任之，除酌给伙食交通费外，一律不支薪给。

五、本会每周开会一次，由主任委员主席，必要时得召集临时会议。

六、本办法经核准后施行。

重庆市档案馆馆藏档案：全宗号：0051，目录号：1，卷号：397

5. 专科以上学校知识青年志愿从军征集委员会组织办法[①]（1944年10月23日）

一、本办法依据全国知识青年志愿从军征集办第四项甲款之规定订定之。

二、学校知识青年志愿从军征集委员会（以下简称本会）设主任委员一人，副主任委员二人，委员若干人。主任委员由校长担任之，副主任委员及委员由学校就学校教职员中聘任之，设总干事一人，由主任委员指派充任之。

三、本会设总务、宣传、编组股，其职掌如左〈下〉：

总务股职掌：

（一）关于文电收发、撰拟、保管及印信之典守事项。

（二）关于经费之出纳、保管事项。

（三）关于交通及其他庶务事项。

宣传股职掌：

① 此办法由国民政府军事委员会颁布。

（一）关于宣传工作之规划及各种宣传品之发布事项。
（二）关于发动学生及附近民众欢送及募集慰劳品慰劳入伍青年事项。
编组股职掌：
（一）关于申请入伍青年之检查事项。
（二）关于入伍青年之运送事项。
四、本会各股各设股长一人，股员、办事员若干人，均由主任委员派任之。
五、学校征委会每两月开会一次，由主任委员召集之。
六、本办法呈经核准后施行。

重庆市档案馆馆藏档案：全宗号：0051，目录号：1，卷号：397

6. 全国知识青年志愿从军编练计划纲要（草案）[①]（1944 年 10 月 23 日）

一、名称远征军——抽取国军之若干师番号，从新编练充实之。

二、隶属直属于军事委员会，归督训总处编组训练。

三、编组

（一）发起“全国知识青年志愿从军运动”，征集战列兵 10 万人，并由兵役署补充所要之非战斗兵，分编为 10 个师。（二）师照驻印军“师编制表”编制装备之，其部队番号由远征军及乙兵团中战绩优良，缺员最多之师抽调编成之。

四、集训地区预定 10 个师，分两期，每期成立五个师，其集训地区如左〈下〉：

第一期：独山附近、札佐附近、綦江附近、璧山附近、成都附近，各一个师。

第二期：霑盖附近、镇远附近、万县附近、泸县附近、汉中附近，各一个师。

五、干部及其训练

（一）按照编制所列各级军官佐及必要之军士，由各部队、学校及机关抽调训练后任用之，其抽调办法另定。（二）干部训练，将东南干训团移设重庆行之。（三）干部训练自三十三年十一月一日开始。

六、筹备时期关于征集、输送、营舍、被服、装具、粮秣、编组、装备及训练计划与设施等，筹备自现在起至三十三年十二月三十一日止。

七、入伍时期三十四年一月一日起至三月一日止。

八、其他应行准备事项另定之。

重庆市档案馆馆藏档案：全宗号：0051，目录号：1，卷号：397

① 此纲要草案由国民政府军事委员会颁布。

7. 蒋介石：告知识青年从军书（1944年10月24日）

全国知识青年们：

我们中国过去知识分子向以温文儒雅自命，重文轻武，好逸恶劳，造成今日文弱颓靡的风气，因而造成了国家衰弱，遭受了“东亚病夫”的讥评，召〔招〕致了如此空前的外侮，这实在是我们国家民族莫大的耻辱！现在我们经历了七年余的艰苦抗战，而且已到了决定胜败的最后关头，今后一年，将是我们争取最后胜利的一年，也是决定我们民族盛衰，国家存亡的一年，这正是我们知识青年报效国家千载一时最难得的时机！倘若我全国知识青年，皆能振臂而起，踊跃从军，发扬蹈厉，挺身卫国，就可以彻底改造我们社会的颓风，洗雪我们民族的奇耻大辱，不仅可以完成抗战的胜利，并且足以奠立建国永久的基础。否则，如果我们知识青年至今还是漠视国家的安危，坐视将士的浴血牺牲，而不痛改其本身已往苟且偷安贪生怕死的恶习，仍以社会上的特殊分子自居，则亡国的惨祸，无可幸免，而中华民族世世子孙，势将万劫不复了。中正深感我国家兴亡民族衰盛的前途，完全寄托在我们全国知识青年的肩上，乃由中央发起知识青年从军运动，号召我有志节有血性的知识青年，一致奋起，志愿从军，共同集合在一个集团之内，在我亲自统率之下，来做我的部下。凡是立志革命，决心报国，愿与我同患难，共荣辱，来做我部下的青年，我必与之同生死，共甘苦，视之如子弟，爱之如手足。竭我心力，尽我职责，来领导你们完成革命抗战，实现三民主义的大业。今当这个运动开始之际，特列举要义，以告我全国的知识青年。

回溯我国五十年来的革命历史，最初国父倡导革命，号召救国，我海内外青年志士，纷纷牺牲学业，舍弃家庭。在国父领导之下，提义兵，举义旗，掷头颅，洒热血，前仆后继，为国牺牲，迄辛亥之役，终于推翻满清专制，建立中华民国。及至民国十三年，国父创立黄埔军校，全国各地有志青年，间关跋涉，冒险参加，接受革命军事的训练，造成了国民革命军的基本力量。经过东征北伐三年间的奋斗，终于肃清军阀势力，统一全国。这两次伟大的成就，可说都是以知识青年从军为其契机。这固然是表现了知识青年赴难争先、报国恐后的精神，也可以说明知识青年从军，对革命建国贡献的伟大和关系的重要。

自从七七抗战发动以来，虽有一部分知识青年参加军事或与军事有关的工作，也有不少青年学生，或入军校受训，或应征调服务，而最近一年，更有不少在学青年与公教人员，自动请求入伍。但是事实上知识青年从军，还没普遍到全国各地部门，知识青年们因为兵役法上有缓征缓召的规定，因而自动请缨的也不够热烈。现在抗战局势已临到决战的阶段，一切须为军事，一切须为胜利。当前形势的紧急和重要，远过于辛亥革命和北伐的前夕，我知识青年要对得起过去为革命而牺牲的先烈，对得起七年余为抗战而殉难的军民，就要认识现在正是你们效忠报国的唯一时机，踊跃入伍，以身许国，发扬革命青年的一贯精神，克尽其为民前锋的责任。

中央为使知识青年们得有效忠报国的机会，已经决定第一次号召知识青年十万人从军，凡年龄在18岁以上，35岁以下，曾受中等教育，或具有相当知识程度的青年，只要体格健全，不论依法是否缓征缓召，均得志愿报名参加。中央现已设置全国知识青年从军指导委员会，各省市县各地方各机关以及专科以上学校，皆将设置知识青年从军征集委员会，分别筹划办理征集有关事宜。中央并已选拔优良的干部从事领导，务使这次从军知识青年们获得实益，蔚成劲旅，而过去一般军队编练中的缺点，亦已详加检讨，切实改革，务使过去一切征集训练的弊端，彻底的扫除。至于军中待遇，则参照驻印军及远征军的办法。将来编练成军以后，我必将这个部队使用于发挥最大战斗效能的方面。其他实施办法，均在积极进行之中，而我对于这件事，必亲自督导，尽其心力，来作极周到的准备，使知识青年们从军以后，得为国家作最大的贡献。兹为使大家明了此举意义的重要，特为我知识青年说明下列的几点：

第一，青年非从军无从创造人生伟大的志业。我要提示我全国知识青年的，你们要充实自身，锻炼自身，实现其平生的抱负，创造其伟大的事业，而成为一个非常的人才，那就一定要在战斗生活中来锻炼来学习。战场是我们创造事业基础唯一的学校，在炮火中可以增进我们许多的智能、胆魄和体力，在生和死的斗争中，才可以真正了解人生的意义。惟有在战场上与我们同生死的战友和民众，才可以给我们许多珍贵的知识和实际的学问，而这些学业与知能，都不是在任何普通学校里所能学得到的。我自己少年的时候，便立志从军，一向都认从军为人生中最快乐的生活，亦为革命中最高尚的事业。我现在所有的经验和学识以及精神与人格的修养，都是从过去的军人生活中锻炼和体验出来的。你们入伍以后，我必和你们在战斗中共同学习，教育你们，指挥你们，所以你们绝不要顾虑到抛弃现在的学业为可惜，而踌躇不前。要知从军以后，你们将在战场上得到更广博更宝贵的知识和教育。古今中外有许多伟大的事业和高尚的人格，实在都是从枪林弹雨的战士生活中历练出来的。我们要充实自己，要锻炼自己，创造革命建国的伟大事业，非实行从军不可。

第二，青年非从军无从湔雪国家积弱的耻辱。我要提示我全国知识青年的，就是世界各国现代的国民，无不视当兵为他神圣光荣的义务。在这次世界大战中，同盟各国都彻底实行全民总动员，全国人民，无分职业的种类和知识的高下，对于兵役，无不踊跃应征，其未被征调的，且以未能亲临前线执戈卫国为憾。不仅男子服兵役，妇女也应征服务，因为动员的彻底，所以他们作战胜利便有切实的把握。反观我们知识青年，却还是大都视从军为畏途，逡巡却顾，瞻望不前，迄今我们在前线作战的士兵，受过中等教育的，可说是占绝对的少数。这样，不但我们部队的素质无法提高，而外国人士，对我国家的观察，认为现在还有这种特殊偏颇的现象，无不表示讶异和轻蔑，我们国家的地位和荣誉，也因此而受到最恶劣的影响，这实在是我全国知识青年的耻辱。所以我知识青年如果要挽救国家，洗雪耻辱，如果要转移风气，复兴民族，就一定要争先入伍，自动从军，方能无愧于你们慷慨许国知耻自强的志愿和抱负。须知现在全国军民，都在注视我们知识青年的从军能否实行，和从军赴前线是否踊跃，来断定我们知识青年是否真正爱国，是否克尽国民义务，抑或只望他人赴汤蹈火，而自己却在后方苟且偷安。我知识青年诚能以国家为重，抱定为国牺牲的决心相率入伍，实行从军，则风声所播，不但我前线官兵闻风欢跃，增加他们作战的勇气，社会各界也必观感一新，互励互勉，以亲临前线杀敌为无上的光荣，以规避战时国民义务为最大的耻辱。必须如此，然后乃能改革过去颓风恶习的旧社会，树立举国一致为国效命的新风气，确保我国家独立自由的地位，洗雪"东亚病夫"的耻辱。过去我曾指出"军事第一"的重要，现在我更提出"军人第一"的口号，作为全国人民的基本认识，这就是说我们国民的地位，要以军人的地位为最崇高，国民的职务亦要以服兵役的职务为最光荣。全国同胞都应以军人为楷模，适龄者固应踊跃从军，而未及龄与超龄的更要尊敬军人爱护军人，随时随地要为前线的军人服务，要为军人的家属服务，造成全国普遍具有"军人第一"的观念。而我们知识青年，尤应具备军人的人格，军人的修养，军人的精神，踊跃投效，来作一个最高尚最光荣最受国民尊敬的模范军人。

第三，青年非从军无从获得抗战最后的胜利。我要提示全国知识青年：七年以还，由于我前线数百万将士的浴血苦战，后方无数同胞的出钱出力，艰辛奋斗，已奠立了最后胜利的基础。今当战争已发展至最后关头，百年来的奇耻大辱，能否湔雪，七年余全国军民所牺牲奋斗而获得的光荣，能否保持，皆视此一年之中最后决战能否胜利来决定。在这个最后决战开始的时候，我们必须知道：现代的战争，需要现代化的军队，更需要现代化的军人，而在我们争取最后胜利，执行反攻的积极准备期间，尤其需要有高度知识和技术的士兵所组成的部队。我们现在一般的部队，论牺牲的精神，论爱国的情绪，论刻苦耐劳的习性，实在都不落人后。今日我们一般部队所最需要的，还是在于知识和技术。所以我们这一次发动知识青年从军，不是只要知识青年来充当官长，或是只在军中服军佐的业务，而是要我们知识青年充当我们的列兵，直接来担任冲锋陷阵真正为民先锋的任务。必须我知识青年能踊跃从军，大量入伍，方才可以提高我们军队的知识水准，使精良武器的使用，新式战术的训练，能够发挥最大的效能。而且知识青年都有相当的知识修养，有独立判断敌情与应战的能力，不仅加入特种兵部队易于训练，就是在一般部队中，能使受过中等以上教育的士兵，增加一个师，就无异于增加普通10个师的力量。我们国家要能真正得到自由平等的地位，首先就要我们军队知识程度能与人家平等，尤其要我们士兵的知识水准，能与人家平等。中央这一次号召我们知识青年从军以后，将来还要继续征集编练，从根本上来改造我们部队的素质。知识青年必须明了你们这次的志愿从军，不仅是献身报国最难得的机会，而且也是我们中国建立现代军队最切实的张本。所以你们要重视此举的意义，要认识自身对于国家可能贡献的重大，而一致起来，响应我这个号召。

最后我更要告勉我亲爱的全国知识青年们，胜得〔利〕和光荣，是不能坐待而致的，必须以热血和头颅来换取，自由与独立不是依赖或侥幸所能获得的，必须以自立与自强来争取。你们有热烈真挚的情感，你们有弥漫充沛的活力，你们更有高尚远大的抱负与理想，现在国家需要你们参加实际战斗，你们就应该自动奋起来报效国家。从军救国，就是你们发抒热情，表现活力，实现你们高尚理想和远大抱负的唯一途径。希望你们效班超的投军，学终军的请缨，走上前线，以军人的战斗精神在枪林弹雨之中，开拓你们前途壮阔的人生，更以军人的战斗行动，于狂涛骇浪之中，创造你们绚烂辉煌的事业。尤盼我全国同胞互相督促，父谕其子，兄勉其弟，妻劝其夫，朋友相规，师生相勉，竞以志愿从军为光荣，以规避兵役为耻辱，恢复我们民族尚武的德性，改造我们社会颓靡的风气，整我军旅，灭彼倭寇。更望我全国士绅和教育界，以及社会上负有领导责任的各位贤达，首先倡导，努力劝勉，使全国各地风起云涌，一致响应我这个从军救国的号召，获取抗战最后的胜利，完成我们这个神圣的共同使命。

原载中国国民党中央执行委员会宣传部编印：《抗战第八周年纪念册》，1945年7月

8.国民党中央组织部为抄发《全国知识青年志愿从军征集办法》致所属代电（1944年10月27日）

各省市路工矿学校党部：准军事委员会渝办一参字32823号代电开：查全国知识青年志愿从军征集办法，业经十月二十二日以渝办一参字第×号公布在案，兹将该项征集办法抄发如下：

全国知识青年志愿从军征集办法

一、宗旨

为提高国军素质，增强反攻力量，争取最后胜利，贯彻抗战目的起见，特征集知识青年编组远征军。

二、标准

（一）知识青年（男性）年满 18 岁至届满 35 岁者，其依法缓征缓召及应征服役者，均得志愿参加。1. 年满 35 岁如经特准者，亦得志愿参加；2. 女青年征集办法另订。

（二）受中等以上之教育或具有相当知识程度者。

（三）体格标准合于下列各条件者：1. 身长 152 公分以上者，2. 体重 46 公斤以上者，3. 胸围 76 公分以上者，4. 五官四肢及肺脏正常者，5. 无重沙眼痔疾及精神病者。

三、数额

暂定为 10 万人，其各省市分配数额另定之。各省市征集知识青年数额，准抵补各该省市原定征额。

四、征集

（一）征集机关 为发动知识青年踊跃从军并筹划办理征集期间有关事项，特设下列各级机构：1. 中央设全国知识青年志愿从军指导委员会。2. 各省市设知识青年志愿从军征集委员会。3. 各县市设知识青年志愿从军征集委员会。4. 各专科以上学校及机关得设知识青年志愿从军征集委员会。（上项组织办法另定之，各机关之征集委员会组织办法各自订定，呈报全国指导委员会备案）。

（二）集中地点 应征入伍知识青年，按照下列三个步骤，分别向指定地点集中。1. 各县市及各机关学校应征青年，应先向各该县市及各机关学校征集委员会集中。2. 在各县市及各机关及各学校集中后，即分别向所属及所在地之各该省征集委员会或其指定地点集中，其路线由各省征集委员会规定之。3. 在各省征集后，应遵照全国知识青年志愿从军指导委员会指定之地点，分别集中。

（三）集中时期 自三十四年一月一日起至三月底止，各省市集中办法另订之。

（四）集中管理 1. 各县市及各机关学校征集集中期间，由各该县市及机关学校征集委员会遴派适当人员负责编组并率领到所属之各该省征集委员会或其指定之地点交接。2. 各省征集委员会接交后，即遴派适当人员负责编组并率领到指定入伍地点交接。上项详细办法另订之。

（五）征集费用 1. 征集期间所需之粮食及副食费，除另有规定外，其他如宿舍等之准备，应由征集或集中所在地之征集委员会负责准备。2. 应征青年在未到达入伍地点以前，仍着自备服装。3. 交接输送，力求迅速，应以车舟飞机为原则，不得已进，徒步行军。4. 征集所需各项费用，另表规定之。5. 入伍，应征入伍之知识青年，除特种兵外，以按其籍贯编组为原则。6. 待遇：除照远征军之待遇办理外，副食费酌量增加。7. 服役：服役期间定为两年，期满后退伍。8. 优待：入伍期间家属之优待及退伍后就学就业之奖励，另行规定。

重庆市档案馆馆藏档案：全宗号：0051，目录号：1，卷号：397

9. 各级党部发动征集知识青年党员从军实施办法[①]（1944年10月）

一、总则

（一）本党为使知识青年党员率先接受军事委员会颁布之全国知识青年志愿从军办法命令起见，特制定本办法实施之。

（二）各级党部发动征集知识青年党员从军，除军事委员会颁布之全国知识青年志愿从军征集办法别有规定外，依本办法行之。

（三）凡本党年满18岁至届满35岁之党员（以下简称适龄党员），均有率先登记应征之义务。

（四）凡本党逾龄之党员，应先送其适龄子弟应征。

（五）各党部负责应征集人数、其分配额数，如另表规定。

（六）适龄合格党员之征集，依分配额数尽先发动志愿应征，不足额时，抽签决定补足之。

（七）党政机关学校及公营事业机关工作人员中之适龄党员，应各征集五分之一，不足5人时，得联合其他机关合并计算。

二、省党部应办事项及其程序

（一）依照适龄党员人数分配各县应征名额。

（二）确定集中地点、时间及路线。

（三）推动成立省知识青年志愿从军征集委员会（以下简称征集委员会）并积极开展工作。

（四）确定县以下党部办理步骤及限期。

（五）督导所属党部依照本办法切实办理。

（六）根据所属党部呈送志愿从军及中签党员名册呈报中央组织部并先电报人数。

（七）督导所属党部志愿从军及中签之党员如期到达指定地点集中。

（八）其他中央直属党部适用本节各项规定。

三、县党部应办事项及其程序

（一）依照适龄党员人数分配各区党分部应征名额。

（二）确定集中地点、时间及路线。

（三）推动成立县征集委员会并积极开展工作。

（四）督导所属各区党分部办理党员申请志愿从军及抽签事宜。

（五）办理适龄党员检查体格事宜，但得斟酌情形分饬区党分部办理。

（六）编造所属党部志愿从军及中签之党员名册，分别呈转省党部及县征集委员会，并将人数电报中央组织部。

（七）督导所属党部将志愿从军及中签之党员，如期送到指定地点集中。

（八）其他省直属党部适用本节各项规定。

四、区党部应办事项及其程序

（一）调查登记适龄党员之姓名、籍贯、年龄、职业、住址及党证字号，并将人数呈报县党部。

（二）办理党员申请志愿从军。

（三）办理适龄合格党员抽签，抽签时由县党部派员监视。

（四）编造志愿从军及中签党员名册，呈报县党部转县征集委员会。

（五）督导志愿从军及中签党员如期到达县征集委员会指定地点集中。

---

① 此实施办法由国民党中央组织部颁发。

（六）区党部办理上列事项人员不敷分配时，得呈由县党部派员协助之。

五、附则

（一）各省党部得参照各该省特殊情形，对本办法规定之程序酌予变通。

（二）本办法经中央执行委员会议决施行。

重庆市档案馆馆藏档案：全宗号：0051，目录号：1，卷号：397

10. 知识青年志愿从军优待办法[①]（1944 年 11 月 25 日）

一、本办法依据全国知识青年志愿从军征集办法第八项之规定制订之。

二、知识青年志愿从军于入伍之日起，其本人及家属之优待，除依《优待出征抗敌军人家属条例》及其他规定之优待法令办理外，并享有本办法各种之优待。

三、知识青年志愿从军，自入伍之日起，其本人得享有下列之优待：

（一）原任职于各级党政教育机关者，保留其职务。

（二）原从事于国营公营商营事业者，由原机关保留其职务。

（三）原肄业于各级学校者，保留其学籍。

四、志愿从军知识青年之家属，应享有下列之优待：

（一）继续享受原服务机关有关优待职员家属之各项待遇。

（二）领取入伍补助金，其不愿领者，另给名誉奖励。

五、知识青年退伍后，得享受下列之优待：

（一）党政教育机关及国营公营商营事业机关人员，得依本人志愿仍由〔回〕原机关服务，该机关不得籍任何理由拒绝其服职，并须给予升迁之优先机会。

（二）学生得依本人志愿，仍回原校，其原系公费生、免费生及领有奖学金者，一并恢复，并特许参加升学考试。

（三）凡参加留学考试及各种考试，应予以优先录取之机会。

（四）凡志愿参加国内外军事学校以及出国研究深造者，由政府择优优先保送之。

六、知识青年因作战阵亡或受伤残废与积劳病故者，除由政府照规定从优抚恤外，其家属得由原机关学校优恤救济。

七、知识青年志愿从军得于服务完毕后，由原学校、原机关刻碑列名，以示崇敬。

八、本办法经国防最高委员会核定施行。

重庆市档案馆馆藏档案：全宗号：0138，卷号：9

---

① 此办法由国民政府行政院公布。

11. 重庆市党部为补充《知识青年从军优待办法》致所属各区党部代电（1944年11月30日）

（密）重庆市各区党分部：密。案奉中央执行委员会渝（33）机字第2333号密令开："查关于《知识青年志愿从军优待办法》，业经国防最高委员会核定施行，并经报告本会第269次常会在案。该项优待办法，另有不可公布之条文如下：第三条第（一、二）两项'保留其职务'句下，另有'并按月照发其薪津及其他给与'之规定；又第六条条文之后另有：（一）有子女者至其子女成年为止，（二）无子女者至其配偶死亡为止，（三）无配偶者至其直属血亲尊亲属死亡为止等项之规定，特检附核定公布之优待办法全文，连同上项不可公布各点，密令遵照并密饬所属知照为要。"等因，附发《知识青年志愿从军优待办法》一份。奉此，自应遵照，除分电外，合亟检同《知识青年志愿从军优待办法》一份，电仰遵照并密饬所属遵照为要。重庆市执行委员会（33.11.30）印。

附《知识青年志愿从军办法》一份〈原文缺〉

重庆市档案馆馆藏档案：全宗号：0051，目录号：1，卷号：397

12. 全国知识女青年志愿从军服务队征集实施办法[①]

一、本办法根据军事委员会颁布之《全国知识女青年志愿服务队征集办法》订定之。

二、凡全国知识女青年年满18岁至35岁（须有证件证明）且无子女负累者，均可登记应征。

三、全国应征之知识女青年2000人，由重庆、成都、西安、贵阳、昆明等地区之征集委员会及该地区内专科以上学校征集委员会征集。

四、凡征集地点征集委员会设女青年科，办理女青年征集事宜。

五、各地征集分配数额如下：

重庆800，成都500，昆明300，贵阳200，西安200。

六、应征知识女青年向各征集地点之征集委员会填具申请登记表，再由征集委员会验明证件，并举行口试及体格检查（表另印之）。

七、各地应征合格人员，其服务工作，参照其填具申请登记表第一志愿或第二志愿担任工作而分配之。

八、各地应征合格，如超过分配数额时，以抽签方法决定之，其未中签者，可保留名额，待下期征集之。

九、各地征集时间，自三十三年十二月十五日起至三十四年一月十五日止。

十、集中地点及日期，以重庆、成都、西安为集中地点，集中日期定于三十四年二月一日。

十一、各征集地点之征集委员会就所应征之数额，分别准备宿舍招待，并选定编组率领之适当人员。

十二、各征集地点之登记人数，须呈报全国知识青年从军指导委员会并先电报人数。

---

① 该文无时间，据推定应在1944年11月。

十三、在集中期间之管理与费用，应根据征集办法之规定，事前得为筹划准备。

十四、本办法经全国知识青年从军指导委员会常委会通过施行。

重庆市档案馆馆藏档案：全宗号：0051，目录号：1，卷号：397

13. 重庆市政府及所属各机关知识青年志愿从军征集须知①（1944年11月12日）

一、本府名额依据中央规定适龄之党团员为五分之一，非党团员应自由踊跃参加。

二、各单位应缮制适龄之党团员名册2份，将一份报府核对，一份留在该单位登记。

三、本府暨所属各单位之党团员名额与非党团员之志愿参加者，均应作一个单位统筹办理。

四、志愿从军人员其享受待遇除依照中央规定办理外，每人并赠送国币3万元。

前项款项之筹集，以该机关未应征者自行捐助为原则。

五、凡一单位主管人如科长、主任应征，其职务以服务年资较深者代理。

六、凡其职务不便由其他职员兼办者（如警局巡官、户籍员等），可予其他业务比较次要部分酌调人员兼任代理，俾不影响行政效率。

七、各单位职员应征后，所遗缺额应就其内部单位比例分配，必要时并得应本府所属各机关职员互为匀调，以期公允。

八、如应征人员之原服务机关撤销时，得由府尽先设法安插，俾资联接，以免中断。

九、征集期间，为本年十二月二十日以前送交中央集中，届时由府筹备扩大欢送会，藉表激励。

十、本须知呈经市长批准后实施。

重庆市档案馆馆藏档案：全宗号：0061，目录号：16，卷号：4550

14. 知识青年志愿从军优待办法实施细则②（2945年5月）

一、从军人员原机关改组或裁撤，对于优待之处理：（甲）公务机关方面，如遇改组合并，仍应照优待办法之规定，保留原职原薪津；如遇裁撤，应由直辖上级机关继续负责办理。（乙）私营机关方面，如遇改组或归并，仍应予以保留原职原薪津；如遇停办，应一次发足从军期间应得之薪津；如遇宣告破产而无力负担者，由原地从军服务会或其他社会团体照上项办法办理。

二、从军人员如系学校教职员，以业务关系必须派人代理时之处理，由教育部核查；各学校教职员从军，确需另派人员负责时，应由教育部统筹增发各学校经费，以资补救。私立学校应自行筹划经费。

三、从军人员如系技术人员或地方党政长官（如县长或县书记长、督察专员等）从军后其

① 此征集须知由重庆市政府制定颁布。

② 此实施细则由国民政府颁布。

职务必须派人负责，确无从派代时，应由各省政府、省党部或主管部统筹增拨经费，以资补救。但私营企业者应自行筹划。

四、从军人员之铨叙考绩之统一办理，从军青年铨叙考绩，由现属部队将其服役成绩通知原机关学校参照办理。

五、从军之学校公费生及教职员发给应得之各项费用，从军学生应得之公费奖奖学金，应照规定保留，教职员之贷与金及研究费等，应照旧发给。

六、各机关学校或工厂商店之职员、工人从军后，有未照优待办法办理者，应采用有效之方法：（一）公务机关对其从军职员未照优待办法予以优待者，得依法令强饬该机关执行。（二）私营机关未照优待办法予以优待者，由主管之机关及同业公会采取有效办法明令执行。（三）各地及各机关学校应成立从军青年服务会，负责督促协助优待办法之实施。

七、沦陷省市从军学生于沦陷区收复后，查核其在沦陷学校之学历，由教育部予以承认。

八、从军人员眷属之优待，应由兵役部统依抗战征属各种优待办法办理。

九、知识青年退伍后得享受下列之优待：（一）党政教育机关及国营公营商营事业机关人员，得依本人志愿仍回原机关服务，该机关不得藉〔任〕何理由拒绝其复职，并须给予升迁之优先机会。（二）学生得依本人志愿仍回原校，其原系公费生、免费生及领有奖学金者，一并恢复，并特许参加升学考试。（三）凡参加留学考试及各种考试，应予优先录取之机会。（四）凡志愿参加国内外军事学校以及出国研究深造者，由政府择优优先保送之。

十、知识青年因作战阵亡或受伤残废与积劳病故者，除由政府照规定从优抚恤外，其家庭得由原机关学校优恤救济：（一）有子女者至其子女成年为止。（二）无子女者至其配偶死亡为止。（三）无配偶者至其直属血亲尊亲死亡为止。

重庆市档案馆馆藏档案：全宗号：0051，目录号：1，卷号：397

15. 工厂工人及商店店员从军后其原有薪给保留办法[①]（1945年5月）

全国知识青年志愿从军指导委员会第三次会议通过。

一、在工厂服务之知识青年志愿从军后，其原工厂之职位及应有权益，可依《知识青年志愿从军优待办法》第三条第二款之规定办理，但在工厂无固定职位者如承包工匠等不得适用。

二、商店店员亦得援用上项规定，由社会行政机关令饬各同业公会办理。

三、俟退伍时，如原服务之工厂或商店停业后，由社会行政机关按各所业优先介绍其就业。

重庆市档案馆馆藏档案：全宗号：0110，目录号：1，卷号：643

① 此办法由国民政府颁布

16. 从军青年家属优待办法[①]

一、可减免临时捐款及劳役。

二、子女弟妹入公立学校，可免缴学费。

三、子女弟妹入公立医院诊病，可免收诊费。

四、债务未清者，可展至服役期满后二年清偿，其家属赖以维持生活之财产，债权人不得强制执行。

五、出典之不动产，无力赎回者，可展至服役期满二年后赎回。

六、承租之耕地房屋，出租人不得收回改租他人。

七、出征期内，其妻或未婚妻不得离婚或解约。

八、家属经营小本事业，可申请小本贷款。

九、耕地无人耕种时，可申请义务代耕。

十、无耕地者，可申请公地供种。

重庆市档案馆馆藏档案：全宗号：0051，目录号：1，卷号：397

17. 教育部规定志愿从军学生学业优待办法[②]

一、中等以上学校在校学生志愿从军者，其学业方面之优待，依本办法之规定办理。

二、中等以上学校学生从军期间，一律保留原有学籍，上项学生，如学籍有问题者，从军期满后，由主管教育行政机关追认其学籍。

三、从军学生退伍时，得依本人志愿仍回原校，并特许参加升级考试；中等学校学生届毕业时，并准免试升学。

四、中等学校从军学生已修满最后一学年第一学期课程者，复学经过短期补习，准免除会考，给予毕业证书，并准免试升学。

五、大学先修班从军学生退伍时，得免试升学。

六、专科以上学校从军学生退伍复学时，其肄业时期得减少一期；其入伍时，已修满最后一学年第一学期课程者，退伍时准由原校发给毕业证书。

七、从军学生如系公费生、免费生及领有奖学金者，复校时一律继续予以公费、免费、给予奖学金之待遇。

八、从军学生参加留学考试，得予以优先录取之机会。

九、从军学生志愿参加国内外军事学校以及出国研究国防科学者，得由政府择优优先保送之。

重庆市档案馆馆藏档案：全宗号：0051，目录号：1，卷号：397

① 原文时间无从稽考，估计应在1945年5月

18.《中央日报》关于陪都知识分子从军情形的报道（1943年12月24日）

（中央社讯）军政部为便利知识青年从军报名起见，特由兵役署成立学生及公教人员自愿服役登记处，定于今日开始报名登记，并同时检查体格，合格者即填发通知书，指定日期向第一教导团报到，女子合格者则发填体格检查合格证，俟核定编训日期再通知报到，在未通知报到以前，仍继续求学或就业。有一部分学生事先闻悉，于昨日下午即往兵役署请求提早报名。该署以该生等报国情切，乃准予报名登记，并检查体格，计报名者男生17名，女生4名，共为21名。合格者男16名，女2名，到晚为止，报名仍甚踊跃，以检查不及嘱今早再行前往。

（中央社讯）三民主义青年团南开分团为响应全国各地青年从军运动，特于前日发起报名，迄今报名者已达50余人，情绪热烈，女生尤为踊跃，该校当局已呈请兵役署派遣军医赴校检验体格，入营前之欢送大会，正加紧筹备中。

原载《中央日报》1943年12月24日

19.《大公报》关于陪都学生从军情形的报道（1943年12月26日）

（中央社讯）兵役署学生及公教人员志愿服役报名登记处，自本月二十四日成立后，前往报名者极为踊跃，两日来共102名，检查合格者，男生56名，不合格者35名；女生合格者6名，不合格者5名。该处检查医官原为3人，以受检人员众多，现增为6人。

（中央社讯）渝市私立适存高级商业学校男生吴安民、女生桑淑隶等，先后呈请市府准予参加赴印度远征军服役，当经市府派员前往该校个别考查。闻市府已电商军政部妥为安插。

（中央社讯）国立社会教育学院女同学潭玉贞、冷福坤、黄同音等响应学生从军运动，已自动向青年团直属社会教育学院分团部申请报名。该院继起参加者甚众。

（中央社讯）江津国立第九中学男女学生100余名，纷纷向学校当局要求参加远征军。

原载《大公报》1943年12月26日

20.国民党中央宣传部为知识青年从军运动宣传要点致所属代电（1944年10月19日）

各级党部、各报社、各刊物、各新闻检查处、各省市图书杂志审查处均鉴：

此次知识青年志愿从军运动，中央特召集全国各地党团政工负责人员，经四日之秘密研讨，规定详细办法，积极发动宣传工作，应分两期进行。在发动初期，应注重下列各点：

一、此项运动之成败，关系至为重大。总裁兼团长训示：党国存亡、革命成败，在此一举。凡我党员团员，应明斯义，务抱□成决心，郑重从事，以达到整军救党救国之目的。

二、在发动初期，宣传方面应从理智上着重激发青年的责任感，勿徒为情感的冲动，使每一青年在应征前，能作充分冷静的考虑，而郑重从事，免蹈五分钟热度之旧病。

三、宣传方法，以运用志愿从军青年从事宣传为最有效，各地党团应先征求志愿从军之党员、团员，授以宣传要旨，使之深入社会现身说法，征求同志，是多一志愿从军青年即多一发动宣传人员，如是因果相□，始有广大影响。

四、我经七年余之艰苦奋斗，促进同盟国家之胜利与轴心国家之没落，已收获预期之战果，惟争取最后胜利，尚待吾人尽最后最大之努力。

五、现为抗战以来最艰苦之时期，亦为胜利前夕必经之阶段，保证最后胜利，应将一切力量集中于军事，应即强调军事第一，激发民心士气。

六、军人捍卫祖国，冒犯危难，其工作至为艰巨，其使命至为神圣，应强调“军人第一”的观念，激发明耻教战之精神。

七、在“军事第一”与“军人第一”之前提下，当前根本要图在于整军建军，加强抗战力量，我爱国知识青年为民族的先驱，为国家的骨干，首应发扬见义勇为之精神，踊跃从军，为国民表率，完成为国家尽忠、为民族尽孝的天职。

八、辛亥革命前，本党先烈视死如归，每有义举，莫不自动请缨，争先效命，本党青年同志与青年团团员，当此党国危难之秋，尤应于此时发挥大无畏的革命精神，为全国知识青年模范，以身首倡，务期互相策勉，踊跃从军，以完成本党革命使命。

九、抗战以来，服兵役者大都为劳苦农民，知识青年置身战争围外，是非懦弱，即为逃避责任，此不仅为青年耻辱，亦为国家耻辱。今日英美苏俄国家，无论贫富及皇室子弟，均一律踊跃参加兵役，义无反顾。而我国因无知识青年参加兵役，致使国军战斗力受其影响。我知识青年应彻底反省，激发爱国的责任心，闻风兴起，雪耻报国。

十、此次发动知识青年从军运动，虽以志愿为原则，但本党青年党员与青年团员，如逃避责任，即离开革命立场，应受开除党籍团籍及停止职务之严厉处分。

十一、此次成立之新军为远征军，无论在国内或在国外，均备反攻之用，配备精良，实力雄厚，将来战绩辉煌，定可预卜，应引起知识青年以能参加此项新军为荣之观念。

十二、政府为鼓励知识青年志愿从军，已定优待办法，凡属从军公教人员与党团工作人员，得保有原机关薪给全部或一部，作优待其家属之补助，其家属并得享受其他优待权利。服役两年期满后，依本人志愿，有回职及尽先选派留学与升学之权利。

十三、政府对此次知识青年志愿从军运动，郑重其事，虽在物质极端艰困环境中，对10万远征军之衣食住行、医药、娱乐等设备，现正竭力筹备，需经相当时期始能招〔召〕集入伍，各地党团负责人，应将此意剖示从军青年，并在筹备期内对征集事宜应作充分准备。

十四、此次发动知识青年志愿从军运动，不仅为整军救国运动，亦为社会革新运动，我国古代知识青年投笔从戎，传为佳话，今则已为国民基本义务，旧社会“好男不当兵”之传统恶思想，将一扫而空。新时代知识青年应一致奋起，以完成建设新社会、新国家之使命。

十五、后方汉奸与反动势力各处潜伏，在发动知识青年志愿从军运动之过程中，应严密注意公开或秘密之反宣传，而给予严重之打击，凡有妨害整军救国之言论，无异为敌人工作，均可以汉奸论。

十六、此项运动，一俟政府筹备完成，届时当另颁指示，发动更热烈盛大之宣传。以上各点，即希查照办理为要。中央宣传部。酉皓印。

重庆市档案馆馆藏档案：全宗号：0051，目录号：1，卷号：397

21. 陪都各社会团体拥护蒋介石告知识青年从军书电（1944年10月26日）

（中央社讯）陪都125社会团体，顷电呈蒋委员长，拥护《告知识青年从军书》，表示谨遵训示，倡导会员从军。其原电云：国民政府军事委员会委员长蒋钧鉴：当此抗战胜利在望之际，整军建军，充实反攻力量，自为知识青年应尽之天职。恭诵钧座二十四日《告知识青年从军书》，感奋之际，益深匹夫兴之责。本会谨当禀遵训示，倡导会员踊跃从军，以副殷望。谨电肃陈，伏维容鉴。中国社会行政学会、全国医师公会联合会、中国工程师学会、中国天主教文化协会、中国回教协会、中国宗教徒联谊会、中国边疆学会、中华民国法学会、中华农学会、中国合作事业学会、中国劳动协会、全国体育协进会、中国社会服务事业协进会、中华助产士协会、中国护士学会等125团体叩。

原载《大公报》1944年10月26日

22. 重庆市党部为策动陪都知识青年踊跃从军致各区党分部电（1944年10月31日）

重庆市各区党分部：

查知识青年从军运动展开以来，各地纷纷响应。兹为策动陪都知识青年踊跃从军起见，特规定：一、由宣传委员召集知识青年从军运动座谈会，并介绍已报名从军党员，使其多多发言，藉资倡导；二、就近地区广为张贴知识青年从军标语（标语格式照规定）；三、对入伍从军党员，应举行扩大欢送。除分电外，仰即遵办具报为要。重庆市执行委员会。（10.31）印。附标语一份〈原缺〉。

重庆市档案馆馆藏档案：全宗号：0051，目录号：1，卷号：397

23. 重庆市党部知识青年从军宣传计划①

一、宣传要点

（一）对于党员方面：

1. 提倡“忠勇为爱国之本”的新国民的道德观念。

2. 强调“军事第一”“军人第一”。

3. 党员应以身作则，率先倡导。

4. 说明党国的存亡，革命的成功在此一举。

5. 说明知识青年从军运动，不仅是救国的基本方法，而且是救党的唯一途径。

---

① 原文无时间，据本文内容推定应在1944年10月。

6. 激发党员义务感与责任心。
7. 强调争取民族自由为一切个人自由之前提。
（二）对于在学青年方面：
1. 强调军事第一，军人第一。
2. 纠正“好男不当兵”以及“重文轻武”的传统谬误心理。
3. 说明青年学子应及时尽其应尽之责，发其未发之力。
4. 列举现代中外伟人之青年生活及其成就。
5. 说明盟国青年从军热烈情形。
6. 阐述我国历代伟人投笔从戎、精忠报国之光荣史绩。
7. 说明新国家、新战士是青年的责任。
8. 强调增强反攻办量，必须改进国军素质。
（三）对于社会青年方面：
1. 鼓吹“前方重于后方”，后方一切为前线。
2. 强调争取民族自由为一切个人自由之前提。
3. 说明本党为民众宪政改革奋斗之一贯方针。
4. 说明知识青年从军运动为救国救民的根本途径。
5. 说明人人要为国家尽忠，为民族尽孝。
6. 说明本党建立“兼”“能”政治之决心与具体事实。
7. 强调走上前线是光荣的行为，醉生梦死是落伍的生活。
8. 说明建军为建国的基础，要实施宪政，必须巩固国防。
二、宣传对象
（一）党员；
（二）中等以上学校学生；
（三）社会知识青年。
三、宣传方式
（一）对于党员者：
1. 本会委员于分区督导时，藉召开党员大会之机会，以口头宣达总裁对于知识青年从军运动之训示。
2. 通令各区党分部，由宣传委员召集知识青年从军运动座谈会，并介绍已报名从军党员，使其多多发言，藉资倡导。
3. 各区党分部，可就附近地区广为张贴知识青年从军标语（标语不写区党分部衔）。
4. 各区党分部，对已报到从军党员，应举行扩大欢送与慰劳。
（二）对于中等以上学校学生者：
1. 最近期内由本会委员或斟请社会名人专赴各校讲演知识青年从军问题。
2. 请市教育局订定各学校学生从军竞赛办法，并由本会协助之。
3. 请中央电影摄影场、中国电影制片厂分赴各校放映有关远征军生活新闻片及足以鼓励从军之影片。
4. 请市教育局分函各校当局，策动学生出刊知识青年从军运动壁报专号，以阐扬知识青年从军运动意义，介绍远征军之生活情形并表扬〈中缺〉学生为主题。
5. 由本会举办中等学校〈中缺〉讲演竞赛。

（三）对于社会知识青年者：

1. 定期请由各机关悬挂横街布标〈后缺〉。

2. 请各电影院放映幻灯片及有关远征军〈后缺〉。

3. 本会各民众讲堂增加讲演次数，专讲知识青年志愿从军问题。

4. 由本会分请老向、老舍及市立民教馆编拟知识青年从军鼓词小调，并发民间艺人演唱。

5. 酌请本市各报社、各杂志编撰知识青年从军专刊或专号。

6. 于总理诞辰举行知识青年从军宣传大游行。

7. 请各机关首长于十月三十日（星期一）主持该机关总理纪念周时，专讲知识青年从军问题，并注意表扬已报名从军之青年公务人员。

重庆市档案馆馆藏档案：全宗号：0051，目录号：1，卷号：397

24. 知识青年志愿从军运动标语[①]（1944年10月）

一、军事第一，军人第一！

二、一切为前线，一切为胜利！

三、好青年上前线！

四、放下笔杆，拿起枪杆！

五、人没有国家，知识何用！

六、消灭敌人，再回学校！

七、一寸山河一寸血，十万青年十万军！

八、为保卫祖国而战！

九、为完成民主而战！

十、为建设新中国而战！

十一、为国防正义而战！

十二、新青年新战士新国家！

重庆市档案馆馆藏档案：全宗号：0054，卷号：427

25. 重庆市知识青年志愿从军征集委员会第四次委员会议（1945年1月10日）

时间：三十四年一月十日下午三时

地点：本会会议室

出席人：贺耀祖、任觉五、唐　毅、余　琪、方　治、周懋植（曾守侣代）、骆继常、李　钧、

① 此标语由国民党中央宣传部颁布。

包华国（杨熙代）、李奎安、郜元彬、张延哲、沈质清、李克愚、傅伯群、王祖祥、潘仰山、王履冰、吴晋航、林紫贵

列席：符逸冰、赵冠先、颜昌勋、邱达清、高瑞军

主席：贺主任委员　纪录：许德生

开会如仪

一、报告事项

（一）宣读本会第六次业务会报纪录。

（二）检讨第六次业务会报议决案执行情形。

（三）重要文件报告：

1. 指委会军字第 1566 号代电（密）。

2. 指委会军字第 1108 号代电（密）。

3. 兵役部政字第 466 号代电（密）。

4. 指委会电嘱本会派员向军需署洽领女青年征集经费，倘有超额，可按比例增发。

（四）各科室队工作报告：

1. 编组科：

（1）本会征集配额为 5000 人，早告满额，现已超出约 2000 人。

（2）从军青年素质均依标准检查合格，惟品德一时无法辨别优劣，致有不良分子混入其间。

（3）报到情形：

市区报到者——2882 人

第一登记处——1078 人

市党部——1030 人

支团部——774 人

川东各县——2290 人

川东各县就地报到直开璧山者——570 人

（4）交拨情形：

交拨璧山 201 师者 4290 人

交拨綦江 202 师者 799 人

（5）报到后行交拨者 480 人。

（6）尚未报到人数预计约 1154 人。

2. 招待科：

（1）招待方面：

①欢迎并招待各县来渝从军青年计 27 次。

②填发免费乘坐交通工具证明书 89 份计 246 人。

③布置运送从军青年汽车 92 辆。

④编制标语 300 张、手旗 200 支，迎送从军青年。

（2）慰劳方面：

①本科慰劳从军青年，暂以每人毛巾 1 条，牙粉 1 包，牙刷 1 把为度，至糖果、肉类等项，则按在渝人数比例分配。

②离渝之第一、二、三、四大队均照上项标准办理，第五大队及中央党部零星人数，因开拔匆忙，未及分配，准于元月十五日以前专车前往璧山分发。

③三十三年十二月二十日以前，由13家娱乐场所每日开放一场，留招待青年军观剧；同月二十一日以后，改由各剧院每晚六时一场，荣誉座招待。

④慰劳金与慰劳品之种类与数目暨收支情形。

（3）生活指导方面；

①各大队从军青年自传，除一、三两大队全部收齐及第四大队收到一部分外，其余各队尚未交卷。

②第五、六两大队经派朱同康、周名孝两同志分别担任政治指导主任，服务尚称勤奋。现该两大队已开拔入营，朱、周两同志亦已调回本科工作。

③本科所组设之中山室书报各项，颇感不足，请设法补充。

3. 宣传科：

1. 截至一月九日止，共发新闻79则。

2. 经常剪贴本市知[识]青年从军消息。

3. 协助第一大队学兵办壁报两期。

4. 审核女青年主办之壁报。

5. 举办欢送从军知识青年入营大会。

6. 协助布置输送青年军专车。

4. 女青年科：

（1）女青年征集情形：

①登记报名者共720人。

②合格者600人。

（2）招待情形：

因特殊情形，提前收容招待之女青年现共32名，暂编为3小队，并经提倡其作团体活动，已出版《女青年创刊号》1期，举行小组讨论2次。

二、讨论事项

（一）本会业务即将完成，除必要外，其余各科室应否先行结束？请公决（附意见书[①]）。原文缺意见书

决议：照案通过。

（二）本会业务完成后，拟由主任委员办公室许德生同志、编组科李久同志、宣传科萧锦城同志负责编撰工作总报告，当否？请公决。

议决：照案通过。

（三）本会以配额已满，各项工作亟待整理结束，拟于十五日截止报到，当否？请公决。

决议：照案通过。

三、临时动议

（一）本会征集之从军青年，已发军服并经编队者，业已全部送往璧山、綦江入营，嗣后市区倘有着军服之从军青年，拟请军警宪代为盘查，用资整饬本市军风纪，当否？请公决。

决议：照案通过，并分别函请编练总监部暨重庆卫戍总司令部会同办理。

（二）本会拟于结束前，定期招待记者，俾外界能先行得知本会全部业务概况，当否？请公决。

决议：照案通过，可于本月十五日后定期举行之。

---

① 原文缺意见书。

四、指示事项

贺主任委员：

总裁此项发动知识青年志愿从军运动，为我国史无前例之划时代运动，不惟可为抗战增一坚强力量，抑且为今后建军树一楷模，实我国适应今日环境之适当措施，其意义之重大，自不待言。本会奉令办理本市征务，于业务完成后，自应有一工作总报告公诸社会。惟事属创举，各项设施势难立臻完善，故工作报告中，应充分加以检讨，以求今后之改进。至内容似应避免单纯之数字记载而使其生动。

重庆市档案馆馆藏档案：全宗号：0053，目录号：5，卷号：29

26. 陪都专科以上学校校长座谈陪都学生从军事宜（1944年11月4日）

（本报讯）陪都区专科以上学校校长，昨日正午十二时于教育部举行第二次座谈会，商讨发动各校学生参加知识青年从军问题，由教部陈部长及赖次长亲自主持。出席者计有陈思义（药专）、颜歆（省立教育学院）、吴保丰（交大）、陈文麟（立信会计学校）、王衍康（边疆学校）、丁云樵（国立艺专）、陈礼江（社会教育学院）、杨金熙（求精商专）、周迪斐（东吴沪江法商学院）、魏元光（中央工专）、吴伯超（国立音乐院）、魏学仁（金陵大学）、伍邦哲（上海医学院）、汪应文（文华图书馆专校）、王书林（中大）、腾大生（国体）、张洪沅（重大）、陈时（中华大学）、许逢熙（复旦）、孙晓楼（朝阳）、胡定安（江苏医学院）。席间除由各校长分别报告该校组织征集委员会情况外，即讨论发动学生自愿从军及从军学生之优待、慰劳等问题。空气热烈，直至下午五时始散会。兹将昨日座谈会之议决摘录如下：

一、待各校学生入伍后，各校校长须每两周轮流赴渝市附近各营视察一次，观察各生之生活情形，如有需要改善之处，可建议当局改善，且亦可表慰问之意。二、关于书报杂志等精神食粮教育，当尽量供给，同时组织电影、音乐、戏剧队，按时至各营慰劳。三、各校训导处，应按时与该校从军学生通信，俾各生可知母校近况，且可代替家乡沦陷各生之家信。四、入营后，学生致教育部长及校长之函件，免予检查，现教育局已与有关机关商讨中。并闻对于有家庭负担之从军学生，亦定有特别优待办法。

原载《中央日报》1944年11月5日

27.《大公报》关于陪都各校成立知识青年从军征集委员会的报道（1944年11月6日）

（中央社讯）陪都专科以上各校校长，于上月二十五日联名通电响应蒋委员长《告知识青年从军书》后，各校即纷纷成立征集委员会。复旦大学首于上月二十六日成立。重庆大学于二十八日成立，中央大学、上海医学院、国立音乐院、求精商业专科学校、文华图书馆学专科学校、四川省立教育学院等校，均于上月三十日成立。金陵大学理学院，于本月一日成立。中央工专、朝阳学院、边疆学校，均于二日成立。国术体育专科学校、江苏医学院、交通大学、药学专科学校、中华大学等校，均于三日成立。刻各校学生请求提前报名者，日有数起。

原载《大公报》1944年11月6日

28. 重庆市临时参议会为知识青年志愿从军运动告全市青年书（1944年11月12日）

全市的知识青年们：

现在报国的最后时机到了！全国各地的知识青年，已从课堂里、机关里、工厂里、商店里，风起云涌，请缨杀敌。我们陪都的青年，应该赶紧起来，树立知识分子从军的榜样！诸君知道："投笔从戎"是千古的美谈，"马革裹尸"是男儿应有的气概。可惜数千年来，无人继续班定远的伟业，马伏波的雄图，这是国族的后辈的耻辱。所以，我们革命青年，应该闻风兴起，走入兵营，重振先贤的勋业，保卫神圣的祖国！切盼诸君接受领袖的伟大号召，从速入营受训；希望各位贤明家长，鼓励子弟踊跃从军。本会决尽最大努力，协助政府提高士兵待遇，改善抗属生活，俾使诸君安心杀敌，早日奏凯。诸君乎，吾人对侵略者之最大决战即将开始，国族命运悉寄托于诸君及其同胞，敬祝奋勉前进，马到成功！

重庆市临时参议会

十一月十二日

重庆市档案馆馆藏档案：全宗号：0054，卷号：427

29. 国民党重庆市党部为推动党员从军致所属各区分党部代电（1944年11月25日）

重庆市各区党部暨各直属区分部：

密。查各该区党分部办理知识青年党员从军运动，进行顺行，登记从军党员极称踊跃。此盖由于各该区党分部书记及各该负责同志领导有方，而我知识青年同志，均能激发忠党爱国之热忱与发挥智仁勇革命之精神所致，殊堪嘉许。兹遵照中央规定《各级党部发动征集知识青年党员从军实施办法》，提示下列数点：（一）凡本党逾龄之党员，应先送其适龄子弟应征。（二）各该区党分部应负责发动志愿从军男性适龄党员，人数不得少于各该区党分部男性适龄党员人数五分之一。（三）各该区党分部志愿从军适龄党员简历名册，应随时分报本会及本市知识青年志愿从军征集委员会（临江路五号），候令召集，并限于十一月三十日前结束，不得藉故延误。其办理认真，成绩昭著者，准予转报中央嘉奖。除分电外，合亟电知遵照办理为要。重庆市执行委员会。（11.25）印。

重庆市档案馆馆藏档案：全宗号：0051，目录号：1，卷号：397

30.《大公报》关于从军青年已逾六万的报道（1944年12月1日）

（中央社讯）知识青年志愿从军登记，自十一月十二日以来，除因战事影响地区及战时交通关系，登记统计材料，尚未汇齐外，截至十一月三十日止，各省市及各专科以上学校征集委员会所报名登记之总人数，已达67270人。又悉：中央知识青年从军指导委员会，除已督促各地提早结束登记外，至因战事或交通影响开始登记过迟者，则酌予延长登记日期。

原载《大公报》1944年12月1日

31.《大公报》关于妇女从军运动促进会成立的报道（1944年12月4日）

（中央社讯）妇女志愿从军促进会，于昨日下午二时假中央党部大礼堂举行成立会，除通过会章讨论今后工作方针外，并选举费侠、吕云章、徐国瑞、吕晓道、朱纶、伍智梅、庄静、唐国桢、包德明、刘巨全、沈慧莲、熊芷、张蔼贞、朱保良、任之万、华柏、漆承一、林范文、罗□、赵丽楣、吴瑞燕、陶寄天、李湘兰、傅伯群、黄佩兰、黄洁、朱剑霞、许斌为理事，张维桢、陈纪彝、谢兰玉、伍慕英、钱□和、任培道、倪斐君、黄翠凤、徐芳、胡敦五、陈素兰、芳君展、南洁民、马□□、盛方为监事。

原载《大公报》1944年12月4日

32.《大公报》关于渝市青年踊跃从军的报道（1944年12月2日）

（本报讯）重庆市知识青年从军招待所改组为4个征集所，分设于江家巷15号、南岸中山医院、江北文庙及临江路第5号。临江路第5号为女青年征集所。登记期限原定十一月底截止，现决展期至十二月底。截至昨日止，统计在全市29个登记处登记从军青年已有5812人（包括由万县来渝之130人及由达县来渝之94人），内中男5449人，女性363人。各界从军情绪异常热烈。军委会一年□逾龄之中将参军准予调为列兵；一位独眼大学生以体格检查不合格，再三恳求入伍，至于哭泣。类此事实不胜枚举。而一般女青年则更多痛哭陈词，要求参加者，举就近一登记处经检验合格之948人分析，计有大学生59人，高中学生325人，初中学生427人，军校生9人，同等学力者128人。年龄以未满30岁者为最多，约占97%。市征集委员会现正草拟集中计划，务使将来由疏垦区及附近各县来渝入营之青年，沿途均获妥善照料，而有“兵至如归”之感。该会负责人昨假中韩文化协会餐厅招待新闻界，对其最近工作有所报告。

原载《大公报》1944年12月2日

33.《中央时报》关于陪都知识青年从军数额的报道（1944年12月14日）

（本报讯）本市知识青年从军者，踊跃异常，迄至十二日止，全市报名从军青年，共计8121人，其中川东南各县青年经登记检查合格而呈报有案者，计1940人。本市征集委员会将成立二三两大队，以便管理，并于二十日起开始集中，现运输及粮秣等项，当局均有具体之计划及准备。

原载《中央日报》1944年12月14日

34.《中央日报》关于全国从军知识青年征集完竣及各地从军人数的报道（1944年12月31日）

（中央社讯）自十月十一日中央召开全国知识青年志愿从军会议，决定征集办法后，即于十月十二日成立全国知识青年志愿从军指导委员会，各省市及各专科以上学校征集委员会，亦均于十月二十五日以后相继成立，开始工作。全国知识青年志愿从军指导委员会，为使志愿从军青年应征之后，顺利到达集中地点起见，先后拟定征集集中预定路线、交通运输计划、粮食补给计划、医药卫生设备办法、集中期间管理办法、沿途招待处设置办法，以及运输起讫期间等，通告各地战区及各有关机关依照进度分别办理。开始以来，除广西、湖南等地区因军事关系稍受影响外，全国各地区各学校青年志愿从军均极踊跃。据各级征集委员会报告：截至本月三十日为止，登记从军人数已达122572人，因交通通信关系，各地从军人数尚未报齐，故实际尚不止此数。现各省市从军青年均已于本月二十五日起分别前往指定编练地点集中，开始征途生活，沿途欢送，均甚热烈。在抗战第八年代，交通阻塞，邮电滞积，种种困难情形之下，短短三月不足期间，竟能达成蒋主席十万青年军之伟大号召，实为抗战胜利建国成功之有力保证。

兹探得各地区各学校应征人数，表列如后：重庆市8020人；四川16196人；贵州1800人；云南2389人；河南10000人；湖北7440人；广东9090人；江西8500人；福建11759人；三战区2872人；安徽1040人；陕西10150人；甘肃9037人；青海1500人；宁远279人；绥远793人；山西502人；西康150人；沦陷区10400人；专科以上学校10648人；总计122572人。

原载《中央日报》1944年12月31日

35. 知识青年从军运动真相[①]（1944 年）

自志愿远征军教导团成立，参加反攻缅甸战役以来，收复失地，迭著战果，在国军抗战史中，放一异彩。政府更于目前发动普遍性之知识青年从军运动，风声所播，全国景从。当兹最后胜利即将到来之际，此项运动，关系重大，而其真相如何，更为吾人所期求明悉者。因就一旬来《大公报》《中央日报》所载消息，及各方面所得之情报报告等，特为辑述整理，庶对此项情形得一概括印象。

一、各方面的响应和准备

此项运动发动后，蒋委员长复发表《告知识青年从军书》，并亲送两公子入营示范，如是重庆各专科以上学校校长，于十月二十五日联名通电响应，各校复纷纷成立征集委员会。计：

重大于二十八日成立；

中大、上海医学院、国立音乐学院、求精商专、文华图书馆学专科学校、四川省立教育学院，均于十月三十一日成立；

金大理学院、朝阳学院、边疆学院，十一月二日成立；

国术体专、江苏医学院、交大、艺术专科、中华大学等，十一月三日成立；

国立西北师范学院院长李基、甘肃学院院长宋恪、西北技术专科学校校长曾济宽、西北医专校长齐清心，曾电呈蒋主席，决发动四校员生响应从军运动。而甘肃全省中等学校校长亦联名电呈蒋主席竭诚拥护。

重庆市政府社会局为普遍发动知识青年从军运动，特于十一月六日召集各省市旅渝同乡会、各工商业同业公会、各自由职业团体共百余单位集议，商讨各会员从军优待办法。

从军指导委员会于本〈十一〉月四日开会二次，除讨论一般从军办法外，复规定妇女服役办法，以为妇女参加此项运动之准绳。各专科学校校长又于四日在教育部作第二次之座谈，议决学生从军要案四项，如入营后定期慰问、供给精神食粮等，以补前所决议之不足。而社会部工人福利社为便利青年知识劳工登记从军起见，亦于全市设立六个登记站，其地点如下：（一）商业场中大街 3 号；（二）小龙坎工人福利社；（三）江北猫儿石工人福利社；（四）南岸龙门浩工人福利社；（五）江北刘家台工人福利社；（六）北碚工人福利社。

以上为一般之响应与准备也。至于政府方面，除成立知识青年从军指导委员会外，并在军事委员会下设立知识青年志愿从军编练总监部，派罗卓英兼任训练总监，并区分军务、参谋等六处，以统筹办理此事；陪都等地且设从军青年招待处。并预定自本年十一月十一日起，正式登记检验入营，明年一月一日起，正式开始训练，然后编为新军，备为国用。其标的暂定 10 万，所谓“一寸山河一寸血，十万青年十万军”也。

二、机关首长的签名和示范

中央机关首长，社会领袖名流，如梁寒操部长、马超俊副部长、胡庶华副书记长、参政员孔庚等，因受主席精诚感召，均以逾龄之年，首先签名从军。中正大学教授袁昂、徐量如、王麟祥，辰溪岳麓中学校长，浙省府视察程一林，诸暨县长税连河，重庆工作竞赛委员会组长耿承、科长宋化群、专员熊曼、总干事万华柏，广州大学校长王志远等，均先后响应报名。市长贺耀祖，中委王正廷、李烈钧，参政员王晓籁，次长顾毓秀，中央社社长肖同兹等，亦先后送其子辈从军，允为难能可贵。参政员胡木兰、陈逸云等，尤为妇女界之领导人物，亦莫不签名从军，此不但

① 此文系军统局于知识青年从军运动发动后对该运动进行调查后所形成的情报，标题系采用原有的。

一时传为佳话，而对于倡导知识青年从军，更收到莫大之号召作用。

三、公务员之报名统计

自此运动发动后，中央及各省市地方等机关公务员之报名者，截至本〈十一〉月十二日止，约得以下之概数，但其中亦尚有未经发表或未及调查者，惟其真实情况如何，惟有待征入营时期，始能证实也。

（一）国民政府：于十月二八日府内举行从军运动大会后，当场签名者，计有职员赖孔辉等12人。（二）粮食部：上月二二日徐部长在纪念周上报告从军问题后，当有科长周材斌，该部四川储运局科长程绍彭等3人签名志愿从军，嗣后继起者颇为踊跃，至目前为止，该部连同四川储运局之47人，工友11人，女职员1人，已达135人（内有女职员13人）。（三）财政部：包括该部盐务总局6人，国库总署9人，田赋管理处3人，直接税局1人，总计已达130余人（内有处长科长各1人、女职员7人）。（四）经济部：有技士秦忠钦等5人。（五）社会部：包括该部劳动局、合作事业管理局，截至上月二八日止已有56人。（六）海外部：截至上月二八日止已有18人。（七）军政部：该部汽油厂有译电员4人。（八）交通部：1人。（九）铨叙部：1人。（十）参军处：5人。（十一）考试院：1人。（十二）中央训练委员会：6人。（十三）中央设计局：8人。（十四）中央广播事业管理处：2人。（十五）渝工作竞赛委员会：18人。（十六）中央党史史料编纂委员会：7人。（十七）行政法院：2人。（十八）中央文化驿运站总管理处：5人。（十九）考选委员会：5人。（二十）地政署：科长1人。（二一）地方法院：女职员1人。（二二）中央银行：2人。（二三）交通银行：13人，又工友9人。（二四）中央日报：5人。（二五）中央通讯社：1人。（二六）中华海员工会渝分会：1人。（二七）贸易委员会：女科长1人。（二八）中央图书杂志委员会：28人。（二九）重庆市政府：18人。（三十）复兴商业公司：3人。（三一）国际问题研究所印刷厂：2人。

此外，不属以上各机关之公务员等，前往市党部登记报名者，计：十一月三日计68人，四日达200余人，五日约81人，七日约90余人，八日约190人，九日约240余人，十日约170人，十一日约59人；而另在妇女月刊社报名登记之女青年，据本月三日消息，已达600余人，至今当更有增加矣，闻已达900余人。

以上数字已近2000人，虽然尚有未经发表、未加统计在内者，但大体上各机关知识青年之从军情绪，可以窥见一般矣。

四、各校学生之从军概况

知识青年从军运动之发动，原以各校学生为主体，但演变以来，其情形至今不能令人满意。除中等学校已略有表现，差强人意外，其中等以上之各校，虽有学校当局之倡导，社会舆论之鼓吹，但至今平淡无闻，□□□如隔岸观火，不闻不问，是诚原因复杂，□□□□□□□□□□□且应设法予以补救也。于此谨列各校从军数字，以见实况一般。

（一）中等学校报名数字：

1.中央工校：十月二三日马副校长动员后，当场报名为50余人。2.南开中学：已有100余人。3.仁济高级护士学校：约30余人。4.江苏省立中学：约43人。5.大公职业学校：约100人。6.巴县县立高级农业职业学校：约80余人（内有女学生2人）。7.大夏中学：校长学生共11人。8.精益中学：40人。9.中正中学：约100人以上。10.南岸嘉励中学、英才中学、博学中学、东方中学：共约280余人。11.求精商业中学校：20人。12.载英中学：16人。13.国立九中三分校：40余人。14.复旦中学：43人。15.中央造纸学校：43人。16.明诚中学：17人。17.重庆市立中学：10余人。18.国立十九中学：540人。19.重庆女子职业学校：40余人。20.国立十六中学：32人。

21. 巴县县立女子中学：18 人。

（二）大学或专门学校签名统计：

1. 川大 3 人（成都）。2. 金大 1 人（成都）。3. 交大航空系全部学生（数不详），其他 1 人。4. 边疆学院 5 人。5. 中正大学 26 人（江西）。6. 中大 2 人（一为图书馆员王浚，一为军校毕业生现在该校求学者）。7. 复旦大学 8 人。8. 女子师范学院 17 人（白沙）。9. 武汉大学 3 人（乐山）。10. 东北大学 4 人（三台）。11. 戏剧专科学校 32 人（江安）。12. 广东大学重庆同学会 11 人。13. 东方语文专修科全体四分之一（数目不详）。14. 中央警官学校 1 人。

五、各省市从军登记情形

（一）陕西省 400 余人，但西安报到者仅 13 人。（二）成都市 226 人。（三）昆明市（滇省在内）808 人，女 222 人。（四）贵阳市 240 人，女 20 余人（安顺在内）。（五）江西 60 余人。（六）立煌 670 人。（七）自贡市 800 人。（八）永川 103 人。（九）綦江 108 人。（十）南郑 400 余人。（十一）甘肃兰州 5 人。（十二）宁夏 22 人。（十三）潮州 100 人。（十四）赣县 16 人。（十五）上饶 26 人。（十六）涪陵 42 人。（十七）枣阳 10 人。（十八）上海市 30 余人。（十九）西康 14 人。（二十）广东韶关已有 10 余人，约可达 100 人。（二一）江津九中女生 36 人。（二二）璧山 124 人。（二三）湖北恩施咸丰等地约 50 人。（二四）竹溪 10 人。

六、渝各大学态度冷淡之一斑

各大学学生之报名从军，据以上统计，截至目前为止，有表现者仍不踊跃。兹将渝市各大学学生从军态度冷淡之一斑，以及近日来之简略情形，分说于次：

（一）中央大学：中大知识青年从军征集委员会已于 10 月 31 日成立，由校长顾毓琇兼主任委员，教务长王士一、训导长王书林兼副主任委员，干事长何义均任总干事。但此项组织虽已成立，同学中之态度则极为冷淡。四年级学生认为苦了几年，转瞬即可毕业就职政府机关，目前待遇虽薄，但可较抒数年寒窗之苦，如此时从军，则将再苦两年或竟两年以上，且有生命危险。二三年级学生，则以为不从军即可读书，可以早日完成学籍，从军则两者均不能矣。总之，该校学生对此不生兴趣，缺乏信心，且认 [为] 政府要员等之签名倡导，系沽名钓誉举动，无人真去从军，其作用不过号召我等及一般低级公务人员而已；即如从军优待办法，亦殊难以置信。故全校教职员及学生，多视若无闻。报名者虽亦有二三人，但一为图书室职员，一为原在军校毕业之学生，其余则尚无一人。又如顾校长之签名从军，同学竟出布告欢送，后虽将此布告撕毁，但已啼笑皆非矣。闻该校最近将开征募大会，再度征求志愿学生。但由该校一般学生如此态度观察，是其结果亦可以想象也。

（二）重庆大学：该校学生认为当局对青年均系诱骗，改善役政缺乏诚意。前有志愿参加教三团之该校学生王成义，曾回校与人谈及从军问题，谓“在陪都所在当兵，仍是吃不饱穿不暖，吃空缺，干部知识低下，当兵无好处”等语，影响颇不小。又如同学间常与以前被征调之译员通信，字里行间，每多带来不满政府待遇及有关不良消息，因此相互传播，全校周知，影响一般学生心理，非但不乐从军，甚至视为畏途矣。

（三）复旦大学：该校情形及学生间之心理，亦与中大、重大相同。是以学校当局虽多方鼓励，校长章益且亲自送子入营，许训导长亦以身作则首先报名，但学生则均无动于衷。闻已报名者，初仅几人，现在已有英语专修科 9 人，华侨先修班 2 人，会计室 1 人，连训导长在内已得 13 人，较中大、重大略胜一筹而已。

（四）中华大学：因学校及党团组织对此项运动毫无有效方法推动，故学生从军之举，迄无所闻。仅二三年级学生表示，谓此次教育当局如能破例准予学生提前毕业，发给文凭，则彼等自愿前往从军，否则此时从军，学业势将荒废，待从军归来，时过境迁，事实上重新攻读，将势不可能。因此，一般对从军情绪，遂异常冷淡也。

（五）江苏医学院：该院学生报名从军者，迄今尚未见 1 人，仅有该校职员文书主任许良干，女生指导杜杰及技术员蒋恩益等 3 人而已。

（六）朝阳学院：该院院长孙晓楼自上月二九日国父纪念周上作从军运动之动员后，闻迄今仅有 2 人报名云。

（七）育才学院：该院当局为鼓励学生从军情绪起见，特赠阅各生《扫荡报》一份。但迄今已 20 余日，尚毫无表现，各生且表示看报与从军不能混为一谈。教部公布之优待学生办法，彼等亦不以为意。截至目前止，尚无一人报名云。

七、中央政校从军竟闹风潮

从军运动发动后，该校教育长程天放遂于某次集会时当众宣布此项消息，并当场征求各员生意见。因当时并无学生出面反对，学校当局遂以“全校从军”消息公诸报端。其实该校学生中究有若干人志愿如此，则尚不得而知也。以是散会后，志愿与不愿者遂发生冲突而大演武行，学校当局事后乃以纪律制裁分别罚处，事件遂暂告一段落。现悉学校当局前因“全体学生一致从军”曾签呈总裁报告一切，现已奉到批示：“全体从军，其志可嘉，造具名册，听候检验。”最近校方又奉中央党部令开：“除志愿从军已签名者外，如不足五分之一人数，应以抽签决定。”云云。但学校员生对此均无表示，惟有听候命令办理。其实有少数学生因其家长或本人之畏缩从军，已有借故请假者。教职员方面则多抱冷淡态度。故该校从军运动之情况，固不如报端所公布者之令人满意也。此外，尚有另一传说，谓野心政治阴谋者将借此项运动，促使该校在短期内整个解体。果然如此，则该校之知识青年从军运动，尚须加以注意检讨而另行估价也。

八、各方之期望与意见

抗战接近胜利关头，军事益显重要。知识青年从军，影响国家前途，关系何等重大，以是期之愈殷，望之最切，而各方之意见，是亦大可值得注意也。因略述数点如下：

意见中之最值得注意者，厥惟西南联大校委张伯苓、蒋梦麟、梅贻琦等所呈领袖一电，其中重点约有五项：

（一）不能强迫从军青年入党。

（二）请早日公布主管负责人员姓名，因主席不能兼任此项琐务也。

（三）军需须真正独立，因待遇服装等□□关系也。

（四）训练时须选任最优秀干部。

（五）训练地点请以在美军驻地附近为宜。

其次则为一般之意见，概括如下：

（一）知识青年从军，是改革兵役的核心，可以提高军队的素质，为兵役制划时代之革新。

（二）老年人自己不必去从军，应当奖励子弟上前线。

（三）政府应当尊重从军人员的人格，扫除虐待士兵之恶习，不得用体罚。

（四）《大公报》主张，任何党派不应在此次所成立之新军中发展组织，但多数人士则认为在军队中应有本党组织，以免为少数野心家用此造成割据的军阀。

（五）知识青年从军，容易训练，容易整饬纪律，军队之坏现象容易暴露，且亦容易改善。

（六）学生从军，多主张征召，不应抽签，因抽签弊端太多。其次编队应依志愿，长官应慎重选派。而大学生之征调，应先由三四年级，次及一二年级。

（七）不应用利禄诱导，而应从实际上改革军中的生活待遇。

（八）要做到军事第一，军人的享受要高于非军人，推行各种有效办法，增加军人便利。

（九）主张新军要用在国内来驱逐敌人，收复国土，不应用在国外。

九、奸伪之造谣与破坏

知识青年从军运动发动后，全国报纸莫不鼓吹从军，大声疾呼。惟奸伪对此始终沉默，暗中破坏。《新华日报》始终不载此项文字，即领袖所发表之《告知识青年书》，该报亦只字不登，且于十月二三日发表荒谬社论一篇，其中强调“挽救危局最根本的办法，是政治上要有一个全面彻底的革新，认为知识青年从军，仅是提高军队品质和作战力量的方法之一”等语。而社会上近忽流传一种谣言，谓：“知识青年从军，系国民党组织党军，实行法西斯的一种运动。”则更为奸伪居中破坏，造谣惑众。吾人于此，当益知今后如何推行此项运动矣也。

原载重庆市档案馆编：《档案史料与研究》（季刊），1989年第2期

36. 重庆市党部关于发动知识青年志愿从军的报告[①]（1945年4月）

三十三年十月，总裁号召知识青年从军运动以后，本会即积极推动，于十月十八日召集全市各区党分部书记举行联席会议，对发动知识青年从军，规划甚详，并通令全市各区党分部，自十月二十六日起至二十八日止，分别举行党员大会，由本会分派委员前往参加，积极发动，切实督导，以期普遍热烈响应。又策动市教育局于十月十九日召集全市各中等学校校长及训导主任，举行知识青年从军问题座谈会，并商请教育部于十月二十四日召集渝市附近各专科以上学校校长举行知识青年从军问题谈话会。此外，本会复经常聘请社会名人，分赴各校演讲，倡导从军，发动各业党团同志在各机关团体内多方策动，响应从军，举办陪都中等学校知识青年从军演讲竞赛，举办青年从军宣传大游行；在本市分区分期举办知识青年从军过俗〔境〕宣传大会，并指定本市重要地区及迁建区之各区党分部，成立知识青年从军登记分处20处，举办从军登记事宜。经两月余之努力宣传与督导，本市知识青年响应从军，前来登记者极为踊跃。至规定截止之日止，计来本会登记者1791人，连同在本市征集委员会登记者共为8027人，超过本市原配额数（转入驻印远征军由渝起飞赴印者有4000余人，尚不在内）。俱经本会指导各登记分处并转函市征集委员会指派医师分期办理体格检查，编定队次，分期集中指定之营地受训。

重庆市档案馆馆藏档案：全宗号：0051，目录号：1，卷号：683

① 摘自《重庆市党部工作报告》（1945年4月印）。

37. 全国知识青年志愿从军指导委员会、重庆市政府为划清川省与渝市从军人数有关文件（1945年9—10月）

一、全国知识青年志愿从军指导委员会代电（9月24日）

重庆市政府转重庆市知识青年志愿从军征集委员会公鉴：

据四川省征集委员会征总字第357号代电，窃本会奉令征送从军青年计13000名，经拟具各县市局征集从军青年配额表，分饬遵办并经电呈钧会有案。其中下[川]东32县，另有青年团渝支团部团员从军配额3260名，各该县申送从军青年，原为党员与团员名额，从军党员应列为本会配额，从军团员则列为渝市征委会配额。嗣以各县申送从军青年，多未将党员团员从军名额划清，致有多数从军党员，亦并由渝市征委会列入从军团员额内，影响本会配额。为便于计算名额起见，前经电请渝市征委会，所有未划清党员团员从军名额之县份，其名额应由本会与渝市征委会平均分配在案。兹准渝市征委会养代电，略以本案，业经于七月二十日以巧代电呈复钧会转电来会，等由。查是项电文，本会迄未奉到，该会是否同意平均分配原则，尚不可知。窃以上列各县征委会，均系由本会发动，各该县党团及县政府、参议会等机关，会同组织，并受本会管辖，其所征集之从军青年名额，除已划清名额之县不计外，其余未划分党员团员之县，自应以平均分配，各占半数为宜，俾昭平允，而免争执。是否可行，理合电请迅赐核示。等情，此案必须迅速决定，且特电达，即希查照，于文到三日内具复，以便查核饬知，勿延为要。全国知识青年志愿从军指导委员会。秘一。申敬印。

二、重庆市政府秘书处第二组为与四川省划分党团员名额事给市政府的签呈（9月29日）

本案即指四川省与重庆市在分配名额上观点不同一事经与市支团部负责人商谈，据称："去岁奉命发动本支团团员志愿从军，经令饬所辖40余分团及各直属区队尽量发动，计实到人数为4887名，内团员为3857名。今四川省征委会以党团员人数未划分清楚而要求以平均分配为宜，实属不合。查本支团奉令配额为3000名，今将超过半数，足征本团办事人员之努力与团员之体认国事情况，而踊跃从军之所致，实非行方发动之功，若允其所请，则功过不分；若该会以配额关系，可将非团员1000人拨账，绝不能平均分配"等语。复查四川省征委会代电云，市征集会已于七月二十日电复指委会，但在本府无案可稽，该会档卷也无法查考，实难具复，如何之处？敬乞示遵。

第二组谨签

九月二十九日

三、重庆市政府为该市从军党团员人数无与四川省划分名额之必要呈全国知识青年志愿从军指导委员会代电（10月4日）

全国知识青年志愿从军指导委员会公鉴：

九月二十四日军字第6997号嘱转市征集会代电敬悉，经派员洽询该会负责人称：去年三民主义青年团重庆支团部奉命发动团员志愿从军，经令饬所辖各分团及各直属区队尽量发动，计实到4887名，内团员计3857名。今四川省征委会以党团员人数未能划分清楚，要求平均分配名额，歉难承认，且各征集会均已结束，人数均成定案，似已无再请分配之必要等语。准电前由，相应抄同重庆支团发动各县青年从军概况表一份，复请查照转知为荷，重庆市政府。秘二（ ）印。

三民主义青年团重庆支团部所属各分团发动从军青年概况表

单位名称	应到人数	实到人数	团员人数	报到日期	入营何处	备考
直属第一区队		29	29	三十三年十二月二十四日	201D	内有入党政班者 17 名
第一分团	60	94	53	同上	同上	
第二分团	100	77	37	同上	同上	
第三分团	150	156	101	同上	同上	
第四分团	60	123	123	同上	同上	
第五分团	60	47	47	同上	同上	
第六分团	200	106	103	同上	同上	
第七分团	40	46	46	同上	同上	
第八分团	10	23	23	同上	同上	
万县分团	200	399	300	三十四年一月一日	同上	男 345 女 54
铜梁分团	150	173	173	三十四年一月五日	同上	
奉节分团	60	38	38	三十四年一月三日	同上	
永川分团	150	237		三十四年一月七日	同上	
酉阳分团	80	140	140	三十四年一月十五日	202D	
梁山分团	100	100	59		同上	该分团从军青年系由美空运队由梁空运来渝，到达日期不详
大竹分团	100	99	99	三十三年十二月二十九日	同上	
江北分团	120	147	147	三十四年一月十六日	201D	
丰都分团	80	177	148	三十四年一月三日	同上	
荣昌分团	150	158	158	三十四年二月四日	同上	
合川分团	150	170	170	三十三年十二月二十八日	同上	
巴县分团	150	193	170	三十四年一月五日	同上	
长寿分团	100	108	108	三十四年一月十四日	同上	
达县分团	150	185	185	三十三年十一月一日	201D	
202D						
开县分团	80	103	103	三十四年二月二日	202D	
江津分团	100	113	113	三十三年十二月十六日		
白沙分团	100	106	90	同上	201D	
垫江分团	60	145	67	三十四年一月十六日	202D	
彭水筹备处	40	51		三十四年一月十四日	同上	
渠县分团	100	177	65	三十四年一月七日	201D	
南川分团	80	56	56	三十三年十二月二十九日	同上	
邻水分团	60	71	42	三十四年一月二十六日	同上	
广安分团	150	119	119	三十四年一月十四日	202D	
云阳分团	100	76	76	三十四年三月十五日	同上	
綦江分团	120	134	85	三十三年十一月十六日	201D	
涪陵分团	150	225	118	三十四年二月五日		
北碚分团	60	116	58	三十三年十一月二十二日	201D	男 103 女 13
璧山分团	120	160	160	三十三年十二月二十六日	同上	
巴中分团	80	74	27		同上	
宣汉分团	40	41	41	三十四年二月十日	202D	

续表

单位名称	应到人数	实到人数	团员人数	报到日期	入营何处	备考
石柱筹备处	40	46			201D	
忠县分团						据电报从军青年80名，是否团方征额不详
万县筹备处	40					
黔江分团	40	59	42		202D	
直属第二区队	5					
南开中学	40					
中大附中	15					
国立九中	30					
志诚中学	15					
国立二中	30	30		三十三年十一月十九日	201D	并入合川分团送渝入营
国立十二中分团	30	36		三十四年一月二十四日	同上	并入长寿分团送渝入营
重师分团	15					
劳师分团	10					
边疆学校分团						
合计	3000	4887	3857			男4820女67

重庆市档案馆馆藏档案：全宗号：0053，目录号：5，卷号：29

38. 重庆市政府为检送该市知识青年从军人数表致全国知识青年志愿从军指导委员会代电（1945年10月3日）

全国知识青年志愿从军指导委员会公鉴：

未虞致本市青年军征委会军字第6633号代电敬悉，经转据该会主管人员查复称："本会奉命征集知识青年军，计原配额为5000名，登记者16429名，检查合格为8652名，至交拨时为7255人"等语。准电前由，相应复请查照为荷。重庆市政府。称二酉（□）印。

重庆市知识青年从军人数表

单位	配额	登记人数	登记合格人数	交拨人数	备考
市支团部	3000人	9572人	4820人	4392人	
市党部	2000人	3928人	2411人	2032人	
市征集会登记处		1929人	1421人	831人	市征集委员会
登记处无配额					
合 计	5000人	16429人	8652人	7255人	

重庆市档案馆馆藏档案：全宗号：0053，目录号：5，卷号：29

39. 重庆市知识青年志愿从军征集委员会工作总报告（节录）①（1945年4月）

弁言

溯自抗战军兴，我全国军民喋血茹辛，与敌奋战八载于兹。其间有知识青年痛国势阽危，投袂而起，请缨效命疆场者，固不乏人。然政府为珍惜人才，保留国家元气，迄未大规模动员知识青年，使服兵役。兹以胜利在望，决战期迫，为提高国军素质，加强反攻力量，期收配合盟军夹击之效，用竟犁庭扫穴之功计，我最高领袖经慎〔深〕思熟虑，乃于去冬十月二十四日正式颁发文告，号召十万知识青年志愿从军。

自此精诚号召发出，全国各地志切报国之知识青年，风起云涌，热烈响应，争先投效，一时从军浪潮汹涌澎湃，势不可遏。致令我国自汉以还，文武殊途之稗俗，遽焉丕变，凡在学或在业之知识青年，莫不以缚袴长征为荣，而缨纬缙绅之士，亦以遣送子弟入伍相尚，推衍激，蔚为风气。于是此一运动不惟确立抗战胜利之保证，抑且奠定建国之始基，洵为富具历史意义划时代之运动也。

本市于此伟大运动，甫经开展之时，奉令成立重庆市知识青年志愿从军征集委员会，办理本市从军青年征集事宜。去年十一月十二日正式办公，以报名投效者之踊跃，同仁工作之勤奋，男青年之征务，不三月即告蒇事；续办女青年集中事宜，亦于数旬内相继完成。惟事属创举，且筹备匆促，凡所设施，未克尽臻完善，不逮之处，势所难免。兹谨将全部工作情形，为一集，公诸社会，聊存筚路之轮痕云耳。

贺耀祖　谨识

三十四年四月二十日

一、成立

抗战八年，盟军节节胜利，我为配合反攻，击溃倭寇，领袖乃于三十三年十月二十四日发布《告全国知识青年志愿从军书》，号召全国知识青年从军报国，藉以提高国军素质，增强反攻力量。一时各地青年闻风响应，此富有历史意义之从军运动，其展开之热烈与迅速，一如狂潮之澎湃，蔚为壮观！

三十三年十月二十五日，中央通令全国各省市县，普遍成立各级征集委员会，办理各地知识青年志愿从军征集事宜。本市奉令后，依照征集委员会组织办法之规定，由贺市长耀祖为本会主任委员，市党部方主任委员治、支团部任干事长觉五为副主任委员，并聘请包华国、唐毅、汪观之、康心如、骆继常、余琪、罗才荣、倪斐君等35人为委员，于十一月一日，正式成立重庆市知识青年志愿从军征集委员会，并举行第一次委员会，商讨一切进行事宜。依照规定，本市征集范围，除市区外并辖川东40县，征集配额：本市2600名，川东40县2400名。

二、组织

本会成立后，委员会数度集议，举凡会址营地之勘查，组织机构之配备，负责人员之派定，规章表式之草拟，均经商定，各项设备亦渐就绪，爰于十一月二日假本市临江路五号开始办公。

本会组织依照规定，川东各县设县征集委员会，办理各该县征集事宜。本会业务机构，设总务、编组、宣传、招待、女青年五科，复按科务性质，分别设股办事，以专责成（请参阅本

① 标题系采用原有。

会组织系统表)。但从军运动，事属创举，为力求适合业务需要，于市区内各适当处所或机关学校内，同时设立32个登记处，并请市民医院等7个卫生机关，代本会检查体格，以便利从军青年办理登记、报名、检查等手续；集中招待时，又先后成立8个大队，以便指导与管理；入营时，更于行军路线上，设立青木关、北碚、磁器口三个食宿站，以资接待。总之，本会组织除照规定所设之各科外，其余机构，悉应实际需要而创设，然均已充分发挥其效用。(附本会组织系统表)

本会组织系统表

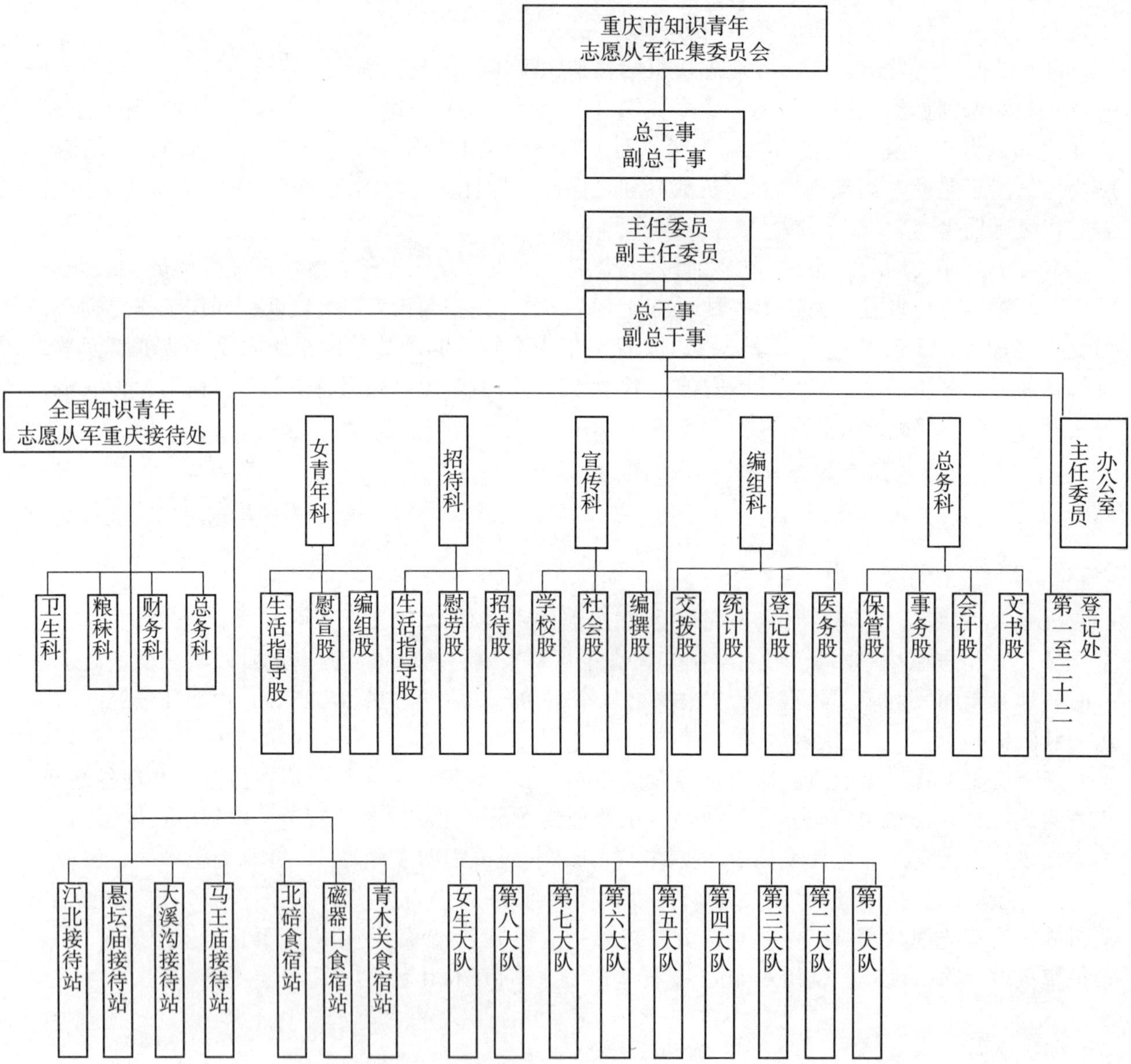

三、宣传

从军运动关于我国抗战决策成败，与本党本团前途晦明至为重大。故推行此项运动，首在宣传，一面阐扬其伟大意义与价值，同时宣示政府对于役政推行之决心，以启发知识青年之更大爱国热忱，使多数有志青年得献身报国。本会发动宣传，重在学校青年与职业青年，二月来收效宏大，登记人数超出预定数目甚巨。

（一）学校宣传

学校宣传端赖讲解从军意义，启迪报国良知与鼓舞投效情绪。市政府、市党部与重庆支团部在通力合作下，即于三十三年十月中旬，邀请本市党、政、团负责人及社会名流，分赴本市及川东区各公私立中等以上学校，普遍举行讲演大会，使学生深刻明了当前之责任与报国之途径，启发其高度爱国情绪，热烈响应此一运动而自动投效。十一月十二日本会成立以后，曾约请本市各学校当局各报馆记者举行谈话会，发动各界热烈赞助，一致动员，利用课堂或课余，随时宣传。结果总计此次从军人数，中学校青年占 70% 以上。

（二）社会宣传

社会知识青年，大部散布各机关各团体及各不同职业部门中，故宣传方式与学校青年有别，除利用一般文字或新闻宣传外，本会特联合市党部、支团部，举行三次宣传大会，每次大会均约请党团名人出席讲演，且由已报名从军之青年，推选代表出席报告其志愿与感想，到会人士莫不动容，会后，并配以文艺节目以助余兴，情况至为热烈。计第一次大会于十二月六日上午九时举行于陪都青年馆，到会男女青年 1200 余人；第二次大会十二月七日下午三时举行于广播大厦，出席青年 500 余人；第三次大会于十二月八日下午二时举行于银行界同仁进修服务社，参加青年 800 余人，成绩皆极良好。

（三）一般宣传

集会宣传虽有激动爱国青年从军报国之效用，但为时过暂，故本会于举行各项集会宣传之外，复利用新闻消息及一切文字作为经常宣传之动力。

1. 新闻消息之发布——新闻消息为现实之宣传材料，本会业务动态，报名从军之各种实况，以及接受本会招待之从军青年日常生活情形，皆由本会按日发布简短消息或速写，迳送各报馆直接刊登。并为便利新闻记者采访从军消息起见，特辟记者招待室，并由宣传科负责经常与之联系。每日各大报纸，有关从军消息，均占重要之篇幅。

2. 壁报之出刊——本会临时住会之从军男女青年，定期出刊一种“青年”与“女青年”小型壁报，以描写他们日常生活之情形，阐述他们自身抱负与感想为内容。其中有论文，有速写，有文艺，有诗歌，有漫画。此一仅及万字之小壁报，却拥有不少的读者，激动了许多青年的热情。直到他们入营为止，此一壁报始告停刊，前后共刊行 12 期，计“青年”8 期，“女青年”4 期。

3. 新闻记者招待会——新闻为社会宣传之主要工具，本会为加强消息报道之确实与迅速，并为广纳各方意见起见，特举行三次记者招待会，一方面报告本会业务推进之情形，同时更吁请新闻界对于本会宣传工作多于推助。

（四）欢迎与欢送

本会以及外省外县从军青年陆续奉命集中来渝时，本会皆张贴标语，并派员率领住会青年执旗，往车站或江干轮船码头燃放鞭炮，致词迎接。入营前夕，复先后举行五次欢送会，并发动陪都各界扩大举行三次欢送会。入营时更由本会按人数多少，准备运送专车，车身满贴标语，并发动市民沿途燃放火炮，抛赠慰劳品。从军青年坐于车上，引吭高歌，市民夹路欢呼，情况至为热烈。是种欢迎与欢送，一面在鼓励从军青年投效情绪，同时还发生很大的社会宣传效用，使市民认识从军的荣誉与尊严，从此改变对服役之观念。

四、登记

三十三年十一月一日，本会成立之后，为应各界青年请求，即函重庆市党部、重庆支团部，设立登记处，展开征集工作。十二日本会正式开始办公，即于本会内设立第一登记处，并调整原有党部团部设立之登记处，统一番号，自市区以达迁建各区，一共成立登记处凡32所，每处设正副主任各一人主持其事，登记工作遂积极展开。嗣为求得登记确实，办法统一起见，乃于十五日午后二时，在本会召开第一次登记会议，商定“申请登记须知”及“办理登记应行注意事项”，通电各登记处一体遵行，并规定各登记处，每三日将登记人数呈报一次，以资统计。至十一月底，登记人数即告超过配额，遵照规定，月底即应停止，但因申请登记者仍接踵而至，本会乃决定延期至十二月底截止，并于十二月三日召开第二次登记会议，当即商定“延期办理登记应行注意事项”及“准备结束应行经办事宜”。十二月三十日，本会之登记工作遂宣告停止。

至于下川东本会所属各县征集委员会，及本市各机关各学校征集委员会，办理登记事宜，一律均依照本会之规定办理，亦同时完成任务。

五、检验

从军青年来登记处申请登记之后，须经过知识与体格之检验。知识检验系以口试为主，凡申请登记之知识青年，必须携带学历及资历证件，呈请验明合格之后，方准填写书表，参加体格检查；凡无学资证件之同等学历者，则除当面填写书表及口试外，并令作自传一篇，以资甄审；故本会应征之青年，确为知识青年。至于体格检查，除调市卫生局、市民医院医生、护士，在本会设检查处外，并特请江苏医学院附属医院（北碚）、上海医学院附属医院（歌乐山）、中央医院（高滩岩）、卫生署青木关卫生站（青木关）、沙磁医院（沙坪坝）、市民医院、红十字诊疗所（夫子池）、仁济医院（南岸）等卫生机关，代办体格检查事宜。各登记处申请登记之从军青年，于填写登记表并经知识检验合格之后，即携带体格检查表，前往上述指定地点检查体格。本会为防止检查时有冒名顶替事发生，每于检查之后，令于登记表上签字以资与原填书表验证。本会办理检验工作，至为认真，一切均照规定标准办理，故从军人员体格均极健壮。

六、临时招待

自十一月一日开始办理征集运动以来，每日登记报名者，极为踊跃。惟各地从军青年，以报国心切，每多辍学辞业，先期来会请求入伍。本会以职责所在，未便墨守规章依照预定期内收容，爰为安定青年心理及成就青年报国志愿，乃临时提前接待。又本会征集范围，包括川东各县，故远道及沦陷区来渝从军青年，亦多提前抵渝，一时人数踊到，市内公共场所、学校，大都临时权作招待青年住宿之用，计先后征用之校舍，有玄坛庙、体仁堂、大溪沟、龙王庙、观音岩、大阳沟中心学校及私立巴蜀小学、东吴大学等；征用之公私房屋，有警察训练所，临江路五号、十六号，江家巷十五号等处。以上各处所，均分别设立队部及接待站，计自三十三年十一月十五日起，至三十四年一月二十五日止，为时百日，招待男青年总数前后竟达8673人。又自三十三年十二月十五日起至三十四年四月底止，招待女青年总数600人以上。其中由本会招待时间，有多逾2月之久，而少亦在一旬右右，同时留会受本会招待人数，最高纪录，超出4000人以上。依照征集程序，本会是项招待原系临时性质，而日期竟超出中央预定，自非本会财力物力所许可，故招待不周，设备不全，自所难免。但从军青年，皆能洁身自爱，恪守纪律，本会亦在设备可能条件下，尽量使各青年做到生活愉快，食饱睡足，以安定其生活与情绪。

七、集中编队

本会于十一月十五日开始办理招待工作，惟各地从军青年，以职业与文化程度之不同，生活习惯至不一致。为便于实施生活指导与管理起见，特就在会接受招待之从军青年，按其性质分别编队管理。从军青年于编队之前，须办理各项检验考核手续，凡在本市登记检验合格者，申请招待时，须呈缴各证件，本会再按其性质分别或集体编成分队、中队、大队；外县从军青年，亦就其性质之不同，而各别编组。总计本会招待人数 8000 余人，分别编为八个大队，每一大队以营舍设备关系，人数亦多寡不等（见附表）。

队 别	人 数	编组成分	营 址	招待日期	交拨日期	备注
第一大队	593 名	本市从军青年	江家巷 15 号	11 月 15 日至 12 月 25 日		
第二大队	872 名	合川、江津、丰都等县青年	民生路警察人员训练所	12 月 1 日至 12 月 29 日		
第三大队	658 名	本市从军青年大公职校	巴蜀中学	12 月 20 日至 12 月 31 日		
第四大队	378 名	万县、达县青年及粮食部青年	江北鸳鸯桥	11 月 10 日至元月 3 日		
第五大队	583 名	本市及川东各县青年	临江路 15 号	12 月 26 日至元月 6 日		
第六大队	902 名	本市及川东各县青年	社交大会堂	12 月 29 日至元月 8 日		
第七大队	714 名	本市及川东各县青年	观音岩小学	元月 1 日至元月 11 日		
第八大队	1150 名	本市及川东各县青年	江家巷 15 号	元月 8 日至 3 月		

注：各县及各机关从军青年未及编队即迳行交拨营者不计入。

各队于编队之后，订有作息时间表，每日晨举行升旗礼、早操、朝会，下午并有适当时间，施以军事训练，举凡基本教练，军事讲话，新式武器之构造与使用等课目，均经常照表实施，未尝间断，以作一般从军青年在正式入伍前之准备。

八、生活指导〈略〉

九、慰劳娱乐

各地从军青年，于住会编队后，本会除倡导各项生活指导与课外活动外，尚有慰劳、娱乐等措施，以调济〔剂〕其身心。关于慰劳方面，于本会成立之始，即组织慰劳物品征募委员会，发动社会力量，捐献日用实物，分配各从军青年，以示人民崇敬之至意。该会敦聘有关机关团体首长 9 人，担任委员，先后开会 5 次，各界对于从军青年，备极关怀，除捐赠慰劳金共 41 万余元外，并捐赠什物及日用品毛巾、牙刷、牙膏、拍纸簿等等，本会前后共募得 7000 人之慰劳品，平均每人可领得毛巾、牙刷、牙粉、肥皂等件；又渝市糖果业公会、杂货业公会与屠宰业公会，间或赠送糖果、饼干、酱油、榨菜、猪肉、牛肉等，使各队伙食，乃益丰盛，对于从军青年营养，补益不小。入营以后，本会经常派员前往慰问营内从军青年或其家属，遇有困难问题发生时，均尽量设法予以解决，以使彼等生活安定，乐于服役。又川中青年军各师次第成立与女青年入营后，特发动本市各界与各报记者组织慰问团，前往各营地访问慰勉，给予从军青年鼓励不少。

至从军青年住会时之娱乐方面，本会特辟有游艺室，陈设各种乐器，如胡琴、笛、箫等，此外尚备有象棋、军棋、团棋以及抬球、板羽球等，任便取玩，故各从军青年虽骤离家庭、学校、机关，而生活上却无寂寞枯燥之感。

又本市戏剧电影业公会，为优待从军青年观剧，特由升平、国泰、民众、唯一、新川、一园等六家电影〔院〕，每日晚场均留数十座免费招待从军青年入场；一川、第二书场、得胜、实验、第一剧场等六家戏院亦然；话剧则由演出剧团，择期分批免费招待。总之，为提倡从军青年之正当娱乐，本市娱乐场所，在从军青年未入营前，经常免费招待，未常或辍，诚属难能可贵。

十、交拨入营

本会征集志愿从军之知识青年，原定十二月二十日开始集中编队，以便本年元旦集中交拨入营，但因从军运动热潮澎湃，各地知识青年，不辞远道来渝参加，自本会十一月十二日正式开始办公之日起，即纷纷要求招待编队。本会以其情词恳切，热忱可嘉，乃提前编组，自十一月十五日即设队部开始招待，自第一大队编成之后，各界青年争先报到，故其余各大队亦依次成立。迄至十二月二十日止，报到人数已逾3000，除编成4个大队外，实无地再可收容，本会乃与编练总监部洽商提前入营。二十五日本会第一大队即送赴璧山，二十八日第二大队出发，三十日第三大队出发，本年一月二日第四大队出发，均由会备专车送往青木关食宿站住宿一夜，次日步行入营，是为本会集中入营之第一批。本会一月四日起第五大队、第六大队、第七大队又相继成立，数日之内，又告编组满额，第五、第六大队，再先后送入璧山201师，致璧山营房亦告额满，旋奉令改送綦江202师，第七大队于一月十一日晨即开往綦江，嗣以零星报到，一时无法编队，特公告定于一月十五日截止报到，并设第八大队临时招待，至一月底止，集中交拨事宜，遂告完成。

在每次从军青年由本会开拔入营时，均商请接待处调集卡车运送，故从军青年入营而无行军跋涉之苦。

再永川、荣昌、璧山、开江等县，以县境距师部较近，不必绕道来渝，大都直接交拨，计先后由本会各大队交拨人数及直接交拨人数，总计7255人；除因故退伍者外，确实入营计共6922人。

十一、女青年之征集

本会于三十三年十一月二十日奉中央颁发女青年志愿服务队之征集与管理等办法，并令增设一女青年科，办理女青年征集事宜。本会爰加聘倪斐君、王履冰、傅伯群等6女同志为委员，并由王履冰担任女青年科科长，旋即正式成立，开始征集女青年。依照规定，女青年服务队计分政工、救护、通讯、经济四部门，本市配额共800名，包括川东万县、璧山、丰都、铜梁、北碚、永川、荣昌、江津、白沙、江北、巴县等12县在内。截至本年四月底止，登记报名者共1424名，审查合格者共930名，其报名登记审查等手续，率与男青年同。今年二月，男青年全部运送入营后，本会为减少开支，节省公币而缩小组织，将宣传、编组、招待三科先行结束，另于女青年科设置慰宣、编组、生活指导三股。

自去年十二月开始征集女青年后，亦有因特殊情形或远道来渝申请本会提前予以招待者，计共72名。十二月下旬，贵州省从军女青年125名来渝，以未到入营时期，经指委会电令由本会招待。

本市配额内之女青年，征集手续不一月即全部办理完竣，旋以训练机关接收问题迟迟未决，致使女青年一再延期集中，迄至三月十八日，始能将第一批政工队100余名，送往复兴关政工班入营，并将住会之贵州女青年全数送大坪编练总监部入营之后，本会即分别发出入营通知书，并于各大报刊登公告定期集中，陆续交拨入营。至于川东12县女青年，除万县外，均因交通不便，未能如期前来报到，本会业与编练总监部商妥办法，并分电各该县于本会结束后迳自交拨。

本会于办理女青年征务时，曾应编练总监部之请，就从军女青年中，共选拔35名，送女青年干训班受训，毕业后充任从军女青年之干部。复奉指委会电令，须接待全国各地来渝入营之从军女青年，计先后接待贵州、甘肃、湖北、陕西、云南、资阳等地来渝之女青年共343名。

凡住会之从军女青年，本会亦令成立自治会，倡导进修、康乐等各种活动，一如男青年住会时之种种措施，并成立歌咏队、合唱团，参观医院、卫生机关与通讯机构等，以为入营受训前之准备。又女青年全部征集手续与各种活动情形，业经商请教育部中华教育电影制片厂，拍摄全部新闻片，以志其盛。

十二、杂记〈略〉

重庆市知识青年志愿从军征集委员会从军青年配额、登记合格、交拨及入营人数比较表：

区域	配额	登记合格人数	交拨人数	入营人数	备注
市区	2600 人	5120 人	3837 人	3659 人	交拨时因病或退伍逃亡等情形致有短少，故入营人数计算系以持有青年军收据者为准。
川东	2400 人	3532 人	3418 人	3263 人	
合计	5000 人	8652 人	7255 人	6922 人	

重庆市知识青年志愿从军征集委员会入营从军青年党团籍、职业、学历、年龄统计表

入营总额	党团籍		职业					学历						年龄		
	党团员人数	非党团员人数	学生	公教人员	工	商	农	大学	高中	初中	军校	警校	同等学历	18—22	23—29	30—35
6923 人	4672 人	2250 人	4218 人	1984 人	450 人	248 人	22 人	246 人	1772 人	3989 人	51 人	10 人	854 人	5066 人	1641 人	216 人
100%	67.4%	32.6%	60.9%	28.6%	6.6%	3.6%	0.3%	3.5%	25.7%	57.7%	0.7%	0.1%	12.3%	73.2%	23.7%	3.1%

本会及招待外省外县从军女青年交拨入营数统计表

区别	交拨人数	备考
本会	441	川东各县除万县送来女青年 54 名外，余因交通梗阻未能如期到达
贵州	89	
甘肃	57	
陕西	81	
湖北	50	
昆明	52	
资阳	14	
合计	782	

重庆市知识青年志愿从军征集委员会编，1945 年 5 月

中国抗战陪都史初探①

郑洪泉

1937年全面抗战爆发后，国民政府于11月20日宣告移驻重庆。《国民政府移驻重庆宣言》庄严宣告："国民政府兹为适应战况，统筹全局，长期抗战起见，本日移驻重庆。此后将以最广大的规模，从事更长久之战斗。"自此之后，重庆成为中国抗战首都后来又被明定为陪都。

自1912年1月中华民国建立到1949年10月中华人民共和国诞生的37年间，中华民国中央政府曾数次迁徙，其间亦曾设过行都和陪都。这些举措都对中国历史产生了不同的影响。其中有些只是历史的一个曲折的反映，有些则推动了历史的发展。抗战时期国民政府移驻重庆并明定重庆为陪都的举措，则对历史的发展起了一定的推动作用。

第一，重庆成为抗战首都并被明定为陪都后，国民政府在这里指挥全国抗战，同全世界反法西斯国家和各种政治力量进行国际交往，并作为国际社会平等的一员参与、发起和组织世界反法西斯同盟和联合国，直至取得中国抗日战争和世界反法西斯战争的最后胜利。

第二，重庆作为抗战首都和陪都，体现了中华民族同仇敌忾、共赴国难、坚持抗战到底的决心。

第三，国民政府迁都重庆以后，重庆人民依据抗战陪都所形成的种种有利条件，在极端艰苦的环境中，一面抗战，一面建设，开始了重庆城市现代化和国际化的进程。

可见，重庆作为抗战首都并明定为陪都所具有的重大历史意义和现实意义是应当肯定的，而将中国抗战陪都史作为研究课题也很有价值。本文拟对中国抗战陪都史这一新的历史研究领域中的若干重要问题，做一番初步的探讨，以求教于史学界的专家和学者。

一、重庆是中国抗战的大本营和战时中国的政治、军事、经济、文化及外交的中枢

国府迁渝后，重庆成为抗战的大本营，同时它又是战时中国的一个缩影。

自国民政府移驻重庆之日起，重庆便成为中国抗战的大本营和大后方政治、军事、经济、文化及外交的中枢。于各个政治、军事机构迁移的同时，国民政府在日寇咄咄逼人的军事进攻形势下，克服重重困难，将战区和沿海地区的工矿企业、大专院校、科研机构和文化学术团体迁往内地，这种有领导、有计划、有组织的大规模经济文化设施的大转移，在中外历史上是罕见的。在军事上，武汉失守后不久，重庆即成为对正面战场中国军队进行指挥的最高统帅部，蒋介石在这里指挥了一系列战役，其中包括著名的三次长沙大会战和1941年5月鄂北战役。这些战役的胜利，曾大大鼓舞中国军民的士气。在政治上，继1938年3—4月在武汉召开临时全国代表大会颁发《抗战建国纲领》后，1939年3月和1941年12月，国民政府和国民党中央又先后在重庆发布《国民精神总动员纲领》和《国家总动员纲领》。国民政府还实行了以军事为中心的战时经济政策。大后方人民和海外侨胞，在抗战建国的号召下，为驱逐日寇，挽救民族危亡，付出了巨大的人力、物力和财力。

① 本文系作者1993年10月21日在重庆大学举行的"中国重庆抗战陪都史国际学术研讨会"上的发言，后收入由华文出版社于1995年7月出版的《中国重庆抗战陪都史国际学术研讨会论文集》。编入本书时作者对本文作了少许文字上的更改。

至于重庆人民在国家空军力量处于弱势，无法掌握制空权的情况下所进行的顽强的反对日寇残暴空袭的英勇斗争，更是写下了人类战争史上可歌可泣、悲壮的一页。由于国民政府移驻于此，重庆便成了日军空袭的主要目标。自1938年冬开始，日本军国主义者在长达五年多的时间里，对重庆进行了惨绝人寰的狂轰滥炸，其暴行在整个人类战争史上是少有的。敌机每次轰炸扫射之后，均使大批工厂、商店、学校、机关和市民的房屋被毁，大批设备和财物被破坏，市内大火冲天，尸横市井，许多平民家破人亡。然而日本军阀的野蛮残暴行径，并不能达到其破坏中国抗战和摧毁中华民族抵抗侵略者的意志和决心的目的，相反中国人民更加不屈不挠地进行战斗，山城仍岿然屹立，每次空袭之后，重庆人民均满怀悲愤之情抓紧空袭间隙，各司其职：工农努力生产，商贾照常经营，公务人员坚持工作，学校师生继续开课，整个山城呈现出一派朝气蓬勃的战时繁荣景象。在敌人封锁交通、物资极端匮乏的情况下，重庆人民为共赴国难，一面节衣缩食，一面持续不断地开展献金和募集支前物资的运动。这些都体现了陪都人民坚忍不拔、自强不息的斗争精神，爱国主义思想和中华民族反抗外来侵略，维护国家主权和民族独立的优良传统。

抗战爆发后，实现了国共两党的再度合作；中国共产党对国民党的行动给予了全力支持。首先是将红军改编为国民革命军系列的第八路军和新四军，迅速开赴抗日前线，与国民党军队协同抗敌，并积极动员民众，一致抗日。对国民政府之迁都，中国共产党亦早有预见，并认为是国民党对日不妥协的具体表现。国民政府撤离南京以后，中国共产党领导人之一的洛甫即公开声称，"国民政府"今天是一个已经开始担任着国防任务的政府，已经开始代表民族利益的政府"[《中共中央抗日民族统一战线文献选编》(下)档案出版社1986年5月第一版第70页]，对国民政府的抗日举措采取积极拥护态度。中共高级将领朱德、彭德怀等曾于1937年底参加蒋介石在洛阳召开的军事会议；中国共产党领导人周恩来、朱德还于武汉失守后向蒋介石倡议举办游击干部训练班，并派出叶剑英等参加筹办、组织和训练工作，这个游击干部训练班第一期即培训一千余人。后来彭德怀还到重庆与蒋介石面谈抗日军事问题；叶剑英亦参加过在重庆召开的参谋长会议。皖南事变前后，重庆军事最高当局与中国共产党军事高级领导人之间，时常互相通报对敌行动信息和交换敌军情报。八路军、新四军向山东、冀鲁豫、冀南、华中等地进军都是在报告重庆国民政府军事委员并获同意后行动的。在1939年冬季攻势作战和1941年中条山战役中，国民政府军委会要求八路军、新四军配合协同作战，八路军、新四军积极配合，主动出击，在多次战斗中给日、伪军以重大创伤。特别是1940年8月至12月，八路军发动了著名的"百团大战"，在华北战场向日寇展开大规模战略进攻，予敌以沉重打击，大大鼓舞了全国人民争取抗战胜利的士气，为此获得了蒋介石的嘉奖。八路军、新四军在每次战斗之后都及时向重庆军事委员会送交战报。中国共产党参政员还在国民参政会上多次提出拥护蒋介石和国民政府，加强民族团结，坚持持久抗战和实施抗战建国纲领等提案。日寇轰炸重庆期间，中国共产党报纸《新华日报》曾一度与国民党机关报《中央日报》《扫荡报》及另七家大报一道发行联合版，体现了患难与共的精神。中国共产党还组织大批文化界人士到前线和大后方进行巡回演出与宣传，动员各界民众积极投入神圣的抗战事业。可惜的是，中国共产党和其他抗日党派一再向国民党提出的实施民主宪政的建议一直未能被采纳，致使抗战后期国民党军队正面战场出现了豫湘桂战役的大溃退和大后方严重的经济、政治危机。

战时首都重庆，同全国的情况一样，仍然要发生抗战阵营内部的分化、叛变和局部的妥协。不同党派和政治力量之间亦存在分歧、摩擦乃至冲突。但是，各个阶层、党派和政治团体终能以团结抗日的大局为重，共同声讨汉奸走狗的叛国罪行，不断谴责妥协倾向，尽量弥合分歧，并努力谋求解决摩擦和冲突的办法。所以，抗战和进步始终是战时陪都民众舆论的最强音，坚持抗战，反对妥协；坚持团结，反对分裂；坚持进步，反对倒退仍然是陪都战时政治生活的主旋律。正因为如此，以国共两党为基础的抗日民族统一战线才得以维持到抗战的最后胜利。从1938年冬开始到1946年春，国共两党在重庆的磋商、交涉和谈判从未间断。1945年8月到10月，在毛泽东与蒋介石的直接参与下，双方达成了《政府与中共代表会谈纪要》（即双十协定）。1946年1月，各党派又在重庆召开的政治协商会议上达成了《和平建国纲领》和一系列争取实现国家和平、民主、团结和统一的决议案，这就给战后中国提供了和平民主建国的可能性。可惜的是，这种可能性未能变成现实。国家至今未能达到完全统一。然而，坚持民族团结直到抗战最后胜利，并维持到战后一段时期的历史经验毕竟是十分宝贵的。研究抗战陪都史必须重视这一重要的历史经验，以便寻求维护民族团结、实现祖国完全统一和中华民族崛起的正确途径。

二、重庆是世界反法西斯国家实行国际合作的重要都会之一

由于重庆是大后方政治、军事、经济、文化和外交的枢纽，在太平洋战争爆发后，它又成了世界反法西斯国家实行国际合作的重要都会之一。

太平洋战争爆发后，已经为反对日本法西斯侵略而坚持了三年多艰苦抗战的中国政府，率先向美、英、苏等国建议：各友邦国家对共同敌人共同作战，并缔结军事同盟。1941年12月23—24日，由蒋介石召集，在重庆举行了有中、美、英等国军事代表参加的联合军事会议，会上通过了《远东军事行动计划六条》，这是第一次在中国重庆召开的反法西斯国家的国际军事会议。1942年1月，蒋介石就任同盟国家西太平洋地区中国战区总司令，重庆成为同盟国军队中国战区最高统帅部所在地。1942年1月1日发表了由中国与美、英、苏领衔，有26个国家签署的联合国共同宣言，从此中国同美、英、苏一同被列为四强，重庆也与华盛顿、伦敦、莫斯科一起成为第二次世界大战时期最著名的国际都市。

由于中国人民不惜一切牺牲，对日本侵略者进行了坚忍不拔的长期抗战，是世界反法西斯战争的重要力量之一，各同盟国家与重庆这个战时首都的友好往来日益频繁，重庆亦获得了很高的国际声誉。美国总统罗斯福于1944年5月25日致电蒋介石称："在此次战争中给吾国奋斗精神以最大鼓励之事非此一端，其中之一即为重庆——无论成年男女或幼童，在长期封锁及迭遭日寇轰炸之下所表现之伟大之勇气。此种勇气固深印于吾人之脑际而不能磨灭也。美国人民对于重庆人民坚毅不屈之精神，实不胜钦佩之至"（此资料存重庆档案馆）。

除此之外，陪都重庆还成了中国近代史上第一个中国政府与外国政府签订平等新约的光荣的都市。自鸦片战争以来，在列强的侵略与凌辱下，中国的京都或其他城市往往成了被迫签订丧权辱国的不平等条约的所在地。然而由于中国人民誓死抗击日本侵略并积极参加世界反法西斯战争，从而受到了国际上的普遍尊重，再加上国民政府坚持不懈地进行国际交涉，各国纷纷表示愿意放弃过去在中国享有的治外法权与其他特权及租借地，同中国另订平等新约。自1943年5月20日《中美新约》与《中英新约》在重庆和华盛顿互换批准书开始，直到国民政府胜利还都前夕的1946年4月，中国分别与比利时、卢森堡、挪威、瑞典、巴西、加拿大、荷兰、阿根廷、法国、瑞士等国在重庆签订了平等新约。虽然这些平等新约的签订并未真正完全废除帝国主义国家的在华特权和租借地，中国的半殖民地半封建社会亦未因此而有所改变，但这毕竟是中国国际地位提高的表现，也是中国在

外交上的一大胜利。可见，中华民族只有团结起来，自强自立，才能屹立于世界民族之林。回顾这段历史，将使人们从中获得宝贵的启示。

三、国府迁渝导致中国东部发达的生产力与文化向西部的大转移

为了坚持长期抗战并尽可能避免国力遭到日本侵略者的掠夺与破坏，在抗日战争爆发前后，国民政府将以上海为中心的东部沿海地区与华北及中原各省的工厂、学校、科研机构及各种文化、学术团体迁往西南、西北大后方，大部分是迁到以重庆为中心的西南各省，实际上形成了东部发达地区的先进生产力和文化向西部的大转移。

生产力的大转移表现在工厂和科研机构的内迁。据统计，到1940年，内迁工厂有450多家，物资设备12万吨，迁入四川的工厂有250家，物资设备9万吨。这些工厂和物资设备有九成搬到了重庆及其附近的川东一带。随厂迁入的技术职工有十多万人。以兵工企业为例，兵工署所属的14个兵工厂有7个迁来重庆，计有工作母机1.6万多台，技术职工达2.6万多人。兵工厂职工占全市产业工人总数的1/4。重庆遂成为拥有机械、冶炼、兵工、纺织、化工、电力、煤炭等部门的综合性工业城市，比之战前仅有几十家规模小且机械化程度低的工厂的状况，其面貌是大为改观了。与此同时，重庆的交通状况也有很大改善，以重庆为中心的国内外水、陆、空立体交通网络也已形成。水路方面，整治了河道，增加了各种船舶的数量；陆路方面，整治旧公路与修建新公路并举，并实行水陆联运，加之修筑了西南、西北的几条铁路干线，运输渠道的紧张状况有所好转；空运方面，除增辟以重庆为中心的国内航线外，还开通了重庆到香港、阿拉木图、河内、仰光、加尔各答等地的国际航线。这些都有利于应付日军的交通封锁。

文化的大转移则主要是科研机构、高等院校、艺术团体和各种文化、学术团体向西部的搬迁。抗战时期中央研究院的15个研究所有8个设在重庆。中央农业实验所与其他许多研究机构也陆续迁到了重庆。抗战时期重庆有高等院校达30多所，占内迁高校的3/5和全国高校的1/3。沿海地区的电影制片厂、著名剧团及全国性文艺团体和学术团体，也荟萃于重庆。重庆的新闻出版机构的数目在大后方各城市也占第一位。这就使得重庆的文化事业呈现出空前繁荣的景象。

至于人口的激增也是一个突出现象。1936年，重庆总人口是45.1万人，到1945年竟达125.8万人，9年内增加近2倍。1946年国民政府还都后，虽有大批人员复员回原地，但重庆人口仍在100万以上，这说明重庆的人力资源大大增加了。

从抗日战争爆发开始的中国东部发达的生产力和文化向中国西部的大转移，可与中国历史上以黄河流域为基地的华夏文化由北向南的大拓展相提并论。黄河流域是中华文化的发源地，由于不断向江淮流域及华南地区拓展，逐渐形成了灿烂的中华古代文化。近代以来，中国东部沿海地区，首先与工业革命以来的西方先进的经济文化接触，故而其经济、文化发展程度较中国内陆省区发达，西南、西北地区与沿海地区相比，差距很大。然而，由于抗战时期将东部沿海地区发达的经济文化转移到以陪都重庆为中心的西部地区，改变了中国经济、文化的布局，这就为重庆和中国西部地区的开发，提供了良好的物资和文化基础。再者，抗战时期，重庆的市政建设亦有相当的进步。明定陪都后，又专门成立了陪都建设计划委员会，制订了陪都十年建设计划，进行了两江大桥桥址、缆车线和无轨电车线路的勘测、设计和筹备，修筑了綦江铁路，兴建了市区下水道工程，这是重庆走向现代化的开端。新中国建立后的40多年来，特别是十一届三中全会以来的14年中，重庆的大规模

建设实际上是抗战时期开始的重庆现代化建设进程的继续与发展。研究抗战陪都史就应该借鉴抗战时期陪都建设的经验教训，更好地引进东部沿海经济发达地区和国外的先进技术与管理方法，缩短与它们的差距，以此来实现几代重庆人梦寐以求的创建美好幸福生活的愿望，把山城建设成为现代化的国际大都市，使之成为长江上游地区一颗璀璨的明珠。

四、抗战陪都史要以国府迁渝至胜利还都的历史过程为研究对象

近年来，中国抗战陪都史已经成为一个颇受重视的研究课题。依据历史事实，中国抗战陪都史应当以1937年11月国民政府迁渝至1946年5月还都的整个历史过程为主要研究对象，着力探讨这一历史时期陪都重庆作为中国抗战大后方政治、军事、经济、文化和外交中心的形成过程、发展概况与深远影响。特别要表现广大人民为抗击日寇侵略，维护国家主权和领土完整，争取民族解放而不屈不挠的斗争精神。

目前，对抗战陪都史的研究有一些不同的看法。一种意见认为，重庆作为战时首都和陪都，是两个有区别的概念。战时首都指的是国民政府已移驻重庆，临时代替南京成了中国的首都；而陪都则是在首都以外别建一个都城，与首都同时存在，地位仅次于首都。再者，从时限上来说，两者也有差别。重庆作为战时首都自1937年11月20日国民政府宣告移驻重庆开始，至1946年5月5日还都南京为止，共经历了八年又五个半月；而明定重庆为陪都则始于1940年9月6日，至1949年11月30日解放军入城，重庆已不成其为陪都，这其间共为时九年两个月又二十四天。由此认定把重庆说成是抗战陪都，在逻辑上是矛盾的，在内容上也并不完全符合历史事实。因此中国抗战陪都应正名为中国抗战首都。另一种意见认为，既然明定重庆为陪都的时间是1940年9月6日，到1949年11月30日重庆解放，陪都的历史就结束了，陪都史的时限就应当定为1940年9月6日至1949年11月30日。

应当说这两种意见都是有道理的，但却又过分拘泥于形式。在和平时期，一般来说没有中央政府迁移这个问题，首都与陪都自然是有区别的，首都与陪都的地位和重要性也是不能等同的。但到了战时，例如中国爆发了抗日战争，情况就大不相同了。抗战爆发后，国民政府移驻重庆，重庆便成为抗战首都，两年零九个月后，国民政府又把重庆明定为陪都，这绝不是为要把重庆降格，恰恰相反，是为了加强其抗战首都的地位。1940年10月1日，重庆各界隆重举行庆祝陪都建立大会，在大会上作主要讲演的重庆卫戍司令部总司令刘峙开宗明义的第一句话就是："什么叫陪都？陪都就是一个国家为了应付非常事变与适应战时的需要，在国都之外，建立一个代替国都职责的首脑部，这就叫陪都。"（此资料存重庆档案馆）当然，明定重庆为陪都，也确有将重庆定为战后西南建设中心的战略意图。既然明定重庆为陪都是加强重庆作为抗战首都的地位，在抗战时期陪都与战时首都其含义相通，则仅就抗战时期而言，称重庆为抗战陪都也是符合历史事实的。因此，把抗战陪都史的上限定在国民政府开始移驻重庆之日是适宜的，其下限自然应定在国民政府还都之日。

中国抗战陪都史是历史研究的新领域，正在开拓之中，需要探讨的问题还不少，有待于史学工作者的共同努力。以上看法，不过是个人的一孔之见，现在冒昧地提出来，实在也是为了求教于诸位学者、专家和史学界的同行。

论国民政府迁都重庆的意义与作用①

黄立人　郑洪泉

首都，是一个国家最高政权机关的所在地，是一个国家的政治和权力中心。首都设在什么地方，对一个国家的大局有着非常重大的意义和影响，历来是统治阶级及其最高权力当局立国施政的首要问题。民国时期，先有民元“定都之争”，后有抗战胜利前后“择都之争”。“定都之争”实质上是以孙中山为首的资产阶级革命党人与以袁世凯为首的封建买办性军阀官僚集团、以立宪派为代表的资产阶级上层之间的一场斗争，结果是后者战胜前者，定都北京。“择都之争”先在国民党高层北方籍元老和南方籍元老间展开，不久便议满朝野，继而扩及史学界、地理学界和政治学界，争论的结果，仍以南京为首都，国民政府还都南京。

值得注意的是，在民国历史上，除了首都的设置外，对于国家大局有过重要意义和影响的，还有行都和陪都的设置。从1932年到1949年的17年时间中，出现了首都与行都或陪都并立的局面：中华民国除以南京为首都外，国民政府还先后明定洛阳为行都；“西京”、重庆、北平为陪都，其中洛阳和重庆曾经在事实上成为中华民国最高权力机关的驻地。特别是重庆，在抗战八年期间，作为中华民国的战时首都，不仅是战时国民政府统治区的政治中心，而且是军事中心、经济中心、交通中心，发挥过重大的历史作用。

地处中国西部内陆的重庆，在决定中国命运的那个交织着血与火的战争年代成为战时首都，是历史的选择，有其历史的偶然性，更有其历史的必然性。

一

从1912年中华民国临时政府在南京建立，到1927年南京国民政府成立，南京最终成为中华民国首都历经变异周折，有着浓重的历史轨迹可寻，是历史演进的符合逻辑的结果。但是就其地理位置而言，在近代中国所处的复杂险恶的国际环境下，以南京为都有着明显的局限性，这早在民初时，被力主建都南京的孙中山所察觉。他认为：“南京一经国际战争不是一座持久的国都”，在发生外来侵略战争的情况下，中国政府若不愿受“城下之盟”的屈辱，势必迁都，因此孙中山构想建立“海都”“陆都”两个都城，海都为南京，另外“要在西北的陕西或甘肃建立陆都”。②孙中山这一颇具战略眼光的预见，于中华民国建立20年后，在很大程度上得到了验证。

1931年日本发动“九一八”事变，掠占中国东北地区，拉开了其武力侵略和征服中国的序幕。1932年“一·二八”事变发生后的第二天，1月30日，由国民政府主席林森签署，行政院院长汪兆铭、立法院代院长覃振、司法院代院长张居正、考试院代院长邵元冲、监察院院长于右任副署的《国民政府移驻洛阳办公宣言》，宣布国民政府移驻洛阳，政府官员中除军政部部长何应钦留南京处理军事、治安事务，外交部部长罗文干留南京处理外交事务外，其余所有重要机关和官员均于30日晚移驻洛阳。3月1日至6日，国民党在洛阳召开四届二中全会，国民党中常会向会议交议《以洛阳为行都以长安为陪都案》，称：

① 原载《民国档案》1996年第二期。

② 公安部档案馆编：《在蒋介石身边八年——侍从室高级幕僚唐纵日记》，群众出版社，1992年版，第8页。

“窃以南京为中华民国之首都，载诸约法，本无疑问，但按诸目前情形，实有以洛阳为行都之必要。……至于陪都之设定，在历史、地理上及国家将来需要上，终以长安为宜，请定名‘西京’。”[①]在此期间，时任河南省长的刘峙向会议提交了《请确定洛阳为永久陪都案》[②]。3月5日，会议通过了《确定行都与陪都地点决议案》，曰：“一、以长安为陪都，定名为西京。二、以洛阳为行都。三、关于陪都之筹备事宜，应组织筹备委员会，交政治会议决定。”

国民政府移驻洛阳，并以洛阳为行都，很明显的是由于南京在“一·二八”事变时受到了直接的战争威胁，正如《国民政府移驻洛阳办公宣言》所称：“日本军队向我进攻、使用无限制之飞机轰炸政策，同时首都及长江上下游各重要市镇，亦有日本军舰到处挑衅，其用心不过欲威胁我政府，使屈服于丧权辱国条件之下。”为了粉碎日本威迫国民政府签订“城下之盟”的阴谋，就必须把政府中枢机关移到较为安全的地方，以便“完全自由行使职权”[③]，因而有洛阳行都的设置。国民政府在洛阳处理全国事务历时约11个月，在此期间举行了由各党派（中共未参加）、各地区、各行业代表参加的“国难会议”。1932年12月，在形势有所缓和的情况下，国民政府自洛阳迁还南京，对此国民政府既没有发布宣言和命令，也未说明洛阳行都是否继续存在，但洛阳行都之说，此后在国民政府官方文书中即不再提及，洛阳作为行都实际上到此为止了。这可以说明：民国时期的行都，是作为中央政府为应付紧急和非常事件而临时移驻的暂时性首都，中央政府移驻而为行都，中央政府迁走，行都则自行取消了。

如果说国民政府移驻洛阳，以洛阳为行都，是一种紧急措置，而以长安为陪都则是一项战略安排，包含了国民政府从未来局势发展可能出发，在不易受到战争威胁的中国内地，预置中央政府战时移驻的安全之地的长远打算。“一·二八”事变使日本全面侵略和吞并中国的狼子野心昭然若揭，中日全面战争难以避免，迫使国民政府开始考虑为应付全面战争的爆发预作战略准备的问题，而首先应当考虑的当然是政府首脑机关在战时的安全和正常运转。1932年4月9日，行政院院长汪精卫在洛阳召开的国难会议上，阐述了以长安为陪都的理由：“长安、洛阳同为我国古都，五千年来我民族之发扬滋长，文化之萌芽光大，皆以此为根据地。……中国国民党总理孙先生早已见到中国若与外国冲突，如中日战争或日美战争时，日本必先攻击我沿海各省，采取抵抗办法，是必须立脚在西北，才能巩固作战之根本，扫荡沿海之敌人。不料日人对华侵略之暴行，即见于今日，我们只有尊奉中国国民党总理孙先生遗教，根据着西北，作长期之抵抗”，“用西北作最后之长期抵抗根据，打破自建立民国以来最严重最危急的当前困难。”[④] 蒋介石曾于1931年12月15日宣布第二次“下野”，未出席国民党四届二中全会。会议经过激烈争论，决定恢复国民党二届五中全会以后撤销的国民政府军事委员会，推举蒋为该委员会委员长，蒋遂于1932年3月18日在南京复出。复出后的蒋介石对以洛阳为行都、“西京”为陪都是认可的，同年11月，蒋向第47次中常会提议，“切实进行长安陪都、洛阳行都建设事宜”。经中央政治会议第333次会议决议通过了西京市区域、西京市经费、“西京应设直隶于行政院之市”、“西京设市长”、“西京筹备委员会为设计机关，西京市为执行机关”等事项[⑤]。可以看出，从孙中山时代到此时，国民党最高决策层一直把西北视为对外战争的根据地。

① 西安市档案局、西安市档案馆编：《筹建西京陪都档案史料选辑》，西北大学出版社，1994年版，第3页，第92页。
② 同上。
③ 中国第二历史档案馆藏档，1（1）全宗635卷。
④ （台湾）中华民国史料研究中心印行：《中华民国史实纪要（初稿）》（1932年1月至6月），1984年12月版，第181页。
⑤ 西安市档案局、西安市档案馆编：《筹建西京陪都档案史料选辑》，西北大学出版社，1994年版，第3页，第92页。

国民党四届二中全会决议“以长安为陪都，定名为西京”后，中央政治会议第337次会议做出相应的决议，改长安为西京市，直隶行政院，并设西京筹备委员会，以力主长安为陪都的北方派元老张继为筹委会主任。西京从1932年被定为陪都到1943年，在长达11年的时间内享有陪都的称号，但西京筹备委员会成立以后，一直未正式成立西京市政府，筹委会也基本上是有名无实，西京陪都实际上是“筹”而未“备”，长安仍为一省辖市。全面抗战爆发后，国民政府并未迁都长安。随着国民政府1937年移驻重庆，1940年明定重庆为陪都，同为西部城市的长安也就失去了继续称为陪都的实际意义，1943年国民政府改长安市名为西安（省辖市），1945年3月国民政府训令裁撤西京筹备委员会。

1937年11月19日，在“七·七”事变四个多月后，在南京召开的国防最高会议决定将国民政府移驻重庆。11月20日，国民政府发布由国民政府主席林森签署的《移驻重庆宣言》，宣称：“国民政府兹为适应战况，统筹全面，长期抗战起见，本日移驻重庆”[①]，这就宣布了将重庆作为“中华民国”的战时首都。11月26日，林森率国民政府参军处、文官处、主计处部分人员乘船循长江抵达重庆，而主持战时军事、财政、经济、外交和宣传动员工作要务的主要党、政、军机关则移驻武汉。此后，国民政府各院、部、会、处虽陆续由汉迁渝，但直到武汉会战开始，国民政府中枢决策的主体一直留在武汉。行政院虽于1937年12月2日对外通电迁渝办公，但对内规定所有给行政院等重要部门的文电仍送武汉。1937年11月至1938年10月将近一年的时间内，武汉在实际上处于行都的地位。1938年12月上旬，在国民政府战时中枢决策体系中处于中心地位的军事委员会移渝办公和蒋介石飞抵重庆，标志着国民政府移驻重庆过程的最终完成，重庆从此成为名副其实的战时首都。

全面抗战爆发后，国民政府不是移驻早在五年前设定的陪都西京，而是迁往四川的重庆，其缘由可以从以下几方面来考察：

首先，在1932年定西京陪都数年后，在国民政府最高决策层的心目中，对外抗战最理想的战略后方根据地不再是西北的陕西，而是西南的四川。

1935年蒋介石为追剿红军和控制西南军阀而进入西南，对西南和四川进行了实地考察。在此期间发表的讲话中，蒋介石多次反复地强调四川的重要性。3月4日，蒋介石在重庆出席四川省党务特派员办事处举行的扩大纪念周上作了《四川应作复兴民族之根据地》的讲演，称：“就四川地位而言，不仅是我们革命的一个重要地方，尤其是我们中华民族立国之根据地。”[②] 10月6日，蒋介石在成都出席省党部扩大纪念周，作了《建设新四川的根本要道》的讲演，认为“四川在天时、地利、人文方面，实在不愧为我们中国的首省，天然是复兴民族最好的根据地”[③]。两天后，蒋介石又在成都发表题为《四川治乱为国家兴亡的关键》的讲演，说：“今后的外患，一定日益严重……但是我们可以自信：只要四川能够安定，长江果能统一，腹地能够建设起来，国家一定不会灭亡，而且一定可以复兴”，“其实不必说川、滇、黔三省的存在，就是只剩下了我们四川一省，天下事也还是大有可为”[④]。上述讲话表明，蒋介石要以四川作为对日抗战的根据地的构想在1935年时已初步确立下来。这正如蒋介石在1937年11月19日国防最高会议上所作《国府迁渝与抗战前途》讲话中所言：“如果没有像四川那样地大物博、人力众庶的区域作为

① 《国民政府明定重庆为陪都令》，载《四川省政府公报》第100期。

② 蒋介石：《四川应作复兴民族之根据地》，载国民政府军事委员会委员长行营编：《参谋团大事记》下册，1937年版，第866页。

③ 蒋介石：《建设新四川之根本要道》，载《政训半月刊》1935年4、5合期。

④ 蒋介石：《四川治乱为国家兴亡之关键》，转引自叶育之著：《四川史地表解》，1941年成都版。

基础，那我们对抗暴日，只能如‘一·二八’时候将中枢退至洛阳为止，而政府所在地，仍不能算作安全。……到了二十四年进入四川，这才找到了真正可以持久抗战的地方。”[①]。应当一提的是，蒋介石关注四川并非自1935年统一川政时始，蒋介石自称早在民初上孙中山书中就提出：“详论中国革命根据地，就只有两省可当选。第一是广东……其次就要算是四川了”，作为中国对外抗战的根据地，“四川地位的重要实远过于广东。”[②] 第一次护法运动失败后，当孙中山在广州重组军政府再度揭起护法旗帜之际，1921年1月10日蒋介石拟就“军事意见书”呈孙中山，建议孙中山采取“粤蜀并重”的军事战略：“（一）对于时局之意见，平桂后先解决四川问题。（二）对于军事准备之意见：四川非导入我势力范围不可。故军事准备，概以粤蜀相提并论。”[③]

以蒋介石为代表的国民政府最高决策层之所以对四川情有独钟，主要是因为：四川及四川所在的西南与陕西及陕西所在的西北相比较，两者除了同样具有地域辽阔、资源丰富、地理位置有利于国防安全外，前者还具备后者所不具备的优势。前者的开发和富庶程度胜于后者，特别是前者的自然条件和农业较后者优越和发达，易于增加农产，能够承受战时军粮民食和工业原料需求的重荷；前者人力资源远较后者丰富、人口素质相对较好一些，可以满足战时兵役动员和战时生产对人力的超常需要。总之，前者比后者更有条件在人力、物力和财力上支撑长期战争的需要。

第二，与1932年时的情况不同的是，1935年后的陕西和四川的政治、军事形势都已发生了深刻的变化。

先看陕西。1935年红军长征到达陕北后，迅速扩大陕北苏区和红军。在中国共产党的领导和推动下，西北抗日民族统一战线日益扩大，抗日民主运动空前高涨。1936年12月发生了震惊中外的“西安事变”。这些因素，特别是“西安事变”余悸难消，对于顽固坚持反共立场的蒋介石在做出战时迁都决策时，不能不产生巨大的影响。全面抗战爆发，到国民政府最高决策层决定迁都前，日军为实现在短期内灭亡中国的战略，组织华北会战，“以期根本解决华北问题，并图谋调整日华关系”[④]，日军沿平绥、平汉、津浦路迅速推进，1937年8月占领张家口，9月占领大同、保定，10月占领石家庄、归绥、包头，11月初占领太原。华北的大部陷落，使毗邻的陕西唇亡齿寒，战争开始仅四个月，陕西在国防安全上的优势已所剩无几了。

再看四川。与陕西、长安作为战时迁都之地的不利因素不断增加的情况相反，1935年以后的四川作为“抗建根据地”的条件却日益成熟了。国民政府统一川政，结束了自民初以后四川军阀混战割据的局面，把四川纳入中央政府的控制之下。在此后两年中，国民政府通过整理财政、统一币制，稳定金融、救济工商，兴修水利、赶筑公路等措施，使四川经济有所复苏，“蜀道难”的交通状况有所改善。在这期间，国民政府着力把重庆营造为其控制四川乃至西南的大本营。在统一川政中起了重要的特殊作用的“国民政府军事委员会委员长行营参谋团”，于1935年初入川即驻节重庆。川政统一、刘湘就任四川省政府主席职位后，蒋介石即以省府业已建全，为了便于行使职权，宜由重庆迁回省城成都为由，逼使刘湘于1935年7月离开经营了10年的老巢重庆西迁成都。11月，蒋介石撤销参谋团，结束武昌行营，在重庆成立“国民政府军事委员会委员长重庆行营”，其管辖区

① 蒋介石：《国府迁渝与抗战前途》，载《总统蒋公思想言论总集》卷14第652页，第656页，国民党中央党史委员会1974年编印。

② 蒋介石在成都发表告别四川同胞讲演词，1946年4月27日，载《四川省政府公报》1946年5月1日。

③ 周开庆编：《民国川事纪要》上册，第267页，（台湾）四川文献研究社，1974年12月版。

④ ［日］防卫厅防卫研究所战史室：《中国事变陆军作战》（1），朝云新闻社，1969年版，第231页。

包括川、康、滇、黔、藏，上述西南各省的政务和军队均受其节制。全面抗战开始前，重庆已从一个地方军阀盘踞的川东重镇，一跃而成为国民政府统治四川和西南的政治、军事中心，全面抗战开始后，国民政府迁都四川重庆已属顺理成章的事情了，正如蒋介石所言："国府迁渝，并非此时才决定的，而是三年以前奠定四川根据地时早已预定，不过今天实现而已。"①

第三，刘湘竭诚拥戴国民政府迁川，推动了国民政府迁都重庆的决策。

从全面抗战开始到"八·一三"事变后，直至1937年11月以前，国民政府并无迁都四川之议，更无迁都之举。这种情况与1932年"一·二八"事变后第二天国民政府即宣言移驻洛阳形成鲜明的对照，个中缘由值得研究。

原因可能是多方面的，其中有两点值得注意。一是八、九、十三个月，国民党军队正在组织淞沪会战，如果在此期间迁都，势必对前方抗战将士的士气产生不利影响。因此，在"八·一三"抗战开始后第二天举行的国防最高会议第一次会议，作出"外侮虽告急迫，政府仍应在首都，不必迁移"的决议②。9月25日，近百架日机轰炸南京，国民政府各机关几乎陷于瘫痪。蒋介石在当天的日记中写道："敌以为反复轰炸可以逼我迁都或屈服，其惟增加我国抵抗之决心而已。"③ 暂不迁都，是国民政府因应当时战争局势的策略需要。

二是蒋介石对刘湘心存猜疑，难下迁都四川的最后决心。蒋介石中央政权在战前基本统一了川政，但作为削弱和控制四川地方实力派关键措施的"整军"，到全面抗战爆发时未见成效。中央政权与西南地方政权的对立和隔阂是根深蒂固的，惯于翦除异己的蒋介石对长期盘踞四川的地方实力派头面人物刘湘更是猜忌有加。1937年春，重庆、南京盛传刘湘部队有异动，"中央方面若干人，多主张讨伐刘甫澄"④，驻川中央军与四川军队一时剑拔弩张，紧张对峙。为了缓和局势，刘湘派亲信幕僚刘航琛先到南京、再赴牯岭，两次晋见蒋介石，表示拥戴中央，决无叛心，并立即着手整军，于1937年7月6日在军政部长何应钦的主持下，召开了第一次整军会议。

8月7日，刘湘奉令飞抵南京"共商国是"，8月13日，正值淞沪战启，刘湘请宋子文转呈蒋介石，首次建议国民政府迁都四川，以图长期抗战。蒋介石于当天亲赴刘湘居住的中山门外陵园张学良住宅看望刘，对刘的建议"甚表嘉许"⑤。14日刘湘飞返成都，一下飞机即向南京正式发出请中央迁川的电文。为了促成中央迁川，刘湘力排众议，决定亲率整编后的川军出川抗战，他认为不作出如此"破釜沉舟，奋勇前驱表现"，便不足以使"中央对我（刘湘）深信不疑"，"中央将以为我有盘踞地盘的心理，未必能够放心西迁"⑥。

刘湘建议中央迁川之后不久，蒋介石即向一些高级幕僚打招呼："我们将迁都四川重庆。"⑦ 11月9日率川军出川的刘湘到达南京，"又力促中枢迁川"，11日蒋介石会商国民政府主席林森，《迁都重庆之议乃定》⑧。事实表明，是刘湘采取的一系列姿态和行动，打消了蒋介石对于迁都四川的唯一的最大的顾虑，成了推动国民政府移驻重庆的最后

① 蒋介石：《国府迁渝与抗战前途》，第657页。

② 《中国国民党九十年大事年表》，载《中国国民党历史教学参考资料》第3册，中国人民大学出版社1987年校内版，第832页。

③ 转引自王府民：《蒋介石评传》下册，第750页，中国广播电视出版社版。

④ 刘航琛、章君穀：《戎幕半生》（21）载（台湾）《新闻天地》周刊，1967年12月。刘湘，字甫澄。

⑤ 同上，《戎幕半生》（22）。

⑥ 同上，《戎幕半生》（22）。

⑦ 《何廉回忆录》，中国文史出版社，1988年版，第129页。

⑧ （台湾）中华民国史料研究中心印行：《中华民国史实纪要（初稿）》1939年7月至12月，第647页。

的因素。

第四，国民政府之所以移驻重庆，除了上述背景外，还在于重庆自身所具有的作为战时首都的诸多有利因素和条件。

重庆具有独特的地理环境。重庆地处长江上游，是中国西部与中部、东部地区的结合点，同时又是西部的西南与西北地区的结合点。重庆在地理上的“腹心”位置，使其能与战争和可能发生战争的前线保持足够的战略纵深距离。1940年5至6月，日军发动枣宜会战，西犯攻占宜昌；1944年4至12月，日军发动“一号作战”，北犯日军入侵到贵州南部的独山、荔波、三都、丹寨等县，对国民政府所在的重庆曾造成威胁和震动，但日军终未有能力达到重庆。从地形地貌看，重庆是座山城，城区坡峦跌宕，易守难攻，有利于防空。

重庆拥有相对便利和发达的交通。在水道方面，重庆得长江、嘉陵江两江交汇之利，早在以重庆为枢纽的四川轮船运输体系形成的时候，就已是四川的交通中心，在战时则成为连接川鄂、川湘、川陕水道的航运中心。在公路方面，通过赶修新路、延伸干线、统一路政，重庆作为连接省内外公路运输网络的陆上交通中心到全面抗战开始时已初步形成。在航空方面，战前的重庆已有了由中国航空公司开辟的汉渝、渝蓉和重庆至贵阳的航线。所有这些都为重庆在抗战时期发展成为大后方交通中心，保障战时运输系统的运转，准备了有利的条件。

重庆具有西部其他城市难以比肩的经济实力。自清末开埠以后，重庆近代经济经过50多年的曲折发展，到战前已成为四川乃至西部地区最大的工业、商贸和金融中心。与之相适应的城区交通、港口码头、供水供电、邮政电讯、文教卫生等近代城市设施已有了一定的规模，这不仅为国民政府把战时首都放在重庆提供了基础，而且为把重庆建设成为战时大后方的经济中心预备了有利的条件。

抗日战争时期国民政府移驻重庆，重庆成为中华民国的战时首都，成为战时国统区政治中心，这是诸多历史因素的综合所促成，是抗日战争特殊的历史条件与重庆自身的条件和自身发展的内在需求相互作用的结果，而战争因素起了决定性的作用。

二

国民政府迁都重庆是全面抗战初期发生的、对整个中国抗战进程有着巨大影响的事件，有着重要的意义。

国民政府迁都重庆的意义之一是，粉碎了日军威迫国都、要挟国民政府作“城下之盟”、不战或速战而屈服中国的迷梦，显示了国民政府在华北、上海战事失利的情况下，移师再战，继续抵抗侵略的决心，鼓舞了全国军民抗日的士气。国民政府宣言移驻重庆的第二天(1937年11月21日)，监察院院长于右任对记者发表讲话，指出国民政府移驻重庆是“一则防为城下之盟，一则更坚定抗战之决心，俾便从容为广大规模之筹计，使前方将士、后方民众感知政府无苟安求和之意念，愈加奋励”①。22日，行政院院副院长孔祥熙对记者发表谈话说：“敌人逞其暴力，威胁我首都，认为我国即以此屈服，不知我最大之决心早已确立，此次国府之移驻之举，初非放弃首都，实不过就长期抗战之阶段上，对于国民及友邦表示其更坚决之意志，予敌人以警觉而已。”② 国民政府不作城下之盟，为准备长期抗战迁都重庆的举动，因应了抗日战争进程发展的形势，顺应了全国军民抗日救亡的民

① 《国民公报》，1937年11月22日，1937年11月23日。

② 《国民公报》，1937年11月22日，1937年11月23日。

气，得到了全国各地、各界热烈的拥护。11月 20日四川省政府主席刘湘率先发布拥护国民政府迁都的通电称：“顷读我政府宣言，知为适应战况，统筹全局，长期抗战起见，移驻重庆。有此坚决之表示，益昭抗敌之精神；复兴即得根据，胜算终自我操。不特可得国际之同情，抑且愈励川民之忠爱。欣诵之余，谨率七千万人，翘首欢迎。”[①] 当时在舆论界颇具影响的《大公报》评论国民政府迁都的言论很有些代表性，它在一篇题为《恭读国府宣言》的社评中说：“一纸宣言，足以抵百万生力军。因为自失太原，退淞沪，接着敌军一面攻济南，一面攻苏嘉，一部人心上不免有忧郁的暗影。而这个宣言发表后，顿时把这个忧郁一扫而空，全国士气之振奋，人心之感激，有不可言语形容的。”[②]

国民政府移驻重庆的意义之二是，开始了国民政府“持久战”战略的实施。全面抗战的初期，国民政府大本营战争指导方案即确立了“国军部队之运用，以达成持久战为作战指导之基本主旨”的战略[③]。这种“以空间换时间”“持久消耗”的战略，尽管存在着严重的缺陷和消极因素，但它却是顽固执行片面抗战路线的国民政府所能采取的坚持抗战、避免失败或投降的唯一可能的办法，与必然会误导中国抗战步入歧途的“速胜论”“速败论”是针锋相对的。国民政府迁都重庆不是因战争失利的溃逃，而是计划中的战略转移，它标志着国民政府“持久战”战略实施的开始，并为实现这一战略创造了根本的前提条件。正如蒋介石所言：“虽然前方军事或有局部的失利，只要国府在，必与之抵抗到底。”[④]

国民政府迁都重庆的意义之三是，把“中华民国”战时首都放到了一个无可替代、恰到好处的地方。八年全面抗战的历史证明，迁都重庆不仅保证了国民政府中枢机构的战时安全，而且保证了其所有职能（包括政治统治、军事指挥、经济管理和外交职能）基本有效地运作，这是国民政府坚持正面战场抗战、维持国统区统治、维系国统区财政、金融、经济不致崩溃的最重要的条件之一。

国民政府迁都重庆的意义之四是，实现了把四川作为长期抗战根据地的战略构想，依靠着四川以及大后方的人力、物力、财力坚持抗战直至胜利。据不完全统计，在八年抗战中，四川除有40余万川军将士效命疆场外，还为国民党军队输送壮丁2578810名，约占全国实征壮丁数的五分之一。[⑤] 从1941年国民政府实施田赋征实到抗战结束的五年中，四川共输粮 84430748 市石，约占同期全国实征粮食总数的三分之一。[⑥] 四川是战时财政收入最重要的地区，有论者认为：“在战事艰苦阶段，四川负担，据一般估计，当在百分之五十以上。”[⑦] 1944年 6月17日，蒋介石致电四川省临时参议会称：四川“每年粮政兵役所负担之数量，均甲于各省”，使“军实资以供应，兵源赖以补充”[⑧]，充分肯定了四川人民对抗战做出的巨大的贡献。

国民政府迁都重庆的意义之五是，带动了中国沿海和中部地区经济、科技、文化要素的大规模内迁，给中国西部经济、科技、文化的发展创造了一个特殊的、前所未有的机遇。在国民政府迁都和内迁的强刺激下，重庆在短时期内迅速完成了城市近代化的进程，从长

---

① 周开庆编：《民国川事纪要》下册，第31页。

② 《大公报》，1938年11月21日。

③ 中国第二历史档案馆编《抗日战争正面战场》上册，江苏古籍出版社1987年版，第11～14页。

④ 蒋介石：《国府迁渝与抗战前途》，载《总统蒋公思想言论总集》卷14，国民党中央党史委员会1974年编印第652页，第656页。

⑤ 周开庆：《四川与对日抗战》，台湾“商务印书馆”1987年版，第246页，第276页，第280页，第238页。

⑥ 同上。

⑦ 同上。

⑧ 同上。

江上游的经济中心一跃而成为整个国统区的经济中心。抗战期间重庆经济中心的形成和中国西部地区不同程度的开发和建设，不仅从物质力量上支撑了国统区抗战，而且在一定程度上调整了中国生产力的不合理布局，对重庆和西部地区经济发展的历史进程产生了深刻而久远的影响。

三

1940年9月6日，在全面抗战开始以后的第三年，国民政府发布《明定重庆为陪都令》，将重庆明定为中华民国陪都，使近代重庆的政治地位达到了它可能达到的最高峰。达到这个最高峰，当然是那个特殊历史时代诸多历史因素的综合所促成。如果仅从重庆近代行政管理和建置史的角度去考察，也是可以看到其历史演绎的脉络的。

1925年7月，北京临时政府中央政务会议议决设置重庆商埠督办公署，次年该公署正式成立，标志着近代重庆独立的城市管理机构的产生。1927年9月，重庆商埠督办公署呈川康边务督办公署："窃查国民政府区域内，上海、南京、广州、杭州等商埠地方，均经先后改市，成绩昭然，本埠改隶革命旗帜之下，似应援照改市，俾划一而免纷歧"①，请改埠为市，获批准，重庆从此成为以"市"命名的城市。1928年7月，国民政府颁布《市组织法》，重庆遂呈请并获批准成立重庆市政府，这是重庆依照国家关于建市的法律正式建市。

按照国民政府颁布的《市组织法》，市分为直隶于行政院的直属市和隶属于省政府的省辖市；符合下列条件之一者得为直属市："一、首都；二、人口在百万以上者；三、在政治上经济上有特殊情形者"②。重庆在建市之初的1930年和建市之后的1936年，两次呈请升改直属市，由于重庆不是首都所在地，当时人口也远未达到百万之数，于是便在"特殊"二字上做文章，呈文列举重庆应成为直属市的理由：1.地域位置的重要；2.外交上的重要地位；3.商业上的重要地位；4.孙中山对重庆的重视；5.天津为直属市，而重庆在商务和人口上超过天津。③ 但是，一直到全面抗战爆发和国民政府移驻重庆之前，重庆争取成为直属市的努力均未获国民政府的认可。

全面抗战开始后，随着国民政府移驻重庆，党、政、军机关和各国使、领馆相继迁渝；内迁的工厂、银行、商号、学校和各种文化单位也大多以重庆为落脚地；大批难民的涌入使重庆人口猛增，作为省辖市的重庆，其政府组织机构的设置和所辖地域的规模，已明显地不能适应作为战时首都的要求。国民参政会参政员胡景伊等21人，联名提出改重庆市为直属市的提案，经国民参政会议决呈国防最高会议交行政院审议。1938年9月，经行政院384次会议决议批准重庆市组织机构"暂准援照直属市组织"，除原有警察局外，增设社会、财政、工务、卫生四局；除营业税外，所有税收划归市财政收入，"会计应行独立"，会计主任由国民政府主计处派员充任；"为增加行政效率，以赴紧要事功起见，重庆市可迳向行政院呈文叙事"。同时规定"该市仍隶属于四川省政府"④。此时的重庆，名义上仍是省辖市，但已是按直属市的职能开始运作，离真正成为完全的直属市仅一步之遥了。

---

① 《重庆商埠月刊》第9期，1927年8月。

② 《中华民国法规大全》第一册，商务印书馆1936年版，第519页。

③ 《四川重庆各法团机关李石两代表请愿记录》，上海蜀评社，1928年12月版。

④ 重庆市档案馆藏档：《魏道明为行政院通过重庆市准援照直属市组织案致重庆市政府函》，1938年10月13日。

1939年4月行政院向国防最高委员会提议："查重庆市向为西南重要商埠，现已蔚成政治、文化中心，该市政府虽系援照直隶市组织，因事务日繁，其行政系统及政权，亟须明确规定，以资运用。兹为促进行政效率，适应实际需要，拟即将该市改为直隶于行政院之市"①，其中"现已蔚成政治文化中心"一句，说明重庆作为战时首都的地位已经形成。"亟须明确规定"一句，有重庆业已按直属市运作，"亟须"循名责实的含义。经过多年酝酿，重庆升改直属市方水到渠成。1939年5月5日国民政府发布命令，升改重庆为直隶于行政院的直属市，重庆成为自1937年12月13日首都南京沦陷后，到抗战胜利时止，国民政府控制下的唯一直属市。

重庆升改直属市,是近代重庆自建市以来在城市行政建置史上一个空前重要的里程碑，不仅使重庆作为战时首都的地位得到应有的定位，更重要的是对重庆自身发展的有力推动。改直属市以后，根据财政收支系统法，原由省征收的营业税、田赋及其附加、契税、屠宰税附加和由中央财政征收的部分所得税、部分遗产税，划归重庆市财政，加之改隶后中央财政拨款增加，使重庆财政收入大幅度增加。改直属市后，国民政府将江北县、巴县的部分地区划入重庆，使该市辖区面积由原有的12万亩增加到45万亩，扩大了近4倍，人口逾40万。重庆近代都市的框架在改直属市后基本确定下来。

重庆成为直属市后不到一年半的时间，国民政府发布命令："今行都形势，益臻巩固……兹特明定重庆为陪都"②。从中可以看出，自1937年11月20日国民政府宣言移驻重庆，到1940年9月明定重庆为陪都的这段时间里，国民政府虽未宣布，但实际上是把重庆视为行都的。

值得研究的一个问题是，国民政府在升改重庆为直属市时为什么没有考虑定重庆为陪都？最明显的因素在于已定西京陪都在先，如果定重庆为陪都，就会形成在西部地区同时有两个陪都的局面，显然有悖常理。况且改直属市后的重庆行都已能适应作为中国战时首都的需要。既然如此，那么值得研究的另一个问题是，国民政府为什么又要在1940年9月郑重其事地明定重庆为陪都呢？为探明其原因，不可不把当时国民政府所面临的形势做一番考察和分析，看看从1939年到1940年时发生过一些什么重大事情。值得重视的主要有下述几项。

1940年初，在日本的策划下，由日本中国派遣军参谋长板垣征四郎直接参与，伪北平临时政府头目王克敏、伪南京维新政府头目梁鸿志同汪精卫在青岛协商，达成建立汪记伪中央政权的交易。3月30日，汪伪"国民政府"在南京正式成立，自诩为"正统"的国民政府，在形式上仍采取"五权分离制"，下设行政、立法、司法、监察、考试五院。公布所谓的《国民政府政纲》，发布所谓的《还都宣言》，以南京为"首都"。伪北京临时政府、伪南京维新政府宣告解散，汪伪"国民政府"宣告"统一"，宣称重庆国民政府为伪政府。汪伪政权的成立是日本对华政略攻势的突破性发展，对一直与日本保持秘密接触，不愿看到汪伪中央政府建立的国民党统治集团，造成了巨大的心理压力。此其一。

日本在炮制汪伪政权的同时，加紧对重庆国民政府的政治诱降。为了配合新一轮的诱降活动，日军从1940年5月开始发动针对重庆的军事行动，力图"通过作战的胜利，进一步削弱蒋军，并为推动对华政治谋略的进展作出贡献"③。1940年5月初，日军动用约20万兵力发动枣宜会战，5月31日日军渡过汉水，6月1日攻陷襄阳，12日占领宜昌，

---

① 《国民政府公报》渝字第151号，1939年5月10日。

② 《国民政府明定重庆为陪都令》，载《四川省政府公报》第100期。

③ ［日］防卫厅防卫研究所战史室：《中国事变陆军作战》（3），朝云新闻社，1983年版，第191页。

叩响了进入四川的门户，形成沿长江进攻重庆的战略态势。从5月中旬到9月上旬，日本空军对重庆进行了持续的大规模的疲劳轰炸。据日本方面统计，在长达4个月的空袭中，日机对四川的空袭天数共有71天，其中对重庆有37天；共出动飞机4555架次，其中对重庆2023架次；共投弹27107枚、2957吨，其中对重庆10021枚、1405吨。[①] 炸死重庆市民4000余人、炸伤5000余人，炸毁重庆地区房屋6000余栋。[②] 宜昌失守和日机轰炸造成的灾难震颤着重庆，使战时首都面临全面抗战开始以后前所未有的考验和安全危机。此其二。

由于国民党坚持一党专政，强行在国统区推行“党化”和保甲制度，吏治黑暗，腐败丛生，横征暴敛，草菅人命，使国统区阶级矛盾局部激化的现象在全面抗战开始一年后就出现了，并且在以后愈演愈烈，到1940年前后呈现恶化趋势。特别是掌握征兵抽丁大权的兵役、乡保人员，“滥施威权，敲诈人民”，使得被国民政府视为抗战根据地的四川地区“民变”蜂起。自1938年底发生新都农民围攻县城事件始，中江、广汉、新繁、绵竹、宜宾、什邡、灌县、安县、大足等地接连发生“民变”[③]。如1940年5至6月发生的“广汉事件”，反对壮丁抽签舞弊的斗争波及全县，历时8天，5000余民众围攻县城，震动全川。此其三。

1940年国统区经济困难加重，其主要原因，一是7月日本封闭国统区对外主要的陆上通道——滇缅路，使对外交通和进口更加困难；二是四川等省遭受天灾，粮食大幅度减产；三是国民政府为弥补巨额财政赤字而推行通货膨胀政策的负面效应开始显露出来。国统区经济环境的恶化，集中反映在物价的剧烈变动上，特别是粮价飞涨，引起市民恐慌，一些地方甚至发生抢粮骚动。为此，蒋介石于8月24日电令川康绥署、四川省政府：“在青黄不接，新谷未登”之际，“对奸民乘机蠢动，应予密切防备”[④]。9月11日蒋介石为实施粮食管制和纠正“藏粮害国”的误区，发表《告川省同胞书》。10月31日四川省临时参议会第三次大会发表宣言，认为“就现势言，当前之第一严重事态，即为粮食问题”[⑤]。可见粮食和物价问题已引起国统区经济和社会的不稳定，此其四。

仅以上述四个方面分析，经过三年的战争，在军事上，国民党军队正面战场军事形势严峻，战时首都重庆正经受着日机狂轰滥炸的煎熬和考验；在政治上，国民党一党专制的独裁统治恶果日益显露出来；在经济上，大后方盛极一时的开发和建设热潮开始走向下坡路，国统区经济环境日趋恶化。这些给继续坚持抗战带来严重的影响，给国民政府在国统区的统治带来深刻的震动，可以说到了1940年下半年，正面战场抗战和国民政府统治的命运，面临自全面抗战开始以后前所未遇的严重局面。

为了应付危局，国民政府不失时机地于1940年9月明定重庆为陪都，把明定陪都作为战争再动员的重要措施之一。

国民政府明定重庆为陪都，是中国抗日战争史上的一个重要事件，它的重要性虽不及1937年国民政府宣言移驻重庆，但仍有其重大的意义。明定重庆为陪都的意义首先在于鼓励重庆军民反轰炸的斗争，使人们在疯狂的轰炸和惨重的牺牲面前，树立起战胜敌机轰炸、继续坚持抗战的信心，振作国统区抗战“司令部”的斗志和精神。正如由国民党中央党史委员会编纂的《中国国民党与中华民国》在评价国民政府明定重庆为陪都时所说：“本

① 军事科学院军事历史研究部著：《中国抗日战争史》中卷，解放军出版社，1994年4月版，第561页。

② 《四川抗日战争时期日寇空袭损害》，载《四川档案史料》1983年第3期。

③ 详见刘君、冉光荣：《抗战时期四川‘民变’初析》，载《档案史料与研究》1990年第4期。

④ 周开庆编：《民国川事纪要》下册，第112页，第127页。

⑤ 同上。

日发表是项明令，乃在敌人疯狂之‘疲劳轰炸’下宣布，尤具重大意义。”[①] 10月1日，重庆各界3万余人冒着敌机空袭的危险聚会庆祝陪都建立，会后举行火炬游行，情绪激烈、盛况空前，显示了抗战中的重庆坚不可摧和不可战胜的气概。这很容易使人联想到此后不久的1941年11月7日，德军兵临莫斯科城下，苏联红军照常在红场举行传统阅兵式的壮举。明定重庆为陪都的意义，同时在于通过提高战时首都重庆的地位，改善国民政府的形象，扩大中国抗战在国际上的影响，反击日本制造汪伪傀儡政权和“定都”南京的闹剧，表明国民政府继续抗战的决心。明定重庆为陪都的意义更重要的还在于国民政府通过明定陪都，从政治宣传上做了一次战争的再动员，以动员国统区的民心、民力来克服抗战中的国统区所面临的困难。重庆卫戍总司令部司令刘峙在庆祝陪都建立大会上的演讲中说：“中国抗战已进入严重的阶段，今后我们的责任一天天地加重，我们的困难是一天天地加深。这时候，我们要努力团结，共赴国难。”[②] 如何“共赴国难”，克服困难呢？官方制订的《庆祝重庆陪都建立宣传大纲》提出“当前应有之急务”三项：一是“厉行有钱出钱、有力出力之抗战原则，尽我国民之天职，促进抗战胜利”；二是推行“节约储蓄”“踊跃购买救国储蓄券”；三是平抑物价与检举奸商。“纲领”要求陪都人民“咬紧牙关，向前迈进，为全国表率”[③]。从这里我们可以看出，尽管防空和反轰炸是陪都当时面临的当务之急，但在国民政府看来，解决经济、物价和民心、士气的问题更具紧迫性和重要性。

国民政府明定重庆为陪都对重庆自身的发展也有着重要意义，对战时重庆的建设是一次推动。按照《国民政府明定重庆为陪都令》中关于“着由行政院督饬主管机关，参酌西京体制，妥筹久远之规模”的要求，行政院第428次会议决议组织陪都建设计划委员会，统筹陪都规划、建设事宜，并派孔祥熙为该委员会主任。该委员会成立后编拟了陪都建设《战时三年计划纲要》，并多次召开会议研究、部署陪都建设事项，就扩充陪都公用事业，建筑行政院及外交部办公房舍，改进陪都公共卫生、陪都土地整理，增加供电、供水和改善交通等具体项目进行了规划和论证，有的被付诸实施，在一定程度上推动了重庆各方面的建设和发展。由于战争的破坏和制约，特别是建设经费严重不足，陪都建设计划委员会难有大的建树，其制订的建设计划许多成了“纸上谈兵”。

国民政府明定重庆为陪都，使重庆自设市以后，在行政建制的级别上达到了它可能达到的最高水平。陪都称号这一“殊荣”，对于提高重庆在国内外的地位和知名度发挥了重要作用。这不仅对于战时重庆的发展有着重要的作用，而且对于重庆在战后的发展也是有深远影响的。

---

① 转引自刘敬坤、富兵：《民国时期的首都、陪都与行都》，载《民国档案》1994年第1期。

② “国民政府明定重庆为陪都史料一组”，载《档案史料与研究》1989年第1期。

③ 同上。

关于“陪都”史研究的几个问题①

黄立人　郑洪泉

一

研究中华民国陪都史，最主要的是研究重庆陪都的历史。

民国时期，除了重庆以外，长安和北平也曾被国民政府定为陪都。长安虽然被称为陪都 10余年，但它自始至终只是名义上的陪都，有其名无其实。被定为陪都的“西京”市，始终停留在“筹备”阶段，并未成为现实，既未具备作为陪都的功能和规模，也未有过国民政府及其主要机构移驻的历史。即使在名义上“西京”陪都也未取得“永久”的地位，所以在明定重庆为陪都后，1943 年“西京”改称西安，就不再称为陪都了。西安作为西北重镇，20 世纪三四十年代，中国一些重大事件在这里发生，自有其历史作用和历史地位；国民政府定“西京”为陪都，对古城长安的建设和发展起了一定的作用，相形之下，“西京”作为陪都来考察，就没有多少重要的历史作用和意义可言了。北平被定为陪都源于抗战胜利后的“择都之争”。国民政府在还都南京以后，亦采纳了北方派的一些意见，于 1948 年 1 月明定北平为“永久”陪都。北平虽然取得了永久陪都的地位。但仅仅一年以后就被人民解放军所解放，北平陪都只是昙花一现，即使与西安陪都相比，也没有什么实质性的内容。

重庆陪部在抗日战争时期作为中华民国最高权力机构的驻地，不仅是战时国统区的政治中心，而且是经济中心、交通中心、文化中心；不仅是国民党正面战场的军事决策指挥中心，而且是盟军中国战区指挥部的所在地；不仅是中国各党各派和各种政治力量进行政治活动和政治斗争的重要舞台，而且是中国进行国际活动和对外往来的外交中心；不仅是战时国统区的战略后方的腹心，而且是抗击日军轰炸的战场。因此，重庆作为陪都在抗日战争史和中华民国史上的作用和地位，是曾经被定为陪都的“西京”、北平所难以比肩的，它们在作为中华民国陪都的意义上也是不可相提并论的。

二

研究中华民国陪都史应主要研究 1937 年至 1946 年陪都的历史。

国民政府 1940 年明定重庆为陪都，研究陪都史为什么自 1937 年始？重庆最终定为陪都有一个历史发展的过程，1937 年底国民政府宣告移驻重庆时，尽管有名义上的“西京”陪都，而重庆在事实上已被国民政府视为能够发挥战时首都功能的最理想的地方。到 1938 年底军委会和蒋介石抵渝，标志着重庆已经开始全面履行“一个国家为了应付非常事变与适应战时需要，在国都之外建立一个代替国都职责的首脑部”② 的功能和职责，这个“首脑部”通常就是指陪都。1939 年重庆升改直属市以后，重庆已经基本具备了作为

① 原载《民国档案》1997 年第一期。

② 刘峙在陪都建立大会上的演讲词，1940 年 10 月 1 日，载《档案史料与研究》1989 年第 1 期。

战时陪都和战后永久性陪都的基础，正是所谓“战时蔚成军事政治经济之枢纽，战后自更为西南建设之中心”，因此才有1940年的“恢宏建置”，明定陪都。[①] 研究陪都史如果仅从1940年始，那么这个陪都史就是不完全的、不系统的，重庆为什么被定为陪都以及怎样成为陪都就会成为无源之水、无本之木。事实上，重庆在抗战八年中，奠定其作为国统区政治、经济、文化中心的基础和地位是在前三年；重庆近代都市功能发展最快的是前三年；重庆“在异常艰难的环境中透露出一种蓬勃向上的气息”[②] 也是在前三年。从某种角度来讲，1937年至1940年这三年，应是陪都史研究中应当格外注意和重视的。

抗战胜利后，国民政府于1946年4月30日发布还都令，标志着国民政府移驻重庆历史的结束。从此时到1949年11月30日人民解放军解放重庆，恰恰也是三年多时间。在这三年多的时期内，重庆虽然在名义上仍是陪都，但与抗战时期相比较，其地位、功能和作用都已发生了深刻的变化。

抗战时期，国民政府移驻重庆、明定重庆为陪都，从总体上来说，顺应了历史前进的潮流，无论是对于争取抗战胜利还是推动重庆自身的发展，都是有其一定的积极的历史意义的。抗战胜利以后，国民政府保留了重庆陪都的名义，还制订了庞大的《陪都十年建设计划》，但是，国民党反共反人民的内战政策和行径，中断了重庆发展和建设的进程，使重庆经济迅速走向了崩溃。重庆陪都成了国民政府维持其在西南地区的反动统治，镇压和迫害重庆和西南地区中共地下组织和爱国民主运动的大本营、集中营。

1946年至1949年的重庆陪都，虽然是国民政府统治西南的首脑机关——国民政府军事委员会委员长重庆行营的所在地，但它已经丧失了其在抗战时期曾经拥有的国统区政治中心、外交中心的地位；尽管仍然是长江上游的经济中心，但已丧失了其在抗战时期曾经拥有的国统区经济中心的地位。

鉴于上述分析，我们认为“中华民国陪都史”，应当是有特指的，是有特殊的界定的，换句话说就是1937年至1946年时期重庆作为中华民国战时首都和陪都的历史，可以用“中华民国陪都史(1937—1946)”来作为准确和规范的书面表述。根据这样的界定，我们就可以明确地判定中华民国陪都史的研究对象，便于找到建立这样一个新课题或新学科研究理论和研究体系的出发点和基础。应该指出的是，研究陪都史不排斥对“西京”陪都、北平陪都的研究，也不排斥对1946年至1949年重庆陪都的研究，相反，对它们的研究，可以从比较研究的角度去深化陪都史研究。这种比较研究可以成为陪都史研究的一个有机组成部分。例如“西京”陪都体制和重庆陪都的体制有一定的因袭关系，国民政府明定重庆为陪都时也要求“参酌西京体制”，通过研究“西京”体制，对搞清楚重庆陪都体制的来龙去脉及其特征，是有帮助的。

三

为了进一步明确陪都史的研究对象、研究的基本内容，给这一课题或学科的内涵和外延一个科学的定义，有必要研究一下陪都史与抗战时期的重庆地方史、重庆地方志、重庆城市史和迁都重庆的国民政府史的关系。

陪都史与重庆地方史有着紧密的联系，但有着明显的差异。重庆地方史是以重庆地方

① 《国民政府明定重庆为陪都令》，载《四川省政府公报》第100期。

② 金冲及：《应当重视抗战时期陪都史研究》，载《抗日战争研究》1994年第1期。

发生的历史事件为研究的主要线索，一般是严格按照时间顺序编写的，其着眼点和立足点在“地方”。陪都史也要研究在重庆发生的历史事件，与重庆地方史不同的是更注重这些历史事件与国统区全局的联系，对国统区全局的影响。由于研究的角度不同，形成两者研究视野的大小不同，就一般意义上讲，陪都史研究的内容比重庆地方史研究的内容更多、更广泛一些。就历史事件的研究而言，许多在重庆发生的重要事件，如国民党历次中央全会的召开，历次重要军事会议的召开，等等，陪都史必须研究并给予足够的重视，而重庆地方史则不一定涉及或仅需点到为止；许多在重庆以外发生的重要事件，是陪都史研究需要“浓墨重彩”深研细磨的，而重庆地方史就不一定详加研究，如近卫三次对华声明、汪伪“国民政府”的成立，《中美新约》的签署，中、美、英首脑开罗会议，史迪威事件，等等。再以机构研究而言，重庆地方史一般只限于重庆地方机构。而陪都史除此之外，重点研究的是中央驻渝机构。

陪都史与重庆地方志有着紧密联系，重庆地方志可以为陪都史研究提供一定的史料基础，但二者有着重大的区别。重庆地方志是以重庆的行政区划为范围，记载自然和社会各方面的现状与历史的综合性资料总汇，它严格地以行政区划为范围，以史实和史料为主体。陪都史区别于重庆地方志，除“史”与“志”的区别外，最大的区别是在取材和内容方面，前者不可拘泥或必须超越行政区划的范围，而后者一般以行政区划的范围为限；前者“自然”与“社会”并重，而后者则以“社会”为主。

陪都史与重庆城市史有着紧密联系，在一些方面有着共同的研究内容。重庆城市史以研究重庆城市结构和功能的发展和演变为基本内容，它所要研究的重庆市政管理的沿革，重庆工业中心、商贸中心、金融中心、交通中心的形成、发展和演变等，同样是陪都史研究的重要内容。即便如此，就是在这些共同的研究内容方面，两者也不是没有差异的。重庆城市史是以古代江州城邑以来的重庆发展的历史长河为背景来考察重庆城市结构和功能的发展演变的，而陪都史则主要以抗日战争这一特殊的历史背景来考察作为陪都前后的重庆城市结构和功能的发展演变；重庆城市史与一般城市史研究一样，通过城市地域、城市经济、城市社会、城市政治、城市文化等方面来揭示城市结构和功能的发展演变；陪都史在此基础上更注重重庆作为陪都的特殊结构和功能的研究，特别是国统区统治中心的功能、正面战场军事指挥中心的功能、中外交流中心的功能，等等。与重庆城市史还有不同的是，陪都史不仅要研究城市结构和功能这个“舞台”是如何形成、演变和发展的，而且要研究在这个“舞台”上出现的“历史话剧”和那些导演、参与这些“历史话剧”的历史人物。

陪都史与抗战时期迁都重庆的国民政府史有着紧密联系。陪都是中华民国的战时首都，是国民政府所在地，考察和研究国民政府及其活动当然是陪都史研究的重要内容，这是陪都史区别于重庆地方史、重庆地方志和重庆城市史的重要标志。但是，陪都史并不等同于抗战时期的国民政府史，两者的研究对象不能等同，陪都史研究的是陪都——一个城市；抗战时期的国民政府史研究的是迁都重庆的国民政府——一个国家最高行政机关。就陪都史而言，研究国民政府的活动，特别是国民政府在重庆的活动，是重要的，而研究这些活动对于重庆的作用和影响更是必需的；在这些“作用”和“影响”的背景之下，研究陪都形成、发展的历史过程，研究重庆作为陪都城市的功能和作用的发展、演变及其历史特点，研究陪都在重庆发展史上的地位及影响，则是陪都史而不是抗战时期的国民政府史所要担当的任务之一。

在上述讨论的基础上，我们可以得出以下的初步结论：陪都史是与重庆地方史、近代重庆城市史、迁都重庆的国民政府史紧密联系又相互区别、多学科交叉的一门边缘史学学科；研究的基本内容是：陪都、陪都功能的形成、发展、演变和迁都重庆的国民政府及其历史活动，以及它们之间的相互联系、相互影响、相互作用。

如果把陪都史的基本内容具体化一点，应当包括以下六个方面：1.迁都、明定陪都、还都。2.迁都重庆的国民政府和国统区的政治中心。3.陪都的军事和军事指挥中心。4.陪都的经济和国统区经济中心。5.陪都文化和国统区的文化中心。6.陪都社会。

四

一门研究学科的存在和发展，除了应当具有其特定的研究对象、研究内容外，还必须具有其研究的价值和意义。

那么，研究陪都史有什么意义呢？

首先，由陪都史的学科特点和研究内容所决定，加强陪都史研究可以丰富和推动中国抗日战争史的研究。抗日战争是自鸦片战争以来中华民族反对外来侵略历史上第一次取得完全胜利的民族解放战争，它对于中华民族的命运和前途，对于中国历史发展的方向和道路，乃至对于世界格局的演变和发展，都有着巨大而深刻的影响，因此，抗日战争史的研究不能不引起学术界浓厚的兴趣和热切的关注。特别是自20世纪70年代末80年代初以来，在"实事求是"、"解放思想"方针的指引下，抗战史的研究开始改变研究领域过窄、"禁区"重重、空白甚多的状况，出现了百花齐放、学术繁荣的景象。尤其值得注意的是一些研究"热点"，如"抗日战争时期敌后抗日根据地"、"延安和陕甘宁边区"、"抗日战争领导权问题"、"第二次国共合作"、"汪伪政权"、"战时中外关系"、"抗战时期工业内迁"、"抗战时期的国统区经济"、"国民党军队正面战场"、"抗战文化"、"南京大屠杀"等等，不仅丰富了抗战史研究的内容，而且推动了抗战史整体研究水平的不断提高。在这些"热点"中，陪都史研究是后起的、不大不小的"热点"之一。如果从20世纪80年代中期算起，经过10年发展，到1993年10月"中国重庆抗战陪都史国际学术研讨会"的召开，既标志着陪部史作为一门新起的研究学科已得到国内外学术界的认可，也预示着陪都史作为抗战史研究领域的一个热点开始形成。抗战时期和抗战胜利初期，重庆陪都是国统区的政治、军事、经济和文化中心，是同盟国亚太战场中国战区统帅部所在地，也是中共中央南方局所在地，在这段时间里这里发生的事情，对中国来说便有了全局性的意义，有的在世界范围内也有一定的影响。从这个意义上来说，不研究陪都史，抗日战争史的研究就是不完整的，"不了解抗日战争时期的重庆，就不能完整地了解中华民族的近代历史"①。

第二，加强陪都史研究可以推动国民政府史以及民国史的研究。自1925年"广州国民政府"成立，国民党建立的政权经历了1925—1926年（"广州国民政府"）、1926—1927年（"武汉国民政府"）、1927—1937年（"南京国民政府"）、1937—1946年（"重庆国民政府"）、1946—1949年几个时期。学术界对"广州国民政府""武汉国民政府"的研究，起步较早、成果尤多。对"南京国民政府"和1946—1949年时期的研究虽然起步稍晚，但在20世纪80年代初开始受到重视，尤其是关于抗战前十年"南京国民政府"时期的政治、经济的研究和国民政府统治崩溃原因的研究，取得了令人瞩目的突破性进展。

① 金冲及：《应当重视抗战时期陪都史研究》。

相比之下，对于“重庆国民政府”的研究相对滞后，有学者认为“可以说才刚刚起步”[1]。

但是，这个“重庆国民政府”时期，是国民政府25年历史中比较重要和关键的一段，这主要表现在以下几点上：其一，“重庆国民政府”与中国近代史上特别重要的时期即抗日战争时期是联系在一起的，它是国统区抗战的领导和组织者，从总体上来讲它是抗日的，是基本顺乎历史潮流的。它在政治、军事、外交、经济等领域中采取的一些有利于抗战的政策和措施，在某种程度上与人民的意愿和民族的利益是一致的，这与“南京国民政府”和 1946—1949 年时期的国民政府是有区别的。其二，“重庆国民政府”在国内得到了包括中国共产党在内的各种政治力量和各地方实力派“举国一致”的承认，这种情况在国民政府的历史上是仅有的。它实现了“废约”，跻身同盟国“四强”，其国际地位的提高是空前的。其三，“重庆国民政府”时期是国家政权机构设置演变频繁，体系发展最后定型的最具典型形态的时期，是民国时期国家政权机构（包括中央机构和地方机构）发展史上一个特殊的、最高的阶段。其四，“重庆国民政府”时期，国民党一党专制和蒋介石寡头政治的高度集权的独裁统治，达到登峰造极的地步。表面上，“重庆国民政府”借抗战潮流，使其统治地位得到空前的提高和巩固，实际上，这个政府正在被贪赃枉法、腐败堕落、朋党相争、官僚主义、文牍主义的毒菌所吞噬，已经病入膏肓，在不可逆转地走向腐朽和没落。国民党政权在抗战胜利后短短的时间内就土崩瓦解，有其历史的内因，这个“内因”在“重庆国民政府时期”就基本存在了。上述四点，或是陪都史研究题中之义，或是陪都史研究应当涉及的。

第三，加强陪都史的研究，可以深化重庆地方史和西南区域史的研究。国内较早成立专门的“班子”，把陪都史作为一门学科进行研究的是重庆师范学院和重庆市档案馆，重庆师范学院具体从事这一学科研究的是该院历史系重庆地方史教研室，重庆市档案馆承担这一学科研究的是该馆编研处。该两单位分别在重庆地方史和抗战时期西南区域经济史研究领域取得过显著的成绩。他们在此基础上进而发展到陪都史研究，本身就说明了重庆地方史（包括重庆城市史）、西南区域史（包括长江上游区域史）与陪都史有着不可分割的内在联系，加强陪都史研究对于重庆地方史、重庆城市史和西南区域史研究的深化作用是不言而喻的。就西南区域史而言，有学者指出：“抗日战争史的研究对西南地区抗战时期历史研究……空白太多”，“尽管抗战陪都在西南重镇重庆，可是全国抗战史涉及西南的情况太少”，“应当注意抗战时期区域史的研究”。毫无疑问，通过陪都史对重庆这个战时西南大后方的政治、军事、经济和文化中心的研究，必然会带动战时西南区域史研究的发展。

最后，加强陪都史的研究，可以提供许多宝贵的历史借鉴，具有其独到的现实意义。比如，陪都作为抗战时期大后方政治中心，曾经是全国各党各派和各种政治力量会聚之地，是第二次国共合作重要的政治舞台。通过陪都史研究，可以总结第二次国共合作的经验，可以总结坚持和维持抗日民族统一战线的经验，这对于今天我们搞好统战工作、政协工作，团结一切可以团结的力量，调动一切可以调动的积极性进行现代化建设；对于今天我们深刻理解“一国两制”的构想，推动港、澳、台回归，完成祖国统一大业，是大有裨益的。又比如，“重庆大轰炸”是日军在中国制造的骇人听闻的大屠杀惨案之一，通过对这一陪都史上的重大事件的研究，可以鸣响振聋发聩的警世之钟，教育人们正确地认识和总结历史，警惕和反击任何美化和复活日本军国主义的行径，防止历史悲剧重演。再比如，重庆作为抗战时期的战时首都和陪都，因内迁而盛，因救亡而兴，从一个区域性经济中心城市

---

① 陆大钺：《迁都重庆的国民政府》，北京出版社 1994 年版，第 19 页。

发展成为全国性中心城市，使重庆经济不论是经济的总量，还是经济的结构；不论是经济的规模，还是经济的辐射力，都达到了那个时代所能达到的、里程碑式的高峰。认真研究和总结重庆经济中心发展演变的历史经验教训，对于今天“努力把重庆建设成为长江上游经济中心”[①]，乃至对于我们思考、规划西部发展战略和中国现代生产力布局，将提供宝贵的启迪意义。

① 江泽民同志1995年给重庆的题词。

试论蒋介石与四川抗日根据地的策定①

唐润明

长时期来，关于蒋介石与四川抗日根据地的策定这一重大历史问题，史学界向来少有涉及，个别论著即使在涉及这一问题时，所引用的论据也大多是蒋介石1935年3月4日在重庆的一次讲话："就四川地位而言，不仅是我们革命的一个重要地方，尤其是我们中华民族立国的根据地。"② 并据此认为蒋介石一到四川，就确定了四川为对日抗战根据地的思想。如刘敬坤撰《重庆与八年抗战》以及台湾吴相湘著《第二次中日战争史》、周开庆撰《蒋总统与四川》，等等，皆持此种观点，但均语焉不详，更乏对蒋介石策定四川为对日抗战根据地的前因后果、具体经过的详细论述。在此，笔者既不敢苟同上述论点，也拟对此问题做一全面的论述。

一　要抗战　势必迁都

由于历史的多方面原因，使得中国的一切诸如政治统治的中心、经济事业的设置、文化教育事业的创立以及军事防御的部署等大多集中在华北、华东等沿海地区。这种地域分布的差异性，不仅导致了中国东西部地区政治、经济、文化及社会发展的不平衡性，而且更主要的是给中国的军事防御、国防部署等带来了诸多不利，这种不利到了20世纪20年代特别是日本帝国主义发动"九一八"事变，掠取了中国东北，其全面侵略、吞并中国的野心昭然若揭之后，表现得更为明显和突出。对此，一切有识之士都深刻地认识到问题的严重性，并提出了解决的办法和对策，即向中国内陆发展。1932年上海"一·二八"事变爆发后，国民政府就开始比较认真地考虑战争爆发后应取的对策问题，而在这些问题之中，首要的就是政府首脑机关和国家指挥中枢的安全问题，因为此时的国民政府已经觉察到日本军队进攻上海的真正目的和企图，"即系对于首都加以直接危害与威胁"。为了挫败日本帝国主义的阴谋，保证国民政府得以自由行使职权，国民政府于事变后二天即1月30日宣布政府迁洛阳办公。当时的行政院院长汪精卫在叙及这一重大决策的动机和目的时称："因为日本一方面以海、陆、空军猛攻上海，一面派大批军舰开到南京，其目的在威逼政府签字于丧权辱国的条约。当时事机是非常危急，如果错过了，则将至挽救不及。所以我们即日开紧急会议，决定迁都洛阳，把中央党部、国民政府放在安全的地位，以便自由行驶职权。"③ 所以1932年3月在洛阳召开的国民党四届二中全会，就将"我们今后是否仍然以南京为首都，抑或应该在洛阳要有相当的时间，或者我们更要另找一个适宜的京都"作为一个"重大问题"而正式提上了议事日程并视之为"此次会议的第一要义"④。会议鉴于日本帝国主义对华侵略的步步紧逼以及首都南京在对外战争中所处的不利地位，

① 原载《历史档案》1994年第四期。

② 蒋介石：《四川应作复兴民族之根据地》（1935年3月4日在重庆出席四川党务办事处扩大纪念周训词），载国民政府军事委军会委员长行营编《参谋团大事记》下册第866页，1937年7月版。

③ 汪精卫在国民党四届二中全会上所致开幕词，载荣孟源主编《中国国民党历次代表大会及中央全会资料》下册第142页，光明日报出版社1985年版。

④ 同上注。

根据当时中国的政治态势，讨论通过了《以洛阳为行都以长安为西京》的提议案并做出了“（一）以长安为陪都，定名为西京；（二）以洛阳为行都；（三）关于陪都之筹备事宜，应组织筹备委员会，交政治会议决定”[①] 的重要决议。

国民政府迁都洛阳，是南京国民政府也是中华民国史上的一件大事，它一方面说明了南京国民政府已认识到首都南京在对外战争中所处的不利形势；另一方面它也表明了南京国民政府对日方针的某些变化，从而做出了迁都这样一项重大而正确的决策，并开始考虑到战争全面爆发后首都的安全与迁移问题。

二　国人注意力转向四川

虽然国民党中央及国民政府最先将选择陪都、行都的着眼点放到了西北和中原地区并开始对陪都西京进行筹划与营建，但那是由当时的历史情况和政治环境决定的，是国民政府尚未将西南诸省真正纳入它的统治范围之内时所做的迫不得已的决策。因为在当时的历史条件下，面对着日本帝国主义疯狂侵略中国这一客观现实，东北、华北、华东、华南等沿海地区不能作中国战时首都的缘由已显而易见，而西南诸省自民国成立以来一直处于各个大小军阀的混战与割据之中，与国民政府的关系也是若即若离，很不稳定；在偌大的中国版图内，能够作为国民政府战时首都且牢牢为国民党中央所控制的就只有中原和西北地区了。尽管如此，将西北地区作为中国的战时首都仍是不理想的。因为中原和西北地区既同样容易受到日军强大武力的威胁，又接近强大的社会主义国家——苏联，这对于当时尚未完全与苏联恢复外交关系，坚持反苏反共的国民政府来说，其所感受到的威胁并不小于日本；而且，统治新疆的盛世才，也未被国民政府所控制，而是变乱无常，这对国民政府来说，也是一块心病。因此，必须重新寻找一个比洛阳、西安更为安全且地大物博、人力众庶的地区，来作为战时国家的根据地。为此，作为国民党中央和国民政府专负军事责任的蒋介石，于1934年秋开始，用一年多的时间，马不停蹄地对中原、西北以及西南的十余个省份进行巡视、考察、分析和研究，经过对各地地形、物产、交通、人文的综合考察，最后，蒋介石做出了将这个战时国家的最后根据地确定在四川的重要决策。

早在民国初年，蒋介石就认为：在中国各省之中，能作革命根据地的，“只有两省可当选。第一是广东……其次就要算是四川了，因为四川人口众多，物产丰富，都在各省之上，而四川同胞的天性，富于民族的情感，一贯的忠于主义，勇于革新，所以我们若能以四川为革命的根据地，就更能使革命早日成功。”[②] 蒋介石以后又多次向孙中山等人提出这种“蜀粤并重”的思想。南京国民政府成立后，蒋介石仍是以相当的注意力关注着四川的一切，对四川这个中国的重要省份，也是志在必得，只是限于长时期地与各个军阀及中国共产党进行战争，还无暇也无力顾及四川。这种状况一直到1934年底才开始有彻底转变。

1932年底至1933年初，红四方面军于第四次反“围剿”失败后，不得不撤出鄂豫皖革命根据地，经过辗转跋涉，他们于1933年初抵达川北陕南一带并重新建立了川陕革命根据地。红四方面军的这一举动，引起了蒋介石的极大不安和四川军阀的恐惧，但此时蒋介石的主要注意力是放在江西中央红军方面，还无力顾及四川，只是在舆论和财力上支持四川各个军阀对川陕革命根据地进行围剿。为此，他先后分别任命田颂尧、刘湘为“川陕

① 荣孟源主编《中国国民党历次代表大会及中央全会资料》下册第156页，光明日报出版社1985年版。

② 周开庆编著：《民国川事纪要》下册第297页，上册第269、271页，下册第298页，（台湾）四川文献研究社1974年12月版。

边区剿匪督办”、“四川剿匪总司令”，令其统率所属全力围剿红四方面军，结果，田、刘二人均以惨败而告终。兵疲力乏、财困、走投无路的刘湘，不得不于1934年11月13日乘轮东下，赴南京向蒋介石请示和乞援，要求国民党中央派员入川，统筹“剿匪”大计，以帮助他剿灭红军并维持自己在四川的霸主地位。刘湘的这一举动，正合蒋介石的心愿，就在双方在南京进行商洽和讨价还价之际，中央红军也因第五次反“围剿”的失败而被迫进行长征并抵达湘黔边境，有进入四川与红四方面军会师的趋向。所有这些，使得全国的注意力骤然地由江西转向四川，即所谓“初前关心江西匪祸猖獗的人们，现在视线都转移到四川来了”①。

迫于中共主力红军入川这一现实，刘蒋双方经讨价还价，互相让步，迅速达成协议，蒋介石帮助刘湘统一四川军政并保证他在四川的霸主地位，将红军赶出四川，刘湘则同意打开关闭未启的四川门户，允许蒋介石的中央军及国民政府军事委员会委员长南昌行营参谋团率别动队入川，统筹指挥督促“剿匪”事宜。 12月21日，国民政府明令改组四川省政府，任命刘湘为四川省政府委员兼主席，并授以统一四川军事、政治、经济的特权，而由贺国光、杨永泰率领的参谋团一行200余人，也于1935年1月12日顺利抵达重庆，从而开始了国民党中央势力近十年对四川、西南的逐渐渗透和真正控制，也为蒋介石入川部署一切打下了基础。

三　蒋介石策定四川为对日抗战的根据地

1935年3月2日，蒋介石偕其高级幕僚陈诚、顾祝同、杨永泰等乘飞机由武汉飞抵重庆，从而开始了他长达半年之久的西南之行。蒋介石这次西南之行的真正动机，首先固然在于追剿红军和统一四川及西南诸省于国民党中央势力的控制之下，而另一方面，此行对他最终确定以四川为抗日根据地的决策有着重要的影响。蒋介石一到重庆，就表现出与他中原、西北之行不同的态度与兴趣。3月4日，也就是抵达重庆后的第三天，蒋介石在出席四川省党务特派员办事处举行的扩大纪念周上做了他到四川后的首次公开讲演——《四川应作复兴民族之根据地》，在讲演中，蒋介石以大量的篇幅阐明了四川地位的重要及其在历史上的作用以及四川各界应尽的责任。他说：“就四川地位而言，不仅是我们革命的一个重要地方，尤其是我们中华民族立国的根据地。无论从哪方面讲，条件都很完备。人口之众多，土地之广大，物产之丰富，文化之普及，可说为各省之冠，所以自古即称天府之国，处处得天独厚。我们既然有了这种优越的凭藉，不仅可以使四川建设成功为新的模范省，更可以使四川为新的基础来建设新中国。”在讲话中，蒋介石还引用历史上流传下来的民谚来说明四川地位的重要及其与国家治乱的关系并以之来鞭策四川。蒋氏称：“中国自古还有一句话说：‘天下未乱蜀先乱，天下已治蜀未治’……这句话并不是随便说的，其中确含有很大的意义。我提出这句话，也并不是要来责备四川同胞，乃是说明四川对于国家治乱的关系与四川同胞的责任之重要。我们无论从历史的事实来证明，或从四川在全国中所处的地位来看，四川的治乱，确可以影响全国的安危。所以要统一国家，完成革命，必须四川同胞先来负起这个责任。如果四川同胞不能负起革命责任来尽力于革命事业，我们整个革命事业，更没有完成之一日。”② 这里，蒋介石虽然对四川的地位十分重视并褒勉有加，

① 黄渠：《川军剿匪之经过》，载《复兴月刊》第三卷第六、七期合刊《四川专号》，新中国建设学会编，民国二十四年三月一日出版。

② 蒋介石：《四川应作复兴民族之根据地》（1935年3月4日在重庆出席四川党务办事处扩大纪念周训词），载国民政府军事委军会委员长行营编《参谋团大事记》下册第866页， 1937年7月版。

但他并未于此就下定了四川为对日抗战根据地的决心。蒋氏上述的四川“是我们中华民族立国的根据地”，并不是针对当时的情形而说的，而是就辛亥革命时期四川的保路运动导致了武昌起义的成功而言，主要是讲四川过去对国家的贡献，其目的是为了勉励四川的“各界同志”，希望他们能精诚团结，共同努力，“一致在总理主义与精神系统之下刻苦奋斗……以担负起革命救国与复兴民族的整个责任”①。这是为其督剿红军，统一四川及西南诸省作舆论鼓动和心理导向这两个目的服务的。所以，那种认为蒋介石一到四川就确定了以四川为中华民族对日抗战根据地的观点，既有失偏颇，也不符合历史事实。尽管如此，蒋介石一到四川，的确表现出许多与他中原、西北之行不同的地方，这首先在于他一到四川，就大张旗鼓地阐明、强调了四川对国家，对民族的重要性，并公开、明确地表明了他自己对四川的高度重视和殷切希望，而所有这些，则是他中原、西北之行根本没有的。

3月24日，蒋介石离重庆飞贵阳。这以后，蒋介石来回穿梭于贵阳、昆明、重庆和成都各地，在不同的场合，针对不同的对象，为了不同的目的和动机，他又做了多次不同内容的讲演和训示。在这些讲演和训示中，蒋介石既有“剿匪反共”的训令和煽惑，也有其倡导的新生活运动、新经济运动的宣传和鼓动，还有其关于统一四川、统一西南的指令和打算。当然，这当中也不时夹杂着一些诸如“四川夙称天府，果能急起直追，其成功必尤为宏速。”②“惟有以我们新的四川人才可以造成新的四川，建立新的中国。”③“贵州最容易建设，也最应迅速建设成为民族复兴的一个基础。”④“我们云南全省同胞，对于我们的国家和民族，负有一种特殊的责任，居于非常重要的地位，无论就天时、地利、人和各方面看来，云南种种条件都具备，可以作为复兴民族最重要的基础”⑤等对四川、贵州、云南三省表示重视、希望及勉励的词句。但这些表白和词句仍是片面的和不系统的。随着蒋介石在西南三省所待时间的延续，也随着他对西南三省地势、气候、矿藏、物产以及民众意愿的进一步了解和认识，还随着中国共产党及其领导下的工农红军撤出四川，更随着国民党中央势力对西南三省的深入渗透以及对该三省政治、经济、军事、财政控制的加强和巩固，蒋介石对西南三省特别是对四川的认识才提到了一个新的高度，以四川为对日抗战根据地的思想也于此过程中逐渐形成并越来越坚定且在他离开四川之前完全确定了下来。8月11日，蒋介石在峨眉山军训团为受训团员做了题为《川滇黔三省的革命历史与本团团员的责任》的训话，训话对云贵川三省光辉的革命历史推崇备至，给予了高度的肯定与赞扬，蒋氏称：“在建立民国的革命事业上，川滇黔三省，实占有重要的地位，尤其是四川，实为革命的发祥之地，这实在是中国革命历史中四川最光荣的一页。”⑥10月6日，蒋介石在成都出席了四川省党部扩大纪念周并于会上做了题为《建设新四川的根本要道》的讲演，讲演再次强调了四川地位的重要及其与国家治乱、民族兴衰的密切关系，第一次明确、公开地提出了四川是中国首屈一指的省份，“天然是复兴民族最好的根据地”的思想。蒋介石在讲演中称：“我自入川来，直到昨天为止，留心体察四川的情形，总觉

---

① 蒋介石：《四川应作复兴民族之根据地》（1935年3月4日在重庆出席四川党务办事处扩大纪念周训词），载国民政府军事委军会委员长行营编《参谋团大事记》下册第866页，1937年7月版。

② 蒋介石在重庆总理扩大纪念周上的训话(1935年3月11日)，载《四川经济月刊》第三卷第2期。

③ 蒋介石在重庆总理逝世十周年会上的训话(1935年3月12日)，载《四川经济月刊》第三卷第2期。

④ 蒋介石：《新贵州之建设极易成功》(1935年5月6日出席贵州省政府扩大纪念周训词)，载《参谋团大事记》下册第912页。

⑤ 蒋介石：《建设新云南与复兴民族》(1935年5月15日出席云南省党部扩大纪念周训话)，载《参谋团大事记》下册第916页。

⑥ 《总裁讲演川滇黔三省的革命历史》，载叶育之著《四川史地表解》，1941年成都出版。

得我们中国其他任何一省，都比不上我们四川。你们看：四川的土地广大而又肥美，所产的东西，不仅种类繁多，几乎无所不备，而且量多质美，更为别省所不及。……尤其是山川形势的雄伟奇峻，格外难得。……再加气候之温和，和人民之众多与勤劳优秀，更增加四川之伟大。”“四川因为有如此伟大优良的自然环境，与悠久深厚的文化基础，实在是我们中国首屈一指的省份。……四川在天时、地利、人文方面，实在不愧为我们中国的首省，天然是复兴民族最好的根据地。……倘若四川不能安定，不能建设起来，整个国家也就没有富强复兴的希望。所以，四川之治乱即中国兴亡之关键，今后四川决不可乱，一乱国家就要亡。”① 如果说蒋介石的上述表白还不足以说明他已下了最后决心定四川为抗日根据地的话，那么，两天之后蒋介石在成都做的另一次题为《四川治乱为国家兴亡的关键》的讲演，则更充分、全面、明白、肯定地说明了这一点。他说：“大家要晓得：今后的外患，一定日益严重，在大战爆发以前，华北一定多事，甚至要树立伪政府都不一定。但是我们可以自信：只要四川能够安定，长江果能统一，腹地能够建设起来，国家一定不会灭亡，而且一定可以复兴！日本人无论在东四省或者将来再在华北弄什么伪组织，都不相干，都不足致我们以使〔死〕命！我们今后不必因为在华北或长江下游出什么乱子了，就以为不得了，其实没有什么！只要我们四川能够稳定，国家必可复兴！”②

在这里，蒋介石既说明了四川在对外战争中的重要性，也分析了战争爆发后中国可能出现的种种情况，还谈及了他对国防的意见。最后，蒋介石明白无误地宣告：在对日战事发生后，无论中国出现什么情况，何种困难，但只要川滇黔三省存在，国家必可复兴，“其实不必说川滇黔三省存在，就是只剩下了我们四川一省，天下事也还是大有可为”③。至此，蒋介石以四川为对日抗战根据地的思想遂完全、牢固地确定了下来。

---

① 《蒋委员长训话：建设新四川之根本要道》，载《政训半月刊》1935年4、5合期。

② 《总裁讲演四川治乱为国家兴亡之关键》，载叶育之著：《四川史地表解》，1941年成都版。

③ 同上。